小學考

（清）謝啓昆　原　著
李文澤
霞紹暉　校　點
劉芳池

XIAO XUE KAO

四川大學出版社

責任編輯：莊　劍
責任校對：袁　捷
封面設計：墨創文化
責任印製：王　煒

圖書在版編目(CIP)數據

小學考/ 李文澤，霞紹暉，劉芳池校點.
—成都：四川大學出版社，2015.11
ISBN 978-7-5614-9200-0

Ⅰ.①小…　Ⅱ.①李…　②霞…　③劉…　Ⅲ.①古漢語-研究　Ⅳ.①H109.2

中國版本圖書館 CIP 數據核字（2015）第 285006 號

書名　**小學考**

校　點	李文澤　霞紹暉　劉芳池
出　版	四川大學出版社
地　址	成都市一環路南一段 24 號（610065）
發　行	四川大學出版社
書　號	ISBN 978-7-5614-9200-0
印　刷	郫縣犀浦印刷廠
成品尺寸	185 mm×260 mm
印　張	52.75
字　數	880 千字
版　次	2015 年 12 月第 1 版
印　次	2015 年 12 月第 1 次印刷
定　價	280.00 圓

◆讀者郵購本書，請與本社發行科聯繫。
電話：(028)85408408/(028)85401670/
(028)85408023　郵政編碼：610065
◆本社圖書如有印裝質量問題，請
寄回出版社調換。
◆網址：http://www.scup.cn

教育部全國高校古籍整理研究工作委員會資助項目

儒家文明協同創新中心成果

四川省重大文化工程「巴蜀全書」資助出版

四川大學「儒藏」工程資助出版

校點前言

《小學考》五十卷，是清代謝啓昆主持，組織幕賓編纂的一種彙集中國傳統小學類著作的大型目録著述。

一、謝啓昆及其《小學考》

謝啓昆（一七三七—一八〇二年），字藴山，號蘇潭，江西南康（今屬江西）人。啓昆幼承家教，勤奮好學，博聞强識，尤善詩，少時即有文名。十六歲入京師補太學，二十四歲試中鄉試，次年進士會試爲第八。乾隆二十六年（一七六一年）殿試欽授第一，選庶吉士，分習國書，散館授編修，日講起居注官。嘗典河南鄉試，分校禮闈，號稱得士。三十七年（一七七二年）爲鎮江知府，調揚州、寧國知府。五十五年擢江南河庫道，遷浙江按察使。六十年移山西，時山西糧賦虧欠甚鉅，不一歲悉補完，清高宗異其才，改浙江布政使。嘉慶四年（一七九九年），擢廣西巡撫。七年（一八〇二年）卒於任所，時年六十六歲。贈資政大夫，朝廷賜金治喪，歸葬新建縣桃花山，廣西士民請祀於名宦祠。《清史稿》卷四八四、《清史列傳》卷三一有傳。

謝啓昆是一位科舉高第出身的文吏，畢生勤於著述，著作頗豐，著有《樹經堂集》二十三卷、雜文四卷、《樹經堂詠史詩》五百二十六首，又爲宋代詩人黄庭堅《山谷集》之别集、外集作補。其在編修史志方面更是卓有成就，嘗主持編修《西魏書》二十四卷，《清史稿》稱讚是書「義例皆精審，非徒矜書法，類史鈔也」。主持編撰《南昌府志》及《廣西通志》、《廣西金石略》，其中《廣西通志》二百八十卷，以體例精當，材料豐贍，被譽爲「省志之冠」（況周頤評）。編撰《史籍考》《小學考》，二書皆爲後世學人所稱。《小學考》五十卷，尤爲謝啓昆費盡心力之著作。

《小學考》一書是爲補清初朱彝尊《經義考》收書之闕失而作。翁方綱《小學考序》稱「《小學考》者，補秀水朱氏《經義考》而作也」。清初朱彝尊撰《經義考》，蒐集經部著述，以《周易》《尚書》《詩》等十三經爲類目，收羅歷代各經部之書，彙爲一集，其中收集《爾雅》一類著述，僅收以「爾雅」命名者，如《爾雅》及其注疏、音義、圖讚之屬，若非以「爾雅」命名之書一律不收，故小學類著述未爲賅備，漏略甚多，實乃該書一大闕失。翁方綱爲此專門撰《經義考補正》一書，翁氏在《補正序》中稱：「《爾雅》類下宜備列訓詁六書諸目……而小學未能自爲一類，宜與宣講立學同補，擬以愚得，續録成帙。」翁氏擬欲增廣小學類著述，然而亦未及實施。謝啓昆爲翁方綱門生，翁氏曾將此念告知謝氏，謝遂萌生了補纂小學類著述目錄的意願，謝啓昆在《小學考》自序中云：「吾師翁學士覃溪先生作《補正》，又欲廣小學一門，時爲予言之。」可見謝啓昆編纂《小學考》的想法實乃肇始於翁方綱。

《小學考》始編之年，據謝啓昆自序云，乾隆乙卯（六十年，一七九五年）「官浙江按察使，得觀文瀾閣中秘之書，經始采輯爲《小學考》，後復由山西布政使移任浙江，從政之暇，更理前業，成書五十卷」。據此，謝啓昆編《小學考》則在其首任浙江按察使時。謝啓昆在浙江任上嘗修葺書齋，以「廣經義考齋」命名，其《新作廣經義考齋既成賦詩紀事》詩亦云：「裒輯始甲寅，我初來此地。」「甲寅」年爲乾隆五十九年，而《清史列傳》啓昆本傳亦載其「五十九年遷浙江按察使」。綜合各類文獻的記載，謝啓昆編纂《小學考》應始於乾隆五十九年（一七九四年）。

《小學考》初稿撰成於清仁宗嘉慶三年夏（一七九八年），同年八月，錢大昕、姚鼐分別應邀爲是書作序。然而稿成之後，續有增補刊改，延至嘉慶七年（一八〇二年）方始殺青，謝氏自序有云，初稿完成「時嘉慶戊午季夏，越五年壬戌重加釐定，乃付板削焉」。自乾隆五十九年迄嘉慶七年，前後共費時八年。

《小學考》的成書除了謝啓昆領銜修纂以外，還有賴於其幕賓的參與力助。謝氏在《小學考序》中云「助爲撰錄者，桐城胡徵君虔及海寧陳鱣」。胡虔、陳鱣二人均爲其歷官時之幕賓：胡虔（一七五三—一八〇四年），字雒君，號楓原，桐城（今屬安徽）人。嘗受業於姚鼐之門。嘉慶初舉孝廉，入翁方綱幕府，遂與謝啓昆訂交。謝啓昆在浙江、廣西任官時，胡均參其幕，長於輿地考證，嫻於目錄之學，嘗助謝氏編撰各種史志。一八〇四年卒於廣東南海。著有《柿葉軒筆記》《識學錄》等書。陳鱣（一七五三—一八一七年），字仲魚，號簡莊，一號河莊，海寧（今屬浙江）人，嘉慶三年舉人，與錢大昕、王念孫等相善，亦爲謝氏幕賓，博聞強記，精文字訓詁，長於校勘輯佚，著有《論語古義》《爾雅集解》《説文解字正義》等書，輯鄭玄《孝經鄭氏注》《六藝論》[一]。

二、《小學考》的體例及學術特色

《小學考》五十卷，卷帙頗鉅，其具體分編爲：首

[一] 案：謝啓昆在其著述中也時有提及參與《小學考》編纂者，如謝啓昆《己未三月七日同覃溪師飯於莫京兆韻亭三花樹齋賦詩贈行和詩二首》，於詩末自注：「師詩末句，兼懷錢晦之、胡雒君，二君助予作《史籍》《小學》二考者也。」錢晦之即錢大昭、胡雒君即胡虔。見《樹經堂詩續集》卷二。

列清帝敕撰之書，以示尊崇，共二卷，計八種；次訓詁類，以《爾雅》《小爾雅》《廣雅》《方言》《釋名》《通俗文》等類「雅」學著述（包含上述著作的注釋及摹仿、輯佚著作）歸之，共計六卷，一百五十三種；再次文字類，以《三蒼》《爰歷》《説文》《字林》《玉篇》等類著作（包括上述部分著作的注釋及摹仿、輯佚著作）歸之，共二十卷，四百十九種；再次聲韻類，以《聲類》《韻集》《廣韻》《集韻》《切韻指掌圖》《平水韻》《韻補》等類著作（包括上述部分著作的注釋及摹仿、輯佚之著）歸之，共十六卷，三百三十二種；再次音義類，以訓釋某一經史諸子文集音義的著作屬之，如十三經之《周易》《詩》《尚書》《三禮》《春秋》，《經典釋文》《群經音辨》《九經直音》，史籍之《國語》《史記》《漢書》《後漢書》《唐書》《通鑑》等音義，子部之《老子》《莊子》《列子》《太玄》《一切經》《大藏經》《本草》等音義，集部之《楚辭》《文選》、韓柳文集等音義歸之，共六卷，二百六十八種。總計收録各類著作書目一千一百八十種〔一〕。

《小學考》作爲著録歷代小學類著述的大型目録著作，所含信息容量巨大。在是書之前，中國歷代的目録著作，包括各類公、私書目，沒有哪一種著述所收録的小學類書目數量能夠與它相媲美。不僅其收録數量大，同時還包含了其他各種相關内容，包括存佚、著者傳記、書目敘録、學術評介等。從全面、系統地著録小學類著作的角度來評價，它所具有的學術價值是不言而喻的，是此前的目録著述所無法替代的。從其編纂體例來看，《小學考》汲取了此前中國傳統目録書的體例，既保存了傳統目録書的共同特色，又突出了作爲小學類專門目録書的分類原則及架構，表現出其獨有的特點。

以下就我們所見，簡要討論《小學考》的成書特色。

（一）有著必録，架構完備

《小學考》遵循「有著必録」的原則，凡是歷史上出現過的小學類著作，包括从秦漢時代到清乾隆、嘉慶時期的小學著作（乾、嘉時期的著作有所選擇），不論存佚，均一律編入。

「有著必録」這一著録方式，是中國傳統目録著作的通式，它通過全面著録前此時代的各類典籍，從而反映該領域學術著述之總量。早在漢代劉歆的《七略》、班固《漢書·藝文志》即已如此，後世的各類公、私目録著作無不遵循這一原則蒐羅書目。《小學考》也不例外，從各類文獻中勾稽爬梳，既彙集了現存目録著述記録的書目，也包含了各類典籍中的零散記載，將漢代以迄清代乾嘉

〔一〕案：此處的統計數不包括《小學考》「按語」中所涉及的著作。《小學考》的體例是正文中不收其時尚在世的學人之著作，而作爲附載，謝啓昆在一些著作的「按語」中，著録了相當數量的清代乾、嘉時期學人的一些小學類著作，如果算上這一類著作，其數量將大有增加。

時期的小學類著述幾乎網羅無遺，各歸其類，收列書中。

《小學考》對具體每一書目設置了以下幾項類目：撰著者、書名卷帙（包括書籍的不同稱名、卷帙的數量異同）、存佚、著者傳記、書錄序跋及重要評論、按語。這些類目所記述的内容各有側重，又完全服務於反映該書信息的需要。這種類目結構，有一些是沿襲了中國傳統目録著作的基本範式，有的則是屬於《小學考》的創新，體現了《小學考》的學術特色。例如標註「存佚」一項，《小學考》分别以「存、佚、未見」三種術語記録了各類小學文獻的存世狀況：現存者曰存，佚亡者曰佚，書籍存世而謝氏等人未見者曰未見。這一類目可爲閲讀者提供該書存佚的相關信息，於閲讀者極其有用，然而這一著録方式卻不爲大多數目録著作所採用，其原因即在於未能徧閲所有著述，絕不能妄下雌黄，正因爲其難度太大，故標註存佚的目録著作數量並不太多。《七略》《漢書·藝文志》不考存佚，歷代史志，包括《隋志》《唐志》《宋志》《明志》亦然，清編《四庫全書總目》也僅就現存圖書著録，而不録已經佚亡的圖書。清代朱彝尊《經義考》一書設置「存佚」一項，對所著録之書標註存佚，立此一例，後來《小學考》繼之，專設著録「存佚」一欄，這一做法值得稱許。至於《小學考》其他類目的設置，如設置撰著者「傳記」一欄，以簡要的文字記載撰著者的傳記，有助於「知人論世」之研究；設置「書録序跋」，對是書的學術予以評説，有助於了解該書的内容及價值；設置「按語」，更可以對《小學考》的各種問題進行多角度的考論，闡發編者的學術見解。關於「考論」的問題我們在下文還將有所涉及，此處從略。

（二）編排合理，融通條暢

《小學考》貫徹了「以類歸書，按時代臚列」的收録體例，對所收一千餘種書籍進行科學分類排列。盡管説「以類歸書，按時代臚列」是中國大多數目録著作的編排通例，並非《小學考》首創，然而採用這一編排體例時謝啓昆又根據是書的專業學術類性質有所變通、改造，增加了新的形式。

所謂「以類歸書」是指全書劃分爲若干大類，將所著録的圖書，按其内容歸併於各類之中，以類别爲綱，統率諸多圖書。在類别的設置上，中國傳統小學著述歷來有其固有的分類，大致以訓詁、文字、音韻三大類爲别。《小學考》除保留了傳統的訓詁、文字、音韻三類之外，又分出「音義」一類與之平列。謝啓昆對設置「音義」類的理由作了解釋，其云：

> 訓詁、文字、聲韻者體也，音義者用也，體用具而後小學全焉。（《小學考序》）
>
> 音義爲解釋群經及子史之書，故諸家著録不收入小學，然其訓詁反切，小學之精義具在於是，實

可與專門著述互訂得失，且《通俗文》《聲類》之屬世無傳本者，散見於各書音義中至多，則音義者小學之支流也。昔賢通小學以作音義，後世即音義以證小學，好古者必有取焉。今從晁氏《讀書志》載《經典釋文》之例，别録音義一門以附於末。（卷四十五）

按謝氏的理解，小學類著作可區分爲兩類——體與用，二者功用不同，然而又闕一不可。「音義」一類是專爲解釋「群經及子史之書」，在此前的目録著述中雖不列入小學類，但其内容仍然是訓釋小學類的問題，與韻書、字書的性質實相等同。而且一些已經散佚的小學類著述，其佚文還有賴於「音義」一類著述予以保存，故「音義」類著作同時還具有輯佚的功能。這是「音義」著作的價值所在，因而有專設此一類的必要。總體而言，謝啓昆的這種考慮是合理的，劃分「音義」一類也不會與其他類别相混淆，具有實際操作性。而在後世的目録書中也專門劃分了總義、音義的類别，其分類則較《小學考》更爲細緻。

所謂「按時代臚列」，是指在同一類著述中，以某一著作的具體撰著時代先後爲序編排。這種編排方式使同一類别的多種著作按時代先後有序排列，如線貫珠，脈絡清晰，不至於雜亂無章。同時這種編排方式還爲讀者提供了各類著作産生的時間（或大概時段）先後，通過這種序列可以發掘該類著述的縱向傳承、發展線索，更可以通過這一線索來探討該學術的産生及歷時演變過程，這就使其不僅是單一地記載某類著述，更具有了「辨章學術，考鏡源流」的功用。我們可以舉《爾雅》類著作爲例來加以説明：《爾雅》誕生以後，在漢代産生了諸儒的注釋，在魏晉南北朝時代又有各種注疏，至唐五代又有各種箋疏，至宋代形成了邢昺的官修疏、陸佃等人的私家注，直至明清時代也還有學人的各種新注新釋，林林總總，數目繁多。《小學考》按時代羅列了以《爾雅》爲統系的各種著述，包括了所有現存、已佚的各種著述，通過它所提供的線索，我們可以掌握《爾雅》類著作在各個歷史時期的撰著狀况，進而了解其發展演進史，由此本書也就具有了「雅」學研究簡史的學術價值。正因爲如此，蔣湘南稱贊它「條古今之流别，集正變之大成」（重刻《小學考》序），對這一編排方式盛贊有加。

《小學考》收書的體例是不收録存世之人的著作，這是沿用清代編《四庫全書》的成例，故該書正文不收生活於乾隆末、嘉慶間學人的著述。這一作法雖然不違成例，卻存在較大的弊端，因爲乾嘉時代恰恰是中國傳統學術的一大高峰，出現了許多名學者、名著作，讓這些名家名著付之闕如，而不能全面反映該時期的學術成就，將會割裂時代學術的延續，形成學術的斷層。爲了彌補這一闕失，謝啓昆採用了一種變通的方式，即將當時一些重要學人的重要著作歸於「按語」中加以記述。這一方式，謝啓昆在沈旋《爾雅集注》條「按語」中有所闡述，其云：「著録之例不入見存人書，然研究小學者近今賢喆獨優，故悉附載各類中以待後人論定。」〔一〕

在《小學考》一書中，我們可以很容易地查閱到「按語」中所附録的多種著述，像周春《爾雅補注》（卷三）、《杜詩雙聲疊韻譜》（卷三十七），阮元《經籍籑詁》（卷五），錢大昭《爾雅釋文補》（卷三）、《廣雅疏義》（卷五）、《説文統釋》（卷十），錢東垣《小爾雅疏證》（卷五），王引之《周秦名字解詁》（卷七），孫星衍《急就篇考異》（卷九），段玉裁《説文解字注》（卷十）、《六書音均表》（卷四十四），桂馥《續三十五舉》（卷二十一）、《繆篆分韻》（卷二十八），胡鳴玉《雜字音義》（卷四十），等等，這些清代學術鉅子的著作都是在「按語」中予以著録的。書中甚至包括了《小學考》編者之一的陳鱣的幾種著作，有《爾雅集解》（卷三）、《説文解字正義》《説文解字聲系》（卷十），見於相關各條之按語。《小學考》這一融通的變例既保證了全書體例的完整連貫性，又能反映乾嘉時期學術的實際成就，確乎值得稱道贊賞。

（三）廣蒐博引，信而有徵

中國古代小學類文獻數量浩繁，但又極爲零散：從其著録情況來看，既有各類史志（包括正史藝文志、經籍志，專史如《三通》《續三通》）、目録類著作的集中著録，更有見於各種文獻的零星記載，如史書傳記、行狀碑誌、方志、筆記、文集中的單篇文章，檢尋起來十分不易。從其存佚、收藏情況來看，也極爲複雜，有現今存世者，有佚亡者，甚至有未曾完稿之著；於現存書籍而言，也有刊本、重刊本、鈔本、稿本之别，不一而足。不親自查閱圖書文籍實物，僅靠轉相鈔録，耳食稗販，撰寫出的目録著述可信度是很低的。因此中國目録版本之學作爲具有悠久歷史的傳統學術，最爲强調實踐功夫，所謂「讀天下書未偏，不可妄下雌黄」，其道理正在於此。中國古代優秀的目録學家，無一不是家藏萬卷古書，或偏閱於典章之家，博徵飽覽，經倫滿腹，對文獻典籍稔熟到如數家珍的程度。

《小學考》在編纂時嘗查閱了上千種官、私藏書，方纔形成如今的規模。據我們大略考察，其所徵引的各類典籍有：漢代班固《漢書·藝文志》，以及此後的歷代正史中的經籍、藝文諸志，直至《明史·藝文志》；官修、私家各類書目，自《七略》直至明代《千頃堂書目》、清代《四庫全書總目》、《浙江採集書目》等；專史類如《三通》及續《三通》所載的各類經籍名録；

〔一〕見《小學考》卷三沈旋《爾雅集注》「按語」。

方志（主要是清代各省省志）、明清《一統志》，甚至還有少量清代府、州方志的著録；各類筆記，尤其是學術型筆記的記載；史書中的列傳，歷代文集所載的學人碑傳、行狀、書目序跋、考辨的記載；金石刻史料；輯佚書録，等等，幾乎包括了中國傳統文獻所有的類别，搜羅殆徧，囊括無遺。

謝啓昆有兩次任官浙江的經歷，杭州文瀾閣爲清代皇家藏書閣之一，其時乾隆間朝廷所編的《四庫全書》已經入藏，有如此便利，謝啓昆等人得以徧查所藏圖籍，爲《小學考》的編纂提供了極爲堅實的文獻保障。其次，清代江、浙一帶經濟文化發達，藏書、刊刻事業極爲盛行，私人藏書也較其他省份爲多，因而謝啓昆欲借閲各類圖書，購求各種書籍並非難事，得此便利，方能收集到很多前人或同時代學人的著作。由於收羅宏富，故能以文獻典籍爲基礎，彙録排比，考辨論次，信而有徵，而非憑空臆説。

（四）考論精確，卓然可据

總體而論，《小學考》極爲注重考論之功，在考論方面花費了很大的氣力，很多論説都堪稱精審，這應該是該書具有重要學術價值的根本所在。虞萬里先生曾列舉謝啓昆考辨「平水韻」非南宋人劉淵所製，而實爲金人毛麾所創之例，謝氏以省志著録爲據，並援引錢大昕所見原本文獻以支持其説，虞先生稱其「足以啓迪究心韻學者緣此而深思」[一]，由此而彰顯出《小學考》注重考證的特色。其實遠不止此，作爲大型小學類目録著作，《小學考》查閲海量著作，著録千餘種書目，對每種書目的記載又涉及到若干方面，包括撰人、書名、卷帙、存佚、學術品評、學人序跋等等，於其中的每一項内容，都需要編撰者關注，對其中的疏誤，也需要進行詳盡的考論，辨析正誤，如此方能達到「辨章學術」的功用。

《小學考》一書的考論數量衆多，涉及面廣，不僅解決了某一具體的個案，有時甚至還反映出編者對具有普遍意義的、涉及方法論的一些問題所持的見解與思考，表現出其學識功力。從這一意義上看，《小學考》的考論的確關乎到該書的成敗得失，這就難怪謝氏等人對此的重視。

《小學考》的考論基本上採用了兩種模式：一是以小字註的方式直接附於需要考論的正文之下，這類考論一般文字都較簡略，專用以考論某一專題；二是採用「按語」的方式置於該條之末。這一類「按語」往往文字較詳，羅列文獻資料，引證史實，援引前人論説，附加自己的闡發按斷，或補足前人之未備，或駁斥前人之謬説，以求其是。兩種模式中以後一種爲多，在該書的任何一卷都能尋覓到它們的蹤迹。

[一] 虞萬里：《影印小學考前言》，《小學考》卷首，一九九六年影印本。

關於《小學考》具體運用考論的問題，我們將在下文一節展開專門討論，爲讀者提供參考借鑒。

三、《小學考》的考論之功

前文已述及，《小學考》擅長運用考論是本書的一大亮點，通過考論，得以准確詮釋古籍文獻中的一些疑難，是正前人論説的一些謬誤，確實彰顯了該書「辨章學術，考鏡源流」的功用。該書至今仍然還具有學術價值，仍然能受到學人的重視，重視考論之功是不可或缺的重要因素。

我們考察《小學考》的各類考論之説，根據其論説的内容性質，大致歸納爲如下幾類：

（一）考論書目

由於文獻流傳時代久遠，同一著作經過不同載籍的反覆著録，可能會出現不同的稱名，极易造成後人的誤解，或一書误分爲二，或二書误合爲一。《小學考》通過對各種書目記載的考論，判斷其確切歸屬，糾正了一些舊籍載録的疏誤，例如：

㊀唐陸德明《經典釋文》中有《爾雅釋文》二卷。朱彝尊《經義考》卷二三七著録陸德明《爾雅音義》二卷、《爾雅釋文》一卷。謝啓昆「按語」引《經義考補正》云：「陸德明作《釋文》，其《爾雅》二卷，《通考》稱爲《爾雅釋文》，《宋史》稱爲《爾雅音義》，實一書也。《經義考》於《釋文》之外，又列《音義》，且曰未見，何也？啓昆按：通而言之曰《經典釋文》，分而言之曰某經音義，《經義考》因《玉海》所載專刻本，遂誤分爲二。」（卷三陸德明《爾雅釋文》條）

㊁鄭樵《通志》卷六三《藝文略》著録隋曹憲《廣雅音》四卷、《博雅》十卷。謝啓昆「按語」云：「憲江都人，《博雅》即《廣雅音》，鄭氏《通志》分作二書，誤。」（卷五曹憲《廣雅音》條）

㊂吴任臣《十國春秋·徐鍇傳》記載徐鍇有《説文解字繫傳》四十卷、《説文通釋》四十卷。謝啓昆於文中小注云：「按：《通釋》即《繫傳》，篇名誤分爲二。」（卷十一徐鍇《説文解字繫傳》條）

㊃明焦竑《國史經籍志》著録梁人「梁有《演説文》」一書，其後《千頃堂書目》沿之，也有相同的記載。謝啓昆「按語」云：「《隋志》十五卷下云：『（《説文解字》）許慎撰，梁有《演説文》一卷，庾儼默注，亡。』凡謂『梁有某書』者，乃《七録》有之也。焦竑《經籍志》云『梁有《演説文》一卷』，誤以梁有爲姓名。黄虞稷《書目》及

近人補宋元《藝文志》，皆沿其誤。」（卷十二庚儷默《演說文》條）

㊄《七錄》著錄無名氏《吴章篇》，《隋志》著錄陸機《吴章》二卷，二書均已佚。《新唐書》卷五七《藝文志》著錄《吴章篇》一卷。《小學考》分别著錄了陸機、無名氏之二書。謝啓昆於「按語」云：「按：《吴章篇》与陸機之《吴章》當是二書。《吴章篇》梁時已亡，《唐志》但列《吴章篇》一卷，而不列陸機《吴章》，盖誤爲一耳。（卷十三無名氏《吴章篇》條）

㊅宋吴棫著《毛詩補音》《韻補》二書。朱彝尊《經義考》卷一百五據《宋史·藝文志》著錄吴棫《毛詩叶韻補音》十卷。謝啓昆於《毛詩補音》「按語」云：「才老撰《毛詩補音》十卷、《韻補》五卷，據序判然二書，《書錄解題》分列於詩類、小學類。今《補音》已亡，僅存《韻補》。秀水朱氏《經義考》誤合爲一，於《補音》十卷條下竟書『存』字，又以明人所作《韻補》之敘一概編入，世遂以朱子所用乃《詩補音》，非《韻補》也。」（卷三十二吴棫《毛詩補音》條）

案：上述諸例，謝啓昆以「按語」或小注的方式糾正了前代載籍著錄書目的疏誤，並分析了其致誤的原因，都言之鑿鑿，證據充實，令人信服。如例㊃，由於焦竑誤讀《隋書》的文字，將庚儷默的《演說文注》誤爲「梁有《演說文》」，對這種張冠李戴之失，《小學考》的辨析則顯得非常精准。

（二）考論正文

對所著錄的書目正文作簡述或簡論，提供該書的內容節要，也是《小學考》考論的重要組成。這種考論包括了兩方面的內容：一是對現存著作的節文要點予以概述，《小學考》作爲目錄著作，不能全數載錄原著原文，故選擇對正文作「要錄」式的概述，可以提供原著的內容梗概，具有類似書目提要的功能。一是對已經亡佚的著作，其原書已然不存，僅有後人輯佚之文，《小學考》通過其他文獻的記載或轉述其佚文，或親自纂輯佚文，補足其文字，討論其體例，所彙集到的佚文盡管數量有限，如吉金片羽，然而對讀者把握該書卻有嘗一臠而知全鼎的功用。相對而言，後一類考論比前一類更具有文獻輯佚的重要價值，也更值得學人關注。

㊀明人張位著有《問奇集》，是書今存。謝啓昆「按語」云：「是書又載《閒雲館别編》中，分十九門，考辨音學，始於六書大義，終於各地鄉音，俱無精義可采。」（卷二十八張位《問奇集》條）

㊁清吴任臣撰有《字彙補》六卷，附刊於陳藎臣《元音統韻》卷末。是書今存。謝啓昆「按語」云：「《元音統韻》後六卷乃吴任臣所纂《字彙

補》，其義例曰補字，曰補音義，曰較訛，專以補正梅氏之失。康熙間范珽瑚合二書序而刊之。」（卷二十六吴任臣《字彙補》條）

㊂明人趙撝謙撰《六書本義》十二卷，其書尚存。謝啓昆「按語」論其書體例云：「其書分十類，凡三百四十部，合一千三百字。每字先反切以知其聲，次研釋以知其義，次引證以明其用，次説六義，原造字本旨，次假借，次轉注，各圈於上以爲端。自謂精研覃思，折衷諸家，附以己見。凡五謄始成編。前有論七、圖十二。」（卷二十四趙撝謙《六書本義》條）

案：以上三例，都是其書尚存，謝啓昆分別從版本、内容、體例、價值等多方面對該書作了簡要評述，三言兩語，讀者即可從中獲取到其書的相關提要，這種考論可謂要而不繁。

㊃漢代杜林有《蒼頡訓故》一卷，《漢書·藝文志》著録，今已佚。謝啓昆於「按語」據《説文解字》等書所載杜林之説，補充了「堇、苎、彨、渭、耿、娸、婁」等字的説解。（卷九杜林《蒼頡故》條）

㊄唐代李陽冰刊定《説文》，爲漢代以後刊定《説文》的首創，而陽冰之書久已不傳，其内容散見於南唐徐鍇所作《説文解字繫傳》卷三六《袪妄篇》。謝啓昆於「按語」中摘録《袪妄篇》的文字，悉數載録李陽冰對《説文》字義的説解，也記載了徐鍇對李陽冰解釋的駁論，謂「凡此皆游衍無據之談，宜爲楚金所駁矣」（卷十李陽冰《刊定説文》條）。

㊅東漢蔡邕著有《女史》一篇，《後漢書》本傳、《七録》著録，今已佚。謝啓昆於「按語」云：「此篇當以四字或三字爲句，便於女子初學成誦，首有『女史』句，故以名篇。後世《女千字文》所由昉也。」（卷十三蔡邕《女史篇》條）

㊆南朝人何承天撰有《纂文》一書，見於舊、新《唐書》的著録，今已佚。謝啓昆「按語」云：「按《南史·劉杳傳》引《纂文》張仲師、長頸王二事。又《文選》注引云『書縑曰素』，『霈雲若大波』。他若《初學記》《一切經音義》所引甚多。」（卷十四何承天《纂文》條）

㊇梁阮孝緒撰有《文字集略》六卷，《隋書·經籍志》著録，今已佚。謝啓昆「按語」引《一切音義》所引「醍醐、罣、絅、港、惋、瞼」等十餘字的説解、《文選》注所引「愕、𢙨、汀」等五字的説解，以證明其「俗字居多」之説。（卷十四阮孝緒《文字集略》條）

㊈隋諸葛潁撰《桂苑珠叢》一百卷、無名氏節

略爲《桂苑珠叢略要》三十卷，並見《舊唐書・經籍志》《新唐書・藝文志》著錄，今已佚。謝啓昆「按語」引釋惠苑《華嚴經音義》，補充了「挹、復、靡、覩、罥、豫、奩、忖、預、編、鎔」等數十字的說解，謂「未知其爲諸葛潁及曹憲等之《桂苑珠叢》，抑《珠叢略要》」。（卷十五諸葛潁《桂苑珠叢》條）

案：上引諸例，原書均已佚亡，《小學考》或援引其他文獻所輯佚文，或親自輯錄佚文，在按語中討論字義，分析體例，辨別真僞，儘管只是一些零星文字而非原書全貌，但對閱讀該書已不無裨益〔二〕。

（三）考論卷帙、存佚

各種載籍所記載的各類書目的卷帙也會有所差異。一些古書經過歷代數次整理、重刊之後，或增刪文字，或合併卷次，各本的卷帙往往會有不同；而一些已經佚亡之書，前後目錄著作相互鈔撮，其卷帙也會產生誤鈔的疏失。《小學考》對所著錄的一些書目之卷帙、存亡異同等也作了考論。

㈠南唐徐鍇撰《說文解字繫傳》四十卷，宋代時即缺失二卷（卷二十五、卷三十），《崇文總目》《通志》即據闕本著錄爲「三十八卷」。後經學人補足缺卷，今存者仍爲四十卷本。《小學考》收錄此書，署作「四十卷」，謝啓昆於「按語」考論其卷次分合，云：「《繫傳》本四十卷，北宋時已缺第二十五與三十兩卷，《崇文目》蓋據缺本著錄，故曰三十八卷，《通志》仍之。今本第三十卷不缺，其第二十五卷以鉉校本補之。」（卷十一徐鍇《說文解字繫傳》條）

㈡唐顔真卿撰《韻海鏡原》，《唐書・藝文志》著錄爲三百六十卷，《崇文總目》則著錄爲十六卷，原書今已佚。謝啓昆「按語」云：「《韻海鏡原》，《崇文總目》僅存十六卷，知亡佚已多。《通志》作『鑒原』，避翼祖諱也。」（卷三十顔真卿《韻海鏡原》條）

㈢東漢延篤撰《史記音義》一卷，唐司馬貞《史記索隱後敘》云：「《太史公書》，古今爲注解者絕少，音義亦希。始後漢延篤，乃有《音義》一卷。又別有《音隱》五卷，不記作者何人。近代鮮有二家之本。」謝啓昆於「按語」云：「延篤《音義》不見《隋志》及新、舊《唐志》，司馬貞《史記索隱後敘》溯《史記》音注之始，以爲實始於

〔二〕在《小學考》一書中這類考論佚文的例子數量尚有不少，像文字類書目，秦代李斯的《蒼頡》、趙高的《爰歷》，漢代司馬相如的《凡將》、揚雄的《訓纂》之佚文（卷九），晉代李彤《字指》之佚文（卷十三），南北朝人陽承慶《字統》之佚文（卷十五），宋代王安石《字說》之佚文（卷十八），謝啓昆都援引其他文獻的記載補充，爲閱讀者提供較詳盡的輯佚文字。可予參攷。

篤。彼時書已不傳，宜無徵引之也。」（卷四十九延篤《史記音義》條）

㈣《七録》著録孟康《漢書音》九卷，今已佚。謝啓昆「按語」云：「此書《隋志》注已亡，而新、舊《唐志》俱著録，顔氏注亦多採用之。意隋唐之際，此書不甚顯，故《隋志》誤謂亡耳。《崇文總目》始不著録，蓋亡於宋云。」（卷四十九孟康《漢書音》條）

案：在上述諸例中，例㈠考論宋代《崇文總目》《通志》據缺本著録徐鍇《説文繫傳》，故與今本卷帙不同；例㈡考論顔真卿《韻海鏡原》卷帙差異，稱其佚亡於宋代；例㈢考論漢代延篤《史記音義》爲《史記》注釋之首作，其所以不見於隋、唐目録書著録，是因爲原書已不存，推論其書當亡於隋唐之際；例㈣考孟康《漢書音》在隋唐時即稀見，至宋代時已佚亡。這些考論都以文獻爲據，論斷精確，對原書的存佚、卷帙進行了梳理。

（四）考論撰人

舊時的目録著作不太注重記載撰著人行實履歷，即或載之也往往語焉不詳，甚至一些舊籍還誤署撰人名姓，甲乙混淆，造成撰著者行實的種種闕失，因此考辨撰著者姓名，增補其傳記行實也成爲《小學考》的考論内容。《小學考》設置有「傳記」一欄，簡要摘録史志、碑傳所載有關撰著人的傳記史料，同時還在一些條目中通過「按語」對涉及撰著人傳記的相關問題予以討論，糾正了一些舊籍記載的疏失。

㈠宋羅願撰《爾雅翼》三十二卷。明人都穆序稱，「惜乎史闕公傳，《文獻通考》亦不載其書」云云。是書今存。謝啓昆「按語」云：「按，《宋史》羅願附其父汝楫傳後，都穆序云『史闕公傳』，失考。」（卷四羅願《爾雅翼》條）

㈡《隋書·經籍志》著録宋豫章太守謝康樂撰《要字苑》一卷。今已佚。謝啓昆「按語」云：「《隋志》稱宋豫章太守謝康樂，考《宋書·謝靈運傳》不言其爲豫章太守，又靈運襲封康樂公，復降爲侯。此疑别是一人，名康樂，非即靈運也。」（卷十三謝康樂《要字苑》條）

㈢《隋書·經籍志》著録郭顯卿《雜字指》一卷、《古文奇字》一卷，《新唐書·藝文志》署作「郭訓」。謝啓昆「按語」云：「《唐志》郭訓《字旨篇》一卷、《古文奇字》二卷，《隋志》俱作郭顯卿。疑訓字顯卿也。」（卷十三郭顯卿《古文奇字》條）

㈣《隋書·經籍志》著録王義《小學篇》一卷，《舊唐書·經籍志》署作王義之。謝啓昆「按語」云：「王義，《唐志》作王義之，誤也。考

《晉書·王羲之傳》載，羲之爲右軍將軍、會稽内史，此云晉下邳内史，知其爲别是一人，非王羲之矣。《顏氏家訓》所謂『王羲《小學章》』者，即《小學篇》。而郭忠恕《佩觽敘》云『軍陳爲陣，始於逸少』，竟作王羲之，則承誤已久。」（卷十三王羲《小學篇》條）

㈤明人李舜臣撰有《古文考》《籀文考》二書，見李氏文集《愚谷集》所撰序文。二書今不存。謝啓昆「按語」云：「舜臣字茂卿，號愚谷，山東樂安人，嘉靖癸未進士，官至太仆寺卿。」（卷二十五李舜臣《古文考》條）

㈥宋吴棫有《毛詩補音》十卷，今已佚。謝啓昆「按語」云：「按棫本武夷人，後家同安，徐蒧爲是書敘可證。王明清《揮麈三録》誤以爲舒州。《直齋書録解題》於《書稗傳》下題曰『太常丞建安吴棫撰』，《閩書》亦以棫爲建安人，蓋著其本籍也。」（卷三十二吴棫《毛詩補音》條）

案：在上述諸例中，謝啓昆分别援據各種文獻的記載，對撰著者的姓名、行實記載作了考辨，或補充傳記資料，或糾正前代典籍誤記，或分析各書記載之異同，爲讀者提供撰著者的相關信息，知人論世，亦爲閲讀該書之一助。

（五）考論舊説疏誤

前此所述，《小學考》一書針對書目、正文、卷帙、存佚、撰人的考論，其中有相當部分即是針對前人論説的一些謬誤而發，本節所云「考論舊説疏誤」，乃是除上述專題之外的一些問題，涉及包括史實文化、典故習俗、引文脱訛等方面的内容。《小學考》對這類疏誤，一一予以辨駁是正，廓清了前人舊説的一些疏誤。

㈠《漢書·藝文志》著録有「八體六技」，「八體」爲秦代所用八種字體，漢初沿用；「六技」爲王莽新政時官方頒布的六種字體，二者時代各有所當。《漢書·藝文志》小學類敘稱「太史試學童，能諷九千字以上，乃得爲吏，又以六體試之」。謝啓昆「按語」云：「八體、六技當是漢興所試之八體，合以亡新改定之六書，……漢興，所試用秦八體，不止六體，許氏《説文敘》甚明，故江式《論書表》、孔穎達《書正義》俱從之。班氏《藝文志》既用《七略》載『八體六技』之目，而《敘論》以『八體』爲『六體』，深所未諭，《隋志》亦沿其誤。」（卷九《八體六技》條）

㈡揚雄有《訓纂》一篇，《漢書·藝文志》著録，今已佚。後世有輯其佚文者。謝啓昆「按語」云：「《史記正義》引《訓纂》『户扈雩鄠三字一也』，王伯厚指爲篇中正文。考之《通典》，乃姚察《漢書訓纂》耳。」（卷九揚雄《訓纂》條）

㊂元歐陽德隆有《增修校正押韻釋疑》。朱彝尊《跋》云：「契丹僧行均撰《龍龕手鑒》三卷，本之《華嚴》三十六字母。」謝啓昆「按語」云：「錢詹事曰《華嚴經》字母四十二，與僧守溫所定之字母三十六迥乎不同，《華嚴》四十二母，梵音也；守溫三十六母，華音也。竹垞以三十六母屬之《華嚴》，誤也。」（卷三十二歐陽德隆《增修校正押韻釋疑》條）

㊃東晉范宣有《漢書音》。陸德明《經典釋文·敘錄》曰：「宣字宣子，濟陽人，東晉員外郎，不就。」朱彝尊《經義考》經署作「東晉員外郎」，無「不就」二字。謝氏按語云：「按，《經義考補正》曰，《經典釋文·敘錄》『郎』下有『不就』二字。《冊府元龜·儒學類》引此作『徵員外郎，不就』。蓋今本《釋文》脫『徵』字，而《經義考》並『不就』二字失去耳。」（卷四十六范宣《漢書音》條）

㊄宋人宋庠撰有《國語補音》，補《國語》韋昭注，其自序有「夫改鄯善國爲州，自唐始耳」之語。謝啓昆「按語」云：「考《魏書·地形志》有鄯州，列於涼州、瓜州之間，是始於元魏也。庠說誤矣。」（卷四十六宋庠《國語補音》條）

㊅明楊慎撰有《周官音詁》一卷，其書今存，楊慎序文云：「（《周禮》）其中多奇字古音，蓋劉歆受學於揚雄，其《訓纂》之遺有在於是者。」謝啓昆「按語」云：「《漢書·揚雄傳》稱歆子棻受學於雄，歆無自受學事，用修是敘云『歆受學於揚雄』，誤。」（卷四十六楊慎《周官音詁》條）

案：上述諸例，謝啓昆對前人的一些舊説予以批駁是正。例㊀駁班固《漢書·藝文志》小學類敘論之説，謂漢初承秦制，以文字「八體」教學生試吏人，「六體」則爲王莽時所施行官方字體，二者不可等同，敘論所謂「漢興以六體試藝」之説當誤，而《隋書·藝文》又沿襲其誤。例㊁糾正宋人王應麟（伯厚）將姚察《漢書訓纂》誤爲揚雄《訓纂》文字之誤。例㊂引錢大昕之説考論釋守溫三十六字母當爲漢人本土之音，辨駁了朱彝尊謂古音三十六字母屬《華嚴經》之誤，並及宋代避「鏡」字諱而改爲「鑒」之説。例㊃引翁方綱語批駁朱彝尊引《經典釋文》脫「不就」二字，致使文意違異。例㊄論宋庠所記史實之誤，謂改鄯善國爲州，不在唐時，而在北朝。例㊅論劉歆無受學於揚雄之事，楊慎所言有誤。其持論都言之有據，信而可徵。

四、《小學考》之疏失

前面我們討論了《小學考》一書的體例及其考論之

功，對其學術價值予以積極的正面肯定，但是我們在對該書進行整理校點的時候，也發現諸多疏失。虞萬里先生在該書《影印前言》中就已指出，其「以幾人之力、數年之功，欲鳩集網羅二千年間之語言書目資料，洵非易事，故亦不免闕略疏漏」〔二〕，並列舉了該書的若干闕失與漏略，其所舉之例確乎是該書的硬傷，直接關係該書的價值定位和學者是否能正確參考使用。爲了客觀看待其學術價值，是正其疏漏闕略，避免以訛傳訛，我們將在本節就其「闕略疏漏」問題展開討論，指其闕失，析其誤由，於其中不能解者，疑者存疑，由讀者自己判斷。

我們認真分析了《小學考》一書的文字内容，並核查所涉相關原始文獻，對其所收録的書目、撰著者、引文、出處等各項内容進行了專項檢查，大致梳理出其存在的失誤，分疏歸類，羅列於後〔三〕：

（一）非著作誤爲著作

《小學考》共收書目一千餘種，其所著録的書目，一部分採自目録書所載，一部分採自各類文獻的載記。對於出自目録著作的書目，尚易辨别；而對於出自其他典籍的記載，則需要認真考索文意，分析句法關係，判定其是否確實爲著作之名。《小學考》有時會誤讀原文，疏於考辨，將一些原本不是書名的誤擬作書名，如：

㈠《小學考》著録晉束晳《楚晉事名》，云出自《晉書》本傳。案：《晉書·束晳傳》所載原文云「其言楚晉事名三篇，似《禮記》，又似《爾雅》」。文中所云「楚晉事名」，當爲束晳所撰書所載之内容，從句法結構來看，「楚晉事名」爲「所言」之賓語，並不表示爲著述之名。（卷七束晳《晉楚事名》條）

㈡《小學考》著録魏世祖《新字》，云採自《魏書·世祖紀》。案：據《魏書》，魏世祖曾經兩次頒布新造文字，一次是天興年間所造文字，主要用於書寫經書；一次是始光年間所造新字，主要爲時俗所用，其數量約千餘。所謂「新字」即始光間所造字體樣式，與天興間所造相對。文中所謂「新字」僅表示文字字體，而非著述之名。（卷十四魏世祖《新字》條）

㈢《小學考》著録北周趙文深《刊定六體》，云採自《周書》本傳。案：《周書·藝術·趙文深傳》文云：「太祖以隸書紕繆，命文深與黎季明、沈遐等依《説文》《字林》刊定六體，成一萬餘言，行於世。」所謂「六體」應即東漢時古文、奇字、

〔二〕虞萬里：《影印小學考前言》，《小學考》卷首，一九九六年影印本。

〔三〕案：本文所討論的均爲《小學考》一書已經著録的書目内容之疏誤，《小學考》一書尚有較多數量的書目漏收，著録書目不全自然也是其重大疏失。關於漏收書目的問題，我們擬在以後專門作補充論證，於此暫不討論。

篆書、隸書、繆篆、蟲書六種形體。傳文所云「刊定六體」，是校正當時文字形體之訛繆，以規範文字字樣，「刊定」與「六體」爲動賓結構，亦非著作之名。（卷十五趙文深《刊定六體》條）

㈣《小學考》著錄金完顔希尹《女直大字》、金熙宗《女直小字》，云採自《金史·完顔希尹傳》。案：《金史·完顔希尹傳》云：「金人初無文字，國勢日強，與鄰國交好，乃用契丹字。太祖命希尹撰本國字，備制度，希尹乃依倣漢人楷字，因契丹字度合本國語，製女直大字。……其後熙宗亦製女直字，與希尹所製字俱行用。希尹所撰謂之女直大字，熙宗所撰謂之小字。」據本傳所云，「女直大字」、「女直小字」是金代所造兩種女真文字字樣，非著述之名。（卷二十一完顔希尹《女直大字》、金熙宗《女直小字》條）

㈤《小學考》著錄釋八思巴《蒙古新字》，云採自《元史·釋老傳》。案：《元史》記載元世祖曾詔令僧人八思巴仿照畏吾兒（即維吾爾）字樣創製蒙古文字，以備朝廷文字應用之需。所謂「蒙古新字」乃是一種蒙古文字形體，而非著作之名。（卷二十二釋八思巴《蒙古新字》條）

㈥《小學考》著錄句中正《有聲無字》一卷，云採自《宋史·文苑傳》。案：《宋史·文苑傳》載：「（句中正）與徐鉉重校定《說文》，太宗覽之嘉賞，因問中正凡有聲無字有幾何，中正退，條爲一卷以獻，上曰：『朕亦得二十一字，可並錄之也。』」所謂「有聲無字」，只是一類音讀的記載，類似等韻圖中有音無字的一些空格，亦非著作之名。（卷三十句中正《有聲無字》條）

案：上述諸例中，謝啓昆由於誤讀原書文字，疏於推敲，未能顧及原文語意，也未注意句法結構關係，率意提取原書部分字句，誤擬其爲著作之名，以致造成疏誤，當是正之。

（二）著錄疏誤

所謂著錄疏誤，是指《小學考》收錄某書時根據不同書目的記載，照錄原文，未經詳考，或將二書合爲一種，或是一書重復著錄，以致失誤。如：

㈠《小學考》著錄南唐徐鉉有「《說文質疑論》二卷」，云見《江南通志》。案：此條原文采自雍正《江南通志》卷一百九十，其文云「徐鉉有說文質疑論二卷」。原書所載《說文》《質疑論》實爲二書，《說文》即現存之《說文》大徐本，《質疑論》爲徐氏之論說文章，原書已佚，今其文集中尚有零篇保存。《江南通志》通署作一條，《小學考》遂誤合二書爲一書。（卷十一《說文質疑論》條）

㈡《小學考》卷三十四著錄止庵《韵略易通》

一卷，云採自《述古堂書目》，引清錢曾云「止庵不知何人」；卷三十六又有蘭廷秀《韵略易通》二卷，云採自《千頃堂書目》。案：此二書實爲同一種著作。明人蘭廷秀字止庵，撰有《韻略易通》二卷，見《明史·藝文志》的著錄。謝啓昆據不同書目列爲二書，誤；又援引錢曾所云「不知何人」，亦誤。（卷三十四止庵《韻略易通》條、卷三十六蘭廷秀《韻略易通》條）

㊂明梅膺祚編撰有《字彙》一書，清康熙間陳淏子嘗縮刊爲巾箱本，取名云《同文字彙》。《小學考》收錄梅膺祚《字彙》，又收錄陳昊子《同文字彙》。案：《同文字彙》爲《字彙》之巾箱本，二書僅刊刻版式有異，而内容無差别，陳淏子自序亦曰：「《字彙》之有奚囊，自崇禎癸酉歲予刻始，與宣城本毫無異同，因攜遠弗便，遂祖王氏巾箱之學，束卷僅半尺許。」《小學考》作二書收錄，誤。（卷二十六梅膺祚《字彙》、陳淏子《同文字彙》條）

㊃《小學考》收錄宋陳彭年編《重修廣韻》五卷，又於同卷著錄宋槧本《廣韻》五卷、宋濂《校定廣韻》五卷、顧炎武《重刊廣韻》五卷、清張士俊《重刊廣韻》五卷。案：《小學考》所列諸書目實爲《廣韻》一書之歷代不同刊本，其間雖或有繁本簡本之别，然究其内容仍應爲一書，不應視爲幾種不同著作。（卷三十陳彭年《重修廣韻》諸條）

㊄《小學考》著錄丁度《禮部韻略》五卷，採自《郡齋讀書志》；同卷又有丁度《景祐韻》五卷，採自《通志》，於書目下有小字注云「《宋史·藝文志》作《景祐禮部韻略》」。案：宋丁度等所編《禮部韻略》，見於宋代各種書目著錄，《郡齋讀書志》《通志》分别著錄，所錄書名略有不同，實乃一書之不同稱名。《小學考》不當分爲二書著錄。（卷三十一丁度《禮部韻略》《景祐韻》條）

案：上述例句包括了兩種類别，例㊀是將二書併爲一書之誤，其餘各例均爲將同一書重複收錄之失，理應是正。

（三）誤署撰人

《小學考》在收錄書目時，也有誤署撰人之失。謝啓昆等未曾細考原典文獻所署撰人，或以姓氏、字號之不同而别署，或人名甲乙混淆，或以他人之著附於其上，以致張冠李戴，造成疏誤。

㊀《小學考》著錄漢代揚雄撰有《訓纂》一篇、《别字》十三篇、《蒼頡傳》一篇、《蒼頡訓纂》一篇，凡四種，均已佚，云採自《漢書·藝文志》。案：《漢書》卷三十《藝文志》著錄揚雄有《訓纂》《蒼頡訓纂》二種，另有《别字》《蒼頡傳》二

書不署撰人姓氏，其實應爲無名氏所撰。《小學考》以《藝文志》將此二書編排於揚雄兩種著述之間，遂統歸爲揚雄所撰，當誤〔二〕。（卷九揚雄《訓纂》《別字》等條）

㊁《小學考》著錄有惠園《草書集韻》，云周復俊《全蜀藝文志》載有其序。案：此人應爲明代蜀藩王朱申鑿，「惠園」爲其號，著有《惠園集》，見《明史·諸王傳》《四川通志》卷二十九下。《小學考》標署撰人作「惠園」，不妥；又以《全蜀藝文志》爲周復俊所編纂，亦誤，當改作「楊慎」〔三〕。（卷二十六惠園《草書集韻》條）

㊂《小學考》著錄周彥倫《四聲切韵》，云出自《南史》。今已佚。案：《南史》卷三十四《周顒傳》云周顒字彥倫，著有《四聲切韻》一書。此處不應以「周彥倫」署名，而應署作「周顒」。（卷二十九周彥倫《四聲切韻》條）

㊃《小學考》著錄無名氏《正韻玉鍵釋義》一書，云採自《千頃堂書目》，并引黄虞稷曰：「萬曆甲戌敘，不知何人。」案：是書於《千頃堂書目》卷三著錄，原署云「張士佩《洪武正韻玉鍵》」，小注曰：「萬曆甲戌序，不知撰人。」《小學考》收錄是書，書名誤衍「釋義」二字，撰人則應改爲張士佩。黄虞稷所云「不知何人」者，係指其書序不知爲何人所撰，《小學考》遂謂原書著者不可考，而以「無名氏」标署，當誤。（卷三十四無名氏《正韻玉鍵釋義》條）

㊄《小學考》收錄陳藎謨《元音統韻》二十八卷，云出自《千頃堂書目》。案：《千頃堂書目》不載是書，而出自《續文獻通考》卷一百六十、《四庫全書總目》卷四十四「存目類」著錄，其撰人非「陳藎謨」而爲「陳藎臣」。《小學考》以原書前條撰人爲「陳藎謨」，此條即順續而誤。（卷三十六陳藎謨《元音統韻》條）

案：上述諸例，例㊀將《漢書·藝文志》所載無名氏著作誤屬之揚雄，與原文所述「小學家十家」之數不符；例㊁、例㊂分別以字號標署著者，而不署其姓名，

〔二〕案據《漢書·藝文志》小學類體例，凡著錄各種著作，如果是同一撰人，均於各書前明確標署撰人姓名，不嫌重複，如揚雄二種、杜林二種，於各書之前都分別標署「揚雄」「杜林」字樣。而《別字》《蒼頡傳》不署撰人姓氏，《小學考》因爲其在原書中排於揚雄著作之間，遂將其順續歸入揚雄，不符合《藝文志》標署體例。又，小學類敘錄稱「小學家十家，四十五篇」，其書所載「十家」，除揚雄一家，另有史籀、李斯（趙高、胡母敬）、司馬相如、史游、李長、杜林，再加上三種不署撰人之作《八體六技》《別字》《蒼頡傳》，共合爲十家之數，如果將《別字》《蒼頡傳》歸爲揚雄所撰，則缺少二家。

〔三〕案：《四庫全書》即將《全蜀藝文志》編者署作周復俊，《小學考》乃沿襲四庫館臣之誤。

也不符目錄通例，容易引起誤解；例㈣、例㈤，則爲鈔錄原典籍文字疏誤，致使所錄著者姓名不可據依。

（四）其他疏誤

除了上述所論《小學考》的諸種疏誤以外，由於其書出自衆手，耗時數年，錯鈔筆誤，各種疏誤，在所難免。這些疏失涉及到多個方面，像徵引原文、著錄存佚、標署出處等，我們在本節總括爲「其他疏誤」，予以討論：

㈠《小學考》著錄《守温三十六字母圖》一卷，云採自《通志》，其後摘引郑樵《通志》敘錄原文，其文起於「切韻之學起自西域」，迄於「學者誠不可忽也」一段，作爲本條提要之語。案：《小學考》所引鄭樵原文，實乃《通志》總論「音韻」的敘錄，爲《七音略》之總綱，而非專論《三十六字母圖》之文，謝啓昆引文有誤。（卷三十一僧守溫《三十六字母圖》條）

㈡《小學考》著錄李舜臣有《古文考》《籀文考》二書，並有李氏《古文考序》，《籀文考》無序。二書今已佚。案：李舜臣撰有《古文考序》《籀文考序》二篇，均載於其文集《愚谷集》卷二十六。《小學考》所錄《古文考序》實爲《籀文考序》，另有一篇《古文考序》，於書中失收。（卷二十五《古文考》《籀文考》條）

㈢《小學考》著錄元陳元吉《韻海》，引李惠序文，云採自《全蜀藝文志》。是書今已佚。案：今核《全蜀藝文志》無此篇序文，而序文卻載於元袁桷《清容居士集》卷二十二。該篇序文實應爲袁桷所撰，不知《小學考》何以誤署爲李惠。（卷三十四陳元吉《韻海》條）

案：上述三例爲《小學考》摘錄引文的疏誤，例㈠所鈔文字與原題目無關涉；例㈡誤鈔序文，張冠李戴，真正屬於本書的序文則失於收錄；例㈢弄錯序文之撰人、出處。均應是正。

㈣《小學考》收錄邢昺《爾雅疏》十卷，云出自《宋史·藝文志》，署作「佚」。案：邢昺《爾雅疏》爲十三經注疏之一種，現存各種經疏本中邢昺之疏赫然在列。又邢疏單刻本亦尚存世，阮元刻《十三經注疏》，即嘗用宋刊單疏本作爲校勘。《小學考》稱其佚，大誤。（卷三邢昺《爾雅疏》條）

㈤《小學考》著錄梁周興嗣《千字文》一卷，引《隋書·經籍志》著錄，署作「佚」。案：梁周興嗣嘗奉武帝詔命，截取王羲之所書字樣，新編爲四字韻語，以「天地玄黃，宇宙洪荒」爲句，共二百五十句，供幼童誦讀。後來歷代名家書法甚衆，至今流傳甚廣，與《三字經》《百家姓》共稱爲「三百千」。若論周氏書法真迹不存於世尚可，若論其正文内容，則完整地保存於諸家書法作品之中。《小學考》以收錄正文爲標準，謂之「佚」，實爲不確。（卷十四周興嗣《千字文》條）

案：上述二例，《小學考》將現今存世著作標署爲佚，實屬有誤。

㈥《小學考》著錄鄭介夫《韻海》，云採自《千頃堂書目》，今已佚。案：考《千頃堂書目》無此書。是書見於《明一統志》卷四十三、《大清一統志》卷二百三十三、《萬姓統譜》卷一百七載錄，其云鄭介夫「開化人，號鐵柱，性剛直敢言，著《韻海》」。（卷三十四鄭介夫《韻海》條）

㈦《小學考》著錄李軌《周禮音》、王曉《周禮音》、戚衮《周禮音》，諸書均已佚，而不標署出處。案：上述諸書並見陸德明《經典釋文敘錄》所載。《小學考》不署出處，閲讀者無從獲取其信息[二]。（卷四十六李軌《周禮音》、王曉《周禮音》、戚衮《周禮音》條）

案：上述二例均爲標署原書出處的疏誤，《小學考》或誤署出處，爲讀者提供錯誤信息；或全不標注出典，不提供原文出處信息，這都會直接影響到該書的使用。

《小學考》一書中還有一些非常明顯的鈔錄文字的疏失，像文字的錯訛、脱落、增衍，均未能避免，我們在校點本書時都隨文進行校勘，收錄入校勘記中，因爲條目過於瑣細，讀者可以參考具體各條，在此就不一一進行考論了。

綜上所述，我們以舉例的方式對《小學考》作了較爲詳細的分析，至此我們對該書可以有一個總體的定位：首先，《小學考》作爲一種全面著錄中國傳統小學著述的書錄，彙聚了自秦漢迄清乾嘉時代爲止的小學類書目，從書名、卷帙、撰人、學術品評等方面予以整體著錄，反映了小學類著作的總量，提供了較充足的學術信息，鈎勒出學術的發展概貌，對於研究中國傳統小學的發展大有裨益。這是其重要的學術價值，也是現代學者重視其書的原因所在。然而《小學考》又是一種瑕瑜並存的著作，它以數人之力、數年之功，欲反映數千年的小學著述概況，勢有所難，故其自身存在各種闕失，涉及諸多方面，使該書的學術价值有所影响，这就要求我們在使用时要小心謹慎，認真鑒别。因此我們對《小學考》一書既要重視其學術價值，也不能拘泥於該書的限制，注意研究其得失優缺，做到揚長避短，以求其實，避免盲目信從，以致造成學術研究的桎梏。

[二] 案：《小學考》於已佚之書而未署出處的例子數量不少，像卷十三陸善經《新字林》、卷十四吕裁之《千字文》、卷四十五李恕《毛詩音訓》諸條，都是原書已佚，而不署明出處。

五、《小學考》的繼作與刊本

《小學考》一書開編撰歷代小學類書目之先河，彙集清乾隆以前歷代小學類著述於一書，頗便於研讀者使用，因而自其問世以來，在學術界影響甚勝，後世摹仿其體例繼編者屢有其人。清郭昭文嘗編《小學考補目》，今存鈔本。清胡元玉編《雅學考》，增補了有關《爾雅》類著述書目；黎經誥編《許學考》、丁福保編《說文書目》、臺灣學人林旲三英編《小學考文字類續補》（臺北蘭臺書局，一九七五年），又增補了文字類著述書目。這些著作均已刊行傳世。當代浙江學者譚耀炬編著《小學考聲韻》（中國文史出版社，二〇〇二年），對是書的聲韻部分進行校勘注釋，補充收錄了一些《小學考》漏略之書。本書校點者之一的李文澤曾經編著《宋元語文學著述考錄》（四川大學出版社，二〇〇三年），對宋遼金元三百年間涉及小學類的專著書目搜羅殆盡，分編更爲科學，反映了該時期的語文學著述總貌。這些著述應該說都是在受到《小學考》的啓發，或是以該書作爲基礎，利用謝氏的前期成果而作的進一步完善，由此也足以彰顯謝啓昆是書的學術價值。

近年來對謝啓昆及其《小學考》的評論著作也時時見諸記載，例如：吴中勝《謝啓昆生平著述考略》（載江西《贛南師範學院學報》，二〇〇四年二期）；尚小明《學人游幕與清代學術》在第二章專門論及謝啓昆及其幕客（社會科學出版社，北京：一九九九年）；曾昭聰《小學考的學術價值——兼評譚耀炬〈小學考聲韻〉校注本的貢獻》（載浙江《紹興文理學院學報》，二〇〇三年八月，第二三卷，第四期）；趙麗明《小學考的編撰及其學術價值》（載姚小平編《馬氏文通與中國語言學史》，北京：外語教學與研究出版社，二〇〇三年）。都從不同角度對《小學考》及其編纂者進行了分析研究，比較公允地評價了《小學考》所具有的學術價值及其相關闕失。

《小學考》的刊本，最早者應爲清嘉慶刊本。嘉慶七年，《小學考》定稿以後，方欲付梓，不幸謝氏遽捐館舍，雕版之事遂告寢罷。至嘉慶二十一年（一八一六年），其子謝學崇出守歸德，始爲出資刊刻付印，然而又以「中多魚魯，尚待校讎」，而「未肯廣爲流傳」，書版藏於家中，不意藏版於道光二十八年（一八四八年）毁於回祿之災，故嘉慶刊本爲世所罕見。咸豐元年（一八五一年），其孫謝質卿以重價輾轉購求，偶然獲得了嘉慶刊本，如獲至寶，亟請蔣湘南爲之校勘一過，復刊版付印，於咸豐二年蕆事。其後光緒十年，浙江書局又據咸豐刊本重刻，版式一仍其舊，僅改正了原書的部分錯訛字，於光緒十四年出版。一九九六年上海漢語大詞典出版社即據光緒刊本影印出版，延請虞萬里先生爲作序文。另外又有光緒十五年上海鴻文書局石印本，其底本亦出自咸豐刊本，此本由江蘇廣陵刻印社一九八七年影印出版。

現今存世之本以光緒十四年刊本及其影印本較爲常見，咸豐刊本已不多見。

校點凡例

一、校點本《小學考》以清咸豐謝質卿刊本作爲底本，校以清光緒十四年浙江書局刊本（簡稱「光緒刊本」），並核查參校書中所涉各類史志、書錄、文集、方志中的原始資料，是正錯訛，補充闕佚，力圖爲讀者提供一種信實可徵的文本。

二、全書採用新式标點，繁體豎排，每頁分上下雙欄。

三、本書的校勘，凡屬原書之文字錯訛及載錄疏誤，均予出校是正，校記符號置於當校句子之末，各卷校记文字彙集于該卷末，便于查閱。

四、原書卷首刊列署銜「資政大夫、兵部侍郎兼都察院右副都御史、巡撫广西臣謝啟昆恭錄」一行文字，各卷末附有校點人姓名，在校點本中一並刪去。

五、原書凡涉及清代皇帝所撰令旨、序文，均採用高出正文二格的格式，以示尊崇，校點本則改與他卷相同。原書編者「按語」低於正文二格，與正文相區分，校點本也按原本式樣，低正文二格。

六、原書正文中夾有雙行小字注釋，今改爲小號字體，單行排於正文之下；原注文中更有雙行小注，以其字體太小，不便於閱讀，今改同注文字體，加括號標注。

七、原書使用了較多異體字、避諱字，除特殊情形，異體字一般改爲通行規範字體；避諱字如果不影響正文內容，一般不予迴改。玆列舉部分異體字、避諱字於下：

異體字

（前爲正字，後爲異體字）

著—箸　和—咊　罕—罕　修—脩（束脩除外）

博—愽　撰—譔　怪—恠　創—剏

懼—愳　搜—挍　深—滚　稱（說）—偁（説）

然—肰　藝—蓺　肯—肎　年—秊

亡—亾　答—荅　淳—湻　胸—曾

譜—譛　去—厺　繁—緐　越—逑

晁—鼂

避諱字

（前爲正字，後爲避諱字）：

玄—元、玄—玄、糸—糹

禎—正、弘—宏

八、《總目》的體例以卷爲單位集中著錄各種書目。

於書目下以數字加括號標署該著作在書中的具體頁碼。

九、校點本於正文後有附錄，收錄光緒刊本俞樾序跋、《清史列傳》所載謝啓昆傳（節錄），並附有著者人名檢索表，供讀者查閱。

小學考總目

小學考卷九……一三〇

小學考卷十四

小學考卷十五……二四三

小學考卷二十五……三七九

小學考卷二十六……三九六

小學考卷二十七……四一四

小學考卷二十八

小學考卷二十九

小學考卷三十……四六一

小學考卷三十五……五四八

小學考卷三十六……五六五

小學考卷三十七……五八〇

小學考卷三十八……五九六

小學考卷四十七……七一二

小學考卷五十……七五〇

附録

後記

人名索引

小學考總目終

小學考卷一

敕撰一

康熙字典

四十二卷

聖祖仁皇帝御製序曰：《易傳》曰：「上古結繩而治，後世聖人易之以書契，百官以治，萬民以察。」《周官》外史掌達書名於四方，保氏養國子，教以六書，而考文列於三重，蓋以其爲萬事百物之統紀，而足以助流政教也。古文篆隸，隨世遞變，至漢許氏，始有《說文》，然重義而略於音，故世謂漢儒識文字而不識子母。江左之儒識四聲而不識七音，七音之傳，肇自西域，以三十六字爲母，從爲四聲，橫爲七音，而後天下之聲總於是焉。嘗考《管子》之書所載，五方之民，其聲之清濁高下，各象其川原泉壤淺深廣狹而生，故於五音必有所偏，得則能全，備七音者鮮矣。此歷代相傳，取音者所以不能較若畫一也。自《說文》以後，字書善者，於梁則《玉篇》，於唐則《廣韻》，於宋則《集韻》，於金則《五音集韻》，於元則《韻會》，於明則《洪武正韻》，皆流通當世，衣被後學。其傳而未甚顯者，尚數十百家。當其編輯，皆自謂毫髮無憾，而後儒推論，輒多同異，或少收之字繁省失中，或所引之書濫疏無準，或字有數義而不詳，或音有數切而不備，曾無善兼美具，可奉爲典常而不易者。朕每念經傳至博，音義繁賾，據一人之見，守一家之說，未必能會通罔缺也。爰命儒臣，悉取舊籍，次第排纂，切音解義，一本《說文》《玉篇》，兼用《廣韻》《集韻》《韻會》《正韻》，其餘字書，一音一義之可采者，靡有遺逸。至諸書形證未備者，則自經史百子，以及漢晉唐宋元明以來詩人文士所述，莫不旁羅博證，使有依據，然後古今形體之辨、方言聲氣之殊，部分班列，開卷了然，無一義之不詳，一音之不備矣。凡五閱歲而其書始成，命曰《字典》，於以昭同文之治，俾承學稽古者得以備知文字之源流，而官府吏民亦有所遵守焉。是爲序。康熙五十五年閏三月十九日。

康熙四十九年三月初九日，上諭南書房侍直大學士陳廷敬等：朕留意典籍，編定羣書，比年以來，如《朱子全書》《佩文韻府》《淵鑒類函》《廣羣芳譜》，並其餘各書，悉加修纂，次第告成。至於字學，並關切要，允宜酌訂一書。《字彙》失之簡略，《正字通》涉於泛濫，兼之各方風土不同，南北音聲各異，司馬光之《類篇》

分部或有未明，沈約之《聲韻》後人不無訾議，《洪武正韻》雖多駁辯，迄不能行，仍依沈韻。朕嘗參閱諸家，究心考證，凡蒙古、西域、洋外諸國，多從字母而來，音由地殊，難以牽引。大抵天地之元音發於人聲，人聲之象形寄於點畫，今欲詳略得中，歸於至當，增《字彙》之闕遺，删《正字通》之繁冗，勒爲成書，垂示永久。爾等酌議式例具奏。

《皇朝通志》曰：臣等謹按，天地之元音發於人聲，人聲之象形寄於點畫。前聖作書，江从工，河从可，霜从相，靄从彗，即韻之萌芽。古人命物，日者實，月者缺，水者準，準，古音之水切。火者燬，火，古音虎偉切。亦韻之寄寓。自古韻失傳，《正字通》率用音和，而於字母淵源，茫然未解，以致幫滂莫辨，曉匣不分，貽誤後學，爲害匪淺。我聖祖仁皇帝以字學並關切要，特命纂集字典一書，所用翻切，悉依《唐韻》《廣韻》《集韻》《韻會》《正韻》爲主，同則合見，異則分載。其或此數書中所無，則參以《玉篇》《類篇》《五音集韻》等書。又或韻書所無，而經傳《史》《漢》《老》《莊》諸書音釋所有者，亦行采入。如字有兼數音，則先詳正音，次列轉音，再次列以叶音，或某字通及某字同者，無不臚陳訓義，辨析微芒。集古今切韻之大成，合天地中和之元氣，後之言音切者，莫能出乎範圍已。

《四庫全書提要》曰：古小學存於今者，惟《説文》《玉篇》爲最舊。《説文》體皆篆籀，不便施行。《玉篇》字無次序，亦難檢閱。《類篇》以下諸書，則惟好古者藏弆之，世弗通用，所通用者率梅膺祚之《字彙》、張自烈之《正字通》，然《字彙》疏舛，《正字通》尤爲蕪雜，均不足依據。康熙四十九年，乃諭大學士陳廷敬等删繁補漏，辨疑訂譌，勒爲此書。仍兩家舊目，以十二辰紀十二集，而每集分三子卷，凡一百一十九部，冠以總目、檢字、辨似、等韻各一卷，殿以補遺、備考各一卷。部首之序，以畫之多寡爲序，部中之字亦然。每字之下，則先列《唐韻》《廣韻》《集韻》《韻會》《正韻》之音。《唐韻》久佚，今能一一徵引者，徐鉉校《説文》所用即《唐韻》之翻切也。次訓釋其義，次列别音、别義，次列古音，均引證舊典，詳其始末，不使一語無稽。有所考辨，即附於注末。又每字必載古體，用《説文》例；改從隸書，用《集韻》例；兼載重文、别體、俗書、譌字，用《干禄字書》例；皆綴於注後，用《復古編》例；仍從其字之偏旁，别出於諸部，用《廣韻》互見例。至於增入之字，各依字畫多寡，列於其數之末，則

《說文》之新附、《禮部韻略》之降例也。其補遺一卷，收稍僻之字，備考一卷，收不可施用之字，凡古籍所載，務使包括無遺。蓋拘泥古義者，自《說文》九千字外，皆斥爲僞體，遂至「音韻」必作「音均」、「衣裳」必作「衣常」，韓愈書爲「韓瘉」，諸葛亮書爲「諸葛諒」，動生滯礙，於事理難通，固爲不可。若夫孫休之所自造，王起之所未識，傅奕之稱湼人，段成式之作䄛字，皆考之古而無徵，用之今而多駭。存而并列，則通儒病其荒唐；削之不登，則淺儒疑其掛漏。別爲附録，等諸外篇，尤所謂去取得中，權衡盡善者矣。御製序文謂「古今形體之辨，方言聲氣之殊，部分班列，開卷了然，無一義之不詳，無一音之不備」，信乎六書之淵海，七音之準繩也。

欽定西域同文志

二十四卷

高宗純皇帝御製序曰：歲庚午，既定《同文韻統》，序而言之，蓋以梵音合國書切韻，復以國書切韻叶華音字母，於是字無遁音，書皆備韻，微特支那咒語，窔奥可探，而且寰寓方言，拘墟盡釋。兹者西域既平，不可無方略之書，然準語、回文，非纂輯文臣所曉，是宜示之綱領，有所遵循，俾無踳駁舛訛之虞。因以天山南路準部、回部、並西藏、青海等地名、人名諸門，舉凡提要，始以國書，繼以對音漢文，復繼以漢字三合切音，其蒙古、西番、托忒、回字〔一〕，以次綴書。又於漢文下詳注其或爲準語，或爲回語，於是兀格蟀自之言，不須譯鞮象寄，而凡識漢字者，莫不通其文解其意，瞭若列眉，易若指掌。書既成，名之曰《西域同文志》。同文云者，仍闡韻統之義，而特加以各部方言，用明西域紀載之實，期家喻户曉，而無魚魯毫釐之失焉。然嘗思之，天高地下，人位乎其中，是所謂實也，至於文，蓋其名耳。實無不同，文則或有殊矣。今以漢語指天則曰天，以國語指天則曰阿卜喀，以蒙古語、準語指天則曰騰格里，以西番語指天則曰那木喀，以回語指天則曰阿思滿。令回人指天以告漢人曰此阿思滿，漢人必以爲非。漢人指天以告回人曰此天，則回人亦必以爲非。此亦一非也，彼亦一非也，庸詎知孰之爲是乎？然仰首以望昭昭之在上者，漢人以爲天而敬之，回人以爲阿思滿而敬之，是即其大同也。實係同，名亦無不同焉，達者契淵源於一是，昧者滯名象於紛殊。是志也，將以納方俗於會極，祛羣疑之分畛，舉一例凡，豹鼠易辨，即世道人心，豈云無裨益哉！

《皇朝文獻通考》曰：謹按：是書二十四卷，又凡例、總目一卷。分門四：曰地，曰山，曰水，曰人。分部四：曰天山北路準噶爾部，曰天山南路回部，曰青海，曰西番。其體例則每條首列國書以爲樞紐，次以漢字詳注名義，次三合切音，次蒙古字，次西番字，次托忒字，次回字。如本條係準語，則以托忒字爲主，而西番、蒙古、回字惟取對音；本條係回語，則以回字爲主，而西番、蒙古、托忒字惟取對音。循環毗附，音義咸審。仰見聰明天縱，於異俗殊音，無不洞徹源流，同條共貫，聖德神功，允超三古，天下一家之盛，真無有過於今日者矣。

《四庫全書提要》曰：乾隆二十八年奉敕撰。先是乾隆二十年，威弧遥指，戡定伊犁，續又削平諸回部，崑崙月窟，咸隸黄圖，琛賮旅來，狄鞮重譯。乃命考校諸番文字，定著是編〔二〕。其部族之别曰天山北路，曰天山南路，曰青海，曰西番。其門目之别曰地，曰山，曰水，曰人。其文字之别，首列國書以爲樞紐，次以漢書詳注其名義，次以三合切音曲取其音聲，次列蒙古字、西番字、托忒字、回字，排比連綴，各注其譯語對音，使綱舉目張，絲連珠貫。考譯語之法，其來已久，然《國語》《左傳》稱謂之舌人，特通其音聲而已，不能究其文字。《左傳》稱楚人謂乳爲穀，謂虎爲於菟〔三〕，《穀梁傳》稱吴人謂善爲伊，謂稻爲緩，亦於附近中國者通其聲音之異，非於遐荒絶域，識其書體，辨其音讀也。惟《隋志》載有《蕃爾雅》，其書不傳，度其所載，亦不過天曰撑犁、子曰孤塗之類，未必能知旁行右引之文。且書止一卷，疏略尤可想見。又《輟耕録》載元杜本編五聲韻，自大小篆分隸真草以至外蕃書、蒙古新字，靡不收録，題曰《華夷同音》，然統以五聲，則但能載其篆字，不能聯貫以成文。且外國之音，多中國所不具，而本以中國之字領韻，乖舛必多。蓋前代帝王聲教未能遠播，山川綿邈，輾轉聞見，不免於譌漏。有元雖混一輿圖，而未遑考正其文字，杜本以山林之士，區區掇拾，亦未能通其語言。我國家重熙累洽，含識知歸。我皇上又神武奮揚，濛汜以東，皆爲屬國，雁臣星使，來往駢闐，既一一諳其字形，悉其文義，迨編摩奏進，又一一親御丹毫，指示改正，故能同條共貫，和會諸方，一展卷而異俗殊音，皆如面語。非惟功烈之盛，爲千古帝王所未有，即此一編，亦千古帝王所不能作矣。

御定清文鑑

三十二卷，又補編四卷、總綱八卷、補總綱二卷

高宗純皇帝御製序曰：稽古語言文字之傳，不能不隨方隨時，代爲變易，將欲觀其會通，惟音義兩端爲之樞筦。獨是施之於繙譯，則以字之不得其音而舛者，亦以字之强索其義而逾舛。嚮評《通鑑輯覽》糾前史譯本失真，則有校正金、元《國語解》之命，及製《西域同文志序》諸作，復連類而引伸之。兹增訂《清文鑑》告竣[四]，並爲啚厥指，以詔來者。夫字之不得其音者，如明安之爲猛安，穆昆之爲謀克，猶云對字未叶耳。甚者乃因字法以寓褒譏，如金字書烏珠、兀术，貝勒爲勃極烈，或爲孛堇者是也。且同一蒙古人名，於膺世爵者則書羅卜藏，於隸灋牘者則書羅卜贜，沿流至今未改，不綦誕乎。至以字文强索其義者，如蒙古語鄂博特，堆砌之統詞，而曲説者以鄂爲嵯峨之峨，博爲軷祭之軷，自詡語出經傳，究之求其義而不得，遂並其音而失之，不愈盭乎。蓋對音本無義也，即如國語稱天曰阿卜喀，蒙古語則曰騰格哩，西番語則曰那木喀，回部則曰阿思滿，以漢文求之，皆無義之可索。且以漢文天字，設用國書合音，則字當云梯煙，夫梯煙寧有義乎？豈梯必梯磴之梯，而煙必煙霄之煙乎？穿鑿者又將謬解爲梯煙而上爲天之義，可乎？蓋嘗推而論之，前代之主，其不暇兼治漢文者，既一任夫承僞襲謬而莫之正，而兼治漢文者，乃轉爲漢文所牽掣，而不克博訂方言之異，精研聲律之元，譬諸以水濟水，誰能食之，非虛語也。洪惟皇祖聖祖仁皇帝神靈天亶，制度考文於列祖，創垂國書，廣大精微，貫弗賅洽，《御定清文鑑》全函，折衷大備。惟當時編纂諸臣，依國語分類排纂，未列三合切音，漢字注中間采經傳成語，以佐訓詁，日久易啓傅會穿鑿之習。朕志切紹聞，指授館臣，詳加推覈，每門首著國語，旁附漢字對音，或一字、或二合、或三合切音，俾等量者不爽毫髮，而字之淆於不得其音者尠矣。詮釋具以日用常言，期人共曉其俗解，摭拾陳編章句及以之乎者也爲文者悉汰之，而字之汩於强索其義者，抑又尠矣。綜計續入新定國語五千餘句，若古官名、冠服器用、鳥獸花果等有裨參考者，別爲補編，繫之卷末。庶幾嘉與我子孫臣民，可以同文，可以傳世而行遠。是爲序。乾隆三十六年十二月二十四日。

《皇朝文獻通考》曰：謹按：乾隆三十六年，皇上既命增訂聖祖仁皇帝御撰《清文鑑》，補注漢字，各具翻切釋文，而蒙古字猶未備列，乃復命廷

臣續定是編。以國語與蒙古書、漢書貫通爲一〔五〕，互相音釋，每國語一句，必備載蒙古、漢語以明其義，復以蒙古、漢字與國語對音，以定其聲。或漢字聲所無者，則三合以取之；蒙古字聲所無者，則分各種讀法寫法收法以取之。貫穿益爲精密，而稽覽更極詳明，是皆賴帝學淵深，務綜其備，俾讀者得以舉一知三，巍乎焕乎，允昭萬世敷文之極已！

《四庫全書提要》曰：《清文鑑》三十二卷、《補編》四卷、《總綱》八卷、《補總綱》二卷，乾隆三十六年奉敕撰。我國家發祥長白，實金元之舊疆。《金史·章宗本紀》載，明昌五年以葉魯谷神使製國字，詔依倉頡立廟例，祀於上京。又《選舉志》稱，進士科以策論試國人，用國字爲程文。陶宗儀《書史會要》則稱金太祖命完顔希尹撰國字。其後熙宗亦製字並行，希尹所製謂之大字，熙宗所製謂之小字。其字體波磔繁密，頗類籀文。當時必有是書，今已無考。惟趙崡《石墨鐫華》所載天會十二年《都統經略郎君行記》一篇，僅存其形制而已。蓋有元一統之後，其法漸不傳也。我太祖高皇帝肇建丕基，命巴克什額爾德尼以蒙古字聯綴國語成句，尚未別爲書體。太宗文皇帝始命巴克什庫爾纏創造國書，以十二字頭貫一切音，因音而立字，合字而成語，今内閣所貯舊籍今謂之老檔。即其初體。厥後增加圈點，音義益詳，亦如籀變小篆，隸變八分，踵事而增，以日趨於精密。我聖祖仁皇帝慮口傳筆授，或有異同，乃命別類分門，一一排纂，勒爲《清文鑑》一書，以昭法守，惟未及音譯其文。皇上復指授館臣，詳加增定，爲部三十有五，子目二百九十有二。每條皆左爲國書，右爲漢語，國書之左譯以漢音，用三合切音，漢書之右譯以國書，惟取對音，以國書之聲多漢字所無，故三合以取之，漢字之聲則國書所具，故惟用直音也。至於欽定新語，一一載入，尤爲詳備。蓋字者孳也，許慎《説文》九千餘字，李登《聲類》已增至一萬一千五百二十字，按：《聲類》今無其書，此據封演《聞見記》。陸法言《切韻》一萬二千五十六字，陳彭年等《重修廣韻》已增至二萬六千一百九十四字，呂忱《字林》、丁度《集韻》以下更莫能殫記。是由名物日繁，記載遂不能不備，聖人制作，亦因乎勢之自然，爲事之當然而已。伏而讀之，因漢文可以通國書，因國書可以通漢文，形聲訓詁，無所不具，亦可云包羅巨細，辨別精微者矣。書中體例，兼列字體、字音，宜入訓詁類中，然譯語得音，騈音爲字，與訓詁之但解音義者不同，故仍列諸字書類焉。

御定滿洲蒙古漢字三合切音清文鑑

三十三卷

《皇朝文獻通考》：謹按是編因太宗文皇帝命巴克什庫爾纏創造國書，以十二字頭貫一切音，厥後日趨精密，音義益詳。聖祖仁皇帝慮口傳筆授，或有異同，乃輯《清文鑑》一書，而音譯則未之及。皇上復親加訂定，凡三十有五部，子目二百九十有二，每條以國書爲綱，左列漢字切韻，右列漢語，又右則音以國書，而欽定新語悉皆載入，尤徵詳備，信能包羅萬象，綜括七音。同文之盛軌，蔑以加於此矣。

《四庫全書提要》曰：《滿洲蒙古漢字三合切音清文鑑》三十三卷，乾隆四十四年奉敕撰。初，聖祖仁皇帝敕撰《清文鑑》，皇上既命補注漢字，各具翻切釋文，嗣以蒙古尚未備列，因再命詳加考校，續定是編，以國書爲主，而貫通於蒙古書、漢書。每國語一句，必兼列蒙古語一句、漢語一句，以明其義，又以蒙古漢字各對國語之音，以定其聲。漢字之音不具，則三合以取之；蒙古字之音不具，則分各種讀法、寫法、收法以取之。經緯貫穿，至精密而至明顯，循文伏讀，無不一覽了然。考《遼史・太祖本紀》稱，神册五年始製契丹大字，天贊三年詔礱闢遏可汗故碑以契丹、突厥、漢字紀其功云云〔六〕。然則三體互通，使彼此共喻，實本古義。許慎作《説文》，小篆之下兼列籀文、古文，以互證其事。揚雄作《方言》，每一語一物亦具載某地謂之某，以互證其語。則三體彙爲一編，使彼此相釋，亦因古例，用達書名於四方，雖成周大同之盛，亦無以逾於斯矣。

臣謹按：編修臣汪師韓《韓門綴學》曰：清書之未作也，天聰崇德，間曾借用蒙古字，其後學士達海修飾蒙古字，加以圈點而撰清文。復恐授受有訛，更爲搜輯舊語，製爲《清文鑑》一書頒行，凡分三十餘門、二百餘類。嘗考《元史》，元初用畏吾字，後乃製蒙古新字，謂之國字。其字僅千餘，其母四十有一。又有韻關之法，謂其相關紐而成字也；有語韻之法，謂其以二合、三合、四合而成字也，而大要以諧聲爲宗，帝師八思巴傳中載之詳矣。然觀唐荊川《稗編》所載

《百家姓》蒙古文及趙子函《石墨鐫華》所載元聖旨碑文，顧氏《金石文字記》蒙古字碑尚有長清縣靈巖寺三通。元之國字形如梵書，與今所行蒙古字樣迥然不同。今之蒙古字，其創始無由考也。至於清書音義，合諸《金史·國語解》，符合者十得六七，然金書流傳至今者，若《都統郎君經略行記》碑文，但如孟珙所稱似笛譜字者耳。《金史》完顏希尹本名谷神。金人初用契丹字，太祖命希尹撰本國字備制度，希尹乃依倣漢人楷字，因契丹字制度合本國語，製女直字。天輔三年八月字書成。其後熙宗亦製女直字，與希尹所製字俱行用。希尹所撰謂之女直大字，熙宗所撰謂之小字。王弇州《四部稿》有《跋旅獒卷》一則曰：「余於燕中邂逅王太常汝文，談諸譯人多精於其國書者，乃以《旅獒》『明王慎德』至『所寶惟賢，則邇人安』百六十五字令書之，得九紙，爲西天、女直〔七〕、韃靼、高昌、回回、西番、百夷、緬甸、八百媳婦，大約多類籀草。至西天獨雄整，女直有楷法而少繁複，不知其爲陳王谷神所製否也。」觀此，則明之中葉其書猶沿襲爲之。考都統郎君碑刊自天會十二年，當即谷神所撰大字，而弇州所見則其爲大字、小字，不可得詳矣。清書乃榜式達海、達亦作大。榜式額爾德尼之所作，榜式乃賜號，亦作巴克式，猶云儒者。與金書語同而字異。或有謂清書仍其舊者，此不知古，亦不知今也。又按清書十二字頭，十二篇，非十二字也。首曰阿額伊鄂烏，此以元聲爲自鳴字母〔八〕，與金尼閣《西儒耳目資》所立了額衣阿烏五字母相合。若蒙古字則以司字爲首。元有著《東園友聞》者不知名字。曰：「杜清碧先生本以翰林待制聘至杭日，順帝召爲翰林待制，至杭州以疾辭。有所編五聲韻，自大小篆隸以至化外蕃書及國朝蒙古新字，靡不收録，題曰《華夏同音》。一日康里子山平章公夔夔見訪，語及聲律之學，因問國字何以用司字爲首，先生答曰：『正如嬰兒初墮地時，作此一聲，乃得天地全氣也。』平章甚善其說。」杜本字伯原，清江人，其集名《清江碧嶂集》，著有《六書通編》，又嘗輯《谷音》二卷。「司」乃咬齒之音，謂得天地全氣說猶未當。按人之始生，開口曰阿，轉聲曰額，再轉曰伊、曰鄂、曰烏，五者不學而能，斯真天地元音矣。

小學考卷一終

校記

〔一〕回：原作「四」，據四庫本《欽定西域同文志》卷首載乾隆序改。

〔二〕定著：原作「字著」，據《四庫全書總目》卷四一《欽定西域同文志》提要改。案：光緒刊本已改。

〔三〕於菟：原脱「於」字，據右引書補。案：光緒刊本已補。

〔四〕增訂：原脱「訂」字，據四庫本《御製增訂清文鑑》卷首載乾隆序補。

〔五〕貫通：原脱「通」字，據《皇朝文獻通考》卷二一八《清文鑑》條補。

〔六〕突厥：原作「故厥」，據《四庫全書總目》卷四一《滿州蒙古漢字三合切音清文鑑》提要改。案，以三體字立碑，事見《遼史》卷二《太祖紀》。

〔七〕女直：原脱「直」字，據明王世貞《弇州四部稿》卷一三二《跋外國書旅獒卷》補。

〔八〕元聲：原作「喉聲」。案：「阿額伊鄂烏」五音即現代語音學所稱之單元音韻母，古人謂之「元聲」。「喉聲」乃傳統三十六字母之「喉音」，即現代語音學之聲母。今改。又，光緒刊本已改作「元聲」。

小學考卷二

敕撰二

欽定音韻闡微

十八卷

世宗憲皇帝御製序曰：聲音之道微矣，天地有自然之聲，人聲有自然之節。古之聖人得其節之自然者而爲之，依永和聲，至於八音諧而神人和，胥是道也。文字之作，無不講求音韻，顧南北異其風土，古今殊其轉變，喉舌唇齒、清濁輕重之分辨在毫釐，動多訛舛，樊然淆混，不可究極。自西域梵僧定字母爲三十六，分五音以總天下之聲，而翻切之學興。儒者若司馬光、鄭樵皆宗之，其法有音和、類隔、互用、借聲[一]，類例不一，後人苦其委曲繁重，難以驟曉，往往以類隔互用之切改從音和，而終莫能得其原也。我聖祖仁皇帝亶聰首出，天地萬物之奥、律曆象數之秘，靡弗心解神會，洞徹本原。以國書合聲之法出於自然，足以盡括漢文翻切之要妙也，於是指授大學士李光地擬定條例節目，俾諸生王蘭生纂輯之，後復以尚書徐元夢董其成。始自康熙五十四年，迄今十載奏竣，命之曰《音韻闡微》。蓋其爲法也，緩讀則成二字，急讀則成一音，在音和中尤極其和，總出於人聲之自然，而無所勉强，洵爲簡易明曉，從來翻切家所莫及，而講求音韻者習之，良甚便也。雖然，此特就切韻言之耳，嘗觀《皇極經世書》律感呂而聲生，呂感律而音生，律呂倡和，相生不窮，以聲音統攝萬物之變。說者謂其以聲起數，以數合卦，而萬物之理備焉。我聖祖仁皇帝獨見音韻之本原，即用以審音定律，作樂崇德，其道舉無所不貫，蓋睿知淵通，更有極乎至微者，夫豈羣下所能仰窺萬一哉！雍正四年五月十八日。

李光地《覆發閲韻譜式樣劄子[二]》曰：本月二十四日，接王蘭生來札，内開六月二十日奉旨發閲《韻譜》式樣，臣反覆詳看其韻部次第及等切法律，皆有條理。蓋古今韻部，惟本朝十二字頭爲得天地之元聲，符三代之古法。今崑山樂工及士大夫識韻學者頗能辨其部分，有條不紊。然一概沿唐人之舊，以東冬江等爲弁首，終不如本朝字書冠之以ㄑ丶彡，其音與支微齊、魚虞、歌麻七韻相對，實能生餘韻，而不爲餘韻之所生。推之切字，則亦能切餘韻，而不爲餘韻之所切。臣愚陋無知，常竊以爲聖人復起不能易也。今若修唐韻，自應且仍其舊，不必更張，至修今韻，似應以本朝字書爲根柢，一如發下《韻譜》次第，匪獨昭我文明，誠爲與古符契，伏候聖裁。至三十六等母以見溪爲先，本朝字書則以影喻爲先，意作等韻者置喉音於後，以寓歸根還原之意。然亦不如字書揭之於首之爲當也。此一事則或且仍等韻，先見溪羣疑，或遂先之以影喻曉匣，似乎兩可，伏候聖裁。王蘭生又將所承旨諭高麗回回喇嘛諸國音韻與古法合者詳寫來説，益信元音天籟，薄海同歸，非皇上天亶聰明，好問好察，孰能博采殊方異域之言語文字，以驗此理之同哉？恭遇神聖之朝，覩稽古考文之盛，臣不勝欣幸。中間有應商量數字，臣另寫字與王蘭生，俟其察明轉奏。臣謹具摺奏覆。

《皇朝通志》曰：謹按《御製音韻闡微》一書，平上去各分六部，而入分三部，皆與國書十二字頭之部分相對。韻中同音之字，每音第一字注明其音，將舊翻切列於前，所擬合聲切列於後。其有係以「今用」二字者，因本母本呼，於支微魚虞數韻中無字者，則借仄聲或别部之字以代之，但開齊合撮之類，不使相淆。遇本韻影、喻二母無字者，則借本韻旁近之字以代之。於清母、濁母之分，不使或紊，其取音比舊相近也。有再借鄰韻影喻二母中字以協其聲者，則係以「協用」二字。有雖借鄰韻，並非影喻二母中字，其聲爲近而亦不甚協者，則係以「借用」二字。蓋漢文有音無字者多，又支微魚虞數韻並各韻影喻二母皆單音之字，不能合聲，欲得正音，必婉轉以求其相近。至於按韻分音，在於字母，三十六母内有一十三母重列者，故縱分二十三行，横分四等，平上去入以聲相符，脣喉齒舌以類相從。凡經史韻書中有音有字者，皆足以包之，各省風土之殊，古今音韻之變，亦有以界之。聖人之所以和順於道德而理於義，豈僅爲漢文審音之樞要哉！

《皇朝文獻通考》曰：謹按：是書首列韻譜，定四等之輕重，其部分一如官韻，而附載《廣韻》之子部以存其舊，然亦如冬鍾、虞模許附近通用，不礙施行。其翻切則準乎國書之合聲，仍前列舊音[三]，以考古讀云。

《四庫全書提要》曰：康熙五十四年奉敕撰，雍正四年告成。自漢明帝時，西域切韻之學與佛經同入中國，所謂以十四音貫一切字是也，然其書不行於世。至漢魏之間，孫炎創爲翻切，齊梁之際，王融乃賦雙聲，等韻漸萌，實闇合其遺法。迨神珙以後，其學大行，傳於今者，有司馬光《指掌圖》、鄭樵《七音略》、無名氏《四聲等子》、劉鑑《切韻指南》，條例日密，而格礙亦日多。惟我國書十二字頭，用合聲相切[四]，緩讀則爲二字，急讀則爲一音，悉本乎人聲之自然。證以《左傳》之「丁寧爲鉦」，「句瀆爲穀」，《國語》之「勃鞮爲披」，《戰國策》之「勃蘇爲胥」，於三代古法，亦復相協。是以特詔儒臣，以斯立準，首列韻譜，定四等之輕重。每部皆從今韻之目，而附載《廣韻》之子部，以存舊制，因以考其當合當分。其字以三十六母爲次，用韓道昭《五音集韻》、熊忠《韻會舉要》之例。字下之音，則備載諸家之異同，協者從之，不協者改用合聲，亦不遷就以求同。有心以立異，大抵以上字定母，皆取於支微魚虞歌麻數韻，以此數韻能生諸音，即國書之第一部也。以下字定韻，清聲皆取於影母，濁聲皆取於喻母，以此二母乃本韻之喉音，凡音皆出於喉而收於喉也。其或有音無字者，則借他韻他母之字相近者代之。有今用、協用、借用三例，使宛轉互求，委曲旁證，亦即漢儒訓詁某讀如某、某音近某之意。惟辨别毫芒，巧於比擬，非古人所及耳。自有韻書以來，無更捷徑於此法者，亦更無精密於此書者矣。

欽定同文韻統

六卷

高宗純皇帝御製序曰：粤自切韻字母之學興於西域，流傳中土，遂轉梵爲華，而中華之字不特與西域音韻攸殊，即用切韻之法比類呼之，音亦不備。於是有反切，有轉注，甚至有音無字，則爲之空圈，影附其音，浩若河漢，而其緒紛如亂絲。我國朝以十二字頭括宇宙之大，文用合聲切字，而字無遁音，華言之所未備者，合聲無不悉具，亦無不脗合。信乎同文之極則矣！間嘗流覽梵筴，華文筆授，充牣支那，而咒語不繙，取存印度本音，以傳真諦。顧緇流持誦，迥非西僧梵韻，是豈説咒不譯之本意耶？和碩莊親王當皇祖時面承《音韻闡微》要旨〔五〕，精貫字母，博涉明辨，爰命率同儒臣，咨之灌頂普善廣慈國師章嘉胡土克圖，考西番本音，溯其淵源，别其同異，爲之列以圖譜，係以圖説，辨陰陽清濁於希微杳渺之間，各得其元音之所在，至變而莫能淆，至賾而不可亂。既正貝葉流傳之訛謬，即研窮字母形聲之學者，亦可探波羅門書之窔奥，而破拘墟之曲見。書成，名之曰《同文韻統》，而著其緣起如此云。乾隆歲在庚午冬十二月既望，御筆。

《皇朝文獻通考》曰：謹按，是編卷一天竺字母譜，卷二天竺音韻翻切配合字譜，卷三西番字母配合字譜，卷四天竺西番陰陽字譜，卷五大藏經典字母同異考，卷六華梵字母合璧譜。蓋列天竺字母五十字以標經咒諸字淵源，列音韻翻切配合所成一千二百十二字各譜，以備經咒諸字聲。至唐古特字母另編一譜者，所以備番字音聲。其天竺、西番字，俱分陰、陽及可陰可陽三種。義例皆蒙我皇上敕示淵源〔六〕，使華語梵音同條共貫，所以敷四海而大一統者，宜其超軼三古也矣。

《四庫全書提要》曰：乾隆十五年奉敕撰。以西番字母參考天竺字母，貫合其異同，而各以漢字譯其音。首爲天竺字母譜，凡音韻十六字，翻切三十四字。次爲天竺音韻翻切配合十二譜，以字母音韻十六字，翻切三十四字，錯綜相配成一千二百一十二字。次爲西番字母配合十四譜，其字母凡三十，天竺所有者二十四，天竺所無西番所有者六，除與天竺同者所生之事亦同外，其六母所生之事凡四百三十有四。蓋佛經諸咒皆天竺之音，惟佛號地名多用西番之語，故別出以備用也。次爲天竺西番陰陽字二譜，各分陰字、陽字、可陰可陽字、可陽可陰字四例。次大藏字母同異譜，以欽定天竺字母爲經，而以僧伽波羅等十二字所譯字母爲緯，以互證其分合增減。次爲華梵字母合璧譜，則中西諸音，新舊諸法，一一條貫，集厥大成焉。其西域有是音，中國無是字者，悉以合聲之法取之，二合者即以二字並書，三合者即以三字並書。前有發聲，後有餘聲者，即以其字疊書。其中音有輕重者，則重者大書，輕者細書，併詳注翻切及喉牙齒唇舌諸音於下，皆辨別分寸，窮極毫芒。考聲韻之學，實肇於西域，自漢明帝時與佛書同入中國，以文字互異，故中國不行，其緣起僅見諸《隋書·經籍志》所謂十四聲貫一切字者，其法已不可詳。晉太始初〔七〕，沙門竺曇摩羅察譯《光贊般若經》，始傳四十一字母，其後諸生所譯互有異同，然皆自行於彼教。唐貞觀中，吐蕃宰相阿努始以西番字譯天竺五十字母，亦自行於彼土。自沙門神珙作《四聲五音九弄反紐圖》，收於《大廣益會玉篇》之末，始流入儒書。自鄭樵得西域僧《七音韻鑑》，始大行於中國。然西域之音無窮，而中國之字有數，其有音而無字者十之六七，等韻諸圖或記以虛圈，或竟爲空格，使人自其上下左右連類排比而求之，非心悟者弗能得也。故鄭樵《六書略》謂華有二合之音，無二合之字，梵有二合三合四合之音，亦有其字，因舉「娑縛」之二合，「囉馱曩」之三合，「悉底哩野」之四合爲證。沈括《夢溪筆談》亦謂梵語「薩嚩訶」三字合言之，即《楚詞》之「些」字。然括無成書，樵所作《七音略》於無字之音仍爲空格，豈非知其法而不充其類哉！我皇上天聲遐播，紺園龍象，慕德東來，梵筴唄音，得諸親譯，既能不失其真。至編校此書，又以國書十二字頭之法補所未備，而發凡起例，更屢經聖裁改定而後成，故古所重譯而不通者，今一展卷而心契聲聞，韻通歌頌。同文之盛，真亘古之所無矣。

欽定叶韻彙輯

五十八卷

高宗純皇帝御製序曰：叶韻非古也，而即古也。有今韻而後有叶韻，叶韻者以古音而協之於今，故曰非古。然以今視之，則用叶以合異，以古視之則非叶而本同，故曰即古。朕幼習《易》《詩》諸經，考其音多與今韻不合，長而泛覽百家，其用韻亦往往異於今讀。蓋韻書之行，權輿江左，至唐以聲律取士，部分較嚴，而今所循用則出於宋元人之分併，宜其與古不相契也。三代而上，言律呂，言諧聲，言書名，其於音韻，當必審清濁，辨脣齒喉舌，有一定之部分，勒之簡策，與律度量衡象魏之法，同爲當世所遵守，而惜其世遠而不傳也。好古之士，欲忖而求之，其道無由。宋吳棫本《易》《詩》《史》《漢》諸書，爲《韻補》，子朱子嘗取以釋《毛詩》《楚辭》。明楊慎廣之，爲《古音》，號稱淵博，及證之羣籍，其疏略不備者則已多矣。因於幾暇，指授儒臣，博考經史諸子以及唐宋大家之文所用古韻，舉而列之，疏其所出，次於今韻之後。臨文索句就考焉，可以恢見聞，可以益思致。獨是四庫之編，浩如淵海，學士畢生不能窮其讀，區區掇拾而覼縷之，何異稽瀍次而溯有虞氏之敬授，泛江淮河漢而追禹功之疏鑿，其可指而數者幾何？然方之嘗鼎之一臠，則未始非汲古之助云爾，爰授之梓而行之。乾隆庚午夏六月。

《皇朝通志》曰：謹按：《欽定叶韻彙輯》用吳棫《韻補》例，專論叶音，但《廣韻》《集韻》等書，字數多於今韻遠甚，如一東内有「螽、窾、衆、梵」等字，江韻「膍降」等字，《集韻》亦直列東韻内。此等既係本韻，則無待於通，更不必列爲轉叶。是書悉以《佩文詩韻》爲斷，凡屬《佩文詩韻》所不收者，總次於轉叶之列。入聲緝合葉洽四韻本通，必須轉讀始叶。惟洽部并入業韻一部，遂覺音韻聱牙，有礙通轉。按《廣韻》以二十六緝、二十七合、二十八盍、二十九葉、三十帖、三十一洽、三十二狎、三十三業、乏同用。三十四乏爲序。《集韻》及《禮部韻略》皆以二十九葉、《韻略》與帖、業通。三十帖、三十一業、三十二洽、《韻略》與狎、乏通。三十三狎、三十四乏爲序。至《韻會》依《平水韻》，併通用之韻，乃以十四緝、十五合、十六葉、十七洽爲序，而業與帖同併葉韻〔八〕。《佩文詩韻》亦依《廣韻》序次，併業於洽。是書本《集韻》《韻略》及《韻會》通併次第，將洽韻中業韻一部提入緝葉韻内，以便轉通，更覺界限截然。其餘改正舊本小誤者，如《晨風》之詩云「未見君子，憂心靡樂」，吴棫《韻補》「樂」字叶藥韻，注乃引作「既見君子，云何不樂」。邵長蘅《古今韻略》亦然。《韻補》「境」字叶敬韻，注引《三國志》楊戲《季漢輔臣贊》，以魏文長爲李正方；「端」字叶陽韻，注又以李正方爲秦子敕之類。有删去舊本大誤者，如《漢郊祀歌》云「精建日月，星辰度理，陰陽五行，周而復始」，是四言四句，兩用紙韻。邵長蘅《韻略》乃引作六言兩句云「精建日月星辰，度理陰陽五行」，而增注於真先叶韻内「行」字之下。陳琳《大暑賦》云「氣變志遷」，《韻補》讀「遷」爲雌人切，以叶真文韻，而書「遷」作隸體「㪅」字。邵長蘅誤認作「興」，遂改陳賦爲「氣變志興」，而增一「興」字作雌人切，以叶真文韻。甚至於「巧」字叶有韻，注引《司馬遷傳》，亦書作司馬興之類。有似誤而疑有别本，姑仍其舊者，如仲長統詩「請用從火」[九]，與「遊心海左」叶，《韻補》乃作「請用從大」，而以「大」字叶㕁韻。《太玄》「出險登邱，莫之伐也」[一〇]，與「道不得也」叶，《韻補》乃作「莫之代也」，而以「代」字叶職韻。《史記・滑稽傳》「漆城蕩蕩」，楊慎《轉注古音略》乃作「漆城光光」，而以「光」字叶深韻。劉向《九歎》「捐林薄而菀死」，本與上文美、夷爲韻，夷讀爲雉，《轉注古音略》乃引作「菀菀」，而以「菀」字叶下文「赴淵隱山」之類。其餘轉叶之韻，必引韻語或古書正文[一一]，先儒音讀爲證[一二]。通叶之例，彼此不能一律，原本舊聞，以爲引證，俾讀者於通韻自可類推，於叶韻亦無嫌闕略。酌古準今，昭然明備，一洗從來通叶支離之説，於數百年講古韻者，誠爲獨酌其中矣。

《皇朝文獻通考》曰：謹按：書中每部前列今韻，皆以《佩文詩韻》爲宗，而參訂注釋，益致精詳。次以今韻雖部分各殊，而古韻相通者以類相比，其古韻相通之字而今韻所無者，併附於後。所援據書名，悉爲標注。或注今韻皆獨用，則一韻自爲一部，亦附以相通之字。萬幾之暇，詳示儒臣，用以酌古韻之中，資披吟之助，豈吴棫《韻補》、楊慎《古韻》諸書所能比擬萬一哉！

《四庫全書提要》曰：乾隆十五年奉敕撰。字數、部分皆仍《佩文詩韻》，惟以今韻之離合别古韻之異同。如江韻獨用，則一韻爲一部；東冬兩韻同用，則兩韻爲一部；支微齊三韻同用，則三韻爲一部是也。每部皆附叶韻，略如吴棫《韻補》，惟《韻補》於今韻每部各載叶韻，此則一部獨用者附本部末，諸部同用者即總附諸部末。如蒙字叶莫邦切，則獨附江部後；江字叶户公切，則總附東冬二部後；魚字叶魚羈切，則總附支微齊三部後是也〔一三〕。夫古今聲音之遞變，亦如大小篆隸八分之遞變，或相因，或迥不相近，以迥不相近之音施於歌詠，於古雖有徵，而於今不能悉協。唐人古詩大抵皆相近之音，故東冬江古音雖同，而此書東冬自爲部，江自爲部；支微齊佳灰古音雖同，而此書支微齊自爲部，佳灰自爲部，皆取不戾於古而可行於今也。至於叶韻之説，宋以來糾紛彌甚，謂庚收穿鼻，真收舐齶，兩不相叶。然「嘉名靈均」，乃見於屈原之《騷》；謂江本通東，陽本通庚，兩不相叶，然「成雙」「鴛鴦」，乃見於徐陵之賦。此異而彼同，此通而彼礙，各執一理，勝負互形，所謂愈治愈棼也。此書所録，惟據古書注，有是音者，使以類相從，明前有所承，即後有所本，不復旁牽博辨，致枝蔓横生，解結釋紛，尤爲得要。於數百年講古音者，誠爲獨酌其中矣。

欽定音韻述微

三十卷

高宗純皇帝御製序曰：《音韻述微》者，述《音韻闡微》之意也。我皇祖《欽定佩文詩韻》頒示中外，復依國書合聲切音之法，叶華音字母，作《音韻闡微》一書。按字母之説，於《隋書·經籍志》載後漢佛法行於中國，得西域書，以十四字貫一切音，其文省而義廣，謂之婆羅門書。至唐僧守温增爲三十六字母，相沿至今，未識其原由。今考之，蓋守温略知唐古特字，而所譯漢文則不免强爲牽合。即如見溪羣疑，乃梵音之嘎喀噶迎阿，端透定泥乃梵音之荅塔達納也。《闡微》則於每字皆用國書合聲法切之，如東字舊韻德紅切，今用都翁切。緩讀成二字，急讀成一音，較之舊韻之轉字叶音，實簡明精確，足爲華梵字母之會通，而啓自古音韻未發之秘準也。夫國書以阿字爲首，梵經亦謂阿字能括天下之音，其生生之序，出於自然。今以人之始生證之，雖各國各地殊語，至其孩啼音皆出於阿，則阿字之爲諸方聲韻之原，綜其異而得其同，從可知矣。字母既源出西域，則國書之阿字，實會通華梵字母之樞紐以立義，所以得天地之元聲，不獨梵音藉國書而明，即華音之字母亦因國書而愈明也。朕少時見等韻書，亦茫然弗悉其原委，及後習蒙古語、回語，又習唐古特語、番語，然後知漢音字母即梵音之字母，而以國書樞紐其間，率可以通華梵之情，暢形聲之奥。前此，《同文韻統》《西域同文志》既仰承皇祖《闡微》之義，撰輯成編，兹復命詞臣恭依《佩文詩韻》，並稡《廣韻》《集韻》之字，删冗存英，爲《音韻述微》。共收一萬五千二百七十九字，成書三十卷。嘗考古來韻書，沈約《四聲》，其書不傳，今惟宋陳彭年《廣韻》則就隋陸法言《切韻》、孫愐《唐韻》本重加修訂，收字凡二萬六千一百九十四字。又宋丁度《集韻》至五萬三千五百二十五字。其實行用者不出尋常經見之文，則雖多，亦奚以爲也？至諸家分韻皆二百六部，然其中有通用、有獨用者，名雖分而實合，是以元陰時夫撰《韻府羣玉》，於獨用者仍之，通用者併之，即今《佩文韻府》所因也。及明樂韶鳳等奉敕撰《洪武正韻》，則減爲七十六部，所收一萬二千一百四十六字，分韻一改古人之舊，誠未若今韻之繁簡通用韻益得中也。又從來韻書主音，字書主義，二者不能兼賅，而審音與分韻又歧而爲兩。夫輕重清濁音也，平上去入韻也，韻顯而易明，音微而難察。詩賦家所用惟韻，而不必審音，至詩餘詞曲，則兼辨音，而於平上去韻轉得通用。此唐宋及今音韻之大略也。是書翻切悉遵《闡微》，凡古今音韻之奧、華梵會歸之故，以國書爲樞紐，無不一以貫之，而於古人韻書義訓未詳者，則加推廣發明焉。其訓釋古無今有者，量加增訂，期於字義明而字音悉協，四聲準而等韻貫通，皆即皇祖宣暢中聲，嘉惠藝林之意。纘述而引伸之，蓋四十七年以來，所爲繩繩翼翼，無一念不敬承先志，無一事不聰聽彝訓者，亦於是書見端也夫！

《皇朝通志》曰：謹按：阿字古讀若婴，而開口呼之即爲本音，其音在喉而清，乃天地之中聲，古來韻書未有拈出者。國書字母以此爲首，與歌韻、屋韻義並異。考古音麻韻中字皆與魚虞相從，如𣘻本作茶。與虞韻之荼，各自爲音；葅租並收虞韻，䶥又收語韻等類。自字母入中國，始有麻韻一呼，遂不能不增此一韻。聖天子聲律身度，於繩武之中寓考文之治，真萬世音學之極也。

《皇朝文獻通考》曰：謹按：《御定音韻闡微》，以字母之先後爲字之次序，是書則以部首一字之母爲首，其下諸母所領字次從之，其合聲切字則一以《御定音韻闡微》爲主。部分亦仍從《御製佩文詩韻》，惟以殷文分兩部，而以殷附真，不附文，此其稍變者也。至所收之字，亦多所增益，凡古今音訓迥異者，亦從宜添入而互注之，益爲詳密。蓋此所重者字義，故訓釋而較詳，由是兩書相轉輔而行，則韻學之精微，無美不備。神聖之作述，所以嘉惠後學者至矣。

《四庫全書提要》曰：乾隆三十八年奉敕撰。其合聲切字，一本《欽定音韻闡微》，其稍變者，《闡微》以三十六母爲字紐之次序，故東韻首公字之類，與部首標目或相應，或不相應，在所不拘。今則部首一字屬何母，即以其母爲首，其下諸母所領字以次相從，使歸於畫一。其部分仍從《御定佩文詩韻》，其稍變者，從《音韻闡微》分文殷爲兩部，而以殷部附真部，不附文部。其字數，自《佩文詩韻》所收一萬二百五十二字外，凡所續收，每紐之下，以據《音韻闡微》增者在前，據《廣韻》增者次之，據《集韻》增者又次之。或有點畫小異、音訓微殊，舊韻兩收而實不可複押者，則删不録。至於舊韻所無而今所恒用者，如「阿」字，舊惟作陵阿之義，收入歌韻，今爲國書十二字頭之首，則收入麻韻。「鎗」字舊訓爲酒器，收入庚韻，今則酒器無此名，而軍器有此字，則增入陽韻。又如「查」本浮木，而今訓察核；「參」本稽考，而今訓糾彈；「礮」本飛石，而今訓火器；「埽」本氾除，而今訓楗茭。既已萬口同音，即屬勢不可廢。此如麻韻之字，古音皆與魚虞相從，自字母入中國，始有麻韻一呼，遂不能不增此一韻。「姬」本周姓，自戰國以後始以爲妾御之名，亦遂不能不增此一解。蓋從宜從俗，義各有當，又不可以古法拘也。其互注之例〔一四〕，凡一字兩部皆收義同者，注曰「又某韻」，義異者，注曰「與某韻義異」，體例與《禮部韻略》同。其與他韻一同一異者，注曰「又某韻，與某韻音異」，或字有數訓，而僅一解可通者，則注曰「惟某義與某韻同，餘異」，則較《韻略》爲加密。其詮釋之例，凡《説文》《玉篇》《廣韻》《集韻》所有者〔一五〕，書非稀覯，無庸贅著篇名，其他則一字一句，必著所出，以明有據，亦諸韻書之所無。蓋《音韻闡微》所重在字音，故訓詁不欲求詳，此書所重在字義，故考據務期核實，兩書相輔而並行，小學之藴奥，真毫髮無遺憾矣。

小學考卷二終

校記

〔一〕借聲：原作「供聲」，據四庫本《御定音韻闡微》改。

〔二〕韻譜：原無「韻」字，據李光地《榕村集》卷二九箚子原文補。

〔三〕舊音：原脫「音」字，據四庫本《皇朝文獻通考》卷二一八《欽定音韻闡微》補。

〔四〕相切：原作「切切」，據《四庫全書總目》卷四二《欽定音韻闡微》提要改。

〔五〕面承：原作「而承」，據《欽定同文韻統》卷首乾隆序改。

〔六〕敕示：原作「敕字」，據《皇朝文獻通考》卷二一八《同文韻統》提要改。

〔七〕太始：原作「太史」，據《四庫全書總目》卷四二《欽定同文韻統》提要改。案：太始即「泰始」，西晉武帝年號，公元二六五—二七四年。

〔八〕業：原作「葉」，據《皇朝通志》卷一七《欽定叶韻彙輯》提要改。

〔九〕詩：原作「時」，據右引書改。

〔一〇〕伐：原作「代」，據右引書改。案，此句見《太玄》卷一，原文正作「伐」。

〔一一〕語或：原作「以惑」，據右引書改。

〔一二〕音讀，原作「引讀」，據右引書改。

〔一三〕是：原作「事」，據《四庫全書總目》卷四二《欽定叶韻彙輯》提要改。

〔一四〕互注，原作「古注」，據《四庫全書總目》卷四二《欽定音韻述微》提要改。

〔一五〕廣韻，原作「文韻」，據右引書改。案：光緒刊本已改。

小學考卷三

訓詁一

爾雅

《漢志》三卷二十篇今本十九篇

存

劉歆《西京雜記》曰：郭偉字文偉，茂陵人也。好讀書，以謂《爾雅》周公所制，而《爾雅》有「張仲孝友」，張仲宣王時人，非周公之制明矣。余嘗以問揚子雲，子雲曰：「孔子門徒游夏之儔所記，以解釋六藝者也。」家君以爲《外戚傳》稱「史佚教其子以爾雅」，「爾雅」小學也。又《記》言孔子教魯哀公學爾雅。《爾雅》之出遠矣，舊傳學者皆云周公所記也。「張仲孝友」之類，後人所作耳。

鄭康成《駁五經異義》曰：某之聞也，《爾雅》者，孔子門人所作以釋六藝之旨，蓋不誤也。詩《黍離》正義

又《鄭志》：答張逸曰：《爾雅》之文襍，非一家之著，則孔子門人所作，亦非一人。詩《鳧鷖》正義

王充《論衡》曰：《爾雅》之書，五經之訓故。

張晏《漢書注》曰：爾，近也；雅，正也。

劉熙《釋名》曰：《爾雅》。爾，昵也；昵，近也。雅，義也；義，正也。五方之言不同，皆以近正爲主也。

張揖《進廣雅表》曰：昔在周公，纘述唐虞，宗翼文武，克定四海，勤相成王六年，制禮以導天下，著《爾雅》一篇，以釋其義。今俗所傳三篇，或言仲尼所增，或言子夏所益，或言叔孫通所補，或言沛郡梁文所考，皆解家所説，先師口傳，疑莫能明也。

劉勰《文心雕龍》曰：《爾雅》者，孔徒之所纂，而詩書之襟帶也。

《晉書·蔡謨傳》曰：謨初渡江見蟛蜞，大喜曰：「蟹有八足，加以二螯。」令烹之，既食，吐下委頓，方知非蟹。後詣謝尚而説之，尚曰：「卿讀《爾雅》不熟，幾爲《勸學》死。」

陸德明《釋文叙録》曰：《爾雅》所以訓釋五經，辨章同異，多識鳥獸草木之名，博覽而不惑者也。爾，近也；雅，正也。言可近而取正也。《釋詁》一篇，蓋周公所作。《釋言》以下，或言仲尼所增，子夏所足，叔孫通所益，梁文所補。張揖論之詳矣。

賈公彦《周禮疏》曰：《爾雅》者，孔子門人作，以釋六藝之文。

張懷瓘《書斷》曰：周公相成王，申明禮樂，以加朝祭服色尊卑之節。又造《爾雅》，宣尼、卜商增益潤色，釋言暢物，略盡訓詁。

裴肅《大唐新語》曰：《爾雅》博通訓詁，綱維六經，爲文字之楷範，作詩人之興詠，備詳六親九族之禮，多識鳥獸草木之名。今古習傳，儒林遵式。

歐陽修《詩本義》曰：《爾雅》非聖人之書，不能無失，考其文理，乃是秦漢之間學《詩》者纂集説詩博士解詁〔一〕。

高承《事物紀原》曰：《爾雅》大抵解詁詩人之旨。或云周公作，以其文考之，如「瑟兮僩兮」，衛武公之詩也；「猗嗟名兮」，齊人刺魯莊公也，而文皆及之，則周公安得述也？當是出於孔子删《詩》《書》之後耳。

葉夢得《石林集》曰：《爾雅》訓釋最爲近古，世言周公作，妄矣。其言多是詩類中語，而取毛氏説爲正，予意此但漢人所作耳。

晁公武《讀書志》曰：世傳《釋詁》周公書也，餘篇仲尼、子夏、叔孫通、梁文增補之。文字之學凡有三：其一體制，謂點畫有縱横曲直之殊。其二訓詁，謂稱謂有古今雅俗之異。其三音韻，謂呼吸有清濁高下之不同。論體制之書，《説文》之類是也。論訓詁之書，《爾雅》《方言》之類是也。論音韻之書，沈約《四聲譜》及西域反切之學是也。三者各名一家，其實皆小學之類，而《漢·藝文志》獨以《爾雅》附《孝經》類，《隋·經籍志》又以《爾雅》附《論語》類，皆非是。今依四庫書目，置於小學之首。

曹粹中《放齋詩説》曰：昔人謂《爾雅》《釋詁》一篇，周公所作，《釋言》以下，仲尼所增，子夏從而足之，叔孫通、梁文又從而補益之。今考其書，知毛公以前其文猶略，至康成時則加詳矣，何以言之？如「學有緝熙于光明」，毛公云：「光，廣也。」康成則以爲欲學于有光明者，而《爾雅》曰：「緝熙，光明也。」又「齊子豈弟」，猶言發夕也，而《爾雅》曰「豈弟，發行也」。「薄言觀者」，毛公無訓。「振古如兹」，毛公云：「振，自也。」康成則以「觀」爲多，以「振」爲古，其説皆本於《爾雅》。使《爾雅》成書在毛公之前，顧得爲異哉。按，平帝元始四年，王莽始令天下通《爾雅》者詣公車，固出自毛公之後矣。

朱翌曰：《爾雅》非周公書也。郭璞序云「興於中古，隆於漢氏」，未嘗指爲周公，蓋是漢儒所作，亦非中古也。

吕南公《題爾雅後》曰：《爾雅》非三代之書也，其作於秦漢之經家乎。鄭康成以爲出於孔子門人者，妄也。三代之學，其學在於持氣正心，充德性於神明以爲行業，彼且不貴著書，不貴傳經，而曾形名訓詁之肯爲哉！世俗之儒善望影以象形，見孔子云「商可言詩」，遂以《詩序》爲子夏所作。且孔子亦言「賜可與言詩矣」，今獨何愛而不言商賜共作《詩序》乎？蓋孔子之教人讀詩，而以多識鳥獸草木之名爲足以辨之，要將由此以究觀性命之理焉耳。今夫謂《爾雅》爲出於孔門者，非據此而言之歟？嗟乎，幸而《論語》所記此段，不明所告何人耳，即令明之，説者肯舍之耶？甚矣，説儒之喜妄也。余考此書所陳訓例，往往與他書不合，唯對毛氏詩説則多同，余故知其作於秦漢之間。今世所傳《五經正義》者，引用辨證，每取此書，然反時時破毁焉。原作《爾雅》人之意，正欲以定形名、道訓詁爲後世之宗例，是故傳合經家而陳之，乃合不果定，又或不通，則謂之何？欲助説儒而儒隨復攻之，借盗糧而資賊兵，《爾雅》亦有是哉！

林光朝《艾軒詩説》曰：《爾雅》六籍之户牖，學者之要津也。古人之學必先通《爾雅》，則六籍百家之言，皆可以類求矣。及散裂《爾雅》而投諸箋注，説隨意遷，文從義變，説或拘泥，則文亦牽合，學者始以訓詁之學爲不足學也。不知《釋詁》《釋言》《釋訓》亦猶《詩》之有六義，小學之有六書也。

朱子《語録》曰：《爾雅》是取傳注以作，後人卻以《爾雅》證傳注。

陳傅良跋曰：古者重小學，《爾雅》所以作也。漢興，除秦之禁，嘗置博士列於學官，至今漢儒學行於世，如毛氏《詩訓》、許氏《説文》、揚氏《方言》之類，蓋皆有所本云。隋唐以來，以科目取士，此書不課於舉子，由是浸廢。韓退之以古文名世，尚以注蟲魚爲不切，則知誦習者寡矣。

錢文子《詩訓詁》曰：《爾雅》出於漢世，正名命物，講説者資之。

陳振孫《書録解題》曰：《漢志》：《爾雅》二十篇。今書惟十九篇。《志》初不著撰人名氏，郭璞序亦第稱「興於中古，隆於漢氏」而已，至陸氏《釋文》，始謂《釋詁》爲周公所作，其説蓋本於魏張揖。

王應麟《困學紀聞》曰：陸璣爲《詩草木疏》，劉杳爲《離騷草木疏》，王方慶有《園亭草木疏》，李文饒有《山居草木記》，君子所以貴乎多識也。然《爾雅》不釋「蘇薂」，字書不見「栮榿」，學者耻一物之不知，其可忽諸？若終軍之對「鼮鼠」，盧若虚之辨「鼫鼠」按：「鼫」當作「鼨」。江南進士之問「天雞」，劉原父之識「六駮」，可謂善讀《爾雅》矣。

又曰：《爾雅注》。漢武帝時得豹文鼮鼠，孝廉郎終軍知之，賜絹百匹。《文選》注引《竇氏家傳》以爲竇攸，世祖詔諸侯子弟從攸受《爾雅》。二説不同。

又曰：《爾雅》「西至於邠國，謂之四極」，朱文公曰：邠國近在秦隴，非絶遠之地。按，《説文》引《爾雅》曰「西至汃府巾切國，謂四極。」汃，西極之水也。

又曰：《白虎通》引《親屬記》，即《爾雅·釋親》也。

楊士奇曰：《爾雅》古小學書，初無深義，世謂周公作，非也。

張崇縉曰：訓詁之書，莫先於《爾雅》。《爾雅》所載，大極天地四時之幽窈，細察昆蟲草木之瑣屑，顯悉人事之庶，微析羣言之錯，故自漢以下，列諸經籍，布諸學官，儒者靡不覽誦。嗣是作者，若《釋名》《埤雅》《廣雅》《博雅》《小爾雅》諸書，雖各陳所見，以足未完，其實大綱咸肇於《爾雅》，奇邃古妙，莫能過焉。啓昆按：《博雅》即《廣雅》，蓋避隋諱而改，此所引非是。

鄭曉曰：《爾雅》蓋《詩》訓詁也，子夏嘗傳《詩》，今所存者大小序，又非盡出子夏，然則《爾雅》即子夏之《詩傳》也。

《四庫全書提要》曰：按《大戴禮·孔子三朝記》稱，孔子教魯哀公學《爾雅》，則《爾雅》之來遠矣，然不云《爾雅》爲誰作。據張揖《進廣雅表》稱，周公著《爾雅》一篇，按：《經典釋文》以揖所稱一篇爲《釋詁》〔一〕。今俗所傳三篇，按：《漢志》：《爾雅》三卷。此三篇謂三卷也。或言仲尼所增，或言子夏所益，或言叔孫通所補，或言沛郡梁文所考，皆解家所説，疑莫能明也。於作書之人亦無確指，其餘諸家所説，小異大同。今參互而考之，郭璞《爾雅注序》稱「豹鼠既辨，其業亦顯」，邢昺疏以爲漢武帝時終軍事。《七録》載《楗爲文學爾雅注》三卷。按：《七録》久佚，此據《隋志》所稱「梁有某書亡」，知爲《七録》所載〔三〕。陸德明《經典釋文》以爲漢武帝時人，則其書在武帝以前。曹粹中《放齋詩説》曰：按：此書今未見傳本，此據《永樂大典》所引。「《爾雅》，毛公以前其文猶略，至鄭康成時則加詳。如『學有緝熙于光明』，毛公云『光，廣也』，康成則以爲學於光明者，而《爾雅》曰『緝熙，光明也』。又『齊子豈弟』，康成以爲『言發夕也』〔四〕，而《爾雅》曰『豈弟發也』。『薄言觀者』，毛公無訓，『振古如兹』，毛公云『振，自也』，康成則以『觀』爲多，以『振』爲古，其説皆本於《爾雅》，使《爾雅》成書在毛公之前，顧得爲異哉！」則其書在毛公以後，按：《詩傳》乃毛亨作，非毛萇作，語詳《詩正義》條下。大抵小學家綴輯舊文，遞相增益，周公孔子皆依託之詞。觀《釋地》有鶼鶼，《釋鳥》又有鶼鶼，同文複出，知非纂自一手也。其書歐陽修《詩本義》以爲學《詩》者纂集博士解詁。高承《事物紀原》亦以爲大抵解詁詩人之旨，然釋《詩》者不及十之一，非專爲《詩》作。揚雄《方言》以爲孔子門徒解釋六藝。王充《論衡》亦以爲五經之訓故，然釋五經者不及十之三四，更非專爲五經作。今觀其文，大抵采諸書訓詁名物之同異，以廣見聞，實自爲一書，不附經義。如《釋天》云「暴雨謂之涷」，《釋草》云「拔心不死」，此取《楚辭》之文也。《釋天》云「扶摇謂之猋」，《釋蟲》云「蒺藜，蝍蛆」，此取《莊子》之文也。《釋詁》云「嫁，往也」，《釋水》云「瀵，大出尾下」，此取《列子》之文也。《釋地》云「西至西王母」，《釋獸》云「小領盜驪」，此取《穆天子傳》之文也。《釋地》云「東方有比目魚焉，不比不行，其名謂之鰈；南方有比翼鳥焉，不比不飛，其名謂之鶼」，此取《管子》之文也。又云「邛邛岠虚，負而走，其名謂之蹷」，此取《呂氏春秋》之文也。又云「北方有比肩民焉，迭食而迭望」，《釋地》云「河出崑崙墟」，此取《山海經》之文也。《釋詁》云「帝、皇、王、后、辟、公、侯」，又云「洪、郭、宏、溥、介、純、夏、幠」，《釋天》云「春爲青陽」至「謂之醴泉」，此《尸子》之文也。《釋鳥》曰「爰居，雜縣」，此取《國語》之文也。如是之類，不可殫數，蓋亦《方言》《急就》之流，特説經之家多資以證古義，故從其所重，列之經部耳。

按：翁學士《經義考補正》引丁杰曰：郭注《爾雅》螖蠌曰：「即蟛螖也，似蟹而小。」陶弘景注《本草》曰：「蟛蜞，似蟹而小，似蟛螖而大。」劉峻注《世説》曰：「今蟛蜞小於蟹，而大於蟛螖。」三物狀甚相類，據此則蔡謨誤蟛蜞爲蟹，謝尚又誤蟛螖爲蟛蜞，均未深考。附識於此。又王應麟曰：《爾雅》注：漢武帝時得豹文鼮鼠，孝廉郎終軍知之，賜絹百疋。《文選》注引《竇氏家傳》，以爲竇攸，世祖詔諸侯子弟從攸受《爾雅》。二説不同。杰按：郭注此條有二誤，據《水經》穀水注及《文選》任昉表注，則對鼮鼠者乃竇攸，而鄭氏誤爲終軍。又據《説文》《字林》及《唐書・盧藏用傳》，則文采如豹者乃鼨鼠，而郭氏誤爲鼮鼠。王應麟既引盧若虚之辨鼨鼠，又引竇攸之對豹鼠，似尚失指郭氏之誤。

犍爲文學爾雅注

《七録》三卷

佚

陸德明《釋文叙録》曰：犍爲郡文學卒史臣舍人，

漢武帝時待詔，闕中卷。

朱彝尊《經義考》曰：犍爲舍人注《爾雅》。賈氏《齊民要術》引有二條：其一「斪斸謂之定」，注云：「斪斸，鉏也，一名定。」其一「菥蓂，大薺」，注云：「薺有小，故言大薺。」而今本《爾雅》注疏俱無之。

又曰：按舍人待詔在漢武時，此釋經之最古者，其書雖不傳，間采於邢氏之疏。疏所未載，字義可考者，如《釋言》原作甂。縭介，縭作緉，注云：「緉，羅也，介，別也。」渝作繻。窕作跳，注云：「跳者，躍之間。」覗，注云：「擅也。」《釋訓》條條作攸攸。矯矯，注云：「得勝之勇也。」洸洸作僙僙，薨薨作雄雄。委委佗佗作褘褘它它，注云：「心之美也。」赫赫作奭奭。壿壿，注云：「舞貌。」夢夢、訰訰，注云：「煩懣亂也。」仇仇、敖敖，傲也，傲作毀，注云：「仇仇無倫理之貌。謷謷，衆口毀人之貌。」佌佌，注云：「形容小貌。」饎作喜，注云：「古曰饎。」「履帝武敏」，敏作畝，注云：「古者姜嫄履天帝之迹於畎畝之中而生后稷。」「籧篨、戚施」，注云：「籧篨，巧言也。戚施，令色誘人。」夸毗，注云：「卑身屈己也。」《釋草》「爮九葉」，注云：「九枝共一莖。」中馗作中鳩，注云：「兔奚名顆東，顆東名中鳩。」《釋木》「蒴莖著」，莖作柢，著作都。槔作皋。「櫟，其實梂」，注云：「栗實名梂也。」按：栗當作櫟。「櫬，梧。樸，枹者。謂櫬，采薪。采薪，即薪」，謂作彙，注云：「櫬梧樸枹者，櫬者其理也，樸者相追附也，彙者莖也，如竹箭，一讀曰枹也。櫬名采薪，又名即薪。」《釋蟲》奚相作奚桑。《釋魚》活東作顆東。《釋鳥》「鴽，鴾母」，母作蕪。「亢鳥嚨」，注云：「嚨嚨，財可見也。」《釋獸》猶作鸄，寓屬作麌屬。猷鼠，注云：「其鳴如犬也。」「騉駼枝蹄」[五]，注云：「騉駼者外國之名，枝蹄者枝足也。」「前足皆白騱，後足皆白狗」，騱作雞，狗作狗。「白馬黑鬣駱」，鬣作髦。凡此皆邢氏所未采而見之陸氏《釋文》者也。

按：《經義考補正》引丁杰曰：《文選·羽獵賦》注引《爾雅》犍爲舍人注，又引《釋詁》郭舍人注，則舍人姓郭，但《左傳正義》中舍人、文學並見，則又似二人也。附識以俟考。啓昆謂《詩正義》舍人及犍爲文學並引異說，蓋二說本出一人，《正義》中稱舍人，陸璣《詩疏》稱犍爲文學。下一條乃《正義》覆述《詩疏》原文，故仍其稱耳。《春秋正義》《爾雅疏》皆然，非有兩人也。《詩·大田》、《釋文》引郭云「皆蝗類也」句，景純注中所無，其即犍爲文學之說。《文選·羽獵賦》注前引郭舍人注，後引犍爲舍人注，亦偶異其稱耳。

劉氏歆爾雅注

《七録》三卷

佚

《漢書·楚元王傳》曰：歆字子駿，少以通詩書、能屬文召見。成帝待詔宦者署，爲黄門郎。河平中受詔與父向領校秘書，講六藝傳記、諸子詩賦、數術方技，無所不究。向死後，歆復爲中壘校尉。哀帝初即位，大司馬王莽舉歆宗室有材行，爲侍中太中大夫，遷騎都尉、奉車光禄大夫，貴幸，復領五經，卒父前業。歆乃集六藝羣書，種别爲《七略》。

陸德明《釋文敘録》曰：與李巡注正同，疑非歆注。

樊氏光爾雅注

《隋志》三卷《唐志》《釋文序録》六卷

佚

《隋書·經籍志》曰：漢中散大夫樊光注。

陸德明《釋文序録》曰：京兆人、後漢中散大夫沈璇，疑非光注。

朱彝尊《經義考》曰：樊氏注見於陸氏《釋文》者，《釋言》舫作坊，泭作坿。《釋訓》躍躍作濯濯，儵儵作攸攸，皋皋作浩浩，愮愮作遥遥，又作洮洮。按：洮洮當作恌恌。《釋草》凾作蔜。《釋木》著作屠，槹作梏，槃作槅，炕作抗。《釋鳥》爰居注云：似鳳凰。亢，鳥嚨，注云：嚨，嚨亢，鳥之頸也。皆邢氏疏所不載。

李氏巡爾雅注

《七録》三卷

佚

《後漢書·宦者傳》曰：濟陰丁肅、下邳徐衍、南陽郭耽、汝陽李巡、北海趙祐等五人，稱爲清忠，皆在里巷，不争威權。

《隋書·經籍志》曰：梁有漢劉歆、犍爲文學、中黄門李巡《爾雅》各三卷，亡。

陸德明《釋文敘録》曰：汝南人，後漢中黄門。

朱彝尊《經義考》曰：李氏注《釋言》虹作降，握作喔，氂作毳。《釋器》康瓠作光瓠，篪作筻。《釋鳥》鶼鶼，注云：鳥有一目一翅，相得乃飛，故曰兼兼也。《釋獸》麢父作澤父。亦見《釋文》。

按：《經義考補正》引丁杰曰：《後漢書·宦者傳》汝陽李巡以爲諸博士有行賂定蘭臺漆書

經字，以合其私文者，乃白帝，與諸儒共刻五經文於石。竹垞於《爾雅》不引《後漢書》，於刊石不引《釋文叙録》，蓋不知注《爾雅》之李巡，即請刻石之李巡也。

孫氏炎爾雅注

《隋志》七卷 《唐志》六卷，《釋文序録》三卷

佚

《魏志·王肅傳》曰：時樂安孫叔然授學鄭玄之門人，稱東州大儒，徵爲秘書監。

顏之推《家訓》曰：孫叔然創《爾雅音義》，是漢末人獨知反語。

朱彝尊《經義考》曰：《訪碑録》載淄州長山縣西南三十里長白山東有孫炎碑，碑陰有門徒姓名，係甘露五年立。惜今不可得見矣。

按：《經義考補正》引丁杰曰：孫炎有二，據邢昺《爾雅疏叙》云：爲注者楗爲文學、劉歆、樊光、李巡、孫炎，此則魏之孫炎，在郭璞前者也。又云：爲義疏者，俗間有孫炎、高璉。此則唐宋間别一孫炎，在郭璞後者也。隋、唐《志》於孫炎《爾雅》俱稱注，且卷數或六或七，皆不盈十，《宋志》則稱《孫炎疏》十卷，書名卷數並異隋唐。其爲後之孫炎無疑，混而爲一者似誤。

孫氏炎爾雅音

《七録》二卷 《釋文序録》一卷

佚

郭氏璞爾雅注

《隋志》五卷 《唐志》一卷，《釋文序録》《宋志》三卷

存

《晉書》列傳曰：郭璞字景純，河東聞喜人也。好經術，博學有高才而訥於言，好古文奇字，妙於陰陽曆算。終尚書郎、記室參軍，贈弘農太守。注釋《爾雅》，别爲《音義》《圖譜》。

璞自序曰：夫《爾雅》者，所以通訓詁之旨歸，叙詩人之興詠，總絶代之離詞，辨同實而殊號者也。誠九流之津涉，六藝之鈐鍵，學覽者之潭奥，摛翰者之華苑

也。若乃可以博物不惑，多識於鳥獸草木之名者，莫近於《爾雅》。《爾雅》者，蓋興於中古，隆於漢氏。豹鼠既辨，其業亦顯，英雄贍聞之士，洪筆麗藻之客，靡不欽玩耽味，爲之義訓。璞不揆檮昧，少而習焉，沈研鑽極，二九載矣。雖注者十餘，然猶未詳備，並多紛謬，有所漏略，是以復綴集異聞，會萃舊説，考方國之語，采謡俗之志，錯綜樊孫，博關羣言，剟其瑕礫，搴其蕭稂，事有隱滯，援據徵之〔六〕，於其易了，闕而不論。別爲《音圖》，用袪未寤。輒復擁篲清道，企望塵躅者，以將來君子爲亦有涉乎此也。

陸德明《釋文序録》曰：先儒於《爾雅》多爲億必之説，乖蓋闕之義。惟郭景純洽聞强識，詳悉古今，作《爾雅注》，爲世所重。

任昉《述異記》曰：郭景純注《爾雅》，臺今在夷陵郡。

祝穆《方輿勝覽》曰：爾雅臺在硤州，郭璞注《爾雅》於此。

郭子章《郡縣解詁》曰：景純注《爾雅》，握筆嘉州，在今烏尤山，江魚吞墨，千年猶黑。

錢曾《敏求記》曰：郭璞注《爾雅》三卷，六畜字本作嘼，後人借畜養字用之，故麋鹿虎豹育於山澤者，歸之《釋獸》，馬牛羊狗爲人所養者歸之《釋畜》，若一概以獸例之，謬矣。讀《爾雅》宜熟精其義，勿但以終軍辨鼠爲能事也。此本逐卷後附音釋，殊便覽者。

《四庫全書提要》曰：璞時去漢未遠，「遂撫大東」稱《詩》〔七〕，「釗我周王」稱《逸書》，所見尚多古本，故所注多可據。後人雖迭爲補正，然弘綱大旨，終不出其範圍。

按：《經義考補正》引丁杰曰：《晉書・郭璞傳》無入蜀之文，王象之《輿地碑記目》嘉定府下，有郭璞《移水記》，蘇轍詩指其注《爾雅》於此。考《記》中有「嘉州」二字，而嘉州之名實始後周，不應預見郭璞文中。又考嘉州在漢爲楗爲郡，諸書所云爾雅臺者，疑是楗爲舍人之遺跡，與璞無涉。

郭氏璞爾雅圖讚

《七録》二卷《隋志》《爾雅圖》十卷，《唐志》一卷

佚

鄭樵《通志・略》曰〔八〕：《爾雅圖》蓋本郭注而爲圖，今雖亡，有郭璞注，則其圖可圖也。

郭氏璞 爾雅音義

《七録》二卷《唐志》一卷

佚

江氏灌 爾雅音

《隋志》八卷《唐志》六卷

佚

《隋書·經籍志》曰：秘書學士江灌撰。

江氏灌 爾雅圖讚

《唐志》一卷

佚

《晉書·江灌傳》曰：灌字道羣，陳留圉人，吴郡太守。

朱彝尊《經義考》曰：張彦遠《名畫記》云：灌字德源，陳尚書令，至武德中爲隋司馬。著《爾雅圖》二卷、《音》六卷、《讚》二卷。

按：《經義考補正》引丁杰曰：晉江灌即江逌從弟，本傳不言其曾注《爾雅》，此作圖、讚者，乃陳之江灌，唐初尚存，下引《名畫記》所稱是也。《經義考》合爲一人，列於梁沈旋之前，似誤。

沈氏旋 集注爾雅

《隋志》十卷

佚

《梁書·沈旋傳》曰：旋字士規，武康人，梁尚書僕射沈約子，襲封建昌縣侯。歷中書侍郎、永嘉太守、司徒從事中郎、司徒右長史。免父喪，爲太子僕，復以母憂去官，蔬食辟穀。服除，猶絶粳粱。爲給事黄門侍郎、撫軍長史，出爲招遠將軍、南康内史，在任清治。卒官，謚恭侯。有《集注爾雅》行世〔九〕。子實嗣。弟趨，字孝鯉，亦知名，位黄門郎。

陸德明《釋文叙録》曰：梁有沈旋，約之子，集衆家之注。

按：士規之書，久已亡佚，不得與范甯之《穀梁傳》、何晏之《論語》並傳，良可惜也。近海寧陳鱣仲魚撰《爾雅集解》三卷，其自叙曰：漢時注《爾雅》者，曰犍爲文學，曰劉歆，曰樊光，曰李巡，曰孫炎。《隋書·經籍志》據《七録》云：「梁有漢劉歆、犍爲文學、中黄門李巡《爾雅》各三卷，亡。」陸氏《經典釋文叙録》云：「犍爲文學注三卷，闕中卷。劉歆注與李巡注正同，疑非歆注。樊光注，沈旋疑非光注。」鱣按：犍爲文學，漢武帝時待詔，早沐文翁之化，此説經之最古者。又《後漢書·宦者傳》云：「李巡等稱爲清忠，巡白帝，與諸儒刻五經文字於石。」此有功於經者。又《魏志·王肅傳》云：「時樂安孫叔然，授學鄭玄之門人，稱東州大儒。」鱣嘗謂鄭君雖未注《爾雅》，而得再傳弟子如叔然之注，正可補其未逮，是猶《孝經》成於小同，《春秋》成於服虔也。惜乎叔然及犍爲諸家之注今皆不傳，所傳者僅有郭璞之注。郭注蓋本於叔然，而所稱孫叔然云者，曾不數處，幾同杜預之於服虔，晉人風氣往往然也。《釋文》又云：「梁有沈旋集衆家之注。」按旋爲約之子，其書必有足多者，而今亦無傳，幸有《釋文》《羣經義疏》《文選》注及釋藏《一切經音義》等書，皆引舊注，足資考證。今於郭注之外，摭拾舊注，兼采舊音，各列出處，爲《集解》三卷，視沈氏《集注》，未知何如，將以存漢魏訓詁，好古君子或有取焉。

又武進臧鏞堂在東輯《爾雅漢注》，餘姚盧學士文弨叙曰：不識古訓，則不能通六藝之文而求其意，欲識古訓，當於年代相近者求之。《爾雅》一書，舊説謂始於周公、孔子，而子夏暨叔孫通輩續成。今臧生在東從揚子雲鄭康成之言，斷以爲孔子門人所作。其爲注者，漢有犍爲文學、樊光、李巡，魏有孫炎，爲反切之學所自始。是皆説《爾雅》者所必宗也。今唯晉郭璞注盛行，而他皆失傳。郭於古文古義不能盡通，往往以己意更定，考古之士病焉。幸李孫諸人説時散見於唐人諸書中，其爲郭氏所棄而不取者，説顧往往勝郭。在東篤好古義，徧加搜輯，彙成三卷，庶乎遺言之不盡墜也。夫時之近遠，猶夫州土之各異，以吳人解越人之言，縱不盡通，猶得其六七，燕秦之士必不逮焉。故吾亦不謂李孫諸人之解之盡得也，然其是者必賢於後人所見。在東勤勤掇拾，能引伸其所長，而不曲護其所短，由詁訓以通經學，斯不難循塗而至矣。吾因以知宋人，若陸佃、鄭樵之更不足尚也。與其陸、鄭之是從，又無寧郭。

按著録之例，不入見存人書，然研究小學者近今賢喆獨優，故悉附載各類中，以待後人論定。

施氏乾 爾雅音

見《釋文叙録》

佚

陸德明《釋文叙録》曰：陳博士。

按：凡書之不載於前人著録者，則曰見某書。

謝氏嶠 爾雅音

見《釋文叙録》

佚

《陳書·謝岐傳》曰：岐會稽山陰人也，弟嶠，篤學，爲世通儒。

陸德明《釋文叙録》曰：陳國子祭酒。

顧氏野王 爾雅音

見《釋文》

佚

《陳書·顧野王傳》曰：野王字希馮，吴郡吴人也。幼好學能屬文，嘗製《日賦》，領軍朱異見而奇之。長爲徧觀經史，精記默識，天文地理、蓍龜占候、蟲篆奇字，無所不通。梁大同四年，除太學博士。天嘉元年，敕補撰史學士，尋加招遠將軍。光大元年，除鎮東鄱陽王諮議參軍。太建二年，遷國子博士。六年除太子率更令，遷黄門侍郎、光禄卿。十三年卒，時年六十三，詔贈秘書監。其所撰著並行於世。

陸德明《釋文叙録》曰：陳舍人顧野王，既是名家，今亦采之，附於先儒之末。

朱彝尊《經義考》曰：顧氏注《釋言》「虹，潰也」，「虹」作「訌」。邢氏疏引《大雅·抑》篇云「實虹小子」，《召旻》篇云「蟊賊内訌」，蓋本之。

陸氏德明 爾雅釋文

《通考》一卷

佚〔一〇〕

《唐書·儒林傳》曰：陸德明，蘇州吳人。太宗徵爲秦府文學館學士。貞觀初拜國子博士，封吳縣男。

《新唐書·儒學傳》曰：陸元朗字德明，以字行，蘇州吳人。善名理言〔一一〕，受學於周弘正。陳太建中，後主爲太子集名儒入講承光殿，德明始冠，與下坐。國子祭酒徐孝克敷經倚貴縱辨，衆多下之，獨德明申答，屢奪其說，舉坐咨賞。解褐，始興國左常侍。陳亡，歸鄉閈，隋煬帝擢秘書學士。大業間補太學博士，遷國子博士。封吳縣男，卒。論撰甚多，傳於世。

王應麟《玉海》曰：天聖四年五月，國子監摹印陸德明《音義》二卷頒行。

按：《經義考補正》曰：陸德明作《釋文》以釋經典音義，其《爾雅》二卷，《通考》稱爲《爾雅釋文》，《宋志》稱爲《爾雅音義》，實一書也。《經義考》於《釋文》之外，又列《音義》，且曰未見，何也？啓昆按：通而言之曰「經典釋文」，分而言之曰「某經音義」，《經義考》因《玉海》所載專刻本，遂誤分爲二。近餘姚邵學士晉涵著《爾雅正義》，附刻《釋文》二卷於後，多所是正。盧學士文弨著《釋文考證》，勘契亦精。又嘉定錢徵君大昭著《爾雅釋文補》三卷，其自叙曰：「《爾雅》一萬七百九十一言，爲諸經訓詁之所祖，釋經者譬之皋雉之門，非歷階由闑，不得越而過也。則考據詮解，宜其最精。乃自唐以後，楗爲文學、劉歆、樊光、李巡、孫炎諸舊說，皆軼不傳，其文雖時時見於他說，然所存亦罕矣。北宋邢叔明專疏郭景純注，墨守東晉人一家之言，識已拘而鮮通，其爲書也又不過鈔撮孔氏經疏、陸氏《釋文》，是學亦未能過人矣。予舊有志作《爾雅疏》一書，參取衆說，擇善而從，斯折衷至當，究心者積有年所，然終未底於成也。歲戊申之仲秋，餘姚邵太史晉涵《爾雅正義》刻成，郵寄示予。歎其書之精博，不特與邢氏優劣判若天淵，即較之唐人《詩》《禮》正義，亦有過之無不及。予舊時所留心識記者，邵書大半已有，此昔人所謂杼軸予懷，他人我先者也。然千慮之得，時或有之，爰裒輯爲三卷〔一二〕，正郭氏之疏，辨邢疏之舛，補陸氏

《音》、邵氏《正義》之所未備，審通借之互用，集衆説之異同，名曰《釋文補》者，摘字爲注，例仿元朗也。今本《爾雅》俗字最多，飛禽即須安鳥，水族便應著魚，蟲屬要作虫旁，艸類皆從兩屮，陸氏條例已譏之。又或篇次錯誤，如《釋親》中宗族、母黨、妻黨、婚姻四類，開成石經題識皆列於後，而俗本誤列在前。《釋畜》後題『六畜』二字，《左傳》桓六年、昭二十六年《正義》並云《釋畜》於馬牛羊豕狗雞之下，題云『六畜』，而俗本或多脱載。如此之類，不勝僂指。今並考證經籍及唐石經，以求復古焉。異日儻質之邵先生，未知以爲何如。」徵君字晦之，爲及之詹事之弟，博通經史，撰述甚多，刻有《可廬著述十種叙例》，今取其有關小學者附録焉。

曹氏憲 爾雅音義

《唐志》三卷

佚

《唐書·儒學傳》曰：曹憲揚州江都人。隋爲秘書學士[一三]，聚徒教授，凡數百人，公卿多從之游。於小學家尤邃，自漢杜林、衛弘以後，古文亡絶，至憲復興。煬帝令與諸儒撰《桂苑珠叢》，規正文字，又注《廣雅》，學者推其該，藏於秘書。貞觀中，以弘文館學士召，不至，即家拜朝散大夫，當世榮之。太宗嘗讀書，有奇難字，輒遣使者問憲，憲具爲音注，援驗詳複，帝咨尚之。卒，年百餘歲。

高氏璉 爾雅疏

《宋志》七卷

佚

晁公武《讀書志》曰：舊有孫炎、高璉疏。

陳振孫《書録解題》曰：爲義疏者，惟俗間有孫炎、高璉，皆淺近。

孫氏炎 爾雅疏

《宋志》十卷

佚

今本孫氏炎爾雅正義

一卷

存

吳騫序曰：歸安丁小雅學博嘗爲予述東原戴氏之説，以爲注《爾雅》之孫炎有二：一爲魏徵士，樂安人，字叔然；其一蓋唐五代時人，惜字與爵里不可考。邢昺《爾雅注疏序》云：「其爲義疏者，俗間有孫炎、高璉，淺近俗儒，不經師匠。」此其非孫叔然可知。又云某按陸氏《埤雅》所引孫炎注，俗間孫炎也。騫以《埤雅》觀之，始信其言爲不誣。陸氏每引其説，必曰孫炎《正義》，或曰孫炎《爾雅正義》。若孫叔然，《釋文》及隋唐各《志》所載，但有《爾雅注》及《音義》，而未嘗有《爾雅正義》。且正義之名，起於隋唐間，前此未有也。邢氏既斥之爲淺近俗儒，宜俗間孫炎、高璉之説，皆在所屏，而世或反疑邢氏既斥其淺近，疏復屢引孫説。又謂引炎説頗多，而高璉不存片語爲不可解，皆未聞前説者也。暇日因從陸氏書中摘録所謂《正義》之文於左，以資參考，而補自來部録家所未備。《埤雅》惟蕩竹下云「孫炎以爲闊節爲簜」，與邢疏所引孫炎説略同，蓋此乃孫叔然，故不曰《爾雅正義》，兹亦不取。或又疑陸氏何以獨取俗間孫炎，曰：此正晁公武所謂農師著書，喜採俗説之證也。乾隆五十七年春正月。

周廣業跋曰：魏孫炎，晉世以與武帝名同，改稱其字，《魏志·王肅傳》「樂安孫叔然」是也。其所注《爾雅》，郭璞於《釋蟲》兩引其説而辨之，亦曰孫叔然。至酈道元注《水經》溼水，引《爾雅》「鸒斯，卑居也。孫炎曰：卑居，楚烏也」。魏徵注《類禮》本之孫炎，時無所避，故直名之。俗間孫炎如在唐會昌後，則炎亦廟諱，不應相犯。若謂武宗以前，則貞觀、顯慶、開成皆尚文之世，其書何以不見采録，而《唐志》無名。然則，五代時人無疑矣。郭氏螳蜋注云：「孫叔然以《方言》説此義，亦不了。」《埤雅》螳螂一條，顯與相違，尤可見其非魏孫炎也。吾友吳君槎客輯孫氏《爾雅正義》成，爰題卷後。

裴氏瑜爾雅注

《宋志》五卷

佚

《中興書目》曰：《爾雅注》五卷，唐裴瑜撰。其序云：依六書八體撮諸家注未盡之義，勒成五卷，並音一卷，今本無音。

釋智騫 爾雅音義

二卷，見《玉海》

佚

王應麟《玉海》曰：釋智騫撰《爾雅音義》。景德二年四月，吴鉉言其多誤，命杜鎬、孫奭詳定。

毋氏昭裔 爾雅音略

《通考》三卷

佚

晁公武《讀書志》曰：《爾雅》舊有釋智騫及陸元朗《釋文》，昭裔以一字有兩音或三音，後生疑於呼讀，乃釋其文義最明者爲定。

吴任臣《十國春秋》曰：昭裔河中龍門人。孟知祥鎮西川，辟掌書記，尋擢御史中丞。後主拜中書侍郎，同平章事，改門下侍郎，進左僕射。以太子太師致仕。所著有《爾雅音略》三卷。

邢氏昺 爾雅疏

《宋志》十卷

佚〔一四〕

《宋史·儒林傳》曰：邢昺字叔明，曹州濟陰人。太平興國初擢九經及第。咸平初爲國子祭酒。二年，始置翰林侍講學士，以昺爲之。受詔與杜鎬、舒雅、孫奭、李慕清、崔偓佺等校定《周禮》《儀禮》《公羊》《穀梁春秋傳》《孝經》《論語》《爾雅義疏》。官至禮部尚書，卒，贈左僕射。

昺自序曰：夫《爾雅》者，先儒授受之術，後進索隱之方，誠傳注之濫觴，爲經籍之樞要者也。夫混元闢而三才肇位，聖人作而六藝斯興，本乎發德於衷，將以納民於善。洎夫醇醨既異，步驟不同，一物多名，繫方俗之語，片言殊訓，滯今古之情。將使後生若爲鑽仰，由是聖賢間出，詁訓遞陳，周公倡之於前，子夏和之於後。蟲魚草木，爰自爾以昭彰，禮樂詩書，盡由斯而紛郁。然又時經戰國，運歷挾書，傳授之徒寖微，發揮之道斯寡，諸篇所釋，世罕得聞。惟漢終軍獨深其道，豹鼠既辨，斯文遂隆，其後相傳，乃可詳悉。其爲注者，則有犍爲文學、劉歆、樊光、李巡、孫炎，雖各名家，猶未詳備。惟東晉郭景純用心幾二十年，注解方畢，甚得六經之旨，頗詳百物之形，學者祖焉，最爲稱首。其爲義疏者。則俗間有孫炎、高璉，皆淺近俗儒，不經師匠。今既奉敕校定，考按其事，必以經籍爲宗，理義所銓，則以景純爲主。雖復研精覃思，尚慮學淺意疏，謹與尚書駕部員外郎直秘閣臣杜鎬、尚書都官員外郎秘閣校理臣舒雅、太常博士直集賢院臣李維、諸王府侍講太常博士兼國子監直講臣王焕、大理評事國子監直講臣崔偓佺、前知洺州永年縣事臣劉士元等，共相討論，爲之疏釋。雖上遵睿旨，共竭於顓蒙，而下示將來，尚慚於疏略。謹序。

陳傅良跋曰：國初諸儒獨追古，依郭氏注爲之疏，《爾雅》稍稍出。比於熙豐《三經》行，學者非《字説》不學，自先儒注疏皆罷絀，而《爾雅》亦廢。予憶爲兒時入鄉校，有以《爾雅》問題者，予用「能辨豹鼠，不識螗蜞」爲對，其事至淺，諸老先生往往驚嘆以爲博也。郡有刊疏並音釋若干卷，以久不就，字畫多殘闕。金華趙君子良來爲推官，繕補之，始頗可讀。趙徵余言，因叙此書之所以廢，且見子良之志。子良學於東萊呂伯恭氏，於余爲同年進士，名善珍。

晁公武《讀書志》曰：舊有孫炎、高璉疏，皇朝以其淺略，命邢昺、杜鎬等別著此書。

陳振孫《書録解題》曰：《爾雅疏》十卷，邢昺等撰。其叙云：爲注者劉歆、樊光、李巡、孫炎，雖各名家，猶未詳備，惟郭景純最爲稱首。其爲義疏者，惟俗間有孫炎、高璉，皆淺近。今奉敕校定，以景純爲主，共其事者杜鎬而下八人。

程敏政曰：《爾雅疏序》在舒館直雅集中，題曰代邢昺作。

《四庫全書提要》曰：昺疏亦多能引證，如《尸子》《廣澤》篇、《仁意》篇，皆非今人所及覩。其犍爲文學、樊光、李巡之注，見於陸氏《釋文》者雖多所遺漏，然疏家之體，惟明本注，注所未及，不復旁搜，此亦唐以來之通弊，不能獨責於昺。惟既列注文，而疏中時複述其文，但曰郭注云云，不異一字，亦更不别下一語，殆不可解，豈其初疏與注别行歟？今未見原刻，不可復考矣。

孫氏奭 爾雅釋文

《山東通志》一卷[一五]

佚

王氏雱爾雅

《經義考》

佚

《宋史·王安石傳》曰：安石撫州臨川人。子雱，字元澤，性敏甚，未冠已著書數萬言。舉進士，除太子中允、崇政殿説書，神宗數留與語。受詔注《詩》《書》義，擢天章閣待制兼侍講。書成，遷龍圖閣直學士，以病辭不拜。卒，時纔三十三，特贈左諫議大夫。

項安世跋曰：予讀元澤《爾雅》，爲之永歎曰：嗚呼！王氏以按：「以」字當在「王」字之上。父子之學之苦，即其比物引類之博，分章析句之工，其用力也久，其屬辭也精，以此名家，自足垂世〔一六〕，視揚子雲、許叔重何至多遜？而必欲用此説也，咸五帝而登三王，縛頡利而臣高昌，則已疏矣。度不能勝，而乃濟之以愎，輔之以狡，招合一時之羣小，盡逐累世之舊臣，以慼吾國而覆之，其遺兇流毒〔一七〕，至使後之擅國者世師焉，以享上祇辟之説悦人主，以邦朋國是之説空廷臣，則王氏父子實爲之津梁，可不痛哉！

陸氏佃爾雅新義〔一八〕

《宋志》二十卷

存

《宋史·陸佃傳》曰：佃字農師，越州山陰人，受經於王安石。熙寧三年，應舉入京，禮部奏名爲舉首〔一九〕，方廷試賦，遽發策題，士皆愕然，佃從容條對，擢甲科，授蔡州推官。補國子監直講，同王子韶修定《説文》。擢中書舍人、給事中。徽宗召爲禮部侍郎，罷爲中大夫，知亳州。數月卒，年六十一。追復資政殿學士。佃著書二百四十二卷，於禮家名數之説尤精，如《埤雅》《禮象》《春秋後傳》皆傳於世。

佃自序曰：萬物汝故有之，是書能爲爾正，非能與爾以其所無也，名之曰《爾雅》以此。莊子曰：「中無主而不止，外無正而不行。」舊説此書始於周公以教成王，子夏因而廣之，雖不可考，然非若周公、子夏不能爲也，故予每盡心焉。雖其微言奥旨，有不能盡，然不得爲不知者也，豈天之將興是書，以予贊其始。譬如繪畫，我爲發其精神，後之涉此者致曲焉，雖使璞擁篲清道，跂望塵躅可也。元符二年五月。

陳振孫《書録解題》曰：佃於是書用力勤矣，自序以爲雖使郭璞擁篲清道，跂望塵躅可也。以愚觀之，大率不出王氏之學，與劉貢父所謂不撤薑食，三牛三鹿戲笑之語，殆無以大相過也。《書》云「玩物喪志」，斯其爲喪志也宏矣。頃在南城傳寫，凡十八卷，其曾孫子遹刻於嚴州。

全祖望《經史問答》曰：問：陶山陸氏《埤雅》亦新經宗派之一也，聞其尚有《爾雅新義》，又有《禮象》，大抵當與《埤雅》出入否？答曰：《爾雅新義》僕曾見之，惜未鈔。今旁求不可得矣，《禮象》則未之見，竹垞以爲即是《埤雅》草稿。陶山在荆公門下，講經稍純，然如《埤雅》卷首即謂「荆公得龍睛，曾魯公得龍脊」，則大是妄語，不知陶山何以有此也？

按：焦竑《經籍志》載佃又有《爾雅貫義》，疑即《新義》，一書誤分爲二也。

小學考卷三終

校記

〔一〕「解詁」下，歐陽修《詩本義》卷一〇尚有「之言爾」三字，文意方足。當補。

〔二〕詁：原誤作「註」，據《四庫全書總目》卷四〇《爾雅》提要改。案：《總目》所引文字見《經典釋文敘錄》。

〔三〕載：原作「成」，據右引書改。

〔四〕言發夕也：右引書作「猶發夕也」。案：《詩·載驅》鄭玄箋作「猶言發夕也」。

〔五〕案：「騉駼枝蹄」以下，據《爾雅》原文當在《釋畜》，朱彝尊《經義考》併入《釋獸》，非是。

〔六〕援據：原脫「援」字，據郭璞《爾雅注序》補。

〔七〕遂撫大東：《四庫全書總目》卷四〇《爾雅注疏》提要作「遂幠大東」。

〔八〕案：此條原載鄭樵《通志·校讎略》「書有名亡實不亡論」。

〔九〕案：《梁書·沈約傳》附沈旋傳，不載沈旋有《集注爾雅》一書。《南史·沈約傳》、《通志》卷一四〇沈旋傳、《經義考》卷二三七載沈旋有《集注邇言》。《邇言》十卷乃沈旋之父沈約所撰。《集注爾雅》當別有其書。

〔一〇〕案：陸德明《經典釋文》收錄《爾雅釋文》二卷，其書見存，不當云「佚」，《小學考》誤記。

〔一一〕名理：原作「明理」，據《新唐書》卷一九八《儒學傳》改。

〔一二〕裒輯：原誤作「衰輯」，據清錢大昭《爾雅釋文補序》改。案：光緒刊本已改。

〔一三〕「隋」上，《新唐書》卷一九八《曹憲傳》有「仕」字。

〔一四〕案：邢昺所撰《爾雅疏》，其初爲單刻本，至南宋時方與經、注文合刻，今《爾雅》郭注、邢疏本即是，邢疏即存於書中。又，清阮元刻《十三經注疏》，曾以宋槧邢昺《爾雅疏》爲校，是其書在清代猶存。《小學考》云「佚」，有誤。

〔一五〕案：此條見四庫本乾隆《山東通志》卷三四。

〔一六〕垂世：原作「垂也」，據《文獻通考》卷一九〇《經籍考》所引項安世跋語改。

〔一七〕其：原作「以」，據右引書改。

〔一八〕爾雅新義：原作「爾雅音義」，據《宋史》卷二〇二《藝文志》改。按，《直齋書録解題》《玉海》均著録作《爾雅新義》。

〔一九〕奏名：原作「奏明」，據《宋史》卷三四三《陸佃傳》改。

小學考卷四

訓詁二

鄭氏樵 爾雅注

《宋志》三卷

存

《宋史·儒林傳》曰：鄭樵字漁仲，興化軍莆田人。好著書，不爲文章，自負不下劉向、揚雄。居夾漈山，謝絶人事，久之乃游名山大川，搜奇訪古，遇藏書家必借留，讀盡乃去。初爲經旨禮樂文字、天文地理、蟲魚草木方書之學，皆有論辨。紹興十九年上之，詔藏秘府。樵歸，益厲所學，從者二百餘人。以薦得召對，因言班固以來歷代爲史之非，帝曰：「聞卿名久矣，敷陳古學，自成一家，何相見之晚耶？」授右迪功郎、禮兵部架閣。以御史葉義問劾之，改監潭州南嶽廟，給札，歸鈔所著《通志》。書成，入爲樞密院編修官，尋兼攝檢詳諸房文字。請修金正隆官制，比附中國秩序，因求入秘書省繙閱書籍。未幾，又坐言者寢其事。高宗幸建康，命以《通志》進，會病卒，年五十九。學者稱夾漈先生。樵好爲考證倫類之學，成書雖多，大抵博學而寡要，平生甘恬淡樂施與，獨切切於仕進，識者以是少之。

樵自序曰：大道失而後有六經，六經失而後有《爾雅》，《爾雅》失而後有箋注。《爾雅》與箋注，俱奔走六經者也。但《爾雅》逸，箋注勞。《爾雅》者約六經而歸《爾雅》，故逸；箋注者散《爾雅》以投六經，故勞。有《詩》《書》而後有《爾雅》，《爾雅》憑《詩》《書》以作，往往出自漢代箋注未行之前，其孰以爲周公哉！《爾雅》釋六經者也，《爾雅》明，百家箋注皆可廢。《爾雅》應釋者也，箋注不應釋者也。人所不識者當釋而釋之，曰應釋；人所不識者當釋而不釋，所識者不當釋而釋之，曰不應釋。古人語言，於今有變，生今之世，何由識古人語，此《釋詁》所由作。五方言語不同，生於夷何由識華語，此《釋言》所由作。物有可以理言者，以理言之，有不可以理言，但喻其形容而已，形容不可明，故借言之訓以爲證，此《釋訓》所由作。宗族婚姻稱謂不同，宫室器樂命名亦異，此《釋親》《釋宫》《釋器》《釋樂》所由作。人之所用者人之事耳，何由知天之物，此《釋天》所由作。生於此土，識此土而已，九州之遠，山川邱陵之異，何由歷，此《釋地》《釋邱》《釋山》《釋水》所由作。動物植物，五方所産，各有名，古今所名亦異謂，此《釋草》《釋木》《釋蟲》《釋魚》《釋鳥》《釋獸》《釋畜》所由作。何物爲六經，集言語、稱謂、宮室、器服、禮樂、天地、山川、草木、蟲魚、鳥獸而謂經，以義理行乎其間而爲緯，一經一緯，錯綜而成文，故曰「六經之文爾雅」，謂言語、稱謂、宮室、器服、禮樂、天地、山川、草木、蟲魚、鳥獸之所命不同，人生不應識者也，故爲之訓釋。義理者人之本有，人生應釋者也，故嬰兒知好，瞽者聾者知信義，不憑文字而後顯，不藉訓釋而後知，六經所言早爲長物，何況言下復何言哉！故《爾雅》則不釋焉。後之箋注家反是，於人不應識者則略，應識者則詳，舍經而從緯，背實以應虛，致後學昧其所不識，而妄其所釋也。蓋人所不應識者經也、實也，不得釋則惑，得釋則明。若曰「關關睢鳩，在河之洲」，不得釋則人知睢鳩爲何禽，河洲爲何地哉？人所應識者，緯也、虛也，釋則不顯，不釋則顯。董遇有言「讀百遍，理自見」者，爲此也。若睢鳩、河洲不得旨言，雖千誦何益哉！何謂釋則不顯，且如《論語》所謂「學而時習之，不亦説乎」，無箋注，人豈不識？孟子所謂「亦有仁義而已矣，何必曰利」，無箋注，人豈不識？《中庸》所謂「天命之謂性，率性之謂道」，無箋注，人豈不識？此皆義理之言，可詳而知，無待注釋，有注釋則人必生疑，疑則曰：「此語不徒然也。」乃舍經之言，而泥注解之言，或者復舍注解之意而泥己之意以爲經意，故去經愈遠。正猶人夜必寢旦必食，不須告人也，忽而告人曰：「吾夜已寢矣，旦已食矣。」聞之者豈信其直如此耳，必曰：「是言不徒發也，若夜寢旦食，又何須告人？」先儒箋解虛言，致後人疑惑正類此。因疑而求，因求而迷，因迷而妄，指南爲北，俾日作月，欣欣然以爲自得之學，其實沈淪轉徙，可哀也哉！此患無他，生於疑耳。其疑無他，生於本來識者而作不識者解耳。《爾雅》訓釋六經，極有條理，然只是一家之見，又多徇於理而不達乎情狀，故其所釋六經者，六經本意未必皆然。樵酷愛其書得法度，今之所注，只得據《爾雅》意旨所在，因采經以爲證，不可叛之也。其於物之名大有拘礙處，亦略爲之摭正云爾。

又後序曰：一字本一言，一言本一義。饘自饘，餬自餬，不得謂餬爲饘；訊自訊，言自言，不得謂訊爲言；襺自襺，袍自袍，不得謂袍爲襺；衮自衮，黻自黻，不得謂衮爲黻。不獨此也，大抵動以十數言而總一義，今舉此四條，亦可知其昧於言理。詩云「奉璋峨峨」，謂助祭之士執圭璋峨峨然，《釋言》「峨峨，祭也」。「伐木丁丁」，丁丁者，伐木聲也。「鳥鳴嚶嚶」，嚶嚶者，鳥聲也。奈何曰「丁丁嚶嚶，相切直也」。舉此三條，亦可知其不達物之情狀。《爾雅》所釋盡本《詩》《書》，見《爾雅》自可見，不待言也。《離騷》云「令飄風兮先驅，使涷雨兮灑塵」，故釋風雨云「暴雨謂之涷」，此句專爲《離騷》釋，知《爾雅》在《離騷》後，不在《離騷》前。謂華爲荂，謂草木初生爲蘆，謂蘆筍爲雚，謂藕紹緒爲茭，皆江南人語，又知作《爾雅》者江南人。

陳振孫《書録解題》曰：樵言《爾雅》出自漢代箋注未行之前，蓋憑《詩》《書》以作《爾雅》，《爾雅》明則百家箋注皆可廢。《爾雅》應釋者也，箋注不應釋者也。言語、稱謂、宫室、器服、草木、蟲魚、鳥獸之所命不同，人所不能識者，故爲之訓釋。義理人之所本有，無待注釋，有注釋則人必生疑，反舍經之言而泥注解之言，或者復舍注解之意而泥己之意以爲經意。此其爲説雖偏，而論注解之害，則名言也。

汪師韓《書鄭氏爾雅箋注》曰：古之人不讀《爾雅》，則無以解六經，後之人不讀《爾雅》注，又無以解《爾雅》。然而注有善有不善，「小山岌大山峘，大山宫小山霍，小山别大山鮮〔二〕」，《文選》注作嶰。無注則以三名爲六名，此注之善也。「鯉、鱣、鰋、鮎、鱧、鯇」，有注而以六名爲三名，此注之不善也。且夫「盂狼尾」則「盂」「孟」異文焉，「卷施草」則「施」「葹」異文焉，「鸒楊鳥」有離合字之異。若「覞髟茀離」，若「蜚蠦蜰」，若「螳蜋蝆虰蛵」，若「鵅鵋老鳸鴳」，若「鼨鼠豹文鼮鼠」，有上下讀之異。注家紛紜，莫知孰是也。夾漈之作箋注也，往往指經文之誤，如謂《釋詁》之「晊晊、皇皇、藐藐、穆穆、闗闗、噰噰」，當入於《釋訓》。《釋草》之「菤荑、蔜藸」，當入於《釋木》。《釋詁》之「阬阬，虚也」，「阬」不當有重文。《釋邱》之「夷上灑下不漘」，「不」字當爲衍文。《釋天》「謂之景風」之上當有缺文。十二辰所次不當遺却實沈、鶉首、鶉尾。乃今勘其書，則經文且有脱去者。《釋言》之「弇，同也」，《釋水》之「由膝以下爲揭」至「爲厲」十八字。《釋草》之「葦醜芀」，《釋魚》之「蛭蟣」，《釋鳥》之「倉庚鶩黄也」，郭氏皆有注，而鄭並經文闕焉，何也？其於經文有疑者，《釋詁》「台、朕、賚、畀、卜、陽，予也」，謂「予」本予我之予，又爲賜予之予，疑此當言「台、朕、陽，予也」，謂我也；「賚、畀、卜，予也」，謂與也。以二字同文，故誤耳。然觀上文曰「台、予、朕，我也」，又曰「朕，身也」，則不應相承，又以「台、朕」爲予我之予。注謂通其名，而疏謂「台者遺與也，讀與貽同，朕者我與之也」，似非訛誤。且陽施陰受，陽固有施與之義，不必以《魯詩》「陽如之何」爲解也。《釋地》「西北之美者有崑崙虚之璆琳琅玕焉」，謂玉出于闐，中國並無，其意以崑崙爲中地，而于闐在外者。按：河出崑崙有兩原，其一經于闐，則于闐正即崑崙虛也。《釋邱》「絶高爲之京」，郭注「人力所作」，「非人爲之邱」，郭注「地自然生」，此蓋李巡孫炎之舊解，義甚顯明，鄭於上句欲改「爲之」作「謂之」，於下句欲增「謂之」二字，似未當矣。於郭注《釋詁》所云「載者言而不信，謨者謀而不忠」，指其臆說。而其所改郭注，如以「蘦大苦」爲黄藥，而非甘草，此本之《夢溪筆談》也。至以「劉劉」爲杙安石榴，「齧雕蓬」爲其米雕胡，毋亦臆斷耶？因涷雨而謂《爾雅》在《離騷》後，因莽筍藿茭而謂作《爾雅》者江南人，是特因郭威「張仲孝友」之疑而推廣之耳。箋注一書之大指，在采經以爲證，故於郭所已釋，而鄭更云未詳者，如《釋詁》之「奢，勝也」，郭曰「誇奢得勝也」；「貉縮綸也」，郭曰「綸者繩也」，謂「牽縛縮貉之，今俗語亦然」。《釋獸》之「猷鼠」，郭引《山海經》「狀如猷鼠」，鄭則仍曰未詳。亦有郭無所疑，而鄭曰未詳者，如《釋詁》之「梏，直也」，「呲，樂也」，「屎，捷也」，與《釋地》「東北之斥山」，《釋水》之「濟爲濋，汶爲瀾[二]，洛爲波[三]，淮爲滸，過爲洵，穎爲沙」，皆曰未詳，凡以無經可證耳。惟其必以經證，故於郭注未詳，而邢疏有釋者，則必有證乃取之。如《釋詁》之「肇，謀也」，疏引《詩》「肇敏戎公」。「釗，勉也」，疏引《方言》「秦晉曰釗」。「逐，病也」，疏引詩「碩人之軸」，鄭康成《箋》曰「病也，軸通作逐」。「求，終也」，疏引《詩》「世德作求」。《釋言》之「邕、支，載也」，疏引謝氏云「邕又作擁，擁者護之，擁護支持皆載任之義」。「廩，廯也」疏引《廣雅》「廯，倉也」。《釋訓》之「怟怟，愛也」，疏引李巡曰：「怟怟，和適之愛也。」「萌萌，在也」，疏引字書作「萠」，《說文》作「蔄」是也。若疏之無證者則不取。《祭名》「夏曰復胙」，疏云「說者謂祭之旦日，復陳祭肉以賓尸」，鄭則曰未見所出也。然如《釋詁》之「褫，福也」，「謓，敬也」，「仍，乃也」，鄭於郭注未詳者，何又無所疑也。其於郭未詳而鄭補之者，獨《釋詁》之「箌，大也」，引《韓詩》「箌彼甫田」，《說文》「箌，草大也」。「豫，厭也」，引《易》「豫，怠也」。「揚，續也」，引《孝經》「揚名於後世」。此三條爲有經據耳。他若《釋詁》之「孟，勉也」，以爲「孟」即瞖也。「迪，作也」，以爲「開作也」。「於代也」，以爲更辭也。「衛、蹶，嘉也」，以爲「今時俗訝其物則曰衛[四]，蹶與衛亦不相遠，但方俗語有差耳」。「臻、侯，乃也」，以爲臻重至也，侯維也，維亦乃也。「艾、歷，相也」，以爲艾即乂也，歷偏閱也。《釋言》之「辟，歷也」，以爲「辟」今作「劈」，歷過也。《釋草》之「薜庾草」，以爲藤生蔓延，花似薜荔也。「須葑蓯」，以爲菰葑也。

「萹苻止」，以爲亦蒲類也。「仲無笐」，以爲篔簹竹也。
「姚莖涂薺」，以爲菥蓂也。「笐東蠡」，以爲薜荔也。
《釋木》之「椶櫰柳」，以爲烏臼也。《釋魚》之「鰲
鯠」，以爲今鰻魚，亦呼鰻鰲也。《釋鳥》之「鸐齒艾」，
以爲艾即鴱，下文之「桃蟲，鷦，其雌鴱」。「密肌繫
英」，以爲啄啖石英之英雞也。其欲改字者，《釋詁》之
「徵，虛也」，疑「徵」爲哆。「治，故也」，疑「治」
爲始。以上所補，安在其確有證歟？且有郭注之誤而相
仍莫改者。《釋言》之「郵，過也」，郭云「道路所經
過」。按《日知録》云：古「郵」字同尤，詩云「是曰
既醉，不知其郵」，《王制》云「郵罰麗於事」，則「郵」
之爲過，猶之「僁」之爲過也。《釋地》「東方有比目魚
焉」，郭云「江南呼王餘魚」。按左思《吴都賦》「雙則
比目，片則王餘」，其種各異，非一魚二名也。余嘗觀
《上林賦》之「留蚼蛭蜩」，《西京賦》之「芃懷羊」，
司馬長卿張平子之所知者，至郭氏已俱不知，何况後人，
蓋博物之學難矣。乃余於郭鄭皆所未詳者約六十處，而
其中有可援古而補釋者，得三分之一，今並附録於後。
《釋詁》「郃，會也」，《漢·地理志》「左馮翊郃陽縣」，
顔師古注曰：即《大雅·大明》之詩所謂「在洽之陽」，
洽固會合義矣。又「羕，長也」，《韓詩》「江之羕矣」，
薛君《章句》曰「漾，長也」，見《文選》注，特偏旁
加水耳。又「寅，進也」，《漢·律曆志》曰「引達於
寅」，引達非進義乎。又「神，重也」，「重」讀平聲，
《檀弓》「重主道也」，注「始死未作主，以重主其神
也」，劉熙《釋名》曰「死者之資重也」。又「滕，虛
也」，《易·咸卦》上六傳「咸其輔頰，舌滕口説也，咸
以虛受」，虞翻改「滕」爲「媵」，曲説耳。又「禠，福
也」，張衡《東京賦》「祈禠禳災」，薛綜注謂「求祈福
而除災害也」。又衡《思玄賦》「蒙厖禠以拯民」，衡自
注引《爾雅》曰「厖，大也」，「禠，福也」。又「嘺、
烖，危也」，《龍龕手鑑》引《爾雅》注云「嘺，事之危
也」，《中庸》「烖及其身」，尤顯然矣。又「哉，間也」，
《説文》「言之間也」，注引《論語》「君子哉若人」，間
隔之意也。又「徽，止也」，樂書「琴徽以節奢縱」，乃
止之義。《白虎通》論五音云「徵者止也，陽氣止」，則
「徽」或「徵」之訛也。又「梏，直也」，《緇衣》引
《詩》「有覺德行」，書「覺」爲「梏」，章志貞教直之
義也。《射義》「棲皮曰鵠」，注「鵠之言梏，梏直也。」
又「郡，乃也」，《釋名》「郡，羣也，人所羣聚也」，是
即鄭釋「臻重至」之謂也。又「仍，乃也」，《論語》
「仍舊貫」，《周官》「仍几」，皆因而不改之義也。又
「翜，捷也」，《説文》「翜，飛之捷也」。又「元良，首
也」，此似釋《書》「一人元良」，猶《易》言「首出庶

物」，不當以「元良」二字分釋也。又《釋水》「汶爲瀾」，《釋文》以李巡注「瀾，溢也」。又《釋草》「薜，牡蘾」，《釋文》「牡蘾即薜茘也」，鄭以「芫東蠡」爲薜茘，或誤矣。又「苗蓨」即上文蓧蓨，乃苕也，苗蓧聲相近而別二名耳。又「蔝，菽」，閻百詩謂即上文之「菽蔆蘰」，乃雞腸草也。又《釋蟲》「傅，負版」，《困學紀聞》謂即柳子所謂作蝜蝂，傅者善負小蟲也。又《釋鳥》「鷂鶅軌」，即雉之東方曰鶅也。又「鴗劉疾」，即下文「鶟鶦，其雄鶡也」。又「鴩鋪菽」，《說文》作「鴩鈹」，《通雅》謂即鵓鳩，俗訛呼爲鵓姑子者也。又《釋獸》「猷鼠」，《釋文》引舍人注：「其鳴如犬也。」

《四庫全書提要》曰：南宋諸儒大抵崇義理而疏考證，故樵以博洽傲睨一時，遂至肆作聰明，詆諆毛鄭。其《詩辨妄》一書，開數百年杜撰説經之捷徑，爲通儒之所深非。惟作是書，乃通其所可通，闕其所不通，文似簡略，而絕無穿鑿附會之失，於《爾雅》家爲善本。中間駁正舊文，如後序中所列饘餬、訊言、𧝓袍、衮黻四條；峨峨、丁丁、嚶嚶三條；注中所列《釋詁》「台朕陽」之予爲我，「賚畀卜」之予爲與一條；「閲閲、嗺嗺」當入《釋訓》一條；《釋親》據《左傳》辨正娣姒一條；《釋天》謂「景風」句上脱文一條；星名脱實沈、鶉首、鶉尾三次一條；《釋水》「天子造舟」一條；《釋魚》「鯉鱣」一條；《釋蟲》「食根蟊」一條；「蝮虺首大如臂」一條，皆極精確。惟「魚謂之丁」一條，務牽引假借，以就其《六書略》之說。又堅執作《爾雅》者江南人，凡郭璞所云蜀語、河中語者悉駁辨之，是則偏僻之過，習氣猶未盡除。又汪師韓集有書此書後一篇，駁其誤改郭注者，以「劉劉杙」爲安石榴，以「齧雕蓬」爲其米雕胡二條。補郭注而未確者，「孟勉也」，以爲「孟」即晉，「於代也」以爲更辭二條。仍郭注之誤未改者，訓「郵過也」爲道路所經過，不知「郵」古字同尤。訓比目魚爲王餘，不知《吳都賦》「雙則比目，片則王餘」二條，亦頗中其失。至於議其《釋言》篇内經文脱「弇同也」三字，《釋水》篇内經文脱「水之由膝以下爲揭」至「爲厲」十八字，《釋艸篇》内經文脱「葦醜芀」三字，《釋魚》篇内經文脱「蛭蟣」二字，《釋鳥》篇内脱「倉庚黧黄也」五字，皆當爲毛氏刊本之誤，並以詆樵則過矣。

無名氏爾雅音訓〔五〕

《通志》二卷

佚

《崇文總目》曰：不著撰人名氏，以孫炎、郭璞二家音訓爲尚狹，頗增益之。

無名氏互注爾雅貫類

《宋志》一卷

佚

王應麟《玉海》曰：不知作者，取字同者類之。

無名氏爾雅兼義

《通志》十卷

佚

無名氏爾雅發題

《通志》一卷

佚

潘氏翼爾雅釋

《經義考》

佚

王瓚曰：翼字雄飛，青田人，建炎中徙居樂清，王十朋之師也〔六〕。

羅氏願爾雅翼

三十二卷

存

《宋史·羅汝楫傳》曰：汝楫徽州歙縣人。子願，字端良，博學好古，法秦漢爲詞章，高雅精鍊，朱熹特稱重之。有《小集》七卷、《爾雅翼》二十卷。知鄂州，有治績。

願自序曰：惟宋十一世，淳熙改元，羅子次《爾雅翼》，定著五萬餘言。乃論古初，造化始耑，萬彙芒芴，並生其間。民生如標枝，鹿豕爲羣，自以爲一物，不自貴珍。有聖人者立，傑出其倫，使同類相收，異類區分，正名百物，毛羽介鱗，圜首方趾，自別爲民。乃佃乃漁，乃刊乃焚，選百羞百穀，以爲常珍，味其辛毒，俾相君臣，靈智以爲畜，猛獸服循，異物著之鼎，別姦與神。遂超萬物，莫之與鄰，號名三才，與天地均，裁制萬品，皆由乎人。物患既去，其利畢陳，智者用其實，因既其文，有所著作，假之而論。故《詩》首《關雎》，《春秋》感麟。《易》八卦始畫，仰天俯地，窮鳥獸之文，書契因之，是生典墳。《禮》觀象作服，贊死生之物，以明卑尊。吹竹聽鳳，爲樂本原。《魯論》貴多識，譏五穀不分。聖有所不語，亦有所常言。至《王會》紀遠物，則多異聞；《離騷》志潔，惟掇其芳芬。不若《爾雅》，博洽雅訓，起於漢世，學者自爲專門。欲輔成詩道，廣摭旁穿，萬物異名，始著於篇。先師説之，義多不鮮，由古學廢絶，説者無所旁緣。風土不同，各據所偏，江南之産，踰北而遷。至其語音，亦不相沿，鄭人命死鼠，儗於璵璠，六書之相假，鱓則爲鱣。物亦固有難識，不可泛觀，惡莠亂苗，豫章須七年。非好古博雅，身履藪澤，孰能究宣，野人能別之，不能見於傳。至謂鴞女匠，魚罟爲筌，六駮以爲馬，不可駕牽。謂芍藥無香，説芳艸者初不識蕙與蘭。羅子疾之，乃探其原，因《爾雅》爲資，略其訓詁，山川星辰，研究動植，不爲因循。觀實於秋，玩華於春，俯瞷淵魚，仰察鳥雲，山林皐壤，遇物而欣。有不解者，謀及蒭薪，農圃以爲師，釣弋是親，用相參伍，必得其真。此書之成，爲雅羽翰，其涵如海，其負如山。其稱物小，義炳而寬，不强所不知，義無不安。宇中所有〔七〕，目擊而存，指毛命獸，見末知根，可用閎覽，娱悦性情，玩化無窮，以觀我生。率是佐時，人主以裁成，通之於六籍，疑義以明，千世之下，與雅並行。後有子雲君山之儔，乃知其精，雅道復顯，功斯亦宏矣。

王應麟後序曰：《爾雅翼》三十有二卷，歙羅公願端良撰。惟大學始教，格物致知，萬物備於我，廣大精微，一草木皆有理可以類推。卓爾先覺，即物精思，體用相涵，本末靡遺，水華庭草，玩生意以自怡，雞雛觀仁，乾坤具梅枝。鉅而包萬彙乎觀物，纖而析衆方乎《楚辭》；約不膚陋，博不支離，蓄德致用，一原同歸。彼謏聞者，誤荔挺杜若，不識蟹蛬，騶牙重常，徒語怪而麃鴐售欺，矧編絶簡脱之餘，舄虎魚豕，柳卯茭兹。至於菉綠椟荑，蕡蘋薺茨，苹蓱萊棗，熊能螭离，鶬鶴鱴鷞，雜糅而紛披，諼蕙導蕖，夆蜂嚶鸎，訓義之參差。芑有菜艸粟之別，杞有梓柳檵之殊。名之相混，獸則蛭蜩蝦蛤，艸則虌蝱藹雖，女摯之亲與榛異，鳴垤之雚與鱹異，校諸經而多違。小大同稱，有鯤有麑，新雉之木以爲艸。《類苑》紀鸒斯〔八〕，《王會》芣苢，《伊尹》書盧橘荒異，物其誰咨？娵隅以音變，烏啄以字迷，堯韭舜榮，儷句爲嬉，豆逼莫解，苻蕁曰莧葵。問稻何艸而謂羊躑躅，候氣廢葭莩，議樂昧秬秠。或有能辨蒲蘆表枸杞，別象膽與駮而問天雞。指不勉之善，取騶虞竊脂，然洽通之彦，猶菿醬失對，謬剥棗於《豳詩》。蓋騖遠略近，躐高忽卑，孰知《爾雅》附於經，多識是資？諸儒箋釋，角立墨畦，歆炎樊李，文學犍爲，景純之後，顧謝沈施，陸音邢疏，分轡並馳。斛演以小，累矩疊規，揖廣憲博，劉續陸埤，斟酌羣言，嚌醇擩醨。理無窮，書有頤，未窺夫浩倉槼物，化育亡厓，益不殫名，隸首難徧稽。《山經》所有，恢詭譎奇，地員九十，物艸十二衰。《考工記》却行紆行之屬，《鴻烈》庶鳥庶魚之類，萬耑千岐。物物而察，必研其幾，匪淹綜沈潛，貫璣組絲，蠡克鈎索幼眇，甄別是非。淵哉若人如五總龜〔九〕，筆爲鉏耒，迺芸迺菑，覽故考新，揆叙物宜，根極六藝，冰涣昔疑，囊括百家，抉廋擿玼，豈惟傳《騷》，説《詩》亦解頤，簒次有典則，班馬可追，爲雅忠臣，翼之以飛。本立言之志，欲率是佐時，陶冶旁溥，印贊範圍，中和位育，與物春熙，匪衒豹鼠之辯，以貽蟲魚譏。入國問喬木，誦其文爲師。昔者朱子稱經緯縝密，惜其先萎，《小集》僅傳，知此者希。歲甲午書成，迨庚午九十七載〔一〇〕，出若有期。自今顯行，式永厥垂，繇是進大學之道，學者葆之。先是，公之從曾孫裳録藏家楹，訪求得其書，則前太學博士方君回也。識卷後而刊於郡者，浚儀王應麟也。

方回跋曰：宋興二百一十五年，淳熙甲午，新安存齋羅公願字端良，次《爾雅翼》成。又九十六年，咸淳庚午，浚儀王侯應麟爲守，始刊布之。回聞之先君子，南渡後文章有先秦西漢風，惟羅鄂州一人。甫七歲，能爲《青草賦》以壽其先尚書。少長，落筆萬言，既冠，乃數月不妄下一語，其精思如此。以南劍州守陛辭，孝廟大賞異，俾易鄂州。明年淳熙乙巳卒。今《新安志》行於世，與馬班等。《小集》僅文之十一，劉公清之子澄所刊。晦翁謂文有經緯，嘗欲附名集後，又謂羅端良止此可惜，蓋年四十餘，使老壽，進未艾也。《爾雅翼》者，序見《小集》，世未見其書。回訪求得公之從孫裳手鈔副本三十二卷，侯躬自校讎，雖廋聞隱説，具能知所自來，可謂後世子雲矣。回竊謂後世學者於天下書，鑽研少而剽竊多，靡勞餘力，意義曉然，古人有終身不能通者，或開卷頃刻而得之。道德性命之類，有《北溪字義》，而真西山《讀書記》爲尤精。車冕器服之類，有《三禮圖》，而陳祥道《禮書》爲尤博。考論經傳草木鳥獸蟲魚，則許謹、陸璣、張揖、曹憲、邢昺、陸佃，不如此《翼》之爲尤悉。是書皆前代所無，挾是以求爲儒，易易矣。雖然，學陋俗壞，承弊踵訛，以無言道，以氣言性，以知覺言仁，以詐謀言智，以反經言權，以姑息言恕，以輪迴言生死，以祠廟言鬼神。詖淫邪道，先儒闢之非不至，而士之陷溺者猶不自知也，以誤注《本草》爲世之害，而不以誤注《易》爲世之大害，識者患焉。侯賢父子有德吾州，嘗以右螭直北門，是將推所學陶天下，俾本末精粗，將無不一歸於是云。

顧璘跋曰：予向嘗讀宋《羅鄂州集》，見朱子敬服其文，以爲南渡以來文人之所鮮有。近復得鄂州所著《爾雅翼》於其遠孫惟美，則又以見鄂州之學之博，而非人之所易窺也。《爾雅》博物之書也，天下之物廣矣，一物之理未窮，則一物之知缺焉。學者之意，豈不以一物未窮若無害乎其學，而不知學之疏淺，未必不自兹而始也。孔子生知之人也，其入太廟必每事問，復曰：「我非生而知之，好古敏以求之者也。」此聖人之所以爲聖也。是書之於格物詳矣，學者能復熟研究，由是而進大學之道，蓋無難者，則是書也，固將與《雅》並行，有不俟後世之子雲而知之矣。正德己卯。

都穆序曰：《爾雅》周公書也，昔之志藝文者以之附於《孝經》，志經籍者以之附於《論語》，皆所以尊經也。唐《四庫書目》始置之小學之首。至宋邢昺等奉敕爲疏，《爾雅》遂復與諸經並列。由周而後人之作者，漢孔鮒有《小爾雅》，魏張揖有《廣雅》，宋陸農師有《埤雅》。此外又有《爾雅翼》者，其爲卷三十有二，總十萬餘按：十當作五。言，宋知鄂州新安羅公願之所著也。書嘗一刻於宋，再刻於元，以屢經兵燹，人間罕存。雖公之後人與鄉之士夫間有藏者，率皆繕寫，且多譌缺。予家舊藏，乃宋刻本，後以歸李工部彦夫，蓋彦夫新安人也。今羅公十六世孫文殊持是書來謁，詢之，知其捐資新刻，即予向所遺李君者也，遂作而歎曰：博哉羅公之學乎！世之學者多騖高遠而忽卑近，至於訓詁，宜恥焉視之，以爲無用而不足究心。嗚呼，其亦弗思而已矣！孔子之教學者曰「博學於文」，孟氏亦曰「博學而詳説之」，而况大學之教先於格物，夫一物不知，君子所恥。孔子聖人也，嘗辯商羊識萍實，論者謂其小吾夫子，殊不知人而曰聖，以其無所不通，使有問焉，懵然無答，其與庸人亦奚異哉？大抵學以聖人爲師，古之人如東方曼倩、張司空，其學雖不能窺聖門墻，而其博物，人到於今稱之，世之君子或猶有未逮，然則物豈可以易格，學豈可以自足也哉？是書之出，後於陸氏，而考覈名物，援引百家，所謂其涵如海，其負如山者，誠非虛語。若其博，視陸氏殆又過之。學者得此，不俟旁求，泛閲而坐收格物之功，則公澤之及人固亦多矣。惜乎史闕公傳，《文獻通考》亦不載其書，兹非文殊，不能使其晦而復傳。噫，羅氏之子孫衆矣，若文殊者顧不謂之孝耶？

李化龍序曰：自宋儒有玩物喪志之説，學者遂以心性爲藏拙之府，閉目而坐，抗手而談曰：「吾葆吾徑寸足矣，何事誇多鬬靡爲？」則曷不以周孔觀之，周孔作《爾雅》，草木鳥獸蟲魚，一跂一啄，可臚覆也。哀公曰：「寡人欲學小辨以觀於政，其可乎？」孔子曰：「爾雅以觀於古，亦足以辨言矣。」夫誠博物足以溺心，又何周孔之諄諄也，將無以遠稽博觀，皆足以發天明而周世用故耶？乃至以格物窮理之學爲存心養性之累，則學道者必且如鍊士，如定僧，不立文字，不通古今。夫誠深居而靚處則可，脱一日而隼集於庭，石言於野，怪物生於郊，商羊舞於市，於是乎奉君王之問，當稠人之咨，可啞無以應，曰：「吾學在心與性，此非所及耶！」則又何以曰通天地人曰儒，而有一物不知之耻也。自孔門之教博約並行，以至於今，兩家者不能相一，亦不能相廢。蓋《爾雅》之後，有揚雄之《方言》，劉熙之《釋名》，張揖之《廣雅》，陸佃之《埤雅》，學者尊而師之，在經之下子之上，此以知夫學不廢博，而天下無不多能之聖也。《爾雅翼》者，蓋南宋鄂州守羅公願所爲，其體在《爾雅》之中，其所訓釋不出乎草木鳥獸蟲魚之外，然事原其始，物徵其族，肖其形色象貌之倫，極其性情功用之備，粗則漁佃農圃牛醫馬師所可知，精則地志山經五緯七籤所不能盡者也。故説者謂其涵如海，其負如山，真博物者之專門，考道者之雜俎矣。余往於《博古全雅》中得靚是書，珍而惜之，不啻爲帳中之秘。近得其家藏本，比余所有更多音釋，一再讀之，乃益嘆夫古今人不相及也。余觀書中所載一枝之木、一莖之草，一飛鳴一游泳之肖翹，靡不別於疑似而究其歸宿，其在於今，則謂急近小而舍遠大，共以爲笑矣，乃今之所爲遠且大者安在，不過謬爲大言以文其疏陋。此無他，古以實，今以虛，古以精，今以粗。極其實與精，即身心性命、修齊治平，亦且無不實、無不精，何論其小？極其粗與虛，即手足耳目、食息起居，亦且無不粗、無不虛，何況其大！故知徹上徹下無二理也，識大識小無兩心也，善學者約之乎操修體驗，以完吾天然自有之中，博之乎名物散殊，以悉夫人情物理之變，是謂全學，是謂通儒，則周公作《雅》之指，而羅公所以翼《雅》之心乎！不則遺心性而極夭喬之觀，置洪鉅而窮飛潛之辨，是書果爲誇多鬬靡之資而已。無論鄂州之苦心，即學者所以孜孜矻矻於是書者，亦曷取焉？吁，後之爲《爾雅》之學者，得吾説而存之，亦可以弗畔已夫！

張萱《疑耀》曰：《爾雅·釋器》「象謂之鵠，角謂之觷」，一本作「鸒」。「犀謂之剒」，一本作「䧿」。「玉謂之雕」，一本作「雕」[一一]。四者皆取鳥名，豈古字皆相通耶，抑別有據也？詩「卬有旨鷊」，旨鷊小草，五色似綬，故名綬草。詩言欲有文采具備，以成調理之臣如鷊者，不戕賊之而後得也，但鳥名亦有鷊，亦名綬，故古本《爾雅·釋鳥》有「鷊綬」，與《釋草》鷊綬同文。羅願遂以詩之旨鷊爲鳥，與上「防有鵲巢」爲偶，謂鵲善相地，而後累巢，若有驚懼則不累也。鷊善相天而後吐綬，若有戕賊之疑則不吐也。此説亦有據，但謂之旨蘮，則似是屬草，蓋「旨」與旨畜之旨相同，此草亦可食，故云旨。若是鳥，未聞可食，不應言旨矣。第未得詩之善本以正之。若旨蘮之「蘮」從草，其爲草無疑，不從草，其爲鳥無疑。今世所行詩及字書，皆混亂，故無由辯之，而諸説紛紛也。蘇秦説韓：「寧爲雞口，無爲牛後。」今本《國策》《史記》皆同，惟《爾雅翼·釋豵》篇「寧爲雞尸，無爲牛從。尸，主也，一羣之主，所以將衆者。從，從物者，從隨羣而往，制不在我矣。」此必有據，且於縱横事相合。今本「口」字當是「尸」字之誤，「後」字當是「從」字之誤也。《左傳》「季郈之雞鬬，季氏介其雞」，《爾雅翼》作「芥其羽」，謂以芥菜之芥播其羽也，必有所據，但未詳其義[一二]。

錢曾《敏求記》曰：羅願《爾雅翼》三十二卷。羅願新安人，七歲爲《青草賦》，南渡後文章，人頗推之。淳熙乙巳，卒於易鄂州之明年，故世稱爲羅鄂州。此書於草木鳥獸蟲魚之類，正名辨物，貫穿百家，可謂賅洽矣。昌黎云：「《爾雅》注蟲魚，定非磊落人。」予就存齋觀之，殊不以此語爲然。

《四庫全書提要》曰：是書卷端有願自序，又有王應麟後序、方回跋及焱祖自跋。應麟後序稱以咸淳庚午刻此書郡齋[一三]，而《玉海》所列《爾雅》諸本，乃不著於録。據方回跋稱，序見《鄂州小集》，世未見其書，回訪得副本於其從孫裳，蓋其出於《玉海》後也。越五十年爲元延祐庚申，郡守朱霽重刻，乃屬焱祖爲之音釋，而願序及應麟後序隸事稍僻者，亦並注焉。焱祖跋稱《釋草》八卷，凡一百二十名；《釋木》四卷，凡六十名；《釋鳥》五卷，凡五十八名；《釋獸》六卷，凡七十四名；《釋蟲》四卷、凡四十名；《釋魚》五卷，凡五十五名。今勘驗此本，名數皆合，惟《釋獸》七十四名，此本内有八十五名，與原跋互異，豈字畫傳寫有誤歟？其書考據精博，而體例謹嚴，在陸佃《埤雅》之上，應麟後序稱其「即物精思，體用相涵，本末靡遺」，殆非溢美。後陳櫟删削其書，别爲節本，謂「其好處可以廣人之識見者儘多，可恨處牽引失其精當者不少，内引三百篇之詩處多不是」云云。按櫟著作傳於今者，有《尚書集傳纂疏》《歷朝通略》《定字集》三書，核所聞見，曾不能望願之項背，遽糾其失，似不自量。至願書成於淳熙元年甲午，朱子《詩集傳》作於淳熙四年丁酉，在願書後三年，而櫟乃執續出新説，繩願所引據之古義，尤屬拘墟。今願書流傳不朽，而櫟之節本，片字無存，則其曲肆詆諆，無人肯信而傳之，略可見矣。

按：《宋史》羅願附其父汝楫傳後，都穆序云「史闕公傳」失考。方回跋稱許謹，即許慎，避孝宗諱也。

洪氏焱祖 爾雅翼音釋

《經義考》三十二卷

存

洪焱祖跋曰：鄉先生羅公端良著《爾雅翼》三十有二卷：《釋草》八卷，凡一百二十名；《釋木》四卷，凡六十名；《釋鳥》五卷，凡五十八名；《釋獸》六卷，凡七十四名；《釋蟲》四卷，凡四十名；《釋魚》五卷，凡五十五名。通爲名四百有奇，附見者不與。夫《爾雅》之作，多爲釋《詩》，毛公傳《詩》，皆據《爾雅》。今觀此翼，明《詩》之義者一百二十章，明《三禮》之義者一百四十章有奇，他如《易》象、《春秋傳》，間亦因有發明〔一四〕，蓋先生成此書時年三十有九，經學最精，非但爲《爾雅》之翼而已也。咸淳庚午，郡守厚齋先生浚儀王公應麟始刊布之，今五十年矣，板逸不存。郡守自齋先生北譙朱公霽屬學官訪求墨本，節費重刊，且以難字頗多，初學未能遽曉，俾焱祖詳加音釋，附於各卷之末。又舊本出於筆吏之手，頗有訛舛，謹爲正之，所不知者闕。昔莆田鄭公樵序《昆蟲草木略》，以爲學者皆操窮理盡性之説，而以虛無爲宗，至於名物之實學，則置而不問。愚嘗竊疑其言之過，及觀所作草類，以公之博物洽聞，猶不免自以蘭蕙爲一物，則知鳥獸草木之學，豈易言哉！先聖教人學詩多識者，此也。學者觀於此翼，其勿以明道玩物喪志之説籍口而自恕云。延祐七年三月甲午。

危素序曰：《杏庭居士集》，故徽州路休寧縣尹致仕洪先生所著詩文也。先生諱焱祖，字潛夫，年二十有六爲平江路儒學録、浮梁州長薌書院山長、紹興路儒學正。調衢州路儒學教授，擢處州路遂昌縣主簿。所著別有《續新安志》十卷。《爾雅翼音注》三十二卷，已刻於徽學。《新安文獻志》

《徽州府志》曰：洪焱祖字潛夫，歙人。由平江學録遷衢州路學教授，改處州遂昌主簿。以休寧縣尹致仕。《爾雅翼音注》三十二卷，刻於徽學，今廢。

按：洪氏音原附本書卷末，今從朱氏《考》，別著於録。

陳氏櫟 爾雅翼節本

《經義考》

佚

櫟自述曰：羅鄂州《爾雅翼》博矣，好處可以廣人之識見者儘多，可恨處牽引失其精當者不少，内引三百篇之詩處多不是。嘗編一節本〔一五〕。

胡氏炳文 爾雅韻語

《經義考》

未見

《元儒考略》曰：胡炳文字仲虎，婺源人。元初爲信州書院山長，再調蘭溪州學正。炳文以《易》名家，作《易本義通釋》，而於朱子所注《四書》用力尤深。餘干饒魯之學本出於朱子，而其爲説多與朱牴牾，炳文深正其非，作《四書通》，凡辭異而理同者合而一之，辭同而旨異者析而辨之，往往發其未盡之藴。其所著又有《易》《春秋集解》《禮書纂述》《大學指掌圖》《四書辨疑》《五經會義》《爾雅韻語》《雲峰筆記》等書。東南學者因其所自號稱雲峰先生，卒，謚文通。《元史》入儒學傳。

危氏素 爾雅略義

《明志》十九卷

未見

張萱《疑曜》曰：元至正初檢討危素節略郭、邢二家注疏，進御鈔本。

薛氏敬之 爾雅便音

《千頃堂書目》

未見

《明史·儒林傳》曰：薛敬之字顯思，渭南人。憲宗初以歲貢生入國學。成化末選應州知州，課績爲天下第一。弘治九年，遷金華同知，致仕。所著有《爾雅便音》。

黄虞稷曰：敬之，周蕙門人。

羅氏日褧 爾雅餘

《明志》八卷

未見

譚氏吉璁 爾雅廣義

《經義考》五十一卷

存

顧炎武曰：舟石勤於讀經，叩其書齋，插架十三經注疏，手施朱墨，始終無一誤句。我行天下，僅見此人。

譚氏吉璁爾雅綱目

《浙江通志·書目》一百二十卷

未見

沈季友《檇李詩繫》曰：吉璁字舟石，嘉興人。著《爾雅綱目》一百二十卷。

按：通志中有爲著録之體者，或曰藝文，或曰經籍，今並稱書目概之。其載於人物志傳中者，則曰見某通志。

小學考卷四終

校記

〔一〕大山：原作「大善」，據《爾雅·釋山》改。案：光緒刊本已改作「大山」。

〔二〕瀾：原作「瀾」，據鄭樵《爾雅注·釋水》改。

〔三〕「洛爲波」下，右引書有「漢爲潛」一句。

〔四〕曰：原無，據鄭樵《爾雅注·釋詁》補。

〔五〕案：《爾雅音訓》及後文《爾雅兼義》《爾雅發題》均見《通志》卷六三《藝文略一》著録。

〔六〕明凌迪知《萬姓統譜》卷二五載：「潘翼字雄飛，處州青田人。貫穿諸子百家之書，凡禮樂制度以及傳注箋疏雜説，靡不淹通。明天文，作《皇圖證驗》，休祥畢應。又著《九域賦》，凡山川州里遠近，與嘗親歷者言無少異。括隱僻字，補注《篇》《韻》遺漏，《爾雅》《本草》名物訓釋舛誤。尤工古文，記問横臆，動輒數千言。邑之聞人登科者，多出於其門。王公十朋自少從其遊，每嘆不能盡其學。」

〔七〕宇中：原作「於中」，據四庫本羅願《爾雅翼序》改。

〔八〕紀：原誤作「苑」，據四庫本王應麟《爾雅翼後序》改。

〔九〕若人：原作「示人」，據右引書改。

〔一〇〕載：原作「歲」，據右引書改。

〔一一〕雕：與上一「雕」字字形相複。張萱《疑耀》卷四作「鵰」。

〔一二〕案：此處所引見張萱《疑耀》卷四，凡四條，分别爲《鬻剳鵰字》《蔦字辯》《雞口牛後之誤》《介雞》。

〔一三〕咸淳：原誤作「咸熙」。據《四庫全書總目》卷四〇《爾雅翼》提要改。「咸淳庚午」爲咸淳六年。案：光緒刊本已改。

〔一四〕聞亦：原作「聞有」，據《經義考》卷二三八載洪焱祖《爾雅翼音注跋》改。

〔一五〕案：此條原文見元陳櫟《定宇集》卷七《答問》。原署作「問羅鄂州《爾雅翼》其議論太牽枝帶葉如何」。

小學考卷五

訓詁三

姜氏兆錫《爾雅補注》一作《爾雅參義》

《四庫全書目》六卷

存

《四庫全書提要》曰：《爾雅補注》六卷，國朝姜兆錫撰。是注多以後世文義推測古人之訓詁，如《釋詁》「在，終也」，則注曰：「凡物有定在，亦有終竟之意，今人云不知所在，亦云不知所終。」又好以意斷制，如《釋訓》「子子、孫孫」三十二句，則注曰：「每語皆以三字約舉其義，與經書小序略相似，而又皆以韻叶之。此等文疑先賢卜氏受詩於聖人而因爲之也」云云。蓋因詩序首句之文而推求及於子夏，然考《周易》象傳，全爲此體。王逸注《楚詞·抽思》諸篇，亦用此體。是又安足爲出自子夏之證乎？

翟氏灝《爾雅補郭》

一卷

存

梁同書撰《翟晴江傳》曰：翟先生名灝，字大川，後改字晴江。居仁和之臨江，即以國學生屢試京兆不利，乾隆癸酉舉本省鄉試第六人。明年成進士，教授衢州金華。生平無他嗜好，壹意於書，自經史外，苟可資多識者靡不覽。手搦翰一管，撰述無倦。目短視，離牘纔寸，客至前不知也。所著《四書考異》《爾雅補郭》《湖山便覽》《草塘辨利院志》《通俗編》《無不宜齋詩稿》，已板行於世。

灝自敘曰：郭氏注《爾雅》，未詳、未聞者百四十二科，邢氏疏補言其十，劉、肇、逐、求、卒、廩、宧、徒駭、太史、胡蘇。餘仍闕如。今據謭識，參衆家，一一備説如左，俟超覽君子擇焉。

按：晴江所補尚有未盡。先是海寧周春字芚兮，乾隆甲戌進士，官廣西岑谿縣知縣。著有《爾雅補注》四卷，其自叙曰：幼時讀《爾雅》，惟知景純，後見夾漈注，多補前人所未備，復好之。郭博而鄭精，是書無餘藴矣，因旁及諸家之説，彙爲一編，頗以管見參之，聊備遺忘，並祛未寤云爾。

天台齊侍郎召南叙曰：治經必先識字，識字必先訓詁，於今可見古人小學之傳，僅存《爾雅》一書，其源實出於六書中之有轉注。在初造字者因有轉注，而字形不窮，故欲識字者可因轉注，而字義不昧也。字書總彙古文，無有重復，自《三蒼》下逮《續訓纂》，共得一百三章，章六十字，計衹六千一百八十字。班《志》明謂六藝羣書所載略備，然則漢初太史試學童，必能諷書九千字以上者，乃得爲史，字數尚多，其又有時俗所增，出於羣書之外者耶！後人釋字，耑爲一書，有從體製類聚者，始於象形；有從音韻條分者，始於諧聲。其分散於經傳之下，爲音爲釋，某字讀如某字，有反有切，是諧聲之轉注也。字有相似，辨其疑誤，訂其舛訛，是象聲之轉注也。至字取指事、會意、假借者，亦必釋之，而總以轉注爲綱。其形聲不必同，而其義本同，彼此相資，觀者自解其原，始於至聖言《易》乾健、坤順、震動、巽入、坎陷、離明、艮止、兑説，直以一字解一卦，爲千古經學之宗。《爾雅》雖多爲解詩，詞非全備，間有錯謬，然關係訓詁，指陳名物，實爲諸儒治經沿流溯源者導之先路，宜乎班《志》列《孝經》後，視他字書有異也。自郭氏爲注，陸氏爲釋文，邢氏爲疏，已列爲十三經。後人精於六書，發前人所未發，則有夾漈鄭氏。嗚呼！俗儒專務詞章，每耻言訓詁，其於《爾雅》不久，已束之高閣歟！博物之難也，近在經籍，猶未遍識，菉竹是一是二，莧陸是合是分，秬秠是異是同，鎛鍾是大是小，毛公不用《釋山》，酈元讀有破句，田敏誤改日及，王劭刊落明粢，謝尚誚蔡謨而先不熟，楊氏疏《穀梁》而疑本文，辨論所存，難以枚舉。然則以蛩爲蠛蠓，以螽爲螻蛄，以反舌爲蝦蟆，以乾鵲爲蟋蟀，以鵙鶪爲巧婦，以鸋鴂爲伯勞，一物偶疏，尚虧該洽，又何怪乎主司不能答天雞，致疑千載，不猶羨終軍之能識鼮鼠也哉！周君芚兮爲《補注》四卷，旁搜廣采，疏通證明，又多出於夾漈之外，即群書釋經有當者，以轉注是書，其有功於郭注也，蓋亦若《爾雅》後有張揖能廣之，陸佃能埤之，羅願能翼之，可以愧夫名爲治經，實則束書不觀，游談無根者。芚兮張樊川太史高弟也，以余言質之樊川，謂何如？

又嘉定王光禄鳴盛叙曰：小學之失其傳也久矣，《爾雅》一經多可恨者，其正文往往爲後儒所亂，如「台朕陽」爲予我之予；「賚畀卜」爲賜予之予，而云「台朕賚畀卜陽，予也」。「孔魄延虚無」爲間哉爲之間，而云「孔魄哉延虚無之言，間也」。豫爲厭足之厭，射爲厭倦之厭，而云「豫射，厭也」。此類皆正文爲後儒所亂者，而郭氏皆不能辨。且郭注傳而犍爲文學、劉歆、樊光、李巡、孫炎並亡，郭之《音圖》亦亡，即郭注亦多有爲妄人删去者，非全本也。如《釋山》「霍山爲南嶽」，郭注云：霍山今在廬江灊縣西南，灊水出焉，别名天柱山。漢武帝以衡山遼廣，因讖緯皆以霍山爲南嶽，故移其神於此。今彼土俗人皆呼之爲南嶽。南嶽本自以西山爲名，非從近來也，而學者多以霍山不得爲南嶽。又云：漢武帝以來始乃名之。即如此言，謂武帝在《爾雅》前乎，斯不然矣[一]。凡一百有七字，《書》《詩》《周官》正義，並引之，詳略不同耳，而今本但云「即天柱山，灊水所出也」，餘悉删去。且郭意本爲辨衡山亦名霍山，而廬江之霍山不得爲南嶽。今一經刊削，與郭本意轉大違反，如此者甚夥。又唐人正義每博采羣言以釋經注，至邢氏疏，則但剿取他經正義爲之，如《釋天》一段，全襲《禮記·月令》疏，五嶽一段，全襲《大雅·崧高》疏。此類不可枚舉。陸氏《釋文》於他經每引衆家之讀，並及其異義，而於《爾雅》存音切諸儒之説，略不及之，羊豹一鞟，殊無足觀。《爾雅》之失其傳如此，而俗師專己，仍陋踵謬，古義日就瞢昧，余嘗病焉。同榜進士海昌周子芚兮有成學，治古文，貪博嗜奇，而一歸平正，與余有獲石之契。近撰《爾雅補注》四卷，於郭邢外摭古注見他疏者，間取莆田鄭氏説，又旁及他書預是有益者，悉鈔内焉。其援引也富，其詮叙也確，信乎小學中必不可少之作也。昔者羅鄂州書雖名爲《爾雅》學，實非解經，若芚兮此編，補經注而行正義疏之禮，且其於注不但補其缺，又能正其誤，而於邢疏漏略處裨益尤多，則其所補，又不特注而已也。余謂此書之美，「補注」二字未足以盡之，以是名書，是爲實浮於名。夫自有十三經注疏，而後之用力於經者，言疏足以見注，言注不足以包疏，爲寄語芚兮，鄙見竊思以「廣疏」易此名，可乎？

後苞兮因光禄之言，更爲廣疏，卷袠甚繁，尚未梓行云。

戴氏震爾雅文字考

一卷

存

震自序曰：古故訓之書，其傳者莫先於《爾雅》，六藝之賴是以明也，所以通古今之異言，然後能諷誦乎章句，以求適於至道。劉歆班固論《尚書古文經》曰：古文讀應爾雅，解古今語而可知。蓋士生三古後，時之相去千百年之久，視夫地之相隔千百里之遠無以異。昔之婦孺聞而輒曉者，更經學大師轉相講授，而仍留疑義，則時爲之也。余竊謂儒者治經，宜自《爾雅》始，取而讀之，殫心於兹十年。是書舊注之散見者六家：犍爲文學、劉歆、樊光、李巡、鄭康成、案：鄭氏無《爾雅》注，《周禮·大宗伯》疏誤引之耳。孫炎，皆闕逸，難以輯綴，而世所傳郭注復删節不全，邢氏疏尤多疏漏。夫援《爾雅》以釋《詩》《書》，據《詩》《書》以證《爾雅》，由是旁及先秦已上凡古籍之存者，綜覈條貫，而又本之六書音聲，確然於詁訓之原，庶幾可與於是學。余未之能也，偶有所記，懼過而旋忘，録之成袟，爲題曰若干卷《爾雅文字考》，亦聊以自課而已。若考訂得失，折中前古，於《爾雅》萬七百九十一言，合之羣經傳記，靡所扞格，姑俟諸異日。

段玉裁《校刊戴集叙》曰：先生卒於乾隆丁酉，年五十有五。自先生以古學倡，三十年來，薄海承學之士，至於束髮受書之童子，無不知有東原先生，蓋其興起者盛矣。先生之治經，凡詁訓、音聲、算數、天文、地理、制度、名物，人事之善惡是非，以及陰陽氣化、道德性命，莫不究乎其實。蓋因考覈以通乎性與天道，既通乎性與天道矣，而考覈益精，文章益盛，用則施政利民，舍則垂世立教而無弊。淺者乃求先生於一名一物、一事一句之間，惑矣。先生之言曰：「六書九數等事，如轎夫然，所以舁轎中人也。以六書九數等事盡我，是猶誤認轎夫爲轎中人。」又嘗與玉裁書曰：「僕生平著述之大，以《孟子字義疏證》爲第一，所以正人心也。」噫！是可以知先生矣。先生所爲書，或成或未成，孔氏體生梓於曲阜十餘種，學者苦其不易得。文集十卷，先生之學梗概具見，因增其未備，精校重刊。乾隆壬子六月。

任氏基振 爾雅注疏箋補

見《戴東原集》

存

戴震序曰[二]：《爾雅》六經之通釋也，援《爾雅》附經而經明，證《爾雅》以經而《爾雅》明，然或義具《爾雅》而不得其經，殆《爾雅》之作，其時六經未殘闕歟？爲之旁摭百氏，下及漢代，凡載籍去古未遥者，咸資證實，亦勢所必至。曩閲莊周書「已而爲之者，已而不知其然」，語意不可識，偶檢《釋故》「已，此也」，始豁然通乎其詞。至若言近而異趣，往往雖讀應《爾雅》，而莫之或知。如《周南》「不可休息」，《釋言》「休，廕也」即其義。《豳詩》，「蠶月條桑」，《釋木》「桑柳醜條」即其義。《小雅》「悠悠我里」，《釋故》「悝，憂也」即其義。説詩者不取《爾雅》也。外此轉寫譌舛，漢人傳注足爲據證，如《釋言》「鬩，恨也」，郭氏云「相怨恨」。毛公傳《小雅》「兄弟鬩於墻」，「鬩，很也」；鄭康成注《曲禮》「很毋求勝」，「很，鬩也」，二字轉注，義出《爾雅》。又「苛，妎也」，郭氏云「煩苛者多嫉妎」，康成注《内則》「疾痛苛癢，苛妎也」，義出《爾雅》。凡此遽數之，不能終其物，用是知經之難明，《爾雅》亦不易讀矣。丙戌春，任君領從以所治《爾雅》示余，余讀而善之。今又越七載，任君官於京師，猶孜孜是學不已，更出其定本，屬余撰序。夫今人讀書，尚未識字，輒目故訓之學不足爲，其究也文字之鮮能通，妄謂通其語言，語言之鮮能通，妄謂通其心志，而曰傳合不謬，吾不敢知也。任君勤於治經，蓋深病夫後儒鑿空之説，歧惑學者，欲使本諸《爾雅》以正故訓，故以是學先焉。書中考索精詳，辨據明晳，則讀其書者固自知之。

邵氏晉涵 爾雅正義

二十卷

存

晉涵自叙曰：上古結繩爲治，後世聖人易之以書契，百工以乂，萬品以察，由是成命百物，序三辰以固民。至於成周，文章大備，訓詁日滋，元聖周公始作《爾雅》，以觀政辨言。周室既衰，羣言淆亂，折衷至聖，六藝以彰，七十子之徒發明章句，增成其義，傳《爾雅》三篇。其爲書也，重辭累言而意恉同受，依聲得義而假借相成，宫室器用之度，歲時星辰之行，州野山川之列，屮木蟲魚鳥獸之散殊，或因事以爲名，或比類以合誼。

其事則覩指而可識，其形則隨象而可見，通貫六書，發揮六藝，聚類同條，雜而不越。敷繹聖訓，則天地萬物之情著矣；揚於王庭，則宣教明化之用遠矣。漢初經始萌芽，《爾雅》嘗立博士，厥後五經並立，其業益顯。通才達儒，依於《爾雅》，傳釋典藝，沈潛乎訓詁，洞徹其指歸，故用日少而蓄德多，三十而五經立矣。魏晉以降，崇尚虚無，説經者務爲鑿空憑臆，違離道本，《爾雅》之學始將廢墜。唯郭景純明於古文，研覈小學，擇撢羣藝，博綜舊聞，爲《爾雅》作注。援據經傳，以明故訓之隱滯，旁采謡諺，以通古今之異言。制度則準諸禮經，藪澤則測其地望，詮度物類多得之目驗，故能詳其形聲，辯其名實，詞約而義博，事覈而旨遠。蓋舊時諸家之注，未能或先之也。爲之疏者，舊有孫炎、高璉二家，今皆不傳。邢氏疏成於宋初，多掇《毛詩正義》，掩爲己説，間采《尚書》《禮記》正義，復多闕略。南宋人已不滿其書，後取列諸經之疏，聊取備數而已。晉涵少蒙義方，獲受雅訓，長涉諸經，益知《爾雅》爲五經之錧鎋，而世所傳本，文字異同，不免訛舛，郭注亦多脱落，俗説流行，古義寖晦。爰據唐石經、暨宋槧本及諸書所徵引者，審定經文，增校郭注，仿唐人正義，繹其義藴，彰其隱賾。竊以釋經之體，事必擇善而從，義非一端可盡，漢人治《爾雅》，若舍人、劉歆、樊光、李巡、孫炎之注，遺文佚句，散見羣籍。梁有沈旋集注，陳有顧野王音義。唐有裴瑜注，徵引所及，僅存數語，或與郭訓符合，或與郭義乖違，同者宜得其會通，異者可博其旨趣。今以郭氏爲主，無妨兼采諸家，分疏於下，用俟辯章。譬川流而匯其支瀆，非木落而離其本根也。郭注體崇矜慎，義有幽隱，或云未詳。今考齊、魯、韓《詩》，馬融鄭康成之《易》注、《書》注，以及諸經舊説，會粹羣書，尚存梗概，取證雅訓，辭意瞭然，其迹涉疑似，仍闕而不論，確有據者補所未備。附尺壤於崇邱，勉千慮之一得，所以存古義也。郭氏多引詩文爲證，陋儒不察，遂謂《爾雅》專用釋《詩》。今據《易》、《書》、《周官》、《儀禮》、《春秋三傳》、大小《戴記》與夫周秦諸子漢人撰著之書，遐稽約取，用與郭注相證明。俾知訓詞近正，原於製字之初，成於明備之世，久而不墜，遠有端緒，六藝之文，曾無隔閡，所以廣古訓也。聲音遞轉，文字日孳，聲近之字，義存乎聲，自隸體變更，韻書割裂，古音漸失，因致古義漸湮。今取聲近之字，旁推交通，申明其説，因是以闡揚古訓。辨識古文，遠可依類以推，近可舉隅而反，所以存古音也。艸木蟲魚鳥獸之名，古今異稱，後人輯爲專書，語多皮傅，今就灼知副實者，詳其形狀之殊，辨其沿襲之誤，其未得實驗者，擇從舊説，以近古爲徵，不敢爲億必之説，猶郭志也。惟是受性顓愚，識限方域，粗事編輯，固陋是虞。維時盛德洽文，翊經惇學，秘簡鴻章，彙昭壁府，幸得以管闚錐指之學，觀書石室，聞見所資，時有增益。歲在旃蒙協洽，始具簡編，舟車南北，恒用自隨，意有省會，仍多點竄，十載於兹，未敢自信，而中年意思零落，性多遺忘，耳目所接，時或失焉。抱殘守獨，凜凜乎以不克聞過爲懼，勉出所業，就正當世俊哲洪秀偉彦之倫，叩其兩端，匡厥紛繆，企而望之。

按：古無彙古人訓詁爲一書者，近阮侍郎元廣周公釋詁之例，撰《經籍籑詁》一百六十卷[三]。其凡例曰：一、經傳本文即有詁訓，如和會也，勤勞也，《周書·謚法》基始也，命信也，《國語·周語下》需須也，師衆也，《易》彖上傳畜君者好君也，《孟子·梁惠王下》親之也者親之也，《大戴記·哀公問於孔子》敬文之恭也，忠文之實也，正德之道也，端德之信也，並《周語》下忠德之正也，信德之固也，《左氏》文元年傳禮身之幹也，敬身之基也，成十三年傳元體之長也，亨嘉之會也，襄九年傳陳水屬也，火水妃也，昭九年傳黄中之色也，裳下之飾也，昭十二年傳漢水祥也，水火之牡也，昭十七年傳春曰祠，夏曰礿，《公羊》桓八年傳春曰田，夏曰苗《穀梁》桓四年傳師衆以順爲武，《左氏》襄三年傳經緯天地曰文，昭廿八年傳咨才爲諏，《魯語》下咨親爲詢，《左氏》襄四年傳止戈爲武，宣十二年傳皿蟲爲蠱，昭元年傳無患曰樂，樂義曰終，《大戴記·小辨》約信曰誓，涖牲曰盟，《禮記·曲禮》下以及乾爲天，《易·説卦傳》震爲土，《左氏》閔元年傳乾剛坤柔《易·雜卦傳》屯固比入《左氏》閔元年傳之類，皆詳爲采入。一、傳注有云某某也，《易》乾，子夏傳：元始也。豐，子夏傳：芾小也。《詩·關雎》傳：淑善，逑匹也。某者某也，《書》大傳：顯者事也，禹者輔也。某者某也，某也，《書》大傳：堯者高也，饒也；受者推也，循也。某猶某也，《周禮·天官》序官注：體猶分也，佐猶助也。某謂某某，冢宰注：鄭司農云：士謂學士，兩謂兩丞。某之言某也，《詩·召南》箋：蘋之言賓也，藻之言澡也。某某曰某，《論語》鄭注：同門曰朋，同志曰友。以某爲某曰某，《周禮·醢人》注：鄭大夫杜子春皆以拍爲膊，謂脇也。某某某某貌，《論語》鄭注：恂恂恭順貌，便便言辨貌。某某某某之辭，某是某某之稱，《儀禮·士冠禮》注[四]：吾子相親之辭，子男子之美稱，伯仲叔季長幼之稱，甫是丈夫之美稱。某讀爲某，《論語》鄭注：純讀爲緇，厲讀爲賴。某讀曰某，《禮記·曲禮》注：扱讀曰吸，善讀曰勁。某讀如某，《呂覽·季夏》注：節讀如敕。《士容》注：胕讀如疛。某讀如某某之某，《考工記》注：鄭司農云：函讀如國君含垢之含。泐讀如再扐而後卦之扐。某讀若某某之某，《儀禮・鄉飲酒禮》注：如讀若今之若。《聘禮》注：藪讀若不數之數。某古某字，《詩・鹿鳴》箋：視古示字。《禮記・曲禮》注：「或者攘」，古「讓」字。古曰某，今曰某，《周禮・外史》注：古曰名，今曰字。《論語》鄭注：古者曰名，今世曰字。古聲某某同，《詩・東山》箋：古者聲栗裂同也。《常棣》箋：古聲填寘塵同。古字某某同，《論語》鄭注：古字材、哉同耳。《周禮・外府》注：齎資同耳，其字以齊次爲聲從貝，變易古字亦多或。故書作某，《周禮・天官序官》注：嬪故書作賓。《典枲》注：故書齎作資。古文某爲某，今文某爲某，《儀禮・士冠禮》注：今文扃爲鉉，古文鼏爲密。古文紒爲結，今文禮作醴。《禮記・緇衣》注：吉當爲告，告古文誥字之誤也。某某或爲某某，《周禮・小宰》注：杜子春云：「廉辨」或爲「廉端」。《掌舍》注：杜子春云：棘門或爲材門。某誤爲某，《大戴記・保傅》盧注：瞽與鼓聲誤也。夜史爲字誤。某當爲某，《周禮・醢人》注：齊當爲齏。《内司服》注：狄當爲翟。某聲近某，《内司服》注：鄭司農云：屈者音聲與闕相似。禕與展相似，康成謂禕、揄、狄展聲相近。長言短言，《公羊》莊廿八年傳注：伐人者爲客，讀伐長言之，見伐者爲主，讀伐短言之。内言外言，《公羊》宣八年傳注：言乃者内而深，言而者外而淺。急言緩言《淮南・本經》注：勝讀近殆，緩氣言之。《墬形》注：旄讀近綢繆之繆，急氣言乃得之。之類。聲音詁訓，一以貫之，今並纂入。一、有以詁訓代正文者，如《史記・五帝紀》引《堯典》「克明俊德」作「能明馴德」，「慎徽五典」作「慎和五典」。《夏本紀》引《禹貢》「覃懷底績」作「覃懷致功」，「九江孔殷」作「九江甚中」。《大戴記・夏小正》「乃伏」傳作「而伏」，《少閒》「繁諸」注作「繁者」，今並纂入。《詩・邶・谷風》「有洸有潰」，毛傳云：「洸洸武也，潰潰怒也」。《周頌》「肅雝和鳴」，《樂記》云：「肅肅敬也，雝雝和也。」皆長言申明之義，兹並纂入。一、《左氏》爲古文，《公》《穀》爲今文，字多假借。兩漢去古未遠，所書碑碣亦假借爲多，古人名與字皆有詁訓，今並纂録。因三者體與正訓稍殊，故俱隸於每字之末。一、歸字謹遵《佩文韻府》爲主，一字數音，則各審其反切歸之。如有重見，則詳前而略後。一、歸字以所訓之字歸韻，如「逑匹也」，歸入尤部。雙字如「窈窕，美容曰窈，美心曰窕」，分繫篠部窈窕二字下。「參差」則歸於侵部參下，「崔嵬」則歸於灰部崔下。一、《佩文韻府》未載之字，據《廣韻》補録，《廣

一、詁以本義前列，其引伸之義展轉相訓者次之，名物象數又次之。其詁訓繁多，名物叢積者，先後之次，略依《爾雅》十九篇之目。

一、引用羣經，倣陸氏《釋文》之次，先《易》《書》《詩》，次《周禮》《儀禮》《禮記》，次《左氏》《公羊》《穀梁》，次《孝經》《論語》等。《爾雅》爲詁訓之祖，舉而冠諸《方言》《廣雅》之前。孟子爲孔曾之亞，尊而尚之荀卿揚雄之上。趣不同，而尊經之意一也。

一、引經《易》《書》《詩》舉一字，《周禮》《左氏》等舉二字，（《考工記》不稱《周禮》。）《前漢書》稱《漢書》，《後漢書》稱《後漢》。陸德明稱《周易音義》《尚書音義》《毛詩音義》，今仍舉《易》《書》《詩》各經正文下祇稱《釋文》，以從簡省。《尚書大傳》稱《書大傳》，《大戴禮記》稱《大戴記》，《逸周書》稱《周書》，《淮南子》稱《淮南》，《呂氏春秋》稱《呂覽》。《呂覽》但載《孟春》《本生》等小篇名，不載《孟春紀》《有始覽》《開春論》等總題，猶《書》但稱《堯典》《禹貢》，不稱《虞書》《夏書》《詩》但稱《關雎》《鵲巢》，不稱《周南》《召南》也。《孝經》《老子》卷帙無韻》所無，據《集韻》補録。凡一字數體，通作、或作之類，皆據《集韻》附歸《韻府》中。有一句内上下兩字可歸者，例歸上一字，而上一字爲《韻府》所無，下一字《韻府》有者，則變例歸下一字。

一、同一詁而文有詳略者，俱仍其舊，不加增減。如「元始也」爲第一，次「元者始也」，次「元者善也、長也」，次「元猶首也」，可類推。若同一「元始」也，而諸書疊見者，則以《易》《書》《詩》爲次。同一《易》而先後疊見者，則以經之先後爲次。同一卦一句而諸儒之詁疊見者，則先王弼本注，次荀馬鄭虞，依照時代。（「元始也」，有無「也」字者，統於「元始也」之下，不加區別。若諸書俱無「也」字，則仍舊作「元始」，不以意增加。）

一、重見者雖數十見皆采，以證字有定詁，義有同訓。

一、詁以聲相近者前列者，如一東「東動也」，「風氾也」，「衷中也」；三肴「爻效也」；二腫「腫鍾也」；一送「恫痛也」；二沃「屬續也」。此其例。

一、詁有以本訓前列者，如一東「同合也」，「隆高也」；三肴「匏瓠也」，一董「孔甚也」，二腫「冢大也」，一送「衆多也」，「貢獻也」，二沃「足止也」，「篤厚也」。此其例。

多，不載章名。一、十三經舊注，以現立學官者列於前，餘依時次，如《易》詁，先王弼而後荀虞；《書》詁，先孔傳而後馬鄭王；《左氏》，先杜預而後賈服；《爾雅》，先郭璞而後舍人、樊光、李巡、孫炎。有不詳姓氏者，但稱舊注。一、羣籍本注皆不稱姓，非本注則稱姓以別之，如《易》，王弼、韓康伯稱注，慈明仲翔則稱荀注、虞注。《書》僞孔但稱傳，季長、康成則稱馬注、鄭注。《周禮》鄭大夫、鄭司農則稱大夫注、司農注，杜子春注則稱杜注。河上公章句但稱《老子注》，王弼注則稱王注，郭象但稱《莊子注》，司馬彪則稱司馬注。一、裴駰自言則稱《史記集解》，引用各家舊説，則加「引某某」三字，如《集解》引賈逵等。師古自言則稱《漢書集注》。引用各家舊注，則加「引某某」三字，如《集注》引應邵等。一、前、後《漢書》有總題、小題，今單舉小題，不稱總題。如《景十三王》單稱《河間獻王傳》，不稱《景十三王》；《儒林》單稱《楊何傳》《丁寬傳》，不稱《儒林》。《循吏》但稱《文翁傳》《王成傳》，不稱《循吏》。《後漢》《三國》準此。一、同一詁同一書，而先後數十見者，皆依本書次序連寫，惟於篇名加墨匡爲志。至易一書，始加又字以別之，另一條始加圓圈以隔之。一、凡韻字皆—，而《廣雅》《史》《漢》《騷》《選》每多異文，若一槩作—，勢必盡改舊書。今遇異體者仍寫正字，不作—。一、正文與注並采者，其注但稱某書注，以避重複。一、卷次謹遵《佩文韻府》，一韻爲一卷，其卷帙繁多者亦倣《韻府》例，每卷分爲上下。一、此書采輯，雜出衆手，傳寫亦已數過，譌舛之處，或亦不免，凡取用者宜檢查原書，以期確實。至於遺漏，諒亦不少，現在杭州節署延友搜查，續爲補遺若干卷，刊刻嗣出，以裨學者。

錢大昕序曰：有文字而後有詁訓，有詁訓而後有義理，詁訓者義理之所由出，非別有義理出乎詁訓之外者也。《詩·烝民》之篇曰：「天生烝民，有物有則，民之秉彝，好是懿德。」宣尼贊爲知道之言，而其詩述仲山甫之德，本於「古訓是式」。古訓者，詁訓也。詁訓之不忘，乃能全乎民秉之彝。詁訓之於人大矣哉！昔唐虞典謨，首稱「稽古」，姬公《爾雅》，詁訓具備。孔子大聖，自謂「好古敏以求之」，又云「信而好古」，而深惡夫不知而作者，由是刪定六經，歸於雅言，文也而道即存焉。漢儒説經，遵守家法，詁訓傳箋，不失先民之旨。自晉代尚空虚，宋賢喜頓悟，笑問學爲支離，棄注疏爲糟粕，談經之家，師心自用，乃以俚俗之言詮説經典。若歐陽永叔解「吉士誘之」爲挑誘，後儒遂有詆《召南》爲淫奔而删之者。詁訓之不講，其貽害於聖經甚矣。今少司農儀徵阮公以懿文碩學，累主文衡，首以經術爲多士倡，謂治經必通訓詁〔五〕，而載籍極博，未有會最成一編者。往歲休寧戴東原在書局，實創此議。大興朱竹君督學安徽，有志未果。公在館閣日，與陽湖孫淵如、大興朱少白、桐城馬魯陳相約分纂，鈔撮羣經，未及半而中輟。乃於視學兩浙之暇，手定凡例，即字而審其義，依韻而類其字，有本訓，有轉訓，次叙布列，若網在綱。擇浙士之秀者若干人，分門編録，以教授歸安丁小雅董其事，又延武進臧在東專司校勘。書成，凡百有六卷〔六〕，將刊梨棗〔七〕，嘉惠來學，以予粗習雅故，貽書令序其緣起。夫六經定於至聖，舍經則無以爲學，學道要於好古，蔑古則無以見道，此書出而窮經之彦焯然有所遵循，鄉壁虚造之輩〔八〕，不得滕其説以衒世，學術正而士習端，其必由是矣，小學云乎哉！

王引之序曰：訓詁之學發端於《爾雅》，旁通於《方言》，六經奥義，五方殊語，既略備於此矣。嗣則叔重《説文》、稚讓《廣雅》，探賾索隱，厥誼可傳。下及《玉篇》《廣韻》《集韻》，亦頗蒐羅遺訓，而所據之書或不可考。且舊書雅記、經史傳注，未録者猶多，至於網羅前訓，徵引羣書，考之著録家，罕見有此。惟《舊唐志》載天聖太后《字海》一百卷，諸葛穎《桂苑珠叢》一百卷，《新唐志》載顔真卿《韻海鏡源》三百六十卷，自古字書韻書未有若此之多者，意其詳載先儒訓釋，是以卷帙浩繁，而惜乎其書之已逸也。曩者戴東原庶常、朱笥河學士皆欲纂集傳注，以示學者，未及成編。吾師雲臺先生欲與孫淵如編修、朱少河孝廉共成之，亦未果。及先生督學浙江，乃手定體例，逐韻增收，總彙名流，分書類輯，凡歷二年之久，編成一百六卷〔九〕。展一韻而衆字畢備，檢一字而諸訓皆存，尋一訓而原書可識，所謂握六藝之鈐鍵，廓九流之潭奥者矣。夫訓詁之旨，本於聲音，揆厥所由，是同條貫，如《周南・關雎》篇「左右芼之」，傳訓「芼」爲擇，後人不從，而不知芼、苗聲近義同，「左右芼之」之芼，傳以爲擇，猶田苗蒐狩之苗。《白虎通》以爲擇取。《爾雅》「芼，搴也」，亦與擇取之義相近也。《召南·甘棠》篇「勿翦勿拜」，箋訓「拜」爲拔，後人不從，而不知拜與拔聲近而義同也。《邶風·柏舟》篇「不可選也」，傳訓「選」爲數，後人不從，而不知選、算古字通，《朱穆絶交論》作「不可算也」，鄭注《論語》「何足算也」，以「算」爲數，正與此同義也。《新臺》篇「籧篨不鮮」，箋訓「鮮」爲善，後人不從，而不知《爾雅》鮮、省二字皆訓爲善，正是一聲之轉，且下云「籧篨不殄」，「殄」讀曰腆，其義亦爲善也。《小雅·采綠》篇「六日不詹」，傳訓「詹」爲至，後人不從，而不知詹之爲至，載於《爾雅》，乃古之方言，是以《方言》亦云「楚語謂至爲詹」也。《曲禮》「急繕其怒」，鄭讀「繕」爲勁，後人不從，而不知繕之爲勁，乃耕仙二部之相轉，猶「辨秩東作」通作「平秩」，「平平左右」亦作「便蕃左右」也。《學記》「術有序」，鄭注云「術當爲遂，聲之誤也」，後人不從，而妄改爲「州」，而不知術、遂古同聲，故《月令》「審端徑術」，注云「術，《周禮》作遂也」。若乃先儒訓釋偶疏，而後人不知改正者，亦多有之。如《易》屯六二「女子貞，不字」，陸績訓「字」爲愛，已覺未安，至宋耿南仲誤讀「女子許嫁，笄而字」之文，遂以「字」爲許嫁，更不可通，不如虞翻訓爲妊娠之善也。《堯典》「克諧以孝，烝烝乂，不格姦」，傳訓「烝烝乂」爲進進以善自治，頗爲不辭，不如蔡邕《九疑山碑》讀以「孝烝烝」爲句，且依《廣雅》「烝烝孝也」之訓爲善也。《皋陶謨》「萬邦作乂」，《禹貢》「萊夷作牧」，「雲土夢作乂」，《史記·夏本紀》皆以「爲」字代「作」字，文義未安，不如用《詩·駉》篇傳訓「作」爲始之善也。《禹貢》「嵎夷既略」，傳謂「用功少曰略」，乃望文生義，不如訓「略」爲治之善也。《康誥》「遠乃猷裕，乃以民寧」，傳讀「猷」字爲句，而訓「猷」爲謀，不如斷「猷裕」爲句，而用《方言》「猷裕，道也」之訓爲善也。《詩·鄘風·定之方中》篇「匪直也人」，《檜風·匪風》篇「匪風發兮」「匪車偈兮」，《小雅·小旻》篇「如匪行邁謀」，箋並訓「匪」爲非，不如用《左傳》杜注訓

「匪」爲彼之善也。《王風·中谷有蓷》篇「暵其溼矣」，傳箋並解爲水溼，與「暵」字之義相反，不如讀「溼」爲暱，用《通俗文》「欲燥曰暱」之善也。《魏風·陟岵》篇「行役夙夜無寐」，傳以爲寤寐之寐，不如讀「寐」爲沫，而用《楚辭》注「沫，已也」之訓爲善也。《小雅·南有嘉魚》篇「烝然罩罩」「烝然汕汕」，傳依《爾雅》云「罩罩，篧也」，「汕汕，樔也」，不如《説文》訓爲「魚游水貌」之善也。《菁菁者莪》篇「我心則休」，《釋文》《正義》並以「休」爲美，不如用《國語》注「休，喜也」之訓爲善也。《北山》篇「我從事獨賢」，箋以爲賢才之賢，不如毛傳訓「賢」爲勞之善也。《菀柳》篇「無自暱焉」，傳訓「暱」爲近，與「無自瘵焉」之文不類，不如《廣雅》「暱，病也」之訓爲善也。《都人士》篇序「衣服不貳，從容有常」，鄭訓「從容」爲休燕，不如《緇衣》正義訓爲舉動之善也。《大雅·緜》篇「曰止曰時」，箋訓「時」爲是，與「曰止」異義，不如訓「時」爲上之善也。《卷阿》篇「有馮有翼」，傳云「道可馮依，以爲輔翼」，不如訓爲「馮馮、翼翼，滿盛之貌」爲善也。《民勞》篇「無縱詭隨」，傳云「詭人之善，隨人之惡」，以疊韻之字而上下異訓，不如讀「隨」爲譢，而訓詭譎之善也。《雲漢》篇「昊天上帝，則不我虞」，箋訓「虞」爲度，文義未允，不如訓爲有與助之善也。《月令》「養壯佼」，正義以「佼」爲形容佼好，與「壯」異義，不如訓「佼」爲健之善也。桓十一年《左傳》「且日虞四邑之至也」，昭六年傳「始吾有虞於子」，杜注並訓爲度，不如訓爲望之善也。宣十二年傳「董澤之蒲可勝既乎」，杜訓「既」爲盡，不如讀「既」爲「塈」，用《摽有梅》詩傳「塈，取也」之訓爲善也。襄二十五年傳「馮陵我敝邑，不可億逞」，杜訓「億」爲度，「逞」爲盡，不如訓爲盈滿之善也。後之覽是書者，去鑿空妄談之病而稽於古，取古人之傳注而得其聲音之理，以知其所以然，而傳注之未安者又能博考前訓以正之，庶可傳古聖賢著書本旨，且不失吾師纂是書之意與！

臧鏞堂後序曰：少宗伯儀徵阮公視學浙江，以經術倡迪士子，思治經必先通詁訓，庶免鑿空逃虚之病，而倚古以來，未有彙輯成書者，因遴拔經生若干人，分籍餋訓，依韻歸字，授之凡例，示以指南，期年分餋成。更選其尤者十人，每二人彙編一聲，知鏞堂留心經詁，精力差勝，嘉慶三年春移書來常州，屬以總編之役。鏞堂不辭謭陋，謹遵宗伯原例，申明而整齊之，以告諸君子，復延舍弟禮堂相佐，請諸宗伯，檄仁和稟生宋咸熙來司收掌對讀。乃鍵户謝人事，暑夜汗流蚊積，猶校閲不置，書吏十數輩，執筆候寫，雖極繁劇匆猝〔一〇〕，不敢以草率了事，與同餋諸君往復辨難。國子監生嚴杰、仁和附生趙坦頗不以鏞堂爲悠謬，其所編書亦精審不苟，皆學行交篤士也。自孟夏始，至仲秋告竣，凡五閲月，共成書一百六卷〔一一〕，可謂經典之統宗，詁訓之淵藪，取之不竭，用之無窮者矣。蓋非宗伯精心卓識，雄才大力，不足以興創造之功，而非諸君子分餋之勤，亦不能彙其成也。卷袟繁重，限於時日，未盡覆檢原書，而《易》《書》《詩》《三禮》《倉頡》《字林》《釋文》《楚辭》等，餋稿每科爲之審正。經子有失載正文，並補録之。校閲之下，更隨筆改訂，删煩鈎要，分並歸合，而條次其先後，俾秩然有章。論其大端，實足爲有功經學之書，倘不知者指其小舛，支支節節而議之，是欲擿泰山之片石，問河海於斷潢矣，又烏足與語學問之事哉！書既成，宗伯將授之剞劂，以嘉惠來學，鏞堂因識其顛末，以告海内治經之士。時嘉慶戊午秋九月三日。

小雅

《漢志》一篇

佚

宋祁校《漢書》注曰：「小」字下邵本有「爾」字。

孔氏鮒小爾雅

《通志》一卷

存

《史記·孔子世家》曰：子思生白，字子上，年四十七。子上生求，字子家，年四十五。子家生箕，字子京，年四十六。子京生穿，字子高，年五十一。子高生子慎，年五十七，嘗爲魏相。子慎生鮒，年五十五，爲陳王涉博士，死於陳下。

晁公武《讀書志》曰：孔子古文也，見於孔鮒書。

陳振孫《書録解題》曰：《小爾雅》一卷，《漢志》有此書，亦不著名氏。《唐志》有《李軌解》一卷。今《館閣書目》云孔鮒撰，蓋即《孔叢子》第十一篇也，曰廣詁、廣言、廣訓、廣義、廣名、廣服、廣器、廣物、廣鳥、廣獸，凡十章，又廣度、量、衡爲十三章，當時好事者鈔出别行。

王應麟《玉海》曰：《小爾雅》一篇，陳涉博士孔鮒撰，十三章，申衍詁訓，見《孔叢子》，乃别行。

詹景鳳書後曰：孔鮒《小爾雅》廣釋字義，旁搜名物，言約而事不泛，旨近而便於俗，於小學尚矣。

戴震書後曰：《小爾雅》一卷，大致後人皮傅掇拾而成，非古小學遺書也。如云「鵠中者謂之正」，則正、鵠之分未之考矣。「四尺謂之仞」，則築宫仞有三尺，不爲一丈，而爲及肩之墻矣。澮深二仞，無異洫深八尺矣。其解釋字義，不勝枚數，以爲之駁正，故漢世大儒不取以説經，獨王肅、杜預及東晉枚頤奏上之。古文《尚書》孔傳頗涉乎此，《廣量》曰「豆四謂之區，區四謂之釜」，本《春秋傳》四升爲豆，各自其四以登於釜之文。「釜二有半謂之藪」，本《聘禮記》「十六斗曰藪」，「藪二有半謂之缶」，此句無本。「缶二謂之鍾」，所謂陳氏新量，皆登一焉，鍾乃大矣者。齊舊量蓋先王之制，區一斗六升，釜六斗四升，鍾六斛四斗，陳氏從而詭更之，釜登一區則八斗，區登一豆則二斗，豆登一升則五升，而鍾實八斛。兹用舊量之豆區釜，用新量之鍾，兩法雜施，顯相剌謬。《廣衡》曰「兩有半曰捷，倍捷曰舉」，皆於古無本。「倍舉曰鋝」，賈景伯所稱俗儒以鋝重六兩是也。不稽古訓，故目之曰俗儒云爾。張揖作《廣雅》，於《釋器》曰：「鍾十曰斞，庾十曰秉，秉十曰筥。」斞、庾二文錯見，並當爲籔，而改「區十曰籔」，斯協於《聘禮記》「十斗曰斛，十六斗曰藪，十籔曰秉矣」，「鍾十」之云謬也。此十六斗之秉，量名也。刈禾盈手謂之秉，秉猶把也，字同義别。《聘禮記》曰「四秉曰筥，十筥曰稯，十稯曰秅，四百秉爲一秅」，然則「秉十」當改「秉四」，又不當蒙「籔十曰秉」相亂，其掇拾之病，與《小爾雅》同。或曰《小爾雅》者，後人采王肅杜預之説爲之也。

《四庫全書提要》曰：案《漢書·藝文志》有《小爾雅》一篇，無撰人名氏。《隋書·經籍志》《唐書·藝文志》並載李軌注《小爾雅》一卷。其書久佚，今所傳本則《孔叢子》第十一篇鈔出别行者也，分廣詁、廣言、廣訓、廣義、廣名、廣服、廣器、廣物、廣鳥、廣獸十章，而益以度、量、衡爲十三章，頗可以資考據，然亦時有舛迕。如《廣量》云「豆四謂之區，區四謂之釜」，本諸《春秋傳》四升爲豆，各自其四以登於釜之文。下云「釜二有半謂之籔」，與《儀禮》「十六斗曰籔」合，其下又云「籔二有半謂之缶，缶二謂之鍾」，則實八斛，乃《春秋傳》所謂陳氏新量，非齊舊量六斛四斗之鍾，是豆釜區用舊量，鍾則用新量也。《廣衡》曰「兩有半曰捷，倍捷曰舉，倍舉曰鋝」，《公羊傳》疏引賈逵稱「俗儒以鋝重六兩」者，蓋即指此。使漢代小學遺書果有此語，逵必不以俗儒目之矣。他如謂「鵠中者謂之正」，則並正鵠之名不辨。謂「四尺謂之仞」，則《考工記》澮深二仞與洫深八尺無異矣。漢儒説經皆不援及，迨杜預注《左傳》始稍見徵引，明是書漢末晚出，至晉始行，非《漢志》所稱之舊本。晁公武《讀書志》以爲孔子古文，殆循名而失之。相傳已久，姑存其目，若其文則已見《孔叢子》，不復録焉。

按：《漢》《隋》《唐志》，《小爾雅》皆不著撰人，惟《通志》稱孔鮒撰，則今世所行本録自《孔叢子》中者。

李氏軌 小爾雅解

《隋志》一卷

佚

《隋書·經籍志》曰：《周易音》一卷，東晉尚書李軌宏範撰。

陸德明《釋文叙録》曰：軌字宏範，江夏人，東晉祠部郎中、都亭侯。

宋氏咸 小爾雅注

一卷在《孔叢子》

存

錢東垣《小爾雅校證自叙》曰：《小爾雅》者，《孔叢子》之第十一篇也。粤自元公多藝，首垂初哉之文；大聖述經，繼紹殷齊之論。艸木蟲魚，靡不詮注，山川天地，罔不精詳，誠郭璞所謂九流之津涉，六籍之鈐鍵者也。爰有秦代名儒，魯邦聖裔，惜《爾雅》之未備，取訓詁以推詳，特著斯篇，以傳後世。綜其字未及萬言，揆其恉實翼六藝，言簡誼邃，文約詞精。累語重文，而意旨同受；依聲得義，而假借相成。衣服器用之度，鳥獸名物之形，或因事以爲名，或比類以合誼。其事則覩指而可識，其形則隨象而可見，聚類同條，雜而不越。蓋其時諸書未燔，挾書未禁，故或言從經傳，或意本老莊，孳精超乎《博雅》，詮釋過於《方言》，注疏者以爲根本，考據者以爲援徵，其功不甚偉歟！然自祖龍焚坑以後，鼷鼮幾昧；終軍辨豹文鼠爲鼮，惟見郭璞《爾雅叙》文及《釋獸》注。《説文》及呂忱《字林》皆謂鼷爲豹文鼠，説與終軍不同。唐盧若虚能引據許叔重之言，從許違郭，一坐驚服。事見《唐書·盧藏用傳》。案：終軍事外此不復見於前漢書籍，摯虞《三輔决録》謂以《爾雅》辨豹文鼠者，乃光武時孝廉，即竇攸。《文選》任昉爲蕭揚州作《薦士表》「豈直鼮鼠有必對之辨」注，及《太平御覽》九百一十引竇氏譜，皆稱爲攸事。傳聞既已異詞，郭必是非其説，當從許呂二人爲正。司馬擾亂之時，蟹蟚貽誤。此在經書，尚乏精通之士，矧其支派，奚求辨證之儒？迄於今日，仍承舊注之淺疏。《小爾雅》書舊有東晉祠部郎中都亭侯江夏李軌宏範注，已亡。崑山徐氏《傳是樓書目》口字二格載有明崔銑注此書，附大復論一本，今亦未見，何氏論亦不見於景明内外集中。世所行者惟有宋宋咸之注耳，淺疏無據，誤謬最多。潛讀是編，始覺俗本之舛忒。余所見此編，共有六本：一、三十八種《漢魏叢書》《孔叢子》中，新安程榮校本。二、七十六種《漢魏叢書》經翼門，東海屠隆、武林何允中合校本。三、《説郛》卷四内天台陶宗儀校本。四、《古今逸史》合志門，新安吳琯、東吳惠棟合校本。五、武林郎奎金朱師賓合校本，即妄以《釋名》爲《逸雅》，合爲五雅之一也。六、曲阜聖裔孔允植校本，即《孔叢子》中之第十一篇也。莫即幕而釋爲大意，宋咸注《廣詁》篇云：「莫府，言大意也。」案《史記·李牧列傳》云「輸入莫府」，又《李廣列傳》云「莫府省文書」。莫府之名始此，然即幕之古消字也。宋氏訓爲大義，鑿空曲説。惎音忌而羼入正文，忌即惎之音，各本俱襍於正文，今釐正，詳見《廣言》篇。疋雅之名莫辨，《説文》云「雅，楚烏也」，又云「疋古文」，以爲《詩》大疋字，此書標題字當作疋。鹿魚之字誰分，《廣獸》篇「魚之所息，謂之潛魚」，舊誤作「鹿」，今從《經典釋文》及《爾雅》疏、《文選》注所引訂正。秦人以爲漢人，宋咸注本舊題作漢孔鮒撰。案《史記·孔子世家》及《孔叢子·答問》篇、《鹽鐵論·褒賢》篇、《漢書·儒林列傳》，知鮒秦周時人，終於陳涉時，不及至漢，宋咸謬也。莊字應爲壯字。「否，莊也」。莊即壯字之譌，引證甚多，詳本書。略舉數端，餘難更僕。此何殊三寫字書，繆淆烏馬，四文篆印，誤作白羊者乎？余也罔揆檮昧，爰考簡編，采經史羣書之古義，坿傳箋百氏之訓言，約取遐稽，探賾索隱，斠證此編，釐剔其誤。近片之通必悉，訇言之誤必明，氣寧加以食旁，豐豈同於豐象。雖功殊闕里之編，未經三絶，而字法召陵之説，務遵六書。至若凾崮之互異尚有闕，如顓頊之未聞猶存疑，蓋後有博者，庶其補諸。乾隆五十有四年歲陽屠維歲陰作噩橘陽月。

按：《小爾雅》非《漢志》之《小雅》，戴氏震論之詳矣。錢君東垣頗信其書，爲校證之，以其所校乃宋咸注本，故即附其叙於宋注後，以備一家之説，猶之古文《尚書》有閻氏若璩《疏證》，復有毛氏奇齡《冤辭》也。錢君字既勤，嘉慶三年舉人，晦之孝廉之子，及之詹事之猶子也。

崔氏銑小爾雅

《經義考》一卷

存

《明史·儒林傳》曰：崔銑字子鍾，安陽人，舉弘治十八年進士，選庶吉士，授編修，預修《孝宗實録》，進侍讀。引疾歸，作後渠書屋，讀書講學其中。世宗即位，擢南京國子監祭酒。嘉靖三年集議大禮，帝覽之不説，令銑致仕。閲十五年，用薦起少詹事，兼侍讀學士，擢南京禮部右侍郎。未幾疾作，復致仕，卒，贈禮部尚書，謚文敏。黄省曾曰：公性淵醇清邵，卓然鉅儒。燕居著書者數矣，若《易象》《春秋傳説》，皆仲尼之心也。

袁褧《金聲玉振集》曰：周公作《爾雅》，擬之者若《埤雅》《方言》是已。少渠研精古典，緝成新編，曰「小」者謙之之辭也，因鋟之木，俾釋注者有所考焉。

《四庫全書提要》曰：舊本題明崔銑撰。此書凡分十篇，核檢其文，實即《孔叢子》中之《小爾雅》也。閔元衢《歐餘漫録》曰：《小爾雅》，漢孔鮒撰，汝郡袁氏《金聲玉振集》誤爲崔仲鳧撰，收入撰述部，以漢爲本朝，以崔易孔，豈其不詳考耶，抑以世可欺耶？則是僞題姓名，明人已言之矣。

張氏揖廣雅

《七録》四卷今本十卷

存

《魏書·江式傳》曰：式上表云：魏初博士清河張揖著。

顔師古《漢書叙例》曰：張揖字稚讓，清河人，一云河間人，太和中爲博士。

揖上表曰：博士臣揖言：臣聞昔在周公，纘述唐虞，宗翼文武，克定四海，勤相成王，踐阼理政，日昃不食，坐而待旦，德化宣流，越裳徠貢，嘉禾貫桑。六年制禮，以導天下，著《爾雅》一篇，以釋其意義。傳虧後孠，歷載五百，墳典散零，唯《爾雅》恒存。《禮·三朝記》：哀公曰：「寡人欲學小辨，以觀於政，其可乎？」孔子曰：「爾雅以觀於古，足以辨言矣。」《春秋玄命包》言子夏問夫子，作《春秋》不以初哉首基爲始何？是以知周公所造也。率斯以降，超絶六國，越秦踰楚，爰暨帝劉，魯人叔孫通撰置《禮記》，文不違古。今俗所傳三篇《爾雅》，或言仲尼所增，或言子夏所益，或言孫叔通所補，或言郁郡梁人所考，皆解家所説，詁師口傳，既無正諭，聖人所言，是故疑不能明也。夫《爾雅》之爲書也，文約而義固，其陳道也，精研而無誤，真七經之檢度，學問之階路，儒林之楷素也。若其包羅天地，綱紀人事，權揆制度，發百家之訓詁，未能悉備也。臣揖體質蒙蔽，學淺詞頑，言無足取，竊以所識，擇撢羣藝，文同義異，音轉失讀，八方殊語，庶物易名，不在《爾雅》者，詳録品覈，以著於篇，凡萬八千一百五十文，分爲上中下。以須方徠俊哲洪秀偉彦之倫，扣其兩端，摘其過謬，令得用諝，亦所企想也。臣揖誠惶誠恐，頓首頓首，死罪死罪。

陳振孫《書録解題》曰：魏博士張揖撰。凡不在《爾雅》者著於篇，仍用《爾雅》舊目。《館閣書目》云：今逸，但存音三卷。今書十卷，而音附逐篇句下，不別行[一二]。揖又有《埤蒼》《三蒼訓詁》《雜字》《古文字訓》凡四書，見《唐志》，今皆不傳。

錢曾《敏求記》曰：《博雅》十卷，魏博士張揖采《蒼》《雅》遺文不在《爾雅》者爲書，名曰《廣雅》，表上之。隋曹憲因其記附以音解，避煬帝諱，更爲《博雅》。正德乙亥，支硎山人手跋此本云：士人袁飛卿有此書，求之半載，童十數往返，始得繕録，徵白金五十星乃去。錢物可得，書不可得，雖費，當勿校耳。山人惜逸其氏名，亦一佳士也。

《四庫全書提要》曰：揖字稚讓，清河人，太和中官博士。其名或從木作楫，然證以稚讓之字，則爲揖讓之揖審矣。後魏江式《論書表》曰：魏初博士清河張揖著《埤》《蒼》《廣雅》《古今字詁》，究諸《埤》《廣》，增長事類，亦於文爲益者也。然其《字詁》方之許篇，或得或失矣。是或謂《埤》《蒼》《廣雅》勝於《字詁》，今《埤》《蒼》《字詁》皆久佚，惟《廣雅》存。其書因《爾雅》舊目，博采漢儒箋注及《三蒼》《説文》諸書以增廣之，於揚雄《方言》亦備載無遺。隋秘書學士曹憲爲之音釋，避煬帝諱，改名《博雅》，故至今二名並稱，實一書也。前有揖《進表》，稱凡萬八千一百五十文，分爲上中下。《隋書·經籍志》亦作三卷，與表所言合，然注曰梁有四卷。《唐志》亦作四卷。《館閣書目》又云：「今逸，但存音三卷。」憲所注本，《隋志》作四卷，《唐志》則作十卷。卷數各參錯不同，蓋揖書本三卷，《七録》作四卷者，由後來傳寫，析其篇目。憲注四卷，即因梁代之本，後以文句稍繁，析爲十卷，又嫌十卷煩碎，復併爲三卷。觀諸家所引《廣雅》之文皆具在今本，無所佚脱，知卷數異而書不異矣。然則《館閣書目》所謂逸者，乃逸其無注之本，所謂存音三卷者，即憲所注之本。揖原文實附注以存，未嘗逸，亦未嘗闕。

惟今本仍爲十卷，則又後人析之以合《唐志》耳。考唐玄度《九經字樣序》稱，音字改反爲切，實始於唐開成間。憲雖自隋入唐，至貞觀時尚在，然遠在開成以前。今本乃往往云某字某切，頗爲疑竇，殆傳刻臆改，又非憲本之舊歟？

曹氏憲 廣雅音《唐志》作《博雅音義》

《隋志》四卷《唐志》十卷

存

《隋書·經籍志》曰：秘書學士曹憲撰。

晁公武《讀書志》曰：隋曹憲撰。魏張揖嘗采《蒼》《雅》遺文爲書，名曰《廣雅》，憲因揖之説，附以音解，避煬帝諱，更之爲「博」云〔一三〕。後有張揖表。憲後事唐，太宗嘗讀書，有奇難字，輒遣使問憲，憲具爲音注，援驗詳覆，帝歎賞之。

按：憲江都人，《博雅》即《廣雅音》，鄭氏《通志》分作二書，誤。

李氏文成 廣雅志

《明志》十三卷

未見

盧氏文弨 廣雅注

三卷

闕

翁方綱撰《抱經先生墓志銘》曰：公姓盧，諱文弨，字紹弓，抱經其堂顔也。其先自餘姚遷居於杭。乾隆戊午中順天鄉試。壬戌，授内閣中書。壬申，一甲第三人進士，授編修，陞左春坊左中允、翰林院侍讀學士。視湖南學政，以條陳學政事降調，還都，旋假歸里。年七十九而卒。所著《廣雅注釋》。

王氏念孫 廣雅疏證

十卷

存

念孫自叙曰：昔者周公制禮作樂，爰著《爾雅》，其後七十子之徒，漢初綴學之士遞有補益。作者之聖，述者之明，卓乎六藝羣書之鈐鍵矣。至於舊書雅記，詁訓未能悉備，網羅放失，將有待於來者。魏太和中，博士張君稚讓，繼兩漢諸儒後，參考往籍，徧記所聞，分別部居，依乎《爾雅》，凡所不載，悉著於篇。其自《易》《書》《詩》《三禮》《三傳》經師之訓，《論語》《孟子》《鴻烈》《法言》之注，《楚辭》、漢賦一解讖緯之記，《倉頡》《訓纂》《滂喜》《方言》《説文》之説，靡不兼載。蓋周秦兩漢古義之存者，可據以證其得失，其散佚不傳者，可籍以闚其端緒，則其書之爲功於詁訓也大矣。念孫不揆檮昧，爲之疏證，殫精極慮，十年於兹。竊以詁訓之旨，本於聲音，故有聲同字異，聲近義同，雖或類聚羣分，實亦同條共貫。譬如振裘必提其領，舉網必挈其綱，故曰本立而道生，知天下之至賾而不可亂也。此之不寤，則有字別爲音，音別爲義，或望文虚造而非古義，或墨守成訓而尟會通，易簡之理既失，而大道多歧矣。今則就古音以求古義，引伸觸類，不限形體，苟可以發明前訓，斯淩雜之譏，亦所不辭。其或張君誤采，博考以證其失；先儒誤説，參酌而寤其非。以燕石之瑜，補荆璞之瑕，適不知量者之用心云爾。張君進表，《廣雅》分爲上中下，是以《隋書·經籍志》作三卷，而又云「梁有四卷」，不知所析何篇。隋曹憲《音釋》，《隋志》作四卷，《唐志》作十卷，今所傳十卷之本，音與正文相次，然《館閣書目》云「今逸，但存音三卷」，是音與《廣雅》別行之證，較然甚明，特後人合之耳。又憲避煬帝諱，始稱《博雅》，今則仍名《廣雅》，而退音釋於後，從其朔也。憲所傳本即有舛誤，故音内多據誤字作音。《集韻》《類篇》《太平御覽》諸書所引，其誤亦或與今本同，蓋是書之譌脱久矣。今據耳目所及，旁考諸書，以校此本，凡字之譌者五百八十，脱者四百九十，衍者三十九，先後錯亂者一百二十三，正文誤入音内者十九，音内字誤入正文者五十七，輒復隨條補正，詳舉所由。（《廣雅》諸刻本，以明畢效欽本爲最善。凡諸本皆誤而畢本未誤者，不在補正之列。）最後一卷，子引之嘗習其義，亦即存其説，竊放范氏《穀梁傳集解》子弟列名之例。博訪通人，載稽前典，義或易曉，略而不論，於所不知蓋闕如也。後有好學深思之士，匡所不及，企而望之。

按：盧紹弓學士所注《廣雅》，自釋三卷，實未成之書也。近有高郵王給事念孫著《廣雅疏證》二十卷，其自序謂此書凡字之譌者五百八十，脱者四百九十，衍者三十九，先後錯亂者百二十三，正文誤入音内者十九，音内字誤入正文者五十七，皆隨條補正。又嘉定錢徵君大昭撰《廣雅疏義》二十卷，曲阜桂馥序曰：今海内治

《廣雅》者三家，一爲盧先生文弨，一爲王先生念孫，一爲錢先生大昭。馥幸得同游，素聞風指者也。錢先生之《疏義》先成，請而讀之，歎其精審，當與邵先生《爾雅正義》並傳。然治《廣雅》難於《爾雅》，《爾雅》主釋經，多正訓，《廣雅》博及羣書，多異義，一。《爾雅》有孫郭諸舊説，《廣雅》惟曹音，二。《爾雅》爲訓詁家徵引，兼有陸氏《釋文》，《廣雅》散見者少，無善本可據，三也。此非專且久，不易可了。昔郭氏注《爾雅》，十八年而成，邵先生且二十八年，今先生遲之三十年，始有稾本，其爲專且久，不已至乎！馥從事《説文》蓋亦有年，魯鈍未抵於成。於呼！古人小學，童而習之，余乃白首紛如，讀先生之書，益加勵矣。馥字冬卉，乾隆庚戌進士。

劉氏杳 要雅

五卷，見《玉海》

佚

《梁書・文學傳》曰：劉杳字士深，平原平原人也。天監初爲太學博士，宣惠豫章王行參軍。杳少好學，博綜羣書，沈約、任昉以下每有遺忘，皆訪問焉。嘗於約坐語及宗廟犧樽，約云：「鄭某答張逸[一四]，謂爲畫鳳皇尾娑娑然，今無復此，器則不依古。」杳曰：「此言未必可按，古者樽彝皆刻木爲鳥獸，鑿頂及背以出内酒。頃魏世魯郡地中得齊大夫子尾送女器，有犧樽作犧牛形。晉永嘉賊曹嶷於青州發齊景公冢，又得二樽[一五]，形亦爲牛象。二處皆古之遺器，知非虚也。」約大以爲然。約又云：「何承天《纂文》奇博，其書載張仲師及長頸王事，此何出？」杳曰：「仲師長尺二寸，唯出《論衡》。長頸是毘騫王，朱建安《扶南以南記》云，古來至今不死。」約即取二書尋檢，一如杳言。又在任昉坐，有人餉昉榗酒而作「榐」字[一六]，昉問杳此字是不，杳對曰：「葛洪《字苑》作木旁若。」昉又曰：「酒有千日醉，當是虚言。」杳云：「桂陽程鄉有千里酒，飲之至家而醉，亦其例也。」昉大驚曰：「吾自當遺忘，實不憶此。」杳云：「出楊元鳳所撰《置郡事》，元鳳是魏代人，此書仍載其賦云：『三重五品，商溪擦里。』」昉即檢楊記，言皆不差。王僧孺被敕撰譜，訪杳血脈所因，杳云：「桓譚《新論》云太史三世表，旁行邪上，並效周譜，以此而推，當起周代。」僧孺歎曰：「可謂得所未聞。」周捨又問杳：「尚書官著紫荷橐，相傳云挈囊，竟何所出？」杳答曰：「《張安世傳》曰：『持橐簪筆事孝武皇帝數十年。』韋昭張宴注並云：橐，囊也。近臣簪筆以待顧問。」范岫撰《字書音訓》，又訪杳焉。其博識强記，皆此類也。尋佐周捨撰國史，出爲臨津令，以疾陳解還。除雲麾晉安王府參軍，詹事徐勉舉杳及顧協等五人入華林，撰《徧略書》成，以本官兼廷尉正。又以足疾解，因著《林庭賦》。復除建康正，遷尚書駕部郎。數月，徙署儀曹郎僕射，勉以臺閣文義專委杳焉。出爲餘姚令，除宣惠湘東王記室參軍。母憂去職，服闋，復爲王府記室兼東宮通事舍人。大通元年遷步兵校尉，兼舍人如故，仍除中書侍郎。尋爲平西湘東王諮議參軍兼舍人，知著作如故，遷爲尚書左丞。大同二年卒官，時年五十。杳自少至長多所著述，撰《要雅》五卷、《楚辭草木疏》一卷、《高士傳》二卷、《東宮新舊記》三十卷、《古今四部書目》五卷，並行於世。

王應麟《玉海》曰：《周禮疏》：劉杳《要雅》亦以宜成爲酒名。

劉氏伯莊 續爾雅

《唐志》一卷

佚

《唐書·儒學傳》曰：劉伯莊，徐州彭城人也。貞觀中累除國子助教，龍朔中授崇賢館學士。

高似孫《緯略》曰：《爾雅》注今所傳者，郭璞、孫炎耳。所謂樊光《爾雅注》、李巡《爾雅注》、沈璇《爾雅集注》已不可復見。郭璞有《爾雅圖》，江灌有《爾雅圖贊》，皆奇書，是亦不減《山海經圖》也。張揖既作《博雅》，劉伯莊又有《續爾雅》，草木蟲魚該括略盡。《選》中惟郭璞特注《上林賦》，張揖又注之，他人不及其精確也。其他所謂《孝經爾雅》《石經爾雅》《蜀爾雅》《番爾雅》《小爾雅》，皆自成一書也。

李氏商隱 蜀爾雅

《通考》三卷

佚

陳振孫《書録解題》曰：不著名氏，《館閣書目》按李邯鄲云，唐李商隱采蜀語爲之，當必有據。

劉氏温潤 羌爾雅

《通志》三卷

佚

無名氏番爾雅

《通考》三卷《讀書志》一卷

佚

晁公武《讀書志》曰：不載撰人名姓，以夏人語依《爾雅》體譯以華言。

方以智《通雅》曰：即《羌爾雅》。

梅氏彪石藥爾雅

二卷〔一七〕

存

彪序曰：《爾雅》者，古人訓釋作也。予家西蜀江原，少考以術，窮究經方，第用藥皆是隱名，就於隱名之中又有多本，若不備見，猶畫餅夢桃，遇其經方，與不遇無別也。《參同契》云：「未能悉究，當施直義。」今以衆異名，象《爾雅》詞句，凡六篇，勒爲二卷，令迷者尋之稍易，習者誦之不難云爾。元和丙戌〔一八〕。

無名氏本艸爾雅

見蘇軾《東坡集》

佚

蘇軾《與陳季常書》曰：龐醫熟接之，乃奇士，知新屋近撰《本艸爾雅》，見劉頌具説，深欲走觀。

小學考卷五終

校記

〔一〕「郭注云」以下至「斯不然矣」句文字，原載邢昺《爾雅·釋山》疏文，略有異文。

〔二〕戴震：原作「戴振」，徑改。案：光緒刊本已改作「戴震」。

〔三〕一百六十卷：案：現存《經籍籑詁》爲一百零六卷，疑此處係誤記。

〔四〕士冠禮：原作「士官禮」，據《經籍籑詁·凡例》改。

〔五〕謂：原作「爲」，據錢大昕《經籍籑詁序》改。

〔六〕百有六卷：原作「百有十六卷」，據右引書改。案：現存《經籍纂詁》即一百零六卷。

〔七〕「將刊梨棗」句上，右引書尚有「公既任滿赴闕」一句。

〔八〕鄉壁：原作「鄉僻」，據右引書改。

〔九〕一百六卷：原作「一百十六卷」，據王引之《經籍籑詁序》改。

〔一〇〕匇猝：原作「匆猝」，據臧鏞堂《經籍籑詁後序》改。

〔一一〕一百六卷：原作「一百一十六卷」，據右引書改。

〔一二〕「不別行」下，《直齋書録解題》卷三所載尚有「《隋志》稱《博雅》，避逆煬名也」一句。

〔一三〕之爲，原作「爲之」，據晁公武《郡齋讀書志》卷四乙。

〔一四〕鄭某：《梁書》卷五〇《劉杳傳》作「鄭玄」。

〔一五〕「二樽」上原衍「此」字，據右引書删。

〔一六〕楛酒：原脱「楛」字，據右引書補。

〔一七〕《崇文總目》卷一〇、《通志》卷六七均著録作「一卷」。

〔一八〕清朱彝尊《曝書亭集》卷四二載《石藥爾雅跋》云：「唐元和中西蜀人梅彪撰《石藥爾雅》。醫方以藥石並稱，《爾雅》止釋草木，石不及焉，宜彪取其隱名而顯著之也。自序言衆石異名，象《爾雅》詞句，凡六篇，勒爲一卷，而《白雲齋道藏目録》作二卷，疑後人附益之。唐代遺書，傳世者罕矣，乃抄而入諸經部。」

小學考卷六

訓詁四

陸氏佃 埤雅

《宋志》二十卷

存

子宰序曰：嘉祐前經義之未作也，先公獨以說《詩》得名，其於鳥獸、草木、蟲魚尤所多識。熙寧後始以經術革詞賦，先公《詩講義》遂盛傳於時，學校争相筆授，如恐不及。元豐間預修《說文》，因進書獲對神考，縱言至於物性，先公敷奏稱旨，得旨稱善，且恨古未有著爲書者。先公又奏：「臣嘗試爲之，未成，未敢進也。」天意欣然，便欲見之，因進《說魚》《說木》二篇，自是益加筆削，號《物性門類》，編纂將終，而永裕上賓矣。先公旋亦補外，所至以平易臨民，故其事簡政清，因得專意論撰。既注《爾雅》，乃賡此書，號《埤雅》，言爲《爾雅》之輔也。《埤雅》比之《物性門類》蓋愈精詳，亦簡要。先公作此書，自初迨終，僅四十年，不獨博極羣書，而農父牧夫、百工技藝，下至輿臺皁隸，莫不諏詢。苟有所聞，必加試驗，然後紀録，則其中深微淵懿，宜窮天下之理矣。後有博雅君子覽之，當自識其美焉。宣和七年六月。

晁公武《讀書志》曰：皇朝陸佃農師撰。書載蟲魚、鳥獸、草木名物，喜采俗說。然佃王安石客也，而學不專主王氏，亦似特立者。

陳振孫《書録解題》曰：釋魚、釋獸以及於鳥蟲馬木草，而終之以釋天，所以爲《爾雅》之輔也。此書本號《物性門類》，其初嘗以《說魚》《說木》二篇上之朝。編纂將就而永裕上賓，不及再上，既注《爾雅》，遂成此書。其於物性精詳，所援引甚多，而亦多用《字說》。

王應麟《玉海》曰：元豐中陸佃修《說文》，因進書獲對神宗，論物性，恨未有著書者，佃進《說魚》《說木》二篇，自是益加論撰，爲《埤雅》二十卷。

王慎中曰：陸農師於名物可謂多識矣，然其爲書有自亂其法，所引雖博，而非其著書本指，不足相證而反以自病者亦多矣。釋翬雉而釋后服，釋馬而釋車，釋騏而釋服，釋龍而釋占，釋蓍而釋重卦，皆非其著書本旨。釋竹而釋衛武公之德，已去之遠，而又及於明器。釋倉庚摘引《月令》可耳，而全録其文。釋艾則因「五十曰艾」之文，而録禮文全篇。螽斯、甘棠既不當釋詩，而復旁引莊子華封之祝、劉歆宗廟之議〔二〕。釋臺漢其説猶迂緩，謂之《詩》箋義可也。苹之爲藾蕭，知其爲在野之草，而鹿之所食也，顧不從箋而從毛與《爾雅》，則水萍其野生，而亦豈鹿之所食邪？白華之爲菅，菅其名而白華其詞也，乃立白華一名而釋之，由箋有「白華於野」之文而誤，不思毛傳已明也。蒲盧之爲野蜂，則不當爲草，乃兩立其名，而兩引《中庸》之文。羊之始生曰達，小曰羔，未成羊曰羜，既成曰羊，則羔與羜乃羊之小與未成之通名，不當各立以爲名也。木之自斃者曰椔，蓋斃木之通名，而非一木之名，而乃有釋椔。豕豬之通名，彘其牝，豚其牡，牡之去勢曰豚，而其牡者曰豭，今乃釋豕與豚，不爲明也。豝、豵、豜並見於《詩》，毛鄭皆以爲小豕，惟毛以歲紀數，鄭以生紀數爲異，要之皆野豬也。若爲豢獸，則豈狩獵之所射，且虞人致獸，亦不當驅家畜以待田。雖有一歲豵、二歲豝、三歲特、四歲豜，與豕生三豵、二師、一特之異釋，知其當爲野獸者，以詩之文義推之當然也。今乃釋豝而遺其他，而與豕聯釋，疑於爲豢畜歟。大抵所識者多而所取者博，固不能無失與？至其釋貓引畫譜小言，釋芍藥全録花譜，此無異童兒之識。農師之學不宜其陋至此，或其家子弟或他人誤增入之也。

又曰：予讀荆國王文公集，見其《進字説表》與其爲書序，其義奥深，以爲由書契以來未有也，恨不得見其書。其後於楊龜山集中見其摘數十字駁之，龜山所駁皆是，然要以爲未足以病其書也。及觀《埤雅》，往往多用《字説》，雖非龜山所摘，其義亦往往可駁。蓋文公於學，才藝既多，尤能刻意精思，故杜撰立説，而以經傳文詞附會之，雖不爲無義理，而於天地自然之文，何啻千里！陸最以善言名物，有説詩之名於熙寧間，亦以此爲王文公所重，新經之義陸多與焉。考陸亦用文公以廣其書也，由是推之，則《字説》全書雖不見，亦未足恨，而陸所爲以説詩得名，正不免於穿鑿附會之病，而以文害辭、以辭害意者宜必多矣。因閲《埤雅》漫志之。

楊士奇跋曰：右《埤雅》二册，總二十卷，宋陸佃農師著，其子宰爲之序。名「埤雅」者，謂爲《爾雅》之輔也。贛舊有刻板，既廢於兵，今江西憲副林瑜行部過贛訪得之。命工重刻於郡學。此書於博物之學蓋有助焉。

《四庫全書提要》曰：佃字農師，事跡具《宋史》本傳。史稱其精於禮家名數之學，所著《埤雅》《禮象》《春秋後傳》之類，凡二百四十二卷。王應麟《玉海》又記其修《説文解字》。其子宰作此書序，又稱其有《詩講義》《爾雅注》。今諸書並佚，其《爾雅新義》僅散見《永樂大典》中，文句譌闕，亦不能排纂成帙，傳於世者惟此書而已。凡《釋魚》二卷、《釋獸》三卷、《釋鳥》四卷、《釋蟲》二卷、《釋馬》一卷、《釋木》二卷、《釋草》四卷、《釋天》二卷，刊本《釋天》之末注「後闕」字，然則併此書亦有佚脱，非完本也。宰序稱佃於神宗時召對，言及物性，因進《説魚》《説木》二篇，後乃並加筆削，初名《物性門類》，後注《爾雅》畢，更修此書，易名《埤雅》，言爲《爾雅》之輔也。其説諸物，大抵略於形狀而詳於名義，尋究偏旁，比附形聲，務求其得名之所以然，又推而通貫諸經，曲證旁稽，假物理以明其義。中多引王安石《字説》，蓋佃以不附安石新法，故後入元祐黨籍，其問學淵源，則實出安石。晁公武《讀書志》謂其説不專主王氏，亦似特立，殆未詳檢是編，誤以論其人者論其書歟？觀其開卷説龍一條，至於謂曾公亮得龍之脊、王安石得龍之睛，是豈不尊安石者耶？然其詮釋諸經，頗據古義，其所援引，多今所未見之書，其推闡名理，亦往往精鑿，謂之駁雜則可，要不能不謂之博奥也。

按：《經義考補正》曰：王慎中曰：白華之菅，菅其名而白華其詞也，乃立白華一名而釋之，由箋有「白華於野」之文而誤，不思毛傳已明也。丁杰以爲白華即菅之名，陸氏不誤，王氏駁之非是。又曰：蒲盧之爲野蜂，則不當爲草，乃兩立其名，而兩引《中庸》之文。又以爲《埤雅》釋草本謂蜂名蒲，蒲名果臝，象於蜂，其兩引《中庸》皆指蜂言，王氏駁之失其語意。又《爾雅》豕在《釋獸》，不在《釋畜》，《埤雅》但有《釋獸》，無《釋畜》，豝豕豚三物聯釋不誤，王氏亦駁之，非是。

牛氏衷 埤雅廣要

《經義考》四十卷〔二〕

存

衷自序曰：宋開國公陸丞相佃於《爾雅》《廣雅》之後，復旁搜冥索，以埤翼之。吾藩賢王論思之暇，嘗進覽焉，惜夫叙述之次，尾天文而首羣品，伍鳳鳥而躋微類，未愜於中，乃條示卷帙所宜增，物類所宜補，命臣衷輯之。而衷介胄之末，非能文者，且不敢辭，謹因佃文之舊二十卷，增摭群書所載，復成二十卷，合而名之曰《埤雅廣要》。閲數年，繕完進呈，復命翰學吴從政嚴加校勘，釋以音注而梓行之，以廣其傳焉。天順元年歲次丁丑端月上元吉日。

陳懿典曰：《埤雅》二十卷，宋陸丞相佃撰述於熙寧元豐間，以上之神宗。初進《説魚》、《説木》二篇，後廣爲《物性門類》，積久而成《埤雅》。其《廣要》增至四十卷，則皇明天順中蜀府護衛千户牛衷奉賢王令而推廣之者也。

《浙江采集書録》曰：《埤雅》本宋陸佃撰，載蟲、魚、鳥、獸、草、木名物，終以釋天。陳振孫謂其於物性精詳，援引甚博。今本爲明牛衷因陸書而增廣之者。

按：黄虞稷《千頃堂書目》：《埤雅廣要》作四十二卷，注云不知撰人，今據《經義考》著録。

郎氏奎金五雅

十卷

存

汪師韓《韓門綴學》曰：古以《爾雅》爲小學，箋注未有以前，不讀《爾雅》不能解經也。勝國時吾鄉郎公在奎金取《小爾雅》《廣雅》《逸雅》即《釋名》。《埤雅》四種，合《爾雅》刊行，謂之《五雅》。竊謂此四者中，惟《廣雅》可繼《爾雅》。元魏孝文帝太和中，太和當宋文帝元嘉時。博士張揖字稚讓，《漢書叙例》注云揖清河人，一云河間人。采《蒼》《雅》遺文爲書，凡不在《爾雅》者著於篇，其篇目皆依《爾雅》，是以謂之廣也。隋曹憲作訓注，分爲十卷，見《舊唐書·曹憲傳》。避煬帝諱，改名《博雅》。其後曹注亡失，但存音三卷，見《館閣書目》。今世所傳者書分十卷，而音釋雜見各卷，有音無注，張揖有表，今本亦無。不知其爲揖本書耶，抑憲所謂《爾雅》者耶？揖又注《司馬相如傳》，顔師古《漢書》注所引凡一百四十餘條。《小爾雅》雖見《漢志》，《舊唐書》以爲李軌撰，核其實乃從《孔叢子》内鈔出，《文選》注稱爲《小雅》，他書無同者。若劉熙《釋名》，未聞又名《逸雅》，此名不知起自何人。《釋名》有序，今亦無。其書多取諧聲，不無臆度附會，未必盡合本訓也。陸農師佃，山陰人。《埤雅》，本名《物性門類》，其未作此書之前，先有《爾雅新義》，二書多用王荆公《字説》，以此不爲學者所貴，幾與王元澤《爾雅》同譏矣，王雱乃荆公之子。而謂可以追配周公子夏之唱和哉！顧農師雖受經於荆公，其應舉入京，多有諫諍，荆公乃不復咨以政事，歷哲宗、徽宗，仕至尚書右丞[三]，平生行誼卓然，不可以其用《字説》而並薄其人也。余見宋板《埤雅》，前有其子陸宰序文，又自總目外，每卷前各有目次。書之近《爾雅》者，漢則揚雄《方言》、史游《急就章》、顔師古注。許慎《説文解字》，唐則陸德明《經典釋文》，宋則郭忠恕《佩觿》，皆見今所有，並有功學林。若李商隱之《蜀爾雅》、劉温潤之《羌爾雅》，特以「爾雅」爲名耳。近代則方以智《通雅》爲博洽，《爾雅》

釋經，《通雅》釋史，雖所釋不止於史，而史爲多，惟所引書往往不著書名，是其短耳。宋程端蒙作《小學字訓》，朱子以《大爾雅》稱之，朱子曰：《字訓》甚佳，言語雖不多，却是一部《大爾雅》也。惟所釋乃仁義道德之字，與《爾雅》體例不同。宋末王柏著《大爾雅》《六義字原》，見柏本傳，而書未之見，其存否不可知矣。

程氏端蒙 大爾雅 《新安文獻志》作《小學字訓》，一作《性理字訓》

《經義考》五卷〔四〕

存

《朱子語類》曰：《小學字訓》甚佳，言語雖不多，却是一部《大爾雅》。

陳櫟曰：鄱陽程蒙齋撰《小學字訓》，朱子目以《大爾雅》，然止三千字。

董氏夢程 大爾雅通釋

《經義考》

未見

陳櫟曰：蒙齋同邑董介軒嘗爲注釋。

沈氏增廣大爾雅

《經義考》

未見

陳櫟曰：沈毅齋以程訓未備〔五〕，增廣之。

程氏達原 增廣字訓

見程敏政《新安文獻志》

存

程元鳳題云：晦庵述《近思録》，首列陰陽變化性命之説，或疑非始學者之事，東萊曰：「特使之知其名義〔六〕，有所嚮望而已，而於講學之方、躬行之實，具有科級。」今觀宗人達原所輯《字訓》，蓋所謂知其名義者也。學貴乎名義知之而止邪？讀之者必於講學躬行之際加之意，庶幾非苟知之。

陳櫟曰：吾邑程徽菴以爲未備，合程、沈所訓，又增廣焉。

陳氏櫟 字訓注釋

《千頃堂書目》一卷

存

櫟自跋云：番陽程蒙齋《小學字訓》，朱子目以《大爾雅》，然止三千字。蒙齋同邑董介軒嘗爲注釋，沈毅齋以程訓未備，增廣之。吾邑程徽菴猶以爲未備，合程、沈所訓又增廣焉，其條百八十餘，且自加注釋。愚嘗謂幼學未可貪多，能熟《大爾雅》而通之，此進聖途第一步，由此漸進始可久。徽菴視介軒所釋精深，初學恐未易及。舊據管見釋之，一是以明白爲貴，使童習者一見了然，其於性理入門，不爲無助。雖有傳者，未廣也。延祐乙巳春，介軒從子季真來見，謂聞之松峰璩君，《字訓》至徽菴而大備，惜未之見。予因盡出之，相與篝燈細玩，信其爲宇宙間精妙之書。季真謀會梓板行，此意甚佳，遂舉以授之。又聞之吾友黄求心行叟，徽菴初刊之臨汝，時無吳竹洲論說，其孫刊之家塾，始自增入耶。今所授本也，其説甚少，亦無所悖，姑仍其舊，觀者宜知之云。

程敏政跋曰：故定宇先生陳公爲吾鄉大儒，號朱子世適，學乃不爲空言，凡著述要必有補於道，其大者多已行世矣。若《小學訓注》亦其一焉。《字訓》本蒙齋程氏著，蒙齋之先亦出新安，徙德興，蓋朱門高弟，而此編則嘗見録於朱子，以爲《大爾雅》者，故先生芟舊注之蕪雜，而加精約焉，以惠來學。惜乎刻本久而刓，先生族孫曰榮、曰鼇，並爲儒學生，鳩族人重刻之。

王氏柏 大爾雅

《經義考》一卷〔七〕

佚

朱氏升 小學旁注

見《新安文獻志》

存

《新安文獻志》曰：朱升字永升，休寧人，後徙居歙。元至正甲申登鄉進士第，授池州路儒學正。入明，授翰林侍講學士。自幼爲學，即以列聖傳心爲主，踐履致用爲工，上窮道體，幽探玄化。謂聖人精義入神之功，或寄於百家衆技之末，是以一事一物，莫不旁搜曲揆，沿流泝原。謂濂洛既興，考亭繼作，而道學大明于世，然後學者往往循途守轍，不復致思，其已明者既不求其真知，而未明者遂謂卒不可知，豈前賢所深望於後人者哉！加以詞華浮靡之習蕩其中，科舉利禄之心誘於外，是以聖學明而實晦，飄流忘返。慨然思所以救之〔八〕，於是考六書之源，究制作之始，以得名言之義，味詞助之旨，以暢制趣之歸，而聖賢之心見於方册者，始可得而見。然後傍參之以傳注之文，究極乎濂洛之説，熟玩乎其所以明，而深究乎其所未明。嘗曰：先儒傳注之意，所以求經之明也，而近世舉業，往往混誦經注，既不能體味乎傳注，而返斷裂其經文，使之血脈不通，首尾不應，知味樂臺，何所自乎？於是作諸旁注，離而觀之，則逐字爲訓，合而誦之，則文義成章，綱提目舉，一覽可知。其有訓而未類，疑而未安者，必窮研極慮，不合乎聖經不止也。嘗曰：旁注之作也，知其麤者以爲小學訓詁之入門，悟其妙者知爲研精造道之要法。平生之所以有得於聖經之藴者以此，此學道之大概也。著有《小學旁注》。

朱氏睦㮮 訓林

《明志》十二卷

未見

《明史・諸王傳》曰：鎮國中尉睦㮮字灌甫，鎮平王諸孫。幼端穎，郡人李夢陽奇之。及長，被服儒素，覃精經學，從河洛間宿儒游。年二十通五經，尤邃於《易》《春秋》，謂本朝經學一稟宋儒，古人經解殘闕放失，乃訪求海内通儒，繕寫藏弆。若李鼎祚《易解》、張洽《春秋傳》，皆叙而傳之。吕柟嘗與論《易》，歎服而去。益訪購古書圖籍，得江都葛氏、章邱李氏書萬卷，丹鉛歷然，論者以方漢之劉向。築室東坡，延招學者，通懷好士，而内行修潔。萬曆五年，舉文行卓異爲周藩宗正，領宗學，約宗生以三六九日午前講《易》《詩》《書》，午後講《春秋》《禮記》，雖盛暑不輟。所撰有《五經稽疑》六卷、《授經圖傳》四卷、《韻譜》五卷。

朱氏謀㙔 駢雅

《明志》七卷

存

《明史・諸王傳》曰：寧獻王權曾孫、鎮國中尉謀㙔，三世皆瑞謹自好，而謀㙔尤貫串羣籍，通曉朝廷典故，諸王子孫好學敦行，自周藩中尉睦㮮而外，莫及謀㙔者。典藩政三十年，宗人咸就約束。暇則閉户讀書，著《易象通》《詩故》《春秋》《戴記》《魯論箋》及他書，凡百有十二種，皆手自繕寫。

謀瑋自序曰：言以足志，文以足言，自六經已然。君子不病夫足文之言，而惟枝葉無當之辭是辟也。試觀盤誥雅頌，厥亦選艱而挹賾矣。今去商周三千餘祺。其雕章畫羽，方言殊訓與夫制事錫名，豈不淵且博哉！畸文隻句，獨得訊之，頡籀家書，乃聯二爲一，駢異而同，析之則秦越，合之則肝膽。古故無其編焉，非藝事一大歉哉！暇日檢諸解詁，排纂散出之文，經子史流，稗官賸說，罔不搜括條貫，依《爾雅》《廣雅》之義，作《駢雅》七卷。所見異辭，所傳寫異辭，皆不刪廢，要使夏五郭公之例存焉爾。若予耳目所不及接，或幽僻放軼所未攬，儻亦俟夫博識君子紹而充之，則予敢以筆路驅乎哉！其固陋也，惡乎辭？

孫開序曰：昔者周公作雅南豳頌之詩，其辭典則，其義奧渺，其用物也宏，其取材也古，世人莫之解也，其徒作《爾雅》以釋之，則《爾雅》者固學詩之津筏也。夫賦者古詩之流也，屈原《離騷》思鬱以幽，文奇以崛，驚采絶豔，蔚爲詞賦之宗。自後司馬相如、揚雄、班固、張衡、左思之徒，皆博雅君子，其所爲賦，罔不醞釀古今，錯綜名物，以文被質，度宮中商，麗句偉辭，駱驛奔會。覽之者五色炫爛，若登太廟而彝鼎錯陳，若入武庫而戈鋋森列，若步昆崙之墟，璆琳琅玕無不有也。蓋涉之莫窮其源，遡之莫測其本始，故知雅道至淵宏哉！六朝以來，此義泯泯，雖間有緣情體物之作，而見聞既狹，興寄益微。近代綴文之士，稍厭薄之，更復專務虛恢，嘽緩其辭，僻怪其字，懸疣附贅，余無譏焉。信矣，好古之難也！豫章宗侯鬱儀者，今之振奇人也，慨風雅陵遲，詞賦寖頓，冥搜古昔，旁采方謡，原本山川，極命草木，於凡駢偶之語，宏侈之辭，靡不該而存之，體倣《爾雅》，作《駢雅》七卷。箴縷綜紩，攕揳呪齲，璧合珠聯，輝煌炳焕。自是之後，作賦者有所取裁矣，雅道庶可興哉！善乎王通氏之言曰：「詩者人之性情也。」性情安可無乎！夫世不能廢詩，又何可無賦，則《爾雅》《駢雅》當並傳天壤間，亦千古作者之林也。

《四庫全書提要》曰：此書皆刺取古書文句典奥者[九]，依《爾雅》體例，分章訓釋，自《釋詁》《釋訓》，以至蟲、魚、鳥、獸，凡二十篇。其說以爲聯二爲一，駢異爲同，故名曰《駢雅》。謀瑋淹通典籍，其《一齋書目》所載，往往爲諸家所未窺，故徵引詳博，頗具條理，非鄉塾陋儒捃拾殘賸者可比。中間如藻井乃屋上方井，刻爲藻文，《西京賦》注引《風俗通》訓義甚明，而謀瑋以爲刻扉之屬，改易舊文，殊爲未確。又謂都御史爲大司憲、詹事爲端尹，乃流俗之稱，亦乏典據。至如《釋天》内之歲陽月名，《釋地》内之五邱四荒、太平太蒙、丹穴空桐之類，皆《爾雅》所已具，更爲複引，尤病冗蕪。然奇文僻字，搜輯良多，擷其膏腴，於詞章要不爲無補也。

羅氏日褧雅餘

《明志》八卷

未見

張氏萱彙雅

《明志》二十卷

存

《廣東通志》曰：張萱博羅人，郎中。

萱自題曰：余爲《字觿》，計非十年不敢出，然一出當令古今字書皆廢。

盧文弨書後曰：考《明史·藝文志》此書尚有後編，今此特前編耳。有「吴郡趙頤光家經籍」八字印，頤光即宧光，字凡夫，乃著《説文長箋》者，此書有硃墨字，皆其筆也。末復篆十二字「己酉三月二十二下春天階館」，閲書刻於明神廟之三十四年歲在乙巳，己酉即其後四年耳。萱好大言，其題辭云：「余爲《字觿》，計非十年不敢出，然一出當令古今字書皆廢。」凡夫題其上云：「果可廢，則吾事亦廢矣。」快哉快哉，其然豈其然！案，凡夫之爲《長箋》，亦自矜詡，而顧寧人頗抉摘其紕謬，古人所以有目睫之論也。通篇俱有句讀標識，則本朝康熙辛酉歲常熟許玉森所加也，有數字識卷末。

張氏萱彙雅後編

《明志》二十卷《四庫全書目》作《續編》二十八卷

存

萱自序曰：余既爲《彙雅編》二十卷行於世，而陸佃《埤雅》、羅願《爾雅翼》與前編體裁不同，故復合陸羅二《雅》爲此，復采摭其所遺者，葺而補之，自爲一篇，以綴二公各篇之後。

《四庫全書提要》曰：萱字孟奇，博羅人，萬曆壬午舉人，由中書舍人官至户部郎中。此書每篇皆列《爾雅》，次以《小爾雅》〔一〇〕《廣雅》《方言》之屬，下載注疏，附以萱所自釋，亦頗有發明。然如《釋詁》「肅延誘薦餤晉寅藎，進也」郭注「寅未詳」，萱於他注義未詳者，無所證據，而「晉之爲進」，人皆解者，乃反詳之，殊失體要。又若《釋詁》「祪，祖也」，萱釋之曰「祪遠祖也，親在高曾之上危矣」，此義尤爲未安。蓋明人不尚確據，而好作新論，其流弊往往如此也。《續編》

二十八卷，則皆割裂陸佃《埤雅》、羅願《爾雅翼》合爲一集，每條以佃、願之名别之，惟第一卷「説鳳」一門有一條，題「張萱曰」，爲所自釋耳。蓋未成之本，後人不察而誤刊之。陸氏羅氏原書具在，亦安用此鈔胥爲哉，是尤畫蛇之足矣。

方氏以智 通雅

《千頃堂書目》五十二卷

存

《江南通志》曰：方以智字密之，桐城人。明崇禎庚辰進士，官翰林檢討，晚遊方外，旅病萬安，臨終猶與弟子講業論道不輟。生平博極羣書，所著有《周易圖》《烹雪録》等書凡數十種。

以智自序曰：函雅故，通古今，此鼓篋之必有事也。不安其藝，不能樂業，不通古今，何以協藝相傳，詎曰訓詁小學可弁髦乎！理其理，事其事，時其時，開而當名辨物，未有離乎聲音文字，而可舉以正告者也。《爾雅》之始於《釋詁》，而統當名物也，十三經從之博而約哉！自篆而楷也，聲而韻也，義而釋也。《三蒼》《五雅》，注疏字説，金石古文，日以犂然。匿庸嗜奇，一襲一臆，兩皆不免，洽加辯駁，愈成紕繆。學者紛拏〔一一〕，何所適從？今以經史爲槩，遍覽所及輒爲要，删古今聚訟爲徵，考而決之，期於通達，免徇拘鄙之誤，又免爲奇僻所惑。不揣愚瑣，名曰《通雅》。雖挂一漏萬，然從今以往，各出所核，歲月甚長，備物致用，采獲省力，諒亦汲古者所樂游之苑囿也。辛巳夏日。

又曰：學惟古訓，博乃能約，當其博即有約者通之，博學不能觀古今之通，又不能疑焉，貴書簏乎？古有博於文畫者，博於象數者、典制者、箋注者、詞章者、名物者、隱怪者。經史既别，各有專家，小學原流，忽爲細故，上下古今數千年，文字屢變，音亦屢變，學者相沿，不考所稱，音義傳訛而已。上古眇矣，漢承秦焚儒以臆決，至鄭許輩起，似爲犂然，後世因以爲典故，聞道者自立門庭，糟魄文字，不復及此。其能曼詞者，又以其一得管見，洸洋自恣，逃之虚空，何便於此？考究根極之士，乃錯錯然元本，不已苦乎？摭實之病，固自不一，屬書贍給，但取漁獵，訓故專己，多半傅會，其以博自詡者，造異志怪，學子横年且不逮，豈許差肩曼倩茂先間乎？反不若君道、致能《草木狀》《虞衡志》，爲足佐景純、元恪，有裨多識矣。宋之編考，夾漈頗有所見，馬章次之，伯厚次之。金石則比輯於歐趙呂王，而原父、子固、彦遠、長睿辯考爲力。朱子每慕六一，而於存中、泰之雜説，亦無不留心也。洪武初，劉宋之根極，瓊山、荊川之編彙，潛谷、本清之圖纂，皆冒大略，少有是正。子元、仁寶瑣記之，陸文裕於文定，時有一端，京山若有所窺矣。支與流裔，未委悉也。李大泌、阮霧靈可謂强記，李屬方子謙補《韻會》，其疏略猶之直翁，無大發明也。新都最博，而苟取僻異，實未會通。張東莞學新都，竊取尤多，嶺南之九成子行也〔一二〕。以澹園有功新都，而晦伯、元美、元瑞駁之不遺餘力。以今論之，當駁者多不能駁，駁又不盡當。然因前人備列以貽後人，因以起疑，因以旁徵，其功豈可没哉！今日之合而辯正也，固諸公之所望也。壬午夏又記。

姚文爕序曰：《詩》有四始，《雅》居其二，周公詁詩，爰作《爾雅》。太史公考黄帝以來之書，擇其言尤雅馴者，著爲《史記》。雅之於文尚已，傳記宣聖雅言，注稱恒言，然則言非聖人所恒言，即謂之不經，語之俚語。語之近於俚者，聖人絶口不道可知也。吾嘗疑上古無俚語，上古之俚語皆雅言也。有如殷之《盤庚》諸誥，諄諄訓民遷都，此即今之曉諭耳。其文詰曲聱牙，後世博士家窮年呫嗶，尚未盡通其義。當時閭巷編氓，何以一見而即曉然於上指也，則《般庚》之文句，後世以爲艱奥，必當時所爲淺近通俗者矣。司馬長卿作賦，奇麗沈博，讀者倉卒不知其意思所在，吾不知武帝誦之，何以飄飄有凌雲意也。大抵漢去古未遠，其發言蘊籍之深、字句之奥，風尚以然，上至人主，下逮細民，皆習之以爲邇談，是故一聞即悟。所謂古人之俗語，即雅言是也。後世風氣淺薄，文字隨之，方言里諺漸染，即久習而便之，而於典謨載籍之文，少所見多所怪，反視爲古文奇字，非訓詁不通。俗學日深，雅道日蕪，可勝歎哉！吾鄉方密之先生天資絶世，讀書十行俱下，又好學覃思，自童迄白首，手不釋卷，每有所得，輒登諸油素。聞之西頑道人曰：自先生未通籍，即有《通雅》一書，書成三十餘年矣。凡天人經制之學，無所不該，其大指尤在乎辨點畫、審音義，因而考方域之異同，訂古今之疑譌。有畫具而音訛，有音存而字謬，有一字而各音不等，有一音而數義以分，引據古今，旁稽謡俗，博而通之。總之，不離乎雅者近是。先生生平著作等身，今一旦盡棄之而講出世之學，豈欲復以故紙問世乎？然此三十年之心力，所以嘉惠後學無窮，雖先生之土苴，實後學之津梁也。爰鬮資付梓，用公海内，讀是書者儻能探賾以觀其通，矯俗以歸諸雅，即文章風氣，古道復興，則先生之功當不在禹下矣。康熙丙午夏日。

錢澄之序曰：往予與愚道人同學時，竊見其帳中恒有秘書，不以示人，間掩而遽閲之，則其所手鈔成帙者也，凡生平父師所詁，目所涉獵，苟有可紀者，無不悉載。即一字之疑、一音之訛、一畫之舛，亦必詳稽博考，以求其至。是人言道人平生手不釋卷，搦管處指爲之胝，要其三十年心血，盡在此一書矣。書成，名曰《通雅》，猶之鄭樵之爲《通志》，馬端臨之爲《通考》，以言乎無所不該也。予嘗謂道人曰：「吾人讀書，觀大義而已，若夫研陰陽之理，窮天人之故，考政事之得失，辯學術之異同，以及古今制度之異宜，中外風土之殊俗，如子所載者，吾以盡心焉。至於器數之末、詁釋之煩、點畫之細，世之有竄句博物之徒，子何以役志爲？」道人曰：「嘻，吾於此疑有夙習焉。吾小時即好爲之，吾與方伎游，即欲通其藝也，遇物欲知其名也，物理無可疑者吾疑之，而必欲深求其故也。以至於頽墻敗壁之上有一字焉，吾未之經見，則必詳其音義，考其原本，既悉矣而後釋然於吾心。故吾三十年間，吾目之所觸、耳之所感，無不足以恣其探索而供其載記。吾蓋樂此而不知疲也。」今道人既出世矣，然猶不肯廢書，獨其所著書好作禪語，而會通以《莊》《易》之旨，學者驟讀之，多不可解，而道人直欲以之導世。若所謂《通雅》，已故紙視之矣。姚子曰：《通雅》者，道人今日之唾棄，而昔日之必藏也。既久祕而不章，今又棄焉，將此三十年心血付之流水乎？且大下聞道人之風，而欲學其學者甚衆，今不以此書示人，而徒使惘惘慰瞀於不可解之書，豈其導世之本意乎？吾梓焉，夫藐姑射之神人，其塵垢糠粃，猶將陶鑄堯舜，兹集固道人之糠粃乎？而姚子樂得而傳之，吾知其所陶鑄者廣矣。

全祖望《經史問答》曰：問：陶山存齋，其於《爾雅》爲巨子，近世浮山堂《通雅》以視二先生，不知何如？答曰：藥地不能審别僞書，故所引多無稽，且其《通雅》門例，亦非接二家之派者。

《四庫全書提要》曰：是書皆考證名物、象數、訓詁、音聲。首三卷，分五子目，曰音義雜論，曰讀書類略，曰小學大略，曰詩説，曰文章薪火，皆不入卷數。書中分四十四門：曰疑始，專論古篆古音，凡二卷。曰釋詁，分綴集、古雋、謰語、重言四子目，凡七卷。曰天文，分釋天、曆測、陰陽、月令、農時五子目，凡二卷。曰地輿，分方域、水注、地名異音、九州建都者、釋地五子目，凡五卷。曰身體，曰稱謂，各一卷。曰姓名，分姓氏、人名、同姓名、鬼神四子目，凡二卷。曰官制，分仕進、爵禄、文職、武職、兵政五子目，凡四卷。曰事制，分田賦、貨賄、刑法三子目，凡二卷。曰禮儀，曰樂曲、樂舞，附以樂器，共三卷。曰器用，分書札、碑帖、金石、書法、裝潢、紙筆墨研、印章、古器、雜器、鹵薄、戎器、車類，戲具十三子目，凡五卷。曰衣服，分綵服、佩飾、布帛、彩色四子目，凡二卷。曰宮室，曰飲食，曰算數，各一卷。曰植物，分草、竹葦、木、穀蔬四子目，凡三卷。曰動物，分鳥、獸、蟲三子目，凡三卷。曰金石，曰諺原，曰切韻聲原，曰脈考，曰古方解，各一卷。明之中葉，以博洽著者稱楊慎，而陳耀文起而與争，然慎好僞説以售欺，耀文好蔓引以求勝。次則焦竑，亦喜考證，而習與李贄游，動輒牽綴佛書，傷於蕪雜。惟以智崛起崇禎中，考據精核，迥出其上。風氣既開，國初顧炎武、閻若璩、朱彝尊等沿波而起，始一掃懸揣之空談。雖其中千慮一失，或所不免，而窮原遡委，詞必有徵，在明代考證家中，可謂卓然獨立矣。

胡虔《校通雅與張君書》曰：大著《通雅刊誤補遺》，以舊稿訂正今本，詳密周至，用力甚勤。吾鄉文學之派，肇自齊蓉川，而方氏最盛，本菴先生先孝子公高第弟子也，以講學世其家。至密之先生，其學益閎通淹疋，明代以博洽稱者，若楊升菴、焦弱侯，皆不逮先生遠甚。先生之辨證皆義也，曰：「是正古文，必兼他證乃明。」又曰：「駁定前人，必不敢以無證妄説。」先生之論學如是，是足以救憑私臆决之失，與閻顧諸君導學者以廣路矣。《通雅》於天人萬物之故，無不包備，僕少時即喜誦之，顧書中所稱引，不盡載書名，援舉古人，其字號官地隨處異稱，不盡載名姓，讀者往往瞀惑。僕嘗以所知者疏釋於旁，歲久漸多，將作疏證一書，附《通雅》以行，然奔走四方，心力未能暇也。先生爲先妣孺人之曾祖，則考訂是書，實僕之責，獨不知終能有成否耳。書中誤字，亦嘗略校之，尊著同者不録，其異者凡三百餘事，條具左方。

唐氏達 爾雅補

《經義考》

未見

王氏言 連文釋義

《四庫全書目》一卷

存

《四庫全書提要》曰：言字慎旃，仁和人。是編凡二字連文及一文而兼兩義、與兩字各爲一義者，均分别訓釋，釐爲十門。詞頗淺近，蓋爲課蒙而作，視方以智《通雅》所載，相去遠矣。

吴氏玉搢别雅

《四庫全書目》五卷

存

王家賁序曰：吾友吴山夫集經籍史傳中字形錯互、音義各別、疑於傳譌承謬者，會萃而訂之，因爲推闡義類，各疏其所以通同轉假之故，皆有徵據，名《別字》五卷，洵六經子史之津逮也。予以其體似《爾雅》釋訓釋詁，因爲易其名曰《別雅》。夫六書之作，點畫聲音，悉有妙理。昌黎云：「凡爲文辭，宜略識字。」予謂字有原委，原不清，則魚虎同訛，烏焉不別，其弊瞽。委不晰，則專己守殘，少見多怪，其弊陋。字之原，若《三蒼》《爾雅》《説文》《字林》諸書，可得其大端矣。欲竟其委，則古無成書，間見於釋文、注疏及諸字書、韻書中者，率略而不詳，或直云古今通用，而不明言其故。讀者亦復不求甚解，相與胡盧鶻突而已，宜其轉喉多戾，移步即躓也。山夫於古今篆籀分隸諸體，窮年考校，其所著《六經部叙考》及《正字通》，正苗薅髮櫛，若金科玉律，一點一畫，斷然不可移易。而此書則又大開通同轉假之門，泛濫浩博，幾疑天下無字不可通用，而實則蛛絲馬跡，原原本本，具在古書，學者特未肯究心及此耳。昔周公作《爾雅》，爲解經之管籥，繼此有《小爾雅》《逸雅》《廣雅》《埤雅》，讀者與《爾雅》並稱爲《五雅》，然皆經史中正體，非獨詳於別字者。山夫《別雅》出，可增五爲六，極轉假通同之變矣。顧予恐索解人不易得也。夫嗜奇之士蒐索怪字，綴緝成文章，鈎句棘橋，盡天下之舌而不學，無識弄麞伏獵之輩，且藉是書爲口實，謂天下無不可通之字，則又作者所大懼也。太史公謂書闕有間，其軼乃時時見於他説，非好學深思，心知其意，不可爲淺見寡聞者道。讀是書者，以之疏瀹靈府，廣其見聞，俾得通知古今文字分合同異之由，六經子史不必音釋箋注，無不了然於心口之間，則是山夫所厚望於吾黨耳。予因述之，以弁於其書之首。

《四庫全書提要》曰：吴玉搢字山夫，山陽人，廩貢生，官鳳陽府訓導[一三]。是書取字體之假借通用者，依韻編之，各注所出而爲之辨證，於考古深爲有功。惟是古人用字有同聲假借，有轉音變異，有別體重文、同聲轉音，均宜入之此書。至於「𨙸」「酆」一作「歧」「豐」之類，則「𨙸」乃「岐」之本字，《説文》明云「𨙸，一作岐」，實屬重文，偶然別體。《説文》《玉篇》以後，累千盈百，何可勝收，未免自亂其例。又徵引雖博，而挂漏亦夥。即以開卷東冬二韻覈之，若《大戴禮》「一室而有四户八牕」，「牕」即「窗」。《楚辭·九歎》

「登逄龍而下隕兮」，注古本「逄」作「蓬」。《荀子·榮辱》篇引詩「下國駿蒙」，注「今詩作駿厖」。《莊子·盜跖》篇「士皆蓬頭突鬢」，注「蓬本作鏠」。《吳越春秋·吳王壽夢傳》「史公子蓋餘燭傭」，注「《左傳》傭作庸」。《史記·秦始皇本紀》「秦王爲人蜂準」，徐廣曰「蜂」一作「隆」。《龜策傳》「雄渠蠭門」，注「《新序》有熊渠子」。《漢書·古今人表》「鬼臾區」，師古注云「即鬼容區」。「陳豐」，師古注云「即陳鋒」。《衛青傳》「青至籠城」，師古注云「籠讀爲龍」。皆目前習見者，乃佚而不載，則推之《儀禮》之古文，《周禮》之故書，及漢人箋注某讀作某之類，一一考之，所漏多矣。然就所徵引，足以通古籍之異同，疏後學之疑滯，猶可以考見漢魏以前聲音文字之概，是固小學之資糧、藝林之津筏，非俗儒剽竊之書所能仿佛也。

小學考卷六終

校記

〔一〕議：原作「義」，據王愼中《遵巖集》卷二〇《讀埤雅》改。

〔二〕《四庫全書總目》卷一四四載《埤雅廣要》提要云：「《埤雅廣要》二十卷，明牛衷撰。衷里貫未詳，官蜀府護衛千户。蜀王以陸佃《埤雅》未爲盡善，令衷補正爲此書。然佃雖以引用王安石《字説》爲陳振孫等所譏，而其博奥之處，要不可廢。衷所補龐雜餖飣，殆不成文，甚至字謎小説，雜然並載，爲薦紳之所難言，乃輕詆佃書，殊不知量。今退而列於小説家，俾以類從。」案：《埤雅廣要》有萬曆三十八年孫弘範刻本，作「四十二卷」，收入續修四庫全書。

〔三〕右丞：原作「佐丞」，據《宋史》卷三四三《陸佃傳》改。

〔四〕《宋史》卷二〇二《藝文志》一、《千頃堂書目》卷一一均著録作「程端蒙《小學訓》一卷」。《文獻通考》卷一九〇《經籍考》一七亦作《小學字訓》，無卷次。

〔五〕據《新安文獻志》卷七〇汪師泰《胡玉齋方平傳》，沈毅齋即沈貴瑶，元代鄱陽人。

〔六〕之知：原作「知之」，據《新安文獻志》卷二三載程元鳳《題增廣字訓》乙。

〔七〕《宋史》卷四三八《王柏傳》載，王柏著述有《大爾雅》，無卷次。

〔八〕慨然：原作「既然」，據《新安文獻志》卷七六《朱學士升傳》改。

〔九〕刺取：原作「制取」，據《四庫全書總目》卷四〇《駢雅》提要改。

〔一〇〕小爾雅：原脱「雅」字，據《四庫全書總目》卷四三《彙雅》提要補。

〔一一〕紛拏：原作「紛拿」，據方以智《通雅自序》改。案：光緒刊本已是正。

〔一二〕嶺南：原作「領南」，據右引改。

〔一三〕鳳陽府：《四庫全書總目》卷四〇《别雅》提要作「鳳陽縣」。

小學考卷七

訓詁五

楚晉事名

三篇，見《晉書》

佚

《晉書·束皙傳》曰：太康二年，汲郡人不準盜發魏襄王墓，或言安釐王冢，得竹書數十車。其言楚晉事名三篇，似《禮記》，又似《爾雅》。

揚氏雄 方言

《隋志》十三卷

存

《崇文總目》曰：漢揚雄子雲撰，晉郭璞注。今世所傳文或繆缺，與先儒所引時有差云。

晁公武《讀書志》曰：雄齎素油，問上計孝廉異語，悉集之，題其首曰《輶軒使者絶代語釋别國方言》。予傳本於蜀中，後用國子監刊行本校之，多所是正。其疑者兩存之，然監本以「秋」爲「侯」，以「叜」爲「更」，引傳「餬其口於四方」作「餬予口」，未必盡得也。

陳振孫《書録解題》曰：首題《輶軒使者絶代語》，末載《答劉歆書》，具詳著書本末。其略云：天下上計孝廉及内郡衛卒會者，常抱三寸弱翰，齎素油四尺，以問其異語，歸即以鉛摘次之於槧。葛洪《西京雜記》言子雲好事，常懷鉛提槧，從諸計吏，訪殊方絶域之語。蓋本雄書所云也。

洪邁《容齋隨筆》曰：今世所傳揚子雲《輶軒使者絶域語釋别國方言》，凡十三卷，郭璞序而解之。其末又有漢成帝時劉子駿與雄書，從取《方言》，及雄答書。以予考之，殆非也。雄自序所爲文，《漢史》本傳但云：「經莫大於《易》，故作《太玄》；傳莫大於《論語》，作《法言》；史篇莫善於《倉頡》，作《訓纂》；箴莫善於《虞箴》，作《州箴》；賦莫深於《離騷》，反而廣之；辭莫麗於相如，作四賦。」雄平生所爲文，盡於是矣，初無所謂《方言》。《漢·藝文志》小學有《訓纂》一篇，儒家有雄所序三十八篇，注云《太玄》十九、《法言》十三、《樂》四、《箴》二，雜賦有雄賦十二篇，亦不載《方言》。觀其《答劉子駿書》稱蜀人嚴君平，按君平本姓莊，漢顯宗諱莊，改曰嚴。《法言》所稱「蜀莊沈冥」，「蜀莊之才之珍」，「吾珍莊也」，皆本字，何獨至此書而曰「嚴」？又子駿只從之求書，而答曰「必欲脅之以威，陵之以武，則縊死以從命也」，何至是哉！既云成帝時子駿與雄書，而其中乃云孝成皇帝，反覆牴牾。又書稱汝潁之間，先漢人無此語也，必漢魏之際好事者爲之云。

王楙《野客叢書》曰：《漢書·揚雄傳》：孝成帝時客有薦雄文似相如者，上方郊祠甘泉，召雄待詔承明之庭。正月奏《甘泉賦》。僕考《方言》雄答劉歆書曰：雄始草文，先作《縣邸銘》《王佴頌》《階闥銘》及《成都城四堣銘》。蜀人有揚莊者，爲朗誦之於成帝，成帝好之，以爲似相如，遂以此得外見。乃知客者揚莊薦雄文者《縣邸銘》等，以爲似相如者，帝鶩之語，非客所薦之詞。乃《方言序》云：雄爲郎一歲，作《繡補》《靈節》《龍骨》之銘詩三章。及天下上計孝廉，雄問異語，記十五卷，積二十七年。漢成帝時劉子駿與雄書，從取《方言》，僕以歆雄二書與傳考之，取《方言》乃哀帝，非帝鶩也，不然歆書何以稱帝鶩謚〔一〕，何以言先君云云，雄書何以及《太玄》經邪？

郭氏璞方言注

十三卷

存

《晉書·郭璞傳》曰：璞好古文奇字，注釋《爾雅》，别爲《音義》《圖譜》，又注《三倉》《方言》，皆傳於世。

璞自序曰：蓋聞《方言》之作，出乎輶軒之使，所以巡遊萬國，采覽異言，車軌之所交，人迹之所蹈，靡不畢載，以爲奏籍。周秦之季，其業隳廢，莫有存者。暨乎揚生，沈淡其志，歷載構綴，乃就斯文。是以三五之篇著，而獨鑒之功顯，故可不出户庭而坐照四表，不勞疇咨而物來能名。考九服之逸言，摽六代之絶語，類離詞之指韻，明乖途而同致，辨章風謡而區分，曲通萬殊而不雜，真洽見之奇書，不刊之硯記也。余少玩雅訓，旁味方言，復爲之解，觸事廣之，演其未及，摘其謬漏。庶以燕石之珍，補琬琰之瑕，俾後之瞻涉者，可以廣寤多聞爾。

李孟傳後序曰：西漢氏古書之全者，如《鹽鐵論》、揚子雲《方言》，其存蓋無幾。《鹽鐵論》前輩每恨其文章不稱漢氏，惟《方言》之書最奇古。孟傳頃聞之，曾文清公嘗以三詩答呂治先，有云：「傷心昨夜杯中物，不對王郎對影斟。」紫微呂居仁次韻云：「書來肯際銅魚使，記我今年病不斟。」自注云：「出子雲《方言》。」今所在鏤板，輒誤作「病不禁」。此書世所有，而無與是正，知好之者少也。山谷詩云「追隨富貴勞牽尾」，乃用《太玄》經語。紹興初，胡少汲、洪玉父、李文若諸人校黄詩，刊本乃誤作「榮牽」，自此他本遂承誤。「鬱蒼蒼」三字，文人多愛之，亦或鮮記其出於《太玄》。大抵子雲精於小學，且多見先秦古書，故《方言》多識奇字，《太玄》多有奇語，然其用之亦各有宜。子雲諸賦多古字，至《法言》《劇秦》，所用則無幾。古人文章蓋莫不然，《西漢》一書，唯相如子雲等諸賦，韓退之文，唯曹成王碑，柳子厚自《騷詞》《晉問》等，他皆不用古字。本朝歐文忠、王荆公、蘇長公、曾南豐諸宗工文章，照映今古，亦不多用古字，非以謂古文奇字聲形之學，雖在所當講，而文律之妙，則不耑在是。若有意用之，或反累正氣也邪？學者要知所以用之當其可，則盡善耳。今《方言》自閩本外不多見，每惜其未廣。予來官尋陽，有以大字本見示者，因刊置郡齋，而附以所聞一二，蓋惜前輩之言久或不傳也。慶元庚申仲春。

按：孟傳字文授，會稽上虞人。父光，謚莊簡。父子皆宋名臣，《宋史》有傳，而孟傳有兩傳，一見卷三百六十三，一見卷四百一，前略後詳，訛作孟傅〔一〕。又按王應麟《困學記聞》云：《方言》「斟，益也」，凡病少愈而加劇，謂之「不斟」。呂居仁答曾吉父詩「記我今年病不斟」蓋用此〔二〕，而不知者改爲「不禁」，與孟傳叙所言同。

朱質跋曰：漢儒訓詁之學惟謹，而揚子雲尤爲洽聞，蓋一物不知，君子所耻，博學詳説，將以反約。凡其辨名物，析度數，研精覃思，毫釐必計，下而五方之音、殊俗之語，莫不推尋其故，而旁通其義，非徒猥瑣拘泥而爲是，弗憚煩也。世之學者，忽近而慕遠，舍實而徇名，高談性命，過自賢聖，視訓詁諸書，往往束之高閣，蓋亦思夫《周官》太平之典，其道甚大，百物不廢，雖醫卜方技，纖悉畢載。聖門學詩，不獨取其可興可觀，可羣可怨，而鳥獸草木之名，亦貴多識，本末精粗，並行而不相悖。故漢儒尊經重古、純慤有守之風，類非後人所能企及。子雲博極羣書，於小學奇字無不通，且遠采諸國以爲《方言》，誠足備《爾雅》之遺聞，平時所以用力於此深矣。世之好之者蓋鮮，前太守尚書郎李公一日語余，苦無善本，質偶得諸相識，字畫落落可觀，因以告而鋟之木，輒並附管見云。慶元庚申重午日。

錢曾《敏求記》曰：《方言》十三卷，從宋本手影舊鈔也。二卷中「吳有館娃之宮，秦有榛娥之臺」，俗本脱去「秦有」二字，馮已蒼嘗笑曰：「並榛娥而吳之矣。」劉子駿從子雲取《方言》入籙，貢之縣官，子雲答書：「君必欲脅之以威，陵之以武，則縊死以從命。」古人務重著述如此，千載而下，猶爲穆然起敬也。

《四庫全書提要》曰：舊本題漢揚雄撰，晉郭璞注。考《晉書・郭璞傳》有注《方言》之文，而《漢書・揚雄傳》備列所著之書，不及《方言》一字，《藝文志》亦惟小學有雄《訓纂》一篇，儒家有雄所序三十八篇，注云《太玄》十九、《法言》十三、《樂》四、《箴》二，雜賦有雄賦十二篇，皆無《方言》。東漢一百九十年中，亦無稱雄作《方言》者，至漢末應劭《風俗通義序》，始稱周秦常以歲八月遣輶軒之使，求異代方言，還奏籍之，藏於秘室。及嬴氏之亡，遺棄脱漏，無見之者。蜀人嚴君平有千餘言，林閭翁孺才有梗概之法，揚雄好之，天下孝廉衛卒交會，周章質問，以次注續，二十七年爾乃治正，凡九千字。又劭注《漢書》，亦引揚雄《方言》一條。是稱雄作《方言》，實自劭始。魏晉以後諸儒，傳相沿述，皆無異詞。惟宋洪邁《容齋隨筆》始考證《漢書》，斷非雄作。然邁所摘劉歆與雄往返書中既稱在成帝時，不應稱孝成皇帝一條，及東漢明帝始諱莊，不應西漢之末即稱莊遵爲嚴君平一條，則未深中其要領。考書首「成帝時」云云，乃後人題下標注之文，傳寫舛譌，致與書連爲一，實非歆之本詞，文義尚釐然可辨。書中載楊莊之名，不作嚴字，實未嘗預爲明帝諱。其嚴君平字，或後人傳寫追改，亦未可知。皆不足斷是書之僞。惟後漢許慎《説文解字》多引雄説，而其文皆不見於《方言》。又慎所注字義與今《方言》相同者不一而足，而皆不標揚雄《方言》字，知當慎之時，此書尚不名《方言》，亦尚不以《方言》爲雄作，故馬鄭諸儒，未嘗稱述。至東漢之末，應劭始有是説。魏孫炎注《爾雅》「莫貈螳蜋蛑」字[四]，晉杜預注《左傳》「授師孑焉」句，始遞相徵引。沿及東晉郭璞，遂注其書。後儒稱揚雄《方言》，蓋由於是。然劭序亦稱《方言》九千字，而今本乃一萬一千九百餘字，則字數較原本幾溢三千。雄與劉歆往返書，皆稱《方言》十五卷，郭璞序稱「三五之篇」，而《隋志》《唐志》乃並載揚雄《方言》十三卷，與今本同，則卷數較原本闕其二，均爲牴牾不合。考雄答歆書稱「語言或交錯相反[五]，方復論思，詳悉集之，如可寬假延期，必不敢有愛」云云，疑雄本有此未成之書，歆借觀而未得，故《七略》不載，《漢志》亦不著録。後或侯芭之流收其殘稿，私相傳述，閲時既久，不免於輾轉附益，如徐鉉之增《説文》，故字多於前。厥後傳其學者[六]，以《漢志》無《方言》之名，恐滋疑竇〔七〕，而小學家有《别字》十三篇，不著撰人名氏，可以假借影附，證其實出於雄，遂併爲一十三卷，以就其數，故卷減於昔歟。反覆推求其真僞，皆無顯據，姑從舊本，仍題雄名，亦疑以傳疑之義也。雄及劉歆二書，據李善《文選》注引「懸諸日月不刊之書」句，已稱《方言》，則自隋唐以來，原附卷末，今亦仍之。其書世有刊本，然文字古奥，訓義深隱，校讎者猝不易詳，故斷爛譌脱，幾不可讀。錢曾《讀書敏求記》嘗據宋槧駁正其誤，然曾家宋槧，今亦不傳，惟《永樂大典》所收，猶爲完善，檢其中「秦有㯓娥之臺」一條，與錢曾所舉相符，知即從宋本録入。今取與近本相校，始知明人妄行改竄，顛倒錯落，全失其初，不止錢曾所舉之一處。是書雖存而實亡，不可不亟爲釐正。謹參互考訂，凡改正二百八十一字，删衍文十七字，補脱文二十七字，神明焕然，頓還舊觀。並逐條援引諸書，一一疏通證明，具列案語，庶小學訓詁之傳，尚可以具見崖略，併以糾坊刻之謬，俾無迷誤後來。舊本題曰《輶軒使者絶代語釋别國方言》，其文冗贅，故諸家援引及史志著録，皆省文謂之《方言》，《舊唐書·經籍志》則謂之《别國方言》，實即一書。又《容齋隨筆》稱此書爲《輶軒使者絶域語釋别國方言》，以「代」爲「域」，其文獨異，然諸本並作「絶代」，書中所載，亦無絶域重譯之語，洪邁所云，蓋偶然誤記，今不取其説焉。

吴氏良輔 方言釋音

《通志》一卷

佚

陳氏與郊 方言類聚

《四庫全書目》四卷

存

《浙江采集書録》曰：《方言類聚》四卷，明陳與郊編。取子雲原本郭璞所注者，復爲類次而增釋之，凡十六門。

《四庫全書提要》曰：是編取揚雄原本，依《爾雅》篇目，分爲釋詁、釋言等十六門，别爲編次，使以類相聚。如原本第三卷「氓，民也」至「根，隨也」數語，則移入卷首爲釋詁。其原本卷首「黨，曉也」兩節，則列爲釋言，反載於「敦豐龐夻」一節之後。郭璞原注則總附每節後，低一格以别之。間有雙行夾注，爲與郊所考訂者，僅略及音切字畫之異同而已。

戴氏震 方言疏證

十三卷

存

震自序曰：案《輶軒使者絶代語釋别國方言》十三卷，漢揚雄撰，晉郭璞注。漢魏晉已來，凡引是書，但稱《方言》者，省文也。雄采集之意，詳見於答劉歆書。考雄爲言郎在成帝元延二年，時雄年四十三，《漢書》傳贊所謂「初雄年四十餘，自蜀來至游京師」是也。劉歆遺雄書求《方言》，則當王莽天鳳三四年間，未幾而雄卒，答書内所謂「二十七歲於今」，傳贊所謂「年七十一，天鳳五年卒」是也。答書有云「語言或交錯相反，方復論思，詳悉集之，如可寬假延期，必不敢有愛」，然則《方言》終屬雄未成之作，歆求之而不與，故不得入《録》。班固次《雄傳》及《藝文志》，不知其有此。至應劭集解《漢書》，始見徵引，稱揚雄《方言》，其《風俗通義序》又取答書中語，具詳本末，而云《方言》凡九千字。今計正文實萬一千九百餘字，豈劭所見，與郭璞所注傳本微有異同歟？歆遺雄書曰「屬聞子雲獨采集先代絶言，異國殊語，以爲十五卷」，雄答書稱「殊言十五卷」，郭璞序亦云「三五之篇」，而《隋·經籍志》「《方言》十三卷」，《舊唐書》作「《别國方言》十三卷」，其並十五爲十三，在璞注後、隋已前矣。許慎《説文解字》、張揖《廣雅》多本《方言》而自成著，不加所引用書名。四庫館校《方言序》有云「魏孫炎注《爾雅》「莫貈螳螂蛑」字引《方言》。按叔然於《釋詁》「耇老，壽也」下引《方言》云「燕代北鄙謂耇爲梨」。《釋言》「覭，姡也」下引《方言》云「楚鄭或謂狡獪爲姡」。《釋器》「金鏃翦羽謂之鍭」下引《方言》云「關西曰箭，江淮謂之鍭」。《釋蟲》「蚻蜻蜻」下引《方言》云「鳲鳩鴶鵴」下引《方言》云「鳲鳩，自關而東謂之戴勝」。「舒鴈鵝」下引《方言》云「江東呼爲䮂鵝也」。引書名可考者，於郭注前共得六事。《魏書·江式傳》：式上表曰：「臣六世祖瓊往晉之初，與從父兄應元俱受學於衛覬古篆之法、《倉》《雅》《方言》《説文》之誼，當時並收善譽，數世傳習斯業，所以不墜。」杜預注《左傳》「授師孑焉」，曰：揚雄《方言》「孑者戟也」。孔穎達疏云：「揚雄以《爾雅》釋古今之語，作書擬之，采異方之語，謂之《方言》。」蓋是書漢末晉初乃盛行，故應劭舉以爲言，而杜預以釋經，江瓊世傳其學，以至於式，他如吴薛綜述《二京解》，晉張載劉逵注《三都賦》，晉灼注《漢書》，張湛注《列子》，宋裴松之注《三國志》，其子駰注《史記》〔八〕，及隋曹憲，唐陸德明、孔穎達、長孫訥言、李善、徐堅、楊倞之倫，《方言》及注幾備見援摭。其後獨洪邁疑之，謂雄所爲文盡見於自序及《漢志》，初無所謂《方言》，則並傳贊内自序二字結上所録《法言》自序者未之審。又未考雄之文，如《諫不受單于朝書》、《趙充國頌》、《元后誄》等篇，溢於《雄傳》及《藝文志》外者甚多，而輕置訾議，豈應劭、杜預、晉灼及隋唐諸儒咸莫之考實邪？常璩《華陽國志》於林閭翁孺、楊莊並云「見揚子《方言》」。李善注《文選》引張伯松曰「是懸諸日月不刊之書也」，亦直稱「揚雄《方言》曰」可證。歆、雄遺答書附入《方言》卷末已久，宋元已來六書故訓不講，故鮮能知其精覈，加以譌舛相承，幾不可通。今從《永樂大典》内得善本，因廣搜羣籍之引用《方言》及注者，交互參訂，改正譌字二百八十一，補脱字二十七，删衍字十七，逐條詳證之，庶幾漢人故訓之學猶存，於是俾治經讀史、博涉古文詞者得以考焉。

盧氏文弨 校正方言

十三卷

存

盧文弨序曰：《方言》至今日而始有善本，則吾友休寧戴太史東原氏之爲也。義難通而有可通者通之，有可證明者臚而列之，正譌字二百八十一，補脱字二十七，删衍字十七，自宋以來諸刻，洵無出其右者。乾隆庚子，余自京師得交歸安丁孝廉小雅氏，始受其本讀之，小雅於此書采獲裨益之功最多，戴氏猶有不能盡載者，因出其鈔集衆家校本凡三四，細書密札，戢舂行間，或取名刺餘紙，反覆書之，其已聯綴者如百衲衣，其散庋書内者紛紛如落葉，勤亦至矣。以余爲尚能讀此書也，悉舉以畀余。余因以考戴氏之書，覺其當增正者尚有也。劉歆求《方言》入録，子雲不與，故《藝文志》無之，乃班氏於雄本傳舉其所著書，亦闕《方言》，世不能無疑。考常璩《華陽國志》載雄書，凡《太玄》《法言》《訓纂》《州箴》《反離騷》皆與傳同，而不及四賦，乃云「典莫正於《爾雅》，作《方言》」，此最爲明證。應劭而下，稱引日益多，而是書遂大著。其卷數則歆書中云十五卷，郭景純序亦云「三五之篇」，隋唐以下《志》皆云十三卷，並合與遺脱不可知，然定在郭注之後。《宋志》又云十四卷，當因劉歆書與雄答書尚附在簡末者，亦別爲卷而並數之也。雄識古文奇字，嘗作《訓纂篇》，今不傳，趙宋時書學生亦令習《方言》中字，其傳授必有自，如「**㝅𣫭苶𩠐傳𢠶**」之類，凡舊所傳本皆然，考之漢隸，亦有證據，正不必執《說文》之體以盡易之。又其中有錯簡兩條，亦尚有字當在上條之末，而誤置下條之首，及不當連而連者，有過信他書輒改本文音義，又有遺者、誤改者。余以管見，合之丁君校本，復改正百卄有餘條，具著其説，可覆案也。郭氏注《爾雅》三卷外，又有音一卷，則知此書之音，亦必不與注相襍廁，後人取便讀者，遂並合之。以郭音古雅難曉，又附益以近人所音，如《通志》載有吳良輔《方言釋音》一卷，此書當有捃摭及之者。余欲使注自爲注，仿劉昭注補《續漢志》之例，進郭注爲大字，而音則仍爲小字，雖未必即還景純之舊觀，然要使有辨焉爾，至集各家説及文昭之説上，又加圓圈以隔之。戴書已行世，故唯録其切要者。舊本又有云「字一作某」者，疑出於晁公武子止。案晁《讀書志》云：「予傳《方言》本於蜀中，後用國子監刊行本校之，多所是正，其疑者兩存之。」據斯言，則知爲晁氏所加無疑也。予嘉丁君之績，而惜其不登館閣，書成不得載名於簡末，世無知焉。又其所緝綜者紛綸參錯，不易整比，久之將就散失，不愈可惜乎，故以餘閒爲成就之如此。丁君名杰，今已成進士，待學博士闕於杭州，其學實不在戴太史下云。

魏氏濬 方言據

《四庫全書目》二卷

存

《湖北通志》曰：濬字蒼水，松溪人。萬曆甲辰進士，官至右僉都御史，巡撫湖廣。

《四庫全書提要》曰：是書乃紀四方言語之異，而求其可據者，凡二百餘條，多見考據。然其中亦有字出經史，本非方言，如「張口笑曰哆」，「頤下曰頦」，「足背曰跗」，「毛多曰氄」之類，小學諸書，義訓甚明，毋煩更爲索解。又如「畔牢」之與「畔愁」，「兒良」之爲「郎」，皆聲音之轉，亦非因方域而殊，乃一概闌入於《輶軒絶代語》，體例頗不類也。

杭氏世駿 續方言

《四庫全書目》二卷

存

《杭州府志》曰：世駿字大宗，仁和人。乾隆丙辰召試博學鴻詞，授翰林院檢討。

齊召南序曰：揚子雲采集先代絶言、異國殊辭，爲《方言》十五卷，示張伯松，伯松曰：「垂日月不刊之文也。」余友杭大宗采集注疏，旁及羣書，爲《續方言》四卷，余評之如伯松，大宗駭爲過當，余曰：不然，自書契既作，所謂垂日月不刊者，孰有過於聖人之經哉！《續方言》所載，皆三代時及漢以前語，士讀經者必知其説而後可通其義，是廣卜子《爾雅》，補許慎《説文》

也，殆附日月以不刊者耶〔九〕！子雲《方言》，雖亦古輶軒之使所有事，然惟一二附於經者，解經家必用之，非是類也，士固可束而不觀，較諸《太玄》，其爲覆瓿一耳，伯松贊以不刊，不亦諛乎！今夫聖人之經，則亦有所謂方言者矣，《書》有商盤、周誥，《詩》有十五《國風》，《禮》則名物器數，代各不同；《春秋》則名從主人，傳自爲說。然昆命元龜，六日不詹，終葵掉磬之解，伊緩矢台之稱，後世不得以方言目之，何也？聖人之經日月也，日月千古不變，其躔次隨時改移者，雖變猶不變也。後世分至日躔，不同《堯典》，而《堯典》之文不刊；昏旦中星不同《月令》，而《月令》之文不刊；日無頻食，閏不必在歲末，而《春秋》頻食閏月之文不刊。故凡附於經者皆不刊也。大宗以澹雅之材、沈鬱之志，鋭精於經，以其餘閒，把三寸弱毫，羣分類聚，使學者不待繙閱，而坐得漢以前謠俗語言之異，勤矣哉！

胡天游序曰：六經之言，天下誦焉而旨同，然徒究其義，未辨其類，勿爲能通。夫《爾雅》訓詁釋詩書異辭，子夏梁文，斤斤其間，儒者博聞善達多通，四方辭至而解，無所疑惑，何有荀卿、伏生謇吃於齊楚也。大宗治羣經，精師法，采當時之言，類方以從，肄昭、遏渠、惡池、於菟、死鼠不爲璞，聰明勿謞，誇雄鬬奇事小而功裕者乎。

《四庫全書提要》曰：是書采十三經注疏、《説文》《釋名》諸書，以補揚雄《方言》之遺。前後類次，一依《爾雅》但不明標其目耳，蒐羅古義，頗有裨於訓詁。惟是所引之書，既及王應麟《急就篇補注》，則宋以前書皆當詳采，今即耳目之前，顯然遺漏者，如《玉篇》引《倉頡篇》云「楚人呼竈曰寤」。《列子·黃帝》篇注引何承天《纂文》云「吴人呼瞬目爲眴目」。《韻會舉要》引李登《聲類》云「江南曰辣，中國曰辛」。《爾雅·釋草》《釋文》、宋庠《國語補音》引晉呂忱《字林》云「楚人名蔆曰芰」〔一〇〕。《初學記》及《太平御覽》引《纂文》云「梁州以豕爲豨，河南謂之彘，漁陽以豬爲豝，齊徐以小豬爲豯」〔一一〕。凡此諸條，皆六朝以前方言，正可以續揚雄所闕〔一二〕，而俱佚之，則以其引書過隘故也。又如書中引《説文》「秦晉聽而不聞，聞而不達謂之聹」，引《史記集解》「齊人謂之頯，汝南淮泗之間曰顔」諸條，本爲揚雄《方言》所有而複載，亦爲失檢。然大致引據典核，在近時小學家猶最有根柢者矣。

劉氏珍 釋名

三十篇，見《後漢書》

佚

《後漢書·文苑傳》曰：劉珍字秋孫，一名寶，南陽蔡陽人也。少好學，永初中爲謁者僕射，鄧太后詔使與校書劉騊駼、馬融及五經博士校定東觀五經、諸子傳記、百家藝術，整齊脱誤，是正文字。永寧元年，太后又詔珍與騊駼作《建武已來名臣傳》，遷侍中、越騎校尉。延光四年拜宗正，明年轉衛尉，卒官。著誄頌連珠凡七篇，又撰《釋名》三十篇，以辯萬物之稱號云。

劉氏熙釋名

《隋志》八卷

存

熙自序曰：熙以爲自古造化制器，立象有物以來，迄於近代，或典禮所制，或出自民庶，名號雅俗，各方名殊。聖人於時就而弗改，以成其器，著於既往，哲夫巧士以爲之名，故興於其用而不易其舊，所以崇易簡省事功也。夫名之於實，各有義類，百姓日稱而不知其所以然之意，故撰天地、陰陽、四時、邦國、都鄙、車服、喪紀，下及民庶應用之器，即物名以釋義，論叙指歸，謂之《釋名》，凡二十七篇。至於事類未能究備，凡所不載，亦欲智者以類求之。博物君子其於答難解惑，王父幼孫朝夕侍問以塞，可謂之士聊可省諸！

陳振孫《書録解題》曰：漢徵士北海劉熙成國撰。

《四庫全書提要》曰：其書二十篇，以同聲相諧，推論稱名辨物之意，中間頗傷於穿鑿，然可因以考見古音。又去古未遠[一三]，所釋器物，亦可因以推求古人制度之遺。如《楚辭·九歌》「薜荔拍兮蕙綢」，王逸注云「拍，搏壁也」，「搏壁」二字，今莫知爲何物，觀是書《釋牀帳》篇，乃知以席搏著壁上謂之搏辟。孔穎達《禮記正義》以深衣十二幅皆交裁謂之衽，是書《釋衣服》篇云「衽，襜也，在旁襜襜然也」，則與《玉藻》言衽當旁者可以互證。《釋兵》篇云「刀室曰削室，口之飾曰琫，下末之飾曰琕」，又足證《毛詩》詁訓傳之譌。其有資考證，不一而足。吴韋昭嘗作《辨釋名》一卷，糾熙之誤。其書不傳，然如《經典釋文》引其一條曰：「《釋名》云古者車音如居，所以居人也。今曰車，音尺遮反，舍也。」案《釋名》本作「古者曰車，聲如居[一四]。言行所以居人也。今曰車，車舍也，行者所處，若居舍也」。此蓋陸德明約舉其文，又取文義顯明，增入音尺遮反四字耳。韋昭云車古皆音尸奢反，後漢以來始有居音。案：《何彼穠矣》之詩以車韻華，《桃夭》之詩以華韻家。家古音姑，華古音敷，則車古音居，更無疑義，熙所説者不譌，昭之所辨，亦未必盡中其失也。別本或題曰《逸雅》，蓋明郎奎金取是書，與《爾雅》《小爾雅》《廣雅》《埤雅》合刻，名曰《五雅》，以四書皆有「雅」名，遂改題《逸雅》以從類，非其本目，今不從之。又《後漢書・劉珍傳》稱珍撰《釋名》三十篇，以辨萬物之稱號，其書名相同，姓又相同。鄭明選作《秕言》頗以爲疑。然歷代相傳，無引劉珍《釋名》者，則珍書久佚，不得以此書當之也。明選又稱此書爲二十七篇，與今本不合。明選萬曆中人，不應別見古本，殆一時失記，誤以二十爲二十七歟？

韋氏昭 辯釋名

《隋志》一卷

佚

《三國・吳志・韋曜傳》曰：曜字宏嗣，吳郡雲陽人也。少好學，能屬文，從丞相掾除西安令，還，爲尚書郎，遷太子中庶子，後爲黃門侍郎。孫亮即位，曜爲太史令，撰《吳書》，華覈、薛瑩等皆與參同。孫休踐阼，爲中書郎、博士祭酒，命曜依劉向故事，校定中書。孫皓即位，封高陵亭侯，遷中書僕射，職省，爲侍中，常領左國史。皓以爲不承用詔命，意不忠盡[一五]，遂積前後嫌忿，收曜付獄，是歲鳳皇二年也。曜因獄吏上辭曰：「囚荷恩見哀，無與爲比，曾無芒氂，有以上報，孤辱恩寵，自陷極罪。念當灰滅，長棄黃泉，愚情慺慺，竊有所懷，貪令上聞。因昔見世間有古曆注，其所紀載既多虛無[一六]，在書籍者亦復錯謬。因尋按傳記，考合異同，采摭耳目所及，以作《洞紀》，起自庖犧，至於秦漢，凡爲三卷。當起黃武以來，別作一卷，事尚未成。又見劉熙所作《釋名》，信多佳者，然物類衆多，難得詳究，故時有得失，而爵位之事，又有非是。愚以官爵[一七]，今之所急，不宜乖誤，因自忘至微，又作《官職訓》及《辯釋名》各一卷，欲表上之。新寫始畢，會以無狀，幽囚待命，泯沒之日，恨不上聞。謹以先死列狀，乞上言秘府，於外料取呈內以聞。追懼淺蔽，不合天聽，抱怖雀息，乞垂哀省。」曜冀以此求免，而皓更怪其書之垢，故又以詰曜，曜對曰：「囚撰此書，實欲表上，懼有誤謬，數數省讀，不覺點污。被問寒戰，形氣吶吃。謹追辭，叩頭五百下，兩手自搏。」遂誅曜。

畢氏沅 釋名疏證

八卷

存

沅自序曰：劉熙《釋名》，其自序云二十七篇。案《後漢書・文苑傳》：「劉珍字秋孫，一名寶，撰《釋名》三十篇，以辯萬物之稱號。」而韋昭、顏之推等皆云劉熙製《釋名》，熙或作熹。案《三國·吳志·韋曜傳》：曜在獄中上辭，有云「見劉熙所作《釋名》，信多佳者，然物類衆多，難得詳究，故時有得失，而爵位之事，又有非是」云云。玩曜之語，則熙之書吳末乃始流布，是熙之去曜，年代必當不遠，一也。舊本題安南太守劉熙撰，近時校者以二漢無安南郡，或云當作南安。今考劉昭注《續漢書》，稱《三秦記》曰「中平五年，分漢陽置南安郡」，《元和郡縣志》亦云「漢靈帝立」，是郡置已在漢末，一也。此書《釋州國》篇有司州，案《魏志》及《晉書·地理志》，魏以漢司隸所部河南、河東、河内、弘農并冀州之平陽，合五郡置司州。是建安以前無司州之名，三也。又云「西海郡，海在其西」，據劉昭注，則西海郡亦獻帝建安末立，其時去魏受禪不遠，四也。《釋天》等篇於光武列宗之諱均不避，五也。以此而推，則熙爲漢末，或魏受禪以後之人無疑。又自序云二十七篇，而《文苑·劉珍傳》云三十篇，篇目亦不甚縣遠。疑此書兆於劉珍，踵成于熙，至韋昭又補官職之缺也。其書參校方俗，考合古今，晰名物之殊，辨典禮之異，洵爲《爾雅》《説文》以後不可少之書。今分觀其釋，亦時有與《爾雅》《説文》諸書異者。《爾雅》曰「齊曰營州」，而此云「營州，齊衛之地」。《爾雅》云「石戴土謂之崔嵬，土戴石爲岨」，而此依毛傳立文，曰「石載土曰岨，土載石曰崔嵬」，正與相反是也。《説文》錦從帛金聲，凡爲聲者皆無義，而此云「錦金也，作之用功，其價如金，故其製字從帛與金」，是以諧聲之字爲會意。又《説文》「平土有叢木曰林」，而此云「山中叢木爲林」，亦皆異義。且其字體出《説文》外十之三，益信熙之時去叔重已遠，其聲讀輕重，名物異同，與安順前又迥别也。暇日取羣經及《漢書》注、唐宋類書、道釋二藏校之，表其異同，是正缺失，又益以補遺及《續釋名》二卷。凡三閱歲而成，復屬吳縣江君聲審正之。江君欲以篆書付刻，余以此二十七篇内俗字較多，故依前隸寫，云所以仍昔賢之舊觀，示來學以易曉也。

畢氏沅續釋名篹（一八）

一卷

存

沅自識曰：《太平御覽·時序部》引《釋名》釋律吕之名誼，於春釋太蔟夾鐘，於夏釋蕤賓，於秋釋夷則南吕，於冬則先引《風俗通》一條，乃後承之以「又曰」而釋應鐘大吕，然則三時所引律吕之誼，惟《白虎通·五行篇》有其文。且十二律具備，其文法正與《釋名》相類，或所引實《白虎通》與？兹不忍棄置，又不敢羼入，姑就其所引正之以《白虎通》，參之以《史記》、《漢書》，别爲一篇，不以列於《補遺》，而别爲《續釋名》云。

畢氏沅 釋名補遺

一卷

存

沅自識曰：檢閲羣書，輒見有引《釋名》而今《釋名》闕者，輯録以爲《補遺》，附於卷末。因取韋昭所補之《官職訓》及《辯釋名》並附録焉〔一九〕。惟是《官職訓》及《辯釋名》，據昭自言各一卷，則捊然成帙。今雖亡失，其引見唐宋人書者，當不止於是，而予之所見僅此而已。倘博雅君子别有采獲，以補予之不逮，則幸甚幸甚。

服氏虔 通俗文

《七録》一卷

佚

《魏書·江式傳》曰：式上表云：爰采孔氏《尚書》《五經音注》《籀篇》《爾雅》《三蒼》《凡將》《方言》《通俗文字》《埤蒼》《廣雅》《古今字詁》、三字石經、《字林》《韻集》、諸賦文字有六書之義者，以類聯編聯。錢馥曰：江式云《通俗文字》，當即服氏虔之所著，而它書引用，並云《通俗文》，豈猶《説文解字》，後人僅曰《説文》。

顔之推《家訓·勉學》篇曰：《通俗文》，世間題云河南服虔字子慎造。虔既是漢人，其序乃引蘇林、張揖，蘇張皆是魏人。且鄭玄以前全不解反語，《通俗》反音甚爲近俗。阮孝緒又云李虔所造，河北此書家藏一本，遂無作李虔者。晉《中經簿》及《七志》並無其目，竟不知誰製。然其文義允愜，實是高才。殷仲堪《常用字訓》亦引服虔《俗説》，今復無此書，未知即是《通俗文》，爲當有異，近代或更有服虔乎，不能明也。錢詹事曰：《晉書·孝友傳》李密一名虔，未審即著《通俗文》之李虔否。

臧玉琳《經義雜記》曰：《隋書·經籍志》：《通俗文》一卷，服虔撰，敘次在梁沈約《四聲》、李槩《音譜》、釋静洪《韻英》之下，則《隋志》亦不以爲漢之服子慎所撰。《唐志》無服書，有李虔《續通俗文》二卷。《初學記》器物部舟第一下引李虔《通俗》曰：晉曰舶，音泊，則阮氏《七録》所言信有徵矣。然唐人書中所引，皆作服虔，《御覽》《廣韻》或譌作《風俗通》，又作《風俗論》。《文選》嵇叔夜《琴賦》「嘔噱終日」，李善注：服虔《通俗篇》曰「樂不勝謂之嘔噱，嘔烏沒切，噱巨略切。」名雖不同，要即一書也。《左傳釋文》引《通俗文》「腋下謂之脅」。

臧鏞堂曰：據《顏氏家訓》，知北齊時《通俗文》題云服虔造，以爲即東漢注《左氏春秋》者。魏江式表次在揚雄《方言》之下，張揖《埤蒼》之上，則亦以爲漢之服虔也。晉《中經簿》及《七志》無其目，梁阮孝緒《七録》始云李虔造。試合《隋》《唐志》考之，則《通俗文》一卷，服虔撰。《續通俗文》二卷，李虔撰，爲當有二書，不可並一，抑史志有誤乎？顏氏謂河北此書家藏一本，並無作李虔者，與阮《録》亦不合。殷仲堪引服虔《俗説》，當即此書。《詩》正義於《行葦》《韓奕》兩徵，皆曰服虔《通俗文》。至其世先於蘇張，叔然以前，未有反切，此類抵捂，疑出後儒附竄。又顏謂或近代更有服虔，則未可定。如子夏《易傳》，本韓嬰之字，後人誤以孔門弟子當之。此書亡於唐季，貞觀初釋元應撰《一切經音義》采摭頗富。茲復廣以羣籍，類纂録之，庶有稗於小學家，署曰服氏，仍其舊也。

李氏虔 續通俗文

《舊唐志》二卷

佚

王氏隆 漢官解詁

《隋志》三篇《唐志》三卷

佚

《隋書・經籍志》曰：漢新汲令王隆撰。

又曰：古之仕者名書於所臣之策，各有分職，以相統治。《周官》冢宰掌建邦之六典，而御史數凡從正者，然則冢宰總六卿之屬，以治其政，御史掌其在位名數先後之次焉。今《漢書・百官表》列衆職之事，記在位之次，蓋亦古之制也。漢末王隆、應劭等以《百官表》不具，乃作《漢官解詁》、《漢官儀》等書，是後相因，正史表志無復百僚在官之名矣。縉紳之徒，或取官曹名品之書撰而録之，別行於世。宋齊已後，其書益繁，而篇卷零疊，易爲亡散，又多瑣細，不足可紀，故刪其見存可觀者，編爲《職官篇》。

胡氏廣 漢官解詁注

《隋志》三篇《唐志》一卷

佚

胡廣序曰：汲令王文山小學。前安帝時越騎校尉劉千秋校書東觀，好事者樊長孫與書曰：「漢家禮儀，叔孫通等所草創，皆隨律令在理官，藏於几閣，無紀録者久[二〇]，令人無愚智入朝不惑。君以公族元老，正丁其任，焉可以已？」劉君甚然其言，與邑子通人郎中張平子參議未定，而劉君遷爲宗正衛尉，平子爲尚書郎、太史令，各務其職，未暇恤也。至順帝時，平子爲侍中，典校書，方作《周官解説》，乃欲以漢次述漢事。會復遷河間相，遂莫能立也。述作之功，獨不易矣。既感斯言，顧見故新汲令王文山小學爲《漢官篇》，略道公卿外内之職，旁及四夷，博物條暢，多所發明，足以知舊制儀品。蓋法有成易，而道有因革，是以聊集所宜，爲作詁解，各隨其下，綴續後事，令世施行，庶明厥旨，廣前後憤盈之念，增助來哲多聞之覽焉。

按：《漢官解詁》，蓋劉熙《釋名》之體。近高郵王孝廉引之作《周秦名字解詁》二卷，其自叙曰：名字者，自昔相承之詁言也。其所用者不越方俗之恒，而義相比附，文相注釋，三代詁訓於是乎存。疏通而證明之，學者之事也。夫詁訓之要在聲音，不在文字，聲之相同相近者，義每不甚相遠，故名字相沿，不必皆其本字，其所假借，今音復多異音，畫字體以爲説，執今韻以測義，斯於古訓多所未達，不明其要故也。今之所説，多取古音相近之字以爲解，雖今亡其訓，猶將罕譬而喻，觸類而長焉。爰類定以五體：一曰同訓，予字子我，常字子恒之屬是也。二曰對文，没字子明，宛字子惡之屬是也。三曰連類，括字子容，側字子反之屬是也。四曰指實，丹字子革，啓字子閭之屬是也。五曰辨物，鍼字子車，鱣字子魚之屬是也。因斯五體，測以六例：一曰通作，徒字爲都，字子籍之屬是也。二曰互注，籍字子禽，亢字爲克之屬是也。三曰辨謁，虔字爲黔，高字金之屬是也。四曰比例，得字子玉，貽字子旃之屬是也。五曰合聲，徐言爲成然，疾言爲之屬是也。六曰雙聲，結字子期，達字子姚偃字爲㫃之屬是也。訓詁列在上編，名物分爲下卷，衆著者不爲贅設詞，難曉者悉從闕疑之例，上稽典文，旁及謡俗，亦欲以究聲音之統貫，察訓詁之會通云爾。至於解釋不明，援引鮮當，大雅宏達，其有以教之矣。引之爲懷祖給事之子，學問淹貫，不愧家學云。

小學考卷七終

校記

〔一〕謚：原作「溢」，據宋王楙《野客叢書》卷二一改。

〔二〕案：此係謝啓昆誤記。《宋史》卷三六三載李孟傳傳，附於其父李光傳後，蓋文勢延續而下，省去「李」字，稱「孟傳」，而非「訛作孟傳」。

〔三〕呂居仁：原作「呂居人」，據前李孟傳《後序》文改。案：宋呂居仁即呂本中。

〔四〕孫炎：原作「孫淡」，據《四庫全書總目》卷四〇《方言》提要改。

〔五〕反：原脱，據右引書補。案：光緒刊本已補。

〔六〕傳：原作「博」，據右引書改。

〔七〕疑賓：原作「疑賓」，據右引書改。

〔八〕駰：原作「駟」，據《宋書》卷六四《裴松之傳》改。

〔九〕殆：原作「治」，據清齊召南《寶綸堂詩文鈔》卷三《續方言序》改。案：光緒刊本已改。

案：裴駰撰有《史記集解》一百三十卷。

〔一〇〕晉：原作「音」，據《四庫全書總目》卷四〇《續方言》提要改。又，「名蔆曰芰」句下，《四庫全書總目》尚有「鸒，秦名雅烏；鯷，青州人呼鮎鯷」數句。

〔一一〕「小豬爲貕」句下，《四庫全書總目》尚有一段文字，本書漏略，兹補録於下：「《太平御覽》又引《纂文》云『秦以鈷鏻爲銼鑹』。《爾雅·釋草》，《釋文》引《纂文》云『妹，娟也』。《初學記》引服虔《通俗文》曰『南楚以美色爲娃』。《初學記》及《山堂考索》又引《通俗文》云『晉曰舶』。《埤雅》引《廣志·小學篇》云『螻蛄，會稽謂之蟪蛄』。《北户録》引顔之推《證俗音》云『南人謂凝牛羊鹿血爲䘑』，『餅餅，内國呼爲糧餅，亦呼寒具、粰粇，今江南呼曰饊飦』，『蝘蜓，山東謂之蝀蜺』，『鯖，吳人呼鯽魚也』。」

〔一二〕闕：原作「關」，據右引書改。

〔一三〕去：原作「法」，據《四庫全書總目》卷四〇《釋名》提要改。

〔一四〕居：原誤作「車」據右引書改。案：下文「車古音居」之「居」同。

〔一五〕蓋：原作「盡」，據《三國志·吳志·韋曜傳》改。

〔一六〕既：原作「紀」，據右引書改。

〔一七〕以：原脱，據右引書補。

〔一八〕案：是書今存光緒二十二年刊本，署作《續釋名》，無「簒」字。「簒」當爲衍文。

〔一九〕並：原作「前」，據光緒二十二年刊本畢沅《釋名補遺》跋改。

〔二〇〕「無紀録者久」句下，《册府元龜》卷五五八引有「令二代之業，闇而不彰，誠宜撰次，依擬《周禮》，定位分職，各有條序」數句，當補。

小學考卷八

訓詁 六

張氏揖 古今字詁 《唐志》作《古今字訓》

《隋志》三卷 《唐志》二卷

佚

《魏書·江式傳》曰：式上表云：魏初博士清河張揖著《埤倉》《廣雅》《古今字詁》，究諸《埤》《廣》，綴拾遺漏，增長事類，抑亦於文爲益者。然其《字詁》方之許篇，或得或失。

今本字詁

一卷

存

陳鱣《叙録》曰：《古今字詁》三卷，魏張揖撰。揖所著有《廣雅》三卷、《埤倉》二卷、《雜字》《誤字》各一卷、《三倉解詁》三卷、《解司馬相如傳》一卷。及此今惟《廣雅》獨存，鱣嘗於羣書中采集《埤倉》彙爲一篇。兹復集《古今字詁》以附之。按魏江式上表云「《字詁》方之許篇，或得或失」，是《字詁》實承《説文解字》之統，乃小學之大關鍵也。惜乎今日厘存十一，而其中亦有可辯者。《顏氏家訓·勉學》篇引云「魄古虺字」，按《説文》「魄、蛹也，從虫鬼聲，讀若潰」，虺已注鳴，詩曰「胡爲虺蜴」，從虫兀聲，則魄、虺二義，不得指爲一字。又引云「刉支旁，作刀劍之刀，亦是剞字」，按《説文》「剞剧，曲刀也，從刀奇聲」，無從支者，則刉爲俗體。《文選·難蜀父老》注引云「吰，今宏字」。按《説文》「宏，屋深響也，從宀厷聲」，無從口者，則吰爲俗體。《一切經·正法念經音義》引云「穳，古文鎵、穳二形，今作稷同」。按《説文》鎵、穳、稷三字俱無，則皆爲俗體。又引云「誌，今作識」，按《説文》有「識」無「誌」，則誌爲俗體，安得謂誌今作識字？它如《一切經音義》引詩「跱」古文「峙」，「麾」今作「撝」，「稽首」古文「䭫首」之類，皆有足據正江式所云「方之許篇，或得或失」者也。

周氏雜字解詁

《隋志》四卷

佚

《隋書·經籍志》曰：魏掖庭右丞周氏撰。

周氏成 解字文

《七録》七卷

佚

曹氏彦 字義訓音

《七録》六卷

佚

《三國·魏志·諸曹傳》曰：曹真字丹，太祖族子也，封靈壽亭侯，進封邵陵侯。薨，謚曰元侯。子爽嗣，帝追思真功，悉封真五子羲、訓、則、彦、皚皆爲列侯。

按：《七録》稱曹侯彦撰，蓋以彦嘗爲列侯也。

殷氏仲堪 常用字訓

《七録》一卷

佚

《晉書》列傳曰：殷仲堪，陳郡人也。善屬文，每云三日不讀《道德論》，便覺舌本間强。其談理與韓康伯齊名，士咸愛慕之。調補佐著作郎冠軍，領晉陵太守。喪居哀毁，以孝聞。服闋，孝武帝召爲太子中庶子，復領黄門郎，都督荆益寧三州軍事，振威將軍、荆州刺史。安以仲堪事不預察，降號鷹揚將軍，復降爲寧遠將軍。安帝即位，進號冠軍將軍，固讓不受。初桓元將應王恭乃説仲堪推恭爲盟主，共興晉陽之舉，立桓文之功。仲堪既納元之誘，爲元追兵所獲，逼令自殺，死於柞溪〔一〕。

顔氏之推 訓俗文字略

《隋志》一卷

佚

《北齊書·文苑傳》曰：顔之推字介，琅邪臨沂人也。世善《周官》《左氏》學，博覽羣書，無不該洽。爲散騎侍郎，奏舍人事。後爲周軍所破，大將軍李顯重之，薦往弘農。令掌其兄平陽王慶遠書翰〔二〕。顯祖見而悦之，即除奉朝請，引於内館中，侍從左右，頗被顧眄。天保末從至天池，以爲中書舍人令，中書郎段孝信將敕書出示之推，之推營外飲酒，孝信還，以狀言，顯祖乃曰且停，由是遂寢。河清末，被舉爲趙州功曹參軍，尋待詔文林館，司徒録事參軍。之推聰穎機悟，博識有才辯，工尺牘，應對閑明，大爲祖珽所重，令掌知館事，判署文書。尋遷通直散騎常侍，俄領中書舍人，尋除黄門侍郎。及周兵陷晉陽，爲平原太守令，守河津。齊亡入周，大象末爲御史上士。隋開皇中，太子召爲學士，甚見禮重，尋以疾終。有文三十卷、《家訓》二十篇，並行於世。

無名氏證俗音字略

《隋志》六卷

佚

顔氏延之 詁幼《舊唐志》作《詁幼文》

《七録》二卷

佚

荀氏楷 廣詁幼

《七録》一卷

佚

《隋書·經籍志》曰：宋給事中荀楷撰。

王氏長孫 河洛語音

《隋志》一卷

佚

《魏書·咸陽王禧傳》曰：孝文引見朝臣，詔斷北語，一從正音，禧贊成其事，於是詔：「年三十已上，習性已久，容或不可卒革。三十已下，見在朝廷之人，語音不聽仍舊。若有故爲，當降爵黜官。若仍舊俗，恐數世之後，伊雒之下，復成被髮之人。朕嘗與李冲論此，冲言四方之語，竟知誰是，帝者言之即爲正矣，何必改舊從新！冲之此言，應合死罪。」乃謂冲曰：「卿實負社稷。」冲免冠陳謝。

顧炎武《日知録》曰：五方之語，雖各不同，然使友天下之士而操一鄉之音，亦君子之所不取也。故仲由之喭，夫子病之，鴃舌之人，孟子所斥。而《宋書》謂高祖雖累葉江南，楚言未變，雅道風流，無聞焉爾。又謂長沙王道憐素無才能，言音甚楚，舉止施爲，多諸鄙拙。《世説》言劉真長見王丞相，既出，人問見王公云何，答曰：「未見他異，惟聞作吳語耳。」又言：「王大將軍少年時舊有田舍名，語音亦楚。」又言支道林入東見王子猷兄弟，還，人問見諸王何如？答曰：「見一群白項烏，但聞喚啞啞聲。」《北史》謂丹陽王劉昶呵罵僮僕，音雜夷夏，雖在公坐，諸王每侮弄之。夫以創業之君、中興之相，不免時人之議，而況於士大夫乎！北齊楊愔稱裴讞之曰：「河東士族，京官不少，惟此家兄弟全無鄉音。」其所賤可知矣。至於著書作文，尤忌俚俗，《公羊》多齊言，《淮南》多楚語，若《易傳》《論語》，何嘗有一字哉！若乃講經授學，彌重文言，是以孫詳蔣顯曾習《周官》，而音乖楚夏，左思《魏都賦》「蓋音有楚夏者，土風之乖也」。則學徒不至。《梁書·儒林傳》陸倕云。李業興學問深博，而舊音不改，則爲梁人所笑。《北史》本傳。鄴下人士，音辭鄙陋，風操蚩拙，則顏之推不願以爲兒師。《家訓》。是則惟君了爲能通天下之志，蓋必自其發言始也。

沈氏約 俗説

《通志》三卷

佚

《梁書·沈約傳》曰：約字休文，吳興武康人也。篤志好學，晝夜不倦，博通羣籍，能屬文。起家奉朝請，濟陽蔡興宗聞其才而善之，引爲安西外兵參軍，兼記室。齊初爲征虜記室，帶襄陽令。高祖受禪，爲尚書僕射，封建縣侯，邑千户，常侍如故。九年轉左光禄大夫，侍中少傅如故。十二年卒官，有司謚曰文，帝曰：「懷情不盡曰隱。」故改爲隱云。所著《晉書》百一十卷、《宋書》百卷、《齊紀》二十卷、《高祖紀》十四卷、《邇言》十卷、《謚例》十卷、《宋文章志》三十卷、文集一百卷，皆行於世。

按：約所著《俗説》其即本傳所謂《邇言》乎？《邇言》本十卷，疑宋時厪存三卷，故《通志》云《俗説》三卷耳。

劉氏霽 釋俗語

《通志》八卷

佚

《梁書·孝行傳》曰：劉霽字士烜，平原人也。九歲能誦《左氏傳》，宗黨咸異之。家貧，與弟杳、歊相篤厲學，既長，博涉多通。天監中，起家奉朝請，前後宰二邑，並以和理著。卒，時年五十二。著《釋俗語》八卷、文集十卷。

《隋書·經籍志》曰：後魏初定中原，軍容號令，皆本國語，後染華俗，多不能通，故録其本言，相傳教習，謂之《國語》。

國語

《隋志》十卷

佚

鮮卑語

《隋志》五卷

佚

《魏書·鮮卑乞伏國仁傳》曰：鮮卑乞伏國仁出於隴西，其先如弗自漠北南出，五代祖祐隣并兼諸部，部衆漸盛。

《魏書·鮮卑禿髪烏孤傳》曰：鮮卑禿髪烏孤，八世祖匹孤自塞北遷於河西，其地東至麥田牽屯，西至濕羅，南至澆河，北接大漠。匹孤死，子壽闐統任。初母孕壽闐，因寢産於被中，乃名禿髪，其俗爲被覆之義。

《北齊書·祖珽傳》曰：祖珽字孝徵，范陽狄道人也。陳元康薦珽才學，並解鮮卑語，乃給筆札，就禁所

盧氏辯稱謂

《通志》五卷

佚

《周書·盧辯傳》曰：辯字景宣，范陽涿人。累世儒學，辯少好學，博通經籍。舉秀才，爲太學博士。以《大戴禮》未有解詁，辯乃注之。自魏末離亂，孝武西遷，朝章禮度湮墜咸盡，辯因時制宜，皆合軌度。性强記默契，能斷大事，凡所創制，處之不疑。累遷尚書右僕射，世宗即位，進位大將軍。帝嘗與諸公幸其第，儒者榮之。出爲宜州刺史。薨，配食太祖廟庭。

張氏顯古今訓

《通志》十一卷

佚

國語

《隋志》十五卷

佚

具草，二日內成，其文甚麗。神武以其工而且速，特恕不問，然猶免官，散參相府。珽天性聰明，事無難學，文章之外，又善音律，解四夷語及陰陽占候，醫藥之術尤是所長。文宣帝難嫌其數犯憲，而愛其才伎，令直中書省，掌詔誥。

國語物名 侯伏侯可悉陵

《隋志》四卷

佚

《隋書·經籍志》曰：孝文帝命侯伏侯可悉陵以夷語譯《孝經》之旨〔三〕，教於國人，謂之《國語孝經》。

國語真歌

《隋志》十卷

佚

國語雜物名 侯伏侯可悉陵

《隋志》三卷

佚

國語十八傳

《隋志》一卷

佚

國語御歌

《隋志》十一卷

佚

國語號令

《隋志》四卷

佚

鄭樵曰：後魏初定中原，軍容號令，皆以夷語，後染華俗，多不能通，故録其本言，相傳教習，謂之國語。

國語雜文

《隋志》十五卷

佚

《魏書・孟威傳》曰：孟威字能重，河南洛陽人。頗有氣尚，尤曉北土風俗，歷東宫齊帥、羽林監。時四鎮高車叛投蠕蠕，高祖詔威曉喻禍福，追還逃散，分配爲民。後以明解北人之語，敕在著作，以備推訪。

鮮卑語

《隋志》十卷

佚

周武帝鮮卑號令

《隋志》一卷

佚

《周書・武帝紀》曰：高祖武皇帝諱邕，字禰羅突，太祖第四子也。幼而孝敬聰敏，有器質。武成二年夏四月壬寅即皇帝位。

《北齊書・高乾傳》曰：乾弟昂，俠氣凌物，於時鮮卑共輕中華朝士，惟憚服于昂。高祖每申令三軍常鮮卑語，昂若在列，則爲華言。

《北齊書・孫搴傳》曰：孫搴字彦舉，樂安人也。會高祖命作檄文，搴援筆立成，其文甚美，高祖大悦，即署相府主簿，專文筆。又能通鮮卑語，兼宣傳號令，當煩劇之任，大見賞重。賜妻韋氏，既士人子女，又兼色貌，時人榮之。

雜號令

《隋志》一卷

佚

王氏劭俗語難字〔四〕

《隋志》一卷

佚

《隋書・藝文志》曰〔五〕：秘書少監王劭撰。

《隋書・王劭傳》曰：劭字君懋，太原晉陽人也。少沈默好讀書，累遷太子舍人，待詔文林館。高祖受禪，授著作佐郎，遷秘書少監，數載卒官。劭在著作將二十年，專典國史，撰《隋書》八十卷。初撰《齊志》，爲編年體二十卷，復爲《齊書》紀傳一百卷及《平賊記》三卷。其采擿經史謬誤，爲《讀書記》三十卷，時人服其精博。

釋寶誌 文字釋訓

《舊唐志》三十卷

佚

《南史·陶宏景傳》曰：時有沙門釋寶誌者，不知何許人。有於宋太始中見之，出入鍾山，往來都邑，年已五六十矣。齊宋之交，稍顯靈跡，梁武帝尤深敬，俗呼爲誌公，好爲讖記，所謂誌公符是也。天監十三年卒。

李氏少通 俗語難字〔六〕

《唐志》一卷

佚

顏氏師古 匡謬正俗

《唐志》八卷

存

《唐書·儒學傳》曰：顏師古字籀。其先琅邪臨沂人，祖之推自高齊入周，終隋黄門郎，遂居關中，爲京兆萬年人。父思魯，以儒學顯。師古少博覽，精故訓學，善屬文。仁壽中薦授安養尉，俄失職歸長安。高祖入關，謁見長春宫，授朝散大夫，拜燉煌公府文學，累遷中書舍人，專典機密。師古性敏給，明練治體，方軍國務多，詔令一出其手，册奏之工，當時未有及者。太宗即位，拜中書侍郎，封琅邪縣男。以母喪解，服除，還官，歲餘坐公事免。帝嘗歎五經去聖遠，傳習寖訛，詔師古於秘書省考定，多所釐正。既成，悉詔諸儒議，於是各執所習，共非詰師古。師古輒引晉宋舊文，隨方曉答，誼據該明，出其悟表，人人歎服。尋加通直郎、散騎常侍。帝因頒所定書於天下，學者賴之。俄拜秘書少監，專刊正事，古篇奇字，世所惑者，討析申熟，必暢本原。多藏古圖畫器物書帖，亦性所篤愛。與撰《五禮》成，進爵爲子。又爲太子承乾注班固《漢書》上之，賜物二百段，良馬一，時人謂杜征南、顏秘書爲左邱明、班孟堅忠臣。遷秘書監、宏文館學士。十九年，從征遼，道病，卒，年六十五，謚曰戴。其所注《漢書》《急就章》大顯於時。永徽三年，子揚庭爲符璽郎，表上師古所撰《匡謬正俗》八篇。

顏揚庭《進表》曰：臣聞纖埃不讓嵩華，所以極天，涓流必納溟渤，所以紀地。況乎業隆學海，義切爲山，庶進簣於崇高，思委輸於潤澤〔七〕。恭惟皇帝陛下誕膺睿圖，光臨大寶。隆周比迹，遠邁成康，炎漢儔功，近超文景。時和玉燭，龍圖薦於長河，道包金鏡，龜書浮於清洛。收羽陵之蠹，俾備蓬山，採汲冢之舊文，咸歸延閣。一言可善，屢動宸衷，九術不遺，每回天睠。臣亡父先臣師古嘗撰《匡謬正俗》，稿艸纔半，部帙未終。以臣疊犯幽靈，奄垂捐棄，攀風罔及，陟岵增哀。臣敬奉遺文，謹遵先範，分爲八卷，勒成一部。百氏紕繆，雖未可窮，六典荒訛，於斯矯革。謹齎詣闕，奉表以聞。臣顔揚庭上。敕旨：顔師古業綜書林，譽高詞苑，討論經史，多所匡正。前件書發明故事，諒爲博洽。宜令所司録一本，付秘書閣。仍賜其子符璽郎揚庭絹五十匹。永徽二年三月十五日，中書侍郎來濟宣。

《崇文總目》曰：唐秘書監顔師古撰。采先儒及當世之言，參質譌繆而矯正之，未終篇而師古没，其子始上之〔八〕，詔録藏秘閣。

晁公武《讀書志》曰：師古以世俗之言多繆訛，故質諸經史，刊而正之。永徽中子揚庭上之。

陳振孫《書録解題》曰：莆田鄭樵有《刊謬正俗跋》八卷，汪玉山亦言揚庭表以爲稿艸纔半，部帙未終，則是書初非定本也。今前後乖刺極多，《玉山集》中所辨甚詳〔九〕。

錢曾《敏求記》曰：《匡謬正俗》八卷，揚庭表上其父師古所撰《匡謬正俗》，云稿艸纔半，部帙未終，謹遵先範，分爲八卷。汪應宸謂此書尚非定本，題所疑於尾，如《論語》後不朱標《毛詩》字等類，頗爲有識。讀者勿以其跋語也而漫視之。

《四庫全書提要》曰：是書永徽二年其子符璽郎揚庭表上於朝，高祖敕録本付秘書閣，卷末載揚庭表稱，稾艸纔半，部帙未終，蓋猶未竟之本。又稱謹遵先範，分爲八卷，勒成一部。則今本乃揚庭所編，宋人諸家書目多作《刊謬正俗》，蓋避太祖之諱，改「匡」爲「刊」。錢曾《讀書敏求記》作《列謬正俗》，則刻本偶誤也。前四卷凡五十五條，皆論諸經訓詁音釋，後四卷凡一百二十七條，皆論諸書字義字音及俗語相承之異，考據極爲精審。師古一代通儒，而拘於習俗，不能知音有古今，又不知齊梁以前無平仄四聲之别，故其注《漢書》，動以合聲爲言，遂開後來叶音之説。如謂葬音臧，誼議音宜，反音扶萬反，歌音古賀反，彝音上聲，怒有上去二聲，壽有受授二音，懸有平去二聲，迴音户鎣反，皆誤以今韻讀古音。如穰音而成反，上音盛，又音市郢反，先音西，逢音如字，不讀龐，皆誤以古音讀今韻〔一〇〕，未免千慮之一失耳。古人考辨小學之書，今皆失傳，自顔之推《家訓·音證篇》外，實莫古於是書。其邱區、禹宇之論，韓愈《諱辨》即引之，知唐人已絶重之矣。《戒山堂讀史漫筆》解都鄙二字，詫爲獨解，不知爲此書所已駁。毛奇齡引《書》序「俘厥寶玉」解《春秋》「衛俘」，詫爲特見，不知爲此書所已引。洵後人證據終不及古人有根柢也。鄭樵《通志·校讎略》曰：《刊謬正俗》，乃雜記經史，惟第一卷起《論語》，而《崇文總目》以爲《論語》類，知《崇文》所釋，只看帙前數行，率意以釋之耳。今檢《崇文總目》，樵説信然。當時館閣諸人不應荒謬至此，檢是類所列，以《論語》三種、《家語》一種居前，次爲《白虎通》，次爲《五經鉤沈》，次即此書，次爲《六説》，次爲《經史釋題》，次爲《授經圖》，次爲《九經餘義》，次爲《演聖通論》，皆統解羣經之文，蓋當時仿《隋志》之例，以五經總義附之《論語》類中，雖不甚允，要不可謂之無據。樵不考舊文而務爲苛論，遽以只看數行詆之，失其旨矣。

釋梵語

《通志》一卷

佚

《北齊書·斛律羌舉傳》曰：代人劉世清情性甚整，周慎謹密，能通四夷語，爲當時第一。後主命世清作突厥語翻《涅槃經》以遺突厥可汗，敕中書侍郎李德林爲其序。世清隋開皇中卒於開府、親衛驃騎將軍。

僧惟右譯夷語録

《通志》一卷

佚

顧炎武《日知録》曰：「後唐康福善諸蕃語，明宗聽政之暇，每召入便殿，咨訪時事，福即以蕃語奏之。樞密使安重誨惡焉，嘗面戒之曰：「康福但亂奏事，有日斬之。」」

辨鴂録

《通志》一卷

佚

西蕃譯語

《通志》一卷

佚

程大昌《演繁露》曰：蕃語以華言譯之，皆得其近似耳。天竺語轉而爲捐篤、身毒。唐有吐蕃，本禿髮烏孤，秃髮語轉遂爲吐蕃。唃厮羅之父名籛逋，乃贊普也。達怛乃靺鞨也。契丹之契語如喫，惟《新唐書》有音。冒頓讀如墨突，惟《晉書》音義有之，漢音義無也，不知其何所本。然常怪蕃語入中國，其元無本字，而以華字記之，如捐篤、身毒，固無所奈何。至如龜茲，既知其爲邱慈，何不徑以邱慈書之，迺借用龜茲，以待翻字者而後音讀乃明，是必有説也。華戎語異，雖借華字説之，尚與本語不全諧協，其必宛轉於兩字之間，如龜近邱而不全爲邱，龜與邱聲合然後相近，故不得以一字正命也。

張氏大卿 國語類記

見馬祖常《石田集》

未見

馬祖常序曰：結繩不施，書契有作，科斗鳥獸之迹，籀篆隸分。及今之書，襍然並傳，觀乎黄帝帝嚳而下，迨晉楚列國，其間貨錢刀布〔一二〕，鼎彝敦簠，誌記銘刻，文字形畫之殊，極六書制作之變，曾不少相襲，而其聲音文義，相生相成，百世一道。我國家造蒙古書，因天地自然之數，以成一代之書，求合乎先王之意，而不梶於人，宜乃列之學官，置博士弟子員，教授不廢，是以近世之士鼓篋而遊學宫者，嘗比於孔氏之徒焉。太僕經歷持廣平張大卿所著《國語類記》若干卷，求請曰：「是書實古轉注之義爲多，切講此有年矣，大卿乃能綴緝本末，成一家言。凡國語之引物連類，假借旁通者班班具焉〔一二〕。子盍爲我序之！」祖常曩讀曲臺所記及漢《急就章》諸篇等〔一三〕，知世之古今文字，論列辨博，纖息畢載，何則？其資寡者其中窳，其藉厚者其内充，則大卿之爲是書，後世稽古者尚有考焉。

王氏伯達 皇朝字語觀瀾綱目

見趙孟頫《松雪集》

未見

趙孟頫序曰：余嘗讀《北史》，見當時巨族貴種皆以工譯語相高，其間雖時見一二語，恨無文字相傳，不知作如何云云也。蓋譯語皆有聲而無文，雖欲傳，其可得乎？聖朝混一區宇，乃始造爲一代之書，以文寄聲，以聲成字，於以道達譯語，無所不通，蓋前代之所未有也。古婺王伯達深解其義，編集是書，曲盡微妙，其亦善言語之良師也。古人有言：「塗無遠而不彌，理無微而不綸。」余於是書亦云。

無名氏蒙古譯語

《四庫全書目》一卷

存

《四庫全書提要》曰：《蒙古譯語》一卷，不著撰人名氏。前有自序稱，言語不通，非譯者無以達其志。今詳定《譯語》一卷，好事者熟之，則問答之間，隨叩隨應，而無骾喉之患云云。似乎元代南人所記，然其書分門編輯，簡略殊甚，對音尤似是而非，殊無足取。

托克托 遼國語解

一卷

存

托克托序曰：史自遷固以迄晉唐，其爲書雄深浩博，讀者未能盡曉，於是裴駰、顔師古、李顔、何超、董衝諸儒，訓詁注釋，然後制度名物、方言奇字，可以一覽而周知，其有助於後學多矣。遼之初興，與奚室韋密邇，土俗言語，大槩近俚。至太祖、太宗奄有朔方，其制雖參用漢法，而先世奇首遙輦之制，尚多存者，子孫相繼，亦遵守而不易。故史之所載官制、官衞、部族、地理，率以國語爲之稱號，不有注釋以辨之，則世何從而知，後何從而考哉！今即本史，參互研究，撰次《遼國語解》以附其後，庶幾讀者無齟齬之患云。

顧炎武《日知録》曰：契丹偏居北陲，始以本國之言爲官名號令，而《遼史》創立《國語解》一篇。自是《金》《元》亦多循之，而北俗之語遂載之史書，傳於後代矣。

托克托 金國語解

一卷在《金史》

存

托克托序曰：金文《尚書》，辭多奇澁，蓋亦當世之方言也。《金史》所載本國之語，得諸重譯而可解者，何可闕焉？若其臣僚之小字，或以賤，或以疾，猶有古人尚質之風，不可文也。國姓爲某，漢姓爲某，後魏孝文以來已有之矣，存諸篇終，以備考索。

火氏原潔 華夷譯語

《千頃堂書目》九卷《敏求記》一卷

存

黄虞稷曰：太祖以前，元素無文字，發號施令，惟借高昌之書，製爲蒙古字以通天下之言。洪武十五年正月丙戌，命翰林侍講火原潔與編修馬沙亦黑等以華文譯其語，復取《元秘史》參考紐切其字以諧其聲，書成，語刊行之[一四]。

錢曾《敏求記》曰：洪武二十一年，翰林侍講史原潔以華文釋蒙古語，三五堆垜而全其字，核對訓釋而明其義，輯録刊布。聖祖命劉三吾序之，凡賜前元世系詔誥敕書咸用蒙古語成文，特刊於後。高皇撫綏勝國之苗裔，其至德夐絶今古矣。

《續通考》曰：洪武二十二年，翰林侍講火原潔等奉勑撰。火原潔蒙古人，書前有劉三吾序。

《四庫全書提要》曰：明洪武二十二年，翰林侍講火原潔奉敕撰。錢曾《讀書敏求記》作史原潔，字之譌也。前有劉三吾序，稱元初未製文字，借高昌之書，後命番僧造蒙古字，反復紐切，然後成文，繁複爲甚。翰林侍講火原潔乃朔漠之族，遂命以華文譯之，聲音諧和，隨用各足云云。其分類編輯，與《蒙古譯語》略同，而差爲詳備，然麤具梗槩，譌漏孔多。欽定《元國語解》已有成書，原潔此編，直付之覆瓿可矣。《讀書敏求記》又別載《華夷譯語》一卷[一五]，云爲回回館所增定，今雖未見其本，然明人於翻譯之學，依稀影響，十不得一，其書亦可想像而知也。

無名氏增訂華裔譯語

《千頃堂書目》二卷

存

錢曾《敏求記》曰：分類聚編，上則番書，中則漢譯，下則胡音，乃回回館新增者，内府鈔録，除此無別本，宜秘之。

陳氏士元 俚言解

《千頃堂書目》二卷

未見

陳氏士元 諸史裔語音義

《千頃堂書目》四卷

未見

朱氏謀㙔 方國殊語

《千頃堂書目》

未見

無名氏玉門重譯

《千頃堂書目》二卷

未見

王氏之珂 閩音必辨

《福建通志·書目》

未見

毛氏奇齡 越語肯綮録

《四庫全書目》一卷

存

奇齡自序曰：宋趙叔向作《肯綮録》，采方言之切日用者，編之成帙。予考《隋韻》，每有與越俗語相發明，凡居平呼其音而不得其文者，韻多有之。因略爲筆記，名《越語肯綮録》。昔唐時極詆《隋韻》，名爲吳音，豈吳人陸法言外，或更有越人參其間與？

《四庫全書提要》曰：是編皆記其鄉之方言，而證以古音古訓，以爲與陸法言韻多相合。因宋趙叔向有《肯綮録》，故襲其名。然叔向書多述朝制，此則但一隅之里諺耳。昔揚雄《方言》多關訓詁，歷代史志及諸家書目均入之經部小學類中，是編皆里巷常談，似未可遽厠六經之末。然《舊唐書·經籍志》載李少通《俗語難字》，《新唐書·藝文志》載張推《證俗音》、顔愍楚《證俗音略》，李虔《續通俗文》，皆在小學類中，以類相從，古有此例，故今仍列之小學焉。

胡氏文英 吳下方言考

十二卷

存

文英自序曰：余輯《吳下方言考》幾三十年矣，庚辰歲攜質之同鄉錢鑄菴先生，鑄菴擊節歎賞，遂爲余序其首。鑄菴名人麟，少司寇稼軒先生之父也。自幼好學，迨易簀未嘗釋手。今鑄菴下世已十稔矣，余恐一旦朝露，有幸鑄菴期望之意，故釋其端而梓之。時乾隆四十八年八月。

錢人麟序曰：韻書始於周彦倫、沈約，論者謂吴音不可以概天下，然上有「卿雲」「元首」之歌，下逮漢魏晉宋間諸篇什，案之韻書，而未嘗不合。蓋古人各以方音爲韻，後人即以前人之篇什爲案，而以近代之方音爲譜，協之以韻，通之以叶，韻亦方音，叶亦方音也。且北音無入，秦晉間發聲無上，元明以降，閉音盡亡。是中原之韻，反不若吴音之具四聲。又況字母起於《華嚴》，等韻定於神珙，方外之音，儒者且受其範圍，而可斥吴音爲不足用乎？吴在商周間爲荊蠻之地，自春秋時有季札之德讓、子游之文學，遂爲文物之邦。沿至典午南渡，衣冠萃止，迄於今而文章科第甲天下，必欲驅天下從吴音，固不足以服中原人士之心，若夫以吴音證之經史諸書，以參其離合，此亦吾輩稽古審音者之責也。自揚子有《方言》、宋有「常談」之釋，近日吾鄉趙豹三、湯述亭諸公繼之，是皆就常談而釋之，獨胡子繩崖盡取古來四部之藏，證諸吴音。初讀駭其奇闢，細案之而更服其諦當，覺吾吴不可無此解，古人尤樂得有是解，則是書遂爲天下古今所不可少之書。吾嘗謂人生五官之用，皆出於人，獨聲音之發則本於天，經聲而緯韻，聲分七音，韻分四等，此皆銜口而出，自然而合，是謂天籟。等凡四，順而引之必歸於喻。音凡七，逆而激之必變爲影。凡四字之複，一三奇同而母無一定，二四偶同而母必歸來。吴音二字之複，其助字必歸心。此皆自孩童墮地以迨垂老沒寧，自通都大邑以及殊方遐俗，靡不皆同，是亦天籟也。以六書分音等，必注釋而其義始見，必音切而其音始定，此則以人工而協天籟也。或文同而義異，或文異而義同，或義同而音同，或義異而音異，皆無足怪。惟文同義同而音異，斯則方音爲之也。今繩崖爲之注釋其義，音切其音，習見以爲無文者有文，無義者有義，且使古來四部之藏，皆爲吾吴咳唾之所及，而吾吴街談里諺，盡爲風華典雅之音，是非所謂人工而協天籟者歟？余爲之撫掌稱快，因急勸付之剞劂，非徒藉是以彰吴音之黯與古合也，將使好學深思之士，師繩崖之意，凡所讀書及所聞街談里諺，一字一句，皆援古證今，必求其意義之所在，則繩崖之爲功於後學者大矣。顧或者疑其穿鑿，則繩崖固所不屑辯，又或驚其閎博，則猶淺之乎視繩崖也。抑又有爲繩崖進一解者，繩崖汲古好學，惟於宋元以後之書爲少所采。夫音以方異，亦隨時而變，今距宋元以後尤近，則夫宋元以後之書，倘更有可采者乎，敢以質之繩崖。

小學考卷八終

校記

〔一〕案：本節文字摘録自《晉書·殷仲堪傳》。文字删節過多，致文意不甚曉暢。又，文中「桓元」即桓玄。

〔二〕書翰：原作「書幹」，據《北齊書》卷四五《顔之推傳》改。

〔三〕夷語：原作「國語」，據《隋書》卷三二《經籍志》一改。

〔四〕俗語難字：原作「俗語雜字」，據《隋書》卷三二《經籍志》一改。

〔五〕藝文志：據《隋書》當作「經籍志」。

〔六〕據《隋書》卷三二《經籍志》，李少通撰有《雜字要》三卷，注云「密州行參軍李少通撰」。

〔七〕委輸：原作「委諭」，據《匡謬正俗》附顔揚庭進表改。案：光緒刊本已正。

〔八〕上：原作「士」，據《崇文總目》卷二《匡謬正俗》提要改。

〔九〕玉山集：宋人汪應辰所撰文集，又名《文定集》。其書卷一〇有《跋糾謬正俗》文。

〔一〇〕古音：原作「古韻」，據《四庫全書總目》卷四〇《匡謬正俗》提要改。

〔一一〕貨錢：原作「貸錢」，據元馬祖常《石田文集》卷九《國語類記序》改。

〔一二〕旁通：原作「旁過」，據右引書改。

〔一三〕曲臺：原作「曲壽」，據右引書改。

〔一四〕語：據文意當作「詔」。

〔一五〕又：原作「文」，據《四庫全書總目》卷四三《華夷譯語》提要改。

小學考卷九

文字一

史籀

《漢志》十五篇

佚

《漢書·藝文志》曰：周宣王太史作大篆十五篇，建武時亡六篇矣。

又曰：《史籀篇》者，周時史官教學童書也，與孔氏壁中古文異體。

許慎《説文解字叙》曰：宣王大史籀著大篆十五篇，與古文或同或異，至孔子書六經，左邱明述《春秋傳》，皆以古文，厥意可得而説。

揚雄《法言》曰：或欲學《倉頡》《史篇》，曰：史乎，史乎，愈於妄闕也。

應邵《漢官儀》曰：能通《倉頡》《史籀篇》，補蘭臺令史，歲滿爲尚書郎。

衛恒《書勢》曰：大篆或與古同，或與古異，世謂之籀書者也。

唐元度曰：秦焚詩書，惟《易》與《史篇》得全。王莽之亂，此篇亡失。建武中獲九篇，章帝時王育爲之解説，晉世此篇廢，今略傳事體而已。

翟耆年《籀史》曰：史籀變倉頡之法，作大篆，總天下字，一以會意，會意爲書法之壞自籀始。

林光朝曰：大篆出於史籀，戰國以來俱用之，許氏微得其體。

王應麟《漢藝文志考證》曰：歐陽公指石鼓文爲籀書，以前乎籀書，則古文科斗也。

按：《漢書·元帝紀》曰：「帝多材藝善史書。」應劭注：「周宣王大史籀所作大篆。」又《貢禹傳》曰：「郡國擇便巧史書者，以爲右職，故俗皆曰[一]：『何以禮義爲，史書而仕宦。』」又《王尊傳》曰：「司隸遣假佐。」蘇林注謂取内郡善史書佐給諸府也。又《嚴延年傳》曰：「善史書，史書奏成於手中[二]。」《後漢書·安帝紀》曰：「年十歲，好學史書。」李賢注：「史書者，周宣王太史籀所作之書也。凡五十五篇，可以教童幼。」然則漢時多重史書，但考《漢志》稱《史籀》十五篇，王莽時又亡其六，則漢時所習者止建武中所獲之九篇，李賢注蓋有誤。按今所傳石鼓文，相承以爲史籀作，《史篇》亡而文厪有存者。許君《説文解字敘》曰：「今敘篆文，合以古籀。」如首文從篆，則重文載古作某，籀作某。若重文載古作某，篆作某，則首文即從籀可知也。

八體六技

《漢志》八篇〔三〕

佚

《漢書·藝文志》曰：漢興，蕭何艸律，著其法曰：「太史試學童，能諷書九千字以上，乃得爲吏。又以六體試之，課最者以爲尚書御史史書令史。吏民上書，字或不正，輒舉劾。」六體者，古文、奇字、篆書、隸書、繆篆、蟲書，皆所以通知古今文字，摹印章〔四〕、書幡信也。

許慎《説文解字敘》曰：秦書有八體：一曰大篆，二曰小篆，三曰刻符，四曰蟲書，五曰摹印，六曰署書，七曰殳書，八曰隸書。漢興，蕭何艸尉律，學僮十七以上始試，諷籀書九千乃得爲吏。又以八體試之郡，移大史，並課最者以爲尚書史官，或不正輒舉劾之。

又曰：亡新居攝，使大司空甄豐等校文書之部，自以爲應製作，頗改定古文。時有六書：一曰古文，孔子壁中書也。二曰奇字，即古文而異者也。三曰篆書，即小篆也〔五〕。四曰左書，即秦隸書。五曰繆篆，所以摹印也。六曰鳥蟲書，所以書繙信也。

按：八體六技當是漢興所試之八體，合以亡新改定之六書，「技」字似誤。蓋以古文奇字易大篆，刻符、署書、殳書、篆書即小篆，左書即隸書，繆篆即摹印，鳥蟲書即蟲書。漢興，所試用秦八體，不止六體，許氏《説文敘》甚明，故江式《論書表》、孔穎達《書正義》俱從之。班氏《藝文志》既用《七略》，載八體六技之目，而叙論以八體爲六體，深所未諭，《隋志》亦沿其失。

李氏斯 倉頡

《漢志》一篇

佚

《史記·李斯傳》曰：李斯者，楚上蔡人也。年少時爲郡小吏，從荀卿學帝王之術。學已成，度楚王不足事，西入秦，秦王拜斯爲長史，官至廷尉。二十餘年，竟並天下，尊主爲皇帝，以斯爲丞相，夷郡縣城，銷其兵刃，示不復用，使秦無尺土之封，不立子弟爲王、功臣爲諸侯，使後無戰攻之患。始皇三十四年，置酒咸陽宫，博士僕射周青臣等頌稱始皇威德，齊人淳于越進諫，始皇下其議丞相。丞相謬其説，絀其辭，乃上書請諸有文學詩書百家語者，蠲除去之令到，滿三十日弗去，黥爲城旦，所不去者醫藥卜筮種樹之書。若有欲學者，以吏爲師。始皇可其議，收去詩書百家之語，以愚百姓，使天下無以古非今，明法度，定律令，皆以始皇起，同文書，治離宫别館，周徧天下。明年又巡狩，外攘四夷，斯皆有力焉。

《漢書·藝文志》曰：《倉頡》一篇。上七章秦丞相李斯所作。

許慎《説文解字叙》曰：秦始皇帝初兼天下，丞相李斯乃奏同之，罷其不與秦文合者。斯作《蒼頡篇》，取史籀大篆或頗省改，所謂小篆者也。

顔之推《家訓·書證》篇曰：《倉頡篇》李斯所造，而云漢兼天下，海内並厠，豨黥韓覆，畔討殘滅。

羅氏曰：其篇雖名祖倉頡，而實異史籀。

楊時曰：圖書之文，天實兆之，非人私智之能爲也。秦人以吏爲師，嚴是古之禁，盡滅先王之籍。漢興，去秦未遠也。科斗書世已無能知者，况數千載之後乎！揚子曰：「言心聲也，書心畫也。」世傳小篆，蓋李斯、趙高之徒以反古逆亂之心爲之，其淵原可知矣。

鄭樵《通志》曰：斯字通古，上蔡人，秦丞相。

吾邱衍《學古編》曰：《倉頡》十五篇，即是《説文》目録五百四十字，許慎分爲每部之首，人多不知，謂已久滅。此爲字之本原，豈得不在？後人又並字目爲十四卷，以十五卷著《叙表》，人益不意其存矣。僕聞之師云。

按：李斯作《倉頡篇》，首始有「倉頡」句，遂以名篇，猶史游之《急就》也，《爰歷》《博學》等名放此。鄭注《周禮》引《倉頡·鞄甍篇》，又引《柯欘篇》。許氏《説文叙》稱俗儒見《倉頡篇》中「幼子承詔」，因曰古帝之所作也，其詞有神僊之術焉。此七章中之篇目可考也。郭璞注《爾雅》引《倉頡篇》曰「考妣延年」。《顔氏家訓·書證》篇引《倉頡篇》曰「漢兼天下，海内並厠，豨黥韓覆，叛討殘滅」，此七章中之語句可考也。至吾邱衍誤以《倉頡》爲十五篇，且謂即《説文》目録五百四十字，此乃其師説之繆，不足信也。

趙氏高 爰歷

《漢志》六章

佚

《史記・李斯傳》曰：始皇三十七年十月行，出遊會稽，並海上，北抵琅邪。丞相斯、中車府令趙高兼行符璽令，使皆從。

又《秦始皇本紀》曰：趙高故嘗教胡亥書及獄律令法事，胡亥私幸之。

《漢書・藝文志》曰：《爰歷》六章者，車府令趙高所作也。

按：《漢書・張湯傳》曰「傳爰書訊鞫論報」，師古曰：「爰，換也。以文書代換其口辭也。」劉奉世曰：「趙高作《爰歷》，獄吏用之。」啓昆謂，《爰歷篇》，漢興〔六〕，閭里師已合在《蒼頡篇》中，當時獄吏必不專《爰歷》，或秦法相沿，尚襲其名耳。

胡毋氏敬 博學

《漢志》七章

佚

《漢書・藝文志》曰：太史令胡毋敬作。

又曰：《倉頡》《爰歷》《博學》文字多取《史籀篇》，而篆體復頗異，所謂秦篆者也。是時始造隸書矣，起於官獄多事，苟趨省易，施之於徒隸也。漢興〔七〕，閭里師合《倉頡》《爰歷》《博學》三篇，斷六十字以爲一章，凡五十五章，並爲《倉頡篇》。

司馬氏相如 凡將

《漢志》一篇

佚

《漢書・司馬相如傳》曰：相如字長卿，蜀郡成都人也。少時好讀書，學擊劍，以訾爲郎。事孝景帝爲武騎侍郎，非其好也。客游梁，著《子虛賦》，上令尚書給筆札。爲郎數歲，其後失官。居歲餘，復召爲郎。相如奏賦，拜爲孝文園令。相如已死，遺札言封禪事，奏焉。它所著若《遺平陵侯書》《與五公子相難》《艸木書篇》，不采，采其尤著公卿者云。

《漢書・藝文志》曰：武帝時，司馬相如作《凡將篇》，無復字。元帝時黃門令史游作《急就篇》，成帝時將作大匠李長作《元尚篇》，皆《倉頡》中正字也，《凡將》則頗有出矣。

《隋書・經籍志》曰：梁有司馬相如《凡將篇》一卷，亡。

程大昌《演繁露》曰：漢小學家司馬相如作《凡將篇》，其後元帝時史游又作《急就篇》。《凡將》今不可見矣，《藝文類聚》載《凡將》一語，曰「鐘磬竽笙筑坎侯」，與《急就》記樂之言，所謂「竽瑟箜篌琴筑箏」者，其語度規制全同，率皆立語總事，以便小學。「急就」也者，正規模《凡將》也。

按：《説文解字》口部引司馬相如説「淮南宋蔡舞嗙喻」俗本「舞」上有「謌」字，宋本無之。當即《凡將篇》句。又《文選・蜀都賦》注引云「黄潤鮮美宜制禪」，《藝文類聚》樂部引云「鐘磬竽笙筑坎侯」，陸羽《茶經》引云「烏喙桔梗芫華，欵冬貝母木蘗蔞，芩草芍藥桂漏蘆，蜚廉雚菌荈詫，白斂白芷菖蒲，芒消莞椒茱萸」，皆以六字或七字爲句，體同《急就》，惟所云「白斂白芷」與班《志》云《凡將篇》「無復字」不合。至《説文》禾部䆃字引司馬相如曰「䆃，一莖六穗」，乃其《封禪書》語也。

史氏游 急就

《漢志》一篇

存

《漢書・藝文志》曰：元帝時黄門令史游作《急就篇》。

張懷瓘《書斷》曰：章艸者，漢黄門令史游所作也。王愔云：漢元帝時史游作《急就章》，解散隸體，漢俗簡惰，遂以行之。

陳振孫《書録解題》曰：其文多古語古字古音，有足觀者。

黄伯思跋曰：自秦同書文，丞相斯作《蒼頡篇》，中車府令高作《爰歷篇》，太史敬作《博學篇》，至文園令相如作《凡將篇》，黄門令游作《急就篇》，皆書文之林苑，欲識字者不可不知。惜哉，《凡將》以上不可復見，特《急就》存焉者，以昔賢多喜書之故也。其文雖出小學家，而亦西京文氣未衰之際，詞致雅馴，故顔籀賞其清靡。籀注此書，嘗得皇象、鍾繇、衛夫人、王會稽等篇本，備加詳覈。今世所傳惟張芝、索靖二家爲真，皆章草書，而伯英本祇有「鳳爵鴻鵠」等數行。至靖所書，乃有三之二其闕者，自「母樽」而下纔七百五十字，此本是已。蓋唐人摹而弗填者，神韻筆勢，古風宛然，予遂手搨一通。陶隱居謂之填郭書，近世謂之雙鉤書，蓋欲知筆徑所自故爾。予既手搨，復補其遺字於卷終，因以備忘云。大觀己丑歲十月朔。

顧炎武《日知録》曰：漢魏以後，童子皆讀史游《急就篇》。晉夏侯湛抵疑鄉曲之徒，一介之士，曾諷

《急就》習甲子。《魏書》崔浩表言：太宗即位元年，敕臣解《急就章》。劉芳撰《急就篇續注音義釋》三卷。陸暐擬《急就篇》爲《悟蒙章》。又書家亦多寫《急就篇》。《魏書·崔浩傳》：浩既工書，人多託寫《急就章》，從少至老，初不憚勞，所書蓋以百數。《儒林傳》：劉蘭始入小學，書《急就篇》，家人覺其聰敏。《北齊書》：李繪六歲未入學，伺伯姊筆讀之間，輒竊用，未幾遂通《急就章》。李鉉九歲入學，書《急就篇》月餘，便通。自唐以下，其學漸微。明初武官誥敕用二十八宿編號，永樂中字盡奉旨用漢《急就章》字。

崔氏浩解急就章

《隋志》二卷

佚

《魏書·崔浩傳》曰：浩字伯淵，清河人也。少好文學，博覽經史元象，陰陽百家之言，無不關綜，研精義理，時人莫及。弱冠，爲通直郎。天興中給秘書，轉著作郎。太祖以其工書，常置左右。太宗初拜博士祭酒，襲爵白馬，進爵東郡公，拜太常卿，加侍中，特進撫軍大將軍、左光禄大夫，遷司徒。浩又上《五寅元曆表》曰：太宗即位元年，敕臣解《急就章》《孝經》《論語》《詩》《尚書》《春秋》《禮記》《周易》，三年成訖。浩既工書，蓋人多托寫《急就章》，從少至老，初不憚勞，所書蓋以百數，必稱「馮代彊」疑，以示不敢犯國，其謹也如此。浩書體勢及其先人，而妙巧不如也。世寶其迹，多裁割綴連，以爲模楷。

顧炎武《日知録》曰：《魏書·崔浩傳》：浩既工書，人多託寫《急就章》，從少至老，初不憚勞，所書蓋以百數，必稱「馮代彊」，以示不敢犯國，其謹也如此。史於「馮代彊」下注曰「疑」。按《急就篇》有「馮漢彊」，魏起漠北，以漢彊爲諱，故改云「代彊」，魏初國號曰代故也。顔師古《急就篇序》曰：「避諱改易，漸就蕪舛」，正指此。酈道元《水經注》以「廣漢」並作「廣魏」，即其例也。

豆盧氏急就章

《隋志》三卷

佚

《北史·豆盧寧傳》曰：寧，昌黎徒何人。其先本姓慕容氏，燕北地王精之後也。高祖勝以燕王始初歸魏，授長樂郡守，賜姓豆盧氏。或云北人謂歸義爲豆盧，因氏焉。又云避難改焉，未詳孰是。

按：豆盧氏《急就章》，《隋志》不載其名，今述《北史》以著其得姓之由云。

劉氏芳 急就篇續注音義證

三卷，見《北史》

佚

《北史·劉芳傳》曰：芳字伯文，彭城叢亭里人，漢楚元王交之後也。才思深敏，特精經義，博聞强記，兼覽《倉》《雅》，尤長音訓，辨析無疑。昔漢世造三字石經於太學，學者文字不正，多往質焉。芳音義明辯，疑者皆往詢訪，故時人號爲劉石經。芳撰鄭玄所注《周官》《儀禮音》、干寶所注《周官音》、王肅所注《尚書音》、何休所注《公羊音》、范寧所注《穀梁音》、韋昭所注《國語音》、范曄《後漢書音》各一卷，《辯類》三卷、《徐州人地録》二十卷、《急就篇續注音義證》三卷、《毛詩箋音義證》十卷、《禮記義證》十卷、《周官》《儀禮義證》各五卷。崔光表求以中書監讓芳，宣城不許。卒，贈鎮東將軍徐州刺史，謚文貞侯。

曹氏壽 急就章解

《舊唐志》一卷

佚

顔氏之推 急就章注

《舊唐志》一卷

佚

顔氏師古 急就章注

《舊唐志》一卷

存

師古自序曰：《急就篇》者，其原出小學家。昔在周宣，粤有史籀，音胄演暢古文，初著大篆。秦兼天下，罷黜異書，丞相李斯又撰《倉頡》，中車府令趙高繼造《爰歷》，太史令胡毋音無敬作《博學篇》，皆所以啓導青矜，垂法錦帶也。逮至炎漢，司馬相如作《凡將篇》，俾效書寫，多所載述，務適時要。史游景慕，擬而廣之，元成之間，列於秘府。雖復文非清靡，義闕經綸，至於包括品類，錯綜古今，詳其意趣，七句反實有可觀者焉。然而時代遷革，亟經喪亂，傳寫湮訛，避諱改易，漸就蕪舛，莫能釐正。少者闕而不備，多者妄有增益，人有己私，流宕徒浪反忘返。至如蓬門野賤，窮鄉幼學，遞相承稟，猶競習之，既無良師，祇增僻謬。若夫縉紳秀彦，膏粱子弟，謂之鄙俚，耻於窺涉，遂使博聞之説，廢而弗明，備物之方，於兹寢滯。師古家傳《蒼》《雅》，廣綜流略，尤精訓故，待問質疑，事非稽考，不妄談説，必則古昔，信而有徵。先君師古父思魯。常欲注釋《急就》，以貽後學，雅志未申，昊天不弔，奉遵遺範，永懷罔極。舊得皇象、鍾繇、衛夫人、王羲之等所書篇本，備加詳覈，足以審定，凡三十二章，究其真實，又見崔浩及劉芳所注，後魏太宗元年敕崔浩解，劉芳《續注音義證》三卷。人心不同，未云善也。遂因暇日，爲之解訓，皆據經籍遺文，先達舊旨，非率愚管，斐然妄作。字有難識，隨而音之，別理兼通，亦即並載。可以祛發未寤，矯正前失，振幽翳之學，攄制述之意，庶將來君子裁其衷焉。

羅願跋曰：右《急就》一篇，漢黄門令史游作，唐秘書監顔師古爲之解訓。此書舊分三十二章，前代能書者多以草書寫之。今世唯有一本〔八〕，相傳是吴皇象寫，比顔解本無「焦滅胡」以下六十三字，又頗有訛脱。顔本不分章，象所寫三十一章而已。國朝至道中，太宗皇帝嘗親書此篇，又於顔本外多「齊國給獻」以下百二十八字，凡爲章三十有四。此兩章蓋起於後漢，按舊篇末説長安中涇渭街術，故此章亦言洛陽人物之盛以相當。而鄗縣以世祖即位之地，升其名爲高邑，與先漢所改真定、常山並列，此爲後漢人所續不疑。近時豫章黄太史手校本出於太和縣人家，亦有此兩章。黄於篇中時小小箋釋，而顔解本亦自有詳略不同。會户部郎總六道賦天水趙公汝誼欲是正傳廣之，乃録至道御書三十四章，登於卷首，且用今禮部侍郎眉山李公燾所藏顔解本，校鄂州通守臨江劉子澄清之家本寫之，次於御書正文之後，益考驗同異，附以黄太史所箋，升注爲大字，以便觀者，可傳於後。古者學童六歲至十歲，教之數與方名，及朔望六甲書計之事，蓋自末以窮本，由藝以達道，濫觴乎小學之原，而涵泳乎大學之海，終其身不厭。至秦不然，棄其道本而志其藝末，丞相李斯等雖頗作《倉頡》《爰歷》《博學》等篇，然天下方專學法令，以吏爲師，詩書六藝之言棄不習，學者進無所依，退無所玩，自童幼鄙之，以爲足記姓名而已。又其篇雖名祖蒼頡，而實異史籀，時益多事，而徒隸之字方起。漢興，稍開書禁，兼崇字學，吏民上書，頗劾其不正者。然古來用字約少，板策所書，多者纔百名以上。今漢代試爲史者，一童所記至九千字，烏覩古所謂正哉。游當孝元時，去斯等已遠，獨能取其篇中正字，類而韻之，以爲此書，使操觚學童，不隨俗迷誤。是時元帝善史書，而游爲此篇，皆稍稍近古。傳稱游勤心納忠，有所補益，豈此類耶？自東漢杜度、張芝善槀法，始用以寫此章，號章艸，説者因謂草書起於游，蓋不察游作此書之意。今篇中所摭《倉頡》正字，其體雖不存，而其讀具在，因可以見漢世官府市里之名物[九]。又得顏氏解訓而益明，可用虞覽。然顏以慈姓爲祖於宣慈惠和之才子，審姓爲出於審曲面勢者，名忠敬與愛君，而必以爲慕趙盾翳拳，解距虛即蛩蛩，以檻車膠爲膠人之目，謂老復丁爲蠲其子孫之役，亦不皆是。顧作者以録古文，而解者以著漢事，雖非詩書論世之學，要主於好古存舊，且其語亦微有勸，不若後世俗師俚童，相教以嚚訟之書，故因定著之，以爲前世小書其偶存者猶如此，學者亦因有啓焉。淳熙十年十月望日。

晁公武《讀書後志》曰：漢史游撰，唐顏師古注。游元帝時爲黄門令，凡書三十二章，雜記姓名諸物五官等字，以教童蒙。急就者，謂字之難知者，緩急可就而求焉[一〇]。自昔善小學者多書此，故有皇象、鍾繇、衛夫人、王羲之所書傳於世。

王氏應麟急就章注

四卷

存

《宋史·儒林傳》曰：王應麟字伯厚，慶元府人。九歲通六經，淳祐元年舉進士。初，應麟登第，言曰：「今之事舉子業者沽名譽，得則一切委棄，制度典故漫不省，非國家所望於通儒。」於是閉門發憤，誓以博學弘辭科自見[一一]，假館閣書讀之。寶祐四年中是科，授中書舍人兼直學士院，遷禮部侍郎，兼中書舍人，尋轉尚書兼給事中。左丞相疏不報[一二]，遂東歸。後二十年卒。所著有《補注急就篇》六卷。

應麟自序曰：《漢·藝文志》小學十家。《蒼頡篇》見《考工記》注者唯「鞄四學反甈人究反柯欘張玉反」四字。《凡將》見《文選》注、《藝文類聚》者唯「黄潤纖美宜制禪」，「鐘磬竽笙筑坎侯」二句。《訓纂》見《史記》正義者，唯「户扈鄠」三字。其僅存者，《急就篇》而止耳。隋、唐《志》始謂《急就章》，崔浩寫以百數。劉蘭入小學書之，李鉉九歲入學書之，月餘即通，李繪六歲亦通此章，是以其學至唐猶傳。顏師古祖之推嘗爲之注，淵源有自來矣。蓋君子耻一物之不知，倫類不通，不足爲善學。嘗觀衆仲對氏族，師服申繻論名子。籍談忘司典之後，景王以爲譏，衛侯以辟彊爲名，周人不肯受。繫之以姓，著於《世本》，字而不名，貴於《春秋》，故始之以姓氏名字。學詩多識鳥獸草木之名，《論語》備録衣服飲食之制。陶弘景讀書萬卷，尤明醫術《本艸》。韓文公謂禮樂名數方藥之書，未有不通此而爲大賢。致知在格物，觀物以觀我生，故次之以服器百物。《周書》言「學古入官」，子産云「學而後入政」，董仲舒以《春秋》斷獄，雋不疑以經術决事。若授之以政，不達宋泉之《孝經》，蘇威之五教，人到於今羞之，故終之以文學法理。器無非道，學無非事，其義不可須臾舍也，鴻生鉅儒，不敢以小書忽焉。輯州名，撫奇字，悉放其體。諸經義疏引之者五，（《周體·考工記》疏引「分別部居不褋厠」，「蒲蒻藺席」，《大官》疏引「司農少府國之淵」，《左傳》正義引「蕪荑鹽豉」「頃町界畝」[一三]。）《後漢書》注引之者一，（《張敏傳》注引「臯陶造獄法律存」。）韻書亦援以言姓氏。班孟堅之用襐飾，潘安仁之用乘風，王禹玉之用奇觚，宋景文之用韇[illegible]，朱文公之用老復丁，至於不借、籧篨、皛翁、無等雙之語，臨川山谷詩皆采掇之。博觀而約取之，難與耳學者言也。古者保氏教六書，外史達書名，漢猶有課試舉劾之法，故馬尾之書必謹，自篆而隸，自隸而稾，鍾王之後以意行書，先漢遺文古事，寖以晻昧。《急就》雖存，而曹壽、劉芳、豆盧氏、顔之推注解，軼而不傳。昔以字爲童蒙之學，今有皓首未觀者，俗書溢於簡牘，書音流於諷誦，襲浮踵陋，視名物數度若弁髦，而大學之基不立。迺因顔注，補其遺闕，擇衆本之善，訂三寫之差，以經史諸子探其原，以《爾雅》《方言》《本草》辯其物，以《詩》傳、《楚辭》叶聲韻，以《説文》《廣韻》正音詁。若閦閣之相混，得以《釋文》，揃搣之所出，取於《莊子》。稽極之誤，因《説文》通釋而知，利親勝客之類，因《史記》漢表而見。簧當作簹，[illegible]當作操，壘當作垒，實事求是，不敢以臆説參焉，疑者闕之，以俟後之君子。李斯作《倉頡篇》，後人附益，末章乃有「漢兼天下」。此篇齊國、山陽兩章亦然，略解其義，綴於下方。夫物有本末，理無小大，循序致精，學之始事也。雖然，耄學而爲童習，其能免玩物愛奇之失乎！

《四庫全書提要》曰：《漢書·藝文志》注稱游爲元帝時黄門令，蓋宦官也，其始末則不可考矣。是書《漢志》但作《急就》一篇，而小學類末之叙録，則稱史游作《急就篇》，故晉夏侯湛抵疑，稱鄉曲之徒，一介之士，曾諷《急就》通甲子。《北齊書》稱李鉉九歲入學，書《急就篇》。或有「篇」字，或無「篇」字，初無一定。《隋志》作《急就章》一卷。《魏書·崔浩傳》亦稱人多託寫《急就章》，是改「篇」爲「章」，在魏以後。然考張懷瓘《書斷》曰：章草者，漢黄門令史游所作也。王愔云：案，此蓋引王愔《文字志》之語。漢元帝時史游作《急就章》，解散隸體，漢俗簡惰，漸以行之是也。然則所謂章草者，正因游作是書，所以變草法書之，後人以其出於《急就章》，遂名章草耳。今本每節之首俱用章第幾字，知《急就章》乃其本名，或稱《急就篇》，乃偶然異文也。其書自始至終無一複字，文詞雅奥，亦非蒙求諸書所可及。《玉臺新詠》載梁蕭子顯《烏栖曲》有「裙邊襍佩琥珀龍」句，馮氏校本改「龍」爲「紅」，今檢此書有「繫臂琅玕虎魄龍」句，乃知子顯實用此語，馮氏不知而誤改之，則遺文瑣字，亦頗賴以有徵，不僅爲童蒙識字之用矣。舊有曹壽、崔浩、劉芳、顔之推注，今皆不傳，惟顔師古注一卷存，王應麟又補注之，釐爲四卷。師古本比皇象碑多六十三字，而少齊國、山陽兩章，止三十二章。應麟《藝文志考證》標真定、常山至高邑句，以爲此二章起於東漢，最爲精確。其注亦考證典核，足補師古之闕。别有黄庭堅本、李燾本、朱子越中本，字句少有異同。應麟所注多從顔本。蓋以其考證精深，較他家爲可據焉。

按：孫觀察星衍撰《急就篇考異》一卷，自序曰：《急就章》，漢史游所作，蓋草書之權輿，唐張懷瓘《十體書斷》云：按章草者，漢黄門令史游所作也。王愔云：漢元帝時史游作《急就章》，解散隸體麄書之，漢俗簡惰，漸以行之是也。此乃存字之梗槩，損隸之規矩，縱任奔逸，赴速急就，因草創之義，謂之草書。謂之章草。《書斷》云：懷瓘案：章草之書，字字區别。張芝變爲今草，加其流速，上下牽連，或借上字之終，而爲下字之始。呼史游草爲章，因張伯英草而謂也。其文比篆隸爲流速，故名《急就》。草書之始，蓋出於篆，或以謂解散隸體麄書之，非也。《書斷》云：梁武帝草書狀曰：蔡邕云，昔秦之時，諸侯争長，簡檄相傳，望烽走驛，以篆隸之難，不能救速，遂作赴急之書，蓋今之草是也。又董仲舒欲言災異，草稾未上。姚察曰：草猶麄也，麄書爲本曰稾。據此知秦時及漢初已有草書，則禆諶草創及屈原屬草稾，疑即草書，又不始於史游矣。歷代傳摹《急就》，漢有張芝、《書斷》云：張芝字伯英。韋誕云：其草書《急就章》，皆一筆而成。宋黄伯思《東觀餘論》云：今世所傳，惟張芝、索靖二家爲真，皆草書，而伯英書紙有「鳳爵鴻鵠」等數行。崔瑗，《清和書畫舫》覈道家藏名蹟，有崔瑗臨史游《急就章》。魏有鍾繇，《玉海》引《太宗實録》云：先是下詔求先賢墨跡，有以鍾繇書《急就章》爲獻，字多踳駮。吳有皇象，晉有衛夫人、王羲之、見唐顔師古序。又陶弘景《上武帝書》云[一四]：馮澄云：右軍《急就篇》二卷，古法緊細，近脱憶此語，當是零落，已不復存。索靖，《東觀餘論》云：靖所書，乃有三之二其闕者，自「母縛」而下，纔七百五十字，此本是已。蓋後人摹而未填者。葉夢得《石林集》云：索靖章草《急就篇》，一千四百五十字，闕七百五十九字。余聞世有此唐人硬黄臨本舊矣，紹興甲子，偶得秘書郎黄長睿雙鈎所摹於福唐。後魏有崔浩，《魏書・崔浩傳》，浩既工書，人多託寫《急就章》，從少至老，初不憚勞，所書蓋以百數，必稱「馮代彊」以示不敢犯國，其謹也如此。唐有陸柬之，見《宣和書譜》。時人又多臨本。宋米芾《寶章待訪録》云：皇象《急就》，唐樵奇絶，在相張公齊賢孫名直清處。宋有太宗御書，《玉海》：《太宗實録》：端拱二年十月丙戌，以御書《急就章》藏於秘閣。羅願記云：國朝至道中，太宗皇帝嘗親書此篇，又於顔本外多「齊國給獻」以下百二十八字，凡爲章三十有四。此兩章蓋起於後漢。《東坡集》云〔一五〕：終南太平宫有太宗《急就章》一卷。黃庭堅、李仁甫、朱文公皆有刻本。見《玉海》。元有鄧文原，見汪珂玉《珊瑚網》。明有仲温、《王世貞集》：余家藏仲温《急就章》二百年矣，取葉少藴刻皇象石本閲之，大小行模及前後缺處若一，波撇小異耳。俞和。見《王世貞集》。注之者有後漢曹壽，《舊唐書・經籍志》：《急就章》一卷，史游撰，曹壽解。魏劉芳，《北史》本傳：芳撰《急就章續注音義證》三卷。周豆盧氏，《隋書・經籍志》：《急就章》三卷，豆盧氏撰。齊顔之推。《舊唐書・經籍志》：《急就章注》一卷，顔之推撰。今所見法帖，有紹聖三年勒石本，與《玉篇》所載碑本文字異同皆合，則即王應麟所引碑本也。所存注解惟顔師古及王應麟本，餘無存焉。葉夢得《石林燕語》：史游《急就章》二千二十三字，相傳爲吴皇象書摹，張郡公家本。文云：索靖章草《急就篇》一千四百五十字，紹興甲子偶得秘書郎黃長睿雙鈎所摹於福唐。按今紹聖本纔一千三百九十九字，前題史游名，知即索靖本。故大學士梁國治有臨本，字小於紹聖本，缺字較少，不言據何本，而相國書脱誤亦多。二章「所不侵」作「不便」。三章「舒」作「郤」，「樊愛君」脱「愛」字。八章「資貨」作「資倏」。十章「奏」作「夾」。十七章「予鋌」脱「鋌」字。十八章「轅軺」脱「軺」字，「轡勒」脱「勒」字。廿一章作兩「鳩」字。廿二章釋文以「忘」爲「惡」、「響」爲「盈」之類。予惜顔注本既不依古本分章，《玉海》所稱碑文異字，核之今帖，尚有遺漏，因以帖本爲定，校各本文字，爲《考異》一卷。漢時小學書有《倉頡》《爰歷》《凡將》《勸學》諸篇，皆軼不存，惟《藝文志》所載《急就》有完本，又可仿佛史游筆法，中多古字古音，皆《倉頡》中正字，先於許氏《説文》。其羅列名姓諸物五官者，姓不與名連屬，名取嘉名，諸物五官舉其大略，備世行用，不獨初學於此究心，亦通人所宜實事求是，故鄭康成、孔穎達注經，李賢注史，皆引此書。今按其文，妙作眇，藏作臧，鞢韘作索擇，奩作歛，蓖作比，箜篌作空侯，繮作韁，鞲作茸，駏驢作距虛，脤作張，瘨作顛，葶藶作亭歷，潔作絜，境作竟，皆可以證俗書之謬。凡從竹之字寫爲艸，可知萠即箱字，蕳即簡字，而《本草經》青葙子及《詩》「秉蕳」亦俗書也。詩《釋文》云：本作簡，此即叚借音字，不必從艸。後世既不識草書，故各本所釋《急就》，亦有歧舛，如以榮爲崇，昌爲岡，他爲化，尊爲苟，㯱爲索，稽爲皆，靭爲鞶，骨爲胷，治爲詔之類，尤數之不能終。而十一章槀見《漢書》及《說文》，今釋爲導。廿八章文有「狸兔飛𪙊狼麋麐」，按《說文》，𪙊是㲋之籀文，音丑略切，今釋爲皃字，獸之屬安得有鳥名？卅章文有「騶覺没人㯺報留」，騶即驟省文，或釋爲聊，或爲輒，俱不詞矣。昔三代古文，爲秦變篆爲隸，嘗恨孔壁諸經亡於西晉，竟無傳本。邯鄲淳三體石經僅存一二於《隸釋》，韓愈所稱李陽冰有科斗《孝經》，衛弘官書兩部合一卷，亦不可見。《急就》變草書爲真字，有槧本可以校勘，老成典型，庶幾不墜歟！夫草從篆生，故武字先書戈，後書止，以止包戈；無字上爲卌，下爲亡，省大省林；禀從禾；釜從父，鹿頭從廿，卷首從釆也。真出於草，故萉誤則爲花，修誤則爲脩，嫋誤則爲嬲，疊誤則爲叠，一隅可以反三。後世字體與小學屢變而失其初，章草則字字區別，一變爲今草，再變爲懷素張旭書，而上下牽連矣。《倉頡》《急就》《說文》古字，假借轉聲，已周於事，一變爲《字林》《玉篇》，而偏旁滋益近鄙，別字且行於經典矣。予於此篇備述原流，以貽知者，冀以正定文字。若其箋釋，已有顏王。或疑史游以元帝時爲《急就章》，而史稱元帝善史書，即爲見其書而善之，是帝能爲章草，亦或然也。嘉慶三年青龍在戊午。

戴氏表元急就篇注釋補遺

三篇，見《剡源文集》

未見

表元自序曰：古之君子，不以道廢物，自一藝以上，苟有所益於人，雖農匠庖祝之賤，猶且親爲之。粤大聖人亦莫不爲，若黄帝之醫藥，虞舜之陶漁，夫子之牛羊會計，皆是物也。夫古之聖賢，豈以殫力疲飢爲異人之能也哉！後之君子，平居侈然論古先王之道，若不足爲，而問之以目睫之事，於其所服食，於其所居處，於其所游衍肄業，有日與之接而不知其名義者焉，豈不大惑耶？余之幼也，被沐父兄之教，凡小學之所當講者，幸而得其端倪。氣昏質陋，中道輒畫，年益長而悔之，乃始拊膺持頰，以自刻厲，而文獻凋零，微言就絶，一時交友方共詆傷，以爲不切於事。每至耕鉏之餘、酬畫之頃，有觸於心，必默識而私求之。家罕書籍，有《急就篇》一卷，漢黄門令史游所撰，唐弘文館學士顔師古所注，又經新安朱先生仲晦所校，自謂名本。然而篇中正文絶無音訓，注之所及，疑義尚多，竊不自量，爲之補其遺闕，兼有異同之説，載於左方。嘗覩洙泗以來，師友會辨，皆互出所疑以相扣答，然後理盡而學精，使顔朱二公而在，余固願得而面請也。又惟古人著書，動緣教戒，而作此書，本取急速成就其辭，以便於章習，而四民之業，百用之宜，靡不周究。秦人以法吏爲師，公私宦學，轉相受襲，故以吏文終焉。儒者欲求漢學，惟齊魯諸生訓注，猶近古哉。

李氏孝謙 急就章解

《浙江通志·書目》一卷

存

張時徹《寧波府志》曰：李本字孝謙，以字行，鄞縣人。著《急就章解》。

萬氏光泰 急就篇補注

《續通考》二卷

存

杭世駿《詞科掌録》曰：萬光泰字循初，秀水人，廪生。浙江總督上蔡程公薦舉博學弘詞，乾隆丙辰入京，舉京兆秋試。循初少年有高才，詩骨秀朗，小詞温麗如周秦。體弱不勝衣，而文章氣奪萬夫。罷後，客津門查氏。著《轉注緒言》二卷、《漢音存正》二卷、《遂和堂類音辨》一卷。

光泰自述曰：史游《急就篇》，顔師古、王應麟二注詳矣。首七章言姓名姓氏，宋延年、鄭子方等類，顔以宋鄭爲姓，延年子方爲名，王亦仍之。竊意史氏必皆姓名兼舉，如韓魏唐、柏杜楊、尹李桑之例，二注偏舉未盡，因取可考之氏，補注其下，未見者缺焉。篇中兩句一韻，舊以伊嬰、齊閭、歡忻爲斷章，頗失其本，兹以一韻截爲一節。若乃屈宗、談宰、安期宜韻而不韻，字經三寫，或者猶有誤焉。

歐陽氏修 急就章

一卷，在本集

存

胡翰跋曰：文忠公在史館日，朝廷大制作皆出其筆，而餘力顧有及於小學家之流，其文蓋本漢黄門令史游，而稍變其體。昔游倣《凡將》爲《急就篇》，末叙長安中涇渭之術，後人增以齊國、山陽二章，意公取州名哀次者，亦緣此也。公之手澤在人間，往往獲見於兵火之餘，皆行書片紙，未有若此之凝重茂美，終卷無一字苟者，自當與其文共傳，爲世所寶也。今上人賢公以爲艸堂所蓄舊物，不欲輒出示人，吾恐非文忠之意，故常欲取皇象、鍾繇、王羲之所書漢《急就章》，與此合爲一卷，模而刊之，備小學一家，以廣其傳云。

王氏應麟 姓氏急就章

一卷

存

王氏褘 急就章

三篇，在《忠文集》

存

褘序曰：《急就章》，小學之流也，漢元帝時黄門令史游始爲之。初，秦李斯等作《倉頡》《爰歷》《博學》等篇，而漢興以來，徒隸之字是用，字學日以不正，游乃取其篇中正字，類而韻之，爲三十二章。東漢杜度、張芝善稾法，用以爲此章，號章草，世遂爲艸書起於游，而不知游所用者本正字也。其學至唐猶傳，蓋所傳者讀，而其體則無傳矣。宋大儒盧陵歐陽公及四明王應麟復以州名姓氏爲之，則皆棄其體而用其讀者。然今之習其讀者，固已鮮也。余治經之暇，偶取《禹貢》《詩》《周官》山川草木鳥獸六官之名爲三篇，以示諸子姓，始猶續古小學之遺意，非敢爲博雅君子道也。

李氏長 元尚

《漢志》一篇

佚

班固曰：成帝時將作大匠，作《元尚篇》，《倉頡》

中正字也。

揚氏雄訓纂

《漢志》一篇

佚

《漢書・藝文志》曰：元始中，徵天下通小學者以百數，各令記字於庭中，揚雄取其有用者以作《訓纂篇》，順續《蒼頡》，又易《蒼頡》中重復之字，凡八十九章。

又《揚雄傳》曰：雄少而好學，不爲章句，訓詁通而已。

又曰：其意欲求文章成名於後世，以爲經莫大於《易》，故作《太元》，傳莫大於《論語》，作《法言》，史篇莫大於《倉頡》，作《訓纂》。

許慎《説文解字叙》曰：孝宣皇帝時召通《倉頡》讀者，張敞從受之。凉州刺史杜業[一六]、沛人爰禮、講學大夫秦近亦能言之。孝平皇帝時徵禮等百餘人，令説文字未央庭中，以禮爲小學元士。黄門侍郎揚雄采以作《訓纂篇》，凡《倉頡》以下十四篇，凡五千三百四十字，羣書所載略存之矣。

按：《史記正義》引《訓纂》「户扈鄠三字一也」，王伯厚指爲篇中正文，考之《通典》，乃姚察《漢書訓纂》耳。

揚氏雄別字[一七]

《漢志》十三篇

佚

揚氏雄倉頡傳

《漢志》一篇

佚

揚氏雄倉頡訓纂

《漢志》一篇

佚

按：揚雄《倉頡訓纂》，《隋・經籍志》已不列其目，蓋其亡久矣。《説文解字》肉部「膴」引揚雄説「鳥腊也」，「胏」引揚雄説「[illegible]從𠂔」；舛部引揚雄「舛從足春」；晶部「曡」引揚雄説以爲「古理官決罪，三日得其宜，乃行之，從晶從宜」；系部「綷」引揚雄以爲

「漢律祠宗廟〔一八〕，丹書告」；手部「𢫬」重文「拜」，引揚雄説「拜從兩手下」。又黽部「鼀」引揚雄説「匽鼀蟲名」；《廣韻》鼀引《倉頡篇》「蟲名」，知即《訓纂》也。又《説文解字》甾部「[illegible]」，引杜林以爲「竹筥」，揚雄以爲「蒲器」。斗部「斡」，揚雄杜林説皆以爲「軺車輪斡」。揚與杜並有《倉頡訓纂》，故許君亦兼引之也。至氏部引揚雄賦曰「響若氏隤」，稱賦者，以别於《訓纂》也。

杜氏林倉頡故〔一九〕

《漢志》一篇《唐志》二卷

佚

《漢書·藝文志》曰：《倉頡》多古字，俗師失其讀，宣帝時徵齊人能正讀者，張敞從受之，傳至外孫之子杜林，爲作訓故，並列焉。

《杜鄴傳》曰：鄴少孤，其母張敞女，鄴壯，從敞子吉學問，得其家書。

又曰：鄴從張吉學，吉子竦又幼孤，從鄴學問，亦著於世，尤長小學。鄴子林，清静好古，亦有雅材，建武中歷位列卿，至大司空。其正文字過於鄴、竦，故世言小學者由杜公。

《隋書·經籍志》曰：梁有《倉頡》二卷，後漢司空杜林注，亡。

姚寬《西溪叢語》曰：杜鄴子夏，尤長小學，謂文字之學也。《周禮》：八歲入小學，保氏教國子以六書，故因名云。鄴子林，好古有雅才，建武中歷位列卿，至大司空。其正文字過於鄴，故言小學者宗於杜林。《三倉》：《倉頡篇》《訓纂篇》《滂喜篇》。《三倉》一卷，郭璞注。秦相李斯作《倉頡篇》，揚雄作《訓纂篇》，後漢郎中賈魴作《滂喜篇》，故曰《三倉》。梁有《倉頡》二卷，杜林注，見《隋·經籍志》。又《小學篇》一卷，晉下邳内史王義撰，及《小學》九篇，楊方撰，《始字》一卷、《勸學》一卷，蔡邕撰。司馬相如作《凡將篇》，班固《太甲篇》《杠昔篇》，崔瑗《飛龍篇》，蔡邕《聖皇篇》《黄初篇》《吴章篇》，蔡邕《女史篇》，合八卷。又《幼學》二卷，朱育撰。《始學》十二卷，吴郎中項峻撰。又《月儀》十二卷，亡。《發蒙記》一卷，晉著作佐郎束晳撰。張揖《字詁》。《漢·張衡傳》注有《倉頡篇》。《漢·安紀》注云：《倉頡篇》云「邸，舍也。」又曰「帝年十歲好學史書」，注云：「史書者，周宣王太史籀所作之書也，凡五十五篇，以教童蒙。」《魏·王粲傳》云：「邯鄲淳博學有才，特善倉雅蟲篆。」《通典》云：《漢官儀》云：「能通《倉頡》《史籀篇》，補蘭臺令史，滿歲爲尚書郎。」《法言》「學《倉頡》《史篇》」，注謂「多知奇難之字」。《三倉訓詁》三卷、《埤倉》二卷，並張揖撰。《廣倉》一卷，樊恭撰。見《唐·經籍志》。又有郭氏《字指》，何承天《纂文》，又有呂忱《字林》，郭璞《三倉解詁》，阮孝緒《字略》。

《新唐書・藝文志》曰：杜林《倉頡訓詁》二卷。

按：《説文解字》艸部「董」引杜林曰「藕根」，「蔘」引杜林説「芰從多」，「薵」引杜林説「艸苹藭皃」，「朱」引杜林説「亦朱朱字」。巢部「甹」引杜林説「以爲貶損之貶」，而部「耐」云「耏字本從彡，杜林改從寸朱」，杜林以爲法度之字皆從寸。水部「渭」引杜林説「《夏書》以爲出鳥鼠山」。耳部「耿」引杜林説「耿，光也，從光聖省」。女部「娸」引杜林説「娸，醜也」，「娶」引杜林説「加教於女也」，「婪」引杜林説「卜者黨相詐驗爲婪」。甾部「䶃」引杜林以爲「竹筥」。黽部「鼂」引杜林以爲「朝旦」。斗部「斡」引杜林説「軺車輪斡」。《史記索隱》引杜林云「豺似貊，白色」。皆《倉頡故》之文也。

賈氏魴 滂喜篇

《隋志》一篇

佚

《隋書・經籍志》曰：後漢郎中賈魴作《滂喜篇》。《北史・江式傳》曰：李斯破大篆爲小篆，造《倉頡》九章，趙高造《爰歷》六章，胡毋敬造《博學》七章，後人分五十五章，爲三卷：上卷至哀帝元壽中，揚子雲作《訓纂》，爲中卷，和帝永元中賈叔郎接記《滂喜》爲下卷。故稱爲《三倉》。

徐鉉曰：賈魴以《三倉》之書皆爲隸字，隸字始廣，而篆籀轉微。

張氏揖 三倉訓詁

《唐志》三卷

佚

按：張揖《三倉訓詁》三卷，《隋志》無之，惟見《唐志》。

者趙高、胡毋敬所益，五十五章者漢閭里師所並，八十九章者揚雄所續，一百二十章者班固所續。《訓詁》一篇爲二卷者，杜林所撰。《三蒼》三卷者，晉張軌所合。《三倉訓故》三卷者，魏張揖、晉郭璞所撰。趙高《爰歷》、胡毋敬《博學》在《倉頡》中，揚雄《訓纂》、賈魴《滂喜》在《三倉》中。杜林《故》亡於隋，《倉頡》《三倉》及《故》亡於宋。然自漢及唐，讫於北宋，傳注字部類書内典頗有引者。星衍始剌其文，撰爲三卷，《訓纂》《解故》即用《説文》部居，使讀者易於尋覽。《倉頡》始作，其例與《急就》同，名之「倉頡」者，亦如《急就》以首句題篇，《凡將》《飛龍》等皆是。詞或三字四字，以至七字，備取六藝群書之文，以便幼學循誦，故《七略》目之小學。揚雄、班固、杜林已下，始有訓故。今許君《説文解字》所稱揚雄、杜林、班固説，即《倉頡篇》也。許君云「鼂，揚雄説匽鼂蟲名」，《廣韻》引《倉頡篇》「蟲名」，知即《訓纂》。許君云「耏或從寸，諸法度字從寸」，應劭以爲杜林説，釋元應《禪經音義》亦云「耐字本從彡，杜林改從寸」，知《説文》稱「或從」，即《倉頡訓纂》也。今皆取之，《訓纂》與《訓故》俱亡，然元應稱《訓纂》「鱓蛇魚也」，疑即是。若張守節《史記正義》引《訓纂》「户扈鄠三字一也」，王應麟誤以爲《倉頡》，考之《通典》，乃姚

郭氏璞 三倉注

《隋志》三卷

佚

《晉書·郭璞傳》曰：璞好古文奇字，注釋《爾雅》，別爲音義、圖譜，又注《三倉》《方言》，皆傳於世。

《隋書·經籍志》曰：秦相李斯作《倉頡篇》，漢揚雄作《訓纂篇》，後漢郎中賈魴作《滂喜篇》，故曰《三倉》。

按：郭璞注《三倉》，亦稱「解詁」，原書已亡於宋。其見於傳注字部類書内典所引者，近孫氏星衍輯爲一書，凡三卷，所采張揖《訓詁》及郭璞《解詁》，皆存郭璞之名，惜無可別者尚多。

今本倉頡篇

二卷

存

孫星衍序曰：《倉頡》七章者，秦李斯所作，一篇

察《漢書訓纂》耳，今無取也。杜林書亡，見於《隋志》，故唐人引《倉頡》《三倉》，多襍反語，實出郭璞爲多，或亦名張揖，然應劭、晉灼及張衡賦舊注所稱《倉頡》，皆在揖、璞之前，實是揚杜之書無可疑者。今依諸書所引，存揖璞名，餘或古説，蓋未可别。且以璞注此書，親見漢人《訓纂》，諒非無據矣。《倉頡》本篆書，班固云：「文字多取《史籀》篇，而篆體復異，所謂秦篆。」又云：「《倉頡》多古字。」許君亦云所謂小篆，則此篇之字自當具在《説文》，而今倮㑋叵偃之屬，並非正字，當由漢魏隸書盛行，亦或傳寫此篇，故多譌謬，改便驚俗。今附見諸部，旁標正文，都由考據得之，非臆見也。漢律，學僮試諷籀書爲吏，又以八體課最爲尚書史。唐國子監五分其經以爲業，暇則命習隸書、《國語》《説文》《字林》《三蒼》《爾雅》，故其時學人能通古文訓故，用字廣至萬餘，皆有依據。如揚雄、司馬相如、陸機等所著詞賦，猶取爪音掌兆音攣甹音貶蚔音蚩諸文。六代翻譯禪經，莣衣笎笏烏鳩之屬，亦多借《蒼》《雅》難字，豈非家有傳書，教學多方者歟？自是厥後，羣書日亡，小學不課，儒者識字日少，九經所存不能通記，行用之字，數千而已。官府吏民文簿滋繁，字或不給，於是造爲俗書，不按經典，如今以奤代韜、卡代夆、拶代竿、挖代穵及甦，皆見《説文》。流俗相傳，愈失其本。諸儒説文，又以如心爲恕，立心如一日爲恒，教者教乎孝故從孝，以此而言，甚於馬頭人、人持十之類矣。國家廣求遺書，藏於秘閣，其有佚者，儒臣皆依《永樂大典》撰集成編。《説文》既盛行於時，惟《倉頡》不可得。《倉頡》者，許君所據，特成於衆手，又隨章句成義，多非六書本訓，故有異於《説文》者，若陶用匋，訓郭用𩫏，訓强本蟲也而以爲健，殿本擊也而云大堂。有謬於《説文》者，若嚳從冃，象持甑，而以爲持缶。繭從𦭝省，而以爲芾聲。有長於《説文》者，若膹膗俱臛也，而以膹爲多汁，膗爲少汁。縉帛也，而以爲襍帛。纊絮也，而以爲細絮。觀其會通，要是古書不可不覽。頃禮部儀制司任君大椿集《字林》八卷，索之彌月，始獲一見。星衍以戊辰之歲，讀書江寧瓦官寺閣，遊覽內典，見元應《一切經》並慧苑《華嚴經音義》引《倉頡》爲多，隨加鈔摭，兼采儒書，閱五年矣，粗具條理，刊而行之，庶亦小學之助。元應、慧苑之書，世多不傳，宋人博雅如朱文公、王伯厚，亦未之見，中引古書尤多，足與陸德明《經典釋文》並垂於世。星衍又嘗揄揚其美，屬友刊行焉。乾隆四十九年太歲在甲辰十一月十日撰，在陝西撫署。

畢沅序曰：孫明經以乾隆辛丑刊所集《倉頡篇》於西安節署，予爲序而行之。閲五年，明經刺取書傳所得益多，又以曩刻篆文，不通於俗，遂復刊於大梁，仍屬予序。予以爲漢世小學書存者，惟有《急就》《説文》，《説文》本諸《倉頡》，《倉頡》既佚，故《説文》之訓不可明，世反以疑叔重之語。按：鄭司農注《周禮》有「秅秭麻苔」之言，四字當即《倉頡篇》，則《説文》以「苔」爲小尗之義明。推之以宋爲居、蜀爲蟲之屬，皆本《三倉》，無足怪矣。今《説文》盛行，《倉頡》不可得。予嘗游秘閣，見《永樂大典》，尋檢此書，亦無完篇。明經博窮書傳，自六經、子史、傳注、類書、釋道三藏、靡所不覽，凡得數千言。《倉頡》皆古文，傳寫者或亂其本，唐宋人所引多未審正。明經又善解六書，甄別俗字，往所考證經典，以《春秋》傳「以蔵陳事」之「蔵」爲當是「著」。《爾雅》「山左右有岸厒」之爲當是「㕒」。一時注經人多取其言。今觀是篇，若以「凸」爲「凷」之據《廣韻》〔二〇〕，「匑匑」爲「匔躬」之據《廣雅》，「䶑」爲「癰」之據《論衡》，「鳶」爲「鳷」之據《説文》，「麽」爲「膺」之據《漢書》之類，旁所添注，皆非臆説。明經所著，復有《九經正俗字考》，亦仿此例，其書未成。予向著《經典辨證文字書》，頗爲好小學家所行用。又著《詩詁》一書，於中考證文字，似勝陸元朗、唐元度諸人，皆援引古書，是正今文。他日出與明經讀之，知必首肯。今世之小學家有錢少詹事辛楣、王水部懷祖、江處士叔澐、段大令若膺及錢判官、孫明經，皆予所素稔，予亦雅好此學。魯哀欲學小辨以觀於政，子曰：「爾雅以觀於古，足以辨言矣。」周公政成，著《周官》，又著《釋詁》，其訓多自與謚法解相同。毛氏亦稱「建邦能命，龜田能施命，作器能銘，使能造命，登高能賦，師旅能誓，山川能説，喪紀能誄，祭祀能語，可以爲大夫」，則知古人之學固通於政，《蒼》《雅》之學，宜亦予序業及之也。明經從予游五六年，悉其致學之苦心，因爲述梗槩如此。乾隆五十年太歲乙巳，序於大梁節署。

張氏揖 埤蒼

《隋志》二卷

佚

《魏書·江式傳》曰：魏博士清河張揖著《埤倉》《廣雅》《古今字詁》。《埤》《廣》綴拾遺漏，增長字類，然《字詁》方之許篇，或得或失。陳留邯鄲淳亦與揖同，博聞古藝，特善《蒼》《雅》、許氏《字指》、八體六書，精究閑理，有名於揖。以書教諸皇子，又建三字石經於漢碑西。

封演《聞見記》曰：《埤倉》《廣倉》《字指》《字詁》《字苑》《字訓》《文字志》《文字譜》之類，互相祖述，名目漸多。

今本埤倉

二卷

存

陳鱣《叙録》曰：魏張揖撰《埤倉》二卷。按，揖字稚讓，清河人，太和中爲博士，多聞古藝，特善《倉》《雅》，後魏江式稱其與陳留邯鄲淳齊名，所著别有《廣雅》三卷、《古今字詁》三卷、《雜字》一卷，又《三倉解詁》三卷，解《司馬相如傳》一卷，而陳壽《三國志》不爲立傳，良可惜也。揖之書，隋唐《志》並載其目，今惟《廣雅》獨存，餘皆亡逸。然自晉梁訖北宋，傳注、字部、類書、釋典俱有引《埤蒼》者，知即亡於南宋時矣。鱣少時嘗從所見羣書中集爲一卷，第隨各書采録，未及詳校。乾隆五十四年客京師，始補治之，用《説文》部分編次，使讀者易於尋求。《三倉》之字具在《説文》，此所謂埤，蓋雜取漢魏間俗字，方之許書，或得或失。如「苾」爲大香，「諄」爲告曉之屬，「瞟」爲明察，「髁」爲尻骨之類，皆與《説文》合。又如「譫多言也」，「揀擇也」，按《説文》作「詹多言也」，從言從八從产。「柬分别簡之也」，從束從八，八分别也。此詹旁加言，柬旁加手，實爲贅矣。至其説有可以互證經典者，如「箱序也」，字或作「廂」，按《説文》有「箱」無「廂」。《急就篇》云「東箱觀禮」，「侯於東箱」，《漢書・周昌傳》云「吕后側耳於東箱」，得此「序也」一訓，然後知今本《爾雅》之作「東西廂」，爲後人誤改或體字也。又云「拱大戈也」，按《爾雅》云「檝謂之弋，大者謂之拱」。《説文》無「栱」字。今互證之，可以定彼「栱」之爲「拱」，更可定此「戈」之爲「弋」也。又云「瓔琅，石似玉也」，案《説文》云「琅，石之似玉者」，而無「瓔」字。《山海經》云「瑜次之山，其陽多嬰垣之玉」，郭璞注「垣」或作「短」，或作「根」，或作「埋」，傳寫謬錯，未可得詳。畢尚書新校正云：或作「根」者，當爲「琅」。今互證之，可以定彼「根」之爲「艮」，更可以定此「瓔」之爲「嬰」也。《埤倉》與《廣雅》相表裏，故其説有與之同者。《廣雅》云「經梳謂之枃」，此云「枃，凡織先經以枃梳絲，使不亂出」。《廣雅》「鼓䥫謂之柩」，曹憲《音義》「䥫」或從壺，此云「䥫鼓柩也」。亦有與之異者，《廣雅》，「聉聾也」，此作「聉聲貌」。《廣雅》云「摽擊也」，此作「抛擊也」。按《説文》無「抛」，止作「摽」耳。至聉、枃、䥫、柩等字，悉是俗體。今於《説文》所無之字，旁標正文，皆由考據，而非臆見。疑則闕之，注以俗字。夫載籍極博，聞見難窮，補遺正誤，是所待於俊哲之倫矣。鱣著《説文解字正義》，思盡讀《倉》《雅》遺書，每於古訓遺文，單詞片語，零行依附，獲則取之，以資左證。自病孤陋，多致疏違，比來京師，幸得親炙於當世賢豪，有若邵二雲編修之於《爾雅》，王懷祖侍御之於《廣雅》，孫淵如編修之於《倉頡篇》，任子田禮部之於《字林》，具有成書，小學之興，於今爲盛。鱣於是編而外，更采集《聲類》《通俗文》等書，因編校《埤倉》既竣，而述其大略如此，以質之數君子焉。

樊氏恭 廣倉

《七録》一卷

佚

《隋書·經籍志》曰：梁有《廣倉》一卷，樊恭撰，亡。

今本廣倉

一卷

存

陳鱣《叙録》曰：樊恭撰《廣倉》一卷。魏江式論書表所謂《埤》《廣》綴拾遺漏，增長字類。封演《聞見記》所謂《埤倉》《廣倉》之類，互相祖述，名目漸多者也。魏徵等稱其書已亡，然唐初著述家往往引之，如李善《文選》注引云「性，用心並誤也」，釋元應《一切經音義》引云「穜，短予也」，「瘭，靡成也」，皆俗字，大約與《廣雅》相似。暇日輯爲一編，次之《埤倉》之後焉。

王氏家植 三倉學

見《山東通志》列傳

佚

《山東通志》傳曰：王家植字木仲，濱州人。萬曆甲辰進士，官編修。以博學名，著有《三倉學》《四書》《禮經勸説》《史薈》《史鑒》《莊岳》等書行世。

班氏固 大甲篇

《七録》一卷

佚

《漢書·班彪傳》曰〔二〕：彪子固，字孟堅。年九歲能屬文誦詩書，及長，遂博覽載籍，九流百家之言，無不窮究。以彪所續前史未詳，乃潛精研思，欲就其業。郡上其書，顯宗甚奇之，召詣校書部[二二]，除蘭臺令史，遷爲郎，典校秘書。帝使終成前所著書，至建初中乃成。永元初，竇憲出征匈奴，以固爲護軍，與參議。及竇憲敗，固先坐免官。及竇氏賓客皆逮考，競因此捕繫固，遂死獄中，時年六十一歲。所著凡四十一篇。

班氏固 在昔篇

《七録》一卷

佚

按：《漢書·藝文志》云：「臣復續揚雄作十三章。」韋昭注：臣，班固自謂也。作十三章，後人不別，疑在《倉頡》下篇三十四章中。今考《隋志》所列《大甲》《在昔》二篇，亦疑即《倉頡篇》中之二也。《説文解字》亦引班固説[二三]。

崔氏瑗 飛龍篇

《七録》一卷

佚

《後漢書·崔瑗傳》曰：瑗字子玉，早孤，鋭志好學，盡能傳其父業。年十八至京師，從侍中賈逵質正大義，逵善待之，因留遊學，遂明天官、曆數、京房《易傳》、六日七分，諸儒宗之。尤善爲書記、箴銘，所著賦、碑銘、箴頌、《七蘇》《南陽文學官志》[二四]《歎辭》《移社文》《悔祈》《艸書勢》七言，凡五十七篇。

小學考卷九終

校記

〔一〕曰：原誤作「禹」，據《漢書》卷七二《貢禹傳》改。

〔二〕史書：據《漢書》卷九〇《酷吏傳》，當爲衍文。又，「奏成」上，原有「所欲誅殺」四字，當補。

〔三〕「八體六技」下，《漢書》卷三〇《藝文志》載韋昭注云：「八體：一曰大篆，二曰小篆，三曰刻符，四曰蟲書，五曰摹印，六曰署書，七曰殳書，八曰隸書。」又，原書無「八篇」二字，未曉謝啓昆補自何書。

〔四〕印章：原作「印信」，據《漢書》卷三〇《藝文志》改。

〔五〕「小篆也」下，許慎《説文解字敘》尚有「秦始皇使下杜人程邈所作也」一句。

〔六〕、〔七〕漢興，原誤作「漢書」，據《漢書》卷三〇《藝文志》改。

〔八〕唯有：原脱「唯」字，據宋羅願《羅鄂州小集》卷四《書急就篇後》補。

〔九〕市里：原作「市理」，據右引書改。

〔一〇〕而：原作「者」，據晁公武《郡齋讀書後志》卷一改。

〔一一〕自見：原作「是見」，據《宋史》卷四三八《王應麟傳》改。

〔一二〕左丞相疏不報：按，此處删節《宋史》本傳文字不當，致文意不明。《宋史》曰：「左丞相留夢炎任用私人，應麟繳奏云云，「疏再上，不報」。

〔一三〕頃町界畝：「町」字原爲闕文，據《急就篇》卷三補。案：《左傳正義》引本文見襄公二十五年。

〔一四〕上：原作「土」，據文意改。

〔一五〕東坡集：原誤作「東坂集」，據《佩文齋書畫譜》卷六八「宋太宗書急就章」條引《東坡集》改。

〔一六〕杜業：原脱，據許慎《説文解字叙》補。

〔一七〕案：《漢書》卷三〇《藝文志》載録「《别字》十三篇、《蒼頡傳》一篇」，不署撰者名，而小學類序録謂「凡小學十家」。此二書當分别爲二家，與揚雄合爲「十家」之數，故是書不當歸入揚雄之著述，《小學考》疑誤。

〔一八〕祠：原作「詞」，據《説文》卷十三上系部「綷」字注釋改。

〔一九〕《漢書》卷三〇《藝文志》著録「杜林《蒼頡訓纂》一篇，杜林《蒼頡故》一篇」，凡二種。本書未著録《蒼頡訓纂》。

〔二〇〕廣韻：原誤作「黄韻」，今改。案：光緒刊本已改作「廣韻」。

〔二一〕漢書：當作「後漢書」。案：《班彪傳》載《後漢書》卷四〇上、下，班固傳附于其中。

〔二二〕部：原作「郎」，據《後漢書·班彪傳》附班固傳改。

〔二三〕班固《漢書·藝文志》小學類序稱：「至元始中，

徵天下通小學者以百數，各令記字於庭中，揚雄取其有用者以作《訓纂篇》，順續《倉頡》，又易《倉頡》中重復之字，凡八十九章。臣（校點者案：指班固）復續揚雄作十三章，無復字，六藝群書所載略備矣。」據班固序文，固亦嘗順續《訓纂》，著十三章，凡七百八十字。然許慎《説文叙》僅及揚雄《訓纂篇》五千三百四十字（即八十九章），未及班固順續之文。《隋書·經籍志》一小學類著録班固有《太甲篇》《在昔篇》，亦不及順續之文。其書蓋佚亡已久。宋王應麟《玉海》卷四四於《太甲》《在昔篇》下注云：「續揚雄作十三章。」疑即班固《太甲篇》《在昔篇》。

〔二四〕文學官志：原脱「志」字，據《後漢書·崔瑗傳》補。

小學考卷十

文字二

許氏慎說文解字

《隋志》十五卷

存

《後漢書·儒林傳》曰：許慎字叔重，汝南召陵人也。性淳篤，少博學經籍，馬融常推敬之，時人爲之語曰：「五經無雙許叔重。」爲郡功曹，舉孝廉，再遷除洨長，卒於家。初，慎以五經傳説臧否不同，於是撰爲《五經異義》，又作《説文解字》十四篇，皆傳於世。

慎自序曰：古者庖犧氏之王天下也，仰即觀象於天，俯則觀法於地，視鳥獸之文與地之宜，近取諸身，遠取諸物，於是始作《易》八卦以垂憲象。及神農氏結繩爲治而統其事，庶業其繁，飾僞萌生。黄帝之史倉頡見鳥獸蹏迒之迹，知分理之可相别異也，初造書契，百工以乂，萬品以察，蓋取諸夬，夬揚於王庭。言文者宣教明化於王者，朝廷君子所以施祿及下，居德則忌也。倉頡之初作書，蓋依類象形，故謂之文，其後形聲相益，即謂之字。字者，言孳乳而寖多也。著於竹帛謂之書，書者如也。以迄五帝三王之世，改易殊體，封於泰山者七十有二，代靡有同焉。周禮：八歲入小學，保氏教國子，先以六書：一曰指事。指事者，視而可識，察而見意，上下是也。二曰象形。象形者，畫成其物，隨體詰詘，日月是也。三曰諧聲。諧聲者，以事爲名，取譬相成，江河是也。四曰會意。會意者，比類合誼，以見指撝，武信是也。五曰轉注。轉注者，建類一首，同意相受，考老是也。六曰假借。假借者，本無其字，依聲託事，令長是也。及宣王太史籀著大篆十五篇，與古文或異。至孔子書六經，左邱明述《春秋傳》，皆以古文，厥意可得而説。其後諸侯力政，不統於王，惡禮樂之害己，而皆去其典籍，分爲七國，田疇異畮，車涂異軌，律令異法，衣冠異制，言語異聲，文字異形。秦始皇帝初兼天下，丞相李斯乃奏同之，罷其不與秦文合者。斯作《倉頡篇》，中車府令趙高作《爰歷篇》，太史令胡毋敬作《博學篇》，皆取史籀大篆，或頗省改，所謂小篆者也。是時秦燒滅經書，滌除舊典，大發隸卒，興役戍，官獄職務繁，初有隸書，以趣約易，而古文由此絶矣。自爾秦書有八體：一曰大篆，二曰小篆，三曰刻符，四曰蟲書，五曰摹印，六曰署書，七曰殳書，八曰隸書。漢興，有草書，尉律：學僮十七已上始試，諷籀書九千字，乃得爲吏。又以八體試之，郡移太史，並課最者以爲尚書史。書或不正，輒舉劾之。今雖有尉律，不課，小學不修，莫達其説久矣。孝宣皇帝時，召通《倉頡》讀者，張敞從受之。涼州刺史杜業、沛人爰禮、講學大夫秦近亦能言之。孝平皇帝時，徵禮等百餘人，令説文字未央廷中，以禮爲小學元士。黄門侍郎揚雄采以作《訓纂篇》[一]，凡《倉頡》以下十四篇，凡五千三百四十字，羣書所載，略存之矣。及亡新居攝，使大司空甄豐等校文書之部，自以爲應制作，頗改定古文，時有六書：一曰古文，孔子壁中書也。二曰奇字，即古文而異者也。三曰篆書，即小篆，秦始皇帝使下杜人程邈所作也。四曰佐書，即秦隸書。五曰繆篆，所以摹印也。六曰鳥蟲書，所以書幡信也。壁中書者，魯恭王壞孔子宅，而得《禮記》《尚書》《春秋》《論語》《孝經》。又北平侯張蒼獻《春秋左氏傳》。郡國亦往往於山川得鼎彝，其名即前代之古文，皆自相似[二]，雖叵復見遠流，其詳可得略説也。而世人大共非訾，以爲好奇者也，故詭更正文，鄉壁虚造不可知之書，變亂常行，以燿於世。諸生競説字解經誼，稱秦之隸書爲倉頡時書，云父子相傳，何得改易？乃猥曰馬頭人爲長，人持十爲斗，蟲者屈中也。廷尉説律，至以字斷法，苛人受錢，苛之字止句也。若此者甚衆，皆不合孔氏古文，謬於史籀。俗儒鄙夫，翫其所習，蔽所希聞，不見通學，未嘗覩字例之條，怪舊藝而善野言，以其所知爲秘眇，究洞聖人之微指。又見《倉頡篇》中「幼子承詔」，因號古帝之所作也，其辭有神僊之術焉。其迷誤不諭，豈不悖哉！《書》曰：「予欲觀古人之象，言必遵修舊文而不穿鑿。」孔子曰：「吾猶及史之闕文，今亡矣夫[三]！」蓋非其不知而不問，人用己私，是非無正，巧説衺辭，使天下學者疑。蓋文字者經藝之本、王政之始，前人所以垂後，後人所以識古，故曰本立而道生，知天下之至賾而不可亂也。今叙篆文，合以古籀，博採通人，至於小大，信而有證。稽撰其説，將以理羣類，解謬誤，曉學者，達神恉，分別部居，不相雜廁也。萬物咸覩[四]，靡不兼載，厥誼不昭，爰明以諭。其稱《易》孟氏、《書》孔氏、《詩》毛氏、《禮》周官、《春秋》左氏、《論語》《孝經》，皆古文也。其於所不知，蓋闕如也。

後叙曰：此十四篇，五百四十部，九千三百五十三文，重一千一百六十三，解説凡十三萬三千四百四十一字。其建首也，立一爲耑，方以類聚，物以羣分，同牽條屬，其理相貫，雜而不越，據形係聯，引而申之，以究萬原。畢終於亥，知化窮冥。於時大漢，聖德熙明，承天稽唐，敷崇殷中，遐邇被澤，渥衍沛滂，廣業甄微，學士知方，探賾索隱，厥誼可傳。粵在永元困頓之年，孟陬之月，朔日甲申，曾曾小子，祖自炎神，縉雲相黄，共承高辛，太岳佐夏，吕叔作藩，俾侯于許，世祚遺靈。自彼徂召，宅此汝瀕，竊印景行，敢涉聖門。其弘如何，節彼南山，欲罷不能。既竭愚才，惜道之味，聞疑載疑，演贊其志，次列微辭，知此者稀。儻昭所尤，庶有達者，理而董之。

許沖上書曰：召陵萬歲里公乘艸莽臣沖，稽首再拜，上書皇帝陛下。臣伏見陛下神明盛德，承遵聖業，上考度於天，下流化於民。先天而天不違，後天而奉天時，萬國咸寧，神人以和。猶復深惟五經之妙，皆爲漢制，博采幽遠，窮理盡性，以至於命。先帝詔侍中騎都尉賈逵修理舊文，殊藝異術，王教一耑，苟有可以加於國者，靡不悉集。《易》曰：「窮神知化，德之盛也。」《書》曰：「人之有能有爲，使羞其行而國其昌。」臣父故太尉南閣祭酒慎，本從逵受古學。蓋聖人不妄作，皆有依據，今五經之道，昭炳光明，而文字者其本所由生。自周禮漢律，皆當學六書貫通其意，恐巧説衺辭，使學者疑。慎博問通人，考之於逵，作《説文解字》，六藝羣書之詁，皆訓其意，而天地鬼神、山川草木、鳥獸蚰蟲、雜物奇怪，王制禮儀，世間人事，莫不畢載，凡十五卷、十三萬三千四百四十一字。慎前以詔書校書東觀〔五〕，教小黄門孟生、李喜等，以文字未定，未奏上。今慎已病，遣臣齎詣闕。慎又學《孝經》孔氏古文説。古文《孝經》者，孝昭帝時魯國三老所獻，建武時給事中議郎衛宏所校皆口傳，官無其説，謹撰具一篇並上。臣沖誠惶誠恐，頓首頓首，死罪死罪，稽首再拜以聞皇帝陛下。建光元年九月己亥朔二十日戊午上。召上書者汝南許沖詣左掖門外會，令並齎所上書。十月十九日，中黄門饒喜以詔書賜召陵公乘許沖布四十匹，即日受詔朱雀掖門，敕勿謝。

洪邁《隨筆》曰〔六〕：許叔重在東漢與馬融、鄭康成不甚相先後，而所著《説文》引用經傳，多與今文不同，聊摭逐書十數條以示學者，其字異而音同者不載。所引《周易》「百穀草木麗乎土」爲「草木䕻乎地」；「服牛乘馬」爲「犕音備牛乘馬」，「夕惕若厲」爲「若夤」，「其文蔚也」爲「斐也」，「乘馬班如」爲「驙如」，「天地絪緼」爲「天地壹壺」。所引《書》「帝乃殂落」爲「勛乃殂」，「竄三苗」爲「𥨊塞也，音倅。三苗」。又「圛昇雲半有半無」，「獂有爪而不敢以撅」及「以相陵懱」，「維緢有稽」之句，皆云《周書》，今所無也。所引《詩》「既伯既禱」爲「既禡既禂」，「新臺有泚」爲「有玼」，「焉得諼草」爲「安得藼草」。《論語》「荷蕢」爲「荷臾」〔七〕，「褻裘」爲「絬衣」，又有「跢予之足」一句。《孟子》「源源而來」爲「謜謜」，「接淅」爲

「滰淅」，滰，其兩反，乾漬米也〔八〕。《左傳》「尨涼」爲「牻涼」，「芟夷」爲「癹音發夷」。《國語》「觥飯不及壺飧」爲「侊飯不及一食」。如此者甚多。

顧炎武《日知録》曰：自隸書以來，其能發明六書之指，使三代之文尚存於今日，而得以識古人制作之本者，許叔重《説文》之功爲大。後之學者，一點一畫，莫不奉之爲規矩，而愚以爲亦有不盡然者。且以六經之文，《左氏》《公羊》《穀梁》之傳，毛萇、孔安國、鄭衆、馬融諸儒之訓，而未必盡合，況叔重生於東京之中世，所本者不過劉歆、賈逵、杜林、徐巡等十餘人之説，楊慎《六書索隱序》曰：《説文》有孔子説、楚莊王説、左氏説、韓非説、淮南子説、司馬相如説、董仲舒説、京房説、衛宏説、揚雄説、劉歆説、桑欽説、杜林説、賈逵説、傅毅説、官浦説、譚長説、王育説、尹彤説、張林説、黄顥説、周盛説、逯安説、歐陽僑説、寧嚴説、爰禮説、徐巡説、莊都説、張徹説。而以爲盡得古人之意，然與否與？一也。五經未遇蔡邕等正定之先，傳寫人人各異，今其書所收率多異字，而以今經校之，則《説文》爲矩。又一書之中，有兩引而其文各異者。如汜下引《詩》「江有汜」，洍下引《詩》「江有洍」。逑下引《書》「旁逑孱功」，孱下引《書》「旁救孱功」。䂸下引《詩》「赤舄己己」，掔下引《詩》「赤舄掔掔」。後之讀者，將何所從？二也。鄭玄嘗駮許慎《五經異義》。《顏氏家訓》亦云：「《説文》中有援引經傳，與今乖者，未之敢從。」流傳既久，豈無脱漏？即徐鉉亦謂篆書堙替日久，錯亂遺脱，不可悉究。今謂此書所闕者必古人所無，别指一字以當之，如《説文》無「劉」字，後人以「鎦」字當之；無「由」字，以「粤」字當之；無「免」字，以「絻」字當之。改經典而就《説文》，支離回互。三也。今舉其一二評之。如秦、宋、薛皆國名也，秦從禾以地宜禾，亦已迂矣，宋從木爲居，薛從辛爲辠，此何理也？《費誓》之「費」改爲「粊」，訓爲惡米。「武王載旆」之「旆」改爲「坺」，訓爲臿土。「威」爲姑，「也」爲女陰，「殹」爲擊聲，「困」爲故廬，「普」爲日無色，此何理也？「貉」之爲言惡也，視「犬」之字如畫狗，狗叩也，豈孔子之言乎？訓「有」則曰「不宜有也」，《春秋》書「日有食之」。訓「郭」則曰「齊之郭氏善善不能進，惡惡不能退，是以亡國」，不幾於剿説而失其本指乎。「居」爲法古，「用」爲卜中，「童」爲男有辠，「襄」爲解衣耕，「弔」爲人持弓會敺禽，「辱」爲失耕時，「臾」爲束縛捽抴，「罰」爲持刀罵詈，「勞」爲火燒門，「宰」爲辠人在屋下執事，「冥」爲十六日月始虧，「刑」爲刀守井，不幾於穿鑿而遠於理情乎？武曌師之而制字，荆公廣之而作書，不可謂非濫觴於許氏者矣。若夫訓參爲商星，此天文之不合者也。訓亳爲京兆杜陵亭，此地理之不合者也。書中所引樂浪事數十條，而他經籍反多闕略，此采摭之失其當者也。今之學者能取其大而棄其小，擇其是而違其非，乃可謂善學《説文》者與！《後周書》黎景熙其從祖廣，太武時爲尚書郎，善古學，嘗從吏部尚書崔元伯受字義，又從司徒崔浩學楷篆。自是家傳其法，景熙亦傳習之，頗與許氏有異。可見魏晉以來，傳受亦各不同。

《四庫全書提要》曰：是書成於和帝永元十二年，凡十四篇，合目録一篇，爲十五篇，分五百四十部，爲文九千三百五十三，重文一千一百六十三，注十三萬三千四百四十字。推究六書之義，分部類從，至爲精密，而訓詁簡質，猝不易通。又音韻改移，古今異讀，諧聲諸字，亦每難明，故傳本往往訛異。宋雍熙三年，詔徐鉉、葛湍、王惟恭、句中正等重加刊定。凡字爲《説文》注義序例所載〔九〕，而諸部不見者，悉爲補録。又有經典相承，時俗要用，而《説文》不載者，亦皆增加，别題之曰新附字。其本有正體，而俗書訛變者，則辨於注中。其違戾六書者，則别立卷末。或注義未備，更爲補釋，亦題「臣鉉等按」以别之。音切則一以孫愐《唐韻》爲定。以篇帙繁重，每卷各分上下，即今所行毛晉刊本是也。明萬曆中，宫氏刻李燾《説文五音韻譜》陳大科序之，誤以爲即鉉校本。陳啓源作《毛詩稽古編》，顧炎武作《日知録》，並沿其謬，豈毛氏所刊當時猶未盛行歟？書中古文籀文，李燾據唐林罕之説，以爲晉悋令吕忱所增。考慎自序云「今序篆文，合以古籀」，其語甚明。所記重文之數，亦復相應。又《法書要録》載後魏江式《論書表》曰：「晉世義陽王典詞令，任城吕忱表上《字林》六卷，尋其況趣，附託許慎《説文》，而按偶章句，隱别古籀，奇惑之字，文得正隸，不差篆意。」則忱書並不用古籀，亦有顯證，知罕之所云吕忱《字林》多補許慎遺闕者，特廣《説文》未收字耳。其書今雖不傳，然如《廣韻》一東部炯字、䆗字，四江部噥字之類，云出《字林》者，皆《説文》所無，亦大略可見。燾以《説文》古籀爲忱所增，誤之甚矣。自魏晉以來，言小學者皆祖慎，至李陽冰始曲相排斥，未協至公。然慎書以小篆爲宗，至於隸書、行書、草書，則各爲一體，孳生轉變，時有異同，不悉以小篆相律，故顔元孫《干禄字書》曰：「自改篆行隸，漸失其真。若總據《説文》，便下筆多礙，當去泰去甚，使輕重合宜。」徐鉉《進説文表》亦曰：「高文大册，則宜以篆籀著之金石，至於常行簡牘，則草隸足矣。」二人皆精通小學，而持論如是。明黄諫作《從古正文》，一切以篆改隸，豈識六書之旨哉！至其所引五經文字，與今本多不相同，或往往自相違異。顧炎武《日知録》嘗摭其汜下作「江有汜」，洍下又作「江有洍」；巹下作「赤舄己己」，掔下又作「赤舄掔掔」，是所云《詩》用毛氏者，亦與今本不同。蓋雖一家之學，而支派既别，亦各不相合。好奇者或據之以改經，則謬戾殊甚，能通其意而又能不泥其迹，庶乎爲善讀《説文》矣。又案，慎序自稱《易》孟氏、《書》孔氏、《詩》毛氏、《禮》周官、《春秋》左氏、

《論語》《孝經》皆古文，考劉知幾《史通》稱古文《尚書》得之壁中，博士孔安國以校伏生所誦，增多二十五篇，案：此亦據梅賾古文而言，實則孔氏原本僅增多十六篇。更以隸古字寫之，編爲四十六卷。司馬遷屢采其事，故遷多有古說。至於後漢孔氏之本，遂絶其有，見於經典者諸儒皆謂之逸書。是孔氏壁中之書，慎不得見，《說文》末載慎子冲上書，稱慎古學受之賈逵，而《後漢書·儒林傳》又稱，扶風杜林傳《古文尚書》，林同郡賈逵爲之作訓，馬融作傳，鄭玄注解，由是《古文尚書》遂顯於世，是慎所謂孔氏書者，即杜林之本。顧《隋志》稱杜林《古文尚書》所傳僅二十九篇，又雜以今文，非孔舊本，案：古文除去無師説者十六篇，正得伏生二十九篇之數，非雜以今文。《隋志》此文亦據梅賾古文，未及與《漢書》互校。自餘絶無師說。陸德明《經典釋文》采馬融注甚多，皆今文《尚書》，無古文一語。即《說文》注中所引，亦皆在今文二十八篇之中，惟「若藥不瞑眩」一句，出古文《說命》耳。此及馬融注，皆朱彝尊《經義考》之説。然此一句，朱彝尊猶謂其自《孟子》引出，則慎所謂孔氏本者，非今五十八篇本矣。以意推求，《漢書·藝文志》稱劉向以中古文校歐陽、大小夏侯三家經文，《酒誥》脱簡一、《召誥》脱簡二，文字異者七百有餘，脱字數十云云，所謂中古文，即孔氏所上之古文，存於中秘者。是三家之本立在博士者，皆經劉向以古文勘定，改其訛脱，其書已皆與古文同〔一〇〕，儒者據其訓詁言之，則曰大小夏侯、歐陽《尚書》，據其經文言之，則亦可曰孔氏《古文尚書》。第三家解說，祇有伏生二十八篇遞相授受，餘所增十六篇不能詮釋，遂置不言，故馬融《書序》稱逸十六篇，絶無師說也。按：融序今不傳，此語見孔穎達《尚書正義》中。使賈逵所傳杜林之本即今五十八篇之本，則融嘗因之作傳矣，安有是語哉！又《後漢書·杜林傳》稱，林前於西州得漆書《古文尚書》，嘗寶愛之，雖遭艱困，握持不離身云云。是林所傳者乃古文字體，故謂之漆書，是必劉向校正三家之時，隨二十八篇傳出，以字非隸古，世不行用，林偶得之以授逵，逵得之以授慎，故慎稱爲孔氏本，而亦止二十八篇，非真見安國舊本也。論《尚書》者惟《說文》此句最爲疑竇，閻若璩《尚書古文疏證》牽於此句，遂誤以馬鄭所注爲孔氏原本，爲千慮之一失，故附考其原流如此。

戴震《答江慎修論小學書》曰：《說文》所載九千餘文，當小學廢失之後，固未能一一合於古，即《爾雅》亦多不足據。姑以《釋故》言之，如「台朕賚畀卜陽，予也」，「台朕陽」當訓予我之予，「賚畀卜」訓賜予之予，不得錯見一句中。「孔魄哉延虛無之言閒也」，郭氏注云：「孔穴、延魄、虛無，皆有間隙，餘未詳。」考之《說文》，「哉，言之間也」，言之間即助詞，然則「哉之言」三字，乃「言之間」，「言」爲助詞，見於《詩》《易》多矣。「豫射，厭也」，郭氏注云：「《詩》曰『服之無射』，『豫』未詳。」豫蓋當訓厭足厭飫之厭，「射」訓厭倦厭憎之厭，此皆掇拾之病。其解釋《詩》《書》，緣詞生訓，非字義之本然者，不一而足。然今所有傳注，莫先《毛詩》，其爲書又出《爾雅》後，《爾雅》「杜，甘棠」，「梨，山樆」，「榆，白枌」，立文少變，杜澀棠甘，而名類可互見。杜赤棠，白者棠，以棠見杜；杜甘棠，以杜見棠。《毛詩》「甘棠，杜也」誤，「枌，白榆也」，不誤。杜甘曰棠，黎山生曰樆，榆白曰枌。朱子《詩集傳》於《陳·東門之枌》云「枌，白榆也」，本《毛詩》。於《唐·山有蓲》云「榆，白枌也」，殆稽《爾雅》而失其讀。其他《毛詩》誤用《爾雅》者甚多。先儒言《爾雅》往往取諸《毛詩》，非也。若《説文》視《爾雅》《毛詩》固最後，沿本處多，要亦各有師承。《爾雅》「以衣涉水爲厲」，「繇帶已上爲厲」，《説文》砅字又作「濿」，省用「厲」。「履石渡水也」，引詩「深則砅」，詩之意以水深必依橋梁乃可過，喻禮義之大防不可犯。若淺水則褰衣而過，尚不濡衣。酈道元《水經注》云：「段國《沙州記》吐谷渾於河上作橋，謂之河厲。」此可證橋有厲之名。《衛》詩淇梁、淇厲並舉，厲固梁之屬也。就茲一字，《爾雅》失其傳，《説文》得其傳。觸類推求，遽數之不能終其物用。是知漢人之書，就一書中有師承考據者，有失傳傅會者。《説文》於字體字訓，罅漏不免。其論六書，則不失師承。劉歆、班固云：象形、象事、象意、象聲、轉注、假借。鄭衆云：象形、會意、轉注、處事、假借、諧聲。所言各乖異失倫。《説文》序稱：一指事，二象形，三形聲，四會意，五轉注，六假借。轉注考老字，後人不解。裴務齊《切韻》猥云「考」字左迴，「老」字右轉。戴仲達周伯琦之書，雖正老字屬會意，考字屬諧聲，而不能不承用左迴右轉爲轉注，別舉側山爲「𠂤」，反人爲「匕」等象形之變轉者當之。徐鉉、徐鍇、鄭樵之書，就「考」字傅會，謂祖考之考，古銘識通用丂，於丂之本訓，轉其義而加「老省」注明之。又如犬走貌爲「猋」，《爾雅》「扶搖謂之猋」，於猋之本訓轉其義，飈則偏旁加風注明之。此以諧聲中聲義兩近者當轉注，不特一類分爲二類甚難，且校義之遠近，必多穿鑿。王介甫《字説》强以意解加之諧聲字。陸佃《埤雅》中時摭之，使按之理義不悖，如程子、朱子論中心爲忠、如心爲恕，猶失六書本法，岐惑學者。今區分諧聲一類爲轉注，勢必强求其義之近似，况古字多假借，後人始增偏旁，其得盡證之，使自爲類乎？楊桓又謂三體已上，展轉附注，斯説之謬易見，而莫謬於蕭楚、張有諸人轉聲爲轉注之説。雖好古如顧炎武，亦不復深省。《説文》於假借舉「令長」字，乃移而屬轉注。古今音讀莫考，如好惡之惡今讀去聲，古人有讀入聲者，美惡之惡今讀入聲，古人有讀去聲者。宋魏文靖論觀卦云：「今轉注之説，則彖象爲觀示之觀，六爻爲觀瞻之觀，竊意未有四聲反切已前，安知不爲一音乎！」據此言之，轉聲已不易定，轉注假借何以辨？今讀先生手教曰：「本義外展轉引伸爲他義或變音，皆爲轉注，其無義而但借其音或相似之音，則爲假借。」又曰：「字之本義，亦有不可曉者。」震之疑不在本義之不可曉，而在展轉引伸爲他義，有遠有近，有似遠義實相因，有近而義不相因，有絶不相涉而旁推曲取，又可强言其義。區分假借一類而兩之，殆無異區分諧聲一類而兩之也。六書之諧聲、假借，並出於聲，諧聲以類附聲而更成字，假借依聲託事，不更制字。或同聲，或轉聲，或聲義相倚而俱近，或聲近而義絶遠，諧聲具是數者，假借亦具是數者。後世求轉注之説不得，並破壞諧聲、假借，此震之所甚惑也。《説文》「老」從人毛匕，言鬚髮變白也，「考」從老省丂聲。其解字體，一會意，一諧聲甚明，而引之於序，以實其所論轉注，不宜自相矛盾，是故別有説也。使許氏説不可用，亦必得其説然後駁正之，何二千年間，紛紛立説者衆，而以猥云左迴右轉者之謬悠目爲許氏，可乎哉？震謂考、老二字屬諧聲、會意者，字之體，引之言轉注者字之用。轉注之云，古人以其語言立爲名類，通以今人語言，猶曰互訓云爾。轉相爲注，互相爲訓，古今語也。《説文》於「考」字訓之曰「老也」，於「老」字訓之曰「考也」，是以序中論轉注舉之。《爾雅·釋詁》有多至四十字共一義，其六書轉注之法歟？別俗異言，古雅殊語，轉注而可知，故曰「建類一首，同意相受」。大致造字之始，無所馮依，宇宙間事與形兩大端而已，指其事之實曰指事，一二上下是也；象其形之大體曰象形，日月水火是也。文字既立，則聲寄於字，而字有可調之聲，意寄於字，而字有可通之意，是又文字之兩大端也。因而博衍之，取乎聲諧曰諧聲，聲不諧而會合其意曰會意。四者書之體止此矣。由是之於用，數字共一用者，如「初哉首基」之皆爲始，「卬吾台予」之皆爲我，其義轉相爲注，曰轉注。一字具數用者，依於義以引伸，依於聲而旁寄，假此以施於彼，曰假借。所以用文字者，斯其兩大端也。六者之次第出於自然，立法歸於易簡，震所以信許叔重論六書必有師承，而考老二字，以《説文》證《説文》，可不復疑也。存諸心十餘載，因聞教未達，遂縱言之。

錢塘《與王無言書》曰：僕少好《説文解字》一書，暇輒觀之，遂能漸悟其旨。嘗以爲文字之作，雖別爲六書，求其要領，實不越乎形聲而已。建首之文，形之本也，亦聲之本也，有形即有聲，至於聲音相切，文字日繁，而其條理要自雜而不越。天子又時爲之考定其是非，是以文字之本音，至周尚存。秦漢之際，天子不考文，民間多以方語亂之，本音由是漸亡。許氏出於東京時，取先漢所傳古文二篆，作爲是書，而其分部主形而不主聲，一部之中，衆聲雜奏，形之疑似，分別甚明，而聲無統紀，故其書有以聲爲形，如句、劦諸部者，句部文三，拘、笱、鉤，當入手竹金三部，而入句部。劦部文三，恊、勰、協，當入、心、思、十三部，而入劦部。則幾自亂其例矣。夫文字惟宜以聲爲主，聲同則其性情旨趣殆無不同。若夫形特加於其旁，以識其爲某事某物而已，固不當以之爲主也。然僕豈好爲異説哉！蓋亦嘗反諸制文之理矣。文者所以飾聲也，聲者所以達意也。聲在文之先，意在聲之先，至制爲文，則聲具而意顯，以形加之爲字，字百而意一也。意一則聲一，聲不變者，以意之不可變也。此所謂文字之本音也。今試取《説文》所載九千餘文，就其聲以考之，其意大抵可通。其不可遽通者，反之而即得矣。且以童子時誦習者證之，如政者正也，仁者人也，誼者宜也，非孔子之言乎？然則，因聲見意者，周人之法也，可以明文字之宜何主矣。僕以此竊不自揆，欲別爲一書，以申其鄙陋之見，顧以其事勞拙，而於學無補，因循者且十餘年。今年春，始奮然爲之，取許氏之書，離析合並，重立部首，係之以聲，而采經傳訓詁及九流百氏之語以證焉。凡三閲月，草創甫竟，數十年之後，庶幾其有成矣。

孫星衍《與段若膺書》曰：僕趨事西曹，從退食後，整理舊業，雜以人事，恒苦景短，恐學無所就。生平好《説文》，以爲微許叔重，則世人習見秦時徒隸之書，不覩唐虞三代周公孔子之字，竊謂其功不在禹下。惜原書爲徐鉉兄弟增加音切，又頗省改，嘗欲校訂，重刊行之，削去新附字與孫愐音、二徐謬説，懷此有年。聞足下致力是書。當世精研小學家，如錢少詹、王懷祖、江叔澐諸君，皆稱道足下之書，諒不誣也。惜僕竟未之見，敢以所聞質之左右。僕少讀《水經注》，稱許氏字説專釋於篆而不本古文，怪酈道元讀書鹵莽，並《説文》叙中所云「今叙篆文，合以古籀」之言，都未寓目。及見顧炎武《日知録》指駁《説文》，又可撫掌。今舉其一二，如駁《説文》「郭」字云「齊之郭氏，善善不能進，惡惡不能退，是以亡國」，此出《新序》，蓋「郭」字國名，因述其國之事，用劉向説也。又駁《説文》「弔」字云「人持弓會毆禽」，此出《吳越春秋》陳音之言。皆非許叔重臆説，顧氏未能遠考。又「臾」字爲束縛捽抴，則即《漢書》「瘐死獄中」本字，無足異者。至詆《説文》「參爲商星」爲不合天文，「亳爲京兆杜陵亭」

爲不合地理，則顧氏尤疏陋。據《説文》，「參商」爲句，以注字連篆字讀之，下云「星也」，蓋言參、商俱星名。《説文》此例甚多，如「偓佺，仙人也」之類，得讀「偓」斷句，而以「佺仙人」解之乎？若亳爲京兆杜陵亭，出《秦本紀》「寧公二年遣兵伐蕩社，三年與亳戰」，皇甫謐云：亳王號湯，西夷之國。《括地志》按其國在三原始平之界。《説文》指謂此亳，非《尚書》「亳殷」之「亳」。彼「亳」古作「薄」字，在偃師，惟杜陵之亳以亭名，而字從高省。此則許叔重《説文》字必用本義之苦心。顧氏知亳殷之「亳」，不省亳王之亳，可謂不善讀書，以不狂爲狂矣。九經之字具在，《説文》其未載者皆後人傳寫，以隸變篆之譌。今考《説文》所無之字，如《書》之𤔡、《禮》之覿、《傳》之磪及蒧，無以下筆，不知所從然。《説文繫傳》以「𤔡」爲「秋畋也」，《玉篇》則以「𥛱」爲「秋田祭」，字與「𤔡」同，則知「𤔡」即「獮」譌字。《繫傳》又云「價，見也」，則「覿」古或作「價」，而《集韻》則以「覿」同「覿」，《説文》自有「覿」字。「蒧」，杜預訓爲「敕」，《説文》有「茍自急句，敕也」，足以當之。蔡邕石經寫石磪，正作石踖，「磪」字相傳有敬訓。《論語》「踧踖」，馬曰「恭敬」，「磪」爲「踖」無疑矣。《爾雅》「𪇆，斲木」，據高誘注《淮南》，以黄黎爲斲木，則「𪇆」即「𪈙」字。「其粻素」，據《天官書》，「張素爲厨」，司馬貞引《爾雅》作「張」，則「粻」即「張」字。此類不可更，僕願與足下正定之。他時刊三體石經，不無補於聖學也。《説文》又有不甚可解，僕以鄙意解之數字。如鬥「兩士相對」，當是兩手相對之譌。「殺」從杀聲，「稀」從希聲，杀當是古文杀，即殺字也，希當是黹省文也。「目，人眼，象形，重童子也」，「重」言積二畫在中，象目童子，非舜重瞳之謂。「人」象臂脛之形，蓋側立形，但見其一臂一脛，其正立形則「大」字象之。猶之「乙」與「燕」，「烏」與「於」，「[illegible]」與「龜」，皆象一正一側形也。「衣」象覆二人之形，「人」字誤，當爲「厶」，古文「肱」字。「龜，廣肩無雄」，《集韻》引「廣肩」作「廣育」。「甲，人頭，宜爲甲」，《集韻》引作「頭空」，蓋「甲」中畫象頭窌穴。「戊，中官也〔一一〕，象六甲五龍相拘絞也」，尤不可解。「中官」或作「中宮」〔一二〕，六甲者星名，五龍即黄龍，《天官書》稱「軒轅黄龍體」，五土數，黄亦土數，此豈指中官星象乎？又六甲即六十甲子，五龍即五行，《墨子》稱「北方黑龍」，是五方之龍五色也，或即人六府五藏。三説者不知有一當否。「宣，天子宣室也」，今疑其用漢宮，不知出《淮南·本經訓》「武王殺紂於宣室」，高誘注云：「殷宮名。」疒，徐鉉音女戹切，不知

《玉篇》又音牀，然則將、牀之屬皆從爿得聲，爿即疒字也。《玉篇》《集韻》校《説文》，大有佳處，他時合諸書引《説文》之語，校正今本，彙録奉覽。或足下深造自得，造車合轍，當助足下張目也。僕嘗言許叔重以字解經，鄭康成以經解經，孔門之外，身通六藝，古今惟此二人。而世人好議前修，蓋有不知而作，如鄭康成之所以勝於馬季長者，以其兼通内學，故本傳云「融素驕貴，玄在門下三年不得見，會融集諸生考論圖緯，聞玄善算，迺召見於樓上」，而俗人反譏其以讖緯解經，豈可謂之知言哉？漢時有一種天人之學，以陰陽五行談性與天道，不過數人，如董仲舒、劉向、揚雄、班固、鄭康成諸儒而已。至王肅逆臣之子，經學之罪人，乃作《聖證論》，詆訾鄭康成六天之説，家叔然已駁正之。許敬宗唐之姦臣，亦斥鄭康成用緯書，奈何不察而揚其波乎？吾輩同志者賴不乏人，惜落落四方耳。僕近選集《古文尚書》馬鄭注，庶此二十九篇之文有專行本，他時或與梅氏僞書同立於學官，此則區區負山之志，所願與足下共明許鄭之學於天下也。

按：《説文解字》之學，今日爲盛，就所知者有三人焉：一爲金壇段玉裁若膺，著《説文解字讀》三十卷；一爲嘉定錢大昭晦之，著《説文統釋》六十卷；一爲海寧陳鱣仲魚，著《説文解字正義》三十卷、《説文解字聲系》十五卷。皆積數十年之精力爲之。

盧學士文弨《説文解字讀叙》曰：文與字，古亦謂之名。《春官》外史掌達書名於四方，《秋官》大行人九歲屬瞽史諭書名。名者王者之所重也，聖人亦重之，是以曰：「必也正名乎！」鄭康成注《周官》《論語》，皆謂古者謂之名，今世謂之字，字之大端，形與聲而已。聖人説字之形曰：「一貫三爲王」，「推一合十爲士」，「兒，仁人也，在人下，故詰屈」，「黍，可爲酒禾入水也」，「牛羊之字以形舉也，視犬之字如畫狗也」。此皆以形而言也。其説字之聲曰：「烏，盱呼也，取其助氣，故以爲烏呼」，「狗，叩也，叩氣吠以守」，「粟之爲言續也」，「貉之爲言惡也」，皆以聲而言也。春秋時人亦多能言其義，如「止戈爲武」，「反正爲乏」，「皿蟲爲蠱」，「二首六身爲亥」，皆見於《左氏傳》。故孔子曰「今天下書同文」，知當時尚無有亂名改作者。自隸書行而篆之意寖失，今所賴以見製字之本原者，惟漢許叔重《説文》而已。後世若邯鄲淳、江式、呂忱、顧野王輩，咸宗尚其書。唐宋以來，如李陽冰、郭忠恕、林罕、張有之流，雖未嘗不遵用，而或以私意增損其間，則亦未可爲篤信而能發明之者。逮於勝國，益猖狂滅裂，許氏之學寖微。方今文明大啓，前輩往往以是書提倡後學，於是二徐《説文》本，學者多知珍重。然其書多古言古義，往往有不易得解者，則又或以其難通而疑之。夫不通衆經，則不能治一經，況此書爲義理事物之所統彙，而以寡聞尠見之胸，用其私智小慧，妄爲穿鑿，可乎！吾友金壇段若膺明府，於周秦兩漢之書，無所不讀，於諸家小學之書，靡不博覽而別擇其是非。於是積數十年之精力，專説《説文》，以鼎臣之本頗有更易，不若楚金之本爲不失許氏之舊，顧其中尚有爲後人竄改者、漏落者、失其次者，一一考而復之，悉有左證，不同肊説，詳稽博辨，則其文不得不繁。然如楚金之書，以繁爲病，而若膺之書，則不以繁爲病也，何也？一虚辭，一實證也。蓋自有《説文》以來，未有善於此書者，匪獨爲叔重氏之功臣，抑亦以得道德之指歸、政治之綱紀，明彰禮樂，而幽通鬼神，可以砭諸家之失，可以解後學之疑，真能推廣聖人正名之旨，而其有益於經訓者，功尤大也。文弨老矣，猶幸得見是書，以釋見聞之陋，故爲之序，以識吾受益之私云爾。

大昭《説文統釋自叙》略曰：識慚檮昧，學愧豹窺，積二紀之勤劬，殫一生之精力，覃思研精，欣然有得，探賾索隱，卓爾末由。撰集斯編，聊附述者，定名「統釋」，以示來兹。蓋卷有六十，例成二五焉：一曰疏證以佐古義，二曰音切以復古音，三曰考異以復古本，四曰辨俗以證譌字，五曰通義以明互借，六曰從母以明孳乳，七曰別體以廣異義，八曰正譌以訂刊誤，九曰崇古以知古字，十曰補字以免漏落。今於許氏本注，升爲大字而仍用楷書，於自撰統釋，附於分行，而比諸經疏。大抵讀書以通經爲本，通經以識字爲先，經學必資於小學。故鄭司農深通六經，而先明訓詁，小學必資於經學，故許祭酒專精六書，而並研經義。苟學者以此爲指歸，斯通儒無難於幾及矣。

王光禄鳴盛《説文解字正義叙》曰：素聞仲魚陳君精於小學經學，相去二三百里，未及一晤。予又以雙瞽成廢人，意謂此生無相見日，但聞聲相思而已。辛亥予目重明，壬子二月，仲魚過吳門，始獲把臂，讀其所輯《六藝論》《孝經鄭注》及此編，信屬篤古之士，與予同志，不禁狂喜。凡訓詁當以毛萇、孟喜、京房、鄭康成、服虔、何休爲宗，文字當以許氏爲宗，然必先究文字，後通訓詁。故《説文》爲天下第一種書。讀偏天下書，不讀《説文》，猶不讀也。但能通《説文》，餘書皆未讀，不可謂非通儒也，况如仲魚之兼明文字訓詁，而得其會歸者乎！鄙見以爲吾輩當爲義疏，步孔穎達、賈公彦之後塵，不當作傳注，僭毛鄭孟京之坐位。是書名曰「正義」，所以發明解説，既博且精，似更勝於張守節之《史記正義》矣。

又阮學士元爲陳君撰《論語古訓叙》曰：陳君精於六書，嘗著《説文解字正義》，又以《説文》九千言，以聲爲經，偏旁爲緯，輯成一書，有功學者益甚。元樂其《古訓》之既版行，尤望其以《説文》付梓，庶幾爲聲音訓故之學者，事半而得功倍也。

李氏陽冰刊定説文

《崇文總目》二十卷

佚

凌迪知《萬姓統譜》曰：李陽冰字少温，趙郡人，以詞翰名。乾元間爲縉雲令，修孔子廟，自爲文記之。歲旱，禱城隍，與神約，不雨焚其廟，及期雨霑足，亦自爲記。秩滿，退居吏隱山，後遷當塗令。陽冰篆書尤著，宋元輿謂其不下李斯云。

徐鍇《説文解字·袪妄篇叙》曰：《説文》之學久矣，其説有不可得而詳者，通識君子所宜詳而論之。楚夏殊音，方俗異語，六書之内，形聲居多，其會意之字，學者不了，鄙近傳寫，多妄加聲字，篤論之士，所宜隱括，而李陽冰隨而譏之，以爲己力，不亦誣乎？自《切韻》《玉篇》之興，《説文》之學湮廢泯没，能省讀者不能二三，棄本逐末，乃至於此，沮誦踰遠，許慎不作，世之知者有可以振之可也。前代學者所譏，文字蓋亦有矣。中興書闕，不可得盡，此蓋作者之冠冕，而後來之妄，故臣今略記所憶，作《袪妄篇》。

按：陽冰之書久已不傳，惟見於徐楚金《袪妄篇》，今摘録之：弋質也，天地既分，人生其間，皆形質已成，故一二三皆從弋。毒從中毋，出地之盛，從土，土可製毒，非取毒聲，毒烏代反。斨、折各異，斨自斨，折人手折之。路非各聲，從足輅省。侖從亼冊，亼古集字，品象衆管，如冊之形而置竅爾。干一爲𠦂，段，從尸，尸，予也。匚，器也，又，手也，手持器爲求之於人，人與之也。㞋從又持皮襘然。隹，鳥之總稱，《尒雅》長尾而從隹，知非短尾之稱。叀，墨斗中形，象車軸頭，叀墨之形，上畫平引，不從中也。厶不公也，重厶爲幺，會意，非象形。疐，車前重不前合，從車，宜上畫平，不從中明矣。刃，刀面曰刃，一示其處所也，此會意。竹，謂之艸，非也。豊，山中之屮，乃豐聲也。血從一聲，屮，凵象膏澤之氣，土象土木爲臺，气主火之義，會意。亼，入者合集之義，自一而成乎億萬，入者集之初，故從入從一。弦，倉頡作字，無形象者則取音以爲之訓，矢引則爲矤，其類往往而有之，矣字是也。木象木之形，木者五行之一，豈取象於艸乎？才，木之幹也，木體枝上曲，今去其枝，但有槎枿。日，古人正圜，象日形，其中一點象鳥，非口一，蓋篆籀方其外〔一三〕，引其點爾。齊，二物相並，乃知齊平。米，象在穗上之形。尗，父之弟爲尗，從上小，言其尊行居上，而已小也。弔，從二人往返相弔問之義〔一四〕。袁，從衣中口，非蚩省。秃，從稃省聲。欠，上象人開口，下象气咋從人，所謂欠去，許氏擅改作𡕒，無所據也。頁，當作頁。卩，自字從卩而生，一重爲卩，二爲自，三爲自。長，非倒亡聲，倒亡不亡也。劦，從月力。全，注一所以驅人之正。狀，象形之中，犬字象似文之尤者，故狀從犬。州，三丩爲州。仌，象仌裂之形。龍，右旁反半弱，象夭矯飛騰形。背〔一五〕，兩手相背也。直，正視〔一六〕，故從乚，音隱。率車也，幺牽省系，系相牽之義，入集也，八八象衆也，十十人也〔一七〕，作捕鳥之具，許氏誤用。土，土數五成數十，十取成數，下一地也。巠從卯，卯時人不卧。㐬，疏、流二字並從㐬，㐬疏通流行也，豈不順哉！午，五月筍成竹〔一八〕，此之半枚出地。戊，土也，一陽也，陽氣入地，一固非聲。亥，古文本象豕形，諸義穿鑿之耳，古文豕本象豕，減一畫耳，篆文乃從二首六身。凡此皆游衍無據之談，宜爲楚金所駁矣。

小學考卷十終

校記：

〔一〕采以作：原脱「采以」二字，據許慎《説文解字叙》補。案：光緒刊本已補。

〔二〕自：原作「由」，據右引書改。案：光緒刊本已改。

〔三〕亡矣：原作「亡也」，據右引書改。案：光緒刊本已改。

〔四〕咸覩：原作「成覩」，據右引書改。案：光緒刊本已改。

〔五〕校書：原脱「書」字，據《説文》卷末附許冲上書表補。案：光緒刊本已補。

〔六〕案：本處文字摘録洪邁《容齋隨筆》續筆卷六，文字多有删節。

〔七〕「荷蕢爲」三字，原脱，據右引書補。案：光緒刊本已補。

〔八〕乾漬米：原作「乾漬采」，據右引書改。

〔九〕字：原作「是」，據《四庫全書總目》卷四一《説文解字》提要改。案：光緒刊本已改。

〔一〇〕與：原作「於」，據右引書改。

〔一一〕中官：《説文解字》十四下、《説文繫傳》卷二八「戊」字下均注云「中宫」，不作「中官」，孫氏誤記，或所據版本有誤。

〔一二〕中官：原作「中宫」，與下文「中宫」無異。案：此處孫星衍辨「中官」「中宫」二字之别，應作「中官」爲是。今改。案：光緒刊本已改作「中官」。

〔一三〕篆籀：原脱「篆」字，據《説文解字繫傳》卷三六《袪妄》補。

〔一四〕弔問：原作「弔門」，據右引書改。

〔一五〕背：原作「非」，據右引書改。

〔一六〕「正視」下，右引書尚有「難見」二字，當補。

〔一七〕十十人：原作「十十八」，據右引書改。案：本條討論「畢」字字形結構。

〔一八〕竹：原作「作」，據右引書改。案：本條討論「䇾」字結構。

小學考卷十一

文字三

徐氏鉉等校定說文

《崇文總目》十五卷 《讀書志》三十卷

存

《宋史·徐鉉傳》曰：鉉字鼎臣，揚州廣陵人。十歲能屬文，不妄游處，與韓熙載齊名，江東謂之「韓徐」。仕吳爲校書郎，又仕南唐李昪父子，試知制誥。周世宗南征，景出鉉饒州，俄召爲太子右諭德，復知制誥，遷中書舍人。景死，事其子煜爲禮部侍郎，通署中書省事，歷尚書右丞、兵部侍郎、翰林學士、御史大夫、吏部尚書。宋師圍金陵，煜遣鉉求緩兵，及至，雖不能緩兵，而入見辭歸，禮遇皆與常時同。及隨煜入覲，太祖責之，聲甚厲，鉉對曰：「臣爲江南大臣，國亡罪當死，不當問其他。」太祖嘆曰：「忠臣也，事我當如李氏。」命爲太子率更令，加給事中，出爲右散騎常侍，遷左常侍。貶靖難行軍司馬。卒，年七十六。鉉精小學，好李斯小篆，臻其妙，隸書亦工。嘗受詔與句中正、葛湍、王惟恭等同校《說文》。

鉉等進表曰：銀青光祿大夫、守右散騎常侍、上柱國、東海縣開國子、食邑五百户臣徐鉉，奉直郎、守秘書省著作郎、直史館臣句中正，翰林書學臣葛湍，臣王惟恭等，奉詔校定許慎《說文》十四篇，并序目一篇，凡萬六百餘字，聖人之旨，蓋云備矣。稽夫八卦既畫，萬象既分，則文字爲之大輅，載籍爲之六轡，先王教化，所以行於百代，及物之功，與造化均，不可忽也。雖復五帝之後，易改殊體，六國之世，文字異形，然猶存篆籀之迹，不失形類之本。及暴秦苛政，散隸聿興，便於末俗，人競師法，古文既絶，譌僞日滋。至漢宣帝時，始命諸儒修倉頡之法，亦不能復故。光武時馬援上疏，論文字之譌謬，其言詳矣。及和帝時，申命賈逵修理舊文，於是許慎采史籀、李斯、揚雄之書，博訪通人，考之於逵，作《說文解字》，至安帝十五年始奏上之。而隸書行之已久，習之益工，加以行草八分紛然間出，反以篆籀爲奇怪之迹，不復經心。至於六籍舊文，相承傳寫，多求便俗，漸失本原。《爾雅》所載艸木魚鳥之名，肆意增益，不可觀矣。諸儒傳釋，亦非精究小學之徒，莫能矯正。唐大曆中，李陽冰篆迹殊絶，獨冠古今，自云斯翁之後，直至小生，此言爲不妄矣。於是刊定《說文》，修正筆法，學者師慕，篆籀中興，然頗排斥許氏，自爲臆説。夫以師心之見，破先儒之祖述，豈聖人之意乎？今之爲字學者，亦多從陽冰之新義，所謂貴耳賤目也。自唐末喪亂，經籍道息，皇宋膺運，二聖繼明，人文國典，粲然光被，興崇學校，登進羣才，以爲文字者六藝之本，固當率由古法。乃詔取許慎《説文解字》，精加詳校，垂憲百代。臣等愚陋，敢竭所聞。蓋篆書堙替，爲日已久，凡傳寫《説文》者皆非其人，故錯亂遺脱，不可盡究。今以集書正副本及羣臣家藏者，備加詳考[一]，有許慎注義序例中所載，而諸部不見者，審知漏落，悉從補録。復有經典相承傳寫，及時俗要用，而《説文》不載者，承詔皆附益之，以廣篆籀之路，亦皆形聲相從，不違六書之義者。其間《説文》具有正體，而時俗譌變者，則具於注中。其有義理乖舛，違戾六書者，並序列於後，俾夫學者無或致疑。大抵此書務援古以正今，不徇今而違古，若乃高文大册，則宜以篆籀著之金石，至於常行簡牘，則艸隸足矣。又許慎注解，詞簡義奥，不可周知，陽冰之後，諸儒箋述有可取者，亦從附益，猶有未盡，則臣等粗爲訓釋，以成一家之書。《説文》之時，未有翻切，後人附益，互有異同。孫愐《唐韻》，行之已久，今並以孫愐音切爲定，庶夫學者有所適從。食時而成，既異淮南之敏；縣金於市，曾非吕氏之精。塵瀆聖明，若臨冰谷。謹上。

又牒曰：銀青光祿大夫、守右散騎常侍、上柱國、東海縣開國子、食邑五百户臣徐鉉等，伏奉聖旨，校定許慎《説文解字》一部。伏以振發人文，興崇古道，考遺編於魯壁，緝蠹簡於羽陵，載穆皇風，允符昌運。伏惟應運統天睿文英武大聖至明廣孝皇帝陛下，凝神繫表，降鑒機先，聖靡不通，思無不及。以爲經籍既正，憲章具明，非文字無以見聖人之心，非篆籀無以究文字之義。眷茲譌俗，深惻皇慈，爰命討論，以垂程式，將懲宿弊，宜屬通儒。臣等寔媿謏聞，猥承乏使，徒窮懵學，豈副宸謨？塵瀆冕旒，冰炭交集。其書十五卷，以篇帙繁重，每卷各分上下，共三十卷，謹詣東上閤門進上，謹進。雍熙三年十一月牒：奉敕，許慎《説文》起於東漢，歷代傳寫，譌謬實多，六書之蹤，無所取法。若不重加刊正，漸恐失其原流。爰命儒學之臣，共詳篆籀之跡。右散騎常侍徐鉉等，深明舊史，多識前言，果能商榷是非，補正闕漏。書成上奏，克副朕心，宜遺雕鐫，用廣流布。自我朝之垂範，俾永世以作程，其書宜付史館，仍令國子監雕爲印板，依九經書例，許人納紙墨價錢收贖。兼委徐鉉等點檢書寫雕造，無令差錯，致誤後人。牒至准敕，故牒。

陳大科重刻序曰：嘗考漢酇侯草律，學僮十七已上，試諷籀書九千字，並得除吏，試明習八體，得給事尚書御史。吏民上書，字或不正，輒舉劾之。夫漢雖承秦火之後，嫚罵之餘乎，而廣厲字學，其嚴如此。故萬石君建奏事「馬」字誤，至皇恐曰：「上譴死矣。」而馬伏波假將軍印章，「犬」文外嚮，輒上言狀。此微獨其人謹愿，亦漢法則然耳。迨和帝時，召陵許祭酒慎受學於賈都尉，著《説文解字》十五卷，凡十三萬三千四百四十一字，歷二十有二年，始達朱雀掖門，安帝宣付史館焉。蓋天地之英華不泯滅也，而史籀、孔壁千古之藏，洪纖高下，萬有之故，彬彬乎括陳而畢載，文不在兹乎？子墨客卿，轉相傳習既久，至沈休文氏鵲起齊梁間，則譜爲四聲，高自神伏，輒欲據適宗，掩奪許上，今所傳《禮部韻略》是也。胡然彊同天下之人之聲，盡爲吳聲乎？維是五星聚奎之朝，南唐舊臣受詔開局，乃《説文》復興。我高皇帝諭全椒金華諸儒臣，撰《洪武正韻》一書，乃《韻略》始詘。天王同文，四方其訓之，而一時操觚摛藻之家，咸知鼻祖許氏，耳孫隱侯矣，猗歟休哉！嗣是嘉隆間，則有子才太常、用修太史，以及鬱儀中尉、月鹿道人，各有撰論校著，亦不失侯亞侯旅之儔歟。或謂六書之指秩如也，而許氏之書，僅僅曰説文，曰解字，何也？夫語有之，削畫爲文，孳乳爲字，矢諸口爲聲，叶諸音焉爲韻，蓋相生而然矣。故文字者，相之立也，辟諸範鐘然。聲韻者嚮之因也，辟諸叩鐘然，聲在鐘内，有觸而即發響，不離相逐，因而無方，斯之謂天籟吹萬不同哉！今十三萬餘言具在，後死者誠不徒佔畢之云。金口木舌，經之、緯之、縱之，其聲四衡之，其音七轉之，其律十二會通之，其變不可窮，而六書之用在我矣。鄭漁仲挂漏之疑，亦詎通論歟？余嘗折肱是書，窮年彌月，不能竟其學。頃得粵兩生共斯業，朱生完擅工大小篆，爲日討其點畫文無害，劉生克平博極羣書，爲雜治其異同，發明其創意。得二生久之，舊本半朱墨其上矣，因重刻於白狼書社，以存岐陽鄒嶧之遺焉。語稱晉鄙之夫往於田，見鳥跡蟲蜒之奇異，亦知輟耕諦視，今敢曰子大夫陽浮慕古哉！而以附於漢尉律也，亦猶之乎田夫眈眈之視云爾。

毛扆重刊跋曰：《説文》自《五音韻譜》盛行於世，而始一終亥真本，遂失其傳。案徐楚金鍇撰《繫傳》四十卷，中有《部叙》二卷，學《周易》序卦傳而爲之，推原偏旁所以相次之故，則五百四十部，一字不容倒置矣。即每部之中，其先後各有意義，亦非漫然者。《説文韻譜》亦楚金所撰，蓋爲後學檢字而作，其兄鼎臣鉉序曰：方今許李之書，僅存於世，偏旁奧密，不可意知，尋求一字，往往終卷，力省功倍，思得其宜。舍弟楚金特善小學，因取叔重所記，以《切韻》次之，聲韻區分[二]，開卷可覩。今此書止欲便於檢討，無恤其他，聊存訓詁，以爲別識，凡十卷。曰「無恤其他」，言體例與《説文》迥別也，「聊存訓詁」，不載舊注也。乃巽岩李氏燾割裂《説文》，依韻重編，起東終甲，分十二卷，名曰《五音韻譜》。宸案：平上去入爲四聲，宮商龣徵羽爲五音，書中次序，皆依四聲，而名曰五音，何也？有前後二序，原委頗詳，載馬氏《通攷》中。今世行本删去而以《説文》舊序冠之，謬甚矣。先君購得《説文》真本，係北宋板，嫌其字小，以大字開雕，未竟而先君謝世，宸哀毁之餘，益增痛焉。久欲繼志，而力有不逮，今桑榆之景，爲日無多，乃鬻田而刻成之，蓋不忍墮先志也。叔重偏旁在十五卷，是時未有翻切，但編其次序之先後爾。今卷首標目有音釋者，乃徐鼎臣所增也。按歐陽修《集古目録》〔三〕有郭忠恕小字《説文字源》，宸今不得而見，但夢英《篆偏旁》，咸平二年所建者〔四〕，陝榻流傳甚廣，中有五處次序不侔。始竊疑之，及讀郭恕先忠恕《汗簡》，次序與此悉同，乃知夢英之誤也。即《繫傳》部叙之次，亦有顛倒闕略處，而書中之次與標目無二，要必以此爲正也。宸每讀他書，其有關《説文》者節録於後，以備博覽之一助云。

晁公武《讀書志》曰：漢許慎纂，李陽冰刊定，僞唐徐鉉再是正之，又增加其闕字。

陳振孫《書録解題》曰：凡十四篇，並叙目一篇，各分上下卷，凡五百四十部，九千三百五十三文，重一千一百六。雍熙中，右散騎常侍徐鉉奉詔校定，以唐李陽冰排斥許氏爲臆説，末有新定字義三條。其音切則以唐孫愐韻爲定。

方以智《通雅》曰：《説文》分別部居十四篇，九千三百五十三文，立一於耑，畢終於亥。永元庚子孟陬，演贊其志。安帝建光元年九月二十，慎子冲上之，前以詔書校東觀，教小黄門孟生李喜等，詔召冲詣朱雀右掖門，賜布四十匹。嘝令呂忱因之作《字林》，陳顧野王因之作《玉篇》，陸法言采爲《切韻》，孫愐廣之，後蜀林罕撮爲《偏旁小説》。梁有《演説文》，庾儼默注。宋雍熙三年，右散騎徐鉉等獻新校定《説文》三十卷，反切異同，以孫愐爲定。元豐詔知禮院王子韶置局，光禄丞陸佃同修。五年賜銀幣百，而書不行。鉉弟鍇作《説文繫傳》，朱翺反切，當時稱之。熙寧中，李行中制《字源》，吳淑撰《正義》，張有作《復古編》，僧曇域、包希魯、倪鏜、許謙皆有補説。智按：《説文》有唐本、蜀本。二徐本中有新附，今字學家但執鉉本殘書，又未淹貫經籍，何從知其漏與複乎？智決之曰：泝其原，當因古籀而推之，備小篆，當遍考諸籍以補之，慶同文，當因《正韻》棧而詳載其原流焉。通此則無書不可讀，而字學家紛然者，皆土苴矣，豈不幸甚！

顧炎武《日知録》曰：《説文》原本次第不可見，今以四聲列者，徐鉉等所定也，切字鉉等所加也。趙古則《六書本義》曰：漢以前未有反切，許氏《説文》、鄭氏箋注但曰讀若某而已，今《説文》反切乃朱翺以孫愐《唐韻》所加。旁引後儒之言，如杜預、裴光遠、李陽冰之類，亦鉉等加也。

又云：諸家不收，今附之字韻末者，瀰下亦鉉等加也。哞字下云：《説文》直作牟。趙宧光曰：詳此，則本書雜出衆人之手審矣，安得不蕪穢也！凡參訂經傳，必以本人名冠之，方不混於前人耳。「始」字，《説文》以爲「女之初也」，已不必然，而徐鉉釋之，以「至哉坤元，萬物資始」，不知經文乃是「大哉乾元，萬物資始」，若用此解，必從男乃合也。

錢大昕跋曰：自古文不傳於後世，士大夫所賴以考見六書之原流者，獨有許叔重《説文解字》一書，而傳寫已久，多錯亂遺脱。今所存者獨徐鉉等校定之本，鉉等雖工篆書，至於形聲相從之例，不能悉通，妄以意説。如《説文》「代」取弋聲，徐以弋爲非聲，疑兼有忒音，不知忒亦從弋聲也。「絰」取至聲，徐以爲當從姪省，不知姪亦從至聲也。「配」取己聲，徐以己爲非聲，當從妃省，不知妃亦從己聲也。「卦」取圭聲，徐以圭聲不相近，當從挂省，不知挂亦從圭聲也。「暵」取堇聲，徐以爲當從漢省，不知漢從難省聲，難仍從堇聲也。「⿱竹殿」取殿聲，徐以爲當從臀省聲，不知殿本從屍聲，臀乃從殿聲也。屍臀古今字。「隸」取枲聲，徐以枲爲非聲，不知枲從台聲，詩「隸天之未陰雨」，今本作「迨」，亦從台聲也。「轘」從睘聲，徐以睘爲非聲，當從環省，不知睘從袁聲，環、還、翾、嬛、儇、獧之類，並從睘聲。古人讀睘如環，詩「獨行睘睘」，《釋文》本作「煢煢」，與睘聲相轉，故多借通用，非環睘有異聲也。「熇」取高聲，徐以高爲非聲，當從嗃省，不知嗃亦從高聲。且《説文》無「嗃」字，徐氏據《周易》王輔嗣本增入。考劉表本作「熇熇」，鄭康成訓苦熱之意，亦當從火旁。「熇」之與「嗃」，猶「妃」之與「配」，本是一字，不當展轉取聲也。「翬」取軍聲，徐以爲當從揮省，不知揮亦從軍聲，軍轉爲威，猶斤轉爲幾，祈、圻、蘄、沂之取斤聲，揮、翬之取軍聲，皆聲之轉，而徐未之知也。「能」取來聲，徐以爲非聲。按台、能皆以來得聲，古人讀能爲奴來切，漢諺云「欲得不能，光祿茂才」，不必鼈三足乃有此音也。「兑」取㕣聲，徐以爲非聲。按兑、説同義，説即從兑得聲，㕣轉爲説，猶殄轉爲飻。此四聲之正轉而徐亦未之知也。「弼」取丙聲，徐以爲非聲，按丙有三讀，其一讀如誓，誓從折得聲，弼從丙得聲，亦四聲之正轉，而徐未之知也。「訴」從斥省聲，徐以爲非聲。按訴本從㡿省，字或作遡，朔與㡿並從屰得聲，屰與啎聲相近，故許君訓啎爲逆，㡿、朔皆從屰得聲，則訴之從㡿聲宜矣。今本㡿從厈，乃轉寫之譌，徐氏不能校正，疑其非聲，亦過矣。「贛」取竷省聲，徐云竷非聲，未詳。按詩「坎坎鼓我」，《說文》引作「竷竷」，坎與空聲相轉，故空侯一名坎侯，贛爲竷之轉聲，猶鳳爲凡之轉聲，而徐亦未之知也。「移」取多聲，徐云多與移聲不相近，蓋古有此音。按栘、䫁、趍、䊧皆取多聲，猶之波取皮聲，奇取可聲。東方朔《繆諫》：「清湛湛而瀸滅兮，溷淖淖而日多。梟鴞既已成羣兮，玄鶴弭翼而屏移。」張衡《思玄賦》：「處子懷春，精神回移，如何淑明，忘我實多。」此古人以移叶多之證。六朝以降，古音日亡，韻書出而支、歌判然爲二，而徐亦未之知也。「虔」取文聲，讀若矜，徐云文非聲，未詳。按古人真文先仙諸韻互相出入，高彪詩「文武將墜，乃俾俊臣，整我皇綱，董此不虔。」此古人讀虔如矜之證，而徐亦未之知也。「駁」取爻聲，「㤉」取交聲，徐皆以爲非聲。按覺、學本蕭宵肴豪之入聲。釣從勺，鞄從包，翯從高，駮從交，徐皆不復致疑，而獨疑駁、㤉之非聲，何也？輅賂皆取各聲，徐以各爲非聲，當從路省。按藥、鐸本虞、模之入聲，謨從莫，涸從固，縛從専，並取諧聲，路之從各，亦諧聲也，《說文》不云各聲，蓋轉寫之誤。徐皆不復致疑，而獨疑輅、賂之非聲，何也？是古人四聲相轉之法，徐亦未之知也。「𩞁」取糕聲，讀若酉，徐云糕側角切，聲不相近。按糕本從焦聲，平入異而聲相通。鄭康成謂猶搖聲相近，脩有條音，繇有宙音，秋從𪏮聲，茅從矛聲，朝從舟聲，彫從周聲，皆聲之相轉，何獨疑𩞁之糕聲？是古音相通之例，徐亦未之知也。其他增入會意之訓，大半穿鑿附會。王荆公《字説》蓋濫觴於此。夫徐氏於此書用心勤矣，然猶未能悉通叔重之義例，後人學益陋，心益麤，又好不知而妄作，毋惑乎小學之日廢也。

按：《說文解字》徐鉉校本，明人罕得見，惟毛晉汲古閣藏北宋本，其子扆始爲付梓流傳，其功不淺。惜乎校勘未精。近段氏玉裁作《汲古閣說文訂》，其自序曰：《說文解字》一書，自南宋而後有二本，一爲徐氏鉉奉敕校定許氏，始一終亥原本也，一爲李氏燾所撰《五音韻譜》，許氏五百四十部之目，以《廣韻》《集韻》始東終甲之目次之。每部中之字，又以始東終甲爲之先後，雖大改許氏之舊，而檢閱頗易，部分未泯，勝於徐氏《篆韻譜》遠矣。自李氏而前有二本，一即鉉校定三十卷，一爲南唐徐氏鍇《說文解字繫傳》四十卷。自鉉書出而鍇書微，自李氏《五音韻譜》出而鉉書又微。前明一代，多有刊刻《五音韻譜》者，而刊刻鉉書者絶無，好古如顧亭林，乃云《説文》原本次第不可見，今以四聲列者，徐鉉等所定也。噫，其亦異矣。當明之末年，常熟毛晉子晉及其子毛扆斧季得宋始一終亥小字本〔五〕，以大字開雕，是亭林時非無鉉本也。毛氏所刊版，入本朝歸祁門馬氏在揚州者，近年又歸蘇之書賈，錢姓。值今日右文，崇尚小學，此書盛行。《繫傳》四十卷，僅有傳鈔本，至難得。近杭州汪部曹啓淑雕版亦盛行。今學者得鍇本，謂必勝於鉉本，得鉉本謂必勝於《五音韻譜》。愚竊謂讀書貴於平心綜覈，得其是非，不當厭故喜新，務以數見者爲非，罕見者爲善也。玉裁自僑居蘇州，得見青浦王侍郎昶所藏宋刊本，既而元和周明經錫瓚盡出其珍藏，一曰宋刊本，一曰明葉石君萬所鈔宋本。已上三本皆小字，每葉廿行，小字夾行則四十行，每小字一行終二十四五六字不等。一曰明趙靈均，均所鈔宋大字本，即汲古閣所仿刻之本也。一曰宋刊大字《五音韻譜》。三小字宋本不出一槧，故大略相同而微有異。趙氏所鈔異處較多，稍遜於小字本。若宋刊《五音韻譜》，則略同趙鈔本，而尚遠勝於明刊者。明經又出汲古閣初刊本，一斧季親署云順治癸巳汲古閣校改第五次本，卷中旁書朱字，復以藍筆圈之，凡其所圈，一一剜改。考毛氏所得小字本，與今所見三小字本略同，又參用趙氏大字本，四次以前微有校改。至五次則校改特多，往往取諸小徐《繫傳》，亦間用他書。夫小徐大徐二本，字句駁異，當並存以俟定論，況今世所存小徐本乃宋張次立所更定，而非小徐真面目。小徐真面目僅見於黄氏公紹《韻會舉要》中，而斧季據次立剜改，又識見駑下，凡小徐佳處遠勝大徐者，少所采掇，而不必從者乃多從之。今坊肆所行，即第五次校改本也，學者得一始一終亥之書，以爲拱璧，豈知其繆盭多端哉！初印往往同於宋本，故今合始一終亥四宋本，及宋刊、明刊兩《五音韻譜》，及《集韻》《類篇》稱引鉉本者，以校毛氏節次剜改之鉉本，詳記其駁異之處，所以存鉉本之真面目，使學者家有真鉉本而已矣。若夫鉉之是非以及鍇之得失，則又非專書不可明也。是役也，非明經之博學好古，多藏不吝，不能肇端。而助予繙閲者，則吳縣袁上舍廷檮也。書成，名之曰《汲古閣説文訂》，訂者平議也。

徐氏鉉 說文質疑論[六]

二卷，見《江南通志》

未見

徐氏鍇 說文繫傳

《崇文總目》三十八卷

存

馬令《南唐書》曰：徐鍇字楚金，與兄鉉同有大名於江左。鍇第進士，累遷屯田郎中、知制誥、集賢殿學士。鉉鍇兄弟俱參近侍，而其文相軋，議者方晉之「二陸」云。鍇著《質論》十餘篇，後主札批其首，後主文集，復命鍇爲序，君臣上下，互爲賁飾，儒者榮之。鍇以開寶八年卒於金陵圍城中，卒之踰月，南唐亡。

陸游《南唐書》曰：徐鍇字楚金，會稽人。父延休，字德文，故唐乾符中進士，仕至光禄寺、江都少尹，卒。二子鉉、鍇遂家廣陵。鍇四歲而孤，母方教鉉就學，未暇及鍇，鍇自能知書，稍長，文詞與鉉齊名。昇元中議者以文人浮薄，多用經義法律取士，鍇耻之，杜門不求仕進。鉉與常夢錫同直門下省，出鍇文示之，夢錫賞愛不已，薦於烈祖，未及用而烈祖殂。元宗嗣位，起家秘書郎。後主立，遷屯田郎中、知制誥、集賢殿學士。改官名，拜右内史舍人，賜金紫，宿直光政殿，兼兵吏部選事。與兄鉉俱在近侍，號「二徐」。鍇酷嗜讀書，隆寒烈暑未嘗少輟。後主嘗得周載《齊職儀》，江東初無此書，人無知者，以訪鍇，一一條對，無所遺忘，其博記如此。既久處集賢，朱黄不去手，非詔不出。少精小學，故所讎書尤審諦。每指其家語人曰：「吾惟寓宿於此耳。」江南藏書之盛爲天下冠，鍇力居多，後主嘗歎曰：「羣臣勤其官皆如徐鍇在集賢，吾何憂哉！」李穆來使，見鍇及鉉，嘆曰：「二陸之流也。」開寶七年七月卒，年五十五，贈禮部侍郎，謚曰文。著《說文通釋》《方輿記》《古今國典》《賦苑》《歲時廣記》及他文章，凡數百卷。鍇卒逾年，江南見討，比國破，其遺文多散逸者。

《宋史·徐鉉傳》曰：鉉弟鍇，字楚金。李景見其文，以爲秘書省正字，累官内史舍人。因鉉奉使入宋，憂懼而卒，年五十五。鍇所著則有文集、《家傳》[七]《方輿記》《古今國典》《賦苑》《歲時廣記》云。

吳氏任臣《十國春秋》曰：鍇著《說文解字繫傳》四十卷、《說文通釋》四十卷、按：《通釋》即《繫傳》，篇名誤分爲二。《方輿記》一百三十卷，又《古今國典》《賦苑》《歲時廣記》及他文章凡若干卷。先是宋師伐江南，金陵將陷，有夢四角女子行空中，以巨筵簸物，散落如豆，著地皆成人，或問之，對曰：「此當死於難者。」後見一金紫貴人墜地，云：「此徐舍人也。」既寤異之，及旦則聞鍇死矣。

蘇頌題曰：嘉祐中予編定集賢書籍，暇日因往見樞相宋鄭公，謂予曰：「知君校中秘書，皆以文字訂正，此正校讎之事也。」又曰：「文字之學，今世罕傳，《說文》之外，復得何書？」予以徐公《繫傳》爲對，公曰：「某少時觀此，未以爲奇，其後兄弟留心字學，當世所有之書，訪求殆徧，其間論議，曾不得徐公之仿佛，其所考據，以今所得校之，十不及其五六，誠該洽無比也。」又問予曰：「小徐學問文章才敏，皆優於其兄，而後人稱美出其兄下，何耶？」予曰：「信如公言，所以然者，楚金仕江左，少年早卒。鼎臣歸朝，公卿皆與之游，士大夫從其學者亦衆，宜乎名高一時也。」公再三見賞，相謂曰：「君之評論，精詣如此，當書録以遺異日修史者，不能出此說也。」因校此書畢，追思公言，聊志諸卷末。己酉十二月十五日。

尤袤題曰：余暇日整比三館亂書，得南唐徐楚金《說文繫傳》，愛其博洽有根據，而一半斷爛不可讀。會江西漕劉文濳以書來，言李仁甫托訪此書，乃從葉石林氏借得之，方傳録未竟，而余有補外之命，遂令小子槩於舟中補足。是本得於蘇魏公家，而訛舛尚多，當是未經校定也。乾道癸巳十月廿四日[八]。

《崇文總目》曰：鍇以許氏學廢，推原析流，演究其文，作四十篇。近世言小學，惟鍇名家。

陳振孫《書録解題》曰：南唐校書郎、廣陵徐鍇楚金撰。爲《通釋》三十篇、《部叙》二篇，《通論》三篇，《祛妄》《類聚》《錯綜》《疑義》《系述》各一篇。鍇至集賢學士、右内史舍人，不及歸朝而卒。鍇與兄鉉齊名，或且過之，而鉉歸朝通顯，故名出鍇上。此書援引精博，小學家未有能及之者。

江少虞《皇朝事實類苑》曰：唐末文籍亡故，諸儒不知字學，江南惟徐鉉、徐鍇、中朝郭忠恕，此三人信其博也。鍇爲《說文繫傳》，忠恕作《汗簡》《佩觿》。時蜀有林氏，作《小說》，然狹於徐郭。太宗朝，句中正亦頗留意。

《宋景文筆記》曰：徐鉉、徐鍇、中朝郭忠恕，此三人信其博也。鍇爲《說文繫傳》，忠恕作《汗簡》《佩觿》。時蜀有林氏，作《小說》，然狹於徐郭。太宗朝句中正亦頗留意。予頃請刻篆楷二體九經於國學，予友高敏之笑之。

葉夢得《石林燕語》曰：宋元憲公嘗問蘇魏公：「徐鍇與鉉學問該洽略相同，而世獨稱鉉，何也？」魏公言：「鍇仕江南早死，鉉得歸本朝，士大夫從其學者衆，故得大其名爾。」元憲兄弟好論小學，得鍇所作《説文繫傳》而愛之，每欲爲發明，得蘇論喜曰：「二徐未易分優劣，要以是別之，異時修史者不可易也。」余頃從蘇借《繫傳》，蘇語及此，亦自志於《繫傳》之末。

魏了翁《渠陽褋鈔》曰：《繫傳》四十卷，今行於世者，每《説文解字》一卷釐爲二卷，共二十八卷，朱翺反切，不用孫愐《唐韻》。《通釋》《部叙》《通論》等十二卷，爲許氏義疏，亦自有益。

王應麟《玉海》曰：《説文解字繫傳》四十卷，南唐徐鍇楚金傳釋，朱翺反切。按，鍇《通釋》一至三十，《部叙》三十一至三十二，《通論》三十三至三十五，《祛妄》三十六，《類聚》三十七，《錯綜》三十八，《疑義》三十九，《系述》四十。今亡第二十五卷。

又《困學紀聞》曰：徐楚金《説文繫傳》有《通釋》《部叙》《通論》《祛妄》《類聚》《錯綜》《疑義》《系述》等篇。呂太史謂原本斷爛，每行减去數字，故尤難讀。若得精小學者以許氏《説文》參繹，恐猶可補也。今浙東所刊，得於石林葉氏蘇魏公本也。

吾邱衍《學古編》曰：徐鍇《説文解字繫傳》四十卷，當與許氏本相參，首卷上部分六書甚詳，末卷辨陽冰差誤。

陶宗儀《書史會要》曰：徐鍇字楚金，鉉弟，仕南唐内史舍人。因鉉奉使入宋，憂懼而卒。鍇亦善篆書，以許慎《説文》依四聲譜次爲十卷，目曰《説文解字韻譜》，鉉序其首。鍇又集《通釋》四十篇，暢許氏之元旨，正陽冰之新義，皆《説文》之羽翼也。

周伯琦《六書正譌叙》曰：許慎氏以賈逵之學，集古籀斯雄之跡，爲《説文解字》十四篇上之，學者始見全書焉。然而隸書行之已久，八分行草紛然迭出，事章句者傳訓詁，工詞藻者資聲韻，日趨便易，本原漸失矣。猶幸許氏之書獨存，學者有所據依。李陽冰附新義以廣其旨，徐鉉增翻切以明其音，鉉弟鍇撰《通釋》以衍其義，雖或辨其舛戾，而猶淆以俗體。

吳當《六書正譌後叙》曰：後漢許尗重氏爲《説文解字》，頗存古訓，然專用小篆，其義間失之鑿。唐三百年，以篆名家惟李當塗而已，於六書之旨無聞焉。宋徐騎省兄弟始宗許氏之説，考辨推廣。

趙古則《六書本義叙》曰：翻切漢以前未有之，許氏《説文》、鄭氏箋注但曰讀若某而已。齊梁以後，始有反切，今《説文》反切乃朱翺以孫愐《唐韻》所加，多疏略舛誤，今悉正之。朱文藻按：此語是誤以《繫傳》反切爲即今《説文》反切矣。

方以智《通雅》曰：《説文》本多幮令所加，雲勝所注，宋僧。楚金所繫，今皆遺失，固當因他書搜集之，備參考也。

錢曾《敏求記》曰：徐鍇《説文解字繫傳》四十卷，簡端題云「文林郎、守秘書省校書郎、臣徐鍇傳釋」，蓋楚金仕江左，是書曾經進覽，故結銜如此。嘉祐中，宋鄭公曰：「《繫傳》該洽無比，小徐學問文章才敏，皆優於其兄，何以後人稱道，反出其兄下？」子容曰：「楚金少年早卒，文藻案：鍇卒年五十五，見《宋史》本傳，未可謂少年早卒。鼎臣歸朝後，士大夫從學者衆，宜乎名高一時。」鄭公歎賞之，以爲評論精詣。今觀此書，《通釋》三十卷，《部敘》二卷，《通論》三卷，《袪妄》《類聚》《錯綜》《疑義》《系述》各一卷，而總名之《繫傳》者，蓋尊叔重之書爲經，而自比於邱明之爲《春秋》作傳也。《部叙》究竟始一終亥之義，《袪妄》直指陽冰之惑，參而觀之，字學於焉集大成。楚金真許氏之功臣矣。惜乎流傳絶少，世罕有覯之者。當李巽岩時，蒐訪歲久，僅得七八闕卷，誤字又無所是正，而況後之學人，年代寖遠，何從覯其全本乎？此等書應有神物呵護，留心籍氏者，勿謂述古書庫中無驚人秘笈也。

陳瑚《王子石隱説文論正序》曰：叔重以後爲六書之學者，無慮數百家，其爲失也可得而言。信古太過，守其前説，不敢變通以求原本，其失則拘，如徐鍇《繫傳》之屬是也。

王士正《古夫于亭襍録》曰：《宋景文筆記》云：顔之推説唐末文籍散亡，故諸儒不知字學，江南惟徐鉉、徐鍇，中朝惟郭忠恕。鍇爲《説文繫傳》，忠恕作《汗簡》《佩觿》。愚按：《佩觿》彙書有之，《汗簡》今吳人汪立名得古本刻之，甚古雅。惟《説文繫傳》未見，不知海内藏書家尚有傳之者否也。然謂顔之推語則誤，之推後魏黄門侍郎，而預知南唐宋初事邪？疑是傳寫之訛。

徐堅重鈔序曰：秦燔書而文字亡，許氏《説文》之作，所謂迴狂瀾於既倒者也。書中目録五百四十字，即仍皇頡十五篇之舊，而分爲諸部之首，觀其部叙位置，各有條貫，似未可紊。自徐氏鍇《説文韻譜》出而許氏之旨晦，然其兄鉉嘗謂聲韻區分，便於檢討，蓋非全書明矣。至李氏燾，乃割取《説文》字始東終甲，編爲四聲，而名之爲《五音韻譜》，則是四聲五音之不分，其謬已甚。近今坊間行本所謂川本者，不知出自何人，即李氏所編，削其序而逸其名，强以許氏前後二序及徐鉉等進表、雍熙三年牒，並列於前，名之曰《許氏説文解字五音韻譜》。舛錯乖迕，莫可窮詰，前人著書之義，澌滅無餘。噫，其不爲燔書之續者，廑一間矣。及讀徐氏鍇所撰《繫傳》一書，而後許氏之旨暢然大明，不惟始一終亥之次無容倒置，且足徵《韻譜》之作，乃其自成一書，無有增損於許氏也。其言約而盡，宏而肆，考據典核，淹貫博洽，《通論》《祛妄》諸篇，尤爲殫心之作，顧習之者少，其書莫傳，湮没於塵埃灰燼者，蓋不知凡幾矣。按：是書在熙寧時已有殘缺，尤文簡公謂在三館中得之，一半斷爛不可讀，乃從葉石林氏借得鈔本補足，可知版本之亡久矣。傳録相承，差誤日益，脱落殘缺，莫之或正。噫，古之所謂小學者，乃今爲絶學，可慨也哉！淮陰吴山夫玉搢氏喜習六書學，家貧不能致書，嘗借鈔於諸相識中，寒暑靡閒，裒然成帙。人或有過而笑之者，山夫不顧也。予來淮之二年，始得與之交有厚契，時相過從，間出是書相賞曰：「是得於吴郡薄君自昆者，因其游裝匆促，分遣諸弟子鈔録，其中錯譌脱落，殆倍於原書。時方從事《金石存》，卒未暇正也。」予亟假閱，倩人録成。適得汲古閣所鐫宋本《説文解字》，是真徐鉉所校本也，相與校勘，字櫛句比，疑竇乃生，闕者補之，譌者正之，裨益之功，蓋得十之三四。至如楚金所述，譌而無從正者仍之，意同而文有小異者兩存之。經傳襍呈，丹鉛並進，累旬而竣工。乃序是書所得之由，並附一隅之説如此，試以質之山夫，知不免邯鄲之誚也。時乾隆戊午冬十二月。

《四庫全書提要》曰：是書凡八篇，首《通釋》三十卷，以許慎《説文解字》十五篇，篇析爲二，凡鍇所發明及徵引經傳者，悉加「臣鍇曰」及「臣鍇按」字以別之。繼以《部叙》二卷，《通論》三卷，《祛妄》《類聚》《錯綜》《疑義》《系述》各一卷。《祛妄》斥李陽冰臆説；《疑義》舉《説文》偏旁所有而闕其字及篆體筆畫相承小異者；《部叙》擬《易》序卦傳，以明説文五百四十部先後之次；《類聚》則舉字之相比爲義者，如一二三四之類；《錯綜》則旁推六書之旨，通諸人事，以盡其意。終以《系述》，則猶《史記》之自叙也。鍇嘗別作《説文篆韻譜》五卷，宋孝宗時李燾因之作《説文解字五音譜》。燾自序有曰：「《韻譜》當與《繫傳》並行，今《韻譜》或刻諸學官，而《繫傳》迄莫光顯。余蒐訪歲久，僅得其七八闕卷，誤字無所是正，每用太息。」則《繫傳》在宋時已殘闕不完矣，今相傳僅有鈔本。錢曾《讀書敏求記》至詑爲驚人秘笈，然脱誤特甚。卷末有熙寧中蘇頌記云：「舊闕二十五、三十共二卷，俟別求補寫。」此本卷三十不闕，或續得之以補入。卷二十五則直録其兄鉉所檢之本，而去其新附之字，殆後人求其原書不獲，因摭鉉書以足之，猶之《魏書》佚《天文志》，以張太素書補之也。其餘各部闕文，亦多取鉉書竄入。考鉉書用孫愐《唐韻》，而鍇書則朝散大夫行秘書省校書郎朱翺別爲反切，鉉書稱某某切，而鍇書稱反。

今書内音切與鉉書無異者，其訓釋亦必無異，其移掇之迹顯然可見。至示部竄入鉉新附之祧、祆、祚三字，尤鑿鑿可證者，錯編篇末，其文亦似未完〔九〕，無可採補，則竟闕之矣。此書成於鉉書之前，故鉉書多引其説，然亦時有同異。如鉉本「福，祐也」，此作「備也」。鉉本「茉，耕多艸」，此作「耕名」。鉉本「迹，前頡也」，此作「前頓也」。鉉本「鷚，大鶵也」，此從《爾雅》，作「天鶵也」。又鉉本「禜」字下引《禮記》，「禂」字下引《詩》之類，此作「臣鍇按《禮記》曰」，「臣鍇按《詩》曰」，則鍇所引，而鉉本淆入許氏者甚多。又如「罠」字下云「闕」，此作「家本無注，臣鍇按，疑許慎子許沖所言也」，是鉉直删去「家本無注」四字，改用一「闕」字矣。其憑臆删改，非賴此書之存，何以證之哉？此書本出蘇頌所傳，篆文爲監察王聖美、翰林祗候劉允恭所書。卷末題子容者，即頌字也，乾道癸巳尤袤得於葉夢得家，寫以與李燾，詳見袤跋。書中有稱「臣次立案」者，張次立也。次立官至殿中丞，嘗與寫嘉祐二字石經，陶宗儀《書史會要》載其始末云。

吳騫《書後》曰：琴川毛氏翻宋板《説文解字》，遠不及此本。即如原序之注，鼎臣未嘗有一字，所録皆楚金語，而又删其什六七，臆改其字句，間或有之。至若前序中復見「遠沫」之爲「遠流」，後序中「朔日甲子」之爲「甲申」，苟非《繫傳》尚存，仍訛襲謬，有不可勝言者矣。惜子晉當日未獲寓目，豈亦此書之不幸歟？予嘗發願欲爲刊布，屏當筐篋，尚有所待，書此以當息壤。乾隆壬辰五月。

汪啓淑重刊跋曰：南唐内史徐鍇楚金，以博洽著名江左，與兄鉉並稱。其後鼎臣歸宋，名乃過於小徐耳。内史精小學，最有功於許氏《説文》，著《韻譜》及《繫傳》，《韻譜》以聲韻區分，便檢閲，鼎臣爲之序。《通釋繫傳》凡四十卷，考據尤盡精核，然在宋時已多殘闕，較《韻譜》之顯於學官者大不侔矣。淑慕想有年，幸逢文治光昭，館開四庫，得與諸賢士大夫游，獲見《繫傳》稾本，愛而欲廣其傳，因合舊鈔數本，校録付梓。其相沿傳寫既久，無善本可稽者，不敢以臆改也。刻既竣工，爰贅數語於後，時乾隆壬寅七月。

盧文弨《與翁覃溪論説文繫傳書》曰：《説文繫傳》一書，向無力傳録，未得細閲。今承以汪氏新雕本見貽，乃始受而卒業，惜乎殘闕之已多也。此書在宋時固已推重，近閲《爾雅疏》及項平甫《家説》，亦多引用其語，僕何人，敢以輕相訾詆？惟是粗覽一過，意實有不能盡愜者，不敢以聞於人，而私求正於足下。竊以爲解説文字，惟當約文申義，義明而止，無取繁稱侈説也。楚金所釋，大致微傷於冗，而且隨文變易，初無一定之說，牽强證引，不難改竄經典舊文以從之。如「掄」與「棆」不同也，而兩引《周禮》「棆材」，一則從手，一則改從木。「䊩」與「釋」亦有別也，「䊩」本訓漬米，而此復贅云「猶散也」，引「釋旅」爲「䊩旅」，以爲從米之證。若「𣗥」「㯻」兩字，皆引《易》之「擊柝」，不引《周官》之「聚㯻」，此固未爲甚失也。「旨」字下改《內則》「調以滑甘」爲「滑旨」。「莭」字改《國語》「戎車待游車之裂」，以「裂」爲「莭」。「移」字下則《詩》「好人移移」。案，王伯厚《詩考》所載異文，止有作「媞媞」或「姼姼」者，今之從衣，果何所本乎？「磿」字下則引《晉書》郭磿。案，晉止有郭磨，見《藝術傳》，而非「磿」也。「脟」字引《子虛賦》「脟割輪焠」，則云「脟借爲臠」，於「膞」字下又引此，復云「脟當爲膞」，是其說無一定也。《說文》無「幗」字而有「簂」字，「簂」即「幗」也，乃指「幗」爲巾幗之幗。說文有「亲」字兼有「榛」字，乃云《說文》無，而指「榗」爲榛栗之榛，皆失於不審。至於「徐」則以其得姓所自，而張大其辭，上泝顓頊，以及皋陶、伯益後封於徐，徐在東海，東方爲仁方，有君子國，而且盛推偃王之仁，爲諸侯所歸，周穆王自西荒逃歸，王不忍鬭，以太王之義而去之，使周穆不失國，偃王之力也。又云：徐者舒緩之名也，後雖爲武，未嘗無君子之風，徐宣立盆子是也。又於「稡」字下引徐孺子爲證。案，此書本爲《說文》而作，而乃侈陳家乘，可謂得著書之體乎？又其引書多不契勘，如引揚雄《甘泉賦》「日月纔經於柍桭」，張衡《西京賦》「突荆藩」，左思《吳都賦》「昣輵無數」，此三賦皆以爲班固之《西都》。甚且人人所誦習者，而亦舛互相仍，以《檀弓》「仲尼之守狗」及「其言呐呐然如不出諸其口」，皆以爲《論語》。《尚書》「鯀陻洪水」，則以爲《詩》。《左傳》「敢不承受君之明德」，則以爲《書》。《論語》「奡盪舟」則以爲羿。《左傳》齊侯「余姑揃搣」，則以爲楚王。又稱巫馬期行不由徑，陳仲子捆屨而食，且引《詩》云「匪面命之言，示之事，匪口誨之言，提其耳」。此等乍讀之，未有不疑其有所本者，而實皆憑臆空造，毫無左證，深足以疑誤後生。許叔重在當時，四家之《詩》具在，《書》有古文今文，各家師授又各不同，故其稱引與今所傳不合，此豈後代人所可放效也？其分疏音義，亦有可疑者。「賈」字，許氏云西聲，則當以價爲本音，乃不引《聘禮》之賈人及納賈、待賈，而專引公户反之賈區、服賈，即云增成其義，寧不當少有區分也？又「賑」字本訓殷富，乃惑於後人振贍、振濟之亦作賑，而遂以振起解之。「巤」字中從囟，囟與匈皆有聰音，而乃謂匈當爲兇乃得聲。「獮」秋田也，本見犬部，乃於示部增一

「獮」字，亦訓秋畋，且爲之說云：「獮者所以爲宗廟之事也。」夫一歲三田，惟君用鮮，何時不爲乾豆之用，而獨於秋云爾乎？考鼎臣本，則獮與祧、祆、祚皆爲新附之字。今皆收入許氏本部中，而又增一「禯」字，訓爲「祝也」，不知言部中自有「詛」字，許氏訓爲詶，詶即祝耳，何必又贅一「禯」字乎？又火部中出一「炙」字，鼎臣本所無，此蓋「炙」與「灸」之譌文耳，而曾莫之辨也。許氏本書各部中元有彼此複見之字若此，草部中「苗」字凡兩見，則未之有也。至其所引經史，亦多失其本意。如「貲」字下引《史記》張釋之「以貲爲郎」，而爲之說云：「即今州縣吏，以身應役是也，貲錢即今庸直也。」此說謬甚，夫漢時之以貲爲郎，猶近世職財貨者之舉身家殷實耳。景帝後二年詔書「舊貲算十以上乃得官，今令訾算四得官」，「訾」與「貲」同，楚金於此殊憒憒也。又「衮」字下，許氏云〔一〇〕：「天子享先王〔一一〕，卷龍繡於下幅，一龍蟠於上鄉，從衣公聲。」楚金「上鄉」作「上卿」。初疑是轉寫之誤，乃讀其說云：「《春秋傳》諸侯死於王事，加二等，於是有以衮斂，謂以上公禮也，然則慎所謂上卿，即用公禮也。」據此云云，則非鈔胥之過矣，此於文理若何可通？《部叙》一卷，如《易》序卦之體，亦多有難通而强爲之說者。鼎臣本採用鍇說，俱極純粹，或彼有而此反遺之，其中脱漏之字甚多，並部首亦有脱去者。間以鼎臣本攙補一二，而不明著其所補，其第二十五卷則全用鼎臣本矣。至若兩部而並爲一部，有重文而反無正字，「亦」與「夾」、「𣶒」與「囦」，注皆互易。脱去「黚」字注，而以「黔」字注注其下。若此者頗多。許氏一部中字，亦皆以類相從，此則或前或後，參錯不齊，並慎元注，亦有漏略不全者，則此書之紛亂難理，世無善本久矣，容有爲後人所竄易殽亂者，不可全歸咎於楚金也。初閱此書，以爲不過字畫間小小譌錯，欲並爲足下校出一本，以答厚意。今既不可勝摘，則非僕之力所能任矣。淺陋之見，不敢自隱，冀足下恕我之狂也。

按：《繫傳》本四十卷，北宋時已缺第二十五與三十兩卷，《崇文目》蓋據缺本著録，故曰三十八卷，《通志》仍之。今本第三十卷不缺，其第二十五卷以鉉校本補之。

汪氏憲 說文繫傳考異

《四庫全書目》四卷

存

《杭州府志》曰：汪憲字千波，仁和人，乾隆丁丑進士，候選主事，未就銓而卒。

《四庫全書提要》曰：南唐徐鍇作《說文繫傳》四十卷，歲久散佚。自明以來，方以智號精於小學，而《通雅》稱楚金所繫，今皆遺失，則世罕傳本，已非一日。好事者秘相傳寫，魚魯滋多，或至於不可句讀。憲所見者猶屬影宋鈔本，然已訛不勝乙，因參以今本《說文》，旁參所引諸書，證其同異，以成是編，訛者正之，其不可解者，則并存以俟核定焉。考洪适《隸釋》載，漢石經《論語》碑末，有「而在於蕭墻之内，盍包毛周無於」一行，是則考異之鼻祖。《經典釋文》以下，沿流而作者頗衆，惟韻書字書節目繁碎，從未有縷析舊文，徹首徹末，訂舛互而彙爲一編者。憲作是書，亦可云留心小學者矣。末有附録二卷，乃朱文藻所編，上卷爲諸家評論《繫傳》之辭，下卷載鍇詩五首及其兄弟軼事，亦頗費蒐羅。然所收李燾序一篇，採自《文獻通考》，本燾之《說文五音韻譜序》，因《通考》刻本誤脱標題一行，遂聯屬於《說文繫傳》下，乃不辨而收之，殊失考訂。至於二徐瑣記，於《繫傳》更爲無關。以是爲例，將郭璞《爾雅》《方言》注末亦附載《遊仙詩》乎？今存其上卷，以資考核，其下卷則竟從删汰，庶不以貪博嗜奇破著書之體例焉。

徐氏鍇說文韻譜

《通志》十卷按：十當作五，《書録解題》亦誤作十

存

徐鉉序曰：昔伏羲畫八卦，而文字之端見也，倉頡模鳥迹，而文字之形立矣。史籀作大篆以潤飾之，李斯變小篆以簡易之，其義至矣。及程邈作隸，而人競趨省，古法一變，字義寖譌。先儒許君患其若此，故集《倉》《雅》之學，研六書之旨，博訪近識，考於賈逵，作《說文解字》十五篇，凡萬六千字。字書精博，莫過於是，篆籀之體極於斯焉。其後賈魴以《三倉》之書皆爲隸字，隸字始廣而篆籀轉微。後漢及今千有餘歲，凡善書此皆草隸焉。又隸書之法，有删繁補缺之論，則其僞譌斷可知矣，故今字書之數累倍於前。夫聖人創制，皆有依據，不知而作，君子謹之，及史闕文，格言斯在。若乃草木魚鳥形聲相從，觸類長之，良無究極。苟不折之以古義，何足可觀？故叔重之後，《玉篇》《切韻》所載，習俗雖久，要不可施之於篆文。往者李陽冰天縱其能，中興斯學，贊明許氏，焕然英發，然古法背俗，易爲湮微。方今許李之書，僅存於世，學者殊寡，舊章罕存，秉筆操觚，要資檢閱，而偏旁奥密，不可意加，尋

求一字，往往終卷，力省功倍，思得其宜。舍弟楚金特善小學，因命取叔重所記，以《切韻》次之，聲韻區分，開卷可教。楚金又集《通釋》四十篇，考先賢之微言，暢許氏之元旨，正陽冰之新文，折流俗之異端，文字之學善矣[一二]。今此書止欲便於檢討，無恤其他，故聊存訓詁，以爲別識，其餘敷演，有《通釋》焉。五音凡五卷，詒諸同志者也。

又《後序》曰：初《韻譜》既成，廣求餘本，孜孜讎校，頗有刊正。今復承詔校定《説文》，更與諸儒精加研覈，又得李舟所著《切韻》，殊有補益。其間有《説文》不載，而見於序例注義者，必知脱漏，並從編録。疑者則以李氏《切韻》爲正，殆無遺矣。前序猶謂學者殊寡，而今之學者蓋多，家畜數本，不足以供其求借。潁川陳君文顥，任當守土，罷列侍祠，習武好文，憐才樂善，見人爲學，如己之誨子弟焉。因取此書刊於尺牘，使模印流行，比之繕寫[一三]，省功百倍矣。噫，仁人之用心也。因躬自篆籀，庶抵來命，序之於後，以記其由。雍熙四年正月序。

陳振孫《書録解題》曰：徐鍇撰。又取《説文》以聲韻次之，便於檢討，鉉爲之叙。

晁公武《讀書志》曰：南唐徐鍇撰。鍇以許慎學絶，取其字分譜四聲，殊便檢閲，然不具載其解爲可恨，頗有意再編之。

李顯序曰：篆韻之有譜，南唐徐氏楚金所著也。粤自伏羲氏造書契，以代結繩之政，百官以治，萬民以察，而文字之學興也。厥後倉頡因之，史籀從而潤飾之，至秦李斯，迺始變而簡易之，要之有大篆、小篆之分。而其點畫形象，均不失乎製字之意，故論字學者必以篆文爲首，邈乎不可尚也。世道日降，簡牘日繁，而文藝之徒日求其省約，於是乎再變爲隸，再變爲真，又再變而爲行爲草。自晉及唐，專門名家者何可勝數，而於篆法，蓋寂無稱矣。先儒許氏有見於此，博訪羣書，作爲《説文解字》，凡十五篇，而篆籀之法賴以不墮。至南唐徐子，又取而韻次之，隨文釋義，釐爲五卷，名曰《解字篆韻》，梓行於世，是大有功於字學也。惜乎舊板殘缺，點畫模糊，有不止於魯魚亥豕之誤者。夫去繁就簡，乃人情所易趨，而厭常喜新，又舉世之通患。今操觚執翰，間有以篆名者，往往誇筆法之奇，競布置之巧，時出聰明，以亂舊法，而得於創見者，惟怪與新之是悦也，遂同聲而是之，以訛傳訛，寖失古意，孰從政其舛繆，而使復歸於正哉！天下之習篆文者既罕其人，則天下能知篆文之誤者亦不常有，所賴以爲篆書之家法者，僅有是編焉耳。況古書雖不常用，而朝廷之符璽與諸牙門之印信，恒必由之，惡得以篆爲可少耶？予於公餘之暇，輒加繙閲而手正之，遵克終編，俾鋟諸梓，以廣其傳，以昭我聖天子同文之治云。

《四庫全書提要》曰：南唐徐鍇取許慎《説文解字》，以四聲部分編次成書。凡小篆皆有音訓，其無音訓者，皆慎書所附之重文。注史字者籀書，注古字者古文也。所注頗爲簡略，蓋六書之義已具於《説文繫傳》中，此特取便檢閲〔一四〕，故不更複贅耳。前後有其兄鉉序二篇，後序稱：「《韻譜》既成，廣求餘本，孜孜讎校，頗有刊正。今承詔校定《説文》，更與諸儒精加研覈。又得李舟所著《切韻》，殊有補益。其間有《説文》不載而見於序例注義者，必知脱漏，並從編録。疑者則以李氏《切韻》爲正。」是此書鉉又更定，不僅出鍇一手，以其序例注義中字添入，亦鉉所爲也。前序稱「命鍇取叔重所記，以《切韻》次之，聲韻區分，開卷可睹」。然鍇所編部分與《廣韻》稍異，又上平聲内痕部並入魂部，下平聲内一先、二仙後別出三宣一部〔一五〕，然魂部之下注痕部附字，而宣部則不著别分，似乎《切韻》原有此部。考唐宋韻部之分合，悉有門徑可按，惟此一部，杳不知所從來。或此書部分，鉉亦以李舟《切韻》定之，非陸法言之《切韻》，故分合不同歟？是書傳本甚少，此爲明巡撫李顯所刻。寒部簡、瀾、漣、灡、闌五字，當在乾、蘭、讕、讕四字之後。豪部高、皋、䓘、羔、膏五字，當在㺜、誂、號、䝞、鄂五字之後，皆訛前一行。麻部媧、譁、譇、䑛、䕨五字，當在秅、庛、誇、侉、夸、家、加、茄、葭九字之前，訛後二行。蓋刻其書者失於校覈。其後序一篇，亦佚去不載，今從鉉《騎省集》録出補入，以成完帙焉。

按：是書流傳甚少，明巡撫李顯重校叙亦不多見。今從鄞范氏天一閣藏本録，乃安邑葛給事鳴陽官京師，屬海寧陳君鱣重校一過，繕寫既就，半已登版，會給事改官歸，未竟其事，惜哉！

小學考卷十一終

校記：

〔一〕加：原作「如」，據徐鉉《進説文解字表》改。案：光緒刊本已改作「加」。

〔二〕區分：原作「分區」，據徐鉉《説文解字篆韻譜序》乙。

〔三〕歐陽修：原作「歐陽倒」，徑改。案：光緒刊本已改。

〔四〕咸平：原作「延平」，據《佩文齋書畫譜》卷七八改。

〔五〕常熟：原作「當熟」，徑改。案：光緒刊本已改。

〔六〕説文質疑論：案：此條原載雍正《江南通志》卷一九〇。據《宋史》卷四四一《徐鉉傳》，鉉有校定《説文》，又撰《質疑論》若干卷，應爲兩種著作。《江南通志》合爲一篇，而《小學考》又沿《江南通志》之誤。當是正。

〔七〕家傳：案：《宋史》卷四四一《徐鉉傳》記載有誤。查宋代書目，無著録徐鍇《家傳》者，「家傳」疑爲「繫傳」之誤。陸游《南唐書》徐鍇傳載鍇有《説文通釋》，即《繫傳》之别一稱名。

〔八〕乾道：原誤作「乾隆」。據《説文繫傳》附尤袤題跋改。案：光緒刊本已改。

〔九〕未完：原作「未究」，據《四庫全書總目》卷四一《説文繫傳》提要改。案：光緒刊本已改。

〔一〇〕許氏：原作「許字」，據文意改。

〔一一〕先王：原作「先生」，據《説文》八上衣部「衮」字條注改。

〔一二〕「善矣」下，徐鉉《説文解字篆韻譜序》尚有「盡矣」二字，當補。

〔一三〕比之：原脱「比」字，據徐鉉《説文解字篆韻譜後序》補。

〔一四〕此特：原作「此時」，據《四庫全書總目》卷四一《説文解字篆韻譜》提要改。案：光緒刊本已改。

〔一五〕三宣：原作「三寅」，據右引書改。案：光緒刊本已改作「三宣」。

小學考卷十二

文字四

李氏燾說文解字五音韻譜

三十卷

存

《宋史·李燾傳》曰：燾字仁甫，眉州丹稜人，唐宗室曹王之後也。紹興八年擢進士第。乾道四年，上《續通鑑長編》，自建隆至治平，凡一百八卷。五年遷秘書少監。七年《長編》全書成，上之，詔藏秘閣。淳熙改元，權禮部侍郎。十一年，除敷文閣學士。致仕，卒，年七十。上聞嗟悼，贈光禄大夫。有《易學》五卷、《春秋學》十卷、《五經傳授》《尚書百篇圖》《大傳雜說》各一卷、《七十二子名籍》各一卷、文集五十卷、奏議三十卷、《四朝史稾》五十卷、《通論》十卷、《南北攻守録》三十卷、《七十二候圖》《陶潛新傳》并《詩譜》各三卷、《歷代宰相年表》《唐宰相譜》《江左方鎮年表》《晉司馬氏本支》《齊梁本支》《王謝世表》《五代將帥年表》，合爲四十一卷。謚文簡，累贈太師、温國公。

《中興館閣録》曰：李燾字仁父，眉山人，黄公度榜進士。淳熙三年正月除秘書監，三月權禮部侍郎。

燾自序曰：漢和帝永元十二年，太尉祭酒許叔重始爲《說文解字》十四篇，凡五百四十部，其文九千三百五十三。後二十一年，當安帝建光元年，叔重子沖乃具以獻。晉東萊幍令吕忱繼作《字林》五卷，以補叔重所闕遺者，於叔重部叙初無移徙。忱書甚簡，顧爲他說揉亂，且傳寫訛脱，學者鮮通。今往往附見《說文》，蓋莫知自誰氏始。古文、籀文疑是吕忱始增入。今或以附見《說文》，或在陽冰以前。若《說文》元自有此，則林罕不應謂忱補許氏遺闕也。重字當時增入上字，則《說文》元自有矣，更詳之。陳左將軍顧野王更因《說文》造《玉篇》三十卷，梁武帝大同末獻之，其部叙既有所升降損益，其文又增多於叔重。唐上元末，處士孫强復修野王《玉篇》，愈增多其文，今行於俗間者，强所修也。叔重專爲篆學，而野王雜以隸書，用世既久，故篆學愈微。野王雖曰推本叔重，而追逐世好，非復叔重之舊。自强以下，固無譏焉。大曆間，李陽冰獨以篆學得名，時稱中興，更刊定《說文》，仍祖叔重，然頗出私意，詆訶許氏，學者恨之。南唐二徐兄弟，實相與反正由舊，故鍇所著書四十篇，總名《繫傳》，蓋尊許氏若經也，惜其書未布而鍇亡。本朝雍熙三年，鍇兄鉉初承詔與句中正、葛湍、王惟恭等詳校《說文》，今三十卷內，《繫傳》往往錯見，豈其家學同原，果無異派歟？鍇亡恙時，鉉苦許氏偏旁奥密不可意知，因令鍇以《切韻》譜其四聲，庶幾檢閲，力省功倍。鉉又爲鍇篆名曰《説文韻譜》，其書當與《繫傳》並行。今《韻譜》或刻諸學宫，而《繫傳》訖莫光顯。余蒐訪歲久，僅得其七八闕卷，誤字無所是正，每用太息。蓋嘗謂小學放絶久矣，欲崇起之，必以許氏爲宗，而鉉鍇兄弟最其親近者[一]。使學者復睹純全，似非小補，顧力有所不及耳。《韻譜》仍便於檢閲，然局以四聲，則偏旁要未易見。乃因司馬光所上《類篇》依五音先後，悉取《説文》次第安排，使若魚貫然，開編即可了也。《説文》所無而《類篇》新入者，皆弗取。若有重音，則但舉其先而略其後。雖許氏本在上去入聲，而《類篇》在平聲，亦移載平聲，大抵皆以《類篇》爲定。《類篇》者，司馬光治平末所上也。先是景祐初[二]，宋祁鄭戩建言，見行《廣韻》乃陳彭年、邱雍等景德末重修，繁省失當，有誤科試，乞别刊定。即詔祁、戩與賈昌朝同修，而丁度、李淑典領之。寶元二年書成，賜名《集韻》。度等復奏《集韻》添字極多，與彭年、雍等前所修《玉篇》不相參協，乞别爲《類篇》，即以命洙，洙尋卒，命胡宿代之，宿奏委掌禹錫、張次立同加校讐。宿遷，又命范鎮代之，鎮出而光代之，乃上其書。自《集韻》《類篇》列於學官，而《廣韻》《玉篇》微矣。然小學放絶，講習者寡，獨幸其書具存耳。所謂《廣韻》，則隋仁壽初陸法言等所共纂次，而唐儀鳳後郭知之元等又附益之，時號《切韻》。天寶末，陳州司法孫愐者，以《切韻》爲繆略，復加刊正，别爲《唐韻》之名。在本朝太平興國及雍熙、景德，皆嘗命官討論。大中祥符元年，改賜新名曰《廣韻》，今號《集韻》，則又寶元改賜也。《切韻》《廣韻》，皆莫如《集韻》之最詳，故司馬光因以修《類篇》，《集韻》部叙或與《廣韻》不同，鍇修《韻譜》尚因之。今五音先後[三]，並改從《集韻》，蓋《類篇》亦以《集韻》爲定故也。嗚呼，學無小學，而古則謂字書之學爲小，何哉！亦志乎學，當由此始爾。凡物雖微，必有理存，何况斯文幼而講學，磨礲浸灌之久，逮其長也，於窮理乎何有？不則躐等陵節，君子不貴也。今學者以利禄之路，已絶不可得，但肆筆趁姿媚耳，偏旁横豎，且昏不知，矧其文之理邪！先儒解經，固未始不用此，匪獨王安石也。安石初是説文覃思，頗有所悟，故其解經合處亦不爲少。獨恨求之太鑿，所失更多。不幸驟貴，附和者益衆，而鑿愈甚。蓋字有六義，而彼乃一之，雖欲不鑿，得乎？科試競用其説，元祐嘗禁之，學官導諛，紹聖復用，嗜利禄者靡然風從，鑿説横流，汨喪道真。此吾蘇氏所以力攻王氏，而不肯置也。若一切置此弗道，則又非是。今國家既不以此試士，爲士者可以自學矣，乃未嘗過而問焉，余竊哀之。雖老矣，猶欲與後生共講習此，故先爲此《五音韻譜》，且叙其指意云。

又後序曰：燾在武陵，嘗與賈直孺之孫端修因徐楚金兄弟《説文解字韻譜》别類編所次五音，先後作《五音譜》，其部序仍用許叔重舊次，蓋楚金兄弟本志止欲便於檢閲，故專以聲相從。叔重當時部叙固不暇存，既不存當時部叙，則於偏旁一切都置之，宜矣。然偏旁一切都置，則字之有形而未審厥聲者，豈不愈難於檢閲乎？此實元所以既修《集韻》，必修《類篇》，修《類篇》蓋補《集韻》之不足處也。《集韻》《類篇》兩者相須〔四〕，則字之形聲乃無所逃，檢閲之難，果非所患。故某初作《五音譜》，不敢紊叔重部叙，舊譜其偏旁皆按堵如故，獨依《類篇》，取《集韻》翻切所得本音，以序安頓，粲然珠連，不相雜揉，古文奇字，畢陳立見。頗自謂於學者披閲徑捷，不媿楚金兄弟之言矣。書既成，未敢出也，會得請歸眉山。惟吾鄉家氏三世留意篆學，多所纂述，每欲持此書與相考評精惟或增損，而去鄉踰一星終，及歸，則舊游零落盡矣。後生雖多俊才，不復肯以小學爲事。所謂《五音譜》者，遂束之高閣。兹來遂寧，適與餘杭虞仲房相遇，仲房能爲古文奇字，聲溢東南，凡江浙扁牓與其它金石刻，多仲房筆。燾乘暇則出《五音譜》求是正焉〔五〕，仲房喜曰：「此要書也，便可刊刻，與後學共之，復何待？」某曰：「姑徐之，試爲我更張其不合者。」已而仲房謂某曰：「《五音譜》發端，實因徐氏，則此譜宜以徐氏爲本，則所謂以聲相從，其平上去入自有先後，固不容顛倒，叔重部叙，亦何可獨異？蓋即用徐氏舊譜，參取《集韻》卷第，起東終甲，而偏旁各以形相從，悉依《類編》。今若此，則《説文解字》形聲具存，此譜於檢閲，豈不愈徑捷？但不免移徙叔重部叙舊次，起一終亥，世固未有能通其説者，楚金實始通之。其書要自别行，兩不相傷。賦詩斷章，取所求而已，復何待？」亟謂仲房鏤板流布。嗟夫！小學放絶久矣，繇崇寧以來，用篆籀名一時者，吴興則張有謙仲，歷陽則徐競明叔，而仲房最所善者獨張，謂某曰：「明非謙敵也。謙作《復古編》，其筆法實繼斯冰，其辨形聲分點畫，剖判真僞，計較毫釐，視楚金兄弟及郭恕先尤精密，其有功於許氏甚大。今其書具在，明何敢望耶？」某曰：「明非謙敵信然，謙不務進取，用心於内，成此書時年五十餘矣。晚又棄家爲黄冠師，殆世外士。陳了翁實愛之重之，特識篇首，夫豈若明之攀援姻戚，苟入書藝局，登進未幾，旋遭汰斥乎？兩人相去，何翅九牛毛？」因是亦可得吾仲房胸懷本趨，遂并《復古編》重刊刻云。

又曰：舊編《五音譜》，凡許氏所無，《類編》新入者皆弗取，若有重者，則但舉其先而略其後。雖許氏本在上去入聲，而《類篇》在平聲，亦移載平聲，大抵皆以《類篇》爲定。今編既改部叙從徐氏，則其五音先後，亦不復用《類篇》，但取許氏本音次第之，庶學者易曉。二書要須各行乃曲當云。

魏了翁《書李巽巖叙後》曰：右二篇，皆巽巖先生文。夫字有六體，而編次檢閱，必本形聲。《説文解字》《玉篇》《類篇》始一終亥，則其形也。《廣韻》《集韻》始東終法，則其聲也。《説文解字》及《玉篇》時未有韻書，許氏之書，元無反切，後人漸加附益。至徐鼎臣等被旨校正，始以孫愐《唐韻》音切爲定，則字之本乎偏旁尚矣。《五音譜》鋟木遂寧，刻於莫簡之變，其先收藏人家者往往皆珍惜之。其書始東終甲，不用許氏部叙，大類蜀中俗本《玉篇》，與先生初意不同。及讀至後序，乃是虞仲房，仲房雖有分開布白之能，觀其篆隸筆蹟，若不解書意者，似此詮次，乃不若只用賈端修所定，尚不遠許氏之舊也。後序及跋尾要自別行、要須各行等語，先生豈亦不足於是耶？前序注云「古文籀文，疑是呂忱所增入」，按叔重自叙，「今叙篆文，合以古籀」，所記可以無疑。《説文解字韻譜》十卷，自有反切，不全用孫愐《唐韻》反切。《繫傳》四十篇，今行於世者，每《説文解字》一卷釐爲二卷，共二十八卷，朱翺反切，不用孫愐《唐韻》，《通釋》《部叙》《通論》等十二卷，爲許氏義疏，亦自有益，若《韻譜》雖不作可也。

又曰：《許氏説文五音韻譜》實託新監江州大軍倉賈端修從政編次。端修嘗爲江夏令，余識之，頗知篆學，黯曾孫也。黯字直孺，仁宗時號名卿，國史有傳。

又了翁《答遂寧李侍郎書》曰：巽巖先生初作《五音譜》，以許叔重部叙爲之，後在遂寧出視虞仲房，仲房乃改用徐楚金《韻譜》，先生雖勉從之，終弗慝也，故序及跋語既云「要自別行」，又云「要須各行」。大抵始一終亥其形也，始東終法其聲也。許氏元無反切，後人漸加附益，至徐鼎臣始以孫愐《唐韻》音切爲定。自音切行，人以爲便於檢閱，而不知字之本乎偏旁，故先生謂偏旁一切都置[六]，則字之有形無聲者，豈不愈難檢閱，蓋不以《韻譜》爲然也。聞《韻譜》今已不存，或使府別爲刊元本《五音譜》，賈端修所定者。置之學中，以廣其傳，亦是一事。不知台意以爲如何？

《續通考》曰：燾字仁父，《桯史》云[七]：一字子真，號巽巖，丹稜人。紹興進士，官至敷文閣學士。贈光禄大夫，謚文簡。案：是編前後序見馬《考》徐鍇

《繫傳》條下，而佚去標題，世遂不知燾有此書，今應續録。

《四庫全書提要》曰：燾事蹟具《宋史》本傳。初徐鍇作《説文韻譜》十卷，音訓簡略，粗便檢閲而已，非改許慎本書也。燾乃取《説文》而顛倒之，其初稾以《類篇》次序於每部之中，易其字數之先後，而部分未移，後復改從《集韻》，移自一至亥之部爲自東至甲，《説文》舊第，遂蕩然無遺。考徐鍇《説文繫傳》仿《易》序卦傳例，《部叙》二篇，述五百四十部以次相承之故，雖不免有所牽合，而古人學有淵原，要必有説，未可以臆見紛更。又徐鉉新附之字本非許慎原文，一概混淆，亦乖體例，後人援引，往往以鉉説爲慎説，實燾之由。其中惟手部「搗」字，徐鉉作許歸切一條，能糾本書之謬。其餘如「鬪」字本作似醉切，乃改爲房九切；「苜」字本模結切，乃改爲徒結切；又「臤」字本苦閑切，乃改爲邱耕切，則多所竄亂。説文酉部有「酓」字，音咽嗛切，而燾删去不載，則有所遺漏。甚至「犛」字本里之切，而誤作莫交切；「氂」字本莫交切，而誤作里之切，顛到錯亂，全乖其本義、本音，尤爲疎舛。顧其書易於省覽，故流俗盛行。明人刊《文獻通考》，又偶佚此書標題，而連綴其前後序文於徐鍇《繫傳》條下，世遂不知燾有此書。明陳大科作序，竟誤以爲許慎舊本，茅溱作《韻譜本義》，遂推闡許慎《説文》所以始於東字之意，殊爲附會。顧炎武博極羣書，而所作《日知録》亦曰「《説文》原本次第不可見，今以四聲列者徐鉉等所定也」，是雖知非許慎書，而又以燾之所編誤歸徐鉉，信乎考古之難矣！

庾氏儼默演説文

《七録》一卷

佚

按：《隋志》《説文》十五卷下云：許慎撰。梁有《演説文》一卷，庾儼默注，亡。凡謂梁有某書者，乃《七録》有之也。焦竑《經籍志》云「梁有《演説文》一卷」，誤以梁有爲姓名。黄虞稷《書目》及近人補宋元《藝文志》，皆沿其誤。

無名氏説文音隱

《隋志》四卷

佚

按：《隋志》以是編列於吕忱《字林》之下，

但云四卷，而不詳撰著姓名時代。近畢尚書沅作《說文解字舊音》云：唐以前傳注引《說文解字音》，疑即此《音隱》也。

李氏騰 說文字原

《崇文總目》一卷

佚

《崇文總目》曰：唐李騰集。初，陽冰爲滑州節度使李勉篆《新驛記》，賈耽鎮滑州，見陽冰書，歎其精絶，因命陽冰姪騰集許慎《說文》目録五百餘字，刊於石，以爲世法云。

劉有定《衍極》曰：唐李騰《說文字原》，宋徐鍇《韻譜》《通釋》等書，皆《說文》之羽翼也。

林氏罕 字原偏傍小說

《崇文總目》三卷

存

罕自序曰：罕長興二年歲在戊子，時年三十有五，疾病踰時，閑坐思書之點畫，莫知所以，乃搜閲今古篆隸，始見原由。旋觀近代以來篆隸多失，始則茫乎不知，終則惜其錯誤，欲求端正，將示同人。病閒有事，其志不遂。至明德二年乙未復病，迄於丁酉冬不瘳，病中無事，得遂前志，與大理少卿趙崇祚討論，成一家之書。昔孔安國《尚書序》云：「古者伏羲氏之王天下也，始畫八卦，造書契，以代結繩之政，由是文籍生焉。」賈耽鎮滑州時，作《偏傍字原》，序云：降及夏殷周，通謂之古文。至宣王太史史籒著大篆十五篇，與古文小異。七國分裂，篆與古文隨其所尚。始皇兼并海内，丞相李斯遂收拾遺逸，作《倉頡》七章，中車府令趙高作《爰歷》七章，太史胡毋敬作《博學》七章，並約籒文，篆體轉工，世即謂之小篆。屬秦政滋煩，人趨簡易，故軍政程邈變古文大小篆作隸書。然書之所興，莫定何代，隸之所起，始自秦時，篆者取蟲篆之形，隸者便徒隸之用。漢初有書師，以隸合小篆爲五十五章，教於鄉里。平帝元始中徵通書，會京師者百有餘人，方立小學之科，揚雄采掇其可用者，作《訓纂》八十九章。至東漢班固，加十三章，共一百二章，二千一百二十字。雖羣書並載，而目録不分。惟太尉祭酒許慎取其形類，作偏傍條例十五卷，名之曰《說文》，頗有遺漏。呂忱又作《字林》五卷[八]，以補其缺。洎三國之後，歷晉魏陳隋，隸書甚行[九]，篆書殆將泯滅。至唐將作少監李陽冰，就許氏《說文》復加刊正，作三十卷，今之所行者是也。其時復於《説文》篆字下便以隸書照之，名之《字統》。開元中以隸體不定，復隸書《字統》下録篆文，作四十卷，名曰《開元文字》，自此隸體始定矣。兼改《古文尚書》及「無平不陂」字，即其類也。先已有《九經音義》及《切韻》、《玉篇》行焉。大曆中，司業張參作《五經文字》三卷，凡一百六十部，其序略云：「以類相從，務以易了，不必舊訣。自非經典文義之所在，雖切於時，略不集録，以明爲經不爲字也。」開成中，唐元度以《五經文字》有所不載，復作《新加九經字樣》一卷，凡七十六部，其序略云：「有偏傍上下本所無者，纂爲《雜辨》，部以統之。」然九經所有之字，即加訓切，況是隸書，莫知篆意。其字注解或云《説文》者，即前來兩《説文》也；或云石經者，即蔡邕於國學所立石經也；或云隸省者，即隸減也。唐立石經，乃蔡邕之故事也。《周禮》保氏掌養國子之道，教之六書，謂象形、指事、會意、諧聲、轉注、假借，六者造字之本也。篆雖一體，而隸變數般，篆隸即興，舛訛相錯，非究於篆，無由曉隸。六書者非止著一意而屬一字，一字之内有占六書二三四者，大都造字皆包含六意，字有正者、到者、横而在上中下者，竪而在左右中者、向者、背者、並者、重者、順者、逆者、左者、右者、俯者、仰者，横折而裹別字者、竪開而夾別字者，有一字成者，有全二字三字四字五字合成者，有省二字三字四字合成者。隸書有不抛篆者，有全違篆者，有減篆者，有添篆者，有篆隸同文者。在篆體則可辨，變隸體則多有，義異而文同，篆亦有之。今悉解之於後文，此不同例。俗有《隸書賦》者，假託許慎爲名，頗乖經史。據《顔氏家訓》云，斯實陶先生弟子杜道士所爲，大誤時俗。吾家子孫不得收寫。又有《今古隸書端字决疑賦》更不經於《隸書賦》，當今之世，不可學之。又有「文」下作「子」爲「學」，「更」旁作「生」爲「蘇」，凡數十百字，謂之野書。唐有敕文，明加禁斷。今往往見之，亦不可輒學。顔真卿撰《干禄字書》一卷，每一字作三般，即注云上正、中通、下俗。既合標題，合有褒貶，全無與奪，亦無取焉。其道書、鬼書、天篆、章草、八分、飛白、破體、行書，無益於字，此亦不録。篆隸有筆力遒健，字勢妍麗，斯乃意巧之人，臨文改易，或參差之，長短之，屈曲之，拗戾之，務於奇怪，以媚一時。後習之人，性有利鈍，致與元篆隸不同，蓋病由此起。今之學者，但能明知八法，洞曉六書，道理既全，體格自寔，亦何必踵歐虞褚柳之惑亂哉！罕今所篆者則取李陽冰重定《説文》，所隸者則取《開元文字》，雖知魯鈍，不失原流，所貴講説皆有依憑，點畫自無差誤。杜征南注《左氏春秋》，以經雜傳，謂之集解。何都尉《論語序》云「今集諸家之善」，亦謂之集解。罕以隸書解於篆字之下，故效之，亦曰集解。今以《説文》浩大，備載羣言，卷軸煩多，卒難尋究，翻致懵亂，莫知指歸。是以翦截浮辭，撮其機要，於偏傍五百四十一字，各隨字訓釋。或有字關造字，省而難辨者，須見篆方曉隸者，雖在注中，亦先篆後隸，各隨所部，載而明之。其餘形聲易會，不關造字者，則略而不論。其篆文下及注中易字，便以隸書爲音，如稍難者，則紐以四聲，四聲不足，乃加切韻，使學者簡而易從，涣然冰釋，於《説文》中已十得其八九矣，名之曰《林氏字原偏旁小説》[一〇]。古人窮困湮厄而述作興，罕也卧疾數年，飽食終日，思有開悟，貽厥將來。非欲獨藏私家，實冀徧之天下，乃手書刻石，期以不朽，一免傳寫之誤，二免翰墨之勞，或有索之，易爲脱本。審篆隸無纖毫之失，質人神無愧耻之心，古今所疑，坦然明白。如其漏略，以俟君子。

歐陽修《集古録》曰：小字《説文字原》，郭忠恕書。忠恕者，五代漢周之際爲湘陰公從事，及事皇朝，其事見《實録》。頗奇怪世人但知其小篆，而不知其楷法尤精，然其楷書亦不見，刻石者惟有此爾。

晁公武《讀書後志》曰：唐林罕撰。凡五百四十一字，以《説文》部居，隨字出文，以定偏傍。其説頗與許慎不同，而互有得失。邵必緣進《禮記》石經，陛對，仁宗顧問罕之書如何，必曰：「雖有所長，而微好怪，《説文》『歸』字從堆從止從帚，以堆爲聲，罕云從追，於聲爲近。此長於許氏矣。《説文》哭從吅從獄省[一一]，罕乃云象犬嘷，此怪也。」有石刻，在成都，公武嘗從數友就觀之，其解字殊可駭笑者，不疑好怪之論誠然。

呂南公《讀字原小説》曰：余讀曲臺經，至《學記》篇曰：「發慮憲，求善良，足以謏聞，未足以動衆。」於是廢書而歎曰：嗟乎，先王之深意，秦漢學士亦有得之者乎！古者以言明道，而以文正言，又以書致文也，致因於正，正因欲明，其事固如此，然而意得道忘，則未始閉滯於言，彼字以致書，何執之有？趨於達事而已。達則得，得則忘，字雖有體義，不以害也。六經之文備於晚周，而孟子、荀卿與夫百家諸子之辭，相與援引，而句字未嘗同，彼蓋知夫在理而不在字也。自六書之名起，論者概之以爲分張本末，顧亦是矣。而後儒之生，患無以成學問，更從而爲之辭，欲廢其五而歸其一，牽合之風，從是長矣。蓋康成之學得於求善良者也，而許慎之學得於發慮憲者也，皆不知先王之所貴不在於此。林罕區區出其後，其亦勇於謏聞者乎？嗚呼，先王之深意亡矣，於罕乎何誅？

吳氏淑 說文五義

三卷，見《宋史》

佚

《宋史·文苑傳》曰：吳淑字正儀，潤州丹陽人。以近臣延薦，試學士院，授大理評事。太宗賞其學問優博，累官職方員外郎。淑善筆札，好篆籀，取《說文》有字義者千八百餘條，撰《說文五義》三卷。

釋夢瑛 字原

《讀書志》一卷

存

晁公武《讀書後志》曰：夢瑛通篆籀之學，書偏旁五百三十九字。郭忠恕云：按《說文字原》唯有五百四十部，子字合收在子部，今目録妄有更改。又集解中誤收去部在注中，今點檢偏旁，少晶、惢、至、龜、弦五字，故知林氏虛誕誤後進，其《小說》可焚。夢瑛因書此以正之，柴禹錫爲立石。

楊士奇跋曰：右《篆書偏旁字原》，宋宣義大師夢英書。此碑咸平二年立於長安學中，後有瑛自題，又附載郭忠恕所答書。

王世貞《四部稾》曰：夢瑛《篆書偏旁字原》，自謂秦斯雖妙盡方圓，而點畫簡略，直以墨寶歸之李監，而已與郭忠恕能繼其美，復録忠恕報書於後。第吾子行諸君絕不取瑛篆，以爲少師承，而忠恕書末所謂「何人知之，惟瑛公知之」，亦大含譏諷，何也？然瑛篆筆亦自整勁，跋語正書出，信本皇甫君碑〔二二〕，骨稍露耳，聊記而留之。

盧文弨跋曰：瑛書多繆體，畢秋帆中丞已舉其㼗旻叀𦱤罾兆瓦等篆之失正，及音切之不合前人者，如皀爲方木反，犛爲陌包反，畱爲方九反，皆大誤也。余謂其以「厷」爲「云」，乃尤繆之甚者。「厷」乃到子，音突，若「云」乃古文雲字，見雲部，何可混也？瑛又有篆書《千字文》，其中亦多可指摘云。

吾邱氏衍 說文續解

《千頃堂書目》二卷

未見

宋濂撰《吾邱衍傳》曰：衍字子行，杭人也。意氣簡傲，不爲公侯屈色，常自比郭忠恕。居生花坊一小樓，客至，僮輒止之，通姓名，使其登乃登。衍左目眇，又跛右足，一俯一仰，嫵媚可觀，宛有晉宋間風致。工隸書，尤精小篆，其志不止秦唐二李間。著有《説文續解》。

包氏希魯 説文解字補義

《千頃堂書目》十二卷

存

黄虞稷曰：希魯字魯伯，進賢人，從吴澂學。

胡儼序曰：進賢包希魯先生，博學君子也。當元之季，嘗著《説文解字補義》藏於家。今其孫彦孝刊梓以行，謁余序其端。先生之爲此書，謂文字該乎天地間事物，而理寓乎其中，人能因文字以明理，由理以循道，循道以成德行，德行成而施諸事業，則人生以遂，人極以立。後漢許叔重爲《説文解字》之書，以及唐宋諸公，其説雖多，或猶未允，遂從而申其義，凡係諸人心世道之大者則加詳焉。此其著述之本旨也。余嘗考六書之學，自《周官》保氏掌教國子，其來尚矣。漢法，試學童能諷書九千字以上，乃得爲吏，然《倉頡》多古字，俗師失其讀，宣帝命諸儒修倉頡之法，終不能復故。逮元始中，徵天下通小學者以百數，各令記字於庭中，揚雄作十三章，而六藝羣書所載略備矣。至許叔重以五經傳説臧否不同，乃作《五經異義》及《説文解字》十四篇上之，而隸書行之已久，加以行草、八分紛然間出，六籍佳文相承傳寫，多求便俗，漸失本原。唐大曆中，李陽冰復刊定《説文》，修正筆法，頗排斥許氏，自爲臆説，然其篆迹殊絶，學者宗之。至南唐，徐鍇以許氏學廢，又作《通釋》四十篇、《韻譜》十卷，當時言小學者惟鍇名家。宋元以來，繼有作者，雖詳略不同，而考訂得失，未爲無補。近時通其學者，臨江吴均仲平、閩人陳登思孝，而登爲優。二人已没，知六書者蓋鮮矣。余在京師時，嘗語仲平曰：「字書之學，雖曰小學，然通知古今，該貫物理，亦豈易言哉！苟有所述，俾《三蒼》之學復續而不絶，顧不美歟？」仲平既往，忽覩此編，訓注之義簡明切當，誠有裨於許氏，所謂開物成務，嘉惠後學者，亦豈小補哉！故爲之序。

吴氏叡 説文續釋

見劉基《誠意伯文集》

未見

劉基撰《吴孟思墓志銘》曰：君諱叡，字孟思，杭州人。工翰墨，尤精篆隸，自號曰雲濤散人。所著述有《雲濤萃稾》《説文續釋》《集古印譜》傳於世。

朱氏謀瑋 說文舉要

《千頃堂書目》

未見

朱氏謀瑋 說文質疑

《千頃堂書目》

未見

陳氏鉅 說文韻譜

《千頃堂書目》二卷

存

黃虞稷曰：鉅，餘姚人，諸生。

鉅自跋曰：余少習古篆，粗得其異同訛正之概，思會粹書之，以便觀覽。然許氏《說文》、徐鍇《說文》《六書統》之類，其釋文太繁。夏竦《古文》、張有《復古編》、周伯琦《六書正譌》、趙考古《六書本義》《篆字偏旁》之類，其篆文不全，亦爲太簡。今宗許氏《說文》篆字爲主，以《洪武正韻》爲韻，參以籀文、古篆、奇字，《通釋》《類釋》《復古編》《正譌》《本義》《書學正譌》《韻府》諸書，有一篆字而數字可通用者，有一篆字而篆法一二不同者，有篆文與楷殊異者，有楷而無篆者，輯爲二卷，分五聲，列七十六韻，共計一萬零二百九十五文、重一千三百三十九字。其有楷無篆者，則具楷字百二十二字附焉，以備全韻。豈專爲韻設哉，因韻以齊篆也。

趙氏宧光 說文長箋

《明志》七卷〔一三〕

存

《江南通志·隱逸傳》曰：趙宧光字凡夫，吳縣人。讀書稽古，精於篆書，隱於寒山。子均，字靈均，傳其父六書之法，日與賓客搜金石，論篆籀，問奇字，訪逸典，爲世所稱。

方以智《通雅》曰：趙宧光《長箋》「也」必作殹，「注」必作丶，「好」作玗，「像」作豫，「畢」作縪，「重」作緟，「方」作匚，「入」作鋞，姑論其一二。[illegible]籀爲[illegible]，本匜器，音逸。因用助詞，加匜別之。凡夫惡其訓醜耶，豫章之廣州海，何以避之？匚本是筐，古方作口，太簡，故借方。舊說方舟作[illegible]。智按：方本旁字，象旁視人形。古方、旁聲近耳。

《士喪禮》「握手緇纁裏牢中旁寸」，注：旁爲方。《荀子》「方皇周浹」，方音旁。今不借數千年所常用之「也」與「方」，而乃新借「殹」與「匚」乎？

顧炎武《日知録》曰：萬曆末，吳中趙凡夫宧光作《説文長箋》，將自古相傳之五經，肆意刊改，好行小慧，以求異於先儒。乃以「青青子衿」爲淫奔之詩，而謂「衿」即「衾」字，詩中元有「衾」字，「抱衾與裯」「錦衾爛兮」。如此類者非一。其實四書尚未能成誦，而引《論語》「虎兕出於柙」，誤作《孟子》「虎豹出于𠀉」兕下。然其於六書之指，不無管闚，而適當喜新尚異之時，此書乃盛行於世。及今不辯，恐他日習非勝是，爲後學之害不淺矣，故舉其尤刺謬者十餘條正之。《舊唐書·文宗紀》：開成二年，宰臣判國子監祭酒鄭覃進石壁九經一百六十卷。九經者，《易》《詩》《書》《三禮》《春秋三傳》，又有《孝經》《論語》《爾雅》，其實乃十二經〔一四〕。又有張參《五經文字》、唐元度《九經字樣》，皆刻之於石，今見在西安府學。凡夫乃指此爲蜀本石經。又云張參《文字》、唐彦升《九經字樣》，亦附蜀本之後，但可作蜀經字法。今此石經末有年月一行、諸臣姓名十行〔一五〕，大書「開成二年丁巳歲」，凡夫豈未之見而妄指爲孟蜀邪？孫愐《唐韻》文殷二韻，三聲皆分，獨上聲合一；咸嚴洽業二韻平入則分，上去則合。按今《廣韻》即孫愐之遺文，殷上聲之合則有之，咸嚴洽業則四聲并分，無併合者。切者兩字相摩以得其音，取其切近，今改爲盜竊之竊，於古未聞，豈凡夫所以自名其學者邪？「瓜分」字見《史記·虞卿傳》《漢書·賈誼傳》。《戰國策》注：「分其地如破瓜然。」《鹽鐵論》：「隔絶羌胡，瓜分其地。」「竄突」字見《漢書·霍光傳》，今云「瓜當作爪」，「突當作宊」，然則鮑照《蕪城賦》所謂「竟瓜剖而豆分」，魏玄同疏所謂「瓜分瓦裂」者〔一六〕，古人皆不識字邪？按張參《五經文字》云：「宊，徒兀反，作宊者訛。」顧野王陳人也，而以爲晉之虎頭；顧長康爲虎頭將軍。陸龜蒙唐人也，而以爲宋之象山；陸九淵號象山先生。王筠梁人也，而以爲晉；《梁書·王筠傳》沈約以《郊居賦》示筠，讀至「雌霓」，約撫手欣抃。今引此事，歸之晉王筠。約既梁人，安得與晉人語哉！王禹偁宋人也，而以爲南朝。此真所謂不學墻面者與？晉獻帝醉，虞侍中命扶之。按《晉書·虞嘯父傳》：爲孝武帝所親愛，侍飲大醉，拜不能起，帝顧曰：「扶虞侍中。」嘯父曰：「臣位未及扶，醉不及亂，非分之賜，所不敢當。」帝甚悦。傳首明有孝武帝字，引書者未曾全讀，但見中間有貢獻之獻，適與「帝」字相接，遂以爲獻帝，而不悟晉之無獻帝也。萬曆間人看書不看首尾，只看中間兩三行，凡夫著書之人，乃猶如此。「恂」字箋「漢宣帝諱」，而不知宣帝諱詢，荀悦曰：詢之字曰謀。非恂也。「衍」字箋「漢平帝諱」，而不知平帝諱衍，荀悦曰：衍之字曰樂。師古曰，衍音口旱反。非衍也。《後漢書·劉虞傳》「故吏尾敦於路劫虞首歸葬之」，注：尾姓，敦名。引之云「後漢尾敦路劫劉虞首歸之葬」。若以敦路爲人名，而又以「葬」爲「莽」，是劉幽州之首竟歸之於王莽也。《左氏》成六年傳：韓獻子曰：「易覯則民愁，民愁則墊隘。」説文靏、墊二字兩引之，而一作阸者，古隘、阸二字通用也。箋乃云「未詳何出」。「野」下引《左傳》「身横九野」，不知其當爲「九畞」。又《穀梁傳》之文，而非《左氏》也。「鵲，鵙醜，其飛也翪」，此《爾雅·釋鳥》文，箋乃曰「訓詞未詳，然非後人語」。「驠，馬白州也」，本之《爾雅·釋畜》「白州，驠」，注：州竅也，謂馬之白尻者。箋乃云「未詳疑誤」。中國之稱夏尚矣，今以爲起於唐之夏州，地鄰於夷，故華夷對稱曰「華夏」，然則《書》言「蠻夷猾夏」，《語》云「夷狄之有君，不如諸夏之亡也」，其時已有夏州乎〔一七〕？又按：夏州本朔方郡，赫連勃勃建都於此，自號曰夏，後魏滅之而置夏州，亦不始於唐也。云「唐中晚詩文始見『簿』字，前此無之」，不知《孟子》言「孔子先簿正祭器」，《史記·李廣傳》「急責廣之莫府對簿」，《張湯傳》「使使八輩簿責湯」，《孫寶傳》「御史大夫張忠署寶主簿」〔一八〕，《後漢·輿服志》「每出，太僕奉駕上鹵簿」，《馮異傳》「光武署異爲主簿」，而劉公幹詩已云「沈迷簿領書，回回自昏亂」矣。「旺」字云「字不見經」，若言五經，則不載者多矣，何獨「旺」字，若傳記史書，則此字亦非隱僻。《晉語》「被羽先升」，注：繫於背，若今將軍負旺矣。《魏略》「劉備性好結旺」，《吳志·甘寧傳》「負旺帶鈴」。梁劉孝儀《和昭明太子詩》「山風亂采旺，初景麗文輈」。禰衡《爲鼓吏作漁陽摑摻》，「摻」乃「操」字。按《後漢書》「衡方爲漁陽參摑，蹀躞而前」，注引《文士傳》作「漁陽參搥」。王僧孺詩云「散度廣陵音，參寫漁陽曲」，自注云：參音七紺反。乃曲奏之名，後人添手作「摻」。後周庾信詩：「玉階風轉急，長城雪應闇。新綬始欲縫，細錦行須纂。聲煩廣陵散，杵急漁陽摻。」隋煬帝詩：「今夜長城下，雲昏月應暗。誰見倡樓前，心悲不成摻。」唐李頎詩：「忽然更作漁陽摻，黄雲蕭條白日暗。」正音七紺反。今以爲「操」字而又倒其文，不知漢人書「操」，固有借作「摻」者，而非此也。「叩，京兆藍田鄉」，箋云：地近京口，故从口。夫藍田乃今之西安府屬，而京口則今之鎮江府，此所謂風馬牛不相及者。凡此書中會意之解，皆京口之類也。寸，十分也。《漢書·律曆志》「一黍爲一分，十分爲一寸」，本無可疑，而增其文曰「析寸爲分，當言十分尺之一」，夫古人之書，豈可意爲增改哉。

朱彝尊《静志居詩話》：趙凡夫以篆書名，略用草書體書之，號曰草篆，紺園琳觀精舍名園，咸乞其書題扁。所撰《說文長箋》，一時紙貴。然自解人觀之，未有不齒冷也。古之小學書數，方名字或不正，童子皆知之。自周秦及漢，無不識字之學生，其後大小二篆生，八分、三真、六草諸體雜出，古法未盡亡者，賴有許叔重《說文》一編，自一至亥，本之《倉頡》，迨譜以四聲，《說文》亡矣。顧野王《玉篇》，其文多於叔重，孫强又增益之，迨題以「大廣益」，而《玉篇》亦亡矣。蓋書之最古者莫如篆，學野王雜以隸書，已失其舊。李陽冰刊定《說文》，頗出私意，詆訶許氏，學者已恨之。凡夫草篆，其又何所本乎？世人一遵晦菴朱子之說，以灑埽應對進退爲小學，書數方名概置不講，無怪乎小學放絕，篆法日微，可歎也已！

《四庫全書提要》曰：是書前列解題一卷，載其平生所著字學之書七十餘種，其虛實存佚皆不可考。次列凡例一卷。次列《說文》原序、宋初官牒，附以自撰通誤釋文及徐鍇部叙二篇，合爲卷首上。次列其少時所撰《子母原》一篇，泛論字學大意，又取《說文》五百四十部原目，竄亂易置，區分門類，撰《說文表》一卷，合爲卷首下。其書用李燾《五音韻譜》之本，而凡例乃稱爲徐鍇、徐鉉奉南唐敕定，殊爲昧於原流。所列諸字，於原書多所增刪，增者加方圍於字外，刪者加圓圍於字外。其字下之注謂之長語，所附論辨謂之箋文，故以「長箋」爲名。然所增之字，往往失畫方圍，與原書淆亂，所注所論，亦踳舛百出。顧炎武《日知録》摘其以《論語》「虎兕出於柙」誤稱《孟子》，爲「四書亦未嘗觀」，雖詆之太甚，然炎武所指摘者，如詩「錦衾爛兮」本有「衾」字，乃以爲「青青子衿」之「衿」即「衾」字。「瓜分」字見《史記・虞卿傳》及《漢書・賈誼傳》，乃以爲「瓜」當作「爪」。「竄突」字見《漢書・霍光傳》，乃以爲「突」當作「突」。「民愁則墊隘」，見《左傳》，「鶻鵃醜，其飛也翪」，「驠馬白州也」，並見《爾雅》而以爲未詳。顧野王陳人也，而以爲晉之虎頭；陸龜蒙唐人也，而以爲宋之象山；王筠梁人也，而以爲晉；王禹偁宋人也，而以爲南朝。「防風氏身橫九畝」，本《穀梁傳》之文，而引於「野」字注下，誤以爲「身橫九野」，又誤以爲《左傳》。《後漢書・劉虞傳》「故吏尾敦於路劫虞首歸葬之」，而以爲「後漢尾敦路劫劉虞首歸之莽」。《晉書・虞嘯父傳》「爲孝武帝所親愛，侍飲大醉，拜不能起，帝顧曰扶虞侍中」，而以爲晉獻帝，虞侍中命扶之。漢宣帝諱詢，乃以爲諱恂，漢平帝諱衎，乃以爲諱衍。以至「簿正祭器」見《孟子》，而以爲唐中晚詩文始見「簿」字，前此無之。夏州至唐始置，而以爲中國稱華夏從此起。叩地在京兆藍田，而以爲地近京口，故從口。稱衡漁陽三摻，本音七紺反，而以爲當作操。凡十餘條，皆深中其失。然則，炎武以宧光爲好行小慧，不學墻面，不爲太過矣。

趙氏宧光六書長箋

《明志》七卷

存

《四庫全書提要》曰：此書與《説文長箋》合刻，本一書也。以許氏叙内釋六書之義者分爲前六卷之首，又備列班固、衛恒、賈公彦、徐鍇、張有、鄭樵、戴侗、楊桓、劉秦、余謙、周伯琦、趙古則、王應電、王鏊、僧真空、朱謀㙔、張位、熊朋來、吴元滿十九家之説，逐條辨論，更以己説列於後。其中轉注一條，許氏引考老二字證之，裴務齊《切韻》謬言「考字左回，老字右轉」〔一九〕，本非許氏之旨，宧光乃誤以左回右轉爲許氏之説，譏其自相矛盾，殊爲踈舛。末又列六書餘論一卷，亦支離敷衍，於製字之精意，皆無當也。

程氏德洽説文廣義

《四庫全書目》十二卷

存

《浙江采集書録》曰：程德洽輯，注語悉仍原本，但於各字下增廣變體，而部次則以韻爲先後，非自一至亥之舊也。汪份序。

《四庫全書提要》曰：德洽字學瀾，長洲人。是書本許氏《説文》而旁采諸家篆文，并列於下，然不著出處。蓋李登摭古遺文之流，又不及《金石韻府》尚云某字本某書矣。

宋氏鑒説文解字疏

三十卷

存

吴氏穎芳説文理董

三十卷

存

王昶撰《吳西林傳》略曰：杭有績學篤行安貧樂潛之儒，曰臨江吳西林先生，名穎芳，西林其字也，居仁和之臨江鄉，因自號臨江鄉人。初攻舉子業，嘗一赴童試，場中爲役隸所訶斥，曰：「是求榮而先辱也。」自是不復應，惟壹志於稽古。嘗怪鄭氏夾漈之著書，務與先儒爲難，詆諆過當，而持論反有所偏，於是取《二十略》中之《六書》《七音》《樂略》，一一尊先儒而探其原。其用力則自樂始，謂律管器調，其理本顯，諸儒但能致其説而不能習其器，俗工則能習其器而不能得其説，遂成不可究詰之學。乃案典籍證衆器，百試千推，引繩批根，而後成《吹豳録》五十卷。次及六書，則惟尊許氏之説，而於轉注一義，尤闡其奥。先爲凡例，暢論其指，後疏許説，謂今本《説文》取一字爲篆書，而細書其説爲注，不知許氏原文上下相連，皆當作大書。如鸝黄爲倉庚之名，後人誤讀爲「黄倉庚」之類。又許氏所列文字，閒有未備，每於説中見之，如某字从某，則所从之某字即可補爲正文，成《説文理董》四十卷。因六書而及音韻，謂字讀有古音，有正音，經傳反切皆經先儒審定，頒之學官，垂爲功令，不可執後人口音以取證，成《音韻討論》四卷。又因《説文》而考制字之原，分字之類爲六，曰觀象於天，曰觀法於地，曰近取諸身，曰遠取諸物，曰視鳥獸之文，曰與地之宜，各溯其原之所從始，而沿其孳生之流，成《文字原流》六卷。又取鐘鼎文字有成篇可讀者，皆釋其文，箋其義，詳論於前後倒互之例，讀之皆能文從字順，成《金石文釋》六卷。此皆著述之大者，功在先儒，教施來學，孜孜矻矻，垂數十年而後成也。卒乾隆四十六年，年八十。

畢氏沅説文解字舊音

一卷

存

沅自序曰：唐以前傳注家多稱《説文解字音》，《隋書·經籍志》有《説文音隱》，疑即是也。因摭録之以資考證，並爲之叙曰：漢許君慎作《説文解字》十四卷成，其子召陵萬歲里公乘冲，以安帝建光元年上書獻之，且云「臣父故太尉南閣祭酒慎」，考《後漢書》許君本傳，但云「爲郡功曹，舉孝廉，再遷洨長，卒於家」，不及太尉祭酒者，缺也。《漢舊儀》曰：「丞相設四科之辟，第一科曰德行高妙志節清白，補西曹南閣祭酒。」又曰：「太尉東西曹掾，秩比四百石，餘掾比三百石。」然則南閣祭酒爲太尉西曹掾史也。《百官志》曰：「太尉掾史屬二十四人。」《漢書》稱周澤爲太尉議曹祭酒，所謂比三百石者是歟。《玉海》曰：「後漢太尉六十四人。」許君自言其書成於永元困頓之年，爲和帝永元十有二年，是時則張酺爲太尉也。冲又云「先帝詔侍中騎都尉賈逵修理舊文」，慎本從逵受古學，逵本傳，逵以章帝建初元年承詔入講北宫白虎、南宫雲臺。本紀載其事於四年。合《儒林傳叙》云「建初中」，則四年爲是。許君之書大略皆以文定字，以字定聲，其立一爲耑者皆文也，形聲相益者皆字也，故云物象之本，字言孳乳而生。其例有云從某某省聲、從某某亦聲，又云讀若某。其時如鄭衆、鄭興、杜子春及康成之徒，注諸經禮，高誘注呂不韋、淮南王等書，皆然。自反音興，而讀若遂變，反音昉自孫炎，李登作《聲類》亦用之。晉呂忱依託許書，又作《字林》。其弟静因《聲類》則作《韻集》，韻書實始焉。是編《隋志》次在忱書之下，但云有四卷，而不詳撰著姓名及時代。考詩有「鷕雉鳴」，鷕，沈重音雉皎反，此云以水，鷕本音以水，「水」字三寫成小，遂爲以小，以小轉爲雉皎，可見沈時已譌讀同幺。又忱音鷕爲於水，於水與以水適合，則是編爲忱以前人所作無疑。唐世言文字聲音者，每兼采許及忱，惟顔籀則文字用許，聲音用《聲類》，故所注《漢書》《急就章》注及《匡謬正俗》皆無許書音，由可見是編之流傳更尠，更足貴矣。今考其音，茶爲徒抵反，掇爲豬劣反，窒爲都節反，戡爲竹甚反，扶爲丑乙反，肇爲大可反，摧爲奴回反，天爲才廉反，濘爲奴泠反，此皆舌音之正。今閩人猶呼朝夕之朝爲貂，知否之知爲低，通徹之徹爲鐵，纏繞之纏爲田。舌音有舌頭、舌上之别，閩人衆音並歸於舌，故獨於舌音能分深淺，亦其俗然也。其音剽爲數妙反，撆爲方結反，又皆唇音之正。古者唇音不分輕重，故《詩》「匍匐救之」，《禮記》引爲「扶服」。如今沙門讀「南無」爲「那麻」，「無」屬輕唇，「麻」屬重唇。寡聞者迓其不類，不知唐時陀羅尼多云曩謨，一云曩莫，謨莫亦屬重唇，合之麻音爲近也，曩南那舌音之轉，謨莫麻無唇音之同耳。其音汔爲巨乞反，挺爲達鼎反，又皆送聲之正。聲有出送收，始發曰出，縱曰送，終曰收，有出則送、收兩聲隨之而盡。此得於天而不可强假者也。人生而有形，喉齶舌齒唇五物必備，五聲由此著焉。從五聲而區之，各有其出送收，由輕而重，由清而濁，其輕且清者曰出，重且濁者曰收，重極復輕，濁極復清，故聲能以下爲高，以高爲下。由輕而漸重，由清而漸濁，重分其若輕，濁分其若清，皆謂之送。緩土之民其聲抒，急土之民其聲疾。故欽琴本兩聲，北人呼琴爲欽，通同本兩聲，亦呼同爲通，潘盤本兩聲，亦呼盤爲潘。爲緩急之殊俗，故巨乞達鼎爲南音之分，而亦得北音之合。然據此而論，則是編亦南人所定者矣。反音之法，如正之與乏，因射爲應，但古今語有所殊，或致音有所别，然推厥由來，皆可究知其義，故學貴考其原也。許君之書，今所存者有徐鉉等校定，音並《唐韻》也，有徐鍇《繫傳》，音朱翺所加也，有《五音韻譜》，音則鍇所加也。然皆唐以後所改更，唐所用解字書既不行，其音僅一見於戴侗《六書故》「桂」字訓注，及宋晁説之「芥脆之荃」荃字論下，亦於古音無涉。是編所輯雖寡，要爲探本之誼，後之人不知珍重者陋也。乾隆四十有八年三月。

程氏炎 説文引經考

四卷

存

程瑤田叙曰：家東冶氏博聞好古，於學無所不窺，余宗之著才也，而又與余同年舉於鄉，於是益相友善。近以所著《説文引經異同》凡四卷示余，余受而讀之，曰：此治經之津梁也。夫讀書之難，難在識字，弗知其字，弗通其義也，杜少陵所謂「讀書難字過」是也。作文之難，亦難在識字，弗知其字，弗善其詞也，韓昌黎所謂「凡作文辭宜略識字」是也。《説文》之於字，雖不能全不謬於古義，而學有師傳。許氏與鄭氏同時，亦不能無齟齬，然皆不類後人爲鑿空影響之談。然則説經者舍康成、叔重二氏，欲望見古人門仞，蓋亦難矣。昔吾友戴東原語余云：《爾雅》《説文》二書，實書也，其異義處則互有得失。如《衛風》「深則厲」，《説文》「厲」作「砅」，釋之曰「履石渡水也」，而《爾雅》則曰「以衣涉水，繇帶以上爲厲」。此《説文》之得，而《爾雅》之失也。余曰：《論語》「不使勝食氣」，《説文》「氣」作「既」，釋之曰「小食也」，引《論語》以證之，蓋古文氣息字作「气」，加米則爲氣稟字，與「既」字相通，然後世於「氣」字無不讀爲氣息者，不有《説文》，則《論語》「食氣」二字難通其義矣。又《孟子》「疾首蹙頞」，「頞」字《説文》釋之曰「鼻莖也」，蹙其鼻莖，乃與疾首相貫，是憂之形於面目者。若作額頞之字，與伸眉連文則可，人有所思輒伸眉以蹙其額，蹙額非憂之容也。凡此之類，難遽數之以終其説，而吾東冶則盡取其所引經之異同者，裒爲一書。有文同者，有文異者，有文異而義同者，亦有文異而義亦異者，如《禹貢》「浮于淮泗，達于河」，《説文》爲「菏澤」字，今《禹貢》作「達于河」，雖達菏者終亦達河，然九州貢道，相次省文，若作達河，實乖義例。《爾雅》四極，西至「汃國」，《説文》云「西極之水也」，今《爾雅》作「豳風」字，字或作「邠」，邠地近，安得云極耶？由是言之，《説文》所載，碎金片羽，古義爛然，治古文者得是書而讀之，以論列羣經文字之是非，而考訂其得失，夫豈復有迷於所往者哉！乾隆庚子元旦。

按：程徵君瑶田又爲曲阜桂進士馥《跋説文統系圖》曰：《説文》爲治經之圭臬，今天下一童子知之，然實有功於經不淺小也。嘗試檢《説文》以告於人曰「既小食也」，引《論語》「不使勝食既」，不有《説文》，則將以「食氣」爲氣息之氣矣。頞，鼻莖也，故《孟子》以「蹙頞」爲憂容，言蹙其鼻莖，不有《説文》，則將以頞爲額顙之額矣。「揲閱持也」，又云「匹，四丈也，八揲一匹」，不有《説文》，則《易》繫傳「揲之以四，以象四時」，不知揲爲閱持，兩手閒容五尺矣。菏澤引《禹貢》「浮于淮泗，達于菏」，不有《説文》，不辨今刊本《尚書》「菏」作「河」者爲轉寫之譌矣。「禾，嘉穀也」，「虋，赤苗嘉穀」，「芑，白苗嘉穀」，不有《説文》，則《生民》之詩「維穈維芑」，雖有《爾雅》、毛傳赤白苗之釋，已不知其爲嘉穀之禾，而後世更誤爲赤白黍者，益不能正其非矣。「稾，嘉穀實也」，「米，稾實也」，「粱，米名也」，蓋《儀禮》諸篇簠簋實中之加膳，與稷有貴賤之殊，不有《説文》，則周末秦漢諸説經中，不辨粱之爲稾，因誤以稾爲稷。雖以康成之卓識，破先鄭九穀無粱之説，補全經義，而人卒莫之信者，不能正其非矣。「穄，穈也」，「穈，穄也」，今北方有穈，農人皆知之爲黍之不黏者，不有《説文》，則人又冒之以爲稷矣。「稷，齋也」，「齋，稷也」，「秫，稷之黏者」，今無論北方，即天下人皆呼蜀黍爲秫，秫其稾爲秫稭，雖蚩蚩之氓，皆知作「秫」字以記其穀名，而學士大夫反昧焉。不有《説文》，則稷之冒粱於唐以前，冒穄於唐以後者，終古不知稷之本穀，未嘗一歲不生於天地閒矣。「戈，平頭戟也」，「戟，有枝兵也」，與《考工記》冶氏之制無毫髮差焉，不有《説文》，則人且誤釋《考工》之文矣。「埻，射臬也，讀若準」，故《周官》司裘注云：「侯以皮飾其側」，又「方制之以爲埻」，《釋文》「埻」亦作「準」。而《毛詩》疏引鄭注譌作「質」，且云「質者正也」，是鄭注刊本字畫已譌而尚存其似，詩疏更譌而易其文與義，不有《説文》，則皆莫能是正之矣。荔是蒲而小，根可作刷，今北方束其根以刷鍋，不有《説文》，則李時珍誤以爲馬帚之荓，不能正其失矣。如此類者甚繁。蓋《説文》

如海，雖亦不擇物而盡納之，然珍奇無所不有，隨手取之，皆足寶貴，非若碔砆之於玉，莠之於苗，然無人知至寶之往往在於是，而棄弗顧焉，《説文》自好，終無益於人。治經之士，欲不迷於所往，蓋亦難矣。桂君未谷治《説文》，既悉有其珍奇矣，而於數千年若斷若續之緒，理其經，比其綸，指其統系，令善畫者圖之。今日者人人皆知治經由人，皆知遵守《説文》，所謂六書通而經學明也。未谷是圖，提唱許氏之學，蓋欲其綿綿繩繩，流風餘韻，久而不衰歟也。

小學考卷十二終

校記：

〔一〕親近：原作「新近」，據魏了翁《經外雜鈔》卷一載李燾《新編許氏説文解字五音韻譜序》改。

〔二〕景祐：原作「元祐」，據右引書改。

〔三〕五音：原作「王音」，據右引書改。

〔四〕相須：原作「相順」，據李燾《説文解字五音韻譜後序》改。

〔五〕燾：原作「其」，據右引書改。

〔六〕都置：原作「多置」，據魏了翁《鶴山集》卷三四《答遂寧李侍郎》改。

〔七〕程史：原作「桯史」，蓋字之誤，今改。案：此處所引出自《桯史》卷一二「丹稜巽巖」。

〔八〕呂忱：原作「呂沈」，據林罕《字原偏旁小説序》改。案：光緒刊本已改。

〔九〕隸書：原脱「隸」字，據右引書補。

〔一〇〕偏旁：原作「編」，據右引書改。

〔一一〕從獄：原作「後獄」，據《郡齋讀書志》後志卷一改。

〔一二〕信本：原作「姓本」，據明王世貞《弇州四部稿》續稿卷一六七《夢瑛篆書偏旁字原》改。

〔一三〕案：明清以來目録書著録《説文長箋》卷帙有異同：《明史》卷九六《藝文志》一作「七十二卷」，《千頃堂書目》卷三作「一百卷」，《四庫全書總目》卷四三作「一百四卷」，《續文獻通考》卷一六〇亦作「一百四卷」。均無作「七卷」者，疑有誤。

〔一四〕十二經：原作「十一經」，據《日知録》卷二一《説文長箋》改。案：原文所述實爲「十二經」。

〔一五〕諸臣：原作「詩臣」，據右引書改。案：光緒刊本已改。

〔一六〕魏玄同：原作「魁元同」，據右引書改。魏玄同，《舊唐書》卷八七有傳。案：光緒刊本已改作「魏元同」。

〔一七〕自「中國之稱夏」至「其時已有夏州乎」句：顧炎武《日知録》卷二一「説文長箋」條引文與此段文字有異同，今録原文於次：「中國之稱夏尚矣，今以爲起於唐之夏州，其説之荒唐悠謬，可發一笑。姑未遑遠徵，即以《尚書》《論語》言之，其所稱夏，吾不知唐虞三代，其時已有夏州乎？」

〔一八〕大夫：原作「大人」，據右引書改。案：光緒刊本已改。

〔一九〕右轉：原作「左轉」，據《四庫全書總目》卷四三《六書長箋》提要改。

小學考卷十三

文字五

漢靈帝皇羲篇

五十章，見《後漢書》

《後漢書·蔡邕傳》曰：初，帝好學，自造《皇羲篇》五十章，因引諸生能爲文賦者，本頗以經學相招，後諸爲尺牘及工書鳥篆者皆加引召，遂至數十人。

蔡氏邕勸學

《隋志》一卷

佚

《後漢書·蔡邕傳》曰：邕字伯喈，陳留圉人也。少博學，師事太傅胡廣，好詞章、數術、天文，妙操音律。建寧三年，辟司徒橋元府，出補河平長，召拜中郎，校書東觀，遷議郎。邕以經籍去聖久遠，文學多謬，俗儒穿鑿，疑誤後學。熹平四年，奏求正定六經文字，靈帝許之，邕乃自書册於碑，使工鐫刻，立於大學門外。於是後儒晚學咸取正焉，其觀視及摹寫者車乘日千餘兩，填塞街陌。其撰集漢事未見録以繼後史，適作《靈紀》及《十意》，又補諸列傳四十二篇，因李傕之亂，湮没多不存。所著詩、賦、碑、誄、銘、讚、連珠、箴、弔、論、議、《獨斷》《勸學》《釋誨》《敘樂》《女訓》《篆勢》、祝文、章表、書記，凡百四篇，行於世。

蔡氏邕聖皇篇

《七録》一卷

佚

蔡氏邕女史篇

《七録》一卷

佚

按：《後漢書》邕本傳載邕著有《女訓》，《隋志》不載其目，此篇當以四字或三字爲句，便於女子初學成誦者，首有「女史」句，故以名篇。後世《女千字文》所由昉也。

衛氏宏 古文官書

《隋志》一卷《隋志》作衛敬仲，《唐志》作衛宏《詔定古文官書》

佚

《後漢書·儒林傳》曰：衛宏字敬仲，東海人也。少與河南鄭興俱好古學。初九江謝曼卿善《毛詩》，宏從受學，因作《毛詩序》。後從大司空杜林，更受《古文尚書》，爲作訓旨。光武以爲議郎，宏作《漢書儀》四篇，以載西京雜事，又著賦頌誄七首，皆傳於世。

按：《古文官書》，《一切經音義》閒有引之。

郭氏顯卿 雜字指

《隋志》一卷《唐志》作郭訓《字旨篇》

佚

《隋書·經籍志》曰：後漢太子中庶子郭顯卿撰。

郭氏顯卿 古文奇字

《隋志》一卷《唐志》二卷《唐志》作郭訓《古文奇字》

佚

按：《唐志》郭訓《字旨篇》一卷、《古文奇字》二卷，《隋志》俱作郭顯卿，疑訓字顯卿也。

李氏彤 字指

《隋志》二卷

佚

《隋書·經籍志》曰：晉朝議大夫李彤撰。

按：李善《文選注》引《字指》云「倏爚，電光也」，「磕，大聲也」，「鰌，鯊屬」。《一切經音義》引《字指》云「礔礪，雷大聲也」，「鶡鴠鳥，其鳴自呼，飛但南不北，形如雌雉」，「翡翠，南方取之，因其生子漸下其巢，頂可取之，皆取其羽也」。俱李彤《字指》而非郭也。《史記·惠景閒侯表》南鄭侯國，《索隱》引李彤云「河内有鄭亭，音潁」。

李氏彤 **單行字**

《七録》四卷〔一〕

佚

李氏彤 **字偶**

《七録》五卷

佚

按：《字偶》者，猶後人所謂雙字駢字也。

賈氏魴 **字屬篇**

《七録》一卷

佚

無名氏黄初篇

《七録》一卷

佚

按：篇首有「黄初」句，作者當在魏時。

朱氏育 **幼學篇**

《七録》二卷《唐志》一卷

佚

按：《隋志》云：《幼學》二卷，朱育撰。《唐志》云：朱嗣卿《幼學篇》一卷。嗣卿蓋育字也。

朱氏育 **異字**

《七録》二卷

佚

項氏峻 **始學篇**

《七録》十二卷

佚

《隋書·經籍志》曰：吴郎中項峻撰。

無名氏始學

《隋志》一卷

佚

張氏揖 難字

《七録》一卷

佚

張氏揖 錯誤字

《七録》一卷

佚

曹氏彦 古今字苑

《七録》一卷

佚

葛氏洪 要用字苑

《唐志》一卷

佚

《晉書·葛洪傳》曰：洪字稚川，丹陽句容人也。以儒學知名，禮辟皆不就。以平賊功，賜爵關内侯，召補州主簿，轉司徒掾，换遷諮議參軍。自號抱朴子，因以名書。其餘所著碑、誄、詩、賦百卷，移、檄、表章三十卷，《神僊》《良吏》《隱逸》《集異》等傳[二]，各十卷。

顔之推《家訓·書證》篇曰：光景之景，至晉葛洪《字苑》旁始加彡，音於景反，而世閒輒改。治《尚書》《周禮》《莊》《孟》，從葛洪字甚爲失矣。

又《音辭》篇曰：焉皆音於愆反，自葛洪《要用字苑》分焉字音訓，若訓何，訓安，當音於愆反，若送句及助詞，當音矣愆反。

按：《説文》無「影」字，郭忠恕《佩觿叙》云：「形景爲影，本乎稚川，亦本顔氏。」考古「影」字作「景」，漢隸書猶不誤。如《老子銘》「舍景匿形」，唐公房碑「轉景即至」，皆不加彡。惟俗本《淮南子》高誘注：「景，古影字。」説者遂謂誤非《字苑》始，不知《淮南子》注「景古影字」，乃後人校書妄增，決非高注。觀《一切經・拔陂經音義》引《字苑》云「景作影」，則始於稚川無疑。又《一切經音義》引云「容」作「凹」、「突」作「凸」、「耎」作「腝」、「喋」作「眨」之類甚多，可參考也。

謝氏康樂 要字苑

《隋志》一卷

佚

《隋書・經籍志》曰：宋豫章太守謝康樂撰。

按：《隋志》稱宋豫章太守謝康樂，考《宋書・謝靈運傳》，不言其爲豫章太守。又靈運襲封康樂公，後降爲侯，此疑别是一人名康樂，非即靈運也。

馮氏幹 括字苑

《唐志》十三卷

佚

無名氏月儀

《七録》十二卷

佚

按：《月儀》，《隋志》已亡，今所傳法帖，晉索靖《月儀章》云：正月具書：君白，大旗布氣，景風微發云云。二月具書：君白，俠鐘應氣，融風扇物云云。凡十二月皆有「某月具書，君白」句，似後人作禮通語，未知即《七録》所載《月儀》否？此索靖所書，用章艸體。又有唐无名書月儀，正月孟春，二月仲春云云，並刻入金壇王氏鬱岡齋帖，後有周天球跋。

陸氏機 吴章

《隋志》二卷

佚

《晉書・陸機傳》曰：機字士衡，吴郡人也。少有異才，文章冠世，伏膺儒術，非禮不動。爲平原内史，遇害軍中。機天才秀逸，辭藻宏麗，所著文章凡二百餘篇，並行於世。

無名氏吳章篇

《七録》一卷

佚

按：《吳章篇》與陸機之《吳章》當是二書。《吳章篇》梁時已亡，《唐志》但列《吳章篇》一卷，而不列陸機《吳章》，蓋誤爲一耳。

王氏義 小學篇 《唐志》作王羲之《小學篇》

《隋志》一卷

佚

《隋書・經籍志》曰：晉下邳内史王義撰。

顔之推《家訓・書證篇》曰：太公《六韜》，有天陳、地陳、人陳、雲鳥之陳。《論語》曰「衛靈公問陳於孔子」，《左傳》爲魚麗之陳，俗本多作阜傍車乘之車。《蒼》《雅》及近世字書皆無，惟王義《小學章》獨阜傍作車，縱復俗行，不宜追改《六韜》《論語》《左傳》也。

按：王義，《唐志》作王羲之，誤也。考《晉書・王羲之傳》載，羲之爲右軍將軍、會稽内史，此云晉下邳内史，知其爲別是一人，非王羲之矣。《顔氏家訓》所謂王義《小學章》者，即《小學篇》。而郭忠恕《佩觿叙》云「軍陳爲陣，始於逸少」，竟作王羲之，則承誤已久。蓋羲之工書，遂以《小學篇》屬之。又《一切經音義》引《小學篇》云「篦，刷也」，「蘞作㩘同」，大抵皆俗字，正與「陳」作「陣」相合。

王氏義 文字要記 《唐志》作王氏《文字要説》

《七録》三卷

佚

按：《七録》有王義《文字要記》，益可知義不當作羲之矣。又按，《唐志》王氏《文字要説》即此書，《通志・藝文略》分爲二，亦謬。

楊氏方 小學 《舊志》作《小學集》

《隋志》九卷 《唐志》三卷

佚

《晉書・賀循傳》曰：循字彦先，會稽山陰人也。雅有知人之鑒，拔同郡楊方於卑陋，卒成名於世。又《楊方傳》曰：方字公回，少好學，有異才。循稱方於京師，王導辟爲掾，轉東安太守，遷司徒參軍事，上補高凉太守。著《五經鉤沈》，更撰《吴越春秋》并《雜文筆》，皆行於世。

無名氏始學

《隋志》一卷

佚

束氏晳 發蒙記

《隋志》一卷

佚

《隋書·經籍志》曰：晉著書郎束晳撰。

《晉書·束晳傳》曰：晳字廣微，陽平元城人，漢疏廣之後。王莽末廣曾孫孟達避難，因去疏之足，遂改姓焉。晳博學多聞，張華見而奇之，召爲掾，轉佐著作郎。所著《三魏人士傳》《七代通記》《晉書紀志》，遇亂亡失。其《五經通論》《發蒙記》《補亡》詩文集數十篇，行於世。

顧氏愷之 啓蒙記

《隋志》三卷

佚

《隋書·經籍志》曰：晉散騎常侍顧愷之撰。

《晉書·顧愷之傳》曰：愷之字長康，晉陵無錫人。博學有才氣，爲散騎常侍，所著文集及《啓蒙記》行於世。

按：《文選》注引《啓蒙》。

顧氏愷之 啓疑記

《隋志》三卷

佚

陸氏暐 悟蒙章

見《魏書》

佚

《北史·陸俟傳》曰：俟，代人也。有子十二人，長子馛，多智，有父風。馛有六子，琇、凱知名。凱長子暐，字道暉，與弟恭之，並有時譽。暐位尚書右户三公郎，坐事免，後除伏波將軍。卒，贈冠軍、恒州刺史。暐擬《急就篇》爲《悟蒙章》及《七誘》《十醉》、章表數十篇。

呂氏忱字林

《隋志》七卷《舊唐書》十卷，《宋志》五卷

佚

《隋書·經籍志》曰：晉弦令呂忱撰。

《魏書·江式傳》曰：延昌三年三月，式上表曰：晉世義陽王典祠令任城呂忱表上《字林》六卷〔三〕。尋其況趣，附託許慎《説文》，而按偶章句，隱別古籀奇惑之字，文得正隸，不差篆意也。

《隋書·潘徽傳》曰：徽爲《韻纂》，序曰：《三蒼》《急就》之流，微存章句，《説文》《字林》之屬，唯別體形。

《唐六典》曰：吏部考功員外郎掌天下貢舉之職。凡諸州每歲貢人，其類有六，五曰書，其明書則《説文》六帖，《字林》四帖。

又曰：禮部尚書、侍郎之職，掌天下貢舉之政令。凡舉試之制，每歲仲冬率與計偕，其科有六，五曰書，凡明書試《説文》、《字林》，取通訓詁兼會雜體，此爲通。注《説文》六帖，《字林》四帖，兼口試，不限條數。

又曰：國子博士掌教文武官三品以上，及國公子孫從二品以上曾孫之爲生者。五分其經，以爲之業。其習經有暇者，令習隸書，并《國語》《説文》《字林》《三蒼》《爾雅》。每旬前一日則試其所習業。書學博士掌教文武官八品以下及庶人之子爲生者，以石經、《説文》《字林》爲顓業，餘字書亦兼習之。石經三體書限三年業成，《字林》一年。

《通典》曰：試《説文》《字林》凡十帖，《説文》六帖，《字林》四帖。口試無常限，皆通者爲第。

司馬貞《史記·信陵君傳》索隱曰：呂姓，忱名，作《字林》者。

孫愐《唐韻序》曰：及案《三蒼》《爾雅》《字統》《字林》《説文》《玉篇》、石經、《聲韻》《聲譜》、九經、諸子、《史》《漢》《三國志》、晉、宋、後魏、周、隋、陳、宋、兩《齊書》《本草》《姓苑》《風俗通》《古今注》、賈執《姓氏英賢傳》、王僧孺《百家譜》、周何瀿集、《文選》諸集、《孝子傳》《輿地志》及武德以來創置，迄開元三十年，並列注中。

張參《五經文字序例》曰：後有呂忱，又集《説

文》之所漏略，著《字林》五篇以補之。今制，國子監置書學博士，立《說文》、石經、《字林》之學，舉其文義，歲登下之，亦古之小學也。《說文》體包古今，先得六書之要，有不備者求之《字林》。

張懷瓘《書斷》曰：晉呂忱字伯雍，博識文字，撰《字林》五篇，萬二千八百餘字。《字林》則《說文》之流，小篆之工，亦叔重之亞也。

封演《聞見記》曰：晉有呂忱，更按羣典，搜求異字，復撰《字林》七卷，亦五百四十部，凡一萬二千八百二十四字。諸部皆依《說文》，《說文》所無者，皆呂忱所益。

《新唐書·百官志》曰：國子監五分其經以爲業，各六十人，暇則習隸書[四]、《國語》《說文》《字林》《三蒼》《爾雅》、書學、石經、《說文》《字林》爲顓業，兼習餘書。

林罕《字原小說序》曰：惟太尉祭酒許慎取其形類，作偏傍條例十五卷，名之曰《說文》，頗有遺漏，呂忱又作《字林》五卷，以補其闕。洎三國之後，歷晉魏陳隋，隸書盛行[五]，篆書殆將泯滅。《墨池編》

《崇文總目》曰：初，秘書丞余靖上言[六]：國子監所收《史記》《漢書》誤，請行校正。詔翰林學士張觀、知制誥李敬[七]、宋祁與靖，洎直講王洙，於崇文院讎對。靖等悉取三館諸本及先儒注解訓傳、六經、《小說》《字林》《說文》之類數百家之書，以相參校。

岳珂《九經三傳沿革例》曰：今所校本之以許慎《說文》、呂忱《字林》、張參《五經文字》、唐元度《九經字樣》、顏魯公《干禄字書》、《分毫補注字譜》[八]，參以毛晃《增韻》及其子居正所著《六經正誤》。

李燾《新編說文解字五音韻譜序》曰：晉東萊縣令呂忱繼作《字林》五卷，以補叔重所闕遺者。於叔重部敘初無移徙，忱書甚簡，顧爲他說揉亂，且傳寫訛脱，學者鮮通。今往往附見《說文》，蓋莫知自誰氏始。古文、籀文疑是呂忱增入，今或以附見《說文》，或在陽冰以前。若《說文》元自有此，則林罕不應謂忱補許氏遺闕也，重字當是增入，上字則《說文》元自有矣。

又曰：《隋》《唐志》皆云七卷，恐誤。今五卷具在，此《說文》部叙，初無欠闕，不應五卷外更有兩卷。《崇文》及《邯鄲總目》並無忱書，今獨得之豫章，但恨轉寫脱誤，且它說雜揉其閒，非復忱書舊本也。忱所增古文、籀文，今《說文》多已附見，疑後人因忱書悉收繫許氏。若許氏先自有之，忱又何補焉？《隋志》又載宋揚州督護吳恭《字林音義》五卷，忱書今閒有音，獨無吳恭姓名，仍無卷標署《隋》篇次第[九]。篇首又題太乙山僧雲勝注，亦不知雲勝者何許人？忱書要爲可惜，除古文籀文已附見《説文》外，他事亦多收繫《類篇》，尚有未收繫者，故忱本書不可遽使散落，須求善本校正之。

陳振孫《書録解題》曰：《字林》五卷，晉弦令呂忱撰，太乙山僧雲勝注。按《隋》、《唐志》皆七卷，《三朝國史志》惟一卷，董氏《藏書志》三卷。其書集《説文》之漏略者凡五篇。然揉雜錯亂，未必完書也。

《山堂考索》前集曰：唐取士之科有明字科，學館諸生試書，書學石經、《説文》《字林》，先口試通，乃墨試《説文》字二十條，通十八爲第。

《山堂考索》後集曰：龍朔二年，東、西都復置石經、《説文》、《字林》爲顓業。

洪邁《容齋隨筆》曰：古人八歲入小學，教之六書。《周官》保氏之職實掌斯事，厥後浸廢。蕭何著法，太史試學童諷書九千字，乃得爲吏，以六體試之，吏人上書，字或不正，輒有舉劾。劉子政父子校中秘書，自史籀以下凡十家，序爲小學，次於六藝之末。許叔重收集篆籀古文，諸家之學，就隸爲訓注，謂之《説文》。蔡伯喈以經義分散，傳記交亂，訛僞相蒙，乃請刊定五經，備體刻石，立於太學門外，謂之石經。後有呂忱，又集《説文》之所漏略，著《字林》五篇以補之。唐制，國子監置書學博士，立《説文》、石經、《字林》之學，舉其文義，歲登下之。

許觀《東齋記事》曰：本朝真宗時，陳彭年與晁迥、戚綸條貢舉事，取《字林》《韻集》《韻略》《字統》及《三倉》《爾雅》爲《禮部韻》。張淏《雲谷雜記》同。

王亨《搜采異聞録》曰：《唐六典》：太學四門、律學、書學、算學皆入國子之法。其習經有暇者，令習隸書，并《國語》《説文》《字林》《倉頡》《爾雅》，每旬前一日則試所習業。乃知唐世士人多工書，蓋在六館時以爲常習。其《説文》《字林》《蒼》《雅》諸書，亦欲責以結字合於古義，不特銓選之時方取楷法遒美者也。

陳子兼《窗間記聞》曰：顏之推曰：世之學者讀五經，是徐邈而非許慎，賦頌信褚詮而忽呂忱，《史記》專皮鄒而廢篆籀，《漢書》悦應蘇而略《倉》《雅》，不知書其支業，小學其宗系也。

《通考》曰：《字林》五卷。巽巖李氏曰：除古文籀文已附見《説文》外，他字亦多收繫《類篇》，尚有未收繫者。

魏了翁《經外雜抄》曰：《説文韻譜前序》注云：古文籀文疑是呂忱所增入。按叔重自序，「今收篆文，合以古籀」，所記可以無疑。

王應麟《玉海》曰：晉呂忱《字林》七卷。《書目》曰《字林》五卷，或疑非本書。《三朝史》止一卷。

吳氏恭 字林音義

《隋志》五卷

佚

《隋書·經籍志》曰：宋揚州督護吳恭撰。

《通考》曰：巽巖李氏云：忱書今間有音，獨無吳恭姓名。

陸氏善經 新字林

五卷

佚〔一〇〕

傅氏瑾 字林補遺

《江南通志·書目》十二卷

佚

《江南通志》傳曰：宋傅瑾，字公賓。汝陰人。任蔡州助教，力學强記，尤邃字韻，有《字林補遺》十二卷、《音韻管見》三卷。

釋雲勝 字林注

《直齋書録解題》五卷

佚

陳振孫《書録解題》曰：太乙山僧雲勝注。

《通考》曰：巽巖李氏曰：篇首又題雲勝注，亦不知雲勝者何許人〔一一〕。

按：錢詹事大昕曰：雲勝宋初僧，工隸書，宋太宗《新譯聖教序》即雲勝書也。

任氏大椿 字林考逸

八卷

存

任大椿自叙曰：《唐六典》載：書學博士以石經、《説文》《字林》教士，《字林》之學，閲魏晉陳隋至唐極盛，故張璀以爲《説文》之亞。今字書傳世者，莫古於《説文》《玉篇》，而《字林》實承《説文》之緒，開《玉篇》之先。《字林》不傳，則自許氏以後、顧氏以前，六書相傳之脈，中闕弗續。夫玉禾璇樹至寶也，雲雷之觚、丁辛之卣貴器也，藏而忽散，苟旦旦而購之，物物而積之，其復也雖未必稱其藏也，而纖悉足珍矣。余於《字林》亦同斯志。爰是參覈典墳，兼及二藏音義，鉤沈起滯，積累歲年，遂成八卷。綴集既竣，復綜論之。昔人謂《字林》補《説文》之闕，而實亦多襲《説文》。《爾雅》釋天，《釋文》謂「霡」，《字林》作「霢」，而不知《説文》原作「霢」。《五經文字》謂《字林》「以謚爲笑聲」，而不知《説文》原以「謚」文爲笑聲。於此見《字林》本集《説文》之成，非僅補闕而已。乃其補闕，又非一端，有《説文》本無而增之者，如《五經文字》所云「祧禰」「逍遥」是也。有《説文》本有而文各異體者，如《説文》作「蜡」，《字林》作「䄍」；《説文》作「珌」，《字林》作「琿」是也。至《説文》載古文籀文，李燾疑爲呂氏增益，後人因而附入，豈知叔重原書本合古籀，不待增益？封演謂呂氏更按羣典，搜求異字，撰爲《字林》，然則忱所補者書非一體，後人未必專取古籀，收系許氏。此其説未精究者也。余爲是編，蒐羅散佚，忱書體例略見於兹。諸家異説，多所考鏡，然而載籍極博，耳目易窮，未克求諸六合之外，而先失諸跬步之閒。補遺正誤，是又俟諸博雅君子矣。

程瑶田書後曰：任子田祠部之撰《字林考逸》也，其叙曰：「《字林》實承《説文》之緒，開《玉篇》之先，《字林》不傳，則許氏以後、顧氏以前，六書相傳之脈，中闕弗續」，瑶田於其書既刻成後，披而讀之，喟然歎曰：旨哉！祠部之言也，請試言之。《説文》之解「祲」字也曰「精氣感祥」，《玉篇》則引鄭康成氏《周官》眂祲注曰「陰陽氣相侵，漸成祥者」，初以爲感祥、成祥，或具兩義，而《字林》用《説文》之言，直曰「精氣成祥」，於是今《説文》轉寫之譌，一旦可以論定。「禨」之爲妖祥也，《説文》不見，《玉篇》但以祥釋之。夫地反物之爲祅也，祥之爲言，祅怪之謂也，故言祥則祅見矣。然祥又有福也、善也之解，不有《字林》，安知不專以爲善氣哉！「璣」從幾，幾微之義，小之説也。《説文》但有珠不圜之一解。「犕」从葡，全備之義具之説也，《説文》但有「犕牛乘馬」之一解。得《字林》然後小珠之爲璣，牛具齒之爲犕，其義皆見矣。有垣曰苑，無垣曰囿，《字林》之精義也。文王之囿七十里，齊宣之囿四十里，安得築垣以限之？而《説文》乃以囿爲苑之有垣者，《玉篇》舍《字林》而从《説文》，亦辨之不審矣。《字林》「牰牛眼皆黑」，「鞁刺履底也」，《玉篇》一逸「皆」字，一逸「刺」字，義乃不備。《爾雅》曰「麇其跡躔」，「鹿其跡麔」，「麕其跡解」，「兔其跡迒」，言獸跡之不同也如是。故《字林》釋「迒」字曰「兔道也」，《説文》乃以「迒」爲獸迹之通名哉！《爾雅》曰「水自河出爲灉，濟爲濋，汶爲瀾，洛爲波，漢爲潛，淮爲滸，江爲沱，過爲洵」，言水所自出之名其不同也如是，故《字林》釋「洵」字曰「過水也」，《說文》乃以「洵」爲過水中之通名哉！「略睛」又作「略睁」，不悦視也，言不悦之意見於目之視，此《字林》之精義，《玉篇》失之，以爲不悦貌，亦未察其字從目之指與？釋氏《四分律音義》之引《字林》曰「牂牝也」，其《僧祇律音義》引之，則曰「牂牡羊」，今《說文》亦曰「牡羊」，轉寫之譌也。吾以《四分律》之「牝」字證而改之，夫豈一人之私言哉！《初學記》之引《說文》也，《集韻》之引《說文》也，《古今韻會》之引《說文》也，皆曰「牂牝羊也」，三爲衆矣，而《字林》之見於《四分律音義》者又從而附益之，豈孤證哉！其在《爾雅》曰「牡羒，牝牂」，其在《毛詩》傳曰「牂羊，牝羊也」，其在《廣雅》曰「其牝三歲曰牂」，夫豈一人之私言哉！《字林》曰：「羠，未晬羊也」，《廣雅》曰「羠羔也，周年曰晬，羊未周年羔之謂也」，《說文》不見，而《玉篇》但曰「羊也」。豕子幼者名幺，義見《爾雅》，伯雍本之以著《字林》曰「幺小豚」，《玉篇》惟收《說文》幼小之義，而古人以幺爲幼豕之名，蓋闕如也。《爾雅》「山一成坯」，《釋文》云「坯或作伾」，《字林》曰「伾，一成山」，蓋伾、坯字通，《說文》則曰「坯，邱再成者也」。夫邱再成，在《爾雅》謂之陶邱矣。《字林》曰「豺，狼屬，狗足」，據《爾雅》「豺，狗足」之云，則「足」字爲是，而《說文》曰「狼屬，狗聲」，或者足似狗，其聲亦似狗與？《說文》曰「撎，舉手下手也」，《玉篇》从之，而《字林》乃曰「舉首，下手」。案：《周官》大祝辨九拜，九曰肅拜，鄭司農說「但俯下手，今時撎是也」，言「但俯下手」，則不舉手可知。舉首者，對䭬首、頓首、空首，諸拜皆必俯首，今撎則舉首不俯，但俯下手而已〔一二〕，《說文》舉手，「手」字爲轉寫之譌無疑。「弶」字，《說文》不見，《字林》云「施罟於道」，合《廣韻》「張取獸」之解觀之，然後知《玉篇》作「施置」者，斷爲「施罟」之譌耳。《字林》曰「蜈蚣，蝍蛆也，甚能制蛇」，莊周書「蝍且甘帶」，帶爲小蛇其證也。案《爾雅》「蒺藜，蝍蛆」，蒺藜莖葉似蜈蚣，《爾雅》舉似名之，蝍蛆之爲蜈蚣審矣。《說文》既不見，《玉篇》亦無是解，今惟《廣雅》有之，而《字林》與之相輔，則《爾雅》之義於是不孤。大蛇名蟒，出魏興，但張其口，小蛇及蝮即自吸入。蝚聽似蜥蜴，亦出魏興，下樹蟄人，人必死，復上樹垂聽，聞哭聲乃去。二物《說文》皆不見，《玉篇》雖見不詳也，《字林》詳之，殆亦足以廣異聞。以坊名屋，今處處有之，故市屋率曰坊，《說文》無「坊」字，他字書皆不以爲屋名，別屋之解，惟見《字林》矣。「林慮黃水，發原神囷之山谷」。案：林慮即《漢志》河內郡屬之隆慮，隆慮之下，次以蕩陰，云「蕩水東至內黃澤」，然則內黃澤者疑即林慮黃水，來至此滙爲澤也。魏郡內黃縣下，應劭曰「春秋吳子晉侯會於黃池，今廣澤在西」，臣瓚以爲陳留郡屬之外黃有黃溝，則黃池不得在魏郡。師古是瓚說。余謂黃池自非黃澤，而黃澤當爲林慮黃水之所滙，足證《字林》之說矣。鄭康成氏注《曲禮》戈戟之鐏鐓曰：「鋭底曰鐏，平底曰鐓。」《說文》《玉篇》皆不言平鋭之異，而《字林》則云「鐓平底也」。矛有二横曰⿰矛逢⿰矛茸。案：⿰矛逢⿰矛茸猶紛紜，言左右横出，其刃非一也。二字《玉篇》有之，曰「矛有二柄」，夫一矛安得有二柄？《字林》「横」字亦安石之碎金哉！凡若此者，皆能上證《說文》，下證《玉篇》。然則字林之初作也，實足補《說文》之漏略，而爲《玉篇》之先聲，則今日於《字林》散逸之餘，爲之拾瀋求亡，其功有甚於初作之時者，更在於足以訂《說文》《玉篇》轉寫之譌。今其所采掇者，凡文千有五百，於《字林》原書存十分之一二耳。海內之書，容或有未之見者，繼自今見聞愈博，所獲愈多，采掇之數焉使倍之，吾知子田祠部其不以今日之所考逸者限之矣。

小學考卷十三終

校記：

〔一〕《隋書》卷三二《經籍志》一於《字指》條有小字注云：「梁有《單行字》四卷，李彤撰。」

〔二〕集異：原作「集集異」，衍一「集」字，據《晉書·葛洪傳》删。

〔三〕任城：原作「仕城」，據《魏書》卷九一《江式傳》改。

〔四〕習：原作「集」，據《新唐書》卷四八《百官志》改。

〔五〕隸書：原脱「隸」字，據《墨池編》卷一載《小説序》補。

〔六〕余靖：原脱，據《崇文總目》卷三《三史刊誤》條改。

〔七〕李敬：據右引書當作「李淑」。

〔八〕分毫補注字譜：岳珂《九經三傳沿革例·字畫》作「秦昌朝《韻略分毫補注字譜》」，當據補。

〔九〕隋篇：原作「隱篇」，據《文獻通考》卷一八九載李燾《字林》跋語改。

〔一〇〕案：清人黄奭有輯佚本《新字林》，載於《黄氏逸書考》。

〔一一〕案：《文獻通考》卷二二六載録：「咸平初，雲勝奉詔編《藏經隨函索隱》六百六十卷入令，詔訪唐貞元以後未附藏諸經益之，並令摹刻。」可補其行迹。

〔一二〕下手：原作「下首」，據前所述改。案：光緒刊本已改作「下手」。

小學考卷十四

文字六

何氏承天 纂文

《七録》三卷

佚

《宋書·何承天傳》曰：承天，東海剡人也。五歲失父，母徐氏，廣之姊也。聰明博學，故承天幼漸訓義，儒史百家，莫不該覽。爲參軍，出補宛陵令，轉西中郎中軍參軍、錢唐令，召爲尚書祠部郎。與傳亮共撰朝儀。補南臺治書侍御史。補尚書殿中郎，兼左丞，出爲衡陽内史。爲州司所糾繫獄，值赦免，除著作佐郎，撰國史。領國子博士，遷廷尉，免官，卒於家。先是《禮論》有八百卷，承天删減合并，以類相從，爲三百卷。并《前傳》《裸論》《纂文論》並傳於世，又考定《元嘉曆》。

按：《南史·劉杳傳》引《纂文》張仲師、長頸王二事。又《文選》注引云「書縑曰素」，「霈雲若大波」，他若《初學記》《一切經音義》所引甚多。

顔氏延之 纂要

《唐志》六卷

佚

《宋書·顔延之傳》曰：延之字延年，琅邪臨沂人也。少孤貧好讀書，無所不覽，文章之美，冠絶當時。爲行參軍，轉主簿，遷舍人，徙尚書儀曹郎、太子中舍人，徙員外常侍。出爲始安太守，領軍將軍。徵爲中書侍郎，轉太子中庶子。頃之，領步兵校尉，出爲永嘉太守。屏居里巷，起爲御史中丞，遷國子祭酒，復爲秘書監，光禄勲、太常。世祖登阼，以爲金紫光禄大夫。卒，贈散騎常侍，特追金紫光禄大夫，謚曰憲。凡所著並傳於後。

按：《山東通志》經籍有何承天《爾雅纂文》十卷，顔延之《爾雅纂要》一卷，即《纂文》《纂要》二書，蓋其體似《爾雅》，遂妄加二字於上也。

李氏鉉字辨

見《北齊書》

佚

《北齊書·儒林傳》曰：李鉉字寶鼎，渤海南皮人也。九歲入學，書《急就篇》，月餘便通。家素貧苦，常春夏務農，冬乃入學。年十六，從浮陽李周仁受《毛詩》《尚書》，章武劉子猛受《禮記》，常山房虬受《周官》《儀禮》，漁陽鮮于靈馥受《左氏春秋》。鉉以鄉里無可師者，遂與州里楊元懿、河間宗惠振等結侶，詣大儒徐遵明受業，居徐門下五年，常稱高弟。二十三便自潛居，討論是非，撰定《孝經》《論語》《毛詩》《三禮義疏》及《三傳異同》《周易義例》，合三十餘卷。用心精苦，曾三冬不畜枕，每至睡時假寐而已。年二十七，歸養二親，因教授鄉里，生徒恒至數百，燕趙閒能言經者多出其門。年三十六，丁父喪，服闋，以鄉里寡文籍，來遊京師，讀所未見書。州舉秀才，除太學博士。武定中李同軌卒後，高祖令世宗在京妙簡碩學以教諸子，世宗以鉉應旨，徵詣晉陽。時中山石曜、北平陽絢、北海王晞、清河崔瞻、廣平宋欽道及工書人韓毅同在東館，師友諸王，鉉以去聖久遠，文字多有乖謬，感孔子必也正名之言，乃喟然有刊正之意。於講授之暇，遂覽《說文》，爰及《倉》《雅》，刪正六藝經注中謬字，名曰《字辨》。天保初詔鉉與殿中尚書邢卲、中書令魏收等參議禮律，仍兼國子博士(一)。時詔北平太守宋景業、西河太守綦毋懷文等草定新曆，録尚書平原王高隆之令，鉉與通直常侍房延祐、國子博士刁柔參考得失，尋正國子博士。廢帝之在東宮，顯祖詔鉉以經入授，甚見優禮。數年病卒，特贈廷尉少卿。

江氏式古今文字

四十卷見《魏書》及《北史》

佚

《北史·江式傳》曰：式字法安，陳留濟陽人也。六世祖瓊字孟琚，晉馮翊太守，善蟲篆詁訓。永嘉大亂，瓊棄官投長軌，子孫因居凉土，世傳家業。祖强字文威，凉州平，内徙代京，上書三十餘法，各有體例，又獻經史諸子千餘卷，由是拜中書博士。卒，贈敦煌太守。父紹興，高允奏爲秘書郎，掌國史二十餘年，以謹厚稱，卒於趙郡太守。式少專家學，數年中常夢兩人時相教授，及寤每有記識。初拜司徒長史兼行參軍、檢校御史，尋除符節令。以書文昭太后尊號謚册，除奉朝請，仍符節令。篆體尤工，洛京宮殿諸門版題皆式書也。延昌三年三月，式表云云，詔曰可，如所請，并就太常兼教八書史也，其有所須，依請給之，名目待書成重聞。式於是撰集字書，號曰《古今文字》，凡四十卷，大體依許氏《説文》爲本，上篆下隸。正光中，兼著作郎。卒官，贈巴州刺史，其書竟未能成。式兄子征虜將軍順和，亦工篆書。先是太和中，兖州人沈法會能隸書，宣武之在東宮，敕法會侍書，後以隸迹見知於閭里者甚衆，未有如崔浩之妙。

式表曰：臣聞伏羲氏作而八卦形其畫，軒轅氏興而靈龜彰其彩。古史倉頡覽二象之爻，觀鳥獸之迹，别創文字，以代結繩，用書契以維事，宣之王迹，則百工以叙，載之方册，則萬品以明。迄於三代，厥體頗異，雖依類取制，未能殊倉氏矣。故《周禮》八歲入小學，保氏教國子以六書，一曰指事，二曰象形，三曰諧聲，四曰會意，五曰轉注，六曰假借，蓋是史頡之遺法。及宣王太史史籀著大篆十五篇，與古文或同或異，時人即爲之籀書〔二〕。孔子修六經，左邱明述《春秋》，皆以古文，厥意可得而言，其後七國殊軌，文字乖别。暨秦兼天下，丞相李斯乃奏蠲罷不合秦文者，斯作《倉頡篇》，車府令趙高作《爰歷篇》，太史令胡毋敬作《博學篇》，皆取史籀式，頗有省改，所謂小篆者也。於是秦燒經書者〔三〕，滌除舊典，官獄繁多，以趣約易，始用隸書，古文由此息矣。隸書者，始皇使下杜人程邈附於小篆所作也，世人以邈徒隸，即謂之隸書。故秦有八體：一曰大篆，二曰小篆，三曰符書，四曰蟲書，五曰摹印，六曰署書，七曰殳書，八曰隸書。漢興，有尉律，學復教以籀書，又習八體，試之，課最以爲尚書吏書，省字不正，輒舉劾焉。又有草書，莫知誰始，其書雖無厥誼，亦是一時之變通也。孝宣時召通《倉頡》讀者，獨張敞從受之。凉州刺史杜業、沛人爰禮、講學大夫秦近亦能言之。孝平時，徵禮等百餘人説文字於未央宮中，以禮爲小學元士，黄門侍郎揚雄采以作《訓纂篇》。及亡新居攝，自以運應制作，大司馬甄豐校文字之部，頗改定古文，時有六書：一曰古文，孔子壁中書也。二曰奇字，即古文而異者。三曰篆書，云小篆也。四曰佐書，秦隸書也。五曰繆篆，所以摹印也。六曰鳥蟲，所以幡信也。壁中書者，魯恭王壞孔子宅，而得《尚書》《春秋》《論語》《孝經》也。又北平侯張倉獻《春秋左氏傳》〔四〕，書體與孔子相類，即前代之古文矣。後漢郎中扶風曹喜號曰工篆，小異斯法而甚精巧，自是後學皆其法也。又詔侍中賈逵修理舊文，殊藝異術，王教一端，苟有可以加於國者，靡不悉集。逵即汝南許慎古學之師也。後慎嗟時人之好奇，歎俗儒之穿鑿，故撰《説文解字》十五篇，首一終亥，各有部屬，可謂類聚羣分，雜而不越，文質彬彬，最可得而論也。左中郎將陳留蔡邕采李斯、曹喜之法，爲古今雜形，詔於太學立石碑，刊載五經，題書楷法，多是邕書也。後開鴻都，書畫奇能，莫不雲集，時諸方獻篆，無出邕者。魏初，博士清河張揖著《埤倉》《廣雅》《古今字詁》，究諸《埤》《廣》，綴拾遺漏，增長事類，抑亦於文爲益者。然其《字詁》方之許篇，古今體用，或得或失。陳留邯鄲淳亦與揖同，博聞古藝，特善《倉》《雅》、許氏字指、八體六書，精究閒理，有名於揖，以書教諸皇子。又建三字石經於漢碑西，其文蔚焕，三體復宣，校之《説文》，篆隸大同，而古字少異。又有京兆韋誕、河東衛覬二家〔五〕，並號能篆，當時臺觀牓題、寶器之銘，悉是誕書，咸傳之子孫，世稱其妙。晉世義陽王典詞令任城吕忱，表上《字林》六卷，尋其况趣，附托許慎《説文》，而按偶章句，隱别古籀奇惑之字，文得正隸，不差篆意也。忱弟静，别放故左校令李登《聲類》之法，作《韻集》五卷，使宫商龣徵羽各爲一篇，而文字與兄便是魯衛，音讀楚夏，時有不同。皇魏承百王之季，紹五運之緒〔六〕，世易風移，文字改變，篆形謬錯，隸體失真。俗學鄙習，復加虚造，巧談辨士，以意爲疑，炫惑於時，難以釐改，乃曰追來爲歸〔七〕，巧言爲辯，小兔爲䨲，神蟲爲蠶，如斯甚衆，皆不合孔氏古書、史籀大篆，許氏《説文》，石經三字也。凡所闕古，莫不惆悵焉。嗟夫！文字者六籍之宗，王教之始，前人所以垂今，今人所以識古。臣六世祖瓊家世陳留，往晉之初，與從父兄俱受學於魏覬，古篆之法、《倉》《雅》《方言》《説文》之誼，當時並收善譽。而祖遇洛陽之亂，避地河西，數世傳習，斯業所以不墜也。世祖太延中牧犍内附，臣亡祖文威杖策歸國，奉獻五世傳掌之書，古篆八體之法，時蒙褒録，叙列於儒林，官班文省，家號世業。暨臣闇短，識學庸薄，漸漬家風，有忝無顯，是籍六世之資，奉遵祖考之訓，竊慕古人之軌，企踐儒門之轍。求撰集古來文字，以許慎《説文》爲主，及孔氏《尚書五經音注》《籀篇》《爾雅》《三倉》《凡將》《方言》《通俗》《文祖》《文宗》《埤倉》《廣雅》《古今字詁》、三字石經、《字林》《韻集》，諸賦文字有六書之誼者，以類篇聯，文無複重，統爲一部。其古籀奇惑，俗隸諸體，咸使班於篆下，各有區别。詁訓假借之誼，僉隨文而解，音讀楚夏之聲，並逐字而注，其所不知者則闕如也。脱蒙遂許，冀省百代之觀，而同文字之域。典書秘書所須之書，乞垂敕給，并學士五人嘗習文字者，助臣披覽。書生各五人，專令鈔寫。侍中黄門國子祭酒一月一監，評議疑隱〔八〕，庶無紕繆。所撰名目，伏聽明旨。

魏太祖衆文經

見《魏書》

佚

《魏書·太祖紀》曰：天興四年，集博士儒生比衆經文字，義類相從，凡四萬餘字，號曰《衆文經》。

魏世祖新字〔九〕

見《魏書》

佚

《魏書·世祖紀》曰：始光元年，初造新字千餘，詔曰：「昔在帝軒，創制造物，乃命倉頡，因鳥獸之迹，以立文字。自兹以降，隨時改作，故篆隸草楷，並行於世。然經歷久遠，傳習多失其真，故今文體錯謬，會義不愜，非所以示軌則於來世也。孔子曰『名不正則事不成』，此之謂矣。今制定文字，世取用者，頒下遠近，永爲楷式。」

阮氏孝緒文字集略

《隋志》六卷

佚

《隋書·經籍志》曰：梁文貞處士阮孝緒撰。

《梁書》列傳曰：阮孝緒字士宗，陳留尉氏人也。幼至孝，性沈静，偏通五經。與吴郡范元炎俱徵，並不到。卒時門徒謚曰文貞處士。所著《七録》等書行於世。

唐釋元應《一切經·四分律音義》曰：「醍」，經史所無，未詳何出。近世梁時處士阮孝緒作《文字集略》，有「醍醐」二字。此書甚淺俗，音體並無所據也。

按：《一切經音義》引《文字集略》「醍醐」之外，又引云：「罣作㒻，同胡卦反」，「網礙也」「港水分流也」，「惋歎驚異也」，「瞼眼外皮也」，「騙躍上馬者也」，「弗以鐵貫肉爩也」，「訣絶也」，「撊相對舉物也」，「櫋摢蒲采名也」，「胡荾香菜也」，「𤛓牛名也」，「洋作煬，釋金也」，「名相詔目也」，「鈿金花也」，「邏謂循行非違也」，「皴皮細起也」，「物堅曰鞕」，「斷首曰刎」。又《文選》注引云：「崿崖也」，「靄雲狀，霭亦靄也，一大切」，「幌，以帛明窻也」，「汀，水際也」，「裛坌衣香也」。俗字居多，誠如元應説云。

劉氏歊 古今文字序

《七録》一卷

佚

《梁書·劉訏傳》曰：訏字彦度，平原人也，與族兄劉歊共卜築。又曰：劉歊字士光，訏族兄也。博學有文才，以山水書籍相娱。著《革終論》。疾卒，親故誄其行迹，謚曰貞節處士。

庾氏曼倩 文字體例

見《梁書》

佚

《梁書·庾詵傳》曰：詵字彦寶，新野人也。子曼倩，字世華，早有令譽。世祖在荆州，辟爲主簿，遷録事，後轉諮議參軍。所著《喪服儀》《文字體例》《莊老義疏注》《算經》及《七曜曆術》，并所製文章凡九十五卷。

按：曼倩所著不見於《隋志》，良可異也。

无名氏文字譜

《隋志》一卷

佚

無名氏文字整疑

《隋志》一卷

佚

彭氏立 文字辨嫌

《隋志》一卷

佚

曹氏憲 文字指歸

《唐志》四卷

佚

周氏興嗣 千字文

《隋志》一卷

佚〔一〇〕

《梁書·文學傳》曰：周興嗣字思纂，陳郡項人，漢太子太傅堪後也。世居姑熟，年十三遊學京師，積十餘載，遂博通記傳，善屬文。齊隆昌中，侍郎謝朏爲吴興太守，唯與興嗣談文史而已。及罷郡還，因大相稱薦，本州舉秀才，除桂陽郡丞。太守王嶸素相賞好，禮之甚厚。高祖革命，興嗣奏《休平賦》，其文甚美，高祖嘉之，拜安成王國侍郎，直華林省。其年河南獻儛馬，詔興嗣與待詔到沆、張率爲賦，高祖以興嗣爲工，擢員外散騎侍郎，進直文德壽光省。是時高祖以三橋舊宅爲光宅寺，敕興嗣與陸倕各製寺碑，及成俱奏，高祖用興嗣所製者。自是《銅表銘》、《栅塘碣》、《北伐檄》、次韻王羲之書《千字》，並使興嗣爲文。每奏，高祖輒稱善，加賜金帛。九年，除新安郡丞，秩滿，復爲員外散騎侍郎，佐撰國史。十二年，遷給事中，撰史如故。十四年，除臨川郡丞。十七年，復爲給事中，直西省。左衛率周捨奉敕注高祖所製歷代賦啟，興嗣助焉。普通二年卒，所撰《皇帝實録》《皇德記》《起居注》《職儀》等百餘卷，文集十卷。

吴曾《能改齋漫録》曰：楊文公億以《千字文》敕散騎常侍員外郎周興嗣次韻，「敕」字乃「梁」字傳寫之誤。當時命令尚未稱敕，至唐顯慶中始云「不經鳳閣鸞臺，不得稱敕」，敕之名始定於此。余按：「敕」字從束，舒欲切；從攴，普卜切。「勑」音赤。説者曰：誡也〔一一〕，固也，勞也，禮也，書也，急也，故古文《尚書》「勑天之命，惟時惟幾」，「勑我五典，五惇哉」。又《太史公論》「堯舜以君臣相勑〔一二〕，惟是幾安」，皆用此「勑」字。而後世遂以「敕」代之，其失本於唐明皇詔以隸楷易《尚書》古文，學者不識古文，自是而始。故宋景文公亦以爲「勑」之義與「徠」同，洛代切，後世轉「敕」以爲「勑」，非是，故予以爲流俗之失如此。蔡邕：漢制度，天子下書有四，其四曰誡敕。故《南史·周興嗣列傳》亦云「敕興嗣與陸倕各製寺碑」，敕出天子亦云舊矣。而楊文公乃以《千字文》敕周興嗣次韻，「敕」字乃「梁」字傳寫之誤，當時命令尚未稱敕，至唐顯慶中始云「不經鳳閣鸞臺，不得稱敕」，敕之名始定於此。且興嗣本傳已云「敕興嗣與陸倕各製寺碑」，則何獨疑於《千字文》之敕乎？此文公一失也。唐劉禕之秉政得罪武后，而后遣使俾其自裁，禕之自以秉政而未見敕，故禕之自云「不經鳳閣鸞臺，何謂之敕」，無

「不得稱」三字。此文公二失也。高宗上元詔曰：「詔敕比用白紙，多爲蟲蠹，自今後皆用黄紙。」然則書敕用黄紙，上元時已有定旨。兼是漢天子四書之一〔一三〕，敕之名，不定於顯慶時，又明矣。此文公三失也。故予以爲先儒之誤者如此。昔者孔子祭太山七十二家，字皆不同，故亥二首六身，韓子「八厶爲公」，子夏辨「三豕渡河」，因知聖賢未始不留意於此，學者其可忽諸？予又按，魏文侯敕蒼唐以鷄鳴時至。

王觀國《學林》曰：楊文公《談苑》：《千字文》「敕員外散騎侍郎周興嗣次韻」，其「敕」字乃「梁」字傳寫之誤也。唐顯慶中詔「不經中書門下，不得稱敕」，敕之名始定於此。觀國案：《梁書·周興嗣傳》曰「武帝以三橋舊宅爲光宅寺，敕興嗣與陸倕製碑，以興嗣所製自題」，又曰「次韻王羲之《千字》，並使興嗣爲文」，又曰「興嗣直西省，周捨奉敕注武帝所製歷代賦啓，興嗣助焉」。興嗣本傳自有「敕」字，蓋臣下以奉敕撰文爲榮，故興嗣於《千文》加敕字於官稱之首也。古者天子諭臣下以事皆稱敕〔一四〕，故衛夫人奉敕寫《急就章》，梁武帝賜《七夕》詩與任昉，昉謝啓曰：「昉奉敕賜示《七夕》五韻。」又卞彬《謝修卞忠正墓啓》曰：「彬伏見宣敕修臣亡高祖忠正公壺墳塋。」唐高祖武帝二年敕諸州進士隨方物入貢，房元齡等刪武德以來敕三十餘條。然則敕之名久矣，非由顯慶中定也。《唐書》顯慶詔「不經中書門下，不得稱敕」，蓋慮臣下有直取聖旨，而不由中書門下以行之，則大臣未嘗商榷，而事之利害有未公者，固難以行云，所以防姦邪也，非定敕之名也。楊文公豈不知此？殆編集文公《談苑》者誤耳。歐公《集古録》曰：「《梁書》言武帝得王羲之所書《千字》，命周興嗣以韻次之。今法帖有漢章帝書百餘字，其言有『海鹹河淡』之類，蓋前世學書者多爲此語，不獨始於羲之也。」觀國案：法帖中所書《千文》百餘字，皆作章草體，當時叙次碑帖者誤題以爲漢章帝書，其實周興嗣所次之文也。以爲前世學書者多爲此語，不獨始於羲之，則非也。

王應麟《玉海》曰：宋朝太祖謂近臣曰：「《千文》蓋梁得鍾繇破碑千餘字，周興嗣次韻而成，詞理無可取。」

顧炎武《日知録》曰：《千字文》元有二本，《梁書·周興嗣傳》曰：「高祖以三橋舊宅爲光宅寺，勅興嗣與陸倕製碑，及成俱奏，高祖用興嗣所製者。自是《銅表銘》《栅塘碣》《北伐檄》、次韻王羲之書《千字》並使興嗣爲之。」《蕭子範傳》曰：「子範除大司馬南平王户曹屬、從事中郎，使製《千字文》，其辭甚美，命記室蔡薳注釋之。」《舊唐書·經籍志》曰：《千字文》一卷，蕭子範撰。又一卷，周興嗣撰。是興嗣所次者一千字文，而子範所製者又一千字文也。《陳書·沈衆傳》是時梁武帝製《千字詩》，衆爲之注解，是又不獨興嗣、子範二人矣。乃《隋書·經籍志》云：《千字文》一卷，梁給事中周興嗣撰。《千字文》一卷，梁國子祭酒蕭子雲注。《梁書》本傳謂子範作之，而蔡薳爲之注釋，今以爲子雲注，子雲乃子範之弟，則異矣。《宋史·李至傳》言，《千字文》乃梁武帝得鍾繇書破碑千餘字，命周興嗣次韻而成。《山堂考索》同。本傳以爲王羲之，而此又以爲鍾繇，則又異矣。《隋書》《舊唐書》志又有《演千字文》五卷，不著何人作。《隋書·文苑傳》秦王俊令潘徽爲萬字文。淳化帖有漢章帝書百餘字，皆周興嗣《千字文》中語。《東觀餘論》曰：「此書非章帝，然亦前代人作，但録書者集成千字中語耳。」歐陽公疑以爲漢時學書者多爲此語，而後村劉氏遂謂《千字文》非梁人作，誤矣。黄魯直《跋章草千字文》曰：「章草，言可以通章奏耳，非章帝書也。」

閻若璩《潛邱劄記》曰：《千字文》本有二篇：一周興嗣，一蕭子範。子範製久失傳，而所次韻之書，《梁書》以爲羲之，《宋史》以爲鍾繇，要《梁書》近而得其真。或曰：興嗣當梁武帝朝初勅撰文，能不染佛氏一語，信有勁骨者。余謂「四大」字有二，一出《老子》，一出《圓覺經》，詳篇中「四大」字，非指地水火風乎？然則時風衆勢所趨，真能不染其片語隻字者，不綦戛戛乎難哉！

蕭氏子範 千字文

《舊唐志》一卷

佚

《梁書·蕭子範傳》曰：子範字景則，子恪第六弟也。齊永明十年封祁陽縣侯，拜太子洗馬。天監初降爵爲子，除後軍記室參軍，復爲太子洗馬，俄遷司徒主簿，累遷丹陽尹丞、太子中舍人。出爲建安太守，還，除大司馬南明王户曹屬、從事中郎。王愛文學士，子範偏被恩遇，嘗曰：「此宗室奇才也。」使製《千字文》，其辭甚美，王命記室蔡薳注釋之，自是府中文筆皆使草之。卒，時年六十四。賊平後，世祖追贈金紫光禄大夫，謚曰文。前後文集三十卷。

蔡氏薳 注千字文

見《梁書·蕭子範傳》

佚

蕭氏子雲注千字文

《隋志》一卷

佚

《梁書·蕭子雲傳》曰：子雲字景喬，子恪第九弟也。年十二，齊建武四年封新浦縣侯，自製拜章，便有文彩。天監初降爵爲子。既長勤學，以晉代既無全書，弱冠便留心撰著，至年二十六書表成，奏之，詔付秘閣。子雲性沈静，不樂仕進，年三十方起家爲秘書郎，遷太子舍人，撰《東宮新記》，奏之，勅賜束帛。累遷北中郎外兵參軍。大通元年，除黄門郎，復爲侍中。子雲善草隸書，爲世楷法，自云善效鍾元常、王逸少，而微變字體。答敕云〔二五〕：「臣昔不能拔賞〔二六〕，隨世所貴，規摹子敬，多歷年所。年二十六著《晉史》，至二王列傳，欲作論語草隸法，言不盡意，遂不能成，略指論飛白一勢而已。十許年來，始見敕旨論書一卷，商略筆勢，洞徹事體。又以逸少之不及元常，猶子敬之不及逸少，自此研思，方悟隸式始變。子敬全範元常。逮爾以來，自覺功進。」其書迹雅爲高祖所重，嘗論子雲書曰：「筆力勁駭，心手相應，巧踰杜庶，美過崔實。當與元常並驅争先。」其見賞如此。七年出爲神威將軍、東陽太守。中大同元年，還拜宗正卿。太清元年，復爲侍中、國子祭酒，領南徐州大中正。二年，侯景寇逼，子雲逃民間。三年三月，宫城失守，東奔晉陵，餒卒於顯靈寺僧房，年六十三。所著《晉書》一百一十卷、《東宮新記》二十卷。

黄庭堅《跋章草千字文》曰：集書家定爲漢章帝書，繆矣。章草言可以通章奏耳。《千字》乃周興嗣取右軍帖中所有字作韻語，章帝時那得有之？疑只是蕭子雲書之最得意者。

按：蕭子範兄弟一作《千文》，一注《千文》，自是兩事。《隋志》遺子範《千文》一卷，故顧氏疑之，然非有錯誤也。

胡氏蕭注千字文

《隋志》一卷

佚

亡名氏篆書千字文

《隋志》一卷

佚

亡名氏草書千字文

《隋志》一卷

佚

薛氏古篆千字文〔一七〕

見《魏鶴山集》

佚

魏了翁《答薛檢法書》曰：寵教《古篆千文》，前輩用功本末兼舉，大抵皆爾。某自爲兒童，即喜小學，如九江所刊《鐘鼎款識》及《篆韻》，某皆有淳熙間善本，今乃知爲檢法之曾從祖也。

無名氏百體書千文

《讀書志》一卷

未見

晁公武《讀書志》曰：《百體書千文》一卷，艮齋謝公諤題其後曰：神剜天畫，千類萬狀，豈止汲冢、魯壁、周鼓、秦山耶？

趙氏孟頫書千字文

一卷

存

朱彝尊跋曰：周興嗣《千字文》，便於小學，善書者恒寫一本。獨智永曾書八百本散在江南，而吳興趙王孫亦屢書之。延祐三年四月有旨，趙子昂寫來《千字文》一十七卷，發秘書監裝背收拾。此或一十七卷之一也，吾鄉項子京家刻石，今歸於余。

潘氏徽萬字文

一卷，見《隋書》

佚

《隋書·潘徽傳》曰：徽字伯彥，吳郡人也。性聰敏，少受《禮》於鄭灼，受《毛詩》於施公，受《書》於張冲，講《莊》《老》於張譏，並通大義，尤精三史，善屬文，能持論。陳尚書令江總引致文儒之士，徽一詣總，甚敬之。釋褐新蔡王國侍郎，選爲客館令。隋遣魏澹聘於陳，陳人使徽接對之〔一八〕。秦孝王俊聞其名，召爲學士。嘗從俊朝京師，在塗令徽於馬上爲賦，行一驛而成，名曰《述思賦》，俊覽而善之，復令爲《萬字文》，并遣集字書名爲《韻纂》。未幾俊薨，晉王復引爲揚州博士，令與諸儒撰《江都集禮》一部。煬帝即位，召徽與陸從典、褚亮、歐陽詢等助楊素撰《魏書》，會素薨而止。授京兆郡博士。楊元感兄弟甚重之，及元感敗，徽以元感故人爲帝所不悦，有司希旨，出徽爲西海郡威定縣主簿，意甚不平，行至隴西，發病卒。

無名氏演千字文

《隋志》一卷

佚

鍾氏繇千字文[一九]

一卷，見張萱《疑耀》

未見

張萱《疑耀》曰：《千字文》，劉公《嘉話》曰：梁武帝教諸王書，令殷鐵石於王右軍書中搨一千字不重者，每字一片紙，襍碎無序。武帝謂周興嗣曰：「卿有才思，爲我韻之。」興嗣一夕編次進上，鬢髪皆白。《南史·文學周興嗣傳》又云「武帝檄魏文於右軍書中書千字，令興嗣韻之」，非殷鐵石也。又有一説，武帝喜鍾繇書，而秘書省所藏鍾繇真蹟甚多，獨年久漫滅散亂，乃令興嗣韻之爲千文。未知孰是？今世有鍾繇《千文》，與興嗣所韻者不同，乃後人僞撰也[二〇]。

胡氏寅叙古千字文

《讀書志》一卷

未見

晁公武《讀書志》曰：致堂先生胡寅明仲所作也。南康黄西坡灝商伯爲之傳，晦菴朱文公書其後曰：「叙事立言，昭陳法式，實有《春秋》經世之志。至於發明道統，開示德門，又於卒章，深致意矣。新學小童，朝夕誦之而諷其義，亦足以養正於蒙矣。」

侍其氏瑋續千字文

《讀書志》一卷

存

葛勝仲撰《侍其公墓誌》曰：瑋字良器，蘇州長洲人。皇祐二年中進士第，累官至池州牧，致仕。公夙嗜學問，製《續千文》行於世。

葛勝仲序曰：昔梁武帝得王逸少所書《千字文》，褫亂不可讀，命陳郡周興嗣次爲韻語，以便臨翫，後世謂之《千文》。歐陽率更、張長史、道人智永輩各有藁書本行於世。舅侍其公亦好草聖書，《千文》尤工，好事者時得之，輒以鑱石。又嘗以巧意遷避興嗣所用字，别製千言，貫穿經傳，詞義粲然。豫章黄魯直見而抵之以書曰：「引辭連類，使不相牴觸，甚有功，當與《凡將》《急就》並行也。」《千文》爲天下官府若市井簿領會數之用久矣，今增以續文，合二千言，凡取一字爲母，配以次字爲一號，展轉相乘，可計二百萬之數，於世用豈小補哉？公博學善屬文，此特一時弄筆爲戲耳，乃謂簡牘無窮之用。竊嘗謂棫樸微物也，而薪之槱之[一二]，可以享上帝，養聖賢；不龜手之藥，賤藝也，而習以水戰，大敗越人取封邑。事小而用大者，在古多用之，豈特是書而已哉！公皇祐元年進士，屢刺名郡，所莅有政績，官至朝散大夫，贈金紫光禄，諱瑋，字良器。

晁公武《讀書志》曰：左朝散大夫、知池州軍州事、賜紫金魚袋侍其瑋，字良器所著也。昔周興嗣次王逸少所書千字爲韻語，以便觀省，後世謂之《千文》。良器遷避興嗣所用字，别製千言以續之。山谷嘗抵以書曰：「引辭連類，使不相牴觸，甚有功，當與《凡將》《急就》並行也。」葛文康公勝仲爲之序。

《四庫全書提要》曰：良器里貫未詳，官左朝散大夫，知池州軍事。是編皆摭周興嗣《千字文》所遺之字，仍仿其體製，編爲四言韻語，詞采亦頗可觀。其孫嘗刻石泐溪，後有乾道乙酉鄉貢進士謝褒跋。

劉氏紹佑續千字文

見《歐陽巽齋文集》

佚

歐陽守道跋曰：隸書始秦，李斯、趙高、胡毋敬三人，通作二十張。漢興，閭里書師鳌爲五十有五，每六十字爲一章，計字三千三百。小學始於識字，然必音韻諧協，文義可通，始便誦習。是三千三百字雖不見於今，然觀其有章可分，則必有音韻文義者也。梁周興嗣拾斷碑製《千文》，行於世將千載，彼所謂三千三百字，非此類歟？吾州名進士劉君紹佑續興嗣文，其數如之而文義非興嗣所及矣。君以摹本遺余，余讀而善之，曰：君以興嗣之文爲續，則揚雄《訓纂》之廣《史篇》也。興嗣之文已用者不再用，而措辭奇古，夐出尋常，則司馬相如之《凡將》無複字也。若夫假字爲訓，而天文、地理、人事之端，往古來今廢興得失之迹，納鉅於細，該繁於約。使幼學者口誦心惟，預爲方來大學之地，此則致堂先生胡公《叙古》之本意，豈相如、雄、興嗣輩區區於字學者哉？而君之自序，乃以爲戎帳户版勾稽記識之助，若自小其書者，或者疑之，抑不知書契本以代結繩，君此言蓋原上古造書之本意云。

夏氏太和 **性理千字文**

《千頃堂書目》一卷

未見

黄虞稷曰：太和福清人，洪武中國子監助教。

解氏延年 **叙古千文集解**

《千頃堂書目》一卷

未見

黄虞稷曰：延年栖霞人，正統癸未進士，四川順慶知府。

李氏登 **正字千文**

《千頃堂書目》二卷

未見

黄虞稷曰：登字士龍，上元人，萬曆初貢士，崇仁縣教諭。

瞿氏九思 **正字千文**

《千頃堂書目》一卷

未見

徐氏渭 **集千字文**

一卷，在《徐文長集》

存

周氏履靖 **廣易千文**

一卷，見《夷門廣牘》

未見

呂氏裁之 **千字文**

一卷

未見

顧絳序曰：呂氏《千字文》者，待詔餘姚呂君裁之之所作也。蓋小學之書，自古有之，李斯以下號爲《三蒼》，而《急就篇》最行於世。自南北朝以前，初學之童子無不習之，而《千字文》則起於齊晉之世。今所傳「天地元黃」者，又梁武帝命其臣周興嗣取王羲之之遺字次韻成之，不獨以文傳，而又以其巧傳。後之讀者，苦《三蒼》之難，而便《千字》之易，於是至今爲小學家恒用之書爾。崇禎之元，有仁和卓人月者，取而更次之，以紀初元之政，一時咸稱其巧。呂君以爲事止於一年，未備也，於是再取而更次之，而明代二百七十年之事乃略具。若夫錯綜古人之文如己出焉，不亦進而愈巧者乎？

江氏瀾 **千字再集**

《江南通志·書目》一卷

未見

按：江瀾休甯人。

卓氏珂 **集千字文**

一卷，見《池北偶談》

存

王士禎《池北偶談》曰：仁和卓人月，集周興嗣《千字文》爲《千字大人頌》，「枇杷」二字拆用，亦極典切。

項氏溶 **集千字文**

一卷，見《亞谷叢書》

存

鮑鈖《亞谷叢書》曰：武林項霜田溶，凡集數次，見其咏史一本，字句牽合，故自爲之注釋，方可意解。

馮氏嗣京 **增壽千字文**

一卷，見《亞谷叢書》

存

嗣京自叙曰：原本《千字文》重一「潔」字，其用意雖嚴，而安章布句，殊少倫次，覽者有餘憾焉。明徐渭、卓珂等别出新意，各作一篇，然亦瑕不掩瑜。余久欲效顰而未暇也。壬寅秋，入都見館閣諸公詩文弘麗，預爲來年稱祝，不揣鄙陋，妄欲抒詞，遂將《千字》内除一「潔」字，增一「壽」字，湊集成篇，題曰《增壽千字文》。篇中自有紀載以來，略加摭拾而不及明代者，以史局未有成書故也。康熙後壬寅長至後二日。

鮑鈖《亞谷叢書》曰：馮留士廣文纂本，「枇杷」二字連用未拆，然篇中頗有佳句。

小學考卷十四終

校記：

〔一〕兼：原作「監」，據《北齊書》卷四四《儒林傳》改。

〔二〕爲之：《北史》卷三四《江式傳》，《通志》卷一四八均作「謂之」。

〔三〕者：據右引書當爲衍文。

〔四〕北平：原作「平北」，據右引書乙。

〔五〕二家：原作「三家」，據右引書改。

〔六〕緒：原作「著」，據右引書改。

〔七〕追來：原作「迫來」，據右引書改。

〔八〕評議：原作「誣議」，據右引書改。

〔九〕案：此條爲謝啓昆誤記，蓋「新字」乃魏世祖所頒時俗文字，而非小學著述。四庫本《魏書》卷四上考證云：「此則初造新字，頒之遠近，蓋天興所集者，經傳所有也；始光所造者，時俗所行，而衆經文所不及收者也。」

〔一〇〕佚：案：此係謝啓昆誤記，周興嗣《千字文》今尚存。

〔一一〕誠：原作「誡」，據吳曾《能改齋漫錄》卷四改。

〔一二〕君臣：原作「臣臣」，據右引書改。

〔一三〕是：原作「昰」，據右引書改。

〔一四〕古者：原脱「古」字，據宋王觀國《學林》卷七補。

〔一五〕敕：原作「故」，據《梁書》卷三五《蕭子雲傳》改。

〔一六〕拔：原作「故」，據右引書改。

〔一七〕薛氏：案：此人爲南宋人薛尚功從曾孫，其名字已不能考知。

〔一八〕陳人：原作「二人」，據《隋書》卷六六《潘徽傳》改。

〔一九〕案：鍾繇爲東漢末、魏時人，據本書體例不當置於宋、元人之後，此條應移前。

〔二〇〕僞撰：原作「譌撰」，據張萱《疑耀》卷六改。

〔二一〕薪之：原作「新之」，據宋葛勝仲《丹陽集》卷八《舅氏千字文序》改。案：光緒刊本已改作「薪之」。

小學考卷十五

文字七

宋氏世良 字略

五篇，見《北史》

佚

《北史·宋世良傳》曰：世良爲殿中侍御史，累官清河太守。世良强學，善屬文，撰《字略》五篇。

按：《字略》與梁阮孝緒《文字集略》不同。

陽氏尼 字釋

見《魏書》

佚

《魏書·陽尼傳》曰：尼字景文，北平無終人。少好學，博通羣籍，徵拜秘書著作郎，奏佛道宜在史録。後改中書學爲國子學，時中書監高閭、侍中李冲等以尼碩學博識，舉爲國子祭酒。高祖嘗親在苑堂，講諸經典，詔尼侍聽，賜帛百匹。尼後兼幽州中正，出爲幽州北平府長史，帶漁陽太守，未拜，坐爲中正時受鄉人財貨免官。尼每自傷曰：「吾昔未仕〔一〕，不曾羨人。今日失官，與本無何異？然非吾宿志，命也如何？」既而還鄉，遂卒於冀州，年六十一。有書數千卷，所造《字釋》數十篇，未就而卒。其從孫太學博士承慶遂撰爲《字統》二十卷，行於世。

陽氏承慶 字統

《隋志》二十一卷《唐志》二十卷

佚〔二〕

按：《一切經·大集月藏分經音義》引《字統》云：「撑」作棖，丈庚反。棖，觸也。又《四分律音義》引承慶云：窳，懶人不能自起，瓜瓠在地不能自立，故字从瓜，又懶人恒在室中，故从穴。考《説文》無「撑」字，作「棖」是也。至「窳」字，《説文》从穴㼌聲，本形聲字。此説支離已甚，實開王安石《字説》之先聲矣。

薛氏立 字宗

《隋志》三卷

佚

庾氏元威 字府

《通志》一卷

佚

无名氏古今字書

《隋志》十卷

佚

无名氏字書

《隋志》三卷

佚

今本字書

二卷

存

陳鱣《叙録》曰：《隋書·經籍志》列字書之目凡三：一曰《古今字書》十卷，二曰《字書》三卷，三曰《字書》十卷，不言何人字書，亦不知何時字書也。嘗考《顔氏家訓》引《字書》云「砮，即旄邱之旄也」，知六朝閒人固所常用。今一無所存，惟見於羣籍所引，而陸氏《經典釋文》、李氏《文選》注、釋氏《一切經音義》引之尤多。鱣於暇日集爲是編，用資考據。如「璣，小珠也」，「桊，牛拘也」，「俎，肉几也」，「盼，美目也，目黑白分也」，「一扇曰户，又在於堂室曰户，兩扇曰門，又在於宅區域曰門」，「秘，密也」，「準，平也」之屬，皆訓詁之最精者。至其所指雅俗文字，如「踰」作「逾」同，「焕」亦「奂」字同，「旒」「統」同，「縠」作「㲉」同，「謣」或作「雩」同，「僩」或作「覵」同，「鑒」作「鑑」同，「囍」作「喆」，今作「哲」同，「倡」亦「唱」字，「輾」亦「展」字，「蕢」亦「蘋」字之屬，亦可參訂。又指至俗之字，如「穪，木膠也」，「柴，鳥喙也」，「船上有屋者曰艫」，「嫣，母也，今以女老者爲姥也」，「𧍳，鼓材也」，「氉，落毛也」，「足及地曰蹝」，「麽，小也」，「祚，福也」。按：「𥢑」當作漓，「柴」當作𦟛，「艫」當作柃，「媽」當作姆，「𧍳」當作頦，「氉」當作毹，「蹝」當作𡳾，「麽」當作𢈔，「祚」當作胙也。各書所引語有不同，如《文選·西都賦》注引《字書》「穢，蕪也」《東都賦》注則引云「穢，不潔清也」。《一切經·金光明經》及《文選·魏都賦》《寡婦賦》引《字書》「迸，散走也」，《海賦》注則引云「迸，散也」，知其不出於一書矣。録此以附《小學拾存》之末。

范氏岫 字書音訓

見《南史》

佚

《南史·范岫傳》曰：岫字懋賓，濟陽考城人也。仕齊爲太子家令。范雲謂人曰：「諸君進止威儀，當問范長頭。」以岫多識前代舊事也。天監中，累遷祠部尚書，卒官。所著《字訓》行於世。

又《劉杳傳》曰：杳博綜羣書，沈約、任昉以下，每有遺忘，皆往問焉。范岫撰《字書音訓》，又訪杳焉。

无名氏古今字

二卷，見《宋書》

佚

《宋書·左沮渠蒙遜傳》曰：元嘉十四年，茂虔奉表獻方物並書籍一百五十四卷，内有《古今字》二卷。

侯氏洪泊 字類叙評

《隋志》三卷

佚

戴氏規 辨字

《隋志》一卷

佚

无名氏正名

《隋志》一卷

佚

《隋書・經籍志》叙曰：孔子曰：「必也正名乎！」名爲書字，名不正則言不順，言不順則事不成。説者以爲書之所起，起自黄帝蒼頡，比類象形謂之文，形聲相益謂之字，著於竹帛謂之書，故有象形、諧聲、會意、轉注、假借、處事六義之别。

陳鱣《論語古訓》曰：鱣按《周禮》「外史掌達書名於四方」，鄭注：古曰名，今曰字，使四方知書之文字，得能讀之。賈疏：古者文字少，直曰名，後代文字多，則曰字，字者滋也，滋益而生，故更稱曰字。正其名字，使四方知而讀之也。大行人「九歲屬瞽史諭書名」，注：書名，書之字也，古曰名。《聘禮》曰「百名以上」，是文字通謂之名也。臧在東曰：孔子書字，必從保氏所掌古文爲正，病時不行，故衛君待子爲政，而子以是爲先也。子路以爲非急務，不必盡正，故子斥以爲野。又云「君子於其所不知，蓋闕如也」，即史闕文之意。按《説文解字叙》亦引此二句，是許君同以爲正字。又云「名不正則言不順」，言者句也，文字不正，則書句皆不順，顛到是非，故事不成，而禮樂刑罰皆失，其弊至於民無措手足，故君子名之必可言，言之必可行，於書無所苟，正名乃爲政之本，與删書定禮樂，同一垂教萬世，不可以空言視之也。《北史・儒林傳》載劉炫《五經正名》十二卷，《隋書・經籍志》小學類《正名》一卷。又叙云：孔子曰「必也正名乎」，名爲書字云云，是隋以前俱鄭學也。

劉氏炫 五經正名

十二卷，見《北史》

佚

《北史・儒林傳》曰：劉炫字光伯，河閒景城人也。周武帝平齊，瀛州刺史宇文亢召爲户曹從事。開皇中，直門下省，自言《周禮》《禮記》《毛詩》《尚書》《公羊》《左傳》《孝經》《論語》孔鄭王何服杜等注凡十三家，雖義有精粗，並堪講授，《周易》《儀禮》《穀梁》用功差少，史子文集，嘉言故事，咸誦於心，天文、律曆，窮覈微妙。除殿中將軍。著《五經正名》十二卷。

鄒氏誕生 要用字對誤

《七録》四卷

佚

《隋書・經籍志》曰：梁輕車參軍鄒誕生撰。

按：《隋志》史部《史記音》三卷，梁輕車録事參軍鄒誕生撰，即其人也。

鄒氏里 要用雜字

《隋志》三卷

佚

李氏少通 雜字要

《隋志》三卷

佚

《隋書・經籍志》曰：密州行參軍李少通撰。

李氏少通 今字辨疑

《隋志》三卷

佚

无名氏異字同音

《隋志》一卷

佚

吉氏文甫 釋字同音

《隋志》三卷

佚

《隋書・經籍志》曰：宋散騎常侍吉文甫撰。

釋氏正度 雜字書

《唐志》八卷

佚

无名氏難要字

《唐志》三卷

佚

无名氏覽字知原

《唐志》三卷

佚

諸葛氏穎 桂苑珠叢

《唐志》一百卷

佚〔三〕

《隋書·文學傳》曰：諸葛穎字漢，丹陽建康人也。年八歲能屬文，起家梁邵陵王參軍事，轉記室，歷太學博士、太子舍人。周武平齊，不得調，杜門不出者十餘年。習《周易》、圖緯、《倉》《雅》《莊子》，頗得其要，清辯有俊才。煬帝即位，遷著作郎。從征吐谷渾，加正議大夫。後從駕北巡，卒於道，年七十七。有集二十卷，撰《鑾駕北巡記》三卷，《幸江都道里記》一卷，《洛陽古今記》一卷，《馬名録》二卷，並行於世。

《唐書·曹憲傳》曰：仕隋爲秘書學士，於小學家尤邃，自漢杜林、衛宏後，古文至憲復興，與諸儒撰《桂苑珠叢》，規正文字。

无名氏桂苑珠叢略要

《唐志》三十卷

佚

按：《唐書·藝文志》有《桂苑珠叢》一百卷，而《曹憲傳》云「憲與諸儒撰《桂苑珠叢》」，疑即一書，志稱諸葛穎者，或穎居首也。《略要》不知何人所輯，今見於釋藏慧苑《華嚴經音義》所引者，如「凡以器斟酌於水謂之挹」，「天子施扆於户牖以爲障蔽也」，「爾謂言相然也」，「覿謂就見尊老也」，「覘謂有所冀望也」，「凡治故造新皆謂之繕也」，「復謂重審察也，字又作覆」，「靡無也」，「覩視也」「尊可敬也」，「薆蔽也」，「聞謂聲所至也」，「聲謂名聲」，「苣謂束艸爇火以照之也，苣即古之炬字」，「教成於上而易俗於下謂之化也」「深青之色而揚赤色者謂之紺」，「輗謂車轅端横木也」，「罥謂以繩繫取鳥也，字又作羂也」，「凡事相及爲預也」，「舛相違也」，「莫無也」，「冀謂心有所希求也」，「暨謂及預也」，「輟止也」，「心安和悦謂之豫也」，「檻謂殿之闌也」，「盥洗手也」，「溥匾也」，「鉅至也」，「循巡也」，「金鈿婦人首飾也」，「凡盛物小器皆謂之奩，奩字又作籢」，「忖惻度也」，「斬首一名爲級」，「凡事相及曰預，字古作與也」，「取物交織謂之編也，字又作辨也」，「翮謂鳥羽之本也」，「憇息也」，「靡無也」，「鎔金曰鍊，煮絲令熟曰練也」，「縈卷之也」，「泰通也」，「汩流貌也」。未知其爲諸葛穎及曹憲等之《珠叢》歟，抑《珠叢略要》歟？姑附於此。

趙氏文深等刊定六體〔四〕

見《周書》

佚

《周書·藝術傳》曰趙文深字德本，南陽苑人也。少學楷隸，太祖以隸書紕繆，命文深與黎季明、沈遐等依《說文》及《字林》，刊定六體，成一萬餘言，行於世。累官趙興郡守。

顧氏野王玉篇

《隋志》三十一卷《唐志》三十卷，今本同

存

《隋書·經籍志》曰：陳左將軍顧野王撰。

《陳書·顧野王傳》曰：野王字希馮，吳郡吳人也。幼好學，能屬文，嘗製《日賦》，領軍朱异見而奇之。年十二，隨父之建安，撰《建安地記》二篇。長而徧觀經史，精記嘿識，天文地理，蓍龜占候，蟲篆奇字，無所不通。梁大同四年，除太學博士，遷中領軍臨賀王府記室參軍。宣城王爲揚州刺史，野王及琅邪王褒並爲賓客，王甚愛其才。侯景平，太尉王僧辯深嘉之，使監海鹽縣。高祖作宰，爲金威將軍安東臨川王府記室參軍，尋轉府諮議參軍〔五〕。天嘉元年，勑補撰史學士，尋加招遠將軍。光大元年，除鎮東鄱陽王諮議參軍。太建二年，遷國子博士。後主在東宮，野王兼東宮管記，本官如故。六年，除太子率更令，尋領大著作，掌國史，知梁史事，兼東宮通事舍人。時宮僚有濟陽江總、吳國陸瓊、北地傅縡、吳興姚察，並以才學顯著，論者推重焉。遷黄門侍郎光禄卿，知五禮事，餘官並如故。十三年卒，時年六十三，詔贈秘書監。至德二年，又贈右衛將軍。野王少以篤學至性知名，在朝無過辭失色，觀其容貌似不能言，及其勵精力行，皆人所莫及。第三弟充國，早卒，野王撫養孤幼，恩義甚厚。其所撰著《玉篇》三十卷，行於世。

野王自序曰：昔在庖犧，始成八卦，暨乎蒼頡，肇創六爻，政罷結繩，教興書契，天粟晝零，市妖夜哭，由來尚矣。爰至元龜龍馬，負河洛之圖，赤雀素鱗，標受終之命。鳳羽爲字，掌理成書，豈但人功，亦猶天授。故能傳流奥典，鉤探至賾，揚顯聖謨，耀光洪範。文移百代，則禮樂可知，驛宣萬里，則心言可述。授命軌物，則縣方象魏，興功命衆，則誓威師旅〔六〕。律存三尺，政仰八成，聽稱責於附别，執士師於兩造，勒功名於鍾鼎，崧岳而告成，汗竹裁縑，寫憲章而授政。莫不以版牘施頌美德於神祇。故百官以治，萬民以察。雕金鏤玉，升於經緯，文字表於無窮者矣。所以垂帷閉户，而覿遐年之世，藏形晦跡，而識遠方之風。遵覽篆素以測九垓，則靡差膚寸，祥觀記録以游八裔，則不謬毫釐。鑒水鏡於往謨，遺元龜於今體。仰瞻景行，式備昔文。戒慎荒邪，用存古典，故設教施法，無以尚兹，經世治俗，豈先乎此？但微言既絶，大旨亦乖，故五典三墳，競開異義，六書八體，今古殊形。或字各而訓同，或文均而釋異，百家所談，差互不少，字書卷軸，舛錯尤多，難用尋求，易生疑惑。猥承明命，預纘過庭，總會衆篇，校讐羣籍，以成一家之製，文字之訓以備。而學慙精博〔七〕，聞見尤寡，才非通敏，理辭彌蹟。既謬先蹤，且乖聖旨，謹當端笏擁篲，以俟嘉猷。

又野王《進玉篇啓》曰：竊聞兩儀俶啓，九皇始君，情性初動，有巢肇制，三聖代立，十紀遞興。龍牒浮河，龜書起洛，八卦即成，六爻攸叙，篆素之流，是焉而出。至於精課原妙〔八〕，求其本始，末學敷淺，誠所未詳。雖復研考六經，校讐百氏，殊非庸菲所能予奪，謹依條例同異，具以上呈。伏惟聖皇馭寓，膺籙授圖，德尚昊軒，功超嬀姒，通妙廣運，乃聖乃神。經天曰文，止戈爲武，百功維理，庶績咸熙。勸以九歌，撝之八柄，修文德以來要服，舞干戚以格有苗。是故仁風所扇，九服蒙靈，正朔可班，四荒懷德。取衣雒樹，則肅慎識受命之興，夷波海水，則越裳知聖人之德。豈但中和樂職，近播岷峩，德廣所覃，旁流江漢！殿下天縱岳峙，叡哲淵凝，三善自然，匪須勤學，六行前哲，寧以勞喻。是以聲覃八表，譽決九垓，規範百司，陶鈞萬品。猶復留心圖籍，俛情篆素，糾先明之積謬，振往古之重疑。簡册所傳，莫今此盛。野王沾濡聖道，沐浴康衢，不揆愚淺，妄陳狂狷。徒夢收賜，終當覆瓿，空思朱墨，懼必無傳。悚悸交心，罔知攸措，謹啓。

按：野王父烜，爲梁臨賀王記室〔九〕，以儒術知名，故序云「預纘過庭」。啓稱殿下，爲簡文帝也。

孫氏强 增加玉篇

《唐志》三十卷

存

晁公武《讀書志》曰：梁顧野王撰，唐孫强又嘗增字，僧神珙《反紐圖》附於後。

陳振孫《書録解題》曰：大約本《説文》，以後漢反切音未備，但云讀若某，其反切皆後人所加，多疏樸脱誤。至梁時四聲之學盛行，故此書不復用直音矣。其文字雖增多，然雅俗雜居，非如《説文》之精覈也。又以今文易篆字，益以舛訛。世人以篆體難通，今文易曉，故《説文》遂罕習，要當尋其本原也。

釋慧力 像文玉篇

《崇文總目》二十卷

佚

《崇文總目》曰：唐釋慧力撰。據野王之書，裒益衆説，皆標文示象。

趙氏利正 玉篇解疑

《崇文總目》三十卷

佚

《崇文總目》曰：道士趙利正撰。删略野王之説，以解字文。

陳氏彭年 等重修大廣益玉篇

《崇文總目》三十卷

存

《崇文總目》曰：《重修玉篇》三十卷，皇朝詔翰林學士陳彭年與史館校勘吳鋭、直賢院邱雍等重加刊定。

晁公武《讀書志》曰：皇朝詔翰林學士陳彭年與史館校勘吳鋭、直賢院邱雍等重加刊定。

楊士奇跋曰：《玉篇》一册，考其圖書云周陽侯世家，蓋吾族兄孟堅之書。余得之賓畿弟，賓畿得之蕭子英，子英孟堅内弟也。孟堅多蓄書，既死無子，故遺書無爲保藏，悉散落不存。嘗誦劉長卿《生子》詩「且免琴書與別人」之句，竊以爲無後者之嘅。然今世儒之家子孫不肖，往往取先人書籍及所著文章博易所好，甚者用易酒食，視棄之如棄土苴，以陷於不孝，而爲人所嘐笑者，吾見之多矣。如此亦何貴乎其有後哉！

朱彝尊《重刊玉篇序》曰：小學之重於古久矣，《周官》保氏掌養國子，教之六書。漢制，太史試學童能諷書九千字，乃得爲吏。吏民上書，字或不正，輒舉劾。自《凡將》《元尚》《滂喜》諸篇均失其傳，而《爰歷》《博學》爲閭里書師所合，入之《倉頡》篇中，許慎據以撰《說文解字》，古本部分自一至亥者是已。顧氏《玉篇》本諸許氏，稍有升降損益。迨唐上元之末，處士孫強稍增多其字，既而釋慧力撰《象文》，道士趙利正撰《解疑》。至宋陳彭年、吳銳、邱雍輩又重修之，於是廣益者衆，而《玉篇》非顧氏之舊矣。予寓居吳下，借得宋槧上元本於汲古閣，張子籲三請開雕焉。梨棗之材，尺幅之度，臨槧讎校之勤，不舍晨暮，并取《繫傳》《類篇》《汗簡》《佩觿》《手鑑》諸書，推原析流，旁稽曲證，逾年而後成書，爰屬予序其本末。以予思之，學奚小大之殊哉！毋亦論其終始焉可也。講習文字於始，窮理盡性，官治民察要其終，未有不識字而能偏天地人之故者。宋儒持論，以灑埽應對進退爲小學，由是《說文》《玉篇》皆置不問。今之兔園册子專考稽於梅氏《字彙》、張氏《正字通》所立部屬，分其所不當分，合其所必不可合，而小學放絶焉，是豈形聲文字之末與？推而至於天地人之故，或窒礙而不能通，是學者之所深憂也。孫氏《玉篇》雖非顧氏之舊，然去古未遠，猶愈於今之所行《大廣益本玉篇》，復上元之舊，而古之小學存焉矣。康熙四十三年六月。

張士俊跋曰：秀水朱先生彝尊嘗病字學之不講，魯魚亥豕，疑惑舛錯，而俗本所刻，尤乖六書，近鄙別字，流敝學者，數與華亭高君不騫、錢唐汪君泰來、同里毛君今鳳、顧君嗣立，往復辨證。嗣見常熟毛丈扆所購宋版《大廣益會玉篇》一部，精核無缺畫，相與賞歎，冀其流傳。因延王君爲玉繕録授梓，其斥訛反正，毛丈之功多。始於康熙癸未歲之春二月，訖明年春而竣。楊子雲作奇字，杜少陵詩「讀書難字過」，古人覃思竭精，專以識字爲其典要。秀水先生啓厥端，諸君子贊成之，庶幾好學之一助。匠門家孝廉大受又爲之校勘一再，印行於世。

《四庫全書提要》曰：梁大同九年，黄門侍郎兼太學博士顧野王撰，唐上元元年富春孫強增加字，宋大中祥符六年陳彭年、吳銳、邱雍等重修。凡五百四十部。今世所行凡三本：一爲張士俊所刊，前有野王序一篇〔一〇〕，後有神珙《反紐圖》及《分毫字樣》，朱彝尊序之，稱上元本。一爲曹寅所刊，與張本一字無異，惟前多大中祥符勅牒一道，稱重修本。一爲明内府所刊，字數與二本同，而每部之中次序不同，注文稍略，亦稱大中祥符重修本。按《文獻通考》載《玉篇》三十卷，引晁公武《讀書志》曰：梁顧野王撰，唐孫强又嘗增字，釋神珙《反紐圖》附於後。又載《重修玉篇》三十卷，引《崇文總目》曰「翰林學士陳彭年與史館校刊吴鋭、直集賢院邱雍等重加刊定」。是宋時《玉篇》原有二本，彭年等《進書表》稱「肅奉詔條，俾從詳閲，訛謬者悉加刊定，敷淺者仍事討論」，其勅牒後所列字數，稱舊十五萬六百四十一言，新五萬一千一百二十九言，新舊總二十萬九千七百七十言，注四十萬七千五百有三十字。是彭年等大有增删，已非孫强之舊，故明内府本及曹本均稱重修，張本既與曹本同，則亦重修本矣。乃删去重修之牒，詭稱上元本，而大中祥符所改「大廣益會」之名及卷首所列字數，仍未及削改，可謂拙於作僞。彝尊序乃謂勝於今行大廣益會本，殆亦未見所刊，而以意漫書歟？元陸友《研北雜志》稱顧野王《玉篇》，惟越本最善，末題「會稽吴氏三一孃寫」，楷法殊精。又考《永樂大典》每字之下皆引顧野王《玉篇》云云，又引宋《重修玉篇》云云，二書並列，是明初上元本猶在，而其篇字韻中所載《玉篇》全部，乃仍收大廣益會本，而不收上元舊本，顧孫原帙遂不可考。殆以重修本注文較繁，故以多爲貴耶？當時編纂之無識，此亦一端矣。

《天禄琳琅》宋本《玉篇》跋曰：梁顧野王撰，唐孫强增，三十卷，前有大中祥符六年都大提舉所牒及字數，野王序、啓各一首。近吴江張士俊澤存堂重刊宋本《玉篇》，朱彝尊爲之序，謂顧氏《玉篇》唐上元末孫强稍增多其字。至宋陳彭年、吴鋭、邱雍輩又重修之，於是廣益者衆，而《玉篇》又非顧氏之舊。孫氏《玉篇》去古未遠，猶愈於今之所行大廣益本《玉篇》，復上元本而古之小學存焉矣。其書較是本獨無牒文，二十四卷後新加兩條在三十卷後，而闕十八卷後兩條，但多附《分毫字樣》及神珙《反紐圖》耳。彝尊咎彭年等之重修，而牒文内明稱彭年等校勘允當，其實所謂上元本，即此大中祥符本也，以復孫氏之舊爲辭，故去其牒耳。彝尊之意，以廣益爲非。今核兩本，字數俱符，而澤存堂重刻本須部反多一⿱須立字，又何説也？考《宋史·經籍志》但有彭年重修《廣韻》，而無重修《玉篇》，惟《文獻通考》載重修《玉篇》三卷，非此書。《書録解題》云「丁度等既修《集韻》，奏言添字既多，與野王《玉篇》

不相參協，乞委修韻官别爲類，與《集韻》並行」，則與《玉篇》不相蒙矣。是本款式皆宋槧，但分卷而不隔流水，又一例也。

又元本《玉篇》跋曰：梁顧野王撰，唐孫强增，三十卷，前有大中祥符六年都大提舉所牒及字數，野王序、啓各一首，《玉篇廣韻指南》一卷〔一二〕。

又曰：此書較宋版《大廣益會玉篇》尺寸加贏，紙色墨光遜其古潔，篇目字數兩書相同，而此多《玉篇廣韻指南》一卷。

按：隋陸法言撰《廣韻》五卷，宋陳彭年等重修之，其書與《玉篇》不相涉，馬端臨《文獻通考》載《玉篇》三十卷、《像文玉篇》二十卷、《玉篇解疑》三十卷、《重修玉篇》三卷，未見有於《玉篇》之下綴以「廣韻」二字者，則此乃强爲牽合，非復宋槧之舊明矣。

小學考卷十五終

校記：

〔一〕昔：原作「惜」，據《魏書》卷七二《陽尼傳》改。

〔二〕案：清人黄奭有輯佚本陽承慶《字統》，載於《黄氏逸書考》。

〔三〕案：清人黄奭有輯佚本諸葛穎《桂苑珠叢》，載於《黄氏遺書考》。

〔四〕案：此條係謝啓昆誤記。據文所述，「刊定六體」乃校正文字之六種形體，而非著述之名。「六體」謂古文、奇字、篆書、隸書、繆篆、蟲書。

〔五〕諮議：原作「議諮」，據《陳書》卷三〇《顧野王傳》乙。

〔六〕師旅：原作「師族」，據顧野王《玉篇敍》改。

〔七〕慙：原作「在」，據右引書改。

〔八〕至於：原脱「至」字，據顧野王《進玉篇啓》補。

〔九〕記室：原作「記字」據《陳書》卷三〇《顧野王傳》改。

〔一〇〕「序一篇」下，《四庫全書總目》卷四一《重修玉篇》提要有「啓一篇」三字，當補。

〔一一〕廣韻：原脱「廣」字，據《天祿琳琅書目》卷五補。案：下文所引亦作「廣韻」。

小學考卷十六

文字八

顏氏師古 字樣

《中興書目》一卷

佚

《唐書·儒學傳》曰：帝嘗歎五經去聖遠，傳習寖訛，詔師古於秘書省考定，多所釐正。

顏元孫《干祿字書序》曰：元孫伯祖故秘書監，貞觀中刊正經籍，因録字體數紙，以示讐校楷書，當代共傳，號爲《顏氏字樣》。

《中興書目》曰：《干祿字書》一卷。顏元孫撰，從子真卿書。真卿序云：元孫正觀中刊正經籍，因録字體數紙，以示讐校楷書，時號《顏氏字樣》，真卿參校成一卷，名曰《干祿字書》。

按：師古《字樣》即元孫《干禄字書》之所本，自《干禄字書》盛行，世人遂不著録。今據《中興書目》所引著之，但《干禄字書序》乃元孫所作，《中興書目》誤作真卿。考《唐書·顏真卿傳》云秘書監師古五世從孫，《顏杲卿傳》云與真卿同五世祖父，元孫有名垂拱間，是元孫乃師古四世從孫，故稱師古爲伯祖。此序當云元孫伯祖貞觀中云云，蓋脱誤也。

杜氏延業 新定字樣

見顏元孫《干禄字書序》

佚

顏元孫《干禄字書序》曰：後有《羣書新定字樣》，是學士杜延業所修，雖稍增加，然無條貫，或應出而靡載，或詭衆而難依。

武后字海

《唐志》一百卷

佚

《唐書·藝文志》曰：凡武后所著書，皆元萬頃、范履冰、苗神客、周思茂、胡楚賓、衛業等撰。

《唐書·文藝傳》曰：元萬頃後魏京兆王子推裔[一]。祖白澤，武德中仕至梁利十一州都督，封新安公。萬頃起家爲通事舍人，從李勣征高麗，管書記，勣命別將郭待封以舟師赴平壤，馮師本載糧繼之，不及期，欲報勣而恐爲諜所得，萬頃爲作離合詩報勣，勣怒曰：「軍機切遽，何用詩爲？」欲斬待封，萬頃言狀乃免。又使萬頃草檄讓高麗，而譏其不知守鴨淥之險，莫離支報曰：「謹聞命」。徙兵固守〔二〕，軍不得入，高宗聞之，投萬頃嶺外。會赦還，爲著作郎。武后諷帝召諸儒論撰禁中，萬頃與周王府户曹參軍范履冰〔三〕、苗神客、太子舍人周思茂、右史胡楚賓與選。凡撰《列女傳》《臣軌》《百僚新戒》《樂書》等九十餘篇。至朝廷疑議表疏，皆密使參處，以分宰相權，故時謂北門學士。思茂、履冰、神客供奉左右或二十餘年。萬頃敏文辭，然放達不治細檢，無儒者風。武后時累遷鳳閣侍郎，坐誅。履冰者河内人，垂拱中歷鸞臺、天官二侍郎〔四〕，春官尚書，同鳳閣鸞臺平章事，兼修國史，延載初坐舉逆人被殺。神客東光人，終著作郎。思茂漳南人，與弟思鈞早知名，累遷麟臺少監、崇文館學士，垂拱中下獄死。楚賓秋浦人，屬文敏甚，必酒中然後下筆，高宗命作文，常以金銀桮剩酒飲之，文成輒賜焉。家居，率沈飲無留賄，費盡復入，得賜而出，類爲常。性重慎，未嘗語禁中事，人及其醉問之，亦熟視不答〔五〕。尋兼崇賢學士卒。

王觀國《學林》曰：唐史，則天武氏自製十有二字：曌照、𠀑天、埊地、𡆠日、囝月、〇星、𠺞君、𢘑臣、[illegible]吹、𡕀載、𠡦年、𠙺正，而則天自名曌，且則天取古已制之字而改易之，意者古人製字未盡善耶，亦可謂贅矣。案《集韻》載則天自製者十有八字，於唐史十有二字之外，復有六字、如𤯔人字、圀國字之類，皆見於當時薛稷所書之碑，則知則天所製者不止十有二字。

《東觀餘論》黄伯思《跋華嚴經後》曰：唐史載武后作十有二文，此卷復有證、聖等字，當時製字不特十二而已。卷後初校再校皆秘書郎桓彦範署名，蓋桓王嘗作此官，本傳亦不載。

唐元宗開元文字音義

《唐志》三十卷

佚

《唐會要》曰：開元二十三年三月二十七日，頒示公卿張九齡《賀御製開元文字音義狀》曰：右，今月日，尹鳳祥宣勅旨示臣等聖製《開元文字音義》三十卷。義微旨遠，文省理該，表隸以訓今，存篆以徵古。㮚釋大備，取證於前修；片言旁通，去嫌於翻字。信文思之精一，學術之明準，非聖心之善誘，焉降情於毫素？臣等忝居近侍，再抃發蒙，捧戴之誠，實百恒品。望令集賢院更寫一本，付外流行。謹奉狀陳賀以聞，謹進。

《中興書目》曰：《開元文字音義》二十五卷，元宗撰。其序云：古文字惟《説文》《字林》最有品式，因備所遺缺。首定隸書，次存篆字，凡三百二十部，合爲三十卷。今止存二十五卷。

《集賢注記》曰：有敕依文字音義改撰《春秋》《毛詩》《莊子》音。張九齡奏校理官呂證撰《春秋音義》，鄭欽説撰《毛詩音義》，甘暉、衛包撰《莊子音義》。

歐陽氏融 經典分毫正字

《唐志》一卷

佚

《崇文總目》曰：唐太學博士歐陽融撰。辨正經典文字，使不得相亂，篇帙今闕全篇，止《春秋》中帙，餘篇悉亡。

顏氏元孫 干禄字書

《讀書志》一卷

存

元孫序曰：史籀之興，備存往制，筆削所誤，抑有前聞，豈唯豕上加三，蓋亦馬中闕五。迨斯以降，舛謬實繁，積習生常，爲弊滋甚。元孫伯祖故秘書監案：「元孫」二字，宋寶祐陳氏本作「真卿」。考《唐書·顏真卿傳》云秘書監師古五世從孫，《顏杲卿傳》云與真卿同五世祖父。元孫有名垂拱間，是元孫乃師古四世從孫，故稱師古爲伯祖。此秘書監謂師古也。下云貞觀中刊正經籍，即《師古傳》所云「太宗嘗歎五經去聖遠，傳習寖訛，詔師古於秘書省考定，多所釐正」是也。元孫亦贈秘書，後人遂誤認故秘書監爲元孫，不得更言元孫伯祖故秘書監，因而妄改「元孫」二字作「真卿」，幾疑此序此書並真卿撰矣。今據蜀石刻改正。貞觀中刊正經籍，因録字體數紙，以示讎校楷書，當代共傳，號爲《顏氏字樣》。懷鉛是賴，汗簡攸資，時訛頓遷，歲久還變。後有《羣書新定字樣》，是學士杜延業續修，雖稍增加，然無條貫，或應出而靡載，或詭衆而難依。且字書原流，起於上古，自改篆行隸，漸失本真。若總據《説文》，便下筆多礙，當去泰去甚，使輕重合宜。不揆庸虚，久思編緝，頃因閒暇，方契宿心，遂參校是非，較量同異，其有義理全僻，罔弗畢該，點畫小虧，亦無所隱，勒成一卷，名曰《干禄字書》，以平上去入四聲爲次，每轉韻處朱點其上。具言俗、通、正三體，大校則有三體，非謂每字總然。偏旁同者不復廣出，謂忩、殳、氏、冋、臼、召之類是也。字有相亂，因而附焉。謂彤彫、宂究、禕褘之類是也。所謂俗者，例皆淺近，唯籍帳文案，券契藥方，非涉雅言。用亦無爽，儻能改革，善不可加。所謂通者，相承久遠，可以施表奏牋啟、尺牘判狀，固免詆訶。若須作文言及選曹銓試，兼擇正體用之尤佳。

所謂正者，並有憑據，可以施著述文章、對策碑碣，將爲允當。進士考試，理宜必遵正體。明經對策，貴合經注本文，碑書多作八分，任别詢舊則。有此區别，其故何哉？夫筮仕觀光，惟人所急，循名責實，有國恒規。既考文辭，兼詳翰墨，升沉是繫，安可忽諸？周舍之閒，尤須折衷，目以干禄，義在兹乎？綆短汲深，誠未達於涯涘，歧多路惑，庶有歸於適從。如曰不然，請俟來哲。

《中興書目》曰：《干禄字書》一卷，顔元孫撰，從子真卿書。真卿序云：元孫正觀中刊正經籍，因録字體數紙，以示讎校楷書，時號《顔氏字樣》，真卿參校成一卷，名曰《干禄字書》。以四聲爲次，具俗通正三體，以經史所用爲正，世之所行爲俗，二者之間爲通，凡三體。

陳蘭孫跋曰：《干禄字編》，顔魯公書法也。書尚字，字尚體，某正、某通、某俗，音分類别，如印泥，書法中之繩尺也。余少學讀書，忝以薑牙斂手，虚負是編。敬刻諸郴江精舍，與學書者共之。時方右文，以是干禄，或可無抵授賢良之笑矣。若夫心正則筆正，又當自得於書法外，干禄云乎哉！寶祐丁巳。

《四庫全書提要》曰：唐顔元孫撰。元孫杲卿之父、真卿之諸父也，官至滁沂豪三州刺史，贈秘書監。大曆九年，真卿官湖州時，嘗書是編，勒石。開成四年，楊漢公復摹刻於蜀中。今湖本已泐缺，蜀本僅在。宋寶祐丁巳，衡陽陳蘭孫始以湖本鋟木。近時揚州馬曰璐得宋槧翻刻之，即此本也。然證以蜀本，率多謬誤。如卷首序文本元孫作，所謂伯祖故秘書監乃師古也，蘭孫以元孫亦贈秘書監，遂誤以爲真卿稱元孫，而以序中「元孫」二字改爲「真卿」以就之。曰璐亦承其訛，殊爲失考。其他缺誤，亦處處有之。今以蜀本互校，補缺文八十五字，改訛體十六字，删衍文二字，始稍還顔氏之舊。是書爲章表書判而作，故曰「干禄」，其例以四聲隸字，又以二百六部排比字之後先。每字分俗、通、正三體，頗爲詳核。其中如虫蟲、啚圖、啇商、涷凍，截然兩字，而以爲上俗下正。又如皃古貌字，而云貌正、皃通。韭之作韮，芻之作蒭，葺直是俗字，而以爲通用。雖皆不免千慮之失，然其書酌古準今，實可行用，非詭稱復古，以奇怪釣名，言字體者當以是爲酌中焉。至二百六部之次序，與《廣韻》間有不同，或元孫所用乃陸法言之舊第，而《廣韻》次序乃宋人所改與！

魏氏裔介 重刊干禄字書

《四庫全書目》二卷〔六〕

存

魏裔介重刊序曰：自考文之制不行，字學之原流迷而失其傳矣。勿論書法潦草不善，即點畫之間，差錯種種，任意增減，以訛傳訛，蒙師訓之，子弟習之，其似字而非字者多矣。夫大篆起於上古，孔子及左邱明諸書用之，小篆起於嬴秦，李斯胡毋敬改之，其曲折規度，良不易盡。今所用隸書，乃程邈因篆而變其勢，言其簡便直捷，無點畫俯仰，但可施之於徒隸耳，非古文之初也，猶且訛謬若此，何其鄙陋不文，遜於古人之斐郁也！余遊宦京邸，鞅掌簿書，於字學殊覺憒憒，適有江左顧生投顏魯公《干禄字書》一册，余覽而愛之。蓋顏之字學本於大小篆，而行之以己法，端莊厚重，爲後世字學之冠。蘇長公曰：「文至司馬遷，詩至杜子美，字至顏魯公，天下之能事畢矣。」今觀其辨别點畫，分晰俗正，何其核也！學者即字書而求魯公之書，擬諸形容，則古人大小篆之遺法，可以溯流窮原，又寧止爲干禄之資助已哉！康熙丁未午日。

《四庫全書提要》曰：《别本干禄字書》二卷，唐顏元孫撰。其原本已著録，此本乃柏鄉魏裔介所刊〔七〕，卷端加以考證。其題炎武按者，當爲顧炎武語，亦有不標姓名者，不知出於誰手，或即裔介所加歟？元孫是書，本依韻編次，而不標韻部之目，石本可據。此依《廣韻》加之，然原本與《廣韻》次序實不相同，如覃談列陽唐之前，蒸列鹽之後，仄聲亦並相應。考夏竦《古文四聲韻》稱「用《唐韻》部分」者，其次序亦與此同，知非謬誤，蓋當時韻書非一本。炎武議其顛到，亦非通論也。

婁氏機　廣干禄字書

《直齋書録解題》五卷

存

《宋史·婁機傳》曰：機字彦發，嘉興人。乾道二年進士，授鹽官尉，累遷秘書郎。時皇太子始就外傅，遴選學官，以機兼資善堂小學教授。太子得機所著《廣干禄字》一篇，尤喜，命戴溪跋之。擢監察御史，講未退而除命頒。官至資政殿學士、知福州。所著復有《班馬字類》。

《中興藝文志》曰：婁機撰。機取許慎《説文》及諸家字書，按以蔡伯喈《五經備體》、張參《五經文字》、田放《九經字樣》與夫《經典釋文》、子史古文，參以本朝丁度所書《集韻》，爲《廣干禄字書》，蓋廣唐人顏元孫之書也。

陳振孫《書録解題》曰：唐顏元孫爲《干禄字書》，其姪真卿書之，刻石吳興，爲世所寶，辨正通俗三體，目以干禄，謂舉子所資也。機熟於所學，嘉泰中教授資善堂，景獻時爲惠國公數問字畫之異，因爲此書，續唐之舊，故仍干禄之名。既而悟其非所以施於朱邸也，則以干禄百福之義傅會焉。

王應麟《玉海》曰：婁機《廣干禄字書》五卷，參校字書，凡一字數義，一義數字，較其同異，並載本原，總爲字七千六百。

張氏參五經文字

《唐志》三卷

存

參自序曰：《易·繫辭》曰：「上古結繩以理，後代聖人易之以書契，百官以理，萬人以察。蓋取諸夬。」夬，決也。王庭孚號，決之大者，決以書契也。逮《周禮》保氏掌養國子以道，教之六書，謂象形、指事、會意、形聲、轉注、假借，六者造字之本也。雖蟲篆變體，古今異文，離此六者則爲謬惑矣。王者制天下，必使車同軌，書同文，故教人八歲入小學，文有疑者，則必闕而求之。春秋之末，保氏教廢，無所取正，各遂其私，故孔子曰：「吾猶及史之闕文也，今亡矣夫！」蓋夫子少時，人猶有闕疑之問，後亡斯道，歎其不知而作之也。蕭何漢制亦有著法，太史試學童，諷書九千字乃得爲吏，以六體試之。吏人上書，字或不正，輒有舉劾，皆正史遺文〔八〕，可得焯知者。劉子政父子校中秘書，自史籀以下凡十家，序爲小學，次於六藝之末。後漢許叔重集收籀篆古文諸家之學，就隸爲訓注，謂之《説文》。時蔡伯喈亦以滅學之後，經義分散，儒者師門，各滯所習，傳記交亂，訛僞相蒙，乃請刊定五經，備體刻石，立於太學之門外，謂之石經，學者得以取法焉。遭離變難，僅有存者。後有吕忱，又集《説文》之所漏略，著《字林》五篇以補之。今制，國子監置書學博士，立《説文》、石經、《字林》之學，舉其文義，歲登下之，亦古之小學也。自頃考功禮部課試貢舉，務於取人之急，許以所習爲通人，苟趨便不求當否，字失六書猶爲小事，五經本文蕩而無守矣。十年夏六月，有司以職事之病，上言其狀，詔委國子儒官勘校經本送尚書省，參幸承詔旨，得與二三儒者分經鉤考而共決之，互發字義，更相難極。又以前古字少，後代稍益之，故經典音字多有假借。陸氏《釋文》自南徂北，徧通衆家之學，分析音訓，特爲詳舉，固當以此正之。卒以所刊書於屋壁，雖未如蔡學之精密，石經之堅久，慕古之士且知所歸。然以經典之文六十餘萬，既字帶或體，音非一讀，學者傳授，義有所存，離之若有失，合之則難並。至當之餘，但朱發其傍而已〔九〕。猶慮歲月滋久，官曹代易，儻復蕪汙，失其本真，乃命孝廉生顏傳經收集疑文互體，受法師儒，以爲定例。凡一百六十部，三千二百三十五字，分爲三卷。《說文》體包古今，先得六書之要，有不備者，求之《字林》。其或古體難明，衆情驚懵者，則以石經之餘，比例爲助。石經湮没，所存者寡，通以經典及釋文相承隸省，引而伸之，不敢專也。近代字樣，多依四聲，傳寫之後，偏旁漸失，今則采《說文》《字林》諸部，以類相從，務於易了，不必舊次。自非經典文義之所在，雖切於時，略不集録，以明爲經不爲字也。其字非常體偏有所合者，詳其證據，各以朱字紀之，俾夫觀省，無至多惑。大曆十一年六月七日。

林罕《字原小說》曰：大曆中，司業張參作《五經文字》三卷，凡一百六十部。

《崇文總目》曰：初，參拜詔與儒官校正經典，乃取漢蔡邕石經、許慎《說文》、呂忱《字林》、陸德明《釋文》，命孝廉生顏傳經鈔撮疑互，取定儒師，部爲一百六十，非緣經見，皆略而不集。

陳振孫《書録解題》曰：唐國子司業張參撰，大曆中刻石長安太學。

顧炎武《日知録》曰：張參《五經文字》，據《說文》《字林》刊正繆失，甚有功於學者。

朱彝尊跋曰：唐大曆十年，有司上言：「經典不正，取舍莫準。」乃詔儒官校定經本，送尚書省，并國子司業張參，辨齊魯之音，考古今之字，詳定五經書於論堂東西廂之壁。論堂者，太學孔子廟西之夏屋也，見舒元輿《問國學記》，其初塗之以堊木，擇國子通書法者繕寫而懸諸堂，司業韋公肅易之以土而已[一〇]。太和間，祭酒齊皞、禮部郎劉禹錫爲作記。當時場屋至發題以試士，《文苑英華》載有王履貞賦，其略曰「置六經於屋壁，作羣儒之龜鏡」，又云「一人作則，京國儀型，光我廊廟，異彼丹青」，其推詡若此。是書自土塗而木版，自木版而刊石，字已三易，恐非參所書矣。以予論之，唐人多專攻詩賦，留心經義者寡，參獨奉詔與孝廉生顏傳經取疑文互體，鈎考而斷决之，爲士子楷式，爲功匪淺矣，故禹錫記稱爲名儒，作史者宜以之入《儒林傳》，而《舊史》《新書》俱不及焉。按《孟浩然集》有《送張參明經舉覲省》詩，《錢起集》有送《張參及第還家作》，而郎官石柱題名，參曾入司封員外郎之列。蓋參在開元天寶間舉明經，至大曆初佐司封郎，尋授國子司業者也。今其姓名僅一見於《宰相世系表》，一見於《藝文志》小學類，他不詳焉。闕事一也。參謂讀書不如寫書，度其書法必工，故當時壁經，羣儒奉爲龜鏡，縱不得與儒林之列，書家姓氏亦宜載之，而書苑、書譜、書史均未之及。闕事二也。壁經雖無存，然參所定《五經文字》，與唐元度《九經字樣》同刻石，附九經之後，歐陽永叔最嗜金石文字，其序《集古録》云「上自周穆王，下更秦漢隋唐五代，外至四海九州，名山大澤，窮厓絶谷，荒林破冢，神仙鬼物，詭怪所傳，莫不皆有」，乃獨唐所刻石經録中跋尾三百九十六篇，此獨無有。是唐刻石經，永叔當日反失於摹搨，未免類於昌黎韓子所云「掎摭星宿，遺羲娥矣」。闕事三也。今諸書皆有雕本，獨《五經文字》《九經字樣》止有拓本無雕本。闕事四也。予思漢魏石經既已湮没，惟唐開成本尚存，參書幸附刊於石，顧學者束諸高閣，罕有遊目者，故具書之。

趙昱跋曰：記十九翻，有文淵閣鈐記，乃前明御府故物也。按王伯厚《玉海》云：《中興書目》：「《字樣》一卷，開成丁巳唐元度撰。大曆十年，司業張參纂成《五經文字》，以類相從，開成中翰林待詔唐元度加《九經字樣》，以補所不載。晉開運末，祭酒田敏合爲一編，後周廣順三年，敏進印板九經書，《五經文字》《九經字樣》各二部。宋重和元年，言者以張參唐元度所撰，辨正書名，頗有依據，然其法本取蔡邕石經、許氏《説文》，宜加修定，分次部類，爲《新定五經字樣》。從之。」然則，元度作書本旨，原以補參書，因以並行。至後周始合之，一刻於周之廣順，再訂於宋之重和。此書遇宋代廟諱，如郎、桓等字皆闕筆，而唐廟諱如虎、淵、世等字俱增添改正，其爲重和本無疑。又按馬氏《通考》既引《崇文總目》列《九經字樣》一卷，又引陳氏《書録》列《五經字樣》一卷，俱云唐元度撰，且於《五經字樣》下采陳氏解題云：「往辛南城出謁，有持故紙鬻於道右，得此書，乃古經本，五代開運丙午所刻，爲家藏書籍之最古者。」不知元度所撰爲九經，非五經也。意陳氏所見即田敏合編，因以參書統爲元度所撰耳。今二書附鐫西安石經。明嘉靖乙卯地震，石經到損，漫漶處後人率意羼入，非復開成之舊。近時顧亭林云，《九經字樣》石刻在關中，向無刻本，間有殘闕，無别本可證。而竹垞朱氏《五經文字跋》亦云《九經字樣》止有拓本無雕本，遂舉以爲四缺事之一。以兩君子之博物，猶不能一見，余生何幸，獲覩舊閣收弆，使眼花復明，洵乎書叢之至寶也！又是書四明全祖望謂爲王荆公所定本，荆公欲作新經，先成字書，其事詳見《宋會要》，並附識之。

《四庫全書提要》曰：參里貫未詳，自序題大曆十一年六月七日，結銜稱司業，蓋代宗時人。《唐書·儒學傳》序稱「文宗定五經，鑱之石，張參等是正譌文誤也」。考《後漢書》，熹平四年春三月，詔諸儒正五經文字，刻石立於太學門外，參書立名，蓋取諸此。凡三千二百三十五字，依偏旁爲百六十部。劉禹錫《國學新修五經壁記》云：「大曆中，名儒張參爲國子司業，始詳定五經書於講論堂東西廂之壁。積六十餘載，祭酒皡、博士公肅再新壁書，乃析堅木負墉而比之，其製如版牘而高廣，背施陰關，使衆如一。」觀此言，可以知《五經文字》初書於屋壁，其後易以木版，至開成間乃易以石刻也。朱彝尊跋云《五經文字》獨無雕本，爲一闕事。考《册府元龜》稱周顯德二年尚書左丞兼判國子監事田敏獻印版書《五經文字》奏稱，臣等自長興三年校勘雕印九經書籍，然則此經刻本在印版書甫創之初已有之，特其本不傳耳。今馬曰璐新刻版本跋云：舊購宋拓石經中有此，因舊樣繕寫雕版於家塾。然曰璐雖稱摹宋拓本，今以石刻校之，有字畫尚存而其本改易者，又下卷幸部脱去「睪」字注十九字，「執」字併注凡八字。今悉依石刻補正，俾不失其真焉。

唐氏元度 九經字樣

《唐志》一卷

存

元度序曰：臣聞秦焚詩書，塞人視聽，漢興典籍，以廣聰明。伏以龜鳥之文，去聖彌遠，點畫訛變，遂失本原。今陛下運契黄虞，道崇經籍，觀人文以成俗，念鳥迹之乖方。由是遂微臣之上請，許於國學創立石經，仍令小臣覆定字體，謬當刊校，誓盡所知。大曆中，司業張參掇衆字之謬，著爲定體，號曰《五經文字》，專典學者，實有賴焉。臣今參詳，頗有條貫，傳寫歲久，或失舊規。今删補穴漏，一以正之。又於《五經文字》本部之中，采其疑誤，舊未載者，撰成《新加九經字樣》一卷〔一〕，凡七十六部，四百廿一文。其偏旁上下，本部所無者，乃纂爲襍辨，部以統之。若體畫全虧者，則引文以證。解於雅言執禮，誠愧大儒，而辨體觀文，式遵小學。其聲韻謹依開元文字，避以反言，但紐四聲，定其音旨。今條目已舉，刊削有成，願竭愚衷，以資後學。

《唐會要》曰：開成三年八月，國子監奏：得覆定石經字體官翰林待詔、朝議郎、權知沔王友、上柱國、賜緋魚袋唐元度狀：準大和七年十二月五日勅，覆定《九經》字體。今所詳覆，多依司業張參《五經文字》爲準，其舊字樣歲月將久，點畫參差，傳寫相承，漸致乖誤。今並依字書，參詳改正訖。諸經之中，別有疑闕，舊《字樣》未載者，古今體異，隸變不同，如總據《説文》，即古體驚俗，若依近代文字，或傳寫乖訛。今與校勘官同商較是非，取其適中，纂録爲《新加九經字樣》一卷。或經典相承與字義不同者，具引文以注解。今刊削有成，請附於《五經字樣》之末，用證紕誤。從之。

林罕《字原小説》曰：開成中〔一二〕，唐元度以《五經文字》有所不載者，復作《新加九經字樣》一卷，凡七十六部。

陳振孫《書録解題》曰：唐沔王友翰林待詔唐元度撰。補張參之所不載，開成中上之。二書當在小學類，以其專爲經設，故附見於此。往宰南城，出謁，有持故紙鬻於道右，得此書，乃古京本，五代開運丙午所刻，遂爲家藏書籍之最古者。

王應麟《玉海》曰：唐大曆十年，司業張參纂成《五經文字》，以類相從。開成中，翰林待詔唐元度加《九經字樣》，補所不載。晉開運末，祭酒田敏合二者爲一編，以考正俗體訛謬。後周廣順三年六月，田敏進印板九經、《五經文字》《九經字樣》各二部，一百三十册。宋朝重和元年十一月，言者謂張參、唐元度所撰《五經文字》、《九經字樣》辨證書名，頗有依據。然其法本取蔡邕石經、許氏《説文》，宜重加修定，分次部類，爲《新定五經字樣》。從之。

陶宗儀《輟耕録》曰：唐元度，不知何許人，文宗時待詔翰林，作《九經字樣》，辨證繆誤。

程大昌《演繁露》曰：智者創物，雖則云創，其實必有因，籍以發其智也。古未有字〔一三〕，科斗鳥迹，實發制字之智也。蔡邕雖曰能書，若無堊帚，亦無以發其飛白之智。吾獨怪夫刻石爲碑〔一四〕，蠟墨爲字，遠自秦漢而至於唐，張參輩於九經字樣皆已立板傳本，乃無人推廣其事，以概經史，其故何也？後唐長興三年，始詔用西京石經本，雇匠雕印，廣頒天下。宰臣馮道等奏曰請依石經文字刻九經印板，則其發之端可驗矣。

顧炎武《日知録》曰：唐人以《説文》《字林》試士，其時去古未遠，開元以前，未改經文之日，篆籀之學，童而習之。今西安府所存唐睿宗書景龍觀鐘銘，猶帶篆分遺法。至於宋人，其去古益遠，而爲説日以鑿矣。大曆中，張參作《五經文字》，據《説文》《字林》刊正謬失，甚有功於學者。開成中，唐元度增補，復作《九經字樣》，石刻在關中，向無版本，間有殘缺，無別本可證。近代有好事者，刻九經補字，并屬諸生補此書之闕，以意爲之，乃不知此書特五經之文，非經所有者不載，而妄添經外之字，并及字書中泛博之訓。予至關中，洗刷元石，其有一二可識者，顯與所補不同，乃知近日學者之不肯闕疑而妄作如此。

朱彝尊跋曰：張司業《五經文字》始塗於土，繼雕於版，歲久傳寫，點畫參差。於是開成中沔王友、朝議郎、翰林待詔唐元度依司業舊本，參詳改正，撰《新加九經字樣》一卷，請附《五經文字》之末，兼請於國學創立石經。今長安所存石經，雖鄭覃輩成之，其議實發於元度也。王伯厚稱其辨正書文，頗有依據。蓋自後周廣順中田敏進印版二部後，石本之外，鏤版更無人矣。

《四庫全書提要》曰：元度里籍未詳，惟據此書，知其開成中官翰林待詔。考《唐會要》稱太和七年二月，勅唐元度覆定石經字體。十二月，勅於國子監講論堂兩廊創立石九經，元度《字樣》，蓋作於是時。凡四百二十一字，依倣《五經文字》，爲七十六部。前載開成二年八月牒云：准大和七年十二月敕覆，九經字體者，今所詳覆，多依司業張參《五經文字》爲準。諸經之中，别有疑闕，古今體異，隸變不同，如總據《説文》，即古體驚俗，若依近代文字，或傳寫乖謁。今與校勘官同商較是非，取其適中，纂録《新加九經字樣》一卷，請附於《五經文字》之末。蓋二書相輔而行，當時即列石壁九經之後。明嘉靖乙卯地震，二書同石經並損闕焉。近時馬曰璐得宋拓本而刊之，猶屬完善，其閒傳寫失真及校者意改，往往不免。今更依石刻殘碑，詳加覆訂，各以案語附之下方。《五經文字》音訓多本陸德明《經典釋文》，或注某反，或注音某，元度時避言反字[一五]，無同音字可注者，則云某平、某上，就四聲之轉以表其音，是又二書義例之異云爾。

小學考卷十六終

校記：

〔一〕後魏：原作「後爲」，據《新唐書》卷二〇一《元萬頃傳》改。

〔二〕徙兵：原作「徒兵」，據右引書改。

〔三〕周王府：原作「國王府」，據右引書改。

〔四〕垂拱：原作「垂供」，據右引書改。案：光緒刊本已改作「垂拱」。

〔五〕熟視：原作「熱視」，據右引書改。案：光緒刊本已改。

〔六〕二卷：原作「卷二」，據《四庫全書總目》卷四三《別本干禄字書》提要乙。

〔七〕柏鄉：原作「伯鄉」，據右引書改。

〔八〕正史：原作「正正史」，衍一「正」字，據唐張參《五經文字序例》刪。

〔九〕朱發：原作「未發」，據右引書改。

〔一〇〕土：原作「上」，據朱彝尊《曝書亭集》卷四九《五經文字跋》改。案：光緒刊本已改作「土」。

〔一二〕新加：原作「新如」，據四庫本《九經字樣》卷首附唐玄度序改。

〔一三〕開成：原作「開元」。據《墨池編》卷一、《六藝之一録》卷二六九林罕《字源偏旁小説序》改。

〔一三〕字：原脱，據程大昌《演繁露》卷七補。

〔一四〕刻石：原作「訓右」，據右引書改。

〔一五〕避言：原作「過言」，據《四庫全書總目》卷四一《九經字樣》提要改。案：光緒刊本已改作「避言」。

小學考卷十七

文字九

郭氏忠恕 汗簡

《宋志》七卷

存

《宋史·郭忠恕傳》曰：郭忠恕字恕先，河南洛陽人也。幼能誦書屬文。七歲童子及第，兼通小學，最工篆籀，又善史書。弱冠之年，漢湘陰公辟爲從事。公在徐州，同府記室董裔與忠恕情意不叶，因争事，忠恕拂衣辭去〔一〕。周廣順初召爲宗正丞，兼國子書學博士、《周易》博士。皇朝建隆初，被酒，與監察御史符昭文諠競於朝堂，御史彈奏，忠恕叱臺吏，奪其奏毁之，坐貶乾州司户參軍。乘醉毆從事范滌，擅離貶所，削籍，隸靈武。其後流落，不復求仕進，多游岐雍京洛閒，縱酒踈弛，逢人無貴賤輒曰猫。有佳山水，即淹留不能去。或踰月不食，盛暑暴露日中，體不沾汗，窮冬即鑿河冰而浴其傍，凌澌消釋，人皆異之。尤善畫，所圖屋室重複之狀，頗極精妙。多游王侯公卿之家。或待以美醞，預張紈素倚於壁，乘興即畫之，苟意不欲而固請之，必怒而去。得其畫者藏以爲寶。太宗初即位，聞其名，召赴闕，授國子監主簿，賜襲衣銀帶，錢五萬，館於太學，令刊定歷代字書。忠恕性無檢局，放縱敗度，上憐其才，每優容之。益使酒肆言，謗讟時政，擅鬻官物取其直，詔減死，決杖流登州，時太平興國二年。至齊州臨邑，謂部送吏曰：「我逝矣。」因揞地爲穴，度可容其面，俯窺焉而卒。所定《古文尚書》并《釋文》並行於世。又有《佩觿》三卷，論字所由，校定分毫，有補後人，亦奇書也。

忠恕自序曰：《汗簡》者，古之遺像、後代之宗師也。《倉頡》而下，《史籀》已還，爰從漁獵，得其一二，傳寫多誤，不能盡通。臣頃以小學蒞官，校勘正經石字，繇是諮詢鴻碩，假借字書，時或采掇，俄成卷軸。乃以《尚書》爲始，石經、《説文》次之，後人綴緝者殿末焉。遂依許氏，各分部類，不相閒雜，易於檢討，遂題出處，用以甄別，仍於本字下直作字樣之釋，不爲隸古，取其便識。與今文正同者，惟目録之外，不復廣收，《切韻》《玉篇》相承紕繆，體既煩冗，難繕纖毫，有所不知，盡闕如也。

李建中題曰《汗簡》元闕著撰人名氏，因請見東海徐騎省鉉，云是郭忠恕製。復舊臼字部末「舊」字注脚〔二〕，「趙」字下，俱有「臣忠恕」字，驗之明矣。郭忠恕，仕周朝爲朝散大夫、宗正丞，兼國子書學博士。

李直方後序曰：《汗簡》郭宗正忠恕集成之，後儒家罕有得者，余訪之久矣。近聞秘閣新本乃集賢李公衎修。公名建中。公素居外任，槖艸秘於巾箱中，大中祥符四年罷西京留臺歸闕，果以此書示余，余謂公曰：「結繩之後，《倉頡》《史籀》製作已來，三王與霸國文字，或有異同。始皇兼天下，李斯爲小篆，可謂至哉！而遭秦之所劫者，盡在此矣。」時五年正月九日也，余尚判步軍糧料。尋奉綸旨，主在京博易兩司，事務皆繁難，而勾檢榷估之餘，得之，模寫至三月二日方畢。雖筆迹駑弱，有愧於名賢，且樂善君子，必憫余留心於此道焉。天禧二年七月十七日。

鄭思肖題後曰：《汗簡》一編，乃郭忠恕所集，凡七十一家字蹟爲證，《古尚書》爲始，石經、《説文》次之。觀其原委，深有自來。嗟夫！字學之始，始於蒼頡，無字之字，天真粲然，有字之字，筆法宛然。古無筆，筆於秦，至秦而小篆生矣。今人率皆遺小篆之法，不古之尚而今之尚，流而愈流，忘本亦是〔三〕。古人製字，良各有説，特後世莫知其故，傳之久而復久，不免有舛謬，意失其本真。《汗簡》之作〔四〕，追古法於既泯，流新傳於無窮，郭公之功多矣，後之業字學者可不知之！庚寅六月，所南鄭思肖爲山磵葉君題《汗簡》後。

朱彝尊跋曰：《汗簡》六卷，《略叙目録》一卷，周宗正丞、書學博士、洛陽郭忠恕集七十一家篆法，鳥迹科斗畢具，其書目多後世罕見。忠恕别撰《佩觿》，《宋史·藝文志》並著於録。《佩觿》有雕本，而是編無之，予偶得舊鈔一册，愛其奇古，又一依《説文》始一終亥次序，後附宋虞部員外郎李直方、高士鄭思肖跋尾。錢唐汪主事立名堅請發雕，遂鋟諸棗木。嗚呼！小學之不講，俗書繁興，三家村夫子挾梅膺祚之《字彙》、張自烈之《正字通》，以爲兎園册，問奇字者歸焉，可爲齒冷目張也。予也僑吴五載，力贊毛上舍扆刊《説文解字》，張上舍士俊刊《玉篇》《廣韻》，曹通政寅刊丁度《集韻》、司馬光《類篇》，將來徐鍇之《説文繫傳》、歐陽德隆之《韻略釋疑》，必有好事之君子鏤板行之者，庶幾學者免爲俗學所惑也夫！

汪立名跋曰：郭宗正《汗簡》，見《宋史·藝文志》，與《佩觿》並列。自夏英公《集古文韻》而下，凡小學之書，亡不援據，然其書恆不多見。若晁氏《讀書志》、《直齋書録解題》及《崇文書目》皆但載《佩觿》，而未有及此者。書缺簡脱，在當時藏弆家已如是，帷蓋幐囊之割散，不足歎也。近從秀水潛采堂朱氏獲見舊鈔本六卷，後有序目一卷，編次古雅，不改許叔重始一終亥之序。嘗慨近今所行《説文》，緯以四聲，無復舊本面目，是猶引唐法讞漢獄，其不可必有辨者矣。是編不没，庶幾古小學之遺焉。錢唐汪立名梓諸家塾，而識厥緣起於端，因其謄寫工善。遂用原本鏤版。卷末有鄭所南跋尾一篇，並仍之。康熙歲在昭陽叶洽涂月臘日。

錢曾《敏求記》曰：郭忠恕《汗簡》七卷，上中下各分二卷，末卷爲《略例目録》。李建中序爲郭宗正忠恕撰，引用七十一家字蹟，其體例倣《説文》，故以目録置卷尾。孱守居士云：「此書亦有不可予意處。如沔、汸字俱從水，今沔從丏、汸從方；腈應從月，而入脊部；郤應從邑，而入谷部；駛應從馬，而入史部；朽應從木，而入丂部等類。雖因古文字少，未免援文就部，以足其數，而核其實則非也。」孱守居士爲吾友馮舒已蒼，別號癸巳老人，藏書率多異本，吾邑之宿素也。

《四庫全書提要》曰：是書首有李建中題字，後有附題兩行，稱忠恕仕周朝爲朝散大夫、宗正丞兼國子書學博士，疑亦建中所記。然據郭若虚《圖畫見聞志》及蘇軾集所載《忠恕小傳》，並稱宋太宗時召忠恕爲國子監主簿，後流登州，道卒，則不得爲周人。又陶岳《五代史補》載周祖入京師，時忠恕爲湘陰公推官，面責馮道之賣國，則先已仕漢，題周更誤矣。《宋史·藝文志》以此書與《佩觿》並載，而晁陳諸家書目皆不著録，則在宋代亦罕見此本，乃宋李建中得之秘府。大中祥符五年，李直方得之建中，初無撰人名字，建中以字下注文有「臣忠恕」字，證以徐鉉所言，定爲忠恕所作。其分部從《説文》之舊，所徵引古文凡七十一家，前列其目，字下各分注之。時王球、呂大臨、薛尚功之書皆未出，故鍾鼎闕焉。其分隸諸字，即用古文之偏旁，與後人以真書分部、案韻繫字者不同。《鈍吟雜録》載馮舒嘗論此書，以沔、汸、腈、駛諸字援文就部爲疑，然古文部類，不能盡繩以隸楷，猶之隸楷轉變，不能盡繩以古文，舒之所疑蓋不足爲累。且所徵七十一家，存於今者不及二十分之一，後來談古文者，輾轉援據，大抵從此書相販鬻，則忠恕所編，實爲諸書之根柢，尤未可以忘所自來矣。

錢大昕跋曰：三代古文奇字，其詳不可得聞，賴有許叔重之書，猶存其略，《説文》所收九千餘字，古文居其大半，其引據經典，閒有標出古文籀文者，乃古籀之別體，非古文祇此數字也。且如書中重文，往往云篆文或作某，而正文固已作籀體矣，豈篆文亦祇此數字耶？作字之始，先簡而後繁，必有一二三，然後有从弋之弌弍弎，而叔重乃注古文於弌弍弎之下，吾是以知許所言古文者，古文之別字，非弌古於一也。古文中豐而首尾鋭，小篆則豐鋭停勻，叔重采録古文，而以小篆法書之，後人不學，妄指《説文》爲秦篆，別求所爲古文，而古文之亡滋甚矣。郭忠恕《汗簡》，談古文者奉爲金科玉律，以予觀之，其灼然可信者多出於《説文》，或取《説文》通用字，而郭氏不推其本，反引它書以實之。其它偏旁詭異不合《説文》者，愚固未敢深信也。予嘗謂學古文者當先求許氏書，鐘鼎真贋雜出，可采者僅十之一，至如《峋嶁文》、《滕公石室文》、崔彦裕《纂古》之類，似古實俗，當置不道。而好怪之夫，依仿點畫，入之楷書，目爲古文，徒供有識者奉腹爾。

郭氏忠恕 佩觿

《崇文總目》三卷

存

忠恕自記曰：《佩觿》者童子之事，得立言於小學者也。其一曰造字之旨，始於象形，孔子曰：牛羊之字，以形舉也。中則止戈反正，《傳》：止戈爲武，反正爲乏。而省聲生焉。《禮》「鷙蟲攫搏」，鄭注：從鳥摯省聲。今作鷙省，非也。《説文》云「從執聲」。至若《春秋》姓氏地名，更見《尚書》，宋齊舊本，隸寫古文，學者知之，不可具舉。有以冰爲凝，《説文》：冰，魚陵翻，疑箠陵翻。亦互用之。有以渴音竭。《説文》《字林》渴音其列翻，水竭字。古文以貞爲鼎，籀文以鼎爲則，其矛楯有如此者。刑罰从寸，古「罰」如此，謂持刀詈人。《元命苞》改刀作寸，寸法也。應對從士，古「對」如此。漢文帝以言多非誠，乃去口從士。疊惡太盛，古「疊」如此，言決罪三日得宜。新室以三日太盛，改作三田。媒貴爲神，《月令》注以其高禖爲神，故從示。其立教有如此者。衛夢之字是謂隸省，本作衛[illegible]。前甯之字是謂隸加，本作寿甯。詞朗之字是謂隸行，本作詞朖。寒無之字是謂隸變，本作[illegible]。其逸駕有如此者。塗泥爲途説，蝨蝨爲早暮，黨與爲取與，胄子爲甲胄，其相承有如此者。盦山之縣爲當塗，《古文尚書》作盦，後依山立當涂縣，今在宣州。戰泂之文爲熒澤，事具《春秋後序》。穆公之謚既作繆，史傳不同。澮洧之詩又作溱，《詩》與《説文》字別。其遷革有如此者。佳人之爲嘉期，佳美也，五禮婚姻曰嘉慶，善也，所宜依經用字，不當作佳。僅得之爲近遠，僅以身免，僅得中算，僅有存者。僅，纔也，耗半也，非遠近。平生之爲外甥，「謂我舅者吾謂之甥」，即從男是，此三字李祭酒涪説。其淺陋有如此者。五十二家書，今五十二家書並不合本體，必非蕭子雲所作，蓋後人妄爲之。三百六十體更是榛蕪。王南賓存乂《切韻》首列三百六十體，多失部居，不可依據。考字左回，老字右轉，謹案：考從丂，丂苦杲翻。老從匕，匕火霸翻。裴務齊《切韻序》云左回、右轉，非也。其野言有如此者。雀鴿胥恭翻之鴿，鎗鏟音義皆闕之鏟，澆潑普末翻之潑，此皆非古字，王存乂《切韻序》云形聲會意，施行已久。其備率有如此者。昭穆義舛李祭酒涪説，爲漢諱，昭音釗，改音韶，失之也。案：《説文》自有佋穆之字，以昭爲佋，蓋借音耳。杕杜文乖，杕大計翻。北齊河北《毛詩》本多作狄。唐楊國忠以「杕杜」之「杕」，爲笞杖之「杖」，人多笑之。屯陟倫翻卦之屯音豚，《五經文字》以屯爲屯聚之屯。胡毋之毋音蕪用母，父母之母，今《公羊序》如此，失矣。其濫讀有如此者。馬頭人爲長，人持十爲斗，苛爲止句，虫爲詘中。言不合諸經解字，已上具《説文序》，其下亦然。《埤蒼》云「眕則尔有田」，《古今訓》「地乃土乙力」。張顯所作。《中興書》「舟在二間爲亙」。彌亘字，從二間舟，今之隸書轉舟爲「日」，而何法盛《中興書》乃以舟在二間爲舟航字，謬也。《春秋》説「人十四心爲德」，《詩》説「二在天下爲酉」，《國志》「口在天上爲吳」，《晉書》「黄頭小人爲恭」，《參同》以人負告爲造，《新論》之金昆配物，謂銀字从金昆〔五〕。《後漢》之白水稱祥。時王莽作翦刀錢，文曰貨泉，有類白水真人，字應漢光武中興。自中興已下至此，皆出《顔氏家訓》。馮則行馬水邊，苻融斷獄，有書生妻爲人所殺，夜夢乘馬，一邊濕，一邊幹，又見天上水中各一日，融曰：「此必馮昌也。」幽則挂絲山上，《齊志》張伯德夢挂絲山上，占者曰：「其爲幽州乎？」秋七月，拜幽州刺史。董識千里草，董卓秉政，童謡曰：「千里草何青青，十日卜不得一日生。」春占一日夫，《謝小娥傳》：父夫爲盗所殺，夜夢人曰：「一日夫，門東艸。」乃春、蘭字也。三刀之夢爲州，王濬夢懸三刀於梁上，俄益一刀，後爲益州牧。八人之詞有火，萬回於閿鄉市叫曰：「今夜有八人過。」是夕有大火災。合者人一口，魏武帝嘗賜群臣酪，器上書一「合」字，楊修曰：「合，人一口也。」貞者與上人。梁武帝時有僧與人争田，帝狀後書一「貞」字，劉顯曰：「貞，與上人也。」八女之解祿山，沙門一行云：「兩角女子緑衣裳，端坐太行邀君王，一止之月自滅亡。」一止「正」字也，「八女」一作「一止」。兩日之詳年號。晉郭璞云：永昌有二日之象。其後隆昌亦同，是知喪亂之軌，千載同之。夢桑必驗，丁固夢井中生桑，以問趙直，直曰：「桑者四十八字，君壽不過四十八卒。」賜棗先知。漢武帝呼東方朔「來來」，遂進前，帝再叱之，朔曰：「兩來棗字，再叱四十九也，陛下欲賜臣棗四十九枚也。」詠尹成章，唐蘇許公咏尹氏曰：「丑有餘足，甲不全身，見君無口，知伊少人。」稱朱表識。《梁史》：木星在十宿之下，知星者曰：「斗下木朱字，朱姓當王也。」吉乃十一口，鍾輅《前定録》：杭州臨安令張宣求官，唱名前三日，夢女子曰：「妾有十一口，依在貴境。」後受湖州安吉令。杳爲十八日。《大業拾遺》云：隋煬帝南幸江都，杳娘侍側，帝作拆字令曰：「杳娘十八日也。」杳娘曰：「羅字四維也。」其寓言有如此者。緤棖鑵鏸代紺盞鑊鐶之字，壂祠槐熢作髻鵖魁炙之文。已上出《顔氏家訓》。《三蒼》用庇作尼邱之尼，《字林》用准爲平準之準。軍陳直吝翻爲陣，始於逸少，《小學章》。形景於領翻爲影，本乎稚川。《字苑》。忌諱出自宋明，以騧馬字旁似禍，改作騆。草創起於天后。唐天后以丙𡔈⊙㘣𠥭作〇𠁈𢘑𡕀𡔈𠡦𠙺作曌𨲢𥠢𡙁圀代天地日月星君臣載初年正照證聖授戴國等字。文帝之隨中去辵〔六〕，隋文以周齊不遑寧處，故去辵，言辵走也，遂作隋。次山之昏畔如荒。元子謚隋煬曰䟽。其多僻有如此者。古章貢水合爲贑感紺二音，水名，在南康。之單名，今高邑城本是鄗之一字，地在常山，本名鄗，鄗火屋、火各二翻，漢光武改爲高邑。其離合有如此者。改鄭爲莫，緣類鄭以難分；更爾爲邠，因似幽而致誤。其袪惑有如此者。並《唐元宗故事》史文具之。魯國泂水，泂音時，出《兖州圖經》。吳興大斪，户剛翻，出《釋文序》《史通·河橋贊》，蓋船舶之類。獅則中州川名，獅音師，出《申州雜記》及《圖經》。飿則《登真藥訣》。《登真隱訣》有飿飯方，已上四字皆字書無之。其獨擅有如此者。《尚書考異》王乘馬首，《開元文字》子在母懷。《干禄書》以缺字從垂旁，唐元度以弁互爲隸省。其不典有如此者。鼓字从攴，蛇字从也，陜字从夾，陜从夾，夾式冉翻，从二出入之入，从人民之人，皆非。恐字從凡。其繆誤有如此者。黿鼉从龜，辭亂从舌，席下著帶，惡上安西[七]。此四句出《釋文序》。其俗訛有如此者。金華則金畔著華，牕扇則木旁作扇。此二句出《顔氏家訓》。飛禽即須安鳥，水族便應著魚，蟲屬要在虫旁，草類皆從兩中。已上出陸氏《釋文序》。其蕪累有如此者。其二曰四聲之作，始於譬況，蓋孔子受經之説。中則近煙《傳》「左輪朱殷」，杜注云：「字音近煙。」爲殪，禮「壹戎衣」，鄭云：臺當爲殪。而翻語生焉。孫炎所作。魏朝以降，蔓衍實繁，世變人移，音訛字替。徐仙民翻易爲神石，郭景純翻餤爲羽鹽，劉昌宗用承音乘，許叔重讀皿爲猛。先儒傳授，不敢施張。迨乎《切韻》之興，屢加釐革。即支章移翻脂旨夷翻、魚語居翻虞遇居翻共爲一韻，先蘇前翻仙相然翻、尤羽後翻侯乎講翻俱論是切。已上陸氏《切韻序》。又云：「欲廣文路，自可清濁皆通，若賞知音，即須輕重有異。」加以楚夏聲異，南北語殊，人用其鄉，相傳非一，同言異字，同字異言，或失在淺浮，或滯於沈濁。北人言者，多爲一例。如而靡異，邪不定之詞也弗殊，莫辨復扶又翻，重也。復，音服，返也。寧論過古禾翻，經過。過，古臥翻，超過。已上出《釋文序》。有以見知如字之爲知貞義翻謀，子孫如字之爲孫失因翻讓，是謂四聲。徵召如字之爲召上照翻公，小大如字之爲大他蓋翻學，乃從一韻。敦都昆翻厚之爲敦丁聊翻弓，書卷已倦翻之爲龍卷古本翻，又依旁紐。陶如字邱之爲皐陶余昭翻，鄉黨如字之爲黨之仰翻氏，即用鄰音。人如字民之爲人音小君，獻如字酬之爲獻辛禾翻象，全借別字。其約文有如此者。國風如字之爲曰風，去聲男女如字之爲女尼據翻于，名譽去聲之爲毁譽，平聲。《大象賦》云：「有少微之養寂，無進賢之見譽。平聲。參器府之樂肆，犯貫索之刑書。」自敗如字之爲敗補邁翻他，譽、敗二字，亦出《釋文序》。其求意有如此者。鼎作冪《禮經》有之。薦作薳，《左傳》有之。音義一而體別。水爲沝之水翻，南方謂水爲沝。火爲⿰火尾，許尾翻，吳楚之間謂火爲尾。二字出《説文》。形聲異而物同；皿《説文》但音猛，今更立一音者非。音岙明丙翻，佳《説文》古牙字。音街，字意同而讀異。其交相有如此者。二百爲皕音秘，二十爲廿，音八。顔黄門《稽聖賦》云：「魏嫗何多，一孕四十。中山何夥，有子百廿。」三十爲卅先合翻，四十爲卌先八翻。其務省有如此者。菲音敷幾，按：菲平聲爲芳菲，上聲爲菲薄。幾，平聲爲庶幾，上聲爲不定數之幾。上平執別；借音子射，按：借去聲爲借貸，入聲爲借貣。射去聲爲執射、僕射，入聲爲姑射、射弓。去入難分。陸氏《釋文序》云：「書音之用，本示童蒙，前儒或用假借爲音，更令學者疑昧。」其疑韻有如此者。衣被之爲覆被，於上去而曲分；不如字易之爲不方后翻藏，就故實而押韻。其拘忌有如此者。牛車之車尺遮翻，本無居音。讀若居，樂只之只之爾翻，本無質音。讀若質，喪予之予弋汝翻〔八〕，本無余音。讀若余，朝廷之廷徒勁翻，本無亭音。讀若亭。其變古有如此者。顔淵之淵烏圭翻讀之如泉，水名之治直知、直吏二翻。讀之如理，其避諱有如此者。田陳、郗郤，史籍互書；陳完奔齊，以國爲氏，而《史記》謂之田氏。又郗、郤二姓，皆望在河南，故史有互文。虢郭、韓何，周虢叔亦謂之郭叔，又周武王母弟唐叔虞，後封於韓，韓滅，子孫分散江淮閒，以韓爲何，隨音生變，遂爲何氏。載筆通用。其聲近有如此者。万俟爲墨祈，龜茲爲邱慈，閼氏爲燕支，令支爲零岐，其方言有如此者。瀘翻居沼，沼當爲洧，王存乂説，陸氏《切韻》誤也。項切許緣，緣當爲緑，《顔氏家訓》説。攻公分作兩音，登升共爲一韻。兩句出陸氏《釋文》。其轂音有如此者。跧分莊員、滓還，王南賓存乂説此字也。又云：蘄，入其音，繽入夷音，不可名爲切韻。彗分徐醉、祥歲，芭切墟里、袪狶，攻切古紅、古冬，已上李審言所進《切韻》中多如此誤。其淆溷有如此者。拾如字音拾音涉級，弟如字曰弟音但勞，辟如字爲辟頻世翻席，其贅韻有如此者。諸家以經史借用字，加陸氏《切韻》，本爲王南賓存乂删之，點竄未盡，於今尚有。若干爲若柯，俗謂若干爲若柯，言如許物，干柯音變也。等物爲底物，又俗以何等物爲何底物，亦音訛變也。已上出顔氏《刊謬正俗》。胡樂鞶婆之號，《搜神記》謂琵琶爲鞶婆。仲舒下馬之陵，長安有董仲舒墓，人過者多下馬，因名曰下馬陵。今轉語名蝦蟇陵矣。事出《兩京記》，故白氏《琵琶引》云「家近蝦蟇陵下住」。河朔謂無曰毛，《漢書》毛音無，與「無」同義。巴蜀謂北曰卜，《詩》云「自西自東，自南自北（音卜），無思不服」，取其協韻有遺風矣。古歌得云丁紇，開元元宗朝引《船歌》云：「得（丁紇反）体（都董反）紇那也〔九〕，紇那得董邪。河裏船車鬧，揚州銅器多。」訛音雞曰古黎。天后朝侍御史侯思正出自皁隸，言音不正。時屬斷屠，謂同列曰：「今斷屠，宰雞（古黎翻）豕者誅，魚（虞）驢（力朱翻）俱（居）不得喫（居弋翻），空喫米（彌）麵（民去）如（儒）何得飽？」爲崔獻可所笑，天后知之。鉢囉護嚕之文，内典加口而彈舌；佛經真言彈舌者多非本字，皆取近聲者從口以識之。麒麟琵琶之字，才子從俗而入聲。近代文集率多此類。其尚俗有如此者。其三曰傳寫之差。始則五日三豕，閏月爲門五日，三豕當爲己亥，學者知之。帝虎魯魚，又書三傳，帝成虎，魚成魯。葛稚川説。中則興雲剖疑，《詩》云：「有渰萋萋，興雨祁祁。」作「興雲」者誤。顔黄門之推説。繕完先覺。《傳》云「繕完葺墻」，重複其字者三。「完」當爲「宇」。李祭酒涪説。雞尸虎穴之議，《太史公記》曰「寧爲雞口。」《戰國策音義》曰：「尸，雞之主」，則「口」當爲「尸」。

後漢樊曄爲天水守，涼州歌曰：「寧見乳虎穴，不入曄城寺。」齊代江南本，「穴」皆誤作「六」，並傳寫失也。妒媚提福之殊，英布之禍，興自愛姬，生於妒媚。「媚」當作「娼」（音冒），妒也。義見《世家》。又《漢書》「禔福」，上字从示，音匙匕之匙，俗或從手，誤也。楊震之鱓非䱇，鱓音善是也，作䱇（陟連翻）者非。丞相之林是狀，《始皇本紀》：二十八年，丞相隗狀、王綰等議於海上，俗作「隗林」者非也。摎毒變嫪，摎音劉是，作嫪（郎到翻），非。田肯云宵，《漢書》田肯是，作「宵」者非。削柹一作杮施脯，柹芳吠翻，風吹削柹是，作「脯」者非。菆木用最。灌木爲菆木，周續《毛詩注》音祖會翻，或別本作「最」，皆非也。自「雞口」已下，《顔氏家訓》說。不齊之稱宓賤，按：不齊姓虙，音調伏之伏，作「宓」者非。李祭酒說。蕭何之目酇侯，史注文穎曰：酇音贊，瓚曰：今南陽酇縣是也。孫檢曰：有二縣字音多亂，其屬沛郡者音嵯，屬南陽者音贊。案：茂陵書蕭何國在南陽，字作鄼，音贊，今皆酇字，所由亂也。臣案：《說文》别有「鄼」字，音在戈翻，未知孰是？元二之文，古今說異。《後漢書·鄧騭傳》：「永初元年冬，時遭元二之災。」李賢注曰：「元二」即「元元」也。古書字當作再讀，即於上字之下爲小二字，言此字當兩度言之。後人不曉，遂讀爲元二。或同之陽九，或附之百六，甚爲誤矣。今岐州石鼓銘，凡重言者皆爲二字，此義亦同。丞尉之印，偏旁亂真。《漢書》：伏波將軍馬援上書：「臣所假伏波將軍印，書伏字犬外向。成皋令印〔一〇〕，皋字爲自下羊。（土刀翻）。丞印四（橫目）下羊。尉印白下人，人下羊。即一縣長吏印文不同，恐天下不正者多。符印所以爲信也，宜齊同，薦曉古文字者，事下大司空，正郡國印章。」奏可。《尚書》以悉作恕音，案字書，「悉」古仁恕之恕字。今或本云古恚怒之怒，非也。《禮記》以視爲古字，又《禮記》注以「視」爲古「示」字，大與《說文》、石經相乖。是故《老子》上卷改載爲哉，唐元宗朝詔：「朕欽承聖訓，覃思元宗，頃改《道德經》『載』字爲『哉』，仍屬上句。及乎議定，衆以爲然，遂錯綜真銓，因成注解云。」《洪範》一篇更頗音禾翻音陂。唐元宗詔：「典謨既作，雖曰不刊，文字或訛，豈必相襲？朕聽政之暇，乙夜觀書，匪徒閲於微言，實欲暢於精理。每讀《尚書·洪範》至『無偏無頗，遵王之誼』，三復斯文，並皆協韻，唯『頗』一字，實則不倫。又《周易》泰卦中『無平不陂』，《釋文》陂字亦有頗音。陂之與頗，訓詁無別，爲陂則文亦會意，爲頗則聲不成文〔一一〕。應由煨燼之餘，編簡墜缺，傳受之際，差舛相沿。原始要終，須有刊革。朕雖先覺，兼訪諸儒，僉以爲然，終非獨斷。宜改『頗』字爲『陂』，仍宣示國學。」驗二篆亦部居有證，大率五百四十部，以小篆爲宗，大篆或重複焉。變八分則筆削難安。八分之說，流俗有二：或曰八分篆法，二分隸文。又云皆似八分，勢有偃波。臣以爲二説皆非也。謹案：書有八體：一曰大篆，二曰小篆，三曰刻符，四曰蟲書，五曰摹印，六曰署書，七曰殳書，八曰隸書。漢蔡邕以隸作八分體，蓋八體之後，又分此法爲之八分近矣。蔡中郎以豊音禮同豐芳弓翻，李丞相持束千賜翻作亦。此二字，李少監陽冰說。《刊謬正俗》混說逢逢，逢，芳風翻，迎也。字從夆，夆芳封翻。逢，步江翻，人姓，出北海。傳有馮丑父，字从夅，夅下江翻。顔氏《刊謬正俗》乃云：逢姓之逢，與逢遇之逢，妄爲别字。釋訓無據。且祭（側介翻）單（上演翻）字同，任云假借，逢逢文别，豈可雷同？尺有所短，見於茲矣。《五經字書》不分挍校。挍，古効翻，比挍。校，户教翻，校尉，又荷校滅耳。以《說文》、陸氏《釋文》知之。張氏《五經文字》皆从木，非也。徵長孫氏則曰可知而不可行，謂冰凝、竭渴之類，檢本知之，長孫即訥言也。驗張司業參又云久訛而不敢改，《五經文字》往往有之。則有寵字丑隴翻爲寵力孔翻，錫思歷翻字爲錫余章翻，用攵普十翻代文，將无亡夫翻混先已利翻，皆斯之流，便成兩失。已上《釋文序》。有以毆繫之毆烏口翻爲毆起虞翻逐，邊徼之徼古弔翻爲儌古堯翻倖，寵杖之栝他念翻爲栝古活翻柏，水名之濕他币翻爲下溼深立翻，地名之邢口堅翻爲邢戶丁翻侯，草名之苞平表翻爲厥包百茅翻，盻恨之盻下計翻爲盼匹莧翻兮，深宓之宓明筆翻爲虙房福翻賤，科厄之厄牛果翻爲困戹於革翻，進趨之本土刀翻爲本布衮翻末，三十卉先合翻爲百卉許貴翻，來假之假古額翻爲假工下翻手，校尉之校尸教翻爲比挍古效翻，冥昧之昧莫佩翻爲見昧，莫撥翻，夭折之夭於小翻爲夭於昭翻如，已上經典多誤。蛇虫之虫許鬼翻爲蟲直中翻豸文爾翻，蟲豸之豸爲獬廌丈買翻，獬廌之廌爲舉薦即見翻，鍊鑛之鍊德紅翻爲鍛鍊來見翻，隓張之隓許規翻爲惰徒果翻慢，獸名之猲音葛，見《山海經》。爲田獵力業翻，堤滯之堤丁禮翻爲隄丁兮翻防，奔趍之趍直知翻爲進趨七俱翻，逮及之逮徒計翻，音大非爲殆且，草名之箄兵苗翻爲箄札，人姓之受都導翻爲承受，麌鹿之鹿力谷翻爲精麤千胡翻，須爛之須火外翻爲斯須相俞翻，蚯蚓之蠶他典翻爲蠶才舍翻繭，櫝櫨之閧皮變翻爲闢古還翻楗，聶語之咠才入翻，又子入翻爲胥相居翻徒，疋直之疋八分正字爲匹片一翻敵，迎這之這魚變翻爲者回，刺戡之戡竹甚翻爲戕苦含翻難，容皃之皃莫教翻爲完胡官翻全，牝牡之牡莫厚翻爲壯之狀翻麗，美羊之美古刀翻爲美明鄙翻惡，焦僥之僥五聊翻爲儌古堯翻倖，振旅之嗔徒年翻爲瞋充入翻怒，美鐵之鋊章容翻爲鉛余專翻錫，僣他迭翻侻他活翻之僣爲踰僣子念翻，木栅一作砦之砦土介翻爲揩搽千葛翻，帆舡之舡古容翻爲舟船土緣翻，苽蔣之苽古胡翻爲瓜古華翻果，鈇椹之椹知林翻爲桑葚石稔翻，啚吝之啚方美翻爲圖同奴翻謀，交互之互胡故翻爲氐丁禮翻宿，水名之泒古胡翻爲宗派匹賣翻，下卸之卸思夜翻爲郵子求翻亭，鳥鳴之咬古肴翻爲𪁪五狡翻齧，已上時俗章疏。其順非有如此者。刀有都高、丁聊二翻，俗別爲刁。俞有丑救、弋駒二翻，俗別偸俞。箸有陟句、知主、呈略、知慮四翻，俗別爲著。慭有牛吝、五八二翻，俗別爲慭。椎有尺佳、他回二翻，俗別爲推。今蜀中從手足之手，音他回翻，從人才之才者，音尺隹翻。台有湯來、羊支二翻，俗別作亢。一作台。屏有必郢、皮經二翻，俗別爲屛。否有方久、符鄙二翻，俗別爲亢。單有都安、上演二翻，俗別爲单。佘有亦居、成遮二翻，俗別爲余。蓼有盧小、連竹二翻，俗別爲蓼。畫有胡賣、胡麥二翻，俗別爲畫。句有九遇、古侯、古候三翻，俗別爲勾。拔有蒲八、蒲末二翻，俗別爲抜。索有先各、所戟二翻，俗別爲索。玉有欣救、魚録、息足、相逐四翻，俗別爲王。乾有古丹、求焉二翻，俗別爲乹。沈有直林、式稔二翻，俗別爲沉。華有户瓜、呼瓜二翻，俗別爲花。其浮僞有如此者。於是聊舉三科，仍分十段，三科見上十段，即中下篇。觸類而長，實繁有徒。至若仲子手文，宋武公生仲子，生而有文在其手，曰「爲魯夫人」。士衡灑血，陶侃字士衡，灑血成「公」字。桂陽鶴觜，《列仙傳》：桂陽蘇躭得仙後，忽有白鶴數十集郡東門樓上，以觜畫地作字曰：「城郭是，人民非，三百年後當復歸。」咸謂是躭焉。司農牛角，漢末大司農鄭元牛角抵墻成八字。事符語怪，又何閒焉？

晁公武《讀書志》曰：皇朝郭忠恕取字文相類者别其所從，以檢訛舛。上篇論古今傳記、小學異同，極爲辨博。

陳振孫《書録解題》曰：國子周易博士、洛陽郭忠恕忠恕先撰。觽者，所以解結也。忠恕恃酒狂縱，數犯法，忤物得罪，其死時頗異，世傳以爲屍解。

張士俊跋曰：《佩觽》一書，考諸宋《藝文志》，與《汗簡》并列，皆郭宗正忠恕所撰述。其《佩觽》尤詳變隸以降，字學浸失之由。其書世不多見，康熙歲在昭陽協洽，秀水朱檢討以《汗簡》授汪子立名付梓，閲三載，四方士大夫雲集蘇州，而竹垞、查田、晚研、忍齋、樸邨競好古學，寓水周林，論及字書，余目汪子之僅刻《汗簡》而《佩觽》未及見爲恨，忍齋起謂余曰：「行篋適帶之，子能廣其傳，劓大奔也。」噫！忍齋之心公矣，余敢不敬承之！爲細加讐較而授之梓，既成，而忍齋卒，余哭之其靈而酹之酒，以歸其原本。嗚呼，余可忘此書之所自哉！因并志之於此，時康熙歲上章攝提格。

《四庫全書提要》曰：此書上卷備論形聲訛變之由，分爲三科：一曰造字，二曰四聲，三曰傳寫。中下二卷，則取字畫疑似者，以四聲分十段：曰平聲自相對，曰平聲上聲相對，曰平聲去聲相對，曰平聲入聲相對，曰上聲自相對，曰上聲去聲相對，曰去聲入聲相對，曰去聲自相對，曰去聲入聲相對，曰入聲自相對。末附與《篇》《韻》音義異者十五字，又附辨證舛誤者一百十九字，不署名字，不知何人所加，以其可資考證，仍並存之。惠棟《九經古義》嘗駁忠恕以「示」字爲視，而反以視爲俗字。今考其中如謂「車」字音尺遮反，本無居音，蓋因韋昭辨《釋名》之説，未免失於考訂。又書號八分，久有舊訓，蔡文姬述其父語，自必無譌，乃以爲八體之外，別分此體，强爲穿鑿，亦屬支離。至於以天承口爲「吳」，已見《越絶書》，而引《三國志》爲徵。「景」爲古「影」字，已見高誘《淮南子注》，而云葛洪《字苑》加彡。案：此沿《顔氏家訓》之誤。又陶侃本字士行，而誤作士衡。東方朔以來來爲「棗」，本約略近似，而遂造「棗」字，均病微疎。然忠恕洞解六書，故所言具中條理，如辨逄姓之逄，音皮江反，不得讀如逢遇本字，證之《漢隸字原》，「逄」字下引逄盛碑，通作逢，則姓氏之逄，雖通作逢，亦仍作皮江反，可證顔師古之譌，又若辨甪里本作角里，與角亢字無異，亦不用顔師古恐人誤讀，故加一拂之説，證之漢四老神位神胙几石刻，甪里實作角里，與此書合，則知忠恕所論，較他家精確多矣。

司馬氏光 名苑

《通考》

佚

《宋史·司馬光傳》曰：光字君實，陝州夏縣人也。生七歲，凛然如成人。寶元初中進士甲科，除奉禮郎。《資治通鑑》書成，加資政殿學士。凡居洛陽十五年，天下以爲真宰相。薨，年六十八，謚曰文正。

光自序曰：孔子稱：名不正則言不順，言不順則事不成，乃至於百姓無所措手足。甚矣，聖人重名之至也。劉子政述九流，有名家者流，曰尹文子、公孫龍子等凡七家。尹文子今存其術，雜黄老刑名之言耳，餘書更歷久遠，世鮮傳之。今有孫氏《釋名》，蓋亦其類也。昔者魯哀公問社於宰我，宰我對曰：「周人以栗，曰使民戰慄。」孔子聞之，深非之曰「成事不説，遂事不諫，既往不咎」，戒其後復爲也。兩漢以來，儒者務爲此態，旁貫曲取，紆辭蔓説，至有依聲襲韻，强爲立理，誠可憫笑者甚衆，此非宰我栗社之比邪？今《釋名》之文亦猶是矣，抑亦失聖人之旨遠哉！愚嘗念之久矣，閒因觀經傳諸書，有可以正名者，因記之。竊以爲備萬物之體用者，無過於字，包衆字之形聲者，無過於韻。今以《集韻》本爲正，先以平上去入衆韻正其聲，次以《説文解字》正其形，次以訓詁同異辨其理，次以經傳諸書之言證其實，命曰《名苑》。其有法制云爲，時遷物變者，亦略叙其沿革，欲人知其原流變態云爾。至於魚蟲草木之類，雖纖苛煩碎，非慷慨君子所當用心，然亦重名之一節爾。至於三才道德、禮樂善惡真僞之名，輔佐世治，其功亦不細哉！所謂文武之道未墜於地，在人，賢者識其大者，不賢者識其小者。將來君子好學樂道，庶幾亦有取焉。

司馬氏光 等類篇

《讀書志》四十九卷

存

《類篇》後附記曰：寶元二年十一月，翰林學士丁度等奏：今修《集韻》，添字既多，與顧野王《玉篇》不相參協，欲乞委修韻官將新韻添入，別爲《類篇》，與《集韻》相副施行。時修韻官獨有史館檢討王洙在職，詔洙修纂。久之洙卒，嘉祐二年九月，以翰林學士胡宿代之。三年四月，宿奏，乞光禄卿直秘閣掌禹錫、大理寺丞張次立同加較正。六年九月，宿遷樞密副使，又以翰林學士范鎮代之。治平三年二月，范鎮出知陳州，又以龍圖閣直學士司馬光代之。時已成書，繕寫未畢，至四年十二月上之。

蘇轍序曰：雖有天下甚多之物，苟有以待之，無不各變其處也。多而至於失其處者，非多罪也，無以待之則十百而亂，有以待之，則千萬若一。今夫字書之於天下，可以爲多矣，然而從其有聲也而待之以《集韻》，天下之字以聲相從者無不得也，從其有形也而待之以《類篇》，天下之字以形相從者無不得也。既已盡之以其聲矣，而又究之以其形，而字之變曲盡。蓋景祐中，諸儒始受詔爲《集韻》之書，既而以爲有形存而聲亡者，不可以貴得於《集韻》[一二]，於是又詔爲《類篇》，凡受詔累年而後成。夫天下之物其多而至比於字書者，未始有也，然而多不獲其處，豈其無以待之?昔周公之爲政，登龜取黿，攻梟去蛙之法，無不備具，而孔子之論禮，至於千萬而一有者，皆預爲之説。夫此將以應天下之無窮，使待天下之物，使處如治字書，則物無足治者，凡爲《類篇》，以《説文》爲本，而例有九：一曰槻槼異釋，而吶㕯異形，凡同音而異形者，皆兩見也。二曰天一在年，一在真，凡異意而異聲者，皆一見也。三曰叟之在艸，㐱之在㫃，凡古意之不可知者，皆從其故也。四曰雺古气類也，而今附雨；䪩古口類也，而今附音，凡變古而有異義者，皆從今也。五曰壼之在口，無之在林，凡變古而失其真者，皆從古也。六曰兂之附天，王之附人，凡字之後出而無據者，皆不得特見也。七曰王之爲玉，棚之爲朋，凡字之失故而遂然者，皆明其由也。八曰邑之加邑，白之加𤽄，凡《集韻》之所遺者，皆載於今書也。九曰𠫤之附小，䨻之附㸚，凡字之無部分者，皆以類相聚也。推此九者以求其詳，可得而見也。凡十四篇，目録一篇，每篇分上中下，總四十五卷，文三萬一千三百一十九，重音二萬一千八百四十六，具於後云。

《中興書目》曰：《類篇》四十五卷，治平四年司馬光上。先是寶元二年，翰林學士丁度言：今修《集韻》，增字既多，與《玉篇》不相參協，請將新韻增入，別爲《類篇》，詔王洙修纂，胡宿、范鎮繼之。至是書成，凡十四篇[一三]，目録一篇，每篇分爲上中下，總四十五卷。文三萬一千三百一十九，重音二萬一千八百四十六，以《説文》爲本。

晁公武《讀書志》曰：皇朝景祐中丁度受詔修《類

篇》，至熙寧中司馬光始奏書，文三萬一千三百一十九，重音二萬一千八百四十六，以《説文》爲本。

陳振孫《書録解題》曰：丁度等既修《集韻》，奏言今添字既多，與顧野王《玉篇》不相參協，乞委修韻官別爲《類篇》，與《集韻》並行。自寶元迄治平乃成書，歷王洙、胡宿、范鎮、司馬光，始上之。熙寧中頒行，凡十五篇[一四]，各分上中下，以《説文》爲本，而例有九云。

朱彝尊跋曰：《類篇》十四卷，卷分上中下，凡四十二卷，附目録三卷於後。先是丁學士度奉詔修《集韻》，奏乞委修韻官別爲《類篇》，與《集韻》相副施行，於是王檢討洙、胡學士宿、掌光禄禹錫、張大理次立、范學士鎮、司馬學士光，先後排纂成書。草創於寶元二年十一月，至治平四年十二月上之朝，洵非易也。自秦丞相斯作《倉頡篇》七章，漢閭里書師合中車府令高《爰歷》、太史令敬《博學》，并爲一篇，揚雄、班固順續之，杜林注之。永元間，汝南許慎《説文解字》行，分別部居，凡十四篇，始於一終於亥。由是梁顧野王撰《玉篇》，宋徐鍇作《繫傳》，咸發明《説文》之旨。治平中，《類篇》書出，推原析流，而輕重淺深清濁之變，迭用旁求，猶不改《倉頡篇》部居之舊，先民之規矩略存焉。後此而始一終亥之序莫有講習者矣。書成於范氏，而進於司馬氏，篇首冠以序，係眉山蘇轍之文，爲范學士作。

又彝尊撰《曹寅合刻集韻類篇序》曰：六藝，其五曰書，書有六體，比類象形謂之文，形聲相益謂之字，聲成文謂之音。保氏以書教國子，大行人屬瞽史諭書名聽音聲，六體形聲獨多，左右、上下、外内，審其形而聲從焉。國史六書著録次於經典，唐宋小學恆與大學並設，分教弟子。紹興中猶然，淳熙以後，更灑埽應對進退之節爲小學，徽國文公別撰書一編，頒諸學官，功名之士，習四子書，纔通一經，足以應舉，開口代堯舜禹湯文武周公孔孟之言，朝士取其辭爲諸生法式，古文奇字安所用之？昌黎韓子有云「凡爲文辭，宜略識字」，江都李氏亦云「人讀書須是識字」，其亦不得已而言之也與？今夫聲音文字之學，講之正非易易已，五方之民，風土各異，發於聲不能無偏，輕土多利，重土多濁，北人詆南爲鴃舌，南人詆北爲荒傖，北人不識盱眙，南人不識盩厔，此限於方隅者也。《楚騷》之音殊於風雅，漢魏之音異於屈宋，此易於時代者也。書文既同，而音之不一者統歸於一，斯聲音文字必相輔以行，而義始備也。方今文軌之盛，包海内外，野無遺賢，終始典學，香廚中簿之藏，分授詞臣，編摹會粹，而通政司使巡視兩淮鹽課監察御史曹公，奉命編著《全唐詩》歷五年，所較舊本廣益三百餘篇，鋟諸棗木進呈，復念詩之醇庇一本乎韻，韻之乖合原於六書，既鋟《玉篇》《廣韻》，又求《集韻》《類篇》善本，讐勘雕印以行，學詩者得而誦習之，既免四羊三豕之失，而音無奪倫，紐分畛域，注相引證，庶乎取諸左右逢原矣夫！

《四庫全書提要》曰：舊本題司馬光撰。景定癸亥董南一作光《切韻指掌圖序》，亦稱光嘗被命修纂《類篇》，古文奇字，蒐獵殆盡。然書後有附記曰：寶元二年十一月，翰林院學士丁度等奏：「今修《集韻》，添字既多，與顧野王《玉篇》不相參協，欲乞委修韻官將新韻添入，別爲《類篇》，與《集韻》相副施行。」時修韻官獨有史館檢討王洙在職，詔洙修纂。久之洙卒，嘉祐二年九月以翰林學士胡宿代之。三年四月，宿奏乞光祿卿直秘閣掌禹錫、大理寺丞張次立同加校正。六年九月，宿遷樞密副使，又以翰林學士范鎮代之。治平三年二月，范鎮出鎮陳州，又以龍圖閣直學士司馬光代之。時已成書，繕寫未畢，至四年十二月上之。然則，光於是書特繕寫奏進而已，傳爲光修，非其實也。書凡十五卷，每卷各分上中下，故稱四十五卷，末一卷爲目録，用《説文解字》例也。凡分部五百四十四，其編纂之例有九：一曰同音而異形者，皆兩見。二曰同意而異聲者，皆一見。三曰古意之不可知者，皆從其故。四曰變古而有異義者，皆從今。五曰變古而失真者，皆從古。六曰字之後出而無據者，皆不特見。七曰字之失故而遂然者，皆明其由。八曰《集韻》之所遺者皆載。九曰字之無部分者，皆以類相聚。考《集韻》所收，併重文爲五萬三千五百二十五字，此書凡文三萬一千三百一十九，重音二萬一千八百四十六，僅五萬三千一百六十五字，較《集韻》所收尚少三百六十字，而例云《集韻》所遺皆載者，蓋《集韻》重文頗爲襍濫，此書凡字之後出而無據者皆不特見，故所删之數，多於所增之數也。其所編録，雖不及《説文》《玉篇》之謹嚴，然字者孳也，輾轉相生，有非九千舊數所能盡者，《玉篇》已增於《説文》，此書又增於《玉篇》，時會所趨，久則爲律，有不知其然而然者，固難以一格拘矣。

小學考卷十七終

校記：

〔一〕「漢湘陰公辟爲從事」至「拂衣辭去」：《宋史》卷四四二《郭忠恕傳》僅作「漢湘陰公召之，忠恕拂衣遽辭去」，文字較省。其餘文字見吴任臣《十國春秋》卷一〇八《郭忠恕傳》。

〔二〕部末：原作「郭永」，據四庫本《汗簡》卷首附李建中題字改。

〔三〕亦是：疑誤。《珊瑚木難》卷四作「亦盛」，《六藝之一録》卷一七九作「失是」。

〔四〕作：原作「促」，據右引二書改。

〔五〕從：原作「以」，據郭忠恕《佩觿》卷一改。

〔六〕去：原作「走」，據右引書改。

〔七〕从龜：原作「以龜」；上：原作「土」。並據右引書改。案：此四句出陸德明《經典釋文序》。

〔八〕弋：原作「戈」，據右引書改。

〔九〕得（丁紇反）体（都董反）紇那也：原作「得翻紇董紇那也」，據《舊唐書》卷一〇五《韋堅傳》所引船歌改。《全唐詩》卷二九署作《得体歌》，歌詞同。

〔一〇〕成臯：原作「成鳥」，據郭忠恕《佩觿》卷一改。

〔一一〕頗：原作「陂」，據右引書改。

〔一二〕貴：蘇轍《欒城集》卷二五《類篇叙》作「責」。

〔一三〕十四篇：原作「四十篇」，據蘇轍《類篇叙》、陳振孫《直齋書録解題》乙。

〔一四〕十五篇：原作「五十篇」，據《直齋書録解題》卷三乙。

小學考卷十八

文字十

王氏安石字説

《宋志》二十四卷

佚

《宋史·王安石傳》曰：安石字介甫，撫州臨川人。少好學，書一過目終身不忘，其屬文動筆如飛，初若不經意，既成，見者皆服其精妙。擢進士上第，簽書淮南判官。熙寧三年，拜同中書門下平章事。七年罷，八年復拜相。明年改集禧觀使，封舒國公，乞退。元豐三年復拜左僕射、觀文殿大學士，换特進，改封荆。哲宗立，加司空。元祐元年卒，年六十八，贈太傅。紹聖中謚曰文。初安石訓釋《詩》《書》《周禮》既成，頒之學官，天下號曰新義。晚居金陵，又作《字説》，多穿鑿傅會，其流入於佛老，一時學者無敢不傳習，主司純用以取士，士莫得自名一説，先儒傳注，一切廢不用。

安石自序曰：文者，奇偶剛柔，雜比以相承，如天地之文，故謂之文。字者始於一二而生生至於無窮，如母之字子，故謂之字。其聲之抑揚閉塞，合散出入，其形之横從曲直，邪正上下，内外左右，皆有義，皆本於自然，非人私智所能爲也，與夫伏羲八卦、文王六十四，異用而同制，相待而成《易》。先王以爲不可忽，而患天下後世失其法，故三歲一同，同之者一道德也。秦燒詩書，殺學士，而於是時始變古而爲隸，蓋天之喪斯文也，不然則秦何力之能爲？余讀許慎《説文》，而於書之意時有所悟，因序録其説，爲二十卷，以與門人所推經義附之。惜乎！先王之文缺已久，慎所記不具又多舛，而以余之淺陋考之，且有所不合。雖然，庸詎知非天之將興斯文也，而以余贊其始，故其教學必自此始，能知此者，則於道德之意已十九矣。

安石《進字説劄子》曰：臣在先帝時，得許慎《説文》古字，妄嘗覃思，究釋其意，冀因自竭，得見崖略。若矇視天，終以罔然，念非所能，因畫而止。頃蒙聖問俯及，退復黽勉討論，賴恩寬養，外假歲月，而桑榆僨眊，久不見功。甘師顔至，奉被訓敕，許録臣愚妄謂然者，繕寫投進。伏惟大明旁燭無疆，豈臣熒爝所敢衒冒？承命遑迫，置慙無所。如蒙垂收，得御宴閒，千百有一，儻符神指，愚所逮及，繼今復上。干汙扆宬，臣無任悚惕。

安石《進字説表》曰：臣某言：竊以書用於世久矣，

先王立學以教之，設官以達之，置使以喻之，禁誅亂名，豈苟然哉！凡以同道德之歸，一名法之守而已。道衰以隱，官失學廢，循而發之，實在聖時，豈臣愚憧，敢逮斯事？中謝蓋聞物生而有情，情發而爲聲，聲以類合，皆足相知。人聲爲言，述以爲字，字雖人之所製，本實出於自然。鳳鳥有文，河圖有畫，非人爲也，人則效此，故上下内外、初終前後、中偏左右，自然之位也。衡袤、曲直、耦重交析、反缺到仄，自然之形也。發斂呼吸、抑揚合散、虚實清濁，自然之聲也。可視而知，可聽而思，自然之義也。以義自然，故仙聖所宅，雖殊方域，言音乖離，點畫不同，譯而通之，其義一也。道有升降，文物隨之，時變事異，書名或改，原出要歸，亦無二焉。乃若知之所不能通，與思之所不能至，則雖非即此而可證，亦非舍此而能下，蓋惟天下之至神，爲能究此。伏惟皇帝陛下體元用妙，該極象數，稽古創法，紹天覺民，乃惟兹學，隕缺弗嗣，因任衆智，微明顯隱，蓋將以祈合乎神旨者布之海内。衆妙所寄，窮之實難，而臣頃御燕閒，親承訓敕，抱痾負憂，久無所成。雖嘗有獻，大懼冒涣，退復自力，用忘疾憊，咨諏討論，博盡所疑，冀或涓塵，有助深崇。謹勒成《字説》二十四卷，隨表上進以聞〔一〕。

黄庭堅《書王荆公騎驢圖》曰：荆公晚年删定《字説》，出入百家，語簡而意深，常自以爲平生精力盡於此書。好學者從之請問，口講手畫，終席或至千餘字。

晁公武《讀書志》曰：皇朝王安石介甫撰。晚年閒居金陵，以天地萬物之理，著於此書，與《易》相表裏，而元祐中言者指其揉雜釋老，穿鑿破碎，聾瞽學者，時禁絶之。

陸游跋曰：《字説》凡有數本，蓋先後之異，猶非定本也。

葉適《石林燕語》曰〔二〕：凡字不爲無義，但古之製字，不專主義，或聲或形，其類不一，先王略别之以爲六書。而謂之小學者，自是專門一家之學，其微處遽未易盡通。又更篆隸，損益變易，必多乖失。許慎之《説文》但據東漢所存，以偏旁類次其造字之本，初未嘗深究也。王氏見字多有義，遂一槩以義取之，雖六書且不問矣，况所謂小學之專門者乎！是以每至於穿鑿附會，有一字折爲三四文者，古書豈如是煩碎哉！學者所以閧然起而交詆，誠不爲無罪，然遂謂之皆無足取，則過也。

朱翌《猗覺寮雜記》曰：介甫《字説》往往出於小説佛書，且如「天一而大」，蓋出《春秋説題詞》。「天之爲言填也，居高理下，合爲太乙，分爲殊形，而立字一而大」，見《法苑珠林》。如「星字物生於下，精成於列」，「精成於列」，《晉·天文志》張衡論也。「鸜鵒勾其足而欲墮」，見《酉陽雜俎》「鸜鵒之交勾其足，往往墮地，人掩之以爲魅藥」。「年字禾一成爲年」，《書》正義孔炎曰：「年取禾穀一熟。」《潛珍閣銘》云〔三〕：「信蒼蒼之非色，極深遠而自然。」《莊子》「天之蒼蒼，其正色耶，其視下也亦若是而已矣。」漢郗萌記：「大天無質，仰而瞻之，高遠無極，眼瞀精絶，故蒼蒼然也。譬如旁望遠道之黄山皆青，俯察千仞之谷而窈黑，青非真色，黑非大體也。」

王觀國《學林》曰：許慎《説文》：磺，胡猛切，璞也，亦作卝，古文也。故《周禮》有卝人掌金玉錫石之地，鄭氏注：卝之言磺也，金石未成器曰磺。觀國案：礦亦作卝，亦作鉚，則卝者古文礦字也。《周禮釋音》，卝音胡猛切。王荆公引詩「總角卝兮」，以釋卝人之義，取其有分别之義。若然則卝當音慣，而卝人亦音慣矣。若卝人音慣，則字書卝人之卝當棄而不用也，故荆公《字説》收礦字，而不收卝字，恐卝字未可遽爾削去也。《禮記》曰「天子之六府有司貨」，鄭氏注曰：司貨，卝人也。陸德明《音義》卝胡猛切，義甚明也。《廣韻》上聲於礦字訓曰「金礦璞也」，於卝字訓曰「金玉未成器也」，又二字分二切，則誤矣。《禮部韻略》上聲卝字胡猛切，金玉未成器也；礦字古猛切，銅鐵璞石也，亦誤矣。蓋卝、礦乃一字一義也。《廣韻》《禮部韻略》皆分作二字二義，而所訓二義又同而無别，蓋《廣韻》倡其誤，而《禮部韻略》襲其誤也。

葉大慶《考古質疑》曰：古人制字皆有名義，或象形而會意，或假借而諧聲，或轉注而處事，莫不有意存乎其間。是以成周設官，外史達書名於四方，行人諭書名於九歲，凡以是也。故止戈爲武，反正爲乏，皿蟲爲蠱，見於《左傳》者不一。雖然，要難一律論也。近世王文公其説經亦多解字，如曰「人爲之謂僞」，曰「位者人之所立」，曰「訟者言之於公」與夫「五人爲伍，十人爲什，歃血自明而爲盟，二户相合而爲門，以兆鼓鼗，與邑交則曰郊」，曰「同田爲富，分貝爲貧」之類，無所穿鑿，至理自明，人亦何議哉！有如「中心爲忠」「如心爲恕」，朱晦菴亦或取之。惟是不可解者，亦必從而爲之説，遂有勉强之患，所以不免諸人之譏也。

邵博《聞見後録》曰：王荆公喜説字，至以成俗。劉貢父戲之曰：「三鹿爲麤，鹿不如牛，三牛爲犇，牛不如鹿。」謂宜三牛爲麤，三鹿爲犇，若難於遽改，欲令各權發遣。荆公方解縱繩墨，不次用人，往往自小官暴據要地，以資淺皆號權發遣，故并謔之。劉貢父云：有人不識鬬争字，以書問里先生，答曰仄更切。又疑更字，問，曰户横切。又疑横字，問，曰加行切。又疑行字，問，曰華争切。竟不知其何音也。予嘗舉以爲笑歡，客有善切字者非之，亦難與言也。

邵博《聞見後録》曰：王荆公晚説字，客曰：「覇字何以從西？」荆公以西在方域主殺伐，累言數百不休。或曰：「覇從雨不從西也。」荆公隨輒曰：「如時雨化之耳。」其學務鑿無定論類此。如《三經義》頒於學宫，數年之後，又自列其非是者，奏請易去，視古人懸諸日月不刊之説，豈不誤學者乎？

鄧肅《書字學》曰：莊周以短後之衣爲趙王説劍，孟軻與齊王辨，乃論好色好貨。二公之論雖主於正，然其始也，别之以所好，及其終也，乃極之以所不可爲。熙豐以來，專用王安石字學，士大夫師之不敢誰何，蓋寧以孔聖爲誤耳，端不敢以鄭服爲非也。蘇東坡尤切齒，時於文字中以兒戲玩之。今觀其論八佾，則考《説文》曰「從人從夰」。了齋先生極論新法不便，且著《尊堯集》，鄙視安石，不啻奴隸等。及作書與曾子宣，乃論「悔字從心從每」。觀二公之論，又若未能忘字學者。或者疑之，予曰：「莊周孟軻之意也。」或者曰然。

羅璧《識遺》曰：王臨川謂「詩」製字從寺，九卿所居，國以致理，乃理法所也。釋氏名以主法，如寺人掌禁近嚴密之役，龍書寺音侍，詩注初音皆如字。皆謂法禁所在。詩從寺，謂理法語也，故雖世衰道微，不止乎禮義。雖多淫奔之語，曰思無邪。後之詩直者傷於訐，美者傷於諛，甚至增淫導欲，誇華鬬靡，豈詩之旨哉？

袁文《甕牖閒評》曰：泠倫，古之能樂人也，因詩《簡兮》序云：「衛之賢者仕於伶官。」「泠」字改爲「伶」字，後世遂以「泠」爲「伶」，其誤已久矣。而《左氏傳》云「泠人也」，乃是。其注又云「樂官依字作伶」，其誤抑又甚焉。若王介甫解「伶」字，乃云「伶非能自樂也，非能與衆樂樂也，爲人所令而已」，此又似乎穿鑿。

又曰：《字説》于種字韻中入「穜」字云：物生必蒙，故從童。草木亦或種之，然必穜而生之者，禾也，故從禾字。王介甫亦以「穜」爲「種」字焉。《藝苑雌黄》云穜植之穜，其字從童，之用切。種陸之種，其字從重，直容切。蓋與此意同矣。

又曰：「役」字古或從亻，《五經文字》言之甚詳。米元章蓋知之矣。故其帖文「陋邦幸得君子與遊，未良欵而行役相仍」，作此「役」字是也。又《字説》云：「戍則操戈，役則執殳。」余謂此「役」字不必從彳，止合作「役」字，《五經文字》自有此役是也。

楊慎曰：王荆公好解字説，而不本《説文》，妄自杜撰。劉貢父曰：「《易》之觀卦即是老鸛〔四〕，《詩》之小雅即是老鴉。」荆公不覺欣然，久乃悟其戲。又問東坡：「鳩字何以從九？」東坡曰：「鳲鳩在桑，其子七兮，連娘帶爺，恰是九個。」又自言「波者水之皮」，坡公笑曰：「然則，滑是水之骨也。」

按：張有與安石論字不契，作《復古編》力排之。

唐氏耜 字説解

《讀書志》一百二十卷

佚

晁公武《讀書志》曰：皇朝唐耜撰。紹聖以來，用《字説》程試諸生，解者甚衆。耜集成此書，頗注其用事所出。壹時稱之。耜知邛州日奏御。

黄朝英《緗素雜記》曰：《字説》「鴝」从句，「鵒」從欲，解云：「鴝鵒多欲，尾而足勾焉。」余少時讀《字説》而不解其義，後因看段成式《酉陽雜俎》，云鴝鵒交時，以足相勾促，鳴如鼓翼相鬭狀，往往墮地，人或就將掩之，取其勾足爲魅藥。今觀鴝鵒群集木上，其間或有雙墮地者，以是驗成式之言果不妄。而舒王於百家小説之書無所不取也。唐耜注《字説》，但云鳥名，引《考工記》曰「鸜鵒不踰濟」而已，其它無義，蓋唐公亦未見段成式之説。

楊氏時 字説辨

一卷在《龜山集》

存

按：《字説》已不存，惟見於是書所引。如空，無土以爲穴則空無相，無工以穴之則空無作[五]，無相無作，則空名不立。倥侗，真空者離人焉。倥異於是，特中無所有耳[六]。大同者離人焉，侗異於是，將不能爲其有耳[七]。同，彼亦一是非也，此亦一是非也，物之所以不同。冂一口，則是非同矣[八]。金銅，金正西也，土於此終，水於此始。銅赤金也，爲火所勝而不自守，反同乎火。童，始生而蒙，信本立矣，方起而穉，仁端見矣。中，中通上下得中，則制命焉。忠，有中心，有外心，所謂忠者中心也。洪，洪則水共而大。《洪範》所謂洪者五行也，亦共而大。鴻，大曰鴻，小曰雁，所居未嘗有正，可謂反矣。然而大夫贄此者以知去就，爲義小者隨時如此而已。乃若大者，隨時則能以其智興事造業矣。鴻從水言智，工言業，故又訓大。《易》曰：「隨之時義大矣哉！」若大夫者，不能充也[九]。公，雖尊位亦事人，亦事事。松柏，松華，猶槐也〔一〇〕，而實亦元然，華以春，非公所以事上之道。柏視松也，猶伯視公。伯用詘，所執躬圭者以此。公用直，所執桓圭者以此。籠，從竹從龍〔一一〕，內虛而有節，所以籠物，雖若龍者亦可籠焉。冬，春徂夏爲天出而之人〔一二〕，秋徂冬爲人反而之天。天示，一而大者天也，二而小者示也。又曰天得一而大，地得一而小。義和，斂仁氣以爲義，散義氣以爲和。犧牲，殘而殺之，和所以制物，完而生之，義所以始物。戲，自人道言之，交則用豆，辨則用戈。慮而後動，不可戲也，戲實生患。自道言之，無人焉用豆，無我焉用戈，無我無人，何慮之有？用戈用豆，以一致爲百慮，特戲事耳。戲非正事，故又爲於戲、傾戲之字。置罷，上取數備，有以冂下，則直者可置，使無貳適，惟我所措而已。能者可罷，使無妄作，惟我所爲而已。終，無時也，無物也，則無終始〔一三〕。聰，於事則聽思聰，於道則聰忽矣。思，出思不思則思出於不思，若是者其心未嘗動出也，故心在內。「菋莖藸」，菋一草而五味具焉，即一即五，非一非五，故謂之莖，衆而出乎一，亦反乎一，故謂之藸。之，有所之者皆出乎一，或反隱以之顯，或戾静以之動。中而卜者所之正也。懿徽，壹而恣之者懿也，俊德之美也，微而糾之者徽也，元德之美也。除，有陰有陽，新故相除者天也，有處有辨，新故相除者人也，蟋蟀，陰陽帥萬物以出入，至於蟋蟀，其率之爲悉，蟋蟀能帥陰陽之悉者也，故詩每况焉。紅紫，紅以白入赤也。火革金，以工器成焉。凡色以系染也。紫以赤入黑也，赤與萬物相見，黑復而辨於物，爲此而已。夫有彼也，乃有此也，道所貴，故在系上，工者事也，此者德也。豐，豐者用豆之時。崇高，高言事，崇指物，陰陽之義〔一四〕。

無名氏字説偏旁音釋

《讀書志》一卷

佚

無名氏字説疊解備檢

《讀書志》一卷〔一五〕

佚

晁公武《讀書志》曰：二書不見撰人名氏。

夏氏竦 古文四聲韻

《讀書志》五卷

存

《宋史·夏竦傳》曰：竦字子喬，江州德安人。以父承皓死難，録竦爲潤州丹陽縣主簿。繼舉賢良方正，擢光禄寺丞。慶曆三年，召爲樞密使，諫官御史交章論奏，詔徙知亳州。授吏部尚書，歲中加資政殿學士。及明年，拜同中書門下平章事，累遷樞密使，封英國公。罷知河南府，未幾加兼侍中，徙武寧軍節度使，進鄭國公。以病歸，卒，謚文莊。

竦叙曰：臣謹按《尚書正義》曰：科斗書古文也，所謂倉頡本體，周所用之，以今所不識，是古人所爲，故名古文。形多頭粗尾細〔一六〕、腹狀團圓，似水蟲之科斗也。《漢書·藝文志》載《孝經古孔氏》一篇，二十二章，學之者鮮矣。兩漢而下，蔡中郎刻石經，杜伯山得漆灤書《古文尚書》一卷，獨寶愛之。又汲郡安釐王塚壞，得竹策《古文春秋書》、《楚書》者最精。晉魏以降，肄習始絶〔一七〕。唐正元中，李陽冰子開封令服之有家傳《古孝經》及漢衛宏官書兩部，合一卷，授之韓愈，愈識歸公，歸公好古能解之，因遺歸公。又有自項羽妾墓中得《古文孝經》，亦云渭上耕者所獲。其次有補闕衛包勒修《三方記》於雲臺觀，瞿令問刻《窊罇銘》於營道及天台山司馬天師漆書《道德經》上下篇幢。龍德中羅浮道士厲山木，重寫其本，藏之天台玉霄藏。聖宋有天下，四海會同，太學博士周之宗正丞郭忠恕首編《汗簡》，究古文之根本。文館學士句中正刻《孝經》，字體精博。西臺李建中總貫此學，頗爲該洽。翰林少府監丞王維恭寫讀古文，筆力尤善。殆今好事者傳識古文科斗字也。臣逮事先聖，久備史官，祥符中郡國所上古器，多有科斗文，深懼顧問不通，以忝厥職，由是師資先達，博訪遺逸，斷碑蠹簡，搜求殆徧。積年踰紀，篆籀方該，自嗟其勞，慮有散墜，遂集前後所獲古體文字，準唐《切韻》分爲四聲，庶令後學易於討閲。仍條其所出，傳信於世，字有闕者，更俟同志相續補綴。比者伏遇體天法道欽文聰武聖神孝德皇帝陛下緝熙百度，宣精六藝，法唐堯之稽古，邁商宗之典學，多能攸縱，小善不遺，猥錫宸旨，特令進御。臣久役廢書，積憂傷目，數四校讎，尚虞舛誤，干冒宸扆，伏增惶越。慶曆四年二月二十四日，推誠保德翊戴功臣、開府儀同三司、行吏部尚書、知亳州軍州事、管内河堤勸農使、兼管句本州駐泊軍馬公事、開治溝洫河道事、上柱國、九江郡開國公、食邑八千四百户、食實封二千六百户臣夏竦謹序進。

呂大臨《考古圖釋文序》曰：古文三代之書名也，小篆興而古文亡，至漢魯恭王壞孔子宅，得壁中書〔一八〕，及張蒼獻古《春秋左氏傳》，魯三老獻古《孝經》，及郡國於山川得鼎彝之銘，然後古文復出。孔安國以伏生口傳之書訓釋壁中書，以隸定古文，然後古文稍能訓讀。其傳於今者有古《尚書》《孝經》、陳倉《石鼓文》及郭氏《汗簡》、夏氏《集韻》等書，尚可參考。

《中興書目》曰：《古文四聲韻》五卷，夏竦集前後所獲古文字，準唐《切韻》分爲四聲。

晁公武《讀書後志》曰：《古文四聲》五卷，皇朝夏竦撰。博采古文奇字，分四聲編次，以便檢尋。

黄伯思《東觀餘論》曰：漢甄豐稽正古文字，其一古文，魯堂壁中書也。其二奇字，即古文而異者也。古文高質而難遽造，若三代鼎彝遺篆是已。奇字怪巧而差易工，若漢劉棻從揚雄所學，及近世夏鄭公集《四聲韻》所載是已。今人往往不能辨之，遂盡以奇字爲古文焉。

洪适《隸續》曰：魏三體石經，皇祐癸巳年洛陽蘇望氏所刻，題曰：《石經遺字》，即小歐陽《集古目》中所有者。慶曆中，夏文莊公集《古文四聲韻》，所載石經數十字，蓋有此碑所無者，而碑中古文亦有《韻》所不收者，則淪落之餘，兩家所得自不同耳。

王應麟《玉海》曰：慶曆四年二月二十四日，知亳州夏竦上《新集古文四聲韻》五卷，古文所出書傳、《汗簡》至《鳳棲記》。

林從古《集篆古文韻海序》曰：爰自慶曆中，文莊公夏竦搜求斷碑蠹簡、銘記文頌所得之字，殆及百家，上以備顧問之不通，下以便後學之討閱。功雖甚勤，殊多舛謬。

熊朋來《廣鐘鼎篆韻序》曰：初，夏氏倣二徐《韻》例，以唐韻繫古篆，于時器款未備，其間鐘鼎字文缺畧，頗汎取俗書以備奇字，亦未以鐘鼎名。

吾邱衍《學古編》曰：夏竦《古文四聲韻》五卷，前有序并全銜者好，别有僧翻本不可用，此書板多而好者極不易得。韻内所載字多云某人集字，初無出處，不可遽信。且又不與三代款識相合，不若勿用。然古文則無文字，故前列之古文《尚書》，係後人不知篆者以夏竦《韻》集成，亦有不合古處。

劉有定《衍極》曰：趙明誠雖以一字石經爲中郎所書，乃未嘗見一字者。近世方勺作《泊宅編》，載其弟匋所跋石經，亦爲范《史》《隋志》所惑，指三體爲漢字。至公羊碑有馬日磾等名，乃云魏世用其所正定之本，因存其名，可謂謬論。夏氏所注古文，既以此碑爲石經，又有蔡邕石經，亦非也。

顧起元《説略》曰：夏英公《集古篆韻》所引書目：《汗簡》《説文》、石經、《字略》《夏書》《籀韻》、雲臺碑、豫讓文、《古孝經》《古周易》《古尚書》《演説文》《裨古文》，林罕集古《老子》《山海經》、古《史記》、古《漢書》，孫疆集《馬日磾集》《牧子文》、古

《世本》《義雲章》、古《莊子》《碧落文》、華嶽碑、古《孝經》，張揖集《亢倉子》《古爾雅》《古論語》《古毛詩》《開元文》，李彤集《古春秋》《古禮記》，徐邈集三方碑、《茅君傳》、古樂章、《古周禮》、石榔文、《濟南集》、馬田碑、《銀牀頌》《煙蘿頌》《荆山文》，庾儼集《古月令》、南嶽碑、《陰符經》、王庶子碑、祝尚邱韻、比干墓銘、衛宏《字説》、貝邱長碑、凌壇臺文、季札墓銘、滕公墓銘、周才《字録》、朱育集字、樊先生碑、義雲《切韻》、群書古文、楊大夫碑、天台經幢、蔡邕石經、王維《畫記》、顔黄門説、庾儼《字書證俗古文》《王先生誄》、彌勒纂碑、楊氏阡銘、《鬱林序文》《周書》大傳、《淮南子》《上昇記》、王維恭《黄庭經》、趙琬璋《古字略》、王存乂《切韻》、張庭珪《劍銘》，裴光遠集綴郭昭卿《字指》、李商隱《字略》、崔希裕《纂古》、邱光庭《叙文》、《鳳棲記》。英公所疏未備者，神禹碑、《詛楚文》、顧野王《玉篇》、謝康樂《要字苑》、葛洪《要用字苑》、顔延之《纂要》、顔真卿《韻海鏡原》、李陽冰謙卦碑、《新泉銘》諸種。

錢曾《敏求記》曰：慶曆四年三月，夏竦新集《古文四聲韻》，序之以進，前列所引書，今無一存者矣。序文脱字甚多，俟博訪藏書家全本補録之。

汪立名《汗簡序》曰：郭宗正《汗簡》，見《宋史·藝文志》，與《佩觿》並列。自夏英公《集古文韻》而下，凡小學之書，無不援據。

全祖望跋曰：夏英公集，予曾於《永樂大典》中見之，至其《古文纂韻》，但見於晁子止《讀書志》，而後此著録家皆無有，意以爲亡矣。范氏天一閣有之，乃借抄焉。據晉陵許端夫所爲序，蓋紹興乙丑浮屠寶達重刊於齊安郡學，許爲郡守，因序之。寶達者劉景文之孫也，景文與東坡善，而寶達精於古文纂，親爲摹寫，其亦南嶽夢英一流矣。至於北宋所雕本，當有前序，而今失之。然予觀是書所引遺書編八十八家，以校郭氏《汗簡》，未嘗多一種，其實即取《汗簡》而分韻録之，無他長技也。蓋《汗簡》之部居一本《説文》，而是書則本《廣韻》，乃絶無增減異同於《汗簡》，則是書雖不作可也。但考《宋史·經籍志》及《玉海》，其時有宗室善繼者，豫於汴京石經之役，亦嘗進《古文纂韻》一書，不知其於英公所作如何，而惜乎今不可考。范氏又載有吾衍《續古文纂韻》一卷，予取視之，實不過周秦古纂遺字，非續韻也。

《天禄琳琅》跋曰：竦進書序稱慶曆四年二月，結銜爲吏部尚書、知亳州軍州事，證之史傳，適相符合。史又謂竦以文學起家，有名一時，朝廷大典策，累以屬之，多識古文學奇字，至夜以指畫膚。是竦於大小纂功力獨深，此本影鈔楷法，皆本歐陽，纂文從者如懸，衡者如編，頗得蔡邕書勢之妙，洵可寶也。

《四庫全書提要》曰：據吾衍《學古編》稱，夏竦《古文四聲韻》五卷，前有序併全銜者好，别有僧翻本不可用。又據全祖望《鮚埼亭集》有是書跋，稱借鈔於范氏天一閣，爲紹興乙丑浮屠寶達重刊，蓋即吾衍所謂僧翻本也。此本從汲古閣影寫宋刻翻雕，有慶曆四年竦自序，卷首題「開府儀同三司、行吏部尚書、知亳州軍州事夏竦集」，是吾衍所謂前有序及全銜者矣。其書以四聲分隸古篆，全祖望跋稱「所引遺書八十八家，以校郭氏《汗簡》，未嘗多一種，實即取《汗簡》而分韻録之，絶無增減異同，雖不作可也」。其説固是，然《汗簡》以偏旁分部，而偏旁又全用古文，不從隸體，猝不易尋。此書以韻分字，而以隸領篆，較易於檢閲。此如既有《説文》，而徐鍇復作《篆韻譜》，相輔而行，固未可廢其一也。惟其書由襍綴而成，多不究六書之根柢。如「窺」即古親字也，親字下既云《古尚書》作[illegible]，又别出一窺字，譌從宀爲從穴〔一九〕。云即古雲字也，雲字既云《説文》作[illegible]，云字下又云王存乂《切韻》作[illegible]。[illegible]即古瞿字，[illegible]字下引《汗簡》作[illegible]，瞿字下又引崔希裕《纂古》作界，以及朝鼂、聞閿、協叶之類，不可殫數。鼀字引《古尚書》，是「西伯戡黎」之「戡」，古字通也，乃不併於戡字，而自爲一條。是由不知古文，誤以一字爲二也。澄即澂字之别體，澄字下引雲臺碑作[illegible]〔二〇〕，澂字下引王庶子碑作[illegible]。「彩」即採字之别體，采字下引雲臺碑作[illegible]，彩字下引《義雲章》作[illegible]，以及桐㮔、崇宻、窺闚、暮謨、仙僊、員圓、熙㷩、奉捧、准準、帽冒、覍競之類，不可殫數。是又由不辨俗書，誤以一字爲二也。覃韻之函，乃函蓋字，咸韻之函，乃函谷字，而並引南岳碑作[illegible]。仙韻之鮮，乃腥鮮字，於古當從三魚；獮韻之鮮，乃鮮少字，於古當從甚從少〔二一〕，乃並云古《老子》作[illegible]，顔黄門説作[illegible]，《古尚書》作[illegible]。《説文》訓荒爲荒蕪，本爲兩字，而以古《尚書》之荒字，《籀韻》之荒字並列荒字下。是不辨音義，以二字合爲一也。[illegible]三字，並出《説文》，乃惟云[illegible]字出《説文》，[illegible]字則云出貝邱長碑、古《老子》，三字則云出天台經幢。[illegible]字出石鼓文，乃云出王存乂《切韻》，鐂字出《説文》，庿字出《儀禮》，瀗字、[illegible]字、䨣字、簭字出《周禮》，乃並云出崔希裕《纂古》。㳅字出《荀子》《公羊傳》，乃云出古文。是不求出典，隨所見而捃摭也。簣字，《説文》本作[illegible]，乃云出《唐韻》。夢字，《説文》本作[illegible]，乃云出《汗簡》。燒字，《説文》本作[illegible]，乃云出崔希裕《纂古》。以及兮、回、冰、井、丑、志之類，全與《説文》相同者亦不可殫數，是併不辨小篆也。至於室字，云季札墓銘作[illegible]；季札墓銘無室字。怕字，云古《孝經》作[illegible]，古《孝經》無怕字，益杜撰矣。他如[illegible]、[illegible]銕、[illegible]𥃭之類，相連並立，猶云一篆文，一改篆爲隸也。至保字下云崔希裕《纂古》作保，鴈字下云《籀韻》作鴈，則全作隸書，點畫不異，更不解其何故。讀是書者亦未可全據爲典要也。所列韻目，據自序云本唐《切韻》，仙韻下增一宣韻，與徐鍇《韻譜》同，覃談二韻列於麻後陽前，蒸登二韻列於添後咸前，與顔元孫《干禄字書》同，蓋唐制如是。至齊韻之後、佳韻之前，增一移韻，與二書又不同，殆《唐韻》亦非一本歟，是則不可考矣。

錢大昕跋曰：新安汪氏重刊夏英公《古文四聲韻》五卷，前有慶曆四年進呈序，蓋從汲古毛氏影宋鈔本。全紹衣《鮚埼亭外集》有跋云，是書即取《汗簡》分韻録之，絶無增減異同。今考《汗簡》所引七十一家，而此書所引九十八家，雖不無重復，而增益已不少。全所鈔得之天一閣范氏，有紹興乙丑晉陵許端夫後序，而無英公自序，蓋別是一本，恐非英公書也。英公博覽好古，而未通六書之原，不能別擇去取，故踳譌複沓，較之《汗簡》爲甚。如崔彦裕《纂古》多謬妄不經之字，《籀韻》亦復後人妄作，精于六書者自能辯之。

按：竦摹古奇字，分四聲編次，而注所出於每字下。慶曆四年二月序進，卷首標列所引各書，錢遵王謂近世無一存者，按之雖不盡然，然所見亦罕矣。

鄭氏惇方 篆髓

《焦氏經籍志》六卷

未見

蘇軾《書後》曰：滎陽鄭惇方，字希道，作《篆髓》六卷、《字義》一篇，凡古今字説，班楊賈許二李二徐之學，其精者皆在，間有未盡[二二]，傳以新意，然皆有所考本，不用意斷曲説，其疑者蓋闕焉。凡學術之邪正，視其爲人。鄭君信厚君子也，其言宜可信。余嘗論學之有《説文》，如醫之有《本草》，雖草木金石各有本性，而醫者用之，所配不同，則寒温補瀉之效隨用各別。而自漢以來，學者多以一字考經，字同義異，皆欲一之，彫刻采繪，必成其説，是以六經不勝異説，而學者疑焉。孔子曰：夫聞也者，色取仁而行違，居之不疑，則聞爲小人。而《詩》曰「允矣君子，展也大成」，「之子于征，有聞無聲」，則聞爲君子。又曰「君子周而不比」，則比爲不善[二三]。有子曰「知和而和，不以禮節之，亦不可行也」，則所謂和者同而已矣，而孔子曰「君子和而不同」。若此者多矣。「喪欲速貧，死欲速朽」，此以八字成文，然猶不可一，曰言各有當也，而况欲以一字一之耶！余愛鄭君之學簡而通，故私附其後。

《寶慶四明志》曰：王珩字彦楚，説子，大觀三年進士，官至宗正少卿，年八十卒。

樓鑰《攻媿集》曰：吾鄉舊有五老會，宗正少卿王公珩、朝議蔣公璿、郎中顧公文、衡州薛公朋龜、太府少卿汪公思温，皆太學舊人，宦遊略相上下，歸老于鄉，年七十餘，最爲盛事。

鄭氏惇方**字義**

一卷，見蘇軾《東坡集》

未見

黄氏伯思**古文韻**

見《東觀餘論》

佚

伯思自跋曰：《古文韻》，後政和六年冬以夏鄭公《四聲集古韻》及宗室善繼所廣本二書參寫，并益以三代鐘彝鼎器款識，及周鼓秦碑古文、古印章、碑首，并諸字書所有合古者益之，比舊本殊廣，以備遺忘。作隸字書者多有譌舛，亦姑藏之，以廣異聞，觀者其自辯之。十一月丙申於山陽栖鳳堂親寫，十二月丙戌於廣陵瓜步舟中記之。

王氏珩**字學摭要**

二卷，見《鄞縣志》

未見

小學考卷十八終

校記：

〔一〕上進：原脱「進」字，據王安石《臨川先生文集》卷五六《進字説表》補。

〔二〕案：本條署名誤。撰《石林燕語》者乃葉夢得而非葉適。又案：今本《石林燕語》無此條，《文獻通考》卷一九〇引，署作「石林葉氏」。

〔三〕案：自「潛珍閣銘」以下，原書自成一條，與前論《字説》無關。

〔四〕觀卦：原作「觀封」，據楊慎《升庵集》卷六二《荆公字説》改。案：光緒刊本已改。

〔五〕六之：原作「空之」，據楊時《龜山集》卷七《王氏字説辨》改。

〔六〕特：原作「無」，據右引書改。

〔七〕將不能爲其有耳：右引書作「特不能爲異耳」。

〔八〕是非：原作「非是」，據右引書乙。

〔九〕充：原作「克」，據右引書改。

〔一〇〕槐：原作「愧」，據右引書改。

〔一一〕從：原作「徙」，據右引書改。

〔一二〕而：原作「爲」，據右引書改。

〔一三〕終始：原作「始始」，據右引書改。

〔一四〕之義：二字原脱，據右引書補。

〔一五〕一卷：原作「卷二」，據《郡齋讀書志》卷一下乙。

〔一六〕頭：原作「類」，據夏竦《古文四聲韻序》改。

〔一七〕始絶：右引書作「殆絶」。

〔一八〕壁中：原作「壁中」，徑改。案：光緒刊本已改作「壁中」。

〔一九〕譌：原作「僞」，據《四庫全書總目》卷四一《古文四聲韻》提要改。

〔二〇〕澄：原作「采」，蓋因下文有「采」字而誤，據右引書改。

〔二一〕甚：原作「是」，據右引書改。案：鮮少之「鮮」字，有異體作「尟」。

〔二二〕間有：原脱「間」字，據蘇軾《東坡全集》卷九三《書篆髓後》補。

〔二三〕「比爲不善」下，右引書尚有「而《易》曰『地上有水，比，以建萬國，親諸侯』，則比爲善」一段文字，文意似更周全。

小學考卷十九

文字十一

王氏楚 鐘鼎篆韻

《宋志》二卷

佚

薛氏尚功 廣鐘鼎篆韻

《讀書志》七卷

佚

晁公武《讀書志》曰：皇朝薛尚功集。元祐中呂大臨所載僅數百字，政和中王楚所傳亦不過數千字，今是書所録凡一萬一百二十有五。

陳振孫《書録解題》曰：不著名氏。按《館閣書目》，此書有二家，其一七卷，其一一卷。七卷者紹興中通直郎薛尚功所廣，一卷者政和中主管衡州露仙觀王楚也。則未知此書之爲王楚歟，薛尚功歟？尚功有《鐘鼎法帖》十卷，刻於江州，當是其《篆韻》之所本也。

楊氏鈞 增廣鐘鼎篆韻

《焦氏經籍志》五卷

存

熊朋來序曰：《鐘鼎篆韻》，自琱戈鉤帶及凡碑刻古篆皆在焉。稱鐘鼎，貴彝器也。《考工記》金有六齊：一曰鐘鼎之齊，此鐘鼎之稱所從始。魯鑄林鐘，臧武仲論所以作彝器，杜氏專言鐘鼎，故祀器之款通曰彝，類爲鐘，邛爲鼎，乃彝器之大者，必有文以傳遠。若鼎盤量銘，於經可見已。自倉頡象形推類，由是形聲相推，而文字生焉。周公之時未改籀，已有六書之教，孔子之時已改籀，尚存科斗之書。秦法貴其國字，孔氏及秦博士各藏之屋壁。濟南口授，猶可尋聲得字。安國爲隸古定，科斗書遂絶矣。觀漢所得齊器周鼎，柏寢之刻，栒邑之銘，皆有能按其款識者。壁書半已誦傳，既曰定其可知，又曰時人無能知，果不可知，則隸書何憑，直廢古從俗爾。後日漢求古文，遂不復可得，削刓簡朽，乃不如近代紙墨之傳，易于流布。唐初盛臨摹，始有以楮搨碑碣爲墨本者，東巡之石、偃師之槃、岐陽之鼓、延陵季子之墓篆，石刻而墨傳，然猶未有能摹鐘鼎之款者。皇祐始命大常摹歷代器款爲圖，三館之士不能盡識，於是歐、或曰：《鍾鼎韻》之作，以備篆刻字文爾，刻符摹印，亦書學之一家。馬援不守章句，而好論篆文，當其拜伏波將軍也，上書言：「臣所假伏波將軍印文，伏字犬外嚮。」又言：「成臯令印，臯字從白下羊，丞印四下羊，尉印白下人、人下羊，即一縣長吏印文不同，非所以爲信。」事下大司空，正郡國印章。今按伏旁從犬，能無外嚮之筆，臯非從羊，是乃諧聲之字，記東觀者未有一言以辯之。印文職在司空，掌以少府，猶或譌異，況於香奩家記，銅龜私印，高平刻鵲瑞之章，元暉奉虎兒之字，私志姓字者，蓋不可勝紀。若嘯堂所錄，其來久矣。歐陽公平生惟一字記名，後儒求多焉，人之好古者鮮矣。於記姓名則或好古篆，抑好而不能察，不如其不知好者也。自《玉篇》起，《說文》棄，俗書易，籀學廢，豈惟字書哉！音釋行世，而《詩》《書》《易》不復存古音，《韻略》試士，而字音不復通古音。古學雖不止字書，辟如剖竹，由末而至本，是或一道也。嘗歎漢法試吏，人誦史籀之書，童習倉頡之教，字學猶近古也。漢求能讀古字者[一]，必徵齊人，以所聞伏生可以考論，傳稱山東大師能言《尚書》，齊語相授也。孝宣命張敞受齊學，遂能讀鼎刻，以致通顯。京兆餘暇，遑及古書，無以大其師傳。杜鄴從敞子吉得緒餘，亦以小學名家。至於張敞受學所徵之師，史乃逸其姓名，謾曰齊人而已。劉、李、呂著錄漸廣。宣和以後，爲書遂多，《博古圖》之外，有晏慧開、蔡天啓、趙明誠、榮咨道、董彦遠以至黄伯思、翟耆年、薛尚功諸家，相繼論述，彝鼎古器亦多出政宣之間，物常聚於所好也。初夏氏倣二徐韻例，以《唐韻》繫古篆，於時器款未備，其間鐘鼎字文缺略，頗汎取俗書，以備奇字，亦未以鐘鼎名也。政和中，王楚作《鐘鼎篆韻》矣。薛氏承龍眠之舊圖，其帖始於琱戈，因王楚之成書，其韻謂之重廣。乙卯、癸亥，一再脱藁，宜無遺字，而帖之所載韻或缺焉。商鍾有釋文，韻則曰無音釋，石鼓已載帖，韻則無取鼓。自韋韓過於稱許，適滋羣疑。翟氏評周宣遺蹟，亟稱吉日碑而疑鼓刻，於「維」字疑其不類古款，於以可疑其意不逮筆。於「柳、帛、君、庶」等字，疑其促長引短以取稱。夾漈疑秦篆。茌平馬氏疑宇文周所爲，然此以論篆，非論韻也。今爲《篆韻》，復安問此，固以多文爲富爾。舊刻夏薛諸韻，臨移失真，昔人所以嘆烟墨而悲紙竹也。臨江楊信父參訂舊字，博采金石奇古之蹟，益以奉符黨氏《韻補》，夏薛所未收，徵余爲序。其篆則夏商周秦之篆，而韻則唐韻也，姑以是記字爾。鈿金戈帶之文一時也，夾鍾昭鈴之刻又一時也，由古篆下迄斯冰，有不可比而同之者，亦有籀古錯落，散在召陵公乘之書，或古文閱世而後出，或後人倣古而近似，審而用之，存乎其人矣。

每閲《漢史》，未嘗不爲斯人歎。今信父有力於篆韻，盍書其名氏，無若齊人然！信父名鈞，以字行。

吴澄序曰：倉頡字世謂之古文，其别出者謂之古文奇字。自黄帝以來，至於周宣王，二千年間中國所通行之字，惟此而已。史籀始略古文法，謂之大篆。李斯又略變籀法，謂之小篆，大篆、古文名則三，寔則小異而大同。今世字書惟許氏《説文》最先，《説文》所纂皆秦小篆爾，古文大篆僅有一二。宋薛氏集古鐘鼎之文爲《五聲韻》，雖其所據有可信者，有不可信者，然使學者因是頗見三代以前之遺文，其功實多。清江楊鈞信父重加訂正，有所增益，其文蓋愈贍矣，此世所不可無之書也。若其所取之或可疑，兼收可備博攷，而未易立談判，好古之君子其審諸。

錢曾《敏求記》曰：《增廣鐘鼎篆韻》七卷。政和中王楚作《鐘鼎篆韻》，薛尚功重廣之，臨江楊鈞信父博采金石奇古之蹟，益以奉符黨氏《韻補》所未備，係篆文於唐韻下，而以象形奇字等篇終焉。馮子振云：漢有文古《尚書》，唐明皇以隸楷易之，儒者不識古文，自開元始。《宋景文公筆記》記古人楊備得古文《尚書》釋文，讀之驚喜，自爾書訊刺字皆用古文，當時咸不之識，遂有怪人之目。信父得無亦作怪人耶？此書序後有洪熙侯書籍印章，摹寫精妙，凡楊增俱用朱印略之，以識增廣之意，蓋内府所傳本也。

薛氏尚功鐘鼎款識 《宋志》作《歷代鐘鼎彝器款識法帖》

《讀書志》二十卷 《書錄解題》十卷

存

晁公武《讀書志》曰：皇朝薛尚功編，《考古》《博古》之類，然猶爲詳備。

朱謀垔序曰：南宋薛尚功集《鐘鼎彝器款識》二十卷、《鐘鼎韻》七卷。《韻》有刻本傳世，《款識》則尚功手書，爲山陰錢德平祕藏。神物流傳，不專一氏，庚午夏月客有持以視余，余喜出殊異，不惜重貲購之，而不欲私爲己寶也，爰授梓人，公諸同好而敘之曰：或謂世數綿邈，字體代變，古人遺蹟，止見岣嶁之碑、岐陽之鼓及李斯碑璽而已，詎知古人紀功錄德，迺有鐘鼎廟堂重器，必屬國能，則佚籀二史，遺跡在焉。秦權量，識者以爲程邈書，若在兩漢，又必蕭相國李書師之徒，凡此數人，皆能上沿頡誦，自成變化。其體曰古文，曰大篆，曰小篆，曰秦隸，曰徒隸。其法曰鶴頭，曰蚊腳，曰到薤，曰芝英，曰柳葉，曰玉箸。上下千載，變態各出，一披覽間，了無遁情，信書家之原糸，考古之徵鑑矣。其《鐘鼎韻》亦析此帖而成，以考單字可耳。若夫信體結搆，自成篇章，小大剖正，不律而合，或函三而爲一，或附體於字跡，不覩全文，曷窺精意？且其注釋詳覈，博物之能，茂先所遜。蓋聞天地萬物之理，具在六書，六書之蹟，又在此帖，有識者當六經奉之，不徒曰臨池之鼻祖而已。篆文一卷至八卷，臨川帥志摹，九卷至廿卷，則族姪統鉫繼之，小楷家姪統睿書。書成，挍其亥豕之誤，則有族姪賓符統鑽。至於命意運指，不失古人遺法，自柔翰以至鋏史，皆不佞至一一指授，頗爲薛氏忠臣者。崇禎癸酉孟夏。

《天祿琳琅》曰：《歷代鐘鼎彝器款識法帖》，明萬嶽山人校刊，二十卷，前山人自序。萬岳山人不知何許人[二]，序後有「宣公後裔」之印，則爲陸氏可知，惜未詳其名，始末無考。其序作於萬曆十六年，稱蘇人貨古物者有《博古圖錄》，予厚價而得之，每自稱快。又數年得《鐘鼎款識》一集[三]，與《博古圖》相爲表裏，然有鈔本無刻本，意欲梓焉，謀之數年，因艱於摹寫之手，遂不果。邇年偶得松石姜君，能兼諸家書，又工篆隸，遂以是集付之，不半月而就，於是遂得而梓焉云云。是此書非山人所撰，而序中亦未及作者之名。考采入諸書目，祇載《鐘鼎篆韻》七卷，亦無此書，蓋亦以未有刊本，罕傳於時也。書中篆法古雅，竟似從鐘鼎彝器中摹搨而出，其橅印以朱不以墨，亦別饒古色，明版之傑出者矣。

《四庫全書提要》曰：宋薛尚功撰。尚功字用敏，錢塘人，紹興中以通直郎僉定江軍節度判官廳事[四]。是書見於晁公武《讀書志》《宋史·藝文志》，均作二十卷，與今本同。惟陳振孫《書錄解題》作《鐘鼎法帖》十卷，卷數互異，似傳寫脫「二」字。然吾邱衍《學古編》亦作十卷，所云「刻於江州」，與振孫之說亦符，蓋當時原有二本也。所錄篆文雖大抵以《考古》《博古》二圖爲本，而蒐輯較廣，實多出於兩書之外。其中如十六卷中載比干墓銅槃銘之類，未免真僞雜糅，然大致可稱博洽。即以卷首商鼎一類考之[五]，若箕鼎及維揚石刻之出於古器物銘，濟南鼎之出於向瀉刻本，皆非舊圖之所有。至其箋釋名義，考據尤精。如《攷古圖》釋蠆鼎云周景王十三年鄭獻公蠆立，此書獨從《博古圖》以爲商鼎。夔鼎銘五字，《博古圖》云「上一字未詳」，此書以上一字爲「夔」字。父乙鼎銘亦五字，《博古圖》云「末一字未詳」，此書以末一字爲「彝」字。又如《博古圖》釋召夫鼎銘詞，有「午刊」一字，此書作「家刊」。《博古圖》釋父甲鼎銘作「立戈父甲」，此書作「子父甲」。又凡《博古圖》所云立戈、横戈形者，此書多釋爲「子」字。其立說並有依據，蓋尚功嗜古好奇，又深通篆籀之學，能集諸家所長而比其同異，頗有訂譌刊誤之功，非鈔撮蹈襲者比也。尚功所著，别有《鐘鼎篆韻》七卷，蓋即本此書而部分之。今其本不傳，然梗概已具於此矣。舊刻久佚，此本爲明崇禎中朱謀垔所刊，自序稱購得尚功手書本，雖果否真蹟，無可證明，然鉤勒特爲精審，較世傳寫本爲善云。

又曰：按此書雖以「鐘鼎款識」爲名，然所釋者諸器之文字，非諸器之體製，改隸字書，從其實也。至《博古圖》中之因器及銘者，則宜入譜録，不在此例。《隋志》併石經入小學，以刻文同異，可資參考之故。然萬斯大《石經考》之類，皆但溯源流，不陳字體，與小學無涉，今仍附之金石焉。

按：《鐘鼎款識》久無善本，近阮學士元爲浙江學使，校正重刊，其自序曰：薛尚功《鐘鼎款識》，宋時爲石刻本，故有法帖之名。明萬曆間硃印刊本，訛舛最多，跋語亦删節不全。惟崇禎間朱謀垔所刻尚功原本，較爲可據，然板本並佚，傳寫滋誤。今據吴門袁氏廷檮影鈔舊本及元所藏舊鈔宋時石刻本，互相校勘，更就文瀾閣寫本補正之，似可還薛氏舊觀。錢唐吴氏文健明於小學，審定文字，以付梓人。陳氏豫鍾精篆刻，爲摹款識。高氏塏善書，爲録釋跋，皆一時之能事也。又曰：薛氏所摹石鼓文，似據翦帖本，故於字之缺半者不收，且有顛倒之處。至於刻本、鈔本摹寫多譌，更不勝計。今夏摹刊天一閣北宋搨本，置之杭州府學，因屬儀徵江氏德地據彼校此，注其誤於字旁，以袪學者之惑。時嘉慶二年閏六月。

洪氏适 隸釋

《直齋書録解題》二十六卷

存

《宋史·洪皓傳》曰：皓字光弼，番陽人。子适，字景伯，皓長子也。幼敏悟，日誦三千言。紹興十二年，與弟遵同中博學宏詞科。後三年，弟邁亦中是選，由是三洪文名滿天下。改祕書省正字。乾道元年五月還翰林學士，仍兼中書舍人。六月除端明殿學士，簽書樞密院事。十二月拜尚書右僕射、同中書門下平章事，兼樞密使。未幾乞退，既而臺臣復合奏。三月，除觀文殿學士，提舉江州太平興國宫。尋起知紹興府、浙東安撫使，再奉祠。淳熙十一年薨，年六十八，謚文惠。

适自序曰：秦廢古訓，而官獄多事，乃令下杜人程邈作小篆，而邈復獻隸書，所以施之徒隸，趨簡易也，亦曰佐書。漢魏之際，蔡邕、鍾繇、梁鵠、邯鄲淳俱有書名。後魏酈道元注《水經》，漢碑之並川者始見其書，蓋數十百餘。陵遷谷變，火焚風剝，至宣和政和間已亡其什八〔六〕。本朝歐陽公、趙明誠好藏金石刻，漢隸之著錄者歐陽氏七十五卷，趙氏多歐陽九十三卷而闕其六。自中原厄於兵，南北壤斷，遺刻耗矣。予三十年訪求，尚闕趙錄四之一，而近歲新出者亦三十餘，趙蓋未見也。既法其字爲之韻，復辨其字爲之釋，使學隸者藉書以讀碑，則歷歷在目，而咀味菁華，亦翰墨之一助。唯老子、張公神、費鳳三數碑有撰人名氏，若華山亭爲衛覬之文〔七〕，見於它說者財一二爾。其文或險而難解，澀而太鑿者，譬之紀甗、郜鼎皆三代僅存之器具，剝缺不成章，與魏初之文數篇附於後，如斷圭殘璧，亦可寶。自劉熹、賈逵已下字書不足取者，皆不著。乾道三年正月八日。

又跋《跋丙申修改隸釋》曰：《隸釋》成書十年矣，再因考古，始知楊司隸名渙，不名厥。張元益是偉伯之孫，王曜非劉寬故吏，膠東廟門是兩碑，石勛詩非費鳳碑陰，校官碑以菰竹爲孤竹之類，增改千有餘字，除去者數板。淳熙丙申息祕官山陰，遂正之。

又跋《淳熙隸釋目錄》曰：右《淳熙隸釋目錄》五十卷。乾道中書始萌芽〔八〕，十餘年間，拾遺補闕，續卷寖多。鄞江史直翁、苕溪李秀叔一再添刻〔九〕，南蘭陵尤延之自秋浦鋟板埤助，蘇臺范至能以越本刊於蜀，前後增加律呂乘次，合而一之，得聖賢嶽瀆祠廟四卷、石經一卷、旌孝講德一卷、河渠橋道二卷、阡表壙銘十六卷、雜刻三卷、甎文器物款識二卷、魏吳蜀晉三卷、譜一卷、圖式八卷、水經一卷、歐趙說六卷、碑鄉一卷，凡碑板二百八十五、甎器二十七。某久垂意古學，見之訢然，命掾史輯舊板去留移易〔一〇〕，首末整整一新，傳之將來，或不束之高閣，勞勤心目，可無憾焉。辛丑十月。

員興宗《答洪丞相問隸碑書》曰：某齋沐再拜判府丞相大觀文先生。邇者伏奉鈞教，忘其不肖，咨以川蜀兩漢碑墨之所從出及古文奇字，至於種種，旨意淳復。被教之初，伏念旬時，至於今茲，既月乃日矣，非不能答，懼不能詳也，不詳則遂虛大君子之誨，是以臨發輒已，發則不敢不謹也。敬再拜以對。恭維丞相於時爲通儒，於名位爲獨絕，於經誼則閎而深，於史學則博以嚴，於箋傳集類兵家、曆法、農工、圖記、星官、醫藥之書與夫釋老異家之所傳授，經目則無所不攷，攷則無所不詳。今則擁百城，坐大鎮，自公之暇，尚恐日月之易窮，念訛刻謬書，病之耳目，且欲一而新之也。則又取周秦已來聖賢英烈魁雄之士名世者彝章鬲畫鼎篆分隸之文，荒林遠野祠鑱冢刻之實，約其義而黜其衰，剖其原而博其趨，題端跋後，解蔽徹疑。丞相衛道博古，可謂篤也已矣，近世所無有也。然丞相所以下詢數十條者，文有主，字有體，意各有出，謹先具其知者，略其不知者，蓋不敢以不知爲知，是不欺於門下也。竊觀廣漢、巴郡、蜀郡、漢中、益州、犍爲皆漢故郡也，郡所發之碑，皆漢故物也。自巴郡太守張納功德敘故在巴郡，巴今利州路也，然漢之巴郡則在夔之忠州。張飛客嚴顔，嘗爲巴郡太守，乃夔之巴郡爾，似與張納少異也，今當以漢之巴郡爲正。自廣漢屬國李翊碑在今渠州，蜀郡屬國李夫人碑亦在今渠州。觀此二碑，疑若夫婦也。一云廣漢屬國，又一云蜀國都尉夫人〔一一〕，其名位俱不同矣。近得廣漢屬國侯夫人碑，侯音候，字從侯。漢有衛候、北軍中候是也，從省文耳。此真翊妻耳，但不知丞相所收所謂都尉李夫人者，與此少異乎？若其無異，則爲翊妻明矣。自司隸校尉楊厥開石門碑，按：楊君石門碑云：楊君厥字孟明。攷楊君名涣，「厥」乃助語詞，後人以爲揭厥者，非。《通志·金石略》亦誤。武都太守李翕析里橋郙閣銘，石門者興元旱山之東也。今厥碑在褒城斜谷，前人亦謂之褒谷，蜀使五丁開道是谷矣。析里橋郙閣銘在利州西路興州趨武道上，武都漢白馬氏之地，今階州即武都也。碑立於波夷江對，至今猶儼然。漢之巴郡乃今忠峽之地，而巴郡太守樊敏碑乃在西路雅之石馬〔一二〕。益州乃今犍爲瀘敘之地，而益州史高頤碑乃在雅之嚴道。永元磨崖碑雖在嘉之夾江，有字無志，猶唐蒙入蜀碑，雖亦嘉之龍渡，今有額無碑也。如此可憾者甚衆，斯不可以筆舌盡矣。丞相所詢之碑凡二十有五，今所知者凡十有六，大都見於别録，不知者凡九。丞相所未及詢者又有五焉：東漢爲將軍碑在巖渠，碑字爲衆隸之冠，蜀之先達皆咨其法焉。建武何君碑，近世鋤墓者得之，比衆碑爲最，在雅之嚴道。又得大夫碑，大夫者褒也，在今資州資陽縣，聞好事者竊去矣。黄龍甘露碑，隸法可觀，碑亦稱之，眉州故石也，一二大家能有之，去而不出，是必不凡矣。劍州梓潼道上有雙闕〔一三〕，或云孝廉闕，或云使君闕，高二十尺有咫，此王稚子表者爲壯〔一四〕，大夫士過則必式，信其古也。此五者丞相宜有以咨，不得則有以求焉可也。今先以數種呈納。昔王回深父喜集故蹟遺文，曰物莫壽於金石。金石誠壽矣，然猶不足以保其外，予嘗閲古鍾鼎舊冢碑碣之文，以證諸史，及他傳記褒頌功德，雖不可盡信，而於年月、名氏、山川、風俗與其一時文采雅度，有得其詳，而史傳追述乃其槩耳。曩所聞者磨滅殆盡，今所聞者後數百年又磨滅者幾何也，故采其備者，首尾以編之。彼深父劫劫有意於古，至於拂性苦形，收拾亂墜，守之以勇，而求之以不止，自金石而詮爲信書，宜其學之充博也。是以歐陽子咨之以《集古》之半，訪之以娑羅鼓之異事，質之以汝陰顔氏之遺蹟，蘇子容叩之以表三老之故碑，而宋次道、吕縉叔原父、子原叔之徒，望風屏氣，直不敢與之抗也，稽古之功其可泯乎！且回以一士稽參散逸，猶能傳當時而信後世，況以相國大臣，窮研廣索，科條畢埋，稠重畢去，斯亦可以左摩史蔡，右悉鍾張矣。誠《集古編》所謂有力而好，好而至者，近世之所無有也，丞相既有之矣。又篇末有曰請益之詞，且君子有道有位，位有窮卑，而道有精粗，得道之至者識道以明，是以天下求用不匱，故名位一切不施乎此自非然者，上下之分，安可亂也！丞相今略名徇道，於是至矣，然某非求用不匱者也。傳曰：「借聽於聾，求道於盲。」聾盲何有，而君子乃求借之乎？然盛意不可以虛辱，念終不言，則愧且無日矣。丞相之所引，若隸碑之堯祠諸雨碑所謂「䲂」，所謂「二九之戒」，所謂「名曰咸池之歲」，所謂「禕隋在公」之字，所謂「兼齒雅」之說，所謂「闕幘」，所謂「牟壽」，所謂「五六六七訓道若神」之義，蓋漢之士習漢之故，去先王爲未久也。宗廟朝廷之間，大羹之敦、元酒之尚、疏越之音，風氣淳龐，是以出言有稽，皆無章句以破壞其體，則宜其字語之可觀也。其轉象旁訓，若異而實同，不可不察。《淮南》訓䲂魚爲異魚，《集韻》亦以爲然，魚從龍乃古義也[一五]。碑云「二九之戒」，蓋年數也。張平子《東京賦》「元謀設而陰行，合二九而成譎，宜其戒也」。薛綜注曰：「元，成也，謂王莽之謀陰行十八年，故曰二九也。」然則是隸其在建武永平之後。舊碑載「歲在戊午，名曰咸池」，一也，而名則有四：以星名者，司馬《天官書》「咸池曰天五潢」，《晉志》「咸池曰魚囿」是也。有以地名者，劉安曰「日入暘谷，浴咸池」是也。有以樂名者，《莊子》「黄帝奏咸池」是也。有以歲名者，《淮南·天文訓》「大時者，咸池也，咸池爲太歲」。今碑云「歲在午曰咸池」，其《淮南》所謂大時者乎？碑云「禕隋在公」，取《詩》「委施委施，退食自公」之義也，不曰「委施」，而曰「禕隋」，乃《韓詩内傳》解「直禕隋」，《三蒼》注云「行步依動貌也」。漢字通訓蓋千百矣，如「解后」不害爲「邂逅」之類，「委隋」豈害爲「委施」者乎？「牟壽」者「眉壽」也，「齒雅」者「齒牙」也。《儀禮》凡紀「眉」作「牟」[一六]，《禮記》引「君牙」作「雅」[一七]，然則隸文爲「兼究齒雅」，「永享牟壽」者，「牟」爲「眉」、「雅」爲「牙」，其義可決。凡幘，覆後巾也。《東漢志》云「耳宜闕幘爲傳講之巾也」。至若「咀嚼七經，五六六七，訓導若神」之義，非吾夫子不可當也。五六者三十，六七者四十二也，豈非謂七十二子乎？書五六、六七之云，猶《左氏》謂二五之偶，《漢書》謂四七之將，碑從廋辭[一八]，所以爲法也。先儒曰：「六籍熄於戰國，焚於秦，逮於後世學士，不見中間之信說，而欲特立一家之學者，果自能哉！吾未之見也。」借是而論，則稽事博者其要必正，用功深者其傳必遠，凡取信於史傳之錄者，舉未必真。今吾得之千載之藏碑樹冢刻之間，則無不真，是誠可信者也。且以唐逮今未能五百餘歲，若依載傳孜之，則年位歲次、名氏圖牒、山川風域、成敗之由，參錯不齊，若十指然。況唐以前，其失可名也哉！是則碑不可以不徵，傳不可以不信也。某近述史考差失近數千條，是皆史氏口傳耳剽，一取小家浮剝之失，病至於是，而何有於本事？然則丞相徵碑之功，下詰衆史，猶羣星之一月矣，甚盛，甚盛！丞相於道學史法兩見其備，味衆人之不味，其功卓矣。此門下若不肖所以欲附名於言端，而託諸不朽也。《詩》云「跂予望之」，傳曰「伊其稽首，不其有來乎」，度旦夕裝治，復歸大庭，敢致稽首有來之願，而伸「跂予望之」之心，穫卒所聞於前，斯又大幸也，尺札奚宣所悃哉！惟丞相所以察，不備。

王楙《野客叢書》曰：洪氏集漢人碑刻爲《隸釋》，甚有補於後學，然亦間有意未到處。如《鄘閣頌》「行理咨嗟」，則釋爲「行李」。僕按《左傳》昭公「行理之命」，杜預注云：「行理，使通問者。」洪以「行理」爲「行李」，不爲無據，然釋以行里，亦似意順，蓋言行道之人皆咨嗟，不止使人而已。古者理、里字通用。又如「柔遠而邇」，「而」字無釋，僕疑「而」字借用「能」字耳，「耐」即古「能」字也，蓋漢人書字有增偏旁者，如書「英」爲「瑛」，損偏旁者，如書「繼」爲「𢇍」之例是也。增玉爲「瑛」，損系爲「𢇍」，又安知此碑不以「理」爲「里」，「而」爲「耐」乎？又鄭固碑有「逡遁退讓」之語，洪氏謂用《史記》，引賈生「逡巡遁逃」之語，僕謂非用《史記》之語，蓋用《前漢・外戚傳》「太伯逡循固讓」之文爾。「逡遁」即逡巡之義，合讀爲逡循，而洪氏謂合讀如本字，僕謂雖「逡遁逃」賈生有是語，今單讀爲逡遁，於文勢順乎？按《前漢・敘傳》曰「不疑逡遁致仕」，《外戚傳》曰「太伯逡遁固讓」，《平當傳》贊曰「平當逡遁有恥」，師古注：遁讀與巡同。此可驗也。《管子》亦曰「蹵然逡遁」。又仲秋下旬碑曰「爰茲衰微，三命縮贏，背亣嬪儷，孤嗣單煢」，洪氏謂「爰茲衰微，三命縮贏」者，知其嘗貢選也。「背亣嬪儷，孤嗣單煢」者，知其有妻孥也。僕謂「三命」者即陰陽家五星三命之說，猶言壽命短促也。嚴訢碑亦云「經設三命，君其夬」，孫根碑云「贏縮有命，不可增損」，即此意也。洪謂貢選之說，其指似迂。

張萱《疑耀》曰：隸有古隸，有今隸，今之楷書即今隸也。世言隸創於王次仲，又言創於程邈，皆秦世也。羅長原曰：宋時臨淄人有得齊胡公之銅棺，前和隱起，皆爲今隸，則隸書秦已前已有之矣。《水經注》亦云：「隸自出古，非始於秦。」

錢曾《敏求記》曰：《隸釋》二十七卷，隸七百一十餘，葉杜村先生手筆，雲浦子盛時泰題於後。古人於書率多自鈔，相傳徐髯仙有宋槧本，甚精妙，後歸毛青城，載還蜀中，前輩好書風流，洵可慕也。

《天祿琳琅》曰：宋《中興藝文志》稱适取古今石刻，法其字爲之韻，辨其文爲之釋，以辨隸書，曰《隸釋》。陳振孫亦稱年來北方舊刻不可復得，覽此猶可慨想。此本雖非宋槧，槧印不精，而其書則固足重也。

《四庫全書提要》曰：是書成於乾道二年丙戌，适以觀文殿學士知紹興府、安撫浙東時也。明年正月，序而刻之。周必大志其墓道[一九]，云耽嗜隸古，爲纂釋二十七卷者，即指此書。其弟邁序婁機《漢隸字原》云：「吾兄文惠公區別漢隸爲五種書，曰釋，曰纘，曰韻，曰圖，曰續，四者備矣，惟韻書不成。」又适自跋《隸續》云，《隸釋》有續，凡漢隸碑碣二百八十有五。又跋《淳熙隸釋後》云[二〇]，《淳熙隸釋目錄》五十卷，乾道中書始萌芽，十餘年間拾遺補闕，一再添刻，凡碑版二百五十有八。然乾道三年洪邁跋云，所藏碑一百八十九，譯其文，又述其所以然，爲二十七卷。又淳熙六年喻良能跋云，公頃師越，嘗薈粹漢隸一百八十九爲二十七卷。是二跋皆與是書符合，則其自題曰《淳熙隸釋》者，乃兼後所續得，合爲一編。今其本不傳，傳者乃《隸釋》《隸續》，各自爲書。此本爲萬曆戊子王鷺所刻，凡漢魏碑十九卷，《水經注碑目》一卷，歐陽修《集古錄》二卷，歐陽棐《集古目錄》一卷，趙明誠《金石錄》三卷，無名氏《天下碑錄》一卷，與二十七卷之數合。每碑標目之下，具載酈、歐、趙三書之有無。歐趙之書第撮其目，不錄其文，而是書爲考隸而作[二一]，故每篇皆依其文字寫之，其以某字爲某字，則具疏其下，兼核著其關切史事者，爲之論證。自有碑刻以來，推是書爲最精博。其中偶有遺漏者，如衛尉卿衡方碑，以「寬懔」爲「寬慄」，以「聲香」爲「馨香」，以「邵虎」爲「召虎」，以「疚」爲「痎」，「訕」爲「謚」，以「尅長尅君」爲「克長克君」，以「謇謇」爲「蹇蹇」，以「樂只」爲「樂旨」。白石神君碑以「幽讚」爲「幽贊」，以「無畺」爲「無疆」。《潛研堂金石文跋尾》均舉其疎。又其小有紕繆者，如鄭固碑「逡遁退讓」，适引《秦紀》「逡巡遁逃」釋之。按《管子》「桓子蹵然逡遁」，《漢書・平當傳》贊「逡遁有恥」，蓋「巡」與「循」同，而「循」轉爲「遁」。《集古錄》云，「遁」當爲「循」，其說最協，适訓爲「遁逃」，殊誤。武梁祠堂畫像，武氏不著名字，适因武梁碑有「後建祠堂，彫文刻畫」之語，遂定爲武梁祠堂。案：梁卒於桓帝元嘉元年，而畫像文中有魯莊公字，不諱改嚴，則當是明帝以前所作。《金石錄》作武氏石室畫像，較爲詳審，适未免牽合其詞。至《唐扶頌》「分郟之治」語，案《公羊傳》「自陝而東者，周公主之」，陸德明《釋文》曰：「陝，一云當作郟，古洽反。」「王城郟鄏」，則古有以分陝爲郟者，适以爲用字之異，非也。李翊夫人碑「三五𣏟兮衰左姬」，據《山海經》「剛山多柒木」，《水經注》漆水下有柒縣，柒水、柒渠，字皆作柒，隸從「柒」省去水爲「𣏟」，适以爲即「末」字者亦非也。然百醇一駁，究不害其宏旨。他如楊君石門頌，楊慎譏其不識「遷」字，考之碑文、正作「鑿石」，別無「遷」字，是則慎杜撰之文，又不足以爲适病矣。

汪日秀跋曰：右《隸釋》二十七卷，宋丞相洪文惠公适景伯氏所著也。上自建武，迄於黃初青龍，而以典午所刊張平子一碑殿之。自劉熹、賈逵以下，悉棄不錄，徵引辨證，視歐陽趙氏兩書，尤爲精覈，篤古之士珍如球璧。特是書易隸爲楷，轉寫至易譌舛，又漢人作隸，往往好假借通用，或加或省，或變或行，奇古譎怪，中雜篆籀，不知者妄加改竄，愈失鄱陽之舊。每一展卷，真有若玉局所云如箝在口者也。余從金閶借得傳是樓鈔本，悉心讎勘，較之明季鏤板，大相逕庭，於馮緄碑補三十字，孫叔敖碑補三十八字，《武梁祠堂記》補十二字，四老神坐神祚機增入「綺里季」一行，至武梁碑明刻脫去碑文，止存其末數語及銘文，而誤以武斑碑釋文闌入，又缺其後一段。《魏公卿上尊號奏》及《受禪表》二碑，前後互相錯簡。並一一爲之釐定增補，復以《隸韻》《字原》《石墨鐫華》《金薤琳瑯》諸書參攷得失，偏旁點畫尤多所訂正，其無可據依者，悉仍其故，以示傳疑之意。雖不能無毫髮遺恨，然於盤洲老人旰衡擊節，輟食罷寢之苦心，或庶幾表章萬一云爾。歲在彊圉作噩壯月上澣。

洪氏适 隸續

《直齋書錄解題》二十一卷

存

适自跋曰：《隸釋》有續，前後二十一卷，乾道戊子始刻一卷於越，淳熙丁酉姑蘇范至能增刻四卷於蜀，後二年雪川李秀叔又增五卷於越。明年錫山尤延之刻二卷於江東倉臺，而輦其板歸之越，延之與我同志，故鄭重如此。凡漢隸見於書者，爲碑碣二百五十八、甎文器物款識二十二、魏晉碑十七、款識二，欲令數書爲一，未能也，今老矣，平生之癖，將絕筆於斯焉。庚子十一月。

洪邁序曰：吾兄丞相番陽公安撫浙江東道，部郡七，治所臨會稽，部縣八，西接行在所，東際海南，拊百粵之區，地大物衆，槩槩一都會也。處之踰年，兵民兩安，山顛水厓，如立庭戶不能稱，過使客飾廚傳，又不能蒙子公力作長安書，獨於隸古之習，根著膠固，手追心摹，今三十餘年。得黃金百如視涕唾，即獲一漢刻，津津然盱衡擊節，輟食罷寢，摩挲而謹讀之，意世間所謂樂事，直無以右此者，喟然嘆曰：「天下奇寶也，吾顯鄉而獨美之爲不仁。」空篋中得所藏碑百八十有九，譯其文，又述其所以然，爲二十七卷，曰《隸釋》。書法不必同，人視之無如也，則皆毛舉十數字，刊諸石，曰《隸纘》。其字同，其體異，參差不可齊，則倚而彙之，曰《隸韻》。龍龜爵麟，九尾之狐，琮璜璋圭，名物怪奇，凡見於扁額者，各肖其象，曰《隸圖》。亦既釋之，而又得之，則列於廿七卷以往，曰《隸續》。大氐皆祖東漢時，其高出西京，浸淫以及魏晉者，率不能什一，搜羅梱稡，蓋不遺餘力矣。自篆捷於漢而爲隸，變於魏八分，於晉宋隋唐之間，以分視隸，由康瓠之與周鼎也，而唐人篤好之，漢法益亡。杜子美之詩云：「倉頡鳥跡既茫昧，字體變化如浮雲。陳倉石鼓又已訛，大小二篆生八分。」又曰：「中郎石經後，八分蓋憔悴。」則涇渭雜揉，以分爲隸，雖子美有所不能知。吾兄一旦發千古之祕藏，悉主張是，使蔡中郎復生，見此數者，當復有得異之嘆。兄嘗三上奏天子乞身歸，輒奉詔不許，倘留不已，懼其汙南山之竹云。乾道三年十二月十八日。

喻良能題曰：右《淳熙隸續》[二二]，觀使大觀文番陽公所撰也。公頃帥越，嘗會稡漢隸一百八十九[二三]，爲二十七卷，曰《隸釋》，續有得者列之十卷，曰《隸續》。既墨於版，亦已詳矣，猶以爲未也，復冥搜旁取，又得六十有五，爲九卷，所謂豪髮無遺恨者。書成，下示門下士良能，良能既得之，敬白安撫大資吳興公，公一見大喜，謂可開覺後學，乃命鏤之堅梓，以侈其傳。噫嘻！番陽公之好古，吳興公之樂善，俱極其至，槩之古人，可謂無媿也已。淳熙六年八月十七日。

《中興藝文志》曰：适取古今石刻，法其字爲之韻，辨其文爲之釋，以辨隸書，曰《隸釋》《隸續》。

陳振孫《書錄解題》曰：凡漢刻之存於世者，以今文寫之而爲之釋，又爲之世代譜及物象圖碑，形式悉具之，魏初近古者亦附焉。年來北方舊刻不可復得，覽此猶可慨想。

錢曾《敏求記》曰：《隸釋》有續，前後二十一卷，乾道戊子始刻十卷於越，淳熙丁酉姑蘇范至能增刻四卷於蜀，後二年霅川李秀叔又增五卷於越。明年錫山尤延之刻二卷於江東倉臺，而葦其板合之越。此景伯之自題若是。嗟乎！一書之付剞劂，遼緩歲月，以潰於成，奈何世罕其傳？元泰定間刻本亦止前七卷，知此書之亡來久矣。景伯又集字同體異參差不可齊者，倚聲而彙之，曰《隸韻》。予家有其半，洵宋搨中之奇寶也。

《四庫全書提要》曰：适既爲《隸釋》，又輯録續得諸碑，依前例釋之，以成是編。乾道戊子，始刻十卷於越，其弟邁跋之。淳熙丁酉，范成大又爲刻四卷於蜀。其後二年己亥，德清李彥穎又爲增刻五卷於越，喻良能跋之。其明年庚子，尤袤又爲刻二卷於江東倉臺，葦其版歸之越。前後合爲二十一卷，适自跋之。越明年辛丑，适復合前《隸釋》爲一書，屬越帥刊行，适又自跋之，所謂「前後增加，律呂乖次，命掾史輯舊版，去留移易，首末整整一新者」是也。然辛丑所刻，世無傳本，《隸釋》尚有明萬曆戊子所刻，《隸續》遂幾希散佚。朱彝尊《曝書亭集》有是書跋曰：范氏天一閣、曹氏古林、徐氏傳是樓含經堂所藏，皆止七卷。近客吳，訪得琴川毛氏舊鈔本，雖殘闕過半，而七卷之外，增多一百十七翻，末有乾道三年适弟邁後序云云。蓋自彝尊始合兩家之殘帙，參校成編，後刊版於揚州，即此本也。據喻良能跋云「續有得者，列之十卷，曰《隸續》。既墨於版，復冥搜旁取，又得九卷」，則當時所刻實止一十九卷[二四]。朱彝尊因疑其餘二卷是所謂《隸韻》《隸圖》者。然洪邁跋稱「亦既釋之，而又得之，列於二十七卷以往」云云，則《隸續》當亦如《隸釋》之體，專載碑文。此本乃第五卷六卷忽載碑圖，第七卷載碑式，第八卷又爲碑圖，第九卷十卷闕，第十一卷至二十卷又皆載碑文，第二十一卷殘闕不完，而适自跋乃在第二十卷尾，蓋前後參錯，已非原書之舊矣。考彝尊所云七卷之本，乃元泰定己丑寧國路儒學所刻，較今所行揚州本譌誤差少，然殘闕太甚。今仍録揚州之本，而以泰定本詳校異同，其殘闕者無可考補，則姑仍之焉。

汪日秀跋曰：洪文惠公既著《隸釋》，其續得於成書後者，復列爲二十一卷，曰《隸續》。凡漢魏晉之碑碣、石經、《儀禮》《左傳》之遺文，磨崖石闕神道之題字，石壁石室之畫[二五]，宅舍墟墓之甎，刀鏡鼎壺鉦鐙槃洗梧梓板函鐵盆壽椁官璧之銘識，石羊石虎之刻，莫不罔羅而會粹之。顧是書在當時先刻十卷，後范至能、李秀叔諸公續爲鏤版足成之。公自言欲合數書爲一而未果，疑當時所梓尚非定本。若近世所流傳者，並非當日原本，故喻氏之跋所稱卷數與公後跋不符。至《隸圖》本自爲一書，後人乃闌入此書內，其中下二卷復編次舛錯，莫可考正。予得金風亭長鈔本以校近刻，多所增益，其譌脫處仍不能不相沿襲，未足稱爲完善，然麒麐一毛、虬龍片甲，公於漢字之留遺於後者，猶不勝鄭重而愛惜之，則今日於公之書，其爲可寶貴當何如也，因并以付之梓。乾隆戊戌八月。

洪氏适 隸纂

十卷，見洪适《盤洲集》

佚

适跋曰：東都隸刻，今其存者幾二百，雖工拙規圓不同，猶樝梨橘柚，味皆可以適口。四十年來，中原入於敵，石毀於爐，好古之士不能多藏而悉見，每介介焉。予嘗韻分其字爲七卷，釋其文爲三十七卷，尚患筆意不傳，則擇其點曳不闕者鐫之以爲纂，得十卷。一代法書，亦足以窺其髣髴矣。

洪氏适 隸韻

《讀書附志》七卷今本二卷

缺

盧文弨序曰：汪君太完得宋搨洪景伯《隸韻》，已不全，止第三卷下平聲上、第八卷去聲下，計此書當有十卷，今僅得五之一耳。景伯氏之序《隸釋》也，曰「既法其字爲之韻，復辨其字爲之釋」，則《隸韻》當成在《隸釋》之前，今《隸釋》之書尚不絕於世，太完又重雕以行，傳益廣矣。唯《隸韻》見之者尠，或已疑其失傳。今大完得其不全之本，而追溯其所由，則嘗爲商邱相宋文康家所藏，宋之後人爲豪所奪，繼遭斥賣，市司不能各歸其部，零星散售，故大完所得僅此，而其餘不知歸誰氏矣。汪君之意，必欲得其全而後快，若徒祕藏之，則人無從而蹤跡之，將離者遂不可復合。此書爲前哲精神所繫，必尚在天地間，故立意即刻此二卷以傳示海內。苟得其餘本者或力能，則取汪君之書，賡刻於其所藏本而書全；或即以其所藏，畀汪君使賡刻之，而書亦全。余亦日夜望之夫，是以表白其意，而亟爲海內告也。夫隸生於篆，篆有《說文》，蓋集《蒼》《雅》之學而成，自程邈始爲隸書，而賈魴以《三倉》之書亦皆爲隸字，漢人碑版大率用隸爲多，篆書難成，隸書易就，以其傳浸廣。後人於繁者刪之，疎者補之，字益多於前矣。徐楚金嘗以《說文》纂爲《韻補》以便檢尋，顧《說文》自小篆之外，不過兼載古文、籀文，其他異同亦僅一二而已。繼之者夏英公之《古文四聲韻》，於是篆書亦汎濫矣。隸書至猥多，尤不可不有所薈稡，景伯氏始奮然采而爲此書。當時所見搨本，自比今之闕壞尚少，故其所見也博，其摹之也真，即其中有彼人自出新意變亂古法者，寧過而留之，以待夫學者之自擇。或乃緊譏隸爲俗書之所自始，考酈元《水經注》「人有發古冢，其棺前和題齊太公六代孫胡公之棺，唯三字是古，餘皆隸字」，則自周以來隸已與篆並行，安可專歸咎程邈哉！近世有顧藹吉者，爲《隸辨》一書，亦以四聲分之，未知本於洪氏邪，抑闇與之合也？吾嘗閒取以校《隸釋》，頗有點畫不同者，然以吾意推之，《隸釋》傳錄不一手，若洪氏所手摹，必無失真者，洵乎此書之不可令其當吾世而遂湮沒也。人之欲善，誰不如我，吾於太完卜之已。乾隆五十有九年十月十七日。

劉氏球隸韻

見洪适《盤洲集》

佚

洪适《書劉氏隸韻》曰：予初見劉氏子《隸韻紀元》，凡隸釋碑刻無一不有，驚其何以廣博如是？及觀其書，乃是借標題以張虛數，其間數十碑，韻中初無一字。至他碑所有，則編次又甚疎略。古碑率多模糊，辨之誠爲難，予因作《隸釋》，目爲之昏。孔宙碑「南畝孔饁」，王純碑「粥糜凍餒」，文理判然，此書乃以「畝」作「敏」，以「麋」作「麋」，此類亦不一。漢人事以假借爲事，韻中略不表出，學者何考焉？

無名氏漢隸分韻

《四庫全書目》七卷

存

《四庫全書提要》曰：《漢隸分韻》七卷，不著撰人名氏，亦無時代。考其分韻，以一東、二冬、三江等標目，是元韻非宋韻矣。其書取洪适等所集漢隸，依次編纂，又以各碑字迹異同，縷列辨析。考吾邱衍《學古編》有合用文集品目一門，其第七條隸書品中列有《隸韻》兩冊，麻沙本，與《隸韻》爲一副刊。案：此《隸韻》爲劉球碑本《隸韻》十卷。字體不好，以其冊數少。乃可常用之，故列目於此云云[二六]，疑即此本。顧藹吉《隸辨序》稱，別有《漢隸分韻》，字既乖離，迹復醜惡，其詆諆此書，與吾邱衍略同。然二人第以書迹筆法論耳，要其比校點畫，訂正舛誤，亦有足資考證者。前人舊本，寸有所長，要未可竟從屏斥也。

翟氏耆年 籀史

《直齋書録解題》一卷

存

陳振孫《書録解題》曰：翟耆年伯壽撰。裒諸家鍾鼎圖説一編，頗有攷究。

《四庫全書提要》曰：宋翟耆年字伯壽，參政汝文之子，别號黄鶴山人。是書首載宣和《博古圖》，有「紹興十有二年二月，帝命臣耆年」云云，蓋南宋初所作本。上下二卷，歲久散佚，惟嘉興曹溶家尚有鈔本，然已僅存上卷，今藏弆家所著録，皆自曹本傳寫者也。王士禎嘗載其目於《居易録》，欲以訪求其下卷，卒未之獲，知無完本久矣。其以籀名史，特因所載多金石款識，篆隸之體爲多，實非專述籀文。所録各種之後，皆附論説，括其梗概。於岐陽石鼓不深信爲史籀之作。與唐代所傳特異，亦各存所見，然未至如金馬定國堅執宇文周所作也。所録不及薛尚功《鍾鼎彝器款識》備載篆文，而所述原委，則較薛爲詳。二書相輔而行，固未可以偏廢。其中所云趙明誠《古器物銘碑》十五卷，稱商器三卷、周器十卷、秦漢器二卷，河間劉跂序洛陽王壽卿篆〔二七〕，據其所説，則十五卷皆古器物銘，而無石刻，當於《金石録》之外别爲一書，而士禎以爲即《金石録》者，其説殊誤，豈士禎偶未檢《金石録》歟？

無名氏奇字訓釋

《讀書敏求記》一卷

存

錢曾《敏求記》曰：《奇字訓釋》一卷，書成於宋孝宗淳熙戊申，不著名氏。《萬花谷》後附者非完書，覽者其辨之。

鄭氏樵 象類書

十一卷，見《玉海》

未見

鄭樵《六書略》曰：臣《六書證篇》實本《説文》而作，凡許氏是者從之，非者違之。《説文》形也，以母統子；《廣韻》聲也，以子該母。臣舊作《象類書》，總三百三十母，爲形之主，八百七十子，爲聲之主，合千二百文而成無窮之字。《説文》定五百四十類爲字之母，然母能生，而子不能生，誤以子爲母者二百十類。

王應麟《玉海》曰：《象類書》十一卷，論文字象類，謂獨體爲文，合體爲字。文有八象，字有六類，八象不至則有假借之文，六類不及則有假借之字。又《論梵書》三卷。

小學考卷十九終

校記

〔一〕漢：原作「漠」，據《元文類》卷三三熊朋來《鍾鼎篆韻序》改。

〔二〕山人：原脫「人」字，據《天祿琳琅書目》卷七《歷代鐘鼎彝器款識法帖》補。

〔三〕款識：原作「疑識」，據右引書改。

〔四〕判：原作「叛」，據《四庫全書總目》卷四一《鍾鼎款識》提要改。

〔五〕一類：原作「以類」，據右引書改。

〔六〕宣和：原脫「和」字，據洪适《盤洲文集》卷三四《隸釋序》補。

〔七〕衛覬：原作「衝覬」，據右引書改。

〔八〕書：原誤作「道」，據右引書卷六三《淳熙隸釋跋》改。

〔九〕苕溪：原脫「苕」字，據右引書補。

〔一〇〕掾史：原脫「史」字。移易：原脫「易」字。均據右引書補。

〔一一〕又：原作「文」，據員興宗《九華集》卷一二《答洪丞相問隸碑書》改。

〔一二〕石馬：原作「石焉」，據右引書改。

〔一三〕劍州：原作「歙州」，據右引書改。

〔一四〕王稚子：原作「王推子」，據右引書改。

〔一五〕龍：原作「古」，據右引書改。案：此句訓解「龘」字古義，從「龍」，亦可從「龙」，但不從「古」。

〔一六〕「紀」下原衍「者」字，據右引書删。

〔一七〕作雅：二字原闕，據右引書補。

〔一八〕庾辭：原作「庾辭」，據右引書改。

〔一九〕墓道：原作「基道」，據《四庫全書總目》卷八六《隸釋》提要改。

〔二〇〕又：原作「足」，據右引書改。

〔二一〕是書：原作「自書」，據右引書改。

〔二二〕右：原作「古」，蓋二字形近而誤，今改。

〔二三〕漢隸：原脫「隸」字，據《御定佩文齋書畫譜》卷九三載喻良能《題洪适隸續》補。

〔二四〕當時：原作「常時」，據《四庫全書總目》卷八六《隸續》提要改。

〔二五〕石壁：原作「石璧」，蓋「壁」「璧」形近而誤，今改。

〔二六〕故：原作「數」，據《四庫全書總目》卷四一《漢隸分韻》提要改。

〔二七〕王：原作「五」，據《四庫全書總目》卷八六《籀史》提要改。

小學考卷二十

文字十二

婁氏機漢隸字原

《直齋書錄解題》六卷

存

洪邁序曰：《漢隸字原》六帙，槜李婁君彥發所輯也。其書甚清，其抒意甚勇，其考績甚精，其立說甚當，其沾丐後學甚篤。凡見諸石刻，若壺鼎刀鏡、盆槃洗甓著錄者三百有九，起東京建武，訖鴻都建安，殆二百年，濫觴於魏者僅三十而一，光和骨立，開元贔屓，點畫之鑪錘，法度之突奧，假借之同而異，發縱之簡而古，合蔡中郎諸人筆力神通之妙，皆聚此編。憶吾兄文惠公自壯至老，躭癖弗懈，嘗區別爲五種書，曰釋，曰纘，曰韻，曰圖，曰續，四者備矣，唯韻書不成。以爲蠹竭目力，於摹寫至難劘。旦旦而求之，字字而倣之，雖衆史堵牆，孫甥魚貫，不堪替一筆也，功之弗就。使獲覩是書，且悉循其《隸釋》次第，志之所底，不約而同，正應慢然起立，興不得並時之歎。彥發曩歲有《班馬字類》，突過諸家漢史之學，予嘗序之矣。今此帙刊於高明臺方通守吾州，朱墨鮮暇，趣了官事，竟輒蕭然一室中，廝與側睨，但見其放策欠伸，搔頭揩眼，而用心獨苦之狀，固所不克知。彥發泝學有原委，工詞章，身端行治，名最三吳，而諸公貴人不解收拾，使周鼎斡棄，與康瓠等。予頃備侍從，承清問於燕閒，宣昭聲光，宜不辭費，顧亦不能一出諸口，心焉負愧，聊復再暢敘以自釋云。慶元三年十二月朔旦。

陳振孫《書錄解題》曰：婁機撰。以世所存漢碑三百有九韻類其字，魏碑附寫焉者僅三十一〔一〕。首爲碑目一卷。每字先載今文，而以漢字著其下，一字數體者並列之，皆以碑目之次第著其所從出。洪邁作序。

《四庫全書提要》曰：宋婁機字彥發，嘉興人，乾道二年進士，寧宗朝累官禮部尚書，兼給事中，權知樞密院事，兼太子賓客。進參知政事，提舉洞霄宮。事蹟具《宋史》本傳。其書前列攷碑、分韻、辨字三例。次碑目一卷，凡漢碑三百有九，魏晉碑三十有一，各紀其年月、地理、書人姓名〔二〕，以次編列，即以其編之數注卷中碑字之下，以省繁文。次以《禮部韻略》二百六部，分爲五卷，皆以真書標目，而以隸文排比其下。韻不能載者十四字，附五卷之末終焉。其文字異同，亦隨字附注。如後漢修孔子廟禮器碑內，韓明府名勑字叔節，歐陽修謂前世見於史傳未有名勅者，而此書引繁陽令楊君碑陰，亦有程勅，以證《集古錄》考核之疎。又若「曲江」之爲「曲紅」，引周憬碑；「遭罹」之爲「遭離」，引馬江碑；「陂障」之爲「波障」，引孫叔敖碑；「委蛇」之爲「禕隋」，引衡方碑。於古音古字亦多存梗概，皆足爲考證之資，不但以點畫波磔爲書家模範已也。

宋氏季子重校漢隸字原

六卷，見《蘇平仲文集》

佚

蘇伯衡敘曰：重校《漢隸字原》六卷，臨川宋季子所輯。不鄙伯衡，以序見屬。其書伯衡雖未之見，觀其自序，季子之輯是書也，夫豈一日之力！伯衡於隸法初不通曉，何以言哉！雖然，魯壁科斗之書出，孔安國爲隸古定，非漢始有是隸也。自秦人變篆以便隸胥，則隸固權輿於秦矣，而謂漢隸爲字原，何哉？隸雖總於秦，至兩漢而法度斯備，點畫俯仰之勢，脫去篆分之意，遂成一代之文。崔子玉、蔡邕及鍾繇諸人，傑然以之名家，百世之下，咸取則焉。雖總謂之漢隸可也，雖謂漢之隸爲隸字之原，亦可也。經涉世代，不免人用其私智，狥於今之厚，徵於古之略。臨學之家，狃於習熟，承其譌而踵其謬，所從來久矣。篤志於古學，游心於藝事者，不本諸漢，烏乎本哉？夫本諸漢，豈曰漢之去古未遠云乎，亦惟漢法六體書試吏，蒼頡之教，史籀之學，夫人誦而習之，字學猶近古也，是以有取焉耳。蓋書之體雖殊，總其實不越乎六書而已，六書既通，參伍以變，觸類而長，極文字之變，不能外焉。故士惟弗學，學必先六書，尚論書法之原，舍是則何以哉！世人下筆，往往與古背馳而流於俗謬者，六書之學弗講也。因之以周衰，重之以秦火，保氏之所掌，小學之所教雖不可考也，而《說文解字》《字序》等書，猶有足徵焉者。誠能反本循原而求之於斯，其於形聲事意轉借之辨，何至於昧？文字字母聲音之原，何至於迷？波磔點畫偏傍位置之類，復何乖之有？然則，隸法雖備於漢，而所以觀其會通，以極乎書之爲書者，其可畫漢而遽止哉！此宋儒婁機《字原》之所由作，而季子之所以重校也歟。韓愈氏有云：無迷其途，無絕其原，祖述兩漢，途之迷者希矣。根柢六書，原之絕者希矣，雖以之盡古今之書，綽然有餘裕矣，豈惟隸哉，豈惟隸哉！漢求能讀古書者必徵齊人，以所聞伏生可以考論也。季子生車書混一之代，年學俱當，志於稽古，推其餘力，重校此書，其有關於字學之大者。世惟無事考文則已，倘有事於考文，將於是乎徵焉。抑聞孝宣命張敞受齊學，遂能讀鼎刻，杜鄴從敞子吉得其餘，亦以小學名家。至於敞受學之師，史乃逸其姓名，君子憾焉。今季子述其承傳之自甚悉，使人觀其書而知其師，亦賢於敞也已矣。

宋濂序曰：隸之源何始乎？曰：秦皇時程邈減小篆爲之，便於隸佐，故名曰隸書。然未有點畫俯仰之態，故西京之世，金石刻鮮用之。至東漢時賈魴以寫《三蒼》，其法方大行，勒諸碑碣者多紛紛隸書矣。考洪适之所輯，兩京僅一二見，東漢則不啻數百，如是則謂之原於漢亦可也。曰：漢非也，而秦亦非也。按齊之胡公，太公六世孫，先秦皇四百餘年，後有發其臨淄冢者，棺上有文隱起，字與漢隸正同。由是而觀，非秦也，原於周也，邈則推廣之耳。雖然，非周也，曷爲知非周也？使臨淄之棺不發，孰不謂其必始於秦哉！先秦皇四百年已有隸書矣，又焉知先胡公四百年果無之哉！去古既遠，人無由稽其詳爾。濂竊意伏羲之畫八卦，即字之本原，蒼頡衍而爲古文，共五百四十言，列於許慎《說文》每部之首，蓋與篆籀似無大異。此固篆籀之變，因之而相生，豈隸書偏有待於後世耶！夏殷以來，諸侯之國各有其書，其體制或殊或一，或可辨或不可辨，然亦不越乎六書，甚若沿襲爲之而略加變通者。隸與篆、籀，雖微有不同，疑其間出於古文之後，各以其名爲家，或自業之精者相傳爾。不然，許慎嘗病當世學者稱秦之隸書爲蒼頡時書，其虛稱爾耶，抑亦別有所本耶？濂皆不敢必其然也。同姓宋君季子博學篤行，且留意於隸古之書，所獲漢魏諸碑刻，必夙夜潛玩，不知有寒暑。其父友處士桂兢、刑部王經勸之曰：「學必有師，無師，雖勞弗工也。」季子乃三走鄱陽見伯誠先生歐君復，歐君憫其用志不分，悉以作隸之法授受焉，凡陰陽向背，性情順逆，俱得其要領。久之，復往龍虎山中質諸方壺翁從義，翁蓋深於隸學者，見季子欣然接之語，蟬聯不自休，季子於是學大進，遂以善隸書知名當時。先是宋儒有婁機彥發者，檇李之人也，以世所存漢碑三百有九韻類其字，字有數體具列之，號之曰《漢隸字原》。季子頗病其未博，研精覃思，增多一千八十七字，仍集師友微言作《漢隸綱領》一十四則，別撰《辨訛字類》及《連綿字略》，又一千三百八十四字。至若字有遺闕，采班馬二家所用者補之，目爲《兩漢字統》，以附《字原》之後。二書各六卷，合爲十二，可傳於學者。嗚呼！金石諸刻，歐陽修著爲《集古錄》十卷，趙明誠倣《集古》而爲《金石錄》，卷數則再倍之，歐陽之未及者，趙恒足焉。至於洪适之出，獨於隸學是攷，其述《隸釋》二十七卷、《隸續》二十一卷，可謂富且侈矣。然而見聞有限，或未免於踈脫，此婁氏《字原》亦不可不作與。今觀季子之重校，非惟有功彥發，抑可以補洪氏之不及矣。當今大明麗天，正四海同文之時，他日或援蔡邕故事，立石經於太學門外，舍季子將焉徵哉！願季子善自愛也。濂三復其書，僭爲序其篇端，嗜古之士必有以濂爲知言者。季子以字行，家於臨川，爲詩文有法，以道自守，不爲外物所移，禮部朱君夢炎極推重之，謂無讓大雅君子云。

婁氏機 班馬字類

《直齋書錄解題》二卷

存

機自序曰：世率以班固史多假借古字，又時用偏傍音釋各異〔三〕，然得善注易曉，遂爲據依。機謂固作《西漢書》，多述司馬遷之舊論，古字當自遷史始，因取《史記》正義、索隱、《西漢音義》《集韻》諸書訂正，作《班馬字類》，互見各出，不沒其舊，而音義較然，違舛尚多，更竢增易。淳熙辛丑夏至日。

又曰：唐張守節云：《史》《漢》文字相承已久，若「悅」字作「說」、「閑」字作「閒」、「智」字作「知」、「汝」字作「女」、「早」字作「蚤」、「後」字作「后」、「既」字作「溉」、「勅」字作「飭」、「制」字作「剬」，如此之流，緣古少字，通共用之。《史》《漢》本有此字者，乃爲好本。程邈變篆爲隸楷則有常，後代作文，隨時改易。衛宏官書數體，呂忱或字多奇，鍾王等家以能爲法，致令楷文改變，非復一端，咸著祕書，傳之歷代。又字體乖日久，其黼黻之字，法從黹丁履反，今之史本，則有從耑音端。《秦本紀》云「天子賜孝公黼黻」，鄒誕生音甫弗，而鄒氏之前史本已從耑矣。如此之類，並即依行，不可更改。若其「黿鼂」從龜，「辭」從舌，「覺學」從與，「泰恭」從小，「匱匠」從走，「巢藻」從果，「耕籍」從禾，「席」下爲帶，「美」下爲火，「哀」下爲衣，「極」下爲點，「析」旁著片，「惡」上安西，「餐」側出頭，「離」邊作禹，此之等類例，直是訛字。寵勑勇反字爲錫音陽，以支章移反代文問分反，將无混無，若茲之流，便成兩失。又曰：先儒音字，比方爲音，至魏祕書孫炎始作反音，又未甚切。鄭康成云，其始書之也，倉卒無字，或以音類比方假借爲之，趣於近之而已。受之者非一邦之人，其鄉同言異，字同音異，於茲遂生輕重訛謬矣。其論皆當併敘於此。二史之字，第識首出，餘不復載，或已見于經子者，則疏於下，庶機觀者知用字之意也。

樓鑰序曰：淳熙壬寅，余丞宗正，同年李聖俞爲簿，暇日以一書相示，蓋婁君機所編《史漢字類》也。余讀之，因相與言曰：古字不多，率假借以爲用，後世寖廣，隨俗更改，多失造字之意。此好古者所嘆也。以史籀之大篆，或云書法已壞，其書俗惡已不可言；以叔重之《說文》，而云野陋淺簿，謬妄欺世，後之字書又可知矣。而漢去古未遠，文章固非後人可及，而字亦多古，雖已變秦文，科斗書廢，要之假借簡朴，髣髴古意，其興亡之大端、忠邪之異趣，千載自不可誣。而綴學之士，又摘取奇字，以資華藻，片言隻字，施之鉛槧，自有一種風味，故《誨蒙》《漢雋》等書，作者不一。此書更取史記之字，合爲一編，從韻類分，粲然可睹，其志勤矣。蓋孟堅生於東都，原流叔皮以成信史，子長親事武帝，紬金匱石室之藏，網羅天下放失舊聞，孟堅實祖之，多用其文，不敢改定。婁君尤爲知所本矣，然亦有難解者，班之於馬，時有遺失，文意泯沒，如彘肩之不言生、有以起自布衣而去也夫之類，殆不曉其意。又其甚者，垓下之圍，以項羽之用兵，未嘗接戰，止以楚歌而潰去，疑無此理，至誤儒者謂惜乎項羽韓信不曾一戰，引孔明仲達以爲比。史載甚詳，而孟堅略不及此，是可遺邪[四]？嘗有意一一證之，性懶未暇，婁君此書將傳於世，觀其趣向，進進未已，或更考究以補孟堅之闕，以發揮子長之餘，不亦善乎！聖俞啞然笑曰：「婁君屬我以序，久未落筆，當盡以子之言寄之。」

陳振孫《書錄解題》曰：參政嘉禾婁機彥發撰。取二史所用古字及假借通用者以韻之。洪邁景盧作序。取

袁文《甕牖閒評》曰：《班馬字類》上聲「稟」字下從禾，又有「稟」字下從示。於從禾「稟」字下云《史記·禮書》「不稟京師」，於從示稟字下云《漢書·西域傳》「須諸國稟食」。余疑「不稟京師」當從示作「稟」字，「須諸國稟食」卻當從禾作「稟」字，恐是其錯誤也。

又曰：《漢書》「要」與「約」同，故「要」多音約。《高祖紀》云「諸侯至而定要束耳」，此「要」字合音約。顏師古不音，誤也。婁機作《班馬字類》，便入在三蕭韻內以爲「邀」字，亦誤矣。

又曰：《漢書·地理志》「大㚾」，「㚾」即「要」字也，與《陳咸傳》云「大要教咸諂爾」同。顏師古于「㚾」字下音一遙反，而《班馬字類》遂收入蕭字韻內，豈其誤耶？

《天祿琳琅》曰：《班馬字類》，宋婁機撰，上下二卷。前宋洪邁、樓鑰二序，後機自序二篇。考陳振孫《書錄解題》及馬端臨《文獻通考》《宋史·藝文志》俱載是書，篇目並同，惟《藝文志》稱爲「字韻」，則史臣之誤也。婁機字彥發，嘉興人，乾道間進士，累官參知政事，贈金紫光祿大夫，加贈特進，見《宋史》本傳。洪邁、樓鑰俱見前，此本明仿宋刊，頗得其似，選紙選墨皆不苟焉。

《四庫全書提要》曰：宋婁機撰。前有樓鑰序，稱爲《史漢字類》。案司馬在前，班固在後，倒稱「班馬」，起於杜牧之詩，於義未合，似宜從鑰序之名。然機跋實自稱「班馬」，今姑仍之。其書採《史記》《漢書》所載古字僻字，以四聲部分編次，雖與《文選雙字》《兩漢博聞》《漢雋》諸書大概略同，而考證訓詁，辨別音聲，於假借通用諸字，臚列頗詳實，有裨於小學，非僅供詞藻之撏撦。末有機自跋二則，辨論字義亦極明析。其中有如「降」古音洪，「眉」古作睂之類，可以不載者；亦有如「璇璣玉衡」本《尚書》，「袀服振振」本《左傳》之類，不得以《史》《漢》爲出典者，與「幾致刑措」之「幾」，「不茹園葵」之「茹」，音義與今並同者，一概捃拾，未免小失簡汰。又袁文《甕牖閒評》糾其引《史記・禮書》「不稟京師」之「稟」，當從示，不當從禾；《漢書・西域傳》「須諸國稟食」之「稟」當從禾不當從示，二字交誤，亦中其失。然古今世異，往往訓詁難通，有是一編，區分類聚，雖間有出入，固不失爲考古之津梁也。

陳氏天麟 前漢古字韻編

《直齋書錄解題》五卷

佚

陳振孫《書錄解題》曰：侍郎宣城陳天麟季陵撰。取《漢書》所用古字，以今韻編入之。

陸游跋曰：古人讀書多，故作文時偶用一二古字，初不以爲工，亦自不知孰爲古，孰爲今也。近時有或鈔綴《史》《漢》中字入文辭中，自謂工妙，不知有笑之者。偶見此書，爲之太息，以爲後生戒。

李氏從周 字通

《直齋書錄解題》一卷

存

魏了翁序曰：書有六體，或指其事，或象其形，或諧諸聲，或會以意，或轉注相受也，或假借相成也。凡以極天地萬物之變，而與八卦九章並行於兩間者也。古之爲教必由小學者，將以參稽象類，涵養本初爲格物致知，求仁入德之本，此如兵法遠交近攻，具有次第。其在學者，孰非所當知，而後世師友道闕，高者騖於上達，卑者安於小成，於是禮樂射御書數咸失其傳焉。乃有以書學名家者，則往往僅出於一技一能之士，而他亡所進也。余每病此，思欲發明文字之本始，聊以集思醜類爲用力之端本〔五〕，而未能有述焉。一日彭山李肩吾從周以一編書示余，大較取俗之所易諭而不察焉者，以點畫偏旁粹類爲目，而質以古文，名曰《字通》，凡余所病於俗者，皆已開卷瞭然。留與語旬有七日，則肩吾蓋嘗博觀千載，歷覽八紘，而能返諸義理之歸者也。嗚呼！斯其爲學〔六〕，豈有一技一能而可名者比乎？肩吾行，屬余敘所以爲書，將與學者共之。余又謂之曰：「子之爲是也，傷小學之湮微而古文之不復見也。雖然，子亦知其然乎？自秦斯以來之是學也，往往滯於偏旁訓故，而不知止於明德至善之歸，故非徇末以流於藝，則必曲學以誤其身。且曰近世博通古文，刊別聲韻，宜莫如夏文莊也，逮其所行，曾不得一字之力。以會意一體通貫六書，王文公亦自謂有得於今文矣，而施諸有政，則返不若未嘗知書者。遂使世謂書學爲不足多問，非學書果亡益於人也。范忠文、司馬文正《類篇》之作，比音擇字，其明於宮羽之輕重，篆籀之後先，視夏若王殆有過之，而學術行誼爲世標表，蓋二老者由下學小成而充之者也。夏若王則滯佔畢而不知充之，以是也終其身焉者也。肩吾其必有擇於斯矣乎？」肩吾曰：「善，非子不足以發，子其遂以此併識於篇端也。」於是乎書。

虞㷆後序曰：紹定庚寅，㷆親迎於靖，先師鶴山魏先生講席之暇，授以李君肩吾所類《字通》一編，其義則見於先生敘所以作矣，末學後進，敢復贅詞！因惟先生嘗謂是書始一終亥其形，始東終法其聲也，許叔重元無反切，後人漸加附益，至徐鼎臣始以孫愐《唐韻》切爲定。自音切行，人以爲便於檢閱，而不知字之本乎偏旁，故李巽巖初作《五音譜》，以許叔重部敘爲之，後以示虞仲房，仲房迺使用徐楚金《韻譜》。巽巖謂若偏旁一切都置，則字之有形無聲者，豈不愈難檢閱？雖從仲房，而巽巖實不以《韻譜》爲然，故後敘要自別行，其《五音韻譜》迺賈端修所定〔七〕。蜀前輩如巽巖留意字學不苟若此，㷆雖不常事斯語而願學焉。幸寶藏此編，得逃劫燼，用鋟諸梓，以壽其傳，併記所聞，將與承學之士共之。寶祐甲寅秋八月。

陳振孫《書錄解題》曰：《字通》一卷，彭山李從周肩吾撰。虞集跋曰：李君肩吾在魏文靖公之門，有師友之道焉，是公序其《字通》，取其自隸楷，而是正於六書，又進之以學，使極變化而通神明者。魏公書後題字，則集之從祖父戶部府君，而魏公之壻也。魏公歷靖州七年，先戶部從之學，故亦與肩吾友善，多所講明也。今隸楷之法亦且寂寥，又能錄其文與六書合，誠切用矣。

自叔重所錄以來，二徐之言詳矣。至戴侗氏《六書故》盛行於世，凡爲六書之說，頗爲要論，惜乎魏公及先戶部與肩吾皆不及見之也。豫章龔觀學篆字，得李氏《字通》而善之，將刻梓以貽諸好事，集以爲必盡載魏公、虞公之言，而後可以成李氏之美。蓋前輩序言皆有關係，非若近世妄求妄與，以徇人情而已者也。

錢曾《敏求記》曰：李從舟《字通》一卷，彭城李肩吾一點畫偏旁，粹類成書，魏了翁爲之序。

《四庫全書提要》曰：從周始末未詳，據嘉定十三年魏了翁序，但稱爲彭山人，字曰肩吾，末有寶祐甲寅虞兟刻書跋，亦但稱得本於了翁，均不及從周之仕履，莫能考也。是書以《說文》校隸書之偏旁，凡分八十九部，爲字六百有一。其分部不用《說文》門類，而分以隸書之點畫，既乖古法，又既據隸書分部，乃仍以篆文大書，隸書夾注，於體例亦頗不協。且如水字、火字，既入上兩點類，而下三點內又出水字、火字，旁三點示字類又再出水字，下四點內又出火字、水字。如此之類，凡一百二十三字，破碎冗雜，殊無端緒。至於干字收於上兩點類，獨從篆而不從隸，既自亂其例。回字收於中日字類，臣字、巨字、𦣞字收於𠀃字類，東字收於里字類，併隸書亦不相合，均爲乖剌。然其大旨主於明隸書之原流，而非欲以篆文改隸，猶顔元孫所謂「去泰去甚，使輕重合宜」者。宋人舊帙流傳已久，存之亦可備檢閱也。卷末別附糾正俗書八十二字，其中如「壅塞」必作「邕塞」，「芝草」必作「之草」，「衣裳」必作「衣常」，「添減」必作「沾減」，「規矩」必作「規巨」，「心膂」必作「心呂」，「燈炷」必作「鐙主」，「袒裼」必作「但裼」，「負荷」必作「負何」，「巾帨」必作「巾帥」，「竭力」必作「渴力」，「肘腋」必作「肘亦」，是雖於古有據，而今斷斷不能行。其前題詞有「《復古編》《字通》尚未及之，略具如左文」云云，似非從周之語。又虍字類虛字條下既稱「今別作墟，非是」，而又出「虛作墟，非」一條，指爲《字通》所未及，使出從周，不應牴牾如此，其或後人所竄入歟。

汪氏藻 古今雅俗字〔八〕

四十篇，見孫覿《鴻慶居士集》

未見

孫覿撰《汪公墓誌》曰：公諱藻，字彦章，饒州德興人。歷官中書舍人、顯謨閣學士。有《古今俗雅字》四十篇。

按：汪藻，《宋史》有傳，不載是書。

潘氏昌年 集篆韻

見魏了翁《鶴山集》

未見

魏了翁《潘舍人昌年集篆韻序》曰：求字之法，必本於形聲。未有韻書之先，《訓纂》《字林》等書，則以形相沿者也，韻書既作，學者趨便就簡，不復知有造書之意，則不過比聲以求之。或形存而聲亡，則茫無所考，而韻書窮矣。徐鼎臣兄弟著書以行於世，可謂許氏忠臣，乃亦分類韻譜，以從世好，豈勢之所趨，不得不然。潘侯之書《集韻》也，依楚金部敘而加詳焉。既究形體，又推音聲之所從，或同音而異形，或同形而異聲，或變古而從今，或非今而是古者，兼舉而備錄之。嗚呼！聖門之學，志道據德依仁固也，而必藝之游，蓋物雖有本末，學雖有大小，而交養互發，則固未嘗相離也。《記》曰「息焉游焉」，鄭氏曰「閒暇無事謂之遊」，此最爲善發聖門之旨。而去聖既遠，禮樂失傳，射御與數亦罕有知者，惟六書之學，猶見於篆籀僅存之餘，而舉世忽之，寧十字九舛，安於晉魏以後之俗書，而恬不爲怪也。偉哉！潘侯乃獨用力於此，以余之幸嘗有聞也，益知侯用心之獨苦也。今學者縱未能力探本始，而因聲求形，因形得意，循是以知類焉，其於求仁入德，庶幾亦有發乎！

小學考卷二十終

校記

〔一〕「三十一」下原有「字」字，據陳振孫《直齋書錄解題》卷三《漢隸字源》條删。

〔二〕地理：原作「地人」，據《四庫全書總目》卷四一《漢隸字源》提要改。

〔三〕古字：原脱「字」字。又時：原作「時又」。並據婁機《班馬字類後序》補、乙。

〔四〕是：原作「時」，據樓鑰《攻媿集》卷五三《班馬字類序》改。

〔五〕集思：原作「亂思」，據魏了翁《鶴山集》卷五三《彭山李肩吾字通序》改。

〔六〕斯其：原作「所其」，據右引書改。

〔七〕五音：原作「五行」，據李從周《字通》卷末附虞兟跋改。

〔八〕古今雅俗字：據孫覿《鴻慶居士集》原文，應作「古今俗雅字」。

小學考卷二十一

文字十三

僧行均龍龕手鑑

《讀書志》三卷

存

僧智光序曰：夫聲明著論，乃印度之宏綱，觀跡成書，寔支那之令躅。印度則始標天語，厥號梵文，載彼貫線之花，綴以多羅之葉，開之以字緣字界，分之以男聲女聲。支那則創自軒轅，制於沮誦，代結繩於既往，成進牘以相沿，辨之以會意象形，審之以指事轉注。洎乎史籀變古文爲大篆，程邈變小篆爲隸書，蔡邕刊定於石經，束晳綱羅於竹簡，九流競騖，若百谷之朝宗，七略遐分，比衆星之拱極。尋原討本，備載於《埤蒼》《廣蒼》，叶律諧聲，咸究於《韻英》《韻譜》，專門則《字統》《說文》，開牖則《方言》《國語》〔一〕，字學於是乎昭矣。矧復釋氏之教演於印度，譯布支那，轉梵及唐，雖匪差於性相，披教悟理，而必正於名言。名言不正，則性相之義差，性相之義差，則修斷之路阻矣。故祇園高士，探學海洪原準的，先儒導引後進，揮以寶燭，啓以隨函。郭迻但顯於人名，香嚴惟標於寺號，流傳歲多，鈔寫時訛。寡聞則莫曉是非，博古則徒多惋歎，不逢敏達，孰爲編修？有行均上人字廣濟，俗姓于氏。派演青齊，雲飛燕晉，善於音韻，閑於字書。覩香嚴之不精，寓金河而載緝，九仞功績，五變炎涼，具辨宮商，細分喉齒，計二萬六千四百卅餘字，注一十六萬三千一百七十餘字，並注總一十八萬九千六百一十餘字。無勞避席，坐奉師資，詎假擔簦，立袪疑滯。沙門智光利非切玉，分忝斷金〔二〕，辱彼告成，見命序引，推讓而寧容閣筆，俯仰而強爲抽毫。矧以新音徧於龍龕，猶手持於鸞鏡，形容斯鑒，妍醜是分，故目之曰《龍龕手鑑》。總四卷，以平上去入爲次，隨部復用四聲列之〔三〕，又撰《五音圖式》附於後。庶力半功倍，垂益於無窮者矣。時統和十五年丁酉七月一日癸亥序，燕臺憫忠寺沙門智光，字法炬。

沈括《夢溪筆談》曰：幽州僧行均集佛書中字爲切韻訓詁，凡十六萬字〔四〕，分四卷，號《龍龕手鏡》，燕僧智光爲之序，甚有詞辯，契丹重熙二年集。契丹書禁甚嚴，傳入中國者法皆死。熙寧中有人自虜中得之，入傅欽之家，蒲傳正帥浙西，取以鏤板。其序末舊云「重熙二年五月序」，蒲公削去之。觀其字音韻次序皆有理法，後殆不以其爲燕人也。

晁公武《讀書志》曰：契丹僧行均撰，凡二萬六千四百三十字，注十六萬三千一百餘字，僧智光爲之序，後題云「統和十五年丁酉」。按《紀年通譜》，邪律隆緒嘗改元統和，丁酉至道三年也。沈存中言契丹書禁甚嚴，傳入中國者法皆死，熙寧中有人自虜中得此書，入傅欽之家，蒲傳正帥浙西，取以刻版，其末舊題云「重熙二年序」，蒲公削去之。今本乃云統和，非重熙字，存中不見舊題，妄記之耶？

錢曾《敏求記》曰：《龍龕手鑑》四卷，燕僧行均字廣濟，俗姓于氏編。《龍龕手鑑》以平上去入爲次，隨部復用四聲列之，計二萬六千四百三十餘字，注一十六萬三千四百餘字。統和十五年丁酉七月初一癸亥，燕臺憫忠寺沙門智光字法炬爲之序。按：耶律隆緒統和丁酉，宋太宗至道三年也。是時契丹母后稱制，國勢强盛，日尋干戈，唯以侵宋爲事，而一時名僧開士相與探學古文，穿貫線之花，翻多羅之葉，鏤板製序，垂此書於永久，豈可以其隔絶中國而易之乎！沈存中言：「契丹書禁甚嚴，傳入中國者法皆死。」[五]今此本獨流傳於劫火洞燒之餘，序鈔蠹簡，靈光巋然，洵希世之珍也。

《四庫全書提要》曰：行均字廣濟，俗姓于氏。晁公武《讀書志》謂此書卷首僧智光序題云「統和十五年丁酉七月一日」。沈括《夢溪筆談》乃謂「熙寧中有人自契丹得此書，入傅欽之家，蒲傳正取以刻版，其序末舊云重熙二年五月序，蒲公削去之」云云。今案此本爲影鈔遼刻，卷首智光原序尚存，其紀年實作統和，不作重熙，與晁公武所説相合，知沈括誤記。又《文獻通考》載此書三卷，而此本實作四卷，智光原序亦稱四卷，則《通考》所載顯然誤四爲三，殆皆隔越封疆，傳聞紀載，故不免失實歟。其書凡部首之字，以平上去入爲序，各部之字復用四聲列之。後南宋李燾作《説文五音韻譜》[六]，實用其例而小變之。每字之下必詳列正、俗、今、古及或作諸體，則又行均因唐顔元孫《干禄字書》之例而小變之者也。所録凡二萬六千四百三十餘字，注一十六萬三千一百七十餘字，並注總一十八萬九千六百一十餘字，於《説文》《玉篇》之外，多所搜輯。雖行均尊其本教，每引《中阿含經》《賢愚經》中諸字，以補六書所未備，然不專以釋典爲主。沈括謂其集佛書中字爲切韻訓詁，殊屬不然，不知括何以云爾也。括又謂契丹書禁至嚴，傳入別國者法皆死，故有遼一代之遺編，諸家著録者頗罕。此書雖頗參俗體，亦間有舛譌，然吉光片羽，幸而得存，固小學家所宜寶貴也。

按：是書亦作《龍龕手鏡》，當是宋人翻刻時避廟諱嫌字，於是改「鏡」爲「鑑」，後人遂不復有作「手鏡」者矣，攷沈存中《夢溪筆談》所稱，猶作《龍龕手鏡》。

張有 復古編

《讀書志》三卷

存

陳瓘序曰：君尊臣卑，父坐子立，此六經之大閑也，大者之學學此而已。然堯舜稽古之道、仲尼時雨之教，隨器大小，皆使有成，則道之有藝，藝之有書，小學之所紀，亦何可廢哉！然而經天緯地之文，不在止戈之後，閑邪窒慾之義，不假皿蟲而知。其覺也晚，然後字書小學亦有可觀者焉。觀矣而不可泥，棄本根而尋枝葉，認漚體而舍溟渤，譬猶壓沙取油，用力雖多，而終無所得，其所成就者可知也已。吳興張謙中習篆籀，行筆圓勁，得李斯、陽冰之法，校正俗書與古字戾者，采摭經傳，日考月校，久而不解。元豐中予宦於吳興，見其用心之初，今念有九年，然後成書。凡集三千餘字，名曰《復古編》。其說以謂專取會意者〔七〕，不可以了六書，離析偏旁，不可以見全字，求古人之心而質糟粕，固以永矣。又取一全體，鑿爲多字情生之說，可說可玩，而不足以銷人之意，譬猶入海算沙，無有畔岸，運籌役志，迷不知改，豈特達如輪扁，然後能笑其誤哉！往揚子雲留意古道，用之於《玄》〔八〕，或笑其自苦，或譏其作經，然子雲意在學《易》，非與《易》競，而劉歆之徒方計目前利害，無意於古，覆醬瓿之語，足以發子雲之一笑而已。今去子雲又千有餘歲，士守所學而能不忘復古之志者，不可謂之難得也哉！謙中用心於內，不務進取，一裘一葛，專趨內典。予方杜門待盡，亦讀法界之書，嘗聞棗柏之言曰：「作器者先須立樣，造車者當使合轍。古無今有，即是邪道，不可學也。」予嘗三復此語，因思學道之要，不以古聖爲樣轍者，皆外遊爾。堯舜禹皋陶之所謂稽古者，豈特可以爲方內之法哉！致遠恐泥，尚不可以違轍樣，而況大學之道乎！後之好古者觀俗尚論，將有稽於此焉。大觀四年十一月。

程俱後序曰：程子曰：學之不可以不專也，涉其流者未有能極其原，游其藩者未有能覩其奥，不極其原，不覩其奥，求其是且精焉無有也。夫支左詘右，夫人而射也稱養叔，鈎弦拄指，夫人而琴也稱子野。上下千百載間，學是者亦衆矣，而二子擅焉，豈不以其專且精乎？吳興張有，弱冠以小篆名，自古文奇字與夫許氏之書，了然如燭照而數計也，他書餘藝，一不入於胸中，蓋其專如此。故四十而學成，六十而其書成，《復古》之編是已。余嘗論其書曰：小篆之作，自嶧山真刻不傳，至唐字學雖盛，而以篆法蓋一時名後世者，唯李陽冰爲稱首。徐鉉後出，筆力勁古，遂出陽冰上。近世名筆固多，其分間布白，規圜繩直，不爲不工，而筆力勁古，尠復鉉比。今有自振於數千載後，獨悟周秦石刻用筆意，落紙便覺岐陽、嶧山，去人不遠。《復古》二卷三千言，據古《說文》以爲正，其點畫之微，轉仄從衡，高下曲直，毫髮有差，則形聲頓異。自陽冰前後名人格以古文，往往而失，其精且博又如此。然其寄妙技於言意之表，守古學於寂漠之瀕，固非淺俗之所能識也。且漢之諸儒比肩立，而揚子雲以識字稱，韓文公言語妙天下，而猶自謂略須識字，字亦豈易識哉！觀《復古》之編，則其於識字幾矣。嗟夫！使人之於學與藝也，皆能臻其專而求其是，既得之又能守其所學，而不與時上下，則學雖有小大，其有不至者哉！不得於今，必得於後世矣。張翁求余文以信其傳，因次敘如此。政和三年歲癸巳九月朔。

楊時《復古編後序》曰：孔子曰「河出圖，洛出書」，聖人則之，則圖書之文，天實兆之，非人私智所能爲也。秦人以吏爲師，嚴是古之禁，盡滅先王之籍。漢興，去秦未遠也，科斗書世已無能知者，況泯泯數千載之後乎！揚子曰：「言心聲也，書心畫也。」世傳小篆，蓋李斯、趙高之徒以反古逆亂之心爲之，其淵源可知矣。三家之學與古文奇字繆蟲之書並行於時，雖去古浸遠，而六書僅存焉。先王之時，書必同文，故建官以達之，所以一道德之歸，立民信也。漢初猶有六體課試之科，有司舉劾之。今以同天下之習，時變世異，法亦隨廢，故事作無正，而人用其私，古書幾亡矣，可勝惜哉！吳興張有謙中，用意茲學，著《復古編》三十餘年矣，而其書始成。形聲近似，而用也不同，蓋眇忽之間耳，其辨析釐正，皆有稽據，後之有志於古者，必有取於斯也。政和之初，余居毗陵，謙中以其書示予，求文以爲序。予嘉其用力之勤，而有補於字書也，故爲之說以附於其後。謙中善篆，用筆有古意，當與李陽冰、徐常侍並驅爭先云。

晁公武《讀書志》曰：吳興道士張有謙中撰。有自幼喜小篆，年六十成此書三千言。據古《說文》以爲正，其點畫之微，轉側從横，高下曲直，毫髮有差，則形聲頓異。自陽冰前後名人，格以古文，往往而失，其精且博如此。

陳振孫《書錄解題》曰：有工篆書，專本許氏《說文》，一點畫不妄錯。林中書攄母魏國夫人墓道碑，有書之，「魏」字從山，攄以爲非，有曰：「世俗以從山者爲巍，不從山者爲魏，非也，其實二字皆當從山，蓋一字而二音爾。《說文》所無，手可斷，字不可易也。」攄不能強。晚著此書，專辨俗體之訛，手自書之，陳了齋爲之序。

《浙江采集書錄》曰：有自幼攻小篆，年六十成此書，本許氏《說文》，專辨俗體之訛，凡有三千言。李巽岩稱其辨形聲，分點畫，剖判真僞，計較毫釐，視徐楚金兄弟及郭恕先尤精密。

《四庫全書提要》曰：有字謙中，湖州人，張先之孫。所著《復古編》之書，根據《說文解字》以辨俗體之譌，以四聲分隸諸字，於正體用篆書，而別體、俗體則附載注中，猶顏元孫《干祿字書》分正、俗、通三體之例。下卷入聲之後附錄《辨證》六篇：一曰聯緜，二曰形聲相類，三曰形相類，四曰聲相類，五曰筆迹小異，六曰上正下譌。皆剖析毫釐，至爲精密。然惟以《說文》正小篆，而不以小篆改隸書，故小篆之不可通於隸者，則曰「隸作某」，亦顏元孫所謂「總據《說文》則下筆多礙，當去泰去甚，使輕重合宜」者也。《樓鑰集》有此書序，稱其嘗篆楊時《踵息菴記》，以小篆無「菴」字，竟作隸體書之，知其第不以俗體入篆爾，作隸則未嘗不諧俗。鑰序又記其爲林攄母撰墓碑，書「魏」字作「巍」，終不肯去「山」字。陳振孫所記亦同。然考此書「巍」字下注曰「今人省山，以爲魏國之魏」，不以爲俗體別字，是其說復古而不戾今，所以爲通人之論。視魏校等之詭僻盜名，強以篆籀入隸者，其識趣相去遠矣。此本爲明萬曆中黎明表所刊，字畫頗爲清析，惟不載鑰序，然鑰所云陳瓘、程俱前後序，則皆相符，蓋猶從舊本傳刻者也。

錢大昕跋曰：曩予與弟晦之論俗書之譌，謂「脩」當爲「修」，「薩」當爲「薛」，自矜創獲，讀是編，則謙中已先我言之，始信理之是者，古人復起，不能易也。謙中雖篤信《說文》，然所據者乃徐氏校定本，如樗、琰、禰、韻、塾、劇、切、辦、球，皆徐新附字，本爲李陽冰所加，而誤仞爲正文。「琵琶」乃「搥把」之譌，而以爲枇杷。「凹凸」乃「窅突」之俗，而以爲坳垤。突古作宊，後人譌爲凸字。「認」，古書作「仞」而以爲「訒」；「妙」，古書作「眇」而以爲「紗」。罙與突，須與湏，畐與荅，形聲俱別，而併爲一文，此則誤之甚者。

吳氏均 增修復古篇

《四庫全書目》四卷

存

《四庫全書提要》曰：舊本題吳均撰。但自署其字曰仲平，不著爵里，亦不著時代。其凡例稱注釋用黃氏《韻會》，而書中分部全從周德清《中原音韻》，則元以後人。初張有作《復古編》，辨別篆隸之譌異，持論甚平。又惟主辨正字畫，而不復泛引訓詁，其說亦頗簡要。均乃病其太略，補輯是編，所分諸部皆以俗音變古法，而所載諸字又皆以古文繩今體。其拘者如童子必從人作「僮」之類，率滯礙而不可行。其濫者如「仝」字之類，引及道書，又蕪雜而不盡確。所分六書，尤多舛誤。如「艘」字爲國名，「孫」字爲人姓，「階」字訓等差，「賓」字訓客，「環」字訓繞之類，皆謂之假借，則天下幾無正字矣。其書自平聲至入聲，首尾完具，而每韻皆題曰上卷，殆尚有下卷而佚之，然其佚亦無足惜也。

戚氏崇僧 後復古編

一卷，見黄溍《文獻集》

未見

黄溍撰《戚君墓誌》曰：君諱崇僧，仲咸其字也，永康人。所著有《後復古編》一卷、《昭穆圖》一卷、《歷代指掌圖》二卷。以六書之學，世儒率置而不講，所傳經籍之文，多致譌舛，乃考許氏《說文》，參以近代諸名公之所訂定，用古篆繕寫《易》《書》《詩》《儀禮》《春秋》《孝經》《論語》、《大學》《中庸》《孟子》將獻於有司，而乞頒行於四方。以《儀禮》一經未既，弗及上。

陳氏恕可 復古篆韻

見陳旅《安雅堂集》

未見

陳旅撰《陳恕可墓誌》曰：恕可字行之，一字如心，台州人。以祖戶部侍郎綺廕補將仕郎。咸淳十年中銓試，授泗州虹縣主簿。內附後官至松江府上海縣丞。

泰不華 重類復古編

《千頃堂書目》十卷

未見

《元史·泰不華傳》曰：泰不華字兼善，伯牙吾台氏，初名達普化，文宗賜以今名。年十七，江浙鄉試第一。明年對策大廷，則進士及第，授集賢修撰。累遷台州路達魯花赤。卒，追封魏國公，謚忠介。泰不華善篆隸，溫潤遒勁〔九〕，嘗重類《復古編》十卷，攷正譌字〔一〇〕，於經史多有據云。

劉氏致 復古糾繆編

《山西通志·書目》

未見

完顔希尹 女直大字〔一一〕

見《金史》

佚

《金史·完顔希尹傳》曰：金人初無文字，國勢日强，與鄰國交好，迺用契丹字。太祖命希尹撰本國字備制度，希尹乃依倣漢人楷字，因契丹字制度合本國語，製女直字。天輔三年八月字書成，太祖大悦，命頒行之，賜希尹馬一匹、衣一襲。

金熙宗 女直小字

見《金史》

佚

《金史·完顔希尹傳》曰：其後熙宗亦製女直字，與希尹所製字俱行用。希尹所撰謂之女直大字，熙宗所撰謂之小字。

王氏柏 六義字原

二卷，見吴師道《禮部集》

未見

吴師道撰《王先生行實》曰：王柏字令之，婺之金華人，學於何基。咸淳十年卒，國子祭酒楊公文仲請於朝，贈承事郎，賜謚文憲。傳其學者仁山金履祥、導江張𩓐也。宋季近臣嘗言其學行於朝，下郡録所著書，先生不以出。有《六義字原》二卷。

戴氏侗 六書故

《焦氏經籍志》三十三卷

存

凌迪知《萬姓統譜》曰：戴侗字仲達，仔弟。登淳祐第，由國子簿守台州。德祐祕書郎召，繼遷軍器少監，亦辭疾不起。年踰八十卒。有《易》《書》《四書》家説、《六書故》内外篇。

侗自序曰：侗也聞諸先人曰：學莫大乎格物，格物之方，取數多者書也。天地萬物、古今萬事，皆聚於書，書之多，學者常病乎不能盡通。雖然，有文而後有辭，書雖多，總其實六書而已。六書既通，參伍以變，觸類而長，極文字之變不能逃焉。故士惟弗學，學必先六書。古之教者，子生十年始入小學，則教以六書。六書也者，入學之門戶，學者之所同先也，以爲小學者過矣。由秦而下，六書之學遂廢，雖有學焉者，往往支離傳會而不適於道，至與曲藝小技下爲書伍，故士益不屑，而其學益不講，千載而下，始無傳焉。夫不明於文而欲通於辭，不通於辭而欲得於意，是聾於律而議樂，盲於度而議器也，亦誣而已矣。今先人既以是教於家，且將因許氏之遺文，訂其得失以傳於家塾，而不果成。小子懼先志之隊，爰摭舊聞，輯成三十三卷、通釋一卷，其所不知固闕如也，抑其所知，亦焉敢自是乎哉！始藏家塾，以俟君子。

趙鳳儀序曰：書始乎指事、象形，變而爲轉注、會意、諧聲、假借，謂之六書，文字之中本原也。獨立爲文，判合爲字，文立而字孳，天地事物之載，孰有外於是者？自篆籀禪而隸楷行，刀筆廢而毫楮用，流傳轉易，譌謬滋甚，有求正於六書之故者蓋鮮。合谿戴公侗獨能探索於千載之下，因許氏遺文，釐其舛忒，定其部居，傳以義訓，羣經子史百家之書，莫不爰據，示有徵也。析部爲九、卷三十有三，約而不遺，通而不鑿，父以聯子，子以聯孫，若網在綱，瞭然如示諸掌。噫，亦勤矣！公之父蒙從學於武夷，兄仔舉郡孝廉，父子昆弟自爲師友，是書之成，淵源有自。延祐戊午，予來領郡，命其孫奎出諸家藏，郡博士與諸儒咸謂是書誠有益於經訓，宜傳以惠後學。予既鋟三書與郡志，明年捐奉廪以倡，刻而庋諸閣。徐騎省有言，非文字無以見聖人之心，非篆籀無以見文字之義，通經者舍是書何以哉！

崔銑書後曰：正德乙卯冬，予在京師見《六書故》於勳部馬谿田伯循所，乃閣本也。約谿田共錄之，谿田送予史一人，予自傭三人，封部馬宗堯相一史。錄及半，予奔母喪將歸，谿田知予好之，遂以其本贈，今及故牘書者是也，尚缺四卷，已谿田亦請告還關中。又兩閱歲，予走書告於考功牛西唐道徵，又半年書至，今界方楷書者也。挈正名物，辯析義理，覈而當矣，未之前有，其曰「辯乎書名，則得立言之凡也，味乎辭助，則得命意之要也」，故曰「未之前有」也。文互楷篆，形錯今古，失之億且鑿，斯其細也，勿以掩其大且精者焉。

《四庫全書提要》曰：元戴侗撰。考《姓譜》侗字仲達，永嘉人。淳祐中登進士第，由國子監簿守台州。德祐初由祕書郎遷軍器少監，辭疾不起。其所終則莫之詳矣。是編大旨主於以六書明字義，謂字義明則貫通羣籍，理無不明。凡分九部：一曰數，二曰天文，三曰地理，四曰人，五曰動物，六曰植物，七曰工事，八曰雜，九曰疑。盡變說文之部分，實自侗始。其論假借之義，謂前人以「令長」爲假借，不知二字皆從本義而生，非由外假。若韋本爲韋背，借爲韋革之韋；豆本爲俎豆，借爲豆麥之豆。凡義無所因，特借其聲者，然後謂之假借，說亦頗辯。惟其文皆從鐘鼎，其注既用隸書，又皆改從篆體，非今非古，頗礙施行。元吾邱衍《學古編》曰：侗以鐘鼎文編此書，不知者多以爲好，以其字字皆有，不若《說文》與今不同者多也。形古字今，雜亂無法，鐘鼎偏旁不能全有，却只以小篆足之，或一字兩法，人多不知，如◎本音喧，加宀不過爲「寰」字，乃音作官府之官。「邨」字不從寸木，乃書爲「村」，引杜詩「無村眺望賖」爲證，甚誤學者。許氏解字引經，漢時有篆隸，乃得其宜。今侗亦引經，而不能精究經典古字，反以近世差誤等字引作證據，「鎊、鍾、鍪、鋸、尿、屎」等字，以世俗字作鐘鼎文，「卵」字解尤爲不典，六書到此爲一厄矣云云。其詆諆甚至，雖不爲不中其病，然其苦心考據，亦有不可盡泯者，略其玼繆而取其精要，於六書亦未嘗無所發明也。

按：此書分列四百七十九目，各以字母統字子，前有《通釋》一卷。

何氏中 補校六書故

三十一卷，見《揭文安集》

未見

揭傒斯撰《何先生墓誌》曰：先生諱中，字太虛，撫州樂安人。著《補校六書故》三十一卷。

吾邱氏衍 周秦刻石釋音

《焦氏經籍志》一卷

存

《四庫全書提要》曰：衍字子行，錢唐人。初宋淳熙間有楊文昺者，著《周秦刻石釋音》一書，載石鼓文、詛楚文、泰山嶧山碑。至是衍以所取琅邪碑不類秦碑[二]，不應收入，因重加刪定，以成是書。前有至大元年衍自序，謂石鼓以所藏甲秀堂圖譜爲之，而削去鄭樵音訓，又正《詛楚文》二字，合泰山、嶧山石刻字共爲一卷，而仍其書名。又列諸家音注書評於後。其敘石鼓次第，與薛尚功、楊慎本合，而與今本異，其曰文幾行、行幾字、重文闕文幾字者，即朱彝尊據以編《石鼓攷》者也。然其所謂闕文幾字者，仍第執一時所見之本而言，即潘迪音訓與衍是書同作於元時，其音釋亦不盡同，蓋金石之文，摹搨有明晦，裝潢有移掇，言人人殊，不足異也。至所正《詛楚文》二字，「絆」之爲「縫」，其説於古無所據，以文義字體按之，皆未可信。「還」之爲「遂」，則還遂二字，《詛楚文》石本版本皆無其文，不知衍所據何本。然衍距今四百年，其所見之本，或有異同，未可執今本相詰難。錄備一説，要亦足廣異聞耳。

吾邱氏衍 續古篆韻 焦竑《國史經籍志》作《鐘鼎韻》

《述古堂書目》六卷，《經籍志》一卷

未見

錢曾《敏求記》曰：吾衍《續古篆韻》六卷。衍字子行，其生平見潛溪傳中。此則趙靈均手鈔本，小宛堂中藏書也。

吾邱氏衍 學古編

《焦氏經籍志》二卷

存

衍自序曰：干莫利器也，補履者莫能用，棟梁大材也，窒穴者莫能舉，故求此道必得此道，則達於此道矣。既達此，斯可乎？曰不可。夏后氏治水，水之道也，汩使之流，道使之注，山泉之蒙，尾閭之虚不相與達，斯謂之道。偶得此，因寫爲《學古編序》。

夏溥敍曰：余在杭識吾邱先生，時年二十有七矣。先生住生花坊一小樓，樓上下分業弟子，先生不下樓，高弟子番下樓授書〔一三〕。客至樓，僮輒止不使登，通爲誰於先生，先生使登乃登客。初余得通而登，先生起臨梯，余仰見之，大聲曰：「此樓不易登也。」先生即曰：「此客不易得也。」坐有婁人潘昧，問余從越中來，有所作乎？余舉來見先生詩，大喜余「綠雲如聽晚簫吹」之句，因示余蕭并兩鐵如意，一舊者頗拙重〔一四〕，一新者先生特以爲佳。東壁上數本，皆秦漢碑壁，下一几，几上皆漢唐官私印。先生以二紙列几上者爲遺，今尚在。後余數登，僮不止也。先生每語余篆書，大抵皆今三十五舉之語，然余候先生好情思，多求爲諸人寫私印〔一五〕，見先生即捉新筆書甚快寫即自喜。余「夏溥小印」，先生寫可證也。先生姓本吾邱，其私印有竹素書房、吾氏子行、我最懶放懷真、樂飛丹霄，此數印串鼻，韋小帶，常在手摩弄之〔一六〕，蓋欲和其四稜，令有古意〔一七〕。先生眇左目，右足跛，然其風度纔一言一笑間，皆令人喜，雖不言不笑時，亦有韻。遂變宋末鐘鼎圖書之繆，寸印古篆，實自先生倡之，直第一手。趙吳興又晚效先生法耳。徐公炎一日求登先生樓，樓僮堅止之，不得登，使通此廉訪使，先生聞之，從樓上答曰：「此樓何敢當貴人登邪，願明日謁謝見使節。」後公屬先生以《說文》校定。近吳主一得《學古編》《周秦石刻釋音》，近代名公書，亟刻入版，因附書余見先生時以告主一，并法《學古編目》序意，爲序其下。

危素敘曰：《學古編》者，逸人吾邱君子行之所著也。自篆籀之法變，遠者千年，近者百年，又近者數十年，而後得一人焉，以是名世蓋難矣。常人之情，狃於近習，豈能使之人人求古藝於亡滅壞爛之後邪？六書且然，況乎先王之禮樂哉！吾邱君隱於武林闤闠間，高潔自持，尤攻篆籀。此編之書，可一洗來者俗惡之習而趨於古矣。曹南吳君主一篤嗜古學，刻此編家塾，附以吾邱君《周秦石刻釋音》及唐宋名人書，稱其用心甚勤。吾邱君著書之志，庶幾有所託於永久，推明乎先王之禮樂，吳君亦將有志焉。吾邱君諱衍，以不苟合於俗人，不知所終，從游之士招其魂葬之。永康胡先生長孺實爲之銘。吳君名志淳，奎章閣侍書學士蜀郡虞公、翰林侍讀學士豫章揭公皆重愛之，故又以虞公石鼓字《略好古齋銘》、揭公隸書行附刻其後。

陸深《書學古編後》曰：元人於書學有復古之功，吾子行尤長於篆籀圖印之學。今京師《學古編》非善本，間爲校正數字，重次第之，託吾友姚尚綱錄之，以便考觀。

錢曾《敏求記》曰：吾衍《學古編》一卷。私印之作絕盛於元，子行獨精其藝，覩其三十五舉，深心篆籀之學，能變宋末鐘鼎圖書之謬，故子昂亦效其法，虞、揭諸公皆愛重之。人品高潔，非獨游於藝以成名也。

《四庫全書提要》曰：是書專爲篆刻印章而作。摹刻私印，雖稱小技，而非精於六書之法必不能工。宋代若晁克一、王俅、顏叔夏、姜夔、王厚之各有譜錄，衍因踵而爲之，其間辨諸譌謬，徐官《印史》謂多采他家之說而附以己意，剖析頗精。所列小學諸書，各爲評斷，亦殊有攷核。其所論漢隸條下，稱寫法載前卷十七舉下，此不再數，是原本當爲上下二卷，今合爲一卷，蓋後人所並也。

按：乾隆四十一年子行裔孫進字以方校刊是書於海鹽，與子行所著《閒居錄》合刊。有曲阜桂馥著《續三十五舉》一卷，馥自敘曰：摹印變於唐，晦於宋，迨元吾邱衍作三十五舉，始從漢法。元以後古印日出，衍不及見，且近世流弊，亦非衍所能逆知也，因續舉之。翁學士方綱敘曰：曲阜桂未谷精研六書，嘗舉所說摹印條件，如元吾子行之數，題曰「續」，志原始也，志其始，故不復云「舉」也；續其舉，故引說無例也。宋王俅字子弁，王球字夔玉，是兩人，子行誤以嘯堂爲球，今追改之，不主於糾也。未谷論摹印諸條，尚不止於是，是舉隅之義也，其不名「續學古編」以此。

小學考卷二十一終

校記

〔一〕開牖：原作「聞牖」，據影高麗本《龍龕手鏡》載釋智光序改。

〔二〕分忝：原作「分添」，據右引書改。

〔三〕四聲：原脱，據右引書補。

〔四〕訓詁：原作「訓話」；十六萬：原作「六十萬」，並據沈括《夢溪筆談》卷一五改、乙。

〔五〕傳入：原作「傳久」。案：「入」「久」形近而誤，沈括原文作「入」，今改。

〔六〕五音韻譜：原作「五音韻補」，據《四庫全書總目》卷四一《龍龕手鏡》提要改。

〔七〕説：原作「所」，據《復古編》載陳瓘序改。

〔八〕玄：原書避清帝諱作「元」，今回改。案：即揚雄所撰《太玄》。

〔九〕遒勁：原作「通勁」，據《元史》卷一四三《泰不華傳》改。

〔一〇〕嘗：原作「常」；譌字：原作「文字」，並據右引書改。

〔一一〕案：此條係《小學考》原著誤記。所謂「女直大字」，乃完顔希尹所創女真文字，而非著述之名。後文「女直小字」亦爲金熙宗所創女真文字，均不當列入小學著述類。

〔一二〕所取：原作「至取」，據《四庫全書總目》卷四一《周秦刻石釋音》提要改。

〔一三〕番：原作「繙」，據《六藝之一録》卷一二九夏溥《學古編序》改。

〔一四〕拙重：原脱「重」字，據右引書補。

〔一五〕爲：原脱，據右引書補。

〔一六〕「此數印串鼻」至「摩弄之」句：右引書作「此數印串鼻印鼻以小韋帶，常右手摩弄之」。

〔一七〕有：原作「其」，據右引書改。

小學考卷二十二

文字十四

鄭氏杓衍極

《千頃堂書目》五卷

存

何喬遠《閩書》曰：杓字子經，羅原人。泰定中官南安縣教諭，與陳旅爲文字友。著《衍極》五篇、《衍極紀載》三篇。

周瑛序曰：《衍極》五篇，元延祐中莆田鄭子經氏所著，至治中同邑劉能靜氏所注釋。其書雜考古今書法，而求其所謂中者。泰定初龍溪知縣趙敬叔嘗梓行於其邑中矣，今刻本已不可見，江西吳聘君與弼得鈔本，令門生饒煜輩録之，譌謬頗多。上饒婁克貞學於聘君之門，初請弗與，固請乃得之。成化辛卯，婁君游南京，與予論古人問學，不輕授受，談及張長史授顏魯公鍾書十二法，因出以示予。予觀未終版，輒收去。時行人司副周近仁方購異書，予以告近仁，近仁固請以歸，期以達旦奉復周君，因解釋原帙，羣手鈔録，中間轉益訛謬。此本就周君得之，其卷帙仍舊，但後序並附録移置卷末，此其少異耳。始予年四十乃學書，苦無師承，所及見者姜氏夔《書譜》、李氏溥光《書法》、趙氏撝謙《學範》、陶氏九成《書史會要》及《翰苑菁華》諸書，然反覆推尋，未得要領。意者義獻微論，或藏山陰會稽諸故家，而博學舊識，或有能誦其法於千載之下者，往往訪而未得。詎意正言奇論，出自故鄉，而他郡博識，顧先得之。此予微不足於克貞之獨善，而有感於近仁之多能，使予得以出於經途之迷也。

婁堅《重刻衍極序》曰：沈行叔年甫踰冠，而富有六書之學，其所剖析，務極於微渺，上溯篆籀，下逮分隸，有遘必收，有蓄必奇。嘗得元人鄭子經《衍極》一編，有當於心，將刻而公之同志，猥以序見屬。書凡五篇，予得而論次其概焉。首言《至樸》，原始也，而所列十三人，下逮伯高、君謨，同稱作者，疑非其倫。壁藏古文，豈無雜揉，何知尼父，緣餙爲之，比干《盤銘》所未見也，季札墓碣，豈其然乎？其次《書要》，著法也。而篇首諧聲，意在尊元，《訓纂》《滂喜》，於法無當書衡，較近包蒙，吾不知其要也。又次《造書》，似與前二端複，采摭往籍，摹擬成文，設爲問答，竊比子雲。又次《古學》，觀其持論，獨於北海碑砦以作倆[一]，創爲此論，良所服膺，然實是僧懷仁高正臣始也。虞歐及緖，自晉而變，各擅厥長，未可輕議。張草顏正，誠務極筆，勢不拘法而自臻其妙。莆陽以飛白作草，亦旭素渴筆之遺也。曾見數帖，筆似勁耳，結字豈能望素，奴僕之誚，得無過歟！南宋而後，何足置評！最後《天五》，《衍極》所由名也。其論石鼓，夾漈是憑，刀漆之辨，可垂後來。若夫用筆、執筆，謂篆用直，分用側，隸乃間出，是固然矣。而寸以內字法在掌指，寸以外字法兼肘腕，尤極分明。閣帖之辨，於好事家眯自，庶有瘳乎！鄭之此書，文辭頗簡，得劉之釋，其用乃宏。行叔以爲世人侈言博洽，而問之六書，茫無所解，使家有是編，人知書學，亦可無以淺陋譏矣。然而好古之士，或遂欲以篆籀之文入之今隸，是猶却胡床而還席地，脱中幘而冠竹皮，無乃生今反古，有戾同文之化乎！

《四庫全書提要》曰：其書自蒼頡迄元代，凡古人篆籀以極書法之變，皆在所論。宣撫使齊伯亨采而上之，作衍極堂以藏其書。陶宗儀《書史會要》又稱其能大字，兼工八分，蓋究心斯藝，故能析其原流如是也。其書載《永樂大典》中，而闕其記載三篇，別本又載有《學書次第》《書法原流》二圖，《永樂大典》亦闕。然別本字句脱誤，文注混淆，不及《永樂大典》之精善。謹合兩本參校，補遺正誤，復還舊觀。其注爲劉有定所作。有定字能靜，號原範，莆田人，其名載林承霖《莆陽詩編》，亦見《書史會要》，蓋亦文雅之士云。

趙氏與萁 汗策

見戴表元《剡源文集》

未見

戴表元撰《墓誌》曰：君諱與萁，字君理，奉化人，燕懿王德昭十世孫，未仕。所著於字書有《汗策》。

釋八思巴 蒙古新字〔一〕

見《元史》

未見

《元史·釋老傳》曰：帝師八思巴者，土番薩斯迦人族款氏也。中統元年，世祖即位，尊爲國師，授以玉印，命製蒙古新字，字成上之。其字僅千餘，其母凡四十有一，其相關紐而成字者則有韻關之法，其以二合、三合、四合而成字者則有語韻之法，而大要則以諧聲爲宗也。至元六年，詔頒行於天下，詔曰：「朕惟字以書言，言以紀事，此古今之通制。我國家肇基朔方，俗尚簡古，未遑制作，凡施用文字，因用漢楷及畏吾字，以達本朝之言。考諸遼金以及遐方諸國，例各有字。今文治寖興，而字書有闕，於一代制度，實爲未備，故特命國師八思巴創爲蒙古新字，譯寫一切文字，期於順言達事而已。自今以往，凡有璽書頒降者，並用蒙古新字，仍各以其國字副之。」遂升號八思巴曰大寶法王，更賜玉印。十一年，請告西還，留之不可，乃以其弟亦憐真嗣焉。十六年，八思巴卒，訃聞，賻贈有加，賜號皇天之下一人之上宣文輔治大聖至德普覺真智佑國如意大寶法王西天佛子大元帝師。至治間特詔郡縣建廟通祀。泰定元年，又以繪像十一頒各行省，爲之塑像云。

吳澄《南安路帝師殿碑》曰：宣政院臣奏請起立八思巴帝師寺殿，玉音曰俞，各省各路臣欽承惟謹。中順大夫南安路總管府達魯花赤臣常山言：「先太傅開府儀同三司、冀國忠武公，先臣右侍儀使、資德大夫、中書右丞，歷事先朝，世篤忠貞。臣被命守土，爲臣之禮，敢有弗虔。」於是躬董其事〔三〕，得茲地於郡之東，購良材，集良工，棟宇崇峻，規模宏敞，大稱明時尊尚有人之意。遣其屬縣儒學臣陳幼實走臨川〔四〕，俾前集賢直學士、奉議大夫臣吳澄文其碑。守臣所欽者上旨也，雖老病退閑之小臣，何敢以固陋辭！欽惟世祖皇帝混一區夏，創建法度，遠近大小文武之材，各適其用。帝師佛教之統也，翊贊皇猷，爲有力焉。爰自古昔聖神，君臨萬邦，因時制作，各有不同。鴻荒之世，民淳事簡，結繩而治之。至於黃帝，始命其臣蒼頡肇造書契，乃有文字以紀官政，以糾民慝。更數千年，而周之臣籀頗損益之，名爲大篆。又數百年，而秦之臣斯再損益之，名爲小篆，且命程邈作隸書以便官府行移，遵而用之，逮今千有餘歲矣。其字本祖蒼頡而略變其體，然觀漢臣許慎《說文》所載字以萬計，而不足以括天下之聲，有聲而無字者甚多也。皇元國音與中土異，則尤非舊字之所可該〔五〕。帝師具大智慧盛而多技能，爲皇朝製新字，字僅千餘，凡人之言語，苟其有音者，無不有其字。蓋舊字或象其形，或指其事，或會其意，或諧其聲，大率以形爲主，人以手傳而目視者也。新字合平上去入四聲之韻，分脣齒舌牙喉七音之母，一皆以聲爲主，人以口授而耳聽者也。聲音之學，出自佛界，耳聞妙悟，多由於音之學，有龜茲人來至，傳其西域七音之學於中土，有曰婆陀力，有曰雞識，有曰沙識，有曰沙侯加濫，有曰沙臘，有曰般贍，有曰俟利箑。其別有七，於樂爲宮、商、角、徵、羽、變宮、變徵之七調，於字爲喉、牙、舌、齒、脣、半齒、半舌之七音。此佛氏遺教，聲學大原，而帝師悟此，以開皇朝一代同文之治者也。聖度如天，無所不容，聖鑒如日，無所不照，所以狥近臣之請，而致隆致厚以示報也。先是，南安守臣教養蒙古字生，一新其學舍，可謂知所重矣。

楊氏桓六書統

《焦氏經籍志》二十卷

存

《元史·楊桓傳》曰：桓字武子，兖州人。中統四年，補濟州教授。後由濟寧路教授召爲太史院校書郎，遷祕書監。至元二十一年，拜監察御史，未幾陞秘書少監，預修《大一統志》。桓爲人寬厚，事親篤孝，博覽羣籍，尤精篆籀之學。著《六書統》《六書泝源》《書學正韻》，大抵推明許慎之說而意加深，皆行於世。

桓自序曰：文字何爲而作也？聖人憂患天下後世，欲濟變通，備遺忘，息爭端而作也。聖人始則憂患天下之變，欲以禮樂政教化治於天下，則以口傳口，不免有所遺忘。終則憂患後世之變，欲以禮樂政教遺訓於後世，則以賢傳賢，而不免有所泯絶。於是文字之道興焉，聖人憂患天下後世，可謂至矣。人皆知累文成章〔六〕，累章成篇，然後可以垂法於天下後世，而不知一文一字之間，即至道寓焉。如製「仁」字，而爲人與天地並立之義，蓋人以至仁輔相天地，好生之德，以成贊化育之功，而後能參天地並立，而爲三才也。如製「義」字，而爲義在我之意，蓋人製義，由己而由人乎哉！如人言爲信，言必當信也。成言爲誠，凡言必當以行成之也。如心直爲悳，日正爲昰。如此者不能備陳，文字之始，豈苟然哉！後世特未察耳。愚自童幼讀書，既冠即知游心書學，曉求文字之本原，見古文篆籀石刻，輒倣玩不置手，始於《禮部韻》端得六書之名。少長讀《周禮》，始知學書爲六藝之一，保氏掌之以教國子者。雖屢目之，而趨進無門。繼觀前宋杜從古《集篆古文韻海》，但博聞多識而已，亦不聞有所謂六書之原者。又幾十年，始獲見許慎《說文》全帙，雖有六書之說，唯形聲最備，其餘但千百字中一字下間注曰，此象形，此會意，此指事，餘皆略而不說，但類集篇袠而已。愚意許氏漢人，生近三代，宜當知之，其所以引而不發者，欲人存心厭飫而自求之也。深惟此意，輒不自量，嘗欲悉取古文篆籀之存者，析爲六門，冠以六書之目。恒窘以生理，縈以多病，而未暇也，至元乙酉，被召至京師，待詔於官舍，賓客之餘，日且無事，始得償其宿志。明年校書太史院，秩滿，再調秘書監丞，俱清簡餘暇，三年之間，凡三起草而後成書。以凡文字之有統而爲六書也，因名之曰《六書統》：一曰象形，其別有十：曰天文，曰地理，曰人品，曰宮室，曰衣服，曰器用，曰鳥獸，曰蟲魚，曰草木，曰怪異。二曰會意，其別一十有六：曰天運，曰地體，曰人體，曰人倫，曰人倫事，曰人品，曰人品事，曰數目，曰彩色，曰宮室，曰衣服，曰飲食，曰器用，曰飛走，曰蟲魚，曰生植。三曰指事，其別有九：曰直指其事，曰以形指形，曰以意指意，曰以形指意，曰以意指形，曰以注指形，曰以注指意，曰以聲指形，曰以聲指意。四曰轉注，其別一十有八：曰天象，曰天運，曰地體，曰人體，曰人倫，曰人倫事，曰人品，曰人品事，曰數目，曰彩色，曰宮室，曰衣服，曰飲食，曰器用，曰鳥獸，曰蟲魚，曰草木，曰怪異。五曰形聲，其別如轉注之數，總其聲則有四：曰本聲，曰諧聲，曰近聲，曰諧近聲。六曰假借，其別一十有四：曰聲義兼借，曰借聲不借義，曰借義不借聲，曰借諧聲兼義，曰借諧聲，曰借近聲兼義，曰借近聲，曰借諧近聲兼義，曰借諧近聲，曰因借而借，曰因省而借，曰借同形，曰借同體，曰非借而借。凡序一文一字，必先置古文大篆於首，以見文字之正，次序鐘鼎文於下，以見文字之省，次序小篆於其下，以見文字之變。文簡而意足者，莫善於古文大篆，惜其磨滅，數少而不足於用。文字備用者莫過於小篆，而其間譌謬於後人之傳寫者，亦所不免，今以古文證之〔七〕，悉復其故，以古文大篆更相比究。小篆雖出於秦，非秦創之也，但周室既弱，諸侯彊暴，書不同文，六體變異。秦統一之後，盡得周史載籍之正〔八〕，乃削諸侯之紛雜，還古文之本原，少加損益，而爲是書也。籀文與古文既不相遠，秦文與籀文閏省亦微，自原而流，皆不出於六書之制，但筆體或本大末殺，首尾勻圓之異耳。至鐘鼎款識之文，以其古人欲刻諸金石，多所省減，今於其下直曰省文而已。凡集文字，總主於聲名者，內古文重者，大篆重者，鐘鼎重者，小篆重者，譌謬別出者，凡釋言計二十卷。愚之荒學，寔因許氏《說文》而得之，今就《說文》中取所明所識者，則於其下直稱爲「許氏曰」云云，其未曉未識而未敢取者，仍有《說文》舊書在。既曰未曉、未識，敢妄取以自欺乎！後之君子，有知識絕人，盡明許氏之舊而復之，斯愚之所願也。

倪堅序曰：鄒魯多鴻儒，燕趙多奇士，僕隨朝三十載，獲交鄒魯燕趙士大夫非一人，獨於辛泉先生楊公在秘府，則有同寅之好，在成均則有交承之誼，故於古道之交尤深。每論及所著《六書》，則慨然歎曰：「世變日下，文字闕六字，古以變闕十六字〔九〕，凡三起草而成是編，自守之堅，信之篤，天下後世之知不知不計也。」愚謂古者變結繩而書契，皇而帝，帝而王，所謂龍書、穗書、雲書、鸞書，與夫科斗、龜螺、鐘鼎、薤葉等書，皆絕無聞。絕無聞而僅聞者，惟軒轅之史倉頡，周宣之太史籀二篆而已。攷之傳記，史倉之鳥篆，羲農穗之變也；史籀之大篆，顓頊科斗之變也。漢許氏亦云：五帝三王，改易殊體，王降而霸，去籍於七國，焚書於孤嬴，而李斯始變頡籀二篆，省文而爲玉筯〔一〇〕，亦曰小篆。既而戍役興，獄事繁，程邈又變篆爲隸，以趣約易，史臣謂施之徒隸，故曰隸。厥後愈變而愈不古，古文遂絕。說者以謂自倉頡至漢初，書經五變，古文變而大篆，又變而小篆，篆變而隸，隸變而草。始於漢初，不知作者爲誰。他如署書、稾書、楷書、蓬書，及懸針、垂露、飛白、偃波等數十種，皆出於六文八體，因事而生變者也。漢孝武時，雖得孔壁科斗古文，時人無能知者，孝宣嘗召通《倉頡》讀者，以授張敞，敞後傳之杜林。孝平間爰禮等能言頡書，徵爲小學元士，雄又采禮說以續頡，而固又采雄。孝和中，命賈逵修理舊文，慎又采史籀斯雄之書以解逵，而鍇又解慎。此則頡籀之變而屢變者也。魏邯鄲淳以曹喜學斯而學之，蔡邕雖采斯喜之說爲雜形，而不如淳，韋誕師淳而亦不及。又有《史籀篇》《倉頡篇》《三倉》《廣倉》等篇，皆出於晉之汲冢，而頡籀之舊，又不知其幾變也。君子謂篆經五變，而至漢初已非古矣，魏晉而下不論也。故唐李陽冰自謂斯翁之後，直至小生，徐鉉以其言爲不誣。蓋籀者頡之變，斯有籀之變，而冰又斯之變也。舒元輿謂斯去千年，冰生唐時，冰後無人，篆止於斯。愚謂冰未千年而有辛泉，與漢許慎，如相後先，其《書統》之與《說文》，則相表裏。其六書之序，則有同而異者焉。許氏之序六書，周保氏之變也；辛泉之序六書，漢許氏之變也。其自敘云：「六書之有象形、會意，而後有指事、轉注、形聲、假借，亦猶八卦之有乾坤，而後有震巽坎離艮兑。」其後敘又參天地之化，合四時之序，關盛衰之運而言之，蓋得古人不傳之妙於言外，亦善變者也。先儒謂《易》爲聖人通變之書，愚亦謂是爲變變而作也。變在彼，變變在此，彼之變變古而降爲今〔一一〕，此之變變今而返之古，愚故謂是書亦變變之書也。慎之子沖於漢建光之元上其父書，父書得以不泯。辛泉之子守義亦於皇元至大之元以其父書聞於朝，與許氏之書並行於世，而相傳不泯矣。守義奉朝檄往浙江刊父書，將行，詣史館泣且請曰：「先君子辱知於先生最厚，所著《六書》亦先生所夙知，敢告序引，以信來世，以爲子孫藏。」愚嘉其能守父學而不變，又念時昔古道之交能幾，其敢以一死一生而變邪？遂爲序其槩，以俟後之君子。先生諱桓，字武子。夫人孔氏，孔子五十三世孫。子男五人。所居魯城南之三里許曰逵泉，疏而爲辛泉，因以自號云。

劉泰序曰：六書藝之一，孔子曰：游於藝。游，玩物適情之謂藝，則禮樂之文，射御書數之法，皆至理所寓，而日用不可闕者。朝夕游焉以博其義理之趣，則應物有餘，而心不放矣。況書爲五藝之府，以其五義之明，必待書成文字，而後各識其所以然，則書尤不可易而學之也。抑書之奧，不獨該夫人事之五藝，雖天地萬物，亦莫不該之也。一曰象形，天地以生物爲始，物生而形各不同，故隨其物之形，模寫以成文，所以象形爲六書之首。如日、月之類，日陽精其體常盈，月陰精其體多缺，而藉日爲光。此形不同而文各有取也。二曰會意，天地萬物之形既異，其文又不一而足，故模衆物變動之意以成文。如从、北之類，取義兩人相从爲从，兩人相北爲北也。三曰指事，文既成於象形、會意，而理不能該者，則字生焉。字雖有似乎人爲，其實亦莫不因其自然之理也。如本末之類，指其木之下者爲本，指其木之上者爲末也。四曰轉注，指事之外，意有不能盡者，則取文轉相附注，以足其意[二二]。如聖、賢之類：賢从耳从口从𡈼，以其聞無不通，言無不中，𡈼則人在土上，聖又士之大者。賢从臣从寶省，以其臣有守，則國之大寶也。五曰形聲，物之形意，非轉注所能盡，故於形之傍附之以或文、或字，因聲以明之。如瞳曨之類，从日，以童、龍爲聲也。六曰假借，其聲義於上五者俱不能該，故取一字兩用以足之也。如去、取之類：去往也，借爲上聲除去字；取善聽也，借爲取舍字。此其大略，至於脉絡條目，備見各書小序，矧又有溯原以復古，正韻以達今。嗚呼盛哉！若統書不作，隸字既變舊形，則雅意自何而知耶？大抵古人制作文字，不徒記事，而每寓教於其中也。如孝、尊之類：孝是善事父母之名，从老省，子在老下，老在子上，承事之所謂老者安之也。尊本酒器，象口有盖[二三]，腹有文，兩手奉之之形。君父所以稱尊者，不敢序言，但指其當前所用之器言之，猶今御前、殿下之稱，敬之至也。隸字既失其本真，則此意何以明哉？斯辛泉先生所以爲憂，《六書統》所以作也。先生識見高明，洞徹物理，六書奧妙，究極精微，至於一文一字，用心推求，注釋簡要，莫不得其至當之理，於古人寓教之妙，發其所未發，以新天下後世之耳目，可謂方今之盛典也。苟存心於游藝者後一觀之，於世教豈謂小補哉！先生幼子守義得父之傳而精其業，多士嘉之，朝廷特命馳驛往江浙行省刊板印書，以廣其傳，可見崇重至美之意云。

《四庫全書提要》曰：是書至大丙申其子守義進於朝，詔下江浙刻版，有翰林直學士倪監序，又有國子博士劉泰後序。而桓自序爲尤詳，大旨以六書統諸字，故名曰「統」。凡象形之例十、會意之例十有六、指事之例九、轉注之例十有八、形聲之例十有八、案《周禮》注作諧聲，此作形聲，盖從許慎《說文》。假借之例十有四。其象形、會意、轉注、形聲四例，大致因戴侗《六書故》門目而衍之，指事、假借二例，則桓以意鉤稽，自生分別。所列先古文大篆，次鍾鼎文，次小篆。其説謂文簡意足，莫善於古文大篆，惜其數少，不足於用。文字備用者莫過小篆，而譌謬於後人之傳寫者，亦所不免。今以古文證之，悉復其舊。蓋桓之自命在是，然桓之紕繆亦即在於是，故其説至於不可通，則變一例，所變之例復不通，則不得不又變一例，數變之後，紛如亂絲。於是一指事也，有直指其事，有以形指形，有以意指意，有以形指意，有以注指意，有以意指形，有以注指意，有以聲指意。一假借也，有聲義兼借，有借聲不借意，有借意不借聲，有借諧聲兼義，有借諧聲，有借近聲兼義，有借近聲，有借諧近聲，有因借而借，有因省而借，有借同形，有借同體，有非借而借。輾轉迷瞀，幾於不可究詰[一四]。蓋許慎《説文》爲六書之祖，如作分隸行草，必以篆法繩之，則字各有體，勢必格閡而難行，如作篆書，則九千字者爲高曾之矩矱矣。桓必欲偭而改錯，其支離破碎，不足怪也。以六書論之，其書本不足取，惟是變亂古文[一五]，始於戴侗而成於桓，侗則小有出入，桓乃至於横決而不顧。後來魏校諸人隨心造字，其弊實濫觴於此，置之不録，則桓穿鑿之失不彰。故於所著三書之中，録此一編，以著變法所自始，朱子所謂存之正以廢之者，茲其義矣。

楊氏桓 六書統泝原

《焦氏經籍志》十二卷

存

《四庫全書提要》曰：《六書統》備列古文篆籀，此書則專取《説文》所無，或附見於重文者録之。《六書統》所載古文，自憑胸臆增損改易，其字已多不足信，至於此書皆《説文》不載之字，本無篆體，乃因後世增益之譌文，爲之推原作篆。卷一以會意起，僅一十一字，次指事，僅十四字，合轉注爲兩卷。其卷三至十二皆諧聲字。獨闕象形一門，名曰六書，實止五也。桓好講六書，而不能深通其意，所説皆妄生穿鑿，不足爲憑。其論指事、轉注尤爲乖異，大抵從會意、形聲之内，以己見強爲分别，故其指事有以形指形，以注指形，以聲指形，以意指形，以聲指意之屬。其轉注有從二文、三文、四文，乃從一文一字，從二文一字，從一文二字之屬。蓋字學至元明諸人，多改漢以來所傳篆書，使就己見，幾於人人可以造字。戴侗導其流，周伯琦揚其波，猶間有可采，未爲太甚，至桓與魏校而横溢旁決，矯誣尤甚。是固宜宣諸戒律，以杜變亂之原者矣。

李氏文仲 字鑑

《千頃堂書目》五卷

存

文仲自序曰：倉頡仰觀天文奎星圓曲之象，俯察地理萬物之宜，遂爲鳥迹蟲魚之書，由是文籍生焉。上古之書，代莫得聞，蓋世之遐雖有存者，而不能論也。《周禮》保氏掌養國子以道，教之六書：一曰指事。指事者，視而可識，察而可見，上下是也。二曰象形。象形者，畫成其物，隨體詰詘，日月是也。三曰形聲。形聲者，以事爲名，取譬相成，江河是也。四曰會意。會意者，比類合誼，以見指撝，武信是也。五曰轉注。轉注者，建類一首，同意相受，考老是也。六曰假借。假借者，本無其字，依聲託事，令長是也。六者制字之本，雖蟲篆變體，古今異文，離此則謬。周宣王太史籀著大篆十五篇，與古文或同或異。秦丞相李斯頗刪籀文，謂之小篆。因政令之急，職務之繁，小篆不足以給，下邽程邈始變篆文而作隸書，以趣約易。後漢和帝命賈逵修理舊文，於是許慎集篆籀古文諸家之書，質之於逵，作《說文解字》，體包古今，首得六書之要。其於字學，處《說文》之先者，非《說文》無以明，處《說文》後者，

樓氏有成 學童識字

《千頃堂書目》

未見

吴萊撰《樓君墓銘》曰：君諱有成，字玉汝，義烏人。既卒，予就其家求書，子光亨出《學童識字》一編，請予，敘曰：凡盈天地之兩間者，莫非物也。史皇倉頡始製文字，而正名百物，天下之物舉之而無窮，故古今字書之學，亦與之變而無窮。形聲、事意、轉注、假借，音同字異，音異字同，雖自一起而成文，極其變或至於什伯倍蓰而不止。兩漢之世，悉隸小學，學童習之，罔有遺者。晉魏以降，士不師古，而俗書僞學之日勝，造字偏傍點畫亂，讀字輕淺重濁盭，小學學童識字日少，涉事日踈，造理日窒，任私臆決，顛到錯選。或以目前近事，幾不名六畜，幾不辨菽麥，況天下之物可舉者若是之無窮哉！嗚呼弊也久矣！蓋今玉汝頗以暇日輯古今字書，尤注意音義聲韻訓詁同異，題曰《學童識字》，是雖未足以盡繼古小學，然皆精緻可傳。予蓋序是語已，復還其書。

非《說文》無以法。故後學所用，取以爲則，歷代諸儒精研箴究，寧免闕遺。宋紹興間，三衢毛晃增注《禮部韻略》，因監韻字畫差謬〔一六〕，斟酌古今，較裁點畫，辨正黜俗，特爲詳舉。以今參之，珠類玉瑕，尚存指摘，如衮、謚之類是也。衮，《說文》从衣公聲。《增韻》从口作衮，誤。謚，時利切，《說文》「行之迹也，从言从丂从皿」。《增韻》作謚，誤。謚音益，笑貌。夾漈鄭氏發明六體，可謂備矣，然俗字混殽，學者罕能留心，承謬襲譌，去真愈遠，六書之法遂隱，經典之文益差。愚不自量，雅尚古典，本之《說文》《增韻》，參以諸家字書，以《說文》箴《增韻》之誤，以六書明諸家之失，因作《字鑑》，遺諸同志，以茲正體，施之高文大冊、奏章箋表與夫經典碑碣，則辭翰俱美。偏旁同者，不復廣出，凡所未盡，觸類而長。所正之字，隨韻收入，遞互研攷。

顏堯煥序曰：伯英李君酷嗜古書，旁搜遠紹，作《類韻》三十卷，閱十載甫脫稾，用心良苦，余爲敘其始末，未及鋟梓，而伯英下世矣。余懼其齎志九原，其傳泯泯，一日忽其猶子文仲謁余，出《字鑑》一編，謂：「伯父無恙時常在左右繙閱舊書，講求遺事，伯父器之。《類韻》備矣，韻內字畫有未正者，伯父欲正之未及，留以遺後人。今以《說文》箴《增韻》之誤，以六書明諸家之失，以卒伯父志。子既敘《類韻》矣，幸併及今編所由作，可乎？」余觀歐陽公《集古錄》，原父楊南仲所書《韓城鼎銘》，愛其篆籀，以今文古文參之，喜形跋尾，重致意焉。信哉，字學之所當深究也！今子用志字編，以續伯父之書，昔人所謂芝蘭玉樹，欲其並生於庭，以其能增光先猷也。以子之志，爲子之書，方今聖朝崇重儒道，持此以往，隨和在褒，將有所遇矣。於是乎書。

干文傳序曰：梅軒處士李君嘗訓其子伯英曰：「吾聞經典中用字類多假借，非止一音。凡有疑，必須究諸字書參之訓詁，毋怠。」伯英謹受教，故其平日所讀經史傳記諸子百家之書，遇有字同而音異者，未嘗不深求博采，遠引旁證，必使音義瞭然而後已。如是者有年，手鈔成帙，於是著爲一書，名曰《類韻》，示不忘先訓也。至治改元甫脫稾，鄉先生前進士顏公敬學爲之敘。未幾而伯英歿，其猶子文仲求韻內字之未正者正之，爲《字鑑》一編，復求顏先生敘之，所以卒伯父之志也。吁，醫不三世，不服其藥。蓋以夫人有所傳授，察脈明而用藥審，是以服之無疑，不然則否。今夫《類韻》之作始於梅軒翁，終於伯英，至文仲而大備，更三世而成一書，信乎其能傳遠矣！梅軒之卒，先子嘗爲志其墓，伯英由儒入吏，終漕府令史，其兄弟子姪皆與余游，故樂爲之書。

張模序曰：字學之晦久矣，余每讀經典，怪其音與今四聲不協，間有協者亦不多見，豈古今之殊音邪，抑制韻者不能會經典之文以成書邪？蓋書有六體，唯假借爲難明，假借明則六書明，六書明則經典始明，故凡古音與今不通者，皆假借之弗明爾。吴郡李君伯英迺獨潛心於此，考抉經傳，搜羅子史百家之言，凡有涉於四聲，必彙而次之，積十年而成，名曰《類韻》。以字爲本，以音爲榦，以義訓爲枝葉，自一而二，井井不可紊，用功既已勤矣。至其從子文仲，又能廣李君之未及，辨正點畫，刊除俗謬，作爲《字鑑》，以備一家之言。余覽而嘉之，然則後之觀《類韻》者，循流尋原，而音以明，觀《字鑑》者，由歧達道，而字以正，其有補於經史口口，故述其作之之由，而書其首。

唐泳涯序曰：字之爲文，始於蒼頡之制作，備於《周官》之六書。頡之所製，去古既遠，不可得而考矣，惟六書之義，載在方冊，尚可尋繹。而諸先達之敘於前者，已嘗歷言其詳，何俟余贅。顧惟六書之中，假借爲多，如《漢史》所載「祠官祝鼇」，是借「鼇」爲「禧」也；「瘽身從事」，是借「瘽」爲「勤」也；至於「務省繇費」，則借「繇」爲「徭」，「神爵數集」，則借「爵」爲「雀」。是皆所謂假借者。後世不考古文字義，往往自出己意，「砭劑」之「砭」改而從金。「互市」之「互」易而爲䇲，已不逃或者之議，甚至書「魯」爲「魚」，寫「帝」爲「虎」，而弄麞伏獵，又有大可笑者，豈非不學之過邪！姑蘇李君伯英博考載籍，嘗編《類韻》一書，有識者已印其可，猶子文仲又作《字鑑》五卷，援證詳明，視荆公《字說》，何嘗霄壤，闕可知已[一七]。余故表而出之。

黄溍序曰：古之小學有六藝焉，學之者必自數而書，而樂，而射、御，而禮，其爲法至詳且密，其爲事又皆有次第，而無敢以捷疾取朝夕之效。士生其時，自幼至於成人，非是六物者不以役於四體，接於心思，磨礲長養之有其素，故其進而博之以大學之教[一八]，咸有以成其材而就其實。《詩》所謂「成人有德，小子有造」者也。小學之廢久矣，近世大儒始采古經傳，輯以爲書，學者誦其言，徒知有六藝之目，而未嘗身習其事，其習焉而不廢者，書而已，而又昧形、聲、事、意、轉、借之辨，迷文字子母音聲之原，然則雖書亦廢矣。聖賢之託於簡策以傳者，魯魚亥豕，其存幾何？後生小子，方且玩思空言，高談性命，而以爲資身譁世之具，切近之意微，誇傲之氣勝，此士之所以成材就實，如古者少也。吴郡李生文仲年未弱冠，本《說文》作《字鑑》若干篇，誠有志於小學者，豈不猶行古之道哉！蓋生之世父伯英甫嘗撰《類韻》，以明六書假借之用，而於文字之譌謬，未及有所攷正，生之爲是，所以備一家之學云爾。

雖然，此小學也，以生之有志於古，又能弗失其爲學之次第如此，則夫從事於大人之學，以成就其材實者，無患乎不古若也。子夏曰「君子之道孰先傳焉，孰後倦焉」，予於生有望矣。庸識諸篇端，以爲之序云。

朱彝尊序曰：元至治間，長洲李世英受其父梅軒處士之旨〔一九〕，以六書假借難明，於是就典籍中字同音異者正其字畫，溯其原委，緝《類韻》一書，凡三十卷。其從子文仲復緝《字鑑》五卷，仍依韻編之。予鈔自古林曹氏。嗟夫，字學之不講久矣！舉凡《説文》《玉篇》《佩觿》《類篇》諸書，俱束之高閣，習舉子業者專以梅氏之《字彙》、張氏之《正字通》奉爲兔園冊，飲流而忘其原，齊其末而不揣夫本，乖謬有難畢舉也已。李氏之學，遠引《説文》，證以後代諸家之説，其亦所謂元元本本者，與遼金元字雜以國書字體，轉益茫昧，其詩詞落韻，有出於二百六部之外者，茲編所道者古，信可傳也。

張士俊跋曰：《字鑑》一書，撰自吴門李氏。康熙戊子夏五月，秀水朱先生過余師子林，酒後出是書云：「此子郡人之書，而予鈔得之古林曹氏者，前荔軒曹公屬購字學書，故攜之以來，不識更有善本否？」俊對曰：「無，願先生留以授俊，何如？」先生笑曰：「予不過欲古書之傳耳，子與荔軒何異，子有志，予當成之。」俊唯唯敬受教，並請序以傳不朽。先生時年八十一。

《四庫全書提要》曰：文仲長洲人，自署吴郡學生，其始末則無考也。文仲從父世英以六書惟假借難名，因集《類韻》二十卷，以字爲本，音爲幹，義訓爲枝葉，自一而二，井然不紊。凡十年始成，而韻内字畫尚有未正者，文仲因續爲是書，依二百六部之韻編次之，辨正點畫，刊除俗謬，於諸家皆有所駁正。中間如「稾」从禾高聲，而誤作「稾」；「隙」从𨸏从㫗，而誤作「隟」，則糾《干禄字書》之失。如肇、肈原有二字，而止收「肇」字，及以「肈」爲俗；「竪」字誤从立作「竪」，「徹」字誤从去作「徹」，「析」字誤从片作「枂」，則糾《五經文字》之失。如「屯」本訓難，借爲屯聚字，而郭忠恕以屯音迍，別出「屯」爲屯聚字，於假借之義不合，則糾《佩觿》之失。他若《增韻》《韻會》諸本，則舉正之處尤多，大旨悉本《説文》以訂後來沿襲之謬，於小學深爲有裨。至若「芰」字變爲「芓」，「陊」字變爲「墮」，「搓」字變爲「𨻻」之類，則以爲承譌既久，難於遽改，而但於本字下剖析其所當然，深得變通之宜，亦非泥古駭俗者所可比也〔二〇〕。其書久無傳本，康熙中朱彝尊從古林曹氏鈔得，始付長洲張士俊刊行之云〔二一〕。

小學考卷二十二終

校記

〔一〕北海：原作「比海」，據婁堅《學古緒言》卷一《重刻衍極序》改。

〔二〕案：此條係謝啓昆誤記。「蒙古新字」爲吐蕃人八思巴所創蒙古文字，而非著述之名，不當列爲小學著述。

〔三〕事：原作「侍」，據吴澄《吴文正集》卷五〇《南安路帝師殿碑》改。

〔四〕遺：原作「遣」，據右引書改。

〔五〕該：原作「誤」，據右引書改。

〔六〕知：原作「至」，據四庫本《六書統》卷首載楊桓序改。

〔七〕證之：原脱「之」字，據右引書補。

〔八〕周：原作「用」，據右引書改。

〔九〕「文字」至小字注「闕十六字」句：《六書統》卷首載倪堅序無闕文，原文作「文字亦隨之，予欲援古以變今，不徇今而變古，竭盡平生心力」。可補入原引序文。

〔一〇〕玉筯：原作「玉筋」，據右引書改。

〔一一〕「彼」下，原衍一「彼」字，據右引書删。案：「彼」與下文「此」正相對應。

〔一二〕以：原作「以以」，據《六書統》卷首載劉泰序删一「以」字。

〔一三〕盖：原作「益」，據右引書改。

〔一四〕幾：原作「見」，據《四庫全書總目》卷四一《六書統》提要改。

〔一五〕是：原作「字」，據右引書改。

〔一六〕監韻：原作「監頡」，據四庫本《字鑑》載李文仲自序改。

〔一七〕案：小字注「闕」原誤作正文收入，據《字鑑》載唐冰涯序改作小注字。

〔一八〕進：原作「近」，據元黄溍《文獻集》卷五《字鑑序》改。

〔一九〕長洲：原作「長州」，據朱彝尊《曝書亭集》卷三四《字鑑序》改。

〔二〇〕駭俗：原作「駮俗」，據《四庫全書總目》卷四一《字鑑》提要改。

〔二一〕始：原作「時」，據右引書改。

小學考卷二十三

文字十五

許氏謙假借論

《千頃堂書目》一卷

未見

《元史·儒學傳》曰：許謙字益之，其先京兆人，由平江徙金華。謙數歲而孤，甫能言，母口授《孝經》《論語》，入耳輒不忘。稍長，立程自課，雖疾不廢。既乃受業金履祥之門，居數年，盡得其奧。讀《四書》有《叢說》二十卷，讀《詩》有《名物鈔》八卷，讀《書》有《叢說》六卷，其觀史有《治忽幾微》。他若天文地理、典章制度、食貨刑法、字學音韻、醫經術數之說，靡不該貫。延祐初居東陽，入華山，學者翕然從之。至元三年卒，年六十八。嘗以白雲山人自號，世稱爲白雲先生，賜謚文懿。

牟氏楷九書辨疑

《浙江通志》

未見

《浙江通志》曰：《赤城新志》，牟楷著。

按：「志書」疑「六書」之誤，楷蓋浙江之天台人，惜未詳其始末〔一〕。

林氏雷龍草韻

一卷，見黃仲元《四如集》

未見

黃仲元《題漫翁林春山草韻》曰：歲辛巳冬十月，漫翁《草韻》成，出示黃淵天叟，開卷詭然蔚然，似清臞，似峭勁，實精密，實妙巧，盤蹙迴幹，字字中度。叟曰：「何不書《急就》，何不作《文選》？」翁曰：「隨人作計，恐終後人。」叟又試翁平上去入字凡若干與若干韻，翁應聲答：「韻二百有六，字一萬七百有奇，世間萬書，横寫竪寫，詞人墨客，長歌短歌，盡在箇裏。」叟服翁敏，口佉音崎而退。又一年，翁序引成，來徵叟文，諸未上稿。又一年，翁索叟逋，語翁〔二〕：書六藝之一，形聲六書之一藝也，有道焉習之，童丱皆能，不習，老宿亦難俗之趨。科斗散軼，易爲篆隸草書之變，迺始秦末。氣之殊，風土不同，操平聲音亦異。切韻之學，來自西北，世有秦有周，而字書不能少異乎秦。地有東西有南北，而韻學不能不祖西北。自一段漢以來至于今皆然，前乎此識古文惟一揚雄，後人大類矇瞍。然一法通萬法變〔三〕，草雖便急就，視壁藏猶彷彿萬分之一。前乎此識古音惟一韓愈，後人如調啞鐘，然一音通百音叶，韻雖約以四聲，視傍韻皆可出入。翁雖後千年生，於草書猶可以想禽獸、蟲魚、草木之羣態與雷霆、風雨、山雲之萬狀，而意在筆前，筆隨興到，於韻書猶得因翕闢清濁之異，縱橫經緯之妙，別字義訓讀之名，而醉後入吟，吟時入腔，《草韻》書所以作與。昔曹景宗不解書，又不喜問，率以意造晉帖，「操」多作「摻」，「百」寫類「七」。時師惟不曉音，故不識字，當走筆時，波戈點畫，豈能一如古法，《草韻》所以作與？一段叟又嘗攷漢初太史試學童，能諷書九千字以上，乃得爲吏，是時未有韻書，所諷者何，抑《倉頡》《爰歷》《博學》章歟？又試六體，課最者以爲尚書、御史、史書令史，迺皆古文奇字，篆隸繆蟲，又不教以草書何也？或秦草未落人間與？翁此書與篆隸韻並行，恐與漢初不合。翁曰：「第書之，以俟後身張芝。」叟迺筆翁問答于集端，時癸未皐月端午。

按：雷龍字伯雨。

劉氏爆 篆韻集鈔

見宋濂《文憲集》

未見

宋濂序曰：昔漢許慎氏作《說文解字》十四篇，隨其偏傍，分爲五百四十部，其文則九千三百五十有三焉。南唐徐內史鍇苦其偏傍奧密，不可悉知，而欲便於披閱，乃以《切韻》譜其四聲，名曰《說文韻譜》。篆之有韻，蓋自內史始。宋巽巖李燾以《韻譜》局於四聲，則偏傍卒未易見，復依《類篇》分五音，先後悉取《說文》次第而聯貫之。至合溪戴侗出，用九類括《說文》之諸部，與《韻譜》等書各自名家，然互補益，而未有能集之者。鄱陽劉君爆幼承先訓，留意於篆學，歷年之久，靡不貫通。於是用《韻譜》爲宗，而其先後則分以五音，每字之下又析以九類，先儒之說有相發明者輒具錄之，字義之未安者必疏其是非，而申以己說。《說文》所引古文六經，其字與今所行本或不同，集爲一編，以附其後。共成若干卷，精密而不失於粗疏，嚴簡而不致於冗泛，其可傳世蓋無疑者。夫自虙犧命子襄爲飛龍氏，造爲六書，至黄帝時蒼頡從而衍之，世相授受，文字孳育。周因建外史以掌其事，秦漢以來，官廢弗設，遂致訛謬失真。許氏竊患之，采史籀、李斯、揚雄之書，博訪通人，兼考之於賈逵，然後集爲《説文》之書。當是時去古猶近，遺文宜可徵，故其説最有據依，所謂部端五百餘字，蓋《倉頡篇》云。嗚呼！向非許氏，六書之學其不微且絶耶？李陽冰生於唐代，去許氏則遠矣，雖號宗其書，輕肆臆説，妄加排斥。内史頗以爲恨，作《繫傳》四十卷而反正之，謂之傳者，欲尊之如經也。内史之後，惟吴興道士張有尊之之意略同，許氏之學，遂如金科玉律，爲世之法程。間嘗獲習其書，美則美矣，而重復闕逸，尚多有之，古籀三文，亦疑吕忱參入其間，今世之所存者，未必皆許氏之舊。然則繹之正之，有賢者作，不能不盡心於斯也。雖然，《説文》其至矣乎！濂自來金陵，見《六書正譌》《説文字原》二書，乃鄱陽周伯琦氏所造，頗以許氏爲宗。今又覩爆是書，亦羽翼《説文》之學，惟恐其不明，何鄱陽之多賢耶！周氏之所著已盛行，爆之此篇，士大夫多願觀之，濂故爲序作者之意於篇首。嗚呼！契二儀之運，該萬類之理，無過於六書，博雅之士，慎毋以爲小學而忽諸，則善矣。爆字彦正，嘗爲嚴之建德令，氣貌粹然，有德君子也，其於名物制度之學尤精云。

薛氏延年 鐘鼎篆韻

蕭䚸《見勤齊集》

佚

蕭䚸撰《文學薛君墓誌》曰：君諱延年，字壽之，平陽人。秦王府文學。六書其所專業，有《小學纂圖》《鐘鼎篆韻》傳于家。

柳氏貫 字系

《千頃堂書目》二卷

未見

《元史·黄溍傳》曰：溍同郡柳貫，浦陽人。貫字道傳，器局凝定，端嚴若神。嘗受性理之學於蘭谿金履祥，必見諸躬行。自幼至老，好學不倦，凡六經百氏、兵刑律曆、數術方技、異教外書，靡所不通。作文沈鬱春容，涵肆演迤，人多傳誦之。始用察舉爲江山縣儒學教諭，仕至翰林待制，與溍及臨川虞集、豫章揭傒斯齊名，人號爲儒林四傑。所著書有文集四十卷、《字系》二卷、《近思録廣輯》三卷、《金石竹帛遺文》十卷。年七十三卒。

《浦陽人物記》曰：柳貫字道傳，其先居河東，宋建炎中七世祖鑄始從趙鼎自解遷杭。鑄子森又自杭遷浦陽烏蜀山。父金，字時聲，擢咸淳三年右科進士第，爲高郵令。道傳幼有異質，穎悟過人，受經于蘭溪金履祥，學文于方鳳、吴思齊、謝翱，自經史百氏、兵刑律曆、數術方技、異教外書靡所不通。作爲文章，涵肆演迤，春容紆于，人多傳誦之。大德四年，道傳年三十一，始用察舉爲江山縣學教諭，遷昌國州學正，轉湖廣等處儒學副提舉，未上。延祐六年，改國子助教，陞博士，擢太常博士。時方承平，稽古禮文之事，次第並舉，遇有所設施，必俟道傳論定。泰定三年，出提舉江西等處儒學。至正元年，召爲翰林待制兼國史院編修官，到官僅七閱月，以疾卒，年七十三。善楷法，工篆籀，妙處不讓李陽冰，兼能鑒定古彝器書畫，而别其真贋。所著書有文集二十卷、别集二十卷、《字系》二卷、《近思録廣輯》三卷、《金石竹帛遺文》若干卷。

柳氏貫 金石竹帛遺文

十卷，見《元史》

未見

按：貫所著書，亦見黄溍撰《柳待制墓表》。

吴氏正道 存古辨誤韻譜

見《吴文正集》

未見

《江西通志》傳曰：吴正道，餘干人。明六經、許氏《説文》，有不足者補之。臨川吴澄嘗問曰：「楷模二字，假借乎？」曰：「取義也。《草木譜》云：『模木生周公塚，其色正；楷木生孔子塚，其葉直。』若正與直可爲法則，況在聖人之塚乎！」澄大敬之。有《六書原》《六書通正》《六書淵源圖》，澄爲之序。

吴澄《隸書存古辨誤韻譜題辭序》曰：自《三蒼》之篇既亡，僅有許氏《説文解字》爲文字一家之宗，而其義不盡得，夾漈鄭氏略正一二，未悉正也。近時永嘉戴氏之書出，六書之學始大備，然俗書行世，雖爲士者，鮮究文字之本原，況非士者乎！夫古之聖人作書契以代結繩，所關係豈小哉！秦人苟簡之政，取官府之便易而有隸。隸也者，隸輩所書爾，未嘗以此律，士甘於降爲隸而從其書，士之不尚志也。由漢隸今循襲已久，隸不容廢，而偏旁之訛謬當正。就隸之中，稍革訛謬，而不全失頡籀斯之意，其可也。番易吴正道，儒宦名家，志在正俗書之非，嘗輯偏旁訛誤，予固嘉之。今又增廣其虞集序曰：番陽吴正道年五十餘，世爲儒家，深好篆法，既著《六書淵源》《字旁辨誤》，又著《存古辨誤韻譜》，故翰林學士臨川吴公見而喜之，親作兩書兩序。噫，吴公豈輕許可者哉！蓋其《字旁辨誤》之説，既考之諸家而舉其要，用工固已深久，而韻譜之書，徐氏舊作直載其字而已，蓋不更加於辨誤，而張鄭戴之辨，又不得以《切韻》尋檢，是以正道有辨古有存古，具於切韻，相從之下，視徐氏爲後出而益詳矣。

吴氏正道 六書原

見《江西通志》

未見

吴氏正道 六書通正

見《江西通志》

未見

書，爲《辨誤韻譜》。此書倘行，庶幾無不識字之士矣。予自少有志於斯，然術業專攻，心力有不暇，見有人能爲予所欲爲而不及爲者，是以喜之極而爲之題辭焉。

吴氏正道 字體正誤 一作《六書淵源字旁辨誤》，一作《六書淵源圖》

見《吴文正集》

未見

吴澄序曰：自隸興于秦，而篆廢于漢，其初不過圖簡便以適己而已。漢隸之流爲晉隸，則又專務姿媚以悦人，妍巧千狀，見者無不愛。學者竭其精力以摹擬之，而患不似也。夫字者所以傳經載道，述史記事，治百官，察萬民，貫通三才，其爲用大矣。縮之以簡便，華之以姿媚，偏旁點畫，浸浸失真，弗省弗顧，惟欲以悦目爲姝，何其小用之哉！漢晉而後，若唐宋聲名文物之盛各三百，頗有肯尋斯籀之緒，上追科斗鳥跡之遺者，視漢晉爲優，然亦間見爾不易得也。就二代而論，唐之能者超于宋，宋之能者多于唐，餘風猶未泯。番易吴正道承家世文獻，工篆書，不惟筆法之工，并究字體之原，以所訂偏旁一帙示予。予每慨古藝之不絶如綫，而忽值斯人焉，如之何而不喜之之深耶！

李氏句金 存古正字

見《吳文正集》

未見

吳澄序曰：正書之變三，俗書之變二。正書者何？黄帝時倉頡所造也，後世謂之古文，别出者謂之古文奇字。歷數千年，而周宣王之時變爲大篆，又數百年而秦始皇之時變爲小篆。古文、大、小篆三體略有更改，實不相遠也，故於六書之義無差殊。俗書者何？秦時所作隸書也。當是取便官府吏文而已。人之情喜簡捷而厭繁難，自此以後，公私通行，悉用隸書，而古初造字之義浸泯。後漢許氏叔重爲之嘅，况距今又千載乎！隸變而楷，則惟姿媚悦目是尚，豈復知有六書之義哉！六書之義不明，則五經之文亦晦，何也？五經之文，古人之言也，古人之言而書以後世之字，字既非古，則其訓詁名義何從而通？苟欲率天下之人而廢俗書，復古篆，勢固有所不可，惟於世俗通行之字，正其點畫之謬訛、偏旁之淆亂，則雖今字而不失古義。昔臨邛魏公華父蓋嘗有意乎此〔四〕，而於字未能悉正也。至元之季，於金陵識先達李君仲和父，精究字學，所輯《稽古音》深契予心。後三十年，其孫桓示《存古正字》一編，又因《稽古音》而約之者也。凡華父所未及正者，仲和父悉正之，其有功於字學大矣。而予之尊其書也，非特以其與己同好也。仲和諱句金，宋淳祐庚戌進士出身，官至承直郎、淮西節制司屬官。

陳氏瑛 篆書

見《吳文正集》

未見

吳澄《篆書序》曰：秦隸興而篆書廢，漢四百年莫有能者，觀於漢代碑刻可見矣。三國六朝間，亦無聞焉。唐三百年，李當塗一人而已。自秦丞相逮於宋初蓋千年，而僅有徐騎省以能繼當塗自許，何斯學之寥寥也？宋人能篆書者頗多於唐，蜀文靖公至今爲人所稱。陳伯英魏公鄉人也，游藝之暇及此，所書《千文》，字體整潔，其可上睎文靖者。夫陳之先世少師公，於蘇文忠公如大父行。參政公當宋南渡之際，以詩名家。一家文學之傳不絶。伯英試春秋第一人，伯英季父也。咸淳季年别院省名瑛，受朝命爲郡教授。

按：《全蜀藝文志》載是序爲趙采作。采字德亮，濂川人。

李氏仲常 篆韻

見胡祗遹《紫山大全集》

未見

胡祗遹《篆韻序》曰：六藝自折衷之後，去聖人千八百年，禮樂射御皆廢，所存者書數而已。嬴秦以降，政煩文冗，日趨乎苟簡，大篆減而爲小篆，再削而爲隸、爲楷、爲行、草。字至於草，則荒唐無法之極，承訛習謬，莫知其非。於此有人焉，沿流討原，恥同卑近舛錯，正較三代彝鼎金石遺文、孔聖斷簡，直升乎伏羲倉頡之堂，正定以爲成書。吾於今兩浙都轉運通議李侯見之矣〔五〕。侯於是參前倚衡，藩牆置筆，踰三十年，可謂苦心豪傑之士。將板本以行，凡欲識字者，當家置一編。學者以今閱古等而上，以古視今變而下，侯之有力於字學，夫豈淺鮮哉！

胡祗遹《篆韻又序》曰：字畫始於鳥跡、科斗，再變而詳悉爲大小二篆、又變而減削爲隸，又變而省易爲楷，又變而破碎爲行，又變而放肆寄影爲草。鳥跡科斗泯滅已久，于今得見古人作字之由，符許慎之《說文》，獨賴大小二篆。近今士大夫公論復是書者，秦一李斯，唐一李陽冰，金朝党竹溪，寥寥二千載，得三人焉。其爲藝也何其艱哉！仲常郎中讀書涖政之暇，手書小篆三十餘家，刻梓以傳世，進道進技不務苟簡，處心力學，豈淺也哉！異時攀駕前賢，賞音者奚慮無人？雖然，苟無陽冰，碧落一碑竟爲風雨摧剝，終不爲世所重。要之，奇珍異寶，不可以不講其主名。

杜氏本 六書通編

《千頃堂書目》十卷

存

《元史·隱逸傳》曰：杜本字伯原，其先居京兆，後徙天台，又徙臨江之清江，今爲清江人。本博學善屬文，隱武夷山中，平居書册未嘗釋手，尤工于篆隸，所著有《六書通編》。學者稱爲清碧先生。

田氏篆隸偏旁正譌

見劉因《靜修集》

未見

劉因《篆隸偏旁正譌序》曰：小學之廢尚矣，後世以書學爲小學者，豈以書古之小學六藝之一乎！夫古之小學，果專於藝而已乎，而其藝果止於書而已乎！而今之所謂書學者，又果古人之所謂小學者乎！夫古人之於書也，點畫顛末，方圓曲直，一出於法象之自然，非可以容一毫人力於其間者。而幼學之士，蓋欲即此而知其事物義類之所在，因其形而求其聲焉而已矣。是皆天理人事之所當爲，非有一毫慕外爲人之私也。若夫後世，則虞有不知其姓，而頗有不知其名，顛倒側媚，惟妍而已矣，而况於學者乎！嗚呼，世變降矣，雖一藝之微，亦莫不然，可勝歎哉！予今教授餘二十年，每欲令初學者移臨模法書之功，而求知夫偏傍之所以相生，篆隸之所以相因，分六書爲類，而以次習之，顧力有未暇者焉。今田生纂集凡隸書之形雖相近，而篆實不同，如奉泰、奏秦、春者爲一書，非惟使爲篆者不以隸而誤，而亦使爲隸者知以篆爲本，真有用之書也，名曰《篆隸偏旁正譌》，而請予序之。予因傷古道之不復，嘆予志之不就，而喜生之勤篤也，故爲之書。至元丙子八月既望序。

釋氏屏岩 字韻

見王柏《魯齋集》

未見

王柏跋曰：鐘鼎甗釜槃彝尊爵之款識，罕傳於後世，而籀篆寂寥，六義荒墜。斯變小篆，邈變隸書，二人雖同時，而斯猶有所宗也，邈則無復絲毫籀法矣。隸轉而楷，楷轉而行，行轉而草，行已不莊，草尤放蕩，世變所趨，淳厚斲喪，可勝言哉！楷書首以元常稱，惟江左諸賢頗得之，至隋唐其法漸壞，歐虞褚薛顏柳諸公，皆不能逮也。今之學者，不能推其原以復乎古，乃欲眩其詭以揚其波，蓋部分偏旁，俱壞於能書者之手，取妍好異，惑亦甚矣。後有作者，必將以六義正之。偶見屏岩上人集《字韻》而有感，遂識於後。

周氏伯琦 說文字原

《千頃堂書目》一卷

存

《元史·周伯琦傳》曰：伯琦字伯溫，饒州人。幼從父應極游宦京師，入國學爲上舍生。蔭授將仕郎、南海縣主簿。擢翰林修撰，日被顧問，眷遇益隆。歷官浙西肅政廉訪使，江南行臺監察御史，尋假參知政事。招諭張士誠，士誠降，拜資政大夫、江浙行省左丞。後歸鄱陽，卒。伯琦博學工文章，而尤以篆隸真草擅名當時，嘗著《六書正譌》《說文字原》二書。

伯琦自序曰《說文字原》者，說文解字，本其所以然也。昔在神聖，繼天立極，開物成務，迺畫八卦造書契，以述天地之德，以類萬物之情，繇是文字興焉。獨體爲文，文者依類放象也。合體爲字〔六〕，字者孳也，形聲相益，孳浮漫多，文之所生也。筆於竹帛者謂之書，書者如也。書學有六，盈天地之間者皆物也，裁成輔相，天地之化者皆是也，故象形爲先，而指事次之。象形者，畫成物象，日月是也。指事者，視而可識，上下是也。人之五事，曰貌、言、視、聽、思，聲藴於言，意萌於思，故諧聲、會意又次之。諧聲者以事物配聲，齒从止、旨从匕是也。會意者，比類合意，兩人爲从，兩火爲炎是也。形也、事也、聲也、意也，合而爲文字矣。未盡者則轉注以足其意，假借以足其聲。轉注者，反側取義，變形成類，側山爲𠂤，到㞢爲帀是也。假借者，本無其字，依聲託事，令長是也。此六書之大旨，經藝之本，王政之始，而天地、鬼神、山川、草木、鳥獸、蟲魚、雜物、奇怪、制度、禮儀、世代人事，凡可以傳遠近而詔後世者，未有不藉乎是者也。古者天子學〔七〕，誦其名通其義，十五入大學，則又因其名義，物物格之，而竟其致知之功焉。故《周禮》保氏以六書教國子，而孔子贊《易》，亦明取夬之義，其爲學大矣。《說文解字》五百四十，象形、指事者文也，會意、諧聲者字也，轉注、假借者文字之變也。文最古，字次之，變又次之。肇於羲、頡，備於史籀，約於秦斯，暴君焚滅，雖有八體之名，講學遂絕。漢興，儒者各以所記者私相授受，類多踳駁，惟許慎氏受學賈逵，稽古討論〔八〕，集次是編，部分類屬，粲然可考。或謂即漢史所謂《倉頡篇》也者，蓋文字之初止此五百四十而已，餘字八千八百一十又三，繫于各部者，胥此焉出。漢制，學僮十七已上始試，諷誦籀書九千字，乃得爲吏。又以八體試之，郡移太史，并課最者以爲尚書史，書或不正，輒舉劾之。故遷固之書，字頗近古。六經本皆古文〔九〕，唐天寶三年，詔集賢學士衛包改古文更作楷書，以便習讀。今世所傳，反雜俗體，學者慊之。烏乎！不能識字則不能讀書，不能讀書則不能明理，不能明理則修己治人，酬酢萬變，有不舛戾者乎？是以君子大博文而貴約禮也。先君汝南公研精書學餘四十年，嘗謂許氏之書，雖經李陽冰、徐鉉、鍇輩訓釋，猶恨牽於師傳，不能正其錯簡，强爲鑿說，紊然無敘，遂使學者昧於本原，六書大義鬱而不彰。苟非更定，何以垂世？伯琦暇承有年，忘失是懼，緬惟畫卦造書之義，參以歷代諸家之說，質以家庭所聞，未敢釐其全書，且以文字五百四十定其次敘，撰述贊語，以著其說，複者删之，闕者補之，點畫音訓之譌者正之。字繫於文，猶子之隨母也，分爲十又二章，以應十又二月之象，疏六書於下。於是許氏之學漸有可考，不待繙其全書，而思過半矣。名之曰《說文字原》，留之家塾，以授蒙士，或小學之一助云。至正九年歲在癸丑仲春。

又敘贊曰：衡從圜方，剖分元黄，日月縣象，著明侌易。人參兩儀，身爲紀綱。貌言視聽，内思外莊。動植柔剛，品彙流形，開物成務，器用有常。窮數盡變，六義括囊。始一終亥，厥旨寔宏，圖書卦畫，表裏發揚。自非神聖，制作孰當？嬴廢劉興，古學昧茫，編絕簡紊，踵襲面牆。爰繹先訓，部列敘明，啓蒙致格，人文化成。

楊士奇跋曰：《說文字原》一册，元周伯琦著。伯琦字伯溫。聞之前輩言，元至正間初改奎章閣爲宣文，朝臣咸謂必命巙巙書榜。是時伯溫雖在館閣精篆書，而未能上所知，巙曰令篆書宣文閣榜十數紙，周不識其意。一日有旨，命巙書宣文閣榜，巙言：「臣所能真書非古，古莫如篆。朝廷宣文閣用篆書爲得體，周伯溫篆書今世無過之者。」上如其言召伯琦書，下筆稱旨，由是益見進用。前輩臨事，明於大體，而不自取其功與引拔人材，委曲成就之如此，皆不可及。因得伯琦所著書，輒附志舊聞於卷之末。

周氏伯琦 六書正譌

《千頃堂書目》五卷

存

伯琦自敘曰：程邈變省爲隸〔一〇〕，秦人貴其國字〔一一〕，獄訟滋繁，籀篆盡廢。漢興，講求散逸，尊尚古學。尉律，太史試學僮，能諷誦籀書九千字，課以八體，乃得爲吏，吏民書或不正，輒舉劾之，恐失其本也。奏事下而誤書「馬」字者，恐獲譴死，石建爲郎中令，奏事下，建讀之驚恐曰：「書馬者與尾而五，今適四，不足一，獲譴死矣。」其爲謹慎，雖他皆如是。上言城皋令丞尉印文不同者，下大司空正郡國印章。《東觀記》：馬援上書：「臣所假伏波將軍印，書伏字犬外嚮。城皋令印，皋字爲白下羊；丞印四下羊；尉印白下人，人下羊。即一縣長吏印文不同，恐天下不正者多。符印所以爲信也，所宜齊同。薦曉古文字者，事下大司空正郡國印章。」奏可。是時猶知考古同文，而《三蒼》《凡將》《急就》《元尚》《訓纂》之書，咸知記誦。逮許慎氏以賈逵之學集古籀斯雄之跡爲《說文解字》十四篇上之，學者始見全書焉。然而隸書行之已久，八分行草紛然迭出，事章句者傳訓詁，工詞藻者資聲韻，日趨便易，本原漸失矣。猶幸許氏之書猶存，學者有所據依。李陽冰附新義以廣其旨，徐鉉增翻切以明其音，鉉弟鍇撰通釋以衍其義，雖或辨其舛戾，而猶淆以俗體。繼是作者，張有次《復古編》，鄭樵作《六書略》，戴侗述《六書故》，莫不原于許氏，然張失之拘，鄭過于奇，戴病于雜。鄭樵言許氏之書詳于象形、諧聲，而昧于會意、假借，其論至矣。數家之書，互有得失，綱領之正，鄭氏爲優，會通而求之，六書之義庶得其槩矣。書雖具存，知者蓋尠，魯魚帝虎，踵襲因仍，未有能正其形體音義之譌者，遂使古人之學不可復見。伯琦垂髫讀書，先君子即教以《說文解字》。長遊四方，博覽精思，頗知所擇，乃以始一終亥、五百四十正其錯簡，名之曰《說文字原》矣。思欲釐其全書，有所未暇，間嘗摭字書之常用而疑似者，以聲類之，參稽古法，集而書之，推本造耑，定其始意，訓以六義，辨析古今，訂別是非，凡二千餘字，名之曰《六書正譌》。蓋《說文字原》以敘制作之全，而《六書正譌》以刊傳寫之謬也。採用諸說，折以己見，慮傷於繁，不復識別，此編非古文全書也，姑以備遺忘便討閱耳。烏乎！六書者跡也，形而上者寓焉。苟得其說以讀聖賢之書，由藝而進于道，則存乎其人矣。昔子朱子論《易》至字義，猶有恨早衰，無精力整頓之歎，則凡有志于古學者，豈得以易而忽之哉！因書于篇端，以志毋忘其所能云。至正十一年歲在辛卯秋九月既望。

吳當後序曰：古者小學以六藝爲教，則六書之義，人所通習也。後世宿儒碩師，鮮或知之，何邪？俗書行世，迷其文字之本原，而譌繆相承，歷數千年，孰能悉正之哉？邃古之初，倉頡有作，取物之形而象之，見者共識也，因形而指其事，合體而會其意，亦不待智者可知也。衍之爲轉注，爲諧聲，爲假借，而字之義廣矣。史籀始變古文，謂之大篆，李斯又變籀法，謂之小篆，古法浸異，然其體猶未甚遠，而其義固可攷焉。隸興于秦，而人情樂其簡捷，流而漢晉，篆法悉廢，人文幾泯矣。夫文字之生，所以傳經載道，述史紀事，治百官，察萬民，其所關繫豈小哉！始皇衡石程書，命邈爲隸，取便官府。隸者隸輩所書爾，固非士所宜習也，矧由是姿媚轉而爲楷，率略降而爲草，則大失真矣，奚復可究六書之義乎？後漢許叔重氏爲《說文解字》，頗存古訓，然專用小篆，其義間失之鑿。唐三百年，以篆名家，惟李當塗而已，於六書之旨無聞焉。宋初徐騎省兄弟始宗許氏之說，攷辨推廣。其後夾漈鄭漁仲明其類例，發其歸趣，多所補正，然亦見其大畧，未能甚悉也。近年永嘉戴氏父子書行，於六書之義爲詳，讀者雖病其辭之繁，亦可謂之成書矣。翰林直學士，監察御史鄱陽周公伯溫博聞明識，精於辭藝，侍講之餘，潛心古學，舉筆作篆，妙絕一世，乃著《說文字原》，以辨昔之鑿而補其闕。又於世俗通行之字，正其點畫偏旁音義訓詁之譌，使不繆於篆籀六義制作之本旨，名曰《六書正譌》。烏乎！六書不明，則訓詁名義不得而精矣，訓詁不精，則五經聖賢之言亦從而晦矣。玩味二書，究古文之原，正俗書之失，豈惟游藝者有補，而同文之治深有賴焉。其啓發後學，不亦盛乎！待制翰林爲寮屬，聞公之論，尊公之書而不敢忽也，謹以所知者敘于左方。至正十二年歲在壬辰九月。

楊士奇跋曰：右《六書正譌》一冊，元鄱陽周伯琦著。伯琦翰林待制南翁之子，官至江浙行省左丞。元之士大夫以篆書名者，皆推伯琦，所著又有《説文字原》。其自序云：《字原》以序製作之全，《正譌》以刊傳寫之謬，非獨攻篆之家所不可無，能使學者得明古人作字之本意而不眩於俗者，不爲無助。

《天祿琳瑯》曰：元本《六書正譌》跋：書中篆法深合史籀準繩，或即伯琦所自作，刊手亦頗得用筆之妙，乃元版中不可多得之本。吴當字伯尚，澄之孫，用薦者爲國子助教，預修《宋》《遼》《金》三史，除翰林修撰。歷官中奉大夫、江西行省參知政事。陳友諒陷江西諸郡，遣人辟之，當不爲屈，隱居著書，以終其身。並見《元史》。

《四庫全書提要》曰：伯琦字伯溫，饒州人，官至兵部侍郎。明郎瑛《七修類稾》載其降於張士誠，破後爲明太祖所誅，謂《元史》稱其後歸鄱陽病卒爲誤。考徐禎卿《翦勝野聞》先有此説，然宋濂修史在太祖時，使伯琦果與士誠之黨同誅，濂等不容不知，至《翦勝野聞》本出依託，不足爲據，瑛所言殆傳聞失實也。是二書前有至正乙未國子監丞宇文公諒總序，《説文字原》之首有伯琦自序，題至正己丑，而《六書正譌》則無序，意其佚脱也。明嘉靖元年滁陽于器之重刊於浙中〔一二〕，瓊州黄芳爲序。崇禎甲戌胡正言又重刊之。正言字曰從，海陽人，官中書舍人，工於鐫篆，有《十竹齋印譜》兩集，此二書篆文即所手書也。昔許慎《説文》凡分五百四十部，其先後之序，或有意，或無意，不盡可考。徐鍇作《説文繫傳》，仿《周易·序卦》之例，一一明其次第連屬之故，未免失之牽合。伯琦是書，又以慎之部分增甘、丣、㠯、亍、屮、𠂹、片、𡰪、朩、𡗜、廿、𡘋、乚、𠫓、𢦏、亢、日一十七部，又改畐爲百，改箕爲其，改危爲产，改雲爲云，變其字者四部，刪其飛、儿、㲋、凶、卤、矛、辛、豈、鼓、臼、有、丂、𦳝、㓞、酉、丂、亣十七部。移其原第，使以類相從，以明輾轉孳生之義，分爲一十二部。如「禿」字，《説文》从人在禾中，伯琦則謂从木諧聲，从禾爲謬。「尸」字小篆一筆三折，屈曲相連，伯琦則謂爲傳寫之誤，當从臥人之形，作二筆書之，與慎亦頗有異同。至於以側山爲自，倒山爲帀之類訓爲轉注，則仍與會意無分，未免自我作古耳。其《六書正譌》以《禮部韻略》部分分隸諸字，列小篆爲主，先注製字之義，而以隸作某某，俗作某某辨別於下，略如張有《復古編》之意。

其間如芙蓉之「蓉」必書爲「頌」，枝幹之「幹」必書爲「干」，多牽强而不可行。且全書皆用今韻，而「宜」字則以篆文從多諧聲，移於歌韻。全書皆用小篆，而「香」字仍從古文作皀，别注「小篆作香」。如斯之類，尤未免爲例不純。大抵伯琦此二書推衍《説文》者半，參以己見者亦半，瑕瑜互見，通蔽相仿，不及張有《復古編》之精密，而亦不至如楊桓《六書統》之糅雜。采葑采菲，無遺下體，姑從以備一解，亦兼收並蓄之意云爾〔一三〕。

朱氏謀𡎚 六書正譌注

見《江西通志》

未見

《江西通志》傳曰：謀𡎚字用莊，明宗室，封鎮國中尉。工篆籀，注《六書正譌》《周史籀文》行世。

小學考卷二十三終

校記

〔一〕志書：據文題當作「九書」。謝啓昆按語所云「疑『六書』之誤」，是。又，朱彝尊《經義考》卷九五有云：「牟楷字仲斐，黄巖人。刻意誠正之學，以侍母疾不仕，教授生徒，學者稱之曰靜正先生。」

〔二〕「語翁」上，黄仲元《四如集》卷三《題漫翁林春山草韻序》有「叟乃」二字。

〔三〕一法：原脱「一」字，據右引書補。

〔四〕臨邛：原作「臨功」，據吴澄《吴文正集》卷二一《存古正字序》改。案：魏華父即宋代魏了翁。

〔五〕矣：原作「以」，據胡祗遹《紫山大全集》卷八《篆韻序》改。

〔六〕爲：原作「文」，據《説文字原》載周伯琦序改。案：光緒刊本已改作「爲」。

〔七〕「天子學」句當有脱文，周伯琦《説文字原序》作：「天子巡守方嶽，文有不同者，則協而同之，人生八歲入小學。」

〔八〕討論：原作「詩論」，據右引書改。

〔九〕本：原作「末」，據右引書改。

〔一〇〕此句上，《佩文齋書畫譜》卷二、《六藝之一録》卷一七一所載多出一段文字，其云「自古文一變而爲籀篆，周室既東，列國爭雄，異政殊俗，不同文也。再變於李斯，約爲小篆，古法浸微。最後」。

〔一一〕貴：原作「責」，據右引書改。

〔一二〕滁陽：原作「滁楊」，據《四庫全書總目》卷四一《六書正譌》提要改。案：光緒刊本已改。

〔一三〕云爾：原作「存爾」，據右引書改。

小學考卷二十四

文字十六

周氏剛 六藝類要

六卷，見黄溍《文獻集》

未見

黄溍後序曰：先王之教，内施於國子，外被於萬民，其教之者有三德三行、六德六行之别，而均教以六藝，爲法至詳且密，爲事至煩且勞，而人生其時，無弗學焉。後世經殘教弛，專門之士有不能知其名物而通其意者矣，况夫貴游子弟與凡民哉！幸其遺法散見於經傳，而雜出于他書，後生小子雖以殊時異制，不得身習其事，猶可誦其言而粗窺其彷彿。先儒朱子懼浸遠且益墜，爰輯而彙次之，以詔于方來。其凡目存于《小學》之書，而其宏綱大義、微文小節，悉著于《儀禮經傳通解》。朱子自序禮之通行者及鄉射、大射，已畧見諸篇，樂經亡逸，遺聲久絶，而書數日用所須不可不講。取《周禮》鄭注、《太史公》《淮南子》、前後《漢志》、杜氏《通典》爲鐘律篇。取唐開元十二詩譜爲詩樂篇。取許氏《説文解字》序説及《九章算經》爲書數篇。廢不可考者，惟御法而已。然其書作於朱子之晚年，喪、祭二禮既以屬之門人，嘗欲請於朝，以鐘律别爲一書，而奏不果上，大射而下，俱未脱稾，書數則闕而弗具。朱子之有志而未遂者，能無望後之君子起而成之乎！此《六藝類要》之書所爲作也。某竊觀其所述五禮之義、六樂之歌舞、五射之法、五御之節、六書之品、九數之計，一本諸經而參稽乎傳注史氏百家之説，推尋其端緒，以廣先儒之未備，折衷其牴牾，以啟先儒之未發，有功于新學固多矣，豈徒足爲好古博雅之一助哉！顧今之爲士者，類皆慕遠大而忽細微，穿穴性命，窮極高深，而不察夫制度文爲皆聖人精神心術之所寓[一]。道之與器，未始相離也。明先王之所以教而成朱子所欲爲之志，不在是書乎！書凡六卷，臨江周氏剛善父述，有翰林揭公曼碩與某之同年王君師魯所爲序。某獨遡其原流之自，以爲是書實繼先儒而作，庶幾同志之士共謹其傳焉。

舒氏天民六藝綱目

二卷

存

張翥序曰：古者教人之法，六藝而已。《周官》大宗伯掌之，六藝通習，故士皆可用。公卿大夫居者冠冕佩玉，以理朝政，一有戎事，則出爲將帥，介胄行陳，文武兼舉，而無不得其任者，由教之有方而學之有其素也。六藝今惟書算是用，人亦罕習。朱文公著《小學》書，特表焉，徒名存爾[二]。四明舒君隱儒也，纂爲綱目，子恭注之，條陳詳解，不啻折旋於儀文之間，詠蹈於音樂之所，司容於賓卿之次，爲範於驅馳之地，可謂明且備矣。至正癸巳，予以太學博士考試大都，至秋闈發策漢人，問以六藝，衆皆罔然，叩簾語之尚弗達，所答遺五得一，舉二舛四，終場無全策，第曰試官困我舉人而已。蓋以爲兒童之學而易之，不知此成德達材之先務也。鄞令陳止善稟此，乞序刊行，以惠學者。學者能致意此書，按古禮以參今禮，而知其數度損益之宜；按古樂以證今樂，而知律呂旋生之妙；按古書以校今書，而知聲形訓詁之文。射雖禁而弧矢有其方，御雖廢而驂駕有其法，亦所當知也，數則古今一爾。果善乎此，豈非博物之通儒哉！舒君諱天民，號藝風；子恭字自謙，號說齋。至正甲辰冬仲月望日。

胡士佐序曰：曩嘗授童子業，或問以六藝，略舉其綱答之。次問所名之目，記已不能悉，又次問衆名所立之義，記尤不能詳。私竊病之，欲纂集便觀覽，未遑也。自濂洛諸賢講明窮理盡性之學，辭必成文，文必綴字，字必取義，義有難知，先儒或爲之說，名曰《字訓》。愚猶意有所未盡，欲續之，以足遺闕，未能也。比僑四明，士友舒君自謙出示其先人藝風先生所作《六藝綱目》及《性理字訓譜遺》二書，綱舉目張，類聚條析，制度事爲具載其實，詞意旨趣明著其義，皆四言成句，聲韻叶諧，便於誦記，非徒可用爲啟擊蒙童之具，雖老於學者得之，亦足以備遺忘，資講釋，信有益哉！吁！人心不相遠，愚也嚮嘗有志於斯未遑，詎意已有先吾著鞭，如藝風者乎！三復起敬，書此于卷首而歸之。至正丁酉秋七月。

揭汯序曰[三]：先王以鄉三物教萬民，而六藝已習於小學之時。及夫世降教弛，而六藝之所存者名耳，學者又漫視之，而所存之名，乃復記之不悉，語之不詳，況能尋其至理之所寓耶！識者病焉。藝風舒先生乃推其名之所始，義之所在，綱以提其要，目以盡其詳，作爲《六藝綱目》。類分臚列，循文生訓，句以四言，使觀者便於記誦。其子恭又加注釋，指意原委，儀物度數，粲然明備。於戲！因是書而名之存者常接于目，常接于目則得于心，得于心則先王之遺制，或由之而舉，豈小補哉！至正二十五年十一月。

劉仁本序曰：人生八歲，教以灑掃應對進退之節，禮樂射御書數之文，此雖小學之事，而世之擊蒙授徒者，往往僅能汎舉其大槩以語之，而於衆目之詳，已不復記憶，覼縷折對，必資檢閲而後罄焉。此藝風舒先生《六藝綱目》之所由作也。然聖人生而知之，亦曰義理耳，至於名物度數，必待講學而明。苟講之弗明弗措者，於此編不爲無補。

舒恭序曰：先君生甫十歲而宋社亡，泣曰：「吾不可以有爲矣。」及長，以「隱儒」名其堂，旌厥志也。一日讀《漢書》，至「君子舒六藝之風」之句，撫卷笑曰：「班孟堅其先得我心之所欲乎！」因自號藝風。同郡太傅蔣公汝礪歎曰：「先生之號甚美矣，他日表章六藝，其惟先生乎！」先生嘗病世之君子以六藝爲教者僅學其畧，乃博采六藝，集爲章句，曰《六藝綱目》，以詔家塾。識者翕然稱之曰：「先生之美號斯稱矣夫！顧世之輯是書者多矣，然未有若此之簡而明，且句以四字，尤便初學，誠六藝之指南也。請與同志共之。」由是繕之者衆。居無何先君下世，手澤未乾，嗚呼痛哉！恭不能繼述，徒爲人子，遂忘固陋，乃討論而注之。至正甲辰，夏邑令陳君正善以之達承旨仲舉張公，公喜曰：「何見此書之晚也！」乃序其端，有曰四明舒君隱儒也。夫隱儒之稱，豈偶然哉！恭也一讀則再三感慨，爲重悼先君生不逢時，抱恨而歿，所賴遺墨有補世教，復有《字原》，亦學者所好，附于卷後。吁，先君學而不仕，非隱儒乎？六藝之風，自我而舒，蔣公之期，不謀而符。今乃壽諸梓而惠後學，其庶乎可以無憾矣夫！丙午三月。

又題辭曰：維古設教，以鄉三物，六藝居一，蓋不可忽。八歲蒙士，初入小學，先誦其文，旋加攷索。迨其長也，則復游焉，博極旨趣，才悳可全。顧謂六藝，有條有理，昔之學者，無間終始。於戲虩秦，典籍煨燼，六藝樞要，亡滅殆盡。五禮六樂，條目具存，節文音調，舉莫討論。曰射曰御，亦不易語，執弓行車，罔循軌度。六書之品，九數之計，人生日用，疇能或廢？聖遠經殘，風頹教弛，師生授受，滅裂而已。時觀字學，信筆而作，校之古文，十字九錯。然則五者，槩可知矣，教或得人，學元難爾。士夫爲學，學書宜先，次則數也，射御繼焉。若夫治體，禮樂爲急，有國有家，盍先教習。後世沿襲，惟訓孺子，豈知大學，實基乎是！嗟我先君，有感於斯，纂集成章，綱舉目隨。恭也不敏，黽勉箋注，新學習之，庶知門戶。

舒睿後序曰：古人八歲入小學，教以禮樂射御書數之文，收放心，養悳性，作成賢才而賓興之。世衰教弛，此學不行久矣，吾伯父藝風先生纂集六藝，名曰「綱目」，俾童稚習爲進悳之基，惜未行世而沒也。其子自謙攷訂箋注之，名公巨儒歷序而表章之，然而未克刊行也，戊申春，予假館于良學錢氏，以此編示之，三復稱歎，遂得以成其美。於戲！學者皓首著述，而不得行于世者，幸本書存也。今遇良學，慨然玉成是書，使爲師者皆知六藝之蘊，教人以待於用，誠後學之大幸也。良學武肅裔也，於此可謂賢也與！戊申歲書，雲日。

《四庫全書提要》曰：元舒天民撰。天民字藝風，鄞縣人。是書取《周禮》保氏六藝之文，因鄭元之注標爲條目，各以四字韻語括之。其子恭爲之注，同郡趙宜中爲之附注，均能考證精核，於小學頗有發明。惟其中論六書轉注一門，以爲轉注者乃轉形互用，有倒有側，有反有背。今求其說，若云倒𦣻爲県，反正爲乏，雖本傳記，然究屬會意字。至謂尸爲側人[四]，匚爲側凵，則誤從周伯琦《說文字原》之論，於制字之意反乖耳。至其九數一門，以密術推鄭注，頗爲詳至，以之補正賈疏，亦攷禮之一助也。恭字以謙，號說齋。宜中字彥夫。其書刊於至正甲辰，前有張翥，胡世佐、揭汯、劉仁本四序，皆未言及宜中附注事。末有舒睿後序，題戊申歲，已爲洪武元年，反不及宜中，則宜中疑爲明人，其始末則不可考矣。又案六藝皆古之小學，而自《漢志》以後，小學一類惟收聲音訓詁之文，此書轉無類可歸。今附錄於小學之末，存古義也。

趙氏撝謙 六書本義

《明志》十二卷

存

《明史·文苑傳》曰：趙撝謙字古則，更名謙，餘姚人，宋秦悼惠王之裔。與朱右、謝肅、徐一夔輩定文字交。天台鄭四表善《易》，則從之受《易》。定海樂良，鄞鄭真明《春秋》，山陰趙俶長於說《詩》，迮雨善樂府，廣陵張昱工歌詩，無爲吳志淳、華亭朱芾工草書篆隸，撝謙悉與爲友。博究六經百氏之學，尤精六書，其言曰：「水火之生人，不可一日無之，而不汲汲者，以其隨取隨足，故衆人昧焉。惟聖人于《易》坎離始終明之。字書之爲用，亦若水火，人顧不察爾。」又曰：「士人爲學，必先窮理，窮理必本讀書，讀書必本識字。六書明，然後六經如指諸掌矣。」隱居隖山萬書閣，築考古臺，取諸家論著，證其得失，作《六書本義》，繼成《聲音文字通》，約之以造化經綸圖，又作《學範》。共著書三百餘卷，時目爲考古先生。洪武十二年徵修《正韻》，終瓊山教諭。其後修《永樂大典》，以其門人柴欽言，即其家取所撰《聲音文字通》以備采録。

撝謙自序曰：六書何爲而作也？皇昊羲農，繼天立極，將以開物成務載道傳世而作也。蓋至樸未散，六書之理已悉具於沖漠無朕之中。粤自元气肇分，天浮地降，日月著明，星宿縣象，雲雨變化，山川流峙，與夫人物草木鳥獸之紛然賁若者，莫非自然之書。天不能盡，於是榮河出圖，假手皇羲，而六書之文興，時則有若朱襄候剛从而廣之，而六書之字備。六書既備，則結繩之政代而人文昭，天地之理載而萬民察，六書之時用大矣哉！洋洋乎虞夏商周之世，其道大明，而司辻之職設〔五〕，保氏之教立。及嬴政暴興，燒毁文籍，李斯乘時改作，冢用其私。程邈、王次仲苟趨省易，分隸遂行，於是其道始微。漢著其法，太史試學童，諷書九千字以上，乃得爲吏。吏民上書，字或不正，輒舉劾之。至宣帝，乃命諸儒修倉頡法。光武時馬援上疏，論文字譌謬。和帝命賈逵修理舊文。於是許慎博采稽考，訪之於逵，著爲《說文》，後世宗之。魏晉及唐，能書者輩出，但攻乎點畫波折，逞其姿媚〔六〕，而文字破碎，然猶賴六經之篆未易。至天寶間，詔以隸法寫六書，於是其道盡廢。其有作興之者，如吕忱之《字林》、李陽冰之刊定、徐鉉之集注、徐鍇之《繫傳》、王安石之《字說》、張有之《復古編》、鄭漁仲之《六書略》、戴侗之《六書故》、楊桓之《六書統》、倪鏜之《六書類釋》、許謙之《假借論》、周伯琦之《正譌》之類，雖曰有功於世，然猶凡例不立，六義未确，終莫能明。其以指事爲象形，會意爲指事，既非矣，至有以轉注爲假借，會意爲轉注，則失之甚者也。於乎！正書之不顯，俗書害之也，俗書之相仍，六義之不明也。古則自早歲即嘗研精覃思，折衷諸家之說，附以己見，僎集六書之義，正其以母統子，以子該母，子復能母，婦復孕孫。生生相續，各有次第。分爲十類，以象天地生成之數，著爲十二篇，以象一年十二月，部凡三百六十，以當一朞之日。目該萬有餘數，以當萬物之數，其相重亦俗變省謁通之數，不能悉計，而亦不之計者，又以見世道無窮之變焉。凡五謄始克成編，而名之曰《六書本義》。嗟乎，士之爲學，必先窮理，窮理必本夫讀書，讀書非識字之義，所載所該，以俟心悟神入，豁然貫通，則於上達乎何有？此古聖賢之設教貴夫博文也，古則不敏，何足以知之，然區區一得之愚，不敢不取正於有道，敢古君子尚恕其僭而取其心焉。時洪武十有一年春正月朔。

徐一夔序曰：古者六書之法皆掌於官，成周保氏之職，以六書教國子，而書之設以同文爲盛，故又有外史掌達書名，行人掌諭書名。漢循其法，太史試學童，諷書九千字者得爲吏。吏民上書，字有不正者，則糾率之。其掌於官可知已。夫書非曲藝也，大而二帝三王周公孔子之道，次而古今成敗得失之迹，九流百氏雜家之說，又次而官牘家乘錢穀訟獄米鹽碎務之記注，莫不有賴於書，蓋不容于一日廢者也。而爲書之法六：曰象形，曰指事，曰諧聲，曰會意，曰假借，曰轉注。其爲法也，有子母相生之類，形聲清濁之别，五方言語之異，用之者易流於謁舛。自夫官失其守，大夫士務趨簡便，以指事爲象形者有之，以會意爲指事者有之，至有以轉注爲假借，會意爲轉注，其失滋甚。于是六書之意不明，而義理之精微，有失其本真者矣。越人趙君撝謙深以爲病，取許叔重而下諸家論著之書，考其得失，推子母之相生，俾各歸其類，正五方之言語，律以四聲，而以子母相生之例統之，爲凡例以提其綱，爲圖說以括其要，分爲十數，著爲十二篇，釐爲三百六十部，於是六書之義明，而六書之用無謁舛之患矣。嗟乎！大夫士之於六書，譬之麻縷絲絮莫不以爲衣也，而或不知其出於蒔育，稻粱魚肉莫不以爲食也，而或不知出於佃牧。習而不察，此固人情之大較。撝謙非有官守，如古外史、行人之所掌，而能用力於衆人所略之地，何其用心之專也哉！撝謙裔出宋宗室，志慤而守恬，其學邃於經術，諸子百氏莫不記覽，著爲文辭，抑揚反復，能沛然盡其所欲言，而不畔於道。觀其所著《六書論》可見已。至於《六書本義》，則其尤盡心者也。方國家校正韻譜，徵至京師，稍試其所學，擢中京國子監典簿，旋以疾引退，遂克畢力於此。書成，徵余序之。雖然，余固習而不察者也，安能發其蘊？以撝謙請之力，姑著其用心之專云爾。

桑調元《趙考古先生遺書序》曰：趙考古先生初名古則，更名謙，字撝謙，餘姚人，宋秦悼惠王之後。明洪武間領鄉薦，初徵至京修《正韻》，尋出爲中都國子監典簿，雖不與修《正韻》，即用其說。歸築考古臺，復召爲瓊山教諭，稱海南夫子。先是宋濂至是，邱濬並遣子受業焉。著《聲音文字通》百卷，永樂間上於朝，謂文象周爻孔翼，皆從羲畫出，書失傳。著《造化經綸圖》，標康節詩句，希至聖賢。餘著書尚多，盡軼。竹垞作傳，言與朱右、謝肅、徐一夔爲文字交，受《易》于天台鄭四表，友定海樂良、鄞鄭真考《春秋》，山陰趙俶考《詩》，迮雨考樂府，廣陵張昱考《詩》，無爲吴志淳、華亭朱芾考草書篆隸。推其尤精六書，作《六書本義》，此《聲音文字通》之所由成也。末言作圖及《學範》，共三百餘卷。卒時年四十有五，亦祇目其訓詁詞章，包羅羣有耳。嗚呼！奇士聚精覃研，所著書與秦灰等，天地之至寶湮沉，鴻覽博物者傷其傳之有幸有不幸，蓋用以自悼也。皮陸指文譽生涯爲戒，其意亦爾。予獨謂先生躬體正學，上接濂閩之脉，持己以敬爲基本，其所著《造化經綸圖》與《圖說》獨不泯，與周子《易通》相發明，微特發揮一中之分、心上之起，俾天人之奥昭揭行間，爲康節之功臣。天之不沒是書，不喪斯文也，此書存，餘皆鱗爪矣。吾師勞餘山先生又四百年後崛起于餘姚，遺書經水火不滅，今已上續紫陽之著述，與先生輝映于鵾山濱海之地。吾姚之正學，流傳興起於無窮，端在是矣。徐君意欲刊之廣布，問序于予，予因感于《北溪字義》非志于辨正四聲，蓋一貫宗傳寓焉。讀是編，則文字通之，學可知矣。

《四庫全書提要》曰：焦竑《筆乘》稱撝謙字學最精，行世者惟《六書本義》及《學範》六篇，《學範》蕪雜，殊無可取。是編《六書論》及《六書相生》諸圖，大抵祖述鄭樵之說。其凡例有曰：《說文》原作五百四十部，今定爲三百六十部，不能生者附各類後。今以其說考之，若《說文》畕字爲一部，以畺字爲子，而撝謙則併入田部。《說文》包字爲一部，以胞匏字爲子，而撝謙則併入勹部。《說文》𢆶字爲一部，以幾幽字爲子，而撝謙則併入幺部。凡若此類，以母生子，雖不過一二，而未嘗無所生之子，與凡例所云不能生者不同，乃一概併之，似爲未當。又若《說文》儿部，儿讀若人，充兊諸字從之，與人字異體，而撝謙則併入人部。《說文》夲部，臯字從夲從白，而撝謙誤以從白爲從自，附入自部，則於字體尤舛。第於各部之下辨別六書之體，頗爲詳晰，其研索亦具有苦心，故錄而存之，以不沒所長焉。

按：《六書本義》其論曰：六書，一曰象形，文字之本也。二曰指事，加于象形者也。三曰會意，四曰諧聲，合夫象形指事者也。五曰假借，六曰轉注，侂夫四者之中也。獨體爲文，合體爲字。象形、指事文也，象形文之純，指事文之加也。會意、諧聲字也，諧聲字之純，會意字之間也。假借、轉注則文字之俱也。肇于象形，滋于指事，廣于會意，備于諧聲，至于聲則無不諧矣。四書不足，然後假借以通其聲，聲有未合，而後轉注以演其聲。象形、指事一也，象形有加爲指事。會意、諧聲一也，會意主聲爲諧聲。假借、轉注一也，假借叶聲爲轉注。明乎此，則六書之能事畢矣。其書分十類，凡三百四十部，合一千三百字。每字先反切以知其聲，次研釋以知其義，次引證以明其用，次說六義，原造字本旨，次假借，次轉注。各圈於上以爲端。自謂精研覃思，折衷諸家，附以己見，凡五謄始克成編。前有論七、圖十二。

存

趙氏撝謙童蒙習句

《四庫全書目》一卷

撝謙《書後》曰：好古而不諧今，則窒而不通，博文而不約禮，則汗漫而寡要，故君子貴乎酌古以準今，守約以施博也。凡古之道，舉皆廢墜，惟書得行。自夫隸草擅場，六義由晦，而書之廢亦偕[七]。余不佞，研精覃思，竊成《六書本義》《聲音文字通》二書。又慮童幼之士汗漫不得其要，復習子母偏旁，凡千二百字，鍊成四方言句[八]，庶乎守約而施博也。以四體書之，庶乎酌古以準今也。於是篆本之六義，分隸之苟易，草書之狂悖，亦自可領其要矣。然分隸有「門」無「門」，有「聲」無「匕」之類，草之有「處」無「虗」[九]、有「業」無「業」之類[一〇]，又不如分隸，抑亦可以觀世變也。雖然，若天卿豪愛之體，近古秦泰、奉春之首，異隸則草，亦有可取者焉。

《四庫全書提要》曰：焦竑《筆乘》載撝謙著書十種，此書居第八，惟《六書本義》及《學範》行世，餘書則邱濬、李東陽，謝遷先後訪於嶺南不獲，則此書爲明人所未見，亦僅存之本矣。其例凡列一字，必載篆隸真草四體，然小篆及真書各有定格，而隸草變體至多，不能賅備，姑見崖略而已。撝謙本以小學名，此則鄉塾訓課之作，非其精義之所在也。

馬氏琬偏旁辨證

《千頃堂書目》

存

蘇伯衡序曰：扶風馬侯未出仕時，僑于嘉禾，嘉禾之士相率委質而師焉。侯病世之學者於書置而不講，自一字以至偏旁，承譌踵誤十八九，乃爲書若干篇，曰《偏旁辨證》，與承學之士講習云。及侯出而爲郡臨川，而東陽蔡侯適以進士守郡，謂侯此書誠有補於小學者也，可不廣其傳乎！馳書金華，屬余敘之。予惟先王之教小學〔一一〕，必以六藝，書其一也。稽之《周官》，掌養國子，教之六書，有保氏焉，三歲則一考之，以同其文。其爲教如此，是以其時士無弗知書，是非有正，而人不敢用其私也。歷秦漢而至于唐，經殘教弛已久，書之爲書也，因世生變，趨便就簡，非盡復先王之舊矣，然猶有維持之法焉。太史試學童，能諷書九千字以上，乃得爲吏，又以六體試之，課最者以爲尚書、御史、史書令史〔一二〕，吏民上書或不正，輒舉劾，漢之制也。取士有明字科，學館諸生試書，凡書學石經、《說文》《字林》，先口試通，乃墨試《說文》《字林》二十條，十八通爲第，唐之制也。其爲法如此，是以其時士亦無不知書，是非有正，而人不敢用其私也。自時厥後，時異制殊，非惟先王之教不復，而取士之法亦莫之行矣。學士大夫率謂書非切己事，高談性命者慕遠大而忽近細，游心藝事者較工拙而論媸妍，班、揚、賈、許、陸、薛、二李、二徐之說雖有存焉，幾何人能盡其心也？昧形聲事意轉借之辨，迷文字母子聲音之原，夫豈獨後生小子哉！先儒朱子患之，嘗欲取《說文解字》字序爲書篇，以詔于其學，惜乎有其志而其書未就焉。嗚呼！成朱子所欲爲之志，以明先王之所以教，豈不在後之君子乎？此馬侯之書所以作也。竊觀其書，凡一字之全謬，偏旁之不經，流俗之習熟，傳寫之差舛，牽强而穿鑿〔一三〕，杜撰而因襲，一點一字之分，一畫一字之別，同音異從類〔一四〕，莫不推尋其端緒，論列其得失，考訂其牴牾，區別其部類，而其取舍義例，有不合於班、揚、賈、許、陸、薛、二李、二徐之說者蓋鮮矣。明先王之教，成朱子之志，端在於此書乎！國家方稽古以制度，學校之教修，取士之法行，吾知亦將有取焉，而於同文之治，不無功矣，豈惟有補於小學云爾哉！是用不讓而爲之序，使覽者知其書實繼先儒而作，而盡其心焉，庶幾蔡侯之志也。

貝瓊序曰：自洪荒既裂而有文，其法具於六書，而數則窮於萬有一千五百〔一五〕。大篆易而爲小篆，小篆易而爲楷書，其變不一，然豈有舛於一波一戈，而戾六書之法哉！後世小學既廢，而率承俗書之謬，妄意古文，不可盡求之點畫之間。如以「寧」爲「丁」，以「丁」爲「一」，爲省文示意，文愈變而失愈繁矣。則偏旁雖非大義之所損益，學者惡可略而弗校，以致魯魚、帝虎之謬與。宋紹興進士毛晃增修四聲之譜，既已正其偏旁，如支攴、毋母、殳夂、美羙之類，固足以爲經生學士之助。而扶風馬君文璧獨病近習之多出於私見，「豔」之爲「艷」，「夷」之爲「夷」，「丰」之爲「丰」，「船」之爲「舡」，「尼」之爲「𡰥」，「屆」之爲「屆」，「晉」之爲「晋」，「臺」之爲「𡌪」，「鑪」之爲「爐」，「鐙」之爲「燈」，是非瞀亂。於是詳求同音異用、同形異從，一點之分，一畫之別，悉攷《說文》及五經等書，釐而正之，凡若干卷，題曰《偏旁辨證》，其視毛晃所定爲有加焉。

黄虞稷曰：琬字文璧，紹興人，從楊維楨學《春秋》，官撫州知府。貝瓊爲敘。

劉氏彥振 篆韻集鈔

《千頃堂書目》

未見

黄虞稷曰：彥振鄱陽劉彥昺弟，洪武中薦舉，官知縣。

汪氏克寬 六書本義

《千頃堂書目》

未見

《明史·儒林傳》曰：汪克寬字得一，祁門人。十歲時晝夜誦習，專勤異凡兒，問業于吳仲迂，志益篤。元泰定中舉應天鄉試，中選，會試以答策伉直見黜。慨然棄科舉業，盡力于經學。洪武初聘修《元史》，將授官，固辭老疾還，卒，年六十有九。

謝氏林 字學原委

《明志》五卷

未見

黄虞稷《書目》曰：林毘陵謝應芳子，洪武中官新鄭教諭。

穆氏正 文字譜系

《明志》十二卷

未見

黄虞稷《書目》曰：正字景中，四明人，明初官靈璧知縣。

王氏仲芳 文字考證辨譌 方孝孺《遜志齋集》作《篆書考證》

《千頃堂書目》

未見

黄虞稷曰：仲芳寧海人。

方孝孺序曰：由古以之今，存乎勢，援今以反古，存乎人。天下之勢，舍厚而趨薄，舍謹而爲漫，舍難成而爲易習，如水之下流，滔滔汩汩，不至於極不止，非有篤志卓識者，不能知其不善而亟反之。幸有一人知其不善矣，自非達而存乎位，亦不能奪舉世之所嗜而挽之復乎古。是以二帝三王之禮樂政教、餘文舊俗，歷數千年以至於今，時易世遷〔一六〕，幾至放不可復者，豈無豪傑之士生乎其間，而欲正之哉！猶智不足以啟羣惑，言之者一，而排笑之者千萬，雖欲回流俗之勢，而不能也。六書於民用最切，而其變爲最甚，自篆而爲分隸，自分隸而爲行草，日趨簡易，經涉流蕩而無法，使古人復生而視今之字，必將駭眩而驚歎。而人固鮮有知其非者，間有好古之士知之，而力不足以制已然之勢，不過著之於書，以發其所得。自漢許叔重《說文》以來，著書之存於世者，雖有精粗詳畧之殊，而其用志深遠，終非流俗所及。然世之知而好之者已難乎其人，好而能通其意，考其得失，補其未備，而羽翼之者，宜乎其尤難也！寧海方塘先生仲芳，自少篤志古學，至老不倦，嘗病俗字之亂真害正，本諸古以正末流之失，作文字考正辨譌之書，以示學者。其言皆有徵據，不爲臆說，使人人因其言而求許氏《說文》，以探古人制作之初意，引天下以復古，寧有禦之者乎！雖然，文字之學蓋學者之一事耳，天下所以治亂存亡者，不專在是也，井牧變而民無定志，比閭族黨變而鄉無善俗，蒐狩師田之法變而國費於養兵，讀律飲射之法變而官疲於聽訟。其大者如封建學校，其小者如名物衣冠，其異於篆之行草者曾幾何哉！予嘗妄欲爲一書以正訛解惑而未之遂，先生之父祕書公以博學多識爲元聞人〔一七〕，其所受而知者蓋非特字學而已。苟有大於此者，論次成書，以補六經之遺缺，洗百世之陋習，其非學者之所望乎，予庶幾預聞之。

鍾氏耆德 養正錄字體

《福建續志・書目》一卷

未見

《福建通志》傳曰：耆德字元長，閩縣人。家貧不娶，教授生徒以養親，清修苦節，其學博極羣書。

丁氏日造 六書考

《福建續志・書目》

未見

包氏宏 六書補義

見《江西通志》

未見

《江西通志》傳曰：包宏字用夫，進賢人，希魯次子。洪武初舉文學，陳情乞養。再以文學首舉，辭不獲，奉使山西。著《六書補義》。

夏氏誠 六書正疑

《浙江通志・書目》

未見

林氏天爵 **庸字備攷**

《浙江通志・書目》

未見

駱氏文衡 **字學原委**

《浙江通志・書目》

未見

《秀水縣志》曰：駱文衡字季銓。

來氏嘉謨 **字學原流**

《浙江通志・書目》

未見

按：來嘉謨蕭山人。

陸氏曾奕 **字原**

《浙江通志・書目》

未見

按：陸曾奕蕭山人。

季氏守鏞 **六書本義内外篇**

《浙江通志・書目》

未見

倪氏公武 **六書本義**

《浙江通志・書目》

未見

按：倪公武金華人。

常氏倫 **校正字法**

《山西通志・書目》一篇

未見

張氏亦堪 **說楷**

《山西通志・書目》一卷

未見

李氏陽春 **難字智燈**

《澹生堂書目》二卷

未見

陳氏錫 **斷坑論字夜談**

《澹生堂書目》一卷

存

按：是書在《陳祠部集》內。

劉氏寅 **六書直解**

《山西通志・書目》

未見

《山西通志》曰：劉寅太原人。

小學考卷二十四終

校記

〔一〕「皆」下，原衍一「非」字，據黄溍《文獻集》卷六《六藝類要後序》删。

〔二〕存：原作「從」，據四庫本《六藝綱目》載張翥序改。

〔三〕揭汯：原作「楊汯」，據右引書載揭汯序改。

〔四〕謂：原作「爲」，據《四庫全書總目》卷四二附録《六藝綱目》提要改。案：光緒刊本已改作「謂」。

〔五〕職設：原作「識設」，據四庫本《六書本義》載趙撝謙自序改。

〔六〕逞：原作「程」，據右引書改。

〔七〕偕：趙撝謙《趙考古文集》卷二《書童蒙習句後》作「甚」。

〔八〕鍊成四方言句：右引書作「鍊之成四言句」。

〔九〕處：原作「處」，據右引書改。

〔一〇〕業：原作「業」，據右引書改。

〔一一〕先王：原作「先生」據蘇伯衡《蘇平仲文集》卷四《偏旁辯證序》改。

〔一二〕史書：原作「二書」，據右引書改。案：此段文字原載《漢書·藝文志》。

〔一三〕牽强：原作「牽張」，據右引書改。

〔一四〕同音異從類：本句有脱文，右引書所載作「同音異用，同形異從之類」，當補。

〔一五〕五百：原作「百五」，據貝瓊《清江文集》卷七《偏旁辨證序》乙。

〔一六〕世遷：原脱「世」字，據方孝孺《遜志齋集》卷一二《篆書考證辨譌序》補。

〔一七〕聞人：原作「文人」，據右引書改。

小學考卷二十五

文字十七

黃氏諫 从古正文

《明志》六卷

存

《甘肅通志》傳曰：黃諫字廷臣，蘭州人。博古多藝，工篆隸行楷，登正統七年進士，歷官侍講學士。後謫廣州府判，從學者甚衆，廣人立祠祀之。所著有《詩經集解》《使南稾》《從古正文》《蘭坡集》行世。

錢曾《敏求記》曰：《从古正文》一卷，篆文正楷，點畫不容少差。此書存其遺跡，且依韻易檢。焦弱侯藏茹真生手錄本，徐元懋《印史》極稱之。

《四庫全書提要》曰：其書考正字畫之譌，以《洪武正韻》隸字，每字大書正文，而分疏訓詁注作某、某非於其下。所推論六書之義未嘗不確，而篆變八分，八分變楷，相沿既久，勢不能同，古楷之不可繩以小篆，猶小篆之不可繩以籀文。諫乃一一以小篆作楷，奇形怪態，重譯乃通，而究其底藴，實止人人習見之《說文》九千字，非僻書也。無裨義理而有妨施用，所謂其言成理而其事必不可行者，此類是矣。

涂氏觀 六書音義

《明志》十八卷

佚

《江西通志》傳曰：涂觀字恆孚，豐城人。天順進士，成化間歷南京吏部考功郎中，遷衢州知府，復知寧國。著有《六書音義》。

張詡序曰：《六書音義》一書，致政郡守豐城芝軒涂先生所輯，其冢嗣憲副鄉儀刻之以傳者也。其爲卷十有八，其爲門十有三，其爲部五百十有四，其爲字總若干萬。其真楷主《洪武正韻》，附之以古文、篆文、籀文。其音切亦主《正韻》，而兼取《玉篇》。其釋義雖本《說文》，凡涉穿鑿者悉删去，而兼采他說。文字正而無《玉篇》之冗，音義正而無《說文》之鑿，可以左右《正韻》而備一代書學之制，與昔之《玉篇》《廣韻》《韻府》《字統》諸書並行於世無疑也。先生自登仕版以來，四十餘年無所好，獨好儲書，將踵鄴侯之富，政暇手不釋卷。既歸老于劍江之上也，日維從事于著述，此其一焉。憲副公攜之入廣，刻已，屬走也一言以引諸端。

嗟乎！結繩廢而書契生，書契之初作也，依類象形謂之文，形聲相益謂之字，而著于竹帛則謂之書也。《周禮》小學保氏教國子，先以六書，六書者象形、會意、指事、轉注、諧聲、假借是也。書必有音，宫商角徵羽是也；音必有義，訓詁是也。音失則陷江左之偏，義失則陷荊國之妄，而六書於是乎失真矣。此《六書音義》之所由以輯也。皇明大一統〔一〕，文字無寄象鞮譯之殊，然惟章奏用《正韻》，公文移券、課程碑板之類，往往尚沿舊俗習〔二〕，豈由昧文字體用原流與失音義之所在故與〔三〕！是書一出，啓初學，醒羣蒙，其有功于書學也不少矣。若夫含情性于顧眄，蓄血氣于典策，沐之以虚圓不測之神。浴之以浩然剛大之氣，去睢盱側媚之態，回熙熙穆穆之風，使閱之者神和而氣融，此則又音義之外有别傳焉，所謂神而明之，存乎其人者也。抑聞穆叔「立言不朽」之説，《詩》「孝思維則」之訓，先生之立言，固足以爲不朽圖矣，而憲副公思章親美，其孝思必足以爲錫類之勸也，走也故于序末表而出之。

按：是書今已見傳本〔四〕，張詡序從《明文海》録出，《千頃堂書目》言宏治十八年徐竑序。

魏氏校 六書精藴

《千頃堂書目》六卷

存

《明史·儒林傳》曰：魏校字子才，其先本李姓，居蘇州葑門之莊渠，因自號莊渠。宏治十八年進士，歷南京刑部郎中，改兵部郎中。移疾歸，嘉靖初起爲廣東提學副使，累遷國子祭酒。著有《六書精藴》。卒，謚恭簡。

校自序曰：嗟周之衰，天王之弗考文也久矣。秦以凶德閏位，强取文字而同之，乃後世惟李斯是師，先秦古文則既闕有間矣，其别出者多列國未同之書，然則文終不可考與？曰：文者非他也，心之畫也，所以體天地萬物之撰也，古文先得我心之所同然耳。心之所同然者何也？天然而然，心學而明也，貫若一矣。古人之心學大以密，倉頡之作六書也，猶之伏羲之作八卦也，若剖混沌而開之。其道易簡，愚夫愚婦可使與知，不知不足以言道。乃其精藴，則有學士大夫不及盡知者，是故傳久則易以譌。有王者作，議禮制度而考文，心法同也。昔者周宣嘗考文矣，古文之變而爲大篆也，史籀所述也，文字浸以備矣，開闢而後，與有功焉者也。心法之微，傳與否與，今固弗能知，矧秦之斯，彼何人兮，而其心乃敢曰古亦莫予若矣。茲其萬惡之根矣。大篆之變而爲小篆也，斯實紛更之，文字則大備矣，混沌之鑿也亦多矣。秦以吏道易君道，天下實擾擾焉，程邈因是以隸書代篆書，六書亦墜地矣。要之，二人者同于輔桀者也。校嘗曰：三代而上，一宇宙也[五]，自秦限之矣。秦弗稽古師先王，而歷代師秦以爲故，詎惟六書也哉！校生千載之後，悼斯文之久湮，欲請于上，因古文是正小篆之譌，擇于小篆可者尚補古文之闕，多病未遑，則爲之贊發大義，以闡心法。學者毋湮于書而博之天地萬物，毋徒求之天地萬物而反求諸心，天機之不器于物也，古猶今也。噫！天而欲興斯文也，茲其濫觴也已。或曰：「師無道秦百代羞也[六]，請廢斯篆，一洒空之，無寧慊于志乎！」曰：斯篆亦詎能盡廢，斯篆今亦何必盡廢？且使天王而考文也，亦惟祖頡而參諸籀，若盤盂書定而一之。斯篆可者取之，其不可者釐正之，惡而知其美，曠若天地之無容心焉。邈隸亦必修之，與俗宜之，翻篆而楷，俾無失六書，掃官府之繁苛，灰書籍之叛經離道者，復歸民于樸[七]，毋或琱琢矣。或曰：噫，信斯言也，古道可還也，六書云乎哉！

《四庫全書提要》曰：是書自序謂「因古文正小篆之譌，擇小篆補古文之闕」，又謂「惟祖頡而參諸籀，斯篆可者取之，其不可者釐正」云云。然字者滋也，輾轉滋生，如子孫之於祖父，血脉相通而面目各別。校必以古文正小篆，是子孫之貌有不似祖父者，即謂非其子孫也。又擇小篆以補古文，是子孫之貌有偶似其祖父者，即躋之於祖父之列，以補其世系之闕也。元以來好異之流，以篆入隸，如熊忠《韻會舉要》所譏者，已爲駭俗，校更層累而高，求出其上，以籀改小篆之文，而所用籀書，都無依據，名曰復古，實則師心，其說恐不可訓也。末附《音釋》一卷，乃其門人徐官所作，以釋注中奇字者，書有難解，假注以明，而其注先需重譯，則乖僻無用可知矣。

徐氏官 六書精蘊音釋

《千頃堂書目》一卷

存

錢曾《敏求記》曰：魏莊渠《六書精蘊音釋》一卷，此於六書之學詳考，極佳，尚是徐元懋手寫稾本，後附莊渠先生親筆書四紙，亦墨莊中一古物也。

《天祿琳琅》曰：《六書精蘊》後附校門人徐官《音釋舉要》一卷，官因字有難識者，爲音俗字於書端，并附舉要於書末，以便披覽。官吳人，正德十二年進士第，見太學題名碑。

劉氏孟 字林纂要

《千頃堂書目》

未見

黄虞稷曰：孟安福人，成化丁未進士，延綏巡撫、都御史。

朱氏嘉禎 字義博考

《千頃堂書目》

未見

黄虞稷曰：嘉禎濟寧人，宏正間隱士。

戴氏冠 奇字訓釋

見文徵明《甫田集》

未見

文徵明撰《戴先生傳》曰：先生名冠，字章甫，長洲人。屢試不獲解，宏治四年以年資貢禮部，選浙江紹興府儒學訓導。著有《奇字訓釋》若干卷。

戴氏冠 濯纓亭字義

《澹生堂書目》一卷

存

按：是書載《濯纓亭筆記》中，疑即《奇字訓釋》也。

方氏仕 集古隸韻

《四庫全書目》五卷

存

《四庫全書提要》曰：明方仕撰。案是時有二方仕：一爲固始人，正德戊辰進士；一即此方仕，字伯行，寧波人也。其書以漢碑隸書分四聲編次，全襲宋婁機《漢隸字原》，而變其一二三四等目，以《千字文》天地元黄諸字編之，體例甚陋。又摹刻拙謬，多失本形。前有嘉靖丙戌市舶太監賴恩序，蓋仕爲恩題射廳榜，恩因爲捐貲刻之。又有浙江進士章滔序，亦頌恩之功。蓋均不足道云。

周氏瑛 書纂作《字學纂要》〔八〕

《明志》五卷，又音釋一卷

存

林俊撰《周公墓志銘》曰：公諱瑛，字梁石，蒲田人，號蒙中子，白賁道人，翠渠其最後號也。成化己丑進士，累官四川參政，尋右轄，進資善大夫。所著有《翠渠集》《經世管鑰》《呂律管鑰》《字學纂要》《詞學筌蹄》《地理蓍龜》《周易參同契本義》。

周氏瑛 字書啟鑰

《千頃堂書目》

存

王氏應電 同文備考

《明志》九卷《四庫全書目》八卷

存

《明史・儒林傳》曰：王應電字昭明，崑山人。研精字學，著《同文備考》《九義音切貫珠圖》。

黃虞稷《書目》曰：嘉靖十八年乙亥敘，《書法指南》一卷、《翻楷舉要》一卷、《字聲定母》一卷、《經傳正譌》一卷、《音韻會通》一卷、《韻要初識》四卷。

《四庫全書提要》曰：《同文備考》八卷，附《聲音會通》《韻會粗釋》二卷，明王應電撰。是編考辨文字聲音，其學出於魏校，而乖僻又過其師。前有自序，謂《洪武正韻》間以小篆正楷書之譌〔九〕，而未嘗以古文正小篆之謬，於是著爲是書，取古文篆書而修定之，並欲以定正許慎《說文》之失。襲戴侗之遺法，分爲八類，曰天文，曰地理，曰人容，曰人道，曰人體，曰動物，曰植物，曰用物。舉是八綱以領其目，又舉諸目以附綴偏傍系屬諸字。考書有古文，有大篆，有小篆，三代以下得以考見六書大略者，惟賴小篆之存，得以考見小篆本旨者，惟賴《說文》始一終亥之目，州居部次，不見陵亂，是以上通古籀，下貫隸楷，猶可知其異同因革之由。若大篆則見於《說文》者不及二百字，師岐陽石鼓傳爲籀書，尚不能盡目爲大篆，況古文見於《說文》與出於鐘鼎者已自不同，必欲併合論之，名爲復古，實則鑿空，遂至杜撰字體，臆造偏傍，竟於千百世後重出一製字之倉頡，不亦異乎！且既不信《說文》矣，而於《說文》引述諸經文句互異者，乃反據以駁正經文，不知漢代經師多由口授，被諸竹帛，往往異文。馬鄭以來諸儒，商榷折衷，乃定爲今本。慎書所據，如《易》用孟喜之類，其序本有明文，不過當時一家之學，應電乃執爲古經，拘泥殊甚。至所附《聲韻會通》《韻要粗釋》二卷，改字母爲二十八，改韻類爲四十五，爲橫圖以推衍之，其於古今異宜、南北異讀，皆所不考，合其所不當合，分其所不當分。又每字合以篆體，端緒叢襍，如治亂絲，亦可云勞而鮮功矣。

楊氏慎六書練證

《明志》五卷

存

《明史·楊慎傳》曰：慎字用修，新都人，少師廷和子也〔一〇〕。年二十四舉正德六年殿試第一，授翰林修撰。疏諫不得，命下詔獄，廷杖之，謫戍雲南永昌衛，卒。明世記誦之博，著作之富，推慎爲第一，詩文外雜著至一百餘種，並行于世。隆慶初贈光禄少卿。天啓中追謚文憲。

楊氏慎六書索隱

《明志》五卷

存

慎自序曰：慎自志學之年，迨今四十餘年矣。其遠求近取，旁搜曲證，《說文》以爲折衷，枕籍《說文》而上，則有大禹岣嶁之碑、周宣岐陽之鼓、呂氏《考古圖》、《宣和博古圖》、郭忠恕《汗簡》、薛尚功《鼎韻》，古文也。《說文》而下，則呂忱《字林》、顧野王《玉篇》、陸法言《集韻》、唐元度《九經字樣》〔一一〕、張參《五經文字》、徐鉉《繫傳》、林罕《小說》、張有《復古編》、黄公紹《韻會》，鄭樵〔一二〕、周伯溫、楊桓、戴侗、趙古則于六書皆有論著，悉繙討之。又嘗受業西涯李文公，友太原喬公希大、永嘉林生應龍，亦以斯藝相取。文正公少愛周伯溫篆形之茂美，肆筆斆之，晚乃覺其解詁多背《說文》，有誤後學，欲犁正之而未暇也。太原公嘗集諸家之篆，以韻分之，而無所升汰。林生亦著《通雅亦古編》，博矣而無所裁定。謫居多暇，乃取《說文》所遺，諸家所長，師友所聞，心思所得，彙梓成編。以古文籀文爲主，若小篆則舊籍已著，予得而略也。若形之同、解之複而不删者，必有刊補也。書成，名之曰《六書索隱》。以韻收者，俾易繙耳。遂申前說，序而系之曰：伏羲觀圖畫卦，文字生焉，虞舜依律和聲，音韻出焉。神皇聖帝、君師萬禩，垂此二教，至周公出，文則制六書，詩則訓六義，郁乎備矣。古之名儒大賢，降而騷人墨客，未有不通此者也。秦之吏猶能誦《爰歷》《滂喜》，漢世童子無不通《急就》《凡將》。至後漢許叔重，著《說文》十四篇，五百四十部，本《倉頡》之篇，九千三百五十三字，則秦篆之全。其所載古文三百九十六、籀文一百四十五，軒周之跡猶有存者。重文互體六百二十二，則上有孔子說、楚莊王說、韓非說、左氏說，下有淮南說、司馬相如說、董仲舒說、衛宏說、揚雄說、京房說、劉歆說、杜林說、賈逵說、桑欽說、傅毅說、官溥說、譚長說、王育說、尹彤說、張林說、王顥說、周盛說、逯安說[一三]、歐陽僑說、寧嚴說、爰禮說、徐巡說、莊都說、咸宗古人，不襍臆見，可謂有功小學矣。自程元岑之隸、史游之章、鍾繇之楷出，而字日訛。梁大同中，顧野王著《玉篇》，凡一萬二千七百七十九字，以小楷書寫籀古，十訛其九，已自可憾。唐上元中，南國一妄處士孫強又增加俗字，如「竹尚少爲笄」，「昇高山爲杪」，此乃童兒之見，俳優之嬉，何足以污竹素也？其間名爲此字學者，若李陽冰則戾古詭俗，陸德明則從俗訛音，吾無取焉。宋則郭忠恕之雅，楊桓之博，張有之精，吳才老通其音讀，黃公紹泝其原委。若鄭樵則師心妄駁，戴侗則肆手影撰，又字學之不幸也。元猶有能朋來、趙古則窺班得胷，擷英尋實。何物周伯溫者，聞見既陋，經術不通，類撼樹之蜉蝣，似篆沙之蝸蚓，字學之重不幸，又十倍于戴與鄭矣。今日此學，景廢響絕，談性命者不過剿程朱之菡魄，工文辭者止於拾《史》《漢》之聱牙，示以形聲孳乳，質以《蒼》《雅》《林》《統》，反不若秦時刀筆之吏、漢代奇觚之童，而何以望古人宮牆哉！慎爲此感，欲以古文籀書爲祖，許氏《說文》爲宗，而諸家之說之長，分注其下。以衰老之年，精力不逮，且圖籍散失，偏閱不能，乃拔其精華而存其要領，以爲此卷。深于六書者試欽玩之，知其會同發揮乎古人，而非雷同剿說於諸家矣。所收之字，幸勿厭其少，可以成文定象，砭俗復古矣。所注之義，幸勿厭其煩，可以詁經正史，訂子匯集矣。或覽之曰：「是則藝矣，其如道何？」答之曰：藝即道也。夫子之性道，不離乎文章，子貢未之合一耳。司馬子長愈益昧此，作《孔子世家》乃曰：「晚而喜《易》，韋編三絕。」其以孔子爲揚子雲，以《易》爲《太玄》，而《詩》《書》《春秋》爲《甘泉》四賦耶？子雲若悟此，則藏心美根，豈出于雕蟲篆刻，何必悔其少作乎？必以《玄》爲極致，而識字爲非，則吾夫子從心之年，亦何嘗屏撤《詩》《書》，焚棄《春秋》，而後爲不踰矩哉！書成，并識此于卷首。吾黨有喜高論而厭下學者，聆余斯言，其必喙咈而心俞矣夫！

《四庫全書提要》曰：慎自序謂「取《說文》所遺，彙萃成編，以古文籀書爲主，若小篆則舊籍已著，予得而略」云云，蓋專爲古文篆字之學者，然其中所載古文籀書，實多略而未備。即以首卷而論，如東韻「工」字，考之《鐘鼎釋文》若乙酉父丁彝、穆公鼎、龍敦、九工鑑之類，各體不同，而是書均未載及。又如「共」字，止載汾陰鼎，而好畤鼎、上林鼎、綏和鼎之類，亦均不取。且古文罕見者，必著所自來乃可傳信，而書不注所出者十之四五，使考古者將何所據依乎？

楊氏慎 古文韻語

《明志》二卷

存

慎自序曰：音祖于日，聲祖于辰[一四]，音叶聲從，是曰人文。孔翼《易》象，箕敷極言，永律豈人，繫出也天。汲古挾冊，有慕在昔。筮繇盤鑑，盟詛昏冠，嘏誄疫釁，儆教緯憲。箴今禁祝，圖戒銘贊，文有在是，滅裂匪獻。神徂聖伏，文寃采匿，奏勺會涓，斷珪碎璧。空石餘辰，竊水暇日，因之窺斑，庶已賢奕。

楊氏慎 古文韻語別錄

《千頃堂書目》一卷

存

楊氏慎 古音複字

《千頃堂書目》五卷

存

楊氏慎 古音駢字

《千頃堂書目》一卷一作五卷

存

莊氏履豐、鼎鉉 古音駢字續編

《四庫全書目》五卷[一五]

存

《四庫全書提要》曰：《古音駢字》一卷，明楊慎撰；《續編》五卷，國朝莊屨豐，莊鼎鉉仝撰。古人字少而韻寬，故用字往往假借。是書取古字通用者，以韻分之，各注引用書名於其下，由字體之通求字音之通，於秦漢以前古音頗有考證，但遺闕過多，牽合亦復時有。即以開卷東冬韻論之，如《荀子·議兵》篇云「案角鹿埵，隴種東籠而退耳」，注曰：「隴種，《新序》作龍種。」《禮論》篇曰「彌龍」，注曰：「彌如字，又讀爲弭。」《楚辭·九章》曰「蓀詳聾而不聞」，補注云：「詳與佯同。」《九歎》云「登逢龍而下隕兮，違故都之漫漫」，注云：「逢一作逄，古本作蓬。」《吳越春秋·越王無餘外傳》曰「大夫曳庸」，注曰：「《左傳》作后庸，《國語》舌庸。」《史記·五帝本紀》曰「其後有劉累擾龍」，應劭曰：「擾音柔，故《五帝本紀》又曰『擾而毅』，徐廣曰『擾一作柔』，則擾、柔字通。」《倉公列傳》曰「臣意胗其脈曰迵風」，注曰：「迵音洞，言洞入四肢。」《漢書·地理志》曰「都龐」，應劭「曰龐音龍」，師古曰「音襲」。《揚雄傳》曰「奮六經以攄頌」，師古曰「頌讀若容」。《大戴禮·衛將軍文子篇》曰：「詩云『受小共大共，爲下國恂蒙』」，注曰：「今詩爲駿龐。」《五帝德》篇曰「鳥獸昆蟲」，考《說文》以虫爲虺[二六]，然漢代碑刻即用虫爲蟲，則虫、蟲通。此書原本、續本均未舉及，則采摭之未備也。又如原本於「遙門」二字，注出《荀子》，而《史記·龜策列傳》亦作「遙門」，乃不注。續本於虋冬，滿冬、門冬引《爾雅》注，而《山海經》曰「其草多芍藥虋冬」乃不注。又引《廣雅》膺、匈二字，謂「匈胸通」，而《管子·內政》篇曰「平正擅匈」，注曰「和氣獨擅匈中」，亦古「胸」字，乃亦不注。則訓釋之未詳也。他如圜鐘，函鐘是黃鐘、林鐘別名，非「黃」通爲「圜」、「林」通爲「函」。「其浸盧維」讀作「盧灘」，恐亦鄭元之改字，未可盡槩以古音，乃一例定爲通用，未免附會。然大勢徵引賅洽，足資考證，古字之見於載籍者，十已得其四五，亦可云小學之善本矣。

楊氏慎 奇字韻

《明志》五卷

存

《四庫全書提要》曰：是編標字體之稍異者，類以四聲，故曰「奇字」。考六書以《說文》所載小篆爲正，若衛宏，揚雄所學，則別有古文奇字，已非六書偏旁所可推也。此書以「奇字」標名，而若《說文》引經「豐其屋」，「豐」作「寷」；「克岐克嶷」，「嶷」作「㘈」；「靜女其姝」「姝」作「㛮」；「庶草繁廡」，

「廡」作「無」；「天地絪縕」，作「壹壺」；「營營青蠅，止于樊」，「樊」作「棥」；「故源源而來」，「源源」作「謜謜」；「泣血漣如」，「連」作「㥏」之類，雖與今經文異，而皆有六書偏旁可求，則正體而非奇字。且此類甚多不勝載，如《說文》引《尚書》「嵎夷」作「堣夷」；引《論語》「友便佞」，「便」作「諞」；引《詩》「赫兮咺兮」，「咺」作「愃」；引《周禮》「膳膏臊」，「臊」作「鱢」；「孤乘夏篆」，「篆」作「輲」；引《易》「包荒用馮河」，「荒」作「巟」；引《詩》「在河之洲」，「洲」作「州」；引《易》「服牛乘馬」，「服」作「犕」；引《書》「濬畎澮距川」，「畎澮」作「〈巜」；引《春秋傳》「翫歲而愒日」，「翫」作「忨」，「愒」作「瀫」；引《易》「夫乾確然」，「確」作「隺」；引《春秋傳》「執玉惰」，「惰」作「憜」；引《詩》「納于凌陰」，「凌」作「䐈」；引《論語》「白圭之玷」，「玷」作「㓠」；引《書》「闢四門」，「闢」作「闢」。異同之處，不可殫數。此書所載，殊不及十之二三。至於「岷」之作「汶」，「禱」之作「禂」，皆假借字，而亦概列爲奇字，尤屬不倫。又如「蔷」字下但注一「災」字，而不云「本《鹽鐵論》『罕被寇蔷，蔷音災』」。「廧」字下但注一「牆」字，而不云「本《管子·地員》篇『行廧落』，房元齡注爲行廧及籬落」。「闓」字下但注一「開」字，而不云「本《漢書·匈奴傳》『乃遣闓陵侯將兵別圍車師，及今欲與漢闓大關』，顔師古注闓與開同」。「茬」字但注一「槎」字，而不云「本《漢書·貨殖傳》『然猶云山不茬蘖』，師古注茬古槎字」。「閩」字下但注一「閭」字，而不云「本《漢書·揚雄傳》『東鄰昆侖，西馳閩闔』，師古注閩與閭同」，則全迷其所出。「萁」字下注音「該」，但引曹植詩，而不知《淮南子》「爨萁燧火」，高誘注「萁音該」。「泝」字下注音「流」，但引《賈誼傳》「朝廷之視，端泝平衡」，而不知考《荀子·榮辱》篇「其泝長矣」，楊倞注「泝古流字」，則不溯其所始。又如冬韻載「窯」字，引《說文》，而不知《漢書·地理志》「蒼柗」，師古曰「柗古松字，與窯同一古松字」。「賁」字下注云「古文斑」，而不知《荀子·彊國》篇曰「如此下比周賁，潰以離上矣」，楊倞注「賁讀如墳」。《漢書·翟方進傳》「賁麗善爲星」，師古曰「賁音肥」。「蝯」字下注「與猨同」，而不知《漢書·李廣傳》又作「爰臂」，如淳曰「臂如猨臂」。其闕佚又不可枚舉。蓋慎充於腹笥，特就所記憶者錄之，故於諸書不暇詳考，然於秦漢載籍，亦已十得三四，講六書者去其疵而錄其醇，或亦不無所助焉。

楊氏慎 雜字韻寶

《千頃堂書目》七卷

存

楊氏慎 經子難字

《千頃堂書目》一卷

存

《四庫全書提要》曰：上卷乃讀諸經義疏所記，凡《易》《詩》《書》《三傳》《三禮》《爾雅》十書，下卷乃讀諸子所記，凡《老子》《莊子》《列子》《荀子》《法言》《中説》《管子》《十州記》《戰國策》《太元經》《逸周書》《楚詞》《文選》十三書。或摘其字音，或摘其文句，絶無異聞，蓋隨手雜録之文，本非著書。其孫宗吾過珍手澤，編輯成帙，而王尚修序刻之，均失慎本意也。

楊氏慎 分隸同構[一七]

見《升菴文集》

存

慎自序曰：自《倉頡》《沮誦》而下，科斗鳥跡以還，爲八分，爲楷隸，其變夥矣。《説文》《訓纂》字止九千，《玉篇》《龍龕》至億萬，異體别構，俗創訛音，實繁其文焉。暇日搜諸字書合于六書而又叶於八法，得什一于千百，振體要于碎煩，名曰《分隸同構》。嗚呼！上谷之翮未覩鴻蹤，曇礦之鵝空傳贋本。隸古以定，通今以行，時乎會當有變，薑芽之手，元和之脚，明之存乎其人。知遺笑大方之家，庶用詒小子之造爾。

楊氏慎 石鼓文音釋

《千頃堂書目》三卷

存

《四庫全書提要》曰：是編第一卷爲石鼓古文，第二卷爲音釋，第三卷爲今文，附録則自唐韋應物至明李東陽所作石鼓詩，凡五篇。前有正德辛巳慎自序，稱東陽嘗語慎，及見東坡之本，篆籒特全，將爲手書上石，未竟而卒，慎因以東陽舊本錄而藏之。金石古文亦有升菴得唐人拓本，凡七百二字，乃其全文。馮惟訥《詩紀》亦據以載入古逸詩中，當時葢頗有信之者。後陸深作《金臺紀聞》，始疑其以補綴爲奇。至朱彝尊《日下舊聞》考證古本，以「六轡」下「沃若」二字，「靈雨」上「我來自東」四字，皆慎所强增。第六鼓、第七鼓多所附益，咸與《小雅》同文。又鼓有𦤎文，郭氏云：「恐是臭字，白澤也。」慎遂以「惡獸白澤」入正文中，尤爲欺人明證。且東陽《石鼓歌》云「拾殘補闕能幾何」，若本有七百餘字，東陽不應爲是言云云。其辨託名東陽之僞，更無疑義。今考蘇軾《石鼓歌》自注稱，可辨者僅「維鱮貫柳」數句，則稱全本出於軾者妄。又韓愈《石鼓歌》有「年深闕畫」之語，則稱全本出唐人者亦妄。即真出東陽之家，亦不足據，况東陽亦僞託歟！

陶氏滋 石鼓文正誤

《四庫全書目》二卷《千頃堂書目》四卷

存

《四庫全書提要》曰：滋字時雨，絳州人，正德甲戌進士。是編以薛尚功、鄭樵、施宿等石鼓訓釋不免舛謬，因親至太學石鼓旁，抉剔刻文，一一校定。然年深闕畫，仍多影響揣摩。其後序踵楊慎之說，謂曾見蘇軾摹本六百一十一字，亦失考也。

李氏舜臣 古文考

《千頃堂書目》

未見

舜臣自序曰[一八]：自古文降而爲大篆，周宣王時史籀所爲也。其去古文猶如扆之于階，益降而爲小篆陳矣。今《説文》中反雜以隸，而或稱「某籀文」、「某古文」，則許氏筆以別于本所存，乃其本所存古耶，斯亦不可知矣。余考古文以讀六經，因及于籀，以其爲廣古文而作。至于千古，或異者焉。《易》《詩》《書》《儀禮》《周禮》各若干字。

又舜臣《與崔後渠書》曰：舜臣啓：《爾雅》當爲釋經而作，竊意《爾雅》滞于章句，《説文》滞于邊旁，有所長者有所短與？漢儒務存《爾雅》，又于《爾雅》有滞者焉。宋仍漢訓，有不必仍，又薄《爾雅》《説文》不信，而信近傳《廣韻》，增第四義焉[一九]。字學不明[二〇]，于義安取？大篆已降，况秦隸乎！今用秦隸訓古聖人文，豈不遠哉！且孰非説經，而漢儒執禮過嚴，于義反陋，宋儒説理過詳，于言反淺。尊裁，幸甚。

《四庫全書》《愚谷集》提要曰：據集所載小序，舜臣所著《籀文考》《古文考》《六經直音》諸書〔二〕，于今皆未見，然亦足見其文之根柢也。

按：舜臣字茂欽，號愚谷，山東樂安人，嘉靖癸未進士，官至太僕寺卿。

李氏舜臣 籀文考

《千頃堂書目》

未見

林氏應龍 字海

見《浙江通志》

未見

《浙江通志》傳曰：明林應龍字翔之，永嘉人。精篆隸，擅文學，以不能洟涊權貴，久淹印局大使。著有《字海》。

王氏三聘 字學大全

《陝西通志・書目》三十二卷

未見

三聘自序曰：昔人謂文字之學有三：一體制，一訓詁，一音韻。夫《篇》《海》體制也，四聲音韻也，訓詁固嘗刊行，而《切韻貫珠》雜法各自爲帙，猶未克一。然字須篇以聚之、韻以協之、法以通之，而其學始全。茲刊也主韓氏《五音篇韻》，終以《切韻貫珠集》附焉，統名曰《字學大全》凡三十二卷。

按：三聘盩厔人，明僉事。

豐氏道生 金石遺文

《四庫全書目》五卷

存

《明史・豐熙傳》曰：熙鄞人。子坊，字存禮。舉鄉試第一，嘉靖二年成進士，出爲南京吏部考功主事，尋謫通州同知，免歸。坊博學工文，兼通書法，而性狂誕。晚歲改名道生。別爲十三經訓詁，類多穿鑿語。

《四庫全書提要》曰：道生即豐坊所更名也。坊頗能篆籀書，其諸經僞本多以古文書之，至今爲世所詬厲。此書雖采奇字，分韻編次，但以真書一字直音於下，無所考證，亦不注所出，體例略近李登《摭古遺文》。雖未必全出依託，然以道生好撰僞書，凡所論撰遂無不可疑，故世無遵而用之者。此本又傳寫失真，益不足據矣。

陳氏士元 古俗字略

《明志》七卷

存

《四庫全書提要》曰：是編標題之下題曰「歸雲別集」，與所著《周易》同，蓋亦其別集之一種也。其例仿顔元孫《干禄字書》，而小增損之，亦以韻分字，所列首一字即元孫所謂正也，所列古體及漢碑借用字即元孫所謂通也，所列俗用雜字即元孫所謂俗也。古字多以鐘鼎之文改爲隸體，已失其真，又不注所出，彌爲難據。他如「窗」之爲「牕」「晉」之爲「晋」，則周伯琦之譌文；「儠」之爲「天」「卍」之爲「萬」，則釋典之謬體。一槩濫收，殊乏考正。其有已見經典者，如《左傳》「民生敦厖」，《毛詩》「民之方殿屎」等字，皆斥爲俗字，而徐鉉校正《說文》所云俗書，如鼁、个等二十八字，反未刊正，棄取亦殊失倫。士元撰述之富，幾與楊慎、朱謀㙔相埒，而是編疎舛，不一而足，亦貪奇愛博之過歟？

按：士元字心叔，應城人，嘉靖甲辰進士，官灤州知州。

周氏宇 字考啓蒙

《明志》十六卷

存

黄虞稷《書目》曰：宇關中人，戶部郎。

《四庫全書提要》曰：宇字必大，自署關中人，前有萬曆十一年自序，考太學進士題名碑，萬曆癸丑科有周宇，崇禎初所定逆案中亦有其名，然碑稱四川成都人，與自題關中不合。序作於萬曆十一年，已自稱老且疾，則不應尚及媚魏忠賢。惟《咸寧縣志》載周宇西安左衛人，嘉靖己酉舉人，官戶部主事，精識古文奇字云云，當即其人也。是編辨字學之譌，分爲四考，曰正形，曰殊音，曰辨似，曰通用。前三門俱以《洪武正韻》分部編次，惟通用一門分實名、虛聲、疊字三篇別爲一例[三二]。其正形多以篆繩隸，如東字、同字皆以起鉤爲譌字，如其所説，必八法全廢，殊拘礙難通。殊音即韻書之互注，然辨古音、今音及雙聲、轉讀，均不甚精核。

辨似一門，尤爲瑣屑，如「壼」之與「壺」，「傅」之與「傳」，稍把筆者皆知之，何必縷縷乎！通用一門，雜取假借之字，既多挂漏，又頗泛濫，均不足以言小學也。

周氏宇 **認字測**

《明志》三卷

存

《浙江采集書錄》曰：《認字測》三篇，明戶部西安周宇撰。舉八十一字各爲之説，以測古人制字之意。

周氏宇 **三百篇志書目一卷**

《陝西通志・書目》一卷

未見

《陝西通志》曰：明主事咸寧周宇撰。

金氏世龍 **六經字原**

《明志》三十卷

未見

黄虞稷《書目》曰：世龍字孟陽，長洲人，嘉靖辛丑進士，官按察司副使。

孫氏樓 **吴音奇字**

《江南通志・書目》

未見

《江南通志》曰：常熟孫樓撰。

吴氏存中 **字學**

《浙江通志・書目》十卷

未見

《浙江通志》引《嫛書》曰：存中字致之。

呂氏明倫 **字郛**

《江南通志・書目》二卷

未見

《江南通志》曰：建平呂明倫撰〔一三〕。

小學考卷二十五終

校記

〔一〕皇明：原作「明皇」，據《明文海》卷二一二載張詡《六書音義序》乙。

〔二〕俗習：原作「俗氣」，據右引書改。

〔三〕由：原作「有」，據右引書改。

〔四〕已見：按前文言是書佚，此處當言未見傳本方是。疑當作「未見」。

〔五〕「宇宙也」句下，魏校《莊渠遺書》卷六《六書精藴序》尚有「三代而下又一宇宙也」一句，當補。

〔六〕師：原作「斯」，據右引書改。

〔七〕民于：原作「于民」，據右引書乙。

〔八〕原書「作字學纂要」爲正文書目，誤，今改作小注。疑其上脱「墓誌銘」三字。又按：《四庫全書總目》卷一一四載《書纂》五卷，提要云：「不著撰人名氏，惟卷首有翠渠病叟自序。考《明史·儒林傳》載，周瑛字梁石，莆田人，成化己丑進士，官至四川右布政使，學者稱翠渠先生。其號與自序合。又《明史·藝文志》載周瑛《書纂》五卷，與此本書名卷數並合，蓋即瑛書也。分原始、辨體、考法、會通、擇佐使五篇。原始篇論六書；辨體篇論古籀、篆、隸、草、八分、飛白諸體及歷代沿革；考法篇論手法、筆法、書法；會通篇論諸家書；擇佐使篇論筆墨紙研。大抵掇拾舊文，故名曰『纂』。自序稱其長孫南鳳年十有一，作書以授之，故所録多淺近易明云。」

〔九〕聞：原作「聞」，據《四庫全書總目》卷四三《同文備考》提要改。案：光緒刊本已改作「間」。

〔一〇〕廷和：原作「延和」，據《明史》卷一九二《楊慎傳》改。

〔一一〕元度：原作「元慶」，據楊慎《升庵集》卷二《六書索隱序》改。

〔一二〕鄭樵：原作「鄭焦」，據右引書改。案：光緒刊本已改作「鄭樵」。

〔一三〕逯安：原作「逮安」，據《續文獻通考》卷一六〇載楊慎《六書索隱序》改。案：《説文》卷一二下亡部「匄」字下引逯安説，可參考。

〔一四〕祖：楊慎《升庵集》卷三《古文韻語題辭》作「宗」。

〔一五〕五卷：原作「一卷」，誤。據《四庫全書總目》卷四一所載《續編》五卷改。

〔一六〕虫：原作「蟲」，據《四庫全書總目》卷四一《古音駢字》提要改。

〔一七〕「分隸同構」下原衍一「序」字，蓋謝啓昆鈔録楊慎原文標題時未加删節而致誤，今删。

〔一八〕據李舜臣《愚谷集》卷六，此序當爲李氏《籀文考序》，而非《古文考序》，原書另有《古文考序》，今録於次：「六經本古文爾，秦火以降，迨於許氏《説文》之時，古文存者十不能得一，而鄭康成《儀禮》注其頗稱『某，古文某』者，以質之《說文》所出古文亦多闕。賴而《說文》存者，敢輯以爲六經《古文》，往彼既曰古文某爾，《易》《詩》《書》《儀》《周》《禮》各若干字。」當補入此序，原有序文移至下《籀文考》條。

〔一九〕增第四義焉：據李舜臣《愚谷集》卷一〇《與崔後渠書》，此句作「《增韻》，第三第四義焉」，當補。

〔二〇〕字學：原作「宋學」，據右引書改。

〔二一〕「古文考」原作「文」，「直音」原作「真音」，據《四庫全書總目》卷一七二《愚谷集》提要改、補。

〔二二〕一例：原作「一列」，據《四庫全書總目》卷四三《字考啓蒙》提要改。

〔二三〕撰：原作「誤」，據四庫本雍正《江南通志》卷一九〇改。

小學考卷二十六

文字十八

伊氏乘 六書考

《千頃堂書目》

未見

黄虞稷曰：伊乘字德載，吳縣人，籍應天。成化戊戌進士，歷官按察司僉事。

陶氏承學 字學集要

《千頃堂書目》四卷

存

黄虞稷曰：陶承學《字學集要》四卷，同邑毛曾訂。

《續通考》曰：《併音連聲字學集要》四卷，不著撰人名氏。萬曆二年會稽陶承學得此書于吳中，屬其同邑毛曾删訂，前有承學序。承學字子述，嘉靖進士，累官禮部尚書。

《浙江采集書録》曰：《併音連聲字學集要》四卷，明越州毛曾輯，以四聲之字貫穿相屬，仍取前人音釋注焉，乃因宋李巽岩所輯韻書而重定之者。

朱氏暈 字學習要

《千頃堂書目》四卷

未見

朱氏錦 重集字學集要

《千頃堂書目》四卷

未見

黄虞稷曰：天啓乙丑敘。

姜氏玉潔 正字訓蒙

《千頃堂書目》

未見

黄虞稷曰：玉潔劍州人。

《四川通志》傳曰：玉潔劍州人，飭行講學，孝友篤實，貢入太學。著《正字訓蒙》。

龔氏時憲 **玉篇鑑譜**

《明志》四十卷

未見

朱氏睦㮮 **史漢古字**

《千頃堂書目》二卷

未見

朱氏謀㙔 **六書本原**

《千頃堂書目》一卷

未見

朱氏謀㙔 **古文奇字輯解**

《千頃堂書目》十二卷

未見

朱氏謀㙔 **字原表微**

《千頃堂書目》

未見

朱氏謀㙔 **六書貫玉**

《千頃堂書目》

未見

朱氏謀㙔 **六書著論**

《千頃堂書目》

未見

張氏士佩 **六書賦音義**

《千頃堂書目》二十卷《四庫全書目》三卷

存

黃虞稷曰：士佩字考甫，萬曆壬寅敘。

《四庫全書提要》曰：士佩號濾濱，韓城人，嘉靖丙辰進士，官至南京户部尚書。《明史·鄒元標傳》載其與禮部尚書徐學謨俱爲元標劾罷，其事蹟始末則史未詳也[一]。是書取《洪武正韻》所收諸字，依偏旁分爲八十五部，每部之字皆仿周興嗣《千字文》體，以四言韻語聯貫之，文義或屬或不屬，取便誦讀而已。每字皆粗具訓詁，疏明大義。凡字有數體者，惟載一體，而各體皆附於後，有數音者亦然，蓋專爲初學而設。然其所分諸部，不遵《説文》《玉篇》之舊，如月字入肉部，戶字入尸部，支字入攴部之類，皆與六書不合。又如「原」字音于權切，「江」字音居良切，「沂」字音延知切之類，亦皆沿《正韻》之誤。於聲音多乖，其注釋亦多譌舛，無足觀也。

卞氏袞 古器名釋

《千頃堂書目》十卷

存

《四庫全書提要》曰：袞揚州人。是書成於嘉靖中，皆鈔襲《博古圖》及薛尚功《鐘鼎款識》之文，前後失次，摹刻舛譌，殊不足依據。

顧氏充 字類辨疑

《明志》二卷

存

顧氏充 字義總略

《千頃堂書目》四卷

存

《四庫全書提要》曰：充字回瀾，上虞人，隆慶丁酉舉人，官至南京工部都水司郎中。是書辨諸字音義點畫，分四十四門，體例最爲冗碎。又不明六書本旨與古字假借之例，如字始門注「景」字云「即影字，葛洪《字苑》始加彡」[二]，是誤采《顏氏家訓》之説，不知漢高誘注《淮南子》已云「景，古影字」也。注「尒朱」字云「百千家姓皆無，始見唐神仙尒朱洞」，是併《魏書》亦未考矣。避忌門注「齒」字云「張萬歲牧馬，衆以張諱，因以馬歲爲齒」，是併《公羊傳》《禮記》亦未考矣。甚至字始門注「回文」字云「始於溫嶠」。注「雲土」字云「雲土夢作乂，舊誤作雲夢土，宋太宗得古文，始詔改正」，已與字義無涉。至避忌門注「海棠」

字云「杜子美母名海棠，故集中無詩」，注「道」字云「師道淵避蕭道成諱，稱師淵」，注「崇」字云「姚元之避開元年號，改名崇」，是與字義不更風馬牛乎？半字通用門中，如庋庋、彌弥、瀰灕、污汙、幬幬之類，本一字而體分今古，乃區別爲二，強指爲通。各音門中〔三〕，如庚桑作亢倉、裂繻作履綸，本音之轉，非庚桑即音亢倉，裂繻即音履繻；侇累作韓傀，本名之譌，更非侇累即音韓傀。乃又混合爲一，謂上字即讀下音〔四〕。凡斯之類，不可縷數。他若一字分書門〔五〕，既收旱旰、星暒諸字，而別卷又以愈愉、怠怡等字立心忄各開一門，則互相重複矣。正音門「積」字注既云「音恣，非」，動靜門中「積」字注又云「凡措所聚之物，音恣，取物而積聚之，音迹」。字始門「車」字注云「尺遮切，自漢以來始有居音」，正音門「下」字注又云「古音虎。魏了翁云六經無下馬一韻，故下皆音虎」，則自相矛盾。其餘如「俎豆當作俎斗」，「周人避文王諱，讀昌爲去聲」者，更不知其何據矣。

張氏位 問奇集

《千頃堂書目》二卷《四庫全書目》一卷

存

《明史・張位傳》曰：張位字明成，新建人。隆慶二年進士，改庶吉士，授編修。以申時行薦，拜吏部左侍郎，兼東閣大學士，進少保、吏部尚書，改武英殿大學士。御史言位，帝疑有他志，詔除名爲民。天啓中復官。贈太保，謚文莊。

位自序略曰：凡音必先辨五音，其淺深輕重，全在齒腭之別。又如宫喉音、商齒頭、正音角、牙音徵、舌頭舌上音羽、唇輕音，切音之紐，不可不别。

《四庫全書提要》曰：是書考論諸字形聲訓詁，分十九門：一六書大義，一三十六字母，一《早梅詩》切字例，一《好雨詩》切字例，一辨聲音要訣，一辨五音訣，一四聲三聲例，一分毫字辨，一誤讀諸字，一奇字考，一假借圈發字音，一畫同音異舊不旁發諸字，一音義同而書畫異諸字，一音義異而可通用諸字，一一字數音例，一誤習已久難改字音、併正韻不載諸字，一相近字音，一各地鄉音。辨論頗詳，而不免弇陋。如合併字母，已非古法，所用直音，如「龜」音圭、「冰」音兵之類，併部分不辨。又如到景之「景」即「影」本字，而誤云音影。「𧈧」即「虹」之别體，而誤云音虹。李陽冰之名出木華《海賦》，而泥於所篆之碑，自書爲仌，誤云音佞，甚至「臺駘」誤作胡苔，而注曰「《左傳》人名」。考《左傳》子產稱「臺駘汾神」，注無胡苔之音。又「臧之孤裘敗我于狐駘」，注云駘音詒，亦無苔音〔六〕。惟《檀弓》引之，作「敗于臺駘」，雖注云臺音壺，又非《左傳》人名，殊爲刺謬。如此之類，不可枚舉，不足以言小學也。

按：是書又載《閒雲館別編》中，分十九門，考辨音學，始于六書大義，終于各地鄉音，俱無精義可采。

田氏藝衡 大明同文集

《明志》五十卷

存

《明史·文苑傳》曰：田汝成錢塘人，子藝蘅，字子藝，十歲從父過采石，賦詩有警句。性放誕不羈，嗜酒任俠。以歲貢生爲徽州訓導，罷歸。作詩有才調，爲人所稱。

劉賢序曰：每字先楷，使知字之名也，次篆、次隸、次草，使知字之變也。楷之下四聲備焉，篆之下大小殊焉。又以一字爲母，偏旁近似者爲子，各從其類，前有舉要章則一卷。

《四庫全書提要》曰：是編割裂《說文》部分，而以其諧聲之字爲部母，如東字爲部母，即以棟、涷之屬從之，顛到本末，務與古人相反。又自造篆文，詭形怪態，更在魏校《六書精蘊》之上。考沈括《夢溪筆談》曰「王聖美治字學，演其義以爲右文〔七〕，如水類其左皆從水。所謂右文者，如戔小也，水之小者曰淺，金之小者曰錢，貝之小者曰賤，如斯之類，皆以戔爲義也」云云。《夢溪筆談》非僻書，藝蘅不應不見，殆剿襲其說，而諱所自來，不知王聖美之說先不可通也。

李氏登 字學正譌

《千頃堂書目》六卷

未見

《江南通志》傳曰：李登字士龍，自號如真生，上元人，官新野縣丞。

李氏登 摭古遺文

《千頃堂書目》二卷《澹生堂書目》一卷

存

《四庫全書提要》曰：是書本夏竦篆韻之體，取鐘鼎古文，以韻分編。其韻併東於冬，併江於陽，併侵於真，併肴於蕭，分齊微二韻之字於支灰，分覃咸鹽三韻之字於寒先，分蒸韻之字於青庚，而從《廣韻》分真諄、桓寒各爲二，大抵皆以意杜撰。所列古文亦皆不著所出，未可執爲依據，又出《金石韻府》之下矣。

李氏登 六書指南

《千頃堂書目》二卷

存

《四庫全書提要》曰：是書成於萬曆壬辰，用《千字文》體，以四字爲句，辨俗傳譌體之字，以誨童蒙，亦顔氏《干祿字書》之類。然俗字頗多，書中不能該載，又不爲剖析其義，於初學仍無啓發也。

林氏茂槐 諸書字考

《明志》四卷〔八〕

存

《福建通志》傳曰：林茂槐字穉虛，福清人。萬曆乙未進士，授梧州推官，治有異蹟。著有《音韻訂譌》《字學書考》《四書經史決疑》等書。

《四庫全書提要》曰：是編辨别字音，分四十四類，其例有八：一字有異音而讀譌者，如「格澤」音鶴鐸之類。一偏旁譌者〔九〕，如「沴」音戾之類。一假借通用者，如「霸」本音魄之類。一音同可通用者，如「辟歷」爲霹靂之類。一以譌書而讀譌者，如「颶」音貝之類。一字有動靜二音，如「解」音蟹，「壞」音怪之類。一二音通用，如「孛」有佩音之類。一古今音異，如「鴻臚」音廬、「太守」音狩之類。然於古字古音皆未明其根柢，故捃摭成編，頗傷疏略。如《詩》「南」音尼心反，「風」音孚金反，「天」音汀因反。此自古今韻異，非關字有重音。若斯之類，浩如煙海，何爲僅收三五字？又如擁篲之「擁」音湧，北邙之「邙」音茫，此自人人能曉，何必作音？至於謂張翰之名當作平聲，是未見李商隱詩「越桂留烹張翰膾」也。謂寧馨之「寧」當音甯，是未見劉禹錫詩「幾人雄猛得寧馨」也。觀其訓「哉」爲始，不引《爾雅》而引《韻會》，讀「烟煴」曰氤氲，不引班固賦，而引《周易》注，知其爲飣餖之學，未能悉考源流矣。

按：是編《千頃堂書目》作《諸書字考略》，《福建通志》作《字學書考》。今遵《四庫全書目》作《諸書字考》。

湯氏顯祖 五侯鯖字海

《四庫全書目》二十卷

存

《明史·文苑傳》曰：湯顯祖號若士，亦曰海若，臨川人。萬曆進士，官至禮部主事，終遂昌縣知縣。

《四庫全書提要》曰：不著撰人名氏，題曰「湯海若訂正」。考湯顯祖號曰若士，亦曰海若，《明史》有傳，則當爲顯祖所作矣。前有陳繼儒序云：取《海》《篇》原本，遵依《洪武正韻》，參合成書。然其注釋極爲簡略，體例亦頗蕪雜，每字皆用直音，尤多譌謬。至卷首以四書五經難字別爲一篇，則弇陋彌甚。顯祖猶當日勝流，何至於此，蓋明末坊賈所依託也。

朱氏光家 字學指南

《四庫全書目》十卷

存

《四庫全書提要》曰：光家字謙甫，上海人。是書成於萬曆辛丑。首二卷，一曰辨體辨音，次曰同音異義，三曰古今變體〔一〇〕，四曰同音互體，五曰駢奇解義，六曰同體異義，七曰正誤舉例，八曰假借從譯。自三卷以下，則以韻隸字，併爲二十二部，每一部以一字調四聲，如東董凍篤之類，各標一字爲綱，而同音之字列於其下，如蝀從東，重從董，棟從凍，督從篤之類。蓋本諸章黼《韻學集成》，惟黼聚四聲於一韻，仍各自爲部，此則四聲參差聯貫，併爲一部，爲小變其例耳。其前二卷所列大抵漫無考證，如斷断、燈灯、來来，皆上正下俗，而此書斷音短，断音段，燈爲燈籠，灯爲灯火，來爲往來，来爲來牟，均以臆自爲分別，非有根據也。

李氏當泰 字學訂譌

《四庫全書目》二卷

存

《四庫全書提要》曰：當泰字元祉，泗州人。是書乃萬曆丁未殷城黃吉士督學江南，命當泰合張位《問奇集》、焦竑《字學》二書纂爲一編。首六書大略，而終以俗用雜字，共二十四門，義例殊爲錯雜。至分門訂譌內所載，若甘露名天酒、酒名紅友之類，直是類書，豈復小學訓詁乎！

徐氏孝 合并字學集篇集韻

《四庫全書目》二十三卷

存

《四庫全書提要》曰：明徐孝編，張元善校。孝順天布衣；元善永城人，彭城伯駢之後，襲封惠安伯。是書凡《集篇》十卷，分二百部，附拾遺一卷。皆不究《說文》《玉篇》之旨，偏旁多誤。若穦穖二字从禾，禾讀若稽，木曲頭也，與禾稼之禾迥異，而乃并穦穖入禾部，則於六書本義茫無考據可知。又《集韻》十卷，分一百部，附四聲類率譜一卷、等韻一卷，亦不究陸法言、孫愐舊法。如併扃登等字於東韻，合箴簪與真臻同入根韻之類，皆乖舛殊甚。又刪十六攝爲十四攝，改三十六母爲二十二母，且改濁平濁入爲如聲。事事皆出創造，較《篇海》《正韻》等書，變亂又加甚焉。

夏氏宏 字考

《千頃堂書目》二卷

存

《四庫全書提要》曰：宏字用德，號銘乾，海陽人。是書上卷凡三類，曰誤寫字，曰疑似字，曰誤讀字。下卷凡二類，曰通用古字，曰通用聯字。意在訂六書之譌，而不能深研古義，但稗販於近代韻書字書之閒。如說「雞」字必從隹，不知古文實從鳥，見於《說文》。謂「豸」字連獬則稱豸，不知本字實作廌，其豸乃蟲豸字，亦見於《說文》，頗爲失考。「些」字於誤寫字條下注「音梭，楚歌聲」，於通用聯字條下以「楚些」標目，而注曰「梭去聲」，亦自相矛盾。又不通翻切，多用直音，如欃槍之「槍」云「音當」，臨邛之「邛」云「音穹」者，尤不一而足。其去《佩觿》《字鑑》諸書，蓋不可以道里計矣。

都氏俞 類纂古文字考

《千頃堂書目》五卷

存

《四庫全書提要》曰：俞字仲良，錢塘人，仕履未詳。考其序跋，蓋萬曆閒人也。是書以古文爲名，而實則取《洪武正韻》之字，以偏旁分類編之。凡爲部三百一十有四，冠以辨疑一篇、切字一篇，而末附以雜字。其字皆用直音，直音不得則用四聲，四聲不得乃用翻切。如「鈞」音君，「銘」音明，全乖沈陸之舊。又分部別月於舟，別灬於火，揆之六書，亦多失許顧之本義。惟其每部之中以字畫多少分前後，較《説文》《玉篇》《類篇》頗易檢尋，故後來字書皆用其體例云。

吴氏元滿 六書正義

《千頃堂書目》十二卷〔一一〕

存

黄虞稷曰：元滿字敬甫，歙縣人。

焦竑《筆乘》曰：新安吴敬甫，博雅士也，精意字學，所著有《六書正義》十二卷。

《四庫全書提要》曰：元滿萬曆中布衣。是書大抵指摘許慎而推崇戴侗、楊桓，根本先已顛到。又體例冗瑣，既略仿《六書故》，分數位、天文、地理、人倫、身體、飲食、衣服、宮室、器用、鳥獸、蟲魚、草木十二門，分隸五百三十四部。又略仿《六書統》而蔓延之，象形、指事、會意、諧聲，廣爲二十九體，轉注、假借敷衍爲一十四門，殆於紛若亂絲。其附會、存疑、闕疑、備考、楷書、備用、俗借、俗轉諸條，亦多舛漏。所論轉注，以「曲逆」讀去遇之類當之。所論假借，以「一」本數名，借爲太一貴神，「九」本數名，借爲陽九，「真」本僞之對，借爲真州真姓之類當之，尤爲不確。至於以「帀」爲帝，以「卍」爲萬，「昴」字上加三圈，「火」字直排四畫〔一二〕，或誤采梵書，或造作僞體，乃動輒云《説文》篆譌〔一三〕，尤可異矣。

吴氏元滿 六書總要

《四庫全書目》五卷

存

《四庫全書提要》曰：是書亦分數位、天文、地理、人倫、身體、飲食、衣服、宮室、器用、鳥獸、蟲魚、草木十二部，蓋承戴侗、楊桓之緒論，而變本加厲。所分部首，皆以象形爲主，謂之正生，而指事、會意以下則有正生、變生、兼生之别，不取許慎《説文》，概爲諧聲之説。其字皆以柳葉篆寫之，謂其有鳥跡遺意，足排斥小篆方整妍媚之態。然所謂古文，大抵出於杜撰，又往往自相矛盾。如於「三」字下注云「俗作叁弎」，是以《説文》之「弎」爲俗字矣，於「一」字下云「或加弋作弌」，又用《説文》之説。豈「三」從弋則俗，「一」從弋則不俗乎？至所引經傳諸文，率以意改。如「二」字下引《詩》「衣服不二」《論語》「不二過」，「采」字下引《左傳》「不采菽麥」之類，尤爲疎舛矣。

故設多歧，實非六書之本旨也。

《浙江采集書錄》曰：前編統論六書，此則分述諧聲之義，凡標一千三百字，以子該母。

焦氏竑 俗書刊誤

《明志》十二卷

存

《明史·文苑傳》曰：焦竑字弱侯，江寧人。爲諸生有盛名，從督學御史耿定向學，復質疑於羅汝芳。舉嘉靖四十三年鄉試，萬曆十七年始以殿試第一人，官翰林修撰，益討習國朝典章。二十二年，大學士陳于陛建議修國史，欲竑專領其事，竑遜謝，乃先撰《經籍志》，其他率無所撰，館亦竟罷。二十五年主順天鄉試，被劾，謫福寧州同知。歲餘大計，復鐫秩，竑遂不出。竑博極羣書，自經史至稗官雜說，無不淹貫，善爲古文，典正馴雅，卓然名家。集名《澹園》，竑所自號也。萬曆四十八年卒，年八十。熹宗時以先朝講讀恩復官，贈諭德，賜祭廕子。福王時追謚文端。

《四庫全書提要》曰：是書第一卷至第四卷，類分四聲，刊正譌字，若「𡴀」之非「丰」、「容」不從「谷」是也。第五卷考字義，若「赤」之通「尺」、

吳氏元滿 六書泝原直音

《四庫全書目》二卷

存

《四庫全書提要》曰：是書主於辨別字體，所分十二門，亦與《六書正義》同，其龐雜舛亂亦同。所用直音尤多舛誤，如「凡」音煩，「千」音簽，「必」音碧，「禎」音真，皆參雜方言，有乖舊讀。至於「士」「是」本皆上聲，既注「士音是」矣，又注「叶上聲」，尤自相牴牾也。

吳氏元滿 諧聲指南

《焦氏經籍志》一卷

存

《四庫全書提要》曰：其說六書，以諧聲爲多，而古有數字同從一字諧聲而數字之讀乃迥異者，於是爲之說，曰諧本聲、諧叶聲、諧本音、諧叶音、諧轉聲、諧轉叶聲、諧轉音、諧轉叶音，有是八者之别。夫古字本止一聲，所從諧聲之字，其讀要不相遠，後人讀字自與古殊，乃謂古作字時有所謂諧叶、諧轉之聲，祇憑臆說，

「鼬」之同「猶」是也。第六卷考駢字，若「句婁」之不當作「岣嶁」、「辟歷」之不當作「霹靂」是也。第七卷考字始，若「對」之改口從士，本於漢文，「疊」之改晶從畾，本於新莽是也。第八第九卷考音同字異，若「庖犧」之爲「炮羲」、「神農」之爲「神由」是也。第十卷考字同音異，若「敦」有九音、「苴」凡兩讀是也。第十一卷考俗用雜字，若山歧曰岔、水歧曰汊是也。第十二卷考字形疑字，若「禾」之與「禾」、「支」之與「攴」是也。其辨最詳，而又非不可施用之僻論，愈於拘泥篆文，不分字體者多矣。

曹氏學佺 西峰字說

《千頃堂書目》

未見

《明史·文苑傳》曰：曹學佺字能始，侯官人。弱冠舉萬曆二十三年進士，授戶部主事，削籍。崇禎初起廣西副使，力辭不就。家居二十年，著書所居石倉園中，爲《石倉十二代詩選》，盛行於世。嘗謂二氏有藏，吾儒何獨無，欲修儒藏與鼎立。采擷四庫書，因類分輯，十有餘年功未及竣。兩京繼覆，唐王立於閩中，起授太常卿，尋遷禮部右侍郎，兼侍講學士，進尚書，加太子太保。及事敗，走入山中，投繯而死，年七十有四。詩文甚富，總名《石倉集》。

葉氏秉敬 字孿

《千頃堂書目》四卷

存

《續通考》曰：秉敬字敬君，衢州西安人。萬曆辛丑進士，以禮部郎出知開封府，進河南提學僉事，再遷至荊西道布政司參議。

潘之誴重刻凡例曰：一、自分隸行艸，漸趨簡易，以致偏旁溷淆，字學寖昧，苟非融貫六經之精微疑似，正未易剖。是編究極根原，洞然倉史之舊。一、字以載道，字義不明，則經學亦晦，穿鑿附會，所自來矣。是編反復闡揚，毫釐辨析，直堪爲六經羽翼，豈第曰六書功臣？一、《說文正譌》《本義》諸書，皆以楷釋篆，而是編以篆釋楷，不倍時尚，使人易從。論楷必附以篆者，欲即本以知末，亦因流而遡原也。一、古今字學，諸生互有矛盾，今人罔知取從，是編出而紛然者一，晦蒙者明，入室之戈，盈庭之訟，其亦少也夫。一、子母相生，形義滋蔓，大抵主母而役子，率子以從母。若夫形雖近似，義實懸殊者，如孿子眉目膚髮了無差別，而伯仲後先弗爲淆也，非其母誰與識之？命名《字辨》，意義深矣。一、字廣牛毛，豈能盡載，然文字不外六書，六書不踰子母，能察乎子母相生之微，而引伸觸類，寧有逆形？一、書堪傳世，而剞劂不精，亦未雅觀。是編巧極斲輪，校嚴亥豕，允爲精絕。一、附刻篆體辨訣，實爲古文要領。此帙校原本更加精覈，而多新安本之半，惟博雅者賞之。

《四庫全書提要》曰：秉敬學頗淹通，著書四十餘種。是編取字形似而義殊者分類詁之，與郭忠恕《佩觽》大旨略同。每字綴以四言歌訣，則秉敬自創之體。凡例謂孿子眉目髮膚雖無別，而伯仲先後弗淆，當察乎子母相生之微，引伸觸類。故其說悉根柢《說文》，毫釐辨析，於偏旁點畫分別了然，又該以韻語，便於記誦，亦小學之津筏也。其書爲杭人潘之誴所刻，前有《篆體辨訣》一篇，乃以七言歌括辨篆文偏旁之同異，不知何人所撰，由來已久，之誴以其與此書可互相參究，故附刊以行，其區別形體，亦頗有資於六書。惟其末比舊本增多一百二十四句，則紕繆杜撰，不一而足。如謂「抽」字不當從由，「咽」字不當從因，已顯與《說文》相背。甚且臆造篆文，如「琴」上加一，「對」內從千，均極爲誤。至「勇」本從甬，而云角力爲勇；「稷」古文省作畟，而云與槐柳同，此類尤爲乖舛。蓋無識者所竄入，不足依據。今姑從原本錄之，而糾正其失於此，庶不疑誤後學焉。

惠氏園 草書集韻

見周復俊《全蜀藝文志》〔一四〕

未見

惠園序曰〔一五〕：予于國政之暇，必草書三五幅以暢其情，恒以《淳化石刻》《歷代名臣法帖》以師以效。惟我獻祖開國于蜀，不貴金玉，所寶者惟聖賢經籍也，自經史以下文章翰墨，俱收蓄于內閣。一日忽覽書目，見有《草書集韻》，取而披閱，因字類以知四聲之韻，因韻語以識諸家之體，如漢宣帝、魏少帝及鍾繇、羲之、過庭、伯機等書，體勢無不全備，然後知草書之原流、古人之變化，由其形跡而得乎心法之妙矣。惜乎，久歷年歲，苦于蠹魚，于是命工重繡于梓，以永其傳，俾後之學草書者有所取法也。是爲序。

釋道泰 集鐘鼎古文韻選

《千頃堂書目》五卷

存

黄虞稷曰：道泰號來峰，泰州僧。

《四庫全書提要》曰：其書分韻集鐘鼎古文，然所收頗雜，秦權漢鑑與三代之文並載之，殊乖條貫。他如滕公石槨銘，本屬僞迹，收之已失别裁，又鉤摹全非其本狀，則傳寫失真者多矣。其分韻改咍爲開，改添爲凡，上平有元魂而無痕，下平多三宣一部，皆與《廣韻》不同，蓋從徐鍇《篆韻譜》也。

梅氏膺祚字彙

《千頃堂書目》十二卷、又首末二卷

存

梅鼎祚序曰：字學爲書以傳者，無慮數十家，要不越形聲之相益而已。《說文》《玉篇》皆立耑于一，畢終于亥，是後或次以四聲，或辨以六書，權以母子，類族别生，固未有顓言數類者。《篇海》從母以辨音，亦嘗從數以析類，惜乎其本末衡决，繙拾棘藉也。吾從弟誕生之《字彙》，其耑其終，悉以數多寡，其法自一畫至十七畫，列二百十有四部，統三萬三千一百七十九字，每卷首爲一圖，俾檢者便若指掌，閱者曠若發矇。其義則本諸《說文》《爾雅》而下之箋譯徵故者，遵所舊聞，裁以己意，而刊其詭附，芟其蔓引，以卒歸于雅，考信于正。韻制也，若反切直音之合，則與趙司徒之所校，匪質劑而適叶符，以是信聲音由人心生者也。敘曰：古今之論文字者，必原始包犧之畫卦矣。其初特一奇一耦，以象陰陽，故《易》者象也，大衍以五乘十，當萬物之數，故又曰《易》者數也。《記》有之，字者孳也，又乳也，言孳乳相生而無窮也。母之乳子伯仲者，非其名數乎？子始生，啼而可卜其終者，非聲氣之元乎？魏了翁論《易》，以經傳皆韻，魏晉間有爲《易》音者，故六書之本在象形制變，而最廣在諧聲。蓋天地之所有，形立則聲生，參兩天地而數倚焉，數生于象者也。昔所稱《易》爲萬世文字之祖者，非邪？大要以形事意聲爲體，假借、轉注爲用。字編以字彙爲體，韻法二圖爲用。然而等切非始神珙也，紐字之圖創於沈約，譜于唐元和陽甯公，南陽釋處忠，五音爲員，九弄爲方，正猶《易》圖之先後天乎？今茲之一直一横者，是其遺制也。古者六歲，教數與方名，十歲入小學，學六甲書計之事。周保氏教國子以六書，教與學成，以其序而成其材，然實昉之數。誕生少學《易》，爲諸生誦通將受餼，徙而游國子，精治六書，悟其終始于《易》，有數可循也，所養著若此。夫自經術興，士率躐等而小學廢，尉律不修，薦紳先生矢口肆筆，有不誤蹲鴟而解讀雌霓者幾何，儻即是流覽，不思過半哉！二子士倩、士杰，能讀父書而梓行之，請序于余。余念許氏《說文》初定，慎已老，遣其子公乘冲以獻。誕生方彊年，行且謁仕，抱書趨闕下，獲親睹聲明文物之盛，東觀南閣之選，宜必首被，此庶備同文之一助焉。逮若古文籀篆時存之，疏醳證援與字之會文適用者，益之有餘力也。先大中晚嗜字學，有所訓屬未成書，鼎祚不類，匙所涉，無以贊茲舉，有媿徐鼎臣之于弟楚金多矣。萬曆乙卯孟陬之月。

吴氏任臣 字彙補

六卷 附陳藎臣《元音統韻》

存

《一統志》曰：吴任臣字志伊，仁和諸生。耽書玩古，多所論著，嘗廣郭景純《山海經注》及刺取五代諸霸國事，爲《十國春秋》。康熙中試博學宏詞，授檢討。

按：《元音統韻》後六卷乃吴任臣所纂《字彙補》，其義例曰補字，曰補音義，曰較訛，專以補正梅氏之失。康熙閒范廷瑚合二書序而刊之。

陳氏淏子 同文字彙

四卷

存

淏子序曰：《字彙》之有奚囊，自崇禎癸酉歲予刻始，與宣城本毫無異同，因攜遠弗便，遂祖王氏巾箱之學，束卷僅半尺許，度不甚累重，載之行笥驢背中，誠爲快事。年來翻刻甚多，以訛傳訛，竟失本來音義，求識字而反爲字誤，欲得解而反爲解惑，每爲之嘆息而不可藥救。偶遊白下，同人謂予曰：「君年雖耄而目力尚強，何不重正其訛，以全初志乎？」予曰然，遂亟爲考訂授梓，以公四方之識正字者，聊述其槩云爾。康熙丙辰。

沈氏鯉 義學正字

《千頃堂書目》十卷

未見

蕭氏良有 **海篇心鏡**

《千頃堂書目》二十卷

未見

朱氏統鐕 **六書徵**

《千頃堂書目》〔一六〕

未見

《江西通志》傳曰：統鐕字時卿，以王孫封奉國中尉，傾祿入以購祕冊，得輒讀，讀輒不忘。著《古史記》四十卷，又有《六書徵》。

按：「鐕」或作「鐳」，「徵」作「徵」，皆誤。

朱氏謀𡋯 **周史籀文**

見《江西通志》詳二十三卷

未見

馬氏朴 **譚字**

《千頃堂書目》九卷

未見

陸氏曾昱 **字原**

《千頃堂書目》

未見

李氏當泰 **字學正譌**

《千頃堂書目》二卷

未見

周氏伯殷 **字義切略**

《明志》二卷

未見

周氏才 字錄

《千頃堂書目》一卷

未見

無名氏篆韻

《四庫全書目》五十卷

存

《四庫全書提要》曰：不著撰人名氏。其書每頁右側印「欽賜商河王勉學書樓之記」十一篆字，上下與朱絲闌齊。考《明史》諸王表，衡王祐楎之孫載塨於嘉靖三十五年襲封商河王，萬曆二十五年其長子翊鏔襲封，至四十四年薨，無子，國除。書無序跋，不知爲載塨所鈔，翊鏔所鈔也。首題「篆書正韻」四字，而考其分，乃用《壬子新刊禮部韻》，與《洪武正韻》截然不同。書中別無考證，惟據周伯琦《六書正譌》注俗作某、某非而已，蓋藩邸偶錄以備檢閱，非著書也。

無名氏字韻合璧

《四庫全書目》二十卷

存

《四庫全書提要》曰：不著撰人名氏，但題明鄱東朱孔陽訂正刊行。篇中分上下二層，上辨音韻，下別偏旁，而謬悠舛誤，不可枚舉。如「天」音添，則以兩韻爲一聲。「吴」作吳，則以俗字爲正體。分韻則從《洪武》併合之本，分部則紊許慎《說文》之例，蓋於六書之義茫乎未窺者也。

朱氏時望 金石韻府

《千頃堂書目》五卷

存

按：《千頃堂書目》，《金石韻府》五卷，無撰人姓名，今據見存本著錄。

林氏尚葵 李氏根 廣金石韻府

《四庫全書目》五卷

存

何通《印史》曰：雲谷居士李根字阿靈，閩縣人。性恬靜，與物無忤，愛閉戶獨坐，終身未嘗遠遊。工詩，小楷頗得晉魏遺意，尤留心篆籀之學。嘗同福清林朱臣廣《金石韻府》，增入刪正，一無謁謬。余愛其書，攜副墨至金陵，爲補殘闕行之。

《四庫全書提要》曰：林尚葵、李根同撰。尚葵字朱臣，莆田人。根字阿靈，一字雲根，晉江人。是書用朱墨二色，校以四聲部次，朱書古文籀篆之字，墨書楷字領之，亦各注其所出。乃因明朱時望《金石韻府》而作，故名曰「廣」，然所引諸書今已什九不著錄，尚葵等何自得觀？今核之所列之目〔一七〕，實即夏竦《四聲韻》而稍摭郭忠恕、薛尚功之書以附益之，觀其備陳羣籍，而獨遺竦書之名，則諱所自來，故滅其迹可知矣。

小學考卷二十六終

校記

〔一〕事蹟：原脱「事」；史：原作「始」。並據《四庫全書總目》卷四三《六書賦音義》提要補、改。

〔二〕字苑：原作「氏苑」，據《四庫全書總目》卷四三《字義總略》提要改。

〔三〕自「庱庋彌弥」至「各音門中」一段文字，原脱，據右引書補。

〔四〕下音：原作「下者」，據右引書改。

〔五〕一字：原作「二字」，據右引書改。

〔六〕音：原作「者」，據《四庫全書總目》卷四三《問奇集》提要改。

〔七〕右文：原作「古文」，據《四庫全書總目》卷四三《大明同文集》提要改。下句「右文」同。

〔八〕《四庫全書總目》卷四三署作「《諸書字考》二卷」。

〔九〕譌：原作「僞」，據右引書改。

〔一〇〕體：原作「禮」，據《四庫全書總目》卷四三《字學指南》提要改。

〔一一〕書目：原脱「目」字，據文意補。案：光緒刊本已補。

〔一二〕圜：原作「圍」；火：原作「大」，並據《四庫全書總目》卷四三《六書正義》提要改。

〔一三〕譌：原脱，據右引書補。

〔一四〕案：此處署「周復俊」，乃沿襲四庫全書而誤。其編纂者當爲明楊慎（字用修，號升庵）。又，《千頃堂書目》卷三著録「蜀王《草書集韻》五卷」。

〔一五〕惠園：據《全蜀藝文志》卷三一，當即明蜀惠王朱申鑿，著有《惠園集》，《明史》卷一一七有傳。

〔一六〕書目：原脱「目」字，據《千頃堂書目》卷三補。案：光緒刊本已補。

〔一七〕列：原作「例」，據《四庫全書總目》卷四三《廣金石韻府》提要改。

小學考卷二十七

文字十九

張氏自烈 正字通[一]

《四庫全書目》十二卷

存

吳原起敘曰：天下事遇合有時，顯晦有數，自不可以預期，然又若有先兆焉。余童年時隨侍先君子於信州理署，間聞論列同寅，必以南康司理昆湖廖先生爲稱首，曰：「此當今賢者，政治之暇，留心經史者也。」嗣後先生復守南康，先君子喜曰：「白鹿有靈，其戀戀舊主人若此耶！」撫軍推重碩儒，委修《江右通志》，余適筮仕洛陽，先生走一介屬余，覓河南省志以爲式，惠以所梓《正字通》一書，余時置案頭，繙閱不釋，惜未流傳，江浙間不可多得。昨歲走粵中，往來信安、清海間，尋訪先生，溘先朝露，家復寥落。感慨久之，詢及成書，則以多故之餘，久屬他姓，束之高閣，好事者不得過而問也。余竭資斧以得之，南粵諸名士皆大喜，因言書爲張爾公先生之手筆，先生購其本於衡州，晨夕較定，授梓南康，書未大行，幾遭湮沒。今給事縣之國門，布於海內，使兩先生之精神復見於紙上，豈非顯晦有數耶然？余思先生將有事於省志，而因以見貽，是今日之流傳，若先兆於前日也。爰謂序其通合之顛末，并識弗忘先子之好友云爾。

汪琬跋曰：甚矣，學者之好奇而不知有經也。此書論「禫」字則宗戴氏侗，以爲釋服之名，如此則《禮·喪服小記》宗子母在爲妻禫，爲父母妻長子禫，其說皆不可解矣。論袒免「免」字，則宗程子大昌以爲免冠之免，讀如字，如此則《左氏傳》穆姬以免服衰絰逆趙鞅，使衛太子絻，其說皆不可解矣。學術不能通經而好爲新異可喜之論，以詆譏前人，故其蔽如此。此書方行于世，予聊摘之以戒後學云。

《續通考》曰：謹按是書本自烈撰[二]，其前列國書十二字母，則國朝廖文英所續加也。文英字百子，連州人，康熙中官南康府知府。

《四庫全書提要》曰：舊本或題明張自烈撰，或題廖文英撰，或題自烈、文英同撰。考鈕琇《觚賸》粵觚下篇載，此書本自烈作，文英以金購得之，因掩爲己有，敘其始末甚詳。然其前列國書十二字母，則自烈之時所未有，殆文英續加也。裘君宏《妙貫堂餘談》又稱文英歿後，其售版於連帥劉炳，有海幢寺僧阿字知本爲自烈書，爲炳言之，炳乃改刻自烈之名。諸本互異，蓋以此也。其書視梅膺祚《字彙》考據稍博，然徵引繁蕪，頗多舛駁。又喜排斥許慎《說文》，尤不免穿鑿附會，非善本也。自烈字爾公，南昌人。文英字百子，連州人，康熙中官南康府知府，故得鬻自烈之書云。

徐氏文靖 正字通署記

四卷在《管城碩記》

存

徐文靖《管城碩記》曰：廖昆湖《正字通》凡例曰：慮四方沈湎《字彙》日久，故部畫次第，如舊缺者補之，誤者正之。余按舊本闕者，《正字通》仍闕，舊本誤者，《正字通》仍多所誤。今於經史中所習見習聞者約署記之。

胡氏宗緒 正字通芟誤

《桐城藝文志》七卷

存

胡虔曰：余從祖父襲參先生諱宗緒，康熙丁酉舉人，特徵纂修《明史》。雍正庚戌中會試、殿試，後即授編修，蓋異數也，終國子監司業。先生學無不通，該洽精審，著書凡一百三十餘種，於六書、樂律、曆算之學尤深，著有《同文聲形故》五卷、《古今音轉》一卷、《等切開蒙》一卷、《字學音韻辨》一卷、《正字通芟誤》七卷、《字典發凡》一卷；樂律則有《古今樂通》二卷、《律衍》一卷；曆算則有《晝夜通》一卷、《儀象說》一卷、《簡平儀注》一卷、《象觀》一卷、《歲差新論》一卷、《測量大意》一卷、《梅湖問答》一卷、《九九淺說》一卷、《兩界辨》一卷、《數度衍參注》二卷。

胡氏宗緒 字典發凡

《桐城藝文志》一卷

存

閔氏齊伋 六書通

《四庫全書目》十卷

存

齊伋自序曰：《六書通》者何？通六書之變也。孰通之？通《說文解字》之執也。叔重爲蒼史功臣，蒼史之道千古不墜者，叔重之力也。第謂字當止於《說文》

之文，而餘皆棄而不錄，則非蒼史之意矣，亦非天地鬼神之意矣。惜蒼史氏創爲五百四十字，天雨粟而鬼夜哭，何爲者？以爲五百四十字之變，將不可勝窮，必且十三經，必且廿一史，必且諸子百家，必且篆隸真艸，贊天地之化，奪鬼神之靈，於是焉在夫！是以天爲之瑞而鬼以之慼也。不然五百四十字耳，且不足以適於用，其能動天地鬼神耶？今觀岣嶁片石，其文皆《說文》之字也，而字非《說文》也，其略同於《說文》者十許字耳，計其事當在舜相堯之日，於時去蒼史未遠，而其變已如斯矣。降而夏商周，而列國，而秦漢，不知其幾岣嶁也，其爲變可勝言耶！葢世與世禪，字亦與字禪，不有損益，不足以成其禪。於言而各是其是，各非其非，可曰蒼史是而岣嶁非乎？《記》曰「書同文」，同也者異也，同乎昭代，正其異於前代也。是故一代之同文，即爲一代之變體，變變相尋，充塞宇宙，而五百四十字者方新而未艾也，故曰「贊天地奪鬼神者存乎變」。或曰：「羲皇之畫在書契先，以其猶未足以動天神耶？」曰：兩儀初闢，五行之遞生也，不壹而足。天一生水，必待地六以成之，文明之肇開也，亦不壹而足，羲之畫而不字，猶天之水而不成也，不字則不辭，不辭則何以前民用？故羲之畫必待蒼之字而後成也。使天不生蒼史，是無羲皇，使蒼史而無後世之變，亦無蒼史，若是乎變之不可以不通也。順治辛丑冬。

畢宏述敘曰：《六書通》爲五湖閔遇五先生槀本，余得之苕谿程子犮文家。先生集三代秦漢篆法，其體以《說文》字爲標首，下列古文籀文以及鼎彝符印，有變體必載，使觀者知其全，得其變與通也，而又繼之以附通。附通者，如東字之後附之以涷，先字之後附之以姺，東、先具各變體，加水加女，則無變也。然即東、先之變，參之以水女，亦不可謂無本也。附之以不變，通之以無不可變，義精而體詳，有功後學不淺，惜殘闕且淹沒而不復傳。余爲之討求數載，增補篆，訂爲成書，同學諸公爲之參訂，相與贊成授梓人。諸公好古如斯也，先生學古之學不淹沒而果傳哉！《說文》一書，爲三代以來古本自不待言，如元周伯琦著《說文字原》，楊升菴譏之，然自不失爲好古之士，升菴爲《索隱》，祖《說文》而加詳矣，若《金石韻府》《正韻》篆體例與是編近，而是編更加詳矣。於戲！自秦火而後，古學淪亡，不可復見，學者幾不識一字，日流變于下，不復窮變于上，而學術之衰也，可勝言哉！楊升菴曰：「秦之吏人猶誦《爰歷》《滂喜》，漢世童子無不通《急就》《凡將》，後漢許慎著《說文》，軒周之迹猶有存者。若程元岑之隸、史游之章、鍾繇之行楷出，而字日訛。顧野王著《玉篇》，以楷書寫籀古，十訛九矣。」元黃芳曰：「文字之變，自龍穗而鳥篆，而科斗，而大小篆，而八分，而隸，而行艸，率皆去難即易，厭詳就省，而世道升降淳漓之象見矣。」周伯琦曰：「漢興，儒者各以所記者私相授受，類多蹐駁。」又曰：「漢制，學僮十七以上始試，諷誦籀書九千字，乃得爲吏。又以八體試之，郡移太史，并課最者以爲尚書史，書或不正，輒舉劾之。故遷固之書字頗近古，六經皆古文。唐天寶三年，詔集賢學士衛包改古文更作楷書，以便習讀，今世所傳並俗體矣。於戲！六書之學焚於秦，壞于漢，絶于唐也，愈變而愈下，欲窮其變于上而通之于古，則興絶學于既亡也，盍其難哉！」先生自敘曰：「通者何？通六書之變也。孰通之？通《説文解字》之執也。岣嶁去倉史未遠而變，世與世禪，字亦與字禪而變。」又曰：「使天不生倉史，是無羲皇，使無後世之變，是無倉史。」先生既以叔重爲倉史功臣，又通乎叔重之執，乃真見倉史矣。夫世運窮于變，則必返乎盛，是非盛世同文之應，而軒周復見哉！學者之窮變于上而通焉，又何疑矣？余又焉辭夫淺陋而不爲之增訂，以公諸同好哉！康熙五十九年。

程瑋序曰：凡著書可傳者，皆有得於天，得於天故終不泯。古賢傑所著書，往往沉埋播棄，積歲月，勢且銷亡不傳，而卒傳者其精神與天脗合，天則不忍喪之者也。韓愈文唐人大小怪之，越數百年，歐陽修、蘇洵父子抉其藁於殘牘敗紙，而推以爲起衰之作。司馬遷《史記》，魏晉名賢槩置弗重，及徐廣考異同作《音義》，裴駰作《集解》，而《史記》行於世。甚者《詩》《書》《易》、《春秋》《三禮》及孔曾孟諸書，俱爲餘燼，而數千百年後復炳然出於人間，非天不忍喪斯文也歟，而後之名賢，可無懼焉矣！晟溪閔寓五先生好古讀書，生明季，能遠紹蒼頡微旨，於三代秦漢諸篆法，遐搜備其形體，窮討遡其本原，参互辨其疑似，勞精竭神者五十餘年，輯成書，題曰《六書通》。而先生老死，是書流傳散失，幾付之荒烟，而又六十餘年，煒得之。煒交于畢殿揚先生，先生弟既明先生工文詞，善書，尤精篆籀諸法，余因殿揚先生以《六書通》請正焉。先生一見驚絶，謂周秦古法復見于今，惜殘缺非全書，且傷其幾于泯滅也，爲之加參考篆訂，閲四載書成，且付之梓人以傳於後。嗚呼！兩先生學同也，攻苦同也，前後相間六七十年，而共成是書，非天之不忍喪之哉！又非特歐蘇之於昌黎，徐裴之於龍門矣。余感其精神與天有脗合，故爲之敘以記其異焉。康熙庚子四月。

《四庫全書提要》曰：齊伋字寓五，烏程人〔三〕。世所傳朱墨字版，謂之閔本者，多其所刻。是書成於順治辛丑，齊伋年八十二矣。大致仿《金石韻府》之例，以《洪武正韻》部分編次《説文》，而以篆文別體之字類從於下。其但有小篆而無別體者，則謂之附通，亦并列之，不收鐘鼎文而兼采印譜。自稱通許慎之執，不知所病正在以許慎爲執也。

徐氏琮 古文篆韻

五卷，見《湖廣通志》

未見

《湖廣通志》傳曰：琮字侶蒼，蕲州人。補諸生，腹笥甚富，尤工詩畫六書之學，著有《古文篆韻》五卷。

錢氏邦芑 他山字學

《四庫全書目》二卷

存

《四庫全書提要》曰：邦芑字開少，丹徒人，晚爲僧，號大錯。其書辨正字畫及音讀之誤，凡四十三目，大抵本於郭忠恕《佩觿》及李文仲《字鑑》諸書，而蒐輯未廣。如一字數音考內，「苴」字載至十五音，爲書中極多之數，而《韻會小補》載此字實有十八音。他若《廣韻》《集韻》所載重音，開卷可見者，亦百不得其一二。

馮氏調鼎 六書準

《四庫全書目》四卷

存

《四庫全書提要》曰：調鼎字雪鷗，華亭人。其書分象形、指事、會意、諧聲四類，每類分平上去入，而假借、轉注即見於四類之中。然其書雖力闡古義，而於六書本旨多所未明。如「社」之一字，《說文繫傳》从示土聲〔四〕，此書不見《繫傳》，乃以「社」爲會意字。又如「風」之一字，《說文》从虫凡聲，此書不知「風」之古音，而以爲从蟲省聲，則其他概可知矣。

周氏靖 篆隸考異

《四庫全書目》二卷

存

沈彤撰《墓表》曰：靖字敉寧，號訒齋，吳縣人。以學生入國子監。修家譜，著《篆隸考異》八卷，汪太史爲序。

汪琬序曰：古今之制不同也，古人之所食者俎豆，而後世更之以梧杆，古人之所安者簟席，而後世更之以榻案。古人之所聽者箾管琴瑟，而後世更之以箏笛琵琶。古人之書，其器則簡策，其字則大小篆籀文，而後世更之以縑紙與夫隸分行草。風俗日流於簡易，而人心日趨于靡薄，此其不同之故所由來也。使後世有王者作，必欲盡廢一時之制，而大復乎古，非不美且善也，然徒作以驚駭觀聽〔五〕，而實不足以爲治，何則？勢之積漸使然也。今之學者乃區區守其一隅之見，輒以小篆正隸文，以大篆正小篆，予往往惑之〔六〕，度其詭異，非遂返之科斗結繩之世，其譊譊者必不止。嗟乎！此曲士之所尚，而通儒之所不許也。顧其間猶有不可不辨者，蓋隸之實篆，特小更其點畫爾，其于《周官》保氏六書之法，未嘗相盭也。自晚近以來，承譌襲謬，絕不知造字之原委，于是競行俗字，而六書之法遂亡。始則市井有之，而繼則學士大夫亦然矣，始則私家簿籍有之，而繼則經典詩文，以迄章奏牒移之屬亦然矣。小學之教不明，而因循苟且者衆，舉凡儒林藝苑皆不免于漸染流俗，宜乎曲學之士得奮其一隅之見，以相詆訶也。吾郡周子敉寧，博學而文，慨然有憂之，作《考異》一書，發凡起例，悉原許慎、李陽冰、徐鉉三子，每字必加折衷，先舉隸文爲主，然後求之于篆，而以俗字附焉，上引六經，旁及子史，究其本末，晰其是非，至詳至細，而亦未嘗有詭異之說，故雖通儒不能難也。韓退之謂「凡爲文詞，宜略識字」，若敉寧之學，豈非識字之尤者與？不必盡廢隸文，而所謂小學六書之教，藉字可以復相講明，其有功于同文之治，非淺尠也。予故序之，以示學者考焉。

《四庫全書提要》曰：靖字敉寧，吳縣人，明吏部文選司郎中周順昌之曾孫也。是書辨別篆隸同異，用意與張有《復古編》相類。其小異者，有書以篆文爲綱而附列隸字之正俗；此則以隸字爲綱，於合六書者注曰隸，不合六書者注曰俗，於隸相通而篆則不相假借者注曰別，如隸字好醜之與好惡之「好」爲一字，篆則分「好」、「㚢」二字之類。而各列篆文於其下。又《說文》分部五百四十，此則以隸字點畫多少爲次，分部二百五十有七，俾讀者以所共知，通其所未知，較易於檢閱〔七〕。大旨斟酌於古今之間，盡斥鄙俚杜撰之文，而亦不爲怪僻難行之論。其凡例有曰：庖犧畫卦，已開書契之宗，降至小篆，無慮幾變。然許叔重以前，雖有周鼓秦碑，究無成書可據，故鄭樵曰「六書無傳，惟藉《說文》」。此考以《說文》爲主，鐘鼎款識一概不錄。又曰：如㭿、苗等字，止載《說文》，而剛、曲見於經史，反覺簡易。此考寧取其簡，不取其繁，故去牛與艸，是非悖謬《說文》，實欲羽翼經史，閱者可舉一以例百云云。汪琬作是書序，亦以泥古、變古二者交譏，而稱是書上引六經，旁及子史，究其本末，析其是非，至詳至悉，而未嘗有詭異之說，其論允矣。其書未有刊版，此本爲康熙丙辰長洲文倉所手錄，篆文頗爲工整，迥非鈔胥所能。驗其私印，有「小停雲」字，葢文徵明之裔，故筆法猶有家傳歟。今錄存其書，以著顏元孫去泰去甚之義，俾從俗而戾古與從古而不可行於今者，均知所別擇焉〔八〕。

邵氏緒廣 字學原流

見秦松齡《蒼峴集》

未見

秦松齡撰《邵經農傳》曰：經農名緒廣，無錫人。性愛書，授徒取入脩脯，盡以易書，晝夜校讎于六經子史及佛老之言，莫不精研。著有《字學原流》等書。

施氏端教 六書指南

見施閏章《學餘堂文集》

未見

施閏章撰《施君墓誌》曰：君諱端教，字匪莪，泗州人。以明經起家，爲宣城訓導，累遷東城兵馬司指揮。康熙甲寅卒于官。著有《六書指南》。

劉氏凝 韻原表

《四庫全書目》一卷

存

《四庫全書提要》曰：凝初作《文字韻原》一編，謂《說文》以形相次，《韻原》以聲相從，又以《韻原》限於篇幅，其層次排列，未免間斷，而生生之序不見，乃倣《史記》諸表之例，從各字偏旁序其世系，分其支派，以濟《韻原》之窮。然篆隸屢更，變化不定，必一一謂某生於某，終未免失於穿鑿也。

劉氏凝 石鼓文定本

《四庫全書目》二卷

存

《四庫全書提要》曰：是書上卷爲石鼓音訓釋文，下卷爲附錄古今人辨說及詩歌石鼓刻文〔九〕，且以殘闕搨本漸不可辨，惟以摹本及釋文相傳。釋文之中潘迪最著，摹本之中薛尚功、楊慎最著。案：宋金以前爭石鼓之時代，齗齗不休，元以來真僞論定矣，而爭文字者又鬨而聚訟。凝作此書，既不以今日所存之三百二十餘字以考定其真，又不詳列諸家之本以糾其異，徒以楊慎僞本猶屬全文，而據以爲主，根本先謬，又加以意爲增減，彌起糾紛。如第四鼓其「寫」上之「吾」字，第五鼓「霝雨」下之「萋」字，爲各本所無，莫知何以增入。至於後卷辨說第一條，即載薛尚功云云，而薛尚功跋語內亦無其文，皆不可解。又以石鼓之文強合於《說文》之籀體。案趙師尹《石鼓文考注》所摭《說文》與石鼓相同之字，「員、辭、皮、樹、西、則、旁、中、囿」九字而已[一〇]，然「旁」字石鼓無之，乃楊慎以壬鼓「避其用導」，「用」字妄改爲「旁」。其餘諸字亦均有同異，凝必欲附會其文，亦鄭樵以秦權一二字之合定爲秦鼓之類矣。

顧氏景星 黃公字說

《四庫全書目》一卷

存

《四庫全書提要》曰：景星字黃公，蘄州人，康熙己未薦舉博學鴻詞。其說自稱推本許慎，而大抵以梅膺祚《字彙》、廖文英《正字通》爲稾本，仍以楷字分編。如「丑」字从彐从丨，象手有所執也，而列之一部，於六書之義未免有乖。至於西域梵文，尤自別爲一體，儒書所載，已改爲楷畫，非其本真，一概收載，亦爲泛濫。其注皆雜采諸書，不由根柢。所列各書，唐《說文》、蜀《說文》、葛洪《字苑》、何承天《纂文》、呂靜《韻集》、李啓《聲韻》、呂忱《字林》、陽休之夏侯該《韻略》、孟昶《書林韻會》、林罕《字源》等目，不知何從見之？又以李燾《說文五音譜》爲徐鉉，以楊桓《六書溯源》爲吳元滿，以趙明誠《金石錄》爲歐陽修，以張守節《史記正義》爲《六書正義》，以司馬貞《史記索隱》爲《六書索隱》，舛誤不一而足。至於司馬光《集韻解》，諸家目錄未著斯名。米芾《大宋五音正韻》僅名見所著《畫史》中，蓋欲爲之而未成，亦非真有其書也。

熊氏文登 字辨

《四庫全書目》七卷

存

《四庫全書提要》曰：文登字于岸，南昌人。是書詳辨字音、字義、字形，分爲十門：一曰誤寫辨，二曰誤讀辨，三曰一字數音數義辨，四曰宜寫古文奇文辨，五曰宜讀經史真字辨，六曰形相類字辨，七曰聲相類字辨，八曰形聲相類字辨，九曰從今從古辨，十曰楷篆異體辨。皆從梅膺祚《字彙》分部，大意在糾俗學之誤，反之於古。然不知古文，亦不知古音，遂至不古不今，進退無據。如謂「回」本作回，不知篆文作回，本一筆旋轉，若變而五筆，已非本義。謂「冊」本作册，不知篆文作冊，本象以韋貫簡，僅縮其一畫，彌失真形。又如謂「洚」音降，又音紅，不知東江古本一音也。謂「彭」音朋，又音滂，不知庚陽古亦一音也。至謂「逍遙」必當作消搖，「伏義」必當作虙戲，「渤海」必當作浡澥，「躊躇」必當作𥳑著，皆見一古字之省文，遂謂凡書是字者無不當省，見一古字之假借，遂謂凡用是字者無不當借。所謂知其一不知其二者也，殆愈辨而愈遠矣。

傅氏世垚 六書分類

《四庫全書目》十二卷

存

《四庫全書提要》曰：世垚字賓石，歸德人。其書分部一依梅膺祚《字彙》之例，每字以小篆古文次於楷書之後。古文之學，漢魏後已久失傳，後人所譯鐘鼎之文，什九出於臆度，確然可信者無幾，況古器或出剝爛之餘，或出僞作，尤不足爲依據。謂之好古則可，謂有當於古義，則未然也。

陳氏策 篆文纂要

《四庫全書目》四卷

存

策自敘曰：夫篆文字學之不可易者也，迨更而隸，再更而楷，楷變爲行書，行書變爲艸書，迨相互減，人趨簡易，則旨趣皆失矣。余幼讀書之暇，喜習雕蟲，賴周文仲先師提命，稍知趣向，自是游覽所至，無不悉心。予思圖章一事，自古高人名士彪炳于簡冊者，正是不少，其間藉以共成不朽，亦與有榮焉。倘亥豕爲訛，偏旁湊字，雖無損于翰墨，亦爲捉刀之羞，流傳百世，豈非全璧之瑕？余今校訂諸家篆書，莫妙于會稽呂長孺、鹽官沈秀納二先生，《正韻小篆》，叶者易檢，但靡廢日深，久不行世，猶慮無存，則難稽考。余故終年矻矻，殫力選集，以《正韻小篆》爲主，加參《古籀正譌》《印體千文》，取形象意，鐘鼎碑誌遺文，彙集小篆之下，如口囁囁而目不辯者，槩不收錄。但字有別音，悉皆考正，俾後學洞然切宜，各宗其一，勿以倉卒自戾，不無少補云。康熙歲壬子春正月。

仲誼敘曰：往予侍先君子，因得竊窺典籍，旁涉羣書，考索之暇，亦是究論書法。今陳子嘉謀有篆體之刻，以予曾知書，來相證焉，予遂與陳子論篆法。篆法之來甚遠，自蝌蚪之見於鼎彝金石，多象形而鮮文采，後世廢蝌蚪而易以大篆，大篆在周宣王時爲太史氏籀所創，故名爲籀書，亦名史書。迨至秦丞相斯，改省其筆畫，而爲小篆之祖。由斯以降，漢有許慎，魏有韋誕，風流文采，猶足追古振今。自漢魏至唐，又有李陽冰一人焉，篆蹟殊絶，自謂蒼頡復生。有謂陽冰之書，其格峻，其力猛，其功備，光大於秦斯倍矣，復有尚書郎京兆衛包者，作倒薤書，落筆不妄，必左規右矩，有彯逸出塵之致。更有元度者，太宗時待詔翰林，論書最詳，繩墨今古，秩然無遺，安得責以疎放縱逸，譏以囿法大謬耶？若元雅者，固釋子之流，既因隸而求篆，又緣篆而作蝌蚪，可謂知所本矣，用心誠不謬也。至宋而有益端獻王，英宗第四子也，在藩邸時留心翰墨，嘗効元度輩作篆籀十八體，更出衆體，作八體法，學者多宗之。五代南唐時有江左徐鉉者，能續陽冰篆法，在江左日書猶未工，至隨李煜歸宋，見李斯嶧山字臨摹，自謂冥契，乃搜求其舊所書字，焚擲略盡，又嘗校定許慎《說文》三十卷傳世焉。閩人章友直者，工玉箸字學，篆石經於國子監，當時稱之。友直既以此書名世，故其家人女子亦莫不知筆法，咄咄逼真，人復寶之，其在徐鉉之門，亦猶游夏歟？蓋由蝌蚪變而爲大篆，大篆變而爲小篆，爲隸，爲八分，再變而爲章艸，爲艸書，爲正書，爲行書，既改易殊體，遂孳乳寖多，篆籀幾失其傳。然說者謂歷代能書名家，不啻林列，雖各體兼長，苟不深心篆籀，亦安能周旋中規，折旋中矩，而可許以能品也者？篆書之學，蓋若是乎其重哉！今世類不師古，雖在正書點畫之間，安加增損，自詡生致，而不自惜其杜撰之可譏也。嘉謀素工石鼓業，深心嗜古，四方之來武林者，咸過而問字焉。尤慮篆籀之失其傳，殫數十年之精力，博搜廣采，乃輯成《篆文纂要》全宗，復佐以提綱、彙選、要覽諸種，總爲一編，出而問世，誠陽冰所謂於天地山川得方圓流峙之形、於日月星辰得經緯昭回之度，近取諸身，遠取萬類，幽至於鬼神之情狀，細至於喜怒之慘舒，莫不畢載者哉！繼陽冰諸人而起者，舍嘉謀其誰與歸？是知此書之必藏於中祕，而與典籍羣書頡頏千古也已。

《四庫全書提要》曰：策字嘉謀，錢唐人。其書亦依韻分編[一一]，每字下首列《說文》，次大篆，次鐘鼎文，然不載所引書名，注亦率略，於字體無辨證[一二]，殆僅爲鐫刻印章之用也。

陳氏策 篆體須知

一卷附《篆文纂要》後

存

策自敘曰：余習六書蓋亦有年，自愧控荊，罔明奥旨，偶檢篋中，得四明王尹實先生《指南》一帙，展覩洞徹，真後學之綱領也。但年深蠹蝕，其間尚有未備。余今述其要言，加參纂附，注釋詳明，如艸訣相似，更名《篆體須知》，併附提綱一卷，悉遵《正韻》錄出，以便稽考。統付剞劂，公諸同玫，祈正訛舛，勿謂徒災梨棗，則僕之幸也。

佟世男 篆字彙[一三]

《四庫全書目》十二卷

存

《四庫全書提要》曰：世男滿洲鑲黄旗人，康熙中官知縣。其書本梅膺祚《字彙》，各繫以篆文，篆文所無之字，則依楷書字畫以意造之，不可以爲典據也。

汪氏立名 鐘鼎字原

《四庫全書目》五卷

存

《四庫全書提要》曰：立名號西亭，婺源人，官工部主事。是編成於康熙丙申，自序稱金石雖皆傳自三代，而銘器與篆碑之文不容強同，乃專采鐘鼎文，依今韻編次爲五卷。其石刻之類於銘款者，惟附錄石鼓文，其他碑篆則皆不收。然立名知鑄金刻石，古文體制有殊，而不知鐘鼎之中又有時代之分、音釋之異與真僞之別。三代固均爲古文矣，至秦權秦斤，如[illegible]字、[illegible]字、[illegible]字、[illegible]字之類，已頗近小篆。漢鐙漢壺，如綏和壺之共字、汾陰宫鼎之共字汾字、首山宫鐙之年字，併時參隸體，一槩目爲鐘鼎之文，混淆殊甚。又如歐陽修《集古錄》所載晉姜毛伯諸鼎，楊南仲劉攽訓釋互異者，不一而足，既莫能考定是非，《嘯堂集古錄》所載比干銅槃銘，宋人顯斥其僞託，亦不免併載。且卷末列二合、三合、四合之字，並不注出典，尤無根據，蓋僅以《金石韻府》爲主，而取《博古》《考古》諸圖參校之，故不免瑕纇耳。

大旨謂六書假借，於義可通爲變而不失其正，其不可通者即不得不著辨以明之。因分韻編次於每字之下，各標出處，并著本字之義，而於其誤通者則一一辨正。然古人假借多取音同，不求義合，若是書所載漢孟郁碑借「舟」爲「周」，堯廟碑云「委曲舟帀」亦借「舟」爲「周」，是其例也。而錫觀謂「周」借「舟」，於義不通，漢碑「舟」字當「匊」字之誤，「匊」音周帀，偏也〔一四〕。不知《經典釋文》「鵰鵃」之「鵃」與「雕」字通，《類篇》「五月鳴蜩」之「蜩」一作「蚒」，則周、舟二字本通，是其顯證。「鵃」「蚒」非有周帀之義，豈亦得指爲從旁耶？又如《家語》「望羊」，《左傳注》作「望陽」，《漢書》、歐陽漢碑則作「歐羊」之類，近在耳目之前，乃多失載，亦未爲賅備也。

楊氏錫觀 六書例解〔一五〕

《四庫全書目》一卷

存

《四庫全書提要》曰：是書首冠黃之雋《篆學三書序》，蓋錫觀嘗作《秦篆韻編》《正字啓蒙矩箋》二書，與此書爲三也。書凡六篇，分論六書，以鄭元注《周禮》六書以篆形爲首，失制字之序，改從許愼《說文》之次，

姜氏日章 天然窮原

《四庫全書目》九卷

存

《四庫全書提要》曰：日章字旦童，如臯人。是編成於康熙丁酉，分日月水火木金土七部，又冠以首部曰字說，綴以末部曰韻說。《詩》《易》二叶日月二部爲字書，不以偏旁分部，而以筆畫多寡分部，自一畫至四十八畫止。水火木金四部爲韻書，併爲天星風山官上地支郊階州波夫下十四韻，每韻分爲中平上去入五音。土部則古文奇字也。自明以來，字書莫陋於《字彙》《正字通》，而日章遵以講字畫，韻書莫乖於《洪武正韻》，而日章執以分韻等，收字之妄濫無稽，莫甚於《編海》，而日章據以設奇字，其餘偶有援引，不過從此四書采出而已，宜其不合於古義也。

楊氏錫觀 六書辨通

《四庫全書目》五卷

存

《四庫全書提要》曰：錫觀字顒若，無錫人。是書

首以指事。其論指事，謂有籠統言之者，有指其一點一畫言之者。其論象形，謂小篆日月作日月，已不知古文之作日月，又謂凡字之从舟旁者，皆當改爲月旁，以象倉限。其論形聲，謂爲因形而附聲，不取《周禮》注諧聲之說，併謂三百篇之韻皆不足據。其論會意，列字至三百之多，至謂「冥」下从六，乃取六爲老陰；「名」上从夕，爲陰晦之義。其論轉注〔一六〕，則從許慎之說而廣之，一爲意可相通，「老」字轉爲耆壽之類；一爲兩字相反，如「何」轉爲「叵」，「正」轉爲「乏」，與半木爲「片」，連水爲「川」之類；一爲展轉注釋而後可通，如「元」轉爲「仁」，「仄」轉爲「丸」之類。其論假借，極論隸書之非，併經典通用之字，如「恭」作「共」，「齋」作「齊」而作如者，皆斥爲乖謬。大抵陽尊許慎《說文》而陰以魏校《六書精藴》爲藍本，故於製字之義多所未明。其《六書雜記》論六書分界，亦多強生辨別；至《八分書說》一卷，申歐陽修、洪适之說，以分爲隸，而謂今之楷書爲分，引據牽合，亦失於考證也。

成氏端人 五經字學考

《四庫全書目》五卷

存

《四庫全書提要》曰：端人字友端，陽城人。此書分五經各一卷，每字先以訓詁並及形聲，兼辨俗寫之譌。然引據未能淹博，考證亦未能精密。如《春秋》隱公之「彄」字，此爲公子彄名訓也，而注曰「從弓區聲，音摳，又人名公子彄」。文公之「頵」字，此爲楚成王名訓也，而注曰「從頁君聲，徐曰頭大也。又楚成王名」。此反以本義爲旁義也。又如《易》坤卦「馴」字，注曰〔一七〕「音同旬，《字彙》引徐邈讀作訓，蛇足」。案徐邈之說，出陸德明《經典釋文》，以爲出自《字彙》，已不求其本，至經師異讀，自古並存，乃以爲蛇足，更不確矣。

劉氏臣敬 六經字便

《四庫全書目》一卷

存

《四庫全書提要》曰：臣敬字恭邵，江陰人。是書載六經字體，自一畫至二十九畫，頗能辨正偏旁點畫。又於諸字之轉音不轉音者，分類釐訂，亦易於省覽。特所見古籍無多，故舛誤時復不免。如謂《易》亢龍之「亢」音剛，非康去聲，不知《說文》人頸之亢及角亢、龍亢、亢父固均音剛，而亢龍之「亢」見於《經典釋文》者，止苦浪切一讀。又謂《易》觀卦之「觀」，《正韻》附去聲爲非，解卦之「解」，《正韻》讀音蟹爲非。然《經典釋文》載「觀，官喚反，示也」，「解音蟹，緩也」，先儒授受，於二卦各此一讀，迄今未改，《正韻》收之附音，猶爲近古。臣敬皆以爲非，是未考古之失也。至謂「陰疑於陽」，「疑」字不當轉「擬」，考《禮記》「前疑後丞」，或作「擬」，《周官》司服云「大夫疑衰」，鄭元注云「疑之言擬也」，又《漢書·食貨志》「遠方之能疑者」，顏師古注云「疑讀爲擬」，則「疑」之轉爲「擬」顯有義例。又謂「社」字不當有杜音，考《史記·秦本紀》「蕩社」，明作「蕩杜」，社、杜字通，葢爲一音可知，而以爲「社」無杜音尤誤。葢自漢以後，經史各有專家，即各分音讀，遞稟師傳，不能偏廢。臣敬以啓迪蒙穉，難於博引繁徵，固不妨止取一音，其所不取，則置之不論可矣，概斥爲誤，豈通方之論乎！

顧氏柔謙 六書考定

見《常熟縣志》

未見

魏坤撰《顧耕石墓志》曰：先生諱柔謙，字剛中，常熟人，生員，後更名隱，字耕石。著《補韻略》《六書考定》諸書。子祖禹。

小學考卷二十七終

校記

〔一〕自烈：原作「自列」，據《四庫全書總目》卷四三《正字通》提要改。

〔二〕自烈：原作「自列」，據清《續文獻通考》卷一六〇《正字通》改。

〔三〕烏程：原誤作「烏程」，據《四庫全書總目》卷四三《六書通》提要改。案：光緒刊本已改作「烏程」。

〔四〕土聲：原作「上聲」，據《四庫全書總目》卷四三《六書準》提要改。

〔五〕作以：汪琬《堯峰文鈔》卷二七《篆隸考異序》作「足以」。

〔六〕惑之：原作「感之」據右引書改。

〔七〕檢閱：原脫「閱」字，據《四庫全書總目》卷四一《篆隸考異》提要補。

〔八〕知：原作「之」，據右引書改。

〔九〕今人：原作「今文」，據《四庫全書總目》卷四三《石鼓文定本》提要改。

〔一〇〕西：原脫，據右引書補。

〔一一〕依：原作「作」，據《四庫全書總目》卷四三《篆文纂要》提要改。

〔一二〕辨證：原作「變證」，據右引書改。

〔一三〕篆：原誤作「纂」，據《四庫全書總目》卷四三《篆字彙》提要改。

〔一四〕偏：原作「編」，據《四庫全書總目》卷四三《六書辨通》提要改。

〔一五〕案：《四庫全書總目》卷四三著錄《六書例解》云「附《六書雜說》一卷、《八分書辨》一卷」，蓋後二書附於《六書例解》後，併刻之。

〔一六〕論：原作「謂」，據《四庫全書總目》卷四三《六書例解》提要改。

〔一七〕注：原作「訓」，據《四庫全書總目》卷四三《五經字學考》提要改。

小學考卷二十八

文字二十

衛氏執穀 字學同文

《四庫全書目》四卷

存

《陝西通志》曰：執穀，韓城監生。

《四庫全書提要》曰：執穀字子覲，韓城人。是書凡分十三目：曰上類、下類、上下中類、上下左右類、上下右類、上下左類、上左類、下左類、上右類、下右類、左類、右類、左右類，類各統部，皆從古未有之例，其中又多所謬誤。如「元」在一部，从一兀聲，今入兀部。「夐」在目部，从目攴在穴上，今入文部。「南」字本在宋部，从宋羊聲，今入十部。「𡔷」字本爲部首，从壺从吉，今入士部。「今」字本在亼部，从亼从乛，今入人部。「吳」字本在矢部，从矢从口，今入口部。知於六書偏旁，未之深講也。

徐氏咸清 資治文字

《浙江通志·書目》

存

《浙江通志》傳曰：徐咸清上虞人。著小學一書，取《訓纂》《說文》《玉篇》《篇海》諸書以正字形，取《切韻》《唐韻》《廣韻》《集韻》諸書以正字聲，而縱考經史子集暨唐宋元諸大小篇帖，凡有繫于釋文者，悉搜采以正字義，合若干卷，名曰《資治文字》。康熙十七年以宏博薦，歸里，卒。

李氏京 字學正本[一]

《四庫全書目》五卷

存

《四庫全書提要》曰：京字元伯，高陽人。是書凡例謂以小篆爲本，而正偏旁之不正者，故名「正本」。凡所根據，多得之周伯琦《六書正譌》、張有《復古編》。如《復古編》「崇」字下注云，「別作崈，俗」，不知《漢·郊祀志》曰「封崈山」，又曰「莽遂崈淫鬼神祀」。在《漢隸字原》載韓良碑[二]，亦有「崈」字，未可云俗。是書能引《郊祀志》以證其誤，頗爲近古，又於周伯琦杜撰之説，時爲駁正，亦間有可采。然如東韻「戠」字，《復古編》謂「隸作戎」，而此書乃謂「俗作戎」，不知泰山都尉孔宙碑「戠」已作「戎」，與《復古編》所云「隸作戎」合，京謂之俗字，則考之不審矣。又於周氏書采摭頗備，而張氏書反多挂漏。即以東之一韻考之，《復古編》載，「籠」誤作「篭」，「髗」誤作「韀」，「醲」誤作「𨣢」，「𡓩」誤作「𣠞」，「濛」誤作「霿」，「襛」誤作「穠」，「功」誤作「㓛」，此書均逸不載，亦殊疏略。且誤依《中原音韻》分部，全乖唐宋之舊法，既有變古之嫌，而以《説文》篆體盡改隸字，或窒礙而不可行，又不免泥古之過，均不可以爲訓者也。

周氏裕度 金石字考〔三〕

《江南通志·書目》

未見

《江南通志》曰：華亭周裕度撰。

方氏中通 篆隸辨從

《江南通志·書目》

未見

《江南通志》曰：桐城方中通撰。

無名氏文字審

《四庫全書目》一卷

存

《四庫全書提要》曰：不著撰人名氏，亦無序跋，中間頗有塗乙，相其紙墨，蓋近人手稾也。其書取李燾《説文五音譜》，鈔其大略，仍以燾之部分爲序，而不標部分之名。篆文筆意頗圓潤，字下隸書字，字皆從古體，蓋亦留心六書者。特偶然鈔録，自備檢核，非欲著書問世，故漫無體例耳。

顧氏藹吉 隸辨

《四庫全書目》八卷

存

藹吉自序曰：《隸辨》之作，竊爲解經作也。字不辨則經不解。古文邈矣，漢人傳經多用隸寫，變隸爲楷，益失本真，及唐開元易以俗字，名儒病其蕪累。余因收集漢碑，閒得刊正經文，《虞書》「大鹿」舊本無林，泰卦「包巟」後人加艸，《鄭風》「摻執」即爲「操執」，《穀梁》「壬臣」當作「王臣」，若斯之類，取益頗多。後於北海孫氏見中郎石經殘碑，《經典釋文》所云本又作者，皆碑中字也。退古崇時，相仍已久，學者在今日得復鴻都之舊亦難矣，矧躐而上之哉！於是鋭志精思，采摭漢碑所有字，以爲解經之助。有不備者，求之《漢隸字原》，準以《説文》，辨其正變，或省或加，靡不兼載，譌者非之，疑者闕之。從古文奇字及假借通用者，隨字附之。下注碑名，並録碑語，羣書有證，則引爲據，恐生眩惑，不憚辭繁，類以四聲，便於討閲。碑字出自手摹，諦審無差。《字原》乃多錯謬，舩船，冄再，體或不分，血皿、朋多，形常莫别。悉從《隸釋》《隸續》，詳碑定字，指摘無餘。别有《漢隸分韻》，字既乖離，迹更醜惡，所弗取也。復依《説文》次第，纂偏傍五百四十字，括其樞要。又列敘諸碑之目，折中分隸之説，各爲之攷，以彰信析疑。筆法傳授，雖云茫昧，而規矩可師，以綴篇末。竭其愚才，積三十年之久，然後成書，統爲八卷。所撰經疑，於茲按攬，藏諸家塾，貽我後人，世有同志，亦無隱焉。

項絪序曰：篆變而隸，隸變而真，真去篆也遠，而隸在其閒，挽而上可以識篆所由來，引而下可以見真所從出。古隸書見於世者，賴有漢碑，然多增減移易替代之字，乍睹之眩莫能通也。顧南原氏究心隸學，偏見古碑，備稽往籍，作《隸辨》八卷，以印其是而砭其非。昔之滯目礙膺者，今皆可以屬讀，無復苦其牴牾矣。前人亦常用意於此，而無其通貫明確，隸釋諸家咸所不及也，然豈僅爲書體已哉！經典之文亂於字迹者不少，得考古者一二是正，幸莫大焉。往往獲殘碑斷碣，而喜等之球璧者，以其有資於聖籍焉。夫欲讀書，必先識字，欲識字，必先察形。古日益廢，今日益譌，古之小學，今乃爲絶學，就其近者導之，使知辨隸而篆，亦在所舉矣。斯南原之志也，將爲功於羣經，而豈矜能於藝學哉！是書之精博，焉可不鋟本而急傳也！康熙戊戌秋九月。

《四庫全書提要》曰：藹吉號南原，長洲人。是書鉤摹漢隸之文，以《宋禮部韻》編次，每字下分注碑名，并引碑語。其自序云：「鋭志精思，采摭漢碑所有字，以爲解經之助。有不備者，求之《漢隸字原》。」又云：「《字原》多舛謬，舩船、冄再，體或不分；血皿、朋多，形常莫别。悉從《隸釋》《隸續》，詳碑定字，指摘無餘。」今考此書，字形廣狹與世所刻婁機《漢隸字原》相同，是陰以機書爲稾本。且漢碑之出於機後者，僅魯孝王刻石、太室少室開母諸石闕，及尹宙、孔褒、曹全、張遷、韓仁數種，視機書所列不過百分之一二。機所見三百九種，其存於今者不過景君、孔和、史晨、韓敕、孔謙、孔宏、魯峻、鄭固、孔宙、蒼頡、衡方、張壽、孔彪、潘乾、武榮、王渙、鄭季宣、白石神君、西狹頌、郙閣頌二十餘種，較其碑目所列，已不及十分之一。此二十餘種之外，縱舊拓流傳，亦斷壁零璣，偶然一遇，決不能如是之多，藹吉何由得見原碑，一一手摹其字？則所云「不備之字，始求之《字原》」，殆不足憑。又每字下所引碑語，亦多舛錯，如「忠」字下引孔宙碑「躬忠恕以及人」，誤去「躬」字。「宿」字下引孔䆬碑「諾則不宿」，誤連上文「如毛」二字爲句。「奎」字下引史晨前碑「得在奎婁」句，誤以爲後碑。「秦」字下引華山碑「改秦淫祠」句，誤以爲韓敕碑。此或讀碑時偶不及檢。至「通」字下引唐扶頌「通天之祐」，而唐扶頌實無此語。蓋以《隸釋》所載「授天之右」句與前行「通天三統」句適相齊而誤寫之。是元僅據《隸釋》，未見原碑之一證。洪适之書具在，安得諱所自來乎？即以原碑尚存者而論，如韓敕造孔廟禮器碑并碑陰碑兩側字數較多，文義尚大概可考。碑云「莫不驩思，歎卬師鏡」，而「師」字下引之，誤截「師鏡」二字，連下文「顔氏」二字爲句。碑云「更作二輿，胡車威熹」，而「車」字下引之，誤以作「二輿胡車」爲句。碑云「仁聞君風，燿敬詠其德」，而「聞」字下，誤以「仁聞君風燿」爲句〔四〕。其「君」字下所引亦然。碑云「長期蕩蕩於盛」，而「長」字下引之，誤截去「於盛」二字。碑云「於是四方士」，而「方」字下引之，誤連下文「仁」字爲句。碑陰有「陳國苦虞崇」之文，苦者縣名，虞崇者人姓名也，而「虞」字下引之，誤作「陳國苦虞」。碑陰有「雒陽李申伯」之文，而「申」字下引之，誤截去「伯」字。又有「蕃加進子高」之文，而「進」字下引之，誤截去「蕃」字。碑側有「河南匽師度徵漢賢」之文，其旁別有「河南匽師骨鄰通國」一人，顯然可證〔五〕，乃「匽」字泐痕似「厚」字，遂誤以爲「厚」。又不知匽、偃通用，復贅辨河南有偃師無厚師。至於「鄉」字下引碑側題名「金鄉師燿」，不知此乃碑陰小字，後人所加，非漢字，亦非碑側。又於「率」字下引碑陰「魯孔方廣率」，不知碑文明是「廣平」，惟明王雲露刊《隸釋》始誤爲「廣率」，是併現存之碑亦僅沿襲舊刻，未及詳考，乃云採摭漢碑，其亦誣矣。惟其於婁機以後續出之碑，盡爲摹入，脩短肥瘠，不失本真，則實足補《字原》之闕。所纂偏旁一卷五百四十部，能依《說文》次第，辨證精核。又附碑考二卷，碑之存者注今在某處，亡者引某書云在某處，具有引證，以年代先後爲次，條理頗爲秩然，則較《字原》碑目爲詳核。後附隸八分考、筆法二篇，采輯舊說，亦均有裨後學，與婁氏書相輔而行，固亦不必盡以重儓譏也。

萬氏經分隸偶存

《四庫全書目》二卷

存

胡德琳敘曰：甬東萬氏始自定遠徙鄞，世以武職顯，往往以名諸生起爲大將。至明末履安先生與黃梨洲諸人同學于山陰劉念臺，以理學經術顯甬上，自象山四大弟子而後，儒風至今不墜者，履安先生爲之振興也。家學相承，其子充宗、季野兩先生，一以經而兼史，一以史而兼經，天下知與不知，皆謂甬上萬氏爲學海經神也。然皆以隱逸高尚自命，至九沙太史始爲玉堂金馬之客，與兄貞一先生又以學問相切劘，所刻《辨志堂五經》已流布宇內，久爲科舉家所共習矣。又以其餘緒工於漢隸，雄視江南。復恐隸法之不傳也，乃爲《分隸偶存》一書，凡分隸之原流、牌版之存逸、用筆之工拙、諸家之短長，無不臚列而存之，蓋取《書斷》《書譜》《隸釋》、金石諸家，合而爲一，雖曰「偶存」，實集其大成也。初藏于家，太史孫臨青州使君郊初始刻之，囑余爲序。其書得以流布，爲功不小，然家藏先生著作極富，如《經學五書》已重付剞劂氏，聞尚有季野先生《河渠考》《石經考》《史表》《羣書疑辨》諸書，若能一旦盡以付梓，正如商鼎周彝之重出於人間，不亦天壤之快事哉！余于使君有厚望也。

陸耀敘曰：翰墨之道雖微，非精其術者不能言，言亦不足以傳。若蔡中郎之九勢、鍾太傅之十二意，至於今學士大夫不能增損一字，蓋其用功也深，故收效也遠，固非稍涉其藩籬而輒能不朽者也。至乃右軍之學，筆法再傳，季海之家，擅名三葉，一門師授，奕世同光，又古今不可必得之數。其中隱顯絕續之機，往往有默司其柄者，非復人力所能與焉。甬東九沙萬先生，胚胎家學，於讀書攷古而外，復覃精於分隸之書。余童年即嘗奉其零縑斷楮爲家藏珍祕。及來守濟南，乃得與先生文孫郊初共事一方，一日出先生所輯《分隸偶存》見示。公餘披讀再三，信先生之精於斯藝，能薈萃成書，以嘉惠後學，無異中郎、太傅之用心。而郊初復能闡揚其事，壽諸棗梨，以公同好，抑亦何愧王徐之子孫乎？因念先君子昔日亦酷嗜作隸，每得漢人一碑，臨摹不數百徧不輟，持論以光和爲宗，下此者弗尚也。余不能仰繼先人餘業，讀𠠝初所刻之書，而益滋內愧，且以歎立言傳信之難，而世濟其美如先生之家者，爲不多見也。爰爲之序。

施養浩序曰：余年未及弱冠，嘗就雪邨程叟學，作漢人隸書，即知仰止先生。其時無受教地，未敢瞻謁，家素蓄曹全碑善本，覺臨橅之下，頗於真書有裨。歲庚午，金壇于司農視學浙水，授余山東全省隸帖。甲戌計偕京師，得交濟南名士朱青靁，授余學隸書歌，顧以多好無成，故步屢失。後因移家京邸，盡棄所藏金石之文。茲來歷下，值先生文孫𠠝初以異能調首邑，令季嗣近蓬亦在署。近蓬爲余叔祖子淳公及門，風騷翰墨，克纘家聲，示余先生手輯《分隸偶存》一編。余開卷極爲心賞，繙閱甫終，不禁廢書而歎久之。緣編中所論書法，雪邨叟嘗爲余言，宛如先生之面命也。所著《漢魏碑考》，耐圃師嘗於余贈，又不啻先生之留遺也。雖無老成，尚有典型，少之所慕，今得恣觀，時移事異，感慨係之，爰附私淑之義，誌數語於編末。先生弱息周夫人擘窠手蹟，余與雲舫遊得寓目，其爲余內子書大小幅素及扇頭細字藏於家。

梁文泓跋曰：九沙先生承都督公名儒之後，世以理學經學顯，而先生尤邃於經，所輯辨志堂，薄海內家家有之，書學非甚屑意者，若隸書又書學中一節耳。而世人特寶貴之，求書者往往趾踵相接，絹素堆積几案，閱數十年以爲常。既從事久，凡目之所及，心之所得，舉而筆之。雖未嘗有意勒成一書，而沾匄學者亦已多矣。曾屬余是正，未幾家燼於火，與先代所傳及他著一時俱盡。是編其門徒程君雪汀所存別本也，譌字頗多。將鏤版，舉以示余，余不克訂，書數語歸之。

萬福跋曰：先太史《紀年》有云：「予素嗜字學，尤篤於分隸，春和手柔，取古來論隸學及作隸人姓氏，彙爲一編，附以臆說及漢唐碑刻題識語數十則，名《九沙分隸偶存》，亦夙習未亡也」。福幼侍先太史，嘗聞訓季姊及寄伯兄書，自敘年十三時見友人案頭曹全碑一冊，假歸仿之。及少長，游學入仕，以迄歸田，徧求古今名蹟，臨摹規畫，實有愜心，以故興酣落筆，揮灑自如。是編成於雍正辛亥之春，年七十有三矣。閱十載庚申，家罹祝融之厄，所藏漢唐碑帖洎生平著述殆盡，後於及門程君清標處得是編存稾，不無魯魚。痛先太史旋歸道山，未克訂正，福珍之篋笥有年。頃來山左姪緜前章邱署中，訪知邑人焦君迪曾嗜古善書，丐其校訂，緜前亟謀壽梓，以公海內。福因備述顛末記之。緜前爲伯兄承天次子。伯兄字石梁，號訥庵，雍正己酉拔貢，前陽穀令，卒於官，能嗣先太史臨池之學。季姊承保字季齋，亦能以漢隸法作擘窠大字，歸長沙進士周宜猷，早歿。福謹附書於後，以俟當世博雅君子采輯焉。

《四庫全書提要》曰：經字授一，號九沙，鄞縣人，康熙癸未進士，官翰林院編修。是編上卷首作書法，次作分隸書法，次論漢唐分隸，次論漢唐分隸異同，次漢魏碑考；下卷爲古今分隸人名氏，始於程邈，終於明末馬如玉。自鄺露以前皆引據諸書，惟如玉不著載何書，則經所自增矣。集錄金石之書，梁元帝所輯不可見，歐趙以下方有論及分隸筆法者，經所錄頗詳晰有門徑。所列漢魏諸碑，雖止有二十一種，而考證剔抉，比諸家務多者亦較精核。至云唐以後隸與八分各分爲二，隸即今楷書，八分即古隸書，以八分爲隸，趙明誠已譏之，國朝顧炎武《金石文字記》并漢碑無不名八分，以楷爲正書，正恐仍蹈歐陽之失，其說亦明白可據也。

錢氏王炯 字學海珠

二卷，見《太倉州志》

存

《太倉州志》曰：錢王炯字青文，嘉定人，邑諸生。著有《字學海珠》二卷。

王炯自序曰：予性專而嗜癖，弱不好弄，弈局幾道，樗蒲幾道，非所知也。志學之年，初習舉子業，兀兀窮年，靡間寒暑。嘗讀韓昌黎書，謂爲文宜略識字，心竊好之，每以暇日涉獵載籍，遇有疑難字昧其音義者，輒心焉識之。年未三十，即以授徒餬口，垂老無所遇，有負笈問字者常滿戶外，空空之知，兩端必竭。家貧，不能蓄書，而一瓻假借，過目懼其即忘，凡奇文難字爲古今字書所未收者，疏諸別紙，以待訪問。銖積寸累，日以孳多。今暮齒已及，視聽都廢，乃取向所掌錄，汰其重複，類而次之，分爲六門：曰方俗常用，曰碑刻別體，曰避諱減筆，曰傳刻譌謬，曰翻譯識別，曰試卷編號。匪曰貪多炫博，或賢於無所用心而已。夫文字之興古矣，《說文》所舉象形、指事、會意、諧聲，即宣聖正名之學，凡不合於《說文》者，即爲俗字。然而呂忱、葛洪之所加，孫強、孫愐之所益，孫休、梁四公、唐武后、劉龑、穆天子傳、僧行均所傳，後人未嘗不兼收而並存之。予所采錄，雖形聲譌變，無當於《蒼》《雅》之舊，要皆正史所收，章奏所用，刊於碑碣，播於梨棗，可以備掌故，可以資博聞者。若夫邨俗猥褻怪誕之文，大雅所弗道，愚亦未敢以汙簡牘也，乾隆二十三年二月，九十一老人序。

舞格 清文啓蒙

四卷

存

程明遠序曰：《清文啓蒙》乃吾友壽平先年著述以課家塾者也。其所注漢語雖甚淺近，然開蒙循序，由淺入深，行遠自邇之意寓焉。啓迪之初，非此曉暢之文，亦難領會，誠幼學之初筏，入門之捷徑也。予嘗目睹先生以此課蒙，而稍能穎悟者，學不匝月即能書誦。且音韻筆畫，莫不明切，端楷一讀，不致錯誤，大有正本清源之義，更見功效捷速之妙。久欲請稿刊刻，以爲初學津梁，而先生不許，曰：「此本庭訓小子設法而作，所著皆係俚言鄙語，粗俗不文，付之梨棗，不無貽誚乎？」予力請再三，始獲校梓，其於初學之士大有裨益云。雍正庚戌孟春作。

萬氏光泰 轉注緒言

二卷

存

萬光泰《轉注辯》曰：轉注之說，許氏無明文，其

言曰：「建類一首，同意相受，考老是也。」夫概曰「類」，則事形聲意類各不同，類不同則所謂「同意」者亦隨類而異。于是爲形轉之說者，賈公彦曰「文意相受，左右相注」，而戴侗、周伯琦諸人皆從之。爲聲轉之說者，張有曰「展轉其聲，注釋他字」，而趙古則、王應電諸人皆從之。爲意轉之說者，徐鍇曰「偏旁加訓，博喻近譬」，而鄭樵、趙宧光諸人皆從之。羮沸蜩鳴，迄無定論。余謂天地之化，自無至有，自少至多，皆有樞機運乎其際，其可見者著于文字，文字之原始于一點，即丶字，無音，《說文》「丼」字从此。引而申觸類而長，則百變而不窮。諸說中惟戴周之說稍近，然亦未見其真也。或曰：「何以明諸家之未當也？」曰：我以考、老二字定之也。令善之令，轉爲使令之令平聲，長短之長，轉爲長幼之長，《說文》明屬之假借矣。今必屬之轉注，是顯與《說文》背也。又「考」之苦浩切，別無轉音，「老」之盧皓切，別無轉韻。即或有之，亦屬隱僻，而謂《說文》以此爲轉注準乎，是聲轉之說有未當也。役他爲諧聲，役己爲轉注，其說起自夾漈。原其意似謂以義爲主，而以音相足者，謂之役他，謂之諧聲，如「江、河」等字，以水爲主，以工、可足其聲是也。以音爲主，而以義相轉者，謂之役己，謂之轉注。如童爲幼小之稱，在牛爲犝，在羊爲䍶是也。以六書中諧聲兼會意諸字盡如轉注，其說矯強，故未暇論。即以

其說稽之《說文》，于「丂」字下曰「气欲舒出勹上，礙于一」，「考」字下曰「老也，从老省丂聲」。是「考」之爲義，絕無气出上礙之義，而以丂爲主，以老相轉，可乎不可也？《說文長箋》所載轉注，俱從此論，而合丂于考曰「丂象气難出，老人哽噎，其气似之」，牽合附會，遂其謬見，如是而可鑿，天下之字何不可鑿乎？且夫「考、老」二字，自當各相爲證，「上」之與「下」，「日」之與「月」，「江」之與「河」，「武」之與「信」，「令」之與「長」，偏舉一字，亦可以識其爲事、爲形、爲聲、爲意、爲假借。若如鄭趙之言，則「老」字竟爲「考」之附疣，與「上下、日月」等字平舉者不合。論其次序，亦當曰「老考」，不當稱「考老」矣。是意轉之說亦未當也。曰：「然則，戴周之說果與《說文》合乎？」曰：亦非也。《六書故》所稱指「反欠爲旡，反子爲𠫓」之類，今觀「考老」二字，「老」之上從毛，反毛爲尾之半，其下從匕，反匕爲人，與「考」無涉。「考」之上從老，老無反形，其下從丂，反丂爲㔾音呵，與「老」亦無涉。而戴周僅以此說當轉注之全，無怪乎其見譏後世也。曰：「子以戴周爲未當，又何以戴周爲近也？」曰：天下之理，縱横盡之矣，一轉爲萬，萬轉爲一，縱轉也；一止于一，而一之變化，前後左右，復不止于一，横轉也。「人」之爲字，增而爲从、爲㐺、減而爲丿、爲乀，其轉盡矣，而「人」之類不盡于是；反而爲匕，到而爲𠤎，臥而爲尸，屈而爲儿，拳而爲勹，匕相並而爲比，匕相背而爲北，人匕相及而爲化，尸匕相止而爲尼。或離或合，各有原委，則戴周之說固轉注之一而不可盡廢也。曰：「然則，「考、老」二字果何取也？」曰：「考」、「老」皆从毛，是「建類一首」，皆以老爲義，是「同意相受」也。由丿成彡，由彡成毛，由毛成「考」、「老」，是固余一轉爲萬之說也。曰：「然則，考何以別于諧聲，老何以別于會意也？」曰：六書四爲體二爲用，體不可離乎用，用不可離乎體。昔之論轉注者，俱欲于事形聲意外別立一體，故其說多謬。不知轉注之意，即隨事形聲意而具，《說文》恐人誤以「考」專屬諧聲，故錯舉「老」以足「考」之下。恐人誤以「老」專屬會意，故錯舉「考」以加「老」之上。苟以余言爲不信，則假借諸字亦將求諸事形聲意外乎？吾知其必不能矣。曰：「子之論轉也，明矣備矣，注之義可得聞歟？」曰：是亦轉也。《詩》曰「挹彼注茲」，是其義也。指事、象形、形聲、會意，每二字一體一用，轉注、假借，二字皆用。彼以轉注爲轉者，亦鑿也。

戴氏震 六書論

三卷

存

震自序曰：自昔儒者其結髮從事，必先小學。小學者，六書之文是也。《周官》保氏掌之以教國子，司徒掌之以教萬民，而大行人所稱諭書名聽聲音，又屬瞽史分職專司，故其時儒者治經有法，不歧以異端。後世道闕，小學不修，古文絕於嬴氏，佐隸起於獄吏。漢興葢百年，始徵小學之士，令說文字未央廷中。光武時馬援上疏論文字之譌謬，及賈侍中修理舊文，而許叔重從受古學，撰《說文解字》，則在安和已後。今考經史所載，漢時之言六書也，說歧而三：一見《周禮》注引鄭司農解，一見班孟堅《藝文志》，其一則叔重《說文解字序》頗能詳言之，班鄭二家雖可以廣異聞，而綱領之正，宜從許氏。厥後世遠學乖，罕覩古人制作本始，謂諧聲最爲淺末者，後唐徐鍇之疏也。以指事爲加物於象形之文者，宋張有之謬也。謂形不可象則指其事，事不可指則會其意，意不可會則諧其聲者，諸家之紛紊也。謂轉聲爲轉注者，起於最後，於古無稽，特蕭楚諸人之臆見也。葢轉注之爲互訓，失其傳且二千年矣。六書也者，文字之綱領而治經之津涉也，載籍極博，統之不外文字，文字雖廣，統之不越六書。綱領既違，譌謬日滋，故考自漢以來迄於近代，各存其說，駁別得失，爲《六書論》三卷。凡所不載，智者依類推之，以拾遺補藝，將有取乎此也。時乾隆乙丑孟冬。

畢氏沅 文字辨證

五卷

存

沅自序曰：作是書有五例：一曰正，皆《說文解字》所有者也。二曰省，筆跡稍省于《說文解字》，霫之爲香，髃之爲腢是也。三曰通，變易其文而不盭于《說文解字》，烁之爲秋，鶄之爲鶄是也。又藝不能符于籀篆，不得不從隸楷所行，𠫊之爲齊、壷之爲壺是也。四曰別，經典之字，爲《說文解字》所無者也，然紨謳別而有據，蘧篨別而難依，是亦有例焉。五曰俗，流俗所用，不本前聞，或乖聲義，鄉壁虛造不可知者是也。粵若卟古造字之初，依類象形謂之文，形聲相益謂之字，日月、上下、武信、江河，其事實繁，其原則一。于是《周官》則保氏教之，漢令則尉律課之。然自八體肇興，乳生蕪穢，卅五篇故多殊觀，十三冊式增逸體，聯編詭異，識者誚焉。至於鄙俗，常譚讖後，别釋馬頭人黄頭人，誣人滋戾；十日卜十一口，諭十始乖。全非則止句屈中，半得則去衣負告，不審則横目田斗，獨異則神虫巧言。尒既有田，車偏無軸，成皋有白人羊之印，大亨有二月了之讙。更可哂者，昱月爲翌，修尾爲倏，㼖變㓡形，剎成刹體。蔡中郎不識色絲，隋文帝罔稽裂肉，或因仍而改，或卓見而離。葢舉一以概餘，勿兼該而爭辯矣。至於經籍之文，異傳異寫，假借之恉不明，偏旁之義遂晦。飛禽安鳥，水族著魚，蟲屬虫旁，草類艸上，行乃用辵，語即從言，重之則璠與爲璵，惡之則猶允爲狁。更有離邊置禹，蔽下加朋，㴱攴于文，㴱尢于𡯁。雁鴈之相縣。如此之類，雖非馬豕之譌，或致宄澉之謬，魚燕馬爲鳥焉照黑，誰問灬分；亞覀粟栗要覂罨覆，難求西合。肯肎莫析，陝陜不殊，穜種酢醋之互亂，藭藭是貴于攷之詳而審之諦也。余究思典籍，求蹟籀斯，每慨艸木篇多變舊文，詁訓書積生詭字，若不折衷南閣，曷繇探本彼倉？故從五百廿部，窮九千餘言，偏討别指，以示專歸。其義取之魏江式、齊顔之推，其文則較之唐陸德明、顔元孫、張參、唐元度、周郭忠恕、宋張有諸家爲正矣。然元孫自謂能參校是非，較量同異，立俗、通、正三例定字，而舛失偏多。如以藝蓺、閬閬、楔楔、潔潔、槊稍、棹櫂爲上俗下正，而不知下正亦爲俗字。

爲上通下正，而不知下正皆非正字。虫蟲、啚鄙爲上俗下正，而不知虫啚皆爲正。論礿、貽詒、种沖、効效爲並正，而不知論貽种効本非正字。塗途爲並正，而不知皆爲俗字。翫其所習，蔽所希聞，本無數典之長，斯眩觀文之目，無怪其率由多愆也矣。張有則以宋徐鉉刊定《說文解字》爲真本。凡徐所參入及新附字，概指爲許書。如㮇、朘、貓、韡、驊、醒、砧、琛、㮓、禰、繖、臉、糉、槊、盞、蚝、芀、坳、顛、琲、菰爲許之所無，並云正體，且謂鞞爲鞸别，繰爲繅别，惸爲嬛别，荸爲㕛别，蕔爲豨别，卷爲劵别，而不知六文皆有。兩家專以匡俗成編，猶有此病，他可勿問焉。余少居鄉里，長歷大都，凡遇通儒，皆徵碩學，初識故元和惠徵君棟，得悉其世業，繼與今嘉定錢詹事大昕、故休寧戴編修震交，過從緒論。輒以衆文多誣，糾辨爲先，既能審厥時譌，必當紹其絕詣。門生嘉定錢明經坫向稱道吳江處士聲能作通證書，欲以經典異文盡歸許君定字，是猶余之志。夫處鮑居蘭，薰蕕易剖，生麻入緇，形色弗蒙。若使歧多路惑，則靡所適從，諒彼歸異出同，則自逢至要。爰因暇景，既竭愚才，日省月記，殺青斯竟。舉綱舉目，願無背于往制；去泰去甚，事始契于宿懷。引之能伸，用亦無爽。如云未盡，殆其謂之，或有臨陳，亦無隱焉。乾隆昭陽亶安歲九月望日。

畢氏沅 音同義異辯

一卷

存

沅自敘曰：既作《辨正》書，每念經典之文，多通假借之道，非必古人字少，以一字而兼數義之用，皆緣隸寫轉譌，避繁文而趨便易。所成《說文解字》所有其音同其義異者，據形著訓，離而不越，分觀並舉，式鏡攷資。因另爲一編，附于《辨正》之後，庶不偕邵陵之恉云爾。

袁氏日昇 選集漢印分韻

五卷

存

謝景卿敘曰：秦書有八體，五曰摹印；漢時有六書，五曰繆篆，所以摹印也。繆篆固別爲一體，屈曲填密，取糾繆之義，與隸相通，不盡與《說文》合。要其損益變化，具有精意，不可磨滅，章法配合，渾穆天成，不可思議。嗜古之士往往寶焉。宋宣和始作印譜。元明諸家搜羅益富，而所譜皆官私印，敘列未及逐字類聚，排纂間摹形似，或不悉依原印大小長短，俾得備參稽也。宋君芝山携袁序三先生《選集漢印分韻》手稾，嘆未曾有，暇日悉爲釐訂。香山劉子南隅力任剞劂。夫繆篆出自漢人，固與碑文款識并垂不朽，是書點畫形模，悉仍本來，因流溯原，觀其會通，不特爲鐫摹家所取資，亦以補南閣祭酒之闕也。

按：六書之學，今多習焉不察，惟摹印者用之。秦釐八體，五曰繆篆，繆篆即所以摹印也。古文二篆，繁簡不同，結構皆圓，篆列宜循印體，易圓而方，屈曲周密，有綢繆之象，故曰繆篆。近曲阜桂君馥深于篆學，尤工摹印，嘗博采秦漢官私印爲《繆篆分韻》五卷，秀水盛百二敘曰：六書之學，失傳已久，幸有摹印一家，尚存餼羊。然淳漓代降，師心自用，壞前人之矩矱，漸遠而漸失其真。西漢末大司空甄豐等定爲六書，其五曰繆篆，所以摹印也。至光武時據馬伏波之論，一邑令丞之印文，已不勝其舛，後人或更以古文科斗大小二篆雜而施之，更無論矣。吾友桂子未谷精於小學，方博攷諸書，作《說文解字》學，爲功甚鉅。其書先成者，則有《繆篆分韻》，蓋取漢銅印編成，以補繆篆之缺。字字典確，與《金石韻府》之類雜而不倫者，相去遠矣。

又海寧陳鱣跋曰：漢人摹印，雜參隸法，其尤異者若泉旁加水，國內从王，不獨「皐」爲四下之羊，「伏」作外向之犬也。然存此一體，亦見六書之流變，要當與籀篆分別觀焉。桂未谷廣文創爲是書有年矣，收羅極其博，攷據極其精，今開彫京師，余爲補摹篆文而校正之，因書其略。按作篆韻者有王楚、薛尚功之《鐘鼎篆韻》，徐鍇之《說文篆韻譜》，李燾之《五音韻譜》，聊蒼紫宙，有錄無書。夏竦《古文四聲韻》，真僞雜出。他如《金石韻府》《正韻篆》《六書通》《篆文纂要》之類，更雜而不倫，而繆篆絕少專本。是書博采古印，目驗手摹，復依《廣韻》次第，類聚而詳攷之，其有功于篆刻不小矣。

江氏聲 六書說

一篇

存

俞瀚跋曰：竊惟文字肇興于倉頡，而《漢書·藝文志》云象形、象事、象意、象聲、轉注、假借，造字之本也，然則六書由來舊矣。許叔重言六書推本《周官》者，以六書之見于載籍，無先《周官》也。周有《史籀》十五篇，秦時李斯等文字多取則焉，而篆體頗異，自名秦篆。天下凡有不合秦篆者，斯奏罷之，文字從此一變，而譌舛日滋。叔重生于東漢，能溯造字之本恉，作《說文解字》，析其字而解之，比其文而說之，而六書之誼備于是矣。余幼時曾留意于此，及遨游三十餘年，而未遇同志。今老矣，僑寓虎阜，行同方外，語言文字，彊半皆忘，不意江君叔澐辱不鄙棄，時來下問。一日，出所著《六書說》一篇示余，反覆展讀，不忍釋手。叔澐乃好古士也，卓然特立，學究古今，動與世違而不顧，甘于處貧而不知，究心六書，發其恉趣，著爲是說。讀書貴識字，字明而理亦明，今之識字者誰乎？余竊喜有所遇，姑將幼時所知，遺忘而未盡者，舉而告之。

按：聲字叔澐，一字艮庭，吳縣布衣，惠徵君棟再傳弟子。邃于經訓，著《尚書集注音疏》，尤精小學，生平未嘗作行楷書，故其篆法入古。嘉慶元年，以孝廉方正徵，被六品冠服。年八十卒。

小學考二十八終

校記

〔一〕正本：原作「四本」，據《四庫全書總目》卷四三《字學正本》提要改。案：光緒刊本已改。

〔二〕在：原作「有」，據右引書改。

〔三〕金石：原作「全石」，據四庫本雍正《江南通志》卷一九〇改。案：光緒刊本已改。

〔四〕「仁聞君風」至「誤以」凡十五字，原脱，據《四庫全書總目》卷四一《隸辨》提要補。

〔五〕可證：原作「考證」，據右引書改。

小學考卷二十九

聲韻一

李氏登 聲類

《隋志》十卷

佚

《隋書·經籍志》曰：魏左校令李登撰。

又《潘徽傳》曰：李登《聲類》始判清濁，纔分宮商。

封演《聞見記》曰：魏時有李登者，撰《聲類》十卷，凡一萬一千五百二十字，以五聲命字，不立諸部。

今本聲類

一卷

存

阮元《書聲類拾存後》曰：李登《聲類》以五聲命字，尚無四聲之謬說。今時言韻者考論古聲，于去入二聲終多疑惑。使李氏部分尚存，其去入二聲分平上，必有確足據者。海寧陳君鱣嘗著《聲系》一書，因部分未定，故編輯此書，姑依《廣韻》，至考證聲音文字訓詁，乃專門名家，罕有匹也。

陳鱣《敘錄》曰：魏左校令李登撰《聲類》十卷。《隋書·經籍志》載其目，唐以後失傳，鱣從羣書所引采集得二百一十卷條〔一〕，因元本部分不可考見，姑依陸法言書次第，錄爲一卷，且爲之敘曰：小學本輔羣經，古之字書惟賴《說文解字》僅存，然考論古聲，終多疑惑。《聲類》者，其訓詁既有補《說文》之遺，其音讀又足以正《唐韻》之謬，則今日于亡逸之餘，爲之罔羅拾瀋，其可緩乎哉！《說文》解「芋」字云：「大葉實根駭人，故謂之芋。」《聲類》云：「芋，大葉著根之菜，見之驚人，故曰芋。大者謂之蹲鴟，甚可蒸食也。」義本《說文》，而訓較詳。《說文》云「蔕，瓜當也」，《聲類》易之曰「果鼻」，其義益精，而《玉篇》則以爲「草木綴實」，說近迂矣。《說文》以噓爲吹，以吹爲噓，《聲類》云「出气緩曰噓，出气急曰吹」，不有此訓，何所分別哉！《說文》云「吃，言蹇難也」，《一切經·陀羅尼經音義》引《通俗文》云「言不通利謂之謇吃」，《聲類》云「吃，重言也」，其于期期艾艾之狀，又何肖合也？《說文》云「簾，堂簾也」，學者未得其解，《聲類》云「簾，戶蔽也」，然後知《釋名》所謂「簾，廉也，自障蔽爲廉耻」，其說于是不孤矣。「坊」字不見《說文》，古葢作「堃」，或用方，然以坊名屋，今所在有之。論者止知《字林》有「坊別屋」之訓，而不知《聲類》已先之矣。《說文》之解「軒」字也，但云「曲輈藩車」，《聲類》云「軒，安車也」。按：古者婦人不立乘，其餘皆立，大夫七十而致仕，適四方乘安車，安車不立。得此安車一解，乃知《左傳》所云「歸夫人魚軒，乃服冕乘軒」爲不立乘，信而有徵矣。此訓詁之可據者也。漢儒說經，皆云讀若某，自孫炎變讀若之例而反音，與李與孫同時[二]，故《聲類》多用反音。觀其音「謍」爲呼宏切，此字《說文》从言熒省聲，《玉篇》余瓊切。今南人讀熒火爲寅，即《玉篇》之余瓊切；北人讀若兄，即《聲類》之呼宏切。《唐韻》但知依附《玉篇》音余頃切，此其所蔽也。《聲類》「唶，子夜切」，《玉篇》同，「唶」即《說文》「諎」重文，讀若笮，《唐韻》壯革切。按：「笮」本从乍得聲，則固宜讀子夜切矣。「貰」，《說文》「从貝世聲」，《玉篇》時夜切，《唐韻》神夜切，于聲不諧。顏師古《漢書注》云「貰，李登、呂忱並音式制反，而今之讀者謂與射同」，乃引地名射陽其字作「貰」以爲證驗，此說非也。假令地名爲射，自是假音，豈得即定其字以爲正音乎！自師古審辨後，奈何朱翺音《說文》，尚沿《玉篇》《唐韻》之謬，讀爲時卸反哉！此音讀之可據者也。是書以五聲命字，封演《聞見記》云凡一萬一千五百二十字，較《說文》增多二千一百六十七字。故《說文》本一「㖃」字，而此別出「吼、吽、呴」三字，皆訓爲嘷。《說文》本一「挺」字，而此別出「挻」字[三]。蓋佛書盛行，僞體雜見，或後人轉寫失真，如《一切經·般若燈論音義》引《聲類》云「篾，篡也」，僧祇律《音義》又引云「篹，篾也」。按《說文》「篙，筡也」，「筡，折竹笢也」，知作「篹」者即「篙」，今莊氏炘刻本盡改爲「篡」，是其證矣。今於其異乎《說文》者詳加考據，標以正文，至所集雖不及元書五十分之一，然吉光片羽，要可珍重，因與《埤》《倉》並錄之，以存漢魏音訓絕學。

無名氏韻集

《隋志》十卷

佚

呂氏靜韻集

《隋志》六卷

佚

《隋志》曰：晉復安令呂静譔。

《魏書·江式傳》曰：式上表云：「呂忱弟静别放故左校令李登《聲類》之法，作《韻集》五卷，宫商角徵羽各爲一篇。」

顔之推《家訓·勉學篇》曰：吾嘗從齊主自井陘關入上艾縣，東數十里有獵閭邨，後百官受馬糧在晉陽東百餘里亢仇城側，並不識二所本是何地，博求古今，皆未能曉。及檢《字林》《韻集》，乃知獵閭是舊䜲餘聚，亢仇舊是禐𣫭亭，悉屬上艾。時太原王劭欲撰鄉邑記注，因此二名，聞之大喜。

又《音辭篇》曰：《韻集》以成仍、宏登合成兩韻，爲、奇、益、石分作四章，不可依信。

今本韻集

一卷

存

陳鱣《敘録》曰：《隋書·經籍志》：《韻集》十卷，又六卷，晉復安令呂静撰。江式上表則云：「静放《聲類》之法，作《韻集》五卷，宫商角徵羽各爲一篇。」按所稱卷各不同，既以五音命篇，當以五卷爲是，或并録目爲六卷歟？至十卷者，恐别是一書。《隋志》又有《韻集》八卷，注段宏，知當時作《韻集》者不止一人也。呂静書今已不傳，其部次不可考，惟《顔氏家訓·音辭篇》指其「成仍、宏登合成兩韻，爲、奇、益、石分作四章」。段君若膺云：今《廣韻》本於《唐韻》，《唐韻》本於陸法言《切韻》，法言《切韻》，顔之推同撰。然則顔氏所執，略同今《廣韻》，成在十四清，仍在十六蒸，别爲二韻；宏在十三耕，登在十七登，亦别爲二韻，而呂静《韻集》成仍爲一韻、宏登爲一韻，故曰「合成兩韻」。今《廣韻》爲、奇同在五支，益、石同在二十二昔，而《韻集》爲、奇别爲二韻，益、石别爲二韻，故曰「分作四章」。皆與顔説不合，故以爲不可依信。今按宏登爲一韻，與古音合，此《韻集》之勝於顔陸輩也。鱣按：《韻集》以五音命字，尚無所謂四聲者，陸氏以當日之韻繩之，宜乎不相合矣。至其音讀可考者，《一切經音義》引云「橃，音扶月反」。按：橃从發聲，當讀若伐，《玉篇》作補達切，非矣。又引云「戇，音丑巷反」，按《漢書·高帝紀》云：「王陵可，然少戇。」師古曰：「戇古音下紺反，今音竹巷反。」竹巷與丑巷相近，乃《唐韻》作陟降切，異矣。又引云「菸，乙餘反，今關西言菸，山東言蔫」，蔫音於言反，江南亦言殗，殗又作萎，於爲反，於邑無色也。按：《説文》「菸，鬱也，从艸於聲，一曰殗也」，正與此合，可以補

《方言》之末備。它如《顔氏家訓・勉學篇》所引䥶餘聚、䫻欱亭，及《一切經音義》引咀嚏語不正也，款作嘁、𣯡毶音加沙之類，皆魏晉閒俗字，大約與其兄《字林》之書相褫裹也。鱣從羣書采獲，錄成一編，次之《聲類》之後，存雖無多，聊資考鑒焉。

段氏宏 韻集

《隋志》八卷

佚

李氏槩 修續音韻決疑

《隋志》十四卷

佚

顔之推《家訓・音辭篇》曰：李季節著《音韻決疑》，時有錯失。

又曰：北人之音多以舉、莒爲矩。唯李季節云：齊桓公與管仲於臺上謀伐莒，東郭牙望桓公口開而不閉，故知所言者莒也。然則莒、矩必不同呼，此爲知音矣。

按：李槩字季節，《北齊書・邢邵傳》曰：邵有書甚多[四]，而不甚校讐，見人校書，常笑曰：「何愚之甚，天下書至死讀不可徧，焉能始復校此，且誤書思之更是一適。」妻弟李季節才學之士，謂子才曰：「世閒人多不聰明，思誤書何由能得？」子才曰：「若思不能得，便不勞讀書。」

李氏槩 音譜

《隋志》四卷

佚

按：陸法言《切韻敘》稱李季節《音譜》即此書。

王氏延 文字音

《隋志》七卷

佚

《隋書・經籍志》曰：晉蕩昌令王延撰。

無名氏文章音韻

《七錄》

佚

王氏該**五音韻**

《七錄》五卷

佚

釋靜洪**韻英**

《隋志》三卷

佚

無名氏字書音同異

《隋志》一卷

佚

無名氏敘同音義

《隋志》三卷

佚

無名氏雜字音

《隋志》一卷

佚

無名氏借音字

《隋志》一卷

佚

無名氏音書考原

《隋志》一卷

佚

周氏研聲韻

《隋志》四十一卷

佚

按：陸法言《切韻敘》稱周思言《音韻》，思言疑即研之字。

周氏彥倫四聲切韻〔五〕

見《南史》

佚

《南史·周彥倫傳》曰：彥倫晉左光祿大夫顗七世孫也。少爲族祖朗所知，從外氏車騎將軍臧質家得衛恒散隸書法，學之甚工。文惠太子使彥倫書元圃茅齋壁，國子祭酒胤允以倒薤書求就彥倫换之，彥倫笑答曰：「天下有道，丘不與易也。」轉國子博士，兼著作。太學諸生慕其風，爭事華辯。始著《四聲切韻》行於時，後卒於官。子捨。

沈氏約四聲

《隋志》一卷

佚

《隋書·經籍志》曰：梁太子少傅沈約撰。

《梁書·沈約傳》曰：約又撰《四聲譜》，以爲在昔詞人累千載而不寤，而獨得胸衿，窮其妙旨，自謂入神。高祖雅不好焉，帝問周捨曰：「何謂四聲？」捨曰：「天子聖哲是也。」然帝竟不遵用。

《南齊書》：陸厥與沈約書曰：范詹事自序：「性別宫商，識清濁，特能適輕重濟艱難。古今文人多不全了斯處，縱有會此者，不必從根本中來。」沈尚書亦云：「自靈均以來，此秘未覩，或暗與理會，匪由思至。張蔡曹王曾無先覺，潘陸顔謝去之彌遠。大旨鈞使宫商相變，低昂舛節，若前有浮聲，則後須切響，一簡之内，音韻盡殊，兩句之中，輕重悉異。辭既美矣，理又善焉。」但觀歷代衆賢，似不都闇此處〔六〕，而云「此祕未覩」，近于誣乎？按，范云「不從根本中來」，尚書云「匪由思至」，斯可謂揣情謬于元黄〔七〕，摘句著其音律也。范又云「時有會此者」，尚書云「或闇與理合」，則美詠清謳有辭章調韻者，雖有差謬，亦有會合，推此以往，可得而言。夫思有合離，前哲同所不免，文有開塞，即事不得無之。子建所以好人譏彈，士衡所以遺恨終篇。既曰遺恨，非盡美之作，理可詆訶。君子執其詆訶，便謂合理爲闇，豈如指其合理而寄詆訶爲遺恨耶？自魏文屬論〔八〕，深以清濁爲言；劉楨奏書，大明體勢之致。齟齬妥帖之談，操末續顛之說，興元黄于律呂，比五色之相宣。苟此祕未覩，茲論爲何所指耶？故愚謂前英已早識宮徵，但未屈曲指的。若今論所申，至於掩瑕藏疾，合少謬多，則臨淄所云「人之著述，不能無病」者也。非知之而不改，謂不改則不知，斯曹陸又稱竭情多悔，不可力強者。今許以有病有悔爲言，則必自知無悔無病之地。引其不了不合爲闇，何獨誣其一合一了之明乎？意者，亦質文時異，今古好殊，將急在情物而緩于章句。情物文之所急，美惡猶且相半，章句意之所緩，故合少謬多。義兼于斯，必非不知明矣。《長門》《上林》，殆非一人之賦；《洛神》《池雁》，便成二體之作。孟堅精正，《詠史》無虧於東主；平子恢富，《羽獵》不累于憑虛。王粲《初征》，他文未能稱是；楊脩敏捷，著賦彌日不獻。率意寡尤，則事促乎一日；翳翳愈伏，而理賒于七步。一人之思，遲速天懸；一家之文，工拙壤隔。何獨宮商律呂，必責其如一耶？論者乃可言未窮其致，不得言曾無先覺也。

沈約答書曰：宮商之聲有五，文字之別累萬，以累萬之繁配五聲之韻，高下低昂，非思力所舉，又非止若斯而已也。十字之文，顛到相配，字不過十，巧歷已不能盡，何況復過于此者乎！靈均以來，未經用之于懷抱，固無從得其髣髴矣。若斯之妙，而聖人不尚，何耶？此蓋曲折聲韻之巧，無當於訓義，非聖哲立言之所急也？是以子雲譬之雕蟲篆刻，云壯夫不爲。自古辭人，豈不知宮羽之殊，商徵之別，雖知五音之異，而其中參差變動，所昧實多。故鄙意所謂此祕未覩者也。以此而推，則知前世文士便未悟此處，所以文章之音韻，同弦管之聲曲，則美惡妍媸，不得頓相乖反。譬猶子野操曲，安得忽有闡緩失調之聲？以《洛神》比陳思他賦，有似異手之作。故知天機啓則律呂自調，六情滯則音律頓舛也。士衡雖云炳若縟錦，寧有濯色江波，其中復有一片是衡文之服。此則陸生之言，即復不盡者矣。韻與不韻，復有精粗，輪扁不能言之，老夫亦不盡辨此。

陸厥《與沈約問聲韻書》曰：先是宋太子詹事范昱與諸甥姪書，自論云性別宮商，識清濁，斯自然也。觀古今文人，多不全了此處，縱有會此者，不必從根本中來。言之皆有實證，非爲空談。年少中謝莊最有其分，手筆爽易，文不拘韻故也。吾思乃無定方，特能濟難適輕重所稟之分，猶當未盡，但多公家之言，少於事外遠致，以此爲恨。至齊永明末，盛爲文章，厥與沈約、謝朓、王融以氣類相推轂，汝南周彦倫善識聲韻，約等文皆用宮商，以平上去入爲四聲，有平頭、上尾、蠭腰、鶴膝，五字之中，音韻悉異，兩句之內，角徵不同，不可增減，世呼爲永明體。沈約《宋書·謝靈運傳》後又論其事云：夫五色相宣，八音協暢，由乎元黄律吕，各適物宜。欲使宮羽相變，低昂互節，若前有浮聲，則後須切響。一簡之內，音韻盡殊，兩句之中，輕重悉異。妙達此旨，始可言文。至于先士茂製，諷高歷賞，子建函京之作，仲宣霸岸之篇，子荊「零雨」之章，正長「朔風」之句，並直舉胸情，非傍詩史，正以音律調韻，取高前式。自靈均以來，多歷年代，雖文體稍精，而此祕未覩。至於高言妙句，音韻天成，皆闇與理合，匪由思至。張蔡曹王曾無先覺，潘陸顔謝去之彌遠。世之知音者有以得之〔九〕。厥意謂不然，與約書，約答之。然約論四聲，妙有詮辨，而諸賦亦往往與聲韻乖。

王觀國《學林》曰：《南史·陸厥傳》曰：「齊永明時盛爲文章，沈約、謝朓、王融以氣類相推轂，周彦倫善識聲韻，約等文皆用宮商，將平上去入四聲，以此製韻〔一〇〕，有平頭、上尾、蠭腰、鶴膝，五字之中，音韻悉異，兩句之內角徵不同，不可增減。世呼爲永明體。」《庾肩吾傳》曰：「齊永明中，王融、謝朓、沈約文章始用四聲，以爲新變，至是轉拘聲韻，彌爲麗靡，復踰往時。」《沈約傳》曰：「約撰四聲，以爲在昔詞人累千載而不悟，而獨得胸衿，窮其妙旨，自謂入神之作。梁武帝雅不好焉，嘗問周捨曰：『何謂四聲？』捨曰：『天子聖哲是也。』」觀國按：四聲切韻，始自齊梁，雖云麗靡，而江左文章，拘於聲調，氣格卑弱，閒有作者，大抵類俳。《南史》曰：「沈約論四聲，妙有詮辨，而諸賦亦往往與聲韻乖。」然則約自謂窮其妙旨，而反致矛盾，何耶？陸法言論聲韻曰：「吴楚則時傷輕淺，燕趙則多傷重濁，秦隴則去聲爲入，梁益則平聲似去，或參宮參羽，或半徵半商。」以此觀之，則理致頗深，實難遽曉。隋唐以來，始有律詩，調格婉和，殆如樂律，愈于江左遠矣。而其餘文格，尚襲江左之風。彫礱礫裂，殊乏純古之風。韓愈學古文以救文敝，而不能丕變，故唐末五代之際，文氣彌弱也。雖總古今之字，不逃乎音切，固有即音切而知其字之義者，之乎切爲諸，而已切爲耳，如是切爲爾，何不切爲盍，不可切爲叵，此即音切而知其字之義也。下至閭閻鄙語，亦有以音切爲呼者。突鸞爲團，屈陸爲曲，鶻崙爲渾，鶻盧爲壺，忒噉爲太，咳洛爲殼，凡此類非有師學授習之也，其天成自然，莫知所以然者。沈約所謂入神，殆此類耶？

又曰：《南史·謝莊傳》曰：王元謨問莊，何者爲雙聲，何者爲疊韻，答曰：「元護爲雙聲，磝碻爲疊韻。」觀國案：古人以四聲爲切韻，紐以雙聲疊韻，必以五音爲定。蓋謂東方喉聲爲木音，西方舌聲爲金音，南方齒聲爲火音，北方唇聲爲水音，中央牙聲爲土音也。雙聲者同音而不同韻也，疊韻者同韻而又同音也。元護同爲唇音，而二字不同韻，故謂之雙聲。磝碻同爲牙音，而二字又同韻，故謂之疊韻。若彷佛、熠燿、騏驥、慷慨、咿喔、霡霂，皆雙聲也。若侏儒、曈曨、倥峒、巃嵸、螳蜋、滴瀝，皆疊韻也。《廣韻》曰：「章灼、良略是雙聲，灼略、章良是疊韻。」又曰：「廳剔、靈歷是雙聲，剔歷、廳靈是疊韻。」舉此例則諸音皆視此而紐之可以定矣。沈存中論詩之用字曰：「幾家村草裏，吹唱隔江聞。幾家村草對吹唱隔江，皆雙聲也。」觀國案：村字是唇音，草字是齒音，吹字是唇音，唱字是齒音，此非同音字，不可謂之雙聲也。存中又曰：「月影侵簪冷，江光逼屨清，侵簪、逼屨皆疊韻也。」觀國案：侵字是唇音，簪字是齒音，逼字是唇音，屨字是舌音，既非同音字，而逼屨二字又不同韻，不可謂之疊韻也。觀國案：李羣玉詩曰「方穿詰曲崎嶇路，又聽鉤輈格磔聲」，詰曲、崎嶇乃雙聲也，鉤輈、格磔乃疊韻也。

王氏_斌四聲論

《南史》

佚

《南史·陸厥傳》曰：時有王斌者，不知何許人，著《四聲論》行于時。斌初爲道人，博涉經籍，雅有才辯，善屬文，後還俗。

張氏_諒四聲韻林

《隋志》二十八卷

佚

劉氏_{善經}四聲指歸

《隋志》一卷

佚

《隋書·文學傳》曰：河間劉善經，博物洽聞，尤善詞筆，歷仕著作佐郎、太子舍人。著《四聲指歸》一卷，行于世。

夏侯氏詠 四聲韻略

《隋志》十三卷

佚

李涪《刊誤》曰：梁夏侯詠撰《四聲韻略》十二卷。

按：陸法言《切韻敘》稱夏侯該《韻略》，「該」字疑即「詠」之誤。

楊氏休之 韻略〔一一〕

《隋志》一卷

佚

《北齊書》列傳曰：楊休之字子烈，右北平無終人也。少勤學，愛文藻。魏孝昌中，邢果作亂，一時遇害諸楊死者十人，唯休之兄弟獲免。莊帝立，解褐員外散騎侍郎，尋以本官領御史，遷給事中、太尉記室參軍，加輕車將軍。與魏收、李同軌等修國史。隋開皇二年罷任，終於洛陽，年七十四。所著文集三十卷，又撰《幽州人物志》，並行于世。

按：陸法言《切韻敘》亦稱楊休之《韻略》。

杜氏臺卿 韻略

見陸法言《切韻序》

佚

無名氏羣玉韻典

《隋志》五卷

佚

無名氏纂韻鈔

《隋志》十卷

佚

潘氏徽 韻纂

三十卷，見《隋書》

佚

《隋書·文學傳》曰：潘徽字伯彥，吳郡人也。善屬文，能持論。秦孝王俊聞其名，召爲學士。嘗從俊朝京師，在途令徽於馬上爲賦，行一驛而成，名曰《述思賦》。俊覽而善之，復令爲萬字文，并遣撰集字書，名爲《韻纂》。

徽序曰：文字之來尚矣，初則羲皇出震，觀象緯以法天，次則史頡佐軒，察蹄迹而取地。於是八卦爰始，爻文斯作，繩用既息，墳籍生焉。至如龍莢授河，龜威出洛，緑綈白檢，述勛華之運，金繩玉字，表殷夏之符，鈿甲示於宦壇，吐卷徵於孔室，莫不理包遠邇，迹會幽明，仰協神功，俯照人事。其制作也如彼，其祥瑞也如此，故能宣流萬代，正名百物，爲生民之耳目，作後王之模範，頌美形容，垂芬篆素。暨大隋之受命也，追蹤三五，並曜參辰，外振武功，内修文德，飛英聲而勒嵩岱，彰大定而銘鐘鼎。春干秋羽，盛禮樂於膠庠；省俗觀風，采歌謠於唐衛。我秦王殿下降靈霄極，稟秀天機，質潤珪璋，文兼黼黻。楚詩早習，頗屬懷於言志；沛易先通，每留神於索隱。尊儒好古，三雍之對已遒；博物多能，百家之工彌洽。遨遊必名教，漁獵唯圖史，加以降情引汲，擇善芻微，築館招賢，攀枝佇異，剖連城於井里，賁束帛於邱園，薄技無遺，片言便賞。所以人加脂粉，物競琢磨，俱報稻粱，各施鳴吠。於時歲次鶉火，月躔夷則，驂駕務隙，靈光意靜，前臨竹沼，卻倚桂巖，泉石瑩仁智之心，烟霞發文彩之致，賓僚霧集，教義風靡。乃討論羣藝，商略衆書，以爲小學之家，尤多舛雜。雖復周禮漢律，務在貫通，而巧説邪辭，遞生同異，且文訛篆隸，音謬楚夏。《三蒼》《急就》之流，微存章句；《説文》《字林》之屬，唯别體形。至於尋聲推韻，良爲疑混，酌古會今，未臻切要。末有李登《聲類》、吕静《韻集》，始判清濁，纔分宫羽，而全無引據，過傷淺局，詩賦所須，卒難爲用。遂躬紆睿旨，摽摘是非，撮舉宏綱，裁斷篇部，總循舊轍，創立新意。聲别相從，即隨注釋，詳之詁訓，證以經史，備包騷雅，博牽子集。汗簡云畢，題爲《韻纂》，凡三十卷，勒成一家。方可藏彼名山，副諸石室，見羣玉之爲淺，鄙懸金之不定。爰命末學，製其都序。徽業術已寡，思理彌殫，心若死灰，文慚生氣，徒以犬馬識養，飛走懷仁，敢執顛沛之辭，遂操狂簡之筆。而齊魯富經學，楚鄭多良士，西河之彦幸不誚於索居，東里之才請能加於潤色。

陸氏法言切韻

《通志》五卷

佚

法言自序曰：昔開皇初，有儀同劉臻等八人，同詣法言門宿〔一二〕。夜永酒闌，論及音韻，以今聲調既自有別，諸家取捨亦復不同，吳楚則時傷輕淺，燕趙則多傷重濁，秦隴則去聲爲入，梁益則平聲似去。又支章移切脂旨夷切、魚語居切虞遇俱切共爲一韻，先蘇前切仙相然切、尤千永切侯胡溝切俱論是切。欲廣文路，自可清濁皆通，若賞知音，即須輕重有異。呂靜《韻集》、夏侯該《韻略》、楊休之《韻略》、周思言《音韻》、李季節《音譜》、杜臺卿《韻略》等，各有乖互。江東取韻，與河北復殊。因論南北是非、古今通塞，欲更捃選精切，除削疏緩，蕭顔多所決定。魏著作謂法言曰：「向來論難，疑處悉盡，何不隨口記之。我輩數人，定則定矣。」法言即燭下握筆，略記綱紀，博問英辯，殆得精華。於是更涉餘學，兼從薄宦，十數年間，不遑修集。今返初服，私訓諸弟子，凡有文藻，即須明聲韻，屏居山野，交游阻絶，疑惑之所，質問無從。亡者則生死路殊，空懷可作之歎，存者則貴賤禮隔，以報絶交之旨。遂取諸書音韻、古今字書，以前所記者定之，爲《切韻》五卷。剖析毫釐，分別黍累，何煩泣玉，未得縣金。藏之名山，昔怪馬遷之言大；持以盋醬，今歎揚雄之口吃。非是小子專輒，乃述羣賢遺意，寧敢施行人世，直欲不出戶庭。于時歲次辛酉大隋仁壽元年。

李涪《刊誤》曰：自周隋已降，師資道廢，既號傳授，遂憑精音。切韻始於後魏，校書令李登撰《聲類》十卷，梁夏侯詠撰《四聲韻略》十二卷。撰集非一，不可具載。至陸法言，采諸家纂述而爲己有。原其著述之初，士人尚多專業，經史精練，罕有不述之文，故切韻未爲時人之所急。後代學問日淺，尤少專經，或舍四聲，則秉筆多礙，自爾已後，乃爲要切之具。然吳音乖舛，不亦甚乎？上聲爲去，去聲爲上，又有字同一聲，分爲兩韻。且國家誠未得術，又於聲律求人，一何乖濶！然有司以一詩一賦而定否臧，音匪本音，韻非中律，於此考覈，以定去留，以是法言之爲，行于當代。法言平聲以東農非韻，以東崇爲切；上聲以董勇非韻，以董動爲切；去聲以送種非韻，以送衆爲切；入聲以屋燭非韻，以屋宿爲切。又恨怨之恨則在去聲，很戾之很則在上聲；又言辯之辯則在上聲，冠弁之弁則在去聲；又舅甥之舅則在上聲，故舊之舊則在去聲；又皓白之皓則在上聲，號令之號則在去聲。又以恐字、恨字俱去聲，今士君子於上聲呼恨，去聲呼恐，得不爲有知之所笑乎？又《尚書》曰「嘉謀嘉猷」，法言曰「嘉予嘉猷」；《詩》曰「載沉載浮」，法言曰「載沉載浮」伏予反。夫吳民之言，如病瘖風而噤，每啓其口，則語戾喎吶，隨筆作聲，下筆竟不自悟〔一三〕。凡中華音切，莫過東都，蓋居天地之中，稟氣特正。予嘗以其音證之，必大哂而異焉。且《國風·杕杜》篇云「有杕之杜，其葉湑湑，獨行踽踽。豈無他人，不如我同姓」，又《雅·大東》篇曰「周道如砥，其直如矢。君子所履，小人所視」，此則不切聲律，足爲驗矣。何須東冬中終妄别聲律！詩頌以聲韻流靡，貴其易熟人口，能遵古音，足以詠歌。如法言之非，疑其怪矣。予今别白去上，各歸本音，詳較重輕，以符古義，理盡於此，豈無知音？其閒乖舛既多，載述難盡，申之後序，尚愧周詳。

沈括《夢溪筆談》曰：切音之學本出於西域，漢人訓字止曰讀如某字，未用反切。然古語已有二聲合爲一字者，如不可爲叵，何不爲盍，如是爲爾，而已爲耳，之乎爲諸之類。以西域二合之音，蓋切字之原也。如輭字文從而犬，亦切音也，殆與聲俱生，莫知從來。今切韻之法，先類其字，各歸其母。脣音舌音各八，牙音喉音各四，齒音十，半齒半舌音二，凡三十六，分爲五音，天下之聲總於是矣。每聲復有四等，謂清、次清、濁、平也。如顛天田年、邦胮龐厖之類是也。皆得之自然，非人爲之。幫字横調之爲五音，幫當剛臧央是也。幫宮之清，當商之清，剛角之清，臧徵之清，央羽之清。縱調之爲四等，幫滂傍茫是也。幫宮之清，滂宮之次清，傍宮之濁，茫宮之不清不濁。就本音本等調之爲四聲，幫牓傍博是也。幫宮之清平，牓宮清之上，傍宮清之去，博宮清之入。四等之聲，多有聲無字者，如封峯逢止有三字，邕胸止有兩字，竦火欲以皆止有一字。五音亦然，滂湯康蒼止有四字。四聲則有無聲，亦有無字者，如蕭字、殽字全韻皆無入聲。此皆聲之類也。所謂切韻者，上字爲切，下字爲韻，切須歸本母，韻須歸本等。切歸本母謂之音和，如德紅爲東之類，德與東同一母也。字有重中重、輕中輕，本等聲盡汎入别等，謂之類隔。雖隔等，須以其類，謂脣與脣類，齒與齒類，如武延爲綿，符兵爲平之類是也。韻歸本等，如冬與東，字母皆屬端字，冬乃端字中第一等聲，故都宗切，宗第一等韻也。以其歸精字，故精徵音第一等聲〔一四〕。東字乃端字中第三等聲，故德紅切，紅字第三等韻也。以其歸匣字，故匣羽音第三等聲。又有互用借聲，類例頗多。

大都自沈約爲四聲，音韻愈密，然梵學則有華竺之異〔一五〕，南渡之後，又雜以吴音，故音韻厖駁，師法多門。至于所分五音，法亦不一，如樂家所用，則隨律命之，本無定音，常以濁者爲宮，稍清爲商，最清爲角，清濁不常爲徵羽。切韻家則定以脣齒牙舌喉爲宮商角徵羽，其閒又有半徵半商者，如來、日二字是也，皆不論清濁。五行家則以韻類清濁參配，今五姓是也。梵學則喉牙齒舌脣之外，又有折、攝二聲。折聲自臍輪起，至脣上發，如𠇗字浮金反之類是也。攝聲鼻音如歆字〔一六〕，鼻中發之是也。字母則有四十二，曰阿、多、波、左、那、囉、拖、婆、茶、沙、嚩、哆、也、瑟吒二合、迦、娑、麽、伽、他、杜、鎖、呼、拖、前一「拖」輕呼，此一「拖」重呼。奢、佉叉二合、娑多二合、壤、曷攞多、三合〔一七〕、婆上聲、車、娑麽二合、訶、婆、縒、伽上聲、吒、拏、娑頗二合、娑迦二合、也娑二合、室左二合、佗、陀。爲法不同，各有理致〔一八〕，雖先王所不言，然不害有此理，歷世浸久，學者日深，自當造微耳。

王應麟《玉海》曰：隋仁壽元年辛酉，陸法言爲《切韻》五卷。

長孫氏訥言 切韻箋注

五卷

佚

訥言序曰：此製酌古沿今，無以加也。然古傳之已久，多失本原，差之一畫，詎惟千里？見炙從肉，莫究厥由，輒意形聲，固當從夕。及其晤矣，彼乃乖斯，若靡馮焉，他皆倣此。頃佩經之隙，沐雨之餘，楷其紕繆，疇茲得失，銀鉤創閲，晉豕成羣，盪櫛行披，魯魚盈貫，博徵金篆，遐泝石渠，略題會意之辭，仍記所由之典。亦有一文兩體，不復備陳，數字同歸，惟其擇善。勿謂有增有減，便慮不同；一點一畫，咸資別據。其有類雜，並爲訓解，傳之不謬，庶埒箋云。於時歲次丁丑大唐儀鳳二年。

孫氏愐 唐韻

《通志》五卷

佚

愐自序曰：蓋聞文字聿興，音韻乃作，《倉頡》《爾雅》爲首，詩頌次之，則有《字統》《字林》《韻集》《韻略》，述作頗衆，得失互分。惟陸生《切韻》，盛行於世，然隨珠尚纇，虹玉仍瑕，注有差錯，文復漏誤。若無刊正，何以討論？我國家偃武修文，大崇儒術，置集賢之院，召才學之流，自開闢以來，未有如今日之盛。上行下效，比屋可封，輒罄謏聞，敢補遺闕，兼習諸書，具爲訓解。州縣名號，亦據今時字體，從木從才，著彳著亻，施殳施支，安尒安禾，並悉具言，庶無紕繆。其有異聞，奇怪傳說，姓氏原由，土地物産，山河草木，鳥獸蟲魚，備載其間，皆引憑據，隨韻編紀。添彼數家，勒成一書，名曰《唐韻》，蓋取《周易》《周禮》之義也。及按《三蒼》《爾雅》《字統》《字林》《説文》《玉篇》、石經、《聲韻》《聲譜》，九經諸子，《史》《漢》《三國志》《晉》《宋》《後魏》《周》《隋》《陳》《宋》《兩齊書》，《本草》《姓苑》《風俗通》《古今注》、賈執

《姓氏英賢傳》、王僧孺《百家譜》、周何潔集、《文選》諸集、《孝子傳》、輿地志及武德已來創置，迄開元三十年，並列注中，等大輿誦，流汗交集，愧以上陳天心。又有元青子、志成子者，則汝陽侯榮之曾孫，卓爾好古，博通内外，遁祿岩嶺，吐納自然，抗志鈐鍵，棲神梵宇，淡泊無事，希夷絕塵，倏忽風雲，靈龡怡懌，考窮史籍，廣覽羣書，欲令清濁昭然[一九]，學之上有終日而忘食，有連宵而不寐。按《搜神記》《精怪圖》《山海經》《博物志》《四夷傳》《大荒經》《南越志》《西域記》《西壑傳》《漢纂藥論》《證俗方言》《御覽字府》及九經三史諸子中，遺漏要字，訓義解釋，多有不載，必具言之，子細研窮，究其巢穴，澄凝微思，鄭重詳悉，輕重斯分，不令惡糅，緘之金篋，珍之寶之而已哉！寧辭阻險，敢不躬談，一訴愚心，克諧雅況。依次編記，而不別番，其一字數訓，則執優而尸之，劣而副之。其有或假，不失元本，以四聲尋譯，冀覽者去疑，宿滯者豁如也。又紐其唇齒喉舌牙部件而次之，有可紐不可行之，及古體有依約之，並采以爲證，庶無壅而昭其凴。起終五年，精成一部，前後總加四萬二千三百八十三言，仍篆隸石經，勒存正體，幸不譏繁。于時歲次辛卯天寶十載也。

又論曰：切韻者本乎四聲，紐以雙聲疊韻，欲使文章麗則，韻調精明於古人耳。或人不達文性，便格於五音爲足。夫五音者五行之響，八音之和，四聲閒迭在其中矣。必以五音爲定，則參宮參羽，半徵半商，引字調音，各自有清濁。若細分其條目，則令韻部繁碎，徒拘桎于文辭耳。

邱光庭《兼明書》曰：孫愐《唐韻》引《風俗通》云：「邱氏，魯左邱明之後也。」明曰邱明出自齊太公之後，不因邱明得姓。按《藝文志》云左邱明姓左，名邱明，故《春秋》傳稱《左氏傳》，豈其子孫以父祖之名而爲姓乎？且昭二十三年，《左氏》有邾大夫邱弱，則左氏爲傳之時，已有邱氏，其非邱明之後也明矣。《風俗通》之妄，《唐韻》之疏也。

王應麟《玉海》曰：唐天寶十載辛卯孫愐《唐韻》，總加四萬二千三百八十三言，仍篆隸石經，勒成正體。

魏了翁《後序》曰：《韻略》之得名，蓋謂音韻各有畛略也。「韻」字從音從員，「略」字從田從各，皆一形一聲，茲其大端矣。是書號《唐韻》，與今世所謂《韻略》，皆後人不知而作者也。然其部敘於一東下注云：「德紅反，濁滿口聲[二〇]，自此至三十四乏皆然。」於二十八刪、二十九山之後，繼之以三十先、三十一仙，上聲、去聲亦然，則其聲音之道，區分之方，隱然見於述作之表也。今之爲韻者，既不載調之清濁，而平聲輒分上下，自以一先、二仙爲下平之首，不知「先」字蓋自「真」字而來，學者由之不知，而隨聲雷同，古人造端立意之本失矣。此書别出移、臠二字爲一部，注云：「陸與齊同，今别。」然則，今韻從陸本，疑此本爲是。今韻則升談於侵後，升蒸登於青後，以古語「三」字叶「今」，「男」字叶「音」，「徵」字叶「楨」，「仌」字叶「兵」，疑今書爲是。今書又升藥鐸於麥陌昔之前，置職德於錫緝之閒。古語「白」爲「簿」、「宅」爲「度」、「鳥」爲「鵲」、「石」爲「勺」，錫緝與職德聲爲最近。蓋創始者多濶疏，而因仍者易精密。此皆爲學者之所當知，而舉世不之問也。余得此本於巴州使君王清父〔二二〕，相傳以爲吳彩鸞所書，雖無明據，然結字茂美，編褏用葉子樣，此爲唐人所書無疑〔二三〕，其音韻雖與《易》《書》《詩》《左氏傳》及二漢以前不盡合，然世俗承用既久，始就其閒而詳其是否焉。若夫孫愐叔文較之今本，亦有增加書字處，要皆以此本爲正。

釋神珙反紐圖

一卷在《玉篇》卷末

存

神珙自序曰：夫文物之國，假以書詩，七步之才，五音爲首。聿興文字，反切爲初，一字有訛，餘音皆失。四聲之體，與天地而齊生，宮商角徵羽之音，與五嶽而同起。且天地生於混沌，不同混沌之初，君子生於嬰兒，豈與嬰兒同類？夫欲反字〔二三〕，先須紐弄爲初，一弄不調，則宮商靡次。昔有梁朝沈約，創立紐字之圖，皆以平書，碎尋難見。唐又有陽寧公、南陽釋處忠，此二公者又撰《元和韻譜》，與文約義，詞理稍繁，淺劣之徒，尋求難顯，猶如匕匕、彡夂之字，寫人會有改張，紐字若不列圖，不肖再傳皆失。今此列圖，曉示義理，易彰爲於韻切之樞機，亦是詩人之鈐鍵也。《譜》曰：平聲者哀而安，上聲者厲而舉，去聲者清而遠，入聲者直而促。傍紐者皆是雙聲，正在一紐之中，傍出四聲之外，傍正之目，自此而分清濁也，故列五箇圓圖者，即是五音之圖。每圖皆從五音，字行皆左轉，中有注說之。又列二箇方圖者，即是九弄之圖，圖中取一字爲頭，横列爲圖首目，題傍正之文以别之。

唐寅文集曰：神珙以内外八攝總其聲，三十六母總其音，其於音聲括盡而無遺矣。然有字有聲者雖多，而有聲無字者亦復不少，必皆以翻切得之。翻者翻出其音，切者切出其聲，如徒「都」字之誤公、徒丁、顛東、丁顛謂之翻，徒東謂之切也。其他無字之音聲，如水聲風聲之翻，皆可翻切。

戴震《書後》曰：宋元已來，爲反切字母之學者，歸之西域，歸之釋神珙，葢由鄭樵、沈括諸人論古疏漏，惑於釋氏一二譾劣之徒，眠娗誣欺，據其言以爲言也。今珙之《反紐圖》具存，其自爲序曰「昔梁沈約創立紐字之圖」，然則珙所爲圖，遠在沈休文後，祖述休文者也。彼夫競指珙爲北魏時人，始傳西域三十六字母於中土，徒因世俗言休文始造韻，欲追而上之，以前於休文，爲中土之有反切韻學，本乎西域左證耳。釋氏之徒，舉凡書傳所必貲，竊取而學之，既得則相欺相誕，以造爲西域之說，固不足指數。獨怪信之者之數典不能稽遠，又筆之書以惑後人，噫其陋也！況珙序内併及《元和韻譜》，自齊永明、梁天監，下迄唐憲宗元和閒，三百二十三載，珙更後乎元和，而移其人於四三百載之前而莫之或辨，何哉！珙圖無所謂字母者，惟《五音聲論》列字四十，而不曰字母，與今所傳三十六字相與齟齬。王伯厚言《玉篇》卷末附以沙門神珙《五音聲論》《四聲五音九弄反紐圖》，考珙自序，不一語涉及《五音聲論》，殆唐末宋初或雜取以附《玉篇》末，非珙之爲，故列之珙《反紐圖》前，不題作者姓氏。《玉海》有《三十六字母圖》一卷，僧守溫撰，吕介孺曰「大唐舍利創字母三十，後溫首座益以孃床幫滂微奉六母」，然則字母三十六定於守溫，在珙後者也。雖唐之季已有是，而其學不著，故終唐之代以迄宋初，絕不聞字母之稱。今經傳字書所有反切，仍魏晉齊梁隋唐相傳之舊。方漢時崇治經藝，鄭康成氏尤爲世所宗，其後樂安孫炎受學康成之門人，稱東州大儒。顔之推《家訓》、陸德明《經典釋文》、張守節《史記正義》皆曰「孫炎創立反語」。《崇文目》序曰：「孫炎始作字音，於是有音韻之學。」王伯厚曰：「世謂蒼頡製字，孫炎作音，沈約撰韻，爲椎輪之始。」此唐宋人論反切字音，咸溯原叔然也。逮乎宋末，則謂出神珙，出梵僧矣。反語之興，不啻七八百載，而後競傳守溫之字母，近儒乃莫有能言叔然者，吾故書此以見經史字音，儒生結髮從事，勿迷失其師承也。

小學考卷二十九終

校記

〔一〕二百一十卷條：案，「卷」字疑誤。

〔二〕與李：「與」字疑誤或衍。

〔三〕此：原作「比」，據文意改。案：光緒刊本已改作「此」。

〔四〕甚多：原作「正多」，據《北齊書》卷三六《邢邵傳》改。

〔五〕案：周彦倫當作「周顒」。據《南史》卷三四《周朗傳》附周顒傳，「彦倫」乃周顒字。

〔六〕都：原作「覩」，據《南齊書》卷五二《陸厥傳》改。

〔七〕揣情：原脱「揣」字，據右引書補。

〔八〕屬論：原作「屬諭」，據右引書改。案：指魏文帝曹丕《典論·論文》。

〔九〕案：本節文字實爲摘錄三種史籍文字拼合而成：「性別宫商」至「以此爲恨」，出《宋書·范曄傳》，爲范曄與諸侄書中内容。「以氣類相推轂」至「又論其事」，出《南史·陸厥傳》。「天五色相宣」至「知音者有以得之」，出《宋書·謝靈運傳》，爲傳後贊語。

〔一〇〕製韻：原作「製融」，據王觀國《學林》卷八改。

〔一一〕楊氏休之：當作「陽氏休之」。下文《北齊傳》引文同。

〔一二〕門宿：原脱「宿」字，據《廣韻》卷首附陸法言《切韻序》補。

〔一三〕隨筆作聲下筆：李涪《刊誤》卷下《切韻》作「隨聲下筆」。

〔一四〕徵：原作「微」，據沈括《夢溪筆談》卷一五改。

〔一五〕華竺：原作「筆竺」，據右引書改。

〔一六〕攝聲：原作「攝字」，據右引書改。

〔一七〕三合：原作「二合」，據右引書改。

〔一八〕有：原脱，據右引書補。

〔一九〕令：原作「今」，據《宋本廣韻》卷首附唐孫愐《唐韻序》改。

〔二〇〕濁：原作「蜀」，據魏了翁《鶴山先生大全文集》卷五六《吴彩鸞唐韻後序》改。案：光緒刊本已改作「濁」。

〔二一〕王清父：原作「王清否」，據右引書改。

〔二二〕自「雖無明據」至「唐人所書」數句，原脱，據右引書補。

〔二三〕欲：原作「與」，據《玉篇》卷末附神珙《玉篇反紐圖》改。

小學考卷三十

聲韻二

蕭氏鈞 韻旨

《唐志》二十卷

佚

《唐書·蕭瑀傳》曰：瑀兄子鈞，博學有才望，貞觀中累除中書舍人，終太子率更令兼集賢館學士。所撰《韻旨》一十卷行于代。

武氏元之 韻銓

《唐志》十五卷

佚

唐玄宗 韻英

《唐志》五卷

佚

《唐書·經籍志》曰：天寶十四載撰，集賢院寫付諸道采訪使，傳布天下。

《唐會要》曰：天寶十四年四月，内出御撰《韻英》五卷，付集賢院繕寫行用。

《集賢注記》曰：上以自古用韻不甚區分，陸法言《切韻》又未能釐革，乃改撰《韻英》，仍舊爲五卷，舊韻四百二十九，新加一百五十一，合五百八十韻，一萬九千一百七十七字。分析至細，廣開文路，兼通用韻，以示宰臣等，上表陳賀，付諸道，令諸郡傳寫。

陳氏廷堅 韻英

十卷，見《玉海》

佚

《南部新書》曰：天寶時陳廷堅撰《韻英》十卷。

顏氏真卿 韻海鏡原

《唐志》三百六十卷 《崇文總目》十六卷

佚

《唐書·顏真卿傳》曰：真卿字清臣，祕書監師古五世從孫。博學工辭章，事親孝。開元中舉進士，又擢制科，調醴泉尉，再遷監察御史。乾元二年，拜浙西節度使。俄以檢校刑部尚書爲朔方行營宣慰使，未行，留知省事，更封魯郡公。貶峽州別駕，改吉州司馬，遷撫、湖二州刺史。楊綰薦之，擢刑部尚書，進吏部，改太子太師。李希烈陷汝州，遣真卿往諭，逼使上疏，不從。張伯儀敗，乃拘真卿，真卿度必死，乃作遺表、墓誌、祭文，指寢室西壁下曰：「此吾殯所也。」遂縊殺之，年七十六，贈司徒，謚文忠〔一〕。

又《蕭穎士傳》曰：穎士子存，字伯誠，亮直有父風，能文辭。顔真卿在湖州，與存及陸鴻漸等討摭古今韻字所原，作書數百篇。

《唐會要》曰：大曆十二年十一月二十五日，刑部尚書顔真卿撰《韻海鏡原》三百六十卷，表獻之，詔付集賢院。

王應麟《玉海》曰：以包荒萬彙，其廣如海，自末尋原，昭之如鏡。

按：《韻海鏡原》，《崇文目》僅存十六卷，知亡佚已多。《通志》作「鑑原」，避翼祖諱也。是書爲後人韻府之濫觴，本無關小學，以自來著錄皆列小學中，姑仍其舊。後此《韻府羣玉》之類皆不入焉。

陸氏慈 切韻

見董南一《切韻指掌序》

佚

李氏舟 切韻

《唐志》十卷

佚

釋智猷 辨體補修加字切韻〔二〕

《唐志》五卷

佚

張氏參 唐廣韻

《通志》五卷

佚

彭氏蟾 重修唐韻

見《江西通志》

未見

《江西通志》傳曰：唐彭蟾字東瞻，宜春人。好學不仕，以處士稱，著有《重修唐韻》。

高氏測 韻對

《唐志》十卷

佚

王應麟《玉海》曰：高測《韻對》十卷，輯諸書爲千韻，以便童習。

按：《韻對》，《唐志》列於子部類書類，然據《玉海》云「輯爲千韻，以便童習」，應歸之小學。後倣此。

陳氏鄂 四庫韻對

《通志》二十八卷

佚

無名氏唐切韻

《通志》五卷

佚

李氏邕 唐韻要略

《通志》一卷

佚

《唐書·文藝傳》曰：李邕字泰和，揚州江都人。父善，有雅行，淹貫古今，爲《文選注》講授諸生，四遠至傳業，號《文選》學。邕少知名，始善注《文選》，釋事而忘意，書成以問邕，邕不敢對。善詰之，邕意欲有所更，善曰：「試爲我補益之。」邕附事見義，善以其不可奪，故兩書並行。既冠，見特進李嶠，自言讀書未徧，願一見祕書，嶠曰：「秘閣萬卷，豈時日能習邪？」邕固請，乃假直祕書，未幾辭去，嶠驚，試問奥篇隱帙〔三〕，了辨如響，嶠歎曰：「子且名家。」嶠爲内史，與監察御史張廷珪薦邕文高氣方直，才任諫諍，乃召拜左拾遺，御史中丞〔四〕。出爲汲郡北海太守，李林甫素忌邕，因傳以罪杖殺之，時年七十。代宗時贈祕書監。

王應麟《玉海》曰：乾德四年正月，陳鄂上《四庫韻對》，詔續編。天禧五年六月乙巳，鄂之孫僧溥上鄂所作九十八卷。

范氏鎮 國朝韻對

《通志》三卷《通考》八卷，不著撰人

佚

郭氏逢 音訣

《通志》八卷

佚

按：《龍龕手鑑》嘗引郭說。

句氏中正 有聲無字

一卷，見《宋史》

佚

《宋史·文苑傳》曰：句中正字坦然，益州華陽人。孟昶時授崇文館校書郎，復舉進士及第。歸朝，補曹州錄事參軍。中正精于字學，古文篆隸行草無不工。太平興國二年，獻八體書，太宗召入，授著作佐郎、直史館，被詔詳定《篇》《韻》，改著作郎，與徐鉉重校定《說文》。太宗覽之嘉賞，因問中正凡有聲無字有幾何，中正退，條爲一卷以獻，上曰：「朕亦得二十一字，可并錄之也。」

句氏中正 等雍熙廣韻

《通志》一百卷

佚

王應麟《玉海》曰：太平興國二年六月丁亥，詔太子中舍陳鄂等五人同詳定《玉篇》《切韻》，《志》云雍熙中。太宗於便殿召直史館句中正訪字學，令集凡有聲無文者，翌日中正上其書，上曰：「朕亦得二十一字，當附其末。」因命中正及吳鉉、楊文舉等考古今同異，究篆隸根原，補缺刊謬，爲《新定雍熙廣韻》一百卷。端拱二年六月丁丑上之，詔付史館。

陳氏彭年 等重修廣韻

《通志》五卷

存

景德敕牒曰：《大宋重修廣韻》一部，凡二萬六千一百九十四言，注一十九萬一千六百九十二字。準景德四年十一月十五日敕：四聲成文，六書垂法，乃經籍之資始，實簡冊之攸先。自吳楚辨音，隸古分體，年祀寖遠，攻習多門，偏旁由是差譌，傳寫以之漏落，矧注解之未備，諒教授之何從？爰命討論，特加刊正，仍令摹印，用廣頒行，期後學之無疑，俾永代而作則。宜令崇文院雕印送國子監，依九經書例施行。牒至準敕，故牒。

又祥符敕牒曰：元年六月五日敕：道有形器之適，物有象數之滋，一爻始畫於龍圖，八體遂生於鳥跡。書契是造，文字勃興，踵事增華，觸類浸長。沿賡載以變本，尚辭律之諧音，集韻成書，抑亦久矣。朕聿遵先志，導揚素風，設教崇文，懸科取士，考覈程準，茲實用焉。而舊本既譌，學者多誤，必豕魚之盡革，乃朱紫以洞分。爰擇儒臣，叶宣精力，校讎增損，質正刊修，綜其綱條，灼然敘列，俾之摹刻，垂於將來。仍特換於新名，庶永昭於成績，宜改爲《大宋重修廣韻》。牒至準敕，故牒。陸法言撰本，長孫訥言箋注，儀同三司劉臻、外史顏之推、著作郎魏淵、武陽太守盧思道、散騎常侍李若、國子博士蕭該、蜀王諮議參軍辛德源、吏部侍郎薛道衡，已上八人同撰集。郭知玄拾遺緒正，更以朱箋三百字，關亮增加字，薛峋增加字，王仁煦增加字，祝尚丘增加字，孫愐增加字〔五〕，陳道固增加字，更有諸家增字，及義理釋訓，悉纂略備，載卷中，勒成一部，進上，勅賜絹五百疋。

晁氏公武《讀書志》曰：《廣韻》五卷，隋陸法言撰。其後唐孫愐加字，凡四萬二千三百八十三，前有法言、長孫訥言、孫愐三序。

陳振孫《書錄解題》曰：開皇初，有劉臻等八人，同詣法言，共爲撰集，長孫納言爲之箋注。唐朝轉有加增，至開元中陳州司法孫愐著成《唐韻》。本朝陳彭年等重修。《中興書目》云「不知作者」。按：國史志有《重修廣韻》，皇朝陳彭年等。《景祐集韻》亦稱真宗令陳彭年邱雍等因陸法言韻就爲刊益。今此書首載景德、祥符敕牒，以《大宋重修廣韻》爲名，然則即彭年等所修也。

王應麟《玉海》曰：景德四年十一月戊寅，崇文院上《校定切韻》五卷，依九經例頒行。

又曰：祥符元年六月五日，改爲《大宋重修廣韻》。三年五月庚子，賜輔臣人一部。景祐元年四月丁巳，詔直史館宋祁、鄭戩、國子直講王洙刊修《廣韻韻略》，命知制誥丁度、李淑詳定。祁等言多疑混字，舉人誤用故也。

又曰：祥符元年六月五日詔曰：「道有形器之適，

物有象數之滋，一爻始畫於龍圖，八體遂生於鳥跡。」《大宋重修廣韻》凡二萬六千一百九十四言，注一十九萬一千六百九十二字。陸法言撰本，長孫納言箋注，劉臻、顏之推、魏淵、盧思道、李若、蕭該、辛德源、薛道衡八人撰集。唐儀鳳二年郭知元拾遺緒正，更以朱箋二百字。關亮、薛峋、王仁煦、祝尚丘、孫愐、嚴寶文、裴務齊、陳道固增加字，諸家增字釋訓並載卷中。

何琇《樵香小記》曰：《廣韻》注有絶可笑者，如「東」字下注，東宮氏齊大夫東宮得臣之後〔六〕。「刀」之下注，齊豎刁之後。世子而云大夫，寺人而云有後，即姓氏書有此謬談，亦不應漫無考訂，至此何！《博古圖》誤說州吁〔七〕，即傳笑千古也。

胡爌《拾遺錄》曰：隋陸法言《切韻》五卷，後有郭知元者九人增加，唐孫愐有《唐韻》，《廣韻》則宋朝景德祥符重修。後人以三書爲一，或謂《廣韻》爲《唐韻》，非也。鶴山魏氏云：《唐韻》於二十八刪、二十九山之後，繼以三十先、三十一僊。及平聲分上下，以一先、二僊爲下平之首，先字葢自真字而來。考徐景安《樂書》，凡宮爲上平，商爲下平，角爲入，徵爲上，羽爲去，則唐時平聲已分上下。米元章云：五聲之音出於五行，自然之理。沈隱侯只知四聲，求其宮聲不得，乃分平聲爲二。然後魏江式曰：晉呂靜仿李登《聲類》之法，作《韻集》五卷，宮商角徵羽各爲一篇，則韻分爲五，始於呂靜，非是沈約始也。約答陸厥曰：宮商之聲有五，文字之别累萬，以累萬之繁，配五聲之約，高平低昂，非思力所及。沈存中云：梵學入中國，其術漸密。

宋重刊廣韻

《讀書志》五卷

存

邵長蘅曰：宋槧《廣韻》五卷，前有孫愐《唐韻序》。《宋史·蓺文志》云：陳彭年、邱雍重修。大槩因陸法言《切韻》、孫愐《唐韻》而刊益之者，注簡而有古意，後來諸家往往引用爲據依。今存韻書，惟《廣韻》猶近古，世儒或亦稱《唐韻》云。

《四庫全書提要》曰：《廣韻》五卷〔八〕，内府藏本，不著撰人名氏。考世行《廣韻》凡二本：一爲宋陳彭年，邱雍等所重修，一爲此本；前有孫愐《唐韻序》，注文比重修本頗簡。朱彝尊作《重修本序》，謂明代内府刊版，中涓欲均其字數，取而刪之。然《永樂大典》引此本皆曰陸法言《廣韻》，引重修本皆曰《宋重修廣韻》。世尚有麻沙小字一本，與明内府版同，題曰「乙未歲明德堂刊」，內「匡」字紐下十三字皆闕一筆，避太祖諱，其他宋諱則不避。邵長蘅《古今韻略》指爲宋槧，雖未必然，而平聲東字注中引東不訾事，重修本作「舜七友」，此本譌作「舜之後」。熊忠《韻會舉要》已引此本，則當爲元刻矣，非明中涓所刪也。又宋人諱「殷」〔九〕，故重修本改二十一殷爲欣，此尚作殷，知非作於宋代。且唐人諸集以殷韻字少，難於成詩，間或附入真諄臻韻，如杜甫《東山草堂》詩、李商隱《五松驛》詩，不一而足。《說文》所載《唐韻》翻切，「殷」字作於身切，「欣」字作許巾切，亦借真韻中字取音，並無一字通文。此本注殷獨用，重修本始注欣與文通，尤確非宋韻之一徵。考《唐志》《宋志》皆載陸法言《廣韻》五卷，則法言《切韻》亦兼「唐韻」之名。又孫愐以後，陳彭年等以前，修《廣韻》者尚有嚴寶文、裴務齊、陳道固三家，重修本中皆列其名氏，郭忠恕《佩觿》上篇尚引裴務齊《切韻序》，辨其老、考二字左回右轉之譌，知三家之書宋初尚存，此本蓋即三家之一，故彭年等所定之本不曰「新修」，而曰「重修」，明先有此《廣韻》。又景德四年敕牒稱「舊本注解未備」，明先有此注文簡約之《廣韻》也。彝尊精於考證，乃以此本爲在後，不免千慮之一失矣。惟新、舊《廣韻》皆在《集韻》之前，而上去二聲乃皆用《集韻》移併之部分，平入二聲又不從《集韻》移併，疑賈昌朝奏併十三部以後〔一〇〕，校刻《廣韻》者以豏、檻、儼、陷、鑑、釅六部字數太窄〔一一〕，改從《集韻》以便用，咸、銜、嚴、洽、押、業六部字數稍寬，則仍其舊而未改。觀徐鍇《說文韻譜》上聲以湛、檻、儼、相次，去聲以陷、鑑、醶相次，則唐人舊第可知也。此於四聲次序前後乖違，殊非體例，以宋槧如是，今姑仍舊本錄之，而訂其誤如右。

盧文弨《書所藏廣韻跋》曰：此本鋟版年月無可考，觀其獨避宋孝、光、寧三帝諱，眘、惇字皆缺筆，十九鐸內有廓字無擴字，疑在寧理二朝時所刊也。明時有內庫版行本，孫北海《春明夢餘錄》所載凡二百五十五葉，今此五卷并敘計之，止百八十四葉，注已經刪整。朱錫鬯謂明中涓亦有刪本，然此本不避明帝諱，知非勝國所刊。目錄所注獨用、同用，卷內多有異同，其分併處亦非本真。吳下張氏重刊宋本，注比此爲完，而上平二十一殷作欣，去聲四十三映作敬，與此不同。殷與敬皆宋所當諱，而一避一否，此不可曉也。孫愐作此書，本名《唐韻》，祥符重修，始易以《廣韻》之名，而晁公武《讀書志》即以《廣韻》爲孫愐增加陸法言之書，豈誤記耶，抑《廣韻》即《唐韻》，本無分別邪？明末嘉定陸元輔自言，於范秋濤處得見《唐韻》五冊，此本如在，安得好事者求而表章之？乾隆戊寅。

戴震跋曰：余少時得顧寧人氏所校刻《廣韻》，後又於友人處見大版《廣韻》，與顧刻無異，殆即顧君所據之書也。朱錫鬯爲吳下張氏重刻《宋廣韻》作序，有曰：「崑山顧處士炎武校《廣韻》，力欲復古，刊之淮陰，第仍明内庫鋟版，緣古本箋注多寡不齊，中涓取而删之，略均其字數。所稱中涓取而删者，未知其審，而序端言「周彦倫以天子聖哲分四聲」，則已誤舉周捨對梁武帝語歸之彦倫。此本無從得其刻書年月，注文亦既删整者矣。韻自淳祐末劉淵併後，幾莫復識别二百六韻之舊，明内庫猶取《廣韻》鋟版，事屬希有，詎旋有刻此本者歟？抑此本實在前，爲宋時詳略兼行，去其繁重者歟？上聲目録十八吻注「隱同用」，而卷内仍各注「獨用」，不使連屬。去聲代廢連屬於隊，注「通用」，目録隊下注「代同用」，廢注「獨用」。上去之末六韻，儼釅列豏檻陷鑑之前，連屬爲二，與平聲入聲連屬爲三者違異。而五十儉謹按：嘉慶四年改《韻府》上聲二十八爲儉。注「與忝同用」，儼字目録下注，「忝儼同用」，此宋景祐寶元已前所決無有也。其間或云「某同用」，或云「某通用」，或云「與某同用」，參差不洽如此。當景祐中修《禮部韻略》，以賈昌朝請，韻窄者凡十三處許令附近通用，於是平聲合欣於文，合嚴於鹽添，合凡於咸銜。上聲合隱於吻，合儼於儉忝，合范於豏檻。去聲合廢於隊代，合焮於問，合釅於豔㮇，合梵於陷鑑。入聲合迄於物，合業於葉帖，合乏於洽狎。毛大可臆爲之説曰：其所云窄者，如冬、臻、殷、痕、山、談、添、銜、凡等，何弗之考也！後人不覩《廣韻》善本，即吳下張氏所重刊，注文完好，而二十文下注「欣同用」，十八吻下注「隱同用」，及上、去之末六韻與平、入齟齬，皆自《禮部韻略》施檢《廣韻》者，依見行新例加塗乙，遂致舛謬。幸其參差不洽，改之未盡，苟尋求蹤跡，古書所由舛謬之故，章章具存。復閱數十百年舊本，蕩然泯滅，學者將益茫如，豈不愈可致惜乎哉！盧公雅才閎博，今之篤古君子也，余從假此本，因志數言而歸之。

又書後曰：切韻之大要有三：雙聲一也，區别呼等二也，聲類異同三也。所謂聲類異同者，就二百六韻之次第考之，亦不遠東冬鍾一類也；劉鑑《切韻指南》别之爲通攝。江則古音同東冬一類，今音同陽唐一類；《切韻指南》江攝。支脂之微一類也；《切韻指南》止攝。魚虞模一類也；《切韻指南》遇攝。齊佳皆灰咍一類也。《切韻指南》蟹攝。古人有韻之文，支脂、齊佳兩類通用，齊韻與支韻幾若無别。考其呼等並同者，支韻爲貲雌斯，在齊韻爲齎妻犀，自有區分。而五方語言，齊韻字往往張口出之，比支韻之微斂脣吻固殊。佳皆咍三韻，古今尤弇侈不同，如釐、來古通作一字，今來字必轉其讀，方合於古，其爲二類截然。在古音猶江之於東冬鍾，麻之於歌戈魚虞，實合爲一類。真諄臻殷文魂痕一類也，《切韻指南》臻攝。元寒桓删山先仙一類也，《切韻指南》山攝。唐宋韻譜次第，元在魂痕之前，或因文殷元同爲三等，魂痕寒桓同爲一等，以等列之同相附近，而未辨於其類。在《三百篇》用元韻字，必與寒桓一類通，而絶不通魂痕，用魂韻字必與真諄一類通，而絶不通元。痕韻字未見《詩》。二百六韻之譜，次第雖疏，部分不淆，唐人湊合而用之者，詳議未審，遂致自唐以來，用韻戾於《三百篇》，論者莫之或覺也。蕭宵肴豪一類也；《切韻指南》效攝。歌戈一類也；《切韻指南》果攝。麻一類也，古音半同歌戈一類，半同魚虞一類；《切韻指南》假攝。陽唐一類也；《切韻指南》宕攝。庚耕清青一類也；《切韻指南》梗攝。蒸登一類也；《切韻指南》曾攝。尤侯幽一類也；《切韻指南》流攝。侵一類也；《切韻指南》深攝。覃談鹽添咸銜嚴凡一類也。《切韻指南》咸攝，凡十有六攝。今音蓋十五類，古音十三類，上去入統乎此，音之流變有古今，而聲類大限無古今。鄭樵《通志》内外轉圖覃已後八韻移唐陽之前，蒸登移侵之後，於十五類不相謬。顔元孫《干禄字書》覃談在陽之前，蒸登在鹽之後。吴棫《韻補》創立古通某韻及古轉聲入某韻之注。今人韻目下所注古通轉，本之鄭庠《古音辨》，分六部。明顧炎武《音學五書》考證古音，分爲十部，按之聲類，俱疏舛未爲得也。

又曰：隋陸法言定《切韻》五卷，凡萬二千一百五十八字，宋景德中重修，增多萬四千三十六字。自隋仁壽元年辛酉距宋景德四年丁未，四百七年，明年大中祥符元年戊申，敕改名《大宋重修廣韻》。法言書今不傳，《廣韻》卷首猶題云陸法言撰本，長孫訥言箋注，蓋二百六韻實法言舊目。《廣韻》上聲二腫湩字下云「此是冬字上聲」，蓋昔人論韻，審其洪細爲一二三四等列，如平聲二冬、十一模、十五灰、二十三魂、二十六桓，全韻皆一等合口呼。十六咍、二十四痕、二十五寒、六豪、七歌、二十二覃、二十三談，全韻皆一等開口呼。十九臻、五肴、二十六咸、二十七銜，全韻皆二等開口呼。二十文，全韻皆三等合口呼。二十八嚴、二十九凡，全韻皆三等開口呼。三蕭、二十幽、二十五添，全韻皆四等開口呼。上去入悉準此。餘韻或主辨等，兼合口呼開口呼爲一韻，如十一唐、十七登及十四泰，一等。四江、十三佳、十四皆、二十七删、二十八山、十三耕及十七夬，二等。八微、十二齊、二十二元，三等。一先、十五青，四等，並兼合口呼開口呼。上去入準此。或因字少，不煩别出，則兼數等爲一韻，鍾韻兼三等、四等，腫韻之三等、四等字爲鍾之上聲，惟湩鳩二字屬一等，爲冬之上聲，以字少不别立部目。又榛、櫛二韻，無上去聲字者，其上去聲字在隱焮二韻內。臻韻櫛韻並二等，欣韻迄韻並三等，惟上聲隱韻去聲焮韻兼二等三等，其二等䶫齔等字即臻櫛二韻之上去也，亦以字少不別立部目。然則欣隱焮迄宜改文吻問物之前，而真與諄臻欣通，軫與準隱通，震與稕焮通，質與述櫛迄通，斯於四聲無所舛戾。不當如宋人之改文與欣通，吻與隱通，問與焮通，物與迄通，使欣隱焮迄相隔絕。此唐宋韻所可詳議者。顧炎武《音論》曰：唐時二十一殷，宋時避宣祖廟諱，改殷爲欣。雖云獨用，而字少韻窄，無獨用成篇者，往往於真韻中間一用之。如杜甫《崔氏東山草堂》詩用「芹」字，獨孤及《送韋明府答李滁州》二詩用「勤」字是也，然絕無通文者。而二十文獨用，則又絕無通殷者；合爲一韻，始自景祐。去聲問焮亦然，惟上聲今本目錄十八吻下注云「隱同用」，其卷中十八吻、十九隱又各自爲部，不相連屬，而其下各注云「獨用」[一二]。友人富平李子德因篤以爲目錄誤。又考唐人如李白《寄韋六孫逖登會稽山》、杜甫《贈鄭十八賁》詩，皆以隱韻字同軫、準用，其不與吻同用明矣。顧君於殷、隱二韻辨之甚詳。後有吳下張刻《宋本廣韻》，文注「欣同用」，吻注「隱同用」。曹刻《宋本廣韻》同，皆景祐《禮部韻略》頒行後塗改之本，非《廣韻》舊注也。張刻、曹刻注文完善，別有注文刪整者。余曾見大小二本及顧氏刻，惟顧刻去聲隊注「代廢同用」，餘皆隊下注「代同用」，廢注「獨用」。即顧氏《音論》中列《廣韻》韻目，亦與各本注同，而所刻獨違異，此正宋人改併之一。顧氏考唐宋韻譜異同，遺而未舉，蓋其疏忽處也。曹刻入聲目錄，物注「與迄通」，而卷內各注「獨用」，與各本注同。上去聲末六韻，各本改從《禮部韻略》《集韻》，而於注仍改之未盡。小本注文刪整者，上聲儉注「與忝同用」。無儼字，目錄下注「忝儼同用」。曹刻去聲釅雖移陷、鑑之前，而豔注「㮇同用」，釅注「梵同用」，陷注「鑑同用」，猶屬舊注未改。目錄豔第五十五注「㮇釅同用」，釅第五十七注「鑑同用」，鑑第五十九，注「梵同用」，蓋舊次陷第五十七，是以有「鑑同用」之注，釅第五十九，是以有「梵同用」之注。景祐後塗改陷鑑釅三字，而注未改也。吳才老《韻補》上聲五十二琰、五十三檻、五十四儼，可證《廣韻》舊次，去聲亦同《禮部韻略》《集韻》矣。宋初徐楚金《說文解字韻譜》今人以李燾《說文解字五音譜》爲徐氏書，非也。序稱取叔重所記，以《切韻》次之，後序稱又得李舟所著《切韻》，殊有補益，其言有《說文》不載而見於序例注義者，必知脫漏，並從編錄。疑者則以李氏《切韻》爲正，殆無遺矣。是書在《廣韻》前，上聲豏作湛，而湛第五十二、檻第五十三、儼第五十四，去聲釅作醶，注云

「俗作釃」，非。而陷第五十七、鑑第五十八、醶第五十九，尤足證唐人舊次如是。紀學士曉嵐曰：「惟徐氏此書及明嘉靖閒朱氏石《金石韻府》皆於下平聲二仙內分出三宣，豈明時人亦本李舟韻乎？」余曰：朱氏書未知本何韻，豐坊爲作序云：「取夏竦、道參、薛尚功、楊桓諸編，增其文，按四聲列之。」此言其字之所本，不言韻所本，今考其書，上聲檻儼范三韻，及去聲釅韻，適無字不列，而平聲嚴在咸銜之前，入聲業在洽狎之前，宋景祐已後乃有此次，視徐氏書之，足證唐韻舊次者迥異矣。

又曰：隋唐二百六韻，據當時之音撰爲定本，至若古音，固未之考也。然則立四江以次東冬鍾後，似有見於古用韻之文。江合東冬鍾，不入陽唐，故使之特自爲部，不附東冬鍾韻內者，今音顯然不同，不可沒今音，且不可使今音古音相襍成一韻也。不次陽唐後者，撰韻時以可通用字相附近，不使以今音之近似而淆紊古音也。惜不能盡從斯例，如七麻當分爲二韻，一次魚虞模之後，一次歌戈之後；五支當分爲二韻，一與支脂微附近，一與歌戈附近；十虞當分爲二韻，一與魚模附近，一與侯幽附近；一先當分爲二韻，一與諄臻殷文魂痕附近，一與元寒桓刪山仙附近。三蕭、四宵、五肴、六豪之字，當別出古與尤侯幽通者爲一韻，次尤侯幽之後。十二庚、十三耕、十四清，當別出古與陽唐通者爲一韻，次陽唐後。十八尤當分爲二韻，一與脂之微附近，一與侯幽附近。二十二覃、二十三談、二十四鹽，當別出古與侵通者爲一韻，以次侵後。上去入準此分之。定韻時僅明於江韻，餘諸韻則在明昧之間，不能截然分別，宜乎好古者譏其論韻之疏歟。古音之說，雖近日始明，然鄭康成氏箋《毛詩》云「古聲填寘塵同」，及注他經，言「古者聲某某同」「古讀某爲某」之類，不一而足，是古音之說，漢儒明知之，非後人創議也。唐陸德明《毛詩音義》雖引徐邈、沈重諸人紛紛，謂合韻取韻叶句，而於《召南》「華」字云「古讀華爲敷」，於《邶風》「南」字下云「古人韻緩，不煩改字」，是陸氏已明言古音，特不能持其說耳。宋吳才老創爲古通某韻及古轉聲入某韻之說，戴仲達則有古正音非協韻之說，明陳氏、近顧氏，考證益詳，而古韻今韻究未得其條貫。蓋隋唐諸人辨聲之功多，考古之功少，吳氏、陳氏、顧氏則又考古之功多，辨聲之功少也。

宋氏濂等校定廣韻

五卷，見宋濂集

存

宋濂《新刻廣韻後題》曰：右《廣韻》一部，雕刻已完，可摹印然。自梁沈約制爲聲韻以來〔一三〕，隋仁壽初陸法言等纂次成編。唐儀鳳末，郭知元復帥其屬而附益之，時號《切韻》。天寶中，陳州司法孫愐以《切韻》爲謬略，復增字四萬二千三百八十三，雅俗兼收，務矜該博，且取《周禮》之義，又更名曰《唐韻》。宋祥符初，陳彭年、邱雍復重修之，又易名曰《廣韻》。至於宋初《景祐集韻》之出，復增二萬七千三百三十一字，而《廣韻》微矣。近代書肆喜簡而惡繁，《集韻》罕傳而《廣韻》獨盛行。濂等奉敕校定，一遵《洪武正韻》分合之例，布列如左，注則並仍其舊。舊韻凡二百有六，今省爲七十六云。洪武九年九月壬子朔。

楊士奇《廣韻跋》曰：《廣韻》一冊，洪武庚午余市之，其直五百文，既爲友人持去，後十年復市之，其直亦然。凡今生民日用之物，歷十年之久，率增直十數倍，獨書無所增，豈售書者其操心獨廉哉！抑好而求之者寡，雖欲增不能也。

顧氏炎武 重刊廣韻

五卷

存

顧炎武《書廣韻後》曰：余既表《廣韻》而重刻之，以見自宋以前所傳之韻如此，然惜其書之不完也。《路史》曰「周有井伯」，《廣韻》曰「子牙後」，今「井」下無此文。又曰「《廣韻》云漢有崩城，後省」，今「崩」字灰、等二韻兩收，而亦無此文。又引「崩」下云「鄉名，在右扶風」，而今灰韻注但「鄉名」二字。《困學紀聞》曰「《廣韻》云《後蜀錄》有法部尚書屯度」，又曰「《廣韻》引何氏《姓苑》有況姓，廬江人」，今「屯」下「況」下但「又姓」二字。《禮部韻略》引《廣韻》「攸」字注云「《論語》子西攸哉」，「軻」字注云「孟子居貧轗軻，故名軻，字子居」，今並無此文。又注「鼮」字云「漢光武得此鼠。實攸識之，《廣韻》以爲終軍，誤」，今亦無終軍之文也。太原傅山曰：宋姚寬《戰國策後序》引《廣韻》七事：晉有大夫芬質、芊千者，著書顯名，安陵丑，雍門中大夫藍諸，晉有亥唐，趙有大夫庫賈，齊威王時有左執法公旗蕃。蓋注中凡言「又姓」者，必以其人實之，而今書皆無其文。又史炤《通鑑釋文》所引《廣韻》，其不載於今書者亦多也。十干皆引《爾雅》歲陽，而戊下不引著雍。又考之《玉海》，言《廣韻》凡二萬六千一百九十四言，注一十九萬一千六百九十二字，今僅二萬五千九百二言，注一十五萬三千四百二十一字，則注之删去者三萬八千二百七十一，而正文亦少二百九十二言矣。又《文獻通考》曰「有陸法言、長孫訥言、孫愐三序」，今止愐序；又言「首載景德祥符勅牒」，今亦無之，則亦後人删去之矣。其幸而存者，天之未喪斯文也，嗚呼惜哉！

陳上年序曰：韻學之興，其建安以後乎，其前則缺有間矣。考之隋、唐二《志》魏左校令李登有《聲類》十卷，晉安復令吕靜有《韻集》五卷，齊中書郎周彦倫始作《四聲切韻》，梁沈約繼之有《四聲》一卷，又有周研《聲韻》、張諒《四聲韻林》、段宏《韻集》、陽休之《韻略》、李暨《音譜》《音韻決疑》、劉善經《四聲指歸》、夏侯詠《四聲韻略》、釋靜洪《韻英》、趙氏《韻篇》，凡十數家。至隋開皇初，陸法言與劉臻等八人同撰《切韻》五卷[一四]，長孫訥言爲之箋注。唐時學者轉有增加，天寶中陳州司法孫愐略復刊正，别爲《唐韻》之名，前有法言、訥言、愐三序。宋雍熙景德間皆嘗命官討論。大中祥符元年，改賜新名曰《廣韻》。中所引前代之書，止言法言《切韻》，而諸家槩不之及，又不著撰人，冠以孫愐《廣韻》之序，而無法言、訥言二序，故晁無咎輒謂《廣韻》法言所撰，孫愐加字，其實《切韻》《唐韻》《廣韻》各爲一書，義則相因爾。宋景祐中，直史館宋祁、鄭戩等更爲《集韻》，先儒有言：自《集韻》列于學官，而《廣韻》遂微。今《集韻》亦不傳。然則《廣韻》之前有《切韻》《唐韻》，後有《集韻》，其書皆亡，而《廣韻》巋然獨存。隋唐以前相承之二百六韻，所謂一東二冬三鍾者，部分具在，乃韻書之本原也。理宗之末有平水劉淵者，併二百六韻爲一百七韻，名《壬子新刊禮部韻略》，黄公紹因之作《韻會舉要》[一五]，大行於世，而今人遵用其書，淵之意以爲《廣韻》中有獨用通用之注，故併通用之韻，以省重複，然亦有《廣韻》所不通而併者，如上平聲二十文、二十一殷皆獨用，而劉氏則併爲十二文。如平聲二十六咸、二十七銜同用，二十八嚴、二十九凡同用，而劉氏則併爲十五咸，又别併嚴於十四鹽。上聲十八吻、十九隱皆獨用，而劉氏則併爲十二吻。去聲二十三問、二十四焮皆獨用，而劉氏則併爲十三問。四十六徑獨用，四十七證、四十八嶝同用，而劉氏則併爲二十五徑。入聲八物、九迄皆獨用，而劉氏則併爲五物。三十一洽、三十二狎同用，三十三業、三十四乏同用，而劉氏則併爲十七洽。夫平之併文與殷，上之併吻與隱，去之併問與焮，入之併物與迄、洽與狎、業與乏[一六]，是亂《廣韻》之部也。平聲青與蒸登，上之迥與拯等，各爲一韻，而去則併證嶝二韻於徑之下，是自亂其部也。又於《廣韻》中字稍僻及兩收、三收者，大半删去。如平聲「殍」字，白樂天《題坐隅》詩「俱化爲餓殍」，宋沈存中譏其出韻。按《廣韻》十虞部中有「殍」字。上聲「等」字，韓文公作《許國公神道碑銘》「上之宅憂，公讓太宰，養安蒲坂，萬邦絕等」，注云「叶韻」。按《廣韻》十五海部中有「等」字。去聲「搖」字，陳後主《關山月》詩「城遙接暈高，間風連影搖」，與耀、峭、照爲韻。按《廣韻》三十五笑部中有「搖」字。宋周必大《文苑英華序》曰：「切磋之磋，馳驅之驅，掛帆之帆，仙裝之裝〔一七〕，《廣韻》各有側音，而流俗改切磋爲効課，以駐易驅，以席易帆，以仗易裝〔一八〕，今並正之。」凡此有《廣韻》所有而今韻所無者，相沿既久，踵謬增訛，即劉氏之本漸失其真。如劉併鍾於冬，而今則鍾部之字或竟竄入冬下，併脂之於支，而今則脂之兩部之字或竟竄入支下，甚有灰不收「摧」，寒不收「完」之說，其妄愈甚。吳郡顧徵君炎武有憂之，乃據唐韻以正宋韻之失，據古經以正唐韻之失，所著有《音論》《詩本音》《易音》《唐韻正》《古音表》諸書，皆所以正唐韻之失者，而以唐正宋，則多主《廣韻》。向過鴈門，數數爲予言之，又出其所攜善本相與繙閱，惜此書存者無幾，即顧本不得借留。同學關中李處士因篤偶見之於京師舊肆，遂購之歸。予乃割奉若干，屬淮上張文學弨重付剞劂，公諸海內焉。竊怪今世詩人高自矜詡，往往不屑以唐自待，獨至於韻則守宋末元初劉、黃二家之書，無有知其誤者，甚且目之爲沈韻，承訛襲舛，堅不可破，而一二經術之士，又絕不聞有古音，遵六朝唐宋諸名家，而敢於背經，或驅之使就後人反切，曰某之叶某音，或擅改經文。如《易·漸》上九「鴻漸於陸，其羽可用爲儀」，「儀」古音俄，此爻無韻，而安定胡氏改「陸」爲逵。《小過》上九〔一九〕「弗遇，過之飛鳥，離之」，「離」古音羅，與「過」爲韻，而本義一說作「弗過遇之」。《書·洪範》「無偏無頗，遵王之義」，「義」古亦音俄，與「頗」爲韻，而唐明皇改「頗」爲「陂」。徵君作《唐韻正》，一一辨之。其他子史之文，難以偏舉，已見於《詩本音》《易音》諸書者，姑不具論。惟是世之通儒多以韻爲細務，仍後世之失，而諉云無害，夫以韻之不講，至於改經，害孰有甚於此者？況夫先王考文之典，見之《周禮》，所云諭書名、聽聲音與議禮制度並爲三重，此何以稱焉？徵君韻，李處士謂其直接周孔，以增損未畢，未能即刊，而先梓《廣韻》，觀者因是書更進而求三代之音，則亦翼經信古之一助云。康熙六年六月既望。

張氏士俊重刊廣韻

《四庫全書目》五卷

存

朱彝尊序曰：聲韻之學，盛於六代，周彥倫以「天子聖哲」分四聲，而學者言韻，悉本沈約，顧其書終莫有傳者。今之《廣韻》，原於陸法言《切韻》，而長孫納言爲之箋注者也。其後諸家各有增加，已非《廣韻》之舊，然分韻二百有六部，未之紊焉。自平水劉淵淳祐中始併爲一百七韻，於是合殷於文，合隱於吻，合焮於問，盡乖唐人之官韻。好異者又惑於婆羅門書，取《華嚴》字母三十有六，顛倒倫次，審其音而紊其序。逮《洪武正韻》出，脣齒之不分，清濁之莫辨，雖以天子之尊，行之不遠，則是非之心，人皆有之矣。曩崑山顧處士炎武校《廣韻》，力欲復古，刊之淮陰，第仍明內庫鏤板，緣古本箋注多寡不齊，中涓取而刪之，略均其字數，頗失作者之旨。吳下張上舍士俊有憂之，訪諸琴川毛氏，得宋時鋟本，證以藏書家所傳鈔，務合乎景德、祥符而後已，抑何其用力之勤與！嗟夫，韻學之不講久矣，近有嶺外妄男子僞撰沈約之書，以眩於世，信而不疑者有焉。幸而《廣韻》僅存，則天之未喪斯文也，吾故序之，俾海內之言韻者，必以是書爲準。康熙四十有三年六月。

潘耒序曰：吳門張氏刻古本《廣韻》成，余亟稱其書之善，謂古音之條理猶可考見者，獨賴此書之存，文人學士宜家置一編，而人或未喻，有問余者曰：「韻爲詩設也，詩人用韻樂寬而苦狹。今世俗通行之譜，僅一百七韻，此書乃分爲二百六韻，得無繁碎而窘於押用乎？」答曰：韻本乎聲，聲之自出，有脣舌齒牙喉之異，有輕重清濁陰陽之殊，其播爲音也，有宮商角徵羽之辨。昔人精於審音，條分縷析，如冬鍾必分爲二，支脂之必分爲三，刪山先仙必分爲四，豈好爲繁瑣哉！亦本其自然之音，使各得其所而已。後世續字，失其本音，不曉分韻之故，遂舉而併省之，使古音之相近而不相侵者，襍然混而爲一，失莫甚焉。賴有此書，而最初立韻之部分，犂然具在，葢自陸法言等數人斟酌古今南北，勒成一書，歷代增修，雖有《切韻》《唐韻》《廣韻》之異名，而部分無改。唐宋用以取士，謂之官韻，與九經同頒，無敢出入。宋末元初，始加改併，名爲併其所通用，實則非通而併，且闌入他韻者多矣。今學詩者必宗唐宋，而用韻不從唐宋，其可乎？從此書所標之通用者，韻固未嘗狹也，而無詭濫之失，不亦善乎？客曰：「部分則聞命矣，書中收字太多，不盡適於用，且有一字而三四韻併收者，于義何居？」曰：此書之作，不專爲韻也，取《説文》《字林》《玉篇》所有之字而畢載之，且增益其未備，釐正其字體，欲使學者一覽而聲音文字包舉無遺。故《説文》《字林》《玉篇》之書不可以該音學，而《廣韻》一書，可以該六書之學，其用宏矣。若夫一字而具數音，或有異義，或無異義，此即轉注、假借之法。屈宋以降迄唐名人，率多用之，自後世删去複字，而古人有韻之文多不可讀。一披《廣韻》，而其字具在，非出韻也，非叶韻也。夫韻書之作，非專爲詩，非專爲近體也，以爲賦頌箴銘，以爲長篇古體，惟恐其字之易盡也，而何嫌于繁乎？曰：「本文之浩博可也，小注則贏明字義可矣，而何姓氏、地理、物類、方言之旁羅曲載乎？」曰：此正古人之善著書也。其人既博極古今，而爲書之意，欲舉天地民物之大，悉入其中，凡經史子志、九流百家，僻書隱籍，無不摭采。一「公」字也，而載人姓名至千有餘言；一「楓」字也，而蚩尤桎梏化楓、楓脂入地千年變虎魄之説，無不備録。不惟學者可以廣異聞資多識，而《世本》《姓苑》《百家譜》《英賢傳》《續漢書》《魏略》《三輔決録》等古書十種，不存於今者，賴其徵引，班班可見，有功於載籍亦大矣。而近代刻《廣韻》者盡删去之，此古本之所以尤可貴也。先師顧亭林深明音學，憫學者汎今而昧古，實始表章此書，刻之淮上。然其所見乃內府刊本，已經删削者，久而覺其書之不完，作後序以志遺憾。近歲來始見宋鋟本于崑山徐相國家，借録以歸。張子士俊孜孜好古，得舊刻於毛氏，而缺其一帙，余乃畀以寫本，精加校讎，梓之行世，因以告客之語書於簡端。若夫極論古今音之異同得失而折衷之以經，則有先師之《音學五書》在，學者究觀焉可也。

張士俊跋曰：從常熟毛丈扆借得《大宋重修廣韻》一部，相與商榷行世。延其甥王君爲玉館於蔣門東莊，摹寫舊本字畫，校讎再四，而後鏤諸版。復因吳江潘先生來，假崑山故相國徐公元文家藏善本，勘對詳審。自康熙癸未歲之夏五，訖於甲申秋孟，迺克竣工。是書頒於宋初，悉辨聲律，博據精解，非曲學所可增損。蓋韻學流布，去古寖微，顧亭林先生炎武所刻《廣韻》，猶病其略而不備。間嘗從秀水朱先生彝尊遊，先生欲彙鈔前賢聲韻之書，刊示學者。今姑録《宋修廣韻》，悉仍其故，聞弦賞音，足徵雅曲，庶幾證之好古君子。襄其事者，家孝廉大受與閻丘顧孝廉嗣立，均有功焉。

《四庫全書提要》曰：宋陳彭年、邱雍等奉勅撰。初隋陸法言以呂靜等六家韻書各有乖互，因與劉臻、顏之推、魏淵、盧思道、李若、蕭該、辛德源、薛道衡八人撰爲《切韻》五卷。書成於仁壽元年。唐儀鳳二年，長孫訥言爲之注。後郭知元、關亮，薛珣、王仁煦、祝尚邱遞有增加。天寶十載，陳州司法孫愐重爲刊定，改名《唐韻》。後嚴寶文、裴務齊、陳道固又各有添字。宋景德四年，以舊本偏旁差譌，傳寫漏落，又注解未備，乃命重修。大中祥符四年成書，賜名《大宋重修廣韻》，即是書也。舊本不題撰人，以丁度《集韻》考之，知爲彭年、雍等爾。其書二百六韻，仍陸氏之舊，所收凡二萬六千一百九十四字。考唐封演《聞見記》載陸法言韻，凡一萬二千一百五十八字，則所增凡一萬四千三十六字矣。此本爲蘇州張士俊從宋槧翻雕，中閒已闕欽宗諱，蓋建炎以後重刊。朱彝尊序之，力斥劉淵韻合殷於文、合隱於吻、合焮於問之非，然此本實合殷隱焮於文吻問，彝尊未及檢也。注文凡一十九萬一千六百九十二字，較舊本爲詳，而冗漫頗甚。如「公」字之下載姓氏至千餘言，殊乏翦裁；「東」字之下稱東宮得臣爲齊大夫，亦多紕繆。考孫愐《唐韻序》稱「異聞奇怪傳説、姓氏原由、土地物産、山河草木、禽獸蟲魚備載其閒」，已極蔓引。彭年等又從而益之。宜爲丁度之所譏。潘耒序乃以注文繁複爲可貴，是將以韻書爲類書也。著書各有體例，豈可以便於剽剟，遂推爲善本哉！流傳既久，存以備韻書之原流可矣。

邱氏雍 篇韻筌蹄

三卷，見《玉海》

未見

王應麟《玉海》曰：祥符三年二月，太常博士邱雍編通俗文字爲《篇韻筌蹄》三卷上之，詔褒之。四年六月，詳定諸州發解例附于《韻略》〔二〇〕。

釋鑒聿 韻總

《通考》五篇

未見

《通考》曰：《韻總》五篇，洛陽僧鑒聿撰。

歐陽修序曰：儒之學者信哉遠且大而用功多，則其有所不暇者，宜也。文字之爲學，儒者之所用也，其爲精也，有聲形曲直毫釐之别，音響清濁相生之類，五方言語風俗之殊，故儒者莫暇精之。其有精者，則往往不能乎其他，是以學者莫肯捨其所事而盡心乎此，所謂不兩能者也。必待乎用心專者而或能之，然後儒者有一取焉。洛僧鑒聿爲《韻總》五篇，推子母輕重之法以定四聲，考求前儒之失，辨正五方之訛，顧其用心之精，可謂入於忽微，櫛之於髮，績之於絲，雖細且多，而條理不亂，儒之學者莫能難也。鑒聿通於《易》，能知大衍之數，又學乎陰陽地理、黃帝岐伯之書，其尤盡心者《韻總》也。浮圖之書，行乎世者數百萬言，其文字雜以夷夏，讀者罕得其真，往往就而正焉。鑒聿之書，非獨有取於吾儒，亦欲傳於其徒也。

小學考卷三十終

校記

〔一〕謚：原作「謚」，據《新唐書》卷一五三《顔真卿傳》改。案：光緒刊本已改。

〔二〕體：原作「禮」，據《新唐書》卷五七《藝文志》、《崇文總目》卷三改。

〔三〕「問奥篇」三字，原作「同與」，據《新唐書》卷二〇二《文藝傳·李邕》改補。

〔四〕御史中丞：據右引書原文云「御史中丞宋璟」，與李邕無涉，係謝啓昆誤採録。

〔五〕「孫愐增加字」下，今本《大宋重修廣韻》卷首所載尚有「嚴寶文增加字，裴務齊增加字」二句，當補。

〔六〕東宫氏：原作「東宫字」，據何琇《樵香小記》卷下改。按，何琇所云「東宫得臣」，見《大宋重修廣韻》卷一。

〔七〕博古圖誤說州吁：原作「傳古圖說誤州字」，據右引書改。案：何琇所論，可參見《四庫全書總目》卷一一五《宣和博古圖》提要。

〔八〕五卷：原作「四卷」，據《四庫全書總目》卷四二《廣韻》提要改。

〔九〕殷：原作「引」，據右引書改。

〔一〇〕十三部：原作「入三部」，據右引書改。

〔一一〕釅：原誤作「儼」，據右引書改。案：「蒹檻儼」爲上聲字，「陷鑑釅」爲去聲字。

〔一二〕獨用：原作「獨周」，據宋本《廣韻》改。案：光緒刊本已改作「獨用」。

〔一三〕沈約：原脱「約」字，據宋濂《文憲集》卷一二《新刻廣韻後題》補。

〔一四〕切韻：原作「切音」，據後文所述改。

〔一五〕黄公紹：原作「黄公絲」，據現存本《韻會舉要》改。案：光緒刊本已改。

〔一六〕「業」上：原衍一「與」字，今删。

〔一七〕仙裝：原作「山裝」，據宋周必大《文苑英華序》改。

〔一八〕仗：原作「伏」，據右引書改。

〔一九〕上九：據《周易·小過》，當作「上六」。

〔二〇〕案：「四年六月」以下文字與《篇韻筌蹄》無關涉。

小學考卷三十一

聲韻 三

丁氏度等集韻

《崇文總目》十卷

存

度等韻例曰：唐虞君臣，賡載作歌，商周之代，頌雅參列，聲韻經見，此焉爲始。後世屬文之士，比音釋字，類別部居，乃具四聲。若周研、李登、呂靜、沈約之流，皆有編著。近世小學寖廢，六書亡缺，隋陸法言、唐李舟、孫愐各加裒撰。真宗時令陳彭年、邱雍因法言韻就爲刊益。景祐四年一云元年三月。太常博士直史館宋祁、鄭戩建言：「彭年、雍所定，多用舊文，繁略失當。」因詔祁、戩與直講賈昌朝、王洙同修定，知制誥丁度、李淑典領。令所撰集，務從該廣，凡字訓悉本許慎《說文》，慎所不載，則引他書爲解，凡古文見經史諸書可辨識者取之，不然則否。字五萬三千五百二十五，新增二萬七千三百三十一字，分十卷，詔名曰《集韻》。

《宋史·丁度傳》曰：度字公雅，其先恩州清河人，徙居祥符。度強力學問，好讀《尚書》，嘗擬爲書命十餘篇。大中祥符中登服勤詞學科，爲大理評事、通判通州。改太子中允、直集賢院，遷尚書左丞。卒，贈吏部尚書，謚文簡。

又《李若谷傳》曰：若谷字子淵，徐州豐人。子淑，字獻臣。年十二真宗幸亳，獻文行在所，真宗奇之，命賦詩，賜童子出身。召試，賜進士及第。改祕書郎，進太常丞，直集賢院，除兼龍圖閣學士。卒，贈尚書右丞。

又《宋庠傳》曰：庠字公序，安州安陸人，弟祁，字子京。與兄庠同時舉進士，禮部奏祁第一、庠第三，章獻太后不欲以弟先兄，乃擢庠第一，而寘祁第十。人呼曰二宋，以大小別之。釋褐復州軍事推官，孫奭薦之，改大理寺丞、國子監直講，召試，授直史館。再遷太常博士，累遷工部尚書。卒，謚景文。

又《鄭戩傳》曰：戩字天休，蘇州吳縣人。早孤力學，舉進士，擢甲科，授太常寺奉禮郎。升直史館，遷吏部侍郎，改宣徽北院使，拜奉國軍節度使。卒，贈太尉，謚文肅。

又《賈昌朝傳》曰：昌朝字子明，真定獲鹿人，晉史官緯之從曾孫也。召試賜同進士出身[一]，主晉陵簿，賜對便殿，除國子監說書。孫奭判監，獨稱昌朝講說有師法，他日書《路隨》《韋處厚傳》示昌朝曰：「君當以經術進如二公。」爲潁川郡王院伴讀，詔試中書，尋復國子監說書。景祐中，置崇政殿說書以授昌朝，誦說明白，帝多所質問，昌朝請記錄以進，賜名《邇英廷義記注》。加直集賢院，以左僕射、觀文殿大學士判尚書都省。卒，年六十八，謚曰文元，御書墓碑曰「大儒元老之碑」。所著《羣經音辨》、《通紀》、時令、奏議、文集百二十二卷。

又《王洙傳》曰：洙字原叔，應天宋城人。舉進士罷，再舉中甲科。召爲國子監說書，改直講，官至翰林學士。詁訓篆隸之學無所不通，卒，謚文，預修《集韻》。

晁公武《讀書志》曰：皇朝丁度、李淑與宋祁、鄭戩、王洙、賈昌朝同定，字五萬三千五百二十五，比舊增二萬七千三百三十一。

陳振孫《書錄解題》曰：《景祐集韻》十卷，直史館宋祁、鄭戩等修定，學士丁度、李淑典領。字訓皆本《說文》，餘凡例詳于序，《說文》所無，則引他書爲解，字五萬三千五百二十五，比舊增二萬七千三百三十一。

王應麟《玉海》曰：景祐四年，翰林學士丁度等承詔撰，寶元二年九月書成上之，十一日進呈頒行。

邵長蘅《韻略叙錄》曰：《集韻》十卷，鈔本。宋景祐間直史館宋祁、鄭戩、國子直講王洙奉敕刊修，知制誥丁度、李淑詳定。書成，賜今名。前有韻例，無序。是書撰集務從該廣，故所收「或作」之字最備，而注釋頗略。余觀其韻例，頗訾彭年、雍多用舊文，繁略失當，今閱是書，尚出《廣韻》下也。

《四庫全書提要》曰：舊本題宋丁度等奉敕撰，前有韻例，稱景祐四年太常博士直史館宋祁、太常丞直史館鄭戩等建言：「陳彭年、邱雍等所定《廣韻》，多用舊文，繁略失當。」因詔祁、戩與國子監直講賈昌朝、王洙同加修定，刑部郎中知制誥丁度、禮部員外郎知制誥李淑爲之典領。晁公武《讀書志》亦同。然考司馬光《切韻指掌圖序》稱，「仁宗皇帝詔翰林學士丁公度、李公淑增崇韻學，自許叔重而降凡數十家，總爲《集韻》，而以賈公昌朝、王公洙爲之屬。治平四年，余得旨繼纂其職，書成上之，有詔頒焉。嘗因討究之暇，科別清濁，爲二十圖」云云，則此書奏於英宗時，非仁宗時，成於司馬光之手，非盡出丁度等也。其書凡平聲四卷，上聲、去聲、入聲各二卷，共五萬三千五百二十五字，視《廣韻》增二萬七千三百三十一字。案：《廣韻》凡二萬六千一百九十四字，應增二萬七千三百三十一字，於數乃合，原本誤以二萬爲一萬，今改正。熊忠《韻會舉要》稱舊韻但作平聲一二三四，《集韻》乃改爲上下平，今檢其篇目，乃舊韻作上下平，此書改爲平聲一二三四，忠之所言殊爲倒置。惟《廣韻》所注通用、獨用，封演《聞見記》稱爲唐許敬宗定者，改併移易其舊部，則實自此書始。《東齋記事》稱，景祐初以崇政殿説書賈昌朝言，詔度等改定韻窄者十三處，許令附近通用，是其事也。今以《廣韻》互校，平聲併殷於文，併嚴於鹽添，併凡於咸銜；上聲併隱於吻；去聲併廢於隊代，併焮於問；入聲併迄於物，併業於葉帖，併乏於洽狎，凡得九韻，不足十三。然《廣韻》平聲鹽、添、咸、銜、嚴、凡，與入聲葉、帖、洽、狎、業、乏，皆與本書部分相應，而與《集韻》互異；惟上聲併儼於儉、添，併范於豏、檻，去聲併釅於豔、㮇，併梵於陷、鑑，皆與本書部分不應，而乃與《集韻》相同。知此四韻亦《集韻》所併，而重刊《廣韻》者誤據《集韻》以校之，遂移其舊第耳。其駁《廣韻》注，「凡姓望之出，廣陳名系，既乖字訓，復類譜牒」，誠爲允協。至謂「兼載他切〔二〕，徒釀細文」，因併删其字下之互注，則音義俱别，與義同音異之字難以遽明，殊爲省所不當省。又韻主審音，不主辨體，乃篆籀兼登，雅俗並列，重文複見，有類字書，亦爲繁所不當繁。其於《廣韻》蓋亦互有得失，故至今二書並行，莫能偏廢焉。

僧妙華 互注集韻

二十五卷，見《玉海》

佚

曾氏致堯 四聲韻

五卷，見曾鞏《南豐集》

佚

曾鞏《先大夫集後序》曰：公所爲書，號《仙鳧羽翼》者三十卷〔三〕，《西陲要紀》者十卷，《清邊前要》五十卷，《廣中台志》八十卷，《爲臣要紀》三卷，《四聲韻》五卷，總一百七十八卷，皆刊行于世。

司馬氏光 切韻指掌圖

三卷

存

光自序曰：仁宗皇帝詔翰林學士丁公度、李公淑增崇韻學，自許叔重而降，凡數十家，總爲《集韻》，而以賈公昌朝、王公洙爲之屬。治平四年，予得旨繼纂其職，書成上之，有詔頒焉。嘗因討究之暇，科別清濁，爲二十圖，以三十六字母列其上，推四聲相生之法，縱橫上下，旁通曲暢，律度精密，最爲捷徑，名之曰《切韻指掌圖》。嗚呼！韻學之廢久矣，士溺於所習，讀書綴文，趣了目前，以至覽古篇奇字，往往有含餬囁嚅之狀，是殆天造神授，以便學者，予不敢祕也。

董南一序曰：音韻之學尚矣，敷求古昔，若武元之之《韻銓》，顔真卿之《韻海》及夏侯詠、楊休之之《韻略》，陸慈李舟之《切韻》，以至周研、李登、呂靜、沈約、陸法言、顔之推等數十家相繼裒類。國朝陳彭年、邱雍復刊益之。景祐中，詔丁公度、李公淑典領撰集，而宋公祁、賈公昌朝、王公洙咸以一時英彦爲之屬。近世吴棫《韻補》、程迥《韻式》又能發明古人用韻之變。音韻之書，亦備矣。然以要御詳，以一統萬，譜分門別，旁通曲暢，未有若《切韻指掌圖》之精密者。圖蓋先正溫國司馬文正公所述也，以三十六字母總三百八十四聲，列爲二十圖，辨開闔以分輕重，審清濁以訂虚實，極五音六律之變，分四聲八轉之異。遞用則名音和，徒紅切同。傍求則名類隔，補微切非。同歸一母則爲雙聲，和會切會。同出一韻則爲疊韻，商章、切量。同音而分兩切者謂之憑切，乘人切神，丞真切辰[四]。同音而分兩韻者謂之憑韻，巨宜切其、巨沂切祈。無字則點窠以足之謂之寄聲，韻闕則引鄰以寓之謂之寄韻。按圖以索二百六韻之字，雖有音無字者猶且聲隨口出，而況有音有字者乎！經典載籍具有音訓，學者咸遵用之，然五方之人，語音不類，故調切歸韻，舛常什二三。曩以爲病，暨得此編，瞭然在目，頓無讀書難字過之累，亦一快也。公嘗被命修纂《類篇》，古文奇字，蒐獵該盡，而留心音韻，尤有若斯圖者。道德名望，一世儒宗，顧於小學惓惓焉，豈一物不知，君子所恥耶？前輩云：自從孟子知言後，惟有揚雄識字多。公固雅好雄者，《潛虚》之作，實擬《太元》。雄好識奇字而不能爲字著書，或者公以是成雄之志歟？雖然，草《太元》識奇字，雄所有者，公優爲之，事業著三朝，制作憲萬世，公所有者，政恐雄未能窺其涘耳。走於是書，有以識公致廣大盡精微之學，因刻諸梓，與衆共之。時嘉定癸亥六月既望。

邵光祖跋曰[五]：按：《廣韻》凡二萬五千三百字，其中有切韻者三千八百九十，文正公取其三千一百三十，定爲二十圖，而以三十六字母列其上，了然如指諸掌也。餘有七百六十字，應檢而不在圖者，則以在圖同母同音之字備用而求其音。如第二圖無「隆」字，代以「龍」字，無「冬」字，代以「東」字，今皆表而出之，仍注其代字並字母，庶易檢也。字重見前後圖者，今惟注前圖，庶不煩也。圖自一至六者獨用，七至十六一開一合通用，十七至二十兩開兩合通用。夫切韻二字，上者謂之切，下者謂之韻。以圖上所列字母爲切，以見字母，下之字爲韻，而翻切之。假如欲切「敲」字，以第一圖字母溪字爲切，而以圖首見字母下交字爲韻，作溪交切之，則爲「敲」矣。又如欲切「喬」字，以第一圖字母羣字爲切，而以圖首見字母下驕字爲韻，作羣驕切之，則爲「喬」矣。餘皆倣此。平聲然矣，上去入三聲亦然。或以四聲調音亦得。至於空圈無字者，亦依前例而切之，無有不得其音者。此檢圖之例也。蓋《廣韻》有此圖，則切字始得其正，圖有此例者，尋字乃知其方，故圖實《廣韻》羽翼也。舊之檢例，全背圖旨，斷非司馬文正公之所作，世未見有論及此者，姑記於此，以俟識者正之。

王行書後曰：華音之有翻切，未審昉於何時，世所大行，惟陸法言之五卷。至於圖列音母，以簡御煩，則又自司馬公始也。大中祥符初，敕增修《唐韻》爲《廣韻》，昭陵又敕增爲《集韻》，而字益加備矣。是圖之作，實羽翼夫韻書也。公自謂圖之所列，包括無遺，皆出自然，如天造神授，蓋翻切家之樞要焉。名之「指掌」，其明且易也可知矣。圖之明著如此，而後人顧或有未深喻者，以檢例語焉之不詳也。故說者謂檢例非出公手，殆爲於後人乎？不然，據例檢之，何字之不多得也。予友邵宏道嘗病諸此，益求韻中字之有切而不在圖者，凡七百六十，表而出之，而詳著檢尋之例於後，使見者即知向方，而字無不得矣。嗟夫！《三蒼》《爾雅》，字書之祖也，而略於其音，業詩書者口以相傳，易致忘舛，翻切既行，學者獲助多矣。圖之復列，所得益多，而猶不能無檢例不詳之憾。是書既出，則例以明，而爲學者之助宜何如哉！宏道諱光祖，歿已數載，其友人得其遺藁而傳焉。洪武二十三年九月望日。

錢曾《敏求記》曰：溫公以三十六字母約三百八十四聲，别爲二十圖，縱横上下，旁通曲暢，律度精密，最爲捷徑。嗟乎！韻學之廢久矣，士人溺于章句，如溫公所云「覽古篇奇字，往往有含糊囁嚅之狀」，良可憫也。

《四庫全書提要》曰：宋司馬光撰，其《檢例》一卷，則邵光祖所補正。光祖字宏道，自稱洛邑人，其始末未詳考。《江南通志·儒林傳》載元邵光祖字宏道，吳人，研精經傳，講習垂三十年，通三經，所著有《尚書集義》，當即其人，洛邑或其祖籍歟？據王行後序，作於洪武二十三年，稱其歿已數年，則元之遺民，入明尚在者也。光書以三十六字母科别清濁爲二十圖，首獨韻，次開合韻，每類之中又以四等字多寡爲次，故「高」爲獨韻之首，「千」「官」爲開合韻之首。舊有《檢例》一卷，光祖以爲全背圖旨，斷非光作，因自撰爲檢圖之例，附於其後。考光自序，實因《集韻》而成是圖，光祖乃云「《廣韻》凡二萬五千三百字，其中有切韻者三千八百九十，文正取其三千一百三十定爲二十圖，餘七百六十字應檢而不在圖者，則以在圖同母同音之字備用而求其音」，則是據《廣韻》也。然光祖據光之圖以作例，則其例仍與圖合，所注七百六十字之代字及字母，亦足補原圖所未備。光例既佚，即代以光祖之例，亦無不可矣。光書反切之法，據景定癸亥董南一序云：「遞用則名音和，傍求則名類隔，同歸一母則爲雙聲，同出一韻則爲疊韻，同韻而分兩切者謂之憑切，同音而分兩韻者謂之憑韻，無字則點窠以足之謂之寄聲，韻闕則引鄰以寓之謂之寄韻。」所謂雙聲疊韻諸法，與今世所傳劉鑑《指南》諸門法並同，惟音和、類隔二門則大相懸絶。《檢例》云「取同音、同母、同韻、同等四者皆同謂之音和，取脣重脣輕、舌頭舌上、齒頭正齒三音中清濁同者謂之類隔」，是音和統三十六母，類隔統脣舌齒等二十六母也〔六〕。劉鑑法則音和專以見溪羣疑爲說，而又別立爲一四音和、四一音和兩門；類隔專以端知八母爲說，又別出輕重重輕交互、照精精照互用四門。似乎推而益密，然以兩法互校，實不如原法之簡該也。其《廣韻》類隔今更音和一條，皆直以本母字出切，同等字取韻取字於音和之理，至爲明了。獨其辨來日二母，云「日字與尼、孃二字母下字相通」；辨匣喻二字母，云「匣闕三四喻中覓，喻虧一二匣中窮」，即透切之法，一名野馬跳澗者，其法殊爲牽強。又其法兼疑泥娘明等十母，此獨舉日泥娘匣喻五母，亦爲不備。是則原法之疏，不可以立制者矣。等韻之説，自後漢與佛經俱來，然《隋書》僅有十四音之説，而不明其例，《華嚴》二十四字母亦自爲梵音，不隸以中國之字。《玉篇》後載神珙二圖，《廣韻》後列一圖，不著名氏，均麤舉大綱，不及縷舉節目。其有成書傳世者，惟光此書爲最古。孫奕《示兒編》辨「不」字作逋骨切，惟據光説，知宋人用爲定韻之祖矣。第光《傳家集》中，下至《投壺新格》之類，無不具載，惟不載此書，故傳本久絶。今惟《永樂大典》尚有完本，謹詳爲校正，俾復見於世，以著等韻之舊譜，其例不過如此。且以見立法之初，實因《集韻》而有是書，非因是書而有《集韻》。凡後來紛紜轇轕，均好異者之所爲焉。

陳氏晉翁 切韻指掌圖節要

二卷，見吳澄《文正集》

未見

吳澄序曰：聲音用三十六字母尚矣，俗本傳訛而莫或正也，羣當易以芹，非當易以威，知徹牀娘四字宜廢〔七〕，圭缺羣危四字宜增。樂安陳晉翁以《指掌圖》爲之節要，卷首有切韻須知，於照穿牀娘下注曰「已見某字母下」，於經堅、輕牽、擎虔外別出扃涓、傾圈、瓊拳，則宜廢宜增，葢已瞭然。晉翁純篤力學，至老不倦，豈徇俗踵訛者所敢望哉！故其著述有見如此，而余之爲是言〔八〕，亦可與言而與之言也。

王氏宗道 切韻指元論

《讀書志》三卷。

未見

晁公武《讀書志》曰：皇朝王宗道撰。切韻之學，切韻者上字爲切，下字爲韻，其學本出西域。今其法類本韻字各歸於母，幫滂並明、非敷奉微脣音也，端透定泥、知徹澄娘齒音也，曉匣影喻牙音也，來日半齒半舌也。凡三十六分爲五音，天下之聲總於是矣。切歸本母，韻歸本等者，謂之音和，常也。本等聲盡汎入別等者謂之類隔，變也。中國自齊梁以前，此學未傳，至沈約以後，始以之爲文章，至於近時始有專門者矣。

僧鑑言 切韻指元疏

《通志》五卷

未見

僧宗彦 四聲等第圖

《讀書志》一卷

未見

晁公武《讀書志》曰：皇朝僧宗彦撰切韻訣也。

无名氏聲韻圖

《崇文總目》一卷

佚

柳氏曜 五音切韻樞

《通志》三卷

佚

劉氏守錫**歸字圖**

《通志》一卷

佚

僧守溫**三十六字母圖**

《通志》一卷

佚

鄭樵《通志》曰〔九〕：切韻之學起自西域，舊所傳十四字貫一切音，文省而音博，謂之婆羅門書，然猶未也，其後又得三十六字母，而音韻之道始備。中華之韻只彈四聲，然有聲有音，聲爲經，音爲緯。平上去入者四聲也，其體縱，故爲經；宫商角徵羽半徵半商七音也，其體横，故爲緯。經緯錯綜，然後成文，臣所作韻書備矣。釋氏謂此學爲小悟，學者誠不可忽也。

僧行慶**定清濁韻鈐**

《通志》一卷

佚

无名氏切韻内外轉鈐

《通志》一卷

佚

无名氏内外轉歸字

《通志》一卷

佚

丁氏度**等禮部韻略**

《讀書志》五卷

存

晁公武《讀書志》曰〔一〇〕：皇朝丁度等撰，元祐中孫諤、蘇軾再加詳定。

陳振孫《書録解題》曰：雍熙殿中丞邱雍、景德龍圖閣待制戚綸所定，景祐知制誥丁度重修，元祐太學博士增補。其曰「略」者，舉子詩賦所常用，蓋字書聲韻之略也。

吴氏鉉 五音廣韻

《通志》五卷

未見

景祐韻《宋志》作《景祐禮部韻略》

《通志》五卷

存

王應麟《玉海》曰：景祐四年六月丙申以丁度所修《禮部韻略》五卷頒行。

張萱《疑耀》曰：《禮部韻略》初僅九千五百九十字，續降六十有五字，分爲五聲，二百六韻。其閒通用、獨用各别，若欣淳、覃咸，音相近而不同韻者多矣。至于冬東、魚虞、清青、語麌、御遇、勁徑、錫昔，以字母推之，宜可同韻，豈不得附於先仙〔一二〕、覃談通古之例，何乃隔别而不許通押耶！麻韻，從奢以後，馬韻從寫以後，禡韻從藉以後，雅音别之，宜當小異，豈不得用歌戈哿果鄰韻之例，又何以纖悉於他韻而闊略於此也！況變隸已久，字文猥多，知音罕逢，反切易舛，韻家正如聚訟，自唐人《釋文》音韻行世，而士不知古音久矣。

邵長蘅《韻略敘錄》曰：《禮部韻略》五卷，宋景祐四年詔國子監頒行。《藝文志》載《景祐禮部韻略》五卷，又淳熙監本《禮部韻略》五卷。吾意當時雖有《廣韻》《集韻》二書，不甚通行，葢《廣韻》多奇字，《集韻》苦浩繁也，《禮韻》雖嵩爲科舉設，而去取實亦不苟，每出入一字，必經兩省看詳，禮部頒下，故又有申明、續降諸字。字既簡約，義多雅馴，學士歙然宗之。中閒奇字僻韻，多遭刊落，頗爲嗜古者所少，其實沿用至今，雖諸家互異，要之仍《禮韻》而增損之者也。

劉氏孟容 修校韻略

《直齋書録解題》五卷

未見

陳振孫《書録解題》曰：祕書省正字莆田劉孟容以《說文》《字林》《干禄字書》《五經文字》《九經字様》《佩觿》《復古編》等書修。

秦氏昌朝 韻略分毫補注字譜

《直齋書録解題》一卷

未見

陳振孫《書録解題》曰：進士耒陽秦昌朝撰，附前《韻略》之後，皆永嘉教授臨安錢厚所刻也。竊謂小學當論偏旁尚矣，許叔重以來諸書是也。韻以「略」稱，止施於禮部貢舉，本非小學全書，于此而校其偏旁，既不足以盡天下之字，而欲使科舉士子盡用篆籀點畫于試卷，不幾于迂而可笑矣哉！進退皆無據，謂之贅可也。

附釋文互注禮部韻略

《直齋書録解題》五卷

存

陳振孫《書録解題》曰：以監本增注而釋之。

吳曾《漫録》曰：《互注禮部韻略》敘云：自慶曆間張希文始以圈子標記，禮部因之，頗以爲便。元祐復詩賦，嘗加校正，尋又罷去云然。予嘗考之，《禮部韻略》凡三經修矣。景祐初，鄭文肅戩天休爲太常博士，考校御試進士，與宋景文建議，禮部所行《韻略》及《廣韻》繁簡失當，訓詁不正，有司考士，多以聲病被黜。三韻是正音訓，書成，學者以爲便。然則景祐初鄭宋已修《韻略》，不始張希文也。

張淏《雲谷襍記》曰：古者字未有反切，故訓釋者但曰讀如某字而已。至魏孫炎始作反切，其實本出於西域梵學也。自後聲韻日盛，宋周彦倫始作《四聲切韻》，行於時。梁沈約又撰《四聲譜》，以爲在昔詞人，累千載而不悟，而獨得於胸襟，窮其妙旨，自謂入神之作。繼是若夏侯該《四聲韻略》之類，紛然各自名家矣。至唐孫愐始集爲《唐韻》，諸書遂爲之廢。本朝真宗時，陳彭年與晁迥、戚綸條貢舉事，取《字林》《韻集》《韻略》《字統》及《三蒼》《爾雅》爲《禮部韻》，凡科場儀範，悉著爲格。又景祐四年，詔國子監以翰林學士丁度修《禮部韻略》頒行。初崇政殿説書賈昌朝言，舊《韻略》多無訓解，又疑渾聲與重疊字，不顯義理，致舉人詩賦或誤用之，遂詔度等以唐諸家韻本，刊定其韻窄者凡十三處，許令附近通用，疑渾聲及疊出字皆於字下注解之。此蓋今所行《禮部韻略》也。吳曾《漫録》嘗論景祐修《韻略》事，既不得其始，徒屑屑於張希文、鄭天休修書先後之辨爾。予因觀近時小學幾至於廢絶，遂摭聲韻之本末，備論於此，庶覽者得以考云。

《四庫全書提要》曰：《禮部韻略》，舊本不題撰人，晁公武《讀書志》云丁度撰。今考所併舊韻十三部，與度所作《集韻》合，當出度手。其上平聲三十六「桓」作「歡」，則南宋重刊所改，觀卷首載郭守正《重修條例》，稱紹興本尚作「桓」，是其證也。考曾慥《類說》引《古今詞話》曰：真宗朝試《天德清明賦》，有閩士破題云「天道如何，仰之彌高」，會試官亦閩人，遂中選。是宋初程試用韻，尚漫無章程，自景祐以後，敕撰此書，始著爲令，迄南宋之末不改。然收字頗狹，如歡韻漏「判」字，添韻漏「尖」字之類，嘗爲俞文豹《吹劍錄》所議。故元祐中博士孫諤、紹興中朝散大夫黃積厚、福州進士黃啓宗[一二]、淳熙中吳縣主簿張貴謨、嘉定中嘉定府教授吳桂，皆屢請增收，而楊伯嵒亦作《九經補韻》以拾其遺。然每有陳奏，必下國子監看詳，再三審定而後附刊韻末，其閒或有未允者，如黃啓宗所增，「躋」一作「齊」，「鰥」一作「矜」之類，趙彥衛《雲麓漫鈔》尚駁詰之。蓋既經廷評，又經公論，故較他韻書特爲謹嚴。然當時官本已不可見，其傳於今者題曰《附釋文互注禮部韻略》，每字之下皆列官注於前，其所附互注，則題一「釋」字別之。凡有二本：一本爲康熙丙戌曹寅所刻，冠以余文焴所作歐陽德隆《押韻釋疑序》一篇、郭守正《重修序》一篇、《重修條例》十則、《淳熙文書》式一道。考守正所重修者名《紫雲韻》，今尚有傳本，已別著錄，則此本非守正書，又守正《條例》稱德隆注痀僂其枸之辨，似失之拘。今此本無此注，則亦非德隆書。觀守正序稱，書肆版行，漫者凡幾，一漫則一新，必增數注釋，易一標題，然則當日《韻略》非一本。此不知誰氏所刻，而仍冠以舊序及《條例》。其《條例》與書不相應，而《淳熙文書》式中乃有理宗御名，是則移掇添補之明證也。一本爲常熟錢孫保家影鈔宋刻，前五卷與曹本同，但首無序文、條例，而末附《貢舉條式》一卷，凡五十三頁，所載上起元祐五年，下至紹熙五年，凡一切增刪韻字、廟諱、祧諱、書寫試卷格式以及考校章程，無不具載，多史志之所未備，猶可考見一代典制，視曹本特爲精善。惟每卷之末各以當時避諱不收之字附錄一頁，據跋乃孫保所加，非舊本有，今削去不載，以存其舊。至曹寅所刻不完之本，則附見於此，不別著錄焉。

黃氏啓宗補禮部韻略

見洪邁《容齋隨筆》

未見

洪邁《容齋隨筆》曰：漢人釋經字或省去語助，如鄭氏箋《毛詩》「奄觀銍艾」，云「奄久，觀多也」，蓋以「久」訓「奄」，以「多」訓「觀」。近者黄啓宗有《補禮部韻略》，於「淹」字下「奄」字注云「久觀也」，亦是誤以箋中五字爲一句。

王應麟《玉海》曰：紹興十一年進士黄啓宗隨韻補輯，尚多闕遺。

袁文《甕牖閒評》曰：補注韻中新添一「棋」字，引《左氏傳》「甯子視君不如奕棋」，然《韻略》自有「棊」字，即此「棋」字也。只合于「棊」下注云「亦作棋」，卻引《左氏傳》「甯子視君不如奕棋」，又何別出一「棋」字耶？

毛氏晃增修互注禮部韻略

五卷，見《玉海》

存

晃擬進表曰：臣晃言：臣聞言出諸口，貫以清濁者，謂之聲，聲成諸文，第其輕重者謂之韻。聲韻之作，其來久矣，自有天地，乃有人聲，自有書契，乃有文字。世謂蒼頡制字，孫炎作音，沈約撰韻，以爲椎輪之始，而不知書契既造，字生其閒，文字既生，音傳其內，聲韻既出，韻存其中。頡也、炎也、約也，豈能外三才之理而自爲也哉！嘗觀「立我烝民，莫匪爾極」之辭，則堯之時固有聲韻也。觀「日月光華，洪于一人」之辭，則舜之時固有聲韻也。不然舜命夔典樂，何以曰「詩言志，歌永言，聲依永，律和聲」也邪？古詩三千餘篇，孔子被之弦歌，定爲三百十一篇，其不合乎弦歌者去之，則是聲韻未出之前，所以爲聲韻者固自若也。擢本探先，始而終之，作者之謂聖，述者之謂明，不有作也，後何以述？彼頡也、炎也、約也，亦可謂有功於名教矣。增而修之，理若有待，臣晃誠惶誠懼，頓首頓首。恭惟皇帝陛下以上聖之資，撫重熙之運。出震接統，係天下之民心，乘乾有爲，主域中之大寶。繼宋之初〔一三〕，厲精圖治，招徠俊乂，開納讜言。一日三朝，已極尊親之至養，繼志述事，將成卒伐之大功。誠帝王之大有爲也。臣晃生陛下淳麗之俗，三十有九年矣。自結髮受在三之教，始學箕裘，沐浴膏澤，左右圖史，力學不倦，窮而益堅，期于有成，以無負聖朝涵育之意。目此光華盛旦，竊思孔伋之言曰：「至治之世，車同軌，書同文。」今陛下以聖繼聖，方將混一區宇，海內喁喁，咸仰同文之治。臣在草茅畎畝中，苟有涓塵，以裨助同文之萬一，則臣之志願足矣。故于螢窗雪案，博考載藉。竊見方今國子監刊行《禮部韻略》，自元祐五年博士孫諤陳乞添收，僅得一二。至紹興十一年，進士黄啓宗隨韻補輯，所增不廣，尚多闕遺，音切謬誤，圈注脱略。如羣之爲群，効之爲效，《韻略》不收群、効二字。三復三思，三音息暫反，又如字。純帛《禮》純音緇。純束，《詩》純束音徒本反。無所收附。以至饕餮之饕於容反，終辟之辟頻彌反，采薺之薺才資反，唯幾之唯夷隹反，脊令之令盧經反，渠搜之搜疎鳩反，摳衣之摳驅侯反，總統之統他總反，鼓擊之鼓，鐘鼓之鼓从支，擊鼓之鼓从攴。迨及之迨蕩亥反，又徒耐反，餅餌之餅必郢反，仁知之知知義反，會計之會古外反，寀地之寀，倉代反，又此宰反。《韻略》有上聲，不收去聲。膾軒之軒許建反，孫順之孫蘇困反，美盼之盼匹襇反，六鑿之鑿在到反，表貉之貉莫駕反，重穋之穋力竹反，催趨之趨趨玉反，鞞琫之鞞補鼎反，蔡放之蔡桑葛反，撤去之撤直列反，足躩之躩，丘縛反，又驅碧反。什佰之佰博白反，又莫白反，血脈之脈莫獲反，勑天之勑恥力反，諸如此類，不一而足。韻既不收，人不敢用，或此有而彼無，或此圈而彼否，或收一而遺二，或略要而泛存。或同出一韻而不圈者，若痿儒隹切痿於危切，杻敕九切杻女九反之類是也。或各傳兩韻而不圈者，若蘢班麋切蘢彼義切，祁翹移切祁渠希切之類是也。或本有其字，棄此而收彼者，若銕古鐵字爲嵎峓之峓，歊歐烏侯切，歐刀，又姓，於口切，吐也。爲擊歐之歐，禬黄外切爲衣禬之禬古外切，執銳徒外切之爲執鈗是也。如此類亦不一而足。重以言語有五方之異，呼吸有輕重之殊，吳楚傷於輕浮，燕冀失于重濁，奏隴去聲爲入，梁益平聲似去，江東江北取韻尤遠。魯魚一惑，涇渭同流，點畫偏旁，尤多舛訛。若乃鼇鼇、宜宜，倉倉、番畨、戩戩、畐畗、堇菫之差，俗所常用，其失未遠。至如支章移切攴普卜切、毋微夫切母莫後切、殳慵朱切殳莫勃切、美與羔同美美惡之美、夲他刀切本根本之本、商宮商之商啇都歒切、舀夷周切臽呼韜切、少多少之少屮他達切、疋山於切疋僻吉切、臼巨九切臼居六切、玊須玉切玉魚欲切之異，闔戶闢戶之爲帀古西字帀，古卯字左戾右戾之爲丿曳，又音瞥。乀，音弗，右戾。冃與丹同。月與舟同。冃與肉同。月日月之月。之不同，戌屯戍之戍戌己之戊戌亥之戌戉斧戉之戉之不類，毫釐小誤，其義遂殊。《廣韻》以武移反渺瀰之「瀰」，當民卑切。以房脂反輔毗之「毗」，當頻彌切。以符羈反皮革之「皮」。當蒲麋切。陸德明以武巾反旻天之「旻」，當彌鄰反。以丁丈反長幼之「長」，當展兩切。以布內反悖禮之「悖」，當蒲昧切。以丁角反斲撲之「斲」當側角切。至於音訓差誤，未易槩舉，士不精考，雷同從之，或遷就傅會，易以佗字。如禮部貢院所差試官，員數較多，尚可討論，即方州小郡，秋舉試官不過三四人，員既不多，書亦罕備。至有文理優長，援引深遠者，或以疑似，暗行黜落，以謂與其取之有疑，寧若黜之無罪。臣每觀此，爲之太息，故以十年之力，增修四聲之譜，紬其端緒，貫穿經傳，貳以古今字書、諸儒音釋，互加考證。凡九經子史、《蒼》《雅》《方言》中遺漏要字，定其可否，參入逐韻。凡增入二千六百五十五字，圈一千六百九十一字，正四百八十五字，筆畫有害於義者悉正之，所正字畫唯傳寫經史鐫刻金石，不可不正。若官府文書及科舉場屋，寸晷之下，難以遽行釐改，如俗書束爲東，僉爲俞，宜爲宜，卌爲州，羽爲羽，履爲履，留爲留之類，皆從其便。庶使官吏士子不至疑惑。凡諸韻内逐字下「俗作某」並同。反切有礙於音者悉易之。或一字數音，傍韻失收者，亦皆增入，元不圈者悉圈之。有字同義同，同在通用之内，其音遂異而不可雙押者，或舉其重，謂兩音各自有出處，雖不可雙押，亦不可去其一者，皆兩存之。或存其一。謂同一出處，不可雙押，故去其一，仍注二音於其下[一四]。有同音互用字異而元有圈者去之，謂音義雖同，而字不同不在當圈之例，如肢與胑、跗與趺之類，並去舊圈。仍於字下互注音切，及諸義訓[一五]，辯釋疑似，訂正是非，庶令新學士子開卷曉然，不至誤用，主司考校，亦無所疑戾云。

魏了翁《跋毛氏增韻》曰：三衢毛氏《增韻》奏御之六十二年，其子居正義夫應大司成校正經籍之聘，始克鋟梓於胄庠。然人情異嚮，趨簡厭煩，故校其始著，尚多刊削，世之不遇者，非特一《增韻》也。

王應麟《玉海》曰：紹興三十二年，毛晃上《增修互注韻略》。

邵長蘅《韻略敘例》曰：毛氏《增修互注禮部韻略》五卷，亦宋槧，宋紹興三十三年衢州免解進士毛晃增注，男進士居正校勘重增。前有晃進表，無序，自謂精力盡在此書。其增收二千餘字，頗典雅，箋注繁略適中，引用六經子史諸書譌誤亦少，故明初宋濂諸人注韻，悉依其舊，最稱善本。

《四庫全書提要》曰：宋毛晃增注，其子居正校勘重增，諸家所稱《增韻》即此書也。是書因《禮部韻略》收字太狹，乃蒐采典籍，依韻增附。又《韻略》之例，凡字有别體别音者，皆以墨闌圈其四圍，亦往往舛漏。晃併爲釐定，於音義字畫之誤，皆一一辨證。凡增二千六百五十五字，增圈一千六百九十一字，訂正四百八十五字。居正續拾所遺，復增一千四百二字。各標總數於每卷之末，而每字之下又皆分注，其曰增入，曰今圈，曰今正者，皆晃所加；曰重增者，皆居正所加。其辨論考證之語，則各署名以别之。父子相繼，以成一書，用力頗爲勤摯。其每字疊收重文，用《集韻》之例，每字别出重音，用《廣韻》之例。然不知古今文字之例，又不知古今聲韻之殊，如東部通字紐下，據《漢樂府》增一「桐」字，是以假借爲本文；同字紐下據《豳風》增一「重」字，是以省文爲正體。又如先部先字紐下，據《漢樂府》增一「西」字，是以古音入律詩；煙字紐下，據杜預《左傳》注增一「殷」字，是以借聲爲本讀。皆所謂引漢律斷唐獄者，不古不今，殊難依據，較歐陽德隆互注之本，殆不止上下牀之别。特其辨正訓古，考正點畫，亦頗有資於小學，故後來字書韻書多所徵引，而《洪武正韻》之注，據是書者尤多焉。錄而存之，亦足以備簡擇也。明代刊版，頗多譌舛。此本凡宋代年號皆空一格，猶從舊式，末題「太歲丙辰仲夏秀巖山堂重刊」，蓋理宗寶祐四年蜀中所刻，視近本特爲精善云。

《浙江采集書錄》曰：《禮部韻略》五卷。宋禮部頒行舉子所用之韻，自景祐、元祐以後，代有修輯。今書爲紹興四年勘定施行，蓋毛晃父子增修本，內附釋文互注，後列《條式》一册，嘉定六年曾鋟於雲閒洞天，後人倣嘉定本重雕，而此復從而影寫者。卷尾有跋云：「按《洪武正韻》宋濂序云，有舊避宋諱而不收者補之，注釋則仍毛晃父子之舊。今此《禮部韻略》自宋始祖至寧宗皆未載，不欲擅更。謹依濂說，另附於各聲之後。凡得字六十有奇，以便今學人，而敘次一遵古音云。」此跋當是重刊時所題，未詳其人。

張氏貴謨 聲韻補遺

見《玉海》

未見

王應麟《玉海》曰：張貴謨上《聲韻補遺》。

俞文豹《吹劍錄》曰：淳熙中吳縣主簿張貴謨、嘉定中嘉定府教授吳桂，皆屢請增改。

劉氏淵 淳祐壬子新刊禮部韻略

五卷

存

邵長蘅《韻略敘例》曰：《壬子新刊禮部韻略》五卷，宋淳祐閒江北平水劉淵增修。按韻目元二百六部，不知的起於何時，大較隋唐以來有之，其獨用、同用字，或是唐人注，以便聲律之用耳。平水劉氏始盡併同用之韻爲一百七部，至今仍焉。字稍增於舊，注釋大抵從毛氏。

胡鳴玉《訂譌襍錄》曰：誤以今世所傳詩音爲沈約所撰，其來已久，如元黃公紹《七音考》、周德清《中原音韻》、宋濂《洪武正韻》之類，無不極詆約韻爲江左偏音，不足爲據，不知約所撰《四聲》一卷，久矣無存。近毛大可氏謂今世所用，乃宋淳祐閒江北平水劉淵所撰，爲《平水韻》，非沈韻也。而邵子湘氏謂并非劉氏之舊，乃元時陰氏兄弟所著，其言較毛氏尤爲詳晰，備錄於此，以資博雅之覽。曰：今韻宗梁沈約氏，夫人而言之，而約所撰《四聲》一卷，久已亡。繼之者隋陸法言氏，而法言所撰《四聲切韻》亦亡。嗣是有唐孫愐氏，而愐所撰《唐韻》五卷，今亦亡。今宋元韻之存者，略可指數：《廣韻》宋祥符閒所修也，《集韻》宋景祐閒奉敕修也，《禮部韻略》宋時列之學官不作「宮」。者也。毛晃氏仍《禮韻》而增益之者也，平水劉淵氏仍《禮韻》而通併其部分者也，元黄公紹氏《韻會》仍劉韻而廣其箋注者也。三家者遞有增字，字寖以多，《禮部韻》初裁九千五百九十字，至《韻會》乃有一萬二千六百字矣，然尚不足當《集韻》四之一。最後有陰氏兄弟著《韻府》，乃大加刊看平聲削，僅存八千八百二十字，又不專主劉韻，頗多遺漏。顧明初至今用之，學者或尊之爲沈韻，或指之爲平水韻，皆是書也，今韻非沈韻不待言，校劉韻少三千字，則今韻之非劉韻，較音角然易辨，而世儒罕見劉氏元本，乃承譌襲舛，三百餘年相習而不察，可怪也。

周氏弁 韻類

十七卷，見《浙江通志》

未見

《浙江通志》傳曰：周弁字君儀，登嘉祐進士第，知青陽縣。讀書至老不釋卷，著《韻類》十七卷。

陳氏知柔 詩聲譜

《福建通志·書目》二卷

未見

黄氏邦俊 纂韻譜[一六]

《福建通志·書目》六卷

未見

《福建通志》傳曰：黄邦俊，永福人，政和中進士，累遷大理丞，後知英州。著《纂韻譜》六卷。

小學考卷三十一終

校記

〔一〕召試：原脱「試」字，據《宋史》卷二八五《賈昌朝傳》補。

〔二〕「兼載他切」下，《集韻·韻例》有「既不該盡」一句。

〔三〕三十卷：原誤作「二十卷」，據曾鞏《元豐類稿》卷一二《先大夫集後序》改。

〔四〕乘人切神，丞真切辰：原作「乘切神丞人真切辰」，據董南一《切韻指掌圖序》乙。

〔五〕邵光祖：原作「邵宏祖」，據《切韻指掌圖·檢例》改。

〔六〕脣舌：原作「厚舌」，據《四庫全書總目》卷四二《切韻指掌圖》提要改。案：光緒刊本已改。

〔七〕狀：原作「狀」，據吴澄《吴文正集》卷一七《切韻指掌圖節要序》改。

〔八〕爲：原作「謂」，據右引書改。案：光緒刊本已改。

〔九〕案：此下爲《通志》總論「音韻」文字，而非《三十六字母圖》提要，見《通志》卷六四。

〔一〇〕晁公武：原作「晁武公」，今據《郡齋讀書志》乙。

〔一一〕先仙：原脱「仙」字，據張萱《疑耀》卷七補。

〔一二〕啓宗：原作「啓中」，據《四庫全書總目》卷四二《釋文附注禮部韻略》提要改。

〔一三〕繼：原作「紀」，據《增修互注禮部韻略》載毛晃《進表》改。

〔一四〕仍：原作「存」，據右引書改。

〔一五〕及：原作「反」，據右引書改。

〔一六〕《宋史》卷二〇四《藝文志三》著録黄邦俊《群史姓纂韻》六卷，歸入「譜牒」類，疑即此書。

小學考卷三十二

聲韻四

吳氏棫毛詩補音

《直齋書録》十卷

佚

王明清《揮麈録》曰：吳棫字才老，舒州人。

《閩書》曰：吳棫字才老，建安人，舉重和元年進士，召試館職，不就，除太常丞。忤時宰，出通判泉州。所著有《書裨傳》《詩補音》《論語指掌考異續解》。

棫自序略曰：詩音舊有九家，唐陸德明以己見定爲一家之學，《釋文》是也。所補之音皆陸氏未叶者，已叶者悉從陸氏，其用韻已見《集韻》諸書者皆不載，雖見韻書而訓義不同，或諸書當作此讀而注釋不收者，載之。凡字有一義，即以一條爲證，或二義三義即以二三條爲證，若謬誤，若未盡，皆俟後之君子正而成之，庶斯道之不墜也。

徐蕆序曰：吳才老棫與蕆爲同里有連，其祖後家同安。才老登宣和六年進士第，嘗召試館職，不就，除太常丞，忤時宰，斥通判泉州。紹興戊辰歲，蕆寓莆陽，才老所從造官識之，長髯豐頰，危冠大帶，進止閒暇，中和溫厚之氣，睟然見於色，仁義道德之旨，藹然形於言，蕆退而嘆曰：「古所謂君子儒者，非斯人邪？」才老從容爲蕆言，擢第後數年不求官，築室三間，中設夫子像，古書陳前，謝外事，凝神靜慮，以味古訓，是身侃侃然常若遊洙泗間，而揖遜乎聖賢之前後也。則其貌之可敬愛，固有所自哉！佐泉，著能名，剛直有謀，明恕而能斷。悍卒謀亂，一郡洶洶大恐，才老命戮數人，立定，蓋出於談笑也。其評論古人賢否優劣，如與之並時，率能察其藴奥。平生多著書，若《書裨傳》《詩補音》《論語指掌考異續解》《楚詞釋音》《韻補》，皆淵原精確，而歉然不敢自矜，曰裨、曰補、曰續云者，其謙可見矣。自《補音》之書成，然後三百篇始得爲詩，從而考古銘箴誦歌謠諺之類，莫不字順音叶。而腐儒之言曰：「《補音》所據多出於《詩》後，殆後人因《詩》以爲韻，不當以是韻《詩》也。」殆不知音韻之正，本諸字之詩，聲有不可易者，如「霾」爲亡皆切，而當爲鄰之切者，由其以貍爲聲。「浼」爲每罪切，而當爲美辨切者，由其以免得聲。「有」爲云九切，而賄、痏、洧、鮪皆以有得聲，則當爲羽軌切矣。「皮」爲浦麋切，而波、坡、頗、陂皆以皮得聲，則當爲蒲禾切矣。又如

「服」之爲房六切，其見於《詩》者凡十有六，皆當爲蒲北切，而無與房六叶者。「友」之爲云九切，其見於詩者凡十有一，皆當作羽軌切，而無與云九叶者。以是類推之，雖毋以他書爲證可也，腐儒尚安用譊譊！爲《補音》引證初甚博，才老懼其繁重，不能行遠，於是稍削去，獨於最古者、中古者、近古者各存三二條，其間或略遠而舉近，非有所不知也。才老以壬申歲出閩，别時謂藏曰：「吾書後復增損，行遽不暇出，獨藏舊書。」又三年而才老死久矣，訪諸其家不獲，僅得《論語續解》於延陵胡穎氏云。乾道四年四月。

《朱子語録》曰：吴才老《補音》甚詳，然亦有推不去者。如「外禦其侮」叶「烝也無戎」，才老無尋處，卻云「務」字古人讀做「蒙」，不知戎汝也。「汝戎」二字古人通用，是協音汝也。如「南仲太祖，太師皇父，整我六師，以修我戎」，亦是叶音「汝」也。「下民有嚴」，叶「不敢怠遑」[一]，才老欲音「嚴」爲莊，云避漢諱，卻無道理。某後讀《楚辭·天問》[二]，見一「嚴」字，乃押從「莊」字，乃知是叶韻，「嚴」讀作昂也。《天問》才老豈不讀，往往無甚意義，只恁地打過去也。

楊簡《詩解》曰：《詩補音》考究精博，然亦有過差。

陳振孫《書録解題》曰：吴棫撰。其説以爲詩音無不叶者，如「來」之爲「釐」，「慶」之爲「羌」，「馬」之爲「姥」之類。《詩》音舊有九家，唐陸德明始定爲《釋文》。《燕燕》以「南」韻「心」，沈重讀南作尼心切，德明則謂「古人韻緩，不煩改字」。《揚之水》以「沃」韻「樂」，徐邈讀沃鬱縛切，德明亦所不載。顔氏《糾繆正俗》以傅毅《郊祀賦》「穰」有而成切，張衡《東京賦》「激」有吉躍切，今之所作大略倣此。其援據精博，信而有證。朱晦翁注《楚辭》，亦用棫例，皆叶其韻。棫又有《韻補》一書，不專爲《詩》作也。要之古人韻緩之説，最爲確論，不必一一改字。

按：棫本武夷人，後家同安，徐蕆爲是書敘可證。王明清《揮麈三録》誤以爲舒州，《直齋書録解題》於《書裨傳》下題曰「太常丞建安吴棫撰」，《閩書》亦以棫爲建安人，蓋著其本籍也。蕆敘稱才老登宣和六年進士第，而《閩書》云舉重和元年進士，相距三年，要當從敘。才老撰《毛詩補音》十卷、《韻補》五卷，據敘判然二書，《書録解題》分列於《詩》類、小學類，今《補音》已亡，僅存《韻補》。秀水朱氏《經義考》誤合爲一，於《補音》十卷條下竟書「存」字，又以明人所作《韻補》之敘一概編入，世遂以朱子《詩集傳》本於《韻補》，不知朱子所用乃《詩補音》，非《韻補》也。《書》疑古文自才老始，《詩》考古音亦自才老始，惜乎《書裨傳》及《詩補音》俱不得見矣。是書本列羣經音類，以其首明古音，故著於此。

吳氏棫楚詞釋音

見徐蕆《詩補音敘》

佚

吳氏棫韻補

《直齋書録》五卷

存

陳振孫《書録解題》曰：棫取古書自《易》《書》《詩》而下，以及本朝歐蘇凡五十種，其聲韻與今不同者皆入焉。朱侍講多用其説於《詩傳》《楚辭注》，其爲書詳且博矣。又有《毛詩補音》一書，別見詩類，大歸亦若此。以愚攷之，古今世殊，南北俗異，語言音聲，誠有不得盡合者。古之爲詩學者，多以諷誦，不專在竹帛，竹帛所傳不過文字〔三〕，而聲音不可得而傳也。又漢以前未有反切之學，許氏《説文》、鄭氏箋注但曰「讀若某」而已，其於後世四聲七音，又豈能盡合哉？反切之學，自西域入中國，至齊梁間盛行，然後聲病之説詳焉。韻書肇於陸法言，於是有音同韻異，若東冬鍾、魚虞模、庚耕清青、登烝之類，斷斷乎不可以相雜。若此者豈惟古書未之有，漢魏以前亦未之有也。陸德明於《燕燕》詩以「南」韻「心」，有讀南作尼心切者，陸以爲古人韻緩，不煩改字，此誠名言。今之讀古音者，但當隨其聲之叶而讀之，若「來」之爲「釐」，「慶」之爲「羌」，「馬」之爲「姥」，聲韻全別，不容不改其聲韻。苟相近可以叶讀，則何必改字？如「燔」字必欲作汾沿反，「宮」字必欲作俱員反，「天」字必欲作鐵因反之類，則贅矣。

洪邁《容齋隨筆》曰：王觀國彥賓、吳棫才老有《學林》及《叶韻補注》《毛詩音》二書，皆云《詩》《易》《太元》凡用「慶」字，皆與「陽」字韻叶，蓋「羌」字也，引蕭該《漢書音義》「慶」音羌。又曰：《漢書》亦有作「羌」者，班固《幽通賦》「慶未得其云已」，《文選》作「羌」，而他未有明證。予按《揚雄傳》所載《反離騷》「慶夭顇而喪榮」，注云「慶，辭也，讀與羌同」，最爲切據。

魏了翁曰：《詩》《易》叶韻，自吳才老始斷然言之。

陳鳳梧序曰：盈天地間物，凡有形必有聲，乃自然之理也。仰觀於天，若雷霆之號令，風雨之吹噓，俯察於地，若江河之衝激，鳥獸之嗥鳴，無不有聲，亦無不有韻。況人靈於萬物，參乎三才，其言之出自中五聲，而文字又聲之精者，故上古聖人制爲律呂，以諧五聲，使咸協音韻，可以被之管弦，用之家鄉邦國，其極至於動天地、感鬼神，而致雍熙泰和之盛，良有以也。《詩》三百篇之有韻，固不待言矣，若夫《易》之爻象彖繫，《書》之「明良賡歌」，《儀禮》之祀醮嘏辭，《春秋左傳》之繇辭歌諺，句語短長，率皆協韻。雖或出於旁通假借，而實合乎音律之自然。下及《國語》《史》《漢》諸書，老莊荀楊韓歐諸子，其敘述之詞，間出韻語，亦皆脗合。世變既遠，經生學子役於詞賦聲偶，雖讀其書而不知其韻，識者病之。宋儒吳才老博學好古，迺采輯古經傳子史協韻，分爲四聲，各釋其音義，彙成一書，名曰《韻補》。其援引該博，考據精當，誠有功於文字之學。晦庵先生作《詩集傳》，悉本其韻，以協三百篇之旨，其見信於大儒蓋不苟也。嘉興郡舊有刻板，歲久漫漶，毀而未完，而習舉業者復視之爲長物，是以無傳焉。予讀書中祕時，見同館胡世臣購得一本，嘗假而錄之，僅得其音而不及悉其義，久而亡失。後宦游中外，往往求諸縉紳間，未得也。正德己卯，予以服闋北上，道經三衢，會提學憲副今光祿劉公德夫論及書籍，德夫曰：「方伯何公道亨藏有善本，欲刻之以傳。」比至錢唐，首訪何公，遂假其書閱之，不啻如獲拱璧，公因屬予序之。既而公以入覲，未及梓，頃擢大中丞，巡撫河南，保釐之暇，迺成厥志焉。伻來以書索序，予既辭不獲，迺述《韻補》之原流暨重刻之顛末，以引諸篇端，使四方學者知是書之不易得，不可以忽焉而不之究心也。公名天衢，楚之道州人，與予同舉宏治丙辰進士。歷官中外，風節才望，推重同時，而力學稽古，汲汲不倦，觀於斯刻，足以見其志之所存矣。

許宗魯序曰：余少受詩於家庭，誦而不協，竊自疑，謂詩者宮徵之所諧也，管弦之所被也，豈宜乖剌叒是，而附載叶韻，不知所本。續檢他書，知有所謂《韻補》者，力求罕值。比習業翰館〔四〕，見同館之鈔本，然又簡略過甚，字存其音，引據全闕，讀之滋惑焉。及按吳中，乃從都太僕所獲嘉禾舊刻，歲遠楮蠹，十僅存其九，文真二韻，又復錯簡不分。乃重假楊儀部所藏，參伍以校，間有補裨，而書久脫繆，失其本真，復不可讀。乃又屬校於吳士皇甫生，亦有反正而未完也。及按宣城，謀於同年梅氏，梅氏力贊之，遂相與覆校，於是稽諸載籍，殫神讐正，猶未慊於余心。魯嘗聞之，韻者詩之矩也，字者韻之原也，矩敗則物廢，原別則派乖。夫字不枉作，至理寄焉，韻不苟叶，至穌宰焉。苟事其穌而弗基諸理，弗穌也；基諸理而弗探其文，弗理也。今茲之韻以復古也，乃顧載以俗文，俾理穌所基，昧不可講，將穌其聽，先蒙其視焉，此何用耶？於是頗原六書本文，以正俗體之害義者，而《韻補》稍可觀矣。然傳錄易譌，學士觀復乃鋟於木，工凡再月乃卒。厥書既出，以授於人，人乃於是好者、惡者、幸者、非者，紛若聚訟，而襲藏瓿覆，見各不同。許子曰：嗟兮物有定質，人鮮至情，苟溺所偏，燕石且寶，蒙於乃心，瑩瑩荆璧，楚庭不售，而穌氏悲焉。迨其終也，趙人獲之，秦欲紿取，藺相如至於欲與首俱碎。璧豈有二，輕重在人，遇棄有時，亦何怪哉！凡今人誦詩讀書，一取正於朱子，曰是則是，非則非，無非趨向大賢，以爲準的。吳氏《韻補》，文公固用以韻《詩》《騷》矣，而去取猶異焉，又何故邪？余讀吳氏書，固非鑿空臆爲者，音本諸母，轉聲以相叶，脣齒喉舌準舊弗更，而援引指證，朗然大備。使古人韻語鏗鏘擊戛，播於律呂，無或忤違，吳氏之功亦多哉！

汪琬序曰：凡字莫不有聲有音，故平上去入四音爲之經，宮商角徵羽半徵半商七音爲之緯，而後切韻叶韻興焉，所以盡韻學之正變也。夾漈鄭氏獨倡急慢諧聲之說，如「中」之叶十陽，「激」之叶十八藥，皆叶韻也。而鄭氏以中央之急聲爲「張」，取證於古豔歌；以激搏之急聲爲「廓」，取證於《西京賦》。此其說蓋本梵書之合音，而於六經諸子所謂叶韻之道，尚未之備也。惟吳棫才老所作《韻補》最爲淹洽，嗣後朱晦菴先生遂悉采之以叶《詩》三百篇與《楚離騷》，蓋其爲大儒取重如此，非徒有功於小學而已也。

《天祿琳琅》曰：吳棫作此書，自《易》《詩》《書》而下，以及歐蘇撰著，所采凡五十種。其用韻有與時不同者皆載之，凡字有一義或二義、三義，必有所證。陳振孫《書録解題》備詳其說。吳棫，《宋史》無傳，淩迪知《萬姓統譜》棫字才老，建安人，時號通儒。朱子評近代考訂訓釋之學，亦亟稱之。《姑蘇志》徐蕆字子禮，工漢隸，由進士知饒州，後改浙東提舉常平，知秀州。此本係明時坊刻，其版式猶規宋槧，而字畫紙墨迥乎不侔矣。吳岫收藏印記見前，餘印無考。

《四庫全書提要》曰：棫字才老，武夷徐蕆爲是書序，稱與蕆本同里，而其祖後家同安。王明清《揮塵三録》則以爲舒州人，疑明清誤也。宣和六年第進士，召試館職，不就。紹興中爲太常丞，以爲孟仁仲草表忤秦檜，出爲泉州通判以終。蕆序稱所著有《書裨傳》《詩補音》《論語指掌考異續解》《楚辭釋音》《韻補》凡五種。陳振孫《書錄解題》詩類載棫《毛詩補音》十卷，注曰：「棫又別有《韻補》一書，不專爲詩作。」小學類載棫《韻補》五卷，注曰：「棫又有《毛詩補音》一書，別見詩類。」今《補音》已亡，惟此書存。自振孫謂朱子注書用棫之説，朱彝尊作《經義考》，未究此書僅五卷，於《補音》十卷條下誤注「存」字，世遂謂朱子所據即此書，莫敢異議。考《詩集傳》如《行露》篇二「家」字〔五〕，一音谷，一音各空反。《騶虞》篇二「虞」字，一音牙，一音五紅反。《漢廣》篇「廣」音古曠反，「泳」音于誑反，《綠衣》篇「風」音孚愔反之類，爲此書所無者，不可殫舉。《兔罝》篇「仇」音渠之反，以與「逵」叶，此書乃據《韓詩》「逵」作「馗」，音渠尤反，以與「仇」叶，顯相背者亦不一。又《朱子語錄》稱棫音「務」爲蒙，音「嚴」爲莊，此書有「務」而無「嚴」。周密《齊東野語》稱朱子用棫之説，以「艱」音巾，「替」音天，此書有「艱」而無「替」，則朱子所據非此書明甚。蓋棫音《詩》音《楚辭》皆據有本文，推求古讀，尚能互相比較，粗得大凡，故朱子有取焉。此書則泛取旁搜，無所持擇，所引書五十種中，下逮歐陽修、蘇軾、蘇轍諸作，與張商英之僞《三墳》，旁及《黄庭經》、道藏諸歌，故參錯冗雜，漫無體例。至於韻部之上平注文殷元魂痕通真〔六〕，寒桓删山通先，下平忽注侵通真，覃談咸銜通删，鹽沾嚴凡通先。上聲又注梗耿精迥拯等六韻通軫，寑亦通軫，感敢琰忝豏檻儼范通先。去聲又注聞惞通震，而願慁恨自爲一部，諫襉通霰，而翰換自爲一部，勘闞通翰，豔㮇斂通霰，陷覽梵通諫，割爲三部。入聲又注勿迄職德緝通質爲一部，曷末黠戛屑薛葉帖業乏通月爲一部。顛倒錯亂，皆亘古所無之臆説，世儒不察，乃執此書以誣朱子，其傎殊甚。然自宋以來，著一書以明古音者實自棫始，而程迥之《音式》繼之。迥書以三聲通用、雙聲互轉爲説，所見較棫差的，今已不傳。棫書雖牴牾百端，而後來言古音者皆從此而推闡加密，故闢其謬而仍存之〔七〕，以不沒篳路藍縷之功焉。

錢大昕跋曰：世謂叶音出於吳才老，非也。才老博攷古音，以補今韻之闕，雖未能盡得六書諧聲之原本，而後儒因是知援《詩》《易》《楚詞》以求古音之正，其功已不細。古人依聲寓義，唐宋久失其傳，而才老獨知之，可謂好學深思者矣。朱文公《詩集傳》閒取才老之《補音》而加以叶字，才老書初不云叶也。楊用脩譏才老叶音「母氏劬勞」，「勞」叶音僚，「四牡有驕」，「驕」叶音高。攷才老書初無此文，殆誤認朱氏之叶音爲皆出於才老爾。詩「外禦其侮」，吳讀謨逢切，朱不從吳氏；

而讀「戎」爲汝，以叶「務」音；「騶虞」之「虞」，朱於第一章叶音牙，第二章叶五紅反；「誰爲女無家」，朱于前章叶音谷，後章叶各空反，皆吳氏所無，未可歸咎於吳也。

鄭氏樵 字始連環

《直齋書錄解題》二卷

未見

鄭樵《七音略》曰：漢人課籀隸，始爲字書，以通文字之學。江左競風騷，始爲韻書，以通聲音之學。然不識子母，失制字之旨，不識七音，失立韻之原。七音之韻，起自西域，流入諸夏，華僧定之，以三十六爲之母，重輕清濁，不失其倫，天地萬物之音，備於此矣。

《中興藝文志》曰：鄭樵撰。中興後安石之《字說》既廢，樵復理其緒餘，初有象類之書，復約而歸於六書，象形類六百八，指事類百七，會意類七百四十，轉注類三百七十二，諧聲類二萬一千八百十，假借類五百九十八。

陳振孫《書錄解題》曰：鄭樵撰。大略謂六書惟類聲之生無窮，音切之學，自西域流入中國，而古人取音制字，乃與韻圖脗合。

王應麟《玉海》曰：書目鄭樵《字始連環》二卷，論字畫音韻。

白氏樸 朝野新聲

《江南通志·書目》

佚

《江南通志》曰：宋六合白樸撰。

白氏樸 太和正韻

《江南通志·書目》

佚

崔氏敦詩 監韻

《江南通志·書目》五篇

佚

《江南通志》曰：通州崔敦詩撰。

謝氏暉切韻義

《書録解題》一卷，又《纂要圖例》一卷

佚

陳振孫《書録解題》曰〔八〕：汴陽謝暉撰，紹興十年序。

謝氏季澤正字韻類

《通考》

未見

陳傅良敘略曰：季澤家學長於《詩》《禮》，頗欲有所論次而未就，僅及就此篇。其於字學偏傍訓詁，學者易入焉。韓昌黎嘗言：「注《爾雅》蟲魚非磊落人。」歐陽公序《韻總》亦曰：「儒者莫暇精之，其有精者往往不能乎其他。」余方悲季澤官不足行其志，位不足稱其才，且懼後之人見此書如二公之云也，於是道其平昔大槩，序之篇端焉。

楊氏切韻類例

二篇，見孫覿《鴻慶居士集》

佚

孫覿序曰：余少時讀司馬相如《上林賦》，閒遇古字，讀之不通，始得顔師古音義，從老先生問焉，累數十日而後能終一賦，於是喟然歎曰：儒者之學，自六藝百家史氏之籍、箋疏之書，無不學也，河圖洛書、山鑱冢刻、方言地志、浮屠老子之言，無不記也。相如奏賦，夸苑囿之大，固無鬼冢神林、萬里海外、荒怪誕幻不經之説，尚書給札，受一日之作，固無《二京》《三都》，覃思十年，雕琢肝腎之計。賦奏，天子一見大説〔九〕，固無金華露門諸儒進讀，摘句分章之助，而流傳數百歲。後班孟堅刪取其要〔一〇〕，顔師古爲之訓解，學者讀之往往不通。此六書韻學之廢，而士大夫不識古字之過也。韓吏部云：「凡爲文辭，宜略識古字。」而世溺於所習，履常蹈故，讀書綴文，趣了目前，不求甚解。至於伏獵侍郎、弄麞宰相，貴爲公卿，遺臭千載，可爲太息。宋沈約慨然閔古學之壞，力振起之，思與天下共識龜圖鳥跡之遺，趨高領妙，自謂入神，旁通曲暢，律度精密，難字過目，無復含糊囁嚅之狀。時有王筠誦《郊居賦》

而擊節稱善，獨在「雌霓」一語，文從字順，各識其職，高下抑揚，自中律度，如流水高山，慶賞音之一遇也。宏農楊公博極羣書，尤精韻學，古篇奇字，一覽如素習。崇寧中，嘗召試中書，進換史階，擢三衛，且顯用矣。會大臣當國，欲用爲臺諫排抵所不快者，公笑謝不願也。明日有旨，還復東頭供奉官，進閤門祗候，始見疏斥。天下至今稱之。今老矣，強記洽聞，劇談世事，如精練少年，蓋未衰也。於是出平生所著《切韻》，樂與學者共之。昔宋仁宗朝詔翰林學士丁公度、李公淑增崇韻學，自許慎而下凡數十家，總爲《類篇》《集韻》而以賈魏公、王公洙爲之屬。治平四年，司馬溫公繼纂其職，書成上之，有詔頒焉。今楊公又即此書科別戶分，著爲十條，爲圖四十四，推四聲子母相生之法，正五方言語不合之訛，清濁輕重，形聲開合，梵學興而有華竺之殊，吳音用而有南北之辨，解名釋象，纖悉備具。離爲上下篇，名曰《切韻類例》云。

李氏賓老 押韻

二十四卷，見孫覿《鴻慶居士集》

佚

孫覿序曰：王荆公讀《眉山集》雪詩，愛其善用韻，而公繼和者六首。張文潛《褉志》載東坡論韓公詩，七言有上六字爲韻設者，如「君不強起時難更」是也；五六言有上四字爲韻設者，「挂一念萬漏」是也。惟杜子美語韻天成，不見牽強之迹，則作詩者以用韻爲難蓋如此。李師武得官建康，居家待還次，悉取杜工部、李翰林、韓吏部、柳儀曹四家詩，以禮部四聲之次集而錄之，以類相從，號《李杜韓柳押韻》，凡二十四卷，以示余。余曰：詩自蘇李更號，抵建安七子，晉宋鮑謝之作，至唐極矣，而李杜韓柳勝妙，獨出格力，自雄跨百代焉，爲古今絕唱。本朝王荆公、蘇東坡以道德文學，師表一世，詩律精深，句法高妙，固已追配《商那》《魯頌》，而其著論，尤難於用韻。師武摭取四家韻語，類聚羣分，會而爲一，不待旁搜博采，開卷了然，盡於一覩，如觀武庫之兵、宗廟之器，粲然畢陳於前矣。余觀昔人即席賦「競病」二韻，卒然而稱工；終日琢句，擬「推敲」二字，而書空畫肚，不能定其句。是書也，騷人墨客得之，推見古作者措意立言於用韻之間，以助發妙思，可以得師矣。師武宣和丞相少宰之子，好學強記，讀杜子美古律詩十八卷，通念不遺一字；學《春秋》，尤深於左氏。爲文工於詩。官右朝散郎，監行在糧料院。名賓老，師武其字云。紹興庚辰歲五月。

楊氏朴　禮部韻括遺

見《玉海》

佚

王應麟《玉海》曰：紹興十四年十二月己丑，知榮州楊朴上《禮部韻括遺》。

郟氏升卿　四聲韻類

二卷，見《玉海》

佚

王應麟《玉海》曰：乾道元年，郟升卿撰。以平聲上下韻母兼總三聲，以類相從。

楊氏伯嵒　九經補韻

一卷

存

伯嵒自序曰：字學淹廢已久，學者無以寤疑辯惑，僕性嗜古，癖書傳，因涉獵諸經訓釋，或同字殊音，或假音如字，若此者衆，韻書率多不載，竊有惑焉。如《禮部韻》一書，政爲聲律舉子設。紹興間三山黄進士嘗補選進上，乃亦闕略弗備。近嘉禾吴教社復申明，僅增三字，僕之惑滋甚，蓋若《禮記》「斂般請以機封」，《毛詩》「猗儺其枝」之類，庸可諉曰是喪制所出，非程文所當用，或音義弗順，非韻語所可押！至如《周禮》舍采合舞之爲「釋菜」，《毛詩》「鱣鮪發發」之爲「鱍鱍」，皆足正後學之傳訛，助文場之窘步，一切置之，可乎？迺即經釋蒐羅，萃爲一編，非敢上於官以求增補，亦非敢淑諸人。以侈聞見，而姑藏家塾，以擊蒙昧，博識君子，幸毋我誚。嘉定十有七年冬十月。

俞任禮後序曰：《禮部韻》以略言，人多隘之〔二〕，而議欲增也。自元祐國子博士孫諤隨乞添收，繼其後則黄啓宗有《韻補》，吴棫有《韻補》《補音》，毛晃有《增韻》，張貴謨有《韻略補遺》。近世黄子厚、蔣全甫則又各有論説，然疏者隨韻補輯，僅得一二，詳者至盡采子史、《蒼》《雅》《方言》，欲增入二千六百五十五，而難於行。此《禮部韻》之所以至今未備。泳齋先生治衢之暇日，揖任禮於柯山堂而語曰：「子見我所纂《九經補韻》乎？」先生於書無所不讀，而以經爲根原，《補韻》之作，凡九經中字之假借、音之旁通，考定分彙，各疏其下，若星象之錯落於天而燦然以明。平齋洪端明所謂杜門論著佳哉者，此也。平齋欲著論而後弗果，他日上之朝而頒行於禮部，俟後世知國家之淑士以經，則豈但爲聲韻之助？任禮敢寫平齋之志而繫於後。

《續通考》曰：伯嵒字彦思，號泳齋，代郡人，淳祐間以工部郎守衢州。

《四庫全書提要》曰：伯嵒自稱代郡人，然南宋時代郡已屬金，蓋署郡望也。淳祐間以工部郎守衢州。周密《雲煙過眼錄》載伯嵒家所見古器，列高克恭、胡泳之後，似入元尚在矣。宋《禮部韻略》自景祐中丁度修定頒行，與九經同列學官，莫敢出入，其有增切之字，必奏請詳定而後入。然所載續降六十三字，補遺六十一字，猶各於字下注明，其音義弗順及喪制所出者，仍不得奏請入韻，故校以《廣韻》《集韻》，所遺之字頗多。伯嵒是書蓋因官韻漏略，擬摭九經之字以補之。《周易》《尚書》各一字，《毛詩》六字，《周禮》《禮記》各三十一字，《左傳》五字，《公羊傳》《孟子》各二字，凡七十九字，各注合添入某韻内或某字下。又附載音義弗順、喪制所出者八十八字，蓋當時於喪制一條拘忌過甚，如《檀弓》「何居」之「居」本爲語詞，亦以爲涉於凶事不敢入韻，故附載之。然自序稱非敢上於官以求增補，則並所列應補之字，亦未行用也。其書考據經義精確者頗多，惟其中如《周禮》「司尊彝修爵」之「修」音滌，《禮記・聘義》「孚君」之「孚」音浮之類，乃古字假借，不可施於今韻。又於《詩・泮水》之「䵷」字，《周禮》占人之「簭」字，《公羊傳》成五年之「沶」字，乃重文別體，與韻無關，一概擬補，未免少失斷限耳。

劉氏鎔 經典集音

《通志》三十卷

佚

劉氏熙古 切韻拾玉

二篇，見《玉海》

佚

王應麟《玉海》曰：劉熙古作《切韻拾玉》二篇，刊版以獻，詔國子監頒行。

程氏迥 古音通式

見《玉海》

佚

王應麟《玉海》曰：《古音通式》，一曰四聲互用，二曰切響通用，略於《文選》詩中類出五十餘條〔一二〕，復以經證，一目終焉。

黃氏彬 經語協韻

《宋志》二十卷

佚

鄭氏犀 詩古音辨「犀」或作「庠」〔一三〕

《宋志》一卷

佚

趙氏淵 古易叶韻〔一四〕

《經義考》

佚

趙氏共父 古易補音

《經義考》

佚

樓鑰跋曰：小學之廢久矣，陸氏《經典釋文》可謂詳盡。近世讀書，或至苟簡，率意誦習，字有不識者始加閱視，有訛謬終身不自覺知，而況補音乎！吳氏好古博洽，始作《詩補音》，雖不能變儒生之習，而讀之者始知詩無不韻，韻無不叶，祛所未悟，有功於古詩多矣〔一五〕。吾友趙共父又取其說以補《古易》之音，用意甚勤，遠以示余，閱之不去手。某老矣，愧不能盡力也。噫！《凡將》《爰歷》等書，今不復見，惟許叔重《說文解字》爲小學之本，顏黃門《家訓》稱其檢以六文，貫以部分，隱括有條，析根窮源。《集韻》雖博贍，於倣古則未可全據。共父今本之吳氏，多以《集韻》爲證，更當以《說文解字》定之，可傳無窮。吳氏之書，不知者以爲苟然而已，共父祖其餘論，某又喋喋及此，皆謂之癖可也。雖然，當自有好之者。

錢氏韻補

見《陳耆卿集》

佚

陳耆卿《代跋錢君韻補》曰：龜圖鳥跡、漆書石鼓，其狀幽渺譎奇，人所罕見，亦人所難通也。乃若目於斯，耳於斯，習其畫而迷其讀，非陋歟？韓退之云：

「凡爲文辭，當多識古字。」夫多識古字，未足爲文也，然不識則無以爲文。今六經之字，豈必盡古，學者例以監韻爲師，監韻所不載，不之味也。溪南錢君味乎世之所不味，旁羅周抉，根括蔓引，足以鳩棼紉闕，與前人分功。甚矣，其志完而力富也，其老猶爾，而況其壯之日哉！余與君別三年，吏氛壓首，覽卷心目爲開，頗恨路遠，不能效漢人載酒之問，而徜徉其閒也。

胡氏公武 集音

二卷，見楊萬里《誠齋集》

未見

楊萬里撰《胡彥英墓誌銘》曰：公武字彥英，胡銓猶子。有《集音》二卷。

高氏衍孫 五音韻總

《焦氏經籍志》五卷

佚

傅氏瑾 音韻管見

三卷，見《江南通志》詳十三卷

未見

小學考卷三十二終

校記

〔一〕叶：原脱，據《朱子語類》卷八〇補。

〔二〕楚辭：原脱「辭」字，據右引書補。

〔三〕竹帛：原脱，據陳振孫《直齋書録解題》卷三補。

〔四〕比：原作「此」，據朱彝尊《經義考》卷一〇五改。案：光緒刊本已改。

〔五〕行露：原作「行雲」，據《四庫全書總目》卷四二《韻補》提要改。

〔六〕魂：原作「魏」，據右引書改。案：光緒刊本改作「韓」，亦誤。

〔七〕仍：原作「乃」，據右引書改。

〔八〕解題：原脱「題」字，徑補。

〔九〕一見：原脱「一」字，據孫覿《鴻慶居士集》卷三〇《切韻類例序》補。

〔一〇〕删取：原作「删去」，據右引書改。

〔一一〕人：原作「外」，據《九經韻補》附俞任禮《後序》改。

〔一二〕出：原作「山」，據《玉海》卷四五改。

〔一三〕案：《文獻通考》卷一七九署「《詩古音辨》二卷。陳氏曰：從政郎信安鄭庠撰」。《宋史》卷二〇二《藝文志》署「鄭庠《詩古音辨》一卷」。

〔一四〕趙氏淵：據《經義考》卷三一，當作「蔡氏淵」。案：蔡淵字伯静，蔡元定之子，師事朱熹，長於《易》。《閩中理學淵源考》卷二五有傳。

〔一五〕有功：原作「有切」，據樓鑰《攻媿集》卷七三《跋趙共甫古易補音》改。

小學考卷三十三

聲韻 五

歐陽氏德隆增修校正押韻釋疑

《直齋書録解題》五卷

存

陳振孫《書録解題》曰：進士盧陵歐陽德隆、易有開撰。凡字同義異、字異義同者皆辨之，尤便於場屋。

袁文焴序曰：韻之有釋尚矣，惟學子獨拘焉，差之毫釐，繆以千里。故李文定「學識南宮」一賦，不免有落韻之失；范蜀公聲詩「彩霓」二字，亦誤爲主司所黜。甚矣，字釋不可不正也。盧陵歐陽德隆，余同升夢得貢士，研精聲律，卓爲儒宗。與其友易君有開輯爲一書，名曰《押韻釋疑》。字有其釋，釋有其義，義有其據，本之經史子集，參以省監程文，其或字同義異、義同字異，莫不印之古訓，斷以己見，使彈冠棘闈者無涉筆之疑，持衡藻鑑者免遺珠之恨。書成，屬予序之，余曰：今夫晚學後出，仄仄平平，稍入詞人律呂，而中有司程度，摘髭收第，拾芥取青，視爲易然，奚暇究心於字義之正否？歐君以賈誼才，袖相如手，蜚場屋之英聲，而不爲耑場利，乃祛衆惑以傳諸人，用心亦宏矣。雖然，是書之作，豈特爲進取計？若夫夜燈課兒，秋檠對簡，聽韓窗瑟僩之音，認曹娥剜鞣之字，載酒問奇，不必過子雲，其必之歐陽氏云。紹定庚寅中元日。

郭守正跋曰：歐陽先生《押韻釋疑》一書，惠後學至矣。書肆版行，漫者凡幾，一漫則一新，必增數注釋易一標題，以快先覩，是非可否，不暇計焉。遂使先生是書，以爲有瑕之玉，字畫差訛，引事重複，注音脱漏，所以重形先生之三歎也。僕不揆膚學，輒因暇日，取先生原本與書肆本三復參校，先推字畫之本原，次明監注之無有，至於釋文之詳略，援引之是非，則又加考訂焉，誤者正之，疑者辨之，其不倫者次序之，筆者千餘條，削者亦如之。雖未盡善，視舊本稍精密焉，可以助場屋之一得，可以續先生之前志。索居討論，倏焉三載，豈無違闕？改而正諸，實有望於當世歐陽先生云。景定甲子上元日。

朱彝尊跋曰[一]：韻書自陸法言、孫愐，後經丁度等審定《韻略》，禮部以之頒行。惟其略也，故孫諤、毛晃、黄啓宗、黄積厚、張貴謨等代有廣益。景定閒，盧陵進士歐陽德隆輯《釋疑》五卷，以便場屋之士。隋唐以來之分部，未嘗紊也。契丹僧行均撰《龍龕手鑑》三卷，本之《華嚴》三十六字母，蒲傳正帥浙西，首刊是書，而鄭樵《六書略》以爲聲經音緯，韻學始備。由是韓道昭之《五音集韻》、黄公紹之《韻會舉要》，東冠以公，洽冠以夾。而淳祐中劉淵又並二百六部爲一百七部，舉隋唐以來之分部，舍先民之章程，顛到其倫次，羣變而入浮屠氏之學，可乎不可乎？是編猶未改韻書分部之舊，訓必有徵，字必有紐，何嘗不精且密？學者守之，以當圭臬，作爲詩賦，無害於辭，勿戾於義斯可矣。若必專心四聲七音之微妙，然後可以言詩，此六一居士所云「儒釋不兩能」者已。萬曆中重編《内閣書目》，云是編嘉熙閒四明余天柱曾雕於嘉禾郡齋。

《四庫全書提要》曰：宋紹定庚寅廬陵進士歐陽德隆撰，景定甲子郭守正增修。守正字正己，自號紫雲山民。《永樂大典》所引《紫雲韻》即此書也。初德隆以《禮部韻略》有字同義異、義同字異者，與其友易有開因監本各爲互注，以便程試之用，辰陽袁文焴爲之序。後書肆屢爲刊刻，多所竄亂，守正因取德隆之書，參以諸本，爲刪削增益各十餘條，以成此書。前載文焴序，次守正自序，次重修條例，次紹興新制次韻字沿革，次前代名姓有無音釋之疑，次《韻略》音釋與經史子音釋異同之疑，次《韻略》字義與經史子字義異同之疑，次經史子訓釋音義異同之疑，次本韻字異義異經史子合而一之之疑，次兩韻字同異義而無通押明文者，次出處連文兩音之疑，次押韻經前史後之疑，次經史用古字今字之疑，次有司去取之疑，次世俗相傳之誤，次賦家用韻之疑，次疑字，次字同義異，次正誤，次俗字，皆列卷首。其每字之下，先列監注，次列補釋，次列他韻他紐互見之字，詳其音義點畫之同異，而辨其可以重押通用與否。多引當時程試詩賦，某年某人某篇曾押用某字，考官看詳故事以證之。每韻之末，列紹興中黄啓宗、淳熙中張貴謨等奏添之字，或常用之字，而官韻不收者。如「𢊍幪」之「幪」諸字則注曰：「官韻不收，宜知。」考證頗爲詳密，但孰爲德隆注，孰爲守正之所加，不復分别，未免體例混淆耳。别本《禮部韻略》注文甚簡，與此不同，而亦載文焴、守正二序及重修條例十則，然其書與條例絶不相應，疑本佚其原序，而後人移掇此書以補之也。别本首載淳熙文書式數條，列當時避諱之例甚詳，此本無之。然如慶元中議「弘」字、「殷」字已祧不諱，可押韻不可命題。紹興中指揮以「威」字代「桓」字，如齊威、魯威之類，可用不可押，丁丑福州補試士人押齊威字見黜諸條，又較淳熙諸式爲詳備。名曰「釋疑」，可謂不忝其名矣。其書久無刊版，此本猶從宋槧鈔出。曹寅所刻别本序中闕六字，條例中闕二字，此本皆完，知寅未見此本也。

按：錢詹事大昕曰：《華嚴經》字母四十二，與僧守溫所定之三十六字母迥乎不同。《華嚴》四十二母梵音也，守溫三十六母華音也。竹垞以三十六母屬之《華嚴》，誤矣。又按歐陽德隆撰此書在紹定庚寅，至景定甲子袁文焴重刻，相去三十四年，竹垞謂景定間德隆輯，亦誤。

陳氏世昌 漢韻

見《江西通志》

未見

《江西通志》傳曰：宋陳世昌，高安人，兩中博學弘詞科，調復州錄事參軍，致仕。自號大田農，著有《漢韻》一千六百字。

周氏京 史漢音辨

見《江西通志》

未見

《江西通志》傳曰：周京字伯寬，吉水人，咸淳解試。直寶謨閣，上書詆斥賈似道，棄官歸。元初屢徵不起。著有《史漢音辨》。

韓氏孝彥 四聲篇海

《千頃堂書目》十五卷

存

黃虞稷曰：孝彥字允中，道昭父。

《天祿琳琅》曰：《改併五音類聚四聲篇》，金韓道昭著，十五卷。前明憲宗序，次昭兄道昇序，並重編雜部一篇，五音改併增添明頭號樣一篇，目錄後附重篇併部依三十六母再顯之圖，書後附金寶慶補音篇〔二〕，列部之字一篇。道昭字伯暉，松水人，其書成於金章宗泰和八年，係取《玉篇》《類篇》等書之字，併改部次，别以五音，繫以三十六字母，蓋宗婆羅聲音之學者。此本爲明成化十年所刊，憲宗序稱其「上下縱横，律度精密，有益學者，特命工繡梓，以廣其傳」，故槧印精良，迥殊坊本。

《四庫全書提要》曰：孝彥字允中，真定松水人。是編以《玉篇》五百四十二部，依三十六字母次之，更取《類編》及《龍龕手鏡》等書，增雜部三十有七，共五百七十九部。凡同母之部，各辨其四聲爲先後。每部之内，又計其字畫之多寡爲先後，以便於檢尋。其書成於明昌、承安間，迨泰和戊辰，孝彥之子道昭改併爲四百四十四部，韓道昇爲之序。殊體僻字，靡不悉載，然舛謬實多，徒增繁碎。道昇序稱「泰和八年歲在強圉單閼」，考泰和八年乃戊辰，而曰「強圉單閼」，則丁卯矣。刻是書者又記其後云「崇慶己丑，新集雜部，至今成化辛卯，刪補重編」，考崇慶元年壬申，明年即改元至寧，曰己丑者亦誤。道昭又因《廣韻》改其編次爲《五音集韻》十五卷，明成化丁亥僧文儒等校刊二書，合稱《篇韻類序》，篇謂孝彥所編，以《玉篇》爲本，韻謂道昭所編，以《廣韻》爲本。二書共三十卷，較之他本，多五音類聚徑指目錄，餘無所增損云。

按：是書改並唐韻分部次第，於每韻中各以字母分紐，蓋道昭因其父孝彥未成之編，續加修定。

宋氏濂篇海類編

《續通考》二十卷

存

《續通考》曰：《篇海類編》二十卷，舊題宋濂撰，屠隆訂正。濂字景濂，浦江人。元至正末召爲編修，不就，洪武中官至翰林學士承旨。隆字長卿，鄞縣人。萬曆進士，官禮部主事。《明史·文苑傳》附見徐渭傳中。

謹案：是書致爲舛陋，且書中所引，如田汝耔、湯顯祖輩，皆正德以後人，其爲謬妄，不辨可知。所稱屠隆訂正者，亦託名也。

《四庫全書提要》曰：其書取韓道昭《五音篇海》，以部首之字分類編次，舛陋萬狀。無論宋濂本無此書，即以所引之書而論，如田汝耔、都俞、李登、湯顯祖、趙銘、章黼、楊時喬、劉孔當、趙宧光，皆明正德至萬曆時人，濂何從見之？至於以趙撝謙列林罕、李陽冰間。既有一鄭樵，注曰「著《六書略》」，又有一鄭漁仲，注曰「字仲明，夾漈人」。他如以《玉篇》爲陳新作，以《韻會箋》爲黃紹作，以高似孫爲高衍孫，以《洪武正韻》爲毛晃作，以《古文字號》爲馬融作、鄭玄注，以《五聲韻》爲張有作，以《別字》十三篇爲孫強作，以《六書精蘊》爲孫愐作，殆於醉夢顛倒，病狂譫語。屠隆雖不甚讀書，亦不至此，殆謬妄坊賈所託名也。

韓氏道昭五音集韻

《千頃堂書目》十五卷

存

道昭自序曰：聲韻之學，其來尚矣，書契既造，文籍乃生，然訓解之士猶多闕焉。迄於隋唐，斯有陸生、長孫之徒，詞學過人，聞見甚博，於是同劉臻輩探賾索隱，鉤深致遠，取古之所有、今之所記者，定爲《切韻》五卷，析爲十策。夫切韻者蓋以上切下韻，合而翻之，因爲號以爲名，則《字統》《字林》《韻集》《韻略》不足比也。議者猶謂注有差錯，文書漏誤，若無刊正，何以討論，則《唐韻》所以修焉。采摭羣言，撮其樞要，六經之文，自爾煥然，九流之學，在所不廢。古人之用心爲如何哉！嘗謂以文學爲事者，必以聲韻爲心，以聲韻爲心者，必以五音爲本，則字母次第，其可忽乎？故先覺之士，其論辨至詳，推求至明，著書立言，蔑無以加。然愚不揆度，欲修餙萬分之一，是故引諸經訓，正諸訛舛，陳其字母，序其等第。以見母牙音爲首，終於來、日字，廣大悉備，靡有或遺，始終有倫，先後有別，一看如指諸掌，庶幾有補於初學，未敢併期於達者。已前印行音韻，既增加三千餘字，茲韻也方之於此，又以《龍龕》訓字，增加五千餘字焉。是以再命良工，謹鏤佳板，學者觀之，目擊而道存。時崇慶元年歲次壬申長至日序。

楊士奇《五音集韻跋》曰：古《五音集韻》三冊，禮部侍郎高密儀公所惠。此書出北方學者，不獨於音韻易正，亦可以多識字。

王世貞《書後》曰：《改併五音篇》者，金老儒韓孝彥允中病古集字之未精，因改《玉篇》，歸於五音，逐三十六母之中取字。而次子道昭復與其子德恩〔三〕、猶子德惠、壻王德珪增訂之加詳焉。書成於金章宗之泰和八年，而孝彥之猶子道昇序之者也。其書未辨出道昭或德恩、德惠手，小楷法種種精妙，吾不知於吳彩鸞僊跡何如？南渡以後，斷無儷之者，蓋章宗時古文盛極而韓自書成之歲告殂〔四〕，其國日尋於干戈，以至於亡，毋暇及典籍翰墨之事矣。此書幸不遂燹化，而吾又幸得之，異日戒兒曹刻梓，以從《三倉》《凡將》《急就》之後，與《廣韻》《韻會》並傳，寧不一大快事也！

黃虞稷曰：道昭字伯暉，《集韻》，崇慶元年壬申敘，重編其父書，泰和八年丁卯韓道昇敘。

《天祿琳琅》曰：《改併五音集韻》，金韓道昭著，十五卷，前昭兄道昇序。前書以字母分排，此書以聲韻分排，而每韻中亦各以字母分紐，皆因其父孝彥未成之編續加修定者。道昇序作於金崇慶元年，則道昭此書係後前書五年而成，是本槧印頗佳，以從金時原版翻刻者也。

又曰：《改併五音集韻》篇目同前。此書即前板槧印之時，亦不相遠，惟紙墨稍差耳。書中有楊鉥印記，未詳其人。

又曰：《重刻改併五音集韻》，金韓道昭編，十五卷。前載金崇慶元年原序，次唐郭知元、孫愐《唐韻》舊序二篇，後附明沙門真空《貫珠集》八卷，劉序，又《真空直指玉鑰匙門法》一卷〔五〕，夏元序。《五音集韻》目錄前標題稱「至元庚寅重刊」〔六〕，目錄後標題又稱「成化庚寅重刻」，而各卷首標題則稱「正德乙亥」，亦有稱「正德丙子」者，其第十五卷之末行總標「正德乙亥春日重刻，至丙子孟秋完」，頗疑目錄所記年月前後何以懸殊？且成化庚寅距正德乙亥已閱四十六年之久，亦覺相去太遠。及觀書中版心下方，往往載出貲刻書姓氏，大半皆御馬監中官員太監，目錄與各卷所載略同〔七〕，則所標至元，或係沿元時刊本之舊，其標成化者，或係爾時集貲未足，僅刊目錄而止，至正德閒始獲成書，遂以舊存目錄湊合，其仍爲一版可知。且姓氏上有稱信官者，其爲沙門集貲刊本又可知矣。劉聰作《貫珠集序》時，雖稱「弘治戊午」，而夏元之序作於正德癸酉，越二年即爲乙亥，則《貫珠集》之與《五音集韻》同刊，不更彰彰乎？真空自號訥菴，始末無考。劉聰稱其於經史子集之外，凡荒徼重徼，如象胥天竺諸域，玄言梵典，如《雲笈》《楞嚴》諸經〔八〕，悉捜剔纂采，條分類合，又爲歌訣詞法，以槩諸首。夏元亦稱其於舊本芟繁就簡，取易去難，意不深刻，聲不聱牙，一覩之餘，即得止宿。則訥菴於聲韻之學，深契其理矣。劉聰江西宜春人，登成化十四年進士第，見太學題名碑。夏元未詳其人，作序時官湖廣京山縣令。

《四庫全書提要》曰：金韓道昭字伯暉，真定松水人。世稱以等韻顛倒字紐，始於元熊忠《韻會舉要》，然是書以三十六母各分四等，排比諸字之先後，已在其前。所收之字，大抵以《廣韻》爲藍本，而增入之字則以《集韻》爲藍本。考《廣韻》卷首云「凡二萬六千一百九十四言」，《集韻》條例云「凡五萬三千五百二十五言，新增二萬七千三百三十一言」，是書亦云「凡五萬三千五百二十五言，新增二萬七千三百三十言」，合計其數，較《集韻》僅少一字，殆傳寫偶脱。《廣韻》注十九萬一千六百九十二字，是書云「注三十三萬五千八百四十言，新增十四萬四千一百四十八言」，其增多之數則適相符合。是其依據二書，足爲明證。又《廣韻》注獨用、同用，實仍唐人之舊，封演《聞見記》言許敬宗奏定者是也。終唐之世，下迄宋景祐四年，功令之所遵用，未嘗或改。及丁度編定《集韻》，始因賈昌朝請，改併窄韻十有三處。今《廣韻》各本儼移鹻檻之前，釅移陷鑑之前；獨用同用之注，如通殷於文，通隱於吻，皆因《集韻》頒行後竄改致舛。是書改二百六韻爲百六十，而併忝於琰〔九〕，併檻於豏，併儼如范，併㮇如豔，併鑑如陷，併釅如梵〔一〇〕，足證《廣韻》原本上去聲末六韻之通爲二，與平聲、入聲不殊。其餘如廢不與隊代通，殷隱慇迄不與文吻問物通，尚仍唐韻之舊，未嘗與《集韻》錯互，故十三處犂然可考，尤足訂重刊《廣韻》之譌。其等韻之學，亦深究要渺，雖用以顛倒音紐，有乖古例，然較諸不知而妄作者則尚有間矣。

按：是書取《玉篇》《類篇》等書之字，改併部次，別以五音，系以三十六字母，蓋宗婆羅聲音之學者。

毛氏麾 平水韻

《山西通志・書目》

佚

《山西通志》曰：毛麾字牧達，平陽人，大定十六年舉學行，特賜進士出身，授校書郎，入教宮掖，歷太常博士，終於同知沁州軍事。有《平水集》行世。

王氏文郁 平水新刊韻略

五卷

存

錢大昕跋曰：向讀昆山顧氏、秀水朱氏、蕭山毛氏、毘陵邵氏論韻，謂今韻之併始於平水劉淵，其書名曰《壬子新刊禮部韻略》。訪求藏書家邈不可得，未審劉淵爲何許人，平水何地也？頃吳門黄蕘圃孝廉得《平水新刊韻略》元槧本，余假讀之。前載正大六年己丑季夏中旬河間許古道真敘，其略云：「平水書籍王文郁攜新韻見頣菴老人曰：『稔聞先《禮部韻略》，或譏其嚴且簡。今私韻歲久，又無善本，文郁留意，隨方見學士大夫，精加校讎，又少添注語。不遠數百里，敬求韻引。』」是此韻爲文郁所定也。卷末有墨圖記二行，其文云「大德丙午重刊新本，平水中和軒王宅印」，是此書初刻於金正大己丑，重刻於元大德丙午。其云「中和軒王宅」，或即文郁之後耶？其前列聖朝頒降貢舉程式，則延祐設科以後書坊逐漸添入。又御名廟諱一條，稱英宗爲今上皇帝，可驗此書爲至治閒印本也。又附壬子新增分毫點畫正誤字三葉，壬子新彫禮部分毫字樣三葉，此壬子者未知其爲淳祐之壬子歟，當元憲宗時未有年號。抑皇慶之壬子歟？攷正大己丑在淳祐壬子前二十有四年，而其時已併上下平聲各爲十五、上聲二十九、去聲三十、入聲十七，則不得云併韻始於劉淵，豈淵竊見文郁書而翻刻之耶？又其時南北分裂，王與劉既非一姓，刊版又不同時，何以皆稱平水？論者又謂平水韻併四聲爲一百七韻，陰時夫始併上聲拯韻入迥韻。據此本則拯等之併，平水韻已然矣。劉書既不可得見，此書亦尠有著録，姑識所疑，以諗後之言韻者。

又曰：許敘稱「平水書籍王文郁」，初不能解，後讀《金史·地理志》，平陽府「有書籍」，其倚郭縣平陽有平水，是平水即平陽也。史言有書籍者，蓋置局設官於此。元太宗八年用耶律楚材言，立經籍所於平陽，當是因金之舊。然則，平水書籍者，文郁之官稱耳。劉淵亦題平水，而黄公紹《韻會》凡例又稱爲江北劉氏，平陽與江北相距甚遠，何以有平水稱，是又可疑也。

黄氏玠 纂韻録

見《浙江通志》

未見

《浙江通志》傳曰：元黄玠字伯成，慈溪人。學無所不通，卜居弁山，與趙文敏游。著有《纂韻録》。

黄氏公紹 古今韻會

《明志》三十卷

存

劉辰翁序曰：氣者天地母也，聲與氣同時而出，有聲即有字，字又聲之子也。人生不至乎孩而始，誰亦不能不誰也。誰而爸，誰而嬭，方言各不相通，而爲父母一也。繇是而協於聲者，方次第出焉，猶弟兄不可知，所可知者其初必出於一也。故謂一大爲天，可謂天爲天，天不知也，謂天爲佗年切，愈不知也，其誰爲之耶？又推天以至於星某某，以至於山某某，呼而若吾應焉者，或者其猶孩也〔一二〕，雖謂人字之可也，而非人字之也。十三卦未畫而有名，豈惟有名，而舟車杵臼，莫不皆有其物，其先有是字而後有物乎，其物從字乎？今人以指事、會意爲差，而不知形聲之皆意，惟聲者自然而然，然且有無字之聲，而未有無聲之字。及其字也，猶一舉首而得其爲天，而意常後之，故制字之初，未必人爲之也，天也。今人知字而不能知聲，故意之，意之而聽於東冬、清青也，惘然而不敢易，猶聾耳而信目，連壁也而不相往來，不知韻者出於律，律之生也有合，故律娶妻。清濁易知也半，未易知也半，又半如雙生，必有所從受，不可紊也。故文家尚意，儻知律之子母，則得之韻者猶未生。前吾嘗欲譜以著邵氏《皇極經世》之所由生，而病未能，非不能譜，不能切也。坡公得潁濱《老子解》，以爲不意暮年見此奇特，彼解老不至是。吾於在軒黄公紹《韻會》三叫奇特云。其書有律呂次第，有幹枝損益，而又會萬理歸一本。經史訛傳，以至字誤筆誤，遠之爲天地變化，近之爲人物情性，又近之爲文章樂府，無不合節。獨待其一韻，韻不勝舉，充類至消息盈虛，將與《易》相表裏，與風角鵲占爲胥易枝吾，豈慮世運運世之不可知哉！惜也江閩相絶，望全書如不得見，不知刻成能寄之何日，徒闓端以極作述之意如此。然有一恨，鄭夾漈謂梵音行於中國，而吾夫子之經不能過拔提河一步者，以字不以聲也。今車同軌，行同倫，獨書未同文耳。得《韻會》而聲同，聲同字有不可同者乎？胡僧細韻與佛經字母極天下之不能言者，言使其得吾字而習之，有不能乎？天下聲同書同，其必自《韻會》始，此萬世功也，勉成之。壬辰十月望日，廬陵劉辰翁序。

張鯤序曰：初愚谷李子謂子鯤曰：「余購覩韻書多矣，未有善於《古今韻會》者也。夫《古今韻會》編自昭武黄直翁氏，上本《說文》，中參籀古，下極隸俗，以至律書方技、樂府方言、經史子集，六書七音，靡不研究，聲音之學，其不在茲乎！乃者鎮江之板殘虧，書幾淪沒不傳也，嗟夫！」子鯤曰：「然，鯤有佳本，藏之久矣，盍刻諸？」時則十有四年冬。愚谷李子提學江西，廼請之撫臺嶼湖秦中丞、巡臺容峰陳侍御，僉曰可焉。於是鳩工重刻，其明年春三月甲子，梓人告成事。當是時愚谷李子則又司業南雍，行矣，子鯤適帶理學政，因覽而嘆曰：竊聞司馬君實云：備萬物之體用者存乎字，包衆字之形聲者存乎韻，是故字韻也者，悉備三才之道，禮樂刑政之所由生也。粵自六經有韻語無韻書，五方之韻，各以韻叶耳獨異。梁有沈子約也，創以吴音，制爲類韻，而聲音之道，次第稱病矣。唯武夷吴棫者出，方能采掇經傳，輯纂《韻補》，由是字學稍稍復古，而用者稀罕焉。迨我太祖高皇帝龍飛八年，召命詞臣樂韶鳳、宋濂諸學士大夫，刊定《洪武正韻》，以括舉一切補韻者五十家之偏陋，以風同文。而學士大夫一時號稱博學，並以《韻會》爲之證據，然後經生學子始知《韻會》者藝圃之寶也。嗟乎！當今聖人撫世，稽古右文，制禮作樂，文苑宗工，道園哲匠，莫不奮筆颺言，作爲詞賦詩歌，以鳴國家之盛。是書也，家藏一帙，下以破沈吴元宋之惑，上以接漢魏唐虞之響，或者因字沿聲，更定律呂之正，於以被金石而薦郊廟，其縱横之助，實與《正韻》相表裏，豈曰小補乎哉！載考《韻會》之集，蓋以《禮部韻略》《禮韻續降》《禮韻補遺》、毛氏《韻增》《平水韻》增綴，集舊業勒成一家者也。《韻略》元收九千五百九十字，《續降》則增一百八十三字，《補遺》則增六十一字，毛晃則增一千七百一十字，劉淵則增四百三十六字，公紹則增六百七十六字，統計《韻會》凡萬有二千六百五十二字云。

楊士奇《韻會跋》曰：歐陽永和在閩中寄惠此書，

凡五冊，於讀書爲文，其助益多矣。王介甫云「人閑暇不若看韻書」，其有以哉！

閻若璩《與戴唐器書》曰：承詢大加討論，讀當《廣韻》，以其備也。作詩須《韻會》，以上平十五、下平十五、上聲三十、去聲三十、入聲二十七，適得古今之宜。若《廣韻》上平十六、下平十六、上聲二十一、去聲三十三、入聲十九，今作詩者遵用之乎。即宋《禮部韻略》上下平、上、入三聲同《韻會》，而去聲三十一，今作詩遵用乎。惟今俗本韻書上聲二十九、漏去二十五拯，則不可從耳。復讀顧氏《音學五書》，心花怒生，背汗浹出，不知新城王侍郎何以痛掃，幾無一足取正，恐能詩未必通韻學也。又考《正韻》凡例云，平水劉氏上平十五韻、下平十五韻、上聲三十韻、去聲三十韻、入聲十七韻，共一百七韻，黄氏《韻會》本之，只查《韻會》看便已。

按：劉序稱公紹《韻會》，又《韻會舉要》凡例稱公紹編輯，熊忠舉要，則《韻會》爲公紹作，《舉要》爲熊忠作。

熊氏忠古今韻會舉要

《千頃堂書目》三十卷

存

忠自序曰：六經有韻語無韻書，五方之音，各以韻叶也。自《南史》沈約撰《類譜》，而四聲不相爲用，隋陸法言等制韻書，而七音遂譌。迨李唐聲律設科，韻略下之禮部，進士詞章非是不在選，而有司去取決焉。一部禮韻，遂如金科玉條，不敢一字輕易出入。中更名公鉅儒，皆有科舉之累，而焉得議其非？獨於私作詩文，閒用古韻，讀者已聱牙，不能以句，音學之失久矣。宋省監申明，儒紳論下《韻略》集注〔二〕，殆且五十餘家，率皆承舛襲譌，以苟決科之便。造韻者既未嘗盡括經傳之音，釋韻者又專以時文爲據，或言經作某字，韻無此字，不可用，或言經本某音，監韻此字下無注，押者非。至使人寧背經音，無違韻注，其敝可勝言哉，它又未暇論也。同郡在軒先生黄公公紹，慨然欲正千有餘年韻書之失，始秤字書作《古今韻會》大較本之《說文》，參以籀古、隸俗、《凡將》《急就》旁行敷落之文，下至律書、方技、樂府、方言，靡所不究，而又檢以七音六書，凡經史子集之正音、次音、叶音，異辭異義，與夫事物倫類制度，纖悉莫不詳說而備載之，浩乎山海之藏也！僕辱館公門，獨先快覩，且日竊承緒論，惜其編帙浩瀚，四方學士不能徧覽，隱屏以來，因取《禮部韻略》，增以毛劉二韻，及經傳當收未載之字，別爲《韻會舉要》一編。雖未足以紀綱人文，亦可以解舊韻之惑矣。其諸條貫，具如凡例。雖然，聲音之起而樂生焉，古聖人之以音爲律，有以也，言語文字云乎哉！今之人終身由之而不知其道，反區區取信於沈陸自得之私，誠不知其可也。姑陳梗槩，以俟來哲。歲丁酉日長至。

邵長衡曰：《古今韻會舉要》三十卷，元昭武黄氏公紹編輯，熊氏忠舉要。前有廬陵劉辰翁、武陽熊忠二序。劉序題壬辰十月，蓋元世祖至元廿九年也。至順二年，又敕應奉翰林文字余謙校正，有翰林學士前江浙等處行中書省參知政事孛术魯翀序。是書分併，依劉氏《壬子韻略》，字僅增六百餘，而箋注攟摭頗博，卷袠比舊增十五，雖復病其太繁，訛誤時有，要之於韻學不爲無補。獨其字次先後，尼七音三十六母之說，考之舊韻，顛倒錯糅。予嘗謂唐宋韻部分亡於劉，音紐亂於黄，蓋紀實也。

《四庫全書提要》曰：忠字子忠，昭武人。案楊慎《丹鉛錄》謂蜀孟昶有《書林韻會》，元黄公紹舉其大要而成書，故以爲名。然此書以《禮部韻略》爲主而佐以毛晃、劉淵所增，併與孟昶書實不相關。舊本凡例首題「黄公紹編輯，熊忠舉要」，而第一條即云「今以《韻會》補收闕遺，增添注釋」，是《韻會》別爲一書明矣。其前載劉辰翁《韻會》序，正如《廣韻》之首載陸法言、孫愐序耳，亦不得指《舉要》爲公紹作也。自金韓道昭《五音集韻》始以七音四等三十六母顛倒唐宋之字紐，而韻書一變，南宋劉淵淳祐壬子所刊《禮部韻略》始合併通用之部分，而韻書又一變。忠此書字紐遵韓氏法，部分從劉氏例，兼二家所變而用之，而韻書舊第至是盡變無遺。其字母通考之首，拾李涪之餘論，力排江左吳音，《洪武正韻》之鹵莽，此已胚其兆矣。又其中今韻、古韻漫無分別，如東韻收「窗」字，先韻收「西」字之類，雖舊典有徵，而施行頗駭。所注文繁例雜，亦病榛蕪。惟其援引浩博，足資考證，而一字一句必舉所本，無臆斷僞撰之處，較後來明人韻譜，則尚有典型焉。

按：《韻會》本黄公紹輯，其書考證羣籍，卷帙頗繁，館客熊忠因就而約之，並取宋《禮部韻略》、毛晃、劉淵先後所定三本，及經傳當收未載之字入焉，謂之《舉要》。而今本又載至順二年文宗敕應奉翰林余謙校正，孛术魯翀稱其刊正補削，根據不苟，則又似經余更定者。

孫氏吾與 韻會定正

《千頃堂書目》四卷

存

黃虞稷曰：《洪武正韻》既行，太祖以其字義音切未能盡當，命翰林院重加校正。學士劉三吾言，前太常博士孫吾與編定本宋儒黃公紹《古今韻會》，凡切字必祖三十六母音韻歸一圖，以其書進。帝覽而善之，賜名曰《韻會定正》。洪武二十三年十月刊成，頒行之。吾與字子初，豐城人，前元翰林待制，歸明授太常博士，充殿試考官。後隨靖寧侯葉昇征南，歸卒。

錢曾《敏求記》曰：孫吾與《韻會定正》四卷，國初閣本影鈔，豐城孫吾與撰。平聲不分上下，別作一公、二居、三觚、四江等二十五韻，上聲別作一礦、二矩、三古、四港等二十五韻，去聲別作一貢、二據、三固、四絳等二十五韻，入聲別作一穀、二覺、三葛、四戛等一十三韻。反切不用沈約韻母，時露西江土音，予未之敢以爲允也。吾與字之初，國初爲太常博士，今題名錄以字行，並爲正之。

方氏日升 韻會小補

《千頃堂書目》三十卷

存

黃虞稷曰：日升字子謙，永嘉人。萬曆甲辰李惟楨等敘。

《四庫全書提要》曰：日升字子謙，永嘉人。萬曆閒館於京山李維楨家，成此書。維楨門人周士顯令建陽時刻之。《韻會》原收一萬二千六百五十二字，是書一從其舊，無所增減，惟每字考其某音爲本音，某義爲本義，其餘音義次第附後，注文多所增益。凡一字有數音者列於前，如止有一音者則云獨音列於後。若字在他韻而可讀入此韻者則云古讀，可叶入此韻者則云古叶，亦並附於後。其搜討頗勤，於原書之外多有援引辯正，然亦時有譌誤。如一東「瞳」字、「犝」字、「曨」字之類，皆引《說文》，不知爲徐鉉新附字，實《說文》本書所無。又如《韻會》「稯」字注引《周禮》注「四秉曰筥，十筥曰稯，十稯曰秅」，不知此《儀禮》聘禮之文。「鍐」字注引《後漢·輿服志》金鍐，不知《輿服志》本作錽，音亡范切。凡此類多未能駁正。其他古音古讀，舛謬尤多。顧炎武《音論》詆其勞脣吻，費簡冊，有甚於前人者，亦非無故云然矣。

錢大昕跋曰：此書雖因黃公紹之本，而增注倍之，可稱博洽之士。王元美贈詩但稱其能詩，奕品在第二，似淺之乎視子謙。然子謙謁元美金陵時，元美已垂老，得假館李本寧所，當由元美之力，而此書之成，則元美已不及見矣。

釋信受 韻會增注

《千頃堂書目》

未見

黃虞稷曰：信受嘉定縣僧，爲常州都綱。

劉氏鑑 經史正音切韻指南

《千頃堂書目》一卷

存

鑑自序曰：聲韻之學，其來尚矣，凡窮經博史，以聲求字，必得韻而後知韻，必得法而後明法，必得傳而後通，誠諸韻之總括、訂字之權衡也。雖五土之音，均同一致，孰不以韻爲則焉！但能歸韻母之橫竪，審清濁之重輕，即知切腳，皆有各派，聲音妙用，本乎自然。若以浮淺小法一概求切，而不究其原者，予亦未敢輕議其非，但恐施於誦讀之閒，則習爲蔑裂矣。略如時忍切「腎」字，時掌切「上」字，同字濁音皆當呼如去聲，卻將「上」字呼如清音「賞」字，其蹇切「件」字、其兩切「強」字亦如去聲，又以「強」字呼如清音丘仰切「磋」字。然則亦以時忍切如「哂」字，其蹇切如「遣」字，可乎？倘因礙致思而欲叩其詳者，止是清濁之分也。又如符羈切如「肥」字，本是皮字，都江切如「當」字，本是椿字，士魚切如「殊」字，本是鋤字，詳里切如「洗」字，本是似字，此乃門法之分也。如是誤者，豈勝道哉！其雞稱齎、癸稱貴[一三]、菊稱韭字之類，乃方言之不可憑者，則不得已而姑從其俗。至讀聖賢之書，首貴乎知音，其可不稽其本哉！其或稽者，非口授難明，幸得傳者歸正，隨謬者成風，以致天下之書不能同其音也。故僕於暇日，因其舊制，次成十六通攝，作檢韻之法，析繁補隙，詳分門類，並私述元關、六段、總括諸門，盡其蘊奧，名之曰《經史正音切韻指南》。與韓氏《五音集韻》互爲體用，諸韻字音皆由此韻而出也，末兼附字音動靜[一四]。願與朋友共之，庶爲斯文之一助云爾。至元二年歲在丙子良月。

錢曾《敏求記》曰：《經史正音切韻指南》一卷，至元二年丙子良月關中劉鑑士明序云：僕於暇日，因其舊制，次成十六攝，作檢韻之法，詳分門類，並私述元關、六段，末兼附字音動靜，爲斯文之一助耳。

戴震《書後》曰：世之傳書論字母等韻者，多不本所始，何歟？其法以唐之季釋守溫爲斷，稱之若無足徵信，然流俗惑於字母之云疑，聲音文字諒由母滋生，況其又假古人所謂宮商角徵羽自文以取重哉！前乎守溫，有辨字五音法凡十字，五音聲論凡四十字，皆與字母三十六參互齟齬。而宋時之以三十六分隸脣齒喉舌牙，與近所傳復違異。劉士明是編獨有取於金韓道昭《五音集韻》，次成十六通攝，辨其開口呼、合口呼。其譜之也，横爲字母三十六，從爲平上去入暨一二三四等列，一等洪大，二等次大，三四俱細，而四尤細。其以配五音也，牙爲角，舌爲徵，脣爲羽，齒爲商，喉爲宮。方未有四聲之前就用韻，比類區分，擬於五音。《魏書·江式傳》言呂忱弟靜放故左校令李登《聲類》之法，作《韻集》五卷，宮商角徵羽各爲一篇是也。齊永明中，周彥倫、沈約始以平上去入製韻，平聲字繁，釐爲上下。徐景安《樂書》乃曰：凡宮爲上平，商爲下平，角爲入，徵爲上，羽爲去。逮宋人競傳字母，則譏江左撰韻，詩識四聲，不識七音。近又或析等列之四，成五韻五音，乃在是者，於是五音之說，歧而傅會，誠無施不可。余以謂皆非也。《虞夏書》曰「詩言志，歌永言，聲依永，律和聲」，古之所謂五聲，宮商角徵羽也者，非以定文字音讀也。凡一字則函五聲，誦歌者欲大不踰宮，細不過羽，使如後之人膠於一字，謬配宮商，將作詩者此字用商，彼字用宮，合宮商矣，有不失其性情違其志意乎！惟宮商非字之定音，而字字可宮可商，以爲高下之節、抑揚之序，故作者寫其性情，而誦之者宛轉高下，以成歌樂。語言文字，其音讀本乎師承者有定，而及夫歌以永其言，大而爲宮，細而爲羽，無一定也。學病於後人皮傅，烏呼，此古義之所以流失其本歟！

《四庫全書提要》曰：鑑字士明，自署關中人，關中地廣，不知隸籍何郡縣也。切韻必宗等子，司馬光作《指掌圖》，等韻之法，於是始詳，鑑作此書，即以《指掌圖》爲粉本〔一五〕，而參用《四聲等子》，增以格子門法，於出切行韻取字，乃始分明，故學者便之。至於開合二十四攝、內外八轉及通廣偈狹之異，則鑑皆略而不言，殆立法之初，已多挂礙糾紛，故姑置之耶。然言等韻者至今多稱《切韻指南》，今姑錄之，用備彼法沿革之由。原本末附明釋真空《直指玉鑰匙》一卷，驗之即真空《編韻貫珠集》中之第一門、第二門，不知何人割裂其文，綴於此書之後。又附《若愚直指法門》一卷，詞指拙澀，與《貫珠集》相等，亦無可采，今並刪不錄焉。

劉氏鑑 經史動靜字音

《千頃堂書目》一卷

未見

楊士奇序曰：《經史動靜字音》，蓋以便教幼學者，然今南方學者多忽略不究。余在武昌，遇之張從善所，故特録以歸。時洪武甲戌歲也。又二十五年月日識。

無名氏四聲等子

《述古堂書目》一卷

存

序曰：切詳夫方殊南北，聲皆本於喉舌，域異竺夏，談豈離於脣齒。由是切韻之作，始乎陸氏關鍵之設，肇自智公傳芳著述，以先知覺後知，以先覺覺後覺，致使元關有異，妙旨不同。其指元之論，以三十六字母約三百八十四聲，別爲二十圖，畫爲四類。審四聲開闔，以權其輕重，辨七音清濁，以明其虛實，極六律之變，分八轉之異。遞用則名和音，徒紅切東字。傍求則名類隔，補微切非字。同歸一母則爲雙聲，和會切會字。同出一類則爲疊韻，商量切商字。同音而分兩切者謂之憑切，求人切神字，丞真切脣字。同音而分兩韻者謂之憑韻。巨宜切其字，巨沂切稽字。無字則點窠以足之，謂之寄聲；韻缺則引隣韻以寓之，謂之寄韻。按圖以索二百六韻之字，雖有音無字者猶且聲隨口出，而況有音有字者乎！遂得吳楚之輕清，就聲而不濫，燕趙之重濁，克體而絕疑，而不失於大中至正之道，可謂盡善盡美矣。近以《龍龕手鑑》重校《類編》，於大藏經函帙之末，復慮方音之不一，脣齒之不分，既類隔假借之不明，則歸母協聲何由取準，遂以此附《龍龕》之後。令舉眸識體，無擬議之惑，下口知音，有確實之決，冀諸覽者審而察焉。

錢曾《敏求記》曰：古《四聲等子》一卷，即劉士明《切韻指南》，曾一經翻刻，冠以元人熊澤民序而易其名。相傳等子造于觀音，故鄭夾漈云「切韻之學起自西域」，今僧徒尚有習之者，而學士大夫論及反切，便瞪目無語，相視以爲絕學矣。

《四庫全書提要》曰：不著撰人名氏，錢曾《讀書敏求記》謂即劉鑑所作之《切韻指南》曾一經翻刻，特易其名。今以二書校之，若辨音和類隔、廣通偈狹、內外轉攝振救、正音憑切、寄韻憑切、喻下憑切、日寄憑切及雙聲疊韻之例，雖全具於《指南》門法玉鑰匙內，然詞義詳略顯晦，迥然不侔。至內攝之通、止、遇、果、宕、曾、流、深，外攝之江、蟹、臻、山、效、假、梗、咸十六攝圖，雖亦與《指南》同〔一六〕，然此書曾攝作内八，而《指南》作内六，流攝此書作内七，《指南》作内八，皆小有不同。至以江攝外一附宕攝内五下，梗攝外七附曾攝内六下，與《指南》之各自爲圖，則爲例迥殊。雖《指南》假攝外六附果攝内四之下，亦閒併二攝，然假攝統歌麻二韻，歌麻本通，故假得附果。若此書之以江附宕，則不知江諧東冬，不通陽唐；以梗附曾，則又誤通庚蒸爲一韻，似不出於一手矣。又此書七音綱目以幫、滂、並、明、非、敷、奉、微之脣音爲宮，影、曉、匣、喻之喉音爲羽，頗變《玉篇》五音之舊。《指南》五音訣具在，未嘗以脣爲宮，以喉爲羽，亦不得混爲一書。《切韻指南》卷首有後至元丙子熊澤民序，稱「古有《四聲等子》，爲傳流之正宗，然而中閒分析，尚有未明，關西劉士明著書曰《經史正音切韻指南》」，則劉鑑之《指南》十六攝圖，乃因此書，而革其宕攝附江、曾攝附梗之誤，此書實非鑑作也。以字學中論等韻者，司馬光《指掌圖》外惟此書頗古，故並錄存之，以備一家之學焉。

小學考卷三十三終

校記

〔一〕尊：原誤作「奠」，今改。案：朱氏跋語見其《曝書亭集》卷四三《禮部韻略釋疑跋》。

〔二〕寶慶：案：《天禄琳琅書目》原書有誤（載卷七）。金代無「寶慶」年號，「寶慶」爲南宋理宗年號。據本書同卷《改併五音集韻》提要，當作「崇慶」。

〔三〕復：原作「後」，據王世貞《讀書後》卷四《書改併五音篇後》改。

〔四〕韓：原作「孽」，據右引書改。案：「韓」即韓孝彦。

〔五〕門法：原脱「法」字，據《天禄琳琅書目》卷七《重刊改併五音集韻》提要補。

〔六〕目録：原作「目餘」，據右引書改。

〔七〕卷：原作「見」，據右引書改。

〔八〕楞嚴：原作「檽嚴」，據右引書改。

〔九〕忝：原作「桻」，據《四庫全書總目》卷四二《五音集韻》提要改。案：「忝」「琰」均在《五音集韻》上聲韻。

〔一〇〕釅：原作「儼」，據右引書改。案：「釅」「梵」均在《五音集韻》去聲韻。

〔一一〕其：原作「具」，據《古今韻會舉要》載劉辰翁序改。

〔一二〕論卞韻略：原作「論叶韻累」，據《古今韻會舉要》載熊忠序改。

〔一三〕癸：原作「祭」，據《經史正音切韻指南》載劉鑑序改。

〔一四〕字音：原作「子音」，據右引書改。

〔一五〕「等韻之法」至「即以指掌圖」句，原脱，據《四庫全書總目》卷四二《經史正音切韻指南》提要補。

〔一六〕指南：原作「指揮」，據《四庫全書總目》卷四二《四聲等子》提要改。

小學考卷三十四

聲韻六

陳氏元吉 韻海

見《全蜀藝文志》〔一〕

佚

李惠序曰：近世儒先以韻書首於江左，其理未竟，論者疑焉。夫聲與韻，文字之自然，童歌巷語，肇於唐虞，旁叶偶傳，與君臣賡歌相表裏，非若今世拘拘然以清濁爲高下論也。小學廢已久，言六書皆本於許慎，或者謂揚雄《太玄》奇字與許氏不合，皆其私臆，殊不知屈氏而下，若司馬諸賦其不易解辨，豈亦其所自製？故昌黎韓子謂「凡爲文，宜略識字」，則世所謂許學者，苟趨省易，實秦相斯之學也。按魏李登始爲《聲韻》，增益衍廣，實原七均。七均之說成於江左，江左之文綺而萎，其於韻若法律爲師，條分目析，錙銖之不可混也。降於隋唐，守其說而莫之變，能變者宋惟吳棫氏。今世所行《唐韻》，博極羣籍之要，見於其序，而近世附益，終莫能已。噫，學其果有止也邪！眉山陳君元吉少以《春秋》試有司第一，南極交廣，以游夫幽冀之平衍，搜奇尊聞，包絡攟拾，因韻以廣，卒爲是書，名曰《韻海》。班然而居，編懸在庭，各得其職，雖第而輕重之，同律呂也。屬辭比事，《春秋》之教，殆猶其微與？昔顏魯公爲《韻海鏡原》，集古今韻字凡三百餘卷，識者謂其摭華撮要，該於理著，四庫散落不具，而今也卒俟君以成。合流納污，愈遠愈清，至於海者，百川之功聚也。敢誦所聞而因以序之。

朱氏宗文 蒙古字韻

《四庫全書目》二卷

存

《四庫全書提要》曰：宗文字彥章，信安人。前有劉更序，又稱爲朱巴顏，蓋宗文嘗充蒙古字學弟子，故別以蒙古語命名也。案《元史·釋老傳》，元初本用威烏爾字案：威烏爾原作畏吾兒，今改正。以達國言，至世祖中統元年，始命帝師製蒙古新字。其字僅千餘，其母凡四十有一。其相關紐而成字者，則有韻關之法，其以二合、三合、四合而成字者，則有語韻之法，而大要以諧聲爲宗。字成，詔頒行天下，又於州縣各設蒙古字學教授，以教習之，故當時頗有知其義者。宗文以蒙古字韻者與聲合，而諸家漢韻率多譌誤，莫知取舍，因重爲校正。首列各本誤字及重入漢字，次列總括變化之圖，次字母三十六字，次篆字母九十八字，次則以各蒙古字分韻排列，始一東，迄十五麻，皆上冠蒙古文，下注漢文對音。先平聲，而附以上去入聲〔二〕。每一蒙古字以漢字音注自四五字至二三十字。末附迴避字樣一百六十餘字，蓋文移案牘通行備檢之本也。元代國書國語音釋，久已傳譌，宗文生於至正間，雖自謂能通音譯，而以南人隔膜之見，比附推尋，實多不能脗合。即如陶宗儀《輟耕錄》載元國字以「可侯」字爲首，而是書又依《韻會》以「見經堅訄」字爲首，其字母已不相合。而《元史》既稱首有二合、三合、四合之法，而此書乃用直對而不用切音，甚至累數字以釋一音，清濁重輕，毫無分別，又字皆對音，而不能翻譯成語。觀《元史》及諸書所載，蒙古字詔旨行移，皆能以國語聯屬成文，是當日必別有翻譯之法，而是書槩未之及，遂至湮沒而不可復考。蓋其時朝廷既無頒行定式，官司胥吏輾轉傳習，舛謬相仍，觀於國姓之卻特而譌作奇渥溫，載之史冊，則其他錯互，大槩可知。且刊本久佚，今所存者惟寫本，其點畫既非鈔胥所能知，其舛誤亦非文士所能校，不過彷彿鉤摹，依稀形似，尤不可據爲典要。我國家同文正治，邁越古今，《欽定元史蒙古國語解》考訂精確，凡相沿之踳謬，盡已闡剔無遺，傳譌之本，竟付覆瓿可矣。

李氏弘道 蒙古韻類

見王義山《稼村類稿》〔三〕

未見

王義山序曰：余嘗見唐段成式歷述自古至今字體之異〔四〕，竊意今之人不復見古之字。李君弘道袖《蒙古韻編》示余，字之古莫古於此矣。然嘗聞之，倉頡爲作字之始，頡生於禪通之紀，在獲麟前二十七萬六千餘年。管夷吾取無懷氏封禪之說，是文字已在伏羲之前。序書者謂文籍生於伏羲，何耶？要知字始於倉頡，至周宣王時始變，而字始不古。迨秦而八體之字興，甄豐作六體書，而古文居其一，奇字則又與古字異。篆書爲程邈所作，佐書即秦時之隸。又如繆篆所以摹印，鳥蟲書所以書幡信，字愈不古矣。弘道《韻編》之作，其以古字之古而教今人以古乎？姑以今韻觀之，上平聲爲門廿八，下平聲爲門廿九，上聲爲門五十五，去入兩聲爲門共九十有四，多乎哉！以古韻求之，則特十五門而止，四聲可全用者，三聲、二聲可通用者，一聲獨用者，皆出於中，嗚呼不多也。求字於聲者如此，又擇字之形相似者爲一類，總而言之，字母止三十二。嗚呼！斂之則三十二，散之則十百千萬。字之古莫古於蒙古矣，雖然，此特論字體之古耳。《周禮》以地官司徒掌邦教，保氏隸於司徒，其職以六書教國子。弘道以《蒙古韻編》教人，且欲使今知字者皆知字之古，以三十二字而括十百千萬之字，括十百千萬之字而教十百千萬之人，視保氏之功爲優，其有功於字學，豈小小哉！使孔安國生於今，不致時人無能知者之嘆〔五〕。嗚呼！字言之文也，韻言之聲也，非字無以成韻，非編韻無以徵字。雖然，弘道教人以《韻編》，更自司馬公切韻法始。

無名氏北韻

見劉辰翁《須溪集》

未見

劉辰翁序曰：字出於聲，制於氣，皆物之自然者，所謂天命，非意之也。蘇老泉以物之懸於空中，首高而尾下，於是權衡生焉。夫物之初也，何莫不然？道生於一，而縱横離合、長短左右生焉，是謂字。獨嘗疑草書之作起於漢省，然狡獪髣髴，誰能家至戶曉，而揣摹習之，雖倉頡之初，苟非出於形聲，情性之所近，將如琱戈泉貨，國異世異，雖今莫能盡識。故方言優亞，常有聲分之字，而無其字者，直未制耳。譬之日用十三卦之後，隨時制氣，何限而皆有，已成之字，極猥陋而無不具，其物陳之吾前，亦無不可識，故曰自然者天也。及至孫亮爲之，武氏創之，則不旋踵而廢，無他，意之也。凡釋之而論，類不通者，皆意之也。世道反古，横行倒置，蹏迒亥午。乃有《北韻》南來，簡便同文，又勝昔之《韻略》。函三於一，事省物備。夫文者不以律次，則亦何不可者。東平朱簿刻而布之，如睹《爰歷》復《滂喜》爲言。其初漢文帝病士大夫應對多不實，故「對」字去口，千餘年如此，而士口甚願從此省，別約三章。

牟氏應龍 五經音考

見虞集《道園學古録》〔六〕

未見

虞集撰《牟伯成墓碑》曰：公諱應龍，字伯成，家於吳興，擢咸淳辛未進士。入元，終上元主簿。著有《五經音考》若干卷。

鄭氏介夫 韻海

《千頃堂書目》〔七〕

未見

邵氏光祖 韻書

《千頃堂書目》四卷

未見

黃虞稷《書録》曰：光祖字弘道，吳人。

李氏士廉 免疑字韻

《千頃堂書目》四卷

未見

李氏世英 韻類 《字鑑》序作《類韻》

《千頃堂書目》三十卷

未見

黃虞稷曰：世英字伯英，長洲人。

《江南通志》：李世英字伯英，長洲人。精書學，作《韻類》三十卷，以字爲本，音爲幹，義訓爲枝葉，自一而二，井然不紊。凡十年成書，從子文仲又本《説文》作《字鑑》。

顏堯煥撰《李文仲字鑑序》曰：伯英李君酷嗜古書，旁搜遠紹，作《類韻》三十卷，閱十載甫脱稿，用心良苦。余爲敘其始末，未及鋟梓而伯英下世矣。

干文傳《字鑑序》曰：梅軒處士李君嘗訓其子伯英曰：「吾聞經典中用字，類多假借，非止一音。凡有疑，必須究諸字書。參之訓詁毋怠。」伯英謹受教，故其平日所讀經史傳記、諸子百家之書，遇有字同而音異者，未嘗不深求博采，遠引旁證，必使音義瞭然而後已。如是者有年，手鈔成帙，於是著爲一書，名曰《類韻》，示不忘先訓也。至治改元甫脱稿，鄉先生前進士顏公敬學爲之敘，未幾而伯英歿。伯英由儒入吏，終漕府令史。

魏氏溫甫 正字韻綱

《千頃堂書目》五卷〔八〕

存

黃虞稷曰：溫甫官廣東僉事，凡字之謬者〔九〕，以小篆古體正之。

楊氏桓 書學正韻

《千頃堂書目》三十六卷

未見

《四庫全書提要》曰：桓既著《六書統》《六書泝原》，又依韻編次是書，兼以字母等韻各分標一二三四，以辨其聲之高下。然或有或闕，體例不一，所列之字，兼存篆隸二體，逐字之下注云統形、統聲、統意、統注者，見於《六書統》者也。注云原指、原形、原聲、原意、原注者，見於《六書泝原》者也。指即指事，形即象形，聲即諧聲，意即會意，注即轉注，省其文耳。其所分韻目，大槩因《集韻》之舊而稍有訂改，如真韻三等合口呼麏囷磨筠等字移入於諄，諄韻四等開口呼逡字移入於真，則真與諄一爲開口呼，一爲合口呼，兩不相雜。陸法言以魂痕次元後，許敬宗等遂注三韻同用，是書移魂痕於前，與真諄文欣爲一類，移元於後，與寒桓刪山先僊爲一類。於古音以侈斂分二部者，亦各從其類。然一以今讀移舊部，一以古音移今韻，雖言之有故，執之成理，究不免變亂之嫌。至於平聲併臻於真，少一韻目，而入聲不併櫛於質，且隱韻、㤎韻内二等開口呼𪗧齔等字，不知其即臻櫛之上去聲，是四聲一貫之故猶未盡知，其亦好爲解事矣。

夏氏泰亨 詩經音考

《浙江通志·書目》

佚

弘治《紹興府志》曰：夏泰亨字叔通，會稽人。領鄉薦，官翰林院編修。

杜氏本 華夏同音

《千頃堂書目》

未見

陶宗儀《輟耕錄》曰：杜清碧先生本，字伯原，有所編五聲韻，自大小篆、分、隸、真、草，以至於外藩書及國朝蒙古新字，靡不收錄，題曰《華夏同音》。至正壬午，中書奏修三史，以翰林待制聘先生起，至武林辭疾不行，盤桓久之。浙省平章康里之山公巙巙時來訪，一日語及聲律之學，因問國字何以用可侯此喉音也，有音無字。字爲首，先生曰：「正如嬰兒初墮地時，作此一聲，乃得天地之全氣也。」平章甚説服。

周氏德清 中原音韻

《千頃堂書目》一卷

存

德清自序曰：青原蕭存之博學，工於文詞，每病今之樂府有遵音調作者，有增襯字作者。有《陽春白雪集·德勝令》：「花影壓重簷，沈煙裊繡簾，人去青鸞杳，春嬌酒病懨，眉尖常瑣傷春怨，忺忺的來不待忺」，「繡」唱爲「羞」，與「怨」字同押者。有同集《殿前歡》《白雲窩》二段，俱八句白字，不能歌者。有板行逢雙不對，襯字尤多，文律俱謬，而指時賢作者。有韻腳用平上去不一一，云也唱得者。有句中用入聲不能歌者，有歌其字、音非其字者〔一〇〕，令人無所守。泰定甲子，存之托友張漢英以其說問作詞之法於予，予曰：言語一科，欲作樂府，不正言語，欲正言語，必宗中原之音。樂府之盛、之備、之難，莫如今時。其盛則自搢紳及閭閻歌詠者衆；其備則自關鄭白馬一新製作，韻其守自然之音，字能通天下之語，字暢語俊，韻促音調，觀其所述，曰忠曰孝，有補於世。其難則有六字三韻，忽聽一聲猛驚是也。諸公已矣，後學莫及，何也？蓋其不悟聲分平仄，字別陰陽。夫聲分平仄者，謂無入聲，以入聲派入平上去三聲也。作平者最爲緊切，施之句中，不可不謹。派入三聲者，廣其韻耳。有才者本韻自足矣。字別陰陽者，陰陽字平聲有之，上去俱無，上去各止一聲。平上去有三聲，有上平聲，有下平聲，上平聲非指一東至二十八刪而言，下平聲非指一先至二十七咸而言。前輩爲《廣韻》，平聲多，分爲上下卷，非分其音也。殊不知平聲字字俱有上平、下平之分，但有有音無字之別，非一東至刪皆上平，一先至咸皆下平聲也。如東紅二字之類，東字下平聲屬陰，紅字上平聲屬陽，陰者即下平聲，陽者即上平聲。試以東字調平仄，又以紅字調平仄，便可知平聲陰陽字音，又可知上、去二聲各止一聲，俱無陰陽之別矣。且上去二聲施於句中，施於韻腳無用陰陽，惟慢詞中僅可曳其聲爾。此自然之理也。妙處在此，初學者何由知之？乃作詞之膏肓，用字之骨髓，皆不傳之妙。獨予知之，屢嘗揣其聲病於桃花扇影而得之也。吁！考其詞音者人人能之，究其詞之平仄、陰陽者皆無有也。彼之能遵音調而有協音俊語，可與前輩頡頏，所謂成文章曰樂府也，不遵而增襯字名樂府者，自名之也。《德勝令》綉字、怨字，《殿前歡》八句白字者，若以綉字是、珠字誤看，則煙字唱作去聲，爲「沈宴裊珠簾」，皆非也。呵呵忺忺者，何等語句，未聞有如此平仄，如此開合韻腳。《德勝令》亦未聞有八句，《殿前歡》此自己字之開合平仄、句之對偶短長俱不知，而又妄編他人之語，奚足以知其妍媸歟？嗚乎，言語可不究乎！以板行謬語而指時賢作者，皆自爲之詞，將正其己之是，影其己之非，務取媚於市井之徒，不求知於高明之士，能不受其惑者幾人哉！使真時賢所作，亦不足爲法，取之者之罪，非公器也。韻腳用三聲，何者爲是？不思前輩某字某韻，必用某聲，卻云也唱得，乃文過之詞，非作者之言也。平而仄，仄而平，上去而去上，去上而上去者，諺云鈕折嗓子是也，其如歌姬之喉咽何！入聲于句中不能歌者，不知入聲作平聲也。歌其字音非其字者，合用陰而陽、陽而陰也。此皆用盡自己心，徒快一時意，不能傳久，深可哂哉！深可憐哉！惜無有以正其語便其作，而使成樂府，恐起爭端，矧爲人之學乎？因重張之請，遂分平聲陰陽及撮其三聲同音，兼以入聲派入三聲，如碑字次本聲後，葺成一帙，分爲十九，名之曰《中原音韻》，并起例以遺之，可與識者道。

李祁序曰：天地有自然之音，非安排布置所可爲也。以安排布置爲之者，人也，非天也。天地既判，而人與之並列焉，草木生焉，禽獸居焉，凡具形色肖貌於天地之間者，莫不有聲焉，有聲則音隨之矣。清濁高下，抑揚徐疾，何莫而非自然之音哉！聲音具而歌詠興，虞廷載賡，三百之篇之權輿也〔一一〕；商頌周雅，漢惠以來，樂府之根柢也。當是時也，韻書未作，而作者之音調諧婉，俯仰暢達，隨其所取，自中節奏，亦何莫而非自然之音哉！韻書作而拘忌多，拘忌多而作者始不如古矣。古之詩未有律也，而律詩自唐始，精於律者固已有之，至杜工部而雄傑渾厚，掩絕今古，然以比之漢魏諸作，則意趣風格，蓋亦有不然者矣。古之賦未有律也，而律賦自唐始〔一二〕，朝廷以此取士，鄉老以此訓子，競競焉較一字於毫忽之間，以爲進退予奪之機，組織雖工，排偶雖切，而牽制局捉，磔裂以盡人之才。故自律賦既作，迨今六七百年之間，而曾無一篇可傳於後世，曾無一字可益於世教。凡若此者，皆韻書之詒患也。嗟乎，韻書之作也，果何人哉！使其果聖人也，則吾不可得而議也。使其非聖人也，則亦安得而盡信之哉！孟子之於《武城》，取其二三策，而其言曰：「盡信書，不如無書。」夫以聖人之書，而孟子猶未之盡信，而況於後之書乎，況若沈氏之書者乎！今且直以一方之音，而欲行之於天下，以一人之見，而欲行之於萬世，偏仄固陋，遂謂成書，使後之人遵而用之，如衆工之守繩墨，小吏之持法令，靳之乎不敢少有遷移。吁，亦可歎也已！予自幼入小學學詩，常怪夫東冬之不相通也，清青之不相用也，則執以問諸師，師曰：「此有清濁，非爾所知。」及長而益疑，則又以質諸鄉之先輩，則鄉之先輩亦有疑之者矣，疑之而著而爲書者有之矣。恨世變莫知所存，亦莫能憶。究其說，常往來於懷。高安周德清通音律，善樂府，舉沈氏之書而洗空之，考其原流，指其疵繆，特出己見，以陰陽定平聲之上下，而向之東冬鍾江等韻皆屬下平。以中原之音，正四方之音，而向之混緩范犯等字皆歸去聲。此其最明白而易見者，它亦未暇悉論也。蓋德清之所以能爲此者，以其能精通中原之音，善北方樂府，故能審聲以知音，審音以類字，而其說則皆本於自然，非有所安排布置而爲之也。使是書行四方，則必將使遐邦僻嶠之士，咸知以中原之音爲正，而自覺其侏離鴂舌之爲可愧矣。又推而施之朝廷，則必能形諸歌詠，播諸金石，近之則可追漢代之遺風，遠之可以希商周之雅頌，而虞廷賡歌之意，亦將可以聞其仿佛矣，不其盛哉！

蔡清序曰：盡六合所有者，既已各有其字矣，然生民之初，未有其字，先有其聲，雖出於人之口，其實皆氣機之自動、天籟之自鳴，究其微有毫髮，非人所能爲者。後之哲人，乃用六法以製其字，而舍其聲，故聲本於氣，氣有陰陽五行，聲有清濁五音，天人一也。惟氣之界分不同，故五方殊稟，而聲亦隨之。然天然自有之中，則不容有二也，蓋天地之中氣在中國，中國之中氣在中州，氣得其中，則聲得其正，而四方皆當以是爲的焉。此元高安周德清先生之《中州音韻》所以爲人間不可無之書也。思昔先王之世，書必同文，文同則聲同，其必有以中天下之不中者矣。秦漢而下，王者不考文，及江左音倡，而天下無正聲，因循千有餘載，而我太祖高皇帝始命儒臣大釐正之，名曰《洪武正韻》，信有以追先王考文之典，而爲萬世不刊之書矣。然人知《正韻》出於當時儒臣承詔之所編定，而不知其有得於《中州音韻》之書者宜多也。何以言之？虞文靖公一代名儒也，嘗受德清先生之書而序之，深許其得音之正，而序中所謂吳楚傷於輕浮，燕趙失於重濁云云者，今《正韻》凡例中純用之，則是當時諸儒之採用其書，初無損於諸儒之自得，而適足以見其能集衆美，以成一代之盛典爲可嘉。而德清先生之功，亦於是乎爲不可掩矣。顧其書雖爲識者所賞，而未及顯行於世，況更物以來，蠹蝕湮晦，復百餘年矣。吳興王文璧先生隱居樂道，沈潛書史，而不廢音韻之學。今年九十矣，乃能取家藏故本，大加訂正，視故本爲益精且詳。以吾閩憲僉張公某其甥也〔一三〕，屬爲梓行之。適漳守羅侯某及龍溪尹姚君某獲見其書，遂請於公，以成其事，俾清識一言於其端〔一四〕。嗟乎！是固天地之中氣，正聲之所在，而我朝一代盛典所開先者也。充其用則被之弦歌，可使大樂與天地同和，而天下化中者亦未必不於此有取也，其可使無傳乎！文璧先生以九十之老，而留情於此，其庶幾漢伏生之風乎，而張公輩樂成之，是皆能爲斯文出一氣力者也。

何瑭序曰：《中原音韻》，江西周德清氏所作也。其法謂平分二義，入派三聲〔一五〕。平分二義，則以平聲之字音有抑揚，分爲陰陽，如荒黄、青晴之類是也。調曲之間當用陽字者，不可用陰字，當用陰字者，不可用陽字。若失其法，則歌喉有礙，然此亦近世之論耳〔一六〕，古法不然也。古人歌詩有叶韻之法，蓋借他字之音而歌之也，則於字相近而音有抑揚者，固可以相借而用之矣。況周法謂入派三聲，則入聲之字當歌之時，亦借爲平上去聲而歌之矣。拘於平聲而不拘於入聲，抑豈得爲通例乎！然則，周氏蓋亦知音而未達者也。獨其所述十二曲條，猶可考見古樂之彷彿，觀者亦不可盡廢之耳。嗚呼！禮失而求之野，此其得已也哉！予既著《管見》，後得見神樂觀所具《中和樂譜》，乃知合四一尺上工，即五音之别名，但四清有黄鐘、大吕、太簇、夾鐘，而無林鐘，與《管見》不合。然四清全無用，疑傳久有誤，蓋與五音相生之法不合也。姑記於此備參考云。

祝允明《重刻中原音韻序》曰：有文韻，有詩韻，有詞韻、曲韻。有古韻，有今韻，古韻出於六經，作文者用之，古選詩用之。今韻出於沈氏，近體詩用之。詞始於唐，盛於宋以迄於今，其用韻猶詩也。惟金元北曲，乃用所謂中原之韻，蓋因其國都在幽燕之區，河洛相去不遥，其方言如是也。故爲其言者，每詆詩韻之偏，而爲詩者則至今猶不從之。我洪武聖人亦既命儒碩定《正韻》，如其説矣，詩韻姑未論，若北調之製，可不嚴於此耶？余也好樂，故嘗自負知音，謂四十年接賓友無一人至此者。頗有言樂之書，兹未遑似諸人，每浩歎今日事惟樂爲大壞，未論雅部，秖日用十七官調，識其美劣是非者幾士。數十年前尚有之，今殆絶矣。不幸又有南宋溫浙戲文之調，殆禽噪爾，其調果在何處？噫嘻陋哉！大何王將軍廷瑞俊邁士也，既刻《詩韻》，復欲取周德清《中原韻》入板，以示予。予爲之喜甚，凡正音之説，德清全書言之甚詳，因稍爲括取要旨數節授之，令列諸前，庶覽者可得其槩也。繕畢就梓，稍引之云爾。

張萱《疑耀》曰：周德清在元時自爲知音者，故嘗著《中原音韻》，今所行《洪武正韻》多宗之。余故有侍兒工琵琶，嘗譜《太和正音》，止有平上去三聲而無入聲。余竊疑之，不知其與周德清之音韻實暗合也。德清北人，其所著音韻皆北聲，故以「六」爲「溜」〔一七〕、以「國」爲「鬼」，謂之中原之音，可乎？至四聲而闕入聲，尤爲謬妄。聲之有平上去入，猶天之有元亨利貞、地之有東南西北也，闕一其可乎？故余所梓《太和正音譜》曰「北雅」以此。

《四庫全書提要》曰：德清字挺齋，高安人。是書成於泰定甲子，原本不分卷帙。考其《中原音韻起例》以下即列諸部字數，正與《作詞起例》以下即列作詞諸法合，蓋前爲韻書，後爲附論，畛域顯然。今據此釐爲二卷，以便省覽。其音韻之例，以平聲分爲陰陽，以入聲配隸三聲。分爲十九部，一曰東鐘，二曰江陽，三曰支思，四曰齊微，五曰魚模，六曰皆來，七曰真文，八曰寒山，九曰桓歡，十曰先天，十一曰蕭豪，十二曰歌戈，十三曰家麻，十四曰車遮，十五曰庚青，十六曰尤侯，十七曰侵尋，十八曰鹽咸，十九曰廉纖，蓋全爲北曲而作。考齊梁以前，平上去無别，至唐時如元稹諸人作長律，尚有遺風，惟入聲則各自爲部，不叶三聲。然如《檀弓》稱「子辱與彌牟之弟游」，注謂「文子名木，緩讀之則爲彌牟」。又《古樂府・江南曲》以「魚戲蓮葉北」韻「魚戲蓮葉西」，注亦稱「北讀爲悲」，是以入叶平，已萌於古。又《春秋》「盟於蔑」，《穀梁》作「盟於昧」；《春秋》「定姒卒」，《公羊》作「定弋卒」，是亦方言相近，故上去入可以轉通也。北音舒長遲重，不能作收藏短促之聲，凡入聲皆讀入三聲，自其風土使然。樂府即爲北調，自應歌以北音，德清此譜，蓋亦因其自然之節，所以作北曲者沿用至今，言各有當，此之謂也。至於因而掊擊古音，則拘於一偏，主持太過。夫語言各有方域，時代遞有變遷，文章亦各有體裁。《三百篇》中東陽不叶，而孔子《象傳》以「中」韻「當」，老子《道經》以「聾」韻「盲」，此參用方音者也。《楚騷》之音異於風雅，漢魏之音異於屈宋，此隨時變轉者也。左思作《三都賦》，純用古體，則純用古音，及其作《白髮賦》與《詠史》《招隱》諸詩，純用晉代之體，則亦純用晉代之音。沈約詩賦皆用四聲，至於《冠子祝文》，則「化」字乃作平讀。又文章用韻各有體裁之明證也。詞曲本里巷之樂，不可律以正聲。其體創於唐，然唐無詞韻，凡詞韻與詩皆同，唐初《回波》諸篇，唐末《花間》一集可覆按也。其法密於宋，漸有以入代平，以上代平諸例，而三百年作者如雲，亦無詞韻，間或參以方音，但取歌者順吻，聽者悅耳而已矣〔一八〕。一則去古未遠，方音猶與韻合，故無所出入；一則去古漸遠，知其不合古音，而又諸方各隨其口語，不可定以一格，故均無書也。至元而中原一統，北曲盛行，既已别立專門，自宜各爲一譜，此亦理勢之自然。德清乃以後來變例，據一時以排千古，其傎殊甚。觀其「瑟」注音史，「塞」注音死，今日四海之内，寧有此音？不又將執以排德清哉！然德清輕詆古書，所見雖謬，而所定之譜，則至今爲北曲之準繩。或以變亂古法詆之，是又不知樂府之韻本於韻外别行矣。故録存其書，以備一代之學，而併論其原流得失如右。

徐氏霖中原音韻注釋

《千頃堂書目》

未見

樂氏韶鳳等洪武正韻〔一九〕

《明志》十六卷

存

《明史·樂韶鳳傳》曰：韶鳳字舜儀，全椒人。博學能文章，洪武三年授起居注。六年拜兵部尚書，改侍講學士。八年，帝以舊韻出江左多失正，命與廷臣參考中原雅音正之，書成，名《洪武正韻》。

宋濂奉敕序曰：人之生也則有聲，聲出而七音具焉。所謂七音者，牙、舌、脣、齒、喉及舌齒各半是也。智者察知之，分其清濁之倫，定爲角、徵、宮、商、羽，以至於半商、半徵，而天下之音盡在是矣。然則，音者其韻書之權輿乎！夫單出爲聲，成文爲音，音則自然協和，不假勉強而後成。虞廷之賡歌、康衢之民謠，姑未暇論，至如國風雅頌四詩，以位言之，則上自王公，下逮小夫賤隸，莫不有作。以人言之，其所居有南北東西之殊，故所發有剽疾重遲之異，四方之音萬有不同。孔子删詩書，皆堪被之弦歌者，取其音之協也，音之協其自然之謂乎！不特此也，楚漢以來，《離騷》之辭，《郊祀》《安世》之歌，以及於魏晉諸作，曷嘗拘於一律，亦不過協比其音而已。自梁之沈約拘以四聲八病，始分爲平上去入，號曰《類譜》，大抵多吳音也。及唐以詩賦設科，益嚴聲律之禁。因禮部之掌貢舉，易名曰《禮部韻略》，遂至毫髮弗敢違背。雖中經二三大儒，且謂承襲之久，不欲變更，縱有患其不通者，以不出於朝廷，學者亦未能盡信。唯武夷吳棫患之尤深，乃稽《易》《詩》《書》而下，達於近世，凡五十家，以爲《補韻》。新安朱熹據其說以協《三百篇》之音〔二〇〕，識者雖或信之，而韻之行世者猶自若也。嗚呼！音韻之備，莫踰於四詩，詩乃孔子所删，舍孔子弗之從，而唯區區沈約之是信，不幾於大惑歟！恭惟皇上稽古右文，萬幾之暇，親閱韻書，見其比類失倫，聲音乖舛，召詞臣諭之曰：「韻學起於江左，殊失正音，有獨用當併爲通用者，如東冬、清青之屬，亦有一韻當析爲二韻者，如虞模、麻遮之屬，若斯之類，不可枚舉。卿等當廣詢通音韻者，重刊定之。」於是翰林侍講學士臣樂韶鳳、臣宋濂、待制臣王僎、修撰臣李叔允、編修臣朱右臣、趙壎、臣朱廉、典簿臣瞿莊、臣鄒孟達、典籍臣孫蕡、臣荅祿與權，欽遵明詔，研精覃思，壹以中原雅音爲定，復恐拘於方言，無以達於上下，質正於左御史大夫臣汪廣洋、右御史大夫臣陳寧、御史中丞臣劉基、湖廣行省參知政事臣陶凱。凡六謄稿，始克成編。其音諧韻協者併入之，否則析之，義同字同而兩見者合之，舊避宋諱而不收者補之。注釋則一依毛晃父子之舊。勒成一十六卷，計七十六韻，共若干萬言。書奏，賜名曰《洪武正韻》，勅臣濂爲之序。臣濂竊惟司馬光有云「備萬物之體用者莫過于字，包衆字之形聲者莫過於韻」，所謂三才之道、性命道德之奥、禮樂刑政之原，皆有繫於此，誠不可不慎也。古者之音唯取諧協，故無不相通。江左制韻之初，但知縱有四聲，而不知衡有七音，故經緯不交，而失立韻之原，往往拘礙，不相爲用。宋之有司，雖嘗通併，僅稍異於《類譜》，君子患之。當今聖人在上，車同軌而書同文，凡禮樂文物，咸遵往聖，赫然上繼唐虞之治。至於韻書，亦入宸慮，下詔詞臣〔二二〕，隨音刊正，以洗千古之陋習，猗歟盛哉！雖然，旋宮以七音爲均，均言韻也，有能推十二律以合八十四調，旋轉相交，而大樂之和亦在是矣。所可愧者，臣濂等才識闇劣，無以上承德意，受命震惕，罔知攸措。謹拜手稽首，序於篇端，於以見聖朝文治大興，而音韻之學悉復於古云。

楊士奇《洪武正韻跋》曰：《洪武正韻》，我太祖皇帝命儒臣刊定之書，一洗江左以來千載拘僻之陋，而復諸古，盛哉！刻板在太學，吾家所有總四册。

黄虞稷曰：太祖以舊韻起於江左，多失正音，乃命翰林侍講學士樂韶鳳與諸廷臣，以中原雅音核之。洪武七年三月書成，詔頒行天下。

《四庫全書提要》曰：書成於洪武八年，濂奉敕爲之序，大旨斥沈約爲吳音，一以中原之韻更正其失，併平上去三聲各爲二十二部，入聲爲十部，於是古來相傳之二百六部併爲七十有六。其注釋一以毛晃《增韻》爲稿本，而稍以他書損益之。蓋歷代韻書，自是而一大變。考《隋志》載沈約《四聲》一卷，新、舊《唐書》皆不著録，是其書至唐已佚。陸法言《切韻序》作於隋文帝仁壽元年，而其著書則在開皇初，所述韻書惟有呂靜、夏侯該、陽休之、周思言、李季節、杜臺卿六家，絕不及約，是其書隋時已不行於北方。今以約集詩賦考之，上下平五十七部之中，以東冬鍾三部通，虞魚模三部通，庚耕清青四部通〔二三〕，蒸部、登部各獨用，與今韻分合皆殊。此十二部之仄韻，亦皆相應。他如《八詠》詩押「韋」字入微韻。與《經典釋文》陳謝嶠讀合；《梁大壯舞歌》押「震」字入真韻，與《漢書》敘傳合；《早發定山》詩押「山」字入先韻，《君子有所思行》押聲」，蓋冬部上聲惟此一字，不能立部，附入腫部之中，人業已改定。又上聲二腫部「湩」字下注曰「冬字上曰「陸以恭、蜙、縱等入冬韻，非也」，蓋一紐之失，古何可盡掩其目乎！觀《廣韻》平聲三鍾部「恭」字下注世，強爲舞文耳。然原流本末，古籍昭然，天下後世，以更古法，如不誣古人以罪，則改之無名，濂亦曲學阿爲宿學，不應沿譌踵謬至此，蓋明太祖既欲重造此書，考，所作《刊誤》，橫肆譏評，其誣實甚。濂在明初，號已深斥吳音之失，安得復指爲吳音？至唐李涪，不加深則非惟韻不定於吳人，且序中「江左取韻」諸語〔二三〕，綱紀。」今《廣韻》之首列同定八人姓名，曰劉臻、顔之推、魏淵、盧思道、李若、蕭該、辛德源、薛道衡，疑處悉盡，我輩數人定則定矣。』法言即燭下握筆，略記疏緩，蕭顔多所決定。魏著作謂法言曰：『向來論難，復殊。因論南北是非，古今通塞，欲更捃選精切，除削秦隴則去聲爲入，梁益則平聲似去，江東取韻，與河北諸家取舍亦復不同，吳楚則時傷輕淺，燕趙則多傷重濁，八人，同詣法言門宿，論及音韻，以今聲調既自有別，殊甚。法言《切韻序》又曰：「昔開皇初有儀同劉臻等收字亦頗異。濂序乃以陸法言以來之韻指爲沈約，其謬押「化」字入麻韻，與《後漢書・馮衍傳》合。與今韻「軒」字入先韻，與梁武帝、江淹詩合；《冠子祝文》亦必注明，不使相亂。古人分析不苟，至於如此，濂乃以私臆妄改，悍然不顧，不亦傎乎！李東陽《懷麓堂詩話》曰：「國初顧祿爲宮詞，有以爲言者，朝廷欲治之。及觀其詩集，乃用《洪武正韻》，遂釋之。此書初出，亟欲行之故也。」然終明之世，竟不能行於天下，則是非之心，終有所不可奪也。又周賓《所識小編》曰：洪武二十三年，《正韻》頒行已久，上以字義音切尚多未當，命詞臣再校之。學士劉三吾言前後韻書，惟元國子監生孫吾與所纂《韻會定正》音韻歸一，應可流傳。遂以其書進，上覽而善之，更名《洪武通韻》，命刊行焉，今其書不傳云云。是太祖亦心知其未善矣。其書本不足錄，以其爲有明一代同文之治，削而不載，則韻學之沿革不備，猶之記前代典制者，雖其法極爲不善，亦必錄諸史冊，固不能泯滅其迹，使後世無考耳。

李氏纖 洪武正韻玉鍵釋義〔二四〕

《千頃堂書目》二卷

未見

無名氏正韻玉鍵釋義〔二五〕

《千頃堂書目》二卷

未見

黃虞稷《書錄》曰：萬曆甲戌敘，不知何人。

龔氏時憲 洪武正韻注疏

《千頃堂書目》十六卷

未見

黃虞稷《書錄》曰：時憲，太倉州人〔二六〕。

周氏嘉棟 正韻彙編

《千頃堂書目》四卷

存

《四庫全書提要》曰：嘉棟字隆之，黃州人，萬曆己丑進士，官至監察御史。其書取《洪武正韻》，以偏傍分八十部，所分之部與部中所列之字皆以字畫多少爲序。每字之下，仍各注曰某韻，特因韻書之本文編爲字書，以便檢尋，無所損益。其分部頗多乖迕，至於乃字、母字之類，以爲無偏旁之可歸，編爲雜部附於末，尤不考古義矣。

任氏世鐘 正韻統宗 一作「任鏜」

《千頃堂書目》四卷

未見

童氏漢臣 正韻便覽

《千頃堂書目》四卷

未見

楊氏時偉 正韻牋

《千頃堂書目》十六卷《四庫全書目》四卷

存

《四庫全書提要》曰：是書前有崇禎辛未自序，大旨以《洪武正韻》不行於當代，故因其原本，增注於下，謂之補牋。又取吳棫《韻補》、陳第《古音考》諸書所據古書之音，附於各韻之後，謂之古音。又取熊忠《韻會舉要》、楊慎《丹鉛錄》諸書所收字，增附於韻後，謂之逸字。其用意頗勤，然《洪武正韻》分合舛誤，窒礙難通，雖以天子之尊，傳國十餘世，懸是書爲令甲，而終不能行於天下，二百六七十年之中〔二七〕，若存若亡，無人置議。時偉乃於舉世不用之中，出奇立異，冀以匹夫之力顛到千古之是非〔二八〕，抑亦難矣。且所注古音，雜取吳棫、陳第二家，不知其體例各別。所收逸字，不能究《廣韻》《集韻》之原，僅據楊慎等之書，尤爲疏略。所補箋亦皆輾轉稗販，如「日在木中爲東」，此許慎所引官溥說，明載於《說文》，而乃引鄭樵《通志》，足知非根本之學矣。

劉氏正韻類鈔

見畢自嚴《石隱園藏稿》

未見

畢自嚴序曰：太祖高皇帝因休文韻多用吳音，命宋學士輩輯爲《洪武正韻》，音律本中原，注釋羅經史，其六書之總括，斯道之指南乎！閱覽之士，披載籍而未諳，輒思檢音義於《正韻》，迨手是編，又復汪洋卻顧，莫測津涯，何也？字既未習，則噤不知所呼，其何以別聲而辨韻耶？近世刻有《海篇直音》，雖覺直截，易於檢覓，而其音律，或與《正韻》時有牴牾，兼以注釋潦略，令人不無掛一漏萬之歎。岷山分在窮荒，簡袠甚渺，獨有《正韻類鈔》鏤板，儲之有司，余因得寓目焉。先以行析字類，隨以韻冠字顛，字緣區分，音隨字注，釋義臚列靡遺，別韻旁出附見，蓋合《正韻》《海篇》二書而益之，俾按形作字者不勞餘力，而可燭照數計，至便也。岷山學者苦無師承，其於音韻點畫，往往謬宮商而淆亥豕，則是書尤岷山士人對症之藥。顧原刻不列纂輯姓氏，而梨棗歲久，亦多損剝散佚者，余訪之故老，迺前任憲副京山劉公偕諸文學所輯書也。

朱氏睦㮮 正韻偏旁

《千頃堂書目》一卷

未見

《明史·諸王傳》曰：鎮國中尉睦㮮，字灌甫，鎮平王諸孫。幼端穎，及長被服儒素，覃精經學，所撰有《韻譜》五卷。學者稱爲西亭先生。

朱氏睦㮮 韻譜

《千頃堂書目》二卷《明志》五卷

存

朱氏權 瓊林雅韻

《千頃堂書目》一卷

存

黄虞稷曰：正統辛酉序。

《浙江采集書録》曰：《瓊林雅韻》一册，明寧獻王權撰。删并卓氏《中州韻》，存十九字母，各系於四聲下。

朱氏載堉 韻學新説

見《河南通志》

未見

《河南通志》傳曰：朱載堉，鄭藩恭王長子謚端清世子。所著有《韻學新説》《切韻指南》。

朱氏載堉 切韻指南

見《河南通志》

未見

按：載堉，《明史》有傳，言其篤學，有至性，著樂律書。

趙氏撝謙 聲音文字通

《焦氏經籍志》三十二卷

佚

撝謙自序曰：夫平上去入謂之聲，四聲必貫，沈氏平東、上董、去送、入屋之類，則非矣。角徵宫商羽謂之音，七音有序，沈氏前東後公，冬東異處之類，則非矣。依類象形，隨體詰詘，而畫其迹者，獨體謂之文，合體謂之字，六義相資。自夫程邈造隸，王次仲制分，趨省易而文字破壞，則代益非矣。

又曰：此書積二十年然後成，凡一百卷。王仲迪以爲痛掃前人之譌謬，一洗千載之陋習。西村顧先生亦謂其功不在孟氏闢異端之下。至永樂初年，太宗文皇帝詔藏秘閣，以爲國家考文之重典。由是天下皆知其學，則前所謂屈塞必有伸通之語，有是證矣。

李東陽《懷麓堂詩話》曰：陳公甫論詩專取聲，最得要領。潘應昌嘗謂予：「詩宫聲也。」予訝而問之，潘言其父受於鄉先輩曰：「詩有五聲全備者少，惟得宫聲者爲最優，蓋可兼衆聲也。李太白、杜子美之詩爲宫，韓退之之詩爲角，以此例之，雖百家可知也。」予初欲求聲於詩，不過心口相語，然不敢以示人，聞潘言始自信，以爲先得我心。天下之理出於自然者，固不約而同也。趙撝謙嘗作《聲音文字通》十二卷，未有刻本，本入內閣而亡其十一，止存總目一卷，以聲統字，字之於詩，亦一本而分者，於此觀之尤信。門人輩有聞予言，必讓予曰：「莫太洩漏天機否也。」

《浙江采集書錄》曰：明瓊山教諭餘姚趙撝謙撰。大抵本張行成《皇極通變》、祝泌《經世鈐》之說而推之，審音辨聲，著爲圖譜，分配卦象，其義深而難明。此書流傳絕少，焦氏《經籍志》作三十二卷，《明史·藝文志》及黃氏《千頃堂書目》作一百卷，或聞見互異耳。今本無序目可查，首有缺頁，從蒙卦起，并失第九、第十、第十一、第十二卷，不知海內尚有足本否。

《四庫全書提要》曰：撝謙是書乃所定韻譜也。攷《皇極經世》聲音唱和圖，日月星辰凡一百六十聲。爲體數，去太陰、少陰、太柔、少柔之體數四十八，得一百一十二，爲日月星辰之用數。水火土石凡一百九十二音爲體數[二九]，去太陽、少陽、太剛、少剛之體數四十，得一百五十二，爲水火土石之用數。撝謙此書則取音爲字母，聲爲切韻，各自相配，而注所切之字於上。凡有一音，和以十聲，蓋因邵子之圖而錯綜引伸之，然以一卦配一音，又以一卦配十聲，使音與聲爲唱和，卦與卦爲唱和，欲於邵子《經世圖》之外增成新義，而不知於聲音之道，彌滋穿鑿，殊無足取。焦竑《筆乘》載撝謙歿後，其門人柴廣敬以是書進於朝，未及版行。《明史·藝文志》載是書爲一百卷，此本尚存三十二卷，蓋別本之流傳者。然卷首起自一之四[三〇]，亦殘闕之書，不足取證，以敗楮視之可矣。

沈氏宗學 增補廣韻

《千頃堂書目》

未見

黃虞稷曰：宗學吳人，與王賓善，詹孟舉稱其正書爲明時第一人。

沈氏宗學 七音字母

《千頃堂書目》

未見

《浙江通志》曰：杭州祥符戒壇寺僧集，劉基序〔三二〕。

止菴韻略易通〔三三〕

《述古堂書目》一卷

存

錢曾曰：《韻略易通》一卷。正統壬戌九月光和道人止菴編《韻略易通》成而序之。編以《早梅》詩一首，凡二十字爲字母，標題于上。即各韻平聲爲子調，子下得一平聲字，則上去入一以貫之，故曰「易通」。又分前十韻爲四聲全者，後十韻爲無入聲者，覽之心目了然。止菴不知何人，觀其書可以免羊芊之笑矣。

釋迴四聲韻

《浙江通志・書目》

未見

按：是書本見弘治《紹興府志》。

釋竹川集韻

《浙江通志・書目》

未見

小學考卷三十四終

校記

〔一〕案：此處係謝啓昆誤記。序文不載於《全蜀藝文志》，而載於元袁桷《清容居士集》卷二二。下文所云「李惠序」亦誤，當作「袁桷序」。

〔二〕附以：原脱「附」字，據《四庫全書總目》卷四四《蒙古字韻》提要補。

〔三〕王義山：原脱「山」字。案：《蒙古韻類序》載元王義山《稼村類稿》卷五。今補。又，下文「王義山」，亦據之補足。

〔四〕異：原作「意」，據王義山《稼村類稿》卷五《蒙古韻類序》改。

〔五〕嘆：原作「笑」，據右引書改。

〔六〕虞集：原脱「集」字，據後文所引補。

〔七〕案：此處係謝啓昆誤記。《千頃堂書目》不載此書，而《明一統志》卷四三、《大清一統志》卷二三三、《萬姓統譜》卷一〇七均有鄭介夫，云「開化人，號鐵柱，性剛直敢言。著《韻海》。至大間上《太平策》」。

〔八〕五卷：《千頃堂書目》卷三署作「四卷」。

〔九〕「謬」上，據右引書當脱一「譌」字。

〔一〇〕音：原作「昔」，據周德清《中原音韻·起例》改。

〔一一〕三百之篇：據李祁《雲陽集》卷四《周德清樂府韻序》，當衍「之」字。

〔一二〕「未有律也而律賦」七字，原脱，據右引書補。

〔一三〕其：原脱，據蔡清《虚齋集》卷三《中州音韻序》補。

〔一四〕清：原作「請」，據右引書改。案：即蔡清。

〔一五〕入派：原作「入脈」，據何瑭《柏齋集》卷九《讀中原音韻》改。案：光緒刊本已改從「入派」。

〔一六〕近世：原脱「近」字，據右引書補。

〔一七〕溜：原作「籀」，據張萱《疑耀》卷一「北音無入聲」條改。

〔一八〕「順吻聽者」四字原脱，據《四庫全書總目》卷一九九《中原音韻》提要補。

〔一九〕樂韶鳳：原作「樂詔鳳」，據《明史》卷一三六本傳改。下文「樂韶鳳」同。案：光緒刊本已改作「樂韶鳳」。

〔二〇〕協：原作「易」，據《洪武正韻》載宋濂序改。

〔二一〕詞臣：原作「司臣」，據右引書改。

〔二二〕青：原作「音」，據《四庫全書總目》卷四二《洪武正韻》提要改。

〔二三〕諸語：原作「語語」，據右引書改。

〔二四〕玉鍵：原作「玉鏈」，據《千頃堂書目》卷三改。下條「玉鍵」同。

〔二五〕案：《小學考》鈔錄書名、著者偶有疏誤。《千頃堂書目》卷三載：「張士佩《洪武正韻玉鍵》一卷。萬曆甲戌序，不知撰人。」據此，是書爲《洪武正韻玉鍵》，而《小學考》衍「釋義」二字；又著者應爲

「張士佩」，而非「無名氏」。本書卷二六載有張士佩《六書賦》，可參考。

〔二六〕太倉州人：《千頃堂書目》卷三署作「常州人」。

〔二七〕中：原作「終」，據《四庫全書總目》卷四二《洪武正韻牋》提要改。

〔二八〕「是非」上，原衍一「事」字，據右引書删。

〔二九〕體數：原作「體故」，據《四庫全書總目》卷四四《聲音文字通》提要改。

〔三〇〕一之四：原作「一之世」，據右引書改。

〔三一〕案：此條係以蘭廷秀字號署名，錢曾謂「不知何人」，當誤。《韻略易通》一書爲明蘭廷秀撰，廷秀號止庵。《明史》卷九六《藝文一》、《千頃堂書目》卷三、《四庫全書總目》卷四四均著録是書。又，本書卷三六著録有蘭廷秀《韻略易通》二卷，當係重複著録。

〔三二〕案：明劉基《誠意伯文集》卷七載有《竹川上人集韻序》。

小學考卷三十五

聲韻七

釋如岩重校韻書[一]

見《明文海》

未見

徐熥序曰：上古有音無字，出諸口者皆天地之元聲也。自羲皇畫卦、蒼頡造字，制既立矣，音斯附焉。字者音之形體，音者字之名稱。類形始於許慎，而慎生於漢世，去古已遠，其所訓釋，不無牽合之病。至於《玉篇》諸書，則祖《說文》而潤色之。惟王與祕之《五音篇海》分其畫段，則字無遺形。類聲始於沈約，而約產於南服，間操吳音，其所分别，不無割裂之病。至於《廣韻》諸書，則祖唐韻而更置之。惟荊漢之《五音集韻》，隨母取切，則字無遺聲。此形聲之大較也。然篋笥嚴扃，匪鑰不啟，形聲無窮，匪法不通。有司馬公之《指掌圖》、韓道昭之三十六母，勝國安成劉士明之《切韻指南》[二]、國朝沙門真空之《貫珠集》，挈領提綱，開示門法，求聲音以歸母，考偏旁以入部，字得韻而知，韻得字而顯。則凡大而墳典邱索、經史子集、三藏十二部之文，以至稗虞小說、重譯方言，如恆河沙未可更僕者，無不探賾索隱，鉤深致遠。晝無亥豕，音不聱牙，還天地之元聲，開萬世之聾韻，教闡同文，功匪細矣。此書流傳既久，梨棗漫漶。沙門如岩者朗質觀空，精嚴戒律，曩朝落迦，得傳斯訣，蒲團之暇，字梭音研。與支提寺僧真燦者發大誓願，期鍥此書，傳流震旦，普濟羣品。鈔題募化，偏於十方，積之八年，始克竣事，可謂有裨教典而功德無量者矣。熥根器朽鈍[三]，識不反隅，驟加披閱，茫昧難明。岩師矜我愚蒙，詳譯屢譬，匝月之後，漸見一斑，乃令不慧片言行諸簡首。夫畫前有《易》，教取先天，有相皆虛，禪宗祕旨，故毗邪杜口，開不二之法門，摩竭斂心，啟無言之津筏。蓋聲音俱屬浮塵，文字同歸理障，惟一切萬法，不離自性，則三藏之文，皆如來之幻迹，羲皇一畫，實綺語之濫觴。與叔重、休文之流炫奇鬭博，其於西來之指何如也？昔蒼頡書成而鬼爲夜泣。悲混沌之已鑿，世與道而交喪耳。剏辯清濁審浮沈，出入於口耳之間，精研於指掌之上，岩師賞予之言，遂書於篇端，以告夫同志者。

蔣氏元 韻原

《千頃堂書目》六十卷

未見

宋濂撰《蔣處士墓銘》曰：元字子晦，婺之東陽人。著有《韻原》六十卷。

黄虞稷曰：元字子晦，一字若晦，東陽人，許文懿弟子，學者私謚曰貞。

章氏黼 韻學集成

《千頃堂書目》十三卷

存

《江南通志》曰：章黼字道常，嘉定人。中年病足，絶意進取，以六書訛謬，乃遵《洪武正韻》，參以《三蒼》《説文》《玉篇》《韻會》諸書，考訂同異，編《韻學集成》十三卷，又《直音》七卷。

桑悅序曰：練川章先生名黼，字道常，别號守道。平生隱居教授，不求聞達，著《韻學集成》十三卷，凡收四萬三千餘字。每舉一聲而四聲具者自爲帙，三聲、二聲絶者如之。乃别爲《直音篇》，總考其字之所出，前此未有也。先生没後十餘年，其子冕將鋟諸梓[四]，時閭陽吳公克明適以名進士爲茲邑令，一時大夫士咸祈其成，吳公難之曰：「《洪武正韻》一書，革江左之偏音，美矣盡矣，萬世所當遵守者也，奚他聲爲？」[五]僉曰：「是韻正所以羽翼聖制也。古今以正韻名家者不一，《廣韻》梁棟也，《韻會》榱桷也，我朝《正韻》一書，擇衆人而修正之，廣居矣。茲又益之以《龍龕》諸韻，外衛之以城郭，内實以奇貨，覆庇後學之功，不淺淺也。且《正韻》之修，太祖高皇帝運其成規，授之宋濂輩以竟其事，觀大聖之製作，誠度越千古而無間矣。帝王以萬世之才爲才，有臣於數十年後，以濂自擬，克遵成規，少加張皇，亦何尤哉！」吳公曰然，遂募好事者經營其費。適欽差提督水利浙江按察司僉事吳公廷玉案臨茲邑，又力贊之。人樂於助，不數月訖工，僉求予言弁諸首。先儒有云：「爲文宜略識難字。」《南山》詩、《三都》《甘泉》等賦，誦之多箝人舌，弗克屈伸，果字有異哉，人異其字也。是韻一出，向之殷敦周彝，化爲竹根康匏，入目不嵬，入耳不慴，何其快哉！雖然，字何從起乎？起於聲韻也。厥初天地未生，聲韻具於太極，天地既判，聲韻寓於天地。一陽之復，聲韻萌也。四陽之豫，聲出地也。聲韻既生，形象亦著。蒼頡之制字，不過因其迹耳，然制其一遺其十，理之必然也。千古而後，惟邵子有獨詣之識，其《皇極經世》書以天聲唱而地音和之，天聲平上去入，地音收發開閉。如「多可个舌〔六〕」，是有其聲而有其字者也。「古甲九癸」是有其音而有其字者也〔七〕。「開宰愛」下之「○」爲入聲〔八〕，「吉内仰」下之「囗」爲閉音〔九〕。其○其囗〔一〇〕，有其聲，有其音，有其字哉，而無其字，吾不得而悉字之，邵子不得而悉字之，蒼頡亦不得而悉字之也，而其聲與音終不忘也。寄之喙焉〔一一〕，喙相禺，寄之竅焉，竅相於，或可辨，或不可辨〔一二〕，孰非全露未成之字者乎？極而至於缺於缺，然後去天地之體，并聲音與字俱無，而復歸於太極矣。執其圖，則律吕之原在我，由是精神通造化，智識侔鬼神，實易易也。嗚呼，非知道君子，孰能識之？學者能盡識先生已韻之字，而復求夫韻書於天地間，則有得矣。先生得天者厚〔一三〕，獲上壽，乃終其著。是韻也〔一四〕，苦心焦思積三十餘年始克成編，不得吴公爲令以傳之，又將付之烏有，豈不深可惜耶！天之暫屈吴公，所以永伸先生也。吴公文章學行俱懸羣衆，小試爲令，但以六事自責，以公生明，以廉生威，邑用大治，此特其一舉手投足者云。

侯方序略曰：竊惟昔蘇文忠公題滎陽鄭惇方《篆髓》〔一五〕，論學者之有《說文》，猶醫之有《本草》。而文公朱子序西山真氏之書，言其文欲別爲樂書，以究其業。今學者之有《正韻》，猶諸子之有五經，蓋義則參乎六書八體之正，而韻則究乎四聲七音之和，不但如《說文》詳於形體而略於聲韻者比也。若是韻之成，則五經之有傳注，雖其博探之詳，而各據凡例以歸於正，是其爲書，庶幾不戾《正韻》，有可傳者。矧國家承平百年，魯兩生之論，此其時也。萬一更定樂章，審音協律，以諧神人，而被命典領之官，有能舉《正韻》以例是書，且參考邵氏《經世》聲音之法，而復因蔡氏之論定鍾律，以適厥中，以成聖祖欲爲之志，以大備乎千古不刊之盛典，則其待於今日，而討論折衷之下，豈無復有西山其人耶？方因序是韻而竊有感焉。若其以是爲小學立教之一藝，而又爲大學格致之一端，則固不待序而見也。方之膚淺，非知音者，何足以揆之，姑書此以俟識揚子雲者詳焉。成化十三年臘月。

張情序略曰：皇祖履運，人文聿新，由是《洪武正韻》成焉，遂剗革千古之陋。章君道常復遵《正韻》凡例，輯《韻學集成》一書，板嘗刻於成化間。刓敝半缺，王侯重校而補之。侯名洵，字道徵，平谷人，家世進士，政先大體，蓋率類此。嘉靖己未夏。

張重序略曰：鄉先民章道常氏所著，有《韻学》十三卷、《直音》七卷，其版刻於成化間，乃嘉靖己未，火亡其十之一。王侯爲縣丞，檄好義者刻補之。大雅不作久矣，迄乎元季，則悉中原而风唄之者。洪武初，首葺《正韻》，蓋匪獨考文，用和大樂，宋太史之說是也。今章氏之書，固所以羽翼《正韻》，而上聖熙洽，垂二百年，式當製作之期，音韻之講求可不汲汲也哉！然則，侯之用心又不特在文字間而已也。予頃讀李文利氏《律呂元聲》，其說高出蔡左之偏音云。嘉靖己亥孟秋。

龍爲霖曰：此書頗費苦心，惜其編次全踵《七音韻鑑》三十六字母之說，未免宫羽混淆，商徵顛到，其弊與黄直翁《韻會》等。

黄虞稷曰：章黼字道常，嘉定人。隱居不仕，以博聞稱。

《四庫全書提要》曰：是書分部一準《洪武正韻》，每部之中以平仄相從，四聲具者九部，三聲無入者十一部。其隸字先後則從《韻會舉要》之例，以字母爲序。其分配五音，以影、曉二母從《玉篇》舊圖屬宫，不從《韻會》屬羽。匣、喻二母從《韻會》屬羽，不從《玉篇》舊圖屬宫，幫滂並明四母從《玉篇》屬宫。不從《韻會》屬羽。非、敷二母則以舊譜均誤屬宫，而改爲屬徵。其字多收《篇海》《龍龕手鑑》之怪體，其音兼載《中原音韻》之北聲。凡四萬三千餘字，自記稱始於宣德壬子，成於天順庚辰，計其用力凡二十九年，可謂專精於是，然以《正韻》爲主，根本先謬，其他不足言矣。

章氏黼 直音篇

《千頃堂書目》七卷

未見

黼自序曰：夫《篇》《韻》者，文章儒士常用者也。兩儀俶判，結繩爲記，昔在庖犧，始成八卦，暨乎蒼頡，肇創六爻，政罷結繩，教興書契。爰至元龜龍馬負河洛之圖，赤雀素鱗標受終之命，鳳羽爲字，掌理成書。至於修書取義，豈可斯須離也。今於諸《篇》《韻》等搜集四萬三千餘字成編，所用直音，或以正切，使習者而利矣。又元篇有有音無注者三千餘字，今亦收之，俟賢參注，共善而流焉。時天順庚辰寎月朔日。

《浙江采集書録》曰：《韻直音指》七卷，取四聲之字，併而屬之，每字系以直音，以便習讀。其有音無注者三千餘字附焉。

童氏俊 書韻會通

見《浙江通志》

未見

《浙江通志》傳曰：明童俊字邦英，蘭溪人。由舉人知嘉定，又知趙州。考索經傳，作《書韻會通》若干卷。

伊氏乘 **音韻指掌**

《千頃堂書目》

未見

莫氏藏 **五音字書辨譌**

《千頃堂書目》

未見

《浙江通志》：莫藏字用行，海鹽人。工詩文及真草篆籀八分諸體，鐫刻古印章，著有《五音字書辨譌》。

張氏穎 **古今韻釋**

《明志》五卷

未見

黃虞稷《書目》曰：穎黃州人。嘉靖甲午溥頤敘。

張氏芝 **聲音經緯書**

《千頃堂書目》

未見

黃虞稷曰：張芝字庭毓，歙縣人，正德中進士，湖廣荊南道副使。

梁氏倫 **稽古叶聲**

《明志》二卷

未見

黃虞稷《書目》曰：倫曲沃人，正德癸酉舉人，隆慶州知州。

方氏豪 **韻譜**

《明志》五卷

未見

喬氏邦俊 切韻渠鈹

《山西通志・書目》二十四卷

未見

楊氏慎 轉注古音畧

《明志》五卷

存

慎自序曰：《周官》保氏六書，終於轉注，其訓曰：一字數音，必展轉注釋而後可知。《虞典》謂之和聲，樂書謂之比音，小學家曰動靜字音。訓詁以定之曰讀作某，若「於戲」讀作「嗚呼」是也。引證以據之曰某讀，若云徐邈讀、王肅讀是也。《毛詩》《楚辭》悉謂之叶韻，其實不越保氏轉注之義耳。《易》注疏云「賁有七音」，實始發其例。宋吳才老作《韻補》，始有成編，旁通曲貫，上下千載。朱晦翁《詩傳》《騷注》盡從其說[一六]。魏文靖論《易》經傳皆韻，詳著於《師友雅言》。學者雖稍知崇誦，而猶謂叶韻自叶韻，轉注自轉注，是猶知二五而不知十也。余自舞象之年，究竟六書，不敢貪古人成編，爲不肖捷徑，尤復根盤節解，條入葉貫。間亦有晦於古而始發於今，繆於昔乃有正於後，故知思不厭精，索不厭深也。古人恆言音義，得其音斯得其義矣，以之讀奥篇隱帙，渙若冰釋，炳若日燭。又以所稡參之古人成編，褫其煩重，補其遺漏，庶無蹈於雷同，兼有益於是正，乃作《轉注古音畧》。大抵詳於經典而畧於文集，詳於周漢而畧於晉以下也。惟彼文人用韻，或苟以流便其辭，而於義於古本無當，如沈約之「雌霓」是已，又奚足以爲據耶？今之所采，必於經有裨，必於古有考，扶微廣異，是之取焉，匪徒以逞博膠累卷帙而已。方今古學大昭，當有見而好之者，不必求子雲於後世也。嘉靖壬辰九月二十九日。

陸粲《與楊用修書》曰：得《轉注古音略》讀之，爲不忍去手。竊謂此義自漢迄今，學者皆尊信許氏之說，莫覺其非，雖趙撝謙嘗言之而未盡。惟公卓然有見於千載之下，獨持偉論，成此鉅編。其曰中夾漈之膏肓，而起仲叔之廢疾者，雖自謂可也。甚盛甚盛。第其間猶頗有可疑者，夫此書既爲轉注而作，則當依許氏《說文》之例，以字之偏傍爲主，凡其轉聲，皆疏於本字之下，庶幾綱舉目張，一覽可盡。廼今置偏傍而用韻，則有難言者矣。蓋一字而每韻皆見，則不勝其煩，獨於一處說之，又未能曲暢，如後語所稱再轉、三轉，以至八九轉者，今此書能盡之乎？令後來者討尋而莫得其原流，恐不免有遺議矣。此愚之不能無疑者一也。謂傍音、叶音皆轉注之極，此至論也。傍音姑弗論，若叶音則吳棫《韻補》具矣，其有譌謬闕遺，不妨拈出，或附見於後，如古音餘之比可也。今摘取其一二，以羼入諸韻，則未知其義爲轉注乎，爲叶音乎？其他不録者，豈盡無足采乎？去取之間，當必有意。此愚之不能無疑者二也。古文奇字，如東韻之𪔂，支韻之𪓰，虞韻之䖾园者，諸篇中往往見之，此等蓋不勝紀載。誠欲扶微廣異，自可蒐輯，别爲一書，而以雜之轉注之列，則恐非其倫類也，與序文所謂「匪徒逞博，㢘累卷帙」者，其指得無少異乎？此愚之不能無疑者三也。其他援證字義，或千慮一失，尚有可商確者，間亦隨文箋注，别録以備省覽。

《四庫全書提要》曰：是書前有自序，大旨謂《毛詩》《楚詞》有叶韻，其實不越保氏轉注之法。《易》經疏云「賁有七音」，始發其例。宋吳才老作《韻補》始有成編。學者知叶韻自叶韻，轉注自轉注，是猶知二五而不知十也。考叶韻之説，始於沈重《毛詩音義》，見《經典釋文》。後顏師古注《漢書》、李善注《文選》，並襲用之。後人之稱叶韻，自此而誤。然與六書之轉注，則渺不相涉。慎書仍用叶韻之説，而移易其名於轉注，是朝三暮四改爲朝四暮三也。如四江之「釭」字，《説文》云從金工聲；「窻」字，《説文》云從穴悤聲。則「釭」讀工，「窻」讀悤，皆其本音，無所謂轉，亦安所用其注乎？姑即就慎書論之，所注轉音亦多舛誤。如二冬之「龍」字，引《周禮》「龍勒雜色」，謂當轉入三江，不知玉人「上公用龍」，鄭司農云「龍當爲尨」，而《左傳》「狐裘尨茸」，即《詩》之「狐裘蒙戎」，則「尨」當從「龍」轉，「龍」不當作莫江反也。又如蒸韻之「朋」字，慎引逸詩「翹翹車乘，招我以弓，豈不欲往，畏我友朋」，謂當轉入一東，不知「弓」古音肱，有《小戎》《采綠》《閟宫》，及《楚詞·九歌》諸條考證，則「弓」當從朋轉，朋不當讀爲蓬也。如此之類，皆昧於古音之本。以其引證頗博，亦有足供考證者，故顧炎武作《唐韻正》猶有取焉。

按：慎以前人所謂叶韻不越保氏轉注之義，因取各韻本字列於前，而以他部可通之字〔一七〕，標其音切，分附各韻。自謂所據詳於經典而略於文集。

楊氏慎古音叢目

《千頃堂書目》五卷

存

慎自序曰：吳才老嘗著《詩補音》《楚辭釋音》

《韻補》三書，皆古音之遺也。予嘗合而觀之，有三品焉，有當從無疑者，有當疑而闕之者，有當去而無疑者。如「舍」之音署，「下」之音虎，「馬」之音母，「有」之音已，「福」之音偪，見於《易》象，不一二而足。「服」之爲房六切，見於《詩》者凡十有六，皆當爲蒲北切，而無與房六叶者。「友」之爲云九切，見於《詩》者凡十有一，皆當作羽軌切，而無與云九叶者。此類當從而無疑者也。「朝」一也，既叶爲周，又叶爲署、爲除。「夜」一也，既叶爲御，又叶爲灼、爲液。此類當疑而闕者也。至若《騶虞》一詩，既以「虞」叶爲牙，而合「豝」爲韻，下章又以「虞」叶爲五紅切，而強合蓬韻。且「虞」之爲牙，見於賈誼《新書》，「騶虞」之爲「騶烘」，考之古典則無，求之方言則背，況詩之作出自一人之手，韻自合用一方之音，而二章之內，遽分兩韻，是非古音也，百舌之音也，其爲臆說無疑。此類當去者也。暇日取才老三書，去其當去，存其可存，又裨附以予所輯《轉注略》十之六，合爲一編，大書標其目，分注著其出，解詁引證，文多不載，本書備矣。嘉靖乙未十月二十一日。

按：是書增損吳才老《詩補音》《楚辭釋音》《韻補》三書，並取自輯之《轉注略》，合而編之者。

楊氏慎 古音獵要

《千頃堂書目》五卷

存

慎自序曰：予輯《古音叢目》，凡四千五百餘字。《詩補音》《楚辭釋音》《韻補》《古音畧》取十之六，亦既省矣，猶病其寡要也，又手錄其可叶之賦頌韻文者凡千餘字，謂之獵要。欲博知古韻，會合前數書以參互焉。若臨文古韻，則此卷足矣。吾何貴於古韻也，貴其瑰眼頑耳，豈欲其鉗喉澀吻乎？譬其如文柸畫案、綺筵彫俎，匪玉琟海月、土肉石華莫珍也。若夫食馬肝膾蝦蟇，君將志之。嘉靖乙未長至之月。

按：是書錄古賦頌銘之可叶韻者，凡千餘字。

楊氏慎 古音餘

《四庫全書目》五卷

存

楊士雲序曰：夫古之音微矣，泥於今者弗哲於古也，古之弗哲，則併今之昧矣。紫陽辨㕌即屑非即，佾從肉分省聲，非從八，蓋不翅《說文》誤，坡說亦誤。

嘻，《史》《漢》古字，時或僅存，六籍遺文，轉訛何限，君子每致意焉。升菴先生標《古音略》若干言例也，嗣《古音餘》若干言例外，示無窮也。學者求之，庶古之晢，今之昧也免矣。

《四庫全書提要》曰《古音叢目》五卷[一八]：《古音獵要》五卷、《古音餘》五卷、《古音附録》一卷，四書雖各爲卷帙，而核其體例，實本一書，特以陸續而成，不及待其完備，每得數卷，即出問世，故標目各别耳。觀其《古音獵要》東、冬二韻，共標「鞠朋衆務調夢窗誦雙明萌用江」十三字，與《古音叢目》東冬二韻所標者全複，與《古音餘》東冬二韻所標亦複五字，是即隨所記憶，觸手成編，參差互出，未歸畫一之明證矣。其書皆仿吳棫《韻補》之例，以今韻分部，而以古音之相協者分隸之。然條理多不精密。如《周易》渙六四「渙有邱，匪夷所思」，邱與思爲韻。无妄六三「无妄之災，或繫之牛，行人之得，邑人之災」，災古音菑，牛古音尼，與災爲韻。《繫辭》「乾以易知，坤以簡能」，能古音奴來反，與知爲韻。慎於《古音叢目》支韻内「邱」字下但注云《詩》，「牛」字下但注云《楚詞》，「能」字下則並不注出典。又《繫辭》「神而化之，使民宜之」，慎於《古音叢目》五歌韻内知宜字之爲牛何切，下注云「《易》神而化之」爲毁禾切，則但注云見《楚詞》。又《易·象傳》「父父子子，兄兄弟弟，夫夫婦婦」，「婦」與「子」及「弟」字爲韻[一九]，慎於《古音叢目》四紙韻内婦字下但引《西京賦》作房詭切。豐六二「豐其蔀，日中見斗」，「蔀」古音蒲五切，「斗」古音滴主切，故九四「蔀斗」二字與「主」爲韻。又《繫辭》傳「无有師保，如臨父母」，「母」字與上、度、懼、故爲韻，慎於《古音叢目》語麌韻内「斗」字下但注云《毛詩》，「母」字下但注云《易林》。凡此皆不求其本，隨意捃摭。又古音皆其本讀，非可隨意諧聲，輙轉分隸。如江韻之杠、窗、雙、椌四字，《古音獵要》皆收入冬韻是也，而《古音叢目》又以東韻之紅、冬韻之封龍三字收入江韻。考《易》説卦傳「震爲雷爲龍」，虞翻、干寶並作「駹」，《周禮》「巾車革路龍勒」，注「駹也」，駹車故書作龍車，犬人「凡幾珥沈辜用駹可也」，注「故書作龍」，則「駹」本音龍，以在東韻爲本音，不容改龍以叶駹。「封」與「邦」通，邦之古音諧丰聲，「紅」與「江」通，江之古音諧工聲，亦以東冬爲本韻，不得改封、紅以入江也。蓋慎博洽過陳第，而洞曉古音之根柢則不及之，故蒐輯秦漢古書頗爲該備，而置之不得其所，遂往往舛漏牴牾。以其援據繁富，究非明人空疎者所及，故乃録其書，以備節取焉。

楊氏慎古音略例

《四庫全書目》一卷

存

《四庫全書提要》曰：是書取《易》《詩》《禮記》《楚詞》、老、莊、荀、管諸子有韻之詞，標爲略例。若《易例》曰「炅之離」，「離」音羅，與歌、嗟爲韻。「三歲不覿」，「覿」音徒谷切，與木、谷爲韻。「並受其福」，「福」音偪，與食、汲爲韻。「吾與爾靡之」，「靡」音磨，與和爲韻。頗與古音相合。他如「嘒彼小星，維參與昴」，舊叶力求切。慎據《史記·天官書》徐邈音昴爲旄。下文「抱衾與裯」之「裯」音調，「實命不猶」之「猶」音搖。今考郭璞注《方言》「裯丁牢反」，《檀弓》「詠斯猶」，鄭注「猶當作搖」，則二音實有所據。慎又謂吳棫於詩「棘心夭夭，母氏劬勞」，「勞」必叶音僚。「我思肥泉，茲之永嘆」，「嘆」必叶他捐切。「出自北門，憂心殷殷」，「門」必叶眉貧切。「四牡有驕，朱幩鑣鑣」，「驕」必叶音高。不思古音寬緩，如字讀自可叶，何必勞脣齒費簡冊，其論亦頗爲得要。至如《老子》「朝甚除，田甚蕪，倉甚虛，服文彩，帶利劍，厭飲食，資財有餘，是謂盜夸」，慎據《韓非·解老篇》改「夸」爲「竽」，謂「竽」方與餘字叶。柳子厚詩仍押「盜夸」，均誤。今考《說文》夸從大亏聲，則夸之本音不作枯瓜切明矣。故《楚詞·大招》「朱脣皓齒，朱以姱只，比德好閑，習以都只」，《集韻》「姱」或作「夸」。又《吳都賦》「列寺七里，俠棟楊路，屯營櫛比，廨署棊布，橫塘查下，邑屋隆夸，長干延屬，飛甍舛互」，是「夸」與餘爲韻，正得古音，而慎反斥之，殊爲失考。又《易》「晉晝也，明夷誅也」，慎謂古「誅」字亦有之由切，與「晝」爲韻。孫奕改「誅」爲昧，昧叶音暮，殊誤。今考《周禮》「甸祝禂，牲禂馬」，亦如之，鄭讀禂爲誅，則慎說似有所據。但「晝」字古音讀如注，張衡《西京賦》「徼道外周，千廬內附，衛尉八屯，警夜巡晝」，又《易林》「井之復」「晝」與據爲韻。「井之渙」，晝與故爲韻。「渙之蠱」，晝與懼爲韻。則古音「晝」不作陟救切可知，何得舍其本音，而反取誅之別音爲叶。他若《莊子》「竊鉤者誅，竊國者爲諸侯」，慎讀「誅」爲之出切，而不知「侯」之古音胡，正與誅爲韻。又《易林》「蜘蛛之務，不知鼅之緰」，慎讀「務」爲蝥，「緰」爲鉤，不知「緰」古音俞，正與「務」爲韻。蓋其文由掇拾而成，故其說或離或合，不及後來顧炎武、江永諸人能本末融貫也。

案：是書所采古韻凡一百八十五條。

董氏難 韻譜

見《雲南通志》

未見

《雲南通志》傳曰：董難字西羽，太和人。嘉靖間從成都楊慎游，寓蕩山，爲樓以居。輯轉注古音，所著有《韻譜》。

郭氏正域 韻經

《四庫全書目》五卷

存

《四庫全書提要》曰：舊本題梁吳興沈約撰類，宋會稽夏竦集古，明宏農楊慎轉注，江夏郭正域校。前有正域自序曰：近體詩惟宗沈韻，今所傳韻非沈也，唐禮部韻也，故唐詩宗之。沈韻上平有九咍、十八痕，下平有二十二凡，上有十六混、十九豏，去有八祭、十代、十七廢[二〇]，入有十六昔，而今韻無之。其凡例有稱家藏有《四聲韻》及約故本。案《梁書》《南史》沈約傳並載約撰《四聲譜》，《隋志》載其書一卷，而《唐志》已不著錄。觀陸法言《切韻序》，歷述呂靜、夏侯該、陽休之、周思言、李季節、杜臺卿六家之韻，獨不及約書，是隋開皇時其書已不顯。唐李涪作《刊誤》，但詆陸韻而不及沈書，則僖宗時已佚矣。正域何由於數百年後得其故本？且沈韻雖不可見，而其集猶存。今以所用之韻一一排比鉤稽之，惟東冬鐘三韻同用，魚虞模三韻同用，庚耕清青四韻同用，而蒸登兩韻各獨用，與《廣韻》異，餘則四聲並同，又安得如正域所云九咍之類，其爲贋託，殆不足辨。至夏竦《古文四聲》五卷，本采鐘鼎奇字，分韻編次，以便檢尋，乃字書非韻書，乃古文非今文。正域乃稱夏竦《集古》，尤爲乖迕。觀其首列徐蕆所作吳棫《韻補序》、楊慎《轉注古音略自序》，而不及竦序，知並未見其書，而但以名勦說也。王宏撰《山志》乃指此爲沈約真本，譏屠隆未見《韻經》，誤指平水韻爲約書，不亦傎乎？又朱彝尊《重刊廣韻序》曰：「近有嶺外妄男子，僞撰沈約之書，信而不疑者有焉。」考王士禎《居易錄》記康熙庚午廣東香山縣監生楊錫震自言，得沈約《四聲譜》古本於廬山僧今幡，因合吳棫《韻補》，而詳考音義，博徵載籍，爲《古今詩音注》凡二百六十一卷，赴通政司疏上之，奉旨付內閣[二一]，與毛奇齡所進《古今通韻》訂其同異。彝尊所指當即其人。今書目但有奇齡之書，而錫震之書不錄，未知其門目何如，疑其所據即正域此本也。

陳氏第毛詩古音考

《經義考》四卷

存

第自序曰：夫詩以聲教也，取其可歌可詠，可長言嗟歎，至手足舞蹈而不自知，以感竦其興觀羣怨，事父事君之心，且將從容以紬繹夫鳥獸草木之名義，斯其所以爲詩也。若其意深長而於韻不諧。則文而已矣。故士人篇章，必有音節，田野俚曲，亦各諧聲，豈以古人之詩而獨無韻乎？蓋時有古今，地有南北，字有更革，音有轉移，亦勢所必至。故以今之音讀古之作，不免乖剌而不入，於是悉委之叶。夫其果出於叶也，作之非一人，采之非一國，何母必讀米，非韻杞、韻止，則韻祉、韻喜矣。馬必讀姥，非韻組、韻黼，則韻旅、韻土矣。京必讀疆，非韻堂、韻將，則韻常、韻王矣。福必讀偪，非韻食、韻翼，則韻德、韻億矣。厥類實繁，難以殫舉。其矩律之嚴，即《唐韻》不啻，此其故何邪？又《左》《國》《易象》《離騷》《楚辭》、秦碑、漢賦，以至上古歌謠箴銘頌贊往往韻與詩合，實古音之證也。或謂《三百篇》詩辭之祖，後有作者，規而韻之耳。不知魏晉之世，古音頗存，至隋唐澌盡矣。唐宋名儒，博學好古，間用古音，以炫異耀奇則誠有之，若讀垤爲姪，以與日韻，堯戒也。讀明爲芒，以與良韻，皋陶歌也。是皆前於詩者，夫又何放？且讀皮爲婆，宋役人謳也。讀邱爲欺，齊嬰兒語也。讀戶爲甫，楚民間謠也。讀裘爲基，魯朱儒謔也。讀作爲詛，蜀百姓辭也。讀口爲苦，漢白渠誦也。又家，姑讀也，秦夫人之占。懷，回讀也，魯聲伯之夢。旂，斤讀也，晉滅虢之徵。瓜，孤讀也，衛良夫之譟。彼其閭巷贊毁之間、夢寐卜筮之頃，何暇屑屑摸擬，若後世吟詩者之限韻耶？愚少受詩家庭，竊嘗留心於此，晚季獨居海上，慶弔盡廢，律絕近體既所不閑，六朝古風企之益遠，惟取《三百篇》日夕讀之，雖不能手舞足蹈，契古人之意，然可欣可喜、可戚可悲之懷，一於讀詩洩之。又懼子姪之學詩不知古音也，於是稍爲攷據，列本證、旁證二條。本證者詩自相證也，旁證者采之他書也。二者俱無則宛轉以審其音，參錯以諧其韻，無非欲便於歌詠，可長言嗟歎而已矣。蓋爲今之詩，古音可不用也，讀古之詩，古音可不察乎！嗟夫，古今一意，古今一聲，以吾之意而逆古人之意，其理不遠也，以吾之聲而調古人之聲，其韻不遠也。患在是今非古，執字泥音，則支離日甚，孔子所删，幾於不可讀矣。愚也聞見孤陋，攷究未詳，姑籍之以請正明達君子。

焦竑序曰：詩必有韻，夫人而知之，乃以今韻讀古詩，有不合輒歸之於叶，習而不察，所從來久矣。吳才老、楊用修著書，始一及之，猶未斷然盡以爲古音也。余少讀詩，每深疑之，迨見卷軸寖多，彼此互證，因知古音自與今異，而以爲叶者謬耳。故筆乘中間論及此，不謂季立俯與余同也。甲辰歲，季立過余，曰：「予言古詩無叶音，千載篤論，如人之難信何？遂作《古音攷》一書，取《詩》之同韻者臚列之爲本證，已取《老》《易》《太玄》、騷賦、《參同》《急就》、古詩謠之類，臚列之旁證。令讀者不待其畢，將啞然失笑之不暇，而古意可明也。」噫！季立之用心，可謂勤矣。韻之於經，所關若淺鮮，然古音不明，至使詩不可讀，詩不可讀而正得失、動天地、感鬼神之教，或幾於廢，此不可謂之細事也。乃寥寥千古，至季立始有一歸之論，其爲功可勝道哉！世有通經學古之士，必以此爲津筏，而簡陋自安者，乃至以好異目君，則不學之過矣。

何琇《樵香小記》曰：陳季立稱古無叶音，凡今所謂叶者皆其本音。其說最確，他姑無論，如「龜茲」讀邱慈，此直譯以同音，並無意義。是漢時讀「龜」爲邱、讀「茲」爲慈之明證，否則何不直譯爲「邱慈」字與？

又曰：先儒又謂古無四聲，然如秦始皇帝諱政，避諱讀正月爲征，此非以平去爲辨乎？劉熙《釋名》言「天」字有舌頭、舌腹之分，其區別亦細矣。竊意古人雖樸，必無東董棟、江講絳讀若一音之理，惟其詩賦押韻之例，則三聲並用耳，如宋詞多上去通押，元曲以入聲攤配，亦其押韻之例，非宋元僅有三聲也。

《四庫全書提要》曰：言古音者自吳棫，然《韻補》一書龐雜割裂，謬種流傳，古音乃以益亂。顧炎武作《詩本音》、江永作《古音標準》以經證經，始廓清妄論，而開除先路，則此書實爲首功。大指以謂古人之音原與今異，凡今所稱叶韻，皆即古人之本音，非隨意改讀，輾轉牽就。如母必讀米，馬必讀姥，京必讀疆，福必讀偪之類，歷考諸篇，悉截然不紊。又《左》《國》《易》象、《離騷》《楚詞》、秦碑、漢賦，以至上古歌謠箴銘頌贊，往往多與詩合，可以互證。於是排比經文，參以羣籍，定爲本證、旁證二條。本證者，詩自相證，以探古音之原。旁證者，他經所載，以及秦漢以下去風雅未遠者，以竟古音之委。鉤稽參驗，本末秩然，其用力可謂篤至。雖其中如「素」音爲蘇之類，不知古無四聲，不必又分平仄。「家」又音歌，「華」又音和之類，不知爲漢魏以下之轉韻，不可以通三百篇，皆爲未密。然所列四百四十四字，言必有徵，典必探本，視他家執今韻部分妄以通轉古音者，相去蓋萬萬矣。初第作此書，自焦竑以外無人能通其說，故刊版旋佚。此本及《屈宋古音義》皆建寧徐時作購得舊刻〔一二〕，復爲刊傳，雖卷帙無多，然欲求古音之津梁，舍是無由也。

陳氏第 屈宋古音義

《經義考》三卷

存

第自序曰：夫《楚辭》莫妙於屈宋也，屈原之作，變動無常，淜沛不滯，體即獨造，文亦赴之，蓋千古之絶唱也。宋玉之作，纖麗而新，悲痛而婉，體製頗沿於其師，風諫有補於其國，亦屈原之流亞也。景差、嚴忌、東方朔、王褒、劉向、王逸輩，雖踵而效之，終弗逮矣。余獨慨夫注屈宋者率不論其音，故聲不諧，間有論音者，又率以叶韻槩之，何其不思之甚也！夫《毛詩》《易》象之音，若日月中天，耿然不可易矣。今考之屈宋，其音往往與《詩》《易》合，其《詩》《易》所無者，又往往與周秦漢魏之歌謠詩賦合，其爲上世之音何疑？自唐顔師古、太子賢注兩《漢書》，於長卿、子雲、孟堅、平子諸賦，音有與時乖者，直以合韻叶音當之。後儒相緣，不復致思，故自《毛詩》《易》象、《楚辭》、漢賦與凡古昔有韻之篇，悉委於叶之一字矣。夫顔師古、太子賢豈不稱博雅之士，但未嘗力稽於往古。合併乎羣書，是以一時之誤，而階千載之憒憒耳。余實深慨而嘆息之，往年編輯《毛詩古音攷》已災木矣，竊念少好《楚辭》，《楚辭》之中尤好屈宋，一一以古音讀之，聲韻頗諧，故復集此一篇，公之同好。噫！豈惟屈宋是爲，將以羽翼夫《毛詩》，使天下後世篤信古音而不疑，是區區論著之夙心也已。

又跋曰：夫古今聲音必有異也，故以今音讀今，以古音讀古，句讀不齟於脣吻，精義自釋於天衷，確乎不可易之道也。自唐以來，皆以今音讀古之辭賦，一有不諧，則一曰叶，百有不諧，則百曰叶，借叶之一字而盡該千百字之變，豈不至易而至簡，然而古音亡矣。古音既亡，則昔人依永諧聲之義，泯泯於後世，不可謂非闕事也。吴才老、楊用修有志復古，著《韻補》《古音叢目》諸書，庶幾卓然其不惑。然察其意，尚依違於叶音可否之間，又未嘗會稡秦漢之先，究極上古必然之韻，故其稽援雖博，終未能頓革舊習，而《詩》《易》、辭賦卒不可讀如故也。余少受詩家庭，先人木山公嘗曰：「叶音之説，吾終不信，以近世律絶之詩叶者且寡，乃舉三百篇盡謂之叶，豈理也哉！然所從來遠，未易遽明爾。豎子他日有悟，毋忘吾所欲論著矣。」余於時默識教言，若介於胸臆，故上宗往古篇籍，更相觸證，久之豁然自信也。獨弱侯先生論與余合，抑何其寥寥乎！近有搢紳不知古音者，或告之曰「馬」古音姥，渠乃呼其從者曰：「牽我姥來。」從者愕然，座客皆笑。夫用古於今，人之笑也，則用今於古，古人之笑可知。故自叶音之説以來，賢聖之咥然於地下也久矣。余不得不力爲之辯，暢吳、楊之旨，洗今古之陋，實余肝鬲所拳拳矣。惜著論也晚，未及報命於先人，又筆力短淺，不足以發余之弗克負荷，罪矣夫。

《四庫全書提要》曰：第既撰《毛詩古音考》，復以《楚辭》去風人未遠，亦古音之遺，乃取屈原所著《離騷》等二十五篇，除其《天問》一篇，得二十四篇，又取宋玉《九辯》九篇、《招魂》一篇，益以《文選》所載《高唐賦》《神女賦》《風賦》《登徒子好色賦》四篇，得十四篇，共二十八篇。其中韻與今殊者二百三十四字，各推其本音，與《毛詩古音考》互相發明。惟每字列本證，其旁證則間附字下，不另爲條，體例小異〔二三〕，以前書已明故也。書本一卷，其後二卷則舉三十八篇，各爲箋注，而音仍分見諸句下，蓋以參考古音，因及訓詁，遂附録其後，兼以音義爲名，實則卷帙相連，非別爲一書，故不析置集部，仍與《毛詩古音考》同入小學類焉。

吳氏季鷗 翻切縱橫圖

《桐城藝文志》一卷

未見

胡虔曰：季鷗字予翮，桐城人。明萬曆中諸生，著有《筆舌録》《歲功解》《翻切縱橫圖》一卷，《璅録》《南陔集》諸書。

程氏元初 周易韻叶

《經義考》二卷

未見

繆泳曰：新安程元初字全之，精韻學，撰《周易韻叶》二卷。又作《季周書》，萬曆癸卯自序。

程氏元初 詩經叶韻

《經義考》四卷

未見

唐氏達 **毛詩古音考辨**

《經義考》一卷

存

林氏茂槐 **音韻訂訛**

《福建通志·書目》

未見

《福建通志》傳曰：林茂槐字穉虛，福清人，萬曆乙未進士，授梧州推官。著有《音韻訂訛》《字學書考》。

小學考卷三十五終

校記

〔一〕案：此篇采自《明文海》卷二二七，原署「徐熥《重刊五音篇韻序》」，篇名與本書有異。又案：《明文海》所云《五音篇韻》，疑即文中所及之《五音篇海》《五音集韻》一類韻書，俟考。

〔二〕安成：原作「安南」，據《明文海》卷二二七載徐熥《重刊五音篇韻序》改。據《千頃堂書目》卷三載元劉鑑字士明，關西人，撰有《切韻指南》一卷。

〔三〕根器：原脱「根」字，據右引書補。

〔四〕録：原作「歸」，據《明文海》卷二一二載桑悦《韻學集成序》改。

〔五〕他聲：原作「他聲」，據右引書改。

〔六〕个：原作「人」，據右引書改。案：「多可个舌」四聲爲宋邵雍《皇極經世》正聲圖之一聲。

〔七〕其音：原作「於音」，據右引書改。

〔八〕宰：原作「者」；〇：原作「啄」，均據右引書改。案：「開宰愛〇」四聲亦爲邵雍《皇極經世》正聲圖之一聲。

〔九〕吉内仰：右引書作「吉向仰」。案：宋祝秘《觀物篇解》卷四作「五瓦仰」。

〔一〇〕其〇：原作「其啄」，據右引書改。

〔一一〕喙：原作「啄」，據右引書改。下句「喙」字同。

〔一二〕或不可辨：原脱，據右引書補。

〔一三〕「己韻之字」至「有得矣先生」句：原脱，據右引書補。

〔一四〕是韻：原脱「是」字，據右引書補。

〔一五〕鄭惇方：原作「趙惇」。蘇軾《東坡全集》卷九三《書篆髓後》作「鄭惇方」；鄭樵《通志》卷六四、王應麟《玉海》卷四五均作「鄭惇方」。又，篆髓：原作「篆隨」，並據《東坡全集》等改。

〔一六〕注：原作「訂」，據楊慎《轉注古音略》自序改。

〔一七〕字：原作「事」，據文意改。案：光緒刊本已改作「字」。

〔一八〕古音叢目：原作「合音叢目」，據《四庫全書總目》卷四二《古音叢目》提要改。

〔一九〕婦：原脱，據右引書補。

〔二〇〕烿：原作「蝂」，據《四庫全書總目》卷四四《韻經》提要改。

〔二一〕奉旨：「旨」字原脱，據右引書補。

〔二二〕徐時作：原作「除時作」，據《四庫全書總目》卷四二《毛詩古音考》提要改。

〔二三〕體例：原作「體列」，據《四庫全書總目》卷四二《屈宋古音義》提要改。案：光緒刊本已改作「體例」。

小學考卷三十六

聲韻八

蘭氏廷秀韻略易通

《千頃堂書目》二卷

存

黄虞稷曰：廷秀字止庵，正統壬戌敘。

《四庫全書提要》曰：廷秀字止庵，正統中人，爵里未詳。其書併平聲爲二十部，三聲隨而隸之，以東洪、江陽、真文、山寒、端桓、先全、庚晴、侵尋、緘咸、廉纖有入聲者十部爲上卷，以支辭、西微、居魚、呼模、皆來、蕭豪、戈何、家麻、遮蛇、幽樓無入聲者十部爲下卷。又併字母爲二十，攝以「東風破早梅，向暖一枝開，冰雪無人見，春從天上來」二十字。盡變古法，以就方音。其凡例稱惟以應用便俗字樣收入，讀經史者當取正於本文，音釋不可泥此，則亦自知其陋矣。

濮陽氏淶韻學大成

《千頃堂書目》四卷

存

《江南通志》傳曰：濮陽淶字真菴，廣德人，嘉靖丁酉舉人，通判南昌。著有《韻學大成》。

黄虞稷曰：淶號真庵，萬曆戊寅敘。

《四庫全書提要》曰：是書大抵本之《中原音韻》，而不取其入聲隸三聲之説。又廣其十九部爲二十，如魚模之分爲須魚、蘇模，江陽之分爲江黄、姜陽是也。其字母則專以新鮮仁然等立法，稍增益之爲三十母，而不用見溪羣疑四等門法，意在簡捷，然新鮮等母仍即字母之變，不識字母，又烏從而識之？其所分各部，亦無義例，既云宏萌不宜入東鍾，又不附之庚青，且分京青爲庚生，京青二部，真所謂進退失據者也。

張氏獻翼讀易韻考

《明志》七卷

存

王世貞撰《張幼于生志》曰：嘉靖中以制科之業稱

公車者，無若吾吳郡三張，曰伯起，曰幼于，曰叔貽。幼于始字仲舉，一曰敉。叔貽尋夭，而是二人皆厭去其業，爲古文辭益壯麗，其名亦益著。幼于交游徧海內，咸欲薦不朽之策於幼于，弗顧也。十年之中而成三《易》，曰《犧經約説》，曰《犧經雜説》，曰《犧經臆説》，已有《讀易紀聞》《讀易韻考》《學易標聞》，後先將數十卷。時人往往以博覈歸之，而未有能顓習者。幼于意不懌，乃盡謝其故冠裳，幅巾短褐，買輕舠，呼筍輿，縱游吳越諸名勝。

獻翼自序曰：昔人謂古之文章自合律度，未主音韻，然音韻之正，皆本之諧聲，有不可易者。《尚書》賡歌、五子之歌，《仲虺之誥》佑賢輔德，《伊訓》聖謨洋洋，《洪範》歲日月時皆韻。《周禮》量銘祭侯文，鄭注如某之言某也之類皆韻。《禮記·曲禮》將即席，《禮運》後聖有作，《樂記》子夏對樂，《孔子閒居》五起皆韻。鄭注寓韻與《周禮》注同。然則，《周易》象、小象、雜卦、爻辭，孰非韻耶？信乎！聖人之聲爲律也。余所記憶爲《易》音者三人，王肅、李軌、徐邈，音譜則沈熊，是未嘗無韻，惜其書不存，無由考證。焦贛《易林》法古爻辭，無不韻者，楊雄《太元》擬《易》亦韻，以此言《易》韻可徵矣。韓愈《元和聖德》詩與《此日足可惜》皆止用一韻，擬《史記·龜策傳》而作。論者謂能讀《龜策》則能讀此詩，能讀此詩則能讀張藉祭愈詩，韻可弗知哉！至朱子注《易》，有云「叶韻可見」，又云「今以韻讀之良是」，又云「考上下韻亦不叶」，魏了翁云「《易》經皆韻」，然則宋儒讀《易》，又何嘗無韻耶？余學一先生之言，所專義經，竊注三《易》，以解此經，而未得其讀也。再考毛氏之學，如「弋言加之」，「加」叶時、孤二音；「其新孔嘉」，「嘉」叶宜、俄二音。如「反收」之「收」叶守、狩、寥三音；「享以騂犧」，「犧」叶宜、翕二音，何疑《易》韻之紛紛也。且秦漢以來，字書未備，既多假借，而音無反切，平仄皆通用，如慶雲卿雲、皋陶咎繇之類，庶可以讀《易》矣。予稍定其韻，廣引證之門，舉胸臆之論，所未喻者，以待來茲。噫，安得如沈約者，而賞王筠之辨雌霓哉！

王世貞序曰：治《周易》者自伊川氏之傳理，紫陽氏之傳數，而他注疏盡廢。吾友張幼于獨能於二傳注疏之外，援故發微，而爲《三易説》，業已行矣。幼于復謂古卜筮之書未嘗不韻，其爲龜者，如懿氏之卜妻，楚邱之卜子，晉獻之卜姬，秦徒父之卜戰。而爲《易》者，若晉史之筮成王，東方朔、管輅之射覆，京房、焦贛之繫繇，皆渢渢可誦，何獨至於文周爲不然？意者，崇古而弗敢論歟，將局方而弗能通歟，或信札而不徵之舌與齒歟？於是訂其韻之正者，盡搜他史籍，而援其韻之古者與可叶者，則文周之卦繇辭且十九，而吾夫子之彖象亦且得十之六，名之曰《周易韻考》，而屬序於余。余謂古之通於《詩》者，寧獨《易》也，惟《書》辭亦然，以堯舜禹之相禪受，少者數言，多者數十言，又與益稷臯陶相訓戒，皆有韻，而竟以賡歌終之。故《樂記》云「歌者長言之也」，說之故言之，言之不足故長言之[一]，夫《易》以道陰陽之用，通於五音十二律，而聖人之繫言有不可諷詠者耶？世人名治《易》，居恒守訓，故爲文辭取仕宦，其最上者玩消息盈虛之理，以自成其德，凡二端盡之矣，何暇考韻？雖然，余竊憫幼于之意，而稍著其用世，毋以《玄》之例覆瓿可也。

楊時喬曰：《讀易韻考》以一部《易》皆有韻，每舉漢唐宋史書及釋書詩賦等書叶韻諧韻以實之，謂句句皆韻，或有強通，有未盡通，《易》韻賴以傳矣。

張雲章曰：獻翼字幼于，崑山人，太學生。《讀易紀聞》《羲經三義》及此書，皇甫汸、王世貞、錢有威皆爲之序。

《四庫全書提要》曰：此書專考《易》中之韻。案《易》象、傳實有韻，至於彖辭繫辭之類，則無常格，亦如《淮南子》諸書偶然叶讀耳。獻翼一舉而韻之，非惟漢魏以下之音雜然並陳，甚至釋氏之偈言、道家之章呪，亦泛引以證聖經，殊傷蕪雜。即如爻詞「潛龍」，「龍」字忽以爲勿用之「用」，音庸，是從本音也；《文言傳》則謂「龍當音性，與遯世無悶叶」，又曰「龍當音龎，與不成乎名叶」，顛到瞀亂，豈復有體例乎？此真不知而作也。

潘氏恩詩韻輯略

《明志》五卷

存

王世貞撰《笠江潘公狀》曰：公諱恩，字子仁，別號湛川，已更號笠江。其先毘陵人，至元季有添二公者避兵徙上海，遂爲上海人。公嘉靖癸未進士，歷官南京工部尚書，改都察院左都御史。贈太子少保，謚恭定。著有《詩韻輯略》五卷，行于時。

恩自序曰：爰自皇古，天下義理必歸文字，天下文字必歸六書，蓋自蒼頡創制，鬼神夜號，遐哉邈乎，未之詳已。周秦籀文篆隸，沿習古風，漢人變通趨時，爲八分書真行，遂定字學之法。江左崇尚風騷，沈休文分部四聲，聿嚴音律之諧。由是迄今，凡爲近體詩者必宗焉，亦莫之易也。宋吳才老謂其未備，又作《韻補》，盡叶音聲之變，由是迄今，凡爲古體詩者必宗焉，亦莫之易也。近刻古今韻傳行於時矣，第注釋不具，開卷茫然，點畫訛謬，俗書孔多，義理淆雜。余病繙閱之難，乃於暇日取《韻會》諸編視之，尋文疏義，去複芟繁，繕寫成帙，以便覽觀。藏之家塾，名曰《詩韻輯略》。夫詩韻之哀，權輿于詩，故繫之以詩名云爾。其義則不止言詩也，學者由此求上泝六書之原，以贊國家同文之治，是編不無裨助也已，豈直作詩者所當知哉！

湯氏垕 校正詩韻

二卷，見王世貞《弇州四部稿》

未見

王世貞序曰：沈休文以四聲制韻，自謂靈均以來此祕未覩。陸韓卿難之而不得，斌道人演之而始明，後有珙法師者，復以喉舌齒唇牙改隸五方，而纖悉盡矣。故詩之有四聲也自休文始也，字之有切也自神珙始也〔二〕。然傳休文者謂雖妙有詮辨，而諸賦往往與之乖，自唐人爲五七言律，乃獨皆祖之，而約韻自是重後世矣。元周德清者，其裁駁小有致耳，乃遂欲以三聲而奪四聲，君子譏之。夫詩不能不唐，則韻不得不沈固也。吾郡湯先生子重嘗病廣會諸家之太繁，且不適于用，約爲二卷，仍爲之訓故，而屬彭先生孔嘉書之。孔嘉始學《黄庭》廟堂，故結法圓孅有態，是書行，學士大夫詠月露而旁通於臨池之業，抑何幸也！夫句之有韻也，與書之有結構也，平險雖異裁，而諧諸無跡，其爲道同也。詩以韻入，書以結構入，而思皆過半矣。余故從二先生游，而湯先生之孫左給事中元衡復與余善，故序而梓之。

胡氏應麟 古韻考

一卷

存

按：是書詳胡氏《筆叢》。

張氏四知 崇古韻證

《千頃堂書目》

未見

許氏宗魯 古今韻

《千頃堂書目》五卷

未見

陳氏士元 **韻苑攷遺**

《明志》四卷

未見

吴氏瑞穀 **韻學大成**

《千頃堂書目》

未見

黄虞稷曰：穀字子玉，休寧人。萬曆初貢士，官應天府學訓導。

楊氏時喬 **古今字韻全書**

《千頃堂書目》十五卷

未見

《江西通志》傳曰：楊時喬字宜遷，上饒人。嘉靖進士，官南尚寶丞。萬曆初，以養親去，起南太僕丞，累遷吏部左侍郎。贈吏部尚書，謚端潔。著有《古今字韻全書》。

朱氏謀㙔 **七音通軌**

《千頃堂書目》

未見

朱氏謀㙔 **古音攷**

《千頃堂書目》

未見

胡氏文焕 **韻學字類**

《千頃堂書目》十二卷

未見

蘇氏茂相 **韻輯**

《千頃堂書目》四卷

未見

徐氏守綱 音韻啓鑰

《千頃堂書目》

未見

黄虞稷曰：守綱字觀瀾，烏程人。

王氏元信 切字正譜

見邵寶《容春堂集》

未見

邵寶序曰：萬籟生於動，復動之端也，故黄鍾得聲氣之元，有氣而後有聲，有聲而後字從之。字不足以盡聲，聲而不當字，則字不職職，字不職職，而能物天下之物乎？字有母，母呼子應，而反切之語介於其閒，四聲七音於是乎出。昔人擬字訣二十六，皆從天韻，蓋所謂陽起於復者，其端甚微，而其極至於無窮，是故四裔可譯，鳥獸可解，況堂堂之夏聲哉！王君元信幼便韻語，中歲靜居，益有造焉。嘗取所謂韻母者，日事吟諷，久而覺其未盡[三]，乃爲譜如左。又取周氏《千字文》一一反切，俾聲韻皆叶，各歸於所，蓋若以爲例然。凡佔畢者得之，置之几格，豈不有與矣哉！律呂之未敢輕議尚矣，然或謂是爲小節而忽焉，亦非君子之志也。予嘗謂律和聲，和以天也，今於切字亦云。

甘氏雨 古今韻分注撮要

《千頃堂書目》五卷

存

《續通考》曰：雨字子開，永新人，萬曆進士。由翰林院檢討謫德安府推官，遷南京刑部郎中。是書雨所撰，而注之者爲陳士元。

《四庫全書提要》曰：是書首列今韻，而以古音附後。今韻誤稱沈約，足見其茫無根據。古音又誤執通轉之説，既云「東通冬，轉江陽」，則四韻爲一部矣，而東韻後所列之古音，與冬韻、江韻、陽韻後所列之古音，乃各有其字。是其隨叶取讀，知有通而不知所以通，徵引愈繁愈亂，似治絲而棼之矣。

李氏登 書文音義便考私編

《千頃堂書目》五卷

存

登自序曰：字學有三：一曰文，欲點畫不乖；二曰音，欲所呼不謬；三曰義，欲訓釋有據。三者類非吾疎謭所能也，勉自考索，因成此編。

《四庫全書提要》曰：此書刻於萬曆丁亥，前有姚汝循、焦竑、王兆雲序，並登自序及例論。其部分既不合於古法，又不盡合於《洪武正韻》。如灰、皆既分，支、微、齊反不分；庚、青既分，江、陽反不分。而且真之兼侵，寒兼覃、咸，先之兼鹽，尤錯亂無緒矣。至於三十六母中，知徹澄孃非五母之複出，前人亦有疑之者，然竟去之，而又改並母爲平母，定母爲廷母，則未免勇於師心。若如其說，則敷奉二母、端定穿牀四母、心邪二母亦皆歸併矣，而何以仍不併乎？又字之平仄雖分，而紐之從來無二，入聲部分雖少，而上去轉軸則同。今謂平則三十一母，仄則二十一母，以臆改創，誰其信之？其謂仄聲純用清母，似爲直截，然清濁相配，猶陰陽律呂之義，六律可該六呂，而不容盡刪六呂之名。如平聲之清濁既分，則四聲依轉，自可從流溯原，如葉從枝、枝從幹，不可以平聲而廢仄也。所論殊爲偏枯。又其每韻所收古字，多沿篆籀之體，雖其例創自《集韻》，然亦不怪僻至此。登嘗作《摭古遺文》，捃摭龐雜，加以杜撰，以爲字書尚不可，以爲韻書，益以傎矣。其《難字直音》尤爲舛漏，如「終」音同、「傎」音稱之類，皆參雜方言，豈可以注韻書乎？

李氏登 難字直音〔四〕

《千頃堂書目》一卷

存

無名氏併音連聲字學集要

《四庫全書目》四卷

存

《四庫全書提要》曰：不著撰人名氏。明萬曆二年，會稽陶承學得此於吳中，屬其同邑毛曾刪除繁冗，以成是編，承學自爲之序。其書併上下平爲二十二部，以上、去、入三聲分隸平聲之下，併略爲箋釋字義。前列切字要法，刪去羣、疑、透、牀、禪、知、徹、孃、邪、非、微、匣十二母，又增入勤、逸、歎三母，蓋以勤當羣，以逸當疑，以歎當透，而省併其九母，又無說以申明之，殊爲師心自用。承學序乃擬爲徐鍇《說文韻譜》與李燾《說文五音譜》。作者、刪者與刻者，均可謂漫無考證矣。

呂氏坤 交泰韻

《千頃堂書目》一卷

存

《四庫全書提要》曰：是編乃所立切韻簡要之法，僅有序文、凡例、總目而未及成書，然書之體要則已具括於是。其法於平聲之字各以陰陽相切，如「同」字舊用徒紅切，「通」字舊用他紅切，坤則以爲他紅二字仍切「同」字，不切「通」字，改「通」字爲他翁切。又上去二聲各以本聲爲母，如「寵」字用楚隴切，「送」字用素瓮切之類。平入二聲則互相爲母，如「空」字用酷翁切，「酷」字用空屋切之類。其「交泰韻」之名，即以平入互爲終始之義也。蓋因古來合聲之法，更加以辨別，故不用字母攝法，而於字母攝法相輔而不相礙〔五〕。其論定首領一條，謂東董凍篤何等明白，乃舊譜相沿，領韻則以東董送屋，領聲則以公孔貢穀〔六〕，殊爲淆亂，其說亦極有理。惟其分部純用河南土音，併鹽於先，併侵於真，併覃於山，支微齊佳灰五部俱割裂分隸，則太趨簡易。於無入之部強配入聲，復以強配之入聲轉而離合平聲之字，則太涉糾纏，未免變亂古法，不足立訓矣。

吳氏繼仕 音聲紀元

《千頃堂書目》六卷

存

黄虞稷曰：繼仕字公信〔七〕，休寧人，萬曆辛亥序。

《四庫全書提要》曰：是書大旨以沈約以來諸韻書但論四聲七音，而不以律吕風氣爲本，未爲盡善，惟邵子《皇極經世書》、李文利《律吕元聲》爲能窮天地之原，而正律吕之誤。於是根據二家，作爲此書，綜以五音，合以八風，加以十二律，應以二十四氣，有圖有表，有論有述，而以風雅十二詩附焉。然所見未精，得失參半，如八風之配八卦，本之服虔《左傳》注。十二律之配十二支，八風之分爲十二風，以及十二支、十二律之配二十四氣，本之鄭康成《周禮》注。其說尚有根據。至於黄鍾律長九寸，歷代相傳，初無異說，惟李文利獨據《呂氏春秋》謂黄鍾之長三寸九分，而以司馬遷九寸之說爲誤。又即其三寸九分之說推之，以爲黄鍾極清，而以宮聲極濁之說爲誤，單文孤證，乖謬難憑。而此書獨以之爲本，遂致宮羽舛錯，清濁逆施，以是審音，未睹其可。又論與表自相矛盾，亦爲例不純。他如以風雅十二詩譜爲傳自漢儒，以《禮部韻》爲毛晃作，以《平水韻》爲《韻會》，以《禮部韻略》爲《唐韻》，又云是今所傳詩韻，失於考據之處，不一而足，更不必論矣。

袁氏子讓 字學元元

《四庫全書目》十卷

存

《四庫全書提要》曰：子讓字仔肩，郴州人。萬曆辛丑進士，官眉州知州。是編因劉鑑《切韻指南》所載音和、類隔二十門，出切行韻，參差不一，其取字有憑切者、有憑韻者，學者多所轇轕，因爲疏明，使有條理。又廣等子門法爲四十八類，較《玉鑰匙》、《貫珠集》諸書頗爲分明。名曰「元元」，蓋取班固「元元本本」語也。然惟憑脣吻，未見古書，至謂《禮部韻略》爲陸德明作，故分元、魂爲二，而合東冬、清青爲一。又忽論七音，忽論六書，體例糅雜，茫無端緒。所論六書，亦純以臆測，不考許、顧以來之舊義。所謂聰明過於學問者，其子讓之謂乎？

葉氏秉敬 韻表

《千頃堂書目》三十卷

存

《四庫全書提要》曰：是編凡韻表三十，又聲表三十。其韻表同劉淵舊部，而以東、冬、江、陽、魚、虞、佳、灰、支、微、齊、寒、刪、先、蕭、肴、豪、歌、麻、尤二十部爲居中開口音，謂之中韻。以庚、青、蒸三部爲向內開口音，謂之內韻。以真、文、元三部爲向外開口音，謂之外韻。以侵、覃、鹽、咸四部爲向外合口音，謂之合韻。故顛到其次序，不與舊同。其聲表於三十六字母中，删除知、徹、澄、孃、敷、疑六母，僅存三十。其法以輕清爲陰，重濁爲陽；以齶舌脣齒喉半舌半齒七音爲經，以納口、出口、半出口三陰聲，半出口、出口、半納口三陽聲爲緯。改舊譜四等爲二等，而以麤大、細尖、圓滿、圓尖分庚干、經堅、觥官、扃涓四紐爲四派祖宗，以筦攝之。又以真、文、元諸部向外之韻，非四祖宗所能統，又於庚干派中附以根干一派，經堅派中附以巾堅一派，觥官派中附以昆官一派，扃涓派中附以君涓一派。其用法不爲不密，然亦自爲葉氏之法而已。乃自云「聖人復起，不易吾言」，談何容易乎！

舊稱無入十三部分配入聲，自章黼始，然考黼《韻學集成》皆仍舊譜，其以意分配，實始自秉敬此書，説者誤以爲黼也。

程氏元初　律古詞曲賦叶韻

《四庫全書目》十二卷

存

《四庫全書提要》曰：元初字全之，歙縣人。是編成於萬曆甲寅，前有自序及凡例。大旨以古韻律韻、詞韻、曲韻、賦韻、叶韻合爲一書。其例每部以四聲相從，而緯以三十六母，諸通轉之法則冠於各部之首，體例冗雜，持論亦無根據。其凡例稱沈休文因律詩分四聲作詩韻，夫齊梁時安有律詩，又安有詩韻乎？

茅氏溱　韻譜本義

《千頃堂書目》十卷

存

黄虞稷曰：溱字平仲，丹徒人，萬曆甲辰敘。

《四庫全書提要》曰：溱字平甫，丹徒人。其書成於萬曆間，就世所通行韻書，每字下作一篆文，略采《説文》原注列於其下，故云「本義」。然《説文》所有之篆文，此書或取或否，皆無義例。又每韻後附以通、叶，不標出典，亦茫無根據也。

朱氏簡　韻總持

《千頃堂書目》三卷

存

《四庫全書提要》曰：簡字修能，萬曆中人。其書一卷爲古韻，以干、葛、該等十四字標全韻，使各歸其類。又取安、干、丁等三十八字爲陰陽平之準，分注於各類中，與陳第、顧炎武所考古韻未嘗有一字之合，不知其何以稱古韻也。二卷爲唐韻，乃世傳平水韻本，以爲唐韻尤誤。三卷爲元韻，即周德清《中原音韻》也。其前例謂古人有上平、入、下平三聲，而無上、去，舉《詩》《離騷》上去之讀爲平者作證。不知此乃四聲通用，非必無上、去二音也。《釋文》一字數讀，多兼四聲，《類篇》《集韻》亦同，簡未之詳考耳。

潘氏雲杰 詩韻釋要

《天禄琳琅》五卷

存

《天禄琳琅》曰：《詩韻釋要》，明潘雲杰著，五卷，附《古韻釋要》一卷，并《切韻要法》，前明王穉登序。潘雲杰雲間人，其始末不可考。按《松江志》有潘雲會者，爲刑部尚書潘恩之子，登萬曆四十七年進士第，雲杰或其鴈行。此書注釋聲韻，參訂頗詳，王穉登序極稱之。橅印精善，似非坊刻所能爲者。穉登字伯穀，長洲人，四歲能屬對，六歲善擘窠大字，十歲能詩，長益駿發，有盛名，以布衣終。《明史》有傳。明陳龍光藏本。龍光雲南石屏州人，萬曆三十二年進士，見太學題名碑。來鴻軒、親義禮堂二印，未知即龍光所鈐否。

潘氏雲杰 古韻釋要

《天禄琳琅》一卷

存

喬氏中和 元韻譜

《千頃堂書目》五十四卷〔八〕

存

崔數仞序曰：書頗浩衍，約其大旨，則增四聲爲五聲也，合衆韻爲十二也，分十二爲剛柔律呂也，列剛柔律呂以七音也，析七音清濁之響，而各立以字母也。

《四庫全書提要》曰：是書以上平爲陽，下平爲陰，上聲爲陰，去聲爲陽，入聲則陰極而陽生。删三十六母爲十有九，四重之爲七十六，去蒙音四，得七十有二。而七十二母之中，又析之爲柔律呂、剛律呂。又據律法十二宫，分十有二佸，以佸統母，以母統各韻之字。凡始英終轂，五十有四韻。條分縷析，似乎窮極要眇，而實則純用俗音，沈陸以來之舊法蕩然俱盡。如以東、冬併入英韻，岑、林併入寅韻之類，雖《洪武正韻》之乖謬，尚未至是也。

陳氏藎謨 皇極圖韻

《千頃堂書目》一卷

存

黃虞稷曰：藎謨字益謙，嘉興人，崇禎壬申序。

《續通考》曰：藎謨字獻可，嘉興人，黃道周之門人。謹案：是書本邵子《皇極經世》聲音倡和之說而推衍之，末以經緯子母爲說，實即邵子之言陰陽剛柔也。

《四庫全書提要》曰：是書以爲天數九、地數十二，平上去入爲四聲，每聲各有闢闢、闢翕、翕翕、闢之翕、翕之闢四等，每等九聲，得三十六聲，則四天九也。開發收閉爲四音，每音有純清、次清、純濁、次濁四等，每等十二音，共得四十八音，則四地十二也。又推其數合於九宮、八卦、九疇。雖理有相通，然聲氣之原，實不在於是也。

陳氏藎謨 元音統韻

《千頃堂書目》二十八卷〔九〕

存

《續通考》曰：陳藎臣《元音統韻》二十二卷。藎臣始末無考，是書爲其門人胡邵瑛增修。

《四庫全書提要》曰：凡《通釋》二卷、《類音》六卷、《統韻》十卷、《古韻疏》二卷、《唐韻疏》二卷，共二十二卷。其後爲《字彙補》，則吳任臣所撰，范廷瑚補入者也。其《通釋》詳論七音、三十六母，本邵子《皇極經世》天聲、地音之法，推爲四聲經緯圖，以標舉條貫。其《類音》取梅膺祚《字彙》諸部，删其訓釋而各注以韻部音紐，以便檢核。其《統韻》平上去三聲各分三十六部，入聲分二十部，每部之字，各以三十六母爲序，其部母改用一弓、二㭉、三乩、四居之屬，分合易置，全改《廣韻》以來之舊。其《古韻疏》用吳棫叶音之說，實非古韻。《唐韻疏》用近韻一東、二冬、三江之部，而以字母顛到之，亦非唐韻。蓋於辨別等韻，或偶有所得，而於音學原流，則未之有考也。其《字彙補》六卷，多收俗字，未爲精核，既附此書以見，今亦不別著錄焉〔一〇〕。

武氏維揚 韻經

《千頃堂書目》四卷

未見

黃虞稷曰：維揚同州人。

葉氏學夔 文韻攷衷

《千頃堂書目》十二卷

未見

葉氏學夔 切韻圖譜

《千頃堂書目》五卷

未見

余氏信 韻叶攷 一作《集古韻考》

《千頃堂書目》五卷

未見

信自序曰：韻編既集，凡三脱稿，深以舛漏自歉。後月餘，南沙莫如山先生示吳才老《韻補》一冊，書凡五十餘種，顧茲淺陋，何敢企及？三復讐閱，在編集諸書收入損若干字，而經傳楚騷過半，由唐宋名家洎道經子史，備存若干字，藹然古意，不能舍置，繼畧增輯，私一快也。至於古通用轉聲，《韻補》并附，今不及更改，姑存初錄，竢加詳釋云。

又小識曰：元編集二千五百零六字，續增《韻補》并鄉先輩叶韻一帙，共八百三十六字，總計三千三百四十四字，在叶韻未加攷釋者類附韻末，亦書之不敢備焉可。

王氏家業 韻要

《浙江通志·書目》

未見

按：家業衢州人，是書見崇禎《衢州府志》。

屠氏畯 楚騷協韻〔一〕

《天一閣書目》十卷

存

沈九疇序曰：夫自古詩詞用以按歌被絃，非韻則無以調聲而合節矣，故其韻不待協而和，韻之用協，非其朔致爾也。代襍更擅，譌異糾襍，即詩書所傳，靡復而殫一也，又況騷賦稱卓傀之藪哉！余嘗怪《楚騷》上述皇王，旁羅近代，稱物連類，銓綜三才，其於聲韻，當不詭於先王矣。後世讀不復諧，遂以槩之楚聲，且夫童歌里曲，猶或沿方，雄文麗藻，取會風雅，假令闇六義之文，仍鸞鳩之陋，其何以爭光日月，檃詞賦之祖也？苂5下虎之類，經傳並存，推斯以談，不復謂之楚聲審矣。騫公之聲，亡不足惜，王洪之德，略而未詳。於是吾友屠田叔氏風詠音旨，是正譌盭，取韻書裁衷經訓，務求諧暢，積有歲年，遂成《協韻》十卷，其用心亦勤矣。蓋三閭被讒遭放，行唫悼離，託志樂神，乃心宗國，雖乏絲竹之和，以應歌舞之節，不取諧韻，何從永斯？後之讀《騷》者，其以吾田叔氏爲南車也。

按：《天一閣書目》云：明甬東屠畯撰，四明沈九疇敘，吴郡黄姬水亦有敘。

任氏澄清 韻略

《陝西通志・書目》

未見

《陝西通志》曰：濮州知州盩厔任澄清撰。

小學考卷三十六終

校記

〔一〕言之不足：原脱「言之」二字，據王世貞《弇州四部稿》續稿卷四三《周易韻考序》補。

〔二〕切：原作「功」，據王世貞《弇州四部稿》卷七〇《校正詩韻小序》改。

〔三〕久：原作「之」，據邵寶《容春堂集》續集卷一二《王元信切字正韻序》改。

〔四〕難字：原作「雜字」，據《千頃堂書目》卷三改。

〔五〕輔：原作「轉」，據《四庫全書總目》卷四四《交泰韻》提要改。

〔六〕貢穀：原作「聲」，據右引書改補。

〔七〕繼仕字：原作「字仕繼」，據《千頃堂書目》卷三乙。案：光緒刊本已改。

〔八〕案：此條係誤記，《千頃堂書目》不載《元韻譜》，而見於《四庫全書總目》卷四四、《續通志》卷一五七、《續文獻通考》卷一六〇等書。當是正。

〔九〕案：此條係誤記，《千頃堂書目》不載《元音統韻》，而見於《續文獻通考》卷一六〇、《四庫全書總目》卷四四等書。又，其著者亦非「陳藎謨」，而爲「陳藎臣」。並當改。

〔一〇〕著録：原脱「録」字，據《四庫全書總目》卷四四《元音統韻》提要補。

〔一一〕案：《四庫全書總目》卷一四八《楚辭》類、《續文獻通考》卷一八九《經籍考》均著録此書，署作「《楚騷協韻》十卷，附《讀騷大旨》一卷」。其提要可補。

小學考卷三十七

聲韻九

呂氏維祺音韻日月燈

《明志》七十卷

存

魏裔介撰傳曰：呂維祺字豫石，洛陽人。萬曆癸丑進士，司李東兖，遷南大司馬，以父病乞養歸里。辛巳流寇陷洛陽，被執死。所著《音韻日月燈》行世。

維祺自敘曰：說者曰圖書出，八卦畫，六書作，而渾沌日死，天地之元氣日薄，然乎哉！蓋天地之不得不開闢，渾沌之不得不文明，猶之日月不得不麗乎天，薪火之不得不傳，而大人之不得不繼明，照於四方也云爾。是故六書之道，實與圖書八卦相表裏，非小數也。宋司馬氏之言曰：「備萬物之體用莫過於字，包衆字之形聲莫切於韻，三才之道、性命道德之奥、禮樂刑政之原，皆繫於此。」而宋文憲亦言：「推十二律以合八十四調，將大樂之和在是。」繇是言之，六書非小數也。昔者河出圖，雒出書，聖人則之，而字肇乎其間矣。包犧氏之畫卦也，其初特一奇一耦以象陰陽，二生四，四生八，推之而六十四，而三百八十四，而四千九十六，極之百千萬億，變化無窮，而字行乎其間矣。邵堯夫先生之作《經世》也，以日月星辰象平上去入，以水火土石象開發收閉，而以陰陽剛柔相乘因之，得一百一十二，得一百五十二，得一萬七千二十四，得二萬八千九百八十一萬六千五百七十六，極之動植之用數通數，而字神乎其間矣，神哉乎！開物成務，以前民用，洩圖書與羲畫之奥而廣之，其道一也。字單出爲聲，聲成文爲音，音員爲韻，聲叶諸天，音胚諸地，叶者爲父，胚者爲母，在人爲牙舌脣齒喉，在天地之元音爲宫商角徵羽。牛鐸鳴而宫聲應，蕤賓奏而金鐵飛，陰陽剛柔之情，律吕聲音之變，飛走動植之數，鬼神幽明，皇帝王霸道德功力之故，其道一也。書契而後繫《易》删《詩》，實爲音韻鼻祖。後世如《訓纂》《說文》《玉篇》《字統》《字林》《集韻》《韻略》《廣韻》皆自成一家。迨唐以沈約《類譜》取士，諸家遂廢，而說者曰：「是知縱有四聲，不知横有七音，猶子之不知有母也。」又如吴棫、毛晃、劉淵之倫，各所增省，而鮮信從者。宋司馬氏作《音韻指掌》，自謂天造神授，而說者曰：「是知横有七音，不知縱有四等，猶母之不知有異子也。」噫，此道晦蝕久矣，學者既鮮兼綜諸家，探原會微，司馬之學，若存若亡。即我聖祖製爲《洪武正韻》，如日月之中天，亦鮮有從者，獨斤斤沈韻尺寸不敢踰，即有疑其非者，亦固曰姑爾爾。嗟乎，孰正之哉！且夫五方之人，各異其音，各異其承學，吴楚剽疾，燕趙重濁，秦隴去聲爲入，梁益平聲似去，將與其同者正之乎，將與其異者正之乎？既已同矣異矣，又孰能正之？予獨曰，不有天地之元音乎。天之五行，地之五方，性之五常，其傳於人爲五音，加以半徵、半商爲七音，有開闔，有清濁，有開發收閉，皆以宮商自然之律呂調之，非强而然也。故夫圖書也，八卦也，經世之律呂也，等子之三十六母，二十四攝，三千四百五十六聲，其道皆一也。予潛心此道，薄窺作者之原。家仲吉孺閽修無悶，深抉元微，兼以門人執友，多所考訂，凡二十年，數易草始成書，曰《韻母》、曰《同文鐸》、曰《韻鑰》，凡六十卷，而總繫之曰《日月燈》。蓋三書自相表裏，皆本原於圖書、八卦、《經世》諸書，而總以我聖祖所定《洪武正韻》爲宗，亦間取裁於《集韻》《集成》《貫珠》《廣韻》《指掌》諸書。其分一東、二冬，非獨以其相承久也，蓋聖祖曾謂《正韻》猶未盡善，而於《韻會》一書稱善刊行，賜名《洪武通韻》，《韻會》固分一東、二冬矣。亦可想見聖祖之意，非必以一百六韻爲非也。但恭繹聖祖所謂韻學起於江左，殊失正音之意，反切字畫釋義皆本《正韻》，以正沈韻之失。至東冬、清青之類，雖不得不分，而仍注于古音下曰古通用，分而未始不合也。虞模麻之類，雖不得不合，而仍分爲虞之模、麻之遮，合而未始不分也。蓋必如是而後可以導今之爲唐韻者，使因唐而之明也。魯人獵較，仲尼不止獵較，而先簿正祭器，其心苦哉！至以開口、合口見一等字署于首者，蓋以牙舌之五調宮商之七，而陰陽之義、清濁之辨、開發收閉之等，皆於天地之元音始有領會，而復分衆獨之音，與凡字之異形異義者，胥爲指點分屬，斯則羽翼《正韻》之所偶未及，而休明之也。猶之日月麗天，能照窮山幽谷，或不及暗室，則日月窮，窮而有燈以繼之，斯無窮矣。故刪詩繫易，仲尼之日月也。圖書出，八卦畫，以成變化而行鬼神，易之日月也。蓋易者日月之象也，明亦日月之象也，知易者無如仲尼，能用易者無如我聖祖，豈非煌煌乎中天之日月也哉！日月既出而爝火不熄，予何以異此？雖然，其以爝火禪日月之窮於暗室也。使大人繼照，四方終不可窮也。天地之不可無日月也，其又可無燈也乎哉！堯夫嘗云：「須信畫前元有易，自從刪後更無詩。」此蓋言渾沌未嘗死，天地之元氣未嘗薄，而欲人於圖書、八卦、六書之外有會心焉者，故曰六書之道非小數也。時明崇禎六年歲在癸酉八月之穀。

呂維祐敘曰：家南司馬介孺先生著《韻學日月燈》，

凡三種，曰《韻母》，曰《同文鐸》，曰《韻鑰》，命其弟吉孺氏詮次之。癸酉告成行於世，越明年甲戌吉孺氏適來白下，復命重加訂正，兩閱月而定。吉孺氏乃言曰：羲畫以前，渾然一圈耳。一畫肇起，奇耦生而動靜形，爻象立而理數殽，是故開物成務，以前民用，冒天下之道者易也。字易道也，包羅天地，苞孕萬物，聲音之道通乎律呂，達于神人上下。司馬氏以宫商叶聲韻，而邵堯夫氏以日月星辰、水火土石配聲音之妙合，故曰字易道也。世之知易者鮮矣，此道不明，兼以切法未譜，聲氣不齊，非讀半邊，即圖方語。略舉之，如羅讀爲螺，沿讀爲延，幾無翕闢矣。洞讀爲凍，叛讀爲半，幾無清濁矣。弓讀爲公，遵讀爲尊，幾無上下等矣。又如繩讀作禪母下字，承讀作牀母下字，而兩母淆。支韻之宜、移同讀，尤韻之牛、尤同讀，而二音雜。以及屋韻之縠哭或讀作孤枯，質韻之吉訖或讀作基欺，而平仄溷。灰韻之傀恢回隈皆讀似支，尤韻之浮桴謀牟皆讀似虞，而諸韻亂。先生曰：「是不可以弗正也。」爲之本宫商七音，以分開合之呼，探清濁之徵，次上下之等，以母認子，以音定韻。而或有一字獨音，或一字數音，或一字數形，或數字可同音同義者，復啟其鑰，俾得其門而入也。而其大義，則一以我太祖高皇帝賜刊之《正韻》《通韻》爲之鐸，曰：今天下書同文也云爾，如是則如日之升，如月之恒，大明中天，亘古常耀。無論司馬、堯夫，皆可佐日月之照，即沈隱侯亦藉刪補訂正，永作昏衢之一炬，而又烏知縱不知横之齟齬哉！先生方倡明伊雒之學，自任以天下之重，中立不倚，知希無悶。每以露縠組麗爲女紅之蠹戒士也，豈其導天下以聲韻之數，而其自言曰，聲音之道非小數也，故曰字易道也。先生深於易者也。是書成以憲章昭代，庶幾高皇帝之功臣，而以啟佑後學，厥功當不在司馬、堯夫下。其於隱侯，夫亦益友歟！學者誠善觀之，天地萬物，奇耦爻象，律呂神人上下，無非是物。若從畫前理會，仍是渾然一圈，是故日月也，燈也，是書也，雖萬古不夜焉可也。崇禎甲戌。

畢懋康敘曰：吾何以知聲氣之元哉？而獨不聞之調調之刁刁乎？人生而有聲，孩時笑啼，若不有自然之韻焉，此合之華夷聖凡，未有異也。聲既無盡，字亦相生，以至音義互循，方語各異，成謬拗僻，愈正愈繁，真如吳越夷貊之子，生而同聲，長不相喻矣。後之欲攷正音律者，又多知字而不知聲，其於升降陰陽、反切標射之法，率從而意之，意之而不得其元，於是聽撰韻者之所爲，若東冬、清青任其分別，而若能得其離合之故矣。然而元聲出於自然，固自人人具也，今試矢口而成一音，直調之而其聲有四，不得不從而四之也，横切之而其聲亦四，又不得不從而四之也。因是而求之脣齒牙舌喉之間，各具宮徵商羽角之辨，其節奏音響，若不自然而然。即執途之人訊之，未有不隨口輒應者也。且五音加二而爲七，七音通攝而爲三十六母，一母之中，仍具四聲，七音則是子母相生，孳息不已，真如律之娶妻，呂之生子，相生相娶，愈無窮焉。雖極天下之不能言者，皆可於一母之中備之矣。此足見元聲之妙，大無不包，小無不攝。而邵子《皇極》之書，直以聲音倡和，盡天地間之理也，但音聲不窮，而非字以形其義，人亦不能以虛聲相往來，此六書作而韻學所繇成。使學者因聲以求義，因義以求字，復因字以求聲，二者相藉相成，循環求之，而推衍於不盡耳。惟是天下有無字之聲，未有無聲之字，則六書之所挾，而五音之所攝廣矣。若國朝《正韻》及元人《韻會》諸書，其於字學音律非不犂然備具，至於定聲氣之元而收之數十字之內，視彼等子、字母之書，猶爲缺如。近時所見惟《字彙》一書，前列圖以辨其聲，後分彙以詳其字，其於字與聲則辨矣，而於韻學則又缺焉。識者欲合《韻會》、等韻之書通彙爲一，以盡聲字之全，而復以中妙韻分附其間，以盡五方聲氣之出入則幾矣。大司馬新安呂公稟粹天中，潛心韻學，曩以忤璫家食，閉戶十載，勒成此書。首以《韻母》，次以《韻鑰》，又次之以《同文鑰》，總標之曰《日月燈》。前列圖以考韻，已盡橫直交切之方。後分類以辨聲，兼撮韻府陰陽之妙。展閱之際，疑難冰釋，補諸書之缺陷，作《正韻》之功臣，使讀之者因字知韻，因韻知聲，而遂以得聲氣之元，以諧律呂之正，綜激謫之失，括億萬之殊，可一以貫之。繇是以通于道術事功，文章禮樂、天下之事理，孰有外于斯者？學者得是書之名，諸無制羣有，可以神器，亦以器神，便如仰天庭而睹靈曜，非堇堇守窔奧之熒燭已也。

維祺《韻母自敘》曰：天地之大德曰生，生生不窮，而天地萬物之情見矣。生生者母也，凡所生者皆子也，不知其子視其母，天下豈有無母之子哉！字之爲言子也，有爲之母焉。有人於此，不知其爲誰氏之子，而欲定其族氏、世類、伯仲、形體、姓名、子姓、世系，甚之黎邱溷子，真僞不可辨，是猶空桑胎尹，嵩石乳啟，其說不可通也。母之生子，必本其父，父一而已。母有七，宮商牙舌之類也。母有三十六，見溪之類也。有開有合，分其族氏，有清有濁，辨其世類，有開收之等，以析伯仲，有點畫反切，以覈形體姓名，有衆獨之音，以分子姓世系。至於有刪補之者，則非其種者，鋤而去之，而亡子歸也。凡萬四百有奇字，邵子所謂萬物之數也，神哉乎！生生不窮，以類天地萬物之情也哉！猶龍氏曰：「無名天地之始，有名萬物之母。」有名則有字，有字而後有韻。字者孳也、子也，非有爲之母者，而何以能孳其子於生生不窮。是故因有名之母，返無名之始，以求所謂父一而已者，此非言之所能幾也，學者當自得之。

維祺《同文鐸自敘》曰：《春秋》之義大一統、尊天王，以今一統同文之世，而鉛槧之家，置《正韻》弗省，惟休文《類譜》是尊是信，若曰尋常推敲，非館閣應制、奏對磨勘埒也。夫同文云者，謂點畫形象，音切意義，皆有王制，班班可考，而反若存若亡，若信若不信。休文生平未足比數，若其權千古而下，亦尊於時王之上，豈不惑哉！或曰：「此非休文創也，上古本有二百六韻，休文特分合之耳。」或曰：「我太祖高皇帝刊定《正韻》，韻行既久，復謂猶未盡善。及見劉三吾所進孫吾與《韻會定正》，稱善，賜名《洪武通韻》，詔刊行之。」曰固也，《正韻》《通韻》，正可並行不悖，以《正韻》爲之本，而以《通韻》分次之，雖存休文焉可也。然其點畫形象、音切意義，自有憲章，雖黜休文焉可也。休文有譌、有複、有掛漏，皆以《正韻》爲之本而訂之、删之、補之。雖用休文，而不爲休文用焉可也。按《正韻》韻七十六，約字一萬二千八十有一；休文韻一百有六，約字八千八百有五十。今韻仍一百六，約字一萬四百有五。此《正韻》《通韻》分合參訂删補之數也，所謂並行不悖者此也。其以五聲、七音分開合，核清濁，次開發收閉，而以母定等，以等定切，以切定音，以音定義，或析其形，或彙其義，或附以古韻古叶，或引《易》《詩》、古傳、詞賦，則以羽翼《正韻》而振其宣鐸云爾。語云：「孔鐸不宣，乾坤長夜。」夫我高皇帝之開聾聵而醒長夜，已金石爲昭矣，予雖不文，意在發明孔子以同文覺世之遺意，以常振高皇帝考文之鐸，即未敢自謂守待功臣，庶于《春秋》一統尊王之義，或有取焉。

維祺《韻鑰自敘》曰：予既作《同文鐸》以譜七音、四聲、四等矣，復作《韻鑰》，何以故？鑰者約也，將以反説約也。五方風氣不可一，形聲音義何啻萬，辟如武庫寶藏之有門戶關鍵也，非關下牡，孰約之哉？不約乃不得其門入矣。是故《同文鐸》之諳七音、四聲、四等也，如史之左氏編年，而《韻鑰》也者，司馬氏紀傳也。二者皆不可偏廢也。韓昌黎不云乎「學者須識字義」，今握管而談先秦、兩漢、建安、大曆，雖不盡能，猶有能者。試詰某字某音某形某義，百不能一也，或更詰某字幾形、幾義，千不能一也，何以故？不得其鑰也。數仞宮牆，不得其門，不見宗廟之美、百官之富，何以故？不得其鑰也。六書不得其門，或舡爲船，啚爲圖，咬爲鮫，美爲美，苐爲第，或可通而不敢通，或不可通而強通，或一字而止呼其旁，或數音而止識其半，四座茫然，靡所就正，何以故？不得其鑰也。不得其鑰，故弗約也。予約之矣，約之鑰以一萬四百有奇，而故韻八萬八百五十及二萬八千九百八十一萬六千五百七十有六之通數，皆統於此。有字同形異者，則注之曰通作某，或作某，亦作某，俗作某。非有字同音異者，則注之曰幾音、幾叶，某音之義云何，某叶之義云何。抽韻者一舉端而全體瞭然，此紀傳體也。其義差簡，以便稽考。如後再遇此字，但注見某韻某母，或有未確未全，則姑注一「補」字。夫如是，亦既約矣。夫且約之鑰以一百六，所謂平上去入，如一東、二冬之類者，是猶天之有日月星辰與四時也。約之鑰以三十有六，所謂見溪羣疑端透定泥之類者，是則人之牙舌唇齒喉，有自然之清濁，猶天之五行也。約之鑰以七，所謂見爲牙、爲角、爲純清，溪爲牙、爲角、爲次清，與來、日爲半徵、半商、爲全濁之類者，是猶之琴本五絃而加以七也。約之鑰以四，所謂開發收閉之四等者，是猶地之有水火土石，子之有伯仲叔季也。約之鑰以二，如開口呼、合口呼之類，猶乾之闢、坤之闔也。蓋以聲唱音，以音和聲，如古紅切、德紅切之類，猶天地之交爲泰，而律呂之和也。夫以天地、山川、雲霞、草木、帝王、鬼神、衣冠、禮樂、鳥獸、魚蟲之數，而約之萬四百有奇，約之一百六，約之三十六，約之七，約之四，約之二，亦至約矣止矣。而猶有爲之説者曰：其爲物不貳，則其生物不測，何以故，豈其中有一焉者乎？夫惟不言一也，言一而天地、山川以至魚蟲皆有此一鑰，而況於人乎！此則予之急拈此一鑰以示人，而人人皆有此一鑰，似無待予拈者。人各自拈其一鑰，以關下牡，得其門，升其堂，入其室，極美富之觀，肱武庫之篋，博學而後反之約。非徑約也，徑約者猶之拈無齒之鑰，徒及門而反耳，門且弗得，而奚有於堂室，何以故？有關下牡也者，則必有玄牝之門也者，所謂得其門得此者也，不得乎此，徒如漢張允、唐徐岱之自繫管鑰。噫！得其門者或寡矣。

《四庫全書提要》曰：是書凡《韻母》五卷、《同文鐸》三十卷、《韻鑰》三十五卷。其説譏沈約知縱有四聲，而不知衡有七音，司馬光知衡有七音，而不知縱有四等，故作此三書以正其謬。總名《音韻日月燈》，象三光也，亦名《正韻通》，以遵用《洪武正韻》及續刊《洪武通韻》二書也。其《韻母》以一百六韻爲經，以三十六母、四等爲緯，而以開口、合口標於部上，獨音、衆音注於字旁。其《同文鐸》舉一百六部之字，以三十六母易其先後，大致本之《韻會》，而注則稍減，蓋《通韻》即孫吾與《韻會定正》之改名也。所注古音通轉，則吳棫《韻補》之緒餘耳。其《韻鑰》則仍以《同文鐸》所收之字，刪其細注，但互注其字其幾音、幾叶，以便檢尋，故名曰「鑰」。自序稱《同文鐸》如編年，此如紀傳。是維祺於等韻之學頗有所見，而今韻古音之源流，未能深考，觀其稱古音二百六部，沈約併爲一百六部，則其他可知矣。

桑氏紹良 **聲韻雜注**一作《青郊雜著》

《千頃堂書目》一卷

存

桑氏紹良 **文韻考衷六聲會編**

《四庫全書目》十二卷

存

《四庫全書提要》曰：紹良字遂叔，零陵人。是編前列《青郊雜著》一卷，發凡起例，併舊韻爲東、江、侵、覃、庚、陽、真、元、歌、麻、遮、皆、灰、支、模、魚、尤、蕭十八部。又以重、次重、輕、次輕分爲四科，以喉、舌、齶、齒、脣分爲五位，以啟、承、進、止、衍分爲五品。以浮平、沈平、上仄、去仄、淺入、深入分爲六聲。以「國開王向德，天乃賚禎昌，仁壽增千歲，苞盤民弗忘」分爲二十母，又衍爲三十母、七十二母之說。皆支離破碎，憑臆而談，觀其尊蘭廷秀《韻略易通》，而詆徐鉉兄弟爲《說文》之蟊賊，韓道昭父子爲《集韻》之蟲蠹，既是非顛到，輕肆譏彈。又稱《廣韻》每聲分五十餘部，唐韻約爲三十，則於韻書沿革尚未詳考矣。

方氏以智 **切韻聲原**

《千頃堂書目》二卷

未見

方氏以智 **正叶韻**

《千頃堂書目》四卷

未見

劉氏同升 **音韻類編**

《千頃堂書目》

未見

黎氏士貞**對偶叶音**

《千頃堂書目》一卷

未見

熊氏晦**類聚音韻**

《千頃堂書目》三十卷

未見

胡氏繼宗**韻學大全**

《千頃堂書目》二卷

未見

李氏行志**音彙**

《千頃堂書目》四卷

未見

梁氏應圻**詩韻釋略**

《千頃堂書目》五卷

未見

《陝西通志》曰：應圻三原人。

黄虞稷曰：應圻字君士，崇禎丙子敘。

應圻自序曰：唐以詩取士，一代才俊盡束於聲韻一途，競競如守三尺，弗敢失也。余笥中藏有上海潘氏本，箋注明晰，每爲友人索觀，苦不給，因授諸木，公之同調。大槩鮮所更易，但脱漏者稍稍補葺，舛錯者悉爲改定，雖意義未能詳盡，抑亦可謂十得八九矣。

無名氏音韻通括

《千頃堂書目》四卷

未見

龔氏黄**古音叶讀**〔一〕

《四庫全書目》五卷

存

《四庫全書提要》曰：黄爵里無考。是書考究古韻，自屈原《離騷》及漢晉以後詞賦，皆徵引參證，而大抵以吴棫《韻補》爲指歸。其紕繆在於根柢，其餘不必深詰矣。

楊氏貞一 詩音辨略〔二〕

《四庫全書目》二卷

存

《四庫全書提要》曰：貞一字孟公，新都人。是書以朱子《毛詩》叶韻未爲盡善。因取吴棫《韻補》、熊忠《韻會舉要》之説，參考成書，其實皆以《洪武正韻》爲準，於音韻原流固未能博考也。

馬氏自援 等音〔三〕

《四庫全書目》二卷

存

《四庫全書提要》曰：此本爲康熙戊子宣城梅建所刊。内自稱槊什馬氏自援，建序惟稱得自霑益州明經張聖功，亦不知自援何許人。今考其書引梅膺祚《字彙》，則當在明末。又自稱籍本秦而生於滇，則雲南人，得自霑益，蓋其鄉里也。又稱所學得自江右楊夫子、嘉興李夫子，不著名字，則莫知爲誰矣。其書自立新意，併三十六母爲見、溪、疑、端、透、泥、邦、滂、明、精、清、心、照、穿、審、曉、影、非、微、來、日二十一母，而緯以光、官、公、裩、口、乖、口、規、戈、國、孤、骨、瓜十三韻。以舊譜四聲爲未備，增爲五聲，曰平、上、去、入、全。又謂舊譜有無入之韻，皆爲錯誤，立借入之法以通之。其删併字母，即蘭廷秀《韻略易通》括以《早梅》詩之説也。其四聲外增一全聲，即周德清《中原音韻》陰平、陽平之説也。其借用入聲，即葉秉敬《韻表》之説也。其末附傳響射字法，矜爲神妙者，即宋趙與旹《賓退録》繫鼓射字法也。而實皆未見諸書。觀其謂《禮部韻》爲沈約作，其陋可想。檢所引證，不過據《洪武正韻》及《字彙》韻法横直二圖，私心揣測，以成是編。其中惟平分陰陽稍合古法。米芾《畫史》嘗明此義，而晉李登《聲類》以宫商角徵羽各爲一篇，當即其源。然以全聲列入聲後，如通、桶、痛、突、同，灘、坦、炭、忒、壇，則究非先發後斂之序。總之，一知半解，自生妄見而已矣。

釋真空　篇韻貫珠

《四庫全書目》一卷

存

《四庫全書提要》曰：真空號清泉，萬曆中京師慈仁寺僧也。是書分爲八門，編成歌訣：一曰五音篇首歌訣，二曰五音借部免疑海底金，三曰檢五音篇海捷法總目，四曰貼五音類聚四聲篇海捷法，五曰訂四聲集韻卷數並韻頭總例，六曰貼五音四聲集韻捷法總目，七曰創安玉鑰匙捷徑門法歌訣，八曰類聚雜法歌訣。大旨以《五音集韻》《篇海》爲本，二書卷帙稍繁，門目亦碎，故立捷法檢尋之，無所發明考證〔四〕。又俗僧不知文義，而強作韻語，讀之十九不可曉，注中語助之詞，亦多誤用，其難通更甚於《篇》《韻》也。

釋真空　直指玉鑰匙門法〔五〕

《千頃堂書目》一卷

存

錢曾《敏求記》曰：《直指玉鑰匙門法》一卷，大慈仁寺僧訥菴老人真空謂劉士明所製門法，始於音和，終于外內，僅十三條，辭意高深，學者未易入，且篇以門法爲允，不可無鑰匙以啟其關鍵，故爲此書，又加「直指」二字，見明且易焉。

金尼閣　西儒耳目資

《四庫全書目》

存

《四庫全書提要》曰：金尼閣字四表，西洋人。其書作於天啟乙丑，成於丙寅。以西洋之音通中國之音，中分三譜：一曰譯引首譜〔六〕，二曰列音韻譜，皆因聲以隸形；三曰列邊正譜，則因形以求聲。其說謂元音有二十九，自鳴者五，曰了、額、依、阿、午，同鳴者二十，曰則、測、者、撦、格、克、百、魄、德、忒、日、物、弗、額、勒、麥、搦、色、石、黑，無字者四。自鳴者爲萬音之始，無字者爲中國所不用也，故惟以則測至石黑二十字爲字父。其列音分一了、二額、三依、四阿、五午、六愛、七澳、八盎、九安、十歐、十一硬、十二恩、十三鴉、十四葉、十五藥、十六魚、十七應、十八音、十九阿化切、二十阿惑切、二十一瓦、二十二五石切、二十三尾、二十四厘、二十五而、二十六翁，二十七至二十九非中國所有之聲，皆標西字而無切，三十隘、三十一堯、三十二陽、三十三有、三十四煙、三十五月、三十六用、三十七雲、三十八阿蓋切，三十九無切，四十阿剛切、四十一阿于切、四十二阿根切、四十三歪、四十四威、四十五王、四十六孌、四十七五庚切，四十八温、四十九碗、五十遠，皆謂之字母。其輾轉切出之字，則曰子，曰孫，曰曾孫，皆分清濁上去入五聲。而五聲又各有甚次，與本聲爲三。大抵所謂字父，即中國之字母，所謂字母，即中國之韻部，所謂清濁，即中國之陰平、陽平，所謂甚次，即中國之輕重等子。其三合、四合、五合成音者，則西域之法，非中國韻所有矣。考句瀆爲穀，丁寧爲鉦〔七〕，見《左氏傳》，彌牟爲木，見於《檀弓》。相切成音，蓋聲氣自然之理，故華嚴字母出自梵經，而其法普行於中國，後來雖小有增損，而大端終不可易，由文字異而聲氣同也。鄭樵《七音略》稱七音之韻出自西域，雖重百譯之遠、一字不通之處，而音義可傳，所以瞿曇之書能入諸夏，而宣尼之書不能至跋提河，聲音之道有障礙耳，是或一説歟？歐邏巴地接西荒，故亦講於聲音之學，其國俗好語精微，凡事皆刻意研求，故體例頗涉繁碎，然亦自成其一家之學。我國家耆定成功，拓地葱嶺，敕撰《西域同文志》，兼括諸體，巨細兼收。歐邏巴驗海占風，久修職貢，固應存録是書，以備象胥之掌。惟此本殘闕頗多，列音韻譜惟存第一攝至十七攝，自十八攝至五十攝皆佚，已非完書，故附存其目焉。

寇氏鼎 啟蒙韻略

見《雲南通志》

未見

《雲南通志》傳曰：明寇鼎字良用，偃師人。年十二能詩。隨父比部郎克仁戍滇，後以文學舉郡庠博士，不就。著有《啟蒙韻略》。

汪氏九漪 七音類集述

見《江南通志》

未見

《江南通志》傳曰：汪九漪字紫瀾，休寧人。少嫻文詞，晚年專精邵子《易》學，原本廖氏，以聲音爲理數統宗，而參用祝氏異同之旨，著《續皇極經世書》《七音類集述》。其孫應銓直南書房，嘗以其書進御。

黃氏景昉 疊韻譜

《福建續志・書目》一卷

未見

《明史・蔣德璟傳》曰：黃景昉字太穉，亦晉江人。天啟五年進士，由庶吉士歷官庶子，直日講。崇禎十五年六月召對，稱旨，與蔣德璟、吳甡並相。明年並加太子少保，改戶部尚書、文淵閣。南京操江故設文武二員，帝欲裁去文臣，專任誠意伯劉孔昭，副都御史惠世揚遲久不至，帝命削其籍，景昉俱揭爭，帝不悅，遂連疏引歸。唐王時召入直，未幾復告歸。國變後家居十數年始卒。

林氏霍 雙聲譜

《福建續志・書目》一卷

未見

按：雙聲疊韻罕有專書，二書流傳甚少。近海寧周春字芚兮，著《杜詩雙聲疊韻譜》，其自序曰：《杜詩雙聲疊韻譜》括略之成，於今六年矣，始謀付諸剞劂，復序於簡端曰：杜集之編，自樊潤州始也。杜詩之編年，自魯泠齋始也。杜詩之分類，自陳浩然始也。杜之有年譜，自呂汲公始也。而以杜詩之雙聲疊韻創爲一書，則是此始。蓋少陵之於詩，所謂聖而不可知之謂神，而後世之學少陵者，亦復皆有聖人之一體，由才力實能牢籠古今，無所不有。即如雙聲疊韻，不過其詩之一斑耳，而已至巧至密若此，況進求諸章句作法之全乎！夫第以雙聲疊韻觀少陵，殆猶以四十九表觀孔子，雖河目海口，初無關於盛德之至，而識者謂其形貌容體，便覺不凡。則杜詩之雙聲疊韻，亦若是而已矣。今距少陵之沒，將十有七庚戌，而一千二十年來，其詩日讀而愈新，其義日出而無盡，唐人並稱李杜，而杜詩韓筆，宋人每並重之。竊論杜之微妙精深，有非李、韓兩家所可及，覽是譜者，當益信斯言。

王光祿鳴盛序曰：予向習小學，但能識文字而已，未暇講聲音也。同榜進士海昌周松靄先生博學嗜古，默而好深湛之思，著書等身，名重東南。近刻《杜詩雙聲疊韻譜》，予讀之嘆爲得未曾有。夫所謂雙聲者，同母之字也，疊韻則同韻字也。杜《何將軍山林》詩「卑枝低結子，接葉暗巢鶯」，卑枝、接葉是疊韻矣。《贈鮮于京兆》詩「奮飛超等級，容易失沈淪」，奮飛、容易是雙聲矣。至《送鄭司戸虔》云「蒼惶已就長塗往，邂逅無端出餞遲」，蒼惶爲疊韻，邂逅爲雙聲，則已二者作對矣。評注杜詩者古今亡慮數十家，曾無先覺，先生始抉其祕，故曰得未曾有。大凡摹擬情事景物，一字不能盡，則疊字以形容之，雎鳩之關關、葛覃之萋萋是也。或用疊韻，則山之崔嵬、馬之虺隤是也。或用雙聲，登高曰高岡、馬曰玄黄是也。疊字疊韻爲摹收之詞，人所易曉。或雙聲者，蘇子瞻《口吃語詩》正純用此，試取而諷詠之，佶屈可笑，成何音節。不知純用之則不成章，若於穩順聲勢中忽羼以二字，使齒舌擊觸，因澀得平，遲其聲以媚之，此律詩妙境也。今得先生發揮而衍繹之，觀者拊掌愜心，點頭會意，豈不快哉！且漢末孫炎始爲反語，六朝神珙乃造字母，疑若出於後世之所附益者。要之，追溯其原，而已見於《毛詩》，則知此中有天籟焉，非穿鑿也。賴先生大暢其說，律體之奧窔特開，而杜老之精神愈出矣。蓋嘗論之，闡前賢之慧業，事之最善者也，指來學之迷津，功之最大者也。先生著述，有功古人，有助後人者多矣，而此亦其一也。

又錢詹事大昕序曰：自書契肇興，而聲音寓焉，同類相召，本於天籟，而人聲應之。軒轅、栗陸以紀號，皋陶、庬降以命名。股肱叢脞，虞廷之賡歌也。昆侖滄浪，《禹貢》之敷土也；童蒙盤桓，文王之演《易》也。瞻天象則有蝃蝀、辟歷，辨土性則有甌婁、汙邪。宣尼刪《詩》，定爲三百五篇，而斯理彌顯。伊威、蠨蛸、町疃、熠燿，則數句相聯；崔嵬、虺隤、高剛〔八〕、玄黄，則隔章遥對。倘有識古知音者類而列之，牙舌脣齒喉犁然各當於心矣。天下之口相似，古今之口亦相似也，豈古昔聖賢獨昧於茲，直待梵夾西來，方啟千古之長夜哉！魏世儒者創爲翻切，六朝人士好言雙聲疊韻，故其詩文鏗鏘流美，異於傖楚之音。唐之杜子美聖於詩者也，其自言曰「老去漸於詩律細」，蓋詩家皆祖述風騷，惟子美性與天合，不徒得《三百篇》之性情，并《三百篇》之聲韻而畢肖之。組織緸綿，自然成章，良工之用心通於天籟，此之謂「律細」也。自宋以來，注杜者毋慮百千家，於訓詁事實討索靡遺，至以雙聲疊韻求杜，則是吾友周松靄先生始。或謂：「子美詩上薄風騷，下該沈宋，貫串今古，盡工盡善，詎必區區於聲韻之末求之？」予曰：否否，黄鐘大吕之奏，可以降天神，出地祇，要未有侈弇厚薄之失調，而可載諸簨虡者。《詩》三百篇，聲韻之至善者也，惟子美爲善學之。後之詩家皆自言學杜，然自香山、東坡二公而外，精於聲韻者蓋寥寥矣。兒童學語、里巷常談，有時而闇合，學士大夫日從事於吟詠，而終身昧昧，翻謂小技不足道，何顔之厚與？讀松靄之譜，將見操觚者曉然於聲韻之非細事，由是進求之《三百篇》、羣經諸子，而知牙舌齒喉之别，自昔已然。其於《周官》大行人諭書名聽音聲之教，豈曰小補已哉！

又盧學士文弨敘曰：雙聲天籟也，兒童婦女生無名師，而矢口成音，無不暗合者，古人制物之名、制事之名，與夫形容彷佛之辭，罔或不由於是，蓋一本於自然而非勉强也。若其聲之同部連用者謂之疊韻，則又顯而易明者矣。《虞書》曰：「詩言志，歌永言，聲依永，律和聲。」《詩序》云：「情發乎聲，聲成文謂之音。」聲者，宫商角徵羽也。」鄭氏謂宫商上下相應，單出爲聲，雜比爲音。今取唐虞之詩攷之，舉未有不然者。本自抒其情志，而律自隨之耳。《三百》首篇「窈窕」爲疊韻，「參差」爲雙聲，其他不勝枚舉。後人始以字母求之，而作詩者初未嘗勞勞於是也。唐杜少陵固所稱細於律者，故能不失乎和聲成文之遺意。後人習其讀而置其律之嚴於不問，烏在其深於杜也？海昌周君黍谷於是有《杜詩雙聲疊韻譜》之作，舉非余肄業之所嘗留意也。蓋是童年就塾以來，音沿鄉俗，迨長即不能變其所習。嘗見何屺瞻先生之評李義山詩，凡句中雙聲皆一一標舉之，並有隔一字兩字而遥應者，友人中亦略有通曉。余雖浸淫涵濡，而卒無暇取古人之詩一一辨其離合也。今周君之爲是譜也，浣花之外，又旁及諸家，其勤勤如是，蓋欲明乎詩之本旨，由少陵而溯《三百》，以示後人之所當宗，庶乎志和音雅，而舉合於律，將見詩教之益盛也。或曰：「詩以言志達情爾，如必拘拘於是，得毋舍本而專治其末乎？」余曰不然，彼不能詩而强爲詩者，即逐字以求其孰平孰側也尚難，而能詩者初未聞其如是也。彼詩人之以雙聲與雙聲若疊韻之相爲配偶也，亦如諧平側之一出於自然而已，非強探力索而始得之也，又何害乎性情哉！蓋上古人人皆明之，故不必言，至六朝乃始有明言雙聲者，南人若劉勰，北人若楊衒之，其書可攷。今人苟不知此，亦爲闕事矣。

林氏霍**滄湄學韻**

《福建續志·書目》一卷

未見

小學考卷三十七終

校記

〔一〕古音叶讀：據《四庫全書總目》卷四四，是書當作「古叶讀」，無「音」字。

〔二〕楊氏：原作「陽氏」。詩音：原作「詩韻」，並據《四庫全書總目》卷四四《詩音辨略》提要改。

〔三〕案：《四庫全書總目》卷四四著錄此書，署作「重訂馬氏《等音外集》一卷、《內集》一卷」。

〔四〕發明：原作「法明」，據《四庫全書總目》卷四四《篇韻貫珠》提要改。案：光緒刊本已改。

〔五〕「匙」字原脱，據《千頃堂書目》卷三補。

〔六〕譯：原作「譜」，據《四庫全書總目》卷四四《西儒耳目資》提要改。

〔七〕鉦：原作「証」，據右引書改。案：光緒刊本已改。

〔八〕高剛：當作「高岡」。案：「高岡」、「玄黃」，載《詩經·周南·卷耳》。

小學考卷三十八

聲韻十

顧氏炎武音論

《四庫全書目》三卷

存

《大清一統志》曰：顧炎武字寧人，崑山人，貢生。篤志古學，邃於經史，足跡半天下，流覽山川風俗，考核得失利病、上下今古，成一家言。有《日知錄》等書行世。

李光地撰《顧寧人小傳》曰：顧炎武字寧人，吳之長洲人。自幼博涉強識，好爲蒐討辨論之學，十三經、諸史，旁及子集稗野、列代名人著述，微文碎義，無不攷究。騎驢走天下，所至荒山頹址，有古碑版遺跡，必披蓁菅括斑蘚讀之，手錄其要以歸。十餘歲至七十而老，勤如一日。於六書音義尤獨得。余始官庶吉士，曾相與爲半日話，時余於音學無曉也，寧人舉大指示之曰：「古者同文，聲與形應，凡字旁從某音必從某，後世不悟音譌，反謂古書爲叶，皆非也。《唐韻》承江左末流，部居悉舛，分合之間，紛不可治。今當以《詩》《易》、周秦之文爲正，質驗字傍，分者併之，合者離之，使古書無二音，然後得復其舊。」予聞言猶未省了，家居數載，追尋言緒，未達者自以意爲之說。又七年復來京師，則寧人沒矣。聞其書已成，亟求觀之，所意者幸不謬然。寧人之學，於是始窺其備。蓋平、上、去三聲雖有差互，猶得類從，入聲則雜亂尤甚，如人經荒流者，不第鄉貫，不可復追，姓氏族系皆不自別矣。有顧氏之書，然後三代之文可復，雅頌之音各得其所，語聲形者，自漢晉以來未之有也。書既刻，厚自寶祕，曰五十年後乃有知我者耳。尚有《日知錄》數十卷，識大小，覆同異，辯是非，亦有補於學者。其徒潘耒刻之閩中。衛先生爾錫言其地理書用心尤多，然未見也。孤僻負氣，譏訶古今，人必刺切，徑情傷物，以是吳人訾之。然近代博雅淹洽，未見其比。

徐盛全曰：炎武崑山人，初名絳，字寧人，學者稱亭林先生。

炎武《與人書》曰：《詩》三百篇，即古人之韻譜。經之與韻，本無二也，病在後之學者執韻而論經，其不能通，則改經而就韻。夫道若大路然，安用此多歧乎？休文之四聲、神珙之翻切，三代之所未有也。顔師古、章懷太子始有叶韻之說，而漢以前亦未之有也。乃援今而議古，焉得不圜鑿而方枘乎？且經學自有原流，自漢而六朝，而唐而宋，必一一攷究，而後及於近儒之所著，然後可以知其異同離合之旨。如論字者必本於《說文》，未有據隸楷而論古文者也已。僭成一書，今先刻《音論》附往。

戴震跋曰：右三卷，考論韻之原委，蓋欲據唐人正宋已後之失，據古音正唐人之失，意甚善也。隋陸法言、唐孫愐之書不可得見，顧君所見止於宋陳彭年、邱雍所刊益名《廣韻》者耳。《廣韻》已無善本，致使唐宋用韻沿革異同，莫之或知。以顧君之精博，而猶攷覈之疏，他人無論矣。方開皇初，法言同劉臻、蕭該、顏之推等八人論難，後十數年八人或亡或存，法言獨自屏居，乃定爲《切韻》五卷。唐儀鳳二年，長孫納言爲之箋注，距仁壽初法言撰韻時凡七十有七年。其後郭知玄更以朱箋三百字。越七十有五年，爲天寶十載，孫愐增修，改名《唐韻》。天寶末《集賢注記》稱，上以自古用韻，不甚區分，陸法言《切韻》又未能釐革，乃改撰《韻英》，仍舊爲五卷。舊韻四百三十九，新加一百五十一，合五百八十韻，一萬九千一百七十七字，分析至細。而《南部新書》：天寶時有陳廷堅撰《韻英》十卷。然則《注記》所謂舊韻四百三十九，殆廷堅之爲歟？所謂仍舊爲五卷者，殆仍法言卷帙歟？自天寶末又二百五十二年，爲宋景德四年，而崇文院上《校定切韻》五卷，依九經書例頒行。明年大中祥符元年，改爲《大宋重修廣韻》。法言韻凡萬二千一百五十八字，孫愐自序侈列其前，後引據入注中，諸書總加四萬二千三百八十三言。晁公武誤以爲增加字至是其多，非也。《集韻》韻例曰「先帝時令陳彭年、邱雍因法言韻就爲刊益」，蓋二百六韻實法言區分舊目，故《廣韻》卷首猶題云陸法言撰本。法言韻既經郭知玄、關亮等九人增加，更有諸家增字，至宋合集，共勒成一部，是以改《廣韻》之名，而字數止二萬六千一百九十四，孫愐亦九人者之一耳。寶元《集韻》，就《廣韻》刊修，新增字二萬七千三百三十一，合新舊字凡五萬三千五百二十五。當景德中，詔殿中丞邱雍重定《切韻》也，龍圖待制戚綸復承詔詳定考試聲韻，於是略取《切韻》要字，備禮部科試，謂之《韻略》，其同用、獨用例未改。後三十有一年，爲景祐四年，更刊修《廣韻》《韻略》，以賈昌朝請，韻窄者凡十三處，許令附近通用。是年四月，奉詔修韻，六月即以所修《禮部韻略》頒行。今《廣韻》上、去聲末六韻，與《禮部韻略》《集韻》同，而與平聲、入聲齟齬，前此不宜爾也。吳才老《韻補》上聲五十二豏、五十三檻、五十四儼，猶舊次去聲，亦同《集韻》，蓋由習於景祐通用例，合儼於琰忝，合范於豏檻，合釅於豔㮇，合梵於陷鑑，遂迷失乎舊。顧君嚴辨《廣韻》《禮部韻略》之異同，於《廣韻》上去聲末六韻弗省於《禮部韻略》，合廢於隊代，遺而未舉。所舉二書同用、獨用例異者八處，不知併是而十有三處，犂然可考，而唐宋用韻沿革之大節目，實存其間。已上《音論》中所失考，暨考之而疏，足以滋惑。余故書其詳補正之。至如《三百篇》古人之音，用元韻字與寒、桓、刪、山、先、仙通，而必不通魂、痕，用魂痕韻字與真、諄、臻、殷、文通，而必不通元。唐人用韻，乃溷而通之，顧君泥於陸德明「古人韻緩，不煩改字」一語，不復致考。且於二十八山及一先、二仙內字有從真諄一類流變而入者，不復知其古音也。《音論》載六書轉注一條，所是者蕭楚諸人臆說，所非者裴務齊、鄭漁仲諸人之謬誤。古之所謂轉注，漢許氏之所傳，槩未之有聞焉，余別有辨正，見答江丈論小學書，茲不具論，論其尤關音韻者。乾隆癸未。

《四庫全書提要》曰：自陳第作《毛詩古音考》《屈宋古音義》，而古音之門徑始明。然創闢榛蕪，猶未及研求邃密，至炎武乃探討本原，推尋經傳，作《音學五書》以正之。此其五書之一也。上卷分三篇：一古曰音今曰韻。二韻書之始，三唐宋韻譜異同。中卷分六篇：一古人韻緩不煩改字，二古詩無叶音，三四聲之始，四古人四聲一貫，五入爲閏聲，六近代入聲之誤。下卷分六篇：一六書轉注之解，二先儒兩聲各義之說不盡然，三反切之始，四南北朝反語[一]，五反切之名，六讀若某。共十五篇，皆引據古人之說以相證驗。中惟所論入聲變亂舊法，未爲甚確，餘皆元元本本，足以訂俗學之譌，蓋五書之綱領也。書成於崇禎癸未，其時舊本《集韻》與別本《廣韻》皆尚未出，故不知唐宋部分之異同由於陳彭年、丁度，又唐封演《聞見記》其時亦未刊行，故亦不知唐人官韻定自許敬宗。然全書持論精博，百餘年來，言韻學者雖愈闡愈密，或出於炎武所論之外，而發明古義[二]，則陳第之後，炎武屹爲正宗。陳萬策《近道齋集》有《李光地小傳》，稱光地音學受之炎武。又萬策作李光地《詩集後序》，稱光地推炎武音學妙契古先，故所注古音不用吳棫《韻補》，而用炎武《詩本音》，則是書之爲善本，可概見矣。

顧氏炎武 詩本音

《四庫全書目》十卷

存

炎武《與施愚山書》曰：近來刊落枝葉，不作詩文，敬拜佳篇，未得酬和，而《音學五書》之刻，其功在於注《毛詩》與《周易》。今但以爲詩家不朽之書，

「底」，注云十一薺，而不知其爲五旨也。五經無「底」字，皆是「厎」字，惟《左傳》襄二十九年「處而不底」，昭元年「勿使有所壅閉湫底，以露其體」，乃以丁禮反耳。今《說文》本「底」字有下一畫，誤也，字當從「氏」。詩「周道如砥」，《孟子》引之作「厎」，以砥、厎音同，而古亦可通也。今本誤爲「底」字，童而習之，並詩之「砥」字亦讀爲邸矣。《商頌·烈祖》詩上云「以假以享」，下云「來假來饗」，石經上作「享」下作「饗」，歐陽氏曰：「上云『以享』者，謂諸侯皆來助享於神也；下云『來饗』者，謂神來至而歆饗也。享饗二義不同。享者下享上也，《書》曰『享多儀』是也。饗者上饗下也，傳曰『王饗醴』是也。故《周頌》『我將我享』作『享』，『既右饗之』作『饗』，《魯頌》『享以騂犧』作『享』，『是饗是宜』作『饗』。今《詩經》本周、商二《頌》上下皆作享，非矣。」舉此二端，則此書雖刻成而未可刷印，恐有舛漏，以貽後人之議。馬文淵有言：「良工不示人以璞。」今世之人速於成書，躁於求名，斯道也將亡矣。前介眉札來索此，原一亦索此書，并欲鈔《日知錄》，我報以《詩》《易》二書今夏可印，其全書再待一年，《日知錄》再待十年。如不及年，此「年」字如趙孟「不復年」之「年」。則以臨終絶筆爲定。彼時自有受之者，而非可豫期也。詩云「如切如磋，如

則末矣。刊改未定，作一書與力臣，先印《詩經》并《廣韻》奉送，有便人可往取之。

《四庫全書提要》曰：炎武撰《音學五書》之二也。其書主陳第詩無叶韻之說，不與吳棫《補音》爭，而亦全不用棫之例，但即本經所用之音〔三〕，互相參考，證以他書，明古韻原作是讀，非由遷就，故曰「本音」。每詩皆全列經文，而注其音於句下，與今韻合者注曰《廣韻》某部，與今韻異者即注曰古音某。大抵密於陳第，而疏於江永，故永作《古韻標準》，駁正此書者頗多，然合者十九，不合者十一。南宋以來，隨意叶讀之謬論，至此始一一廓清，厥功甚鉅，當以永書輔此書，不能以永書廢此書也。若毛奇齡之逞博爭勝，務與炎武相詰難，則文人相輕之習，益不足爲定論矣。

顧氏炎武 易音

《四庫全書目》三卷

存

炎武《與潘次耕書》曰：著述之家，最不利乎以未定之書傳之於人，昔伊川先生不出《易傳》，謂自身後之書。即如近日力臣札來，《五書》改正約有一二百處。《詩·祈父》「靡所底止」，《小旻》「伊于胡底」，誤作

琢如磨」之謂也。

《四庫全書提要》曰：炎武《音學五書》之三也。其書即《周易》以求古音，上卷爲彖辭、爻辭，中卷爲彖傳、象傳，下卷爲繫辭、文言、説卦、雜卦。其音往往與《詩》不同，又或往往不韻，故炎武所注凡與《詩》音不同者，皆以爲偶用方音而不韻者則闕焉。考《春秋傳》所載繇詞，無不有韻，説者以爲《連山》《歸藏》之文，然漢儒所傳不過《周易》，而《史記》載大横之兆，其繇亦然。意卜筮家别有其書，如焦贛《易林》之類，非《易》之本書，而《易》之本書則如周秦諸子之書，或韻或不韻，本無定體，其韻或雜方音，亦不能盡求其讀。故彖辭、爻辭不韻者多，韻者亦間有，《十翼》則韻者固多，而不韻者亦錯出其間，非如《詩》三百篇協詠，歌被管弦，非韻不可以成章也。炎武於不可韻者，如乾之九二、九四中隔一爻，謂義相承，則韻亦相承之類，未免穿鑿。又如六十四卦彖辭，惟四卦有韻，殆出偶合，標以爲例，亦未免附會。然其考核精確者，則於古音亦多有裨，固可存爲旁證焉。

顧氏炎武唐韻正

《四庫全書目》二十卷

存

炎武自序曰：凡韻中之字，今音與古音同者即不復注，其不同者乃韻譜相傳之誤，則注云古音某，並引經傳之文以正之。其一韻皆同而中有數字之誤，則止就數字注之，一東是也。一韻皆誤，則每字注之，四江是也。同者半、不同者半，則同者注其略，不同者注其詳，且明其本二韻而誤併爲一，五支是也。一韻皆同無誤，則不注，二冬、三鍾是也。餘倣此。

炎武《答李子德書》曰：三代六經之音，失其傳也久矣，其文之存於世者，多後人所不能通，以其不能通而輒以今世之音改之，於是乎有改經之病。始自唐明皇改《尚書》，而後人往往效之，然猶曰舊爲某，今改爲某，則其本文猶在也。至於近日，鋟本盛行，而凡先秦以下之書，率臆徑改，不復言其舊爲某，則古人之音亡而文亦亡，此尤可歎者也。開元十三年敕曰：「朕聽政之假〔四〕，乙夜觀書，每讀《尚書·洪範》至『無偏無頗，遵王之義』，三復兹句，常有所疑。據其下文，並皆協韻，惟『頗』一字，實則不倫。又《周易》泰卦中

『无平不陂』，《釋文》云『陂字亦有頗音』，陂之與頗，訓詁無別，其《尚書·洪範》『無偏無頗』字宜改爲『陂』。」蓋不知古人之讀「義」爲我，而「頗」之未嘗誤也。《易》象傳「鼎耳革，失其義也」，「覆公餗，信如何也」，《禮記·表記》「仁者右也，道者左也，仁者人也，道者義也」，是「義」之讀爲我，而其見於他書者，遽數之不能終也。王應麟曰：「宣和六年，詔《洪範》復舊文爲『頗』」，然監本猶仍其故，而《史記·宋世家》之述此書，則曰「毋偏毋頗」，《呂氏春秋》之引此書，則曰「無偏無頗」，其本之傳於今者則亦未嘗改也。《易》漸上九「鴻漸於陸，其羽可用爲儀」，范諤昌改「陸」爲「逵」。朱子謂以韻讀之良是，而不知古人讀「儀」爲俄，不與「逵」爲韻也。小過上六「弗遇過之，飛鳥離之」，朱子存其二說，謂仍當作「弗過遇之」，而不知古讀「離」爲羅，正與「過」爲韻也。《雜卦》傳「晉晝也，明夷誅也」，孫奕改「誅」爲「昧」，而不知古人讀「晝」爲注，正與「誅」爲韻也。《楚辭·天問》「簡狄在臺嚳何宜，玄鳥致貽女何嘉」，後人改「嘉」爲「喜」，而不知古人讀「宜」爲牛何反，正與「嘉」爲韻也。《招魂》：「魂兮歸來，北方不可以止些。增水峨峨，飛雪千里些。歸來歸來，不可以久些。」五臣《文選》本作「不可以久止」，而不知古人讀「久」爲几，正與「止」爲韻也。《老子》：「朝甚除，田甚蕪，倉甚虛，服文采，帶利劍，厭飲食，財貨有餘，是爲盜夸。」楊慎改爲「盜竽」，謂本之《韓非子》，而不知古人讀「夸」爲刳，正與「除」爲韻也。《淮南子·原道訓》：「以天爲蓋，以地爲輿，四時爲馬，陰陽爲騶，乘雲陵霄，與造化者俱，縱志舒節，以馳大區。」後人改「騶」爲御，（據吳才老《韻補》引此作「騶」。）而不知古人讀「騶」爲邾，正與「輿」爲韻也。《史記·龜策傳》：「雷電將之，風雨迎之，流水行之，侯王有德，乃德當之。」後人改「迎」爲「送」，而不知古人讀「迎」爲昂，正與「將」爲韻也。《太史公自序》：「有法無法，因時爲業，有度無度，因物與舍。」今《漢書·司馬遷傳》亦正作「舍」，而後人改爲「合」，不知古人讀「舍」爲恕，正與「度」爲韻也。《柏梁臺詩》上林令曰「走狗逐兔張罝罘」，今本改爲「罘罝」，又改爲「罘罳」，而不知古人讀「罘」爲扶之反，正與「時」爲韻也。揚雄《後將軍趙充國頌》：「在漢中興，充國作武，赳赳桓桓，亦紹厥後。」五臣《文選》本改「後」爲「緒」，而不知古人讀「後」爲戶，正與「武」爲韻也。繁欽《定情》詩：「何以結相於，金薄畫搔頭。」後人改「於」爲「投」，而不知古人讀「頭」爲徒，正與「於」爲韻也。陸雲《答兄平原》詩：「巍巍先基，重規累構，赫赫重光，遐風激鷟。」今本改「鷟」爲「鷟」，而不知古人讀「構」爲故，正與「鷟」爲韻也。齊武帝《估客樂》：「昔經樊鄧役，阻潮梅根冶，深懷悵往事，意滿辭不敘。」今本改「冶」爲「渚」，不知《宋書·百官志》江南有梅根及冶塘二冶，而古人讀「冶」爲「墅」，正與「敘」爲韻也。《隋書》載梁沈約歌《赤帝辭》：「齊醍在堂，笙鏞在下，匪惟七百，無絶終古。」今本改「古」爲「始」，不知「長無絶兮終古」，乃《九歌》之辭，而古人讀「下」爲戶，正與「古」爲韻也。《詩》曰「汎彼柏舟，在彼中河，髧彼兩髦，實惟我儀，之死矢靡他」，則古人讀「儀」爲俄之證也。《易》離九三「日昃之離，不鼓缶而歌，則大耋之嗟」，則古人讀「離」爲羅之證也。張衡《西京賦》「徼道外周，千廬内附，衛尉八屯，巡夜警晝」，則古人讀「晝」爲注之證也。《詩》曰「君子偕老，副笄六珈，委委佗佗，如山如河，象服是宜，子之不淑，云如之何」，則古人讀「宜」爲牛何反之證也。又曰「何其久也，必有以也」，又曰「吉甫燕喜，既多受祉，來歸自鎬，我行永久」，則古人讀「久」爲几之證也。左思《吳都賦》「橫塘查下，邑屋隆夸，長干延屬，飛甍舛互」，則古人讀「夸」爲刳之證也。《漢書·敘傳》「舞陽鼓刀，滕公廄騶，潁陰商販，曲周庸夫，攀龍附鳳，並乘天衢」，則古人讀「騶」爲鄒之證也。《莊子》「不將不迎，應而不藏，故能勝物而不傷」，又曰「無有所將，無有所迎」，則古人讀「迎」爲昂之證也。《曲禮》「將適舍，求無固」，《離騷》「余固知謇謇之爲患兮，忍而不能舍也，指九天以爲正兮，夫惟靈修之故也」，則古人讀「舍」爲恕之證也。秦始皇《東觀刻石文》「常職既定，後嗣循業，長承聖治，羣臣嘉德，祗誦聖烈，請刻之罘」，則古人讀「罘」爲扶之反之證也。《詩》曰「予曰有疏附，予曰有先後，予曰有奔走，予曰有禦侮」，則古人讀「後」爲戶之證也。《史記·龜策傳》「今寡人夢見一丈夫，延頸而長頭，衣玄繡之衣而乘輜車」，則古人讀「頭」爲徒之證也。《荀子》「肉腐出蟲，魚枯生蠹，怠慢忘身，禍災乃作，彊自取柱，柔自取束，邪穢在身，怨之所構」，「作」「束」並去聲，則古人讀「構」爲故之證也。馬融《廣成頌》「然後緩節舒容，裴徊安步，降集波籞，川衡澤虞，矢魚陳罟，茲飛宿沙，田開古冶，翬終葵，揚關斧，刊重冰，撥蟄戶，測潛鱗，踵介旅」，則古人讀「冶」爲墅之證也。《詩》曰「於以奠之，宗室牖下，誰其尸之，有齊季女」，則古人讀「下」爲戶之證也。凡若此者，遽數之不能終也，其爲古人之本音而非叶韻，則陳第已辨之矣。若夫近日鋟本，又有甚焉。阮瑀《七哀》詩：「冥冥九泉室，漫漫長夜臺，身盡氣力索，精魂靡所能。」今本改「能」爲「迴」，不知《廣韻》十六咍部元有「能」字，姚寬證之以《後漢書・黃琬傳》「欲得不能，光祿茂才」，以爲不必是鼈矣。張說《隴右節度大使郭知運神道碑銘》：「河曲迴兵，臨洮舊防，手握金節，魂沈玉帳，千里送喪，三軍悽愴。」《唐文粹》本改「防」爲「址」，以叶上文「喜」「祉」諸字，不知《廣韻》四十一樣部元有「防」字，而「峻岨塍長城，豁險吞若巨防」，已見於左思之《蜀都賦》矣。盧照鄰《奉使益州》詩「峻岨埒長城，高標吞巨防」，正用《蜀都賦》語，今本盧詩改「防」爲「舫」。李白《日夕山中有懷》詩：「久臥名山雲，遂爲名山客，山深雲更好，賞弄終日夕，月銜樓間峰，泉漱階下石，素心自此得，真趣非外借。」今本改「借」爲「惜」，杜甫《鄭典設自施州歸》詩同。不知《廣韻》二十二昔部元有「借」字，而「傷美物之遂化，怨浮齡之如借」，已見於謝靈運之《山居賦》矣。凡若此者，亦遽數之不能終也。其詳並見《唐韻正》本字下。嗟夫！學者讀聖人之經與古人之作，而不能通其音，不知今人之音不同乎古也，而改古人之文以就之，可不謂之大惑乎！昔者漢熹平四年〔五〕，議郎蔡邕奏求正定五經文字，乃自書丹於碑，使工鐫刻立於太學門外，後儒晚學咸取正焉。魏正始中，又立古文之經，不絕於代，傳寫之不同於古者，猶有所疑而考焉。天寶初，詔集賢學士衛包改爲今文，而古文之傳遂泯，此經之一變也。漢人之於經，如先、後鄭之釋《三禮》，或改其音，而未嘗變其字。子貢問樂一章，錯簡明白，而仍其本文不敢移也，注之於下而已。所以然者，述古而不自專，古人之師傳固若是也。及朱子之正《大學》、繫辭，徑以其所自定者爲本文，而以錯簡之說注於其下，已大破拘攣之習。後人效之，《周禮》五官互相更易，彼此紛紜，《召南》《小雅》且欲移其篇第。此經之又一變也。聞之先人，自嘉靖以前，書之鋟本雖不精工，而其所不能通之處，注之曰疑，今之鋟本加精，而疑者不復注，且徑改之矣。以甚精之刻而行其徑改之文，無怪乎舊本之日微，而新說之愈鑿也。故愚以爲讀九經自考文始，考文自知音始，以至諸子百家之書，亦莫不然。不揣寡昧，僭爲《唐韻正》一書，而於《詩》《易》二經各爲之音，曰《詩本音》，曰《易音》，以其經也，故列於《唐韻正》之前。而學者讀之，則必先《唐韻正》，而次及《詩》《易》二書，明乎其所以變，而後三百五篇與卦爻象象之文可讀也。其書之條理最爲精密，竊計後之人必有患其不便於尋討，而更竄併入之者，而不得不預爲之說以告也。夫子有言：「齊一變至於魯，魯一變至於道。」今之《廣韻》，故宋時人所謂兔園之冊，家傳而戶習者也，自劉淵韻行，而此書幾於不存。今使學者睹是書，而曰自齊梁以來周彥倫、沈約諸人相傳之韻固如是也，則俗韻不攻而自絀，所謂一變而至魯也。又從是而進之五經、三代之書，而知秦漢以下至於齊梁，歷代遷流之失，而三百五篇之詩可弦而歌之矣，所謂一變而至道也。故吾之書，一循《廣韻》之次第，而不敢輒更，亦猶古人之意，且使下學者易得其門而入。非託之足下，其誰傳之？今鈔一帙附往，而考古之役，日知所無，不能無所增益，則此之書猶未得爲完本也。

《四庫全書提要》曰：炎武《音學五書》之四也。其書以古音正《唐韻》之譌，書首有凡例曰：凡韻中之字，今音與古音同者即不注；其不同者乃韻譜相傳之誤，則注云「古音某」，並引經傳之文以證之。其一韻皆同而中有數字之誤，則止就數字注之，一東是也；一韻皆誤則每字注之，四江是也；同者半則同者注其略，不同者注其詳，且明其本二韻而誤併爲一，五支是也；一韻皆同無誤則不注，二冬、三鐘是也。蓋逐字以求古音，當移出者移而出，當移入者移而入，視他家謬執今韻言古音，但知有字之當入而不知有字之當出，以至今古糾牽不可究詰者，其體例特爲明晰。與所作《韻補正》皆爲善本，然《韻補》誤叶古音，可謂之「正」，至《唐韻》則本爲四聲而設，非言古音之書，聲隨世移，是變非誤，概名曰「正」，於義未協。是則炎武泥古之過，其偏亦不可不知也。

顧氏炎武 古音表

《四庫全書目》二卷

存

炎武自序曰：《記》曰「聲成文謂之音」，夫有文斯有音，比音而爲詩，詩成然後被之樂，此音出於天而非人之所能爲也。三代之時，其文皆本於六書，其人皆出於族黨庠序，其性皆馴化而中和，而發之爲音，無不協于正。然而《周禮》大行人之職，九歲屬瞽史諭書名，聽聲音，所以一道德而同風俗者，又不敢略也。是以《詩》三百五篇，上自商頌，下逮陳靈，以十五國之遠，千數百年之久，而其音未嘗有異。帝舜之歌、皋陶之賡、箕子之陳、文王周公之繫，無弗同者，故三百五篇，古人之音書也。魏晉以下，去古日遠，辭賦日繁，而後名之曰韻。至宋周彥倫、梁沈約，而四聲之譜作，然自秦漢之文，其音已漸戾于古，至東京益甚，而休文作譜，乃不能上據雅南，旁摭騷子，以成不刊之典，而僅按班張以下諸人之賦、曹劉以下諸人之詩所用之音，撰爲定本。於是今音行而古音亡，爲音學之一變。下及唐時，以詩賦取士，其書一以陸法言《切韻》爲準，雖有獨用、同用之注，而其分部未嘗改也。至宋景祐之際，微有更定。理宗末年，平水劉淵始併二百六韻爲一百七。元黄公紹作《韻會》因之，以迄於今，於是宋韻行而唐韻亡，爲音學之再變。世日遠而傳日訛，此道之亡蓋二千有餘歲矣。炎武潛心有年，既得《廣韻》之書，乃始發寤於中，而旁通其說，于是據唐人以正宋人之失，據古經以正沈氏、唐人之失，而三代以上之音，部分秩如，至賾而不可亂。乃列古今音之變而究其所以不同，爲《音論》三卷，考正三代以上之音，注三百五篇爲《詩本音》十卷，注《易》爲《易音》三卷，辨沈氏分部之誤，而一一以古音定之，爲《唐韻正》二十卷，綜古音爲十部，爲《古音表》二卷。自是而六經之文乃可讀，其他諸子之書，離合有之，而不甚遠也。天之未喪斯文，必有聖人復起，舉今日之音而還之淳古者。子曰「吾自衛反魯，然後樂正，雅頌各得其所」，實有望于後之作者焉。

又後序曰：予纂輯此書幾三十年，所過山川亭鄣，無日不以自隨，凡五易稿而手書者三矣。然久客荒壤，于古人之書多所未見，日西方莫，遂以付之梓人，故已登版而刊改者猶至數四。又得張君弨爲之攷《說文》，參羣書，增辯正，酌時宜而手書之。二子叶增、叶箕分書小字，鳩工淮上，不遠數千里，累書往復，必歸於是。其著書之難，而成之之不易如此。然此書爲《三百篇》而作也，先之以《音論》，何也？曰：審音學之原流也。《易》文不具，何也？曰：不皆音也。《唐韻正》之攷音詳矣，而不附于經，何也？曰：文繁也。已正其音，而猶遵元第，何也？曰：述也。《古音表》之列爲書，何也？曰：自作也。蓋嘗四顧踟躇，幾欲分之、幾欲合之，久之然後臚而爲五矣。嗚呼！許叔重《說文》始一終亥，而更之以韻，使古人條貫不可復見。陸德明《經典釋文》割裂刪削，附注九經之下，其元本遂亡。成之難而毁之甚易，又今日之通患也。孟子曰：「流水之爲物也，不盈科不行。」《記》曰：「不陵節而施之謂孫。」若乃觀其會通，究其條理，無輕變改其書，則在乎後之君子。李君因篤每與予言詩有獨得者，今頗采之，以答書附於末。

又曰：此書自創始至於卒業二十年，所過山川亭障，無日不以自隨，凡五易稿而手書者三，亦已勤矣。然而久客荒壤，於古人之書多所未見，日西方莫，遂以付之梓人。而《詩本音》十卷，則李君因篤不遠千里，來相訂正，而多采其言。若夫本《說文》正字體，酌古今之間而手書之，則張君弨與其二子叶增、叶箕，若二君者亦儒林之罕覯者也。其工費則取諸鬻產之直，而秋毫不借於人，又區區之素志也。復懼末俗澆惡，好改竄人書以自賈衒，刻成，藏版名山，以待後之信古者。

《四庫全書提要》曰：炎武《音學五書》之五也。凡分十部，以東冬鍾江爲第一，支脂之微齊佳皆灰咍爲第二，魚虞模侯爲第三，真諄臻文殷元魂痕寒桓刪山先仙爲第四，蕭宵肴豪幽爲第五，歌戈麻爲第六，陽唐爲第七，耕清青爲第八，蒸登爲第九，侵覃談鹽添咸銜嚴凡爲第十。皆以平聲爲部首，而三聲隨之，其移入之字與割併之部，即附見其中。考以古法，多相脗合，惟入聲割裂分配，其說甚辯，然變亂舊部，論者多有異同。其門人潘耒作《類音》八卷，深爲李光地《榕村語錄》所詬厲，其濫觴即從此書也。以與所著五書共爲卷帙，當並存以具一家之言。且其配隸古音，實有足糾吴棫以來之繆者，故仍錄備參考焉。

顧氏炎武　韻補正

《四庫全書目》一卷

存

炎武自序曰：余因《唐韻正》已成書矣，念考古之功，實始於宋吴才老，而其所著《韻補》僅散見於後人之所引，而未得其全。頃過東萊，任君唐臣有此書，因從假讀之月餘。其中合者半，否者半，一一取而注之，名曰《韻補正》，以附《古音表》之後。如才老可謂信而好古者矣，後之人如陳季立、方子謙之書，不過襲其所引，用別爲次第而已。今世盛行子謙之書，而不知其出於才老，可歎也。然才老多學，而識矣未能一以貫之，故一字而數叶，若是之紛紛也夫！以余之譾陋而獨學無朋，使得如才老者與之講習，以明六經之音，復三代之舊，亦豈其難！而求之天下，卒未見其人，而余亦已老矣，又焉得不於才老之書而重爲之三歎也夫！柔兆敦牂孟冬之二十日。

《四庫全書提要》曰：案《宋志》吴棫有《毛詩叶韻補音》十卷，又《韻補》五卷。自朱子作《詩集傳》，用其《毛詩叶韻補音》，儒者因朱子而不敢議棫，又因《毛詩叶韻補音》併不敢議其《韻補》。炎武此書，於棫雖亦委曲迴護，有「安得如才老者，與之論韻」之言，然所作《詩本音》已不從棫說，至於此書，則更一一糾彈，不少假借。蓋攻《韻補》者其本旨，推棫者其巽詞也。案朱子《語錄》「吴才老《補音》甚詳，然亦有推不去者」，則朱子於棫之書，原不謂盡無遺議。馬端臨《經籍考》特錄朱子此條於《毛詩叶韻補音》之下，亦具有深心。炎武此書，絕不爲叫囂攻擊之詞，但於古音叶讀之舛誤、今韻通用之乖方，各爲別白注之，而得失自見，可謂不悖是非之正，亦不涉門戶之爭者矣。

李氏光地 榕村韻書

見光地《榕村集》

存

光地自敘曰：古韻書不可見，而其散於經傳者足徵也，顧氏寧人之論備矣。後代益詳於韻，而等切之學興，雖其字音韻部間或與古差謬，而其條理可尋，其同異沿革可推，何則？音生於人心，今古不殊故也。夫色不過五，而五色之變不可勝觀，味不過五，而五味之變不可勝嘗，故音不過五，而五音之變不可勝用也。前世爲韻書者，未知五音生生之法，故雖區別有倫，而迷其本始。惟國朝十二字頭之書，但以篇首五字，使喉舌齒脣展轉相切，而萬國聲音備焉。蓋於韻部，以麻、支、微、齊、歌、魚、虞爲首，於字母以影、喻爲首，獨得天地之元聲，故可以齊萬籟之不齊，而有倫有要也。從來爲此學者，部多首東，等多首見，蓋失其本矣。惟邵子於聲類以歌韻首列，而辭曲家每字收聲皆歸影母者，乃爲得其遺意。然邵之諸部既不盡合，而度曲者只悟收聲，不知其爲生生之本，故亦不能舉而措之而皆通也。然收聲之法，釐爲六部，此則確爲聲樂本要，而國朝字頭亦合焉。神瞽復生，不能易矣。今譜亦區爲六部，別爲十二行，以首五字宛轉相生，爲百二十聲，於是父子、君臣、夫婦、兄弟、朋友各得其位，性術之變窮於此焉。韻有有聲無字者，等亦有有聲無字者，計韻之有聲有字者三十六，就《唐韻》而增損改入之也。母之有聲有字者亦三十六，依等韻而分別論說之也。然所據者，皆今日同文之音也，攷之唐宋間則已別，稽之於古則又殊，蓋是編之意存乎明韻而已〔六〕，非隨時則不通，非諧俗則不悟。若夫究心小學者，將以窺文字之初，辨點畫聲音之始，則有諸家及寧人之書在，此不能具也。

又《翻切法》曰：自東、冬、江、陽、庚、青、蒸、真、文、元、寒、山、先、佳、灰、蕭、肴、豪、尤、侵、覃、鹽、咸諸部，皆可以合聲爲切法。如都翁爲東、希陽爲香、幾鶯爲鷩、之因爲真、孤灣爲官、沙安爲山、低烟爲顛、呼限爲灰、西腰爲簫、溪憂爲邱、妻陰爲侵、他諳爲貪之類，皆兩聲合成一聲，不用尋其等母，韻部便可曉然。但上一字須檢是首攝何字所生，必以其字切之，下一字則歸其韻之影母字，乃得兩聲諧叶。或上一字有音無字，則借其字之上去入字，或下一字有音無字，則借曉母疑母字，則聲氣猶相近，若如古人切法則遠矣。惟支、微、齊、魚、虞、歌、麻七韻，乃首攝之字，生天下之萬音者，故可以切他部，而他部不能切七部，蓋七部之字皆天然獨音，非兩聲合成故也。

中間惟麻韻鴉、蛙等字可以支、虞部中字切，歌韻字可以虞部字切，則以鴉蛙等元是支虞反切麻部所生[七]，而歌與虞聲韻開閉同類故也。此外凡七部中字，皆應借本字之上去入爲上一字，而下一字歸本字影母切之，影母之字，仍借曉、疑可也。

又《論南北方音及古今字音之異》曰：等字三十六，其本二十四，清濁平聲具者十二，有清無濁者六，有濁無清者六，合之亦十二，故總爲三十六音也。然就清濁具之中，南北方言又不同，惟影與喻、曉與匣、心與邪、審與禪、非與奉、敷與微，其爲清濁相配，南北尚相近。若羣、定、澄、從、牀、並，則南音爲見、端、知、精、照、邦之濁聲，北音爲溪、透、徹、清、穿、滂之濁聲也。故此具清濁十二音之中，南北同者六，不同者亦六。觀歷代韻書多從南音，所以知者以上去入三聲叶之可見也。至於知、徹、澄、孃之爲舌音，今存者孃字耳，餘三字則皆入齒音，不知自何時而變，惟閩廣人則尚有之。考邵康節《經世》以知、徹二字列於齒音之後，而以孃字暗對日字，則意其時已略如今人音，但不知輕重齒之外，當作如何取此聲也。又敷字今人讀之只是非、奉一類，不與微字同類，在古韻必當別，故風字爲方馮切、豐字則敷馮切，則是非、敷有兩讀，而風與豐爲兩音。此類與世推移，皆有不可以時音概者。

李氏光地 韻箋

見李光地《榕村集》

存

光地自序曰：古音之出入唐韻者，其原有以，如「風」閉口字也，當屬侵而在東；「令」抵齒字也，當屬真而在庚，此唐人誤也。今緣一二字之誤，遂謂抵齒、閉口二部與鼻音皆可通也，蓋有中州士庶偶而寄版荊蠻者，據之以爲齊楚一家，豈不遠哉！近日惟長洲顧炎武寧人氏能古韻，心通其意，而又援據極博，足以徵之，故掇其《韻譜》，凡唐譜之可通不可通者，悉注於本目之下，其曰通者古法也，曰不通者時誤也。又坊本收字太窄，落漏甚多，且平上去俱用者只收一處，尤苟簡而不便於稽考。今所收幾及《廣韻》之半，學者置之案隅笥中，亦可以檢尋辨別，如昌黎所謂略識字之意云。

顧氏柔謙 補韻略

見《常熟縣志》詳廿七卷

未見

李氏因篤 廣韻正

《陝西通志·書目》四卷

存

《陝西通志》：李因篤字子德，富平人。年十一爲邑諸生，丁明季之亂，遂謝去。康熙十七年舉博學鴻詞，授翰林院檢討。著《廣韻正》四卷行世[八]。

王士禎《池北偶譚》曰：李天生年三十，棄諸生，博學強記，十三經尤極貫穿。長律得少陵家法，常以四十韻贈曹秋嶽，曹歎曰：「數百年無此作矣。」

富氏中炎 韻法指南

《福建續志·書目》

未見

《福建續志》傳曰：富中炎字韜上，號鮮生，晉江人，禮部侍郎鴻基子。自幼力學，凡經史、諸子、百家及山川、輿圖、方物之書，靡不淹貫。由教習選大姚令，尋擢遼陽州牧，以病告歸。著《杜詩集解》，自著《臯羹集》《燕遊草》，晚年又著《等韻》一書。

王氏之珂 佔畢音學

《福建續志·書目》

未見

曹氏雲從 字韻同音辨解

《福建續志·書目》

未見

小學考卷三十八終

校記

〔一〕南北朝：原脱「朝」字，據《四庫全書總目》卷四二《音論》提要補。案：顧炎武《音論》原書有「朝」字。

〔二〕發明：原作「法明」，據右引書改。

〔三〕本經：原作「本今」，據《四庫全書總目》卷四二《詩本音》提要改。

〔四〕假：據《文苑英華》卷四六三載《改尚書洪範無頗字爲陂勑》，當作「暇」。

〔五〕熹平：原作「西平」，據《音學五書》載顧炎武《答李子德書》改。案：熹平爲東漢靈帝年號，公元一七二至一七七年。

〔六〕意：原作「音」，據李光地《榕村集》卷二〇《榕村韻書略例》改。

〔七〕自「字可以支虞」至「則以鴉蛙等」：原脱，據右引書補。

〔八〕行世：原作「聲韻」，據四庫本雍正《陝西通志》卷六三改。

小學考卷三十九

聲韻十一

楊氏慶古韻叶音

《四庫全書目》六卷

存

《甘肅通志》傳曰：楊慶隴西人。五六歲見字即辨形審音，父奇之，課之書即能了大義。稍長，刻志攻研，凡立身行己，一以禮義爲宗。中年著書，屏去制舉之業，凡制度典章，下至名物，莫不探索原委。縱游齊魯燕晉間，得閱故家圖書，歸而闔門俯讀仰思，有得則書。著《大成通志》及《佐同錄》等書，共一百七十卷。

《四庫全書提要》曰：楊慶字憲伯，秦州人，前明諸生。是書首爲類從，注部分之通轉；次爲審音，列每部相叶之字；次爲集引，則雜采古書以證之。其凡例稱類從仿之焦弱侯、陳季立、吳才老、周伯溫，不知四家之中惟焦竑、陳第其類相合，餘則南轅北轍，慶合而一之，自不得不棼如亂絲。又分上平東至山二十三部，下平仙至嚴二十三部，上聲董至范四十四部，去聲送至梵四十八部，入聲屋至乏二十六部，共一百六十四部，與《廣韻》之二百六部、《壬子禮部韻略》之一百七部俱不相符，亦不知其所據也。

楊氏慶佐同錄

《四庫全書目》五卷

存

《四庫全書提要》曰：是編據其自序，當有四集，共百餘卷，此本題曰：《潛齋更刪補釋佐同錄類要集》，冠以五音圖，次爲更刪補釋舉要，則皆論六書偏旁，欲改隸從篆。次爲釋略，次爲發例，次爲俚嚌，體例龎雜，無自尋其端緒。次乃爲新定等韻考原等子〔一〕。舊法自果字至流字十六攝，分開合爲二十四，有通廣狹侷內外六門，各有四聲，每等分四層，秩然不紊。慶則統以如是觀三字，分爲前後六攝。其字母敷、奉二字改爲凡、弦二字，凡敷母諸字歸之非母，而以奉母諸字收入凡母，弦母下止收弦、威、魂、篕、碗、汪、盎七字。至分韻輯呼合圖，其分四十三轉，前二十八轉皆平上去三聲，後十五轉皆入聲，未免好事新奇，反滋淆亂。蓋有志於小學，而既無師授，又未多見古書，徒率臆以爲之者也。

吴氏國縉 詩韻更定

《四庫全書目》五卷

存

《四庫全書提要》曰：國縉字玉林，全椒人，順治壬辰進士。韻書之作，所以辨别聲音，不專爲詩而設，流俗名曰詩韻，莫知所本。毛奇齡《古今通韻》以爲「詩韻者試韻之譌」，然唐宋以前並無試韻之名，奇齡不免於臆說。考吴澄《支言集》有《張壽翁事韻擷英序》曰「荊國、東坡、山谷始以用韻奇險爲工，蓋其胸中蟠萬卷書。隨收隨有〔二〕。儻記覽之博不及前賢，則不能免於檢閱，於是乎有詩韻等書，然其中往往陳腐，用之不能起人意」云云。然則，其始以《韻府》之類便於作詩押用，遂謂之詩韻，其後但收韻字不載詞藻者，亦遂沿用其名耳。國縉之本以「詩韻」爲名，已失於不考，又每部之字分一選、二選、三選、汰字四類，大抵以最熟易押者爲上選，稍難用者次之，不常用則汰除。如一東汰「潼」字，二冬汰「淞」字，是併臨潼、吴淞亦爲僻字禁用也，其詩當作何等語耶〔三〕？

柴氏紹炳 古韻通

《四庫全書目》八卷

存

《大清一統志》曰：柴紹炳字虎臣，仁和人，博極羣書，爲諸生，七試冠軍。居西湖南屏山，究心象緯、輿地、兵農、禮樂諸書，著《考古經濟類編》。

杭世駿撰《行狀》曰：先生姓柴氏，名紹炳，字虎臣，號省軒，杭州仁和人。明社既屋，遂棄諸生，歸隱南屏，業醫自給。其學自天文、輿地、律曆、典禮、農田、水利、兵制、賦役無不涉其崖略，而於音韻翻切尤精。凡騷賦詩歌有韻之言，穿穴佐證，旁推交通，一一指數其異同離合，著《古韻通》八卷。其首辨沈約、孫愐及宋《禮部韻略》之沿流；其次辨部第斷限，并入聲部次異同；其次辨全通、半通、間通、旁通之四例。大旨謂古音不立轉通，古音不可妄叶，古今韻有繁簡，而聲文有遞變。同時若崑山顧氏、錢塘毛氏皆以音學之書名天下，先生嘗掎摭其疵病，寓書往復以救正之，兩家無以難也。所著有《切韻復古編》四卷。

《四庫全書提要》曰：其書大旨即今韻部分立三法以求古韻之通：一曰全通，東冬江之類是也；二曰半通，元入寒删先，魂痕入真文之類是也；三曰旁通，則俗所謂叶韻是也。分平上去爲十一部，分入聲爲七部。其引據甚繁，其考證亦甚辨，然今韻以今音讀之，則一部之内字字相諧，如以古音讀之，則字字各歸本音，難復齊以今部。如支部之「儀」字古實音俄，齊部之「西」字古實音先，槩曰支與齊通，是已使俄與先叶。則紹炳所謂全通、半通者，與古音皆不免牴牾。又今韻固與古殊，古韻亦自與古別，如東、冬、江自爲部，至漢而東已通陽。魚、虞、尤自爲部，至魏晉而虞兼通灰，輾轉漸移，各隨時代。紹炳乃以上薄風雅，下迄宋晉，凡未定四聲以前，總名之曰「古韻」，雜然並編，此讀甫諧，彼音已礙，條例益廣，蹊徑滋繁。所謂旁通者，淆亂古音尤甚，至於以許敬宗之所定指爲沈約，以陳彭年之所音指爲孫愐，又其小節矣。

柴氏紹炳 切韻復古編

四卷，見杭世駿《道古堂集》

存

范氏驤 古韻通補

十卷，見《浙江通志》

存

《浙江通志》傳曰：驤字文白，海寧人。性孝友，才敏絶倫，爲文尚經術，放黜百家，人方之廣川董子，書法鍾王。同鄉先正吴本泰一見稱異，悉以書籍與之。環堵蕭然，日以經籍自娱。所著有《十三經評注》百卷，《古韻通補》十卷。

毛氏先舒 聲韻叢説[四]

《四庫全書目》一卷

存

《大清一統志》曰：毛先舒字稚黄，錢塘人。八歲能詩，與陸圻、張綱孫、沈謙諸人稱西泠十子。詩以大雅爲宗，作文必本經術，尤精韻學，著《韻學指歸》及《唐韻四聲表》。

毛氏先舒 韻問

《四庫全書目》一卷

存

《四庫全書提要》曰：先舒字稚黄，一名騤，字馳黄。錢塘人。是編雜論《三百篇》及古來有韻之文凡四十條，所見略與柴紹炳《古韻通》同，其《韻問》一卷，則設爲問答以自暢其說也。

毛氏先舒 韻學通指

《四庫全書目》一卷

存

施閏章撰《毛稚黄匡林序》曰：他所著書有《巽書》《詩辨》《韻學通指》等編。

陳維崧序曰：錢塘先舒毛氏撰《韻學通指》一卷，彙說古今韻聲之沿革通關，既取柴氏紹炳、沈氏謙與所撰諸韻而薈撮之。先是，先舒有與紹炳論詩諸書，又有與蕪湖蕭氏雲從論杜律一書，維崧留覽終卷，見其摭拾詳核，根据奥洽，發函伸紙，作而歎曰：「王迹閔缺，雅頌失次，聲律一道，曠焉莫講。今者毛氏審音按節，窮神入微，析離合於毫芒，辨陰陽於杪忽，非好學深思，心知其意，何以臻此？」或問於維崧曰：「夫毛氏鉤貫探索，僕既聞命矣，抑亦一藝之末，無大裨益賢於博奕，而大異壯夫。足下固稱述之不置，何歟？」維崧曰：「若者所謂囿疏屬之拘，而不足與極天人之數，滯徽纆之內，而棄窅渺於不察也。先王繫心奢儉，寄懷謠俗，於是令輶軒采風，雖細民匹婦之思致，亦或自效於井臼之側，擊轅之歌，應風雅焉。當是時，民風愿樸，雕巧不作，抗喉曳尾，鮮所繩墨。粤自六季以降，暨於金元，詩歌則有沈約、孫愐二韻，詞曲則有周德清韻，新聲代啟，韻亦因之。以及宋吳才老棫、明楊用修慎，稍能通古，咸有綴輯，韻學彬彬備已。若使擬贈婦述祖之篇，而必押『家』爲姑；作吳歈越豔之體，而乃激『些』成亂。染指花間，而預爲車遮勸進；耽情南曲，而仍爲關鄭殘客。無論實大雅之罪人，抑亦是閨襜之別錄也。客何昧昧焉而不之考歟！」客曰：「然則韻之所繫，固若是歟？」維崧曰：「寧第此也，夫靡顔膩理，或致悼於重扃，有能爲縈弦之思者，則隔垣若覯焉。貞臣誼士，或蘊誠於帝閽，有能爲撫箏之悲者，則讒疑遂涣焉。甚者《周髀》以之驗其歲差，《皇極》以之生其讖數，游魚牧馬感極於飛沈，白鶴玄雲氣通於上下。柰何訾同蠟屐，棄如秋蒂耶！」維崧以是溺於毛氏，形之喟歎也。

或曰：「子少而漁獵樂府，采葺騷賦，又嘗縱情伶伎，記術彈撅，若是於韻樂一途，宜習之者稔矣。毛氏之說，果無魚豕歟，抑子駭東門之鐘鼓，而略無送難也？」維崧曰：「毛氏一書，於撮唇抵齶之間，閉口鼻音之際，收聲轉換，點呷反叶，無不殫其精微，靡愆銖黍。僕鑽仰不暇，奚所發明乎？」僕善病，作詩苦於才盡，作詞苦於情長，吮筆濡毫，罔焉若失，聊書韻學之大指如此。

《四庫全書提要》曰：是編與柴紹炳《古韻通》、沈謙《詞韻》同時而出，三人本相友善，故兼舉二家之說，其得失離合亦略相等。如謂「風」字可以入侵韻，非東韻之字全可入侵。「舒」字可以入支韻，非魚韻之字全可入支。謂古音之差等有三，今韻之差等有四，所見皆視前人爲確。惟所稱沈約韻、孫愐韻及唐人韻入聲表、孫愐二百六部、唐人一百七部之說，則多無依據，以意爲之。夫沈約四聲久佚，不必言矣。語詳《韻經》條下。孫愐《唐韻》惟《廣韻》之首僅存其序，徐鉉校正《說文》僅存其反切，書則久佚，又安得以宋人韻目爲司法本書？且二百六部之分，據其末則陳彭年等之書，有《廣韻》可考，原其初則沈之舊有約集諸詩賦可考，孫愐但增加其字，補綴其注，並無分部之說。忽舉而歸之於愐，古無典記也。至其同用、獨用之注，在唐則許敬宗所定，見封演《聞見記》，在宋則賈昌朝移併窄韻十三部，見《東齋記事》。亦見《玉海》。自昌朝以前，無一百七部之說也。又唐人程試則用官韻，自爲詠歌，則多用私韻。如東與冬鍾爲二部，官韻也。其他如孟浩然《田家元日》詩、杜甫《雨晴》詩、魏兼恕《送張兵曹赴營田》詩之類，皆近體律詩，以東冬鍾通押，則私韻也。蕭宵肴豪爲三部，官韻也。李商隱《送從翁赴東川尚書幕》詩之類，亦五言長律，以蕭宵肴豪通押，則私韻也。「畫」字在卦部，官韻也，李商隱《無題》詩與「衩」同押。「婦」字在有部，官韻也，白居易《琵琶行》與「故」同押，亦皆私韻也。是其時自程試以外，韻原不一，安有所偏考唐人無不合於一百七部者哉！尤可異者，上下平聲五十七部，有入者三十四，無入者二十三，自唐以來絕無異說。至明葉秉敬作《韻表》，始以後世方音割裂分配，使部部有入。先舒祖其說而小損益之，乃標曰「唐人韻入聲表」，則不但考之不詳，併依託古人，如郭正域之沈約《韻經》矣。

毛氏先舒韻白

《四庫全書目》一卷

存

《四庫全書提要》曰：雜論古韻、今韻、詞韻、曲韻，蓋其《韻學通指》之緒餘也。其中駁古詩三聲相通一條最爲失考。古無四聲，聲近者即可諧，讀諸書不一而足。即以習見者而論，古詩《上山採蘼蕪》一首「素」「餘」同押，劉琨《握中有玄璧》一首「璆」「叟」並用，豈亦未檢耶？駁蘇軾《屈原廟賦》，謂東部本不與陽合，此拘於《三百篇》之例，不知《易》象傳「固」「中」諧「當」，《老子》「固」「盲」諧「聾」也。又謂宋人填詞韻，始江與陽合，是又泥魏晉以前之例，不知沈演之《嘉禾頌》、徐陵《鴛鴦賦》，「江」已通「陽」久矣。大抵審定今韻之功多，而攷證古韻之力少，故往往知其一不知其二焉。

毛氏先舒 韻學辨

見施閏章《學餘堂詩集》

存

施閏章《贈毛馳黄》詩自注曰：所著有《韻學辨》諸書。

毛氏奇齡 古今通韻

《四庫全書目》十二卷

存

《大清一統志》曰：毛奇齡字大可，蕭山人。康熙十七年以諸生召試博學鴻詞，授翰林檢討，纂修《明史》。嘗以所輯《古今通韻》十二卷進呈，蒙稱淵洽。後以病乞歸，卒。奇齡博覽載籍，於學無所不窺，好議論，工詩古文詞，撰述之富，爲一時冠。所著文集、經解諸書，凡數百卷。

奇齡敘例曰：伏覩古經多有韻之文，自六書有諧聲、轉注二義，而韻學生焉，故《毛詩》《周易》最重協音，官韻部韻頗嚴出入，而惜其書之多失傳也。今通行韻書並非沈韻，而有指爲沈韻者，亦並非唐韻，而有指爲唐韻者，且唐無禮部韻，而有稱是書爲唐禮部韻者。古韻不可考矣。齊中書郎周彦倫著《四聲切韻》，而梁沈約傚之因之，有《四聲類譜》之作。然當時著韻尚多，不必盡行約書也。至隋開皇間，有陸詞者實始作《切韻》五卷，雖其名與周彦倫同，而實多創始，且更名聲律，又名律韻，以爲時取士之凖，故唐時律文皆用其書。至天寶間，陳州司法孫愐稍爲增訂，改作《唐韻》，然仍名

「切韻」。逮宋祥符間，又改作《大宋重修廣韻》，而《切韻》遂亡。今之《廣韻》，則全非《切韻》舊本，即在宋亦未嘗以《廣韻》試士也。其所行者，則別有《禮部韻略》，與《廣韻》差別，第其所分部則尚相等，大約分四聲爲二百六部，如一東、二冬、三鍾、四江、五支、六脂、七之、八微之類，雖爲律詩，亦必合數部爲之，故試律詩者於冬韻下必注曰「與鍾同用」，於支韻下必注曰「與脂之同用」，雖諸韻未併，然其可併者自在也。至理宗朝有平水劉淵者，實始併冬鍾、支脂諸部爲一百七部，且盡刪去三鍾、六脂數目，而易以今目。其書頒於淳祐壬子，名《壬子新刊禮部韻略》。自元明迄今，皆遵用之，而於是唐韻、宋韻俱不可考矣。然其書猶不去同用之注，故元時陰氏爲《韻府羣玉》，則猶存其目在前，且其中列字仍照舊本。至金時韓道昭爲《五音集韻》，元時熊子中作《韻會舉要》，祖司馬光字母之說，竟以意顛倒，致使列字先後輾轉移易，則今之所傳，並非《壬子禮部》原本，而舉世指爲沈韻，或指爲唐韻，則何終日餐飯，而不得名之爲黍爲稻也！且其指爲沈韻者，必有自矣。間嘗客淮西，得《平水》舊本，始知今韻爲南渡後書，其先今而知之者，則見之明萬曆間江夏郭正域所僞造《韻經》之例，實則元熊忠《舉要》已明載韻目注中，世特未考耳。若其指之爲約書，則自元迄今，皆未曉也。往從先教諭許觀韓氏篇韻諸序，稱沈韻爲《四聲切韻類譜》，恍然悟休文四聲原稱「切韻」，因得與法言《切韻》名目相溷，則指詞爲約，應在乎此。然終不曉古音以後其分二百六部者爲何人，其人何代？何以一韻中有東冬支脂諸部，一部中有中終諸紐，其所以分之者何所從始？既而讀唐國子祭酒李涪《刊誤》一書，中有論及《切韻》者，則盛訾《切韻》所分上去之謬及東冬中終分別聲律之誤。是四聲所分雖不始於詞，而四聲所分隸之字如今韻者，則皆詞所爲。至於東冬之分部與中終之分切，則純乎詞之爲之。且《切韻》原序爲唐儀鳳間郭知玄撰，刻於宋時《廣韻》卷首者，其述詞所言，亦以支脂、魚虞、先仙、尤侯在前，此未知分別，則明明《切韻》未行之前，支與脂爲一韻，先與仙爲同切，而法言始從而分之。且《刊誤》極詆吳聲，其詆詞者一如後人之詆約，正以約、詞皆吳人，而以詆張吳者移詆李吳。是古音之後，其分二百六部者爲隋陸詞一人，其併爲一百七部者爲南宋劉淵一人。其他韻間行，則皆從此參變焉，而世莫知也。或曰：休文之韻已見之楊慎《韻經》，慎家藏有約《四聲》本，而慎著爲經，即慎本也。向疑升菴所注祇有《轉注古音略》一書，而未見《韻經》，及得其本，則正郭正域所爲也。正域是書雖矯詐無理，不足置喙，然正域亦惟以今韻非休文所著，而相沿無故深文吳興，盲詬瞎誶，因造爲此書，思雪其說。今復以正域所造《韻經》誤指楊慎，盲詬瞎誶，一猶之劉韻之指沈韻，則驢辜馬坐，難以施辨矣。且夫諧聲者律韻之始，轉注者古韻之始，今律韻分合既行劉韻，而古韻曾無成書，遂使宋儒注經，但取泉州通判吳棫《補音》《韻補》二書，爲之依憑，全在考覈。而明初作《正韻》者實不審《三百》以來暨漢、晉、隋、唐遺韻爲何物，而但據棫書，妄訾《平水》本爲沈本，別爲併法，《平水》併律韻，而《正韻》直併古韻，其諸誕妄，何可勝道！而詞賦用韻，遵爲科律，在舊韻所未經注明者，而今直注之，以致有宋迄今七八百年間，文人學士，其以詞賦名家者，皆不免有沿誤，則律韻亂於劉淵，古韻亂於吳棫，世皆貿貿焉而不知察也。方今啟闢文教，詔丞相御史諸卿大夫及內外郡國舉天下有學之士試之，一如古制科用人遺法，親覽舉文，較嚴於禮部、南省諸試，其中詩賦軼韻者便爲摘發，較其輕重以定等第。凡嫌韻、奸韻，研辨精析，雖帝歌爛漫，舜叶明康，亦豈有過？乃未經頒輯，冊書典韻，闕焉有待，因於修史之暇，退乘餘晷，據平時胸臆所記，審別揚扢，仍就宋代相傳《禮韻》，參訂諸本，錄其字之可準用者，嚴加刊定，即古音通轉，亦復逐韻考覈，編入各部，使詞賦家有所繩檢。雖其書成自簡陋，而踵事增華，不廢草昧，因敢飾陋就簡，與同館史官徐嘉炎、李澄中等互相質難，僥倖無誤，然後匄本院學士恭呈，並於齊宿捧呈之頃，敘諸委折，以爲是書撰述所由始，庶後之君子可覽觀焉。

《四庫全書提要》曰：是書爲排斥顧炎武《音學五書》而作，創爲五部、三聲、兩界、兩合之說。五部者，東冬江陽庚青蒸爲一部，支微齊佳灰爲一部，魚虞歌麻蕭肴豪尤爲一部，真文元寒刪先爲一部，侵覃鹽咸爲一部。三聲者，平上去三聲相通，而不與入通，其與入通者謂之叶[五]。兩界者，以有入聲之東、冬、江、陽、庚、青、蒸、真、文、元、寒、刪、先、侵、覃、鹽、咸十七韻爲一部，無入聲之支、微、齊、佳、灰、魚、虞、歌、麻、蕭、肴、豪、尤十三韻爲一部，兩不相通，其相通者謂之叶。兩合者，以無入十三韻之去聲與有入十七韻之入聲通用，而不與平上通，其與平上通者謂之叶。案：奇齡論例既云所列五部分配五音，雖欲增一減一而有所不可，乃又分爲兩界，則五音之例亂矣。既分兩界，又以無入十三韻之去聲與有入十七韻之入聲同用，則兩界之例又亂矣。至三聲之例，本云平上去通，而不與入通，而兩合之例又云去入通，而不與平上通，則三聲、兩合不又自相亂乎？蓋其病在不以古音求古音，而執今韻部分以求古音。又不知古人之音亦隨世變，而一概比而合之，故徵引愈博，異同愈出，不得不多設條例以該之。迨至條例彌多，矛盾彌甚，遂不得不遁辭自解，而叶之一說生矣。皆逞博好勝之念牽率，以至於是也。然其援據浩博，頗有足資考證者，存備一家之學，亦無不可，故已黜而終存之焉。

毛氏奇齡 韻學要指一名《古今通韻括略》

《四庫全書目》十一卷〔六〕

存

李天馥序曰：韻學之亡幾七百餘年矣，八閩陳氏、吳門顧氏、西泠毛氏、關中李氏皆各有撰著，而彼我偏窒，毋論古今分合，較有難通，而即其四聲所始，一百七部所創，何人何代，或唐或宋，自金元以還，迄于今茲，中間文人學士千千萬萬，其最名者如空同、滄溟、升庵、弇州輩，皆漆室長夜，夢囈不覺，況降此者而欲以聲律之學探本窮原，蓋其難也！聖人洞析古學，通貫鐘呂，每課詞業，輒爲偏指諸誤，以示考押。會檢討爲史館官，于纂修之暇，曾著《古今通韻》一書進呈，蒙睿鑒獎悅，特出其書，使敕知禮部，宣付史館，然後貯之中祕，以備乙覽有日矣。第其書已梓之行世，而卷帙繁重，不能偏達，檢討復爲之檃括，錄其論議之尤要者，謂之《韻學要指》。自三古立均，太師造韻，以及後儒之審聲，末季之分部，凡夫冬鍾、支脂，時析時併，古韻律韻，以通以叶，皆能溯其所始而究其所終。即以訛傳訛，如沈韻、陸韻、孫韻、劉韻、《切韻》、《禮部韻》、鄭庠《古音》、吳棫《補韻》，無不備爲指據，確示可否。使世之人讀《詩》、讀《易》、讀《離騷》、古文及諸子百家之書，一開卷而瞭然若觀火焉。漆室長夜，于此一旦，謂非神明有以啟其聰而發其知，何以至此？今太常樂律，屢命詞臣討論遺闕，檢討乞病在籍，倘幸而七發，則堯舜在上，佐以搏拊，將見五音、七始、九聲、十二管重爲開闢，豈止四門韻押已哉！康熙辛未九月。

《四庫全書提要》曰：先是奇齡撰《古今通韻》十二卷進呈，久經刊版單行，因其卷帙繁重，乃檃括其議論之尤要者，以爲此書。李天馥序之。然較《通韻》特削去各部所收之字，而存其條例及考證耳，意在簡徑易明，而韻字不存，等於有斷而無案，欲究其說，彌費檢閱。編西河合集者廢《通韻》而存此書，非其韻學之全矣。

毛氏奇齡 易韻

《四庫全書目》四卷

存

奇齡自序曰：古行文多用韻，自《尚書》古經并各傳外，凡諸子百氏及周秦間文，以暨《史記》《漢書》《淮南》《參同》諸書，往往間及韻語，而在古經則《周易》尤甚。顧《周易》非盡用韻者，其彖、象原辭亦偶然及之，惟夫子上下象傳并雜卦傳則無一不韻，一如詩歌銘頌賦誄之所爲，以其用讚體，讚必盡韻，舊所謂贊《周易》是也。至彖傳，即用韻什九，說卦則偶有一二語闌入韻間，而序卦闃然焉。自陋儒拾得《周易》有韻一語，並彖、象原辭字字彊協，以致矯直輮曲，文部韻部一概亂盡，此如拾殘炙而思以論味，鮮有不以唾涕爲酸甜者也。古凡散文有有意合韻者，謂之用韻，有無意合韻而韻偶值者，謂之蓦韻。以蓦然得之。就辭觀義，自是明晰，乃宋明以還，韻學喪亡，鄭樵、吴棫妄作音叶，而朱氏引之以注《詩》《易》，極其乖誕。近吴門顧氏、錢唐毛氏且有誤認陸詞《切韻》一書，以爲東冬、支脂諸部必三古韻學之所始，妄以隋代陋儒一時杜撰之作，反繩檢聖經，謂鄉音，謂土音，謂非正韻，則罪大惡極，不可道矣。此皆宋學解經陋習，不可不大聲疾呼，以救正之者，因復著《易韻》，以祛世惑。若東晉尚書郎李軌、太子前率更徐邈等作《周易音》，則并音諸字不止韻底，然其書亦亡焉。

龐塏曰：古文多用韻，上下象傳并雜卦傳，無一不用韻者，蓋其辭類贊，贊必有韻，昔人所謂贊《周易》是也。大可於韻學精晰，故著此書。

《四庫全書提要》曰：古人繇詞多諧音韻，《周易》爻、象亦大抵有韻，而往往不拘，故吴棫作《韻補》，引《易》絶少。至明張獻翼始作《讀易韻攷》七卷，然獻翼不知古音，或隨口取讀，或牽引附會，殊龐雜無緒。奇齡此書與顧炎武《易本音》皆置其無韻之文，而論其有韻之文，故所言皆有條理。兩家所撰韻書，互有出入，故其論《易》韻，亦時有異同。大抵引證之博、辨析之詳，則奇齡過於炎武；至於通其可通而闕其所不可通，則奇齡之書又不及炎武之詳慎。如乾卦上九、用九爲一節，本奇齡臆說，而此併牽古韻以實之，則尤爲穿鑿。且所謂兩界、兩合、蓦韻者，其中皆自申其《古今通韻》之例，亦不及炎武偶雜方言之説爲通達而無弊。然炎武書太簡略，而奇齡則徵引賅洽，亦頗足互證，以韻讀《易》者以炎武書爲主，而參之是書以通其變，略短取長，未始不可相輔而行也。

趙氏師尹 詩叶糾譌

《山西通志·書目》〔七〕

未見

張氏志遠**切字要訣**

《山西通志·書目》一卷

未見

張氏志遠**詩叶正韻**

一卷，見《山西通志》

未見

《山西通志》傳曰：張志遠字鵬期，陽曲人。爲諸生，博學工書，晚年學益勤，聚羣書手自評隲。著《切音要訣》一卷[八]、《詩叶正韻》一卷。

小學考卷三十九終

校記

〔一〕等子：原作「等于」，據《四庫全書總目》卷四四《佐同録》提要改。

〔二〕隨收：原脱，據《四庫全書總目》卷四四《詩韻更定》提要補。

〔三〕作：原脱。語：原作「詩」。並據右引書補、改。

〔四〕案：清代編《四庫全書》將《聲韻叢説》、《韻問》合編爲一本，共撰爲一種提要。見《四庫全書總目》卷四四。

〔五〕謂之：原作「爲之」，據《四庫全書總目》卷四二《古今通韻》提要改。

〔六〕十一卷：原作「一卷」，據《四庫全書總目》卷四四《韻學要指》提要改。

〔七〕案：趙師尹《詩叶糾謬》見四庫本雍正《山西通志》卷一七五《經籍》。

〔八〕切音要訣：雍正《山西通志》卷一三五《經籍》著作「切字要訣」（見前條），當有一誤，俟考。

小學考卷四十

聲韻十二

萬氏斯同聲韻源流考

《四庫全書目》一卷〔一〕

存

《大清一統志》曰：萬斯大弟斯同，字季野。書過目不忘，年十四五，偏讀父所藏書，尤精經史，有明一代事實能默識不遺。徐乾學纂《禮書》，徐元文、王鴻緒修《明史》皆咨之。所著凡三十種。

《四庫全書提要》曰：此編蓋欲詳考聲韻之沿革，首列歷代韻書之可考者，次列歷代韻書之無考者，而采摭其序文、凡例、目録，以存梗槩。上起魏李登《聲類》，下迄國朝顧炎武、毛奇齡、邵長蘅之書，無不采録，而草創未終，略無端緒，匡廓粗具，掛漏宏多。如首列李登、吕静、周容、沈約、蕭該、陽休之、陸法言、唐元宗、孫愐、顔元孫、顔真卿、李舟、李涪、徐鍇、陳彭年、丁度、吴棫、毛晃、劉淵、周德清、韓道昭、黄公紹、陰時夫、宋濂、案：此書以樂韶鳳爲首，其序則濂所撰，專歸之濂，殊誤。孫吾與、楊黼、案：《韻學集成》著者章黼〔二〕；此楊黼，亦誤。張之象、潘恩之書，已爲不備，而李涪《刊誤》，不過偶論韻一條，並非韻書，尤爲循名失實。續列歷代韻書總目，自周研至張貴謨，凡三十二家，皆宋以前人，注云已見前篇者不録，然其中有名可考者，如唐僧智猷《辨體加字切韻》五卷，見於《唐志》《宋志》，宋僧鑒聿《韻總》五篇，見於《歐陽修集》，皆前篇所遺，竟漏不載。又載李啟《聲類》十卷，注曰：「魏校書令，《隋》《唐》二志俱無。」不知斯同何所本，殆輾轉稗販，誤左校令爲校書令，誤李登爲李啟，而未能考正耶。所列諸韻目録，僅《廣韻》《平水韻》《韻會》《正韻》《韻經》五家。其他即姑勿論，《廣韻》繁、簡二本，有殷文獨用、欣文同用之分，《集韻》與《唐韻》有改併窄韻十二部之别，乃韻書沿革之大者，亦竟遺之。至於論古韻，則吴棫、陳第、顧炎武、毛奇齡、邵長蘅説，南轅北轍，互相攻擊，而並全録其文，無一字之考訂。知爲雜鈔之本，不過儲著書之材，而尚未能著書，後人以其名重，遂録傳之，故觸處罅漏如是也。

耿氏人龍 韻統圖說

《四庫全書目》

存

《四庫全書提要》曰：人龍字書升，號岵雲，江陰人。是書於三十六母刪知、徹、澄、娘、敷、微六母，定爲三十位。以呼、呵、嘻、嘘四聲分配宫商角羽，一聲之中兼攝平上去入，而又分清針、濁針，别爲十二通，析爲四十八韻，又於十二通之中别爲三轉。其圖有横、直二母，以直母統三十位，横母統四十八韻，故名「韻統」。其苦思密審，亦竭一生之功。然千古之音，隨時而異，一時之音，隨地而異，一地之音，隨人而異，一人之音，隨年而異。故周公以聖人之才，行天子之事〔三〕，而《周禮》保氏以六書教國子，小史掌達書名於四方，皆以同天下之文，而不能同天下之音。三百篇中，今有不能得其韻者，非本無韻，韻不同也。歷代韻書，大抵守其大綱以存古，通其小節以隨時，以漸而變，莫知其然，未有能毅然決裂，盡改前代舊法者，知聲音萬變，不可以一人之私意定也。人龍乃欲以一人之口吻，强天下萬世而從我，其自謂窮極精妙者，以叩他人則扞格矣，豈能行之事乎？其不用見、溪、羣、疑等字爲字母，而以一英軒、二英烟，至三十焚煩爲聲母，不過改頭换面，其用實同。其所論反切之法，以爲切密於反，切可通反，而反不可通切，反爲翻讀，其途易泛，切爲疾讀，其用尤的。不知自孫炎以來，但稱某字某反，唐人諱反，乃皆稱切。唐元度《九經字樣》具有明文，其後乃兼稱反切，不必穿鑿字義，横生分别。其謂徵音不立專部，寄之角部轉音唏韻之中，而宫商各部皆雜入正徵、變徵諸音，此即徵音爲事〔四〕，散見於君臣民物之理，亦殊爲附會。至論今韻無入十三部，古皆有入，今韻有入之部，古皆無入，此即回互通轉之所由生，則又故事顛到，冀聳俗聽者耳。

徐氏世溥 韻叢

《四庫總目》一卷

存

《四庫全書提要》曰：此其所著韻書〔五〕，前有自序，其所謂華嚴字母如曲澗泉行，諸韻遞及，如九歷重階，四聲順次，如司天刻漏，經世交切，如機中織錦。後復爲圖以釋之，所見未嘗不合。至其論韻，則以《洪武正韻》爲主，而於《廣韻》似未寓目，第執今所行《平水韻》以上下古今之韻學，隘矣。又欲於三十六母影、喻之外增以烏、王等母，與其辨上下平之説，大抵皆師心自用之學也。

趙氏吉士 音韻正譌

四卷，見《浙江通志》

未見

《浙江通志》傳曰：趙吉士字天羽，號恒夫，休寧人，寄籍仁和。順治辛卯舉人。官至戶科給事中。著有《音韻正訛》四卷。

朱彝尊撰《趙君墓誌》曰：君諱吉士，字天羽，一字恒夫，姓趙氏，世居徽州之休寧，君入籍杭州，補府學生。順治八年，舉浙江鄉貢進士。康熙七年，謁選知太原交城縣事。入爲戶部主事，擢給事中，以事降補國子監學正。君好學，所著書有《續表忠紀》《寄園寄所寄錄》《音韻正譌》《徽州府交城縣志》，詩稿尤多，俱鏤版行世。

虞氏德升 諧聲品字箋

《四庫全書目》

存

《四庫全書提要》曰：德升字聞子，錢塘人。其書以字韻之學向來每分爲二，不相統攝，因取六書諧聲之義，品列字數。其法總五十七聲，分三十九字，合九十六音，共千六百母，而六萬有奇之字畢歸之，使學者可因聲以檢字。蓋本其父咸熙草創之本，而復爲續成之者也。不知諧聲僅六書之一，不能綜括其全，故自來字書、韻書截然兩途，德升必強合而一之，其破碎支離固亦宜矣。

潘氏耒 類音

《四庫全書目》八卷

存

《大清一統志》曰：潘耒字次耕，吳江人。以布衣舉博學宏詞，官檢討，纂修《明史》。以母憂歸，不復出。耒幼有聖童之目，復從顧炎武、徐枋、戴笠遊，故其學貫穿淹洽，無所不通，旁及曆日算數、宗乘道藏，悉有神會。

沈彤撰《行狀》曰：耒字次耕，又字稼堂。康熙十七年徵博學鴻詞，除翰林檢討，纂修《明史》，謂有明三百年史事繁委，宜博采而精於考證，分任而一其義例，秉筆嚴而論平，歲月寬而帙簡，遂作議以上，總裁然之，令撰《食貨志》，而兼訂他紀傳，自洪武及宣德五朝，具有成稿。於聲音反切，幼而神悟，及往來四方，盡通其變，乃著《類音》八卷，以補訂前古音學之譌闕。其詩集十六卷、文集二十卷、別集四卷，合名《遂初堂集》，與《類音》並刻行世。其《明五朝史》稿若干卷藏於家。

李光地《榕邨語錄》曰：潘次耕若肯將其師所著《音學五書》撮總纂訂，令其精當，豈不大快？卻自出意見，欲駕亭林之上，反成破綻，以自己土音影響揣測，便欲武斷從來相傳之緒言，豈可乎？

《四庫全書提要》曰：耒受業於顧炎武，炎武之韻學，欲復古人之遺，耒之韻學，則務窮後世之變。其法增三十六母爲五十母，每母之字橫播爲開口、齊齒、合口、撮口四呼，四呼之字各縱轉爲平上去入四聲，四聲之中，各以四呼分之。惟入聲十類，餘三聲皆二十四類，凡有字之類二十二，有聲無字之類二。以有字者排爲韻譜，平聲得四十九部，上聲得三十四部，去聲得三十八部，入聲得二十六部，共爲一百四十七部。蓋因等韻之法，而又推求以己意，於古不必合，於今不必可施用，亦獨成一家之言而已。李光地《榕村語錄》之言，是亦此書之定評也。

萬氏光泰遂初堂類音辨

一卷

存

張氏古韻叶考

見田雯《古歡堂集》

存

田雯序曰：韻必叶乎？以今韻讀古詩則叶焉，讀「明」爲芒，讀「馬」爲姥之類是也。韻不必叶乎？以古音讀古詩則已叶焉，「家」本讀姑，「旂」本讀斤之類是也。攷前代藝文志，晉之呂靜、魏之李登、齊之周彥倫書無一存，沈約《四聲》流傳贗本，司馬、孫愐襲《唐韻》而更《廣韻》之名，平水劉淵併原韻而立《韻略》之說，後之學者如浮溟澥，罕有津逮者。陳第《毛詩古音考》蓋主于無叶矣，獨不慮古學鮮聞，六書弗講，形聲孳乳、五部兩界之間，不已難乎？余同年張晴峯先生博極羣書，網羅曩代，凡夫《三蒼》《爾雅》《易》象、《離騷》、石經、《太玄》、大禹岣嶁之碑、周宣岐陽之鼓，下暨《宣和博古圖》、薛尚功《鐘鼎韻》、顧野王

《玉篇》、陸法言《集韻》〔六〕，搜輯諸家，以成《古韻叶考》一書，贍該詳明，陸離典雅，當代古處之士，其誰不薰班馬之香，而上奇字之亭也耶？邇來著書者夥矣，楊新都所云「談性命者不過剽程朱之糟魄，工文辭者止于拾《史》《漢》之聱牙」，先生之書，實有裨古學非淺。雖然，《爰歷》之章、《凡將》之義，讀之不可不早，風俗之通、蟲魚之注，辨之亦存乎人。先生以余言爲何如也？

邵氏長蘅 古今韻略

五卷

存

《大清一統志》曰：邵長蘅字子湘，武進人。少稱奇童，十歲爲諸生，長工詩古文，性坦易。著有《青門集》，宋犖序刻之。

宋犖序曰：予自束髮喜稱詩，顧未究心韻學，年來數與子湘上下其議論，予始而疑，中而信，既乃舍然以喜。子湘之言曰：今韻宗梁沈約氏，夫人而言之，而約所撰《四聲》一卷久已亡。繼之者隋陸法言氏，而法言所撰《四聲切韻》亦亡。嗣是有唐孫愐氏，而愐所撰《唐韻》五卷今已亡。今宋元韻之存者，略可指數，《廣韻》宋祥符間所修也，《集韻》宋景祐間奉敕修也，《禮部韻略》宋時列之學官者也。毛晃氏仍《禮韻》而增益之者也，平水劉淵氏仍《禮韻》而通併其部分者也，元黄公紹氏作《韻會》，仍劉韻而廣其箋注者也。三家者遞有增字，字寖以多，《禮部韻》初裁九千五百九十字，至《韻會》乃有一萬二千六百字矣，然尚不足當《集韻》四之一。最後有陰氏兄弟著《韻府》，乃大加刊削，僅存八千八百廿字，又不專主劉韻，頗多遺漏。顧明初至今用之，學者或尊之爲沈韻，或指之爲平水韻，皆是書也。今韻非沈韻不待言，校劉韻少三千字，則今韻之非劉韻，較然易辨。而世儒罕見劉氏元本，乃承譌襲舛，三百餘年相習而不察，可怪也。其論古韻曰：今韻僅供律用，而古韻之用頗廣，不專在詩。邇來博雅之士漸知講求古韻，顧義各齟齬，或主陳第古無叶音之説者，引陸德明語，以爲古人韻緩，不煩改字。於是「野」當讀戶、「行」當讀杭，推其説，使人鉤鉅析亂而難从。創爲五部、三聲、兩界之説者，每韻三聲通押，而又通及所通之三聲，音義汎濫。循其説，使人滉漾而靡所畔岸。某愚亡似，亡能特立一家之説。第以謂叶音當主吳棫才老氏，蓋紫陽朱氏常取之以釋《毛詩》釋《騷》矣，今四子讀書訓詁，悉宗朱氏，朱氏宗之，吾從而詆排之，傎也。通轉則不盡主吳氏，平韻如真、文、元、寒、刪、先之六韻通轉，仄韻如質、物、月、曷、黠、屑之六韻通轉之類。考之杜韓詩而合，則舍吳氏而宗杜韓，杜韓曰可通，後之人曰不可通，愚也。蓋子湘學有原本，其持論能篤信古人如此，予聞而韙之，乃悉發所藏舊版韻書凡若干家，俾卒業焉。子湘謬以予爲知言，發凡起例，必折衷於予。庚三年書成，名曰《古今韻略》，謁予序。予觀是書，援據精確，增刊不苟，注釋簡而核、典而不蕪，蔚乎韻學之集成已。顧謙言之曰「略」，何居？原子湘之意，亦以今本沿用已久，不欲變更以駴耳目，故今韻仍陰氏之舊，第删正其訛複六十餘字，增收七百八十餘字，以存毛劉諸家之大凡。古韻依才老《韻補》，省其複字，而僅益以楊氏《古音》及今增三百四十餘字，若代古文家，輒爲子湘首詘一指。是書乃其碎金，而其衣曰是略焉云爾。子湘績學著書，負海内名久，予每論當被後學之功，正復不淺。予故具述作者之大指，敘之篇端，爲鋟版以行。或曰：「世俗少見，多怪槖駝馬腫，是書出，將無驟駭其增改沈韻者？」予笑曰：庸有之？今夫蜀之日、粤之雪，吠者怪耳，日與雪怪乎哉！子湘姓邵氏，名長蘅，江南之武進人。著有《青門簏稿》《旅稿》《賸稿》若干卷行於世。康熙丙子皋月。

吳氏震方 讀書正音

《四庫全書目》四卷

存

《四庫全書提要》曰：震方字青壇，石門人，康熙己未進士，官至監察御史。是書卷一以一音異讀者分門編輯。其無類可歸者附以通用一門。卷二别爲六類，曰字音清濁辨，曰同音借義，曰借同音不借義，曰因義借音，曰音借而借，曰語詞之借。卷三以四聲編録僻字。卷四則各依部分編習見字様，以正時師誤讀。前有毛奇齡序，頗稱其精審，然實於六書音韻原流多所舛漏。其謂本字不讀本音者，如「隨」，隋時去辵爲「隋」，本文帝之臆造。在《説文》，「隋」裂肉也，徐鉉音徒果切，乃其本音。他如在支韻者作旬爲切，順裂肉也；又翾規切，《周禮》「大祝隋釁」，通作「綏」是也。在歌韻者作土禾切，《集韻》「中高四下」是也。在寘韻者作呼恚切，《周禮》「守祧既祭，則藏其隋」是也。此所謂本字，不獨本音者也。今震方誤以「隋」「隨」爲一音，反以音妥者爲非本音，而在支、歌、寘三韻者乃不見録，未免失考。又如「厘」之爲僅、「厸」之爲鄰，「叒」之爲攀，俱列在本字不讀本音卷内。考《漢書·賈誼傳》

曰：「其次廛得。」舍人注曰：「廛與僅同。」《揚雄傳》曰：「纍既癶夫傳說兮，奚不信而遂行。」注曰：「癶古攀字。」《敘傳》曰：「東厸虐而殲仁兮，王合位乎三五。」注：「厸古鄰字。」震方槩附諸同字異讀，亦未悉今字、古字之殊。至於「景」爲影之本字，〔七〕「姓」爲晴之本字，「丣」爲卯酉之本字，顯著《説文》，震方亦與本字不讀本音一例列之，益乖迕矣。若此類者不一而足，其餘耳目之前，亦多遺失。《漢·地理志》曰屯留，師古：「屯音純。」瞀亭，師古：「瞀音潛。」脩亭，應劭「脩音條」。計斤，師古音介。根甸氏道，李奇「甸音賸」。卑水，孟康「卑音班」。樸劉，孟康「音蒲」。祖環澤索，師古「澤音釋」。驪靬，李奇「音遲虔」。祖厲，師古「音罝賴」。莫魁，師古「音忉怛」。遼隊，師古「隊音遂」。黏蟬，服虔「蟬音提」。麃泠，孟康音螟蛉，師古音麋零。芍陂，師古「芍音鵲」。凡此皆字同音異之顯然者，震方俱弗收輯，則僻書槩可知也。蓋以正塾師之謬讀，則所得爲多，以言古人之小學，則又當别論耳。

馬氏教思 等韻切要

《桐城藝文志》二卷

未見

胡虔曰：教思字嚴沖，桐城人。康熙己未會試中式第一名，官編修。著有《等韻切要》二卷、《左傳紀事本末》四卷、《報循堂集》二十卷。

胡氏宗緒 同文聲形故

《桐城藝文志》五卷

存

汪師韓《同文聲形故書後》曰：桐城胡環隅司業名宗緒，字襲參。少傳韻學於安溪李文貞公，晚歲撰《同文聲形故》一書。按書以「故」名，洪容齋謂通其指義，其在小學，則杜林《蒼頡故》是也。元戴侗撰《六書故》三十三卷、《通釋》一卷，有序文載在《元文類》〔八〕，其書不可得見，大槩因許氏釋文而訂其得失焉。司業之書，其自序以爲位别陰陽，等分粗細，母盡四十有五，母立而聲隨，聲盡四十有二，聲窮而母定。一經、一緯，二體相乘得千八百九十之數，四之爲縱轉四聲，得七千五百六十，而天下之聲盡矣。旋宫、通轉、合韻之説，得是益明，反紐、等子、排攝諸門，得是可廢。且謂元周德清嘗以韻分陰陽矣[九]。今以陰陽定位而求字，蓋缺者四百有四十，擬爲斟酌增訂，一補斯文從來之遺漏。余考《説文》，太宗問中正凡有聲無字者幾何，中正退，條爲一卷以獻，上曰：「朕亦得二十一字，可并録之也。」是則無字之音，古人早已籌及矣。司業又欲合清、漢字爲一，上列國書，下載漢字，此亦古嘗有之。元翰林待制清江杜本伯原撰《華夏同音》一書，東園友聞謂自大小篆隸以至外化番書，無不具，並不止蒙古新字也。司業未習國書，但見十二字頭之單字未有無字者，豈知清字四聲，其一字、十二字之頭者，特識字之權輿，其精蘊不在單音，而在連字。若劃分平仄而補其闕，豈獨漢字闕哉，清字且更多矣。余晤司業時，惜已病風舌強，莫能口授。其書前列五圖，後分四聲爲四卷。所謂四十五母者：公、恭、江、岡、薑、光、庚、驚、觵、扃、羈、龜、資、此韻無頭，從十九位讀起。佳、媧、該、傀、居、孤、驕、交、高、鉤、鳩、巾、麏、昆、根、干、官、間、關、搗、勦、歌、戈、瓜、嘉、迦、〇、金、〇、弇、兼、緘，是之謂母。所謂四十二聲者，見、〇、溪、羣、〇、疑、端、〇、透、定、〇、泥、幫、〇、滂、並、〇、明、精、〇、清、從、心、邪、照、〇、穿、牀、審、禪、曉、匣、影、喻、非、奉、〇、微、〇、來、〇、日，是之謂聲。余舉以問友人之究心音韻者，或是之，或非之，要皆非知司業者。司業無子，其書未鋟諸梓，夫孰爲傳此絶學者哉！

胡氏宗緒 古今韻轉

《桐城藝文志》一卷

存

胡氏宗緒 等切開蒙

《桐城藝文志》一卷

存

胡氏宗緒 字學音韻辨

《桐城藝文志》一卷

存

施氏何牧 韻雅

《四庫全書目》五卷

存

《四庫全書提要》曰：何牧蘇州人，康熙戊辰進士。其書仍用劉淵之部分，以收字必從經典，故以「雅」爲名，所載古通，不甚謬誤，而引據皆非其根柢。其雜論十條，則語多影響，至謂元之取士不以詩而以曲，無稽實甚。又末附識餘數十條，每韻下雜采古事，挂一漏萬，似乎欲爲韻府而不成，益無體例矣。

方氏邁 古今通韻輯要

六卷，見《福建通志》

未見

《福建通志》傳曰：方邁字子向，閩縣人，康熙甲戌進士，初令蕭山，調蘭溪，尋歸。邁博極羣書，以著述自任，著《古今通韻輯要》六卷。

熊氏士伯 古音正義

《四庫全書目》一卷

存

《四庫全書提要》曰：熊士伯字西牧，南昌人，官廣昌縣教諭。是書成於康熙丙子，又重訂於戊寅，版心書首皆題卷一，似乎尚有別卷，而核其目錄，已首尾完具，且附錄三篇亦在焉，則刊版誤也。是書所論，大抵以《說文》諧聲爲古音之原，以後世方言爲古音之轉，而以等韻經緯於其間，言之似乎成理，而其實不然。夫韻始諧聲，其來已古，然許慎《說文》主於解字，不主於辨聲，所謂某字某聲，不過約略近似。如「郪」今音奴顛切，而云「讀若寧」，寧、年雙聲之轉也。「虔」今音渠焉切，而云「讀若矜」，矜、鰥古字之通也。此本不可據以定韻，且以今韻、古韻互相參考，其間有可解者，有不可解者，如江、杠，工聲，此諧聲之字已變，而諧之字未變者也。鼉鼂聲、波皮聲，此諧聲之字未變，而所諧之字已變者也。「鼂」古音邱，「皮」古音婆。儀、議，義聲，此諧聲之字與所諧之字俱變者也。「義、儀、議」古並音俄。祖且聲，姐亦且聲，此諧聲之字與所諧之字俱半變半不變者也。「且」字入虞韻，又入馬韻。諸、渚，者聲，奢亦者聲，此所諧之字全變，而諧聲之字半變半不變者也。「者」古音主，今讀「諸、渚」諧此聲〔一〇〕，而「奢」字則入麻韻。風、鳳，凡聲，汎亦凡聲，此所諧之字不變而諧聲之字半變半不變者也。皆與今說古音者絕不相異。又如楷咎聲，讀若皓，此蕭肴豪尤之通用也。魔麻聲，此歌、麻之通用也。魂云聲，此文元之通用也。茜西聲，移多聲，此古今音別一字之通用者也。「西」古音先，「多」古音夷。槐鬼聲，遺貴聲，此古無平仄三聲之通用者也，亦與今說古音者絕不相異。凡此可以解者，何必待《說文》諧聲而後知。若夫袞公聲；輅、賂、路各聲；訏干聲；莙君聲，而云「讀若威」；摯執聲，而云「讀若晉」，此已難解。至如熊爲炎省聲，訇爲匀省聲，杏爲可省聲，更茫不知其所云。甚至如萆、椑卑聲，卑又甲聲，則萆、椑皆當讀若甲；䰭需聲，需又而聲，則䰭當讀若而，「䰭」奴豆切，去而音絕遠。更輾轉至於不可通。凡此不可解者，或爲傳寫譌誤，或爲漢時方音，均不可知，又豈可據以定古音哉〔一一〕！況經典初皆古文，許慎所說乃小篆，字體轉變，或相同，或不相同。如慎真聲，而古文作昚；津𦘔聲，而古文作離；續賣聲，而古文作賡；虹工聲，而古文作𧉈；囿有聲，而古文作圝，皆無可諧之聲。即《說文》所載已不可枚舉，而欲據小篆偏旁以究三代之音，其亦左矣。至方言則脣吻之間，隨時漸變，亦隨地頓殊，其時同者其地未必同。劉熙《釋名》所載「天坦」「天顯」之別，五方異呼之證也。其地同者，其時又未必同。《左傳》稱「楚謂乳曰穀，謂虎曰於菟」，《穀梁傳》稱「吳謂善曰伊，謂稻曰緩」，「狄謂賁泉曰失台」〔一二〕，今驗諸土俗，皆無一合，是古今異語之證也。偶執其一字二字，援以爲證，則曾慥《類說》載真宗時閩人作賦，以「何」「高」相叶，嶺南人作詩，以「先」「添」並押者，亦將曰宋韻如是乎？若夫等韻之辨，尤似是而非。考《隋書·經籍志》曰：「自後漢佛法行於中國，又得西域書，能以十四字貫一切言，文省而義廣，謂之婆羅門書，與八體、六字之義殊別。」是等韻久入中國，而審音者弗之用，唐以前無取以定韻者。自宋以後，其說漸行，乃以字母入韻書，實因韻而分等，非因等而定韻。古書所載，原委甚明，以等韻核今韻，已言人人殊，至以等韻定古韻，益本末到置，全迷端緒矣。乃詆陳第《古音考》不知等韻，是猶怪斷漢獄者不能引唐律也。大抵三代去今數千年，當日音聲但可以據經典有韻之文，約其大略，猶之考地理者可以據名山大川，知某省當爲古冀州，某省當爲古揚州耳，必以今之州縣村堡犬牙相錯之處，定古某州之疆界，則萬無是事矣。故士伯此書，引證愈博，辨駁愈巧，而不洽於古法乃愈甚，總由於不揣其本故也。至謂經典皆北人所作，即屈宋亦北學於中國，是以古無入聲，如周德清之《中原音韻》攤入三聲，則益爲臆斷之談矣。

熊氏士伯 等切元聲

《四庫全書目》十卷

存

《四庫全書提要》曰：是編成於康熙癸未，又其講明今韻之書也。案等韻之法，約三十六母，爲二十三行，排端精於一四，知照於二三，是以出切行韻，彼此轇轕。元劉鑑以類隔、交互等二十門法取字，後人咸遵其說。是書於等子、門法頗有駁正，至內外八轉〔一三〕、通廣偏狹之類，辨論尤爲詳悉。然等韻之學，惟憑脣吻，雖精究此事者不能不雜以方音，故彼亦一是非，此亦一是非，左右佩劍，相笑不休，自以爲毫髮無憾，而聽之又未嘗不別有說也。即如此書，內外以照二爲限，內門二等惟照有字，俱切入三等〔一四〕，所謂內轉切三也。外門則牙舌脣齒喉二等俱有字，仍切二等，所謂外轉切二也。內三外二，門法不過如此。然臻之開、合二攝，二等止照有字，何以謂之外轉耶？通廣偏狹，等子明列四門〔一五〕，而切法以三等切及第四爲通廣一門，四等切及第三爲偏狹一門。此外又有小通廣偏狹不定門，是門法與等子互異也。又謂知、徹、澄同照、穿、牀，泥同孃，敷同非，皆可省。按：照、穿、牀係齒音，知、徹、澄係舌音。士伯云：莊之與章，是照與照別，非與知有異，不知章與張自別，惟《中原音韻》中鐘、追椎之類皆不分別，不可以律等子也。然則，泥孃以上下等爲別，非敷以清濁之次爲別，又安可廢乎？獨其於雙聲〔一六〕、疊韻及五音、九弄反紐圖，剖析微至，足證前人之誤爲不可沒耳。

仇氏廷模 古今韻表新編

《四庫全書目》五卷

存

《四庫全書提要》曰：廷模字季亭，寧波人，康熙辛卯舉人，官知縣。其書每韻分舌、齒、喉、脣、牙聲，至其末卷論古音，則多遵毛奇齡兩界、五通之說。奇齡《古今通韻》欲以博辨勝顧炎武，已不免汗漫支離，廷模沿其緒論，又造爲經通、緯通、變通〔一七〕、正叶、變叶、外叶諸例，尤爲支蔓。古人用韻之法，軌轍可尋，又安有是紛紛也？

仇氏廷模 韻表後編

三卷

存

《浙江采集書録》曰：《韻表新編》二册。國朝鄞縣仇廷模輯，分二界、四晝、五綱、二十三目、列爲新表，別有《韻表後編》三種，附於尾。

紀氏容舒 唐韻考

《四庫全書目》五卷

存

《四庫全書提要》曰：容舒字遲叟，號竹厓，獻縣人。康熙癸巳舉人，官至姚安府知府。初隋陸法言作《切韻》，唐禮部用以試士。天寶中孫愐增定其書，名曰《唐韻》。後宋陳彭年等重修《唐韻》，丁度等又作《禮部韻略》〔一八〕，爲一代場屋程式，而孫氏之書漸佚，唐代舊韻遂無復完帙。惟雍熙三年徐鉉校定許慎《説文》，在大中祥符重修《廣韻》以前，所用翻切，一從《唐韻》，見於鉉等《進書表》。容舒以爲翻切之法，其上字必同母，其下字必同部，謂之音和。間有用類隔法者，亦僅假借其上字，而不假借其下字，因其翻切下一字，參互鉤稽，輾轉相證，猶可以得其部分。乃取《説文》所載《唐韻》翻切，排比分析，各歸其類，以成此書。始知《廣韻》部分仍如《唐韻》，但所收之字不同，有《唐韻》收而《廣韻》不收者，如東部詷字、𣅝字、烘字之類是也。有《唐韻》在此部，而《廣韻》在彼部者。如賨字，《廣韻》作藏宗切，在冬部；《唐韻》作徂紅切，則在東部。瓏字，《廣韻》作盧紅切，在東部；《唐韻》作力鐘切，則在鐘部之類是也。有《唐韻》兩部兼收，而《廣韻》止存其一者。如虞部亶字，《廣韻》注又子余切，與《唐韻》合，而魚部子余切，乃不取亶字之類是也。有《廣韻》移其部分而失於改其翻切，如諄部麏、䵷、囷、頵四字，移入真部，而仍用《唐韻》諄部翻切；删部鰥字，移入山部，仍用删部翻切之類是也。有《唐韻》本有重音，而徐鉉祇取其一者，如規字作居追切，宜在脂部，而證以隓字作許規切，闚字作去隓切，知規字當有居隨一切，兼入支韻之類是也。其推尋考校，具有條理，《唐韻》分合之例與宋韻改併之迹，均可由是得其大凡，亦小學家所當參證者矣。

程氏振鷗 啓蒙韻學

見《雲南通志》

未見

《雲南通志》傳曰：程振鷗字雲九，昆明人，歲貢，蒙化府訓導。有《啓蒙韻學》。

小學考卷四十終

校記

〔一〕案：《四庫全書總目》卷四四《聲韻源流考》提要署作「無卷數」。

〔二〕章黼：原脱「章」字，據右引書補。

〔三〕天子：原作「天下」，據《四庫全書總目》卷四四《韻統圖説》提要改。

〔四〕此即徵音：四字原脱，據右引書補。

〔五〕其所著：原作「所謂」，據《四庫全書總目》卷四四《韻叢》提要改補。

〔六〕集韻：案：陸法言所撰爲《切韻》，不當作《集韻》。

〔七〕之本字：原作「字之本」，據《四庫全書總目》卷四四《讀書正音》提要乙。案：光緒刊本已乙正。

〔八〕截：原作「戴」，據文意徑改。

〔九〕周德清：原作「周得清」，據文意徑改。

〔一〇〕讀諸渚：原作「韻諸注」，據《四庫全書總目》卷四四《古音正義》提要改。

〔一一〕定：原脱，據右引書補。

〔一二〕狄：原作「秋」，據右引書改。案：所引文句見《穀梁傳》昭公五年七月。

〔一三〕八轉：原作「入轉」，據《四庫全書總目》卷四四《等切元聲》提要改。

〔一四〕入三等：原作「十三等」，據右引書改。

〔一五〕等子：原作「等字」，據右引書改。下文「等子」原作「等字」，亦據之改。

〔一六〕於：原作「與」，據右引書改。

〔一七〕變通：原脱「通」字，據《四庫全書總目》卷四四《古今韻表新編》提要補。

〔一八〕等：原作「部」，據《四庫全書總目》卷四二《唐韻考》提要改。案：光緒刊本已改作「等」。

小學考卷四十一

聲韻十三

顧氏陳埄八矢注字圖說

《四庫總目》一卷

存

《四庫全書提要》曰：是編乃其所定韻書。八矢者，譬字爲的，以八矢注之：一分四聲，二經聲，三定清濁之界，四審五音，五分陰陽，六分正變，七分輕重，八分留送，凡八門也。經聲分先天九聲、後天九聲，凡四聲直下爲先天，其二九並入圖，枯苦庫酷、伊倚意乙之類是也。四聲傍轉爲後天，空恐控酷、因引印一之類是也。四聲之外，又增一下聲，則亙古之所未聞矣。其緯音清濁正變陰陽輕重留送圖，分宮爲濁，商爲清，實皆喉音，角徵羽皆分清濁，而清濁二徵之外，又增淺中深三徵音，其外又有清閏、濁閏二音，實即非敷二母之輕脣音也。其所謂正變者，正即開口呼，變即合口呼。又分輕重、留送爲三成[一]，皆變幻面目，別立名字，而反謂三十六母爲亂道，過矣。

案：陳埄字玉亭，太倉人，康熙己酉舉人，官行人。

錢氏人麟聲韻圖譜

《四庫全書目》

存

人麟自敘略曰：韻圖四十五，并諸陰陽均變圖一，諸韻內外等圖一，系以法，附以叢論。

錢維城《與戴東原書》曰：六書之道，有形有聲，形者字體也，聲者音韻也。儒者著述，必衷六經，《易》稱「庖犧氏仰觀天文，俯察地理，觀鳥獸之文與地之宜，始作八卦，而書契之興」，未詳作者，然卦畫已具字形。竊謂三畫即乾字，六畫即坤字，大略椎輪，必自于此，傳流至周，已非庖犧之舊，況自蝌蚪、篆、隸、八分，以至今體，其爲流變，豈可推尋？所謂象形、會意、轉注、處事、假借、諧聲，創始之原，難以意測，欲即今體強合古文，北轍南轅，未見其合。至於音釋，《爾雅》爲經，然恂慄威儀，詞因《戴記》，周公所作，夫豈其然，蓋亦後儒所託耳。《說文》即爲最古，而強立偏旁，文多傅會，文馬爲駁、短尾從隹，若斯之類，不可枚舉，按之經義，殊不盡然。在今言今，不過釐正俗書，無乖古訓足矣。音韻之說，古無專書，然《易》《書》《詩》具在，大抵矢口而成，不煩擬議，所謂天籟也。時地變遷，遂生齟齬。以今合古，強名爲叶，乃後人之矯揉，豈作者之本然哉！雙聲疊韻，自古有之，窈窕、參差，開卷即是，是則反語權輿。叔然尚爲傳述，況神珙守溫耶！三十六母，本以收聲，非爲韻設，經堅輕牽，母以生子，子以召音，宛轉關生，非假造作。顧古音多、今音少，知、澈、澄、孃、非、微六母，漸可從刪，而泥、從、牀三母，亦失本音。時代使然，不能勉強也。不特此也，古音四，今四等漸亡，二等亦寡，存者一、三耳。必力求古韻，啓口驚俗，一人衣錦，衆客楚咻，安可家喻而戶曉哉！以五韻爲五音，非始西河，其部分井然，不同牽合，欲求古韻，此爲近之。第五音之說，人各不同，求其指歸，卒難通曉。竊以一字具有七音，不關牙舌喉齒唇也，何以明之？七音正于律呂，今則譜爲九宮，七音者七調也，不聞一調之辭，止用一宮之字。此則歌者之轉喉，非辭家之選字。今之樂猶古之樂也，四聲既分，乃有正閏，正紐、倒紐，其圖實繁，然止列其格，未詳其故，則平上去入易知，而入去上平難曉也。要之，聲韻之道，百姓與能，里巷歌謠，自然合度，康衢擊壤，振古已然。自詞人鉤深，矜爲絕學，四聲二百六部，事近苛細，去古遂遙。既休文、法言輩意在成一家之言，非欲強之天下後世，況可執是以繩古人哉！惟是朝廷取裁，必有矜式，唐宋以後，以詞賦取士，勒爲官書，翕然遵守，然亦苦其窄少，議併議通，代有加展。今之《平水》，益非舊章，若竟撤去藩籬，必且乖違時尚。惟一稟同文，無敢改作，庶幾範我馳驅耳。家君於字書韻學，最所研窮，所著《聲韻圖譜》，久經梓行，尚有《易韻》《毛詩韻》，亦已成書。維城幼時每承提命，而質氣粗浮，學方淺薄，未能卒業。伏讀大著，尋原溯流，釋疑訂誤，精微浩博，莫可名言，非好學深思，何以喻此？承命撰序，愧不敢當，謹就管蠡之見及素所聞于庭訓者，略舉以質足下，幸終教之！

《四庫全書提要》曰：人麟字鑄菴，武進人，康熙庚子舉人，官蕭山縣知縣。是書即等韻舊法而變通之，以三十五母定聲，刪徵音四、輕脣音一，析齒頭音五母。以十四攝定韻，併江於宕，併曾於梗，剔蟹之三等入正。以四十五韻爲圖譜，併愷於光，併黔於兼，併肱於觥，併諸四等字於三等[二]。首列諸母陰陽均變之圖及諸韻正閏、內外等第之圖[三]，末爲韻法八條、叢論十八條，附翻切古韻轉音例及詞曲韻通轉例。

錢氏人麟 易韻

見《茶山文鈔》

存

錢氏人麟 毛詩韻

見《茶山文鈔》

存

莫氏宏勳 類字本意

《四庫全書目》

存

《四庫全書提要》曰：宏勳字誠齋，錢塘人。前有康熙庚子自序，其書取梅膺祚《字彙》之字，依其卷末所列韻法橫直二圖，一一分隸，平上去三聲爲一類，入聲自爲一類，盡改古來韻部之舊，並盡乖古來等韻之舊，不足據爲典要也。

王氏植 韻學臆說

《四庫全書目》一卷

存

《四庫全書提要》曰：此書前列唐韻目、吳棫古韻目及所爲臆說十條，次列光、官、公、昆、高、乘、鉤、規、過、皆、孤、基、瓜等十三字首羣字譜。大抵不知韻學因革原流，而恃脣吻之間，以等韻辨別，猶之以近日詞曲之工尺而評定夔曠之樂章，其辨愈精，其說愈密，而愈南轅北轍，畢世不得其所適。其所引據不過宋吳棫、近時毛奇齡、馬自援之說，而抗詞以攻顧炎武，所見左矣。

王氏植 韻學

《四庫全書目》五卷

存

《四庫全書提要》曰：音韻之學，自古迄今，變而不常，亦推而愈密。古音數變而爲今韻，歷代各殊，此變而不恒者。今韻既定，又剖析而爲等韻，此推而益密者也。古韻與今韻音讀各異〔四〕，部分亦殊，吳棫不知其故，而以音讀之異名爲叶，部分之殊注爲通轉，而古韻遂亂。今韻之定在前，等韻之分在後，實因韻字而分等，非因韻等而分字。韓道昭、熊忠不知其故，於是以字母顛倒韻字，而今韻又亂。自明以來，惟陳第、顧炎武及近日之江永識其原流。他若馬自援之講今韻愈細，而舊法愈失；毛奇齡之講古韻愈辨，而端緒愈淆矣。植作是書，不能從原而分流，而乃執末以議本，攻所必不能攻，而遵所必不可遵，故用力彌勤，而彌於古法未合也。

樊氏騰鳳 五方元音

《四庫全書目》二卷

存

《四庫全書提要》曰：騰鳳字淩虛，堯山人。是書論切字之法，以陰平、陽平析四聲爲五，猶屬舊例。其部分則併爲十二，曰一天、二人、三龍、四羊、五牛、六獒、七虎、八駝、九蛇、十馬、十一豺、十二地。字母則併爲二十，曰梆、匏、木、風、斗、土、鳥、雷、竹、蟲、石、日、翦、鵲、系、雲、金、橋、火、蛙，皆純用方音，不究古義。如覃鹽咸之併入天，庚青蒸之併入龍，其變亂韻部，又甚於《洪武正韻》矣。

吳氏起元 詩傳叶音考

《四庫全書目》一卷

存

《四庫全書提要》曰：起元字復一，震澤人。是書專論《三百篇》叶音，如《關雎》「服」古音匐，引《禮記》「扶服救之」爲證，亦間有可采。至如「吁嗟乎，騶虞」，不知爲無韻之句，乃謂「虞」「乎」相叶。然則《周南》之「吁嗟麟兮」，《鄭風》之「狂童之狂也且」，又以何法叶之乎？大抵其病由於不知古音自有部分，惟以今韻部分取讀，又不知古無四聲，更以華嚴字母分等，故愈辨而愈遠也。

萬氏光泰 漢音存正

二卷

存

光泰自序曰：天下可傳者形，不可傳者聲，形千禩萬載，石泐水凝，有不滅者，聲一過即息矣。是故聲不傳，必待其人以傳，而授受之際，或輕重稍殊、清濁微異，唯之與阿，相去幾何，而末流遂以大判。《尚書》之有今文，《公羊》之多齊語，其故可知也。《説文解字》一書，人多恨其諧聲多謬，然就今日而論古音，不知古人之聲何似，而欲俯而就今人之範，猶以周尺量軒律，秦權較夏鈞，其牴牾不相合宜矣。《説文》之時，未有翻切，後人附益，互有異同。徐鉉校定，概繫以孫愐《唐韻》，然後牙齶整齊，平上畫一。嗚呼！漢初音聲，在唐時已屢改弦柱，自唐以來又復千載，猶謂其清濁輕重，灼然可考，我未之信也。夫漢音既遠，無可彷彿，其存什一于千百者，惟有讀若某、讀與某同諸字，縱不能遠追永元之世，親至萬歲之里，拾其緒餘，傳其欬唾，要其遺踪絶響，常若託寄于副墨之間，則固逌然可想見矣。爰縱横臚列，細與《唐韻》參核，其中讀切合者十之六，其異者十之四，存之以見古初之音，迥異凡近，其在律吕，亦土鼓蕢桴之遺奏也。

胡氏敏求毛詩叶韻

見杭世駿《道古堂集》

存

杭世駿序曰：漢以前無反切之學，鄭康成注《三禮》，但曰「讀如相人偶之相」「不借綼之綼」而已。許叔重作《説文》，諧兩字之聲以定一字之音而已。孫叔然始爲反切，同時高貴鄉公撰《周易音》，仍不解反語，叔然不見用也。夾漈鄭氏謂出于西域婆羅門。何承天生於永明之初，讀「華嶽」之「華」胡化反，承天恐其驚俗，宋時諳斯道者，承天一人而已。齊梁以後，反切盛行，字韻之書紛出。隋開皇初，陸法言撰《切韻》五卷，本乎四聲，紐以雙聲疊韻，音定而字亦定。子朱子用吳才老之説以叶《毛詩》，庠黌所取則也。余所獻疑者有二：孔氏仲達云：「詩有上二句爲韻，而下單句不必趁韻者，謂之滕句。」蓋詩有詠歎之、淫泆之，以此法讀《麟趾》三章，首章趾、子爲韻，二章定、姓爲韻，三章角、族爲韻，「麟兮」句不必叶也。又以此法讀《騶虞》二章，首章葭、豝爲韻，末句「騶虞」之「虞」叶「牙」，二章蓬、豵爲韻，末句「騶虞」之「虞」叶「紅」。一「虞」字而兩叶，與「麟兮」之例戾矣。以此法讀《褰裳》二章，讀《權輿》二章，末句「狂童之狂也且」，「吁嗟乎不承權輿」，則滕句也，不叶是矣。《椒聊》二章末二句，《采苓》三章末四句同，即此例也。《黄鳥》章凡三韻，棘、息、特爲韻，穴、慄爲韻，人、身爲韻，「彼倉者天」非韻，不必叶也。「車」與「華」同在麻韻，「車」音居，始自吳之韋昭，古無有居音也，《穠矣》「唐棣之華」[五]，「王姬之車」證之，則《有女同車》章首二句爲一韻，下四句爲一韻。下章「行」與

「英」爲一韻，下四句爲一韻，蓋一章二韻也。叶「車」與「華」而就「琚」「都」；叶「行」與「英」，而就「鏘」「忘」，殊爲未協。陸法言云「吴楚則時傷輕淺」，吾儕生長南方，缺舌之音，誠所不免。少而受學，至白首而音仍不諦，況窮鄉僻壤，無先識遠慮之士可與諮問者乎！昌化胡君敏求知反切之不易明，陰陽、清濁、重輕、子母與夫喉、喉、喉、開口、閉口、齊齒、撮口之不易審，與夫開承轉縱合之五聲、坪爲細聲、亨爲粗聲、兵爲發聲、怦爲送聲之不易辨，與夫翻切音紐、標射諸法之不易尋，取子朱子所嘗叶者，易反切爲一字，洞若觀火。師以是教，弟子以是教，苦心樸學，所以嘉惠後來者至矣。自赤水踵吾門而乞序，余爲改定數章，不欲其爲子朱子佞臣也。其《騶虞》作媵句讀，鄉先輩毛氏馳黄已先得我心，不敢沒其實也。敏求將刊以問世，余獨更有告者，坊刻、塾刻類皆出於陋儒之校勘，而《詩》尤甚，「穠矣」之「襛」，「祑祑」之「秩」，從衣不從禾，此猶偏旁點畫之誤也。「家伯維宰」，今竟訛作「冢宰」。宰即春秋宰咺、宰孔之宰，宰夫也，上不與卿士類，下不與膳夫、内史、趣馬類，義理全失，疑誤後學不少矣。敏求將悉改正焉，邨塾之師毋驚怪而不安，庶古學可復，而習俗不至難移，是書之有功于世，豈曰小補哉！

劉氏維謙詩經叶音辨譌

《四庫全書目》八卷

存

桑調元《答劉君論詩經韻書》曰：前論《詩經》用韻之變，見古人屬詞之工。頃辱惠書，覆按所語未協，直謂不當以韻言。僕性惷愚，又荒學殖，何敢言詩？然有疑於中，不敢不盡陳以求剖析也。《三百篇》用韻，漢唐後謠諺歌行之詞，縱横百出，權輿於此，其韻亦不止於兩頭中央等例。秦碑三句一叶，漢語一句兩叶，並已導原於《載見》《靈臺》諸詩。其尤奇者，《陟岵》子、已、止韻，季、寐、棄韻[六]，弟、偕、死韻，横溢不可名狀。凡此皆韻之變，韻變而音節亦變，不待言矣。他文無韻固不礙，詩而無韻則不成歌，不成歌則此音無節，樂之始終條理存乎音，音之節存乎韻，詩者樂之章也。人聲則以韻爲歌之節，絲竹等器則以韻爲音之節，唐人稱拍板爲樂句，一字之聲數轉乃成，非拍板莫之節也。韻則爲詩之句，入樂即隨詩之句爲句，非此無以節歌，非此亦無以節羣音也。《鶡冠子》曰：「五均不同聲。」西河毛氏釋之曰：「宫商角徵羽，聲本不同，且即一均之中，亦必取聲之不同者而彙於一宫，蓋以不均爲均，而韻名焉。故古人爲詩，即二句、三句無同聲者，而其宮則同。」僕嘗考唐人之詩，兩句聲不雷同者惟杜韓能之，他則未免相犯。賦者古詩之流，不歌而頌，亦必用韻。西河亦謂古文排比數句，並宜著韻，引「廄有肥馬，野有餓莩」爲證，馬、莩古韻也。夫雜文不必韻，猶且著韻，況於詩而可無韻乎？劉勰云：「異音相從謂之和，同聲相應謂之韻。」和者，和也，一唱三歎，雖不必同宮，而亦可和。韻者，均也，必衆韻彙於一宮，而乃能均。許氏《說文》「韻」字古與「均」同，此之謂也。《國語》「立均出度」，必五音之均立，而後萬聲之節奏乃出，無韻則度無從出，樂於何節乎？顧西河謂「聲之不同者彙於一宮」，劉氏又謂「同聲相應」，二語似歧而義則一。蓋劉氏之所謂同聲即同宮也，如虞廷賡歌，明、良、康三韻皆同宮音，明、良爲陽庚之通，明叶芒，則庚歸陽，是所謂同聲相應也。明、良、康三韻不同聲，所謂取聲之不同而彙於一宮也。二說本合而其中別有不同者，毛氏爲五部、三聲、兩界、兩合之說，必謂五部、三聲、兩界、兩合所不通者而偶通之，斯謂之叶。其本通者何事於叶，故明不必讀芒，自可與良爲韻，以此爲聲不同而彙於一宮之的。亡友劉讓宗著《毛詩叶音辨譌》，駁之曰：據此則《關雎》首章鳩、洲、逑同尤韻，反不入格乎？語甚雋快，然不同聲而彙一宮之說，自確不可易。假如二句詩芒亡、康糠、洲州、逑求聯叶，即犯同聲之病，而西河必以庚陽並叶爲不同聲，則難免於讓宗之所譏矣。曩與讓宗面質此義，讓宗深然之，而《辨譌》書已板行，以未及載鄙說爲恨。且即同宮之中，又必同等乃爲細密，讓宗謂亭林顧氏引楊慎指《凱風》夭、勞二韻，以「勞」叶僚，爲才老多事，不知蕭韻係收音三等、閉音四等，豪韻係開音一等。朱子從才老之叶，欲其歸於同等，正古人用心精細之處。然則韻之必細爲叶，無論今韻古韻，詩之必以韻言不誣也。《周頌》多不叶韻之文，他詩亦間或有。豐氏《魯詩世學》顛到改竄牽合之，誠無可取，此自是世代湮沈，求之不得，朱子疑其有和聲相叶，以三嘆爲和聲。如劉氏異音相從之旨，正於無韻中求韻，豈謂詩祇以音言而不以韻言哉！讀足下文鈔論韻學三書，大概亦宗西河，其中即有古無所謂韻之說，似本西河之言，《切韻》聲類原自難拘，何嘗以之上繩六經、下檢百氏等語，而即斷以爲有音無韻？竊詳西河此語，謂律韻雖嚴，不宜太瑣耳，未嘗謂詩之可不以韻言也。西河指今韻爲律韻，歷序韻書原流，以此爲平水劉淵所作，且云劉韻則何足據，無論今韻併非劉韻。邵青門辨之甚覈，青門謂元陰氏兄弟刪併上聲拯部，刪減三千一百字。而五部、三聲、兩界、兩合之說，西河之所舉以言《毛詩》者，仍不能不據依今韻。其五部從今韻而分爲五也，其三聲即今韻所分之聲也。舍今韻則兩界何由劃，舍今韻則兩合何由成？自云由裸而求衣冠，而衣冠實裸人國之所給。然西河祇言今韻不足據，未嘗謂《毛詩》不以韻言也。故又謂「就字本音，約略相按」，則在倉頡造字之初，其字音、字義原即與用韻若合符節。雖起古人於地下，亦若有不自知其然者，此所謂元韻也。偉哉斯言！炳烺直如日月。夫豈獨倉頡造字之初，有此元韻，即盤古以來，倉頡未造字之先，元韻亦自在天地間，蓋因造字而見，非因造字而有也。韻書雖始於魏晉間，而亙古之韻，非晉魏間人所能鑿空而造，且使鑿空而造，則六經百氏當無一弗齟齬，而千百載下，又誰能輾轉宗述，講求精密，奉此私智所撰之韻乎哉！近世言韻最著者，亭林顧氏、西河毛氏兩家，李文貞近宗宣城梅氏、邵青門，遠訂上海潘氏。崑山三徐，亭林之甥也，謂亭林、西河各持其說，難於通兩家之郵。及字典出，而西河之霧已披其半，而五部、三聲、兩界、兩合之說，讓宗亦謂發人未發，有功韻學。僕少讀杜詩，至真寒並叶，聚訟者訖無一當，得毛說而豁然，特其持說過堅。閩人陳季立逢此罵會，固不足言，其呰謷朱子，集矢於吳才老則冤也。西河明目張膽云「古文讀字從無定準」，又云「一字二音可通用」，又云「協音不拘字義」，都歷歷有證據，而《候人》「祋」與「芾」協，朱子以未部有芾韻「祋」字，兼注帶音，即呰之曰：未韻之「芾」是蔽芾，非韍芾，出爾反爾，吾不能爲之解。足下以古音之亡，歸獄於朱子用才老韻，毋亦沿西河之流而揚其波耶？僕固陋，不敢詆前輩，亦性不喜詆前輩，曩與讓宗在南屏書舍，促膝至夜分，鄙意欲從五部、三聲、兩界、兩合探其原，而準劉氏同聲相應之說，仍細加叶，蓋作字母等韻者，知以切韻聲類求之，而不知其原，知五部、三聲、兩界、兩合之原，必謂於聲之絕不同者既屬相通，不必再叶，亦殊欠諧質之語，讓宗以爲何如，讓宗笑曰：「是西河、亭林之調人也。」來書中舉奕奕、秩秩等疊字，棘心、吹笙等抽折，寧都魏氏已有是說，此固無有以韻言者，緩調急調，恐亦只是文法之工。若謂情有舒慘，韻亦有緩促，則《常棣》末章，談笑而道，其果慘而促乎？《四牡》末章，屏營將母，其果舒而緩乎？且遲其聲，初不關詩句，無論何詩，皆可遲聲。太真於清平調終遲聲以媚，彼詩之叶韻與《四牡》同乎異乎？《論韻學第三書》中指示從入之途，遂可旁及貫通，若堂上辨堂下得失。竊見李文貞公謂等韻與《經世》互有得失，推之多有未密。萬里上官氏韻、司馬公《指掌圖》及《蒙古韻》，皆不出了義字母區域，而盛推邵子以聲起數之精，乃仍有言其未密者矣。稼堂潘氏師亭林，又與衛爾錫辨論添減字母，自謂天然條貫。而讓宗謂字母天造地設，斷不可更張，足下才高識明，於韻學言若易然，又有詩不以韻言之創見，僕竊不能無疑也。求不我棄，解其癥結而正其紕繆，幸甚。

《四庫全書提要》曰：維謙字讓宗，自號雙虹半士，松江人。是書首列等子圖，次爲分隸字母總音，次爲音叶互異彙辨，次爲疊韻雙聲，次爲辨論顧炎武《音學五書》毛奇齡《古今通韻》，次發明《康熙字典》。其三百五篇之叶音，則一一逐句詳注，考論頗勤。然古音之學自宋吴棫而晦，自明陳第乃漸明，國朝顧炎武諸家闡發其指，久有定論。維謙欲創爲異説，以駕乎前人之上，反以吴棫爲是，陳第爲非，業已黑白倒置。而又以等韻三十六母牽合古音。夫等韻所别爲今音，而《詩》三百篇則古音，音隨世變，截然不同。維謙乃執後以繩前，是何異以行艸之偏旁而釋倉頡史籀之篆文哉！至於雙聲疊韻，乃永明以來之法，古人或偶爾相合，實非有意。維謙之牽合經文，亦多附會，充其量之所至，將覦閲既多，受侮不少，亦且謂古詩有對偶乎？

胡氏鳴玉 雜字音義

一卷在《訂譌雜録》

存

按：鳴玉字廷佩，青浦人，歲貢生，乾隆丙辰舉博學鴻詞。所著《訂譌雜録》十卷，考訂聲音文字之訛者十居六七，其第十卷則爲《雜字音義》，專論小學者也。

沈氏葹 七音韻準

一卷

存

葹自序曰：余按聲韻之學，其傳久失，自司馬文正公科别《集韻》清濁，爲《指掌圖》，以三十六字母列其上，縱横上下，曲暢旁通，而後天下學士始知聲音之正，所謂天造神授，豈虚語乎？顧《集韻》所載，分離乖隔，不可勝窮，而溫公以七音畫一之準就之，此等類門法所以艱深緐浩，而世之從事焉者日以寡也。余竊不揆固陋，參考諸家，訂定《四聲經緯圖》，以徵子母之同，又定《五音經緯圖》，以表族類之異。雖於天地之元音，未敢妄議，而由此以進之，其必有超然默會於圖説之表，而實非人力之所得與者，是亦初學入門之一助云。歲在丁酉仲秋月朔。

朱心敘曰：穀梁子曰：「聽遠音者聞其疾而不聞其舒，望遠者察其貌而不察其形。」以余觀於後之學者，誦讀聖人之書，將以求明義理之正，而方其離經句讀之時，先已承譌襲舛，有不知此字之實爲何形，猶之望遠者之察其貌，而不察其形也。又有不辨此字之實爲何聲，猶之聽遠音者之聞其疾而不聞其舒也，況進而能求諸義理之深乎！余門人沈仁枝于書法必考之許氏《説文》，亦將有所辨證，而其爲韻學，則從習於檇李陳君獻可而得其旨。既又博綜羣書，剖析疑似，以通乎神明而合乎天則，真若有方維上下，截然一定而不可移易焉者。因爲裁定經緯諸圖，而題其名曰《七音韻準》。夫事無巨細，學無偏全，皆必從博以返約，由原以達委，而一歸於自然之準而後得之。仁枝之於韻學，其一藝也。仁枝家故貧，嘗賣田置書，於先儒程朱等籍，無不講求力學。既從余友吳人伯遊，瞭然有見於天人性命之微，每與余言及之，甚愧余之瞠乎後也。故余因其所著《韻準》而竊有所感，且以告我同人，義理淵微，考求不盡，毋亦徒如穀梁子之所云聽遠音者也。

張雋敘曰：準者何？則也。有物有則，格物者格其則焉耳。仁枝子以格物之學旁通於七音，人生有牙舌脣齒喉之物，因以有合開捲齊撮之則，全之半之，輕之重之，無不出於自然。故公顬貢穀有自然之平仄焉，公空頊峣有自然之清濁焉，昆官庚干有自然之翻切焉。縱之四十二韻，横之三十六母，有自然之經緯焉，鱗次櫛比，於以齊五正二變，如根莖華葉之相生而不可亂，如父子昆弟之一定而不可易，如鸛鵝魚麗之百變而不可窮。驟而尋之，雜而舉之，莫不有其本音，如嚮之斯答，如蓍策鬼神之酬酢，而百姓可與其知能，噫亦奇矣！而又爲之立等類以約溫公之繁，辨宗派以盡唐人之巧，譜統音以見字母字祖之同條，詳收音以該字頭字尾之極致。蓋自陳先生獻可《皇極》之已行，而仁枝爲之忠臣；唐子灝儒小學之未著，而仁枝爲之先得者也。先是，仁枝之書未成，余以詩促之曰：「此事格物第一義，書成而以準名知。」準之爲準，乃知格之爲格矣。今學者好言希聲，此無物之物也，旁求弔詭，此溺物之物也，支離譌謬，此蔽物之物也，孰知自然之天則哉！仁枝又有《轉聲經緯圖》，以準吳才老古音，有《三聲經緯圖》，以準周德清《中原韻》，有《音韻考異》，以圖古今南北諸韻之不同，皆已次弟成書。余特慫恿請先出此種，以爲學者之彀率，餘則徐及之耳。

朱存敘曰：甲午之歲，予與沈子仁枝同館湖濱，沈子敏而勤，書史問難外，每以韻學相勗。又恐學者苦其繁且奥，無所從入也，於是取古今切韻諸書，定一簡易確當之法，名曰《七音韻準》。又取《韻略》《韻補》《韻會》及《中原韻》《正韻》而考其異同，名曰《音韻考異》。往往晝而參求，夜而尋繹，有所得亟呼予與語，每訂正一字，覆閲至數十次，隨録隨改，終歲始告成帙。嗣後予兩人館地隔越，蹤蹟殊疏，忽一日沈子過訪，出其書示予曰：「曩所輯似猶有憾，今復稍爲稽訂，子試閲之。」蓋所更定又過半矣，乃始質之同人。而湖濱張蜚仲先生者覽之而有取焉，先以《韻準》付之梓人，吾同志諸子各出資以襄厥事，予因爲敘其本末如右。至於誦習考證之法，既詳載各圖之末，而其大義，則家大人所著敘文又已深考而詳說之矣。

沈氏蕺**音韻考異**

見張雋《七音韻準敘》

存

沈氏蕺**轉聲經緯圖**

見張雋《七音韻準敘》〔七〕

存

沈氏蕺**三聲經緯圖**

見張雋《七音韻準敘》

存

小學考卷四十一終

校記

〔一〕輕重：原作「轉重」，據《四庫全書總目》卷四四《八矢注字圖說》提要改。

〔二〕四等字：原作「字四等」，據《四庫全書總目》卷四四《聲韻圖譜》提要乙。

〔三〕等第：原脫「等」字，據右引書補。

〔四〕各異：原作「名異」，據《四庫全書總目》卷四四《韻學》提要改。

〔五〕禯矣：案，此篇當即《詩經·召南·何彼禯矣》之省稱。

〔六〕寤：據《詩經·魏風·陟岵》當作「寐」，原文作「夙夜無寐」。

〔七〕韻準：原脫「準」字，據本卷前文張雋《七音韻準敘》補。

小學考卷四十二

聲韻十四

龍氏爲霖本韻一得

《四庫全書目》二十卷

存

胡天游序曰：六書之道，形聲均三，假借、轉注皆聲讀法，故龍非寵，何非荷，而非如，假以讀焉，猶器物之用，得相借通。河別出爲灉，江別出爲沱，故王轉而王，正轉而正，陳轉而陳，雨轉而雨。又若推陽就東，引庚於唐，虞何元函，併趨並居，生引因從，圜周無方，猶水徑流復枝注也。或者徒解以考老之屬，不已陋乎？周《詩》《離騷》皆合聲成文，用聲之中，假借轉注微具，特于聲之諧尤精且宏。或偶不以聲，則置聲從文，若風《鴟鴞》、頌《清廟》是已。其章以聲成，聲之近者，宜莫不取用，使句接響隨，音比語適，見于編者然已。唯古詩三千，久在越逸，無由覩其大全，學者戔戔，遂謂雅頌所諧，止有如是，因以其私束畫牽紐之，是欲持今世法律追理夏商，抱重非而罔覺悟也。且文以聲用，莫尚《詩》《騷》，今世于文辭愈敝且惡，學者無能師《國風》《楚騷》以成其言，徒糾亂於韻之區區，自益其繆，故于序龍公一肆說云。

又別序曰：天下之聲五，函分陰陽，而統精于樂，樂之與文，聲一用異，宮羽以位，濁清以類，嚴一不紊，故樂從律，律定法也。唯文敘志達意，義包廣淵，聲宜隨施，孰可閡拘？《書》云：「詩言志，聲依永。」明古以聲從文，不以文從聲。《易》云：「物相雜故曰文。」使古于文垂撮舌脣，別聲異驅，必若然者，將國風困而雅頌躓，奚以善乎辭？故但舉樂論，雷霆風泉，草木撓發，蟲獸呼吟，皆從律辨，何獨字聲！苟就文言聲，文主聲輔，主所令使，才適而已，東西北南，奔走先後可也。後世既少知樂，顧多好以樂論聲，字分宮商，墨糾繩牽之徒，病于文非用所取。公蓋達夫樂矣，其精字聲，析律變，未暇詳其用也，是以繼論于後，置樂而伸文。

爲霖《與人論韻書》曰：聲韻之道與樂律通，樂有宮商角徵羽之五音，而角不通徵，羽不通宮，數奇則止，律遠則乖，理固然也。聖人和以變宮、變徵，而陰陽相生，循環不窮。韻即音也，音即樂也，安有舍五音七均、陰陽六律之外而爲一韻者？故平韻止有十二，黃鍾、太蔟、姑洗、蕤賓、夷則、無射、大呂、夾鍾、仲呂、林鍾、南呂、應鍾也，上去隨之，無所謂東冬江支三十韻之多者。入韻止七，宮、商、角、徵、羽、變宮、變徵也，入少于平者，歸宿之處，尾閭之所也，更無所謂屋、沃、覺、質二十餘韻之多者。故善論韻者自入聲始，如俗本所載一屋、二沃皆宮韻也，即一東、二冬之入聲，故東冬當爲一韻，皆黄鍾也，江陽爲一韻，皆太蔟商韻也。樂律宮與商通，故東冬、江陽古皆通用，而真文侵爲一韻，則又變宮之相通者，餘可類推。

《四庫全書提要》曰：爲霖字雨蒼，成都人〔一〕，由拔貢生官至潮州府知府。是書爲所定新韻，卷首載《答趙國麟論韻書》，有「此道自漢以後如漆室長夜，千數百年於兹」之語，其自命甚高，故歷代相傳之舊法，無一不遭詆斥，亦無一不遭變亂。大意以十二律分平聲，以七音分入聲，又以四聲不備五音，分陽平、陰平爲二，以合五聲之數。驟而觀之，以樂律定聲音，以聲音定部分，端緒井然，言之成理，似乎得聲氣之自然。其附會不能遽見，亦不能遽攻，然探其本而論之，律之作也，應陰陽之氣，而寫之以音，此出乎天者也。至於文字之作，其始用以記載，别而爲形，因而宣諸語言，别而爲聲，其聲由點畫而起，不由律呂而起，此定於人者也。故古人律呂之妙，窮析毫芒，而音則並無平仄，此韻不與律俱生之明證矣。顔之推《家訓·音辭篇》曰：「鄭玄注六經，高誘解《呂覽》《淮南》，許慎造《說文》，劉熙製《釋名》，始有譬況、假借以證音字，而古語與今殊别，其間輕重清濁，獨未可曉。孫叔然創《爾雅音義》，是漢末人獨知反語。」此韻之始萌，不言配律也。封演《聞見記》曰：「魏時有李登者，撰《聲類》十卷，凡一萬一千五百二十字，以五聲命字。」此乃漸配五聲，然每聲之中尚未析平仄也。《南齊書·陸厥傳》曰：「沈約等文皆用宮商，以平上去入爲四聲，以此制韻。」《梁書·沈約傳》曰：「撰《四聲譜》，自謂入神之作。」此今韻平仄之始，亦不言叶樂也。自釋神珙始作《等韻》，其圖今載宋本《玉篇》之末，相傳爲北魏人，而其自序中乃稱昔梁沈約創紐字之圖。又有南陽釋處忠撰《元和韻譜》，元和爲唐憲宗年號，則當爲晚唐時人。故唐一代詩人，未言字母，至宋而其說乃大行。以韻配律，漸起於是矣。然沈括《夢溪筆談》曰：「樂家所用，隨律命之，本無定音，常以濁者爲宮，稍清爲商，最清爲角，清濁不常爲徵羽。切韻家則定脣齒牙舌喉爲宮商角徵羽，其間又有半徵、半商者。如來、日二字是也。」是盛談等韻之時，尚以韻與樂律截然分爲兩事。今爲霖乃因字母有七音之例，遂更廣其例，以十二律爲斷，舉隋陸法言以來上下平聲五十七部，併爲十二部。夫樂之有十二律，不猶天之有十二宮乎？古聖人畫地分州，建侯樹國，各因其山川之勢，初不取象於天。迨其後測驗之術興，乃以列宿分野隸十二宫之次。聲韻之始隨呼吸取讀，亦猶分州建國也，及其配以音律，亦猶列宿分野也，其理不必不相通，而其勢不能以彼改此。今以韻通於律，遂併爲一十二部以應律，亦將以地理通於星野，而合併天下之千百郡縣，割裂天下之疆界，合爲十二州以應天乎？況自漢以來，有韻之書不一，有韻之文亦不一，一旦盡舉而廢之，獨標一爲霖之書爲千古韻學之聖，即其說果通，亦斷斷難行於天下，況倒置本末，併其理亦牽合乎！至於入聲併十二爲七，尤爲乖理[二]，聲生於口，一呼皆備四聲，字生於六書，非有所取義，則無其字，故二百六部之中，無入聲者二十七，此二十七部無平上二聲者又四，非無其聲，無其字也。爲霖必一一配合，使無入者皆有入，亦誤以字生於聲，而不知聲生於字，復倒置其本末也。今撮其大概，略爲駁正如右，庶講韻學者不至以新說改古法焉。

潘氏咸 音韻原流

《四庫全書目》五十卷

存

《四庫全書提要》曰：是書分三部：一曰倉沮元韻，凡三十六卷，分翁、鴦、罌、安、阿、了、衣、埃、烏、隈、謳、爊、諳、屋、堊、搕、遏、匼一十八韻，而以其翕音、闢音謂之諧字，以其本音、轉音謂之分音。一曰詩騷通韻，一曰中都雅韻，各十卷，亦以十八韻分合之。元韻又有卷首二卷，通韻、雅韻亦各有卷首一卷。大抵皆以意杜撰，戾於古而乖於今。其敘述古音原流，如魏李登《聲類》、周彥倫《四聲》，《隋志》僅列其名[三]，《唐志》已不著録，而咸云獨得見之，其書皆分東、陽、耕、真、寒、侵、覃、支、佳、魚、蕭、歌、尤十三類。陸法言之《切韻》、孫愐之《唐韻》，今皆不傳，惟愐之音切尚散見徐鉉所校《説文》中，而咸亦云獨得見之，共二百六部，爲法言所分，其獨用、通用爲愐所定，多與今不同。韓愈著作班班可考，獨不聞其有何韻書，而咸云獨見韓愈唐韻，其同用、獨用，與今《廣韻》同。又列《禮部韻略》、毛晃《增韻》、劉淵《平水韻》於陳彭年《廣韻》之前，而謂《廣韻》比《禮部韻略》多數部。又謂丁度《集韻》分七音，東部首公不首東，核以諸書，亦不相合。蓋鄉曲之士，不知古書之存亡，姑以意說之而已。

江氏昱 韻岐

四卷〔四〕

存

《四庫全書提要》曰：是編於官韻之中擇其一字數音者，各分字義異同，蓋亦宋人《押韻釋疑》之類。

案：昱字賓谷，號松泉，甘泉人，貢生。

王氏祚禎 音韻清濁鑑〔五〕

三卷

存

《四庫全書提要》曰：祚禎字楚珍，大興人。是書以金韓道昭《五音集韻》、元劉鑑《切字玉鑰匙》與周德清《中原音韻》合爲一書，而以己意竄改之。夫道昭書配三十六母，鑑書配内外十六攝，德清書則北曲之譜，以入聲配入三聲，祚禎既狃於方音，併四聲爲三，混淆古法，而乃屑屑然區分門目辨別等次，非今非古，非曲譜非等韻，莫喻其意將安取？其序自稱博極諸家，如揚雄《訓纂》、許慎《説文》，《玉篇》《唐韻》《廣韻》《韻會》《篇海集韻》《正韻》、呂氏《同文鐸》《日月燈》，無不繹其論説，證其異同，《説文》《玉篇》以下，其書具在，不知揚雄《訓纂》、孫愐《唐韻》，祚禎何從見之？又稱隱侯《四聲》、宣城《字彙》《正字通》，戶誦家吟，更不知祚禎何由見沈約書也？

江氏永 四聲切韻表

《四庫全書目》一卷

存

戴震撰《江慎修先生狀》曰：先生姓江氏，名永，字慎修，婺源之江灣人。少就外傅，時與里中童子治世俗學，一日見明邱氏《大學衍義補》之書内徵引《周禮》，奇之，求諸積書家，得寫《周禮》正文，朝夕諷誦，自是遂精心於前人所合集十三經注疏者，而於《三禮》尤功深，爲書以論。古音起於吳才老，而崑山顧氏據證尤精博，先生則謂顧氏考古之功多，審音之功淺，正顧氏分十部之疏，而分平上去三聲皆十三部，入聲八部。虞屬魚模，又分之以屬侯幽，顧氏未之知也。先屬元寒，又分以屬真諄，而真已後十有四韻之當分爲二，考之《三百篇》用韻畫然，顧氏未之審也。蕭至豪四韻之讀如今音者，一部也，又分以屬侯幽，在《三百篇》亦畫然，而顧氏未審也。覃至鹽屬添嚴，又分以屬侵，自侵已後九韻，以侈斂當分爲二，猶之真已後當分十有韻爲二也，顧亦一之。侯之正音近幽，顧氏不之審，而轉其讀以從虞，先生蓋欲彌縫其書。卒，年八十有二。所著書《周禮疑義舉要》六卷、《禮記訓義擇言》六卷、《深衣考誤一卷》、《禮經綱目》八十八卷、《律呂闡微》十一卷、《春秋地理考實》四卷、《鄉黨圖考》十一卷、《讀書隨筆》十二卷、《古韻標準》六卷、《四聲切韻表》四卷、《音學辨微》一卷、《推步法解》五卷、《七政衍》《金水二星發微》《冬至權度恒氣注》《曆辨》《歲實消長辨》《曆學補論》《中西合法擬草》各一卷、《近思錄集注》十四卷。

永凡例曰：字典、《音韻闡微》皆有等韻圖，等列分明，而音韻未備。《字彙》載横直二圖，師心苟作，音韻淆譌，直圖刪易母位，變紊七音，尤爲紕繆。此表依古二百六韻條分縷析，四聲相從，各統以母，别其音呼等列，字之切即注本字下，開卷了然，學者繇此研思音學，庶無差舛。

昔人傳三十六母，總括一切有字之音，不可增減，不可移易，凡欲增減移易者，皆妄作也。列于表上，如網在綱。

見谿羣疑牙音，端透定泥舌頭音，知徹澄孃舌上音，邦滂並明重脣音，非敷奉微輕脣音，精清從心邪齒頭音，照穿牀審禪正齒音，曉匣影喻喉音，來半舌音，日半齒音。此一定之七音，易之者亦妄作也。審音辨似之法，别有《音學辨微》詳之。

見谿清，羣疑濁，端透清，定泥濁，知徹清，澄孃濁，邦滂清，並明濁，非敷清，奉微濁，精清心清，從邪濁，照穿審清，牀禪濁，曉影清，匣喻濁，來日皆濁。此一定之清濁，平聲然，上去入亦然。羣、定、澄、並、奉、從、牀、匣八位最濁，邪、禪次之。《中原音》凡上聲當此十位，似去而非去也，最濁之上去入似變爲最清，而實最濁也。不明乎此，將有誤切、誤讀不自知者矣。

音韻有四等：一等洪大，二等次大，三四皆細，而四尤細，學者未易辨也。各於韻首標明辨等之法，須于字母辨之。凡字母三十六位，合四等之音乃具，一等之內不備也。前人爲等韻圖，未明言此理，所空之位，人以爲有音無字。夫有音而未製字者固有之，若當此位屢無字，則非未製字也，當是等則缺此位，猶琴之泛聲，當徽則鳴，不當徽則否，莫知其所以然也。名等之位詳于左。

一等：有牙，有喉，有舌頭，無舌上，有重脣，無輕脣，有齒頭，無正齒，有半舌，無半齒，而牙音無羣，齒頭無邪，喉音無喻。通得十九位：見、谿、疑、端、透、定、泥、邦、滂、並、明、精、清、從、心、曉、匣、影、來也。

二等：有牙，有喉，有舌上，無舌頭，有重脣，無輕脣，有正齒，無齒頭，有半舌，無半齒，而牙音無羣，正齒無禪，喉音無喻。亦通得十九位：見、谿、疑、知、徹、澂、孃、邦、滂、並、明、照、穿、牀、審、曉、匣、影、來也。

三等：有牙，有喉，有半舌、半齒，有舌上，無舌頭，有正齒，無齒頭，而脣音不定，或有重脣，或有輕脣，喉音則無匣母。通得二十二位：見、谿、羣、疑、知、徹、澂、孃、照、穿、牀、審、禪、曉、影、喻、來、日及脣音之四母也。

四等與一等同：有牙，有喉，有舌頭，無舌上，有重脣，無輕脣，有齒頭，無正齒，有半舌，無半齒，而牙音有羣，齒頭有邪，喉音有喻。亦通得二十二位：見、谿、羣、疑、端、透、定、泥、邦、滂、並、明、精、清、從、心、邪、曉、匣、影、喻、來也。

凡二等有前後諸位者，通一韻爲二等也，無前後諸位者，但有照、穿、牀、審四位，則附于三等韻，小字左書之，三等無正齒，乃大字書之，無三等則附一等。

凡四等與三等同韻者，舌頭、齒頭大字書之，牙音、重脣、喉音小字左書之，無三等字乃大字書之，皆于韻首注明。

凡牙音有羣母者，必三四等。

凡有舌頭、齒頭者，非一等即四等，以粗細别之。

凡舌上，非二等，即三等，亦有粗細。

凡重脣，一、二、三、四皆有之，輕脣必三等。

凡三等脣音，輕重不兼，有輕脣而復有重脣之明母者，惟尤韻之謀字、屋韻之目牧等字、腫韻之鳺字，三等之變例也。古音「風」字方愔切，入侵韻，侵韻已有重脣，而復有輕脣，亦此類。

凡邪母必四等，禪母、日母必三等。

凡喻母必三、四，而四等爲多。

凡半舌，一、二、三、四皆有之。

六朝人音學甚精，李登之《聲類》、周彦倫之《四聲切韻》、沈約之《四聲》，今雖不傳，世所傳《廣韻》本之唐，唐又本之隋，其原蓋自六朝創之。平聲韻五十七部、上聲五十五部、去聲六十部、入聲三十四部，凡二百有六部，分韻細入毫芒。韻之相似，如東冬鍾、支脂之當分而不可合，必有其所以然者。唐人爲詩賦律令，定爲獨用、通用，宋末劉淵遂併其通用之韻爲百有七部，詞家相沿用之，幾不知有唐韻矣。此表爲審音，必用舊韻，不止用舊韻而已，一韻之中復細分之，多者至五六類，合四聲凡百有四類，音韻于是始精密。

凡分韻之類有三：一以開口合口分，一以等分，一以古今音分。

韻有有合口無開口者，有有開口無合口者，有兩韻一開一合者。此外則一韻之中率有開合，須分之。有開合相間，不可分者，惟江、講、絳、覺一類。又有平上去皆開口，而合口獨見于入聲者，亦別出之，職韻之洫、域是也。入聲又有可開可合者，屋、沃兩韻是也，屋在東爲合口，在蕭尤侯幽則爲開口；沃在冬爲合口，在豪皓號分出之蓻、皓、告則爲開口。又有開口借者〔六〕，藥、鐸兩韻是也。藥之腳、卻一類從陽之姜羌者，本開口，而魚之合口亦借之。鐸之各字一類，從唐之岡、豪之高者本開口，而模之合口亦借之，則變例也。

開口至三等則爲齊齒，合口至四等則爲撮口。今從舊止分開口、合口，不標齊齒、撮口。俗又有卷舌、混呼等名目，皆臆造也。

侵寢沁緝以後九類，三十六部列之韻末，詞曲家謂之閉口音，細審之亦不甚當。今從舊標開口，此皆有開口、無合口者也。

方音呼開口、合口有相混者，如呼巾似斤、戈似歌、光似岡、王似陽，以合爲開；該、棍、哀、恩、以開爲合，皆非正也，觀表可知其正否。

一韻有止一等者，有全四等者，有兩三等者。全四等則別出一等者爲一類，其餘以三等者爲主，二等與四等附之。有兼二等、三等、四等者，亦以三等者爲主，二四附之。凡二等附三等者，必照、穿、牀、審四位也。有三四二等者，視其字之多少，或以四附三，或以三附四。有二等兼一等者，以一附二。皆于韻首標明。

音韻古今有流變，韻書所定皆其流變之音，古音則不盡然。一韻中有別出一支，與它韻相通，如尤韻有通支，支韻有通歌，虞韻有通尤侯，庚韻有通陽唐。字之偏旁亦可辨，若槩以今音表之，則古音不見，故特立分古今一例：支、虞、先、蕭、豪、麻、庚、尤各有分出之類以從古切，音仍舊以從今。它韻亦有古今異音之字，如東韻之「風」古通侵，「弓雄」古通蒸登，軫韻之「牝敏」，厚韻之「母」古通旨。此類字不多，且從今音列之，別有《古音標準》詳之。

平聲五十七部，上聲少二部者，冬、臻無上也。或謂腫韻之「湩」字是冬之上聲，然古人既未立部，則亦不敢增，仍從舊覩勇切，爲腫之四等。

去聲獨有六十部者，臻無去，少一部，祭泰夬廢無平上，又多四部也。四部無平上而有入，祭之入薛、泰之入曷末、夬之入轄、廢之入月。若卦者佳蟹之去，其入爲麥；怪者皆駭之去，其入爲黠；隊者灰賄之去，其入爲沒；代者咍海之去，其入爲德。觀表所列音類等第，條理秩然。顧亭林《古音表》乃以泰承佳蟹、卦承皆駭、怪承灰賄、夬承咍海隊代，皆無平上，一韻失次，諸韻皆誤。又以月爲泰入，沒爲卦入，曷爲怪入，末爲夬入，黠爲隊入，鎋爲代入，亦非其倫類。蓋顧氏等韻之學甚疎，故至此茫然紛如亂絲，今正之。

韻學談及入聲尤難，而入聲之說最多岐，未有能細辨等列，細尋脈絡，爲之折中，歸于一說者也。依韻書次第，屋至覺四部，配東冬鍾江；質至薛十三部，配真諄臻文殷元魂寒桓刪山先僊，唯痕無入；藥至德八部，配陽唐庚耕清青蒸登；緝至乏九部，配侵覃談鹽添嚴咸銜。凡調之聲音而諧，按之等列而協，當時編韻書者其意實出于此。以此定入聲，天下古今之公論，不可易也。然執是說也，則此三十四韻之外，皆無入矣，胡爲古人用入聲韻與三聲協者，多出于無入聲之韻？而以一字轉兩三音，如質質、惡惡惡；偏旁諧聲字如至室、意億、暮莫、肖削之類，亦多出無入聲之韻也。顧亭林于是反其說，惟侵覃以下九韻之入，及歌戈麻三韻之無入，與舊說同，其餘悉反之。舊無者有，舊有者無，此又固滯之說也。其說以爲屋承東，術承諄，鐸承唐，昔承清，若呂之代嬴，黄之易芊，以其音之不類也。不知入聲有轉紐，不必皆直轉也，曷不即侵覃九韻思之乎？侵寢沁緝猶之真軫震質、清靜勁昔、青迴徑錫、蒸拯證職也。覃感勘合、談敢闞盍猶之寒旱翰曷、桓緩換末也。鹽琰豔葉、添忝㮇帖、嚴儼釅業猶之先銑霰屑、僊獮線薛也。咸豏陷洽、銜檻鑑狎、凡范梵乏猶之刪潸諫黠、山産襇轄、元阮願月也。推之他韻，東董送屋、唐蕩宕鐸亦猶是也。如必以類直轉乃爲本韻之入，則此九韻不能轉入矣。緝承侵，合承覃，不亦猶呂嬴黄芊乎？入聲可直轉者，惟支、脂、之、微數韻耳。猥俗者謂孤古故谷爲順轉，不知谷乃公銁所共之入，而孤之入爲各，猶暮之爲莫，惡之爲惡也。余别爲之說曰：平上去入聲之轉也，一轉爲上，再轉爲去，三轉爲入，幾於窮，僅得三十四部，當三聲之過半耳。窮則變，故入聲多不直轉，變則通，故入聲又可同用。除緝、合已下九部爲侵、覃九韻所專，不爲他韻借，他韻亦不能借，其餘二十五部諸韻，或合二三韻而共一入，無入者間有之，有入者爲多。諸家各持一說，此有彼無，彼有此無者，皆非也。顧氏之言曰：「天之生物使之一本，文字亦然。」不知言各有當，數韻同一入，猶之江漢共一流也，何嫌於二本乎？

數韻同一入，非強不類者而混合之也，必審其音呼，别其等第，察其字音之轉，偏旁之聲，古音之通，而後定其爲此韻之入。即同用一入，而表中所列之字，亦有不同，蓋各有脈絡，不容混紊，猶之江漢合流，而《禹貢》猶分爲二水也。

二三韻同一入，一入又分二三類，愈析則愈精。

竦从束聲，冢从豖聲，豖丑六切，叢从取蘖〔七〕，簇从竹聚〔八〕，皆與屋韻近，故東董送轉而爲屋，而侯尤亦共之。讀讀、復復、覆覆、宿宿、祝祝、肉肉，一字兩音。畜畜、奏族音亦相轉。軸蹴之類，偏旁多通，故侯厚候得其一等字，尤有宥得其二三四等字。毛先舒以屋爲尤入，稍爲有見，而周德清以爲魚入，顧氏分入魚蕭，別分鐸陌麥昔爲侯入，誤矣。幽亦尤侯之類，得其繆字，繆字平去入三音也。尤有宥別分一類，古音通之止志者，得其牧、郁、福、服字，福服今韻輕脣，古音重脣，如職韻之逼愎也。蕭韻別分一類，古音通尤者得其肅字，他音非其入也。條蓧之入乃錫韻之滌字，其同音迪、笛、踧、覿，古音皆屋韻也。又得惄、寂、戚字，因蕭肅之相通，而蕭之轉爲錫者，又有字通於屋，故蕭韻兼得屋錫。

東既以屋爲入，則冬宜以沃爲入，皆一等韻也。然沃从夭，古音鬱縛切，其類自宵豪來，而豪皓號分出一類，爲馨皓告者，古音通侯，尤亦得以沃爲入，但以開口借合口耳。告、纛去入兩讀，鵠、酷从告得聲，是其脈絡通也。

鐘燭皆三四等字，而虞麌遇分出一類，爲拘、枸、句，古音通侯尤者，亦以燭爲入。故足、趣、屬皆去入兩音，而數字从婁，上去入皆有之，是其脈絡通也。燭韻無二等，故數字入四等七玉切，而音朔者入覺韻。

覺韻二等，江肴所共者也。角从江，嶽、握等字類於屋燭者从之。覺从肴，樂、學等字類於肴效者从之。今音合爲一，古音分爲二。顧氏分覺之類爲肴入者是，分角之類爲模入者非。

寘从真聲，牝从匕聲，芹沂之類同从斤，而芹在殷韻，沂在微韻，故真軫震可轉質，諄臻以下亦如之。而質與贄通，桎、姪、窒、室皆从至，詩亦多以去入同用爲韻，則質又脂旨至之入也。顧氏以質爲支入，術爲脂入，不知支之入在昔韻，而術之爲脂入者，乃其合口呼之字，與開口呼之字無預也。先韻分出一類，古通真者，亦借質爲入。

諄術同爲合口呼四等兼三等，故轉爲入，而脂旨至分出合口呼之字，亦以之爲入也。帥率皆去入兩音，醉翠等字皆从卒，是其脈絡之通。

櫛韻爲二等開口呼，但有櫛、瑟兩音，而臻韻亦止臻莘兩音，適與之配，則櫛遂爲臻入矣。櫛瑟本質術之類，而質韻自有二等字。術韻之二等字爲合口，亦不類。故雖兩音，亦必別出爲韻，脂旨至當此兩位無二等開口字可轉，則臻韻遂得專之。

物韻三等合口呼有輕脣，與文吻問相配，而吻亦从勿得聲，故可轉也。微尾未亦以爲入，熨蔚从尉，沸費从弗，是脈絡之通。

迄韻三等開口呼與殷隱掀相配，而微尾未之開口字亦以爲入，氣餼从乞得聲也。

月三等合口呼有輕脣，而廢韻亦以爲入。廢从發，茷从伐，去穢，入噦，皆从歲也。

月之開口呼則元、阮、願分出之鞬、蹇、建以爲入。钀从獻聲，訐从干聲，干亦元之類，故可轉，而廢之類無開口，則此類元韻專之。

沒一等合口呼，魂混慁以爲入。腯音近突，从盾聲，故可轉。而灰賄隊亦以爲入，晬、倅、碎皆从卒也。沒無開口呼字，故痕無入。

曷一等開口呼，爲寒旱翰之入。末一等合口呼爲桓緩換之入，而曷又爲歌哿箇之入，末又爲戈果過之入，曷末又同爲泰韻之入。皆音呼等列同，得以相轉也。寒桓與歌戈音每相轉，如難字得通儺，笴字得音稈，若干即若个，鼉驒彈皆从單，憚癉有丁佐切之音。字从番轉重脣者，桓韻爲潘蟠，而番有波音，皤鄱有婆音，至入聲則怛妲笪从旦，頞从安，斡从乾省聲，何曷亦一聲之轉，故寒桓、歌戈同用曷末爲入聲。泰韻亦一等兼有開口、合口者也，曷从匃聲，匃在泰韻，而愒从曷，賴从剌，奪从大，捺从柰，脫从兑，害亦通曷，檜亦作栝，桑亦有桑葛切之音，故泰之入亦爲曷末。

黠轄皆二等韻兼一等，各有開口、合口呼，黠爲刪潸諫之入，轄爲山產襇之入。鬝，邱入切而从間；䵡，牛轄切而从獻；揠，烏黠切而从匽。獻、匽皆刪山之類，是以音相轉也。而殺有所入、所戒二音，秸亦作稭，扴玠皆从介，則黠又爲皆駭怪之入矣。夬與轄音呼等列同，則轄又爲夬入。

先銑霰四等韻也，除分出一類古通真者，以質之四等字爲入，其餘以屑爲入。屑皆四等也，而齊薺霽同爲四等者亦以爲入。砌从切，攦从麗，契絜同从丯，睽闋同从癸，脈絡通也。

薛韻有二三四等，有開口、合口呼，僊獮線以爲入。而祭韻兼開合等列同，亦以爲入。說說、蕝絶、脃臎兼去入，其餘相通者多也。

陽養漾以藥爲入，同等也，有開合二呼，而宵小笑亦以其開口者爲入。蹻从喬，削从肖，釂从爵，脈絡通也，而魚語御亦借爲入。去聲著，轉入聲爲張略切，又爲直略切。豦音據，噱臄皆从之，而醵有其御、其虐兩音。汝與若亦義因聲轉也。又虞麌遇分出俱矩瞿一類，亦以其合口之矍縛等字爲入，與拘枸句一類不相通。顧氏分藥爲模豪入，是不知辨等也。毛先舒通以藥爲魚虞入，是不知辨類，又不知宵小笑尤相近也。鐸一等韻有開口合口，唐蕩宕以爲入，而惡字平去入三音。度作錯，去入兩音。模暮从莫，路从各，博从尃，涸从固，則鐸又爲模姥暮之入。鑿在各切，又在到切，則又爲豪皓號分出高縞膏一類之入。

陌韻有數類：一爲格客之類者，二等開口也；其合口爲虢劃之類；又有戟隙一類者，三等開口也。此三類古音皆與藥鐸通協。又有屐字，三等開口，刪摵二等開口，皆不與藥鐸通，而庚梗敬與之相配。其爲庚之類者格也，觥之類者虢也，京之類者戟也，古音皆與陽唐通。擎生之類，屐、摵也，皆不與陽唐通者也。又麻韻二等，亦分陌韻，其爲家假嫁之類者用格，瓜寡坬之類者用虢，蓋家瓜古音通虞模，虞模亦以藥鐸爲入也。

麥韻二等分開合，耕耿諍配之，而佳蟹卦亦二等，同用麥爲入。責字通債，畫字去入兩音，㩇㦔从畫，是其脈絡通也。耕佳二韻用麥，皆不與藥鐸通，而麥韻猶有不盡之字，詐、格、啞、劃、剨、獲、礭古音通藥鐸，則麻韻分出之加咼二類用之。

昔韻四等兼三等，分開合，清靜勁配之。擲字亦从鄭聲也。支紙寘分出開合二類不通歌戈者，亦以昔爲入。積刺易皆去入二音，譬避皆从辟，是其脈絡之通。然昔韻亦有二類，清支之入皆不通藥鐸者也。其餘昔踖之類，古通藥鐸者甚多。麻韻分出苴、且一類以爲入，射字去入兩音，借籍瀉舄之類，脈絡相通者多也。麻韻兼陌麥昔三韻之入，皆與藥鐸通者，若非此韻，則他韻收之不盡矣，孰謂麻無入聲乎？

錫韻四等分開合，青迥徑以爲入，冪、塓从冥，音相轉也。又有激的一類，古音通藥鐸者，蕭篠嘯以爲入。弔溺去入兩音，竅皦激檄皆从敫，是其脈絡通也。蕭韻又分出一類通尤侯者，用滌惄等字爲入，見前。

職韻三等兼二、四，蒸拯證以爲入，凝嶷音相轉也，而之止志亦以爲入。亟字去入兩音，疑嶷、值直、意億、異翼，脈絡皆通。蒸、之皆無合口字，別出洫域兩音，無平上去。

德一等分開合，登等嶝以爲入，騰螣音相轉，咍海代亦以爲入，塞塞兩音，貸忒通用，倍踣、亥劾旁多通也。緝合九部無歧韻，可勿論。

切字者兩合音也，古曰反，或曰翻，後改切。上一字取同位，下一字取同韻。同位不論四聲，同韻不論清濁。明者一轉，即是不煩數位，亦不須他聲借轉。如不能遽了了者，熟玩表切，亦當開悟。

舌脣二音，古或用隔類切，或以舌頭切舌上、舌上切舌頭，或以重脣切輕脣、輕脣切重脣。今一用音和，免致滋誤。

諸切大抵本舊韻書，有未安者或字畫多者，間有改易，亦不盡改以存古。古今異音之字，亦不爲古音切，恐滋惑也。明者自當知之。韻内字甚少，間有借相近韻爲下一字者，亦仍舊。

取上一字有寬有嚴，其嚴者三四等之重脣不可混也，照穿牀審四位之二等、三等不相假也，喻母三等、四等亦必有别也。各母所用之字，分别等第，列於表末，表字取備音，稀僻俚俗不論也。

《四庫全書提要》曰：是書前列凡例六十二條，備論分析考定之意，而列表於後。其論古法七音三十六母不可增減移易，凡更定者皆妄作〔九〕，最爲有見。其論入聲尤詳，大旨謂顧炎武《古音表》務反舊説之非，然永亦不遵古法，頗以臆見改變。夫字有數而音無窮，故無無音之字而有無字之音。永既知冬韻無上聲字，臻韻無上去二聲字，祭泰夬廢四韻無平上二聲字。而入聲乃必使之備，或一部之字使分入於數部，或數部之字使合入於一部，自謂窮極精微，其用心不爲不至。然如「伐」之一字，《公羊》自有兩呼；「天」之一字，《釋名》亦復異讀。陸法言亦云：「吴楚時患輕浮，燕趙多傷重濁。」顧炎武至謂孔子傳《易》，不免於方音。其説永亦深取之，而乃欲以一人一地之音，改古來入聲之部分，豈沈陸諸人惟能辨三聲〔一〇〕，不能辨四聲乎？至其雜引偏旁諧聲，以申交互之説，雖有理可通，而牽合亦甚。永作《古韻標準》，知不以今韻定古韻，獨於此書乃以古音定今韻，亦可謂不充其類矣。

小學考卷四十二終

校記

〔一〕成都人：據乾隆《四川通志》卷三四、卷三六載，龍爲霖巴縣人，康熙乙酉（四十四年）貢生。

〔二〕尤：原作「九」，據《四庫全書總目》卷四四《本韻一得》提要改。

〔三〕隋志：原作「隨志」，徑改。案：光緒刊本已改作「隋志」。

〔四〕案：江昱《韻岐》四卷，《四庫全書總目》卷四四著録。

〔五〕案：《四庫全書總目》卷四四著録「王祚禎《音韻鑑》三卷」，無「清濁」二字。清人編《皇朝文獻通考》卷三一八、《皇朝通志》卷九八均作《音韻清濁鑑》。

〔六〕開口：原作「開合」；是：原脱，均據粤雅堂刊本江永《四聲切韻表·凡例》改、補。

〔七〕藥：原作「藥」，蓋從下文「籥」致誤，據右引書改。

〔八〕竹：原脱，據右引書補。

〔九〕皆：原脱，據《四庫全書總目》卷四四《四聲切韻表》提要補。

〔一〇〕豈：原脱，據右引書補。

小學考卷四十三

聲韻十五

江氏永古韻標準

《四庫全書目》四卷

存

羅有高敘曰〔一〕：古無「韻」字，江氏言「韻」者通俗文也。顧炎武因裴光遠之言，明「韻」之爲「均」，引《唐書·楊收傳》曰：「夫旋宮以七聲爲均，均言韻也。」又引楊慎曰：李善注傅毅《舞賦》、注繁欽《與魏文帝牋》並引《樂汁圖徵》曰：「聖人往承天以立五均，均六律，調五聲之均也。」《鶡冠子》曰：「五聲不同均。」晉灼注《子虚賦》曰：「文章假借，可以叶均。」予嘗考之，經典傳注及舊史言「均」，其義即今俗「韻」字義者，蓋不止此。先鄭注《周禮》成均云：「均，調也。樂師主調其音，大司樂主受此成事已調之樂。」後鄭注：「乃奏黄鍾，歌大呂，云以黄鍾之鍾、大呂之聲爲均者，黄鍾陽聲之首，大呂爲之合。」注「凡六樂者，文之以五聲，播之以八音」，云六者，言其均皆待五聲八音乃成。《尚書》疏：「堂上之樂皆受笙均，堂下之樂皆受磬均。」《國語》泠州鳩曰：「律所以立均出度也。古之神瞽考中聲而量之以制，度律均鍾，百官軌儀。」韋昭注云：「均者，均鍾木〔二〕，長尺，有弦繫之，以均鍾者，度鍾大小清濁也。漢大予樂宫有之。」後鄭注大司樂云：「以中聲定律，以律立鍾之均。」疏：「中聲謂上生下生，定律之長短度律，以律計，自倍半而立鍾之均。均即是應律長短者也。」《後漢書》：「天子常以日冬夏至御前殿，合八能之士陳八音，聽樂均，度晷景，候鍾律，權土灰，放陰陽。冬至陽氣應，則樂均清，景長極黄鍾通，土灰輕而衡仰。夏至陰氣應，則樂均濁，景短極蕤賓通，土灰重而衡低。進退于先後五日之中，八能各以候狀聞。」章懷注引薛瑩書：「太常樂丞鮑鄴言：移風易俗，莫善于樂，樂者天地之和，不可久廢。今官樂但有太族〔三〕，皆不應月律，可作十二月均，各應其月氣。」《隋書·音樂志》：「漢樂宫縣有黄鍾均，食舉太族均。」又引荀勖論三調爲均首者，得正聲之名。雅樂以宫爲本，歷十二均而作。又云周武帝時有龜茲人蘇秖婆，善琵琶，聽其所奏，一均之中間有七聲，調有七聲，以其調校勘七聲，冥若符合。就此七調，又有五旦之名，旦作七調。以華言譯之，旦者謂地，其聲亦應黄鍾、太族、林鍾、南呂、姑洗，五均以外，七律更無調譯，遂因其所捻琵琶弦注，相引爲均。推演其聲，更立七均。「均」之見於舊文者，大略如此。後鄭注大司樂，不从先鄭已成之事、已調之樂之說，而引董仲舒五帝之學之說，不知五帝之學之爲成均也，名也，已成之事、已調之樂，則其義也，何爲而不从之也？古者成均之教莫詳於樂，理性情，順道義，莫精於樂，感天地、天神、地祇、人鬼，揉變地産，（《周禮》以「地産」作陽德，鄭司農云一說地産謂土地之性各異，若齊性舒緩、楚性急悍。）莫神於樂。樂終而德尊，莫盛於樂。始入學而樂，及其成也，亦必於樂焉，《論語》曰「成於樂」是也。故樂之調得專名學之義也。後人謂均爲調，故七均後爲七調，（後人讀去聲。）韻之爲言猶調之云也。若然，則均之爲韻，非俗師妄造，則傳寫承譌也。

例言曰〔四〕：夫原最有功於詩者，謂古無叶音，詩之韻即是當時本音。此說始於焦竑弱侯，陳氏闡明之，焦氏爲之作序。其書列五百字，以詩爲本證，他書爲旁證，五百字中有不必考者，亦有當考而漏落者。蓋陳氏但長於言古音，若今韻之所以分，喉牙齒舌唇之所以異，字母清濁之所以辨，槩乎未究心焉，故其書皆用直音之謬，不可勝數。以此知音學須覽其全，一處有闕，則全體有病。今書本證、旁證之法，本之其說之善者多采録，若其舛誤處，間摘一二，不能盡舉正也。近世音學數家，毛先舒稚黃、毛奇齡大可、柴紹炳虎臣各有論著，而崑山顧炎武寧人爲特出。余最服其言曰：「孔子傳《易》，亦不能改方音。」又曰：「韓文公篤於好古而不知古音。」非具特識，能爲是言乎？有此特識權度在胸，乃能上下古今，考其同異，訂其是非。否則彼以爲韻則韻之，何異侏儒觀優乎？細考《音學五書》亦多滲漏，蓋過信古人韻緩，不煩改字之說，於天田等字皆無音。《古韻表》分十部，離合處尚有未精。其分韻入聲多未當。此亦考古之功多，審音之功淺，每與東原嘆惜之。今分平上去三聲皆十三部，入聲八部，實欲彌縫顧氏之書。顧氏嘗言五十年後當有知我者，（見《李榕村集》。）蓋同時若毛氏奇齡輩，自負該博，未肯許可。余學謭陋，匪云能知顧氏，然已傾到其書而不肯苟同，是乃所以爲知，更俟後世子雲論定之。毛氏著《古今通韻》，其病即在「通」字，古韻自有疆界，當通其所可通，毋強通其所不可通。若第據漢魏以後樂府詩歌，何不反而求之《三百篇》某韻與某韻果通乎？有數字通矣，是盡一韻皆通乎？偶一借韻矣，豈他詩亦常通用乎？今書三聲分十三部，入聲分八部，疆界甚嚴，間有越畔，必求其故，正所以遏其通也。

古韻既無書，不得不借今韻離合，以求古音。今韻有隋唐相傳二百六部之韻，有宋末平水劉淵合併一百七部之韻，今世詞家習於併韻，談韻學者亦粗舉併韻，甚且誤以劉韻爲沈約韻。夫音韻精微，所差在毫釐間，即此二百六部者，吾尚欲條分縷析，以別音呼等第，以尋支派脈絡〔五〕，況又以併韻混而一之，宜乎不得要領，而迷眩於真文元寒刪先之通轉，質物月曷黠屑之通轉也。顧氏書悉用唐韻，最爲有見，今本之每部首先列韻目，一韻岐分兩部者曰分某韻，韻本不通而有字當入此部者曰別收某韻，四聲異者曰別收某聲韻。顧氏分十部，今何以平上去皆十三部也？第四部爲真文魂一類，第五部爲元寒仙一類，顧氏合爲一也。第六部爲蕭肴豪分出一支，不與尤侯通；第十一部爲尤侯一類，當分蕭肴豪之一支，不與第六部通，而顧氏亦合爲一也。第十二、十三自侵至凡九韻，當分兩部，而顧氏又合爲一也。其說詳於各部總論。

四聲雖起江左，按之實有其聲，不容增減，此後人補前人未備之一端。平自韻平，上去入自韻上去入者，恒也。亦有一章兩聲，或三四聲者，隨其聲諷誦詠歌，亦有諧適，不必皆出一聲。如後人詩餘、歌曲，正以雜用四聲爲節奏，詩韻何獨不然？前人讀韻太拘，必強紐爲一聲，遇字音之不可變者，以強紐失其本韻。顧氏始去此病，各以本聲讀之，不獨《詩》當然，凡古人有韻之文皆如此讀，可省無數糾紛，而字亦守其本音，善之尤者也。然是說也陳氏實啓之，陳氏於「不宜有怒」句，引顏氏「怒」有上去二音之說，駁之曰：四聲之說起於後世，古人之詩取其可歌可詠，豈屑屑毫釐若經生爲耶？且上去二音，亦輕重之間耳。又於「綢繆束芻，三星在隅」注云：芻音鄒，隅音魚侯切。或問二平而接以去聲，可乎？曰：《中原音韻》聲多此類，音節未嘗不和暢也。是陳知四聲可不拘矣，他處又仍泥一聲，何不能固守其說耶？《四聲通韻》今皆具於舉例，其有今讀平而古讀上，如「予」字今讀去，而古讀平；如「慶」字可平可去，如信、令、行、聽等字者不在此例。

唐人叶韻之「叶」字，亦本無病，病在不言叶音是本音，使後人疑詩中又自有叶音耳。叶韻，六朝人謂之協句，顏師古注《漢書》謂之合韻，叶即協也、合也，猶俗語言押韻，故「叶」字本無病。自陳氏有古無叶音之說，顧氏從之，又或以古音有異，須別轉一音者爲叶音。今亦不必如此分別，凡引詩某句韻某字，悉以韻字代之。

毘陵邵長衡子湘曰：吳才老作《韻補》，古韻始有成書，朱子釋《詩》注《騷》，盡從其說。又引沙隨程可久之言曰：吳說雖多，其例不過四聲互用、切響同用二條。如通其說，則古書雖不盡見，可以例推。蓋才老《韻補》爲朱子所推服如此。今四子經書訓詁悉宗朱子，朱子宗之，吾從而詆排之，傎也。論非不正，然古人著書，草創者未必盡精，《韻補》豈遂爲不刊之典？叶韻者，詩中之末事，朱子取《韻補》釋《詩》，所以便學者誦讀，意不在辨古音。故「桃之夭夭，灼灼其華」，「之子于歸，宜其室家」，「晝爾于茅，宵爾索綯」，「其桐其椅，其實離離」，「豈弟君子，莫不令儀」，此類今音可讀，即不復加叶音。今書意在辨古音，此類勢不得復仍舊貫。凡吳氏之叶音，《集傳》從之而不安者，亦不得不行改正，書之體宜爾。且朱子於經書既得其大者，古韻一事，不暇辨析豪釐，亦何損於朱子？篤信先儒，固不在此區區也。

顧氏《詩本音》改正舊叶之誤頗多，亦有求之太過，反生葛藤。如一章平上去入各用韻，或兩部相近之音各用韻，率謂通爲一韻，恐非古人之意。《小戎》二章以「合、軜、邑」叶「驂」，以「念」字叶「合、軜、邑」，尤失之甚者。今隨韻辨正，亦不能盡辨也。

經傳、《楚辭》、子史百家可證詩音者，引之亦不必多，引取證明而已。凡旁證取其近古者，魏晉以後間引一二，欲考其詳，自有顧氏專書，音變原流及詩外之字，亦多采顧說。

桐城方以智密之曰：古音之亡於沈韻，猶古文之亡於秦篆，然沈韻之功，亦猶秦篆之功。自秦篆行而古文亡，然使無李斯畫一，則漢晉而下，各以意造書，其紛亂何可勝道？自沈韻行而古音亡，然使無沈韻畫一，則唐至今皆如漢晉之以方言讀，其紛亂又何可勝道？此言實爲確論。方氏雖誤以今行之韻爲沈韻，然今韻之合併，亦因唐宋之同用。幸而二百六部之韻書猶存，考古者猶可沿流而溯原，使無其書，人自爲韻，則真侵、寒咸亦且可合，不但如周德清、宋景濂等之併江陽與庚青蒸而已，一東且將闌入朋、彭、兄、榮等字，不止風、馮、弓、雄而已。甚則依吳楊二家之書，雜采漢晉唐宋舛謬鄙俚之韻，而命之曰此古韻也，其紛亂曷有極乎？韻書流傳至今者，雖非原本，其大致自是周彥倫、沈約、陸法言之舊，分部列字雖不能盡合於古，亦因其時音已流變，勢不能泥古違今。其間字似同而音實異，部既別則等亦殊，皆雜合五方之音，剖析毫釐，審定音切，細尋脈絡，曲有條理。其原自先儒經傳子史音切諸書來，六朝人之音學，非後人所能及，同文之功，擬之秦篆當矣。今爲三百篇考古韻，亦但以今韻合之，著其異同，斯可矣。必曰某字後人誤入某韻，混入某韻，此顧氏之過論，余則不敢。今韻之有條理處，別有《四聲切韻表》《音學辨微》二書明之。

顧氏曰：《三百五篇》，古人之音書。魏晉以下，去古日遠，辭賦日繁，而後名之曰韻。至宋周彥倫、梁沈約，而四聲之譜作，然自秦漢之文，其音已漸戾於古，至宋益甚，而休文作譜，乃不能上據雅南，旁摭騷子，以成不刊之典，而僅按班張以下諸人之賦，曹劉以下諸人之詩所用之音，撰爲定本，於是今音行而古音亡，爲音學之一變。按：顧氏所以責休文者似矣，愚謂不然。當時四聲之說新立，聲病之論甚嚴，又反切之學盛行於南北，而等韻字母亦漸傳自西域，演於緇流。休文蓋因李登、呂靜之《聲類》、周彥倫之《四聲》，若東冬鍾、支脂之別之爲三，寒桓刪山、蕭宵肴豪析之爲四[六]，江次冬，鍾次陽唐，侯間尤幽，不厠愚模，此類蓋因當時通行之音，審其粗細，以別部居。若一部之中，同韻異等如公宮，同母異呼如饑龜，同音異字如岐奇，皆別其音切，不令淆混。由當時反切等韻之理大明，故能條分縷析。然則《四聲》乃嚴於審音之書，亦爲避八病之用，不止爲詩家分韻而已。如欲分韻，則當時未有近體，取韻本寬，一聲分十數部足矣，奚必二百六部若此嚴密哉！謂休文不能上據雅南，旁摭騷子，僅按班張曹劉以下之詩賦，撰爲定本。以今韻書考之，漢魏詩賦，乍合乍離，恐非其所據。冬必別東，虞必別魚，詩賦豈能分析及此哉？且音之流變已久，休文亦據今韻定譜爲今用耳，如欲繩之以古，「風」必歸侵，「弓」必歸登，「宜爲」必歸歌戈，舉世其誰从之？余所病休文者，當時若能別定二譜，與今韻並行，聽好古者自擇，亦足令古音不亡。既不能然，斯爲缺典。若責其不能復古，是怪許叔重作《說文》不爲鍾鼎科斗書，而顧祖李斯以亡古文也，豈足以服其心哉！

顧氏又曰：天之未喪斯文，必有聖人復起，舉今日之音而還之淳古者。愚謂此說亦大難。古人之音雖或存方音之中，然今韻通行既久，豈能以一隅者槩之天下，譬猶窯器既興，則不宜於籩豆，壺斟既便，則不宜於尊罍。今之孜孜考古音者，亦第告之曰：古人本用籩豆尊罍，非若今日之窯器壺斟耳。示之曰：古人籩豆尊罍之制度本如此，後之摹倣爲之者或失其真耳。若廢今人之所日用者，而強易以古人之器，天下其誰從之？觀明初編《洪武正韻》，就今韻書稍有易置，猶不能使之通行，而況欲復古乎！顧氏《音學五書》與愚之《古音標準》，皆考古存古之書，非能使之復古也。

秀水朱彝尊錫鬯曰：韻之失不在分而在合，然古人分韻雖嚴，通用甚廣，蓋嚴則於韻之本位毫釐不爽，通則臨文不至牽率而乖其性情。亂之自劉淵始也。且韻書之作，自李登以來，南人蓋寡，沈氏書既無存，傳者陸氏《切韻》耳。法言家魏郡臨漳，同時纂韻八人，惟蕭該家蘭陵，其餘盧思道家范陽，辛德源家狄道，薛道衡家河東，李若家頓邱，顏之推家臨沂，劉臻家沛，類北方之學者。黄公紹失考，謂韻書始自江左，本是吳音者，妄也。按此論深中今韻妄合之病，臨文或用古韻，當于平上去十三部、入聲八部，通其所可通，毋學蠸干後人，復亂鄙俚之韻，斯爲善用古文矣。又今人之不通韻，學者動訾韻書爲吳音，觀此亦可以關其口。

又例言曰〔七〕：人靈萬物，情動聲宣，聲成文謂之音，錯綜縱横，四七經緯，由是侈弇異呼，鴻殺異等，清濁異位，開發收閉異類，喉牙齒舌脣輾轉多變，悉具衆音。音之諧謂之韻，前聖作書，江从工、河从可、霜从相，雪从彗，即韻之萌芽。古人命物，日者實、月者缺、水者準、（準，古音之水切。）火者毁，（火，古音虎洧切。）亦韻之寄寓。屬而爲辭，詩歌箴銘，宫商相調，里諺童謡，矢口成韻。古豈有韻書哉！韻即其時之方音，是以婦孺猶能知之協之也。時有古今，地有南北，音不能無流變。音既變矣，文人學士騁才任意，又從而汩之，古音於是益淆訛，如棼絲之不可理。《三百篇》者古音之叢，亦百世用韻之準，稽其入韻之字凡千九百有奇，同今韻者十七，異今韻者十二。試用治絲之法，分析其緒，比合其類，綜以部居，緯以今韻，古音犂然。其間不無方語差池，臨文假借，按之部分，間有出入之篇章，然亦可指數矣。以詩爲主，經傳騷子爲證，詩未用而古今韻異者，采它書附益之，標準既定，由是可考古人韻語，別其同異。又可考屈宋辭賦、漢魏六朝唐宋諸家有韻之文，審其流變，斷其是非。視夫泛濫羣言，茫無折衷，槩以後世淆訛之韻爲古韻者，不有間乎？余既爲《四聲切韻表》，細區今韻，歸之字母音等，復與同志戴震東原商定《古韻標準》四卷、《詩韻舉例》一卷，於韻學不無小補焉。

唐人釋經，不具古音，且云古人韻緩，不煩改字。宋吳棫才老始作《韻補》，蒐羣書之韻異乎今音者，別之爲古音。明楊慎用修又增益之爲《轉注古音》，言韻學者謂二家爲古韻權輿，而《韻補》尤《毛詩》功臣。余謂凡著述有三難，淹博難，識斷難，精審難，二家淹博有之，識斷精審則未也。《三百篇》後，古音亦漸尨矣，屈宋辭賦往往有齟齬之韻，漢雖近古，時有古音踳駁舛謬者，亦不少，其故有數端：一則方音有流變，一則臨文不細檢，一則讀古不審，沿古而反致誤，一則韻學不精，雜用流於野鄙，一則恃才負氣，以爲不妨自我作古。夫音有流變，時爲之韻之舛錯，則才人爲之也。魏晉而後，古韻益微，降及唐宋，日習今韻，而又間爲古韻，如習漢音者强效鄉音，其似者如叔敖之貌，其劣者若東施之顰，此何足爲典據！而二家惟事徵引，殊少決擇，古韻亦茫無界畔，似諸韻皆可混通。此識斷之難言也。古有韻之文亦未易讀，稍不精細，或韻在上而求諸下，韻在下而求諸上，韻在彼而誤叶此，或本分而合之，本合而分之，或間句散文而以爲韻，或是韻而反不韻，甚則讀破句，據誤本雜鄉音，其誤不在古人而在我。二家往往不免。此精審之難言也。余爲是書，淹博遠遜吳楊，亦安敢言識斷精審，有疏謬處，伏俟方家指摘焉。

《四庫全書提要》曰：自昔論古音者不一家，惟宋吳棫，明楊慎、陳第，及今時顧炎武、柴紹炳〔八〕、毛奇齡之書，最行於世。其學各有所得，而或失於以今韻部分求古韻，或失於以漢魏以下隋陳以前隨時遞變之音均謂之古韻，故拘者至格閡而不通，泛者至叢脞而無緒。永是書惟以《詩》三百篇爲主，謂之詩韻，而以周秦以下音之近古者附之，謂之補韻，視諸家界限較明。其韻分平上去聲各十三部，入聲八部，每部之首先列韻目。其一韻岐分兩部者曰分某韻，韻本不通而有字當入此部者曰别收某韻，四聲異者曰别收某聲某韻，較諸家體例亦最善。每字下各爲之注，而每部末又爲之總論，書首復冠以例言及詩韻舉例一卷，大旨於明取陳第，於今取顧炎武，而復補正其譌闕。吳棫、楊慎、毛奇齡之書，間有駁詰，柴紹炳以下則自鄶無譏焉。古音之有條理者，當以是編爲最，未可以晚出而輕之也。

江氏永音學辨微

一卷

存

胡氏煦韻玉函書

五卷

存

錢陳羣序曰：上古無韻書，聲成文而韻生焉，不斤斤於反切通轉，謂之天籟。蓋本軒轅氏感鳳鳴，命伶倫截取嶰谷之竹爲筒凡十二以應，雌雄各六，而陰陽律呂相生不已，爲韻學鼻祖。六經中固多韻語，獨《易》與《詩》純以韻纂組成之，而《易》爲尤古，其用韻多後人所不能通。唐玄宗改《洪範》「無頗」爲「陂」，引《易》「無平不陂」爲據，不知《易》鼎象「義」與「何」叶也。自是范諤昌改「陸」爲「逵」，孫奕改「誅」爲「味」，斯其人恐未足與言《易》，又何足與論《詩》之韻乎？光山宗伯滄曉胡先生邃於《易》，以其餘力成《韻玉函書》五卷，辨字之陰陽，即《易》之卦畫奇偶也，别音之剛柔太少，即《易》之九六老少也，陰陽判而剛柔分，立天之道、立地之道備於此矣。剛柔分而太少見，兩儀生四象之序，有所循矣。標以三十六字母，即《易》之重爲六十四卦也。分繫諸一百六部，即《易》乾之策二百一十有六，坤之策百四十有四也。每部計若干字，即二篇之策萬有一千五百二十，當萬物之數，所謂孳生之謂字，同於生生之謂易也。腭舌唇齒喉，以配角之腭音居首，即《易》之復卦之一陽始于冬至子半而萬物棣，通族出於演，必屬乾之九三也。參伍以變，錯綜其數，而切韻領於各標，故必依吳棫《韻補》，次以字母，不嫌於更置舊文也。引而伸之，觸類而長之，而所引音略字牖諸家，凡古音之通叶，更不必字標各母也。昔釋處忠紐字之圖，五音爲圓，九弄爲方，以擬《易》圖之先後天。觀先生所排列，善學者衍爲圖，即前人等韻切韻各圖，皆其薈萃，洵非善《易》者不能有此會通。先生得《易》之藴，此非其緒餘歟？令子雲坡臬使善承先志，既爲刊《易學函書》，復出此編，屬予發凡起例，且乞一言。予惟韻書行世至賾，不可僂指，大率泥古者不能越孫愐、陳彭年之臼科，徇時者又不悟神珙陽甯公之反紐，欲求審音考字，宜古宜今，邵氏《韻略》而外尠矣。顧邵氏考核精博，而於切韻之學未暇兼及。《通志》謂韻圖之類，釋子多能言之，而儒者皆不識啓例，以其原流出自西域耳。又云梵有無窮之音，華有無窮之字，梵人長於音，所得從聞入，華人長於文，所得從見入。得先生之書，俾字與音各有統系，相爲比附，州次部居而不可紊，亦繩聯絲貫而不可紛。正律呂，則萬寶常、李嗣真之以人聲爲主，而笙鏞絲管可以取協也；通象數，則李之才、邵康節之以聲起數，以數發占也，要皆從《易》涵泳咀嚼。汩汩乎其來，琅琅然其吐，《易》之爲書也不可遠其若此哉！

小學考卷四十三終

校記

〔一〕羅有高敘：原作「永自敘」，據清咸豐辛亥陸建瀛刊本卷首附諸家序文改。案：光緒刊本已改。

〔二〕鍾木：原作「中木」，據《國語・周語下》韋昭注改。

〔三〕官樂：原作「樂官」，據《後漢書》卷一一《律曆志》章懷太子注乙。又，「太族」當即「太簇」，古律呂之一。

〔四〕例言曰：三字原脱，其下文字承接上文，拼合爲一段。據咸豐刊本江永《古音標準・例言》補改。案：光緒刊本已補改。

〔五〕脈絡：原脱「脈」字，據右引書補。案：光緒刊本已補。

〔六〕宵：原作「賓」，據右引書改。案：光緒刊本已改。

〔七〕又例言：案，光緒刊本改作「例言又」，亦通。

〔八〕柴紹炳：原作「柴給炳」，據《四庫全書總目》卷四二《古音標準》提要改。案：光緒刊本已改。

小學考卷四十四

聲韻十六

潘氏遂先聲音發原圖解

《四庫全書目》一卷

存

盧文弨序曰：此句曲潘氏一家之學也。成是書者融如名，已萬字也。其大父孝成氏發其端，其父亞才氏引其緒，而今乃成於已萬之手。噫，其爲功也勤矣！古今之譜聲者，有二、有三、有四、有五、有七，而是書則分三陰三陽爲六聲。夫陰與陽、平與仄之爲二聲也，發送收之爲三聲也，平上去入之爲四聲也，啌平嗤平上去入之爲五聲也，宮商角徵羽變宮變徵之爲七聲也，前人之論詳矣，獨未有言六聲者，言之自潘氏始。其序則先上、次平、次舒、又上去入繼之，是爲六聲。謂初平之上聲爲濁音，自三代後寖失其傳，遂與初仄之上聲一列而無以別，獨今樂人之歌曲，其發端必用初平之上聲，則自然之理於斯尚可驗也。於是演之爲二十五韻、一百二十五分音、八百五十位、五千一百聲，各爲圖而系之以解。甚矣！已萬之能守其家學也。吾嘗聞西域貴耳，中國貴目，貴耳故以能審音者爲賢，貴目故以能識字者爲賢。字母所以辨聲。雖多寡不同，而大較多出於西土。然中國之達於音者，或分之，或合之，則未嘗不即其説而益求精焉，安在其獨貴目乎！且彼西域之所以詫於中國者，則以其致力也專，故其精之也易。潘氏父子祖孫皆研習於是，彼西土之人豈復能遠過乎？吾知其必不苟異於前人也審矣。自吾來鍾山，悼世人字體之不正，欲以《説文》救其失，而俗學迷昧，安於所習，其能從吾言者蓋寡。夫點畫有定質者也，豈若聲音之微渺而難係者乎，而沿譌襲謬，謂辭苟足以達意而已，奚取於是拘拘者？今已萬乃欲以一家之學，律萬有不齊之音，是猶資章甫以適越也。吾恐閲者未一二紙，而已欠伸思睡矣。然苟執此以詫西域之人，以雪中國有目無耳之説，不得於此，必得於彼，惡在其可廢也？因其求序，遂書此以歸之。乾隆癸巳。

《四庫全書提要》曰：遂先句容人，是書爲遂先草創，其子命世續成之。分四聲爲六聲，曰初平、次平、終平、初仄、次仄、終仄。初平屬少陽，出舌根；次平屬陽明，出舌後；終平屬太陽，出舌中；初仄屬少陰，居舌前；次仄屬太陰，屬舌稍；終仄屬厥陰，出舌尖。謂五音羽出在下之門牙，徵出在上之門牙，角出上下之槽牙，商出上下之盡牙，宫出上下之虎牙，而皆通於舌以成五音。又分舌根、舌後、舌中、舌前、舌稍、舌尖六舌爲十二舌。以黄鍾大吕爲一舌、二舌，則舌根之一後一前也，主冬至以後。太蔟、夾鍾爲三舌、四舌，則舌後之一後一前也，主雨水以後。以姑洗、仲吕爲五舌、六舌，則舌中之一後一前也，主穀雨以後。以蕤賓、林鐘爲七舌、八舌，則舌前之一後一前也，主夏至以後。以夷則、南吕爲九舌、十舌，則舌稍之一後一前也，主處暑以後。以無射、應鐘爲十一舌、十二舌，則舌尖之一後一前也，主霜降以後。又以宫分五音，音分五位，則二十五位以韻五乘之，則一百二十五位。位具六聲，則七百五十聲。商五分音，音繞九位，則四十五位，以韻四乘之，則百八十位，位具六聲，則千有八十聲。角分五音，音繞八位，以韻三乘之，則百有二十位，位具六聲，則七百二十聲。徵分五音，音繞七位，以韻七乘之，爲二百四十五位，位具六聲，爲千四百七十聲。羽分五音，音繞六位，以韻六乘之，爲百有八十位，位具六聲，爲千有八十聲。總計五音之韻共二十有五，分音百二十有五，位凡八百五十，聲凡五千一百，而皆統之於元宗。今考遂先所稱初平，以上聲之濁音當之，不知《指南》謂濁上當讀如去，實而有徵，即如止攝羣母「奇」上爲「枝」，蟹攝匣母「孩」上爲「亥」〔一〕，遇攝旁母「蒲」上爲「部」，咸攝奉母「凡」上爲「范」，果攝從母「矬」上爲「坐」，效攝澄母「鼂」上爲「肇」，上音皆别作去。今讀之實有此音〔二〕，而遂先乃指以爲初平，未見其能合也。惟《皇極經世》多以上爲平，如通攝泥母「農」上爲「𧊐」，邵以「𧊐」爲平入乃母。蟹攝來母「雷」上爲「磊」，邵以「磊」爲平入吕母。臻攝微母「文」上爲「吻」，邵以「吻」爲平入武母。宕攝來母「良」上爲「兩」，邵讀「兩」爲平入吕母。今遂先以舌根爲初平，而上之爲平，不必皆舌根，則亦不得據以爲初平明矣。自六聲之説既誤，而支離穿鑿，盡廢齒腭脣舌，而專以牙之一音定宫商角徵羽。又盡廢齒牙腭脣，而以十二舌定平仄六聲，至以雨水後立夏前中商音，立夏後大暑前中角音，與《月令》《管子》《逸周書》全反，尤無據也。

案：海寧周春著《悉曇奥論》〔三〕，自序曰：乾隆丁丑季夏，余始究心華嚴字母之學，自後漸覺有悟入處。於是世間難辨之音、不易識之字，一覩翻切，輒了然心口間，隨時劄記，得論共四十有八，彙爲三卷，名曰《悉曇奥論》。序之，聊以志數年來精力所專，不容汲也。向聞佛家目此學爲小乘，得證阿斯陀果，果爾則余亦足以自豪矣。壬午重九前三日。

戴氏震轉語

二十章

存[四]

震自序曰：人之語言萬變，而聲氣之徵，有自然之節限，是故六書依聲託事，假借相禪，其用至博，操之至約也，學士茫然莫究。今別爲二十章，各從乎聲以原其義。夫聲自微而之顯，言者未終，聞者已解，辨於口不繁，則耳治不惑。人口始喉下底脣末，按位以譜之，其爲聲之大限五、小限各四，於是伍相參伍，而聲之用蓋備矣。參五之法，「台余予陽」自稱之詞，在次三章，「吾卬言我」亦自稱之詞，在次十有五章。截四章爲一類，類有四位，三與十有五數，其位皆至三而得之，位同也。凡同位爲正轉，位同爲變轉。「爾女而戎若」爲人之詞，「而如若然」義又交通，並在次十有一章。《周語》「若能有濟也」，注云「若，乃也」。《檀弓》「而曰然」，注云「而，乃也」。《魯論》「吾末如之何」，即「柰之何」，鄭康成讀「如」爲「那」，乃箇切。案[五]，《集韻》三十八箇云：如乃個切，若也。《書》曰：「如五器，卒乃復。鄭康成讀。」今《尚書音義》無此，蓋開寶中所刪。丁度等據未改《釋文》有之。《毛詩》「柔遠能邇」，箋云「能伽也」，伽字當亦音乃個切。曰乃，曰柰，曰那，在次七章。七與十有一，數其位亦至三而得之。若此類遽數之不能終其物，是以爲書明之。凡同位則同聲，同聲則可以通乎其義，位同則聲變而同，聲變而同則其義亦可以比之而通。要就方音言，吾郡歙邑讀若攝失葉切，唐張參《五經文字》、顔師古注《漢書·地理志》已然，歙之正音讀如翕，翕與歙聲之位同者也。用是聽五方之音及小兒學語未清者，其輾轉譌溷，必各如其位，斯足證聲之節限位次自然而成，不假人意厝設也。古今言音聲之書，紛然淆襍，大致去其穿鑿，自然符合者近是。昔人既作《爾雅》《方言》《釋名》，余以爲猶闕一卷書，創爲是篇用補其闕，俾疑於義者以聲求之，疑於聲者以義正之，說經之士搜小學之奇觚，訪六書之逸簡，溯厥本始，其亦有樂乎此也。時乾隆丁卯仲春。

按：聲韻之學，今時爲盛，東原門下有金壇段氏玉裁著《六書音均表》五卷、《詩經韻譜》一卷、《羣經韻譜》一卷、《漢讀考》六卷，皆不朽之作。其《六書音均表》先成，東原《與玉裁書》曰：大著辨別五支、六脂、七之，如清真蒸之韻之不相通，能發自唐以來講韻者所未發。今春將古韻考訂一番，斷從此說爲確論，然執管欲作序者屢，而苦於心不精，姑俟稍安閑爲之，目近極繁擾也。

玉裁《寄戴東原書》曰：玉裁自幼學爲詩，即好聲音文字之學。甲戌、乙亥間，從同邑蔡丈一帆遊，始知古韻大略。庚辰入都門，得顧亭林《音學五書》，讀之驚怖其考據之博。癸未遊於先生之門，觀所爲江慎修《行略》，又知有《古韻標準》一書，與顧氏少異，然時未能深知之也。丁亥自都門歸，憶《古韻標準》所稱元、寒、桓、刪、山、先、仙七韻，與真、諄、臻、文、欣、魂、痕七韻，三百篇内分用，不如顧亭林、李天生所云，自真至仙，古爲一韻之說。與舍弟玉成取《毛詩》細繹之，果信。又細繹之，真、臻二韻與諄文欣魂痕五韻，三百篇内分用，而江氏有未盡也。蕭、宵、肴、豪與尤、侯、幽分用矣。又細繹之，則侯與尤、幽，三百篇内分用，而江氏又未盡也。支、脂、之、微、齊、佳、皆、灰、咍九韻，自來言古韻者合爲一韻，及細繹之，則支佳爲一韻，脂微齊皆灰爲一韻，之咍爲一韻，而顧氏、江氏均未之知也。又細繹其平入之分配，正二家之踳駁，遂書《詩經》所用字，區別爲十七部。既考其出入，而得其本音，又詳其斂侈，而識其音變，又察其高下遲速，而知四聲古今不同，又觀其會通，而知協音、合韻自古而有。於諧聲推測其條理，於假借、轉注默會其指歸，蘊緼千年，一旦軒露，成《詩經韻譜》《羣經韻譜》各一帙。己丑再至都門，程蕺園舍人賞之，第其書簡略，無注釋不可讀。是年冬寓法源寺側之蓮華菴，鍵戶燒石炭，從邵二雲孝廉借書，竟爲注釋，每一部畢，孝廉輒取寫其副。至庚寅二月書成，錢辛楣學士以爲鑿破混沌，爲作序。三月銓授貴州玉屏縣。壬辰四月，入都，時先生館於洪素人户部之居，以是書請益，先生云：體裁尚未盡善。玉裁旋奉命發四川候補，八月至蜀，後署理富順及南溪縣事，又辦理化林坪站務。王師申討金酋，儲偫輓輸，無敢稍懈怠，然每處分公事畢，漏下三鼓，輒篝鐙改竄是書以爲常。今年夏四月，偕同官朱雲駿入報銷局，興趣略同，暇益潛心商訂。九月書成，爲表五：一曰《今韻古分十七部表》，定其別其方位也；二曰《古十七部諧聲表》，定其物色也；三曰《古十七部合用類分表》，洽其指趣也；四曰《詩經韻分十七部表》，臚其美富也；五曰《羣經韻分十七部表》，資其參證也，改名曰《六書音均表》，「均」即古「韻」

字也。《鶡冠子》曰：「五聲不同均。」成公綏曰：「音均不恒，陶者以鈞作樂器音，以均審音。」十七部爲音均，音均明而六書明，六書明而古經傳無不可通。玉裁之爲是書，蓋將使學者循是以知假借、轉注，而於古經傳無疑義，而恐非好學深思，尠能心知其意也。抑先生曾言，尤、侯兩韻無用分，玉裁考周秦漢初之文，侯與尤相近而必獨用。先生又言，十七部次第不能深曉，支脂之析爲三部，能發自唐以來講韻者所未發，但何以不列於一處，而以之第一、脂第十五、支第十六。玉裁按，十七部次第出於自然，非有穿鑿，取第三表細繹之可知也。之、咍音與蕭、尤近，亦與蒸近；脂、微、齊、皆、灰音與諄、文、元、寒、近；支佳音與歌、戈近，實韻理分劈之大耑。先生又言，顧亭林平仄通押之說未爲非，所定四聲似更張太甚。玉裁按：今四聲不同古，猶古部分不同今，抽繹遺經雅記，差可自信其非妄。以上三者，皆不敢爲苟同之論，惟求研審音韻之真而已。夫郭璞《爾雅》注於烏尤，宋祁《唐書》修於益州，玉裁入蜀數年，幸適有成書，而所謂《詩經小學》《書經小學》《說文考證》《古韻十七部表》諸書，亦漸次將成。今輒先寫《六書音均表》一部，寄呈座右，願先生爲之序，而糾其疵謬，則幸甚幸甚。

東原撰《六書音均表敘》曰：韻書始萌芽於魏李登《聲類》，積三百餘年，至隋陸法言《切韻》，梗槩之法乃具。然皆就其時之語言音讀參校異同，定其遠近洪細，往往有意求密，而用意太過，強生區別。至如虞夏商周之文，六書之假借諧聲，詩之比音協句以成歌樂，茫乎未之考也。唐初因法言撰本，爲選舉士人作律詩之用，視二百六韻中字數多者限以獨用，字數少者合比近兩韻或三韻同用，苟計字多寡而已。自宋吳棫作《韻補》，於韻目下始有古通某，古轉聲通某之云，其分合最爲疏舛。鄭庠作《古音辨》，僅分陽、支、先、虞、尤、覃六部。近崑山顧炎武更析東、陽、耕、蒸而四，析魚歌而二，故列十部。吾郡老儒江慎修永於真已下十四韻、侵已下九韻，各析而二，蕭宵肴豪及尤侯幽亦爲二，故列十三部，古音之學以漸加詳如是。前九年，段君若膺語余曰：「支佳一部也，脂微齊皆灰一部也，之咍一部也，漢人猶未嘗淆借通用，晉宋而後，乃少有出入。迄乎唐之功令，支注『脂之同用』，佳注『皆同用』，灰注『咍同用』，於是古之截然爲三者，罕有知之。」余聞而偉其所學之精，好古有灼見卓識。又言真、臻、先與諄、文、殷、魂、痕爲二，尤、幽與侯爲二，得十七部。今官於蜀地且數年，政事之餘，優而成是書，曰《六書音均表》，凡爲表者五，撰述之意，表各有序，說既詳之矣。其書始名《詩經韻譜》《羣經韻譜》，嘉定錢學士曉徵爲之序，茲易其體例，且增以新知十七部，蓋如舊也。余昔感於其言五支、六脂、七之有分，癸巳春寓居浙東，取顧氏《詩本音》章辨句析，而諷誦乎經文，歎始爲之之不易，後來加詳者之信，足以補其未逮。顧氏轉戾韻入虞，江氏轉虞韻字入侯，此江優於顧。然顧氏藥、鐸有分，而江氏不分，此顧優於江。若夫五支異於六脂，猶清異於真也；七之又異於支、脂，猶蒸又異於清、真也。寔千有餘年，莫之或省者，一旦理解，按諸《三百篇》劃然，豈非稽古大快事歟！時余略記入聲之說，未暇卒業，今樂覩是書之成也。不惟字得其古人音讀，抑又多通其古義。許叔重之論假借曰：「本無其字，依聲託事。」夫六經字多假借，音聲失而假借之意何以得？訓詁音聲相爲表裏，訓詁明，六經乃可明。後儒語言文字未知，而輕憑臆解，以誣聖亂經，吾懼焉。段君又有《詩經小學》《書經小學》《說文考證》《十七部古音表》等書，將繼是而出，視逃其難相與鑿空者，於治經孰得孰失也？乾隆丁酉孟春月。

又嘉定錢詹事大昕敘曰：金壇段君懋堂撰次《詩經韻譜》成，予讀而善之，迺序其端曰：自文字肇起，即有音聲，比音成文，而詩教興焉。三代以前，無所謂聲韻之書，然《詩》三百篇具在，參以經傳子騷，類而列之，引而伸之，古音可僂指而分也。許叔重云：「倉頡初作書，依類象形，故謂之文，其後形聲相益，即謂之字。」文字者，終古不易，而音聲有時而變。五方之民，言語不通，近而一鄉一聚，猶各操土音，彼我相嗤，矧在數千年之久乎！謂古音必無異於今音，此夏蟲之不知有冰也。然而去古浸遠，則於六書諧聲之旨，漸離其宗，故惟《三百篇》之音爲最善，而味者乃執隋唐之韻，以讀古經，有所齟齬，屢變其音以相從，謂之叶韻。不惟無當於今音，而古音亦滋茫昧矣。明三山陳氏始知考《毛詩》、屈宋賦以求古音。近世崑山顧氏、婺源江氏考之，尤博以審。今段君復因顧江兩家之説，證其違而補其未逮，定古音爲十七部，若網在綱，有條不紊。窮文字之原流，辨聲音之正變，洵有功於古學者已。古人以音載義，後人區音與義而二之，聲音之不通而空言音義，吾未見其精於義也。此書出，將使海内説經之家奉爲圭臬，而因文字音聲以求訓詁古義之興有日矣，詎獨以存古音而已哉！

又儀徵阮侍郎元《敘漢讀考》曰：稽古之學，必確得古人之義例，執其正，窮其變，而後其説之也不誣。政事之學，必審知利弊之所從生，與後日所終極，而立之法，使其弊不勝利，可持久不變。蓋未有不精於稽古，而能精於政事者也。言韻者多矣，顧《詩》三百篇，人人讀之，而能知三百篇之韻者，或未之有也。《説文解字》一書，人人讀之，而許氏全書之例未之知，則許之可疑者多矣。訓詁必宗漢人，漢人之説經傳也，或言讀爲、讀曰，或言讀如、讀若，或言當爲，作義疏者一切視之，學者槩謂若今之音切而已，其誣古不亦甚哉！金壇段大令若膺先生，擘摩經籍，甄綜百氏，聰可以辨牛鐸，舌可以别淄澠，巧可以分風擘流，其所爲書，有功於天下後世者，可得而言也。其言古音也，别支佳爲一，脂微齊皆灰爲一，之咍爲一，職德者之之入，術物迄月沒曷末黠鎋薛者脂之入，陌麥昔錫者支之入。自唐虞至陳隋，有韻之文無不印合。而歌、麻近支，文、元、寒、刪近脂，尤、幽近之。古音今音皆可得其條貫。此先生之功一也。其言《説文》也，謂説文五百四十部，次第以形相聯，每部之中次第以義相屬，每字之下兼説其古義、古形、古音。訓釋者古義也；象某形、從某某聲者，古形也；云某聲、云讀若某者，古音也。三者合而一篆乃完也。其引經傳，有引以説古義者，以轉注、假借分觀之，如《虞書》曰「至於岱宗柴」，《詩》曰「祝祭於𥛱」，説字之本義也。如《商書》曰「無有作𡚁」，《周書》曰「布重莧席」，説假借此字之義也。有引以説古形者，如《易》曰「百穀艸木麗於地」，説「麗」從艸麗之意。《易》曰「豐其屋」，説「寷」從宀豐之意。《易》曰「突如其來如」，説「𠫓」從倒子之意。《易》曰「先庚三日」，説「庸」從庚之意是也。有引以説古音者，如「奯」讀若詩「施罟濊濊」，「奔」讀如「予違汝弼」是也。學者以其說求之，斯《說文》無不可通之處，《說文》無不可通之處，斯經傳無不可通之處矣。此先生之功二也。至若《漢讀考》，敘例謂讀如主於說音，讀爲主於更字說義，當爲主於糾正誤字。「如」者比方之詞，「爲」者變化之詞，「當爲」者糾正之詞。讀如不易其字，故下文仍用經之本字；讀爲必易其字，故下文及用所易之字。《說文》者說字之書，故有讀如，無讀爲，說經傳之書則必兼是二者。自先生此言出，學者凡讀漢儒經子《漢書》之注，如夢得覺，如醉得醒，不至如冥行摘埴。此先生之功三也。蓋先生於語言文字剖析如是，則於經傳之大義，必能互勘而得其不易之理，可知其爲政亦必能剖析利弊原流，善爲之法又可知。而一行作吏，即引疾養親，食貧樂道，二十年所矣，其諸所得於己者深歟！先生說經之書，尚有《毛詩訓故傳微》《毛詩小學》《古文尚書撰異》，皆深識大原，不爲億必之言，行將盡以餉學者云。

小學考卷四十四終

校記

〔一〕蠻攝：原作「解攝」，據《四庫全書總目》卷四四《聲音發源圖解》提要改。

〔二〕音：原作「旨」，據右引書改。

〔三〕曇：原誤分作「日雲」二字，據本條後文併合爲一字。

〔四〕案：戴震所撰《轉語》，其《序》載於戴震文集，「二十章」正文則不經見，或爲未完成之書。此條署其書「存」，殆未深考。

〔五〕案：原作「業」，據四部叢刊影印戴震《戴東原集》卷四《轉語二十章序》改。

小學考卷四十五

音義一

王氏肅周易音

一卷

佚

《魏志·王朗傳》曰：郎子肅，字子雍。年十八從宋忠讀《太玄》而更爲之解。黄初中爲散騎黄門侍郎，後以常侍領祕書監，兼崇文館祭酒。出爲廣平太守，徵還，拜議郎。頃之爲侍中，遷太常。後還中領軍，加散騎常侍。肅善賈馬之學、而不好鄭氏，采會同異爲《尚書》《詩論》《三禮》《左傳解》，及撰定父朗所作《易傳》，皆列於學官。

李延壽《北史》曰：鄭玄《易》大行於河北，王肅《易》亦間行焉。

陸德明《釋文敘録》曰：子邕東海蘭陵人，魏衛將軍太常蘭陵景侯。又注《尚書》《禮》《喪服》《論語》《孔子家語》，述《毛詩注》，作《聖證論》以難鄭玄。

又曰：爲《易》音者三人：王肅、李軌、徐邈。

王應麟《玉海》曰：王肅注《易》十卷，今不傳。《釋文》云：自繫辭訖於雜卦，肅本皆有「傳」字。《漢·儒林傳》云：孔子晚而好《易》，讀之韋編三絶，而爲之傳。肅本是也。其注「噬乾胏得金矢」曰：四體陰卦，骨之象，骨在乾，肉脯之象，金矢所以獲野禽，故食之反得金矢。君子於味必思其毒於利，必備其難。見《太平御覽》〔一〕。

胡一桂曰：王肅撰定其父成侯朗所作《易傳》，列於學官。本義所引有曰「王肅本」者是也。

又曰：王肅注《周易》十卷。《崇文總目》乃十一卷，題王肅傳，云後人纂陸德明《釋文》所取者附益之，非肅本書〔二〕。

朱彝尊《經義考》曰：王氏《易注》《易音》皆不傳，見於《釋文》所引者，「六爻發揮」作「輝」，「其惟聖人乎」作「愚人後結，始作聖人」，「即鹿」作「麓」，「雲上於天」作「雲在天上」，「致寇至寇」作「戎」。「鞶帶」作「槃帶」。「承天寵也」，「寵」作「龍」。「比之匪人」作「匪人凶，天下隨時作之」。「隨時之義」作「隨之時義」。「君子以嚮晦入宴息」，「嚮」作「鄉」。「君子以振民育德」作「毓」〔三〕。「有子考无咎」，以「考」絶句。「盥而不荐」作「觀荐」。「王用出徵，以正邦也」下，更有「獲匪其醜，大有功也」八字。「有戾僡也」，「僡」作「㲋」。「羸其角」，「羸」作「縲」。「不詳也」，「詳」作「祥」。「失得勿恤」，作「得失勿恤」。「夷於左股」，作「般」。「其人天且劓」，作「䠶」。「中行告公用圭」作「用桓圭」。「后以施命誥四方」，「誥」作「詰」。「繫于金柅」作「抳」。「來徐徐」作「余余」。「劓刖」作「䠶䠱」。「女歸吉也」作「女歸吉，利貞」。「君子以居賢德善俗」作「善風俗」。「天際翔」作「祥」。「乾知大始」，「大」作「泰」。「而成位乎其中矣」，「而」下有「易」字〔四〕，「範圍天地之化」作「犯違」。「開物成務」，「開」作「闓」。「洛出書」作「雒」。「何以守位曰人」，作「仁」。「妙萬物而爲言」，「妙」作「眇」。「爲臭」作「爲香」。「臭蠱則飭也」，「飭」作「節」。自《繫辭》上訖於《雜卦》，皆有「傳」字，與諸家多不同。

按：音義爲解釋羣經及子史之書，故諸家著録不收入小學，然其訓詁反切，小學之精義具在于是，實可與專門著述互訂得失，且《通俗文》《聲類》之屬世無傳本者，散見於各書音義中至多，則音義者小學之支流也。昔賢通小學以作音義，後世即音義以證小學，好古者必有取焉。今從晁氏《讀書志》載《經典釋文》之例，别録音義一門以附于末。

李氏充周易音

六篇

佚

《晉書·李充傳》曰：充字宏度，江夏人。辟丞相王導掾，轉記室參軍，累遷中書侍郎。注《尚書》及《周易音》六篇，行於世。

徐氏邈周易音

《隋志》一卷

佚

《晉書·徐邈傳》曰：邈東莞姑幕人。孝武帝招延儒學之士，謝安舉以應選，補中書舍人。撰《正五經音訓》，學者宗之。遷中書侍郎，太子前衛率。安帝即位，拜驍騎將軍。所注《穀梁傳》見重於時。

陸德明《釋文叙録》曰：邈字仙民。

朱彝尊《經義考》曰：徐氏於諸經皆有音，《顔氏家訓》「書證」、「音辭」篇屢引之。

李氏軌 周易音

《隋志》一卷

佚

《隋書·經籍志》曰：東晉尚書郎李軌撰。

陸德明《釋文敘録》曰：軌字宏範，江夏人，東晉祠部郎中、都亭侯。

李氏悦之 易音

見王欽若《冊府元龜》

佚

《晉書·李悦之傳》曰：悦之字元禮，陳郡陽夏人。始爲謝玄參軍，後爲會稽王道子所親愛，每勸道子專攬朝權，俄而見誅。

《冊府元龜》曰：悦之注《繫辭》，又爲《易音》。

沈氏熊 周易雜音

《唐志》三卷

佚

荀氏柔之 易音〔五〕

見《釋文敘録》

佚

陸德明曰：潁川潁陰人，宋奉朝請。

《冊府元龜》曰：荀柔之注《周易》繫辭，並爲《易音》。

朱彝尊《經義考》曰：按《釋文》「議之而後動」，荀本作「儀之」。

徐氏爰 易音

見《釋文敘録》

佚

陸德明曰：爰字季玉，瑯琊人，宋太中大夫。

竇蒙曰：爰字長玉，本名瑗，避傅亮諱除玉，宋太中大夫。

按陸年長於孔，《經義考》列《釋文》于孔氏《正義》後，殆未深考。

呂氏祖謙 古易音訓

《宋志》二卷

存

朱鑑跋曰：先公著述經傳，悉加音訓，而於《易》獨否者，以有東萊先生此書也。鑑既刊《啓蒙》《本義》，念音訓不可闕，因取寶婺、臨漳、鄂渚本，親正訛誤六十餘字而併刊之。如豫爻之簪，晁作「戠」，婺、漳、鄂本作「戠」。損象之窒，晁作睿，婺本作嶨，漳作嶨，鄂作窅。則有未詳者，然非有害於文義，已足爲善本矣。至於嵩山《古易跋語》，先公嘗折衷晁、呂之說於其後，今三本所載不同，而文集中乃有晚歲書，諉鄂教滕珙以改換最後兩版者，其爲後出無疑云。

王柏曰：予暇日校正《音訓》而有未能釋然於可疑者，久之方悟成公之謹於闕疑也，善於復古也。所謂古文者今亡矣，昔劉向嘗以中古文《易》校施讐、孟喜、梁邱賀三家，多有脫落，獨費氏經與古文同。鄭康成、王輔嗣因皆出於費氏，今之《易》即古之《易》也，今《易》之字即非古文之字也，況籀篆既更，隸正益異，轉

虔氏薛 周易音注

一卷

佚

胡一桂曰：虔薛《音注》，見陸德明引。

范氏周易音

《隋志》一卷

佚

陸氏德明 周易音義

《唐志》一卷

存

陳振孫《書錄解題》曰：多援漢魏以前諸家之說，蓋唐初諸書皆在也。卦首注某官某世，用京房說。

按：陸氏作《釋文》尚在陳、隋時，《釋文敘》云「癸卯之歲，承乏上庠」，蓋陳後主至德元年、隋文帝開皇三年。李仁甫謂唐太宗貞觀七年，非也。《直齋》云「唐初」亦誤。又

寫之訛，豈能盡合於古哉！晁氏既不見古文《易》，今所按古文，不知其何所據也？始以古文異同者言之，今之「若」，古之「𡾰」字也，以爲當從古也，凡經傳皆書此「𡾰」宜也。自乾以下，既更此「若」，獨於離卦出此二「𡾰」，豈不可疑乎？「趾」之爲「止」，誠古也，或加足，或去之，亦豈有二義哉？「拯」之爲「承」，亦古也，而又不一於「承」，何也？「娶」之爲「取」，「鮮」之爲「尠」，未嘗出於一。如亨享、佑祐之類，尚多有之。若「喪」之與「𠷎」，非有大異，特筆法互有得失耳，成公豈不能訂其是而歸於一乎？闕疑存古之道不當若是，此成公所以一循其舊也。其大不得已者，天一地十章移在天數五之上，此則存程子、張子之言，有不容不移者。今成公於字音因晁氏之舊而增廣之，異同之間不敢輕加一字，謹之重之如此之至也。乃於千載傳襲不疑之書，鋭然撥亂而反之正，則其不可不復古也審矣。晁氏先於復古者也，成公豈苟從者，志偶同也。至於訂古有未盡善者，則成公亦不得而盡從也。曰古字，曰今字，曰籀字。曰篆字，曰隸字，分别若甚精，訂定若甚確，徐而考之，蓋亦未能盡合乎法也。至以卦氣斷其字之是非有無，此則不能不疑也。抑嘗思之，不有音訓類其同異，則不知諸儒之得失，不見諸儒之異同得失，則不知伊洛以來傳義之精也。音訓之有益於後學如此。知其所以異，而能察其所當同，而後可以謂之善。觀今大綱領既正，音訓甫就，而成公夢奠精神，全在卷第之下分行注中，讀者尤當留意焉。

張雲章曰：伯恭《音訓》之作，其門人金華王莘叟所筆受者，書成而伯恭旋没。朱子謂其猶有脱遺，今原本不可見，賴元刻本合程朱傳義爲一編，得以抄撮成書。

朱子熹 古易音訓

《宋志》二卷

未見

按：《經義考補正》曰：朱鑑跋呂伯恭《古易音訓》云：「先公著述，經傳悉加音訓，而于《易》獨否者，以有東萊先生此書也。」據此則朱子于《易》未嘗别有音訓，其音訓乃東萊呂氏書耳。朱子跋呂伯恭《古易》云〔六〕：「《音訓》一篇，則其門人金華王莘叟之所筆受也。」又云：「《音訓》則妄意其或有所遺脱，莘叟蓋言書甫畢而伯恭殁，是則固宜，然亦不敢輒補也。」此跋竹垞已采於呂氏《古易》下矣。而此處卻以《音訓》隸朱子條下者，特據《宋志》云爾。

李氏恕 易音訓

《千頃堂書目》二卷

未見

恕自序曰：《易》說至程子乃粹而明，至朱子乃曲而盡，蓋惟程子能真體四聖人之心，惟朱子能反覆推明，以備程子之說，若《繫辭本義》則又卓乎發千古之昏矇，而足以釋程子之遺憾者也。恕伏讀三十年，常疑學者謂程傳專主義理，《本義》專主卜筮，乃取二先生之書熟玩而參考之，每程傳有未安，《本義》必推原經旨，期於允當而後已。至於程傳之巍然炳然者，《本義》初未嘗別出新意，乃知《本義》所以補程傳之遺，而於占筮猶拳拳者，亦因程傳所略而著之，而後聖人吉凶與民同患之意始盡。學者徒見其異，不知合異乃所以爲同也。余不諒淺陋，輒合程朱二家之說，及《本義》附錄何氏《發揮》《大易粹言》、南軒《解義》諸書，節而一之，以爲旁訓，通異同之說，集一書之成，非敢有去取於其間，約而歸之，儻便初學云爾。

黄虞稷曰：李恕字省中，廬陵人。

汪氏克寬 周易程傳朱義音考

《江南通志·書目》

未見

《明史·儒林傳》曰：汪克寬字德一，祁門人。祖華，受業雙峰饒魯，得勉齋黄氏之傳。克寬十歲時，父授以雙峰問答之書，輒有悟。從父之浮梁，問業於吳仲遷，志益篤。元泰定中舉應鄉試中選，會試以答策伉直見黜，慨然棄科舉業，盡力於經學。《春秋》則博考衆說，名曰《春秋經傳附錄纂疏》，《易》則有《程朱傳義音考》，《詩》有《集傳音義會通》，禮有《禮經補逸》，《綱目》有《凡例考異》。洪武初聘至京師，同修《元史》，書成將授官，固辭老疾，賜銀幣給驛還。五年冬卒，年六十有九。

鄭氏禧 周易本義音釋

見何鏜《括蒼彙紀》〔七〕

佚

《括蒼彙紀》曰：鄭禧縉雲人，弘治甲子舉人，官信陽知州。

孔氏安國**尚書音**

《七録》一卷

佚

陸德明《釋文敘録》曰：爲《尚書》音者四人：孔安國、鄭康成、李軌、徐邈。案：漢人不作音，後人所托。

鄭氏玄**尚書音**

《七録》一卷

佚

徐氏邈**古文尚書音**

《隋志》一卷

佚

李氏軌**古文尚書音**

《七録》一卷

佚

王氏儉**尚書音義**

《唐志》四卷

佚

任昉撰《王儉碑》曰：公諱儉，字仲寶，瑯琊臨沂人。年六歲襲封豫寧侯。初拜祕書郎，遷太子舍人，以選尚公主拜駙馬都尉。齊臺初建，以公爲尚書右僕射，領吏部。太祖受命，以佐命功封南昌縣開國公。薨，追贈太尉，謚曰文憲。

劉氏芳**尚書音**

一卷，見《北史》

佚

《北史·劉芳傳》曰：芳撰王肅所注《尚書音》一卷。

按：劉芳已見前，此書《釋文敘録》不引，《經義考》亦未載。

顧氏彪 今文尚書音

《隋志》一卷

佚

《北史·顧彪傳》曰：彪字仲文，餘杭人，明《尚書》《春秋》。煬帝時爲祕書學士。撰《古文尚書義疏》二十卷行於世。

《冊府元龜》口：彪撰《古文尚書義疏》二十卷、《今文尚書音》一卷。

顧氏彪 古文尚書音義

《唐志》五卷

佚

鄭樵《通志》曰：《古文尚書音》，唐世與宋朝並無，今出於漳州之吳氏。

顧氏彪 尚書大傳音

《隋志》二卷

佚

《冊府元龜》曰：彪撰《古文尚書義疏》二十卷、《今文尚書音》一卷、《大傳音》一卷、《尚書文外義》一卷。

陸氏德明 尚書釋文

《宋志》一卷

存

晁公武《讀書志》曰：《古文尚書》，孔安國以隸古定，自漢迄唐行於學官。明皇改從今文，由是古文遂絶，陸德明獨從其一二於《釋文》。

王應麟《玉海》曰：唐陸德明《釋文》用古文。後周顯德六年郭忠恕定《古文尚書》並《釋文》刻板，太祖命判國子監周惟簡等重修。開寶五年二月，詔翰林學士李昉校定上之，詔名《開寶新定尚書釋文》。咸平二年十月孫奭請摹印《古文尚書音義》，與《新定釋文》並行，從之。天聖八年九月雕《新定釋文》。

按：孔安國《尚書》，東晉始出，晁公武云自漢迄唐，誤。

陳氏諤 開寶新定尚書釋文

《宋志》一卷

存

《崇文總目》曰：皇朝太子中舍陳鄂奉詔刊定，始開寶中詔以德明所釋乃《古文尚書》，與唐明皇所定今文駮異，令鄂删定其文，改從隸書，蓋今文自曉者多，古音切彌省。

按：《經義考補正》曰：《宋志》云陸德明《釋文音義》一卷，又云陳諤《開寶新定尚書釋文》三卷，本是二種。陸氏原書所釋，乃據宋齊相傳舊本，自唐天寶改《尚書》从今字，至宋開寶又將陸氏之書亦改从今字，而《釋文》原本已變亂矣。《經義考》不録《開寶新定尚書釋文》一條，是誤以二書爲一書，且並不知今日之《尚書釋文》乃開寶改定之本，而非陸氏原書也。此當别出陳諤《新定尚書釋文》三卷之目於陸氏原書條下。又按，「鄂」《宋志》作「諤」。

鄒氏季友 尚書蔡傳音釋

《千頃堂書目》六卷

未見

黄虞稷曰：季友字晉昭，鄱陽人。《書傳會通》多採用其書。

吴氏國琦 尚書音

《江南通志·書目》

未見

《江南通志》傳曰：吴國琦字公良，桐城人。崇禎辛未進士，司理漳州。著有《尚書音》。

王氏曙 周書音訓

十二卷，見《宋史》

佚

《宋史·王曙傳》曰：曙字晦叔，東皋子績之後，世居河汾，後爲河南人。中進士第，咸平中舉賢良方正科入等，遷祕書省著作佐郎、知定海縣。後以工部尚書侍郎參知政事，進樞密使，拜同中書門下平章事。卒，贈太保、中書令，謚文康。曙有《周書音訓》十二卷。

按：此書不見著録，魏晉已下史籍多矣，而音釋者蓋寡，未必獨爲宇文《周書》注，疑爲《逸周書》。

王氏炎 周書音訓

《江南通志・書目》十二卷

佚

《江南通志》曰：婺源王炎撰。

鄭氏玄 毛詩音

見《釋文敘録》

佚

陸德明曰：爲《詩》音者九人：鄭康成、徐邈、蔡氏、孔氏、阮侃、王肅、江惇、干寶、李軌。

王氏肅 毛詩音

見《釋文敘録》

佚

陸德明曰：魏太常王肅，述毛非鄭。

歐陽修曰：《擊鼓》五章，自「爰居」而下三章，王肅以爲衛人從軍者與其室家決別之辭，而鄭氏以爲軍中士伍相約誓之言〔八〕。夫衛人暫出從軍，其卒伍豈宜相約偕老於軍中，此非人情也，當以王肅之說爲是。

干氏寶 毛詩音隱

《七録》一卷

佚

李氏軌 毛詩音

見《釋文敘録》

佚

阮氏侃 **毛詩音**

見《釋文敘錄》

佚

陸德明曰：侃字德恕，陳留人，河内太守。

徐氏邈 **毛詩音**

《七錄》十六卷，又二卷

佚

鄭樵《通志》曰：徐氏音今雖亡，然陸音所引多本於徐。顔之推《家訓》曰：徐仙民《毛詩音》反驟爲在遘，《左傳音》切椽爲徒緣，不可依信。

江氏惇 **毛詩音**

見《釋文敘錄》

佚

陸德明曰：惇字思俊，河内人，東晉徵士。

蔡氏失名 **毛詩音**

見《釋文敘錄》

佚

孔氏失名 **毛詩音**

見《釋文敘錄》

佚

陸德明曰：蔡氏、孔氏，不詳何人。

徐氏爰 **毛詩音**

見《釋文敘錄》

佚

沈氏重 **毛詩音義**

《隋志》二十八卷

佚

《周書·儒林傳》曰：沈重字德厚，吳興武康人也。

梁大通三年起家王國常侍，除五經博士。梁主蕭詧除中書侍郎，累遷通直散騎常侍、都官尚書，領羽林監。高祖以重經明行修，乃遣宣納上士柳裘至梁徵之。保定末重至京師，詔令討論五經。天和六年，授驃騎大將軍、開府儀同三司、露門博士。建德末，重自以入朝既久，表請還梁，高祖優詔答之，固請乃許焉。重學業該博，爲當世儒宗。多所撰述，其行于世者《周禮音》一卷、《儀禮音》一卷、《禮記音》二卷、《毛詩音》二卷。

劉氏芳 毛詩箋音證

《隋志》十卷

佚

《隋書·經籍志》曰：魏太常卿劉芳撰。

朱彝尊《經義考》曰：劉氏《詩箋音證》，其詮「轡」字義云：「轡是御者所執，不得以轡爲勒。以勒爲轡者，蓋是北人避石勒名也。今南人皆云馬勒，而以鞚爲轡。反覆推之，此爲明證。《詩》稱『執轡如組』，又曰『六轡在手』，以所執爲轡審矣。俗儒咸以轡爲勒，而曾無寤者。」其詮蟋蟀云：「蟋蟀今促織，一名蜻蛚，楚謂之蟋蟀，或謂之蛬，南楚謂之王孫也。」其詮蠨蛸云：「蠨蛸，長踦，小蜘蛛長腳者，俗呼之爲喜子。」見《太平御覽》。

按：《北史·劉芳傳》載，芳所撰鄭玄所注《周官》《儀禮》音、干寶所注《周官音》、王肅所注《尚書音》、何休所注《公羊音》、范甯所注《穀梁音》、韋昭所注《國語音》、范奕《後漢書音》各一卷。又《毛詩箋音義證》十卷、《禮記義證》《周官》《儀禮義證》各五卷。他經音義各爲一書，惟《毛詩》則合著，故卷袠獨多也。

魯氏世達 毛詩注并音

《隋志》八卷《唐志》作《音義》二卷

佚

《隋書·經籍志》曰：世達祕書學士。

毛詩諸家音

《唐志》十五卷

佚

《唐書·藝文志》曰：鄭玄等注。

陸氏德明 毛詩音義

一卷

存

令狐氏毛詩音義

見王禹偁《小畜集》〔九〕

佚

王禹偁曰：頃年謫宦解梁，收得令狐補闕《毛詩音義》，其本乃會昌三年所寫。

朱彝尊《經義考》曰：按《小畜集》中有《還工部畢侍郎毛詩音義》詩，第言令狐補闕，不詳其名。考新、舊《唐書》，令狐氏止綯曾官左補闕，然歷相位，元之不應仍以補闕稱之也。

李氏恕 毛詩音訓

四卷〔一〇〕

未見

羅氏復 詩集傳音釋

《經義考》二十卷

存

黄虞稷《書目》曰：字中行，廬陵人。

朱彝尊《經義考》曰：按曹氏靜惕堂有藏本，乃合白雲許氏《名物鈔》而音釋之。

韓氏性 詩音釋

一卷，見《元史》

佚

《元史·儒學傳》曰：韓性字明善，紹興人。其所著有《詩音釋》一卷。

黄溍撰《安陽韓先生墓志》曰：先生諱性，字明善。其先相之安陽人，生於杭而居會稽。韓氏自魏王八世乃得先生，于運去物改之後，故家喬木，不與海桑俱化，而文獻所存有足徵者，豈偶然哉！某衰朽之餘，意長語短，抑亦可以無媿辭矣。先生之遺書，有《禮記說》若干卷、《書辨疑》一卷、《詩釋音》一卷，文集曰《五雲漫稿》者十二卷，並行於世；《續郡志》八卷，藏於有司。至於天文地理、醫藥卜筮、浮圖老子之書，雖無所不通，然以非世教所急，故其論著無傳焉。

汪氏克寬 詩集傳音義會通

《江南通志・書目》三十卷

未見

危素序曰：新安朱子《詩傳》，或文義，或引證，讀者時有所未通，窮鄉下邑，豈能家貯羣書，人熟通訓，故學者之患此久矣。祁門汪君仲裕甫蚤貢於鄉，教授宣歙間，《易》《禮》《春秋》各有著述，至於《詩傳》，爲凡例十有二條，幽探徧索，具見成書，分爲三十卷，名曰《詩集傳音義會通》。其自序則以興詩成樂之效望於來學，盛哉君之用心！蓋其從大父東山受學於饒先生伯輿，君之學得於吴先生可翁，兩先生俱鄱人，距祁門甚邇。君年高德卲，爲士林之蓍龜云。

宋濂序曰：漢晉諸儒曰造傳以釋六經，唐孔穎達復爲正義，釋傳而使之明。陸德明《經典釋文》之書遂與之兼行。蓋名物之詳，理所當明，聲字之訛，理所當正，而議者尚有謂孔之繁蕪，陸之疎漏者。當是時，伊洛之學未興，則其失有不得不然者矣。三百篇之《詩》，自子朱子親爲之注，其大義固已昭如日星，讀者於事證音義有所未喻，輒昧昧而言之，譬猶不得其門而欲闖奧之入，不調其弓而思正鵠之中，抑亦難矣！前鄉貢進士汪先生，新安人，其從大父東山君常從雙峰饒子游，得黄文肅公之學，文肅則子朱子高第弟子也，其授受淵原最爲親切，故學者多尊事之。先生幼即從之游，學遂大進，慨然以致君澤民爲己任。應書有司，以《春秋》中前選，已而上春官不利，嘆曰：「得失固命也，明諸經以淑後世，不猶行己之志哉！」於是作《詩集傳音義會通》若干卷，引古今之書凡百餘家，疑者辨之，闕者補之，朱子之欲更定而未及者，亦從而正之，稽其用心，固欲孔陸無異，然而簡而弗繁，精而不疏，則有大過於人者矣。嗚呼！自經學湮微，其於名物之詳、聲字之訛，多忽而不講，高談性命者有不屑爲，沒溺辭章者有不暇爲，其視先生爲何如哉！濂少先生七歲，應書武林時嘗一會之，迄今三十餘年，先生以修《元史》被召至京師，會濂亦來總裁史事，於是與先生談經，其深諳遠到，殆非當世之士所可及。方欲執弟子禮而請業焉，而先生飄然東歸，因爲敘其書，以志歆豔之私〔一二〕。先生所著有《易傳義音考》《春秋傳纂疏》《春秋左傳分紀》《春秋諸傳提要》《經禮補逸》《周禮類要》《四書音證》《通鑑綱目考異》《六書本義》等書，皆有益於世，非但今所序之書而已，因併及之。先生名克寬，字德輔，學者尊爲環谷先生云。

程氏元初 **詩經音釋**

《經義考》一卷

未見

小學考卷四十五終

校記

〔一〕案：此條鈔自朱彝尊《經義考》卷一〇。《經義考》原摘錄有誤，「其注噬乾」以下一段文字出自王應麟《困學紀聞》卷一，而非《玉海》。又，此條又見《太平御覽》卷八六二，「離陰卦」作「純陰卦」。

〔二〕本書：原脱，據朱彝尊《經義考》卷一〇補。

〔三〕德：原脱，據右引書補。

〔四〕下有易字：原僅作「易」，脱三字，據右引書補。

〔五〕柔之：原僅作「柔」，據陸德明《經典釋文·敘錄》補「之」字。案：光緒刊本已補。

〔六〕呂伯恭：原作「呂恭」，脱「伯」字，據朱熹《晦庵集》卷八二《易跋》補。案：光緒刊本已補。

〔七〕何鏜：原作「何堂」。括蒼彙紀：原脱「蒼」字。據《四庫全書總目》卷七四《括蒼彙紀》提要補、改。案：是書今存，其著者與書名正同。

〔八〕軍中：原脱「軍」字，據宋歐陽修《詩本義》卷二《繫鼓》章補。

〔九〕小畜集：原誤作「六畜集」，據《經義考》卷一〇三改。案：此條見王禹偁《小畜集》卷一一。又案：光緒刊本已改。

〔一〇〕案：此條見於《千頃堂書目》卷一、《經義考》卷一一一著錄。當補注出處。

〔一一〕志：原脱，據《經義考》卷一一二載宋濂《汪克寬詩集傳音義會通序》補。

小學考卷四十六

音義二

鄭氏康成周禮音

《唐志》三卷

佚

徐氏邈周禮音

一卷

佚

李氏軌周禮音[一]

一卷

佚

宋氏周官音義

見《晉書》

佚

《晉書·列女傳》曰：韋逞母宋氏，不知何郡人，家世以儒學稱。宋氏幼喪母，其父躬自養之，及長授以《周官音義》，謂之曰：「吾家世學《周官》，傳業相繼。此文周公所制，經紀典誥，百官品物備於此矣。吾今無男可傳，汝可受之，勿令絶世。」屬天下喪亂，宋氏諷誦不輟，其後爲石季龍徙之於山東，宋氏與夫在徙中，推鹿車背負父所授書，到冀州。逞時年少，宋氏晝則樵采，夜則教逞，逞遂學成名立。仕苻堅爲太常，堅常幸太學，憫禮樂遺闕，博士盧壺對曰：「廢學已久，書傳零落，比年綴撰，正經麤集，惟《周官禮注》未有其師，竊見太常韋逞母宋氏世學家女，傳其父業，得《周官音義》。今年八十，視聽無闕，自非此母，無可以傳授後生。」於是就宋氏家立講堂，置生員百二十人，隔絳紗幔而授業，號宋氏爲宣文君。《周官》學復行於世，時稱韋氏宋母焉。

劉氏昌宗 周禮音

《隋志》三卷

佚

顔之推《家訓》曰：李登《聲類》以「系」音羿，劉昌宗《周官音》讀「乘」若承，此例甚廣，必須考校。

陸德明《釋文》曰：《周官》「巾車爲䰐」，戚衮云：檢《字林》《蒼》《雅》及《説文》皆無此字，衆家亦不見有音者，惟昌宗音「廢」，以形聲、會意求之，實所未了，當是廢而不用乎，非其音也。

王氏曉 周禮音〔二〕

一卷

佚

戚氏衮 周禮音〔三〕

一卷

佚

《陳書·儒林傳》曰：戚衮字公文，吴郡鹽官人也。少聰慧，遊學京都，受《三禮》於國子助教劉文紹，一二年中大義略備。年十九，梁武帝勑策孔子正言并《周禮》《禮記》義，衮對高第，仍除揚州祭酒從事史，就國子博士宋懷方質《儀禮》義。懷方北人，自魏攜《儀禮》《禮記疏》，祕惜不傳。及將亡，謂家人曰：「吾死後，戚生若赴，便以《儀禮》《禮記義》本付之，若其不來，即宜隨屍而殯。」其爲儒者推許如此。尋兼太學博士，遷員外散騎常侍。敬帝承制出爲江州刺史，仍隨沈泰鎮南豫州。泰之奔齊也，逼衮俱行，後自鄴下遁還。又隨程文季北伐吕梁，軍敗，衮没于周。久之得歸，仍兼國子助教，除中衛始興王府録事參軍。太建十三年卒，時年六十三。衮於梁代撰《三禮義記》，值亂亡失，《禮記義》四十卷，行於世。

按：戚衮音已佚，惟見於《經典釋文》所引者。如太宰：胥，思餘反，下皆同。裁縫，奉容反，下同。口率，音律，一音所律反，下同。傳，其音附。宰夫：皆比官，毗志反。宫正直宿，如字，下同。讀火如字。庖人注：間食，如字。獻人關空，音孔，下同。鼈人：籍，勑角反。腊人：夾脊，古洽反。醫師：庀，匹婦反。酒正：必齊，才細反，下皆同，一讀此如字。酒人：比其，必履反，又毗志反。籩人：麷，郎第反。艓，章涉反，又涉輒反。宮人：絜清，才性反，本亦作清。掌舍：梐，疏闕反。水涑，色冑反。幕人：掌次張事，張如字，下邦之張事同。典絲：會之，戶外反。屨人之救，救如字。鄉師：其隋，呼恚反。牛人：職人音特。遂人：及窆，彼驗反。稻人：寫水，如字。雩斂，力驗反。山虞堅濡，如兖反，又音柔。大宗伯：急悍，胡板反。小宗伯：毛六牲，如字。肆師：職人音弋，牧之音目。司服：緹衣，音提。大司樂：大卷如字。眡瞭擊頌，音容。典同聲韽，於感反。弁音掩。飛鈷，或音沾，約也，於教反。韎師，莫拜反。占夢始難，乃多反。太祝禬，古外反。巾車爲魌，檢《字林》《蒼》《雅》及《說文》皆無此字，衆家亦不見有音者，唯昌宗音「廢」，以形聲會意求之，實所未了，當是廢而不用乎，非其音也。龍勒音龍。雍氏鄂也，五各反。捖音完。皆插，初洽反。輪人：桑嫖，毗昭反。不歉，好角反。則摯，魚結反。桃氏：鐔音淫。於把，必雅反。弓人：秋閷，色界反。必剽，芳昭反。辟戾，匹亦反。

卷。

沈氏重周禮音

一卷，見《北史》

佚

劉氏芳周官儀禮音[四]

一卷，見《北史》

佚

《北史·劉芳傳》曰：芳撰鄭玄所注《周官儀禮音》一卷。

按：劉芳已見前，此書《釋文·敘錄》不引，《經義考》亦未載。

劉氏芳周官音

一卷，見《北史》

佚

《北史·劉芳傳》曰：芳撰干寶所注《周官音》一卷。

按：劉芳已見前，此書《釋文·敘錄》不引，

《經義考》亦未之載。

陸氏德明 周禮音義[五]

二卷

存

吴氏昂 周禮音釋[六]

一卷

未見

陸元輔曰：吴昂字德翼，號南溪，海鹽人。弘治己丑進士，官至福建布政司。

楊氏慎 周官音詁

一卷

存

慎自序曰：《左傳》浮誇誣誕之祖也，大儒韓子乃服膺而到心[七]，末學後生皆心維而口誦，以其文采之煒燿也。《周禮》瀆亂不經之書也，前人論之詳矣，其中多奇字古音，蓋劉歆受學於揚雄，其《訓纂》之遺，有在於是者。存而論之，固可以補天禄校文之缺，爲召陵公乘之裨矣。其書不用於科舉，不列於學宫，幸未經學究金根之謬改，麻沙俗子之訛刊，亦古典之巋然靈光也。顧未有表出之者，亦學山一簣之虧，吹劍一吷之缺乎！余觀先鄭、後鄭之同異相角，杜氏、干氏之可否相將，孔穎達則會粹四家，陸德明又並刻衆切，如開武庫，五兵隨所用之，似張錦機，百綵惟其取者。乃手録之，爲《周官音詁》一篇，以爲鉤玄提要之助。羣居終日，爲之賢乎，未能免俗，聊復爾耳。嗟夫銀鉤乍閲，亥豕成羣，璗櫛行披，焉烏盈貫，於戲猾矣，庶有豸乎！青衿桐子，錦帶先酲，或采下葑於朝聞，副墨之子，洛誦之孫，亦将取飛蟲於宵肄。若夫逃儒叛儒者以六經爲注脚，倦學願息者謂忘言爲妙筌，或以示伊[八]，寧不嗤我，然心面不同，亦更笑也。

按：《漢書·揚雄傳》稱歆子棻受學于雄，歆無自受學事，用修是敘云「歆受學于揚雄」，誤。

鄭氏康成 儀禮音

《七録》二卷，《釋文序録》一卷

佚

王氏肅 **儀禮音**

一卷

佚

陸德明《釋文》曰：《儀禮·喪服傳》「朝一溢米，夕一溢米」，鄭云：「二十四兩爲溢，爲米一升二十四分升之一。」射慈同。王肅、劉逵、袁準、孔倫、葛洪皆云滿手曰溢。

李氏軌 **儀禮音**

《七録》一卷

佚

沈氏重 **儀禮音**

一卷，見《北史》

佚

劉氏昌宗 **儀禮音**

《七録》一卷

佚

朱彝尊《經義考》曰：陸氏《釋文》多引之。

陸氏德明 **儀禮音義**

一卷

存

鄭氏康成 **禮記音**

《七録》一卷

佚

王氏肅 **禮記音**

《七録》一卷

佚

射氏慈 **禮記音**[九]

《隋志》一卷《七録》同，《唐志》二卷

佚

王欽若《册府元龜》曰：射慈字孝宗，爲中書侍郎，撰《喪服變除圖》五卷、《禮記音》一卷。

謝氏楨 **禮記音**

《七録》一卷。

佚

陸德明《釋文·敘録》曰：不詳何人。

李氏軌 **禮記音**

《唐志》二卷

佚

孫氏毓 **禮記音**

《七録》一卷

佚

繆氏炳 **禮記音**

《七録》一卷

佚

蔡氏謨 **禮記音**

《七録》二卷

佚

陸德明《釋文·敘録》曰：謨字道明，濟陽考城人，晉司徒文穆公。

曹氏耽 **禮記音**

《七録》一卷

佚

陸德明《釋文・敘錄》曰：躭字愛道，譙國人，東晉安北諮議將軍。

尹氏毅 禮記音

《七錄》二卷《唐志》同，《釋文・序錄》一卷

佚

陸德明《釋文・敘錄》曰：毅天水人，東晉國子助教。

范氏宣 禮記音

《七錄》二卷

佚

陸德明《釋文・敘錄》曰：宣字宣子，濟陽人，東晉員外郎，不就。

朱彝尊《經義考》曰：按《釋文》銓《爾雅》注「蝗」字，引范宣《禮記音》音橫。

按：《經義考補正》曰：《經典釋文・敘錄》「郎」下有「不就」二字，《冊府元龜》儒學類引此，作「徵員外郎不就」，蓋今本《釋文》脫「徵」字，而《經義考》并「不就」二字失去耳。

徐氏邈 禮記音

《七錄》三卷《唐志》同

佚

劉氏昌宗 禮記音

《七錄》五卷

佚

徐氏爰 禮記音

《隋志》二卷《唐志》同，《釋文・序錄》三卷

佚

沈氏重 禮記音

一卷

佚

陸德明《釋文・敘錄》曰：沈重撰《周禮》《禮記

音》。

王氏元規 禮記音

二卷，見《南史》

佚

《南史・儒林傳》曰：王元規字正範，太原晉陽人也。仕梁，位宣城王記室參軍。陳後主在東宮，引爲學士，就受《禮記》《左傳》《喪服》等義。國子祭酒新安王伯固嘗因入宮，適會元規將講，乃啟請執經，時論榮之。俄除尚書祠部郎。陳亡入隋，卒於秦王府東閣祭酒。著《禮記音》兩卷。

無名氏禮記音義隱

《隋志》七卷

佚

陸氏德明 禮記音義〔一〇〕

四卷

存

楊氏逢殷 禮記音訓指說

《宋志》二十卷

未見

李氏玄植 三禮音義

見《唐書》

佚

《唐書・儒學傳》曰：時有趙州李玄植〔一一〕，受《三禮》於賈公彥，撰《三禮音義》行於代。

服氏虔 春秋隱義

《唐志》一卷

佚

《漢南紀》曰：服虔字子慎，河南滎陽人。少行清苦，爲諸生，尤明《春秋左氏傳》，爲作訓解。舉孝廉，爲尚書郎、九江太守。

《後漢書・服虔傳》曰：虔入太學受業，作《春秋左氏傳解》，行之至今。又以《左傳》駁何休之所駁漢事六十條。中平末，拜九江太守。

《世說新語·言語篇》曰：鄭玄欲注《春秋傳》，尚未成，時行，與服子慎遇宿過舍。先未相識，服在外車上與人說己注傳意，玄聽之良久，多與己同。玄就車與語曰：「吾久欲注，尚未了，聽君向言，多與吾同。今當盡以所注與君。」遂爲《服氏注》。

又曰：服虔既善《春秋》，將爲注，欲參考同異，聞崔烈集門生講傳，遂匿姓名爲烈門人，賃作食。每當至講時，輒竊聽戶壁間，既知不能踰己，稍共諸生敘其短長。烈聞，不測何人，然素聞虔名，意疑之。明早往，及未寤便呼「子慎，子慎」，虔不覺驚應，遂相與友善。

《隋書·經籍志》曰：諸儒傳《左氏》者甚衆，其後賈逵、服虔並爲訓解，至魏遂行於世。晉杜預又爲經傳集解，服虔、杜預注俱立國學，而後學惟傳服義。至隋，杜氏盛行，服義寖微，今殆無師說。

《北史·儒林傳序》曰：河北諸儒能通《春秋》者，並服子慎所注，其河外諸生俱服膺杜氏，大抵河北所爲章句，好尚互有不同。江左《左傳》則杜元凱，河洛《左傳》則服子慎。

魏高貴鄉公左氏音

《七錄》三卷

佚

《魏志·三少帝紀》曰：高貴鄉公諱髦，字彥士，文帝孫，東海定王霖子。在位七年，爲賈充所弒。

嵇氏康春秋左氏傳音

《隋志》三卷

佚

《晉書·嵇康傳》曰：康字叔夜，譙國人，拜中散大夫。

曹氏耽春秋左氏音

《七錄》四卷

佚

杜氏預 春秋左氏傳音

《七録》三卷

佚

《晉書・杜預傳》曰：預字元凱，京兆杜陵人。起家尚書郎，拜鎮南大將軍，都督荆州諸軍事，以功進爵當陽縣侯。預既立功，從容無事，乃躭思經籍，爲《春秋左氏經傳集解》，又參考衆家譜第，謂之《釋例》。又作《盟會圖》《春秋長曆》，備成一家之學。比老乃成。秘書監摯虞賞之，曰：「左邱明本爲《春秋》作傳，而《左傳》遂自孤行，《釋例》本爲傳設，而所發明何但《左傳》，故亦孤行。」預嘗稱王濟有馬癖，和嶠有錢癖，武帝聞之，謂預曰：「卿有何癖？」對曰：「臣有《左傳》癖。」

《隋書・經籍志》曰：梁有服虔、杜預《音》三卷。

徐氏邈 春秋左氏傳音

《隋志》三卷《唐志》一卷

佚

荀氏訥 春秋左氏傳音

《七録》四卷

佚

陸德明《釋文・敘録》曰：訥字世言，新蔡人，東晉尚書左民郎。

李氏軌 春秋左傳音

《隋志》三卷

佚

王氏元規 左傳音

《唐志》三卷

佚

《南史・儒林傳》曰：元規少從吳興沈文阿受業，通《春秋左氏》《孝經》《論語》《喪服》。自梁代諸儒相傳爲《左氏》學者，皆以賈逵、服虔之義難駁杜預，凡一百八十條。元規引證通析，無復疑滯。著《春秋發題辭》及《義記》十一卷，《左傳音》三卷。

陸氏德明 春秋左傳音義

六卷

存

徐氏文遠 左傳音

《唐志》三卷

佚

《舊唐書·徐文遠傳》曰：文遠洛州偃師人，博覽五經，尤精《春秋左氏傳》。大業初爲太學博士，時人稱文遠之《左氏》、褚徽之《禮》、魯達之《詩》、陸德明之《易》，皆爲一時之最。文遠所講釋，多立新義，先儒異論，皆定其是非，然後詰駁諸家，又出己意，博而且辨，聽者忘倦。武德六年，高祖幸國學觀釋奠，遣文遠時爲國子博士。發《春秋》題，諸儒設難蠭起，隨方召對，皆莫能屈。黄淵曰：「徐文遠發題，徧舉先儒異論，分別是非，乃出己意折衷，不知合乎夫子否也？」

尹氏玉羽 春秋音義賦

《宋志》十卷

佚

《宋史·藝文志》曰：冉遂良注。

方氏淑 春秋直音

《宋志》三卷

佚

陳振孫《書録解題》曰：德清丞方淑智善撰，劉給事一止爲作序。以學者多不通音切，故於每字切脚之下直著其音，蓋古文未有反切爲音訓者皆如此，服虔、如淳、文穎輩於《漢書》音義可見。

張氏冒德 春秋傳類音

《宋志》十卷

佚

韓氏台 **春秋左氏傳口音**

《宋志》三卷

佚

傅氏遜 **左傳奇字古字音釋**

《經義考》一卷

存

《嘉定縣志》曰：傅遜字士凱，師事歸有光，其文長於論今古成敗。倭寇圍崑山，請縋城出，詣軍府告急乞師。得解圍，人服其才畧。好《春秋左氏》，更爲之注，參互以訂杜氏之訛，具論事之得失，悉中肌理。

郝氏經 **春秋章句音義**

八卷，見郝經《陵川集》

未見

郝經《春秋外傳序》曰：以《春秋》正經多不同，乃爲次論，作《章句音義》八卷。求聖人之意者必探其本以爲綱，乃作《制作本原》三十一篇十卷，《春秋》一書義在於事，必比事而觀，其義可見，乃爲《比類條目》一百三十篇十二卷。《三傳》之説不同，故聖經之旨不一，乃爲《三傳折衷》，俾經之大義定於一，凡五十卷。卷首又著《三傳序論》《列國序論》一卷。

李氏軏 **春秋公羊傳音**

《七錄》一卷

佚

王氏儉 **春秋公羊音**

《唐志》二卷

佚

江氏惇 **春秋公羊傳音**

《七錄》一卷

佚

劉氏芳 **公羊音**

一卷，見《北史》

佚

《北史·劉芳傳》曰：芳撰何休所注《公羊音》一卷。

按：劉芳已見前，此書《釋文·敘錄》不引，《經義考》亦未之載。

陸氏德明 **公羊傳音義**〔一二〕

一卷

存

劉氏芳 **穀梁音**

一卷，見《北史》

佚

《北史·劉芳傳》曰：芳撰范寧所注《穀梁音》一卷。

按：劉芳已見前，此書《釋文·敘錄》不引，《經義考》亦未之載。

徐氏邈 **春秋穀梁音**

《唐志》一卷

佚

陸氏德明 **穀梁傳音義**

一卷

存

劉氏芳 **國語音**

一卷，見《北史》

佚

《北史·劉芳傳》曰：芳撰韋昭所注《國語音》一卷。

按：劉芳見前，此書《經義考》失載。

宋氏庠 國語補音

《宋志》三卷《聚樂堂目》九卷

存

《宋史·宋庠傳》曰：庠字公序，安州安陸人，後徙開封之雍邱。天聖初舉進士，皇祐中拜兵部侍郎、同中書門下平章事、集賢殿大學士，遷工部尚書，再遷兵部尚書。以檢校太尉、同平章事充樞密院使，封莒國公，改封鄭國公。讀書至老不倦，善正譌謬，嘗校《國語》，撰《補音》三卷，卒，謚元獻。

庠自序曰：班固《藝文志》種别六經，其《春秋》家有《國語》二十一篇注，左邱明著。至漢司馬子長撰《史記》，遂據《國語》《世本》《戰國策》以成其書。當漢出《左傳》，祕而未行，又不立於學官，故此書亦勿顯，惟上賢達識之士好而尊之，俗儒勿識也。逮東漢《左傳》漸布，名儒始悟向來《公》《穀》膚近之説，而多歸《左氏》。及杜元凱研精訓詁，木鐸天下，古今真謬之説一旦冰釋，雖《國語》亦從而大行，蓋其書並出邱明。自魏晉以後書錄，所題皆云《春秋外傳國語》，是則《左傳》爲内，《國語》爲外，二書相副以成大業。凡事詳於内者略於外，備於外者簡於内，先儒孔晁亦以爲然。自鄭衆、賈逵、王肅、虞翻、唐固、韋昭之徒，並治其章句，申之注釋，爲六經流亞，非復諸子之倫。自餘名儒碩士，好是學者不可勝記。歷世離亂，經籍亡逸，今此書惟韋氏所解傳於世，諸家章句遂無存者。然觀韋氏所叙，以鄭衆、賈逵、虞翻、唐固爲主而增損之，故其注備而有體，可謂一家之名學。惟唐文人柳子厚作《非國語》二卷，捃摭左氏意外微細以爲詆訾，然未足掩其鴻美。左篇今完然與經籍並行無損，庸何傷於道？若夫古今卷第，亦多不同，或云一十二篇，或二十二卷，或二十卷，然據《班志》最先出，賈逵次之，皆云二十一篇，此實舊書之定數也。其後或互有損益，蓋諸儒章句煩簡不同，析簡併篇，自名其學，蓋不足疑也。要之，《藝文志》爲審矣。又按先儒未有爲《國語》音者，蓋外内傳文多相涉，字音亦通故邪？然近世傳舊音一篇，不著撰人名氏，尋其説乃唐人也，何以證之？據解「犬戎樹惇」引鄯州羌爲説，夫改鄯善國爲州，自唐始耳。然其音簡陋，不足名書，但其間時出異聞，義均雞肋。庠因暇輒記其所闕〔一三〕，不覺盈篇，今因舊本而廣之，凡成三卷。其字音反切，除存本説外，悉以陸德明《經典釋文》爲主，亦將稽舊學，除臆説也。惟陸音不載者，則以《説文》、字書、《集韻》等附益之，號曰《國語補音》。其間闕疑，請俟鴻博，非敢傳之達識，姑以示兒曹云。

陳振孫《書録解題》曰：丞相安陸宋庠公序撰。以先儒未有爲《國語》音者，近世傳舊音一卷，不著撰人名氏，蓋唐人也，簡陋不足名書，因而廣之，悉以陸德明《釋文》爲主，陸所不載，則附益之。

王應麟《玉海》曰：治平元年上之，二月令國子監鏤板。

按：庠自序云「夫改鄯善國爲州，自唐始耳」，考《魏書·地形志》有鄯州，列於涼州、瓜州之間，是始於元魏也。庠説誤矣。

魯氏有開 國語音義〔一四〕

一卷

佚

無名氏國語音略

《通志》一卷

佚

徐氏邈 論語音

《唐志》二卷《釋文》一卷

陸氏德明 論語音義

一卷

存

陸氏德明 孝經音義

一卷

存

小學考卷四十六終

校記

〔一〕案：徐邈《周禮音》一卷、李軌《周禮音》一卷，陸德明《經典釋文·敘録》均著録。

〔二〕陸德明《經典釋文·敘録》載：「王曉，作《周禮音》一卷，云定鄭氏音□□□，江南無此書，不詳何人。」

〔三〕案：戚袞《周禮音》見陸德明《經典釋文·敘録》著録。

〔四〕案：此條摘録自《北史》卷四二《劉芳傳》。據傳文應爲劉芳爲鄭玄《周官注》《儀禮注》所撰之音釋著述。下條亦爲劉芳爲干寶《周官注》所撰之音釋。

〔五〕案：此編當即《經典釋文》所載《周禮音義》二卷。

〔六〕案：吳昂《周禮音釋》，見《千頃堂書目》卷二著録，注云「號南溪，海鹽人」。

〔七〕到心：楊慎《升庵集》卷二《周官音詁序》作「刻心」。

〔八〕以示：原作「示以」，據右引書乙。

〔九〕禮記音：原誤作「禮記音義隱」，據《隋書》卷三二《經籍志》删「義隱」二字。案：謝慈所撰《禮記音》，除《隋書》著録外，又見《經典釋文·敘録》《舊唐書》卷四六《經籍志》。

〔一〇〕案：此編即陸德明《經典釋文》所載《禮記音義》四卷。

〔一一〕時：原作「詩」，據《舊唐書》卷一八九上《儒學傳》改。案：光緒刊本已改。

〔一二〕案：此編當即《經典釋文》所載《公羊傳音義》一卷。又，下條陸德明《穀梁傳音義》一卷同。

〔一三〕暇：原作「假」，據宋庠《國語補音序》改。案：光緒刊本已改。

〔一四〕案：《國語音義》一卷，見《宋史》卷二〇二《藝文志》著録。又，《宋史》卷四二六《循吏》有魯有開傳，可參考。

小學考卷四十七

音義三

陸氏德明經典釋文

《唐志》三十卷分見諸經,《序録》一卷

存

《舊唐書·陸德明傳》曰:太宗閲陸德明《經典音義》,美其宏益學者,歎曰:「德明雖亡,此書可傳習。」賜其家布帛百匹。

德明自序曰:夫書音之作,作者多矣。前儒撰著,光乎篇籍,其來既久,誠無間然。但降聖已還,不免偏尚,質文詳畧,互有不同。漢魏迄今,遺文可見,或專出己意,或祖述舊音,各師成心,製作如面,加以楚夏聲異,南北語殊,是非信其所聞,輕重因其所習,後學鑽仰,罕聞指要。夫筌蹄所寄〔一〕,惟在文言,差若毫釐,謬便千里。夫子有言「必也正名乎,名不正則言不順,言不順則事不成」,故君子名之必可言也,言之必可行也,斯富哉言乎,大矣盛矣,無得而稱矣。然人稟二儀之純和,含五行之秀氣,雖復挺生天縱,必資學以知道,故唐堯師於許由,周文學於虢叔,上聖且猶有學,而況其餘乎!至於處鮑居蘭,翫所先入,染絲斲梓,功在初變,器成采定,難復改移,一薫一蕕,十年有臭,而情豈可易哉!予少愛墳典,留意藝文,雖志懷外物,而情存著述。粵以癸卯之歲,承乏上庠,循省舊音,苦其太簡,況微言久絶,大義愈乖,攻乎異端,競生穿鑿。不在其位,不謀其政,既職司其憂,寧可視成而已!遂因暇景,救其不逮,研精六籍,采摭九流,搜訪異同,校之《蒼》《雅》,輒撰集五典、《孝經》《論語》及《老》《莊》《爾雅》等音,合爲三帙三十卷,號曰《經典釋文》。古今並録,括其樞要,經注畢詳,訓義兼辯,質而不野,繁而非蕪,示傳一家之學,用貽後嗣,令奉以周旋,不敢墜失,與我同志亦無隱焉。但代匠指南,取笑於博識〔二〕,既述而不作,言其所用,亦何傷乎云爾!

《崇文總目》曰:德明爲國子博士,以先儒作經典音訓,不列注傳,全録文,頗乖詳畧。又南北異區,音讀罕同,乃集諸家之讀九經、《論語》《老》《莊》《爾雅》者,皆著其翻語以增損之〔三〕。

晁説之曰:德明因古諸儒音韻之學,著爲《釋文》,惠乎學者深矣。

晁公武《讀書志》曰:《經典釋文》三十卷,陸德明撰,釋《易》《書》《詩》《三禮》《三傳》《孝經》

《論語》《爾雅》《老》《莊》，頗載古文及諸家同異，德明蓋博極羣書也。

陳振孫《書録解題》曰：唐陸德明撰。自五經、《三傳》《古禮》之外，及《孝經》《論語》《爾雅》《莊》《老》，兼解文義，廣釋諸家，不但音切也。或言陸吳人，多吳音，綜其實未必然。按前世《藝文志》列於經解類，《中興書目》始入之小學，非也。

何琇《樵香小記》曰：《經典釋文》爲古義之淵藪，學者得以考見先儒音訓，惟賴是書，厥功甚偉。獨怪其不及《孟子》，而以《老子》《莊子》俱列經典，是居何義也？

《四庫全書提要》曰：此書前有自序云「癸卯之歲，承乏上庠，因撰集五典、《孝經》《論語》及《老》《莊》《爾雅》等音，古今並録，經注畢詳，訓義兼辨，示傳一家之學」，考癸卯爲陳後主至德元年，豈德明年甫弱冠，即能如是淹博耶？或積久成書之後，追紀其草創之始也？首爲《序録》一卷，次《周易》一卷，《古文尚書》二卷，《毛詩》三卷，《周禮》二卷，《儀禮》一卷，《禮記》四卷，《春秋左氏》六卷，《公羊》一卷，《穀梁》一卷，《孝經》一卷，《論語》一卷，《老子》一卷，《莊子》三卷，《爾雅》二卷。其列《老》《莊》于經典而不取《孟子》，頗不可解，蓋北宋以前，《孟子》不列于經，而《老》《莊》則自西晉以來，爲士大夫所推尚，德明生于陳季，猶沿六代之餘波也。其例諸經皆摘字爲音，惟《孝經》以童蒙始學，《老子》以衆本多乖，各摘全句。原本音經者用墨書，音注者用朱書，以示分别，今本則經注通爲一例，蓋刊版不能備朱墨。又文句繁夥，不能如《本草》之作陰陽字，自宋以來，已混而併之矣。所采漢魏六朝音切，凡二百三十餘家，又兼載諸儒之訓詁，證各本之異同，後來得以考見古義者，注疏以外，惟賴此書之存，真所謂殘膏賸馥，沾溉無窮者也。自宋代監本注疏即析附諸經之末，故《文獻通考》分見各門後，又散附注疏之中，往往與注相淆，不可辨别。此爲通志堂刻本，猶其原帙，何焯《點校經解目録》，頗嗤顧湄校勘之疏。然字句偶譌，規模自在，研經之士終以是爲考證之根柢焉。

錢大昕跋曰：自六書之義不明，經生轉寫，字體譌變，而音亦從而譌。陸元朗集録諸家音，往往不能定而兼存之，尋其條例，當以先者爲優，後者爲劣。今考之亦未盡當。如《周禮》「摶埴之工」，《釋文》兼收團、搏二音，依前音宜从專，依後音宜从尃。據鄭氏注「搏之言拍也」，拍與搏聲相近，則經文當用「搏」字而讀如博矣。《爾疋·釋山篇》「小山岌大山峘」，《釋文》胡官反，又兼存袁、恒二音。依前二音字當爲「峘」，依後音字當爲「峘」，二字《說文》皆無之，尋小山及大山當取緜亙之義，則讀如峘者爲正矣。《釋艸》篇「蔆蕨攈」，《釋文》兼收忘悲、居郡、居羣三音，依前音宜从麇，依後二音宜从麇，《說文》有攈無攈，且「蕨攈」爲雙聲，則文當作「攈」，而讀如麇矣。《釋艸》又云「苀小葉」，《釋文》豬葉反，又阻留反，依前音宜从耴，依後音宜从取，《說文》有菆無苀，亦當以後音爲正。《左氏》成四年「取汜祭」，《釋文》兼收凡、祀二音，依前音當从㔾，依後音當從巳。杜注「成皋縣東有汜水，今土人讀如祀音」，則文當作汜，而讀如祀矣。文十一年「錫穴」，哀十二年「戈錫」，《釋文》並音羊，又星歷反。若用後音，字當爲「錫」，今無从辨之。

尹氏拙等詳定經典釋文〔四〕

見《宋史》

佚

《宋史·儒林傳》曰：尹拙潁州汝陰人，梁貞明五年舉三史。後唐長興中召爲著作佐郎。晉天福四年入爲右補闕。漢初召爲弘文館直學士。周廣順初，遷庫部郎中。顯德初，與張昭及田敏同詳定《經典釋文》。

盧氏文弨經典釋文考證〔五〕

十卷

存

劉氏鎔經典集音

《唐志》三十卷

佚

《新唐書》注曰：鎔字正範，絳州正平人，咸通晉州長史。

賈氏昌朝羣經音辨

《通志》七卷《宋志》三卷

存

《宋史·賈昌朝傳》曰：景祐中置崇政殿說書以授昌朝，誦說明白，帝多所質問，昌朝請記錄以進，賜名《邇英延義記注》，加直集賢院。著《羣經音辨》。

昌朝自序曰：臣聞古之人三年而通一藝，三十而五經立，蓋資性敏悟，材智特出者焉。臣自蒙恩先朝，承乏庠序，逮今入侍內閣凡二十年，年踰不惑，裁能涉獵五經之文，於五經之道固未有所立。嘗患後世字書磨滅，惟唐陸德明《經典釋文》備載諸家音訓，先儒之學，傳授異同，大抵古字不繁，率多假借，故一字之文，音詁殊別者衆，當爲辨晰。每講一經，隨而錄之，因取天禧以來巾𥿄所志，編成七卷，凡五門，號《羣經音辨》。一曰辨字同音異。凡經典有一字數用者，咸類以篆文，釋以經，據先儒稱當作、當爲者，皆謂字誤，則所不取。其讀曰、讀爲、讀如之類，則是借音，固當具載。二曰辨字音清濁。夫經典音深作深，音廣作廣，世或誚其儒者迂疏，強爲差別，臣今所論則固不然。夫輕清爲陽，陽主生物，形用未著，字音嘗輕，重濁爲陰，陰主成物，形用既著，字音乃重，信稟自然，非所強別。以昔賢未嘗著論，故後學罔或思之，如衣施諸身曰衣，冠加諸首曰冠，此因形而著用也。物所藏曰藏，人所處曰處，此因用而著形也。並參考經故，爲之訓說。三曰辨彼此異音。謂一字之中，彼此相形，殊聲見義。如求於人曰假，與人曰假音價〔六〕；毀佗曰敗〔七〕，自毀曰敗，觸類而求其意趣。四曰辨字音疑渾。如上上、下下之類〔八〕，隨聲分義，所傳已久，今用集錄。五曰辨字訓得失。於冰凝同字，氾汜異音，學者昧之，遂相淆亂。既本字法，爰及經義，從而敷暢，著於篇末。此書斷自《易》《書》《詩》《禮三經》《春秋三傳》暨《孝經》《論語》《爾雅》，凡字有出諸經箋傳中先儒之說，沿經著義，既《釋文》具載，今悉取焉。凡字之首音雖顯，而經傳不載者，則依《釋文》爲解。凡字之音義章灼者，則不復引據。《音辨》之作，欲使學者知訓故之言，咸有所自，聊資稽古之論，少助同文之化。謹上。

王觀國後序曰：沈隱侯高才博洽，名亞董遷，始譜四聲，用分清濁，以彰「天子聖哲」。及製《郊居賦》，示草王筠，筠讀至「雌霓五的反連蜷」，沈撫掌欣抃曰：「僕嘗恐人呼爲霓。」次至「墜石磓星，冰垂埳而帶坻」，筠皆擊節曰：「知音者希，真奇殆絕，所以相要，正在此數句耳。」嗚呼！《郊居賦》一篇，無甚高論，尚病世俗不能辨其音，況羣經乎！約欲正音，徒留意於詞章，含宮咀商，惡覩五經之微奧？是以梁武不甚遵用，涕唾視之，又何足怪夫！國朝之興，首以六經涵養士類，逮仁廟當佇，儒風載郁，典章燦然，文元賈魏公總角遽曉羣經，章解句達，累官國子監，譽望甚休，遷崇政殿說書、天章閣侍講。慶曆、嘉祐中大拜居政地，海內乂寧。其在經筵，嘗進所著書曰《羣經音辨》，凡五門、七卷，爲後學著龜，有詔頒行，實康定二年十有一月也。公以經術致將相，出入文武，有謀有庸，被知裕陵，始終如一，動上柱國，邑萬五千戶。其遭遇之厚，極儒者榮，下視沈約見薄於蕭梁，真局促轅下駒耳。故能推其所學，西破趙元昊，南走儂智高，外絶契丹之謀，內弭甘陵之變，羣經之效，昭若日星[九]。自胡蝗翳天，神汴失守[一〇]，六飛巡幸，駐蹕三吳，戎事方興，斯文未喪，上留神經術，登用鴻儒，親札《中庸》，班賜多士，發明奧境，表章六經，州建學官，教覃溥率。紹興己未夏五月，臨安府學推明上意，鏤公《音辨》，敷錫方州，下逮諸邑。寧化號稱多士，部屬臨汀，新葺縣庠，衿佩雲集，是書初下，繕寫相先，字差毫釐，動致魚魯，且患不能周給諸生，固請刻本，藏於黌宮，以廣其傳。嘯工東陽，閱月方就，解頤折角，馳騁羣經者，自是遂得指南矣。蓋五經之行於世，猶五星之麗於天，五岳之蟠於地，五行之蓄於物，五事之秀乎人，康濟羣倫，昭蘇萬彙，其功豈淺淺哉！自有經籍以來，未嘗無音，沈熊著《周易音》三卷，王儉著《尚書音》三卷，魯世達著《毛詩音》二卷，李軌著《禮記音》二卷，徐文遠著《春秋左傳音》三卷，非無音也，無音辨爾，是宜句讀不明，師承謬戾。禮經以「鼏」爲「羃」，左氏以「蔿」爲「薳」；或於老氏更「載」爲「哉」，或於《洪範》改「頗」爲「陂」，以至讀「景」爲影，命「昭」爲韶，文異而音同。「行」翻有四，「召」切有三，文同而音異。傍及史傳諸子百家，音襍字叢，蓋亦不勝其訛矣。甚者武夫悍卒，昧於一丁；老師宿儒，惑於三豕。取作屋穿鎚之誚，貽杕杜、伏獵之譏。乙屯殊形，乃穸異狀，忌水乃改洛爲雒，惡走乃省隨爲隋，類用俗文，俱稱臆出。以下上爲下上，以縱横爲縱横。謚煬帝以爲皭，好奇乃爾；易穆公而爲繆，振古如茲。音辨之行，固非小補。漢、唐《藝文志》箋注之書，有曰音隱，有曰音略，有曰音義，有曰音訓，有曰音鈔，有曰釋音，是其於音，未必能辨。有曰辨證，有曰辨疑，有曰辨嫌，有曰辨惑，有曰辨字，有曰注辨，是其所辨未必皆音。獨陽休之著書號辨嫌音，文皆蕪累不經[一一]，爲魏收所薄。惟賈魏公沈研經旨，析類辨音，傳注箋題，不爲曲釋，櫛理疑義，啓沃宸衷。至先王治心守身，經理天下之微意，指物譬事，毫析縷解，故其辨明舛誤，是正羣書，上不欺乎君，下不欺乎民，愈久愈明，千載不泯。渡江之後，峨冠博帶，傳習益多。汀與虔鄰也，民喜弄兵，盜賊蠭起，郡城坐甲，仰食如蠶，方鄰壤用師，日疲饋運，治賦餘暇，獨與諸生雍容俎豆間，談經究微，從事音辨，幾於不達時務也。鏤板於學，雖秀民肄業，瀝懇有陳，亦長此邦者之所願欲也。書舊有序，姑跋其後云。紹興壬戌七月。

晁公武《讀書志》曰：皇朝賈昌朝撰。先是大臣稽古不過秦漢，引經議政，蓋自昌朝始。此書以古今多通借音詁，乃辨正之，凡五門。

陳振孫《書録解題》曰：丞相真定賈昌朝子明撰。康定中侍講天章閣所上，凡五門。

張士俊跋曰：譾劣無所通曉，四方君子或不棄而惠好之。康熙己卯，始得受教於秀水朱檢討竹垞先生，常稱昌黎之言，凡爲文宜略識字，世儒以爲小學，不之講，而高文大冊，多用刓字俗書，踵譌襲謬，爲識者嗤笑。予聞其言，心竊志之。越二年，虞山毛丈扆攜宋本《玉篇》見過，相與抗論古今篆隸之變，日趨巧便，譌舛滋多，不可究詰，毛丈曰：「幸此書之存，去古未遠，猶有可考而知者，子曷不即以此授梓，令學者復見古人真面目如此者？」因延善書者影宋本録就，精加校勘，并《廣韻》同日開雕。乙酉成書，四方士大夫傳爲善本。次年秀水先生復以《羣經音辨》七卷相授，云：「此書專辨字音，諸經所讀及五方言語，字同音異，至如敦字八音，齊字九音，辟字十音，不可不深究。子能刊之以傳世乎？」予唯唯，復向毛氏借南宋本，祕不宣，即就鈔本訂之，其傳寫之謬，了然者正之，疑者摘出之。考諸經傳，質之前輩，三年之中，勤較者八，而毛氏另以鈔本見示，復得正譌者九十二字，即鳩工鐫之。然猶未敢遽出，偏訪藏書家，知宋少司馬駿業有北宋本，又遠在都下。癸巳春，梁溪朱布衣襄爲正八字。秋九月，游常山，家德純又正數字。適汪君泰來之潮陽任，遇于常山，予出示之，於後序復正一字。及歸，見錫山華氏藏書目有之，即詢之華廣文希閔，乃舊鈔本，假之再較一過，得正三十八字。凡經七年而梓成，家上舍雲章又讀一過，云可稱善矣。嗚呼！俊常歎好古之不易，憾秀水先生之長逝，不及見此書之復行，然修文之暇，必含笑于玉樓。因述其始末，以志不忘云爾。時康熙甲午上巳，識于水周林。

《四庫全書提要》曰：此書其侍講天章閣時所上。凡羣經之中一字異訓、音從而異者，彙集爲四門〔一二〕。卷一至卷五曰辨字同音異，仿唐張守節《史記正義》發字例，依許慎《説文解字》部目次之。卷六曰辨字音清濁，曰辨彼此異音，曰辨字音疑混，皆即《經典釋文·序録》所舉，分立名目。卷七附辨字訓得失一門，所辨論者僅九字。書中沿襲舊文，不免謬誤者，如卷一言部「謙慊也」下云：「鄭康成説謙爲慊，慊厭也。厭謂閉藏貌，據《禮記》注曰謙讀爲慊，慊厭也。」此解正文「自謙」注。又曰「厭讀爲黶，閉藏貌也」，此解正文「厭然」，與上注「厭足」之「厭」，絶不相蒙。昌朝混而一之，殊爲失考。又卷二丌部「典，堅刃貌也」，據《考工記》「輈欲頎典」，注曰「頎典，堅刃貌」，以「頎典」爲形容之辭，不得單舉一「典」字。卷三巾部

「幓，頭括髮也」，「幓」本「幧」字之譌。據《儀禮》注一以解「婦人之髽以麻」，申之曰「以麻者，著幓頭焉」。一以解「括髮以麻，免而以布」，申之曰「此用麻布爲之狀，如今著幓頭矣」。是括髮、免髽，皆如著幓頭。幓頭自是吉服，揚雄《方言》「帞頭，自河以北趙魏之間曰幧頭」，劉熙《釋名》作「綃頭」，又有鬟帶、髮帶等名，豈可以括髮釋之？是皆疏於考證之故。然釋文散見各經，頗難檢核，昌朝會集其音義，絲牽繩貫，同異粲然，俾學者易於尋省，不爲無益。小學家至今不廢，亦有以也。自序云編成七卷，凡五門。紹興中王觀國後序亦云凡五門、七卷。惟《宋史·藝文志》作三卷，此本爲康熙中蘇州張士俊從宋槧翻雕，實爲七卷，則《宋史》所載，爲字畫之誤明矣。

錢大昕跋曰：《羣經音辨》七卷，宋賈文元公昌朝在經筵日所進。初刻於崇文院，南渡再刻於臨安府學，三刻於汀州寧化縣學。康熙中，吳門張士俊以汀本重刻，字畫端謹，可稱善本。宋初經生帖括遵守漢唐注疏，音義異同，必準諸陸氏《釋文》，無敢少有出入。熙寧以後，學者競以己音說經，視注疏如土苴，而音之戾於古者多矣。此書之存，亦中流之一壺也。其所引經文，如《書》「鳥衣皮服」，「祀無豐於尼」，「惟其斆墍茨」，「平來以圖」；《春秋傳》「釋感于敝邑」，「莵何忌」，「莵羊牧之」；《禮記》「葱渫處末」，「廣夾不中度」，「先飯辩嘗」；《儀禮》「綴足用燕几」，「較在南」，皆與今本不同。尋其義，大較勝於今本。蓋北宋去唐未遠，猶有師承故也。

鄭氏剛中經史專音

五卷，見吴師道《敬鄉錄》

佚

吴師道《敬鄉錄》曰：鄭剛中字亨仲，紹興二年進士第三人，調溫州軍事判官。秦檜薦除敕令所刪定官，改樞密院編修官。累官至四川宣撫副使，陞資政殿學士，進爵滎陽郡侯。及以忤檜落職，安置封州，著書寫經，間以詩文自娛，無幾微怨懟意。凡六年，臨終索筆自書兩頌而卒。檜死，追復原官，後諡忠愍。所著《北山集》三十五卷、《周易窺餘》十五卷、《經史專音》五卷、《榻碎烏有編》等書。

剛中序曰：凡字書一音者，《韻略》科以四聲，各從本韻用之無疑，自一音以上韻輒圈之，附圈者皆字之有他音者也。甚矣，他音之多岐而專音之易失也。後學狃於傳誦，初或失真，場屋之間，迫於晷刻，義復不審，往往謂圈字可以通用，而不知六經百氏固有專讀之音，誤取謬用，所不能免。予病此，近爲旁通書，取音一以上經史有專音及名物定號不相爲用者，標于上，而又以音繫其下，訓釋可以發明者疏于後，本字外事實可以資益者并載之。蓋簡而易見，辨而可守也。惟是《韻略》音注比《釋文》容有不同，而予於圈字其去取亦各有音，別爲敘例，附序之後，通號曰《經史專音》，凡五卷。陸氏有言：「書音之用，本示童蒙。」予爲是書，考據不能周盡，其於示童子也，庶幾焉爾。紹興十九年十二月。

牟氏巘 六經音考

《經義考》

佚

《元史·儒學傳》曰：牟應龍字伯成，其先蜀人，後徙居吳興。祖子才，仕宋，贈光祿大夫，謚清忠。父巘，爲大理少卿。宋亡時，大理卿已退不任事，一門父子自爲師友，討論經學，以義理相切磨，于諸經皆有成說，惟《六經音考》盛行於世。

鄭元慶曰：巘字獻甫，子才之子也。以蔭歷大理少卿，宋亡不仕，與子應龍父子討論，著《六經音考》。

許氏奕 九經直音

《宋志》九卷

未見

趙氏孟至 九經音釋

《千頃堂書目》九卷

未見

鄭元慶曰：孟至，宋燕懿王後。祖希懌，自青田徙湖州。父與簒，嘉定中登第。孟至咸淳乙丑進士，官運判。

黄虞稷曰：至元癸未序。

《天祿琳琅》曰：《九經音釋》，宋趙孟至撰，不分卷。前孟至自序稱，暇日取陸氏《釋文》，質以韻書，采其考音者。音之不可，則以四聲紀之，又不可則著翻切於其下云云。孟至《宋史》無傳，朱彝尊《經義考》引鄭元慶云云。彝尊又稱未見此書，則知流傳於世者少。此本規仿宋槧，槧刻頗精，惜字體不能如宋人書之流麗耳。明內府藏本，有東宮書府印，張璁亦經收藏，有「賜名孚敬」印。

凌氏堯輔大學中庸孝經諸書集解音釋[一三]

見《戴表元集》

佚

戴表元序曰：儒者之説，其精者爲道德，而麤者爲禮樂刑政。當三代以前，雖世治有斷續，而二説未嘗一日廢於天下，書之所存者略也。周之既衰，禮樂刑政書壞，道德茫然無所附麗，夫子不得已，始與其徒共詳之於書。書詳而後世之託言者始襍然，自其徒相繼皆沒之後，千有餘年，往往常有窮經學古之彥，不以世故動心，怡然自守師説於山林艸澤間，宜舉一世不好之而不變，聲薰氣染之久，而亦或爲人所采，拾道德之緒餘，禮樂刑政之髣髴，因之而不墜者什五。至於近代，濂洛之派興，於雜書之中定著其書通於夫子者，曰子曾氏，子思氏，子孟氏，而上三氏之書存者曰《孝經》《中庸》《大學》《孟子》。若《論語》，又孔門之高第共爲之，尤精者也。爲之披微文，抉沈辭，使尋原者不迷其津，趨途者不昧其岐，有功哉！濂洛之徒皆沒，説者又襍，考亭先生出，又取濂洛之已詳者，與其徒皆明之，故《孝經》有刊誤，《論語》《孟子》有集注，《大學》《中庸》有章句，以迨《太極》《西銘》《通書》之類，凡殘編斷簡之關於義理者，舉有訓解。其徒之書，予之資雖鈍，猶得而窺之。其徒之人爲余之先，猶得而知之，顧歲月推移，風氣變化，資品之尤鈍於予者，則不及預此矣。予白首東來，乃始獲聞番陽有雙峰饒君者，嘗學於考亭之門人，而於考亭之書鑽研探索，纂述彙敘，其意猶考亭之於濂洛也。久之，是州之儒者凌君堯輔與予遊，予又見其箋詁、疏釋、問答、圖辨，而知其遊饒君之門，而於饒君之書，又如饒君之於考亭也。嗚呼！兹非予所謂窮理學古之彥，不以世故動心，而怡然自守師説於山林艸澤間者也。堯輔歸，而於是書也，益宏其入，謹其出，且及於伏生申公之年，其有欲聞道德禮樂刑政之説者，不以屬君之徒而誰耶？

陳氏五經直音

《經義考》[一四]

未見

黄溍跋曰：周都官爲《汴都賦》，至使人不能讀，雖以樓宣獻公之博洽而爲之首釋，其弗知而闕焉者蓋多矣。嗟呼！聲韻母也，文字子也，子非母不生，執其子以求其母而不得，乃憧憧若是也。《易》《書》《詩》《禮》《春秋》之文，昭揭千古，學士大夫童而習之，非若夫賦汴都者之鉤奇摭隱，而使人不得其讀也。「直音」蓋舊有其書，陳君是編，不過蒐其脱遺，摘其舛謬，爲力亦易耳。雖然，不能讀《汴都賦》何害，六經之書一失其讀，則二三聖人傳心之要旨、經世之大教所賴以存者幾希矣。夫使之日星垂而江漢流者，陳君是編，不亦助乎！方之樓公竭精憊神於蟲魚石樹之細者，不又有間乎？然予聞有直音、有反切，反切之法本於西土，今譯人所用二合字是也。陳君目是編曰直音，而兼用反切者，蓋變例也。誠懼夫音之未易以直盡也，是抑可尚也。

小學考卷四十七終

校記

〔一〕筌蹄：原作「簽蹄」，據陸德明《經典釋文序》改。
〔二〕取笑：右引書作「取誚」。
〔三〕著：原作「皆」，據《崇文總目》卷二《經典釋文》條改。
〔四〕案：校定《經典釋文》事又見宋王應麟《玉海》卷四三：「顯德二年二月，校勘《經典釋文》三十卷雕印，命張昭、田敏詳校。」在本文中「詳定」乃動詞謂語，二字不當併入書目。又，顯德年間刊本雖已不存，然其本應爲後來刊本之祖本，《經典釋文》今存世，亦不應署作「佚」。
〔五〕經典釋文：原脱「釋」字，今補。案：光緒刊本已補。
〔六〕「與人曰假音價」句：原脱，據賈昌朝《群經音辨序》補。
〔七〕曰敗：原作「曰毀」，據右引書改。
〔八〕案：右引書於「上上」下有小字注音云「時亮切、時掌切」，於「下下」下有小字注音云「胡賈切、胡嫁切」，以區別其音讀。
〔九〕昭：原作「照」，據宋王觀國《群經音辨後序》改。
〔一〇〕神汴：原作「神變」，據右引書改。
〔一一〕文：右引書載作「又」。
〔一二〕四門：《四庫全書總目》卷四〇所載同。案：賈昌朝《群經音辨》原文及《郡齋讀書志》《直齋書録解題》均作「五門」（見本書前引）。「四門」疑誤。
〔一三〕堯輔：原作「堯甫」，據戴表元《剡源文集》卷八《大學中庸孝經諸書集解音釋序》改。
〔一四〕案：此篇《經義考》引自元黄溍《文獻集》卷四《跋六經直音》。《經義考》署作「五音」，謝啓昆從其誤，亦作「五音」。

小學考卷四十八

音義四

李氏舜臣 六經直音

見舜臣《愚谷集》

未見

舜臣自序曰：昔齊桓公與管仲謀伐莒臺上〔一〕，而或以其吁而不吟，測知爲莒。夫吁、吟者，徵羽之儀也。吾青自蒙五胡之難，風俗淪陷，百有餘歲，宋以來復爲金元所有，夫爾其人習其音，故今土人或胡語焉。余讀詩至《瓠葉》「有兔斯首」，釋曰「斯，白也」，曰：齊魯間呼斯、鮮聲相近，此方言也，亦并澌盡。遭逢聖代，師崇經術，《釋文》明存而人貫於僞舛，如素蒙縕，不以反復，加以土音偏重，不能爲入聲讀，反不如山僧、里童子師〔二〕，能引聲諷，所謂廿四釋者，又徒能風而已。余故於經文究其反切而爲直音，不免近俗，然以名是不可易也。壬寅冬十月序。

《四庫全書·愚谷集提要》曰：據集所載小序，舜臣所著《籀文考》《六經直音》諸書〔三〕，於經皆未見，然亦足見其文之根柢也。

李氏舜臣 五經字義

《經義考》〔四〕

未見

王氏覺 五經明音

《經義考》五卷

未見

胡氏一愚 五經明音

《經義考》六卷

未見

無名氏九經直音

《四庫全書目》四卷

存

《四庫全書提要》曰：《明本排字九經直音》二卷，

不著撰人名氏。書中《春秋》傳「素王」二字下引真宗《宣聖讚》，但標真宗，不稱宋，又稱御製，則爲宋人所著可知。卷首題曰「明本」者，宋時刊版，多舉其地之首一字，如建本、杭本之類，此蓋明州所刊本，即今寧波府也。末題「歲次丁亥梅隱書屋新刊」，不著年號，考丁亥爲元世祖至元二十四年，是元初刊本矣。其書不用反切，而用直音，頗染鄉塾陋習，然所音俱根據《釋文》，猶爲近古。《釋文》一字數音者皆並存之，如《金縢》「辟」字下云：孔音闢，法也。《說文》音必，鄭音避。《大誥》「賁」字下云：音墳，王讀爲賁卦之賁。《禮・內則》「接以太牢」，「接」字下云：鄭音捷，王杜並以爲接待。《祭法》「相近於坎壇」，「坎」字下云：注作禳祈，《孔叢子》以爲祖迎。《祭義》「爓」字下云：徐廉反，古音燖[五]。《周禮・太宰》「圃」字下云：布古反，又音布。「牧」字下云：徐音目，劉音茂。「頒」字下云：鄭音班，徐音墳。《邊人》「茆」字下云：茆音卯，又音柳。《遺人》下云：遺音位，劉音遂，乃與卷首序《遺人》音推異。如此者不可枚舉，固非後來坊本直音，以意屬讀，惟趨便捷者比也。惟《禮記》「敖不可長」，《釋文》「敖」依注五報反，慢也。王肅五高反，遨遊也。長，竹丈反，盧植、馬融、王肅並直亡反。此書云：敖，王音平，則《釋文》所云王五高反也。而於「長」字下又注云：長張上，又平，則又兼用鄭注竹丈反。一句之內，於鄭注半從半違，遂使「敖」字、「長」字音義兩不相應。又《周禮・太宰》「斿貴」下云：斿音留，燕好也。今考鄭注，「斿」讀如燕游之游。此書既用鄭義，則斿當作以周反，其作良周反音留者，乃《春秋》傳「鞶厲游纓」之游，更自相矛盾。又《月令》「審端徑術」下云：術，注作遂。方曰：徑道之小，術道之末，則如是字[六]。今考《學記》「術有序」注，「述」當爲「遂」，《水經注》引《學記》「術有序」作「遂有序」。《春秋》文公十二年，秦伯使述來聘，《公羊傳》《漢書・五行志》「術」並作「遂」[七]，是古字「術」「遂」本通。此書反信方氏之曲說，殊爲未協。及《中庸》「壹戎衣」下云：《書・武成》作「如字」者，是注讀爲殷者無據。今考古「衣」字作㐆，从反身，「殷」字從此，故讀殷爲㐆，音與衣同。《白虎通》曰：「衣之爲言隱也，所以隱身也。」則衣殷音近。《楚詞》「新浴者必振衣」，與汶、塵合韻，則衣、殷二字音通。是書以爲無據，亦爲失考。然核其大致，則多能決擇是非。如於《三禮》雖多守方慤注，然如《祭法》「幽宗」注讀如榮，方慤「宗」作「如字」，則兼存鄭義。又《書・武成》「識」字下云：陸無音，漢翟酺疏引此作恭，則補苴闕遺，亦頗能有所考據。又《檀弓》

「卜人師扶右」，下云：卜讀爲如字者，非。考鄭注「卜」當爲僕，聲之誤也，僕人、射人皆平時贊正君服位者，若卜人則於義無取。此書不用《釋文》所載前儒之說最當。又《周禮・醢人》「箈」字下云：音治，又音代。今考《釋文》云：又丈之反，未知所出。不知《說文》「箈，水衣」，本作「菭」，从草治聲。水衣之「菭」，既以治爲聲，則丈之反乃爲「箈」之古音矣。故菭牆草名作澄之切，可以相證。是書用丈之切爲本音，而以代爲又音，較之《釋文》以丈之切爲無出。考核尤精。且《釋文》所載皆唐以前音，而此書則兼取宋儒，如於《詩》《中庸》《論語》《孟子》則多采朱子，於《易》則兼采程朱，於《禮》則多采方愨，其他經引胡瑗、司馬光音讀尤多，與陸氏之書尤足相續，在宋人經書音釋中最爲妥善。若九經前後失次，則當爲坊刻之誤，既無關大旨，固無庸深論矣。

秦氏汝霖 五經音韻

《江南通志・書目》

未見

《江南通志》曰：丹徒秦汝霖撰。

周氏遢 曾子音訓

七篇，見《文正集》

存

吳澄序曰：宋清江劉清之病曾子之粹言〔八〕，有非十篇所該，别輯《新曾子》七篇，篇分内、外、襍，朱子識其卷首。予竊玩繹，惜其釐析之猶未精也，意欲以《論語》《大學》《孟子》所有爲内篇，而《小戴記》所采《大孝》一篇，則附於内；以《小戴記・曾子問》與《内則》諸篇所載爲外篇，而《大戴記》所存《立事》等九篇則附於外。就中擇其麤者，并諸家羣書之言，則爲襍篇。然又思若《論語》，若《大學》，若《孟子》，若《小戴記》，人所常讀〔九〕，曾子遺言，未嘗不接乎耳目，是書雖不輯，庸何傷？惟《古曾子》十篇，文字多缺誤，不可不考正。豫章周遢參合諸本，訂其同異，明其音訓，用志不苟，可謂篤好曾氏之書者矣。

張氏鎰 孟子音義

《唐志》七卷《宋志》二卷

佚

《舊唐書・張鎰傳》曰：鎰蘇州人，朔方節度使齊邱之子也。大曆五年，除濠州刺史，爲政清靜，州事大理。乃招經術之士，講訓生徒，撰《三禮圖》九卷、《五經微旨》十四卷、《孟子音義》三卷。尋拜中書侍郎、平章事、集賢殿學士。盧杞忌鎰名重道直，無以陷之，時方用兵，因薦鎰以中書侍郎爲鳳翔隴右節度使。李楚琳作亂，鎰出鳳翔三十里，爲候騎所得，楚琳殺之。贈太子太傅。

《姑蘇志》曰：鎰字季權，一字公度。

朱彝尊《經義考》曰：張氏《音義》云：「睊睊胥讒，側目視貌，言睊睊然怒目相嫉而相讒也。」「徒杠，方橋也，可通徒人行過者。」「桮棬，屈木爲之。」「其趨一也，趨讀趣，言其趣而正道無異也。」朱子《集注》從之。「鄒與魯鬨，鬨鬭聲，從門下者。」朱子從而節之。餘若「善爲説辭，説音稅。」「栶屨，栶作裍。」「子噲，燕易王子。」「訑訑，蓋言辭不正，欺罔於人自誇大之貌。」與諸銓釋差別。《舊唐書・經籍志》亦失載。僅有孫氏《音義》。

丁氏公著 孟子手音

《宋志》一卷

佚

朱彝尊《經義考》曰：丁氏《手音》，今已無傳，其見於孫氏《音義》者：「願比死者一洒之，音洗，謂洗雪其恥也。」「獨樂樂，上音岳，下音洛。」「從獸無厭，厭平聲。」「反其旄倪，旄老也，倪謂繄倪小兒也。」「乃屬其耆老，屬會聚也。」「爾何曾比於是，曾音憎，則也，乃也。」「悻悻然見於其面，悻悻作婞婞，很也[一〇]，直也。」「舍皆取諸其宮中而用之，舍音赦，止也。」「勞之來之，勞來皆去聲。」「門人治任將歸，治任謂擔任之具。」「虆土籠也，梩土轝也。」「先儒説五霸不同，有以夏霸昆吾，商霸大彭豕韋，周霸齊桓晉文爲五霸者。」「訑訑，自足其智，不嗜善言之貌。」「兩馬之力與，古人駕車以兩馬，軌謂限之轍迹也，孟子意言城門限迹切深，以日久遠爲車所轢多故也，豈是一時兩馬駕車而過之使然。」以上皆爲朱子《集注》所取。其文異者：「是罔民也，罔作司。」「止或尼之，尼作屔。」「相與輔相之相，作押，音甲，輔也，義與夾同。」「使民盻盻然，作盻盻。」「師死而遂倍之，倍作偝。」「蠅蚋姑嘬之，蜹作蝤，云蝤未詳所出，或以蝤與蚢同，謂蜉蚢也，音由，一說蝤姑即螻蛄也。」「摶而躍之，摶音團。」「一匹雛，匹作疋音，即疋雛，小雛也。」「是以言餂之，按字書及諸書並無此餂字，郭璞《方言》注云：音忝，謂挑取物也，其字從金，今其字從食，蓋傳寫誤也。」又有音異者：「汙音蛙，不平貌。」「恔者，皎憭也。」「許行，行音衡。」「弡音彫，義與弴同。」「掊克在位，掊薄候切，深也，聚斂也。」「貉稽曰，貉貊、鶴二音。既是人姓，當音鶴。」又有義異者：「龍斷，龍與隆聲相近，隆高也。蓋古人之言耳，如胥須之類也。」「媒妁之言，謂媒氏酌二姓之可否，故謂之媒妁。」「晉之乘，楚之檮杌。晉名春秋爲乘者，取其善惡無不載。楚謂春秋爲檮杌者，在紀惡而興善也。」「播種而耰之，壅苗根也。」「有梏亡之矣，謂悔吝利害也，利害之亂其性，猶桎梏之刑其身，故喻之。」「變其彀率，率循也，謂彀張其弩，又當循其射道，令必中於表。」「躍如，猶言卓爾。」「虎賁，先儒言如猛虎之奔。」

孫氏奭 孟子音義

《宋志》二卷

存

奭撰進序曰：夫總羣聖之道者，莫大乎六經，紹六經之教者，莫尚乎孟子。自昔仲尼既沒，戰國初興，至化陵遲，異端並作，儀衍肆其詭辨，楊墨飾其淫辭，遂致王公納其謀以紛亂於上，學者循其踵以蔽惑於下，猶洚水懷山，時盡昏墊，繁蕪塞路，孰可芟夷？惟孟子挺名世之才，秉先覺之志，拔邪樹正，高行厲辭，導王化之原，以救時弊，開聖人之道，以斷羣疑。其言精而贍，其旨淵而通，致仲尼之教獨尊於千古，非聖賢之倫，安能至於此乎？其書由炎漢之後，盛傳於世，爲之注者則有趙岐、陸善經，爲之音者則有張鎰、丁公著。自陸善經已降，其所訓說，雖小有異同，而共宗趙氏。今既奉敕校定，仍據趙注爲本，惟是音釋，宜在討論。臣今詳二家撰錄，俱未精當。張氏則徒分章句，漏略頗多。丁氏則稍識指歸，譌謬時有。若非刊正，詎可通行？謹與尚書虞部員外郎同判國子監臣王旭〔一一〕、諸王府侍講太常博士國子監直講臣馬龜符〔一二〕、鎮寧軍節度推官國子監說書臣吳易直、前江陰軍江陰縣尉國子學說書臣馮元等，推究本文，參附舊注，采諸儒之善，削異說之煩，證以字書，質諸經訓，疏其疑滯，備其闕遺，集成《音義》二卷。雖仰測至言，莫窮於奧妙，而廣傳博識，更俟於發揮。謹上。

晁公武《讀書志》曰：皇朝孫奭等采唐張鎰、丁公著所撰，參附益其闕。古今注《孟子》者，趙氏之外，有陸善經，奭撰《正義》，以趙注爲本，其不同者時時兼取善經，如謂「子莫執中」爲「子等無執中」之類。大中祥符中書成，上於朝。

陳振孫《書錄解題》曰：舊有張鎰、丁公著爲之音，俱未精當。奭方奉詔校定，撰集《正義》，遂討論音釋，疏其疑滯，備其闕遺。

鄭曉曰：《孟子》音釋，有張鎰、丁公著，至宋孫奭作《音義》二卷，以糾正二子之說。又因趙氏注爲《正義》，於是《孟子》有趙注、孫疏行於世。

瞿中溶跋曰：晁公武《讀書志》一條引見馬端臨《文獻通考》，衢本《讀書志》本有之，今所行《附志》本無者，爲趙希弁刪去也。衢本係昭德門人姚應績編，方是晁氏原書。《文獻通考》所引「晁氏曰」，皆據此本，故與今本多不合。孫宣公《孟子正義》一書，本邵武士人僞作，《讀書志》不載，最爲有識。《通考》所引「晁氏曰」一條，乃其跋《音義》之語，《通考》以《正義》附于《音義》下，合爲一條，並屬諸宣公，且于晁氏跋中「奭等以趙注爲本」一語，以意改爲「奭撰《正義》，以趙注爲本」，蓋惑于陳振孫以下諸家之說耳。朱竹垞作《經義考》，承馬氏之繆，且專以此條繫于《正義》之下，則較《通考》更爲謬誤矣。賴衢本猶存于世，得以究其轉展致誤之由，舊本之所以足貴也。

陸氏筠翼孟音解

《經義考》一卷

佚

周必大序曰：八卦畫而萬象分，此文字所由作也。自五帝迨戰國，雖六書之法形制或異，然篆籀猶存[一三]，未失本意。秦變末俗，始改散隸，後世益以爲譌謬，傳寫六經、《論》《孟》，間改舊文，而諸儒用今字爲注解，因今韻立音訓，道隨說隱，義逐時晦，爲不少矣。韓退之云「凡爲文辭，宜略識古字」，故實蓄科斗《孝經》及漢衛宏官書以爲依據。柰何後之人不復致意於斯也！臨川陸嘉材諱筠，一字元體，博習修潔，登紹興己丑進士第，不汲汲進取，惟盡心於所涖。初主貴溪簿，闢邪說而正官廳，王右史洋爲之記。厥後魔賊焚縣，相戒獨留簿廳，其感人心如此。仕至朝奉大夫、浙西安撫司參議官，賜服金紫，享年七十有六。平生篤志《孟子》，著《翼孟音解》九十一條，擇《春秋左氏傳》《莊》《列》《楚詞》《西漢書》《說文》之存古文者，深思互考，遂成此書。如以「折枝」爲磬折腰肢，讀「樂酒」若樂山樂水，「角招」爲韶，「睟子」爲牟，「殺三苗」本作

「𡚸二女」，「果」本作「婐」之類，粲若白黑。至論舜生於諸馮，遷於負夏，卒於鳴條，視漢儒所記《檀弓》蒼梧之語，孰近孰遠，孰信孰疑？此古今學者議論所未及也。且舜居河東，歷山、雷澤各有其地，而越人別指歷山、舜井、象田，仍以餘姚、上虞名縣，《風土記》曲爲之辭，人不謂然，蓋異端之作，其來已久，於舜平居附會已類此，況身後乎！所謂九疑之葬、二妃之溺，宜退之《黃陵碑》云皆不可信。彼孔安國解《書》，以「陟方」訓升遐，其說尤拘。書固曰「升高必自下，陟遐必自邇」，豈專訓升乎？然退之近捨《孟子》而遠引《竹書紀年》，何也？予每歎恨不得質疑於韓門，而喜嘉材嗜古著書，有益後覺。藏其本殆三十年，今嗣子新融水尉孝溥追敘先志，請序卷首，始爲推而廣之。昔唐彭城劉軻慕孟子而命名，著《翼孟》三卷，白樂天記其事，賴以不朽。嘉材視劉何愧，特予非樂天比，其能使嘉材不朽乎？慶元六年四月戊戌。

《江西通志》曰：陸筠字嘉材，一字元體，金谿人。紹興中進士，官江西帥司參議，奉祠。平生好《孟子》，因著《翼孟音解》。嘗過豐城，僑居南禪寺綠筠軒，愛其名與己協，遂留不去。

《南昌府志》曰：筠作《翼孟音解》，凡九十一條。

周氏賓 四書音考

《千頃堂書目》

未見

黃虞稷曰：賓字汝欽，江西安福人，天順甲申進士。

周氏寅 四書音考

見《嘉善縣志》

佚

《嘉善縣志》曰：周寅字汝欽，學於周鼎，安貧守義，著《小學集注》《四書音考》〔一四〕。

王氏覺 四書明音

《經義考》二卷

佚

王氏廷熀 四書音釋

《經義考》一卷

存

嚴繩孫曰：廷熀字幼翰，一字君渡，無錫人。

金氏德玹 小四書音釋

《經義考》四卷

未見

《徽州府志》曰：金德玹字仁本，休寧人。

馮保 經書音釋

《千頃堂書目》一卷

存

《明史·宦官傳》曰：馮保深州人，嘉靖中爲司禮秉筆太監。隆慶元年，提舉東廠。萬曆元年，保其族高拱、與張居正謀會廷臣持之，居正亦迫衆議，微諷保，稍解〔一五〕。保善琴能書，帝屢賜牙章，曰光明正大，曰爾惟鹽梅，曰汝作舟楫，曰魚水相逢，曰風雲際會，所以待之甚厚。後保益横肆，内倚太后，外倚居正，居正之奪情及杖吳中行等，保有力焉。已而太后歸政，失所倚賴。會御史彈章入，遂謫保奉御南京安置，久之，乃死。

《四庫全書提要》曰：保字永亭，號雙林，深州人。嘉靖中秉筆司禮太監。隆慶及萬曆之初最用事，事蹟具《明史·宦官傳》。是編摭拾《經典釋文》《説文》《廣韻》諸書，參以己意。如解《論語》「過則勿憚改」，「憚」字曰難也，畏也，則已詳於朱注。解宓不齊「宓」字曰「三國時秦宓，人名」，則更與音釋無關。至其鈔襲舛誤，更不可枚舉。末有隆慶辛未保自跋，其私印曰「内翰之章」尤可怪矣。史稱保善琴能書，是編當即所自撰。當時士大夫憚其權勢，必有從而譽之者，故竟至於災梨。其人其書本均不足存，以趙高《爰歷》六篇，《漢志》著錄，姑存其目，亦以見明代貂璫之横，至儼然以詞臣自居，而無一人議之，足爲萬世之烱戒也。

小學考卷四十八終

校記

〔一〕與：原作「興」，據明李舜臣《愚谷集》卷六《六經直音自序》改。

〔二〕童子：原作「音子」，據右引書改。

〔三〕「籀文考」下，原衍一「文」字，據《四庫全書總目》卷一七二《愚谷集》提要刪。

〔四〕案：四庫本乾隆《山東通志》卷三四《經籍志》著録「李舜臣《五經字義》十卷」。

〔五〕古：原作「故」，據《四庫全書總目》卷三三《九經直音》提要改。

〔六〕是字：原脱「字」，據右引書補。

〔七〕作：原脱，據右引書補。

〔八〕粹言：原脱「言」字，據吴澄《吴文正集》卷二〇《曾子音訓序》補。

〔九〕常讀：原作「嘗讀」，據右引書改。

〔一〇〕很：原作「狼」，據《經義考》卷二二二丁公著《孟子手音》條改。案：光緒刊本已改。

〔一一〕同判：原作「司判」，據《孟子注疏》附孫奭《孟子音義序》改。

〔一二〕馬龜符：原作「馬龜待」，據右引書改。

〔一三〕猶存：原作「有存」，據宋周必大《文忠集》卷五三《陸氏翼孟音解序》改。

〔一四〕案：周寅又見四庫本《檇李詩繫》卷一〇「周布衣寅」條，小傳稱其爲嘉善人，有詩集名《百橼堂集》。

〔一五〕案：自「萬曆元年」以後一段文字，係節録《明史》卷三〇五《宦官傳》，刪節未當，文意不甚明。當參考《明史》原文。文繁不録。

小學考卷四十九

音義五

延氏篤史記音義

一卷，見司馬貞《史記索隱》

佚

《後漢書·延篤傳》曰：篤字叔堅，南陽犨人。少從潁川唐谿典受《左氏傳》，又從馬融受業，博通經傳及百家之言。舉孝廉，爲平陽侯相，遷京兆尹。論解經傳，多所駁正，後儒服虔等以爲折中。

司馬貞《史記索隱後敘》曰：班史之書，近代諸儒共所鑽仰，其訓詁蓋亦多門。太史公書，古今爲注解者絕少，音義亦希。始後漢延篤，乃有《音義》一卷，又別有《音隱》五卷，不記作者何人。近代鮮有二家之本。

按：延篤《音義》不見《隋志》及新、舊《唐志》，司馬貞《史記索隱》後敘溯《史記》音注之始，以爲始實于篤。彼時書已不傳，宜無徵引及之也。

無名氏史記音隱

五卷，見《史記索隱》

佚

徐氏廣史記音義

《隋志》十二卷

闕

《晉書·徐廣傳》曰：廣字野民，東莞姑幕人，侍中邈之弟也。世好學，至廣尤爲精純，百家數術無不研覽。孝武世除祕書郎，典校祕書省，累遷祕書監。

《宋書·徐廣傳》曰：永初元年詔曰：「祕書監徐廣，學優行謹，歷位恭肅，除中散大夫。」廣上表乞相隨之官，歸終桑梓，許之，贈賜甚厚。元嘉二年卒。

裴駰《集解序》曰：故中散大夫東莞徐廣，研核衆本，爲作《音義》，具列異同，兼述訓解，麤有所發，而殊恨省略。

司馬貞《索隱序》曰：徐氏《音義》惟記諸本異同，於義少有解釋。

張守節《正義序》曰：廣作《音義》十三卷，裴駰爲注，散入百三十卷。

陳振孫《書録解題》曰：始徐廣作《史記音義》，駰本之以成《集解》。

黄滔《日損齋筆記》曰：《武帝紀》及《封禪書》所載黄錘，史寬舒《封禪書》注引徐廣曰：錘丈恚反。錘縣、黄縣皆在東萊。《武帝紀》注引韋昭曰：黄錘，人姓名。一以爲地名，一以爲人名，前後自相矛盾。《漢書·郊祀志》注引孟康曰：二人皆方士。顔師古曰：錘直垂反。其不取徐廣之説，蓋不以一人，係兩縣也。然寬舒之名數見於後，而無所謂黄錘者，又似可疑耳。

按：隋世諱廣，故以字著，廣爲邈之弟，邈爲羣經音甚精，而廣特作《史記音義》，此列傳所以稱爲家世好學者與。司馬貞《索隱序》、張守節《集解序》《正義》俱作十三卷，《索隱後序》又作一十卷，未知孰是？

裴氏駰 史記音義

見《史記索隱》

佚

司馬貞《索隱後序》曰：裴駰作《集解》，注本合爲八十卷，見行於世，仍云亦有《音義》，前代久已散亡。

按：史、漢《音義》著於録者，今皆亡其本書，體例無從考證。觀其卷數，或一二卷，或二三十卷，多寡懸殊，則詳略亦大異矣。諸家之説，時見《索隱》《正義》之所稱引，其全書優劣，則鮮見論説及之。惟《索隱後序》略有評論，云其音何如，其義何如，乃知前人所著音義之書，音與義分，義不盡爲音中之義，則與解説文義之書相出入矣。蓋史學者本有音訓、解詁二類，不可混爲一也。但裴氏既有《集解》，則别出《音義》，必專爲訓音而設。書雖不傳，而大指亦約略可見。

鄒氏誕生 史記音

《隋志》三卷

佚

司馬貞《索隱》曰：南齊輕車録事鄒誕生亦撰《音義》三卷，音則尚奇，義則罕説。

按：《舊唐志》鄒誕生作郃鄒生，合《隋志》《新唐志》與《索隱後序》證之，《舊志》誤矣。《舊志》又作《音義》，與《索隱後序》

合，將《隋志》亦誤耶？凡著錄以志之最前者爲主，故仍用《隋志》而致辨於此。又《隋志》注云梁輕車錄事參軍，與小司馬所敘銜亦異，《隋志》敘銜依上書及成書時言，故與本傳每不符，但小司馬所敘則必舉其後者矣，何反出其前乎？是又不可解矣。

柳氏顧言 史記音義

三十卷，見《史記索隱》

佚

司馬貞《索隱後序》曰：隋祕書監柳顧言尤善此史。劉伯莊云：其先人曾從彼公受業，或音解隨而記錄，凡三十卷，隋紀喪亂，遂失此書。

劉氏伯莊 史記音義

《唐志》二十卷

佚

《舊唐書·劉伯莊傳》曰：伯莊徐州彭城人。貞觀中累除國子助教。龍朔中兼授崇賢館學士。撰《史記音義》三十卷、《史記地名》二十卷。

司馬貞曰：伯莊以貞觀之初奉敕於弘文館講授，遂採鄒徐諸家，兼記憶柳公音旨，遂作《音義》二十卷，音乃周備，義則更略。

陳振孫《書錄解題》曰：伯莊貞觀初奉敕講授，采鄒誕生、徐廣及隋柳顧言《音義》，而爲此書。

按：劉氏《音義》，《舊唐志》作三十卷，觀司馬貞言，《新志》爲是。

許氏子儒 史記音義

《唐志》三卷

佚

應氏劭 漢書集解音義

《隋志》二十四卷

佚

按：《集解》《隋志》已與本書並著，仍別出此書者，當如今《索隱》已附《史記》，而別有單行本歟，抑《集解》附本書，而此更有音義歟？其連稱「集解音義」，或并將集解文字而音訓之，不特爲史文作音訓歟？

服氏虔 漢書音訓

《隋志》一卷

佚

李治《古今黈》曰：《霍去病傳》爲票姚校尉，服虔曰音飄搖，師古曰票音頻妙反，姚音羊召反，票姚勁疾之貌也。荀悦《漢紀》作票鷂，字去病，後爲票騎將軍，尚取票姚之字耳。今讀者音飄遥，則不當其義也。師古雖破服音，然依服音讀，其義亦通，而顔直不取者，正用《荀紀》文耳。此二字《集韻》亦皆收入去聲，蓋與顔意同也。杜詩悉作平聲，則實用服注也。驃騎之驃，今世皆作平聲讀，又不作飄音，而直作㟽音，則又異於服音矣。

又曰：《漢書·陳涉傳》曰：「藉弟令無斬，而戍死者固什六七。」注引服虔曰：「藉猶借也，第使也。」與《史記》服注不同。《史記》服注曰：「藉，假也；第，次第也。」應劭曰：「藉，吏士名籍也。」蘇林曰：「第，且也。」〔一〕治曰：服説藉假，蘇説第且，是也。應説名籍，服説次第，非也。「第」本訓但，「但」亦且意〔二〕，此言「藉第令無斬」，猶云假且使不殺。

諸葛氏亮 漢書音〔三〕

《唐志》一卷

佚

《蜀志·諸葛亮傳》曰：亮字孔明，瑯琊陽郡人。官至丞相，封武鄉侯，謚忠武。

按：諸葛《漢書音》，《七録》《隋志》俱無。

孟氏康 漢書音《唐志》作「音義」

《七録》九卷

佚

顔師古曰：孟康字公休，安平廣宗人。魏散騎常侍、中書監〔四〕，封廣陵亭侯。

張守節曰：《漢書音義》中有全無姓名者，裴氏注《史記》，直云《漢書音義》。按大顔以謂無名義，今有六卷，題云孟康，或云服虔，蓋後所加，皆非其實，未詳指歸也。

按：此書《隋志》注已亡，而新、舊《唐志》俱著録，顔氏注亦多採用之。意隋唐之際，此書不甚顯，故《隋志》誤謂亡耳。《崇文總目》

始不著錄，蓋亡于宋云。

蘇氏林 漢書音義

見顏師古《漢書注》

佚

《三國志》注引《魏略》曰：蘇林字孝友，博覽，多通古今字指，凡諸書傳文間危疑，林皆釋之。建安中爲五官將文學，甚見禮待。黄初中爲博士、給事中，文帝作《典論》，所稱蘇林者是也。以老歸第，國家每遣人就問之，數加賜遺。年八十餘卒。

顏師古曰：蘇林陳留外黄人。魏給事中，領祕書監、散騎常侍〔五〕、永安衛尉、太中大夫。黄初中遷博士，封安成亭侯。

按：顏師古注《漢書》，其音取蘇林之説爲多，間亦有義。惜全書久佚，隋、唐《志》皆不著錄，今本師古注增入焉。

韋氏昭 漢書音義

《隋志》七卷

佚

《吳志・韋曜傳》曰：曜字宏嗣，吳郡雲陽人。本名昭，《志》避晉諱。好學，能屬文。諸葛恪輔政，表爲太史令，與華覈、薛瑩等同修《吳書》。累遷中書僕射，領左國史。

李治《古今黈》曰：《漢書・刑法志》「中刑用刀鋸，其次用鑽鑿」，韋昭曰：「鑽臏刑也，鑿黥刑也。」師古曰：「鑽之去其臏骨也，鑽音子端反。」予謂鑽鑿二物〔六〕，皆施之於臏也。韋以鑿爲黥刑，誤矣。黥復何事於鑿？又顏讀「鑽」爲平聲，亦誤。《志》所陳刀鋸鑽鑿等，莫非指器物而言，「鑽」作平聲讀，則非器也，乃用器耳，「鑽」去聲讀之爲是。

晉氏灼 漢書音義

《唐志》十七卷

佚

按：晉灼河南人，晉尚書郎。《隋志》但載其《集注》，《唐志》并載《音義》。

漢書集解音義 臣瓚

二十四卷，見顔師古《漢書敘例》

佚

裴駰《史記集解序》曰：《漢書音義》稱「臣瓚」者，莫知氏姓。《索隱》曰按即傅瓚，而劉孝標以爲于瓚，非也。據何法盛《晉書》，于瓚以穆帝時爲大將軍誅死，不言有注《漢書》之事。又其注《漢書》有引《祿秩令》及《茂陵書》，然後二書亡於西晉，非于所見也。必知是傅瓚者。按《穆天子傳·目錄》云：傅瓚爲校書郎，與荀勖同校定《穆天子傳》，即當西晉之朝，在于之前，尚見《茂陵》等書。又稱臣者，以其職典祕書故也。

顔師古《敘例》曰：有臣瓚者，莫知氏族。考其時代，亦在晉初。又總集諸家音義，稍以己之所見續厠其末，舉駁前説，喜引《竹書》，自謂甄明，非無差爽。凡二十四卷，分爲兩帙。今之《集解音義》則是其書，而後人見者不知臣瓚所作，乃謂之應劭等集解。王氏《七志》、阮氏《七錄》並題云然，斯不審耳。學者又斟酌瓚姓，附著安施，或云傅族，既無明文，未足取信。

宋祁《筆記》曰：景祐余靖校本云，「臣瓚」不知何姓。按裴駰《史記序》云，莫知姓氏。韋稜《續訓》又言未詳，而劉孝標《類苑》以爲于瓚。酈元注《水經》以爲薛瓚。姚察《訓纂》云：案庾翼集，于瓚爲翼主簿、兵曹參軍，後爲建威將軍。《晉中興書》云：翼病卒，而大將于瓚等作亂，翼長史江虨誅之。于瓚乃是翼將，不載有注解《漢書》。然瓚所採衆家音義，自服虔、孟康以外，並因晉亂湮滅，不傳江左，而《高紀》中瓚案《茂陵書》，《文紀》中案漢《祿秩令》，此二書亦復亡失，不得過江。明此瓚是晉中朝人，未喪亂之前，故得見其先輩音義及《茂陵書》《漢令》等耳。蔡謨之江左，以瓚二十四卷散入《漢書》今之注也。若謂爲于瓚，乃是東晉人，年代前後，丁不相會。此瓚非于是可知矣。又案《穆天子傳·目錄》云：祕書校書郎中傅瓚校古文《穆天子傳》者，汲縣人不準盜發古塚所得書。今《漢書音義》臣瓚所案，多引汲書，以駁衆家訓義，此瓚疑是傅瓚。瓚時典校書，故稱臣。

按《水經注》，其書蔡謨散入集解中，故《隋志》皆不著錄，今本師古《敘例》增入焉。

崔氏浩 漢書音義

《唐志》二卷

佚

《魏書·崔浩傳》曰：浩字伯淵，清河人。好文學，博覽經史。天興中以通直郎給事祕書，轉著作郎，累遷侍中、撫軍大將軍、左光祿大夫，封東郡公。

劉氏顯 漢書音義

《隋志》二卷

佚

《梁書·劉顯傳》曰：顯字嗣芳，沛國相人。天監初舉秀才，累遷尚書儀曹侍郎、步兵校尉，終平西諮議參軍，戎昭將軍[七]。顯與河東裴子野、南陽劉子遴、吴郡顧協遞相師友，顯博聞强記，過于裴、顧。

顔之推《家訓》曰：《漢書》「田肯賀上」，江南本皆作「宵」字，沛國劉顯博覽經籍，偏精班漢，梁代謂之漢聖。顯子臻不墜家業，讀班史，呼爲田肯，梁武帝嘗問之，答曰：「此無義可求，但臣家舊本以雌黄改『宵』爲『肯』。」元帝無以難之。吾至江北，見本爲「肯」。

夏侯氏詠 漢書音

《隋志》二卷

佚

按：夏侯詠無考，《隋志》在劉顯後，故附梁末。

蕭氏該 漢書音義

《隋志》十二卷

佚

《隋志·經籍志》曰：國子博士蕭該撰。

《隋書·儒林傳》曰：蘭陵蕭該者，梁鄱陽王恢之孫也。少封攸侯。梁荊州陷，與何妥同至長安。性篤學，《詩》《書》《春秋》《禮記》並通大義，尤精《漢書》，甚爲貴遊所禮。開皇初，賜爵山陰縣公，拜國子博士。奉詔書與妥正定經史，然各執所見，遞相是非，久而不能就，上譴而罷之。該後撰《漢書》及《文選》音義，咸爲當時所貴。

宋祁《筆記》曰：余曾見蕭該《漢書音義》若干

篇，時有異議。然本書十二篇，今無全本。顏監集諸家《漢書》注，獨遺此不收，疑顏當時不見此書云。今略紀于後。

包氏愷 漢書音

《隋書》十二卷〔八〕

佚

《隋書·儒林傳》曰：東海包愷字和樂，從王仲通受學，《漢書》尤稱精究。大業中爲國子助教，于時《漢書》學者以蕭該、包愷二人爲宗匠。

按：《隋志》注曰「廢太子勇命愷等爲之」，非一人手也。

張氏仲 前漢音義

十二卷，見《隋書》

佚

《隋書·儒林傳》曰：吳郡張仲字叔元，仕陳爲左郎將，覃思經典，撰《前漢音義》十二卷。官至漢王侍讀。

孔氏文祥 漢書音義鈔

《唐志》二卷

佚

劉氏嗣等 漢書音義

《唐志》二十六卷

佚

陰氏景倫 漢書律曆志音義

《唐志》一卷

佚

按：陰景倫，《通志》作徐景倫。

劉氏伯莊 漢書音義

《唐志》二十卷

佚

《舊唐書·劉伯莊傳》曰：伯莊撰《漢書音義》二

十卷。

敬氏播 漢書音義

《唐志》十二卷

佚

《唐書·儒學傳》曰：敬播，蒲州河東人。貞觀初擢進士第，詔詣祕書省，遷著作佐郎，歷諫議大夫、給事中。房玄齡患顔師古注《漢書》文繁，令播撮其要，爲四十篇。

按：《唐書·敬播傳》云：是時《漢書》學大興，其章者若劉伯莊、秦景通兄弟、劉納言皆名家〔九〕。考敬播、劉伯莊有《漢書音注》、劉納言爲太子賢注《後漢》，惟景通兄弟不見著録。其附傳云：景通者景陵人，與弟暐俱有名，皆精《漢書》，號大秦君、小秦君。當時治《漢書》，非其授者以爲無法云。以景通仕至太子洗馬〔一〇〕，兼崇賢館學士，暐後復踐其官及職。當時所謂《漢書》者固書也，而納言所注爲《後漢》，如景通兄弟之皆精《漢書》，而未嘗有著述歟？今附録於此，以見當時之爲《漢書》者又有若而人也。

劉氏芳 後漢書音

《隋志》一卷

佚

《隋書·經籍志》曰：後魏太常劉芳撰。

《魏書·劉芳傳》曰：芳才思深敏，特精經義，博聞強記，兼覽《倉》《雅》，尤長音訓，辨析無疑。撰《後漢書音》一卷。

韋氏闡 後漢音

《七録》二卷

佚

《南史·韋叡傳》曰：叡京兆杜陵人。兄闡，早知名，爲建寧縣所得奉百餘萬，還家，悉委伯父處分。鄉里宗之。位通直郎。

臧氏競 范漢音訓

《隋志》三卷

佚

《隋書·經籍志》曰：陳宗道先生臧競撰。

按：宗道先生，《陳書》無傳。

蕭氏該 范漢音

《隋志》三卷

佚

按：臧氏蕭氏二家《後漢音義》，《隋志》皆著「范漢」，所以別於二謝、華嶠、袁山松諸家之書。至《唐志》皆標以「後漢」矣。意當日命名，原無「范漢」之目，《隋志》改題以識別，《唐志》則據本名以著錄耳。然《隋志》於劉芳之言但稱「後漢」，今劉書不傳，不知所音果范書與否，不可考矣。又按，隋唐之間，諸家《後漢書》俱在，而攻治《後漢》，作音注者皆注范書，是當日范書已高出諸家，諸家漸就湮沒，非無故矣。

韋氏機 後漢書音義

《唐志》二十七卷

佚

《新唐書·循吏傳》曰：韋機，雍州萬年人。貞觀時爲左千牛胄曹參軍，使西突厥，累遷司農卿。

盧氏宗道 魏志音義

《隋志》一卷

佚

何氏超 晉書音義

《唐志》三卷

佚

超自序曰：先朝所撰《晉書》帝紀十、志二十、列傳七十、載記三十，合一百三十篇。令升此音，紀志共爲一卷，其列傳、載記各自區分，都成三軸，件目如左。仍依陸氏《經典釋文》注字，並以朱暎《服勤編簡》，頗涉暄寒，凡所訓釋，必求典據，庶無牆面，疇敢師心？如或未周，敬俟來哲耳。

楊齊宣序曰：《晉書音義》，余內弟東京處士何超字令升之所纂也。令升即仲舅商州府君之子。惟我仲舅，實蘊多才，彊學懿文，紹興門範，剖符行節，宏闡帝猷。雖位望兼崇，大名猶鬱，而增修益振，餘慶方鍾，確爾專精，深期克復。時之未與，衣冠之嗣舄沈，道在則聞，儒素之風自遠。不隕其業，斯爲得與。處士弟約以優閑，溺於墳史，嘗訝晉室之典，未昭其音，思欲發揮前人，啓迪後進。由是博考諸傳，綜覽羣言，研覈異同，撰成《音義》，亦足以暢先皇旨趣，爲學者司南。式敘其由，勸成其美。《三都》尚隱，思旌擅洛之文；五等回封，遠愧平吴之績。巨唐天寶六載，天王左史弘農楊齊宣字正衡序。

《通志·藝文略》曰：《晉書音義》三卷，唐處士何超撰。

《玉海·藝文類》曰：天寶六載，何超撰《音義》三卷。

《四庫全書提要》略曰：《晉書音義》三卷，唐何超撰。超字令升，自稱東京人。楊齊宣爲之序。其審音辨字，頗有發明。舊本所載，今仍附見於末焉。

楊氏齊宣 晉書音義

《宋志》三卷

未見

按：《玉海》云：天寶六載，何超撰《晉書音義》三卷。明南監本亦云：《晉書》有何超《音義》，天寶六載其内兄楊齊宣字正衡爲之序。胡三省《通鑑注》：《宋史·藝文志》或云楊正衡《晉書注》，或云楊齊宣《晉書音義》，皆誤也。《文淵閣書目》《菉竹堂書目》仍沿其誤。惟《唐志》與鄭樵《通志》題唐處士何超撰，甚得其原委矣。今以何超書列於前，仍以楊齊宣書附於後，待考訂者有所折衷，庶不爲《宋志》所誤。

董氏衡 唐書釋音

《通志》二十五卷

佚

《通志·藝文略》曰：《唐書釋音》二十五卷，董氏撰。

《玉海》引《國史志》曰：崇寧五年，董衝爲《釋音》二十五卷。王觀國《學林》曰：《唐書釋音》，饒州老儒董衡所進，頗爲詳悉。然圜字當作戶關切，乃作胡綰切；綰字當作烏板切，乃作烏管切；苹字當作蒲兵切，乃作蒲萌切；愎字當作符逼切，乃作蒲北切。丱字音慣，而乃音貫。菆字音翺，而乃音蕭。《劉文靜傳》曰「奮欔大呼」，從衣，所謂袂也，而衡注曰「木相摩」，蓋《廣韻》曰「槸，木枝相摩也」，衡誤以「褹」爲「槸」矣。《蕭復傳》曰「今阽於危」，阽音鹽，臨危之義也，衡誤音「阽」爲都念切，又注曰下也。如此類甚多，蓋討論之失也。

吳曾《能改齋漫錄》曰：《春秋左氏傳》伍奢子員，陸德明《釋文》音云，平聲。然唐員半千十世祖凝之，本彭城劉氏，仕宋後奔元魏，以忠烈自比伍員，因改姓員。《唐書音釋》乃音王問切，何耶？董莘《音訓》曰：唐人讀半千姓皆作運，未詳何據。按《前涼錄》已有金城員敞，此姓似不始於凝之。予按：唐張嘉貞薦苗延嗣、呂太一、員嘉靖、崔訓，皆位清要，日與議政事，故當時語曰：「今君四俊，苗呂崔員。」然則以「員」爲運，其誤久矣。予又按《芸閣姓苑》云：員氏，南陽，其先與楚同族，帝顓頊之後。楚令尹子文鬬伯比之子育於鄖公辛，辛生鬬懷員，蓋辛之後也，平王時敖爲大夫。觀此，則員得姓，又不始於敞矣。「鄖」音云，則「員」不當音運。

又曰：《大唐新語》曰：漁具總曰笭箵，漁服總曰校衫。《唐書·元結傳》載自釋語曰：「能帶笭箵，全獨而保生。能學聱齖，保宗而全家。」聱也如此，漫乎非耶？語皆協韻，故「箵」音平聲，與「生」相協。今《唐書音釋》乃作敝挺切，誤矣。故子美《松江觀漁》詩云：「鳴榔莫觸蛟龍睡，舉網時聞魚鼊腥。我實宦遊無況者，擬來隨爾帶笭箵。」皆作平聲，今《韻略》不收此字。

錢大昕跋曰：芁、艽、芄三文，俱見《毛詩》，而形聲各別。「芃芃其麥」，从凡；「至於艽野」，从九；「芄蘭之詩」，从丸。陸德明之音俱在，不相混也。唐時有河陽節度使李芃，董氏《釋音》符中切，而胡三省《通鑑注》音居包翻。如用胡音，當从九不从凡矣。今新、舊《書》《通鑑》皆作芃矣。古人名字恒相應，芃字茂初，則符中之音爲是。梅潤於小學未甚究心，如徐州之峒峿鎮，古書本作司吾，後人增加山旁，刊本譌峒爲峒，遂讀爲崆峒之峒，失其義矣。

按：此書不見晁陳二家著錄，而《文淵閣書目》及《菉竹堂書目》俱有《唐書音釋》一冊，當即此書。但止一冊，則已不全。吳曾所論作《音釋》，又非竇苹《音訓》，考其時別無音釋之書，當即此書。

竇氏苹 唐書音訓 《通考》作竇羣

《讀書志》四卷

未見

晁公武《讀書志》曰：《新書》多奇字，觀者必資訓釋。苹學問精博，發揮良多，而其書時有攻苹者，不知何人附益之也。

陳振孫《書錄解題》曰：宣義郎汶上竇苹叔野撰。

無名氏唐史音義

《讀書志》三十卷

佚

晁公武《讀書志》曰：未詳撰人，比竇氏書大略同而稍簡，乃析爲三十卷。

呂氏科 唐史音義

見《福建通志·列傳》

未見

《福建通志》傳曰：呂科，夏卿子，晉江人，仕至建雄軍僉判。撰《唐史音義》。

徐氏次鐸 唐書傳音義[二二]

見《浙江通志·列傳》

未見

《浙江通志》傳曰：徐次鐸字文伯，東陽人。紹熙元年進士，又試宏詞科，爲山陰尉，官止三衢倅。著有《唐書傳音訓》。

虞氏綽 帝王世紀音

《隋志》四卷

佚

《隋書·文學傳》曰：虞綽字士裕，會稽餘姚人也。姿儀甚偉，博學有俊才，尤工草隸。仕陳爲太學博士。大業初爲祕書學士，奉詔與祕書郎虞世南、著作佐郎庾自直等撰《長洲玉鏡》等書十餘部，綽所筆削，帝未嘗不稱善，而竟不遷，以度遼功授建節尉。時禮部尚書楊元感稱爲貴倨，虛襟禮之，與結布衣之友。綽數從之遊，及元感敗，徙綽且末，綽至長安而亡，吏逮之急，於是潛廋變姓名[二三]，自稱吳卓。歲餘綽與人爭田相訟，有識綽者而告，竟爲吏所執，坐斬江都，時年五十四。所有詞賦並行於世。

戚氏光 南唐書音釋

《千頃堂書目》一卷

存

錢曾《敏求記》曰：務觀《南唐書》，詳核有法，卷例俱遵史漢體，首行書某紀、某傳卷第幾，而注「南唐書」於下。今流俗抄本，竟稱《南唐書》本紀卷第一、卷二三，列傳亦如之，開卷便見其謬，可一哂也。是本後附戚光《音釋》甚佳。光嘗輯《金陵志》，搜訪文獻，大有考證，爲當時所稱許，藏書家尠有知其名氏者矣。

《四庫全書提要》曰：撰《南唐書》者三家，惟馬令書與游書盛傳，而游書尤簡核有法。元天曆初金陵戚光爲之音釋，而博士程塾等校刊之，趙世延爲序。

劉氏安世 通鑑音義

十卷

佚

《宋史·劉安世傳》曰：安世字器之，魏人。登進士第，不就選，從學於司馬光。光入相，薦爲祕書省正字，累官至寶文閣待制、樞密都承旨。

史氏炤 通鑑釋文

《宋志》三十卷

佚〔一三〕

錢大昕跋曰：自胡景參之注行，而史氏《釋文》，學者久束之高閣，近代藏書家遂鮮有著録者。西沚光録偶得之，詫爲枕中之祕。頊袁上舍又愷從齊女門蔣氏假爲宋槧本，令小史鈔其副，予因得寓目焉。史注固不如胡氏之詳備，而創始之功，要不可沒。胡氏有意抑之，未免蹈文人相輕之習。且如秦之范雎，本千餘切，而胡改音雖；唐之李芃，本蒲紅切，而胡改居包翻。遂使睢雎莫別，芃芁互淆，豈非以不狂爲狂乎？景參以地理名家，而疏於小學，其音義大率承用史氏舊文，偶有更改，輒生罅漏。予故表而出之，俾後人知二書之不可偏廢。《宋史》有兩史炤，《文彥博傳》少與張昪、高若訥從潁昌史炤學，此潁川之史炤也。《藝文志》史炤《資治通鑑釋文》三十卷，此蜀之史炤也。

司馬氏康通鑑釋文

《宋志》六卷

佚

胡氏三省資治通鑑音注

《續通考》一百九十四卷

存

三省自敘略曰：是書依陸德明《經典釋文》，釐爲《廣注》九十七卷、《著論》十卷。自周迄五代，略敘興亡，大致以《考異》及所注者散入《通鑑》各文之下，曆法、天文則隨目錄所書而附注焉。凡記事之本末、地名之同異、州縣之建置離合、制度之因革損益，悉疏其所以然。若《釋文》之舛謬，悉改正之。

《四庫全書提要》曰：光門人劉安世嘗撰《音義》十卷，世已無傳。南渡後注者紛紛，而乖謬彌甚，至三省乃匯合羣書，訂譌補漏，以成此注。元袁桷《清容集》載《先友淵源錄》〔一四〕，稱三省天台人，寶祐進士，賈相館之。釋《通鑑》三十年，兵難稾三失，乙酉歲留袁氏家塾，日手鈔定注。己丑寇作，以書藏窖中得免。案，三省自序稱乙酉徹編，與桷所記正合，惟桷稱「定注」，而今本題作「音注」，疑出三省所自改。三省又稱：「初依《經典釋文》例爲《廣注》九十七卷，後失其書，復爲之注，始以《考異》及所注者散入《通鑑》各文之下，曆法天文則隨目錄所書而附注焉。」此本惟《考異》散入各文下，而目錄所有之曆法、天文書中，並未附注一條，當爲後人所刪削，或三省有此意而未及爲歟？《通鑑》文繁義博，貫穿最難，三省所釋，於象緯推測、地形建置、制度沿革諸大端，極爲賅備。故《唐紀》開元十二年内注云：「溫公作《通鑑》，不特紀治亂之迹而已。至於禮樂、曆數、天文、地理，尤致其詳，讀者如飲河之鼠，各充其量，蓋本其命意所在，而於此特發其凡。」可謂能見其大者矣。至《通鑑》中或小有牴牾，亦必明著其故。如《周顯王紀》秦大良造伐魏條，注云：「大良造下，當有『衛鞅』二字。」《唐代宗紀》董晉使回紇條，注云：「此韓愈狀晉之辭，容有溢美。」又嚴武三鎮劍南條注云：「武只再鎮劍南，蓋因杜甫詩語致誤。」《唐穆宗紀》冊回鶻嗣君條，注云：「《通鑑》例回鶻新可汗未嘗稱嗣君。」《文宗紀》鄭注代杜悰鎮鳳翔條〔一五〕，注云：「如上卷所書，杜悰鎮忠武，不在鳳翔。」凡若此類，並能參證明確，而不附會以求其合，深得注書之體。較尹起莘《綱目發明》附和回護，如諧臣媢子所爲者，心術之公私、學術之真僞，尤相去九牛一毛也。雖徵摭既廣，不免檢點偶疏，如景延廣之名，《出師表》敗軍之事、庾亮之手何可著賦之語、沈懷珍之軍洋水、阿那瓌之趨下口、烏丸軌宇文孝伯之誤句、周太祖詔「令兄」之作「令兄」，顧炎武《日知録》並糾其失。近時陳景雲亦摘地理譌舛者，作《舉正》數十條，然以二三百卷之蹉失者僅止於此，則其大體之精密，益可槩見。黄溥《簡籍遺聞》稱是書元末刊於臨海，洪武初取其板藏南京國學，其見重於後來，固非偶矣。

胡氏三省 資治通鑑釋文辨誤

《千頃堂書目》十二卷

存

三省自敘略曰：《通鑑釋文》行世，有史炤本，有公休本，史炤本馮時行爲之序，公休本刻於海陵郡齋，前無序後無跋。溫公修《通鑑》公休爲檢閱文字官。又有成都曹氏版，號龍爪《通鑑》〔一六〕。要之海陵《釋文》、龍爪注大同小異，皆蹈襲史炤，而譌謬相傳，海陵本乃托之公休以欺世，適所以誣玷公休，此不容不辨也。

《欽定續通考》曰：胡三省《資治通鑑音注》一百九十四卷，《資治通鑑釋文辨誤》十二卷。三省字身之，天台人，宋寶祐進士，官至朝奉郎，終元代隱居不仕。三省史失其傳，據其自序，蓋在世祖至元二十二年也。

《四庫全書提要》曰：元胡三省撰。《通鑑釋文》，本南宋時蜀人史炤所作，淺陋特甚。時又有海陵所刊《釋文》，稱司馬康本，又蜀廣都費氏進修堂版行《通鑑》，亦以注附之，世號龍爪《通鑑》，皆視史炤本差略，而實相蹈襲。三省既自爲《通鑑音注》，復以司馬康《釋文》本出譌謬，而史炤所作，譌謬相傳，恐其疑誤後學，因作此書以刊正之。每條皆先舉史炤之誤，而海陵本、龍爪本與之同者則分注其下，其已見於此書者，音注之中即不復著其説。然如《唐德宗紀》韓旻出駱驛一條，音注云：史炤謂駱谷關之驛。余案韓旻若過駱谷關之驛，則已通奉天而西南矣，炤説非也。此類隨文考正者，亦不盡見於《辨誤》，蓋二書本相輔而行，故各有詳略，以便互爲考證也。其援據精核，多足爲讀史者啓發之助。所云「音訓之學，因文見義，各有攸當，不可滯於一隅」，又云「晉宋齊梁陳之疆里，不可以釋唐之疆里」，其言實足爲千古注書之法，又不獨爲史炤一人而設矣。

孫氏吾與 **通鑑綱目音釋**

《千頃堂書目》一卷

存

孫氏奭等 **律文音義**

《直齋書録解題》一卷

未見

陳振孫《書録解題》曰：自魏李悝、漢蕭何以來，更三國六朝隋唐，因革損益備矣。本朝天聖中，孫奭等始撰《音義》，自名例至斷獄，歷代異名皆著之。

小學考卷四十九終

校記

〔一〕「應劭曰」至「第且也」句：原脫，據元李冶《敬齋古今黈》卷三補。

〔二〕但亦：原作「云亦」，據右引書改。

〔三〕漢書音：原脫「音」字。此條據《新唐書》卷五八《藝文志》四，原文云「諸葛亮論前漢事一卷，又音一卷」，據此補「音」字。案：光緒刊本已補。

〔四〕中書：原作「安書」，據唐顏師古《前漢書敘例》改。案：光緒刊本已改。

〔五〕「散騎」上，原衍一「散」字，據右引書删。

〔六〕鑿：原脫，據元李冶《敬齋古今黈》卷三補。

〔七〕戎昭：原作「戒昭」，據《梁書》卷四九《劉顯傳》改。案：光緒刊本改作「皆昭」，亦誤。

〔八〕隋書：案，本條摘錄自《隋書·經籍志二》。據本書體例，應署作「隋志」。

〔九〕名家：原脫「家」字，據《新唐書》卷一九八《儒學傳》補。

〔一〇〕「太子洗馬」上，原有一「晉」字，據《舊唐書》卷一八九、《新唐書》卷一九八《儒學傳》删。

〔一一〕唐書傳音義：據四庫本雍正《浙江通志》卷一八一徐次鐸傳，當作《唐書傳注補注音訓》。

〔一二〕庴：《隋書》卷七六《文學傳》作「度江」。

〔一三〕案：史炤《資治通鑑釋文》，今存四部叢刊初編影宋刊本、宛委别藏本、叢書集成初編本。本書云「佚」，不確。

〔一四〕先友：原作「先反」，據《四庫全書總目》卷四七《資治通鑑》胡注提要改。案：光緒刊本已改。

〔一五〕代：原作「氏」，據右引書改。案：光緒刊本已改作「代」。

〔一六〕龍爪：原作「龍叐」，據胡三省《資治通鑑釋文辨誤序》改。案：光緒刊本已改。

小學考卷五十

音義六

戴氏逵 **老子音**

《七録》一卷

佚

孫氏登 **老子道德經音**

《隋志》一卷

佚

李氏軌 **老子音**

《隋志》一卷

佚

傅氏奕 **老子音義**

《唐志》一卷

佚

陸氏德明 **老子音義**〔一〕

一卷

存

尤氏袤 **老子音訓**

《江南通志·書目》

未見

殷氏敬順 **列子釋文**

《通志》二卷

存

無名氏列子音義

《通志》一卷

佚

向氏秀**莊子音**

《七録》一卷

佚

司馬氏彪**莊子音**

《隋志》一卷

佚

李氏軌**莊子音**

《隋志》一卷

佚

徐氏邈**莊子音**

《隋志》三卷〔三〕

佚

陸德明《釋文敘録》曰：徐仙民、李宏範作音，皆依郭本，以郭爲主。

徐氏邈**莊子集音**

《隋志》三卷

佚

郭氏象**莊子音**

《隋志》三卷

佚

李氏頤**莊子音**

《釋文敘録》一卷

佚

無名氏莊子外篇雜音

《隋志》一卷

佚

無名氏莊子内篇音義

《隋志》一卷

佚

陸氏德明**莊子音義**〔三〕

一卷

存

梁氏曠**南華論音**

《隋志》三卷

佚

王氏穆**莊子音**

《通志》一卷

佚

賈氏善翊**莊子音**

《通志》三卷

佚

孫氏奭**莊子釋文**

《山東通志》一卷

未見

無名氏文子釋音

《通志》一卷

未見

無名氏亢倉子音略

《通志》一卷

未見

黃氏諫 亢倉子音釋

《江南通志》一卷

未見

潘氏衍翁 孫子釋文

見戴表元《剡源文集》

未見

表元序曰：始余疑孫子教吳宮美人戰陣非實事[四]，太史公承襲所聞，括其奇載之耳。及言爲將，西破楚入郢，北滅齊晉，事亦甚略。蓋古有是人，善言兵不必其能自爲兵也，而《孫子》十三篇遂行於世，後之能兵者因共宗之。嗟乎！夫孫子者，豈非春秋戰國間恢詭抗拔人，世不獨能兵者耶？其書縱橫變化，深而切，博而盡，讀之使人好焉。友人潘可大蓋修詞而好焉者也，年方冠，於書無所不觀，而獨爲《孫子》作釋文若干言。

高氏誘 淮南鴻烈音

《唐志》二卷

存

無名氏太玄經釋文

《通志》一卷

佚

宋氏咸 太玄音

《通志》一卷

佚

馮氏元 太玄音訓

《通志》一卷

佚

《宋史·馮元傳》曰：元字道宗。七歲讀《易》，母夜夢異人以紺蓮花與元吞之，且曰：「善讀此，後必貴顯。」真宗試進士殿中，召元講《易》。直龍圖閣，詔預內朝〔五〕。天禧初，數入講《易》於宣和門北閣〔六〕。官至戶部侍郎。元至老率三日一誦《易》。卒，贈尚書，謚章靖。

吴氏祕 太玄音義

《直齋書録解題》一卷

佚

李燾《長編》曰：嘉祐二年十一月，司封員外郎吴祕上所注《太玄經》及《音義》，降敕獎諭。

陳振孫《書録》曰：《太玄釋文》一卷，相傳自侯芭、虞翻、宋衷、陸續互相增損，非後人所作也。吴祕嘗作《音義》，豈即此耶？

程氏賁 太玄經手音〔七〕或作「義訓」

《通志》一卷

佚

黄休復曰：賁字季長，自號邱園子，江陽人。

司馬氏光 太玄經釋文

《焦氏經籍志》一卷。

存

許氏翰 太玄經音解

《焦氏經籍志》四卷

未見

無名氏抱朴子音

《隋志》一卷

佚

崔湜等 道藏音義目録

《唐志》一百一十三卷

闕

《唐書·藝文志》曰：崔湜、薛稷、沈佺期、道士史崇元等撰。

釋元應 一切經音義

《唐志》二十五卷

存

終南太一山釋氏序曰：自法王命駕，遵之者九乘，宏傳聲教，統之者三藏。然則指月之喻，無爽於恒規，因言之義，有契於常則。所以實相窅冥，開宗於文字，權道綜御，崇尚於方言。且夫一音各解，惟聖之筌蹄，隨緣別悟，在凡之準的。西梵天語，邃古莫虧，東華人言，沿時遷貿。至如《說文》在漢，字止九千，《韻集》出唐，言增三萬。代代繁廣，符六文而挺生，時時間發，寄八體而陳迹。求其本模，諒在前後，覈其離廣，誠歸物議。夫以佛教東翻，六百餘載，舉其綱紐，三千餘軸。隨部出音，聞之往說，殷鑒羣錄，未曰大觀。然則必也正名，孔君之貽詁，隨俗言語，釋父之流慈。非相無以引心，非聲無以通解。有大慈恩寺元應法師，博聞強記，鏡林花之宏標，窮討本支，通古今之互體。故能讐校原流，勘閱時代，刪雅古之野素，削澆薄之浮雜，悟通俗而顯教，舉集略而騰美。真可謂文字之鴻圖，言音之龜鏡者也。以貞觀末歷敕召參傳，綜經正緯，咨爲實錄，因譯羣閱，捃拾藏經，爲之《音義》。注釋訓解，援引羣籍，證據卓明，煥然可領，結成三衮。自前代所出經論諸音，依字直反，曾無追顧，致失教義，實迷匡俗。今所著全異恒論，隨字刪定，隨音徵引，並顯唐梵方言，翻度雅鄭。推十代之紕紊，定一時之風法，文非詞費，務在綱正。恐好義者輒復略之，期則得於要約，失於義本，救弊開信，終掩元化，故重陳委，相無昧焉，序之云爾。

釋慧苑 華嚴經音義

《藏經目錄》三卷

存

慧苑自敘曰：原夫第一勝義，是離言之法性，等流真教，誠有海之方舟。故以名句字聲，作別相之本質，色香味觸，爲住持之自體。嗟乎！超絕言慮之旨，洽悟見聞之鏡，莫不以法王宏造權道之力歟！《大方廣佛華嚴經》者，實可謂駭通法界之典，盡窮佛境之說也。若乃文言舛誤，正義難彰，真見不生，尋原失路，故涉近以逕遠，從淺而暨深，去來今尊，何莫由斯道？且夫音義之爲用也，鑒清濁之明鏡，釋言話之旨歸，匡繆漏之楷模，闢疑管之鈐鍵者也。至如「低徊」誤爲「遲迴」，「彷徨」乃成「稽返」，「俾倪」代乎「躃埦」，「軾壞」

遂作「女牆」。橋書矯形，正斜翻覆，幹存榦體，樹木參差。若斯之徒，紊亂聲義，不加踳駮，何以指南？苑不涯菲薄，少翫茲經，索隱從師，十有九載。雖義旨悠邈，難以隨迎，而音訓梵言，聊爲注述。庶使披文了義，弗誒籌咨，紐字知音，無勞負帙。且螻蟻之量，司已冗而疏冥，豈雷霆之資，開蟄戶於遐邇。英達君子，希無誚焉。

僧可洪藏經音義隨函

《通志》二十卷

存

無名氏大藏經音

《通志》四卷

存

無名氏唐藏經音義

《讀書志》四卷

存

晁公武《讀書志》曰：未詳撰人。分四聲，以類相從，蜀中印本也。

釋處觀大藏音

《藏經》二卷

存

柳豫敘曰：豫待次銓衡，晦跡里閈，得以優游僧舍，尋訪開士。有精嚴寺觀上座惠然見訪，曰：「處觀落髮學佛，未能明了智慧，願讀一大藏教，以純熟般若。然而卷軸浩渺，義理淵奧，常患字畫舛誤，音義疏略，窮日累月，尋繹不暇。雖精進勉強，而常恐有所不逮。而又反思吾徒，凡有志者，夫始不以此爲患也？昔瑫法師嘗著《音釋》，附於函末，而其文不詳備，先後失次，披閱之際，未免凝滯。故處觀不量淺昧，討論《集韻》洎唐、宋二韻，郭迻《衆經音》，又嘗訪求別本，搜索偏旁，發明義例。徧閱者幾數十藏，讐校者餘二十年，始於熙寧庚戌歲，終於元祐癸酉孟冬月。凡一百七十四部，分爲上中下三卷，欲以《精嚴新集大藏音》爲標目。其間如𢻹搥則扌木不辨，怶慌則巾忄不分，搏摶、惕愓、衣示、日曰則筆畫差互，文理混淆。又豈分五種，鼇有亡樣，此類至繁，不可概舉。皆由書生傳寫，破體者多，對讀滅裂，辯正者少。今一切別白於逐字之下，使觀者得以考信，而無探討之勞，亦庶幾有補於吾道也。嚮聞君有志於外護久矣，願求序引，冠之篇首，幸無辭焉。豫敬聞之，曰諾。豫早歲棲心空門，耽味禪悅，嘗有志願，徧閲内典，而中間事物侵擾，相仍憂患，不知老之將至，曾未能涉獵一二，況欲縱横貫穿於妙道之域耶？自非屏跡息緣，焦心勞思，積以歲月，詎能從吾之所好？故遊經藏則作禮恭敬，視讀誦則隨喜讚歎，又況勤苦方便，利樂學者，有如吾師，則敢不詳言之以取信於後人，亦所以成吾之志也。元祐九年四月初五日序。

姚氏最 本艸音義

《隋志》三卷

佚

甄氏立言 本艸音義

《隋志》七卷

佚

《唐書·方伎傳》曰：甄權弟立言，武德中累遷太常丞。撰《本艸音義》七卷。

按：《唐志》立言下注云：一作權。《通志》則直作甄權，誤。

孔氏志約 本艸音義

《唐志》二十卷

佚

李氏含光 本艸音義

《唐志》二卷

佚

殷氏子嚴 本艸音義

《通志》二卷

佚

無名氏本艸音

《隋志》一卷

佚

徐氏邈楚詞音

《隋志》一卷

佚

諸葛氏楚詞音

《隋志》一卷

佚

《隋書·經籍志》曰：宋處士諸葛氏撰。

孟氏奧楚詞音

《隋志》一卷

佚

無名氏楚詞音

《隋志》一卷

佚

釋道騫楚詞音

《隋志》一卷

佚

林氏至楚辭補音

《讀書志》一卷

佚

晁公武《讀書志》曰：建寧倅谷水林至所著也，李大異爲之序。

無名氏離騷釋文

《直齋書錄解題》一卷

佚

陳振孫《書錄解題》曰：古本，無名氏。洪氏得之吳郡林虙德祖。其篇次不與今本同，今本首《騷經》，次《九歌》《天問》《九章》《遠遊》《卜居》《漁父》《九辨》《招魂》《大招》《惜誓》《招隱》《九諫》《哀時命》《九懷》《九歎》《九思》。《釋文》亦首《騷經》，次《九辨》，而後《九歌》《天問》《九章》《遠遊》《卜居》《漁父》《招隱士》《招魂》《九懷》《九諫》《九歎》《哀時命》《惜誓》《大招》《九思》。洪氏按：王逸《九章》注云，皆解於《九辨》中，則《釋文》篇第蓋舊本也，後人始以作者先後次序之耳。朱侍講按天聖十年陳說之序，以爲舊本篇第混并，乃考其人之先後，重定其篇第。然則今本說之所定也。余按：《楚辭》劉向所集，王逸所注，而《九歎》《九思》亦列其中，蓋後人所益也歟。

李氏軌等 **齊都賦音**

《七錄》一卷

佚

《隋書·經籍志》曰：李軌、綦母邃撰。

薛氏綜 **二京賦音**

《唐志》二卷

存

綦母氏邃 **三京賦音**

《唐志》一卷

佚

褚氏今之 **百賦音**

《唐志》一卷

佚

郭氏微之 **賦音**

《唐志》二卷

佚

蕭氏該 **文選音**

《隋志》三卷《唐志》及《通志》作十卷

佚

《隋書·儒林傳》曰：該撰《漢書》及《文選音義》，咸爲當時所貴。

釋道淹 文選音義

《唐志》十卷

佚

許氏淹 文選音[八]

《唐志》十卷

佚

曹氏憲 文選音

《唐志》

佚

《唐書·儒學傳》曰：曹憲揚州江都人，仕隋爲祕書學士。於小學家尤邃，自漢杜林、衛宏以後，古文亡絕，至憲復興。憲始以梁昭明太子《文選》授諸生，而同郡魏模、公孫羅、江夏李善相繼傳授，於是其學大興。羅官沛王府參軍事、無錫丞，模武后時爲左拾遺。

公孫氏羅 文選音[九]

《唐志》十卷

佚

余氏蕭客 文選音義

八卷

存

蕭客自敘曰：《文選》自陳隋後，注則有公孫羅、李善、李邕、呂延濟、劉良、呂向、張銑、李周翰，音則有蕭該、許淹，音義則有公孫羅、僧道淹、曹憲。李邕注，《新書》本傳言與善注兩行。《郡齋讀書志》言善注成，邕更加以義，今釋事加義者兩存焉，則似今善注中解釋文義，即邕所加。曹憲《音義》不見於《通志·藝文略》，公孫注，蕭、許《音》及道淹、公孫《音義》，不見於《通考·經籍考》，則不傳已久。其呂延濟以下五人，爲開元中工部侍郎呂延祚所招，共注《文選》，即五臣注。陳直齋《書錄解題》曰：五臣注三十卷，後人并李善元注合爲一書，名六臣注。然則六臣之名，趙宋已見，而直齋已不能定其爲何人所合矣。今考五臣注，空據本文每條加十許字，映帶作轉，其所發明，往往本文自明，無待費辭。至於顛倒事實，乖錯文義，予嘗摘其第一卷誤，辯正於《注雅别抄》，已二三十，則其爲俚儒荒陋，不足繼起李善，不但如東坡題跋、《容齋隨筆》所言。今六臣本割五臣之羔裘，飾李善之狐裘，遂使侍郎越次，崇賢降階，襲舊爲六，知其不爲定論。又其書首載善注，或零斷無文句，甚或割以益五臣，多則覆舉注文，少則妄删所引。其詳贍有體，亦不及汲古閣本。蓋今所傳，又爲後人譌亂，非直齋所見六臣之舊矣。然汲古閣本獨存善注，而總題六臣，又誤入向曰、銑曰注十數條，蓋譌考六臣、五臣之别，漫承舊刻譌雜，未必汲古主人有意欺世，及以所刻數條五臣注爲善也。前輩何侍讀義門先生當士大夫尚韓愈文章，不尚《文選》學，而獨加賞好，博考衆本，以汲古爲善。晚年評定，多所折中，士論服其該洽。然諸盡散見與《文選》出入者，尚多可采，輒不自料，據何爲本，益以所聞，摘字爲音，作《音義》八卷。先盡善注本音，次及六臣舊刻所補，二書未備，及復旁及其字，一從汲古諸本異同，參注其下。叶韻則從沈重，改音古音，則從入韻，偶見音叶無考，則從闕疑。五臣注可備一説，及可補善注闕者，百無一二。今每卷擇稍可數條，列於音後，并注昭明、李善序表冠篇，以遵陸元朗《經典釋文》音注、孔安國《尚書序》、杜預《春秋經傳集解序》之舊。别舊訓之朱紫，備一家之瞽説，未敢謂善注功臣，然較正數十處、補遺數百事，未嘗稍亂李氏舊章。知其説者或不致以呂向、張銑同類見譏，則五臣餘波，不能來及，實所望於將來君子。乾隆二十三年七月既望。

按：蕭客字仲林〔一〇〕，吴縣布衣。

裴氏𣶏大和通選音義

一卷，見《舊唐書》

佚

《舊唐書·裴潾傳》曰：潾河東人也，以門蔭入仕。大和中官左散騎常侍，充集賢殿學士。集歷代文章，續梁昭明太子《文選》，成三十卷，目曰《大和通選》，并《音義》《目録》一卷上之。終兵部侍郎。

張氏敦頤韓柳音釋

見《柳河東集》附録

存

張敦頤序曰：唐初文章，尚有江左餘習，至元和間始粹然返於正者，韓柳之力也。兩家之文，所傳寖久，舛駁殆甚。韓文屢經校正，往往鑿以私意，多失其真。余前任邵武教官日，曾爲讐勘頗備悉，並考正音釋，刻於正文之下。惟柳文簡古不易校，其用字奥僻或難曉，給事沈公晦嘗用穆伯長、劉夢得、曾丞相、晏元獻四家本，參考互證，凡漫乙是正二千餘處，往往所至稱善。今四明所刊四十五卷者是也。惟音釋未有傳焉。余再分教延平，用此本篇次撰集，凡二千五百餘字，其有不用本音而假借他音者，悉原其來處。或不知來處，而諸韻、《玉篇》《說文》《類篇》亦所不載者，則闕之。尚慮膚淺，弗辨南北語音之訛，其間不無謬誤，賴同志者正之。紹興丙子十月。

小學考卷五十終

校記

〔一〕案：此編當即《經典釋文》所載《老子音義》一卷。

〔二〕三卷：原作「一卷」，據《隋書》卷三四《經籍志》二、陸德明《經典釋文敘録》改。

〔三〕案：此編即《經典釋文》所載《莊子音義》一卷。

〔四〕吳宮：原作「吳官」，據戴表元《剡源文集》卷八《潘可大孫子釋文序》改。案：光緒刊本已改。

〔五〕内朝：原作「内翰」，據《宋史》卷二九四《馮元傳》改。

〔六〕北閣：原作「北門」，據右引書改。

〔七〕手音：原脱「音」字，據《通志》卷六三《藝文略》補。

〔八〕案：《舊唐書》卷一八九上《儒學傳》有《許淹傳》，云：「許淹者，潤州句容人。少出家爲僧，後又還俗。博物洽聞，尤精詁訓，撰《文選音》十卷。」

〔九〕案：右引書同卷亦有《公孫羅傳》，云：「公孫羅，江都人。歷沛王府參軍、無錫縣丞。撰《文選音義》行於代。」

〔一〇〕仲林：原脱「林」字，據《四庫全書總目》卷三三《古經解鉤沉》提要補。又，《文選音義》八卷，《四庫全書總目》卷一九一著録。

附　錄

小學考序

《小學考》者，補秀水朱氏《經義考》而作也。朱氏之考，既類次《爾雅》二卷，而形聲訓故之屬闕焉，是後學之責也。顧南原自言，《隸辨》一書爲解經而作，意固善矣。往者學人狃於帖括之習，沿塾師音義，不識古字古訓爲何物。邇年士大夫則又往往侈談復古，博稽篆籀古隸，審辨《説文》《爾雅》，闡形聲，訂同異，而於童年肆書，經書實義，或轉不之省。某嘗謂，近日考古嗜博者，每求之六合之外，而遺於耳目之前。嘉興王惺齋有言：「今人爲文，棄韓歐諸家所用之字，而好辨許祭酒重文，張次立附字。此學者之大患也。昔宋鄱陽洪氏續《急就》，類《滂喜》，自以爲博識矣，其究也徒啓好奇之弊，於復古乎何有？」然平心論之，學者鑒彼兔園册子，局束見聞，則又不得不引伸類長，旁極而摹據之。夫學問之實，惟在識力正定而已。苟其識力之弗正也，務博之失與苟簡之弊均也。如其氣足以内養，力足以自充，則與其陋也，寧博，與其臆斷也，無寧證古矣。曩在館下，每以此事諗吾謝子，今三十餘年，而謝子從政之餘，果克裒輯成書，是其養氣有餘而識力正定之明驗也。讀是編者，幸勿忘其爲解經而作也，其庶幾乎。

嘉慶四年歲在己未夏四月朔，北平翁方綱。

小學考序

六經皆載於文字者也，非聲音則經之文不正，非訓詁則經之義不明。《爾雅》一編，肇始於周公，故《詩》贊仲山甫之德則曰：「古訓是式。」宣尼告魯哀公亦云：「爾雅以觀於古。」厥後七十子之徒、叔孫通梁文諸人，遞有增益，如「張仲孝友」「瑟兮僩兮」「謔浪笑傲」之類是也。後儒執此數言，疑爲漢人綴集，各出新意以説經，而經之旨去之彌遠矣。自倉頡創作文字，而黄帝因之，以正名百物。古之名，今之字也。古文籀篆，體製雖變，而形聲事意之分，師傳具在，求古文者求諸《説文》足矣。後人求勝於許氏，拾鐘鼎之墜文，既真贋參半，逞鄉壁之小慧，又誕妄難憑，此名爲尊古，而實戾於古者也。聲音固在文字之先，而即文字求聲音，則當以文字爲定。字之義取於孳，形聲相加，故六書惟諧聲爲多。後人不達古音，往往舍聲而求義，穿鑿傅會，即二徐尚不能免，至介甫益甚矣。古人之意不傳，而文則古今不異，因文字而得古音，因古音而得古訓，此以一貫三之道，亦推一合十之道也。《漢志》以小學入《六藝略》，後之志《藝文》者，莫不因之。秀水朱氏《經義考》博稽傳注，作述源流，最爲賅洽，而小學獨闕，好古者有遺憾焉。

方伯南康謝公藴山，枕葄經史，博綜群言，早歲讎書東觀，得闚金匱石室之藏。既而典大郡，陟監司，公務之餘，鉛槧未嘗去手。每念通經必研小學，而古今流别，議論紛如，乃遵秀水之例，續爲《小學考》。頃歲領藩兩浙，人和年豐，海壖綏靖，文瀾閣頒賜中秘書，職在典守，時得寓目。乃出舊稿，參以新得，分訓詁、文字、聲韻、音義爲四門，爲卷凡五十。既成，以大昕夙有同嗜，貽書見示。讀之兩閲月而畢，彬彬乎，彧彧乎，采摭極其博，而評論協於公，洵足贊聖世同文之治者乎。夫書契之作，其用至於百官治、萬民察。聖人論爲政，必先正名，其效歸於禮樂興刑罰中。張敞、杜林以識字而爲漢名臣，賈文元、司馬温公以辨音而爲宋良相。然則，公之於斯學，固有獨見其大者。因文以載道，審音以知政，孰謂文學與經濟爲兩事哉！

嘉慶三年歲在戊午八月，嘉定錢大昕序。

附：錢詹事書

大製《小學考》搜羅博奥，而評論又公且當，較之竹垞書，精博實有過之。蓋竹垞當日，異書猶多伏而未出，研精小學者，亦至今日而極盛。閣下以碩學通儒爲斯文領袖，是以擇之精而語之詳，允爲藝林必不可少之業也。前承委序言，俾賤名得附大著作以傳，不任榮幸。祇以學殖荒落，兼值病後，率爾操觚，殊未能贊揚旨趣之萬一，伏希大方削正，庶免佛頭著糞之誚。兹併原書奉繳，其中偶有鈔寫魚豕之譌，隨筆輒爲校改，間有管穴所及，附籤一二，以備采擇耳。大昕向有所疑，兹願聞於典謁者。近儒論韻學，皆謂今韻二百六部並爲一百七部，始於平水劉淵。今按，劉淵《壬子新刊禮部韻略》，不見於《欽定四庫書目》，唯邵長蘅《古今韻略》卷首叙所見韻書曾載之。然大昕五十年來徧訪南北藏書家，俱無有著録者，獨吴門黄孝廉家有《平水新刊韻略》，係元大德刊本，前載河間許古序，乃知爲平水王文郁所撰。序末題正大六年己丑，則金哀宗年號也，於宋爲紹定二年，其時金猶未亡。至淳祐壬子，則金亡已久矣。己丑在壬子前廿有四年，淵所著者殆即文郁之本，或失其序，而讀者誤以爲淵所作耳。黄公紹《韻會》叙列，並舉江南毛晃、江北劉淵兩家，而每部增字，於毛則云毛氏韻增，於劉則云平水韻增，然則淵乃刊《平水韻》之人，而後人乃以平水屬之劉淵，毋乃誤耶？且使淵而果宋人也，在稍通古今者，豈有慕於元海之名而效之者？唯鐫字之工未嘗學問，乃無足怪耳。大昕蓄疑有年，究以未見劉書，不敢决其然否。淹洽之彥，多在幕府，試一爲咨訪。順風之呼，或可得此書下落，以訂向來沿習之誤，豈非大快事哉！唯閣下留意焉。邵長蘅諸人皆謂上聲拯韻爲陰時夫併，今據王文郁書，則拯等之並，不特非時夫，亦非淵也。此段於韻學頗有關係，春間晤陳君仲魚時，曾將拙跋文郁《韻略》一首就正，已蒙采入。唯未得劉本，一爲印證，終有遺憾。然文郁實在劉淵之前，則並韻不始於淵，較然明白。惜乎亭林、竹垞、西河諸君未見文郁書，遂集矢於劉，所希閣下爲雪此冤耳。大昕頓首。

小學考序

六藝者小學之事，然不可盡之於小學也。夫九數之精，至於推步天運，冥測乎不得目睹之處，遥定乎前後千百載不接之時，而不迷於冥茫，不差於毫末，此術家之至學，小子所必不能也。夫六書之微，其訓詁足以辨別傳説之是非，其形音上探古聖初製字文之始，下貫後世遷移轉變之得失，此博聞君子好學深思者之所用心，小子所不能逮也。至於禮樂，則固聖賢述作之所慎言，尤不得以小學言矣。然而謂之小學者，製作講明者君子之事，既成而授之，使見聞之端於幼少者，則小子所能受也。今夫行萬里窮山海者，紀其終身之所履，艱危勞苦之所僅獲，以告於居不出於室中者，可以一日而盡得也，夫小學者固亦若是而已。

秀水朱錫鬯檢討嘗作《經義考》，載説經之書既備，而不及小學。今南康謝蘊山方伯以爲小學實經義之一端，爲論經始肇之事，且禮樂則言之太廣，射御則今士所不習，九數則誠術家專門之所爲，惟書文固人人當解，學者須臾不能去，非專門之事也。前世好古之儒，固多究心於斯，至於今日，其書既衆，或因舊聞而增深，或由創得而邁古，雖其閒粹駁淺深，爲者或不必盡同，然而彼皆欲自爲其艱危勞苦，而授小子以逸獲之道，其人其志，固皆不可泯也。因輯漢以來言文字、訓詁、形音之書，至於今日英才博學所撰，舉載於編，凡五十卷，名之曰《小學考》，以補朱氏之所未備。其言筆勢八法者，乃棄不録，以其無關於經學也。考成，以其書示鼐，鼐誠嘉方伯有不遺衆善，采輯之美意，又以爲能盡大人君子之心，乃能授其教於小子。方伯之用心如此，異日助成國家禮樂之修，其亦有望也與。

嘉慶三年八月，桐城姚鼐序。

小學考序

古者書必同文，政先正名。小學爲經藝王政之本，故自幼習書計，至於成人，授經三年而通一藝，三十而五經立。《爾雅》出周孔之徒，以正名物。《三倉》《急就》迭興，而汝南許君集其大成。孫叔然受業北海鄭君門人，始作翻切。學者務極其能，於是音訓之書備焉。蓋小學本附群經，漢之《七略》《藝文》，梁隋之《七録》《經籍》皆然。秀水朱氏撰《經義考》，有功經學甚鉅，但止詳《爾雅》，餘並闕如。吾師翁學士覃谿先生作《補正》，又欲廣小學一門，時爲予言之。余惟國家稽古右文，廣收載籍，彙爲《四庫全書》，群經之後，次以小學，敕撰諸書，即謹載焉，郁乎盛矣。

乾隆乙卯，啓昆官浙江按察使，得觀文瀾閣中祕之書，經始采輯爲《小學考》。後復由山西布政使移任浙江，從政之暇，更理前業，成書五十卷。卷首恭録敕撰。次訓詁，則續《經義考》爾雅類，而推廣於《方言》《通俗文》之屬也。次文字，則《史篇》《説文》之屬也。次聲韻，則《聲類》《韻集》之屬也。次音義，則訓讀經史百氏之書。訓詁文字聲韻者體也，音義者用也，體用具而後小學全焉。《大戴禮記》：「魯君欲學小辨，以觀于政，孔子曰：『爾雅以觀于古，足以辨言。』」是小學通於爲政，經術致用之儒，必有取爾矣。助爲輯録者，桐城胡徵君虔及海寧陳鱣，鱣余所舉士也。

時嘉慶戊午季夏，越五年壬戌，重加釐定，乃付板削焉。

小學考序

先大父中丞公生平所著書有《西魏書》《廣西通志》《粵西金石略》《勝朝殉節録》《樹經堂詩文集》《詠史詩》等，皆梓行當世，板存豫章家塾。惟晚年撰《小學考》五十卷，未梓遽薨。先君觀察公守歸德時，始就剞劂，一時索此書者雖出以應之，而究未肯廣爲流傳，以中多魚魯，尚待校讐也。解組後僑居廣陵，板藏於寓宅之東樓。先君旋即下世，質卿服闋後銓仕入秦。道光二十八年夏樓災，此板同歸一炬，聞信嗟悼，欲覓外間印行之本，重刻一部，以竟先人未竟之志，久之不可得。蓋小學一門，究心者少，而秦中又僻在西偏，爲東南書賈所不到，所以購之歷年，久未能償也。

咸豐元年秋，偶經長安市，見坊中書簿有此書名，詢之則已爲甘肅人購去，訪而商之，以重價贖回，喜不自勝，即時勘校，付之手民，凡五閲月而工竣。質卿幼承庭訓，所以期勉者甚厚，而祖父精神所寄，尤在此書。數年來以不克慎守，致被回祿，午夜悚惶，難安寢食。今幸仰荷先靈，俾已燬之板，重獲刊布，質卿藉得稍贖前愆，私心一慰。特以智識檮昧，於訓詁聲音之義，未能闡發萬一，家學恐墜，涊然汗下。爰縷述顛末，綴諸簡端，匪惟自訟其過，抑願世之習小學者，讀是書而資考證焉，斯固先大父之志也。咸豐二年春三月，孫質卿謹識。

重刊小學考序

謝蔚青先生重刊其先祖中丞公《小學考》，而屬湘南以校讐之役，且令爲後序，湘南固辭不敢任。蓋以小學一門，唐以後幾成絶學，宋元明三代儒者之説經，非望文生義，即嚮壁虚造，未有能知漢經師之家法者。小學不明，其弊至此。中丞公奮起於千載之下，獨能甄綜數百家言，都爲一集，俾讀之者辨其得失，稍稍問津識塗，以上溯孔門雅言之義，此天之未喪斯文也。湘南末學膚受，何足以知之，又何敢序之！既而念蔚青先生之刊此書，承家學，惠士林，其中曲折之故，皆湘南所耳聞目證者，不可不揭之以示天下，因校畢而書之曰：

小學者，古人以童子之學而名，而其義實成人所不能盡者也。童子之小學，以文爲主，故孔子教弟子曰：「行有餘力，則以學文。」成人之小學，以《爾雅》爲主，故孔子告哀公曰：「爾雅以觀於古，足以辨言。」雅者，正也，正其聲韻以通訓詁。凡文字皆先有聲而後有義也，聲韻之流變，隨地而異，故五方之音不同，又隨時而異，故古今之音不同。惟天子建都之地，王氣所鍾，其音可以正九州萬國之音。周公作方言，取其音之近乎正者，而名之曰《爾雅》，外史象胥本之以達邦國四夷，而孔子删定六經，亦用之以教門弟子，則謂之雅言。《論語》「子所雅言，詩書執禮」是也。《詩》備十五國之土音，《書》載二帝三王之事，必有千百年之異音，《禮》則王朝大典也。其時書無板行，惟憑口授，使概操魯國方言以爲訓，則門弟子來自各國，或有失其音，因以失其義者，故必用王國之正音以言之。此《爾雅》一書所以有七十子之附益也。儒者忘「雅」之訓正，而解爲常言，豈知此節乃記孔門之小學哉！

《漢書·藝文志》列《爾雅》於《孝經》類中，而不與《史籀》《倉頡》《凡將》《急就》等同稱小學，蓋小學之名起於童子之識字，而六書之旨以諧聲爲樞紐，非童子所能盡知，故《爾雅》者小學之藪澤，小學者六經之階梯也。漢人傳經，各守師法，往往異字異音，然久之章句疏而臆説起，遂有賄蘭臺漆書以合其私文者。十四博士之今文皆主雅，故後漢古文道興，經術益盛，於是蔡中郎寫石經，許祭酒作《説文》以正之，石經後廢而《説文》之學歷千餘年，皆在若明若昧之間。

至我朝乾隆中，魁儒輩出，然後小學章徹，若戴東原、錢竹汀、王懷祖、段茂堂諸老先生，莫不由《説文》以辨形聲，由《爾雅》以通訓詁，六經之義，如日中天，天下後世始知通經之必由於小學。於此時而無一書焉，條古今之流別，集正變之大成，何以章聖朝儒術之盛，契先聖雅言之心哉！是故中丞公之作《小學考》，其功不可以億量計也。

中丞公以生平精力著成此書，而未及付梓，觀察公繼之，雖付梓而未及廣行，板旋被燬。蔚青先生宦遊秦中，時時以此書爲念，訪求有年，始於長安市上宛轉購得之，補正其闕，重復開雕。蓋人閲三代，時歷五十餘年，中間已廢而得成，卒得流行廣布，此固中丞公、觀察公之靈陰相其間，即先聖先儒之靈，亦不肯聽其湮没者也。此又蔚青先生之功也。先生以循政報最，蒸蒸大起，所以發揮家學者，不僅存此一書，而此書之刻，正繼志述事之一大端。湘南躬與斯役，故喜而爲之發明云。

固始蔣湘南。

小學考序

國朝秀水朱氏撰《經義考》，《爾雅》二卷外，凡形聲訓詁之書皆未著録，於是南康謝氏繼之，有《小學考》之作。其首二卷，謹録我朝奉敕撰著之書。此外分爲四類：曰訓詁，曰文字，曰聲韻，曰音義。每一卷之下，詳載其原序及各史著録、諸家評論之語，一如朱氏體例而加詳焉，故雖止小學一門，而爲書至五十卷，可謂博矣。

夫士不通經不足致用，而非先通小學，無以通經。宋元以來，士大夫高談性命，如聲音、訓詁未及講求，王荆公固作《字説》者，而「霸」字從西、從雨，茫然不知；王伯厚博極群書，竟不知孝、𡥈之爲二字，然則小學之衰久矣。加之里塾之師，烏焉莫辨，好奇之士，鄉壁虚造。如陶宏景《真誥》多用道家俗字，若「鼎」作「鼎」、「惡」作「惡」之類；衛元嵩《元包經》多用古文奇字，若卄卄、宀宀之類，徒足以疑誤後學而已。

國朝經術昌明，承學之士，始知由聲音文字以求義理，於是家有汲長之書，人習《説文》之學，而此書也，實自來言小學者之鈐鍵，欲治小學，不可不讀此書。吾浙自阮文達公創詁經精舍，奉許鄭二先師栗主於講堂，使學者知欲治鄭學，必先治許學，自是以來，彬彬多通經之彦矣。

前年善化瞿子玖學士奉命來視浙學，一以經義訓迪多士，既命書局刊刻鄭氏佚書，及將受代，又刻此書。兩書之成，皆屬余爲之序。余二十年來忝主詁經講席，又從事於書局，故雖譾陋，義不得而辭。惟念此書實補朱氏《經義考》所未備，余從前以《經義考》一書學者不可不讀，言於當事者，刻之局中，乃朱書刻而未成，此書先告蕆事。雖剞劂之功，容有遲速，然欲通經學，先從小學始，許鄭兩先師其詔我矣。余願學者因此益治小學，以貫通群經大義，而上贊聖世同文之治，庶不負謝氏撰著之苦心、學使刊刻之雅意乎！

光緒十有四年重九後一日，曲園居士俞樾書於西湖寓樓。

謝啟昆傳（節略）

謝啓昆，江西南康人。乾隆二十六年進士，改庶吉士。三十一年，散館，授編修。三十五年，充河南鄉試正考官。三十六年，京察一等，充會試同考官。三十七年，授江蘇鎮江府知府，旋調揚州府知府。四十三年，東臺縣民徐述夔詩詞悖逆，事發，以啓昆查辦遲延，論軍臺效力贖罪。尋復原官，經兩江總督薩載奏留江南。四十四年，丁父憂，復奏留委用。四十五年，命署安徽寧國府知府，俟服闋再行實授。四十六年，丁母憂，回籍。四十八年，服闋，以病仍留本籍。五十五年，病痊，赴京引見，命仍發江南，以知府用。旋特擢江南河庫道。五十九年，遷浙江按察使。六十年，授山西布政使。是年冬，諭曰：「浙江爲財賦之地，聞謝啓昆在山西任內，辦事尚屬認真，且曾任浙江臬司，署理藩篆，著調補浙江布政使，以資駕輕就熟。」嘉慶四年，奏請陛見，回任護巡撫篆，旋擢廣西巡撫。（略）六年，以廣西弁兵調楚剿賊，奮勇立功，下部議敍，加一級。旋以上林縣知縣竇謙採買倉穀不善，奏請革訊，竇謙畏罪溺死，未經防解，命交部議處，並令明白回奏。尋諭曰：「謝啓昆覆奏，自稱『求治太急，馭下太嚴』等語。謝啓昆在巡撫任內，朕亦聞其辦事過急，每有失當之處。此案辦理疏忽，傳旨申飭。」（略）七年六月，卒於任。遺疏聞，諭曰：「謝啓昆在巡撫任中，資格尚好。其前任藩司時，辦事認真，於倉庫錢糧，尤能清釐整頓。迨擢任巡撫，操守亦廉潔。茲聞溘逝，殊堪軫惜！該省潯、梧兩關盈餘銀兩，向來留充公用。自謝啓昆到任後，陸續節省一萬兩存貯藩庫，著加恩於此項內提銀三千兩，賞給謝啓昆家屬，以資回籍治喪之費。其任內降革處分，悉予開復。所有應得卹典，著該部察例具奏。」尋賜祭葬如例。

子學崇，嘉慶七年進士，現任翰林院編修；學炯，現任刑部員外郎。孫振音，從二品廕生。（《清史列傳》卷三十一《謝啓昆傳》）

後記

校點整理《小學考》一書的緣起，應是在數年前。當時，四川大學古籍所啟動了《儒藏》編纂工程，於「史部」書目類收錄了《小學考》一書[一]，我承擔了該書的整理任務。在整理時，發現了原書所存在的一些問題，諸如文字訛脱，載録疏誤，考訂失據等，雖然隨文予以校正，然限於《儒藏》作爲大型儒學叢書，其宗旨主要是爲保存原始文獻，其要求與單本的整理自當有別，故而是書雖已出版數年，每每見到書中的疏失未能是正，内心實有慊然，感覺未能恪盡整理者的職責。二〇一〇年，相約霞紹暉、劉芳池，共同以《小學考研究與整理》爲題向全國高校古籍整理工作委員會申報，有幸獲得批准立項，忝列爲資助項目。幾經寒暑，書稿終於殺青付梓，「成如容易卻艱辛」，甘苦自心知。

本書在整理之初，四川大學出版社古籍編輯室主任莊劍博士慧眼識珠，深明此書的學術價值，極爲關注，在他的促成下，此書列爲四川大學出版社專項出版項目。莊博士又親自擔任責任編輯，精心審讀，助力尤多。其次，本書得以順利完成出版，還得益於四川大學古籍所的關心，在排版、校勘諸方面給予人力、技術的大力支持。在此謹表由衷的謝忱！

本書的校點整理，由三位同仁分頭完成，具體分工爲：霞紹暉整理敕撰、雅學類卷，並負責全書校勘、排版組織工作；李文澤整理文字、音韻卷，負責全書的統稿；劉芳池整理音義卷。諸君都以嚴謹求實的工作態度完成了自己負責的部分。

總體考察，《小學考》一書卷帙浩繁，内容博雜，欲做好是書的校點整理，實屬不易。我們不辭譾陋，毅然承擔這一重任，對古人著述報以「同情的理解」，本著嚴謹求實的學術態度，對其精研細校，力圖爲研究者呈現較爲信實可靠的文本，期以便利學人。然囿於學識，其疏漏之處仍將在所難免。我們誠懇地期望能得到讀者的批評指正，更期望同行專家不吝賜教，這將使我們增長學識，提高能力，在今後的研究工作中受益匪淺。

李文澤

二〇一五年十月於北京海淀塔院

[一] 《小學考》收入《儒藏》史部第267～268册。

人名索引

五畫

六畫

七畫

十一畫

十二畫

十三畫

十四畫

十五畫

十六畫

十七畫

十八畫

十九畫

二十畫

二十一畫